沃
在沃

沃

2009

SHANGHAI INFORMATIZATION

上海信息化年鉴

《上海信息化年鉴》编纂委员会

上海科学技术文献出版社

图书在版编目（CIP）数据

2009上海信息化年鉴 /《上海信息化年鉴》编纂委员会编.—上海：上海科学技术文献出版社，2009.9

ISBN 978-7-5439-4051-2

Ⅰ. 2… Ⅱ. 上… Ⅲ. 信息工作—上海市—2009 —年鉴 Ⅳ. G202-54

中国版本图书馆CIP数据核字（2009）第161497号

责任编辑：于学松

特约编审：商红梅

封面设计：通　文

2009 上海信息化年鉴

《上海信息化年鉴》编纂委员会

*

上海科学技术文献出版社出版发行

(上海市长乐路746号　邮政编码 200040)

全 国 新 华 书 店 经 销

上海纯德印务有限公司印刷

*

开本 787 × 1092　1/16　印张 39.5　插页 34　字数 1 015 000

2009年 9月第 1 版　　2009年 9月第 1 次印刷

印数：1-2 000

ISBN 978-7-5439-4051-2

定价：300.00 元

http : // www . sstlp . com

《2009上海信息化年鉴》编纂委员会

《2009上海信息化年鉴》编审委员会

主　　任：王　坚　傅文彪

副 主 任：金兴明　黄肇达　尚玉英　陈跃华　刘　健
邵志清　周敏浩　陈　更　张华芳　沈庭忠
贺寿昌　施兴德　戎之勤　吴正扬　周卫东

责任主编：周正曙　钟建国　邱士龙

部类主编：（按姓氏笔画为序）
朱宗尧　张建明　张晓莺　陈　萍　陈　潜
林　艺　郭中朝　姚丽旋　胡爱军　项　翔
徐　方　袁国华　徐绍敏　原清海　高静华
傅　敏

《2009上海信息化年鉴》编辑部

主　　任：邱士龙

执行主编：胡炎生　金　舫

承办单位：《上海信息化》杂志社

2008 年 9 月 16 日，曙光 5000 A 正式下线，并在全国范围对部署到上海超算中心的曙光 5000A 公开征名，最终定名为“魔方”（Magic Cube）。

2008 年 5 月 12 日，青浦区政府与中国电信上海公司签订青浦区“无线城市”建设合作框架协议。图为签约仪式现场。年内，上海所有 19 个区县与中国电信上海公司签订了“无线城市”建设合作框架协议。

2008 年 5 月 15 日，嘉定区政府宣布“嘉定 · 无线城市”一期工程建成，图为开通典礼现场。即日起，嘉定城市居民可以享受免费的 WI-FI 无线互联网服务。

2008 年 5 月 30 日，电信重组方案尘埃落定。

根据市经济信息化委和环卫主管部门的部署，已在市环卫渣土车辆的管理中有计划分批次地推广采用无线测控定位技术。随着城市管理精细化的要求逐步深入以及地方相关法规的出台，无线测控定位技术及网络将在环卫领域得到更广泛的应用。

2008 年 7 月，青浦诞生全球首款 TD 电视手机，集手机和电视功能于一身。

手机多媒体网络在奥运会期间已投入运营。

2008 年 8 月 8 日至 24 日，北京奥运会隆重举行，高科技信息技术构筑奥运“神经系统”。

2008 年 5 月 17 日，第二个独立的世界电信和信息社会日，国际电信联盟继续倡议信息通信技术对弱势群体的关爱，并将这种关爱从去年提出的“下一代”惠及至残疾人，此举不仅显示了国际电联对消除信息鸿沟的高度重视，更体现了信息社会，信息通信服务对残疾人的重要性。

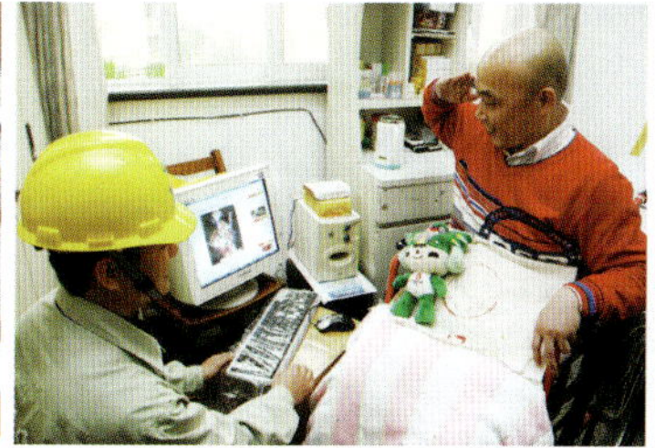

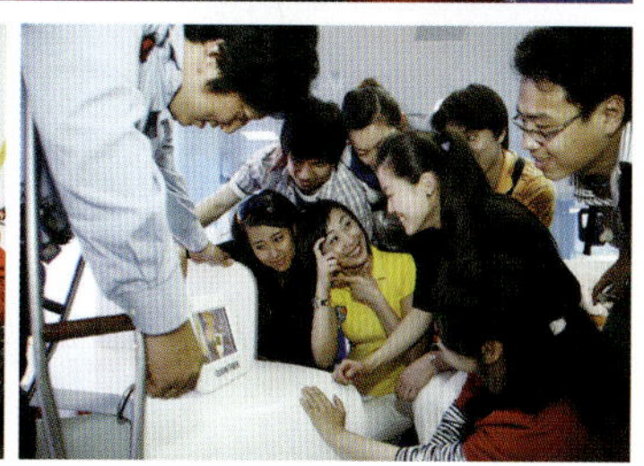

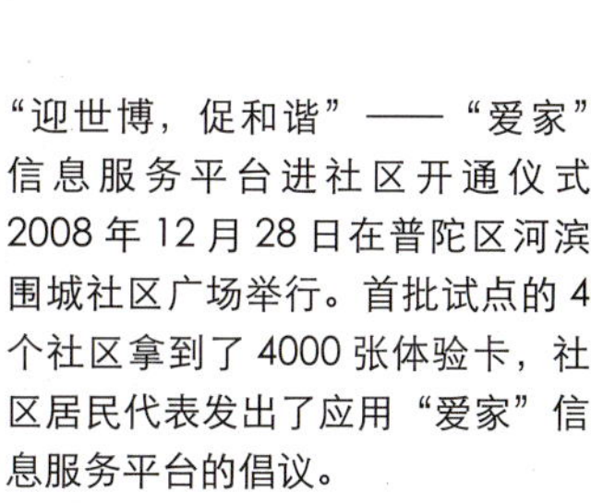

“迎世博，促和谐”——“爱家”信息服务平台进社区开通仪式 2008 年 12 月 28 日在普陀区河滨围城社区广场举行。首批试点的 4 个社区拿到了 4000 张体验卡，社区居民代表发出了应用“爱家”信息服务平台的倡议。

根据市政府有关的规定，2008 年 8 月 1 日起，70 周岁以上本市户籍市民凭敬老服务专用卡享受市政府推出的免费乘车惠民政策。在 8 月 1 日前，市社会保障卡服务中心已对 1938 年 12 月 31 日前出生的本市户籍市民集中办理了敬老服务卡的申领和发放。图为长宁区新泾镇虹康居委发放点向 70 周岁以上老年人发放敬老服务专用卡。

上海教育资源库由上海市教委主管、上海远程教育集团 2004 年 3 月开始承建，市教研室、区县、学校等合作伙伴共同参与。经过三期建设，上海教育资源库为上海各级教育教学单位及广大一线教师提供了优质的教育资源服务。

“区长在线话嘉定”活动是政府部门直接在网上与市民进行对话、交流互动的平台，又是政府各职能部门工作的一个重要窗口。通过这一个活动，将进一步提高群众对政府工作的知晓率、参与率，不断完善政府决策机制，推进决策的科学化和民主化。图为“区长在线话嘉定”第 17 期活动现场。

2008 年 6 月 13 日，上海市“千村万户”农村信息化培训普及工程启动大会在青浦华新镇举行，这标志着上海市“千村万户”信息化培训普及工程正式拉开了帷幕。

2008 年 3 月 18 日至 20 日，2008 上海国际信息化博览会在上海新国际博览中心举办。展会设置国际半导体设备与材料展暨研讨会、中国国际电子电路展览会、慕尼黑上海电子展、上海激光和光电展等四大区域，展馆总面积达 12 万平方米。

2008 年 5 月 26 日至 27 日，亚太地区城市信息化论坛第七届年会在上海国际会议中心召开。本届论坛年会的主题是“信息化，让城市更美好”。

2008 年 3 月 5 日，市信息委与中国电信上海分公司签署 2008 年推进上海信息化合作协议。在签约现场，中国电信上海公司同时启动“信息生活体验之旅”。

2008 年度“上海 IT 青年十大新锐”评选活动颁奖典礼在上海国际会议中心隆重举行。颁奖典礼上，新锐代表发言表示将立足本职工作，锐意进取，不断创新，为上海信息化建设的发展做出新的更大的贡献。

2008 年 11 月 5 日，2008 年世博信息化研讨会在延安饭店召开。参加研讨会的嘉宾将包括 2010 年世博会信息化的组织者、建设者及国内外知名专家和学者。

2008 年 6 月 5 日，“中国绿 E 行动 – e 环 365”发布会在上海举行。绿 E 行动将号召消费者、商业用户主动“交投”手中废弃或废旧的电子电器产品，用正确的方式处理手中废弃或废旧电子电器产品。

Contents 目录

特 载

重要文件

总 述

第一编 信息基础设施

综 述

第一章 专业规划与重大工程

第二章 公共信息基础设施

第三章 信息网络设施

第四章 功能型服务设施

第二编 信息产业

综 述

第一章 信息产业环境建设

第二章 信息产品制造业

第三章 信息服务业

第三编 政务领域信息化

综 述

第一章 政务信息资源开发利用

第二章 政务基础支撑体系

第三章 重点业务系统建设和机关信息化

第四编　经济领域信息化

综　述

第一章　农业信息化

第二章　制造业信息化

第三章 金融信息化

第四章 商贸流通信息化

第五章 旅游和会展信息化

第六章 企业信息化公共服务体系

第五编 社会事业与公共服务领域信息化

综 述

第一章 市政府实事项目

第二章 社会事业领域信息化

第三章 社区信息化

第六编 城市建设管理领域信息化

综 述

第一章 重点项目

第二章 城市建设管理业务信息化

第七篇 信息安全

综 述

第一章 信息安全管理

第二章 信息安全服务

第三章　信息安全技术研发及产业化

第四章　重要信息系统安全建设

第八编　信息化环境

综　述

第一章　信息化管理

第二章 信息化政策法规

第三章 信息化人才工作

第四章 信息技术创新、信息化标准与知识产权保护

第五章 信息化研究与咨询

第六章 信息化宣传

第七章 信息化社团

第八章　信息化合作交流及重要会展

第九章　市信息化工作系统党群工作

第九编 区县信息化

综 述

第一章 区县信息化工作

第二章 浦东新区信息化建设

第三章 徐汇区信息化建设

第四章 长宁区信息化建设

第五章 普陀区信息化建设

第六章　闸北区信息化建设

第七章　虹口区信息化建设

第八章　杨浦区信息化建设

第九章 黄浦区信息化建设

第十章 卢湾区信息化建设

第十一章 静安区信息化建设

第十二章　宝山区信息化建设

第十三章　闵行区信息化建设

第十四章　嘉定区信息化建设

第十五章 松江区信息化建设

第十六章 金山区信息化建设

第十七章 南汇区信息化建设

第十八章 奉贤区信息化建设

第十九章 青浦区信息化建设

第二十章 崇明县信息化建设

第十编 社会诚信体系

综 述

第一章 社会信用制度建设

第二章 信用服务行业发展与规范

第三章 社会诚信创建活动

文 献

文 告

信息化法律法规

附 录

特　　载

重要文件

2008年上海市信息化工作要点

2008年，本市信息化工作的指导思想是：贯彻落实党的十七大、市第九次党代会精神，围绕上海贯彻“四个着力”、加快推进“四个率先”、建设“四个中心”和社会主义现代化国际大都市的中心任务，以科学发展观为指导，全面实施市信息化“十一五”规划，促进信息化与工业化融合，发挥信息化在建设创新型城市与构建社会主义和谐社会中的作用。

依据上述指导思想，2008年的主要工作包括：

一、不断提高信息技术创新能力，促进创新型城市建设

落实国家和上海中长期科技发展规划纲要，积极争取极大规模集成电路制造装备及成套工艺、新一代宽带无线移动通信网等国家重大专项落户上海；加快推进国家级集成电路研发中心建设；继续推动科教兴市重大项目实施，重点支持软件、集成电路、新型元器件三大核心产业关键技术的研发，提升信息产业自主创新能力。加大信息产业知识产权保护力度，开展信息技术领域企业自主创新知识产权保护专项行动，重点支持制造业企业的知识产权创造活动；鼓励和引导集成电路、信息家电、通信制造等行业协会依托知识产权信息服务试点平台，提高行业知识产权服务水平。

二、大力发展信息产业，促进信息化与工业化融合

以集成电路、平板显示、新一代移动通信、汽车电子、半导体照明等产业领域为重点，大力发展信息产品制造业。继续推动以手机芯片、平板显示驱动芯片、数字音视频等为重点的集成电路产品设计与整机联动；推广以景观灯、车用灯、照明光源等为重点的半导体照明工程应用，促进节能降耗。

加快以软件和互联网应用为重点的信息服务业发展。大力发展以操作系统、中间件等为核心的基础软件，以网络通信、汽车电子等为重点的嵌入式软件，以金融、电信等领域为重点的大型行业应用软件；落实“中国服务外包基地城市”及示范区建设要求，拟定信息服务外包发展促进措施，重点推进软件服务外包；推进以互动娱乐、动漫等为重点的数字内容产业发展。

做好国家即将出台的软件与集成电路产业发展条例的政策配套工作，重点推进集成电路、平板显示、汽车电子、软件、数字内容、服务外包等产业基地和园区的建设，加快推进硅知识产权交易平台、软件评测平台、半导体照明应用平台、国家软件和信息服务外包平台、数字媒

体技术平台建设，支持行业协会、咨询评估机构、产权交易机构发展，不断完善信息产业公共服务体系。

2008年，信息产业销售收入和经营收入力争达到8 100亿元，其中信息服务业经营收入达到1 800亿元，信息产品出口额达到500亿美元。

落实应用信息技术改造提升传统产业的若干政策意见和三年行动计划（2008～2010）；实施以“百家IT厂商助力万户传统企业提升”为主题的企业信息化体验扶助计划；以轨道交通装备、船舶协同制造、冷链物流监控等为重点，推进企业信息技术应用；成立企业信息化公共服务平台标准联盟，颁布《企业信息化公共服务平台通用规范》，建成市企业信息化公共服务平台，促进中小企业信息技术应用。

三、不断完善信息基础设施功能，提升城市基础设施服务能级

按照上海城市发展规划和新农村建设要求，完善全市信息基础设施规划体系，重点推进郊区信息基础设施规划编制；以无线电频率资源集约共享为重点加强无线电管理，提高电信行业服务水平。根据国家部署，建成跨太平洋直达光缆系统，推进第三代移动通信（3G）试验网络建设；推进世博园区、虹桥综合交通枢纽、轨道交通网等市重大工程信息基础设施配套建设，推进部分城区的无线宽带网络建设，完成800兆数字集群模转数工作，继续推进信息管线、通信局房、无线通信基站的集约化建设，以及信息通信架空线入地、无线通信基站的景观化改造，加快实施有线数字电视整体转换，做好奥运会足球赛等重大活动的信息通信保障。建设高效能可信计算机系统，推进超级计算中心与公共科研平台的业务合作和资源共享，提升超级计算中心的公共服务能力；完成上海互联网络交换平台扩容并试运行，提升互联网本地交换能力。

四、深化电子政务建设，促进政府职能转变和行政效能提升

落实国家电子政务总体框架，编制本市电子政务总体框架；推进国信办电子政务综合试点，完善电子政务基础支撑体系集约化建设、公共服务渠道整合、信息资源开发管理等模式和机制建设，深化拓展电子政务应用功能和服务领域；开展信息化支撑浦东新区综合配套改革试点工作。拓展政府网站办事功能，完善政务服务热线114服务，推广800兆数字集群政务共网应用，完成国家电子政务传输骨干网与市级网络的对接。基本建成政府电子采购、突发公共卫生事件应急管理、国有资产监管等一批重点信息系统，完善社会保障和市民服务、居住证管理、知识产权信息服务、企业（进出口）基础信息共享与交换等信息系统并促进应用，充分利用现有资源加快实有人口综合管理、基层党建、电子监察、安全生产、食品药品监管、城市图像监控、应急管理等重要信息系统和平台的建设。

五、加快推进社会事业和公共服务领域信息化，促进民生改善与社会和谐

在文化领域，继续推进文化信息资源共享工程，依托社区文化活动中心（活动室）和信息

苑建设，按照集约共享原则推进共享工程基层服务点在郊区农村的建设和在社区的全覆盖；推进建立多层次的文化信息服务网络。在教育领域，配合教育管理和学生素质教育，继续推进“教学通”、“管理通”、“培训通”、教育资源“社区通”、网络教研平台等建设，推广“家校互动”学生成长教育信息系统应用，加快建设符合学习型城市要求的开放型终身学习平台；按照国家要求，基本建成农村党员干部现代远程教育网络。在医疗卫生领域，加快建设“医联工程”，在 23 家市级医院推进诊疗信息共享；通过区域试点，推进社区居民电子健康档案应用，促进诊疗、保健信息的共享。在旅游领域，建设完善城市旅游目的地营销系统，拓展上海旅游信息网、旅游热线服务功能。在体育领域，推广市民体质监测网络系统的应用。建设城市数字记忆工程，推进档案公共服务。

发挥信息化在社区“三个中心”建设中的支撑作用，按照“一口受理、内部协办”的要求，深化社区事务受理服务系统建设，开展社区信息化示范区建设。推进新农村信息化，落实信息产业部农村信息化综合信息服务试点任务，深入实施为农综合信息服务千村通工程，加快推进宽带信息网和有线电视网进村入户，重点建设涉农综合信息服务平台，在全市部分农业比重较大的行政村建成包括农村信息苑、“农民一点通”等的为农综合信息服务站，探索城镇管理、村务管理、农村合作医疗等领域的信息化应用，开展“千村万户”信息化普及培训工程。

六、拓展经济领域信息化，促进经济运行质量和效益提高

落实促进电子商务发展的相关政策措施，实施BtoB电子商务专项支持计划，重点引导现代物流、机电设备、钢铁等领域第三方行业电子商务平台的发展，推广第三方电子商务交易与服务模式的应用；优化电子商务发展环境，启动BtoC电子商务公共服务平台建设。依托上海电子口岸平台，启动洋山保税港区联网监管平台建设，推广特殊区域联网监管系统应用，推动电子口岸平台与道路货运等相关专业物流平台的信息共享，深化口岸电子支付平台建设。服务金融中心建设，继续推进本市银财库行横向联网工程建设，推广市级财政单一账户系统应用，启动建设财政动态监控系统，促进公务用卡制度的推行与完善；落实上海市银行卡产业三年发展计划（2006～2008），全面推进金融税控收款机在饮食、娱乐、商业零售、文化体育等行业的应用；以服务奥运会、世博会为契机，进一步完善银行卡支付环境。落实上海市社会诚信体系建设三年行动计划（2006～2008），加强信息技术在信用管理和服务各环节上的应用，完善个人与企业联合征信信用数据库，规划建设社会信用信息公共服务平台。深化信息技术在农业生产、经营和管理领域的应用，重点推广畜牧、蔬菜安全生产管理系统应用，推动农产品市场服务、农业生产决策管理等信息系统的建设，促进农业增效、农民增收。

七、加快推进世博会、城市建设和交通领域信息化，促进城市综合管理和服务水平的提高

配合世博会筹备，落实世博信息化总体规划和实施计划，发布世博会信息系统应用技术规

范，推进园区内信息管线、通信局房、无线基站、涉及国家秘密的网络信息系统等信息基础设施建设，全面启动世博会综合管理信息系统建设，按照“急用先上”原则加快推进相关应用系统建设；按照世博会信息安全专项规划要求，启动世博会数字认证受理分中心（RA）、系留气球监测等安全基础设施建设；根据世博会期间对市级重要信息系统的应用需求，完善本市应急管理、建设交通、公共卫生、气象、旅游等领域信息系统；依托科研院所、相关企业等社会力量，加快世博会相关信息科技的研发和应用。

服务于城市管理水平提高，推进城市网格化管理向奉贤、南汇、崇明等郊区（县）和绿化、市容等专业领域拓展。深化地理空间信息资源开发利用，探索建立空间地理基础信息共享和交换平台，推广地理空间信息在社区及相关专业领域的应用，深化地下空间基础信息平台建设试点，规划建设上海海域地理空间信息数据库框架。深入推进交通信息化，重点完善交通综合信息平台，以路况、运输、停车等信息为重点，推进交通信息资源开发利用。推广地面无线测控网在银行钱箱、残疾人车辆等管理方面的应用。

八、深化政府信息公开工作，推进信息资源的开发利用

贯彻落实《中华人民共和国政府信息公开条例》，发布修订后的《上海市政府信息公开规定》；重点推进公共资金使用、行政处罚结果、土地使用权出让、城市规划、社会保障、环境保护等与公众利益密切相关的政府信息公开，并将政府信息公开工作进一步向乡镇政府、公共企事业单位延伸；拓宽政府信息公开渠道，推进各级公共图书馆建立政府信息查阅点；加强政务部门电子文件、数字信息的归档和管理，落实向国家档案馆、公共图书馆及时提供主动公开政府信息相关工作；完善政府信息公开管理体制和推进机制，探索建立政府信息公开责任追究和考核制度，开展相关业务培训。加快推进人口、法人、地理空间、宏观经济信息资源的开发利用，探索建立公共基础信息资源的公开、共享机制，重点推进公文类信息目录备案登记工作和市级政务信息资源目录服务平台建设，初步形成人口、法人、地理空间基础信息目录和交换体系框架。促进各领域信息资源的公益性开发与利用，支持公益性信息服务。

九、不断完善信息安全保障体系，促进“平安上海”建设

重点落实国家《信息安全等级保护管理办法》，开展信息系统建设整改、等级评定、监督检查等工作；继续实施重要信息系统风险评估和安全测评；推进数字证书在电子政务、商贸物流、金融等领域的应用，完成涉密信息系统分级保护工作、商用密码管理基础设施功能升级；完善信息安全应急管理体系，推进重点单位的应急预案演练；加快推进信息安全测评认证系统二期、电子政务灾难备份中心等项目建设，基本建成网络与信息安全事件应急防范综合支持服务系统，增强信息安全保障能力。

十、优化信息化发展环境，支撑信息化协调持续发展

研究制订以电子商务、电子政务管理、无线电电磁环境管理、企业信息化、信息安全、信

息资源开发利用等领域为重点的信息化政策法规和标准规范，规范无线电、信用征信、信息安全等领域的行政执法行为。健全信息化项目归口把关相关制度规范，开展2009年市本级信息化项目支出预算申报工作，启动信息系统固定资产投资项目后评估试点。全面实施上海信息专业技术人才知识更新工程，不断健全信息化人才培养体系和专业人员职业资格认证体系。完善信息化社会服务机制，进一步发挥行业协会、专家学者、中介组织和企业在信息化推进过程中的作用。办好亚太地区城市信息化论坛第七届年会和第五届上海国际信息化博览会，加强以长三角区域为重点的国内外信息化合作交流，重点在超级计算、互联网络交换、电信服务、无线电协同监管、电子口岸、信息化培训与职业资格互认等方面拓展合作。

上海市国民经济和社会信息化领导小组办公室

二〇〇八年一月八日

2008年上海市社会诚信体系建设工作要点

2008年，上海市社会诚信体系建设工作要全面贯彻落实党的十七大精神和市委九届三次全会精神，按照《国务院办公厅关于社会信用体系建设的若干意见》的总体要求，围绕落实《上海市社会诚信体系发展“十一五”规划》和《上海市社会诚信体系建设三年行动计划（2006～2008年）》确定的目标和任务，坚持制度建设，注重应用引导，培育市场需求，加强环境营造，为上海加快落实“四个着力”、加快推进“四个率先”、加快建设“四个中心”和社会主义现代化国际大都市提供更为有力的支撑。

一、加强社会诚信体系对本市中心工作的支撑

（一）服务于以改善民生为重点的社会建设。发挥联合征信系统在廉租房政策、经济适用房政策等政策实施中的信用管理作用，促进申请人诚信自律，切实保障中低收入家庭住房改革的落实。将物价、劳动保障、医疗保险、房地资源、环境保护等部门掌握的与民生关联度高的相关信息纳入联合征信系统，加大对违规主体的惩处力度。将食品药品安全违法、传销、制售假冒伪劣商品、商业贿赂、市场主体不良退出等负面行为的信息与相关责任人关联，推动信用惩戒从单位主体向违法自然人延伸。

（二）优化社会管理和公共服务。探索建立与信用挂钩的费率浮动机制，根据机动车辆交通违法记录、安全生产违规记录、职业卫生违规记录以及医疗医保、火灾事故、保险理赔等记录，实施机动车辆保险、工伤保险、健康医疗保险及火灾公众责任保险的费率浮动，优化相关管理。探索建立社会服务领域的信用查询机制，率先在个人出境游、汽车租赁、质量认证等业务中推动实施。继续推进社会资源分配与信用联动，参考《上海市政府部门示范使用信用产品指南》，在资质认定、贷款担保、资金扶持、评优评级、政府采购和项目招标、公务员招录、人才流动等环节，相关政府部门主动使用信用报告或信用信息，在同等条件下对信用良好者实施政策倾斜。

（三）助推产业结构调整和企业发展。推动以服务经济为主的产业结构的形成，鼓励现代服务业领域的骨干企业充分应用信息技术，建立健全以信用风险控制为核心的企业信用管理制度，加快适应国际交易规则，不断增强可持续发展能力。充分发挥大中型国有企业在供应链、产业链上的带动作用，促进上下游关联企业及同产业相关企业开展信用管理。推进中小企业信用管理制度建设，引导中小企业加强自身及交易方信用信息记录，推进中小企业信用信息自主申报试点工作，探索本市中小企业信用信息采集、比对、更新、共享、服务机制，帮助中小企业争取更多融资和便利机会，防范交易风险。探索通过现代服务业园区、高新技术园区、特色商圈等载体，向企业提供信用风险防范支撑，加快兑现对守信企业和机构的扶持政策。指导联

合会、行业协会等社会组织加强信用制度建设，提高行业公信力和综合发展能力。

（四）促进金融业持续健康发展。加强金融信用风险控制，继续推进信贷、租赁、典当等业务中的信用产品使用，依据信用状况调节授信水平；鼓励开发和利用相关信用工具，服务于金融产品创新；扩大证券业务资信评级、集团企业评级、担保机构评级试点工作范围，加快信用评级市场化。加强对金融机构及从业人员的执业信用管理，持续推进保险公司高管和保险营销员、上市公司及证券公司高管的信用信息纳入个人联合征信系统，进一步拓展信用信息共享范围；推进证券期货市场的诚信档案建设，促进相关信用信息的公开共享；继续推进保险专业中介机构的信用评级工作，实施分类监管并将相关信息纳入企业信用联合征信系统，推动专业中介机构由被动接受监管向自觉规范经营转变。

（五）运用信用制度防范和惩治腐败。以建筑工程、土地交易、产权交易、政府采购、医药购销、资金监管六个领域为重点，持续推进“三个更加注重”试点工作，加强公共权力行使环节的信用制度建设，公开共享相关信用信息，畅通公众知情渠道；使用信用产品，完善行政审批流程，减少权力违规行使的空间；通过相应的信息记录，使权力行使的各个环节有迹可寻，加大责任人的违法成本，促进权力行使的规范化。

二、不断优化社会诚信体系建设的基础环境

（一）加强社会信用信息记录和管理。推动政府部门、公共事业单位、企业等社会主体加强信用信息记录，建立和完善各类业务信用信息数据库，健全信用信息的更新维护和应用管理机制。以满足业务协同的实际需求为导向，推动跨部门、跨领域的行业业务平台的建设和发展。探索开展个人信息和商业秘密保护、信息披露等方面的立法调研。完善社会信用信息记录使用标准的建设，推动个人和企业信用信息数据标准的社会参考应用。

（二）完善社会信用信息共享机制。继续探索推进公共管理和服务部门将与公众密切相关的信用信息向社会公开。进一步发挥联合征信系统的作用，拓展社会信用信息的共享范围。提高联合征信系统的信用信息采集和处理能力。探索开展个人信用报告社区查询的试点，方便个人查询，推动建立个人信用信息自主校验机制。通过建立社会信用信息公共服务平台，建立信用信息交换共享机制，提高信用信息共享的及时性、联动性、完整性，初步实现部分政府部门、区县、园区和行业协会信用信息的联网共享。

（三）持续开展多层次的信用教育培训。加强个人信用知识普及工作，引导市民重视个人信用，学会使用信用工具。探索开展大学生职前诚信教育，提高大学生在社会实践、就业等环节的诚信意识。组织开展干部信用知识培训，提高领导干部和公务员的信用意识，促进廉洁自律。大力推动赊销规模和信贷需求大、进出口业务多的企业参加信用管理培训，提高风险控制能力。

（四）大力倡导诚实守信意识。充分发挥新闻媒体的作用，加强诚信宣传，褒扬诚信典型，鞭挞失信行为，促使诚信为本的理念深入人心。持续推动各行各业的诚信创建活动，促进守信

践约，树立品牌形象。组织开展集中性、主题性的诚信宣传及研讨活动，推广诚信建设成果。

（五）加强长三角区域信用体系建设联动发展。在国家社会信用体系建设规划的框架下，研究制订长三角区域信用体系建设2008～2012五年发展规划。逐步扩大苏浙沪两省一市企业信用信息共享的广度和深度。探索建立苏浙沪两省一市征信机构备案通报制度，共同指导信用服务行业加强行业自律与从业人员职业道德建设。

三、促进信用服务行业健康快速发展

（一）加强信用服务行业规范与自律。制定《上海市征信机构投诉受理规定》，规范受理流程，依法公布投诉受理结果。加强征信机构备案公示工作以及对已注册未备案征信机构的检查工作。探索建立对征信产品使用情况反馈机制，了解市场对征信机构有关征信业务的客观评价情况。指导信用服务行业协会加强行业自律，促进行业健康发展。

（二）深化信用服务行业建设。推动企业信用联合征信系统逐步向征信机构开放，指导征信机构依法加强信用信息资源开发利用工作。增强上海诚信网站的宣传功能和服务功能。组织开展业内外交流与培训活动，加快行业人才队伍建设与储备。结合国家社会信用标准化建设总体规划，研究构建上海市信用服务行业标准建设体系框架。组织开展信用服务行业联合推广与宣传活动，探索行业服务品牌建设，支持征信机构创建本市服务名牌企业。

上海市社会诚信体系建设联席会议办公室

上海市征信管理办公室

二〇〇八年三月二十八日

2008年上海市区县信息化工作要点

根据《2008年上海市信息化工作要点》，结合区县信息化工作实际，特制定本要点。

一、指导思想

以党的十七大精神为指导，深入贯彻落实科学发展观，按照全市信息化发展战略的要求和总体部署，着眼区县发展需求和中心任务，继续推进区县电子政务总体框架建设，促进政府职能转变和服务创新；积极推进农村信息化，进一步统筹城乡发展，缩小城乡“数字差距”；鼓励和支持区县发展信息产业，促进信息化与工业化融合，不断推动区域产业结构优化和经济发展；落实国家和本市重大任务、重点工作，注重发展创新，发挥信息化在促进社会和谐方面的积极作用。

二、主要工作

（一）依照《上海市区县电子政务总体框架建设指南》，深入推进区县电子政务建设

1.完善电子政务基础支撑体系。结合年度区县电子政务总体框架评估情况，研究完善各区县的电子政务总体框架建设方案；继续完善市、区两级电子政务网络的互联互通，配合有关业务部门将业务专网应用转移到统一的市、区两级电子政务网络平台；不断推广800兆数字集群政务共网的应用；完善以门户支撑、信息交换、认证授权、基础服务为重点的应用支撑平台建设，为条块协同应用奠定基础。

2.深化信息资源开发利用。进一步完善人口、法人、空间地理三个基础信息资源库建设，形成更新及时、共享有序、促进应用的工作机制；以开展国家电子政务综合试点为契机，探索信息资源目录体系的建立规则，以及基础信息库与专业信息库相结合的信息资源库体系的建设、应用管理规则。

3.推进政务信息系统建设与应用。围绕电子监察、城市图像监控、应急管理、公共卫生等领域的市级重要信息系统建设，配合建立市、区两级互联互通的渠道和工作保障机制；继续深化区级GIS统一平台建设，为各类应用提供基础性的公共平台；配合有关部门实现市区和郊区中心城镇的网格化管理全覆盖；进一步拓展政府门户网站的信息公开、网上办事和互动功能，提高应用成效。

4.加强信息化管理制度建设。完善信息化项目审核审批制度，确保应用项目与电子政务总体框架的有机衔接；探索项目绩效评估制度，注重项目的应用成效；继续落实重要信息系统的功能测试和安全测评制度，确保系统正常运行；加强服务外包制度研究，继续推进服务外包工作。

（二）全面推进农村信息化，促进城乡统筹发展

1.加快推进农村信息基础设施建设。继续贯彻落实《关于在社会主义新郊区建设中加强信息基础设施规划、建设和管理的指导意见》（沪信息委基〔2006〕78号），加强农村信息基础设施的统筹规划和集约化建设，鼓励通信运营商加大农村信息基础设施建设的投入，加快农村宽带网络建设，基本实现农村宽带网络“村村通”。

2.大力推动农村信息化建设和应用。联合涉农部门，继续做好农村信息化综合信息服务试点工作；配合相关部门，做好农村党员干部现代远程教育、为农综合信息服务“千村通”、东方农村信息苑建设等市重点工作的落实；大力推进乡镇电子政务建设和应用，依托区县电子政务平台，加快推进镇村管理与服务信息化，提升农村政务管理和服务水平；结合区县需求，推动农村合作医疗、农村劳动力培训等方面的信息化应用项目建设；按照“建设、管理、运维”三统一的集约化建设原则，统筹为农综合信息服务站的建设，建立农村基层信息化公共设施共建共享机制。

3.启动“千村万户”农村信息化培训普及工程。针对农村基层管理者、专业农民以及有积极性的普通农民，开展2万人的“两会两能”（会打字、会上网，能搜索信息、能收发邮件）培训；以“信息大篷车”为主要载体，对10万名农村适龄居民开展以“观看一部宣传短片、参加一次体验活动、阅读一本普及读本”为主要内容的信息化宣传普及活动。

（三）促进信息产业发展、信息化与工业化融合，助推区域经济又好又快发展

1.优化布局，推进信息产业重点行业发展。按照信息产业布局，结合新一代移动通信、数字音视频、平板显示器等重点技术和产品，大力促进集成电路、软件、信息服务外包、汽车电子、半导体照明等重点行业的发展；中心城区以发展软件和信息服务业为主，郊区以发展电子信息产品制造业为主；加强各区县特色信息产业的研究和规划，发挥区域优势，推动建立相关产业园区和公共服务平台，制订针对园区企业的相关政策措施，培育和扶持创新型信息产业企业。

2.摸清情况，加强信息产业管理工作。有条件的区县信息委可明确信息产业对口管理部门，负责本区域信息产业政策、规划、计划的制订和实施等工作；深化区县软件和信息服务业统计工作，积极做好信息产业各领域企业情况摸底工作，为实现对本区域信息产业企业的全面管理打下良好基础；根据软件和集成电路产业发展专项资金项目指南，组织本区域信息产业企业开展项目申报推荐工作，积极争取区级配套资金，做好项目的组织协调和跟踪落实。

3.落实政策，促进信息化与工业化融合发展。贯彻落实《关于应用信息技术改造提升传统产业的若干政策意见》（沪信息委产〔2006〕352号）和DB31/T381—2007《企业信息化基本要求与评价》（沪质技监标〔2007〕216号），结合各区县产业特点，做好企业信息技术应用项目的组织推进协调工作；加强对企业应用信息技术进行改造升级的引导，加大对有关成功案例的宣传力度，强化信息化与工业化融合发展的舆论氛围；引导和鼓励IT企业为传统企业提供其迫切需要的产品与服务。

（四）结合区县实际，积极推动国家和本市重点工作、项目在区县的落实与延伸

1.继续深化政府信息公开工作。贯彻落实修订后的《上海市政府信息公开规定》有关要求，强化乡镇政府的政府信息公开工作，推进公共企事业单位的信息公开工作；加快区县公共图书馆政府信息查阅点建设；积极探索政府信息发布协调机制、保密审查机制、监督评议机制，组织开展公文类信息目录登记备案系统的推广应用，并具体组织登记备案工作；围绕社会关注热点，重点推进审计结果、行政处罚结果以及土地使用权出让、城市规划、社会保险、环境保护等方面的政府信息公开；加强政府信息公开的宣传工作，开展政府信息公开业务培训。

2.以社区为载体，持续做好本市重点工作、项目的推广应用工作。按照《上海市人民政府关于完善社区服务促进社区建设实施意见》（沪府发〔2007〕19号）的要求，发挥信息化在社区“三个中心”建设中的支撑作用。按照“一口受理、内部协办”的要求，深化社区事务受理服务系统建设；逐步扩大居民电子健康档案试点工作，为社区卫生改革提供支撑；依托东方社区信息苑，提升社区文化活动中心功能；充分发挥“962200”社区服务热线、居住证系统、社保卡系统、家校互动系统、市民信箱等的应用服务功能，积极开展社区综合应用；深入开展社区信息化示范试点，优化社区信息化的应用与服务模式。

3.配合推进重大工程的信息基础设施建设。结合世博园区、轨道交通、架空线入地等市重大工程，配合做好信息基础设施建设推进工作；中心城区配合开展有线电视数字化整体转换工作；郊区县继续完善区域信息基础设施专业规划；配合完善城域无线宽带网建设方案。

4. 深化电子商务建设，推广银行卡和金融税控机的应用。按照全市电子商务发展“十一五”规划要求，加快各区县电子商务的应用推进，促进各区县电子商务的发展，配合做好首批列入电子商务 BtoB 专项支持计划的单位的支持服务工作和第二批的申报工作；落实《上海银行卡产业发展计划（2006 ~ 2008 年）》，联合各区县旅游委、经委等部门，继续完善银行卡受理环境，普及银行卡应用；根据《上海市税控收款机推广应用实施意见》（沪国税征〔2007〕28 号），积极配合各区县税务局做好相关宣传以及在饮食、娱乐、服务、商业零售、文化体育等行业的推广应用工作。

（五）夯实基础工作，进一步优化信息化发展环境

1.落实信息安全等级保护制度。加强信息安全测评管理工作，将测评工作纳入区县信息化项目建设和管理的重要环节；完善信息安全应急预案，开展区级层面重点领域、行业、单位的应急演练工作；实现多样化的数据备份，探索区域间灾难备份资源的共建共享模式；按照统一的网络信任体系的要求，继续推进数字证书的应用；梳理区县政府网站安全建设情况，做好安全隐患的排摸和防治工作。

2.积极做好专业培训工作。按照“653工程”的实施要求，结合区域的优势教学资源，组织信息化培训课件的开发，建立有效的培训体系，联合教育培训职能部门，探索建立培训推进机制；针对区域内重点信息产业企业，配合做好“653工程”的宣传动员工作；支持鼓励各区县开展信息技术主管职业资格认证工作。

3.健全信息化统计与水平评估制度。继续规范区县信息化统计工作，完善统计渠道，进一步提高统计质量；继续开展年度区县电子政务总体框架建设现状评估工作，为有针对性地推进区县电子政务提供决策依据；在全市10个郊区县全面开展信息化水平测评工作，促进郊区县信息化的加速发展。

4.开展区县信息化优秀成果征集与宣传推广活动。围绕聚焦民生、促进政府职能转变和管理创新、提升城区管理水平、助推社会主义新农村建设、推动信息产业和区域经济发展、优化信息化工作机制等主题，评选和总结一批信息化优秀成果，加大宣传和推广力度，扩大信息化优秀成果的受益面。

三、工作要求

1.试点先行、示范引路，重视工作创新。加强对信息化发展趋势的分析，善于把握工作难点、重点，通过试点逐步解决存在的问题；承担农村信息化试点、电子政务综合试点等试点任务的区县要认真落实试点任务，总结试点成果，做好建设与应用示范工作；加强信息化项目协同管理、信息产业管理、信息化资产管理等方面的工作机制和工作方法的研究创新。

2.突出重点、因地制宜，提高综合成效。重视工作统筹与协调，确保全市重点工作的落实；在信息化建设内容和实施方法上，结合区域实际，因地制宜开展工作；以区县电子政务总体框架建设现状评估、信息化优秀成果征集与推广等长效工作为抓手，进一步完善信息化建设、应用的管理机制，不断提高信息化应用的综合成效。

3.沟通协调、整合资源，增强工作合力。加强市、区两级的工作交流、沟通，切实做好工作计划、动态信息、统计报表等的及时报送和反馈工作；加强各区县间的交流互动，实现资源共享、优势互补；继续搭建多种形式的工作交流平台，有效整合工作资源，增强工作合力，形成多部门协调推进、多方合作共赢的局面。

上海市信息化委员会

二〇〇八年一月二十四日

2008年上海市政府信息公开工作意见

为全面贯彻《中华人民共和国政府信息公开条例》（以下简称国家《条例》），深化本市政府信息公开工作，制定本意见。

一、指导思想

以党的十七大精神为指导，紧密结合中央要求和上海特点，着力抓好国家《条例》的贯彻落实，切实保障人民的知情权、参与权和监督权。以“公权力大、公益性强、公众关注度高”的部门的公共政策，以及与群众利益密切相关的重要事项的公开为重点，进一步深化公开内容。以信息技术为手段，加强政府信息管理能力，不断创新与拓展公开渠道。以制度建设为保障，规范政府行政行为，切实提高行政透明度。以加强基础性工作为抓手，提高全社会对政府信息公开工作的认识，并将政府信息公开纳入政府日常工作过程。

二、主要任务

（一）突出工作重点，促进行政权力的公开透明运行

1.推进市级“三公”部门制定行业信息公开属性分类细目规则。结合国家行业主管部门的工作要求，明确公开主体、公开要素、公开时限、公开方式等，进一步统一、协调市、区县两级政府机关的政府信息公开工作。

2.加大财政性、公共性资金使用情况向社会公开的力度。

加快推进预算执行情况公开，公开财政预算、决算报告和社保基金、住房公积金、房屋维修基金等公共性资金的收支和结余情况。推进区县和乡镇财政性资金的公开，及时向社会公开乡镇扶贫、救济、优抚、义务教育、农业补贴等资金分配情况。

加快政府采购信息服务平台建设，公开政府采购目录、标准及结果情况，提高政府采购透明度。依法扩大审计结果公开的内容和范围，围绕重点领域、重点部门、重点资金、重点项目，把审计项目计划、审计结果、整改情况作为审计公开的重要内容。

3.重点推动涉及民生、公众关注度高的信息公开。深化涉及招生考试、教育收费、执法依据、劳动就业、工资福利、道路交通等与公众利益密切相关的信息公开。依法、有序推进土地使用权出让、动拆迁、城市规划、环境保护等信息公开。

强化对突发性公共事件的应急、预警类信息的公开，有步骤、有重点公开应急专业或专项预案，探索建立预警和防范类信息发布的办法。

4.探索非公文类政府信息的公开。在部分区县政府和市政府委、办、局开展法人、空间地理、行政业务等非公文类政府信息公开试点的基础上，形成非公文类政府信息分类编目、登记、公开属性审核等工作方法。

5.进一步推进行政处罚结果信息公开。在工商、质监、环保、卫生等领域探索行政处罚结果信息公开的基础上，结合相关理论研究和试点成果，研究形成行政处罚决定信息公开属性审核机制。

（二）着眼于高效便民，推进服务型政府建设

1.加强政府信息解读服务。对规范性文件，政府机关在公开文件的同时公开起草说明；对其他涉及民生问题、专业性强的重大政策和重要事项，政府机关编制并公开重要问题解答。

2.规范各级政府网站的政府信息公开专栏建设，开展全市公文类信息目录的登记备案，逐步建立全市公文类信息目录库，升级本市政府信息全网搜索引擎系统，通过网站为公众提供“一站式”的公文类信息检索服务。推进各行政机关的网上办公业务应用，优化政府信息发布流程，坚持“及时、准确、便捷、通畅”的原则，加强工作衔接，进一步缩短文件信息等从审签形成到提供发布的时间，确保可公开的信息及时公开。

3.拓展“114——政务服务热线”的平台服务功能。依托114查号台，逐步建立涵盖政府机关机构职能，行政审批项目、依据、流程和结果等信息的知识库，使“114——政务服务热线”逐步成为政府信息公共服务语音平台。同时，进一步整合、规范现有的各部门热线服务，提升热线的整体服务水平。

4.拓展政府信息公开查阅渠道。完善政府信息集中查阅点的建设，重点推进各级公共图书馆建立政府信息查阅点，进一步完善政府机关向同级档案馆和图书馆送交政府信息的机制。

同时，充分利用文化馆、社区事务服务中心、社区信息苑等渠道，将信息公开渠道延伸到基层。

（三）完善制度规范，保障政府信息公开依法、有序推进

1.根据国家《条例》和本市《政府信息公开规定》（以下简称本市《规定》）要求，结合实际，搞好相关配套制度和法律文书调整。

2.完善领导体制和推进机制。根据本市《规定》要求，由各部门、各单位明确政府信息工作主管部门和工作机构，切实加强政府信息公开专、兼职工作人员队伍建设。

3.研究政府信息发布协调机制。重点就涉及多个行政机关的政府信息的公开主体、公开属性、公开内容等内容建立审核协调流程，并出台相应的工作办法，保证发布的政府信息准确一致。

4.健全和完善保密审查工作机制。明确政府信息公开中的保密审查流程和要求，并出台相应的工作办法，防止政府机关不当公开或以保密为由拒绝公开。

5.健全和完善政府信息公开监督和考核机制。建立责任追究制，健全政府信息公开考评体系，加强工作评估和公众评议，将政府信息公开情况纳入各部门绩效考核序列。

（四）加强配套工作，夯实政府信息公开基础

1.完善信息公开内容更新维护机制。编制、公布本机关政府信息主动公开目录和依申请公开目录，并及时更新。

加大对本市《规定》实施前形成的相关文件的梳理力度，进一步摸清政府信息的总体情况。对申请集中、可以公开但尚未主动公开的信息，及时主动予以公开。

2. 完善政府信息公开平台。根据国家《条例》和本市《规定》，进一步调整、完善政府信息公开申请处理系统，并逐步将备案登记、统计分析、工作交流等纳入信息化管理范畴。

3. 加强对依申请公开工作中的难点分析和研究。探索建立信息公开申请与信访矛盾化解的协调机制，继续发挥政府信息公开咨询工作小组作用，继续以工作口径等形式，指导、帮助解决典型问题。

4. 加大培训与宣传力度，开展贯彻、实施国家《条例》、本市《规定》和其他相关配套制度业务培训，并进一步加强国际和国内的工作交流。开展宣传国家《条例》和本市《规定》的活动、政府信息公开主题宣传活动，提高公众知晓度。

上海市政府信息公开联席会议办公室

二〇〇八年五月十六日

2008年上海市银行卡产业发展工作要点

根据《上海银行卡产业发展计划（2006～2008年）》（沪银卡办〔2006〕2号，以下简称“新三年计划”）和《奥运支付环境建设工作领导小组关于加强奥运支付环境建设的指导意见》（银办函〔2007〕168号，以下简称“奥运支付指导意见”），制定本要点。

一、工作目标

2008年是贯彻落实银行卡产业新三年计划的最后一年，银行卡产业推进工作要围绕上海建设国际金融中心和社会主义现代化国际大都市的中心任务，以奥运、世博为契机，以支付环境建设为重点，以产品创新为动力，提升银行卡应用水平和产业能级，全面实现银行卡产业新三年计划各项指标和任务。

到2008年年底实现：持卡消费额占社会消费品零售总额的比重保持在45%以上，银行卡消费成为市民生活的主要支付方式；全市营业面积100平方米以上或年营业额50万元以上的零售、餐饮、旅游等企业中可以受理银行卡的商户比例提高到90%，全市联网POS机具累计超过14万台，联网商户累计超过5万家，银行卡受理环境全面改善；跨行交易转接成功率保持在99%以上，银行卡联网通用质量不断提高。

二、重点任务

（一）拓展应用，规范服务，全面推进奥运银行卡支付环境建设

1.组织实施迎奥运银行卡支付环境建设推进计划。根据奥运支付指导意见的有关要求，在全市范围实施迎奥运银行卡支付环境建设推进计划，为奥运会举办提供安全、高效、便捷的银行卡支付环境。开展收银员银行卡知识及技能竞赛、旅游行业银行卡联网通用专项检查、银行卡综合应用环境达标验收、安全用卡宣传服务、银行卡有奖用卡五大主题活动，实现旅游行业重点突破，重点商业基本覆盖，奥运场馆全面保障，全市银行卡应用发展基本达到国际奥运城市水平的总体目标。各商业银行要加强ATM机具管理，提高外卡受理能力，规范标识使用，升级密码处理功能，满足境内外持卡人业务需求。

2.全面推广金融税控收款机。根据《上海市税控收款机推广应用实施意见》（沪国税征〔2007〕28号）要求，积极稳妥在全市商业零售、饮食、娱乐、服务、文化体育等行业推广金融税控收款机，提高中小商户银行卡特约商户普及率。同时，推行并规范金融税控收款机专业维护服务，出台专业维护服务暂行标准，建设并运行金融税控收款机专业维护服务管理和公共服务系统。

3.积极推行公务卡制度改革。按照全国公务卡推行工作会议精神，为适应财政管理制度改革的要求，规范财政资金管理，结合“金财工程”建设，建立财政动态监控系统，将公务卡纳入系统监管，实现公务卡透明、高效管理，逐步推行公务卡办理公务支出，最大程度减少单位现金支付结算。根据市政府批准的实施方案制定本市公务卡改革政策和操作管理制度，下半年，完成财政动态监控系统建设，并在市级或部分区实行国库制度改革的预算单位中试运行。

4.继续深化新农村银行卡市场建设。紧抓郊区新兴城镇发展机遇，以郊区商业中心和旅游企业为重点，着力加强郊区银行卡受理市场拓展力度，力争郊区银行卡特约商户在2007年基础上增长40%，新增POS机具占全市新增POS机具总量的30%以上。结合“千村万户”农村信息化培训普及工程、农民工银行卡特色服务等工作，针对广大农民和来沪务工人员组织开展银行卡知识普及宣传。

5.加大银行卡创新产品推广力度。推广固网支付、手机支付、自助终端交费等电子支付产品。加紧探索机顶盒支付等创新电子支付产品。深入研究基于人民银行PBOC2.0规范标准的银行IC卡电子钱包实施方案，为电子商务发展以及市民日常生活营造多渠道的电子支付支撑环境。

6.规范银行卡受理市场秩序。加强银行卡受理市场合规建设力度，防止“一柜多机”、使用不规范扣率等手段扰乱市场秩序的现象，维护公平、有序、健康、规范的市场环境。

（二）紧抓安全，产业联动，全力营造良好的银行卡产业发展环境

1.做好银行卡风险防范和处置工作。督促各发卡金融机构进一步完善银行卡欺诈风险防范机制。进一步加强政府各部门、金融监管部门和发卡金融机构之间的沟通协调，严厉打击银行卡犯罪案件的同时，提高对新类型银行卡风险的预警、防范和处置应对能力，做到主动发现、主动防范、主动出击。加大安全用卡知识的普及宣传，推广新的安全技术，组织沪港银行卡业务风险研讨会和大型义务咨询等活动，提高市民安全用卡意识和技能。加强ATM外卡受理业务的安全管理，通过增加机具巡检、加强商户培训等手段，加强外卡收单风险防范，同时要建立外卡收单风险处置快速反应机制，妥善处理突发事件。

2.加快银行卡产业园区建设。在完善配套设施建设，保证入园企业顺利运营的同时，进一步发挥银行卡产业园区集聚金融信息服务产业的作用，重点引进国内外金融业务流程外移外包项目，启动建设金融数据托管与共享平台，努力将银行卡产业园区功能向金融信息服务外包专业园区发展。

3.完善银行卡产业配套政策。按照上海中长期科学和技术发展规划纲要和相关配套政策的有关要求，落实本市银行卡相关产业的支持措施，加快本市银行卡产业的健康发展。在做好为落户本市的中资银行信用卡中心服务工作的同时，结合国家有关银行卡方面的法规要求，推动持牌信用卡中心开展法人化工作。抓住机遇，积极推动外资法人银行银行卡中心的落户工作。按照国家九部委《关于促进银行卡产业发展的若干意见》的要求，协调电信费用优惠等相关政策落地，促进各方共同推动银行卡产业发展。

4.持续发挥银联产业枢纽作用。进一步优化银行卡联网通用质量，完善跨行交易网络，跨行交易成功率保持在98%以上，转接成功率保持在99%以上。推进银联标准卡的发行和使用，新发政府机关、财政拨款事业单位公务卡全面发行银联标准卡，计划全年全市新增银联标准卡1 400万张，累计突破4 000万张。支持银联各项创新业务在上海先行先试。继续保持跨行交易总量在全国的领先地位。

（三）协调各方，深入探索，积极落实各项配套措施

1.建设银行卡综合信息服务平台。利用各方资源，整合银行卡公共信息，构建为产业主管部门、持卡人、商户、银行、专业化服务机构等银行卡产业链各方提供一站式银行卡公共信息服务的信息平台，提高本市银行卡信息资源的综合利用和服务水平。

2.探索建立银行卡业务外包从业人员诚信机制。针对银行卡非核心业务外包趋势，加强对银行卡业务外包从业人员诚信管理，探索建立各发卡金融机构、专业化服务机构之间的信息共享机制。

3.发挥联席会议议事协调作用。加强联席会议各成员单位之间的交流沟通，根据专项工作需要，建立成员单位、行业协会、发卡金融机构等相关单位之间的定期或不定期沟通协调机制，切实做好计划落实、业务统计等日常推进工作。积极发挥区县政府在银行卡综合应用环境达标活动、金融税控收款机推广等银行卡产业推进工作中的作用。加强与落户上海的各信用卡中心的联系，营造和谐共赢的市场环境。

上海市银行卡产业发展联席会议办公室

二○○八年七月三十日

上海信息化建设迎世博600天行动计划

为贯彻落实《中共上海市委、上海市人民政府关于制定实施〈迎世博600天行动计划〉的指导意见》，抓住世博会筹办的重要契机，全面推动本市信息化工作迈上新台阶，为上海加快建设国际经济、金融、贸易、航运中心和现代化国际大都市提供支撑与服务，制定本行动计划。

一、总体目标

在科学发展观的指引下，立足上海经济社会发展的全局要求，围绕世博会筹办的主线，继续实施信息化领先发展战略，全力推进世博园区信息化建设，提升信息基础设施能级，深化各领域的信息化应用，切实保障信息安全。

到2010年世博会举办前，全市信息化整体发展水平保持国内领先，主要指标基本达到发达国家中心城市先进水平，信息化成为上海在世博会期间展示现代化城市形象的重要特征之一。在世博会上，实现一流的通信与信息服务，一流的信息化运营管理支撑，一流的信息化应用与展示。在全市范围内，建成任何人在任何地点、任何时间按需接入宽带网络的信息基础设施，建成具备较强综合防范与应急处置能力的信息安全保障体系，完善以信息技术为重要支撑的社会诚信环境，形成覆盖政务、社会、经济等领域的信息化公共服务格局，城乡间、不同人群间的"数字差距"明显缩小。

二、推进原则

（一）以点带面，促进发展。坚持突出重点与服务全局、着力当前与着眼长远相结合，在世博信息化建设过程中注重实现各信息系统的后续利用，以世博为契机改善信息通信环境，提高信息技术应用水平，推动本市信息产业持续快速发展，全方位提升上海信息化的建设和发展水平。

（二）统筹推进，形成合力。根据世博会筹办需求，统筹工作资源、明确责任分工，加强相关信息化建设的协调推进。创造有利环境，充分调动各方面积极性，巩固和发展政府为主导、企业与公众积极参与的信息化建设格局。

（三）着眼需求，以人为本。以便民利民为宗旨，加强统一规划，注重细节设计，建设人性化的信息系统和信息服务设施，为世博会参与者以及本市居民获取所需要的信息化公共服务，创造普惠便捷的良好环境。

（四）整合资源，深化应用。加强信息资源的开发、整合与综合利用，提高信息化建设的综合效益。围绕世博会筹办的重点，深入推进信息技术在市容市貌改观、窗口服务优化、城市

管理改善、城市文明程度提高、市民素质和精神面貌提升等方面的应用，以促进生活环境的改善和居民生活质量的提高。

三、主要任务

（一）世博会综合管理信息系统建设工程

按照需求导向、集约建设、信息共享的原则，依托统一的信息基础设施，建设由多个技术层次和多个子系统构成，与全市相关信息系统相衔接，先进适用、集约高效、管理有序、安全可靠的综合管理信息系统，有效满足世博会建设、组织和运营的信息化需求。

1.建设高水平的世博园区信息基础设施

在世博园区内新建集约化的基础通信管线约660孔公里，移动通信基站13座，通信汇聚机房3处，改造扩建通信机房1处，完成世博村、“一轴四馆”等主要场馆和各临时场馆的综合布线、室内覆盖等信息基础设施配套建设。建设基于新一代移动通信、无线宽带、数字集群等技术的公共通信、专用通信和有线电视网络，实现对园区内所有区域的覆盖，为参会者提供无所不在的宽带、智能网络服务。

2.建设世博会运营管理和服务信息系统

在支撑层面，建设数据处理、GIS（地理信息系统）、信息发布管理、视频监控管理、信息安全管理等信息平台，支持世博会各相关应用系统的建设运行。在业务管理层面，建设协同办公、工程建设管理、财务管理、特许产品经营、人力资源管理、参展者服务等信息系统，支持世博筹办期间各项业务的有序开展。在运营服务层面，建设世博会运营指挥、安保管理、要客服务、参观者服务、活动管理、物流管理、交通管理、票务管理、宣传推介等信息系统，实现对世博举办期间人流、物流的合理调配，保障世博会的高效运营和服务。在社会服务层面，完善世博会官方网站和服务热线功能，开通WAP网站，形成多渠道的信息发布和服务平台。

3.建设世博会应用与展示信息系统

依托统一的网络平台，建设“网上世博会”信息系统、虚拟园区辅助决策系统、大型活动及展览展示虚拟仿真系统、网上全景展示系统、定位导航系统、无线测控系统以及其他网上展示与服务系统，通过三维仿真、定位导航、无线测控、全视角实景、网络社区、多媒体等方式为参会者提供更直观和人性化、个性化的服务。配合做好“信息通信馆”及其他场馆中的信息技术应用与展示工作。

（责任单位：世博局、市信息委等）

（二）信息基础设施能力提升工程

根据建设枢纽型、功能性、网络化城市基础设施的要求，坚持统一规划、集约建设和规范管理，着力增强信息基础设施的综合服务能力，建成覆盖城乡、高速互联和业务融合的信息通信网络，提高无线电管理和服务水平，为世博会成功举办提供高效可靠的信息通信与无线电保障。

1.深入推进信息基础设施集约化建设

新建集约化信息管线约1 500沟公里，2010年世博会开幕前累计达到约5 000沟公里，实现对中心城区、郊区新城和中心镇的全覆盖；探索把集约化建设向信息通信局房、无线通信基站延伸，对景观区域及道路周边的现有基站进行景观化改造；在新建公共设施等建筑中推动室内合路分布系统建设，实现无线通信室内覆盖。按照“同步规划、同步施工、同步使用”的原则，推进沪崇苏越江隧桥、虹桥综合交通枢纽、洋山深水港三期等市重大工程的配套信息基础设施建设。

（责任单位：市信息委、市无管局、市信息管线公司、相关通信运营企业等）

2.开展信息通信架空线综合整治

按照“分段、同步、有补偿”的原则，协调推动有关部门和企业，对303公里中心城区城市道路信息通信架空线与其它各类架空线实施同步综合入地整治，对100公里中心城区城市道路信息通信架空线实施专项入地整治。清理中心城区城市道路架空线不规范布线和冗余线圈，减少空中“黑色污染”。

（责任单位：相关区县政府、市信息委、市公安局、市信息管线公司、东方有线公司等）

3.推动信息通信网络向新一代网络演进

按照国家部署，有序推进第三代移动通信网络建设。推进基于多种技术的无线宽带接入网络建设，在世博会开幕前覆盖中心城区和大部分郊区行政中心区域；建设覆盖世博园区及周边地区的宽带无线多媒体试验网。实现广播电视“村村通”，推进 300 万用户有线电视的数字化整体转换，推动基于直播卫星、地面传输、有线网络、互联网等多种传播方式的数字电视发展。

（责任单位：市信息委、市无管局、相关通信运营企业、东方有线公司等）

4.提升国际通信和普遍接入能力

提高国际通信出口带宽，2008年年内建成并开通跨太平洋直达光缆系统，初期开通容量达1.28T，使在上海登陆的海光缆总容量提高一倍以上。优化宽带城域网络，提高对话音、视频、数据等的综合承载能力；加强接入网建设，逐步将普通宽带用户和高端用户的下行带宽分别提高到8M和20M，基本满足市民和企业对网络应用的宽带化、智能化、个性化需求。

（责任单位：市信息委、相关通信运营企业等）

5.提升面向世博的无线电管理、保障和服务能力

制订世博会举办期间的专项频率储备及频率使用指南，在世博园区内开设“一门式”服务窗口，受理频率许可、设备进关、干扰申诉等相关业务。在以世博园为核心4平方公里区域内建立若干固定监测站和1个移动监测控制中心，合理配置移动监测设施，实现无线电监测全覆盖，保障重大活动开展。加强无线电波秩序管控，保障世博会举办期间各类无线技术的大规模应用。

（责任单位：市无管局）

（三）信息安全保障工程

按照上海城市安全保障的总体要求，坚持技术与管理并重，重点提升全市基础网络和重要信息系统的基础保障、综合防护和应急响应能力；制订实施世博信息安全专项规划，在各信息系统建设过程中同步落实信息安全防护举措，确保全市不发生重大信息安全事故。

1.加强基础网络和重要信息系统安全监管

在163家承担基础网络和重要信息系统运营管理职责的信息安全重点单位，进一步落实等级保护、风险评估、安全测评等信息安全管理制度。加强对重要信息系统安全等级备案、整改等工作的监管。强化迎世博工作中涉及国家秘密信息及信息系统的安全保密，涉密信息系统经过主管部门审批后方可投入使用，健全上网信息的保密审查和审批制度。重要信息系统在2008年和2009年分别开展一次信息安全自评估和检查评估；完善重要信息系统安全测评的结果反馈、问题整改、复测检查等机制，将世博会综合管理信息系统纳入安全测评范围。开展对128个本市政府部门及公共服务机构网站信息安全防护情况的年度抽查，提高网站信息安全防护能力。

（责任单位：市信息委、市公安局、市国家保密局、市国密办、世博局、重要信息系统管理和运营单位等）

2.加强信息安全应急管理

完善信息安全应急防范基础设施，建成完善网络与信息安全事件应急防范综合支持系统，提高对计算机病毒、黑客攻击、垃圾邮件等网络公害的监测预警能力；建成市电子政务灾难备份中心，为本市重要政务信息系统及世博会综合管理信息系统提供灾难恢复服务。建立完善全市信息安全应急预案体系，通过实施预案备案、加强预案演练，提高应急预案的针对性和有效性。加强专业人才队伍建设，完善全市信息安全应急专家、企业、设备、产品等的信息库，建立信息系统安全的应急资源协调机制。

（责任单位：市信息委、市政府办公厅、重要信息系统管理和运营单位等）

3.推动网络信任体系建设

编制实施《上海市电子政务电子认证建设总体规划》，完善本市电子政务电子认证体系，逐步在电子政务领域普及并规范数字证书应用；建设上海CA的世博会受理分中心，为世博各相关信息系统应用提供电子认证服务。制订《上海市数字证书使用服务协议示范文本》，规范和促进数字证书在网络银行、电子交易、社会服务等领域的广泛应用。

（责任单位：市信息委、市国密办、世博局、重要信息系统管理和运营单位等）

4.推进系留气球监测项目建设

2009年年底前建成车载系留气球监测系统，为世博会举办提供图像监控、气象监测、应急指挥等相关服务。

（责任单位：市民防办、市信息委、世博局等）

（四）社会公共服务信息化水平提升工程

坚持以人为本，深化电子政务建设，拓展面向不同群体的信息服务渠道，在提高居民生活质量的同时，切实满足世博筹办和运营对信息化公共服务的需求。

1.优化政府信息服务

完善各级政府网站的信息发布功能，优化栏目设置，提高外语服务水平，为居民、外国游客和投资者获取政府信息提供便利。深化政府信息公开内容，重点推进财政性和公共性资金使用情况等公众关注度高的政府信息的公开，加强对专业性强的政府信息的解读服务；进一步发挥政府网站作为政府信息公开主渠道的作用，深化“政务服务热线114”平台服务功能，使之成为政府信息公开和服务市民的电话门户；深化“962288”对外信息服务热线服务功能，为外国来沪人士提供多语言信息服务；积极运用电子邮件、手机短信、公众信息服务屏等信息化手段，拓展公众获取政府信息的途径和方式。

（责任单位：市政府办公厅、市信息委等）

2.推进电子政务相关应用系统建设

以方便企业和市民办事为出发点，建设全市统一的行政审批办事服务平台，支持跨部门审批的业务协同和数据共享，逐步实现所有行政审批事项的全程公开透明，提高政府行政效率和服务水平。推动城市网格化管理、公共卫生管理、旅游管理、口岸通关、食品药品监管、农产品生产过程监管、突发事件应急处置等领域应用信息系统的建设，根据世博会筹办运营的总体要求完善系统功能，做好衔接配套。

（责任单位：市信息委、市政府办公厅、市建设交通委、市卫生局、市食品药品监管局、市农委、市质量技监局、市旅游委等）

3.优化三张“一卡通”应用环境

拓展社会保障卡应用，继续推进敬老服务、学籍管理等领域的深化应用；完善居住证信息系统，加强居住证的申领和发放管理，为世博期间来沪人员的有效管理和服务提供信息化支撑。完善银行卡支付环境，拓展外卡特约商户，加快EMV标准迁移改造，推广金融税控收款机；制订银行卡跨行交易网络应急处置预案，确保用卡安全。到2010年，持卡消费额占社会消费品零售总额的比重达到48%上，银行卡特约商户占应受理商户的普及率达到95%，世博园区及周边商业零售企业银行卡受理实现全覆盖。拓展交通卡应用，研究制订统一的技术规范，建立区域清算平台，不断扩大长三角地区交通卡的城际互通，方便游客持卡出行。

（责任单位：市信息委、市交通局、市建设交通委、人民银行上海分行、市金融服务办等）

4.深化社区管理和服务的信息化应用

完善社区事务受理服务信息系统功能，支持跨部门的数据共享与业务协同，推动相关事务受理从“一门式”服务向一口受理转变，方便社区居民就近办事、便捷办事。依托社区服务热线、社区服务网和东方信息苑等信息化服务渠道，结合“知荣辱、讲文明、迎世博”主题活动的开展，为居民和游客提供内容丰富的信息服务。加强各区县“世博主题实践区”的信息化建设。

（责任单位：市民政局、市信息委、各区县政府等）

5.提高为农综合信息服务水平

实施“千村万户”农村信息化培训普及工程，在全市10个郊区（县）开展面向农村居民的信息化应用技能培训和宣传普及。到2010年，完成对6万人的培训和60万人的宣传普及，使农村居民的信息化意识和技能得到普遍提高。加快建设覆盖农村地区的信息化公共服务设施，到2010年，在1 800个行政村建成东方农村信息苑，在1 000个农业比重较大的行政村建成为农综合信息服务站，方便农村居民获取农业、卫生、教育、就业、政务等信息服务，通过信息技术手段更好地了解、感受和参与世博会。

（责任单位：市信息委、市农委、市文广局、市卫生局、市教委等）

6.推广面向残障人士的信息无障碍服务

依据国际通用的网站无障碍设计规范，重点推动“中国上海”门户网站、上海世博会官方网站，以及残联、劳动保障、医保等相关政府部门网站进行无障碍标准化改造，为视力障碍者提供便捷的信息浏览服务。在世博园区开展公共设施信息无障碍建设，设立无障碍设计的公用电话、电脑等信息服务终端，鼓励通信运营企业等开发和提供面向听力、视力、言语等方面障碍者的信息产品或服务，为残障人士参观世博会提供便利。

（责任单位：市信息委、市民政局、市残联、世博局、市政府办公厅、市劳动保障局、市医保局、相关通信运营企业）

（五）经济领域信息化应用推进工程

按照上海加快建设“四个中心”的战略要求，不断优化电子商务环境，深化电子口岸建设，加快推动传统产业的信息化改造升级，切实提高上海经济运行效率，促进经济发展方式的转变。

1.大力发展电子商务

实施电子商务专项支持计划，重点扶持旅游、文化、会展、城市交通等领域行业性电子商务服务平台建设，创新商业模式，为世博会参展商、来访者的商务活动与生活提供便捷服务。完善B2C应用环境，开展“电子商务进我家”等全市性巡展和体验活动，面向市民普及电子商务应用技能及网络消费理念；推动行业协会完善电子商务投诉、法律援助等服务机制，增强消费者对电子商务的信任度，促进电子商务规范发展。2010年，全市电子商务交易额达到3 400亿元。

（责任单位：市信息委、市经委、市外经贸委、市旅游委、市工商局等）

2.深化推进电子口岸与物流信息化

完善电子口岸平台的基础设施，提升平台应用功能和服务水平，满足世博筹办和运营期间大规模物流的通关和监管需要，实现相关物品在备案、申报、园内监管、展后核销等业务环节的高效协同运作。加快推进道路货运信息平台、物流资源交易中心等公共物流信息服务平台的建设；鼓励物流企业运用电子标签等技术提高效率，加强对危险化学品的监管，为世博筹办和运营提供快捷安全的物流服务。

（责任单位：市口岸办、市信息委、市经委、亿通公司等）

3.加快传统产业信息化改造升级步伐

加强分类指导、重点推进，面向大企业开展传统产业信息化改造升级示范工程，加大示范项目的指导扶持力度；推动建设面向中小企业的信息化公共服务平台，降低企业信息化改造成本。2010年，在钢铁、汽车、石化、船舶等制造业规模以上工业企业普及计算机辅助设计、制造方面的信息技术，推进设计研发数字化、制造装备智能化、生产过程自动化、经营管理网络化，在重点耗能企业普遍建立能耗管理和污染源监控信息系统，促进节能降耗，实现绿色生产。在金融、航运、商业等服务业推广电子识别、商业智能、电子支付等信息技术，提高窗口服务的效率和水平。

（责任单位：市经委、市信息委等）

（六）社会诚信环境改善工程

重点推动主要服务行业诚信建设及重要领域信用监管，加强企业信用管理，加大个人信用知识普及力度，加快培育信用服务业，推动社会信用信息共享，营造公平信用的市场环境和诚实守信的社会环境，展现“诚信上海”形象。

1.加强主要服务行业诚信建设

推动旅游行业从业机构和从业人员相关执业信息的公开；建立个人出境游中的个人信用担保机制，减少游客保证金压力；探索建立家庭旅馆信用审核机制，为游客提供低价、便捷、安全的住宿。在汽车租赁、长途客运、货运、公共停车、出租汽车、驾驶员培训等城市交通行业开展信用制度建设试点工作，推进行业内企业信用信息的采集、评价、发布以及处罚信息的共享；通过信用产品使用，推动汽车租赁行业发展。进一步公开医疗服务及收费标准信息，记录医药购销领域商业贿赂不良信息并在一定范围内进行通报共享。

（责任单位：市征信办、市旅游委、市交通局、市卫生局等）

2.完善重要领域的信用监管机制

在质量监管方面，拓展发证、奖励、处罚等信用信息的共享；推动检验检测机构和认证咨询机构公开办事服务程序和内容，规范质量技术中介服务。在市场监管方面，促进价格违法处罚信息的归集和共享，加大食品药品生产经营企业违法行为曝光力度，将所有企业违法行为与企业高管个人信用相关联。在安全生产方面，建立危险化学品企业安全生产信息采集系统及信息服务系统，形成信用评估、资格审查、区域认证、信用奖惩的长效监管机制，降低重大事故发生率。在市容环卫领域，对企业实行信用评估和分类管理，将违反市容环卫责任区制度管理或渣土处置管理并被依法行政处罚单位的相关处罚信息向社会公开。

（责任单位：市征信办、市质量技监局、市发展改革委、市物价局、市食品药品监管局、市安全生产监管局、市市容环卫局等）

3.加强商业企业信用管理制度建设

推广大型零售卖场企业信用管理试点经验，推动企业建设信用管理系统，将零售供应商入户审核、中期经营考核、合同续签等环节管理与信用状况相挂钩。开展主要商圈信用建设试点，通过建立信用档案、使用信用产品、共享奖惩投诉信息、组织企业信用管理培训，提高商业企业信用风险管理能力和诚信经营水准。

（责任单位：市征信办、市经委、区县政府等）

4.引导个人诚信行为

探索将机动车辆及行人交通违章处罚记录纳入联合征信系统，促进“文明驾车”、“文明行路”。开展公务员信用知识培训，向市民发放《上海市个人信用服务指引（修订版）》100万册，提高个人信用意识。

（责任单位：市征信办、市公安局、市精神文明办、市人事局等）

5.完善社会信用信息公共服务机制

实现企业信用联合征信系统向政府部门及信用服务机构开放查询。在联合征信系统基础上建设社会信用信息公共服务平台，实现政府部门行政监管专业数据库、跨领域综合业务平台、行业协会及企业信用信息系统的数据交换共享。

（责任单位：市征信办）

四、保障措施

（一）加强统筹推进，形成全社会参与迎世博信息化建设的合力

市相关部门和区县政府按照行动计划的任务要求和责任分工，进一步细化工作任务，明确工作进度，加强协调推进，加大财政投入，确保各项任务落到实处。进一步发挥信息化领域行业协会的作用，鼓励和组织本领域企业以多种形式支持世博信息化建设。动员和调配信息化领域的专业人力资源，持续推进信息专业技术人才知识更新培训计划，建立一支IT志愿者队伍，为迎世博信息化建设提供充足的人员保障。营造全民办博的良好氛围，举办世博信息化论坛，为世博信息化建设提供智力支持；与行动计划主要任务相配套，举行信息安全防范、电子商务应用、诚信建设等主题宣传活动；持续开展信息化知识普及培训，提高全社会的信息化应用意识与技能，激发市民运用信息化手段参与世博的积极性。

（二）加快发展信息产业，提升对世博筹办运营的支持和服务能力

着眼于信息技术创新、提升产业能级，结合国家重大专项的研发推进，加快发展集成电路产业，以基础软件、嵌入式软件、大型行业应用软件为重点的软件业，鼓励和引导企业为世博提供成熟适用的信息技术、软件产品和应用解决方案；加快发展基于网络的信息、商务和游戏娱乐等互联网服务业，使居民和世博期间来访者享受到更便捷、内容更丰富的生活消费服务。对承担世博相关信息系统建设任务的企业加大支持力度，抓紧推动多电子标签、电子地图、定位服务、图像智能识别、智能多语言服务、三维仿真等技术和应用系统的研发和应用，为成功举办世博提供安全、先进、可靠的信息技术保障。

（三）完善相关法规标准，为迎世博信息化建设提供保障

加快信息化领域的法制建设，推动以地方性法规的形式发布《上海市促进电子商务发展规定》，优化电子商务应用环境；制订发布《上海市计算机信息系统突发事件处置办法》、《上海市无线电电磁环境管理办法》等政府规章，为世博期间的信息安全防范和无线电管理工作提供法制保障。制订实施一批满足世博各信息系统建设需求的标准，以地方标准形式发布世博会票务系统应用、信息系统数据交换、软件质量控制管理等标准，加快制订世博会体验型展馆平台网络接入、信息系统运行管理、业务系统信息安全建设、公众信息发布平台信息接入、信息系统渗透性监测技术、客流信息采集等标准，确保各系统间实现必要的互联互通和信息共享。

上海市信息化委员会

二〇〇八年九月二十八日

总 述

2008年上海市国民经济和社会信息化工作综述

2008年，上海在继续实施信息化领先发展战略中，深入学习实践科学发展观，贯彻党的十七大、十七届三中全会精神，落实九届市委四次、五次全会对信息化工作提出的要求，保持信息产业良好发展势头，深化信息技术应用，推动信息化与工业化的融合发展，全面完成了年度目标和任务。

一、信息产业总体规模持续增长，促进了产业结构调整和经济发展方式转变

按照国家优先发展信息产业的战略部署，加快应用信息技术改造提升传统产业和支撑先进制造业发展，努力推动信息产业从规模扩张型向创新效益型转变，全年信息产业实现总收入8 100.4亿元，同比增长7.9%，其中信息产品制造业销售收入6 288.6亿元，信息服务业经营收入1 811.8亿元；实现信息产业增加值1 670.5亿元，同比增长14.2%；信息产品出口额670.5亿美元，同比增长26.5%，占全市外贸出口总额的39.6%。

信息产品制造业重点门类快速发展，上海作为全国首个国家级微电子产业基地和目前惟一的国家级集成电路研发中心所在地，集成电路制造工艺水平已达到国际主流的12英寸、65纳米等级，移动终端基带芯片、平板显示驱动芯片以及数字音视频图像处理、信道和解码芯片等取得创新突破；电子元器件行业技术水平不断提升，建成国内第一条PDP生产线和5代、4.5代TFT—LCD生产线；通信设备制造业进入发展新阶段，全年通信设备制造业实现总产值854亿元，同比增长72.7%。

信息服务业发展能级不断提升，全年信息服务业经营收入和增加值分别同比增长20.6%、18.4%，增加值占全市GDP的比重达到5.04%；产业构成不断优化，软件产业快速发展，通过CMM/CMMI3级以上国际认证的企业达到107家，全市共有29家软件企业被列为2008年国家规划布局内的重点软件企业，占全国近1/6；互联网服务业全年实现经营收入183.5亿元，同比增长39.6%，成为上海信息服务业新的增长点，到2008年底，在海内外上市的信息服务企业累计达到20家。

二、信息基础设施整体能级不断提升，提高了城市公共基础设施的服务水平

按照“统一规划、集约建设、资源共享、规范管理”的原则，拓展信息基础设施的覆盖面

和服务功能。至年末，全市累计敷设集约化信息管线4 007.1沟公里，集约化建设模式从信息管线继续向通信局房、基站、无线室内覆盖等领域拓展。

全市基本通信服务实现按需提供，非话音业务和移动业务快速发展，到2008年底，全市移动电话用户、互联网用户、家庭宽带接入普及率分别达99.6%、61.4%和55%。3G、无线宽带等新技术和业务商用进程加快，TD-SCDMA扩大规模试验网络建设稳步推进，跨太平洋直达光缆系统（TPE）开通运营，无线网络覆盖面继续扩展。

有序推进世博园区信息基础设施配套建设、信息架空线入地整治、网站无障碍改造等专项工作，以及其他市重大工程的信息基础设施配套建设，圆满完成奥运等重大活动的信息通信和无线电保障。上海超级计算中心与有关机构研制的曙光5000A高性能计算机计算能力达200万亿次/秒。

三、信息化应用深入推进，促进了经济社会运行效率和管理服务水平的提高

政务信息化建设积极推进。电子政务基础网络不断完善，800兆数字集群应急救援政务共网在洋山港区、宝钢、地铁等区域和系统得到应用，"中国上海"门户网站集成网上办事和服务项目1 677项；结合国家电子政务综合试点推进，在建立政务信息资源目录、交换体系等方面取得明显进展，研究形成全市行政审批网上办事平台框架的规划方案；依托政府门户网站、热线等多种信息公开渠道，全市各政府机关累计主动公开政府信息30.86万条。

经济领域信息化加快推进。银行卡受理环境不断优化，社会零售类持卡消费额占社会消费品零售总额的比重达41.3%，启动推广金融税控收款机；电子口岸平台功能继续提升，全国统一的海关税费支付系统启动建设；全年电子商务交易额实现2 758.2亿元，同比增长13.7%；初步建成全市企业信息化公共服务平台，信息技术手段在农业生产、销售等环节得到推广应用。

城市管理智能化水平不断提高。网格化管理信息系统基本实现全市城市化区域全覆盖，在市政、绿化等领域开展了专业网格化建设试点；空间信息网格运行服务平台基本建成，可提供生活服务、交通出行等社会服务信息以及政府办事机构信息10万多条；积极开展空间地理信息共享和交换平台建设研究，地面无线测控网应用范围进一步扩大。

公共服务领域信息化深入普及。"市民信箱"、"付费通"等信息化服务项目应用范围和功能继续拓展，113.8万户家庭开通"家校互动"系统应用，"医联工程"联网市级医院达23家；区、农村信息化建设加快推进，部分街镇完成社区事务受理从"一门式"向"一口式"转变，全市累计完成800个为农综合信息服务站、1 200个东方农村信息苑、1 800个农村党员干部现代远程教育基层播放点建设；"千村万户"农村信息化培训普及工程累计培训2.64万人、宣传普及10.18万人。

四、信息化综合环境不断优化，保障了信息化的持续健康规范发展

信息安全保障能力不断增强。信息安全测评、等级保护、预案演练等长效机制强化落实，

全年完成50个重要信息系统的信息安全测评，顺利完成奥运反恐等信息安全保障工作，确保了全市基础网络和重要信息系统的安全运行；数字证书累计发放138.6万张，在电子政务、电子商务等领域拓展应用。

社会诚信体系建设加快推进。加强重点行业的信用管理，将保险代理人、证券等高管人员的执业信用信息纳入联合征信系统，在汽车销售、危化生产等行业启动信用制度建设试点，开展中小企业信用信息自主申报试点；推动交通、食品药品监管、工商、法院等公共管理领域的信用信息共享。至年底，个人联合征信系统涵盖1 047万个人信用信息，累计提供个人信用产品1 008万份。

信息化建设规范管理继续加强。《上海市促进电子商务发展规定》经市人大审议发布，完成《上海市政府信息公开规定》修订；发布《上海市行政机关公文类信息目录登记备案工作办法》等规章和规范性文件，发布实施《上海信息化建设迎世博600天行动计划》；全年完成19项信息化标准制定项目，其中包括国家标准4项、地方标准6项、联合企业标准6项。

信息化培训、合作交流等工作持续推进。上海市信息专业技术人才更新工程（市“653工程”）综合服务平台项目启动，至年末累计1 296人参加培训，万名软件人才培养工程顺利开展；成功举办亚太地区城市信息化论坛第七届年会、2008上海国际信息化博览会、2008上海软件外包国际峰会等国际性会议；进一步深化与长三角在信用体系建设、互联网络交换等方面的合作。

第一编

信息基础设施

综 述

2008 年，上海以信息基础设施规划编制为抓手，坚持集约化建设方向，充分发挥市区两级管理部门的作用，注重激发相关部门和企业的积极性，促进主要业务发展指标稳步增长，信息基础设施管理体制和机制日益完善，为实现“十一五”信息基础设施发展目标奠定了坚实基础，为加快实现“四个率先”、建设“四个中心”和国际化大都市发挥了应有的支撑作用。

信息基础设施专业规划快速推进，规划的综合性及可操作性不断提升。2008 年，全市共完成 7 个区域的信息基础设施专业规划编制；规划覆盖面积已达 1 700 平方公里，比上年末增加 490 平方公里，涉及规划人口约 750 万，比上年末增加 80 万。

信息基础设施集约化建设有序开展，信息基础设施渗透率持续提高。2008 年，新建集约化信息管线约 876.14 沟公里，历年累计敷设 4 007.14 沟公里；累计接入商务楼宇、基站、小区 2 326 个；架空线入地年度累计完成 513 皮长公里；微波占有信道累计达 967 波道公里；数字微波线路总长 2 832 公里；卫星站点累计达 781 个。建成总长度 17 000 公里的跨太平洋直达光缆系统（TPE），并开通运营；推进临港新城、轨道交通、A15 高速路、沪崇苏越江工程、虹桥综合交通枢纽、外滩井字型通道等重大工程信息基础设施配套工程建设；推进迎世博 600 天架空线入地整治工作，组织完成中心城区 403 公里城市道路上信息架空线数量统计工作；推进 TD-SCDMA 进一步扩大规模试验网络建设及其社会化业务测试和试商用工作。

重大活动信息通信保障工作圆满完成，各项保障机制不断完善。年内，圆满完成上海“两会”、2008 年 F1 赛车中国站、第 29 届奥运会足球赛期间的信息通信保障任务，得到有关各方的充分肯定。

信息网络和功能型服务设施能级持续提升，信息通信整体水平进一步提高。截至 2008 年底，全市固定电话交换机容量达 1 402.1 万门，比上年末增加 52.6 万门；固定电话用户达 1 015.4 万户，其中住宅电话 660 万户，小灵通用户 155.4 万户；移动电话交换机容量达 3 370 万户，比上年末增加 744 万户；移动电话用户达 1 880.9 万户，比上年末增加 104.4 万户；互联网用户达 1 160 万户；宽带接入用户达 418.6 万户，其中家庭宽带接入用户达 376.7 万户；有线电视用户达 527.2 万户，比上年末增加 28 万户；全年长途电话通话时长达 194.2 亿分钟，同比增长 2.3%，其中固定电话长途通话时长达 30.2 亿分钟，同比降低 17%；移动电话长途通话时长达 35.4 亿分钟，同比降低 11.7%；IP 电话通话时长达 128.6 亿分钟，同比增长 13.5%；国际及港澳台电话通话时长达 8.3 亿分钟，同比增长 12.2%；长途光缆线路总长累计达 4 332.6 公里。高性能计算机应用领域不断拓展，曙光 4000A 主机系统全年平均使用率达 88.5%。上海互联网络交换中心全年总交换流量达 2 429TB，总交换互联带宽达到 12.96Gbps。

（吴南竹）

第一章　专业规划与重大工程

概　述

2008年，在信息基础设施资源配置向郊区倾斜的基础上，继续推进新城、新市镇和中心村等信息基础设施区域规划编制。完成虹桥交通枢纽、真如城市副中心、浦东空港物流园区、临港物流园区奉贤分区、奉贤南桥新城、金山亭林镇等规划；同时，进一步加快信息基础设施专项规划的编制工作。规划总体覆盖率不断提高，综合性和可操作性显著提升。

加快进行重大工程信息基础设施配套建设。建成跨太平洋直达光缆系统（TPE），并开通运营；继续推进临港新城信息基础设施集约化建设；启动世博村和样板组团信息基础设施配套建设；推进轨道交通、A15高速路、沪崇苏越江工程、虹桥综合交通枢纽、外滩井字型通道等重大工程信息基础设施配套建设；推进迎世博600天架空线入地整治工作，完成中心城区403公里城市道路上信息架空线数量统计工作；协调推进TD-SCDMA进一步扩大规模试验网络建设、社会化业务测试和试商用工作。

（吴南竹）

一、信息基础设施专业规划

2008年，完成虹桥交通枢纽、真如城市副中心、浦东空港物流园区、临港物流园区奉贤分区、奉贤南桥新城、金山亭林镇等规划编制。至年末，累计规划覆盖面积已达1 700平方公里，比上年末增加490平方公里，涉及规划人口约750万，比上年末增加80万。进一步推进松江区、闵行区的专业规划编制。完成世博园区移动通信宏基站选址规划。

（吴南竹）

上海真如城市副中心信息基础设施专业规划

为了完善信息基础设施布局规划，满足真如城市副中心发展的新要求，2008年编制了《上海真如城市副中心信息基础设施专业规划》。该规划为实现信息基础设施建设与区域协调发展，集约化部署各类资源，推动区域开发提供了保障。

规划主要研究范围为西起桃浦河，南至武宁路，东至真华路，北至上海西站的区域，面积约为2.426平方公里。扩大研究范围覆盖东至岚皋路，南至中山北路、武宁路，西至真北路，北至沪宁铁路的区域，总面积约6.159平方公里。语音业务的规划年限为2008～2020年，数据及宽带业务的规划年限为2008～2012年。

规划在详细分析真如城市副中心未来的土地规划、人口组成、发展模式及信息通信需求后，结合各运营商现有网络和相关技术的发展情况，对该地区的公共信息基础设施、公共信息网络设施进行了系统的规划，提出了相应建设方案。同时，详细分析了无线城市建设前景，说明了建设的技术要求。

（吴南竹）

青浦区信息基础设施专业规划

2008年，为推动青浦区信息化加速发展，编制了《青浦区信息基础设施专业规划》。通过规划，可实现固定语音网、宽带接入网、移动通信网全区覆盖，为区域信息通信发展打下坚实基础。

规划的覆盖范围为青浦全区，总面积669.69平方公里。规划年限近期至2010年，远期至2020年。通过对相关业务的分析预测，对通信局房、通信管道、无线基站等主要信息基础设施进行了布局规划，制定了相关建设标准和要求，为信息基础设施的规范管理提供了依据。规划有助于进一步推进多运营商信息基础设施集约化建设，以信息化便利市民生活，促进社会和谐，提升城市功能，保障城市安全，带动青浦经济社会快速发展，提升青浦区的发展潜力和水平。

（吴南竹）

虹桥综合交通枢纽信息基础设施专业规划

2008年，编制完成了《虹桥综合交通枢纽信息基础设施专业规划》，旨在集约化部署各类信息基础设施资源，满足虹桥交通枢纽发展的新要求，实现信息基础设施建设与区域的协调发展。

规划范围为东起外环线，西至铁路外环线，北临北翟路，南到沪青平高速公路的区域，面积约26.34平方公里。对话音业务（固定、移动电话）的规划年限为 2008～2020年，数据及宽带业务规划年限为 2008～2012年。

规划主要包括对虹桥交通枢纽区域内各类基础通信业务的预测、各类基础通信网络的发展分析、各类主要信息基础设施的布局规划，以及区域内无线电磁兼容等相关内容。计划新建通信局房9处，移动通信室外宏基站物理站址30处，集群室外基站1处，管道约1 041孔公里。

（吴南竹）

二、信息基础设施重大工程

临港新城信息基础设施集约化建设

2008年，继续推进临港新城信息基础设施集约化建设。组织完成南汇区行政中心、城投大厦、海洋大学等项目的信息基础设施配套建设；启动港城公司代建7个项目的信息基础设施建设；推进住宅小区信息基础设施集约化建设的试点工作；启动港城公司50万平方米绿地住宅小区基础设施建设，初步形成无线信号覆盖系统景观化的新技术方案。

（吴南竹）

世博园区有线数字电视建设

东方有线网络公司（以下简称“东方有线”）作为世博有线数字电视配套单位，积极投身世博园区整体建设重大工程。浦东区域内主要集中了以世博局行政中心、世博村酒店区域和世博场馆区域为代表的一大批新兴、改建建筑群，为确保新项目启用时有线电视系统能够同步启用，满足整体建设的需求，东方有线前期进行了大量的规划设计工作，协同相关单位进行道路管线资源需求确认、接入机房选址、网络布局设计等工作。为确保世博行政中心的良好运作，东方有线在行政中心一期有线数字电视配套过程中，同步完成了4号楼远端机房的建设和园区有线电视系统布线调试工作，并安装数字电视机顶盒，实现用户收视的“无缝衔接”。目前，行政中心二期的相关建设仍在进行中。

世博村区域内，已经投入使用的J地块集中了多家经济型酒店，为确保该部分酒店的正常开业，东方有线与各家酒店管理方达成一致意向，在世博园区范围内率先进行数字电视商业运营，为所有的客房安装了机顶盒，充分体现了“数字世博”的理念。目前正在建设的其他地块的中高档酒店群，也在往该方向进行发展。

场馆区域的建设启动较晚，但范围广，启动后进度很快，尤其是世博轴、主题馆、中国馆、演艺中心等一批永久建筑的建设进度较快。东方有线及时进行了项目跟进，通过参加协调会议等方式了解进度要求和网络需求，专人负责进行各个场馆的后续工程跟进工作。

（上海信投）

信息架空线入地建设

2008年，东方有线分别完成中环线（浦西段），河南路（北段、南段）、周家嘴路、江浦路、控江路、宜山路、斜土路、南丹路、南京西路、曹安公路，浦东新区张江路、川沙路、五洲大道，闵行区七莘路，嘉定区墨玉路，宝山区蕴川路、宝杨路，金山区亭卫公路，松江区松卫公路、谷阳路，青浦区公园路、城中南路，南汇区西乐路，崇明县凤丰东路，以及嘉金高速、莘奉金高速、沪宁铁路等数十条市政道路、高速公路的架空线入地建设工作。累计完成约750根光电缆、1 500皮长公里的架空线入地。

（上海信投）

浦东国际机场二期信息基础设施建设

3月25日，浦东机场T2航站楼启用前夜，T2航站楼覆盖系统开通入网。浦东机场二期室内覆盖工程采用了多项新技术。10个G网基站首次启用了Common BCCH的功能，使同一小区内的900M、1800M频段共用BCCH（广播控制信道），有效提升了频谱利用率，增强了G网基站的话务承载能力；3个C网则采用光纤直放站拉远的接入方式，解决了多数机房无法接入GPS馈线的问题。此外，浦东机场室内分布系统由多家运营商共同建设，多个无线网络通过合路方式共用分布系统。

（应 燕）

虹桥综合交通枢纽信息基础设施建设

虹桥综合交通枢纽集交通枢纽、商贸物流中心等功能于一身，其核心大型交通枢纽区域是世博会的配套工程，2010年世博会前将投入使用，是上海市重大市政项目之一。上海网通积极响应市信息委牵头组织的虹桥枢纽通信设施集约化建设项目，综合考虑业务和网络接入需求，兼顾近期和远期业务发展，跟建虹桥枢纽配套管道56孔公里，通信机房7处。

（应 燕）

世博园区信息基础设施建设

为完成世博园区客户接入，上海网通积极参建世博园区通信设施集约化项目，跟建管道37孔公里，机房4处。同时，根据上海启动的“世博600天”工程要求，上海网通完成世博园区域部分架空线路的入地改造。2008年，管道建设项目进展顺利，已基本完成路面管道建设。

（应 燕）

上海海洋大学信息基础设施建设

上海海洋大学新校区位于南汇临港新城，总占地面积约107万平方米，集合教学、科研、行政和生活配套等设施。上海网通作为整个海洋大学的通信业务服务商，克服诸多困难，积极采用新技术，已开通办公数据专线、办公电话以及学生宿舍区宽带和付费电话业务，满足了校方9月整体搬迁的通信需求。（应 燕）

三、重大活动信息通信保障工作

北京2008年奥运会上海地区信息通信保障

2008年奥运会期间，上海市无线电管理局作为承担上海赛区无线电通信安全保障的单位，精心组织、周密安排，纵向上与奥运会（残奥会）圣火运行团队、奥组委技术部、奥组委无线电管理联席会议建立了快速响应的处置机制，横向上与市公安、文广、民航、部队等单位以及移动、联通等运营商建立了多部门间的应急处置机制，通过围绕现场加强重点保障、利用技术手段实施有效监测管控，确保了各类涉奥专业无线电通信和公众移动通信秩序井然和运转正常，无恶性插播及干扰事件发生。

奥运活动及赛事期间，市无线电管理局累计完成频率协调551个（组），其中奥运及残奥火炬传递活动累计保障频率147个（组），奥足赛上海赛区共完成频率协调257个（组），残奥会火炬传递活动累计保障频率294个（组）。同时，根据用一备一的原则建立了备用频率库，保证了整个奥运期间所有项目频率需求的冗余。

在奥运及残奥火炬传递活动过程中，上海市无线电管理局累计出动监测车辆40次，累计监测时间约900小时；在奥足赛上海赛事期间，累计出动监测车辆78车天，6个固定监测站4个移动站，在此期间保持24小时全天候监测状态，每站平均监测时间约724小时。

为了保证上海赛区奥足赛主场馆（上海体育场）外部电磁环境良好，市无线电管理局对上海体育场周边3公里范围内进行了专项整治工作，稽查了包括酒店、物业小区在内的单位共计182家；为了加强赛事期间上海体育场内部无线电发射设备使用规范，市无线电管理局在主场馆安检口设立了36块关于25类无线电禁限带物品中英文通告，派驻专业人员协助各个口子的安检，累计查处各类违规或非法携带的无线电发射设备127件，消除了场馆内的无线电干扰隐患。同时，认真做好各类无线电发射设备获得许可的检测工作，对参数合格的无线电设备发放奥运特殊标签，累计数量约10 218个。

（市无线电管理局）

2008年F1赛车中国站信息通信保障

2008年，F1赛车中国站无线电保障工作是继上海奥足赛后的又一重要任务，在为期7天的保障工作期间，市无线电管理局共计指配频率588个/组（其中F1赛事用频506个/组，GP2赛事用频40个/组，Formula BMW赛事用频26个/组，中央电视台用频16个/组）；累计安排工作人员77人次，出动大型监测工作站和两辆移动监测车及相关监测设备7套，监测时数60小时；完成设备检测300余台，圆满保障了比赛的顺利举办。

（市无线电管理局）

第二章　公共信息基础设施

概　述

2008年，全市公共信息基础设施综合服务能力迈上新台阶。年内新建集约化信息管线约876.14沟公里，累计敷设约4 007.14沟公里；接入商务楼宇、基站、小区451个，累计接入2 326个；组织实施了约513皮长公里的信息架空线入地，累计完成4 035皮长公里，形成全市信息架空线入地工作构架；完成中心城区403公里城市道路信息架空线数量统计工作。截至年底，在上海登陆的国际海光缆有6个系统，10条光缆；长途光缆线路总长达4 332.6公里；微波占有信道累计达967波道公里；数字微波线路总长达2 832公里；卫星站点累计达781个。

（吴南竹）

一、信息通信管线

2008年，上海市信息管线有限公司（以下简称“信息管线公司”）牢牢抓住世博会赋予的历史机遇，沉着应对各种挑战，全力加快中心城区的管道建设，全力推进所承担的各项市重大工程和重点项目配套管线建设。公司按照“迎世博600天行动计划”的要求，大力推动架空线整治工作，并圆满完成奥运期间信息管线安全保障任务。

管线建设

2008 年，信息管线公司开工建设管线 975 沟公里，其中市重大工程配套建设项目主要是世博会园区、虹桥综合交通枢纽、沪崇苏越江工程、黄浦江越江隧道配套管线建设等。截至年底，共建设信息管线 4 200 沟公里，中心城管道总量达到 2 430 沟公里，覆盖率超过 60%；郊区管道总量达到 1 770 沟公里，初步建立了覆盖全市的集约化信息管道基础网络，基本满足近年来各运营商建网对信息管道的要求。

楼宇接入

截至年底，信息管线公司累计接入商务楼宇、居住小区、移动基站等2 300余处，其中2008年完成450个，有力地支持了各运营商的业务发展。

奥运安保

保证奥运会期间保障区域内信息管线的安全是2008年信息管线运维保障工作的重中之重。奥运通信保障涉及运营商国际出口线路、一级干线、骨干网络、赛场、宾馆、机场、车站及重保机房区域的线路累计超过500沟公里，线路之长，范围之广，保障规格之高史无前例。信息管线公司制定了详实的奥运通信保障计划，不断完善保障区域内的管线设施，增加通信保障设备，加强通信应急演练，并加强赛前准备工作的检查，强化和完善了7×24小时值班制度，保证了奥运期间信息管线的正常运营。

（王　彦）

二、无线基站

公用移动通信基站集约化建设

【完善公用移动基站设置流程】 2008年，市无线电管理局强化公用移动通信基站站址认定环节的现场查勘，将现场查勘比例提高至30%；编制《公用移动基站站址认定现场查勘技术规范》、《上海市无线电管理局室外宏基站现场抽查意见表》，用于指导现场查勘工作。同时，进一步加强对站址认定书发放的规范化，提高站址认定书的社会效力。完成室内覆盖单网系统执照的申报和发放，截至年底，市无线电管理局共发放9 477个电台执照（电子版本）。

室内分布系统（单运营商）建设情况统计

运营企业	上海移动	上海联通	上海电信公司(PHS)
室内分布系统(处)	3 088	2 010	4 379

【进一步做好重大基础设施的区域规划和集约化建设】 (1) 继续推进临港地区的公用移动通信基站整体规划，实现与城市规划的协调发展，体现集约化和景观化的管理要求。(2) 在世博园区整体规划的基础上，结合集约化管理要求，牵头编制完成《世博园区无线通信课题研究报告》。世博园区共规划建设13处室外宏基站和20多处场馆的室内综合覆盖系统，室外宏基站布局于2008年7月得到上海市规划局的正式确认，纳入世博园区的控制性详细规划。目前，园区内6个景观化宏基站建设已经启动，其余基站和室内分布系统建设正结合地块开发和建筑物工程进度有序展开。(3) 加强虹桥综合交通枢纽的无线通信子规划的推进和细化。2008年，市无线电管理局与虹桥综合交通枢纽建设指挥部联合启动虹桥枢纽区域无线整体规划，明确了“统一规划、统一设计、统一实施”的“三统一”原则，落实现有移动通信以及3G通信系统的规划和设计，并初步完成需求汇总及整体规划，电磁环境兼容性分析。通过合理、统一的规划，将促进多家通信运营商在区内的建设和运营，使之建设规范，竞争有序，从而带动网络建设能力和服务水平的不断提升，实现协调、可持续发展。同时，协调完成3处临时基站建设的选址和建设工作，确保虹桥枢纽建设期间的通信畅通。

【继续调整公用通信移动基站设置与城市规划之间的关系，积极有效地开展试点区域的规划落地】 以五年专业发展规划、年度计划、区域规划为核心，试点推进全市公用移动通信基站与城市规划的有效衔接，进一步完善以《上海市公用移动通信基站设置管理办法》（104号令）为基础的基站管理规划体系。

（市无线电管理局）

【上海联通公用移动通信基站集约化建设】 2008年，上海无线网络建设项目主要包括GSM网一期和GSM网二期工程，对全网网络覆盖水平大为改善。其中一期工程完成搬迁BSC/PCU28个，设备搬迁基站1 653个，载频8 666个，新入网BSC16个，扩容BSC7个，扩容BSC/PCU12个（增加PCU板1块，Gb接口159个）；新建基站222个，扩容基站989个，载频3 498个，站址搬迁基站25个，天馈优化60个小区。二期工程集约化基站共有46个，其中包括世博区域共建站、租用电信、移动的铁塔等。新建基站1 050个（900M基站413个，1800M基站637个），其中新建物理站672个；共新增载频8 240个(900M载频2 620个，1800M载频5 620个)，其中利旧载频2 146个；升级替换现网老型号基站305个，共替换载频1 925个。新建BSC/PCU2个，升级替换现网BSC/PCU7个；新增PCU板/框68个，新增Gb接口610个。

2008年GSM网工程完成以后，上海联通全网共设置46个BSC，1 799个900MHz宏蜂窝基站（含128个室外微蜂窝/一体化基站），1 624个1800MHz宏蜂窝基站（含137个一体化基站），物理站点数共计2 276个，全网共有载频28 120个，全网设置2套OMC-R对无线设备进行集中操作维护。

（应 燕）

频谱资源综合利用

年内正式发布《上海市频率资源使用管理规

定》，通过制度化、规范化的方式推行并强化频率资源使用的评估机制，建立新的上海地方频率资源管理思路和举措。在促使频率资源的申请审批和使用管理做到科学、规范、公开、公正的基础上，进一步提高利用现有频率资源的效率，把管理、服务与监督贯穿于无线电管理工作的全过程。

针对800MHz数字集群频率资源的紧缺，创新性地提出了频率资源复用思路，将传统的频率资源复用模式从平面地域拓展到城市的立体空间，充分挖掘出部分可利用频率。并通过实施《800MHz集群网络专项管理规定》，加大频率资源的循环再利用，提高频率资源的复用效率，对频率资源做到科学化、精细化管理，积极缓解频率资源紧缺与社会需求日益增长的矛盾。 （市无线电管理局）

室内覆盖

2008年，上海联通GSM网室内覆盖工程共新建BTS信号源238个，共计载频494个，其中54个BTS，74块载频利旧，光纤直放站12套，耦合6个，小功率直放站30个；新建分布系统260套。本期工程完成后，上海联通GSM网室内分布系统的信号源设备达到1 705个BTS，165个光纤直放站，531个射频直放站，基站耦合60个，分布系统达到2 339套。

（应 燕）

三、通信局房

上海移动、上海联通共建青浦“陆家角”集约化基站顺利入网

3月18日，中国移动上海公司与上海联通共同参建的青浦“陆家角”集约化基站通过竣工验收并顺利入网。该项目的合作模式与贯彻落实国家环境保护政策相一致，与集约化建设通信设施的要求相协调，将成为青浦区全力推进电信运营商集约化建设通信设施资源的典范。 （骆远远）

上海网通局房集约化建设

2008年，上海网通新增局房3个，已形成7个核心局房、35个汇聚局房的格局。同时，上海网通配合市重大项目局房集约化，在虹桥交通枢纽建设通信局房7处，在世博园建设局房4处；并积极参与绿地海港城共享共建试点，设立接入局房，目前已经发展1千多户入网。

（应 燕）

四、海光缆和长途通信光缆

中国电信跨太平洋海底直达光缆系统（TPE）建成并投入商业运行

中国电信作为发起方之一，联合中国联通、中国网通、中国台湾“中华电信”、韩国电信以及美国 Verizon 公司，共同建设连接中国和美国的首个兆兆级太平洋海底直达光缆系统 Trans-Pacific Express(英文简称 TPE)。中国电信委任具有丰富海底光缆建设经验的上海公司担当主力军，经过多次艰苦谈判，终于促使上述六家运营商达成协议。TPE 海光缆经过历时两年多的建设，于 2008 年 9 月 1 日完工并投入商业运行。TPE 海光缆总投资约 5 亿美元，初始装机容量为 1.28T，设计容量可达 5.12T，并具有可升级的传输能力。光缆长度为 1.8 万公里，美国接入点在俄勒冈州那多那海滩，中国大陆接入点在山东省的青岛和上海市的崇明，中间有伸向韩国和中国台湾的分支线路，并使亚太地区的登陆点形成互为保护的环路。该条光缆的长度几乎是绕地球赤道周长的二分之一，传输能力约为现有中美光缆的 60 倍，可支持 6 200 万部电话同时通话。TPE 海光缆的建成将显著提高跨太平洋传输带宽，满足从亚洲地区到美国的互联网、数据和语音等通信业务增长的需要，减少亚洲内部以及从美国

到亚洲热点地区的网络时延。

（谢蓓蓓）

中国移动一级干线上海境内光缆双路由完全实现

3月，中国移动一级干线北沿海光缆上海境内（回城—昆山）第二路由建设工程顺利完工，实现上海段与江苏段的最后汇拢贯通，标志中国移动一级干线在上海境内完全实现双路由，将极大提高一干路由的安全性能。此次工程历时两个月，共敷设管道3.5公里，光缆22公里。

（骆远远）

上海铁通光缆传输网建设

上海铁通本地城域光缆传输网呈现标准三层结构分布：核心层配置OSN9500设备5套，完成骨干节点间的业务传送、跨区域的业务调度；汇聚层配置OSN3500设备26套、Metro3000设备44套以及S380设备35套，完成接入层业务的汇聚转发，以及同骨干层间业务的疏通；接入层以华为Metro1000和中兴S320设备为主，现有各类SDH设备641套，完成模块和专线业务接入。全网覆盖除崇明县外上海18个行政区，2008年新增光缆9 200对芯公里，本地光缆长度累计达18.5万对芯公里。

上海铁通现有沪徐线、沪济线、沪杭线、沪松嘉线等长途光缆，管辖内光缆269公里、纤芯长度达8 800公里。上海铁通是中国铁通骨干电信网的重要枢纽节点，负责华东地区语音、数据流量的汇聚和疏通工作。

（周　旦）

第三章　信息网络设施

概　述

2008年，上海实现电信业务总量776亿元，同比增长17.3%，增速低于2007年10余个百分点；电信业务收入405.2亿元，同比增长11.9%，略高于2007年的增长速度。电信行业利润总额和电信业务增加值实现利润总额105.8亿元，较2007年下降12.1%，幅度较大；实现电信业务增加值226亿元，较2007年下降5.5%，自2003年以来出现首次下滑状况。

2008年，上海市共有电信增值服务企业805家，较2007年底减少了14.36%。其中互联网接入服务提供商（ISP）168家，互联网信息服务提供商（ICP）557家，电话信息服务业务提供商5家，移动信息服务（SP）业务提供商116家，呼叫中心业务提供商70家，IDC业务提供商6家，存储转发企业12家，无线寻呼业务提供商10家，虚拟专用网业务提供商5家，在线数据处理与交易处理业务提供商3家，模拟集群业务提供商3家。

2008年，上海实现电信固定资产投资完成额113.6亿元，较2007年出现2.6%的小幅增长；固定电话交换机容量较2007年底下降3.6%，达到1 402万门，自2003年以来首次出现萎缩；移动电话交换机容量较2007年快速增长28.3%，达到3 370万户；互联网宽带接入端口数也增加到630.6万个，较2007年增长20%。固定电话用户总量较2007年底下降了5.7万，为1 015.4万；而移动电话用户则在2007年的基础上又实现了近6%的增长，达到1 880.9万。

2008年，上海市共有互联网站20万个，互联网用户1 110万，同比增长33.7%，互联网普及率已经达到59.7%。上海市平均每1万互联网用户拥有180个网站，远高于全国97个网站/万用户的平均水平。

2008年，上海市通信管理局共审核备案网站45 344个，平均每个月审核备案网站4 000个左右，月增速保持在2%上下，年增长率达29.8%；IDC机房共接入网站449 484个，其中，外省市备案主体服务器放置在上海市的达337 864个，占上海市接入网站总数的75.2%。

2008年，上海市宽带用户总数达到461.7万。其中，上海市各基础电信企业新增宽带用户55.6万户，达到390.6万户，比2007年底增长了16.6%；其他企业经营的宽带业务用户数累计达到71.1万，其中在线正常用户38.4万，商业用户3 500户。以此推算，上海市宽带用户占到全国的5%以上，宽带普及率达到24.9%，较2007年底提高了近5个百分点。

有线和无线多媒体业务持续增长。截至2008年底，上海市移动多媒体短消息用户数已经达到551万户，业务普及率达到29%；上海移动公司手机报付费用户数达到106万户，手机电视用户27.6万户，手机报业务发展平稳。

IPTV业务发展迅速，上海IPTV用户已经激增到74.2万户，活跃度达到70%。随着技术进步和经营环境的进一步改善，多媒体业务将在上海获得更快发展。

（胡永龙）

一、固定电话网

上海电信步入固网和移动融合的全业务经营时代

一个号码，不仅是手机号，还是上网账号；一张账单，固话、移动、宽带和IPTV等各项电信业务开支一目了然。2008年12月22日，中国电信集团举行“天翼”品牌发布会暨189放号仪式，标志着中国电信从此迈进固网和移动融合的全业务经营时代。在此前的18日，中国电信上海公司的189业务已率先与广大市民见面，上海的信息产业也因此被注入新鲜血液——189移动业务对通信设备制造业，手机芯片设计、制造业，手机软件外包服务业以及移动互联网内容服务业都将形成新的驱动力，对拉动内需促进增长和刺激上海经济特别是信息产业度过“寒冬”，有着重要意义。5月24日，国务院三部委联合发布《关于深化电信体制改革的通告》，中国电信按照部署收购中国联通CDMA网络。10月1日起，中国电信上海公司平稳承接了本地CDMA网络的运行维护和客户服务工作。截至12月20日，已经有220万新老C网用户选择了中国电信上海公司的服务。

（谢蓓蓓）

上海网通全网智能化改造

2008年，上海网通全面实现以软交换为核心的全网智能化改造，形成以1对NGN汇接局，1对SDC、5个PSTN局和1个NGN端局组成的二级网络。实现业务和控制分离，具备灵活的增值业务部署和开放功能，满足各类业务和用户的需求。语音网具备全网移机不改号，19620X、1796X、悦铃、固定预付业务、广域集团虚拟网、多媒体会议等丰富的增值业务能力接入容量达到60万线。

（应 燕）

上海铁通电话交换网建设

上海铁通电话交换网由本地固定通信网包括2个关口局、3个端汇局、10个端局及1 000余个模块局程控交换机，还有1个上海国际局程控交换机，2个省际长途局程控交换机，以及信令网、智能网等设备组成。截至2008年底，本地交换机用户端口容量达39万线，2兆中继端口1.26万个，用户分布上海所有行政区（崇明县除外），在网用户数超过40万。

（周 旦）

二、移动通信网

第三代移动通信（3G）网络建设

TD–SCDMA是国际电信标准化组织认可的第三代移动通信（3G）国际标准之一，由中国提出并主导完成，具有自主知识产权。作为全国首批正式启动TD–SCDMA社会化业务测试和试商用的城市之一，中国移动上海公司全力以赴，充分调动内外资源，各条线协同作战，网络建设、优化、业务测试与试商用工作齐头并进，在大城市中居领先地位。截至2008年底，上海市已累计开通TD基站超过3 000个，覆盖率达到同区域第二代网络的95%以上，顺利完成TD–SCDMA/2G融合组网试点，客户“不换号、不换卡、不登记”，即可方便地使用TD–SCDMA。自4月1日正式试商用以来，上海TD–SCDMA客户达7.5万户，其中试商用客户占70%，居全国首位。基于TD–SCDMA网络的流媒体手机电视、奥运视频点播等特色业务，广播式手机电视业务投入试用，并成功为北京奥运会提供了3G服务，履行了中国政府申办奥运会时的承诺。

（骆远远）

上海移动网络能力持续增强，网络质量稳中有升

中国移动上海公司坚持“网络质量是通信企业生命线”的理念，通过进一步加快网络能力建设和质量优化、加强网络与信息安全、强化质量监控与应急保障，持续提升了网络整体质量。公司部署开展“迎奥运网络质量会战”，话音质量、单通串话、业务服务等11个专项工作组通力协作、分阶段集中攻坚，重点区域网络能力建设实现适当超前，半速率控制效果明显，各项整治工作富有成效，客户感知稳步提升。实施35万ERL网络扩容，完成内环内混合组网调整，网络支撑能力规模提升。加强BSC割接配合和现网传输调度，确保网络质量的总体稳定可控。完成GPRS、WAP、彩信等扩容改造和EGPRS无线资源优化调整，全面推行客户端“自维＋代维”模式，业务端到端质量进一步提高。进一步加强不良信息综合治理，实现40多个业务系统安全事件实时集中监控。

（骆远远）

上海联通优化GSM网络结构

3月至6月底，上海联通展开为期100天的“会战申城”项目。“会战申城”是上海联通2008年重点工程，该工程通过设备搬迁、引入新产品和新技术，进一步优化现有GSM网络结构，对网络向IP化、向3G演进、可持续发展具有极大的战略意义。全部工程在维持现网稳定运行的基础上，在三个月时间内，完成新建10个基站控制器，替换1 300多个基站，成为上海联通有史以来规模最大、难度最高、风险最大的G网建设工程。

（应 燕）

三、数据通信网

上海电信接入网建设

2008年，中国电信上海公司在原有POP点（网络服务提供点）基础上，加大“光进铜退”的建设力度，通过PON网络（无源光网络）的部署，实现“光纤化”战略。5月1日，第一个PON小区在北区开通。基于PON技术的宽带接入解决方案符合接入网的拓扑特征，无源分光器体积小、环境适应性好、无电磁干扰和雷电干扰，降低了设备故障率。同时从OLT设备（光线路终端）到MDU设备（调制解调设备）之间20公里的长距离，符合大局所的建设思路，在网络拓扑上避免了有源节点级联的弊端，网管一步到底，简化了机房，降低了供电和维护费用，而光缆的使用寿命也远远优于铜缆。在设备管理方面，xPON（新一代光接入技术）具有完善的远端设备的状态检测、操作维护和故障管理能力。在整体工程造价逐步下降的大背景下，基于xPON技术的解决方案将会使电信网用户更多地体验到HDTV（即高清晰度电视）等业务所带来的全新感受。

（谢蓓蓓）

上海网通加大数据网建设力度

上海网通数据网络包括IP城域网和NGN承载网，建设目标是形成层次清晰、全市覆盖、高可靠性、为多业务需求提供良好支持的IP城域网和NGN承载网络，可提供分级服务，能够为重要客户提供高等级QOS。

本地城域网与IDC均实现双平面上联，其中CNCnet（9929）定位为精品网，用于承载大客户和MPLS VPN流量；CHINA169（4837）定位为大众网，用于承载大众客户和中小商业客户的业务流量。

上海网通IP城域网目前建成6个核心节点，29个汇聚节点，大多数汇聚节点均实现双路由上联。核心点间通过2×2.5G pos互联形成双环结构，汇聚点通过GE上联核心点。2008年，IP城域网出口带宽扩容到20G。

2008年，上海网通新建NGN承载网，采用Full-mesh连接，汇聚层以上采用路由器组网模式，支持BFD快速检测和TE FRR、VPN FRR快速重路由技术保证可靠性，全封闭网络保证网络的可用性和QOS。目前已建成5个核心节点，26个汇聚节点，核心点间通过2×2.5G pos互联形成全网状双平面结构，汇聚点通过GE上联核心点。

（应 燕）

上海铁通IP城域网建设

上海铁通IP城域网呈星型，由核心层、汇聚层、边缘汇聚层（业务控制层）和接入层四层结构组成。其中核心层以思科GSR12410设备构成，位于中山北路铁通枢纽楼机房和上海铁路南站机房；汇聚层以思科GSR7609设备组成，覆盖沪北、沪南和浦东三个区局经营单位；边缘汇聚层以华为MA5200G为主，配置PPPoE拨号地址池，进行VLAN终结、专线接入、VPN接入等；接入层以华为DSLAM和LAN设备为主，利用MSTP、RPR环、LAN设备完成接入。上海铁通的26个区分公司分布在城市各个营销区域，采用光纤专线、ADSL、FTTB+LAN等接入方式发展互联网宽带用户，截至2008年底，在网宽带用户已超过15万户。

（周 旦）

四、有线电视网

机房建设

2008年，机房基础建设范围涵盖分中心、街道站、远端、末端等各级机房。新建成广电19楼有线电视总前端机房，原广电8楼作为总前端备份机房。先后新建临空、广灵、龙水南路3个数据核心机房，与原张江数据核心机房组成网状网，覆盖整个上海市区和郊区的格局。

原有分中心机房19个，分布于市区8个分公司。2008年先后新建临港新城、临空、龙水南路3个市区分中心机房和崇明三星镇、城桥镇、陈家镇3个分中心机房，目前分中心机房共计26个。改造分中心机房10个。

年内，还完成徐家汇、田林、老万航等15个街道站扩容优化搬迁，环球金融中心、海上名庭、新会苑等25个远末端机房的建设扩容工作。

管道、光缆

2008年，管线建设范围涉及市区和郊区，主要完成了部分分中心和街道站环网、部分分中心星型网络、郊区超干线、架空线入地等管线建设工程。

有线电视网络优化

2008年，共计完成36 150户的双向网改造工程，拓展了双向数据业务的潜在用户群体；完成174个光节点拆分，较大程度提升了网络服务质量；进行了覆盖7个分公司的整体转换网络优化建设，为整转工作奠定基础。

网络设备扩容

完成SDH骨干网扩容、数字平移机房光传输系统改造及郊县传输链路完善项目，改善了公司数据业务的质量，提高了包括郊县在内的数据传输的控制力和效率；完成CMTS设备扩容、IP交换网扩容项目的建设，并对流量优化系统进行扩容，保证了接入网平台足够的扩展性和用户容纳量；完成“央视高清”、“CHC高清”频道落地，并通过双向视频服务平台扩容建设，更好地支持各类新业务的开发和部署，同时提供更稳定的运行支撑。

通过相关项目的建设，对行业用户专用SDH网络、MPLS数据网和MSTP接入网进行了优化和结构调整，有效地配合了业务开展。

参与重大市政建设

重点跟踪、参与的市政配套项目包括世博园区内场馆信息基础网需求、虹桥交通枢纽信息基础设施需求、临港地区相关住宅区及城镇社区信息基础网络需求、沪崇苏桥隧项目相关机房（陈家镇、长兴岛、五号沟）需求、长兴岛凤丰东路管线建设的跟踪落实、浦东耀华路地块规划的实施、闸北中部地区管线规划的落实。

电视频道

2008年，东方有线通过优化有线网络、更新传输设备，大力提高电视节目的传输质量。截至年底，东方有线对数字电视系统进行了扩展和完善，目前数字频道已推出119套视频和20套音频，其中数字公共频道65套，数字高清频道3套，数字付费频道51套，数码广播及音乐20套。

有线电视数字化整体转换

2008年，东方有线以虹口、长宁等区为主，进一步在市中心城区扩大整体转换试点工作。共完成转换登记用户34.14万户，完成转换安装用户33.75万户，占整体转换区域有线电视正常缴费用户的比例约为97%。加上提前整转用户，全市整体转换用户规模已超60万户。（上海信投）

五、其他网络

上海电信集群业务助洋山港迎来开门红

2008年1月3日，洋山深水港区迎来了全球最大的集装箱班轮——总箱位达到14 526标准箱的“伊迪丝马士基号”集装箱船。洋山港仅用4.75小时就完成了4 040自然箱的装卸作业，平均每小时装卸850.53自然箱，打破其在2007年5月创下的世界纪录。在近五个小时内，由上海电信建设和维护的上海市800兆数字集群政务共网呼叫量达到惊人的5万次集群ptt呼叫，平均每次呼叫历时8秒钟。集群业务在此次任务中的表现再次得到用户的充分肯定，也为800兆数字集群政务共网的网络维护工作在2008年取得开门红。

（谢蓓蓓）

中卫国脉数字集群网络发展

中卫国脉作为目前全国规模最大的iDEN数字集群通信商用共网电信运营商，一直致力于为用户提供更灵活、更迅捷、更高效的无线通讯产品及无线调度管理解决方案。iDEN数字集群通信系统具有通信范围广、频率使用率高、系统容量大、保密性好等特性，在指挥调度、应急救助、大型社会活动等通讯需求中，中卫国脉数字集群通信充分提供了统一高效、灵活快捷的通信保障服务。

2008年，中卫国脉数字集群业务在全球金融危机的冲击下，仍然实现良好的业务发展，全年发展用户4 070台，在网用户总数达到32 979台，用户遍及国民经济22个行业和领域，包括政府机关、市政管理、公用事业、航空、电力、物流、城管、制造、部队、会展等与城市信息化建设息息相关的行业。数字集群业务以“通信为经济建设服务”为目标，紧贴政府实事项目和上海市信息化建设重大工程项目，积极寻求数字集群业务切入点，在实现业务市场拓展的同时，积极为社会经济建设提供有效的通讯服务。主要表现在如下几个方面：

业务拓展方面，中卫国脉数字集群通信系统作为北京奥运足球比赛上海赛事“1+1”调度备份保障系统，以奥运通信保障为契机，全面加强了数字集群网络支撑、应急响应和重要客户服务的能力，确保城市运作与行业用户的通信安全，为各项赛事提供稳定、可靠、快速调度通信服务，实现通信网络“安全畅通、万无一失”的目标。同时，在太仓港保安通信保障演习、上海市防空警报试鸣演习和朱家角音乐节等大型活动中，数字集群发挥了灵活、高效的调度通信优势。

通信网络建设运维方面，中卫国脉进一步完成集群通信网络的覆盖优化工作。如对五角场、外冈、泗泾、真如、陈行、川沙、施湾、白鹤共8座基站进行搬迁和配套建设开通工作，对虹桥机场、浦东机场地区的网络覆盖完善工作，对其他32座基站进行供电线路改造、机房屋面防水工程，以及光缆传输配套工作。同时，在公司内部对系统运行维护管理体系、制度文件、各类作业处理流程进行了梳理完善，完成《数字集群网络定级自评报告》、《网络安全测评报告》、《风险评估报告》，有利于建立快速有序的应急抢修流程，确保网络的稳定运行，逐步解决网络覆盖盲区。

增值业务开发方面，在确保提高网络安全、稳定、通畅的同时，进一步加强增值业务的研发，围绕着GPS定位公共平台服务、短信企业平台业务和民防报警系统，进一步推广、完善增值业务，并在民防报警实际鸣报演习中发挥重要作用。

（杨　俊）

中卫国脉无线寻呼网络业务整合

2008年，中卫国脉无线寻呼整体转让给锦江寻呼台，完成和锦江台的业务合作，妥善将公司现有的寻呼、信息用户换机升级至锦江台的服务平台。中卫国脉在市政府各相关单位、上海市通信管理局的大力支持和指导下，按照“积极稳妥、安全退出”的原则，以“淡化、分化、消化”为准绳，维护社会责任，全力开展寻呼业务合作、用户换机升级工作。

公司先后制定了《无线寻呼及信息业务合作协议》、《关于中卫国脉公司寻呼业务整体转让用户处理的情况通报》、《寻呼业务整体退出工作总体安排及用户解决方案》、《用户换机升级登记表》等多个文件，经反复修改完善成文，作为工作指导。公司工作人员积极做好用户现场接待、沟通、解释和处理工作，以确保用户的正常使用和利益不受影响，同时，公司还积极做好过渡期内寻呼系统的运行工作，确保系统的正常运行。

2009年4月，公司将在公共媒体上刊登整体退出寻呼业务的公告，中卫国脉正式退出经营长达十七年的寻呼业务领域。

（杨　俊）

第四章 功能型服务设施

概 述

2008年，上海市信息化功能型服务设施综合服务能力进一步提高。上海超级计算中心的曙光4000A主机系统全年平均使用率达到88.5%。上海互联网络交换中心全年总交换流量达2 429TB，日均交换流量达6.6TB，总交换互联带宽达12.96Gbps，总交换路由信息达44个B类IP地址，网络交换容量达720Gbps。

（吴南竹）

一、超级计算中心

中心主机超负荷运转

2008年，上海超级计算中心（以下简称“中心”）曙光4000A平均利用率达到88.50%，提供机时超过1 500万CPU*小时，计算资源已经饱和。新增用户62个，其中科学用户42个，工程用户20个，累计用户达到356个，分布在全国27个省市地区，95%以上用户通过网络连接使用中心主机资源。新增应用领域4个，包括：桥梁工程、测绘、农业、生物医学等。中心支持的国家重大在研在建项目中增加大型民用客机项目。

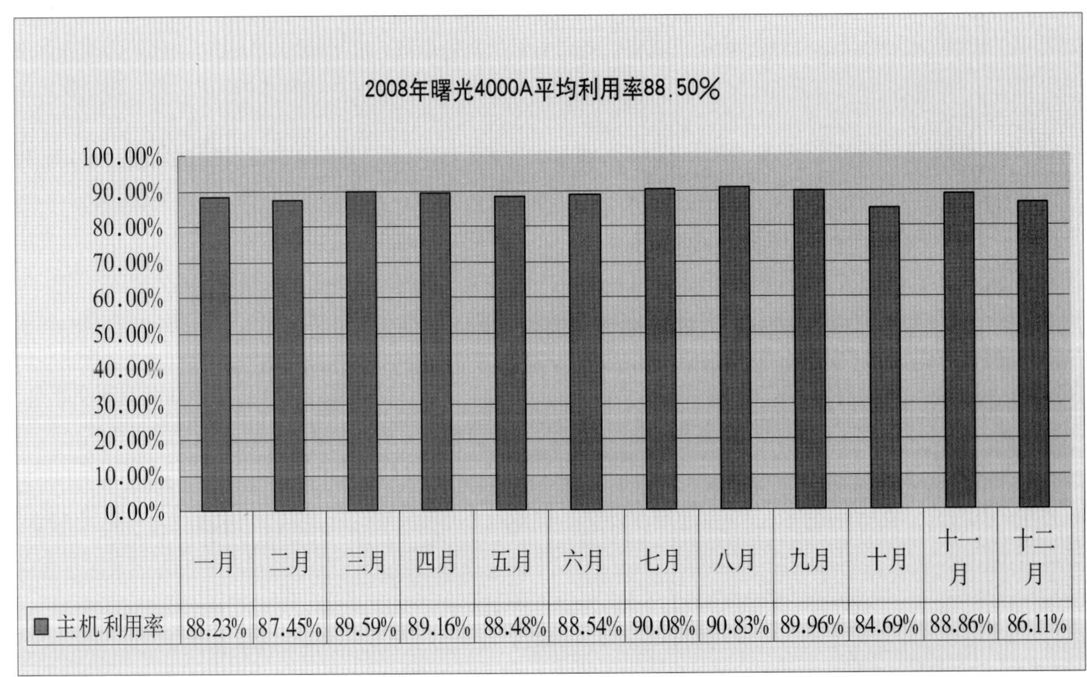

中心科研活动喜获丰收

2008年，中心开展多项国际国内高性能计算交流活动：6月，中心首次独立参展在德国举行的ISC08会议（国际超级计算大会），向世界展示中国高性能计算的发展与应用；7月，中心与加拿大共享分级学术研究计算网络（SHARCNET）联合举办国际计算金融研讨会，邀请北美资深计算金融专家介绍国际先进经验；7月，中心与AMD公司共同成立"联合技术实验室"挂牌；10月，中心参展在无锡举行的HPCChina2008会议；12月，中心承办"中国国家网格2008学术年会"，促进国家网格节点的相互协作，并研讨国内超算中心的运营与发展。

2008年，中心共取得两项计算机软件著作权："面向集群系统的并行程序集成开放环境系统v1.0"（简称：PG-IDE集群版）和"协同制造网格计算系统v1.0"；中心独立或与其他单位合作完成11个项目并通过验收。中心参与"中国国家网格"项目，作为其南方主结点获得国家科学技术进步奖二等奖。

新主机"魔方"名列亚洲第一

2008年，中心积极推进三期项目建设，解决中心计算资源问题。6月，中心与中科院计算所、曙光公司共同研制百万亿次级超级计算机"魔方"（曙光5000A）。9月，主机顺利下线；11月，完成Linpack性能测试。同时在第32届TOP500排名中，以峰值速度230万亿次、Linpack测试值180.6万亿次的性能排名世界第十位、亚洲第一位。预计2009年"魔方"将安装到位投入运营。

该超级计算机是中国研制"高效能可信计算机"计划的一部分，标志着中国成为继美国之后世界上第二个成功研制百万亿次超级计算机的国家。中心作为用户单位参与"魔方"（曙光5000A）的研制，根据应用需求对超级计算机的系统结构、水冷系统等方面提出创新性要求，使得百万亿次主机更适合上海这个完全开放的高性能计算公共服务平台。

该台峰值运算速度200万亿次新主机"魔方"（曙光5000A）将使中心计算能力增长20倍，解决此前一直困扰中心的计算资源紧张问题，同时提高上海市高性能计算公共服务平台能级，解决众多科技难题，支持包括大飞机、载人航天二期工程、百万千瓦核电站、沪崇苏隧道等大型在研在建工程，以及大量基础研究项目。

（吴　珩）

二、互联网络交换中心

上海互联网络交换中心

【不断完善交换平台的功能及性能】 2008年，上海互联网络交换中心（以下简称"交换中心"）根据市信息化重点工作的安排对交换平台进行了全面扩容。扩容后的交换平台形成了3＋N（即三个核心节点＋N个接入节点）的核心节点链路为闭环的网络结构，使交换平台网络系统更安全更可靠；同时在核心链路上采用波分复用新技术，使链路的利用率得到更加提高；另外，还采用新技术建立和运行了"互联网络IP流量汇聚分发及采集分析系统"，使交换平台的流量信息能实时通过网站及远程等手段进行实时显示和发布，为政府有关部门和网员单位（ISP）及相关单位提供了流量信息，达到了交换中心的运行"透明度"效果。

【探索长三角同城化互联新模式】 "同城化互联"是解决长三角城市之间信息网络"异地交换"的问题。交换中心在市经济和信息化委员会的领导下，积极探索长三角城市之间"同城化互联"暨建立长三角互联网交换中心的新模式。在2008年底签订了上海与嘉兴两地互联网络"同城化"互联工程备忘录，今后还将与宁波、南通、湖州、无锡、昆山等城市实现"同城化互联"。

【全年交换流量及ISP排名情况】 从2008年第四季度完成扩容后的交换平台运行数据显示：2007年日均交换流量达6.23TB，2008年日均交换流量为6.67TB，增幅为6.6%；2007年总交换流量达2 274TB，2008年总交换流量为2 429TB，增幅为

6.3%（详见图 1）。

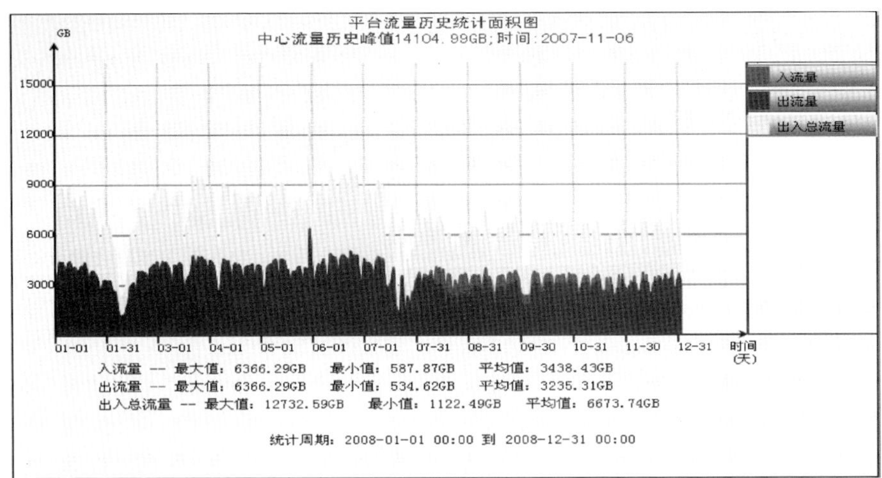

图1 2008年交换流量趋势图

2008年，交换流量排名前八位ISP及交换流量增幅情况，见表1和表2。

表1 2008年总交换流量排名前八位ISP

排 名	ISP	与2007年排名比较
第1名	网通（上海）	→
第2名	上海科技网	→
第3名	上海教科网	↑
第4名	长城宽带（上海）	↑
第5名	东方有线	→
第6名	上海移动	↑
第7名	上海电信	↓
第8名	铁通（上海）	↑

排名说明：表中→表示名次不变，↑表示名次上升，↓表示名次下降。2008年保持2007年流量前八位名次的ISP是网通（上海）、上海科技网、东方有线；上海教科网由2007年的第四名上升到了第三名；城宽带（上海）由2007年的第六名上升到第四名；上海移动由2007年非前八名上升到第六名；上海电信下降为第七名；铁通（上海）由非前八名上升到第八名。

表2 2008年比2007年总交换流量增幅前六位ISP排名

排 名	ISP	增 幅
第1名	网通（上海）	742.8%
第2名	上海科技网	364.4%
第3名	中国科技网	133.3%
第4名	上海移动	98.7%
第5名	中电飞华	32.2%
第6名	长城宽带	21.9%

【应用协议流量排名情况】 交换中心在统计全年总交换流量的基础上，运用“互联网络 IP 流量汇聚分发及采集分析系统”对交换平台交换的多种协议流量进行分类统计分析，图 2 所示是 2008 年度各类协议流量分布和流量排名统计情况。

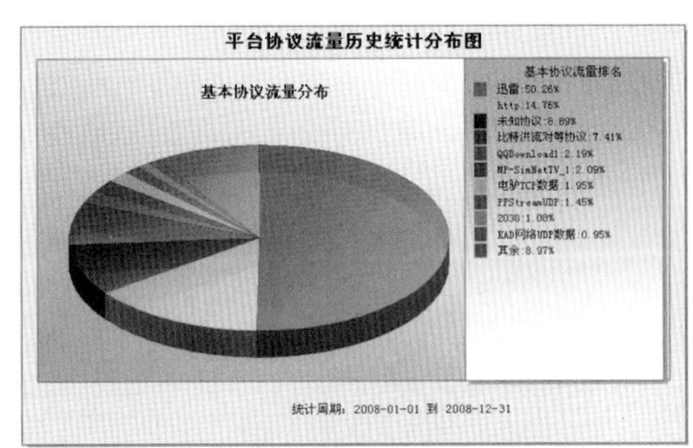

图2 2008年平台协议流量统计分布图

【深化网间结算系统推广】 2008 年，交换中心充分利用交换平台扩容后的成果和“互联网络 IP 流量汇聚分发及采集分析系统”，进一步对网间结算进行了深化和推进工作，并运用“产、学、研”相结合的方式，与浙江大学管理学院共同对“互联网络网间结算推广系统需求分析和软件系统方案设计”专项项目进行研究及设计，为下一步深层网推广间结算系统作好了准备。

（上海互联网络交换中心）

三、无线测控定位设施

上海地面无线测控网发展

【概况】 地面无线定位测控技术作为新一代先进的无线网络应用技术，具有广覆盖、大容量、高精度、低成本、安全好的特点。上海市于2005年启动了以无线定位测控技术为核心的地面无线测控网建设，该项目连续两年被列入上海市重点信息化建设专项。鉴于地面定位测控技术在安全性、适用性等方面的突出优势，相关主管部门把无线测控网定位为上海城市公共性、战略性的信息化功能设施，由政府各部门协力推动，并重点把有关敏感领域和事关国计民生的定位测控应用，引导到测控网平台上来，同时积极协调推动测控网平台在全市其他各种位置服务领域的应用，为提升上海城市综合功能作出应有的贡献。

【系统建设】 上海地面无线测控网作为自成体系、技术先进、应用成熟的无线网络系统，由客户指挥中心（CCP)、网络控制中心（NCC)、基站（45个接收基站、17个发射基站、9个同步基站）及移动终端四部分组成。系统网络于2006年底基本完成建设，建成后的网络覆盖了全市约6 300多平方公里行政区域。在完成网络调试、测试等工程阶段后，于2007年中期开展了网络试运营。2008年无线测控网进入网络正式运营阶段，首期主要面向政府和主要公用事业单位应用，以专网方式提供专业级定位测控服务。

【产品研发】 针对无线测控网在上海的应用实际，以及在一些关系国计民生应用领域的热点需求，由运营单位主持开发了系列化的终端应用产品。产品涵盖了人员定位小型化低功耗终端、组合式天地一体化双模车载终端、户外水箱状态无线监控终端、多模式数据采集及无线传输终端等系列产品，目前已获国家新型实用发明专利两项。现阶段网络运营单位在外方支持下，正在进行网络数据传输能力的系统升级。升级后的系统在数据传输能力上比原系统提升4～5倍，将大幅拓展无线测控网在数据传输领域的应用。

【应用情况】

1.环卫、渣土车辆监管

无线测控技术作为备选技术之一，参与市环卫系统项目竞标，成为上海市环卫车辆和渣土车辆实时监管系统的应用支撑技术，运营单位上海长城金点定位测控有限公司负责项目主要部分的建设。

2.反恐应用

根据市反恐办2008第67号文件精神，在市反恐办、市信息委、市水务局支持下，启动了基于无线测控网技术的二次供水设施反恐怖防投毒应用项目研究，已推出相应产品，并在浦东部分区域进行试点应用。地铁进风口防毒气应用以及外地危险品反恐监管应用项目也已获反恐办认可，并获政府相关部门的支持。

3.世博会应用

网络运营单位上海长城金点定位测控有限公司与世博局签署合作协议，共同成立2010年世博会无线定位测控技术应用联合实验室。利用无线测控网技术支持的世博客流引导系统项目获得科技部批准建设，基于无线测控网技术的世博安检车辆监管、重点设施监控、安保人员位置服务及园区应急报警点等应用已获世博局安保部、信息化部认可，正在进行系统设计和方案验证。

4.消防设施监控

为解决消防阀门及水泵等设施人为关闭导致火灾消防设施失效的管理难点问题，2008年7月17日市消防局正式启动了基于无线测控网技术的消防设施监管系统项目，并落实世博园区作为试点区域，待项目成功将向全市推广。

5.车辆监管

为加强机场车辆安全管理及反恐工作，上海机场集团及市公安局机场分局初步考虑采用无线测控应用方案，目前项目正在推进中。

（长城金点）

四、呼叫中心

中卫国脉呼叫中心建设

中卫国脉呼叫中心始建于2001年5月，经过多年的摸索与拓展，已经成长为业内知名的外包式呼叫中心，致力于为企事业单位提供全方位的呼叫中心服务，业务范围包括：坐席租用、服务承包、电话转接、电话营销、人员培训、技术支持、系统集成和通信资源出租等。中卫国脉呼叫中心坐席规模为300个，承载了政府机关、电信行业、制造行业、汽车行业、保险行业、电子商务等行业企事业客户单位多年的服务信赖，并凭借通信资源、网络平台和运营管理优势，努力为客户赢得客户。

2008年，中卫国脉呼叫中心外包坐席业务排名前五位的大客户分别为：(1)林内：受理用户咨询、报修预约、维修催促及日常投诉；(2)升东：为51.com博客社区网站提供电话咨询、网上咨询、视频认证、形象照审核等服务；(3)福特汽车：美国福特汽车公司用户咨询、回访；(4)安心购物：电视购物订单受理及电话营销；(5)基亿广告：电视购物订单受理及电话营销。

为了降低中卫国脉呼叫中心的运营成本，使业务早日进入持续发展的状态，同时为了适应业务发展对承载能力的需求，扩大生产规模，公司启动了国脉徐泾呼叫中心基地建设项目。建设后的国脉徐泾呼叫中心基地最高可达上千坐席的规模，为该业务未来几年的发展明确了战略方向，奠定了资源基础。

（杨 俊）

上海网通呼叫中心建设

2008年，上海网通呼叫中心系统完成扩容改造，完善了呼叫中心系统各类业务功能、业务应用，极大提高了呼叫中心的稳定性。上海网通呼叫中心系统以其设备先进、功能完善、电话畅通，为网通客户提供便利、快捷的通道。

上海网通呼叫中心是网通公司为客户提供综合服务的窗口，以“热心、耐心、诚心，让我们服务与您心贴心”为服务准则，可为用户进行业务受理、咨询、投诉、建议的受理等服务工作，旨在满足社会各界办理业务、信息咨询、投诉建议及交流沟通等多元化的需要。呼叫中心客服热线是客户使用通信业务的“好帮手”、连接网通公司的桥梁。

（应 燕）

五、互联网数据中心

中国电信上海公司打造IDC“避灾港”

目前，由黑客发起的“分布式拒绝服务攻击（DDOS）”日益猖獗，导致服务器资源被大量占用，造成部分用户正常上网受到影响。DDOS攻击已成为黑客谋取暴利最简单的手法。中国是“拒绝服务攻击”的主要目标，而DDOS攻击多数来自美国。由于国内很多机房没有DDOS硬件防火墙，只能做些临时补救措施。有些用户自已购买防火墙，但由于带宽有限，当遇到大带宽DDOS发起的攻击时，网络很快被堵死，最终导致瘫痪；若另外购买千兆级带宽，昂贵的价格又让人望而却步。针对此情况，中国电信上海公司于7月中旬完成了DDOS业务防护平台防护能力的建设，使其引流能力达到40G，清洗能力目标为20G。该防护区域拥有充足网络资源，可为防火墙提供足够的运行带宽，最终有效地防御大部分已知的DDOS攻击。在奥运会保障期间，防护平台为用户多次成功防护了DDOS攻击，确保了用户网络服务未受到影响，得到用户的一致好评。尤其是在金融用户间树立了良好的服务口碑，为广大用户提供了一个安全、稳定的网络环境。从奥运会至年底，签约防DDOS攻击功能的银行类用户达到12家，覆盖了在上海有网银门户的所有银行用户。除了银行用户之外，中信证券、海通证券、盛大游戏等大用户也成为中国电信上海公司DDOS防护业务的重点用户。

（谢蓓蓓）

上海网通不断提升服务能级

【建设和布局情况】 上海网通目前有 2 处 IDC 机房，总出口带宽达到 10G，拥有 1 000 多个机架，可以提供主机托管、主机租赁、虚拟主机、空间租用等基础设施服务，并可提供企业邮箱和电子商务应用平台服务以及内容负载均衡、安全和服务质量监控等增值服务，以及 VPN 业务，便于集团用户的远程接入管理。

【服务功能和应用情况】 漕河泾 IDC 机房作为中国网通集团 6 个五星级 IDC 之一，客户群包括政府、证券、银行、游戏和众多世界 500 强企业，机房共分 15 个区域，可用机柜 1 240 个，设有 6 个独立的 VIP ROOM 和 9 个独立的客户室，出口同时直联 CHINA169 和 CNCnet 两张骨干网，提供客户优良的网络品质，可以满足不同用户的需要。客户接入方面采用分类接入的方式，辅以防攻击安全产品，最大程度保证网络安全。

目前，该机房每月客户进出约为1 300人次，设备进出约500次，业务发展情况良好，增值业务得到蓬勃发展。2008年，为SCDN平台提供春晚等重大庆典活动的网络直播；其语音增值平台和国拍公司合作，为上海地区车牌竞标工作做好支撑；其视频导航平台与上海高星级酒店合作，为酒店开展新视频业务提供良好的系统支撑。

（应 燕）

第二编

信息产业

综 述

2008 年，上海信息产业领域坚持树立与落实科学发展观，全面贯彻落实中央宏观调控政策，面对纷繁的国际国内形势，克服种种困难，大力推进信息技术在社会各领域的应用开发，全行业经济总量不断扩大，规模和增速保持稳定增长。

2008 年，上海信息产业完成制造业销售收入和服务业经营收入合计 8 100.4 亿元，同比增长 7.9%，其中信息产品制造业实现销售收入 6 288.6 亿元，同比增长 4.7%，在全市规模以上工业销售收入中的比重已经达到 24.8%。信息服务业经营收入达到 1 811.8 亿元，同比增长 20.6%。信息产业出口额 670.5 亿美元，同比增长 26.5%，占全市外贸出口总额的 39.6%。

目前信息产品制造业是上海工业的第一大行业，是与国际市场接轨最快的行业，上海已形成集成电路、计算机、通信、信息家电为重点的信息产品制造业产业群。随着信息产品制造业发展梯度化、分工全球化，世界知名 IT 制造商纷纷将其企业放到上海。重点产品产量继续增长，由于通信运营商加大布局力度，全市移动通信基站设备产量 343 万信道，同比增长 11.7%；笔记本电脑产量 5 261 万部，同比增长 37.9%；随着消费能级的提升，全市等离子电视机产量 60 万台，同比增长 86.5%；液晶电视机产量 116 万台，同比增长 38.6%。

软件产业继续保持快速增长。软件业成为推动信息产业结构调整的重要力量，实现经营收入1 004.8亿元，同比增长25.3%。2008年度国家规划布局内重点软件企业上海29家，占全国1/6。软件质量和软件开发效率同步提高，全市累计通过CMM3以上国际评估的企业达107家，其中CMM5有12家。

（王　雷）

	单位	2008年	增长（%）
信息产业增加值	亿元	1 670.52	14.2
其中：信息产品制造业增加值	亿元	944.61	11.2
信息产品销售业增加值	亿元	35.27	21
信息产品服务业增加值	亿元	690.64	18.4
信息产业增加值占全市生产总值比重：	%	12.2	

（唐庆茹）

第一章 信息产业环境建设

概 述

2008年，上海贯彻国家战略，通过政策引导和产业集聚“两手抓”，营造良好的产业发展环境。深入贯彻落实国家“18号文”和上海“54号文”，强化产业政策在促进创新、招商引资、集聚人才等方面的导向作用；滚动推进软件和集成电路产业发展专项资金；支持软件企业通过CMM/CMMI国际评估；加大对产业基地、园区和公共服务平台的支持力度。同时充分利用上海优势，加快培育产业投融资环境和人才环境。

上海信息产业基地和公共服务平台取得较快发展。2008 年 7 月，上海张江国家数字出版基地正式成立，成为全国唯一的国家数字出版基地。2008 年 12 月，上海文化信息产业园奠基开工。上海汽车电子产业基地集聚了国家汽车检测中心、上汽工程研究院、同济大学工程试验中心等一批先进的汽车电子产品研发、制造和检测机构。上海集成电路研发中心基本建成 0.13 微米～ 90 纳米铜工艺的 8 英寸先进技术研发平台，将开展 CMOS 工艺和非标准工艺研发。

（贺 奇）

一、信息产业园区基地建设

软件产业基地

上海软件产业基地通过几年建设，形成了适应产业发展的园区管理服务平台和基础设施环境，依托所在区县，发挥自身优势，走出一条合作互补、各有特色、相互促进的共同发展之路。软件产业基地已经成为带动上海软件产业实现跨越式发展的龙头，形成了以国家软件产业基地和国家软件出口基地为龙头，7个市级软件产业基地为支撑的园区格局，聚集了全市60%的软件企业，规模效应显著。

经过多年的精心培育，上海的软件产业基地服务能力不断提高，产业积聚与辐射示范作用不断增强。其中，上海浦东软件园形成了“1+X”的“总部+分部”的产业发展格局，园区总部、陆家嘴分园、金桥分园、外高桥分园、昆山基地、三林世博分园等通过不同的定位，实现优势互补、资源共享，积聚了HP、IBM、英塔信息、TCS、INFOSYS、京瓷软件等国外著名国外软件企业，中国银联、银晨网讯、Sungard等国内知名企业也入驻其间。交大徐汇软件产业基地入驻企业已达141家，企业产值已达40.31亿元人民币，基地由“扶植软件企业”向“主题培育数字内容产业”发展，培育的产业主要是基于下一代互联网（NGN）和第三代移动通信（3G）的数字内容产业及其增值服务，围绕创造需求、创造市场，形成全球化竞争与合作的新兴市场的供应链和产业链以及价值链。漕河泾开发区软件园已形成较大的软件与计算机产业规模，园区内聚集了一批上规模、有市场竞争力的软件骨干企业和IC设计企业，如华东电脑、万达信息、携程、汉略、IDT科技、启明软件、纬创资通、英华达、PFU、龙旗、华腾、金宝电子、扬智、爱普生等，已经成为上海软件企业最多、人才最集中、经济效益最好的软件产业基地之一。

（叶月明）

微电子产业基地

上海国家微电子产业基地是第一个国家级微电子产业基地，主要包括核心区——浦东微电子产业带及扩展区——漕河泾新兴技术开发区、松江工业园区。

2008年，上海国家微电子产业基地在国际金融危机的影响下，发展速度有所减缓，但基地内集成电路产业全年销售收入仍取得一定程度的增长。根据上海市集成电路行业协会对基地内133家主要集成电路企业销售额的统计，2008年上海集成电路产业总销售额为457亿元，同比增长-0.5%，其中设计业、芯片制造业、封装测试业同比分别为25.8%、-15.7%、4.2%。2008年，上海国家微电子产业基地在推动技术进步和自主技术创新方面，取得较大进展，基地内企业仅上半年新申请专利303件，授权专利79件，全年集成电路布图设计登记数为181件。同时涌现出一批高水平的成果，中芯国际集成电路制造（上海）有限公司12英寸90纳米技术用于国际代工并实现量产，65纳米标准CMOS工艺已完成开发，并通过国际合作启动45纳米CMOS的研究；上海宏力半导体制造有限公司自主研发的0.12微米Flash/eFlash制造工艺顺利进入量产，并用于代工生产；上海华虹NEC电子有限公司自主开发成功0.13微米SONOS工艺；上海先进半导体制造有限公司和上海贝岭股份有限公司用于制造高压模拟集成电路的700伏BCD工艺取得突破性进展，已分别用于AC/DC(交流/直流转换电源)及挤式整流电路等产品的制造等。

（林　晶）

上海市数字媒体产业园区

2008年，上海市数字媒体产业园区共入驻企业686家，实现区级税收6 762.90万元，同比增长21.16%；销售收入28.21亿元，同比增长37.08%。

1.进一步加大园区建设力度

园区载体建设逐步向大柏树知识创新与服务贸易圈延伸。二期园区新增10.2万平方米商务办公面积，已进入使用、招商阶段；在建商务办公楼宇近9万平方米，其中将以中图蓝桥文化创意产业园区为依托，着力促进数字出版产业的发展，为数字媒体产业的发展增添新的亮点。

2.积极推进公共服务平台建设

与市信息服务业行业协会合作搭建上海市数字内容公共服务平台，一期工程已竣工验收；与东方有线合作，搭建上海市数字电视公共服务平台；与市研发公共服务平台管理中心签订合作协议，设立上海市研发公共服务平台虹口分中心，积极推进上海材料研究所、上海中科院技术物理研究所、东方有线等建立公共技术研发平台；与市大学生科技创业基金会签订合作协议，成立虹口区人民政府大学生科技创业专项资金，建立区校匹配联动资助机制，引进大学生创新项目入驻。

3.宣传力度不断加强，园区影响力进一步提高

分别与市科委、交大联合举办“2008上海国际数字媒体技术与产业发展论坛”、“2008上海国际设计趋势高峰论坛”等，通过举办有影响力的大型论坛活动提高园区的影响力，增强产业发展优势；与市信息服务业行业协会合作，举办“2008年全国青少年数字创意行动”，为所有热爱数字媒体产业的有志青年继续提供一个展示交流的平台；加强报刊杂志等平面媒体宣传，促进园区发展建设。

（叶月明）

上海张江国家数字出版基地

上海张江国家数字出版基地正式成立于2008年7月16日，是全国首家也是目前唯一的国家数字出版基地，旨在发展成为全国率先开展数字出版制度创新、技术创新与出版内容创新的试验田。基地在“部市合作机制”和“市区联动机制”制度保障下，充分利用浦东新区“综合配套改革、先行先试”的优势，重点建设数字出版综合业务信息服务交易平台、数字出版技术研发平台和数字出版专业人才培养平台等三大功能性平台，以及艺术典藏、手机出版、网络游戏动漫、数字报刊、数字音乐、电子图书、按需出版与数字印刷、互动教育、数字图像和数字会展等十大业务板块。

2008年，基地与中国出版科学研究所全面合作，发布了“2007～2008中国数字出版产业年度报告”；建成了张江国家数字出版基地监管网，具备了对入驻企业的信息管理功能；启动了和北大方正合作的“张江国家数字出版实验室”建设工作，开展数字出

版领域的前沿技术研发，承接国家工程。同时，浦东新区政府明确于2008年至2011年期间，每年从区级财政中安排5 000万元，成立“张江国家数字出版基地建设专项资金”，用于基地建设和发展。

截至2008年底，基地企业数量已超过100家，经营业态涵盖音乐搜索、互联网、互动教育、动漫、电子杂志、数字电影、网络平台开发、按需印刷、数字出版技术等数字出版诸多方面。世纪出版集团、上海印刷集团、华师大出版社、清华中文在线等传统出版和数字出版的代表企业也相继入驻。

（叶月明）

上海文化信息产业园

上海文化信息产业园即“东方慧谷”，是市委宣传部批准成立，由东方网、马陆镇政府、宏发集团三方强强联手打造的高新技术产业企业集聚园区，以文化创意产业、信息产业为特色，致力于打造上海文化信息产业名片与国际级文化信息产业基地。园区于2008年12月6日奠基，已获证“上海市文化信息产业基地”，是上海“十一五”期间文化发展的重大工程以及嘉定区现代服务业发展的重点推动项目。

园区占地600亩，总建筑面积约50万平方米，分三期开发。园区体现了现代文化产业、信息产业、创意产业融合发展的特色，成为立足上海、辐射全国、面向世界的文化、信息、创意产业以及关联配套服务产业、大型高新技术产业的集聚区。园区以建成国际国内知名文化信息创意产业集聚基地、文化信息政策试验基地、文化信息创意产品展览展示推介基地、文化信息创意人才培训基地，成为文化和信息化融合发展的重大示范工程为发展目标。

园区主要发展以3G移动娱乐、数字媒体、内容软件、宽带多媒体应用和多媒体展示等数字内容产业为核心的产业。配套产业以创意设计、展示交易等服务业以及园区房地产开发为主，以休闲娱乐、生活居住、商业服务等为关联产业，通过资源共享、信息互动最终达到“内聚”效应。截至2008年底，已有上海东财信息技术有限公司（东方财富网）、上海掌上灵通咨询有限公司、上海优视网络科技有限公司等一批大型文化信息企业先期入驻园区。

（叶月明）

国际信息服务外包产业园

2008年，国际信息服务外包产业园建设工作推进顺利，在多个领域取得了预期成果。

1.积极推进园区建设

完成智造局一期、二期和柳林大厦等三个重点改造项目，新增5万多平方米的园区面积，启动局门路550、436等两个重点改造项目；结合卢湾区建设现代服务业集聚区和在中南部打造上海市生产性服务业功能区的相关工作，启动中南部存量旧厂房资源协调利用工作，为后续发展提供支撑。

2.完善园区环境及管理办法

在智造局一期完成“电信信息化机房”共建项目并投入使用，对局门路436、550两个园区形成一揽子信息化综合解决方案；出台园区管理办法，发布了《关于进一步加强服务外包园区管理工作的通知》、《卢湾区服务外包园区办事指南》，进一步规范招商引资及园区管理工作，细化了园区的产业导向及园区管理、服务机构；启动环境综合整治，对重点园区集聚的中南部局门路丽园路地区，初步形成了市容、绿化、道路和管线等整体综合治理方案。

3.合力推进招商选资工作

智造局一期的招商选资圆满完成，共入驻企业54家，其中商务办公企业44家，商业配套企业10家；完成租赁面积2.2万平方米，实现可租赁面积的满租。

4.推进功能性平台建设

深入推进“上海市服务外包知识产权试点区”、“上海市服务外包标准化示范区”、“上海服务外包人才促进中心”等的建设工作。

（叶月明）

信息服务外包产业园

2008年，信息服务外包产业园集聚效应明显，发展势头良好，产业规模日益扩大。

1.招商引资集聚企业，园区建设初具规模

采取“总部+基地+企业”的组园模式，实现了恒通基地、龙软基地、多媒体谷基地的产业园布局；以软件与信息服务外包为重点，加大招商引资力度。截至年底，已引进企业53家（其中25家已开始产税）。同时，还与新民文汇、名仕街、聚源大厦签订了建设信息服务外包产业基地合作意向，为进一步做大做强园区提供了保障。

2.建立健全管理机制，加大对企业的财政扶持力度

制定了《关于上海信息服务外包产业园管理服务实施办法》，明确了政策落实与操作、税收归口与统计、企业认定与扶持措施等内容。同时，还配套起草了《关于信息服务外包产业园税收归口返还比例的实施意见》、《与各街道、镇加强上海信息服务外包产业园建设的合作协议》等一系列具体操作规范。

3.广泛联系、延伸脉络，拓宽招商引资信息渠道

主动与协会机构、兄弟部门建立合作关系；与中介行业咨询服务机构签订合作协议，委托其进行招商；发动园区内企业开展以商招商，形成以项目为核心，上下游产业关联招商的模式。积极与欧美驻沪领事馆商务处联系接洽，定期走访，获取信息，掌握动向，为企业决策提供参考依据；通过组织参加各类服务外包交易博览会，宣传推介园区形象，与参展企业建立沟通机制。

4.加强招商队伍建设，提高服务管理水平

采取“请进来，走出去”的方式，对信息产业促进中心的工作人员进行对外接洽、商务谈判、服务企业等方面的培训。积极与上海大学、龙软基地等合作开展信息服务外包人才培训工作，2008年共培训人才2 000余名，较好满足了园区内企业人才方面的实际需要。

（叶月明）

平板显示产业基地

国家（上海）平板显示器件产业园于2007年5月正式挂牌成立，位于上海市莘庄工业区，具体位置为沙港以东、华宁路以西、金都路以南、元电路以北地块内，面积约2.2平方公里，并有约2.5平方公里作为发展预留用地。产业园区根据平板显示技术和产业发展特点，主要打造以TFT-LCD面板为核心的上、中、下游产业链，并集聚一批平板显示产业的研发机构，形成上游关键材料、中游面板、下游整机以及研发中心、商务配套等完整的产业体系。

截至2008年底，园区一期120万平方米的用地在建，落户企业主要有电气硝子玻璃、大阳日酸气体、广电富士光电材料有限公司、上海广电信息产业股份有限公司平面显示器分公司等，并已相继投产。

（朱伟华）

汽车电子产业基地

上海汽车电子产业基地位于上海国际汽车城，拥有世界优秀的汽车和电子产品研发、制造、检测机构：国家汽车检测中心、上汽工程研究院和同济大学工程实验中心等(风洞实验室等7大汽车相关实验室)，已累计投入数十亿元。周边几公里范围集聚了上海大众、德尔福派克、优化劳斯、丰田研发中心、小糸车灯、飞乐沪工等国际国内一流的汽车及相关电子企业，加上国际汽车城的F1赛车场、高尔夫球场、德式住宅、同济大学、上海国际汽车零部件采购中心、二手车交易市场等，产业集聚和配套服务优势明显。

上海汽车电子产业基地以上海国际汽车城为依托，首期主要是建设汽车电子产业核心研发、中试以及产业化基地，以此为龙头，逐步实现国际国内一流汽车电子研发、生产、检测机构入驻和集聚，在上海国际汽车城核心区形成产业规模大、科研开发能力强、骨干企业相对集中、产业链和配套服务体系完善的汽车电子产业基地。

2008年，基地充分利用现有区位和产业优势，进一步整合国际汽车城产业配套优势，加快汽车和信息两大支柱产业的融合，推进实现汽车电子产业的跨越式发展。同时，为了提升基地的公共服务能力，基地积极开展公共服务平台的筹建等各项工作。基地在上海市交通电子行业协会的协助下，与上海沪工、上海航盛、上汽股份技术中心和同济大学等单位展开积极合作，共同参与筹备、建立基地公关服务平台工程。同时，作为承办单位，参与了“第四届国际汽车电子产品与技术展览会暨汽车电子行业高层论坛”，增强了基地的知名度和影响力，提升了基地吸引力和公共服务能力。

（汪 潇）

二、信息产业公共服务平台建设

上海集成电路研发中心

上海集成电路研发中心（以下简称“研发中心”）是2002年底建立、产学研结合、企业化运作的开放式研发机构，注册资本人民币3.106亿元，是唯一的国家级集成电路研发中心。2008年研发中心主要发展如下：

1.平台建设

研发中心在张江高科技园区建设具有3 000平方米净化面积的12寸试验厂房，将建成国内产业、科研界公共开放式研发平台。一是工艺研发平台建设：利用现有大生产线的厂房和部分设备，建成了0.13微米～90纳米铜工艺的8英寸先进技术研发平台，开展CMOS工艺和非标准工艺研发；二是材料设备验证平台建设：利用现有设备的部分产能，建立了可为国内研发的设备、材料提供工艺优化和试用评估的环境；三是设计服务平台建设：初步建立了先进工艺模型、IP核、产品可靠性和可制造性设计DFM的综合技术能力，为设计公司的产品研发和优化提供工艺IP整合支持。

2.技术发展

标准工艺方面：在和IMEC合作研发0.13微米和90纳米成套工艺的基础上，针对RF、Flash等产品建立大生产技术，并累计申请专利达200项以上，成为国内生产线建设的重要技术来源之一；产品工艺方面：针对国内半导体企业对产品工艺的需求，开发完成了一批特色工艺技术，包括0.18微米高压工艺、嵌入式Flash工艺等，已应用于华虹NEC等生产线的产品接单；设计支持方面：开展了65纳米设计单元库的建设工作，完成了90～65纳米的RF模型设计，建立了高频RF测试技术能力等。

3.产业化服务

成套工艺开发和转移：开始为华虹NEC、宏力开发0.13微米（含铜互联）工艺，完成了西安西岳6寸线0.5微米CMOS工艺技术和代表产品开发；特色产品开发：为浙江大立的MEMS红外芯片等国产化开发了特殊工艺，并为华虹设计、楚亚等设计公司提供特殊工艺模块，有力支持了产品开发；设备材料验证：为光刻机等设备厂商提供工艺优化，为铜研磨液、光刻胶等材料提供试用和评估；工艺人才培训：开展了针对大学和针对设备材料厂商的工艺技术培训，提供了超过200人次的集成电路工艺技术研发人才培训。

（林　晶）

上海硅知识产权交易中心

上海硅知识产权交易中心（SSIPEX）是由国家工业和信息化部与上海市共建的集成电路公共服务平台。2008年，平台以“服务行业、提升质量”为方向，实现了“资源共享、稳步运作”的目标。

1.IP交易交换服务与标准制订

平台集中推出PLL、USB2.0、GPS、多卡合一的解码等热门IP，成功将HaoKai PLL应用在FPGA SOC产品开发中；通过加强与国际IP组织D&R、OCP-IP等合作，进一步完善了平台已有的IP数据库；承担完成了开展“IP嵌入式内核测试”国家IP核标准制订与案例实现。

2.EDA与测试公共服务平台建设

在本地服务的基础上，调试新增EDA异地租用服务方式；龙晶微电子、爱信诺航芯电子等十余家客户研发得到平台支持；中心测试实验室也开始为如韵电子、明波通讯等提供测试咨询服务。

3.数模混合IP库建设

工艺涵盖GSMC0.18um及SMIC 0.13um的数模混合IP库项目进展顺利，已经完成7个关键共性数模混合IP开发和验证工作，主要IP已经列入Foundry IP目录和SSIPEX IP核数据库；根据市场需要和工艺进步，正在启动新一批8个共性数模混合IP开发和验证工作。

4.知识产权服务

根据市场需求，平台开发出集成电路行业知识产权信息化工具包，包括专利管理软件、专利搜索引擎、专利分析软件等系列工具组合，已经在上海专利试点、示范企业50余家使用。平台完成《欧洲高清数字电视技术标准（DVB-T）的专利分析》、《TFT-LCD相关标准研究》、《中国半导体知识产权年度报告》（2008版）、《上海市信息技术领域专利发展态势研究报告》等四大系列的研究。平台承担了国家科技重大专项预研项目——高端通用芯片知识产权分析，报告以CPU、DSP和FLASH为重点，研究了相关技术发展历程、发展状况和重点技术，对产业发展提出建议。

（林　晶）

上海市软件评测中心

上海软件评测中心是上海市软件行业协会开源软件专业委员会的挂靠单位，又是上海国产基础软件应用推进联盟的发起单位和挂靠单位，2008年，中心配合政府积极推进国产软件产业化发展，为信息化带动工业化，提升传统产业改造发挥积极作用。

1.常规产品稳步发展，保持增长

通过“一门式”窗口开展软件产品登记测试、软件著作权代理、软件成果鉴定测试、专项资金验收测试等各类测试。2008年常规产品较2006年增长60%，较2007年增长70%，完成软件产品登记测试800多个，软件成果鉴定测试150多个，著作权业务近千个，为推进上海软件产业发展发挥了第三方专业服务机构的功能性作用。

2.核心产品迅速发展，增长明显

核心业务围绕信息化项目开发过程质量控制、验收测试、信息系统故障诊断及瓶颈定位、运行维护及性能优化、系统运行分析及项目咨询服务，为客户和企业提供信息化全过程的质量保障。2008年完成信息系统评测项目130多个，较2006年增长560%，较2007年增长123%。

在电子政务领域，为超过30个委办局、19个区县提供了信息系统评测、咨询服务；在经济领域信息化方面，为多家企事业单位提供覆盖传统工业改造及信息化、服务业信息化、电子商务等领域的专业测试服务；在教育、文化、公共卫生、公共交通等方面，广泛开展信息化项目评测服务，以点穿线，以线带面，形成行业优势；围绕提高世博会信息化系统软件的质量，开展了针对世博信息系统的测试、验收和质量控制工作；以上海为中心向周边拓展建立了关键地理布局，为长三角地区的城市信息化提供了服务。

2008年，先后承接了上海市居住证信息系统、临港新城规划与建设管理业务系统、上海城市网格化管理信息系统等上海市重大信息化项目的评测服务，并承担了中国外汇交易中心新版本币系统性能测试项目，承担了国家高技术研究发展计划（863计划）“基于多语言识别、合成及跨媒体搜索等关键技术的综合信息服务应用示范”项目。

3.标准引航、平台支撑，核心竞争力不断提升

2008年，在标准、规范的建立等方面加强了研究，作为主要承担单位，起草了上海市地方标准《世博信息化软件质量控制管理规范》、牵头起草了《国产软硬件社区卫生应用集成接口规范》、《上海市社区卫生服务中心信息系统验收规范》等企业联合标准。

为促进产业发展，进一步改善上海软件测试的服务环境，建立了软件测试公共技术服务平台，向软件企业、软件用户、软件园区及产业基地提供服务，完善了上海市科技创新公共服务体系，为高品质的软件产业服务，使软件企业自身质量水平加速提高，带动了软件测试服务产业发展。

10月，与上海世博会事务协调局信息化部、中国惠普有限公司共同建立了中国2010年上海世博会信息化软件质量联合实验室。该实验室作为世博会信息工程的主体之一，将承担世博信息化软件质量保证的任务和使命，为确保在世博会期间信息化系统稳定而可靠的运行提供服务。

（叶月明）

上海市信息服务外包发展中心

2008年，上海市信息服务外包发展中心紧紧围绕服务全市信息服务外包企业，有计划、有重点地开展了多项富有成效的工作，切实起到推进全市信息服务外包产业发展的作用。

1.开展研究工作

制订服务外包领域第一部地方标准——《信息服务外包企业技术与管理规范》，将于2009年初正式颁布。发布《上海2007信息服务外包产业发展报告》，详实而客观地描述了上海信息服务外包产业的发展状况、产业环境、企业状况、人才状况等。

2.举办交流活动

举办“上海国际信息服务外包交易合作论坛”，立足上海，致力于为长三角地区乃至全国服务外包基地城市和示范区从业企业打造一个集海外

项目发布、供需合作洽谈、精英论坛研讨功能于一体的实效平台。联合市信息服务业行业协会、香港资讯与软件业商会、香港电脑学会成立沪港软件服务联盟，签订《沪港软件服务外包合作备忘录》，充分发挥香港对海外市场及项目管理的经验及上海量大面广的人才优势，鼓励及推动沪港两地软件服务企业加强合作开拓相关市场。

3.提供公共服务

成立上海市校企合作高技能人才培养信息服务业专业理事会，以培养信息服务外包人才为切入点，实现企业和应用性院校紧密对接，开展信息服务外包人才培养规划编制、课程开发、院校认定并接受项目申报。组织全市信息服务外包企业参加上海市名牌服务评选，帮助企业塑造品牌，创建国际一流的信息服务外包企业。

4.推进产业发展

在原有工作的基础上，进一步推动同类信息服务外包企业的物理或逻辑形态的聚集，提升企业内部功能，拓展对外发展能力。根据企业需求，进一步完善人才培养与交流、国际信息服务外包项目交易与合作、重大公共技术服务平台建设，为全市信息服务外包企业发展提供强有力的支撑。

(叶月明)

上海市数字内容产业促进中心

上海市数字内容产业促进中心成立于2008年7月，是由市信息委主管，市信息服务业行业协会、虹口区科委发起成立的民办非企业单位，旨在为上海中小型数字内容企业服务，帮助企业成长壮大。中心致力于在企业与企业、企业与市场、企业与政府之间搭建桥梁和纽带，履行市场调研、行业规范标准、产品评估认定、中介咨询服务、人才培训、运营策划等职能。

2008年，促进中心一是依托市信息服务业行业协会的力量，充分利用中心的研究优势，为编写出版《上海数字内容产业发展报告》开展前期筹备工作。二是在行业内对政府部门的相关扶持政策开展大力宣传，配合促进政策有效落实，充分发挥中心在政府与企业间的“上下沟通”作用。三是着手准备制订既能反映政府导向、又能兼顾企业利益的数字内容行业规范和标准；筹划建立和健全数字内容产业的市场环境和服务机制，以及相应的企业诚信体系。四是将中心建设与上海市数字内容公共服务平台建设有效结合起来，为企业提供知识产权保护、产品评测、评估、评价、交易推介等服务，为数字内容成果产业化，提供全方位的优质服务。五是凭借地理优势，协助数字媒体产业园优化企业创业环境，强化孵化功能，力争成为园区创新服务体系的重要载体；筹划协助园区开展招商活动，有力推动上海数字内容产业的发展。六是为编辑出版“数字内容”杂志作筹备工作，力争使该杂志实现“上下沟通、市场研究、咨询服务、行业指导、资料积累”的全方位服务作用。七是配合举办“中国数字内容博览会”，推动创意创新实现产业化，避免企业重复开发和为企业产品开拓市场服务，提升中小企业的市场竞争力。八是探究教育与产业的结合点，逐步建立数字内容人才培养体系，努力解决产业发展的瓶颈问题；为政府部门制订有关鼓励数字内容产业培训机构的政策措施出谋划策。同时，与社会相关培训机构合作，加强数字内容教育试点工作。

(叶月明)

上海市数字内容公共服务平台

上海市数字内容公共服务平台于2008年5月正式启动建设。平台是在政府主导、协会牵头、企业服务的组织基础上，为促进上海市数字内容产业发展而设立的，是上海数字内容产业链的关联服务机构、中小数字内容企业经营发展的直接援助机构、与产业相关的集成服务提供机构以及服务上海、辐射长三角的数字内容企业支援机构。

1.完善平台规划，启动平台建设

积极完善建设规划，目前平台已完成初期物业平台的基础房屋装修、数字内容展示交流厅、总体平台门户系统、基础网络设施等基础项目。同时，开始建设数字内容外包服务中心及外包制作工作室、数字内容产品产权交易服务中心和新媒体渠道中心。

2.定义产业体系，增进产业交流

平台集合了多家专业协会机构和多位专家，对数字内容定义和产业分类进行了梳理，并以此建立了上海数字内容展示交流平台，以多媒体手段展示了数字内容产业链、产业发展现状及趋势，并展示在真实环境下的数字电视、IPTV、互联网、手机等各种终端上数字内容的运用。该交流平台已与中国电信、数字电视、文广以及众多数字内容企业建立了合作和产业交流关系。

3.打造产业服务，集成合作机构

平台定义了数字内容产业从数字内容原创制作、产品转编存、交易分发及营销服务的一体化产业链及相应的产业服务。为打造强有力的产业服务体系，平台积极整合集成了相关的服务提供商，形成集约化的服务联合体，已与中国音像协会、中国动漫学会、香港漫画联会、澳门漫画会、台湾漫画学会、AIL国际影业、日本贸易振兴机构、韩国文化产业振兴院、中国电信、东方有线、网通以及复旦大学等多家机构达成合作，共同打造产业服务的意向。

4.宣传园区服务，推动区域经济

作为数字媒体产业园的重要支撑部分，平台积极利用产业互动，大力宣传园区服务，为虹口区930创意园、明珠创意园等进行宣传招商，为区域经济作出一定的贡献。

(叶月明)

上海华岭集成电路测试平台

上海华岭集成电路技术有限责任公司积极投入国内先进的集成电路测试公共服务平台建设，开发了300多种集成电路产品测试技术，取得13项集成电路测试软件国家著作权登记，建立了芯片设计验证分析，工程测试实验评估，产业化测试软硬件环境和高质量、快速高效的用户服务体系，立足上海，服务全国。

2008年，华岭集成电路测试公共服务平台建设迈上新的台阶，在积极争取承担国家科技重大专项的同时，加大高端芯片测试技术的开发，将芯片测试验证分析和大生产测试技术应用到信息安全、数字处理、通讯、数字音视频等SoC芯片中，大大提升了平台的技术创新和服务能力，为国内100多家集成电路企业提供测试技术服务。

华岭集成电路测试公共服务平台建立了产学研用可持续发展和技术创新体系，与上海集成电路设计、制造和封装产业良性互动，建立战略联盟，共同组成了上海集成电路完整的产业链。

(林 晶)

三、行业管理

概况

2008年，市信息委底楼大厅“一门式”受理服务开展了软件企业认定、软件产品登记、软件产品评测、系统集成资质评定、项目经理认证、产业专项资金申报等13项业务。统一的“一门式”服务平台使政府的各类审批流程和结果更加公开透明，可以让更多的企业了解软件产业信息和相关优惠政策，为企业办事带来方便，促进了软件产业的发展。截至年底，“一门式”受理大厅办理业务总计如下：

软件行业协会：(1)企业认定：新认定282家，变更27家，共309家；(2)产品登记：新登记1 782个，变更52个，延续3个，共1 837个；(3)2008年年审（领证）：共808家。

安全测评中心：(1)系统集成资质（新申报+换证）共27家左右；(2)项目经理共200人次左右。

软件评测中心：(1)登记测试+成果坚定+专项资金验收测试共500个左右；(2)著作权代理共450个左右。

(叶月明)

软件产品登记检测

软件产品登记检测是根据信息产业部已颁布的《软件产品管理办法》的要求，贯彻落实国家和上海扶植具有自主知识产权的软件产品，扶植本国软件企业发展的有关政策的重要环节。软件产品登记检测是对申请登记的软件产品进行符合性检测的一种活动，根据国家和上海相关软件标准与规范，检测内容主要包括安装与卸载、功能、安全稳定性、用户界面、本地化、用户文档、病毒检查等。

目前全市开展软件产品登记检测的检测机构有：

上海市软件评测中心、上海市计算机软件评测重点实验室、上海浦东软件园评测中心。2008 年，全市共通过软件产品登记检测的软件产品 1 500 余个。

（叶月明）

软件产品登记

2000年10月27日，信息产业部颁布的《软件产品管理办法》规定，中国境内的软件产品（含国产软件和进口软件）实行登记和备案制度。按照规定登记、备案的国产软件产品，可享受《产业政策》所规定的有关鼓励政策，未经软件产品登记、备案软件产品，不得在中国境内经营或者销售，规范了中国软件产品的管理。

软件产品的登记和备案应由该软件产品的开发、生产单位提出申请，并提交下列材料：

（一）软件产品登记申请表；

（二）企业法人营业执照副本和复印件；

（三）申请登记软件产品的样品；

（四）在中国境内开发并由申请单位合法拥有知识产权的有效证明；

（五）由信息产业部授权的软件检测机构出具的检测证明材料；

（六）其他需要出具的材料。

上海的软件产品登记受理机构是上海市软件行业协会，审批机构为上海市信息委。2008年，上海市软件产品登记1 782个，累计登记软件7 681个。

（叶月明）

软件企业认定

根据国务院 18 号文相关要求，2000 年 10 月 16 日信息产业部颁布了《软件企业认定标准及管理办法（试行）》，2000 年 12 月，上海市制定了《关于本市鼓励软件产业和集成电路产业发展的若干政策规定》，明确建立软件联席会议制度，联席会议办公室设在市信息委，负责政策落实、对享受鼓励政策的软件企业和集成电路企业进行资格审核等日常工作。

软件企业认定的标准是：

1.在上海市境内依法设立的企业法人；

2.以计算机软件开发生产、系统集成、应用服务和其他相应技术服务为其经营业务和主要经营收入；

3.具有一种以上由本企业开发或由本企业拥有知识产权的软件产品，或者提供通过资质等级认证的计算机系统集成等技术服务；

4.从事软件产品开发和技术服务的技术人员占企业职工总数的比例不低于50%；

5.从事软件产品开发和相应技术服务等业务所需的技术装备和经营场所；

6.具有软件产品质量和技术服务质量保证的手段与能力；

7.软件技术及产品的研究开发经费占企业年软件收入8%以上；

8.年软件销售收入占企业年总收入的35%以上。其中，自产软件收入占软件销售收入的 50% 以上；

9.企业产权明晰，管理规范，遵纪守法。

上海市软件行业协会负责受理企业申报的软件企业认定和软件产品登记的申请材料，并作形式审查，市信息委审批。2008年，上海市认定软件企业282家，通过年审软件企业1 278家。

（叶月明）

系统集成资质认证

2000 年，信息产业部制定并发布了《计算机信息系统集成资质管理办法》（信部规［1999］1047 号）。根据文件精神，2001 年 1 月信息产业部又制定了《计算机信息系统集成资质认证申报程序》（信规函［2001］2 号）。2003 年 10 月，信息产业部修订并发布了《计算机信息系统集成资质等级评定条件（修订版）》（信部规［2003］440 号），该评定条件一直使用至今。

根据信息产业部规定，中国系统集成企业的资质分四个等级，其中一级企业可独立承揽国家级（含）以下集成项目；二级企业可独立承揽省级（含）以下集成项目；三级企业可独立承揽中小型企业项目或合作承揽大型企业项目；四级企业可独立承揽小型项目或合作承揽中型企业项目。系统集成企业的资质等级是企业能力与信誉的象征，对企业的业务经营有着重要的影响。《计算机信息系统集成资质管理办法》第四条规定：凡从事计算机信息系统集成业务的单位，必须经过资质认证并取得

《计算机信息系统集成资质证书》。近年来在系统集成项目招投标或竞争中，系统集成资质等级已作为一个重要的约束条件出现。

计算机信息系统集成企业必须经过信息产业部授权的第三方评审机构进行评审，以评定企业从事计算机信息系统集成的综合能力，包括技术水平、管理水平、服务水平、质量保证能力、技术装备、系统建设质量、人员构成与素质、经营业绩、资产状况等要素。企业通过评审机构的评审后，向上海市信息委申报审批。上海市信息安全测评认证中心经市信息委授权，是上海唯一的计算机信息系统集成资质（三、四级）评审机构。

截至2008年底，上海共有166家单位取得了该资质，其中一级企业11家，二级企业29家，三级企业88家，四级企业38家。

（叶月明）

项目经理资质认证

为了促进计算机信息系统集成业发展，规范行业管理，提高计算机信息系统集成项目管理水平和项目建设质量，信息产业部于2002年10月，制定了《计算机信息系统集成项目经理资质管理办法（试行）》(信部规［2002］382号)。该办法适用于从事计算机信息系统集成业务企、事业单位的系统集成项目经理的资质管理。计算机信息系统集成项目经理是指从事计算机信息系统集成业务的企、事业单位法定代表人在计算机信息系统集成项目中的代表人，是受系统集成企、事业单位法定代表人委托对系统集成项目全面负责的项目管理者。

系统集成项目经理分为项目经理、高级项目经理和资深项目经理三个级别。根据《计算机信息系统集成资质等级评定条件（修订版）》（信部规［2003］440号）中对人员实力的要求，要取得计算机信息系统集成资质前，公司必须要有一定数量的项目经理。其中一级企业要具有计算机信息系统集成项目经理人数不少于25名，其中高级项目经理人数不少于8名；二级企业要具有计算机信息系统集成项目经理人数不少于15名，其中高级项目经理人数不少于3名；三级企业要具有计算机信息系统集成项目经理人数不少于6名，其中高级项目经理人数不少于1名；四级企业计算机信息系统集成项目经理人数不少于3名。

信息产业部负责全国系统集成项目经理资质的管理工作。省、自治区、直辖市信息产业主管部门根据信息产业部的授权负责辖区内系统集成项目经理资质的管理工作。上海市系统集成项目经理资质管理工作由市信息委负责。要取得项目经理资质，必须参加信息产业部指定培训机构组织的项目经理培训，并取得项目经理培训合格证。上海市申信信息技术专修学院是上海指定的培训机构。上海市信息安全测评认证中心经市信息委授权，是上海唯一的计算机信息系统集成项目经理资质评审机构。

截至2008年底，上海共有项目经理1 740人，高级项目经理304人。

（叶月明）

第二章　信息产品制造业

概　述

2008年，上海市信息产品制造业全年实现销售收入6 288.6亿元，同比增长4.7%。

⑴重点产业门类快速发展。目前信息产品制造业是上海工业的第一大行业，是与国际市场接轨最快的行业，上海已形成集成电路、计算机、通信、信息家电为重点的信息产品制造业产业群。随着信息产品制造业发展梯度化、分工全球化，世界知名IT制造商纷纷将其企业放到上海。全年上海信息产品制造业完成工业总产值6 162.8亿元，同比增长11.5%。

⑵通信设备制造业逐渐从低谷中回升。2008年随着网络融合的不断加快，第三代移动通信、下一代网络的试验和应用，通信产业进入新一轮的发展阶段，3G市场的日趋明朗给上海通信制造业带来新的经济增长点。TD-SCDMA 相比另外两个3G国际标准，是中国通信史上首个自主研发的具有自主知识产权的通信标准。进一步推动TD-SCDMA的大规模商用进程，TD-SCDMA是上海通信产业发展的重点。全年，通信设备制造业完成工业总产值854亿元，同比增长72.7%。

⑶IC产业占全国半壁江山。上海集成电路产业已作为上海电子信息产业重点发展的核心产业之一，全年集成电路制造业实现工业总产值403亿元，同比增长2%。上海是目前全国首个国家级微电子产业基地和唯一的国家级集成电路研发中心所在地。在设计领域，全市共有160家集成电路设计企业，在移动终端基带芯片、平板显示驱动芯片以及数字音视频图像处理、信道和解码芯片等方面的创新获得突破；在制造领域，工艺水平已达到国际主流的12英寸、65纳米等级，芯片月产能近30万片8英寸等值晶圆，中芯国际跻身全球芯片代工三强；在封装测试领域，行业销售收入占集成电路产业总收入的40%以上，占全国比重近1/3。

⑷上海电子元器件行业通过技术改造和技术引进，极大地提升了制造技术、设备和工艺水平。上海松下、上广电、上海天马分别建成国内第一条PDP生产线和5代、4.5代TFT-LCD生产线，上海已形成从关键材料、面板到整机的完整液晶显示产业链。在汽车电子领域，上海已集聚40多家具有一定技术水平的国内外专业企业，并参与了国家汽车计算平台项目研发；太阳能光伏电池、半导体照明等处于国内同行业领先水平。（王　雷）

一、集成电路产业

概况

2008年，上海集成电路行业的整体趋势是“前高后低”。第一、二、三季度行业的销售收入逐季上升。但从9月开始受到国际金融危机冲击和全球半导体市场严重滑坡的影响，第四季度上海集成电路行业的销售收入明显回落。2008年上海集成电路行业总销售收入457亿元，同比增长-0.5%。

保持平稳发展

2008年，在全球半导体市场急剧衰退、出现负增长（-2.8%）以及国内集成电路产业增速明显减缓的情况下，上海集成电路行业仍然保持平稳发展的态势。根据上海市集成电路行业协会对全市142家主要集成电路企业的统计，其中设计业、芯片制造业、封装测试业和设备材料业的销售收入分别为45.9亿元、123.7亿元、263.5亿元和23.9亿元。全行业合计销售收入为457亿元，比2007年降低0.5%。表1列出了2008年全球半导体市场、中国大陆和上海集成电路行业销售收入及增长率的比较。表2列出了设计业、芯片制造业、封装测试业和设备材料业相对2007年的同比增长情况。

表1 2008年全球半导体市场、中国大陆和上海集成电路行业销售收入及增长率的比较

地区	全球（亿美元）	中国大陆（亿元）	上海（亿元）
销售收入	2 486	1 246.8	457
增长率	−2.8%	−0.4%	−0.5%
占全球份额	100%	7.4%	2.7%

资料来源：WSTS、CCID、SICA

表2 2008年上海集成电路设计业、芯片制造业、封装测试业和设备材料业的销售收入及增长率

行业	2008年销售收入（亿元）	2007年销售收入（亿元）	增长率
设计业	45.90	36.50	25.8%
芯片制造业	123.7	146.7	−15.7%
封装测试业	263.5	252.9	4.2%
设备材料业	23.9	23.00	3.9%
全行业合计	457	459.1	−0.5%

资料来源：SICA

由表2可见，2008年设计业增长较快，这是因为上海较多的设计企业主要从事国内市场需要的中低档集成电路产品的设计开发，较少受到国际市场的影响。但目前上海芯片制造企业的代工订单主要来自国外市场，在国际金融危机和全球半导体市场低迷的影响下，代工订单大幅度减少。近两年来上海封装测试企业基本上都实现了增资扩产，开始发挥效益。尽管在2008年也受到国际大环境的影响，但仍然呈现增长态势。设备材料业是上海集成电路产业链中的薄弱环节，但从近两三年已涌现出诸如中微半导体设备（上海）有限公司的90～65纳米等离子刻蚀机和上海新傲科技有限公司的SOI材料等国际先进水平的优秀成果来看，上海集成电路设备材料具有很大的发展潜力。

技术水平进一步攀升

1.工艺技术向纳米领域推进

2008年，上海集成电路行业的整体工艺技术水平进一步攀升。生产主流技术进入0.18微米领域，更小特征尺寸的0.15～0.12微米FLASH/eFlash和90纳米CMOS工艺技术已经进入代工量产，并已用于高端芯片的设计开发。中芯国际（上海）的65纳米工艺技术已开发成功，45纳米工艺技术的研发也已取得可喜进展，第一批45纳米BulK CMOS晶圆样品也通过了良率测试。此外，华虹NEC的0.35微米BCD等特色工艺进入代工量产，上海贝岭和上海先进的高压BCD工艺进入实用化，这些特色工艺技术的开发和应用已处于全国领先地位。

2.集成电路新产品不断涌现

在“全国第三届（2008年度）中国半导体创新产品和技术”评选中，上海集成电路设计企业自主开发的4项新产品获奖。分别是爱派克森微电子的“光电导航SoC芯片系列”，华亚微电子的“HTV270高清液晶电视图像处理芯片”，上海坤锐电子科技的“超高频电子标签芯片QR2233”和新相微电子的“大尺寸TFT-LCD源驱动芯片芯片NV2029”。此外，展讯通信推出了“高清系统级解码核芯片SV6111”、“新款AVS音视频解码核芯片SV6100”和“CMMB手机电视单芯片SC6600V”等新产品。锐迪科微电子进一步推出了2.5～2.7GHZ WiMax宽带功率放大器。博通集成电路在成功开发5.8GHz CMOS射频SoC芯片基础上，进一步实现该产品的产业化生产。

据上海市集成电路行业协会的初步统计，2008年上海集成电路设计企业开发成功的集成电路新产品达60项，共80余种，其中5.8GHz CMOS射频发射器获得2008年上海市科技进步二等奖。

3.新型封装形式进入量产

2008年，上海集成电路封装测试业除了行业规模继续扩大外，在采用新型的封装形式方面也取得显著进展。BGA（球栅阵列封装）已广泛用于高端芯片的封装；CSP(芯片尺寸封装)、WLCSP（晶圆级芯片尺寸封装）也加入量产；MCM（多芯片组

装）技术已达到7层，并进一步开展了对SIP（系统级封装）技术的研究开发。

4.设备材料业出现了一批可喜成果

2008年，在半导体专用装备及专用材料的开发方面取得新进展。中微半导体开发成功的90～65纳米等离子刻蚀机进入12英寸芯片生产线实际使用，其各项性能指标都达到国际同类产品的先进水平。盛美半导体开发成功的12英寸单晶圆清洗设备在2008年上海国际工博会上亮相，同时开发成功8英寸、12英寸化学镀铜和无应力抛光设备。上海新傲科技与中科院上海微系统所研制出国内第一片8英寸键合SOI晶片。此外，上海新阳、上海华谊微电子和安集微电子等在研发和生产半导体用超净高纯化学试剂方面各自推出了特色产品。

（王龙兴）

二、通信设备制造业

概况

2008年，上海市通信制造业完成总产值854亿元，同比增长72.7%；销售收入838.3亿，同比增长59.3%；利润总额16.4亿，同比下降6.7%；税金总额5.7亿，同比增长64.7%。

1000
800
600
400
200
0
505.9
856
522.6
838.3
2007年
2008年
产值
销售

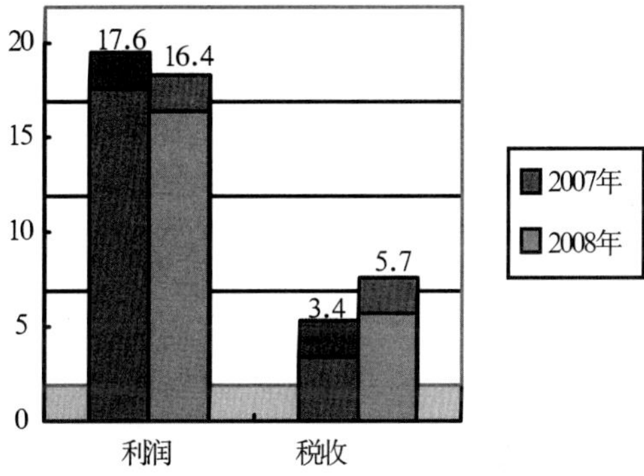

2007～2008年上海市通信制造业主要经济指标完成情况

随着移动通信、互联网和电信IP网的应用与融合，全市通信制造业抓住产业环境、基础和研发实力、人才资源及发展机遇，建立了以大张江园区为研发中心和制造基地的产业带，形成了几大新的产业热点，即⑴新一代无线移动通信，⑵下一代网络（NGN）及电信级以太网路由设备，⑶基于TD-SCDMA技术的网络及终端设备的开发。

TD-SCDMA第三代移动通信系统

早在2007年中国移动就启动TD-SCDMA规模网络技术应用试验网首轮设备招标，在十个城市独立建设了3G TD-SCDMA网络，使中国3G产业在以TD-SCDMA为主要方向上开始起步。2008年，中国移动又在28个城市开始规模网络技术应用试验网二期建设，计划于2009年6月底，TD-SCDMA二期28个城市将建网开通，全部支持HSDPA功能，核心网融合组网改造工作全面展开。业务开通后，可支持39种2G移植业务和6种TD特色业务。

8月在北京奥运会上，基于TD无线带宽优势，无线宽带上网、奥运手机电视、奥运视频点播、奥运快讯、奥运多媒体彩铃、手机对讲POC等六项奥运亮点业务成功亮相，并经历了全面实战，中国兑现了在北京奥运会期间提供3G服务的承诺。截至年底，全国3G用户累计达41.9万人，其中TD-SCDMA用户达33.7万。

支持下一代网络的高端路由器

随着以太网的普及、下一代网络的建设，各种网络应用和新兴业务层出不穷，用户对高端路由器的性能和处理能力提出了更高要求。支持下一代网络的高端路由器作为网络的核心设备，需要具备强大而又灵活的处理能力，以满足应用上不断发展的要求。当前，高端路由器的发展呈现如下趋势：⑴支持IPv6。⑵采用多核技术。多核CPU与网络处理器NP相比，具有明显的优势和更强的处理能力：编程空间不再受限制，每个核可各自运行不同的操作系统，可利用已有资源开发产品。目前，专为数据通信开发的多核CPU已达16核，其功能、易开发性、可维护性都大大提高，同时由于采用标准DDR内存而非特殊的高速内存，整个系统的成本相对降低。⑶支持电信级以太网。为了满足未来NGN、3G、IPTV、三网融合等技术发展，电信级以太网技术已成为下一代城域网发展的方向。城域网是传统电信网与数据网的交叉融合地带和三网融合区，业务类型多样、用户需求丰富；电信级以太网技术将成为未来的主流技术，支持电信级以太网的高端路由器将拥有广阔的市场前景。

上海贝尔：全面推动TD-SCDMA进程

【概况】 上海贝尔股份有限公司（以下简称“上海贝尔”）直接隶属于国务院国有资产监督管理委员会，是中国高科技领域的第一家外商投资股份制公司。公司拥有强大的本地化专业技术团队和广泛的全球资源，是技术领先的电信设备厂商。公司提供端到端的电信解决方案和高质量的服务，产品覆盖固定网络、移动网络、宽带接入、智能光网络、多媒体解决方案和网络应用等领域。

【加深合作，全面推动 TD-SCDMA 商业推广进程】 9月10日， 上海贝尔和 TD-SCDMA 主要供应商大唐移动通信设备有限公司联合宣布，双方签署合作备忘录，共同加速推进 TD-SCDMA 在国内外的商业发展进程。根据备忘录，上海贝尔与大唐移动将成立联合小组，制订全面的策略，建设必需的基础设施，共同进行标准制造、质量控制和产品检测，以满足国内外对 TD-SCDMA 的需求。作为合作的一部分，双方将共享生产、工艺、测试、质量控制等相关文件。依据联合小组制定的发展时间表，上海贝尔与大唐移动将共同致力于优化现有技术和商务评审流程，明确双方职责，提高对 TD-SCDMA 市场的响应速度。根据备忘录确立的原则，上海贝尔与大唐移动将就合作产品的生产及 TD-SCDMA 市场合作签订具体的合作协议。在国内 TD-SCDMA 市场合作中，大唐移动将优先选择上海贝尔为合作伙伴，双方将继续以联合体形式投标关键项目。

【规模商用，为 TD-SCDMA 产业化奠定信心】 12月16日，上海贝尔与大唐移动联合宣布，双方参与的投标联合体已成功中标中国移动在 28 个城市的 TD-SCDMA 规模网络技术应用试验网二期项目，成为中国移动此次项目最大的供应商之一。根据合同规定，上海贝尔和大唐移动将为中国移动在南京、杭州、宁波、长春、合肥、贵阳、昆明、西安、兰州、银川和乌鲁木齐 11 个城市提供业界领先的 TD-SCDMA 解决方案。

【持续创新，推动 TD-SCDMA 技术演进】 上海贝尔致力于在全球范围内推动 TD-LTE 技术、产业和市场的发展。2008 年初，上海贝尔成立了 TD-LTE 全球项目组，组建了大规模的研发和产品队伍，积极参与到中国政府组织的 TD-LTE 项目与课题中；充分发挥公司在创新方面的综合优势，把 WiMax 和 LTE FDD 上的研究成果，例如业界领先的 MIMO+Beamforming 方案，应用到产品开发中。

作为 LTE/SAE 产业促进联盟 LSTI 组织（LTE/SAE Trial Initiative）的发起成员，上海贝尔是最早参与 LTE 的 PoC 阶段测试厂商之一，以此平台增强了 TD-LTE 技术在国际上的影响，进一步推动了 TD-LTE 技术成熟和产业发展。2008 年，上海贝尔参与包括 Vodafone、 Verizon、DOCOMO 在内全球多个主要运营商的 LTE 试验网，是全球参与 LTE 试验网最广泛的厂商。上海贝尔也是首批参加中国移动与 Vodafone TD-LTE 系统测试的设备供应商之一。

【致力于发展“以用户为中心的业务传送网络”】 在下一代网络中，用户的内容将通过各种宽带接入（有线、无线和移动）方式，经过具有业务感知能力的 IP 边缘设备和具有高速分组转发能力的 IP 核心网达到最终用户。不论IP边缘还是核心设备，均由高端路由器组成。3月，在中国电信的高端路由器集采项目中，上海贝尔在7个重点省市中标；中国联通项目中，上海贝尔在黑龙江、北京、河南、河北、宁夏等地全面实现高端路由器产品的进入。在最新发布的移动回传解决方案中，上海贝尔的7705业务路由器可以把现有多种接口的基站接入回传网络，支持2G/3G/4G网络，提供E1/T1/ATM/Ethernet多种端口，得到客户的广泛认可。

上海华为：打造全球无线通信技术研发中心

【概况】 上海华为技术有限公司（以下简称“上海华为”）主要从事包括GSM、CDMA、WCDMA、TD-SCDMA、LTE和B3G/4G 等移动通信的无线接入网络、核心网、无线终端、集成芯片、软硬件平台的研发和销售，是华为全球无线通信技术和产品研发中心。上海华为已成为从系统设计到标准、软件、硬件、工程、测试、算法和芯片研发等领域的综合性研发中心。2008年，华为公司继续保持良好的增长态势，全年销售收入达233亿美元，其中75%的销售额来自国际市场，在海外市场赢得全面突破，产品已进入包括德国、法国、英国、美国、加拿大、荷兰、日本等发达国家在内的100多个国家和地区，服务全球10亿多用户。

【科技创新，赢得市场竞争优势】 上海华为强化本地人才培养，通过自我培养配合海内外招聘，现已有1 000多名高级技术和管理人才，建立起超过5 000人的研发团队。GSM、CDMA、WCDMA、LTE等无线通信产品已经在全球100多个国家地区使用。2008年，华为在国内3G市场保持着市场领先地位，上海地区大部分的无线通信网络将由华为承担建设。截至12月底，上海华为年申报发明专利累计137项，获授权专利70项。

【开拓创新，构筑核心竞争力】 2007年底，华为在上海投资打造一个全球无线通信技术研究中心，创造世界领先的研发环境，吸引全球的无线通信技术人才，启动了上海华为无线通信研发产业基地项目。基地主要建设内容包括5个专业研发中心（无线技术研发中心、芯片研发中心、基站控制器研发中心、中射频研发中心、基站研发中心）、4个测试中心（芯片测试中心、基站控制器测试中心、基站测试中心、WCDMA产品与解决方案测试中心）、3个专业实验室（无线通信接入技术实验室、中射频实验室、RTT/RRM 算法实验室）。

为了更好地营造上海在全球无线通信技术研究的地位，上海华为于11月举办了国际无线通信知名标准组织——3GPP的全球会议。此次会议邀请了全球无线通信产业界的180多名外国专家对业界最新的无线通信技术进行讨论。上海华为为创造良好的内外部研发环境，把研发投入的10%用于新技术的研究，参与业界主流的91个国家标准组织并制订标准，现已是全球前三位的LTE基础专利拥有者。

上海大唐移动：全面提升企业知名度

【概况】 上海大唐移动通信设备有限公司（以下简称“上海大唐移动”）是大唐电信科技产业集团（以下简称“大唐集团”）的骨干企业之一。上海大唐移动长期以来一直从事移动通信和相关无线通信产品的研发、生产制造和销售，是大唐集团重要的通信产业基地。公司重点开发TD-SCDMA移动通信终端设备、3G网络维护业务和应用、网络规划和优化技术，并于2008年和上海贝尔进行了合作。

【研发系统市场化，赢得竞争优势】 2008年，上海大唐移动通过招聘多名高级技术和管理人才，强化本地人才培养，在公司内部建立起一支强大的研发团队，成为公司技术创新的主体。上海大唐移动和上海贝尔结成强大的TD联盟，产品制造涵盖RNC、NodeB、基站等多个品种，上海大唐移动配合大唐集团在中国移动二期招标中的进度，结合客户需求，推出了具有竞争优势的第四代基站产品18AE，在业界率先推出室外型基站产品。截至12月底，上海大唐移动申报的发明专利累计达30多项。

【专注技术服务，提升企业知名度】 上海大唐移动在工程实施以及维护网络优化过程中，不断提升网络质量，并积极配合中国移动开展多项技术研究，取得良好效果。为更好地完成中国移动TD-SCDMA试验网工程，上海大唐移动通过自主与合作相结合的模式，快速提升公司工程服务能力。在客户培训方面，上海大唐移动全面满足客户需求，完成培训29班次、760多人。此外，上海大唐移动在移动信号地铁覆盖项目中，申请专利5项，获得上海移动科技创新一等奖、中国移动集团科技创新一等奖；在高速移动组网解决方案中，实现时速高达430公里的磁悬浮列车上保持TD通话。

【管理信息化，流程穿越畅通】 2008年，在大唐集团的统一领导下，上海大唐移动启动ERP项目建设工作，再造财务、销售、供应链、人力资源等关键业务环节流程，建立以财务为核心，产供销、资金、资产、人力资源实时集成的运营数据平台，成为公司运营管理的核心系统，为公司经营管理信息化打下坚实基础。ERP项目通过全员广泛参与，打通流程，实现公司上下穿越和部门穿越，打破部门边界及思维贯式，加强了相互理解并增进合作，规范了运营管理流程，增强了流程运行效率，提高了流程结果品质。ERP项目的成功实施使公司管理力度、执行效率提高到一个新的台阶。

瀚讯无线技术：在新一代宽带无线通信技术领域开拓

【概况】 上海瀚讯无线技术有限公司（以下简称“瀚讯公司”）是根据国家重大技术专项和863计划产业化需求而成立的，是中科院和上海市重点扶持的集科研开发和技术服务于一体的高新技术企业，是中国新一代宽带无线通信解决方案的核心供应商和世界市场主要供应商之一，也是国内极少数在宽带无线通信领域拥有核心技术的单位之一。公司致力于开发具有自主知识产权的新一代宽带无线系统，在宽带无线领域拥有丰富的技术储备，已研发成功兼容国际标准的宽带无线接入芯片和商用系统。目前，正在研发带有数字电视广播功能的宽带无线接入系统，并已在上海、江苏、浙江等地开通了若干实验局和示范外场。同时，正和相关企业一起制订国内宽带无线多媒体标准。

【勇于创新，积累自主知识产权】 多年来，瀚讯公司勇于创新，在OFDMA、DFT-S-GMC、多天线技术等领域积累了大量自主知识产权，推出了国内第一款集成了PHY、MAC、DSP、CPU、PCMCIA/USB接口、A/D、D/A、基于0.13微米工艺的宽带无线接入“睿芯一号”基带芯片，基于FGPA/DSP以及自主开发芯片，研制了MiWAVE系列宽带无线接入系统，包括基站、终端、直放站、接入网关等设备和相关软件。公司的MiWAVE系列产品基于宽带无线多媒体（Broadband Wireless Multimedia，BWM）国家标准，根据不同配置分为MiWAVE-D、MiWAVE-E、MiWAVE-M。BWM兼容WiMAX标准框架，采用全IP、扁平的网络架构、宽带多载波传输等关键技术，针对WiMAX组网、干扰、上行效率等问题进行优化，上行采用自主的DFT-S-GMC传输技术，提高功放效率和覆盖能力，降低系统的运营成本。在宽带通信基础上，系统加入了自主的广播传输技术，具有通信／广播／混合等多种组网模式，能同时提供宽带通信和音／视频广播业务。

【科技报国，参与抗震救灾】 汶川大地震发生后，瀚讯公司迅速组织救援队，在北川县、青川县等重灾区搭建了MiWAVE远程宽带无线视频监控及应急通信系统，为灾区的救援指挥、医疗指挥、防疫指挥、宽带无线网络覆盖、移动视频监控等方面发挥了重大作用。在唐家山大坝及堰塞湖沿线布设了一批监测点，确保24小时不间断地监测唐家山堰塞湖流域情况。6月10日，泄流达到高峰，MiWAVE远程宽带无线视频监控系统成为指挥部实时获取前线视频信息、了解大坝泄洪状况和下游流域安危的唯一渠道。

【面向应用，建设新一代宽带无线通信网】 瀚讯公司研发的新一代宽带无线通信网已在杭州无线城域网中得到商用。项目分为三期，第一期覆盖杭州绕城公路，第二期覆盖杭州主城区，第三期无缝覆盖杭州全城。项目将于2011年完成，在项目的中后期，将向浙江省其他主要城市拓展。第一期现已开始执行。此外，公司已在千岛湖建设了一个10基站的宽带无线网络，覆盖千岛湖主要湖区，为千岛湖上豪华游船提供宽带上网、视频点播、实时视频监控等服务。

博达数据：构筑企业核心竞争力

【概况】 上海博达数据通信有限公司（以下简称“博达数据”）成立于1994年，坐落于张江高科技园区，致力于网络通信设备的研发、生产、销售和服务，主营路由器、交换机、IP语音、安全和网管五大系列产品。博达数据成功研发了中国第一块X.25网卡和第一台商业化路由器，是业界领先的整体网络解决方案供应商。

【技术升级迎来斐然成绩】 博达数据已形成健全的企业技术创新体系和运行机制，正根据自身规模与特点，不断加大对技术创新和研究开发的投入力度。博达数据在现有成熟技术的基础上，完成了对全部网络产品的IPv6技术升级，开发出支持下一代网络的高端路由交换设备，提升全线产品的技术含量。2008年，博达数据圆满完成多项国家和市级重大科研项目，取得良好的经济和社会效益。

【自主创新构筑企业核心竞争力】 博达数据的研发队伍由路由产品部、交换产品部、语音产品部、产品测试部、产品中试部和硬件研发部组成，共125人，100%为大学以上学历，研发能力强，技术水平高，年轻而极富开拓精神，是公司技术创新的主体。多年来，博达数据形成了统一的网络操作系统平台（BDROS），现已成功应用于博达全线路由器、交换机产品，是博达自主创新的集中体现，构建了具有自主知识产权的核心技术。截至12月底，公司已申请发明专利22项，取得计算机软件著作权28项。

【成熟网络夯实市场基础】 博达数据在全国范围内设有9大平台、29个办事处、32个覆盖全国的流动服务网点，已形成完善的研发、生产、销售和服务网络，在全国金融、政府、教育、军队、邮政和电信等各大重点行业中拥有1 000多个客户，部分产品已打入南亚、东南亚、独联体、中东、北美和欧洲等市场。2008年，在国内经济增速放缓的形势下，博达数据仍取得不俗的经营业绩，继续保持稳健的发展态势。博达数据完善的销售网络、健全的服务体系和强大的市场开拓能力，都为公司支持下一代网络的高端路由交换产品的产业化奠定扎实的基础。

联芯科技：立足上海，放眼全球

【概况】 2008年4月1日，大唐集团采取以专注于TD-SCDMA终端产业的上海大唐移动研发及经营班底为基础，整合集团内部相关的SOC芯片设计力量，在漕河泾开发区正式成立了上海联芯科技有限公司（以下简称“联芯科技”），初期注册资金1.9亿人民币。联芯科技拥有一支700余人经验丰富、业界资深的技术研究、产品开发和经营管理团队，不仅对TD-SCDMA及未来移动通信技术走向具有独到见解，而且对中国移动通信市场具有深刻把握。作为国内最为专业的终端技术公司，联芯科技具备承担国家“十一五”重大专项——新一代宽带无线移动通信项目相关各类课题的能力，包括：LTE技术标准、LTE终端芯片与终端解决方案、LTE专业测试终端及仪表的开发与产业化等。

【业务定位、目标和使命】 联芯科技致力于提供满足3G和B3G/4G用户需求的终端芯片、终端整体解决方案、专业测试终端及业务和应用，定位于“芯片与解决方案专家”。近期主要业务包括：TD-SCDMA芯片设计和销售，TD-SCDMA终端整体解决方案的研发和技术许可、技术转让，相关TD-SCDMA终端产品（如：手机、通信模块、无线上网卡等专业测试），相关TD-SCDMA应用平台及具体应用的推广和许可。

【技术实力和市场基础】 在TD-SCDMA领域，联芯科技凭借其雄厚的技术实力，其终端解决方案DTivyA2000系列占据了包括中兴、LG、宇龙、海信、台湾宏达电等著名厂家在内的60%的客户资源，占TD-SCDMA终端出货量的50%以上份额。目前，联芯科技正在开发基于自主芯片的终端解决方案DTivy D2000系列，产品支持HSDPA/HSUPA，并能平滑过度到HSPA+，预计2009年中推向市场。

在LTE标准方面，联芯科技继承了上海大唐移动在LTE标准制订等方面的成果，与上海大唐移动共同主导了TDD LTE空口标准的研究和制订工作，并拥有其中绝大部分核心专利。从2007年下半年开始，联芯科技启动HSPA+/LTE实验样机的可行性研究工作，计划于2010推出芯片样片和实验样机。

展讯通信：整合全球优势，深化国际化发展

【概况】 展讯通信（上海）有限公司（以下简称“展讯通信”）成立于2001年4月，总部设在张江高科技园区，在中国北京、深圳和美国圣地亚哥设有分公司或研发中心。2007年6月，在美国纳斯达克成功上市。2008年1月，成功收购美国射频芯片公司Quorum Systems，Inc.，进一步加快了整合全球优势、深化国际化发展的步伐。

【数字电视手机解决方案】 7月，展讯通信携手联想移动正式向中国移动交付支持数字电视功能的联想TD-SCDMA手机TD900。该款手机基于展讯TD-SCDMA及电视手机解决方案，在奥运会期间用于赠送奥运会志愿者及相关工作人员。该公司作为业界唯一一家同时掌握TD-SCDMA和CMMB前沿技术的无线基带解决方案提供商，成功实现TD-SCDMA手机数字电视功能。公司提供的芯片方案能够保证TD手机的电视播放与通讯信号同时接受和发放，互不干扰，最大程度保障了良好的TD-SCDMA手机数字电视业务体验。

【商用TD-HSDPA业务模式】 10月，展讯通信与夏新电子、德赛电子联合宣布率先成功实现世界首个商用TD-HSDPA业务模式——基于展讯SC8800S芯片解决方案的TD-HSDPA无线宽带接入家庭网关产品。该产品采用基于展讯通信HSDPA/EDGE的TD-SCDMA/GSM双模基带芯片SC8800S芯片的夏新数据卡，通过USB接口与德赛家庭网关设备直接连接，以TD-HSDPA为无线接入方式的家庭网关产品。目前，该款家庭网关在支持USB接口（TD-HSDPA接入）的同时，还支持WIFI接口、固定电话接口RJ11以及LAN接口，使其不仅可以通过无线技术，还可以通过固定电话提供通信业务，从而实现固定电话与移动通信的融合。该款TD-HSDPA无线宽带接入家庭网关产品的问世，标志着业界首个商用TD-HSDPA业务的成功实现。

【可视电话 TD-SCDMA双模通讯模块】 12月，展讯通信与上海锐合通信联合宣布成功开发出世界首款具有可视电话功能的TD-SCDMA/GSM双模无线通讯模块，标志着基于展讯通信TD-SCDMA/GSM双模芯片解决方案的无线可视固话产品将快速进入家庭和企业用户市场，大大拓展了TD-SCDMA技术的应用面，加速TD-SCDMA技术的市场化和产业化。该产品是专为无线可视固话设计的，该模块支持TD-SCDMA/GSM双模，可以实现GSM网络和TD-SCDMA网络间的无缝自动切换，支持大屏幕彩屏，支持天气预报、手机报、快讯、MP3背景音乐等多种应用功能，支持可视电话、大容量数据高速下载等3G特色功能，具有开发简易、性能稳定、结构紧凑的特点，为开发功能丰富的无线可视固话产品奠定了基础。

（通信制造业行业协会）

三、新型元器件产业

飞乐联亚：电磁干扰滤波器研发

上海飞乐联亚电子有限公司成立于1992年1月，主营研发生产金属化薄膜电容器。2008年，公司新研发的产品主要是电磁干扰滤波器。电磁干扰滤波器(EMI)是近年来被推广应用的一种新型组合器件，能有效地抑制电网电磁噪声，提高电子设备的抗干扰能力及系统的可靠性，可广泛用于电子测量仪器、计算机设备、开关电源、测控系统等领域，并可适用于电动工具、电视、开关电源等高品质的家用电器中。

该系列产品的主要创新点在于：X1和Y2类三个芯组采用相同的有机薄膜介质，金属化电极，无感式卷绕，设计结构紧凑，产品尺寸比同类型产品要小。同时，采用耐105℃高温金属化聚丙烯膜做介质， X1、Y2电容器采用不同的金属化薄膜蒸镀方式，X1电容器应能承受4 000V 上升时间1.2～1.5μS的三次脉冲，Y2电容器应能承受5 000V上升时间1.2～1.5μS的三次脉冲。电磁

干扰滤波器中的电感元件经过环氧料灌注和高温固化后，基本参数变化微小，电感量变化△L/L为≤10%，品质因数Q≥10。该系列产品通过瑞典SEMKO、中国CQC安全认证，已向博世公司批量供货。

长丰智能卡：无引脚封装技术应用

上海长丰智能卡有限公司成立于1994年，是中国较早涉入智能卡产业的高新技术企业，是中国国内智能卡领域中率先通过ISO9002质量认证及QS9000质量体系，率先取得国家注册的智能卡和智能卡模块的生产企业。公司的生产设备从国外进口，其产品质量和合格率在同行业中具有一定优势。2008年研制开发的“CFN产品在RFID产业中的应用”采用上海长丰自主知识产权的无引脚封装技术进行生产的“RFID芯片新型封装技术”系列产品，适用于射频芯片的无引脚封装，涵盖了半导体单芯片（Single Chip）、双芯片（Dual Chip）及多芯片（Multi Chip）等多种封装形式，具有高可靠、低成本、使用范围广的产品优势，加快发展智能卡及电子标签RFID产业。

采用该项目的无引脚封装技术可以打破IC卡模块领域的传统封装形式，将电子标签RFID射频芯片的应用与半导体封装技术相结合，让传统的SMT设备注入新的活力，参与到RFID芯片的产品封装行列，以其极高的产品可靠性和极具竞争力的产品低成本推动整个电子标签RFID射频芯片的应用市场。这种封装形式无疑将有效降低生产的难度和对专有设备的依赖性，使RFID产品的低成本、规模化推广应用成为可能。伴随RFID电子标签芯片封装项目的实施而带动起来的芯片设计、模块制造等配套能力，将为相关企业争取中国和国外的其他RFID电子标签重大应用项目创造有利的条件。

上海金陵：变配电智能管理系统建设

上海金陵股份有限公司拥有金领之都（浦东）和松江两个大型现代物业园区，每年有5万平方米建筑面积的新建用房投入物业，且配套设施一应俱全。承担金陵股份有限公司物业管理的金陵置业公司在执行目标化管理的同时，致力于将质量管理体系标准和相应操作模式覆盖至所有管理中心，以全面、快速提升企业形象和服务品牌的叠加效应，增强企业的市场竞争能力，促进企业的长效发展。变配电智能管理系统就是在此基础上建立的具有先进技术含量、能为客户提供多种用电服务、提升物业管理水平的一个节能技改项目。目前该系统由金陵置业公司和上海安科瑞电气有限公司合作在松江园区试点实施开发投运；金领之都园区已经过项目审批，正根据新建楼房租赁客户（一区、二区）情况建立该系统。

变配电智能管理系统以计算机、通讯设备、测控单元为基本工具，进行实时数据采集、开关状态监测及远程控制、电能质量分析、电能报表打印、参量历史趋势分析等功能的操作，使电力系统透明化，是一套提高电力系统安全性、可靠性和管理水平的智能化系统。该系统可以帮助企业消除信息孤岛，加快变配电过程中异常的反应速度，降低运作成本，提高生产效率，满足变配电管控一体化要求。

该系统的主要功能有：(1)系统实时数据采集/控制。包括实时采集显示配电回路的全部电参量，配电线路的状态量实时监测，远程设备参数、保护值设定功能。(2)人机界面友好。包括图形CAD提供实时主接线图，设备运行状态实时显示及事故信号提示，主要电力参数的实时运行曲线、历史趋势曲线、棒图及负荷曲线等，具有严格“授权”功能防止合、分闸控制的误操作。(3)事件记录及报警。包括通过上位机设定现场设备的V、I、P、Q、功率因数等参数的超限报警，记录继电保护装置的动作/电参量的超限事件性质、原因、日期时间及显示记录结果，记录遥控操作的操作人员、日期时间和操作结果，系统设置记录、测控终端运行状态异常记录和通讯故障记录。(4)报表统计分析。包括分类整理实时采集和记录所有电量，提供日报、月报、年报的电能统计，提供电能费率的设定、多时段复费率设定，快速查询打印电能统计报表，统计用户定义的各种电参量的需量帮助用户了解用电概况，采取决策。(5)综合功能。包括提供符合行业规范的风格界面，电能管理以及电能成本统计功能，电能质量实时分析功能，事故报警的自动启动、手动/自动应答，快速准确的智能分析故障报告（故障原因、性质、地点及发生时间），一次接线图的放大、缩小和提供大画面漫游。(6)其他功能。包括实时数据库和历史数据库可以保留1年；根据采集电网设备的运行状态和参数，模拟动态显示设备的运行状态；与上位机系统采用以太网通信功能，实现系统资源的共享。该系统具有实用性、安全性、实时性、稳定性、可扩展性、易维护性等特点。

（仪电集团）

四、数字音视频产业

概况

2008年，借奥运会之东风及地面数字电视，特别是地面高清数字电视开播之契机，数字电视产业的发展出现又一波高峰。尤其是大屏平板电视，呈现了生产销售齐增长的良好势头；除中间件机顶盒产业取得同步发展外，内置数字电视调谐接收器的数字电视一体机的开发生产也显现发展后劲实足、潜力无尽的破竹之势。为了拓展数字音频和数据广播在世博会筹办和展会期间的应用，年中，上海世博会事务协调局信息化部与文广数字移动传播有限公司共同举行了“2010年上海世博会信息化数字音频和数据广播技术与应用联合实验室”签约及揭牌仪式。此举标志着数字音频和数据广播技术将全面服务于中国2010年上海世博会，通过数字音频和数据广播相关技术的研发和应用，为世博会期间人员、车流、物流等的精细化管理和个性化服务提供信息化支撑；同时，也预示着将有一系列新的相关企业与产业崛起。此外，上海数字摄录一体机的开发生产呈现出采用磁带、光盘、硬盘等多样化记录媒介的良好态势，有的已有高清机型推出。同时，正在为生产采用又一新型记录媒介——闪存（Flash）格式的摄录一体机作准备。2008年，上海数字家庭产业中智能家居的发展进入网络化、社区化、多媒体化的新阶段，相关产品的研发生产同时全面展开。

上广电：以技术攻关为抓手，推动新品开发

【积极研发电视机新品】 2008 年，上海广电（集团）有限公司（以下简称“上广电”）旗下的中央研究院自主开发拥有核心技术的地面数字电视一体机，是全球首台并采用中国主导具有自主知识产权的 AVS 音视频编解码标准研制而成的。该机既可接收传统地面无线模拟信号，也可接收地面无线数字信号，并能同时对 MPEG-II 和 AVS 两种视频编码格式进行解码。该一体机的推出去除了采用外接机顶盒方式收看的繁琐，给用户提供了方便。该机在 2008 中国国际工业博览会上展出时，以其精美图像的清晰视感、广阔的市场前景以及拥有自主创新知识产权核心技术等获得评委的认可，被评为“2008 中国国际工业博览会创新奖”。另外，上广电旗下的广电 NEC 推出了“Green Product”和“High Performance”两个系列的电视机新品，其中一款 19 英寸电视机所采用的高色域、快速响应的液晶显示模块更是达到国际领先水平，其响应速度为 3ms，色域度达到 92%。在设计和制造过程中，该款 19 英寸电视机已申请“一种薄膜晶体管阵列基板及其制造方法”（200810033890）、“液晶显示装置及对第二栅极线的驱动方法”（200810034060.X）等发明专利 20 多项。

【“百日会战”技术攻关活动出成效】 上半年，上广电在积极做好高世代 TFT-LCD 生产线建设准备的同时，为有效提升旗下广电 NEC 第五代 TFT-LCD 生产线的市场竞争力，成立了专题攻关小组，从 6 月初至 9 月上旬，开展了以提高面板产品合格率、降低材料成本和改善管理流程为主要目标的“百日会战”技术攻关活动，实施结果实现了各项预定目标。广电 NEC 通过技术攻关，三款主要面板产品的综合合格率大幅提高，并在 9 月创出历史新高，三款主要面板产品的生产直通率取得突破。与此同时，三款主要面板产品的单位采购成本也显著降低，已

接近行业同类产品水平。

【奋力支撑国家 TFT–LCD 事业】 TFT–LCD 显示屏是液晶电视机的关键部件，为更好地推进 TFT–LCD 各方面的进一步发展，12 月 17 日，上广电对原“广电集团中央研究院液晶研究所”进行了重组，正式成立了“广电集团中央研究院液晶技术研究所（简称 SLT）”。此次重组旨在增强研究所使命，扩充研究队伍，完成广电集团在 TFT–LCD 技术领域的三大目标：自主开发面板产品、自主设计高世代生产线、自主研究开发 TFT–LCD 技术，要以自身技术能力对上海市乃至国家 TFT–LCD 事业发展形成有力的支撑。SLT 成立后研发的 15 英寸、15.6 英寸、19 英寸产品已经成为旗下广电 NEC 公司的主要产品。

【RMA 软件系统项目正式上线运行】 12 月 26 日，作为广电 NEC 第一个完全自主开发、与生产线运用相结合的软件系统 RMA 项目正式上线运行。此前，广电 NEC 在现场对 RMA（Return Material Authorization，即退料审查）的管理作业繁琐，显示屏靠人工进行管理，不仅工作量大，也加大了出错几率。RMA 系统运行后，可以将作业系统化，数据电子化，因便于采集与分析，从而为提高作业精度与数据的准确性创造了条件。

天柏宽网：加快提高竞争力的创新，加强拓展无线业务的战略合作

【狠抓技术专利显成效】 2008 年，天柏宽带网络科技有限公司（以下简称“天柏宽网”）在国家弘扬科技自主创新的大背景下，克服金融危机带来的负面影响，激励员工继续在技术上大胆创新。经过共同努力，在机顶盒及相关产品的开发上又拥有了不少具有自主知识产权的专利。全年共申报专利近 20 项，其中 7 项已经获得国家知识产权局授权。所获授权专利分别为“一种通过机顶盒实现的电器控制装置和方法”、“媒体同步方法”、“可替代传统字幕技术的消息通知方法及系统”、“STB–4 系列外观设计”、“OC–T2001 电缆调制解调器外观设计”、“STB–63 系列外观设计”以及“机顶盒遥控器外观联合设计”。专利的申请和获得，体现了公司在核心技术的创新能力上有了进一步提高。

【紧密合作共谋发展】 自 2007 年地面数字电视国家标准出台起，天柏宽网就开始加速机顶盒与相关产品的研发。为了更好地推进地面数字电视的发展，公司于 2008 年 1 月与其上游企业东方明珠广播电视研究发展有限公司签订了“建立战略合作伙伴关系协议”，共同发展上海市地面无线电视。为此，天柏宽网的条件接收系统成为目前上海市地面数字电视网络唯一认证的 CA 合作伙伴。同时，为了更好地为上海市地面数字电视用户提供各类无线音视频信息服务，公司与东方明珠合作共同推出技术方案，发展地面无线数字电视业务。此次合作，是 2008 央视地面无线数字电视开播后，天柏宽网在全国打造的首个省级地面无线数字电视合作项目。

索广映像：优化信息系统，为企业改善与加强管理奠定基础

【概况】 上海索广映像有限公司（以下简称“索广映像”，英文简称“SSV”）成立于 1995 年 12 月，是由索尼（中国）有限公司与上海广电信息产业股份有限公司、上海广电电子股份有限公司合资建立的索尼牌视像产品制造企业。索广映像是国内率先生产平面彩色电视机的制造商，1998 年以来，连续推出了多种尺寸和款式的索尼贵翔平面特丽珑彩色电视机，在国际上享有至高声誉；2004 年，开始导入平板显示和高清电视产品；2007 年起，开始专业生产“BRAVIA 博大晶深”高清晰度以及 1080 FullHD 全高清晰度数字液晶彩色电视机。同时，索广映像还从事专业用视像类产品的生产，包括液晶前投影机、网络摄像机、电视会议系统等网络和计算机外部设备；高清晰度蓝光激光视盘录编辑机、数字磁带录编辑机、DXC 系列广播级演播室摄像机等专业广播电视节目制作设备。

【多渠道挖潜换来企业生机】 2008 年，索广映像为应对中国特大自然灾害以及国际金融风暴对市场的

强烈冲击所导致的产量大幅度削减，开展了“增强SSV体质”的活动。通过活动中“深化项目管理体制，理顺纵横关系；改善间接生产性，提高工作效率；提升并扩大制造能力，实现自主生产；加强库存管理/改善供应链/应用D-Cost管理，提高运作质量；积累加工技术相关知识、提升成本分析能力、梳理生产革新技术，提高产品产量提升产品质量；坚持目标管理以及完善‘贡献=报酬’人力资源体制，提高全体员工素质”等多项措施的实施，使该公司重新焕发了勃勃生机。全年，液晶电视机总产量达79万台，新产品率达100%。在专业用视像类产品领域，导入31个新机种，实现总产量17万台。

【抓生产不忘抓标准专利】 2008年，索广映像在狠抓提升产品质量的同时，十分重视技术与产品的自主创新以及引导规范生产与规模化生产的标准制订。经过科技人员的努力，共获得2项软件著作权和1项实用新型专利，申报了1项实用新型专利，导入大屏幕、全高清晰度、最新LED背光源等液晶彩色电视接收机新产品、新技术26项。公司积极参与和配合国家新技术标准的制订与实施工作，使产品符合国家有关标准和SONY的先进技术标准。截至年底，共制定了KLV-52/46W380A、KLV-52/46/40V440A等6项液晶电视标准和19项专业产品标准。产品中共有21种液晶电视机获国家“高清晰度产品”认证，27种液晶电视机获国家“1080电视线高清晰度电视”产品认证，36个产品获国家“节能产品”认证。

【优化企业信息化系统】 为适应业务的不断增长，更好地突出信息化在公司管理等方面的重要作用，历年来索广映像将一部分精力用在对企业信息化的推进上。2008年，在运用企业资源管理系统（ERP）的基础上，针对公司实际情况，二次开发外围查询软件iMapsV2查讯系统，并获自主知识产权。此举在整合资源、提高数据安全性和数据处理效率上得到了大幅改善与提高，取得令人满意的效果。与此同时，公司还参与了SONY全球信息安全策略的实施，对硬盘实施加密，加强了信息储存控制、网络信息安全的防范，并进一步对共享信息文件系统及SONY网络安全监控等公司网络信息系统进行了整合。

东方明珠：快速拓展业务，积极参与中外科研合作

【配合发展多类型电视业务】 上海东方明珠（集团）股份有限公司（以下简称“东方明珠”）连年来一直跟踪数字电视的发展，从技术、设备等多方面做好地面无线信号的发射准备。2008年，随着国家广电总局数字电视发展进程的逐步加快，公司也加快了各方面工作的进度，积极配合上海文广局搭建不同频道的数字电视平台。为实现多种无线形式的电视广播节目播出，尤其是为迎接2008年北京奥运会的开幕，东方明珠在设备上新增了用于转播央视高清节目的DS19无线数字电视发射系统；用于传输CMMB手机电视节目播出的DS32无线数字电视发射系统和用于东方明珠无线数字电视“户户通”项目标清电视传输的DS49 无线数字电视发射系统。经过努力，东方明珠于北京奥运会开幕前成功实现地面无线高清信号的发射，配合了高清节目的播出。

【合作科研有成效】 东方明珠在技术、系统等方面十分重视对外科研合作，主要项目有联合攻关的市科委项目“面向多核处理芯片的嵌入式操作系统研发与应用推广”、市科委攻关项目“基于自主知识产权的高性能数字音视频SoC芯片及应用解决方案”、市科委项目“无线数字广播电视信号与移动通信网络共缆传输试验”以及与欧盟的合作项目“中欧关于数字广播与移动通信的融合方面的合作”。其中，由公司独家承担的“无线数字广播电视信号与移动通信网络共缆传输试验”于2008年6月顺利通过验收。该项目主要研究通过与移动通信网络合路，解决手机电视、数字电视等数字多媒体广播的室内覆盖问题。该项目的成功完成为网络建设的周期缩短、建设成本的降低等创造了条件。目前该项目的研究成果已成功应用于移动电视隧道覆盖及近期集团启动的“地铁数字电视”项目中。12月，该公司又顺利完成“中欧关于数字广播与移动通信的融合方面

的合作”项目。作为上海地区数字广播运营单位，东方明珠配合欧洲项目负责单位组织了上海地区项目研讨会，并积极参与与北京、广州数字广播运营商和欧洲数字广播设备商的技术交流，开发完成了DAB-TMC演示系统，并为项目研究报告提供了具有参考价值的数据与资料。

【自主研发硕果累累】 东方明珠自主创新的努力在2008年取得丰硕成果。“无线数字电视多视窗处理系统”获得实用新型专利；“东方明珠DAB数据业务软件V1.0”、“东方明珠手机电视业务支撑软件V1.0”和“东方明珠广播电视覆盖网远程监控软件V1.0”获得软件著作权；“数字广播电视单频网监测系统”提出发明专利申请。4月，“手机电视运营支持系统（BOSS）开发”和“无线数字广播电视信号与移动通信网络共缆传输”项目获得上海文广局科技进步奖二等奖；“基于AVS-M的手机电视关键技术研究”项目获得国家广电总局科技创新奖三等奖。11月，“数字广播电视发射网络管理系统”项目获得上海文广局科技进步奖二等奖；“十六套调频立体声节目播出监测报警系统”和“多媒体智能联动报警安全防范系统”项目获得上海文广局科技进步奖三等奖。

上海高清：芯片研发、生产、销售同步发展

【芯片研发量产并进】 2008年，上海高清数字科技产业有限公司（以下简称“上海高清”）在国标传输系统优化、核心芯片和关键设备的研发、市场推广等方面均取得一系列重大进展，三款国标芯片先后量产成功。该公司经过大量的技术研发、测试及验证工作，成功地在原有单载波技术体系之上进一步研制开发出了国标多载波解调技术，并于3月成功研制开发出了国标全模式解调芯片HD2910，且在中芯国际成功实现量产。该芯片基于0.13μm工艺，

是国内第一颗可商用的国标全模式解调芯片，支持包括国家广电总局要求的7种主选模式在内的所有工作模式。HD2910芯片的成功量产有力地增强了下游终端企业采用国标的信心。

12月，上海高清又成功推出了面向家家通市场的低成本单载波单模芯片HD2815及面向便携式接收设备的低功耗全模式芯片HD29L1。两颗芯片均采用90纳米的先进制造工艺，一次流片成功并实现量产。随着两颗芯片的量产成功，上海高清的国标解调芯片已经初步形成系列化布局。

【芯片销售全面出击】 上海高清开发的各类国标芯片已被中外电视机与机顶盒开发厂商选用，因部分品牌产品的量产而在2008年获得销售的增长。一线外资电视品牌（包括东芝、LG、夏普、三星、索尼、松下、日立等）全部使用该公司的芯片，其中东芝、LG实现产品量产并上市销售；一线国内电视品牌（包括TCL、海信、康佳、长虹、创维等）完成基于该公司芯片的产品设计；高清机顶盒开发厂商（新大陆、银河、弘扬等）已在奥运期间推出地面高清机顶盒产品。在家家通标清机顶盒方面，上海高清进一步拓展了客户群，已成功推动20余家机顶盒厂家（长虹、康佳、九联、金网通、九州、同洲、银河等）完成产品设计及批量供货。

【配合地面无线电视开播】 2008年1月1日，中央电视台正式采用上海高清的国标单载波技术开播奥运高清频道；5月1日，地面无线高清电视节目开始正式播出；7月31日之前，包括北京、上海、深圳、青岛、秦皇岛、沈阳、广州、天津在内的8个奥运城市全面实现央视高清频道的国标单载波无线落地。期间，上海高清为各地奥运城市的单载波开播提供了全方位的技术及系统支持。与此同时，公司对农村家家通的工作仍一如既往持续推进。2008年，公司展开了全方位攻势，通过引进资深广电市场队伍、组建C1地面数字电视产业联盟、绑定媒体投资运营商等方式，全面加大了家家通市场的推广力度。截至12月，累计开通城市总数达到50余个。

上海全景：抓住机遇，创新思路，夯实基础，创造未来

【全力推进数字电视整体转换和第二台机顶盒工程】 上海全景数字技术有限公司（以下简称“上海全景”）全力开发自主创新技术和核心产品，力求在终端产品技术、内容增值平台技术、运营支撑技术上有新的突破。2008年，为配合上海虹口区数字电视整体转换试点工作，上海全景研发了内置先进的Powerkey解扰模块的低成本高性能机顶盒5505B，扩展了交互型机顶盒5505EU的功能。扩展型5505EU机顶盒提供外置USB和Cable Modem接口，从而为实现VOD、卡拉OK、时移电视等双向交互应用奠定了基础。针对整转之后出现的“第二台机顶盒”市场，上海全景研发了DVT-6020高清家庭多媒体终端。该机内置Cable Modem 和ODSP开放式数字电视平台中间件，支持全高清及国家数字电视中间件DTMS/国际标准MHP交互应用的下载和运行，提供Dolby Plus音效；并支持可极大地节省终端Flash存储空间和成本及带动手机/PC游戏产业的全java应用的下载，给内容商/网络商带来巨大商机，解决了困扰有线数字行业内容与收益的模式问题。

【推动行业技术理念和运营理念更新】 上海全景坚定自己作为技术性公司的定位，积极探索新技术发展方向，确定新产品运用领域。公司开发BOSS系统时遵循的是“先规划、理思路、后建设”的原则，以专业化的思路考量广电运营支撑系统的未来发展。BOSS系统以推动技术发展方向为目标，采用组件化构架，符合NGOSS标准；适应未来宽带的要求，做到面向内容的运营，满足实时计费、账务；面向企业应用，内置各种信息接口和工作流程接口，使综合业务受理变得界面友好、操作简单、功能强大，在上海东方有线、北京歌华、台山有线、顺德有线等运营商处部署、升级时反响热烈。系统的研发经验也由中国广播电视协会技术工作委员会融合并编写入“有线电视BOSS建设专家建议书”。

【深入产品化企业级应用】 2008年，上海全景同国内外知名餐饮连锁企业、世博集团、知名银行系统等展开全方位合作，针对企业的视频和多媒体应用，成功研发了Vision i-MediaTrend产品。该产品基于先进的J2EE平台，提供稳定的操作系统，支持多屏、多电子节目指南、视频浏览器、触摸屏交互、ision-Java引擎以及CrystalReport导出和分析，可帮助企业建立自身的Media-in-place 电台系统，有效提升信息传输效率和准确性，降低运营成本。已达到模块化程度的Vision i-MediaTrend可实现网络信息采集和分析，支持业务定制化。同年，上海全景与美国科学亚特兰大－思科公司签订“双方共同研发数字机顶盒、多媒体数字家庭设备”合作协议，旨在共同推进下一代数字电视的技术发展和产业化。

索广电子：注重自主创新，促进产品外销

【专利转化成果显著】 上海索广电子有限公司（以下简称“索广电子”）以先进的管理模式为基础，鼓励员工不断进取，以自主创新为立足点，大胆进行技术、管理等多方面的探索与实践。2008年，索广电子在技术开发创新的基础上，先后申报了7项专利技术，其中“摄录一体机机芯姿势差检查装置”等6项技术已获得国家的专利批准。该公司对取得的专利技术、新工艺科技成果不断地进行转化，共计有37项科技成果得到应用。另外，2008年立项实施技术改造及开发活动中形成新的12项成果，拟在2009年提出专利申请。

【加强开发生产管理】 索广电子对内以技术开发中心为核心，协同各部门共同参与科研活动；对外积极与上广电中央研究院开展科技合作，拟在电子信息技术领域开发新产品和新工艺。2008年，在导入生产DV摄录一体机、DVD摄录一体机的基础上，又导入了HDD格式的硬盘高清摄录一体机的生产。由于该类机型具有整机体积小、开机启动快、高画质输出（分辨率为1152×648）、超长拍摄时间（110分钟）等技术优势，因而获得市场青睐与好评。年度共生产319万台，销售总额达50亿元人民币。

联合光盘：关注技术升级，关注管理升级

【为高清光盘生产积极准备】 上海联合光盘有限公司（以下简称“联合光盘”）在2008年中参与了CBHD（China Blue High-definition Disc） 中国版高清蓝光DVD的研制和国家标准制订的讨论工作。由于国际上长期以来一直对高清蓝光光盘的制式争论不休，加上涉及到专利和播放机的通用等复杂因素，因此企业在前几年对高清光盘制式很难权衡与抉择。自从中国有了具有自主知识产权的CBHD后，联合光盘以维护国家利益和消费者权益为宗旨，参与了CHDA（China High-Definition DVD Industry Association）中国高清DVD产业联盟的活动，引进了蓝光盘母盘生产线和最新的蓝光盘子盘复制生产线，并在蓝光产品的标准制订与测试手段方面做了大量的工作，从而在技术与设备上为推广CBHD高清蓝光DVD做好了的产能储备等前期准备工作。

【信息管理系统升级出成效】 2008年，联合光盘对公司原有的信息中心系统等进行了升级与完善，从单一的生产管理系统扩展到办公管理系统。从经营部接单到调度室排单、下单，生产部生产，品管部质量控制，直到物流部派送，全部做到生产过程可跟踪，产品质量批次可追踪，从而使公司营运效率和准确性以及科学管理的水平等方面获得进一步提升，使公司产品的产量、质量与信誉度也同步取得明显提高。

上海敏达：注重产品数字化更新，推进智能家居与数字社区发展

【概况】 上海敏达网络科技有限公司（原名上海敏达科技实业公司，以下简称“上海敏达”）于1995年12月成立，现有员工73名，科技人员占30%，是上海数字家庭应用专委会副主任单位。该公司是一家集科研开发、生产、销售、服务为一体的高新技术企业，致力于数字社区、智能家居、智能楼宇、家居信息、网络摄像机等现代化安防产品的研发。公司产品共八大系列，近300个品种，其中楼宇可视对讲是公司的主要产品，广泛应用于东方城市花园、香港丽园、万里小区等知名楼盘。公司参与制定了《上海智能家居工程技术导则》、《智能家居发展状况概要》、《家居智能化系统设备互联与操作规范》等行业标准；“智能工业总线收发器”获得国家实用新型专利，通过了ISO9001:2000Z质量管理体系认证和3C认证；MD-A型家庭智能化信息项目获得全国第三届精瑞奖——住宅新技术奖。

【产品开发向数字化升级】 2008年，上海敏达将相当大的一部分精力用在产品的数字化更新上，由原来基于单片机的简单产品研发转变为数码类多媒体产品的研发，“网络型酒店客房智能控制系统”就是其中之一。该产品具有系统网络化和功能模块化的特点，集客房灯光、空调、信息服务等控制于一体，使客人在传统和自然的状态下，享受计算机技术带来的舒适、快捷、节能和安全；同时，在安装和使用上也符合高星级酒店的要求。另一项新品“基于以太网的智能型家居信息终端系统”的硬件部分已完成。

【促进智能家居和数字社区同步发展】 为配合上海世博会的召开，1月24日，上海敏达与上师大联手成立“数字社区与智能家居联合实验室”，走上了产、学、研相结合的道路，目标是努力打造国内领先水平的数字社区和智能住宅。此举占据了上海智能家居和数字社区领域研究的制高点，并具有辐射作用。

【重视内部信息交流】 上海敏达十分重视在公司管理、研发、生产、销售各环节的信息交流，2008年在基于原有的“内部信息交流平台”基础上，又增设了四个新栏目，并设专人负责采编，及时采写公司有关研发、生产、销售以及市场拓展、合作项目等方面的信息。同时，公司还非常注重有用信息的对外辐射。全年，公司在《安防市场报》、《上海安防网》、《信息家电》等十余家媒体发表信息达26条，不仅实现了信息资源共享，而且推进了企业信息化的进程。

（信息家电行业协会）

五、计算机产业

概况

上海计算机制造业在改革开放30年中，发生巨大变化，各项经济指标一直保持快速、平稳增长。

从相关数据比较来看：

类别	1978年	2007年
从业职工数（人）	约7 868人	11.68万人
单位数（个）	14个	83个
工业总产值（亿元）	约1.2亿元	3 156.0亿元
微型计算机产量（万台）	约1.5万台	超过4 000万台

计算机产品升级换代也非常迅速：

年代	CPU水平
1977年前	单片（4040 8080）
1987年	286、386、486、586PC
1997～2002年	奔腾4高端电脑
2006年	双核处理器进入市场、计算机技术进入崭新的时代
2007～2008年	四核处理器进入市场

2008年，上海计算机制造业各项经济指标保持快速、平稳增长，计算机制造业工业总产值达到3 090.4亿元，占上海信息产品制造业工业总产值的1/2以上。

近三年情况如下：

年	信息产品制造业总产值(亿元)	计算机制造业总产值（亿元）	计算机制造业占有率%
2006年	4 534.9	2 370.3	52.3%
2007年	5 719.1	3 156.0	55.2%
2008年	6 162.8	3 090.4	50.1%

上海微型计算机产量：

年	微型计算机（万台）	其中笔记本电脑（万台）	笔记本电脑占有率%
2007年	4 478.8万台	3 917.3万台	87.5%
2008年	5 767.8万台	5 261.6万台	91.2%
2008年同比2007年微型计算机产量增长47.3%			

2008年，上海计算机行业中的计算机技术服务，包括：系统集成、行业应用软件开发和维护、网络服务等仍保持稳定发展状态。一些大企业承担的重点项目是内需的工程项目，受国际金融危机影响不大。但是，业内有一些小企业承接国外外包业务，资金回笼受到一定影响。

（汤庆生）

长江集团：经济继续保持稳步发展

【概况】 2008年，长江计算机（集团）公司（以下简称“长江集团”）以科学发展观统领全局，坚定不移地贯彻发展是硬道理的思想，紧紧依靠各级干部和广大员工，克服了诸多不利因素的影响，继续保持集团经济的稳步发展。集团全年实现销售收入34亿元，完成利润总额5 000万元，净资产收益率4%，国有资产保值增值率105%。经上海企业竞争力研究中心根据企业规模、市场、产品、管理、技术、文化、团队、品牌、成长性、社会责任等10项指标的分析排序，长江集团以较强的综合实力被列为2008年度上海市企业竞争力领先企业。长江集团经营工作有三个基本特点：

*一是新产品新技术得到广泛应用。*2008年，集团完成新项目开发25项，新产品和新技术的应用率达到100%。新产品、新技术的研制成功和广泛应用为集团实现快速发展提供了有力支撑。如“文化资源共享综合服务系统”和“面向博览资源的内容整合及共享服务平台”已应用于首都博物馆和深圳博物馆；“区域性污染源管理系统”已应用于环境监测；“多媒体集成管理平台”已应用于视频图书馆、轨道交通和世博项目；“基于RFID技术的电子不停车收费系统”不仅参与了国家标准的制订与完善，填补了国内技术空白，而且还中标长三角ETC互联互通试点工程，其中关键产品车载电子标签、路侧天线等已进入规模化生产。

*二是自主知识产权保护有新突破。*2008年，集团在开发新产品和关键技术过程中，注重自主知识产权保护，形成新的核心竞争力。共有26件产品和技术申请了知识产权保护，发明专利、实用新型专利、软件著作权的申请数量和质量均有新突破，与上年

相比，申请数量增长了24%；其中，发明专利申请数量增长了600%。“数据交换传输中基于数字签名的加密技术方法”、“采用缓冲模式的生产线实时数据采集方法”、“数据共享交换组件软件”、“具有独立安全控制模块的电子收费车载单元”、“基于IPTV视频图书馆的检索方法”等具有自主知识产权的关键技术的研制成功，进一步增强了集团的技术开发能力。

*三是重大工程重点项目得到有力推进。*2008年，集团进一步强化在上海计算机信息服务业的龙头地位，全面渗透国民经济信息化的各个应用领域，重点瞄准国家重大工程、重点项目，推进实施集团品牌战略，紧紧跟踪智能交通、国资监管、世博会信息化、石化领域总包等重大项目，集团承接的企业信息化和交通领域信息化项目比往年有较大幅度增加，深圳数字化博物馆系统、不停车收费结算清分系统、世博、国资监管等项目的实施，充分体现了集团在软件和系统集成领域的核心竞争力。同时，集团根据国民经济重点领域的信息化建设，推出了一批有竞争潜力、有应用和市场前景的项目和产品：能源领域的中石化加油站IC卡加油系统已从两省一市扩大到三省二市；社保领域的社保卡系统和硬件产品已走出国门；集团在交通领域中标上海ETC系统工程清算中心及行业监管集成系统和ETC客户服务结算系统两大项目；自主开发的“车载识别装置OBU”和“路侧天线RSU”列入2008年上海市重大技术装备项目，实现长三角地区103个高速公路道口不停车收费系统的互联互通；科普之窗终端已推广到社区700多个网点，环境采集仪已应用于上海水务系统。上述软件、系统集成和硬件产品的应用和推广，标志了集团新的经济增长点已经形成。

【社保项目向海外市场扩展】 长江集团积极拓展海外市场，由集团总承包的埃及社会补给卡系统以开罗为中心、覆盖埃及10个省的远程IC补给卡网络，目前在埃及国内共建立了5 100个消费网点，实现全国范围内IC补给卡消费、充值、提现以及政府对市民食品价格补贴现金的转入等功能。5月，完成全部工程的软硬件开发和安装工作，并通过验收正式交付使用，埃及社会保障部门对该项目的成功实施给予了高度评价。埃及社会补给卡系统的开通和顺利运行不仅解决了埃及国内各省社会保障能力不平均的问题，而且也为实现社会保障覆盖到全国的目标和最终实现社会保障事业现代化奠定了基础。同时，该系统的建成还带动了POS机的销售，2008年POS机的出口量比上年翻番。社保卡项目还有望从埃及拓展到周边的阿拉伯国家，市场前景广阔。

【积极参与ETC重大工程建设】 为解决高速公路收费口拥堵、节约高速公路用地资源和节能减排，上海市政府在2008年底启动了高速公路不停车收费（ETC）系统，并规划与江、浙、皖、赣等省份互联互通，实现长三角地区跨省市ETC系统联网运营。长江集团从2005年起参与了长三角ETC重大工程建设，在缺乏资料的情况下，通过挖掘消化吸收，掌握了“高速公路不停车自动收费（ETC）”终端的核心技术，并参与了ETC国家标准的制订。同时，自主研制出符合国家ETC标准的第一个终端系列产品，获得4项专利，填补了国内高速公路不停车收费核心设备的空白。该系列产品于2007年上海工业博览会上获得上海地区唯一铜奖，列入2008年上海市重大技术装备项目。在ETC系列产品开发的同时，集团积极研究开发ETC应用系统。经过两年的技术准备和方案论证，一举中标上海市高速公路电子不停车收费系统工程清算中心及行业监管集成系统项目。目前，集团内部一条从ETC技术开发到生产制造完整的产业链已经形成，为高速公路不停车收费的推广和应用奠定了基础。

【文博领域信息化建设】 经过多年的积累和项目开发，长江集团在文博领域已经形成了数字博物馆、数字图书馆、投资监管系统等6项软件产品，并有着众多标志性项目和很高知名度。2008年，长江集团凭借在文博领域的综合实力，在深圳市政府采购中心组织的“深圳博物馆新馆数字化博物馆”实施项目招标中拔得头筹。项目包括网络信息化支撑平台、文化遗产数字化采集系统、文化遗产数据中心等九个部分，有着多项国内外先进技术的创新应用需求。深圳博物馆新馆数字化博物馆系统兼备深圳地方与文博专业双重特点，重点突出改革开放史的信息系统支持。一期工程多媒体资料中心、公共区域导览、网上博物馆、RFID观众标签导航、信息公告、藏品影像管理、综合信息门户等七大系统已开发完成，并于12月中旬对外开放。目前，二期工程开发正在加紧进行。

【中石化加油卡系统建设】 石油领域信息化建设是长江集团重点发展领域，2008年集团不断加强石油领域的市场拓展力度，成功中标中石化川渝分公司加油卡工程，并成为该项目的集成商。这是长江集团继上海、江苏、湖北加油卡工程之后，在石油领域的又一次重大突破。至此，长江集团在石油领域的业务范围已由原来的两省一市扩展到三省两市，进一步扩大了集团在石油领域的市场份额和影响力。5月，卡机联动加油机率先通过中石化最新颁布的V2.0标准测试，其技术处于同行领先水平，再次展示了长江集团的市场竞争实力。12月，长江集团在“中国石化加油卡查询应用平台系统”项目竞标中又一举中标。 (周慧琴)

中软上海公司：展翅腾飞的朝阳企业

中国软件与技术服务股份有限公司（以下简称“中国软件”、“中软”）是CEC中国电子信息产业集团公司控股的国家重要软件骨干企业，是国内极具综合竞争优势的高科技软件上市企业，主营业务：软件产品开发、应用系统集成、信息服务、软件外包与出口。中国软件的软件产品覆盖：系统软件、平台软件、安全软件、政府信息化软件及企业信息化软件，产品涉及财税、铁路、国防、金融、证券、工商、公安、医院等各个领域，在技术上均达到国际先进或国内领先水平。

中国软件与技术服务股份有限公司上海分公司（以下简称“中软上海公司”）是中国软件于2002年5月在华东地区成立的总部，设有系统集成部、软件开发部、客户服务部、销售部、管理部等五大部门，主要应用领域为上海市财税局、上海市知识产权局等。

中软上海公司采用国内外先进的、成熟的产品和技术，在平台和应用两个层次向用户提供最佳的总体解决方案。中软上海公司在系统管理、网络安全、网络存储、主机及网络灾难备份、多媒体通信网络、数据仓库、数据挖掘、系统软件集成技术及应用软件集成技术等方面处于国内领先地位，并以国民经济重点领域为服务目标，长期服务于财税、民航、保险、知识产权、检测中心等领域，并在这些领域形成了专业化的研发、系统集成与服务队伍。尤其是中软上海公司同税务系统一直保持密切合作，不断熟悉、掌握税务系统的业务和需求，制定了服务于税务系统的长期发展计划。作为税务整体解决方案提供商，上海公司以税务业务需求为根本，成功开发了一整套征管软件、财税网站、网上电子报税系统产品等。

(张 伟)

伟翔环保科技：做中国电子废弃物处置技术的领跑者

伟翔环保科技发展（上海）有限公司（以下简称“伟翔公司”），是新加坡TES Environcorp (Holding) Pte Ltd全额投资、中国团队运作的环保企业，2005年9月投入运行，占地面积1万平方米，年处理电子废弃物量为1万吨，是目前中国唯一具有物理处理系统与化学处理系统的电子废弃物专业处置利用工厂。

在物理破碎阶段，利用真空布袋吸尘装置回收利用粉尘，将粉尘中残留的电子废弃物再次充分回收利用，实现了生产过程中的废弃物零排放；物理破碎车间设置噪声防护装置，采用超强隔音消尘设备。

在化学处理阶段，集中处理化学废气，利用废气洗涤塔将各种废气净化后无害排放，废气排放以国际环境标准为参考值，优于国内排放指标；工厂内废水处理车间循环工业用水，将蒸馏、净化后的纯水循环使用于回收工艺中，工业废水零排放。伟翔公司的工业用水循环利用率达90%以上。

伟翔公司引进国际一流电子废弃物回收技术，积极开展对新型废弃物回收处理工艺的研发，不仅运用高自动化的电子废弃物再生科技优化回收利用率，而且在热固性塑料、废锂电池等废弃物的回收处理领域所开创的独特工艺填补了电子废弃物回收再生行业的空白，对中国循环经济的开展、资源综合利用的实施具有领军意义。伟翔公司回收处理的高标准、严监控充分贯彻了清洁生产和节能减排的方针，而公司的EWTS软件开发和利用也对中国废弃物回收追踪记录体系的完善发挥了示范作用。

(莫 琳)

精密机械浦东公司：开发新产品，拓展新领域

中国精密机械进出口上海浦东公司（以下简称“精密机械浦东公司”）成立于1993年1月。公司依托中国航天科工集团雄厚的经济、技术基础和强大的设计、制造能力，在开展航天高科技产品进出口的同时，承揽高科技设备及产品的研发、设计、和制造。

公司开发的视频安防监控系统在经历了模拟、数字和网络化阶段后，正进入一个日渐成熟、高速发展的智能化阶段。2008年，公司针对目前监视录像系统监视者高强度工作量和回放滞后的缺点，开发了智能视频监控（预）报警系统，使视频监控实现了真正意义上的预警化、自动化、智能化。该系统采用国际最先进的ObjectVideo智能分析核心技术，能辨认出视频画面中监控目标的类型（是人、交通工具，还是不名物体），并能对辨认出目标的行为动作（例如监控区域的进入、离开、出现、消失、取走、留下、滞留等）进行识别和预告。

智能视频监控（预）报警系统应用方便，不仅能独立组建新系统，而且易于嵌入到传统视频监控系统的不同产品中，包括摄像机、视频编解码器、DVR等，相容性好，不需要更换原有的设备和系统，充分利用原有资源，使原来传统的视频监控系统轻松提升为智能视频监控（预）报警系统。同时，该系统具有人脑辨认所监控的目标和识别目标行为的功能，分析和判断监控区域中出现的有悖于安全防范的威胁和事件，第一时间主动告警，使安保人员可以在第一时间及时处理所发生的威胁和事件；并能自动按照时间排序的方式存储发生的威胁和事件的图像信息，当需要查询时，相关人员可以高效精确地找到所需任何事件现场资料。

（居　廉）

科海豪斯：以科技创新为先导，以高品质服务为宗旨业绩斐然

上海科海豪斯信息技术有限公司的前身是创建于1987年的中科院上海科海电子有限责任公司，2006年改制为上海科海豪斯信息技术有限公司。2008年，公司以科技创新为先导，以高品质服务为宗旨，引入和融合国际先进的技术和管理理念，在软件开发、系统集成、IT服务等方面业绩斐然，拥有了广泛的客户群和较高的知名度。

软件开发方面，2008年公司为政府主管机构开发了具有自主知识产权的价格认证信息管理系统。该系统具有智能化模块，能充分利用和挖掘众多注册价格鉴定师的经验和认证标准、规范，实现数据信息共享化，数据采集自动化，分析统计智能化，提升了价格认证的水平和质量，推进了价格认证的信息化管理进程。目前该系统使用良好，公司拟在2009年逐步推广，以便在更大范围得到应用。

系统集成方面，公司在2008年承接了涉及计算机网络、音视频系统、会议系统、数字实验室等多项重要工程。由于公司有完善的质量管理体系、很强的专业能力和创新意识的科技团队、堪称一流的服务，这些重要工程都完满地交付使用，质量优于验收标准，获得了用户好评。

（戴以惠）

研祥智能科技：从制造产品到创造品牌

研祥集团成立于1993年，集团下属研祥智能科技于2003年在香港联交所上市，是中国同行业中唯一的上市公司，是中国特种计算机行业龙头企业。

上海研祥智能科技有限公司作为研祥集团旗下的独立注册法人公司，凭借研祥集团雄厚的研发生产实力，以上海为中心辐射整个华东市场，为客户提供最为满意的智能化工业控制硬件平台产品及专业解决方案。2008年，公司共获得发明专利33件，实用新型专利17件，以及外观设计4件。在始终坚持自主研发、自主创新的同时，研祥“EVOC”品牌产品凭借其卓越的品质性能，在能源、电信、网络安全、轨道交通、烟草、金融、电力、环保、高速公路、自动化设备等各行各业得到广泛应用。在中石油和中石化的加油IC卡控制系统、上海银行监控系统、上海公交视频播放等系统项目中都可以见到研祥产品的身影；在轨道交通行业，上海研祥的产品基本覆盖了上海城市轨道交通运营及在建的1号、2号、6号、7号、9号、10号、11号线等多条线路。

2008年10月，研祥集团正式启动了“研祥inside”品牌战略，旨在成为全球特种计算机产品核心设备的提供商。

（周　君）

六、光电子产业

概况

1.产业的业态及其企业群

上海光电子产业通过“十五”和“十一五”规划的实施与努力，已形成光电子七大类领域（或行业）的产业集群，即光显示、半导体照明、光存储、光通信、光输入/输出、太阳能光伏电池、激光器及其应用等。同时，集聚了包括高校、科研院所以及各类业态的企业约有310余家的企业群体。

2.产业总经济规模

如表1所示，上海光电子产业经过近年来的产业结构调整，2008年的总产值从2007年的437.9亿元发展到488.5亿元，同期增长11.6%；相比2006～2007年的-11.5%增长率，提高了23个百分点。而2008年全球光电子产业根据 PIDA 年度统计数据显示，其总产值为3 650亿美元，仅比2007年的3 450亿美元，增长了5.8%。

3.光电子各类产业的增长情况

增长最大的是光输入/输出产业和太阳能光伏电池产业，它们的销售额分别为150.5亿元和23.97亿元，各自增长为55%和31.8%。其他除显示产业外，如半导体照明、光存储、光通信、激光及其应用等产业相比2007年都略有增长。

上海显示产业，在2007～2008年出现连续的高负增长率，其缘由在于：一是2007年上海广电电子全面退出CRT产业，使上海显示产业的销售额从2006年的205.3亿元下跌至2007年的102.7亿元，跌幅为-50%；二是2008年又直面世界经济危机的影响，不仅使数字电视和笔记本电脑等面板市场萎缩，且产品价格下降激烈，故使上海以TFT-LCD面板和PDP为主的平板显示产业的销售额仅为86.7亿元，相比2007年继续下跌，为负增长15.6%。

表1 2008年上海光电子产业总产值

单位：亿元	显示产业	半导体照明	光存储	光通信	光输入/输出	太阳能光伏电池	激光及其应用	总计
2006	205.3	37.4	109.1	46.43	72.2	14.99	9.24	494.7
2007	102.7	42.4	111.5	53.38	97.1	18.18	12.6	437.9
2008	86.7	44.2	115.2	55.02	150.5	23.97	12.9	488.5
06-07增长率	-50%	13.4%	2.2%	15%	34.5%	21.3%	36.4%	-11.5%
07-08增长率	-15.6%	4.2%	3.3%	3.1%	55%	31.8%	2.4%	11.6%

资料来源：根据上海统计局提供数据整理（2009/5）

产业链及产品结构状况

经过近年来的快速发展，上海光电子产业已架构起国内颇具产业基础、技术和人才集聚效应以及良好的投融资环境和较完善的从研发到产业化的产业链体系。

1.平板显示及其光输入/输出产业

从液晶（TFT-LCD）显示产业链看，在上游，有上海剑腾液晶显示有限公司的五代彩色滤光片生产线等，上海华嘉光电公司的低温多晶硅等，以及上海新相微电子有限公司等的源（Source）和门等驱动芯片企业；在中游，有上海广电NEC公司的第五代TFT-LCD面板生产线，以及上海天马微电子有限公司的4.5代液晶面板线；在下游，有上海索广映像有限公司（产品：液晶电视等）、上海中晶科技有限公司（产品：扫描仪、液晶显示器等）。

2.半导体照明产业

上海初步形成了从外延材料，到芯片制造、封装和灯具，直至应用的产业链格局。在上游的LED材料方面，有上海德波赛康科研有限公司。其研发成功的用于LED等作为外延称底的碳化硅晶体生长设备及相关工艺，是现今中国大陆唯一具备2～3英寸、厚度20毫米晶体的批量生产能力的企业。在中游芯片制造、封装方面，有上海蓝光公司、上海蓝宝公司、上海金桥大晨光电科技等企业，尤其上海三思公司的大屏全彩LED（发光二极管）显示屏及其方案在国内处于领先水平。下游的LED应用方面，有上海小糸车灯有限公司等。

3.光通信产业

上海不仅在企业集群上，形成了上海光纤公司、上海华源光纤公司，以及上海永鼎光电子公司、上海紫珊光电子公司、上海智源光电子公司、上海跃晟网络科技有限公司等国内具有一定影响的公司；且在产品开发上形成特色，如上海大学特种光纤重点实验室、中国电子集团第23研究所等的光纤激光器、光纤放大器等。上海的光纤总产量占全国市场1/4。

在光传感器器件方面，如光纤传感器，有上海龙东光电子有限公司等的光纤陀螺及其吊仓系统，中科院上海微系统与信息技术研究所的智能网传感品系统，中科院上海技物所的传感器和光通信以及光电仪器等；如红外线传感器，上海尼塞拉传感器公司的产品享有一定的知名度，在国内光电子产业中属佼佼者之一。

4.光存储产业

相关企业有上海广电（集团）有限公司、上海光学精密研究所、上海交通大学和上海新汇时代光盘技术有限公司等。在产品结构方面，2008年，中科院上海光机所及光盘应用工程中心，与武汉东湖高新区、中国光谷新光电产业发展有限公司等共同投资2 00万元，引进两条红光高清光盘生产线，现已正式投产。7月11日，中国首条蓝光高清CBHD的母盘制作生产线在上海联合光盘有限公司建成并投产；同时，利用DVD9光盘生产线，即可压制CBHD碟片。

5.太阳能光伏电池方面

上海已有 10 家太阳能光伏电池组件生产企业，如上海太阳能科技有限公司、中芯国际集成电路制造（上海）有限公司、上海交大泰阳绿色能源有限公司等，其中，太阳能科技有限公司和交大泰阳绿色能源有限公司的生产能力分别达 50 兆瓦和 20 兆瓦。

6.激光技术及其应用方面

以中科院上海光机所为代表的激光晶体和玻璃材料，包括激光加工和医疗手术的研发和应用，处于国内业界先进水平。

产业特点

1.呈现园区、基地式的电子信息制造业的企业集群架构

如图1所示，上海光电子产业已形成“1+3+1”的园区、基地式的电子信息制造业的企业集群架构，即一个浦东新区（陆家嘴金融贸易区、金桥出口加工区、外高桥保税区和张江高科技园区），三个国家级经济开发区（漕河泾新兴技术开发区、闵行经济技术开发区、上海松江出口加工区），1个市级工业园区（嘉定工业区）。

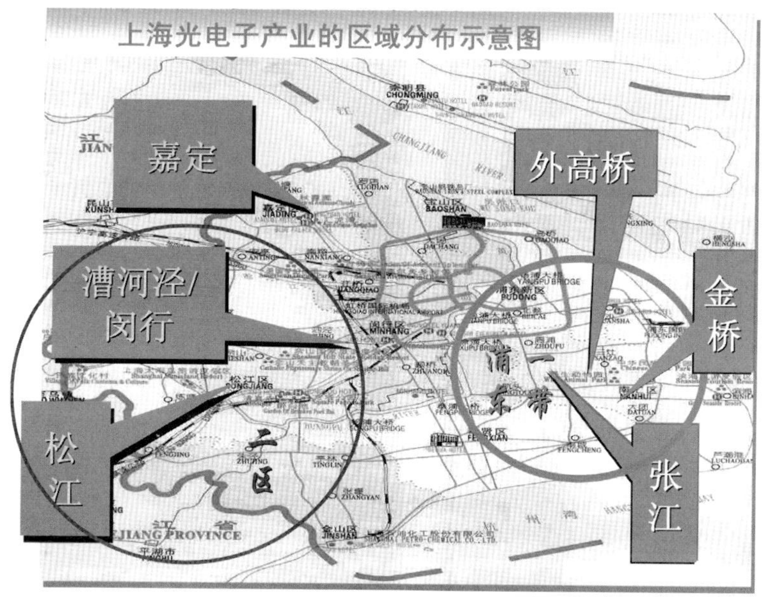

图1 园区式的企业集群体架构示意图

2.上海光电子产业已集聚了一批国内有影响的骨干企业

表2所列的骨干企业的销售额都是超亿元的。其中，上海松下等离子显示器有限公司销售额超过60亿元，上海光电NEC和上海索光映像销售额超过50亿元，达研（上海）销售额超过45亿元，上海索光电子销售额超过40亿元，上海乐金广电销售额超过20亿元，上海三星真空电子销售额超过15亿元等。

表2 上海光电子产业各类业态的的骨干企业

各业态	骨干企业
平板显示及光I/O产业	上海松下、上海光电NEC、上海索光映像、统宝光电、上海三星真空电子器件
光通信产业	长飞光纤光缆、康宁（上海）光纤、奥普光电、华微半导体等
LED产业	上海蓝光、上海兰宝、上海大晨、三思科技等
光存储产业等	达研（上海）光电、上海索光电子、上海联合光盘、上海新索音乐、上海乐金广等
太阳能光伏电池	上海交大泰阳、上海太阳能科技、上海卡姆丹克太阳能、上海索朗太阳能、上海申和热磁
激光及其应用产业	上海激光总公司、上海团结普瑞玛、恩耐激光、上海米亚基光电、华中雷欧激光等

资料来源：自由整理（2009/5）

产业基地布局状况

自20世纪90年代中期以来，上海通过对原有光电子相关的产学研基础整合、合资合作、项目引进等举措，已初步形成光电子企业群体和基地，其相关领域的产业链雏形初现。其中，上海光电子产业发展基地主要分布在浦东新区、漕河泾新兴技术开发区、闵行经济技术开发区、上海松江出口加工区和嘉定工业区等区域。

1.浦东新区

浦东新区充分利用其微电子产业带的基础优势，以LED、平板显示和光通信类产品为主体，着力建设在国内外有一定影响的、具有综合型特色的光电子产业园。如张江以上海蓝光科技、上海宇体光电有限公司、上海南北机械电器工程有限公司为代表所形成的国家级半导体照明基地，以及由上海天马微电子、剑腾液晶显示（上海）和上海松下等离子显示等所形成的平板显示基地；另外，在金桥以贝尔阿尔卡特和华为（上海）为引领的光通信基地，包括专业于LED的上海大晨光电有限公司、专业于太阳能光伏的上海索朗太阳能科技有限公司等。2004年3月，在浦东新区以张江为核心的LED半导体照明产业群被科技部批准为国家级半导体照明产业化基地，并初步形成了光电子产业的区域集群化，为打造综合型特色的光电子产业园建立了扎实基础。2009年3月31日，浦东新区人民政府批准张江光电子产业园规划，重点发展平板显示、太阳能光伏、半导体照明、有机半导体发光器件等四大支柱产业。

2.漕河泾新兴技术开发区

是目前上海光电子产业最集中的地区，以发展光纤、光缆，光传输和宽带接入设备，光电元器件、光存储和激光产品为主。已有光电子企业如上海朗讯科技光网络、康宁（上海）光纤、上海光纤（原上海朗讯科技光纤有限公司）、上海中科光纤、上海澳佩科技（原上海光桥科技（中国）有限公司）、捷耀光通讯科技（上海）、翔光（上海）光通讯、上海霍普光通信，以及上海索光、上海联合光盘和上海激光总公司等50 余家企事业单位。

漕河泾新兴技术开发区与松江区共建“漕河泾开发区松江国际光仪电园区”，园区建筑面积约100万平方米，位于松江区新桥镇，定位是以国际新兴光仪电产业为主线，着力构建完整的光仪电产业链和服务体系，打造成具有影响力的国际光仪电产业基地，已于2008年4月14揭牌成立。

3.闵行经济技术开发区

依托莘庄工业区，初步形成以上海广电NEC液晶显示器有限公司引领的、近10家企业群所建立的上海平板显示基地；依托上海航天科技产业化基地，初步形成有上海交大泰阳绿色能源有限公司和上海太阳科技有限公司等企业群的太阳能光伏基地。2007年8月27日，国家（上海）平板显示器件产业园在莘庄工业区揭牌成立，经原国家信息产业部批准，园区被列为国家电子信息产业园。

4.上海松江出口加工区

主要从事集成光电器件、材料、薄型光驱和光盘造、液晶模块、光电系统等开发，包括面板应用等；集聚以上海兰宝光电科技 、上海三思科技等LED制造和应用企业，以及达辉（上海芯片）电子等液晶模块制造企业，上海上诠光纤通信设备有限公司、长飞光纤光缆（上海）有限公司、上海龙东光电子有限公司等光缆和集成光器件等企业，包括达研（上海）光电、上海新索音乐有限公司等光存储企业，形成了15家之多光电子企业群体。

5.嘉定上海光电子科技产业园

2001年经上海市政府批准，产业定位于重点发展光电子科学和光机电一体化技术及其产品。目前以上海光机所引领、集聚了15家之多光电子企业，主要从事高功率光纤激光器、激光晶体、光学晶体、光学玻璃、光学透镜以及蓝光储材料等研究和开发。另外，在LED汽车灯模块制造方面有上海小系车灯有限公司。

优势领域/特色产业

1.优势领域——新型显示领域

所谓新型显示领域，主要指PDP（等离子体显示）、TFT-LCD(薄膜晶体管液晶显示)、LCOS（硅基液晶显示）和OLED（有机发光二极管显示）等。其之所以为上海光电子产业的优势领域，缘由有以下几点：一是上海新型显示产业已初步形成一定经济规模的产业链体系基础，包括技术和人才集聚效应，在全国占有一定的地位。如在PDP方面，有上海松下等离子显示器等；在TFT-LCD方面，有上海广电NEC公司；在LCOS产业方面，上海力宏和上海三鑫在LCOS投影技术处于国内领先。二是从未来发展来看，在TFT-LCD方面，上海广电在原第五代液晶生产线基础上，正规划建高世代生产线；上海天马在原4.5小屏TFT-LCD生产线基础上，正着手建4.5代OLED中试线；上海力宏和上海三鑫在LCOS技术方面，与中芯国际开展晶圆级封装等研发工作。三是从重要性来看，新型显示技术及其产业在世界现代化的工业体系中，具有明显基础性、渗透性、辐射性的基石作用；尤其是，随着信息电子产品在向数字化、智能化、宽带化、综合化和个性化的需求递增中，不仅显示着新型显示产品及其应用是无时不有、无处不在的贡献地位；更是大大促进相关信息终端产品的日新月异地创新涌现。

2.特色产业——半导体照明和太阳能光伏产业

由于全球能源稀缺和油价不断上升，迫使信息技术致力“绿色节能”，基于“降耗节能”的信息产品将是赢得市场竞争力的“杀手锏”，上海发展半导体照明业和太阳能光伏产业是面向未来的必然选择。上海在这两个产业已具备基础和条件，如在产业链及其应用产业化方面，以园区和基地发展模式已形成了一支较好的产学研结合的创新集群等。

（赵建忠）

七、汽车电子产业

概况

《上海中长期科学和技术发展规划纲要（2006~2020年）》把“建立汽车电子、电机、新材料等配套高新技术产业”作为上海新兴产业战略产品；上海中长期技术创新要攻克的60项关键技术中重点涵盖了“汽车电子系统匹配及应用技术”。

上海现有汽车电子研发与生产的企业100多家，其中规模较大的汽车电子厂商40余家，多为著名的跨国公司在上海建立的独资或合资企业。2008年，上海汽车电子产值为462.2亿元，占全国总值的34.5%，同比增长11%。

上海汽车电子产品的覆盖面广，包括发动机控制系统（EMS）、汽车总线、防抱死制动系统（ABS）、安全气囊、胎压监测、自动空调、电动座椅、电动车窗、中控门锁、电子仪表、定位导航、车载娱乐等。其中发动机电喷、防抱死制动系统（ABS）、汽车继电器等产品在国内市场占有率超过40%。上海汽车电子品牌结构中由国际企业为主体的配套格局比率为65%，高于国内其他地区5个百分点。

上海汽车电子零部件企业突破传统的单个或小总成开发模式，实施系统开发，追求模块化供货，提高了技术能级，并开始承担与整车厂配合的同步开发。

以节能、环保、安全为主线，由上海企业自身与国内研究单位开发的新能源汽车用电池系统、驱动控制等在产品化、工程化方面取得实效。2008年，上海汽车工业（集团）总公司为北京奥运会公务用车，完成并提供了22辆燃料电池轿车。在新能源汽车动力系统控制领域，同济大学建立了“新能源汽车国家检测试验室”，上海交通大学建立了“汽车电子控制技术国家工程实验室”，开始形成产、学、研相结合的替代能源应用研发环境。

（交通电子行业协会）

东方久乐：国内唯一掌握安全气囊全部核心技术

【概况】 上海东方久乐汽车安全气囊有限公司（以下简称“东方久乐”）成立于1991年，是目前国内唯一掌握汽车安全气囊全部核心技术、拥有独立自主知识产权、能够独立进行汽车安全气囊系统研发和生产的民族企业，为40多款车型进行安全气囊的设计开发和产品配套。公司拥有上海和石家庄两个基地，分别被当地政府命名为上海市高新技术企业及河北省重点高新技术企业，现有员工500多人，大专以上学历170人，固定资产3.2亿元。

东方久乐工程研究院于2004年在上海成立，是目前国内最大的安全气囊研发中心之一，主要承担汽车安全气囊产品的基础研发与被动安全约束系统匹配工作。在汽车被动安全领域，已获得国家专利13项、获得受理通知书9项。经过十多年的经验积累和技术沉淀，已制定了11篇企业标准，正在参加国家安全气囊标准工作组进行的智能安全气囊试验技术要求标准的制订。在计算机模拟分析方面，从国外购进专业模拟分析软件，可进行气囊模块、汽车约束系统碰撞模拟、结构分析等多项模拟研究工作。在产学研结合方面，积极与上海交通大学、中国汽车技术研究中心等高校及科研院所进行项目合作，现工程研究院已被认定为“上海市企业技术开发机构”。

【研发能力进一步加强】

1.电子控制单元

安全气囊电子控制单元除专用芯片外，在参考国际大公司的ECU部分样件后，东方久乐完全独立自主开发了拥有自主知识产权的安全气囊ECU，主要包括原理设计、PCB设计、单片机的软件设计（包括点火算法）、外部分析软件的设计等。其功能包括：(1)自检功能：包括起动自检与实时检测；(2)黑匣子功能：既可以对汽车起动时安全气囊系统状态记录，也可以记录碰撞的加速度曲线；(3)双重故障诊断功能：可同时采用指示灯报警诊断方式与K–Line诊断方式对气囊系统的故障进行诊断；(4)串口通讯与软件仿真特点：可利用VC++自行开发的分析软件进行分析，找到最佳的点火算法，对安全气囊开发中汽车碰撞的次数大大减少。(5)算法可调特点：硬件不变的情况下，可以随时将软件升级成最新版本，同时根据不同车型调整点火算法，保证最佳点火时刻；(6)功能扩展方便：ECU软硬件均采用模块化设计，大大提高了ECU通用性；(7)碰撞输出功能：在发生碰撞时，ECU可发出信号，打开中控门锁或切断油路；(8)CAN总线功能：根据用户需要，ECU支持CAN总线。

2.气体发生器

气体发生器是气囊模块的产气装置，是汽车安全气囊的核心部件之一。气体发生器研发始于1992年，先后完成叠氮化钠型、5–AT型、GNi型三代产气药的定型和应用，同时成功开发出两种安全气囊气体发生器专用传火药和两种点火器，已取得2项发明专利、5项实用新型专利。现生产的驾驶员气囊和前排乘员气囊所使用的烟火式气体发生器采用具有国际先进水平的产气药配方和生产工艺，产气温度低、气体干净、综合性能稳定，各项性能指标完全满足GB/T19949的要求。东方久乐发生器的研发和换代始终坚持小型化、轻型化、智能化和环保型的发展趋势，现已开始着手研制多级点火的气体发生器、侧面安全气囊用气体发生器、充气幕帘气体发生器等具有世界先进水平的气体发生器，作为后续产业化的技术储备。

3.安全气囊系统匹配技术

相比气体发生器技术与电子控制单元技术来说，安全气囊的匹配技术实际上是经验的积累与总结，主要体现在安全气囊产品的开发与匹配流程方面。自2000年至今，东方久乐先后为40多个车型匹配安全气囊，并且有19个车型已经批量生产，形成了一套开发与匹配流程，可以满足国内外正面和侧面法规要求。针对客户需求，公司现已建立中国新车评价规则（C-NCAP）和欧洲新车评价规则（Euro-NCAP）的开发能力，在结合CAE工作的开展、逐步建立约束系统零部件力学性能测试能力，形成了基本的C-NCAP与CAE结合的开发流程。

【实验能力进一步提升】 碰撞试验中心是东方久乐直属管辖下的汽车产品检测机构，是公司进行气囊研发试验的主要试验基地，是目前国内组建体制较新、专门为整车车身及相关零部件开发提供试验及研发的检测机构，也是目前国内技术装备水平较全、技术力量雄厚的整车碰撞实验中心之一。碰撞中心拥有精良的检测试验设备，能够承接机动车整车及各种被动安全零部件的检测、试验任务，还可以根据要求为客户重新建立或开发新的试验项目。

图1 实车碰撞区

图2 灯光系统

1.实车碰撞

碰撞中心现已具备欧洲ECER94和ECER95、国标GB1151-2003等标准规定的试验能力，具备国家试验法规中所要求的试验项目，其中包括正面100%重叠刚性壁障碰撞试验、正面40%重叠可变形壁障碰撞试验、可变形移动壁障侧面碰撞试验。同时，可以进行国标GB/T19949-2005中规定的全套安全气囊系统的环境与性能试验。

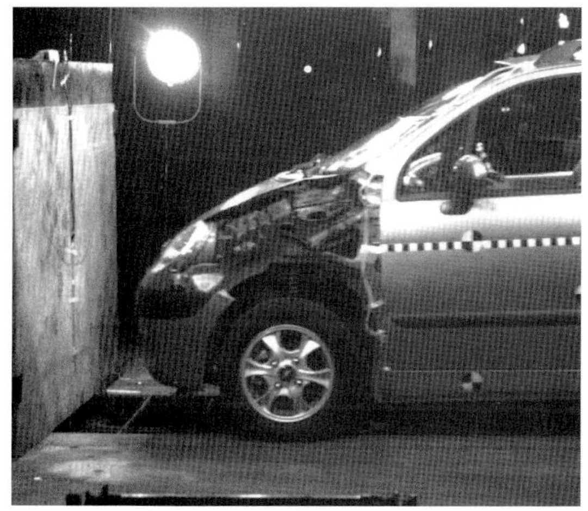

图3 100%正面碰撞试验

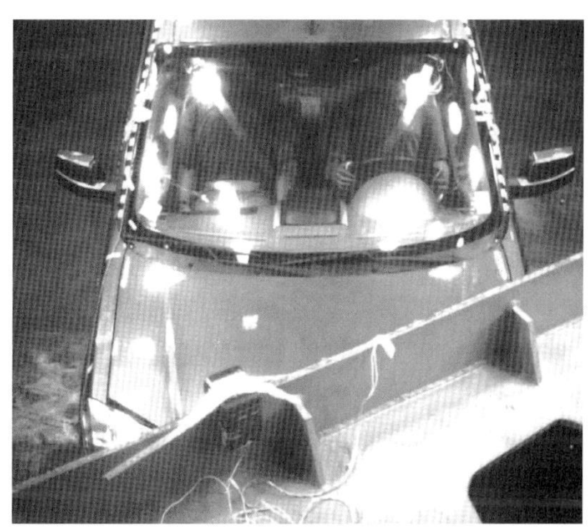

图4 30度角碰撞试验

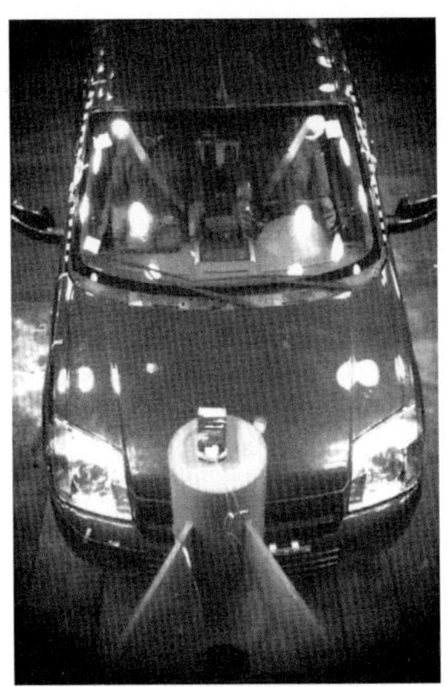

图5 正面撞柱碰撞试验

图6 追尾碰撞试验

2.台车碰撞试验

台车模拟碰撞试验主要依据CMVDR294-1999《关于正面碰撞乘员保护的设计规则》，用于气囊系统开发过程中气囊模块的包形验证，安全气囊控制器点火时刻验证汽车座椅、安全带和方向盘等乘员约束系统相关零部件的可靠性验证。另根据GB14166-2003《机动车成年乘员用安全带和约束系统》，可进行安全带的动态试验。

图7 台车碰撞区

图8 台车试验

3.误用试验

误用试验主要用于汽车安全气囊匹配中的坏路试验，通过模拟汽车由于错误驾驶而造成各种可能的、极端的行驶条件和野蛮的操作环境，来验证汽车在各种坏路面行驶时气囊系统的可靠性，不允许控制器发出点火信号。

误用试验主要分动态误用试验和静态误用试验。动态误用试验是驾驶试验样车驶过建造有平面路段、凹坑路段、排水路段、坡道路段、各类障碍物路段，如各种路肩、排水渠、跳跃台、限速带等；静态误用试验通常由锤击试验、猛关车门、猛拉并瞬时松开安全带、大力前后推动前排座椅、猛拉手刹、用足球撞击车门、用自行车撞击车门、用手推车撞击车门、用一定高度的石块撞击车体边缘等实验项目组成。

4.零部件环境和性能试验

零部件环境和性能试验室拥有先进的环境试验设备，主要负责按环境和性能试验的要求完成气囊相关的试验项目，不但可以满足国内各主机厂和气囊供应商的试验要求，也可以满足国际标准所规定的环境与性能试验要求，具有可以进行ISO12097所规定的所有气囊模块以及汽车相关零部件的环境和性能试验的能力。

【产品规模进一步增强】

1.驾驶员安全气囊组件

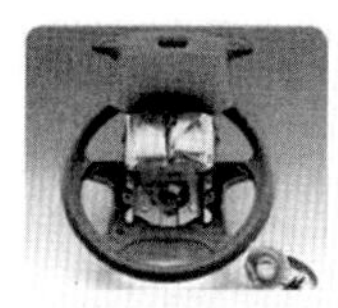
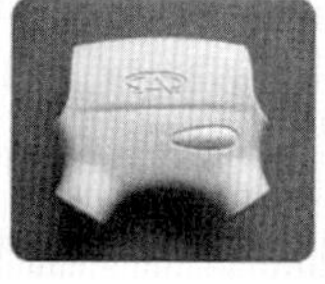

东方久乐的驾使员安全气囊经历了机械式和电子式两代。1997年7月17日，东方久乐研制的整体式安全气囊在清华大学汽车安全节能国家重点实验室成功进行了中国汽车工业发展史上国产汽车安全气囊的第一撞；1999年9月，东方久乐颁布了国内第一部汽车安全气囊企业技术标准。本着整合全球技术，定制一流产品的理念，东方久乐安全气囊正向着多级化、智能化的方向迈进。

2.乘员安全气囊组件

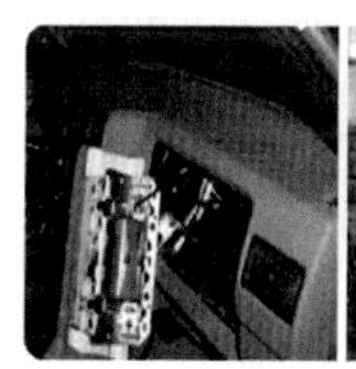
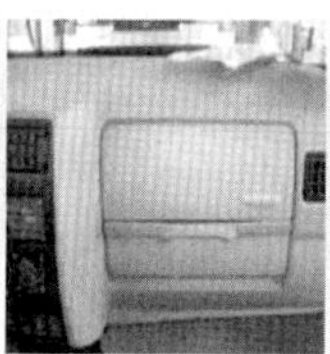
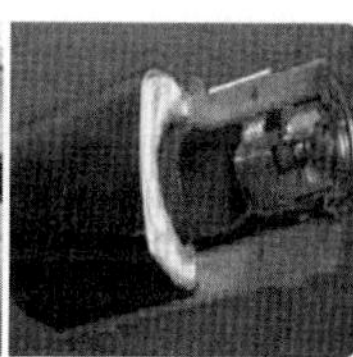

东方久乐集多年安全气囊研发经验，设计开发出一系列适用于不同车型的乘员安全气囊组件，并不断改进使之与国外同类产品同步。如：采用与仪表板一体化的饰盖、使用技术领先的混合式气体发生器。东方久乐生产的前排安全气囊产品已为国内汽车生产厂商批量供货，为越来越多的乘客提供生命的保障。

3.安全气囊控制器（ECU）

安全气囊控制器（ECU）是汽车安全气囊的大脑和中枢，通过实时监控汽车的运行状态来判定事故是否发生和碰撞的严重程度，从而适时而可靠的发出点火指令及时展开安全气囊拯救乘员于危难。

东方久乐从1992年开始从事汽车安全气囊的开发，在对安全气囊控制器（ECU）的开发过程中，经历了多点机电式到单点电子式的跨跃。1997年，东方久乐开始开发单点电子式ECU，到目前为止，公司生产的安全气囊控制器（ECU）已经具备多气囊控制的能力，产品质量和性能与国外产品保持同步水平。

4.预紧式安全带总成

预紧式安全带的特点是当汽车发生碰撞事故的一瞬间，乘员尚未向前移动时它会首先拉紧织带，立即将乘员紧紧地绑在座椅上，然后锁止织带防止乘员身体前倾，有效保护乘员的安全。

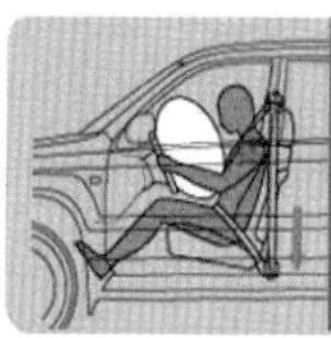
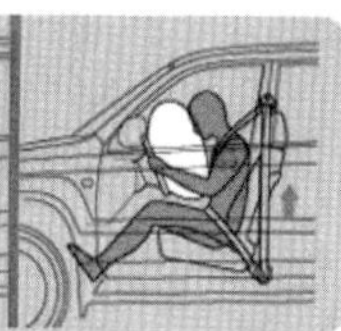

5.侧面安全气囊组件

侧面碰撞安全气囊是在1995年美国安全法FMVSS 214和欧盟安全法ECER95侧面碰撞法规颁布后才快速产品化的，从1995年到现在短短的9年内侧面气囊发展了很多过渡型产品，如今侧面安全气囊产品在欧美等发达国家的轿车上大量装备并日益普及。

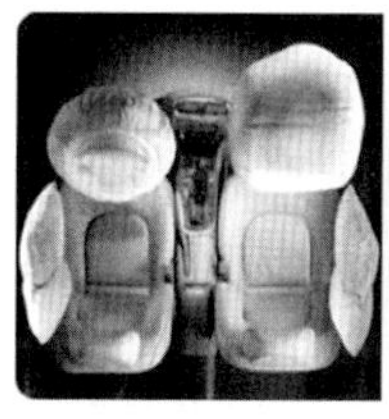
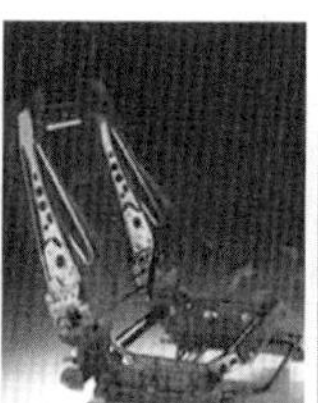

为满足未来汽车安全气囊智能化和小型化的发展趋势，为与世界汽车安全气囊水平距离拉近，东方久乐已从双气囊走向多气囊方向的研发，不断开发新气囊系统，配备了包括侧面安全气囊、膝盖安全气囊、充气幕帘等世界先进水平的汽车气囊。东方久乐研发的侧面安全气囊能够有效地保护在侧碰事故中乘员的头部和胸部所受到的严重伤害。

（东方久乐）

联合汽车：工作流平台与WEB2.0企业化实施

【概况】 2008年，上海联合汽车电子有限公司(UAES)（以下简称“联合汽车”）开展了工作流平台的搭建、WEB 2.0的企业化、信息安全审核、Barcode系统与SAP的整合、SAP服务器的搬迁、新办公楼机房的设计等一系列工作。其中，与日常工作最息息相关的就是工作流平台与WEB2.0的企业化实施。

【工作流平台建设】 作为公司内部的协同平台，工作流平台项目可提供表单的电子化流转功能，为表单的流转提供了更好的追溯性，同时降低了纸张的消耗。一期已于2008年9月1日正式上线，提供流转的表单有：采购申请、加班、公出、实习生申请、电脑类设备申请、IT权限申请、劳动合同续签流程、合理化建议等。通过几个月的运行，在平台上流转的申请单已超过5 000份，各流程的平均流转时间小于48小时，有效地提高了工作效率，并为办公无纸化开拓了新的思路。

【WEB2.0企业化实施】 联合汽车于2008年开始大力推广的OCS(Office Communicator System在线会议系统)就是WEB2.0的功能之一。该系统的实施实现了四地的零距离交流，为公司的降本增效提供了模板。如各地分公司通过OCS在线参加公司会议，减少了出差次数。2009年，联合汽车将对WEB2.0进行更深层次的开发和应用，并推出一系列举措，如企业版搜索引擎、个人管理系统、专家系统等等。

（张 骏）

沪工汽车电器：致力于自主创新

【概况】 上海沪工汽车电器有限公司是中国著名的汽车电器制造厂之一。“沪工”是上海市名牌及著名商标。公司拥有市级企业技术中心及一流试验中心，专业生产各类汽车继电器、汽车开关、汽车控制器、执行器以及其他电子电器产品，广泛应用于轿车、卡车、小客车和轻型车，是上海大众、一汽大众、沈阳金杯、一汽集团等公司的A级供应商，产品远销美国、欧洲等国家和香港、台湾等地区；有20多个产品先后被评为国家级重点新产品，上海市市级新产品及上海市优秀新产品。

【BCM汽车车身电子控制器】 该产品被列入2007年度“上海市引进技术的吸收与创新计划”（产业技术创新专项）“标志性、关键技术突破的重点新产品”。沪工自主研发的BCM是汽车车身中关键的电子控制部件，可实现对汽车照明（前照灯、钥匙孔照明灯、车门灯、转向灯）、电动刮水器、洗涤器、电动门窗、电动后视镜等多点实时控制与检测，并且对上述各单个控制点进行自动诊断，解决了多重作用下相互间的电磁干扰、无线遥控时的匹配和功率增益、工作电流的静态唤醒，具有良好的系统功能保护。该新产品拥有自主知识产权，经上海科学技术情报研究所检索达到国际先进水平。项目已实现产业化，可替代进口产品，并已获得沈阳金杯公司的认可。2008年下半年，BCM产品实现了向用户批量供货，销售收入近千万元人民币，预计年销售可达3 000万元人民币以上。

【PQ35汽车继电器】 该产品的主要创新点在于自行设计继电器新结构，将继电器分成二部，即电磁机构部分和输出部分。电磁机构部分主要完成电转换为磁再转换为电信号，输出部分将电磁机构转换的电信号输出。电磁机构部分设计成一种标准件，外形尺寸符合26×26×25mm类型的继电器。在以后新产品设计时，只要将不同型号、不同功能的继电器设计成不同的输出部分，再将标准的电磁机构部分与新设计的输出部分配合，就能组合成各种型号的继电器，完成新产品设计，提高了设计效率，缩短了开发周期。在生产中，可将标准件（电磁机构部分）进行批量生产，降低生产成本和采购成本。以上创新方法已获实用新型专利。PQ35汽车继电器已替代进口，逐步实现为一汽大众、上海大众配套，并可推广到国内整车厂家进行配套使用，市场需求量大。2008年，共生产该产品550万只，销售收入近3 000万元人民币。“环保型机电磁部件标准模块设计及其在PQ35汽车平台的应用”项目已获得2008年度上海市科技进步奖三等奖。

（仪电集团）

第三章　信息服务业

概　述

2008 年，上海信息服务全面贯彻落实科学发展观，加快推进产业结构调整，积极转变发展方式，努力克服金融危机的不利影响，以“加强规划，指导区县信息委开展软件和信息服务业推进工作；聚焦重点，加快软件和信息服务业中优势门类的发展；营造环境，不断完善软件和信息服务业的发展环境”为总体思路，将信息服务业作为现代服务业的重要基础和创新工具，以软件产业和互联网服务业为重点，合理布局，错位发展，通过加强各方面的政策引导与聚焦，加快产业园区和产业基地建设，加强招商引资和国际交流等，拓展和完善了信息服务业产业链，逐步推进上海信息服务业从离散式向集聚与辐射相结合的模式发展。在上海经济增幅回落的情况下，信息服务业保持较快增长，运行质量进一步提高，呈现平稳、健康、协调发展的良好态势。全年共实现经营收入 1 811.76 亿元，同比增长 20.6%。其中，软件产业经营收入 1 004.78 亿元，同比增长 25.3%；互联网服务业经营收入 183.64 亿元，同比增长 39.6%；电信服务业经营收入 484.03 亿元，同比增长 10.4%。全年实现增加值 690.64 亿元，同比增长 18.4%，增加值占全市国内生产总值的比重达到 5.04%。信息服务业增速高于第三产业增速，领先于其他门类服务业，成为上海经济发展中的亮点。构成中，软件产业经营收入仍是信息服务业经营收入的主要构成部分，并且比重不断提高，由 2004 年的 46.2% 提高到 2008 年的 55.5%；互联网服务业成为信息服务业中增长最快的门类，占信息服务业经营收入的比重达到 10.1%。上海有规模以上信息服务业企业 3 500 多家，其中 2008 年经营收入超亿元企业达 126 家（不包括信息传输服务企业），在海内外上市的企业累计达到 20 家，全市共有信息服务业从业人员 27.8 万人。　（叶月明）

	单位	2008年	增长（%）
信息服务业经营收入	亿元	1 811.76	20.6
其中：计算机服务及软件业	亿元	1 004.78	25.3
软件收入超亿元企业	家	109	31.3
计算机服务及软件业从业人员	万人	20.9	2.5

（唐庆茹）

一、软件产业

概况

2008年，上海软件产业取得突破性发展，对国民经济的贡献进一步递增。上海软件产业已经形成了较为完善的政策体系、工作机制和管理模式，产业总体规模增长迅速，在软件出口、自主创新、质量管理、软件人才等方面确立了国内优势地位。

1.总体规模迅速增长

自2000年以来，上海软件产业实现了从以科研项目方式为主向工程化、产业化的跨越，保持了持续增长的态势。2008年，上海软件产业总体规模更是跨上一个新台阶，经营收入突破1 000亿元大关，达到1 004.78亿元，同比增长25.3%，增速高于整个信息服务业近5个百分点（见图1）。

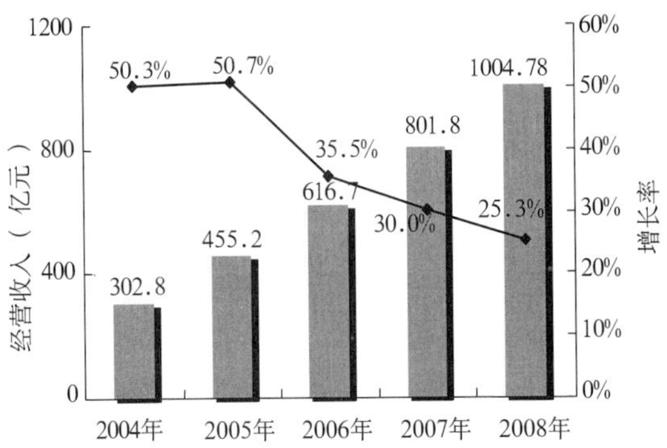

图1 2004～2008年上海软件产业经营收入

2008年，上海软件产业经营收入占上海信息服务业、信息产业的比重分别达到55.5%和12.4%，有力地支持了信息服务业、信息产业，乃至整个上海经济的发展（见图2）。

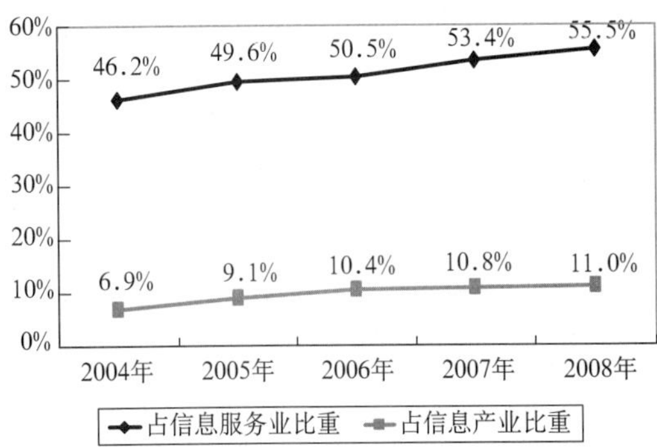

图2 2004～2008年上海软件产业经营收入占信息服务业与信息产业比重

2.行业结构不断优化

软件产业总收入中软件产品、系统集成所占的比重下降，而软件服务的比重上升，软件产业结构进一步优化。2008年，尽管软件产品仍是软件收入的主要来源，但其比重已下降到28.3%；软件服务收入增长最快，增速达到28.4%，高于系统集成6个百分点，高于软件产品11个百分点，其所占比重达25.6%（见图3）。

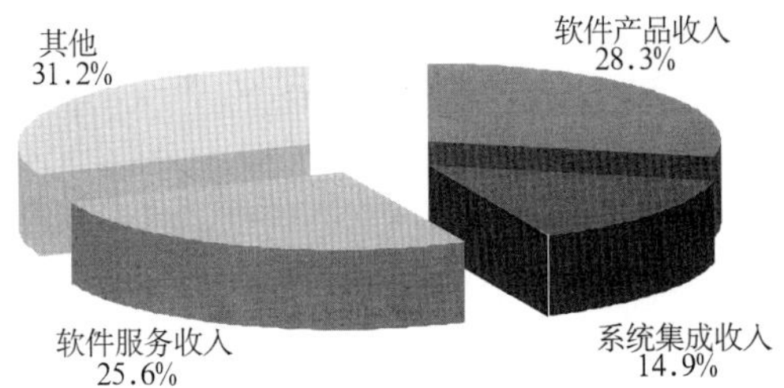

图3 2008年上海软件产业收入构成情况

3.企业利润较快增长

近年来，上海软件产业利润一直保持较快增长速度，利润总额由2004年的29.34亿元增长到2008年的143.28亿元，增长了近5倍，远高于同期经营收入的增长速度（见图4）；利润率也由2004年的9.7%增长到2008年的14.3%，提高了4.6个百分点。上海软件企业盈利能力呈现持续稳定增长态势。

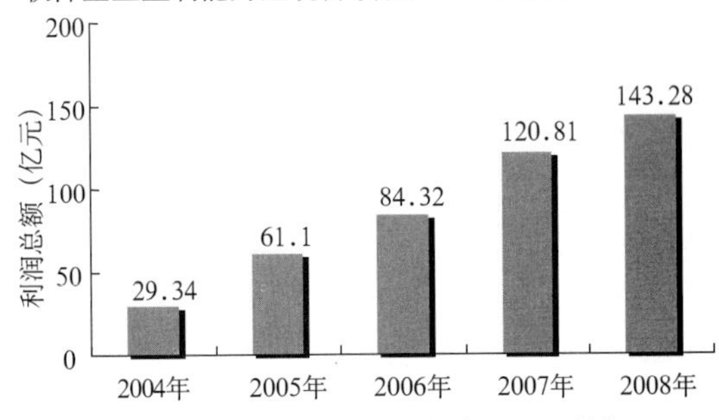

图4 2004～2008年上海软件产业利润总额

4.骨干企业逐年成长

上海软件企业经过几年的发展壮大，涌现出一批骨干企业。2008年，上海经营收入超亿元的软件企业达到109家，比2007年的83家增加了31.3%（见图5）。

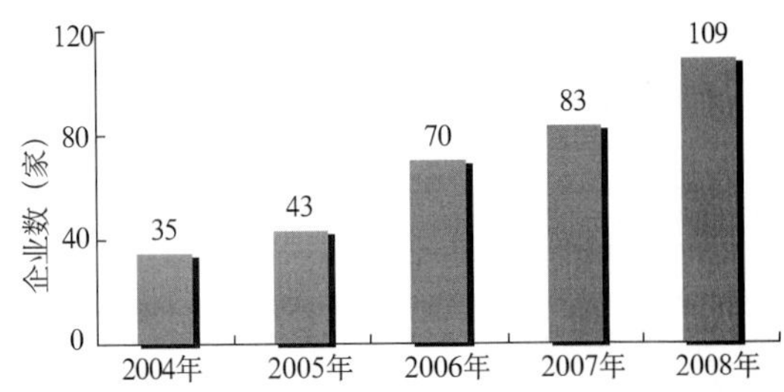

图5 2004～2008年上海超亿元软件企业数

在国家发改委、工业和信息化部、商务部、国家税务总局四部门联合发布的“2008年度国家规划布局内重点软件企业”的名单中，上海共有29家企业入围，全国排名第二，仅次于北京（见图6）。

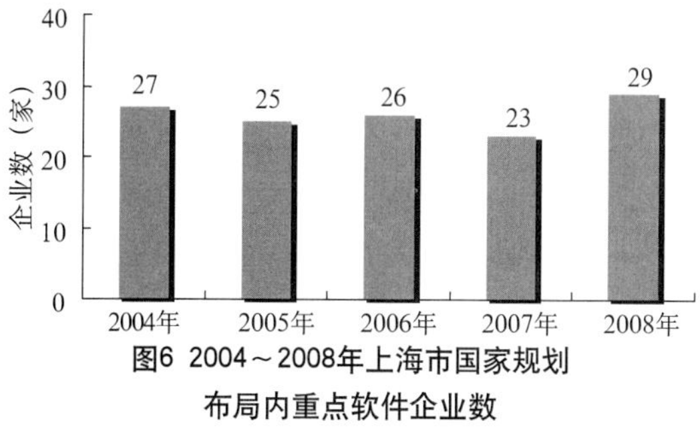

图6 2004～2008年上海市国家规划布局内重点软件企业数

在工业和信息化部公布的“2008年中国软件业收入前100家企业名单”中，上海有贝尔阿尔卡特、中国银联、宝信、长江计算机、万达和理想等六家软件企业榜上有名，其中宝信同时被评为中国前十自主创新软件企业（见表1）。

表1 2008年中国软件收入百强企业（上海部分）

排名	企业名称	排名	企业名称
5	上海贝尔阿尔卡特股份有限公司	58	长江计算机（集团）公司
19	中国银联股份有限公司	94	万达信息股份有限公司
21	上海宝信软件股份有限公司	100	上海理想信息产业（集团）有限公司

5.企业素质全面提高

上海软件企业在不断发展壮大的同时，积极通过各类资质认证来提升企业素质，并在软件企业认定、系统集成资质认证和CMM/CMMI（软件能力成熟度模型）国际认证等方面处于全国领先地位。

2008年，上海新增认定软件企业282家。截至年底，上海有效认定软件企业数量达到1 561家，有效认定软件企业数量仅次于北京和广东，全国排名第三（见图7）。

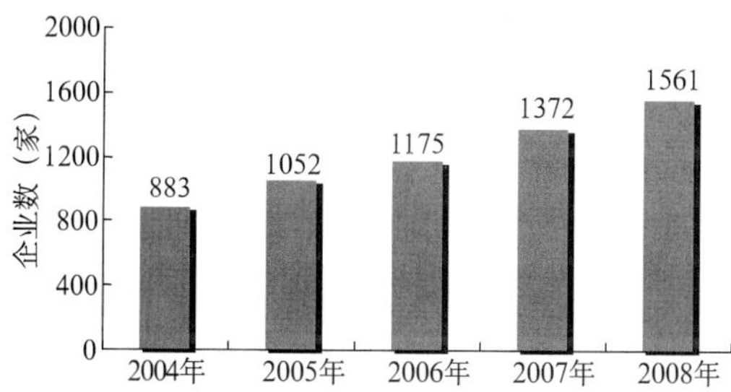

图7 2004～2008年上海软件企业认定数

2008年，上海通过CMM/CMMI 3级以上国际认证的企业达到107家，较2007年底增加9家。其中5级的有12家、4级6家。有169家企业获得计算机信息系统集成资质认证，较2007年底增加26家，其中一级的有11家、二级29家（见图8）。

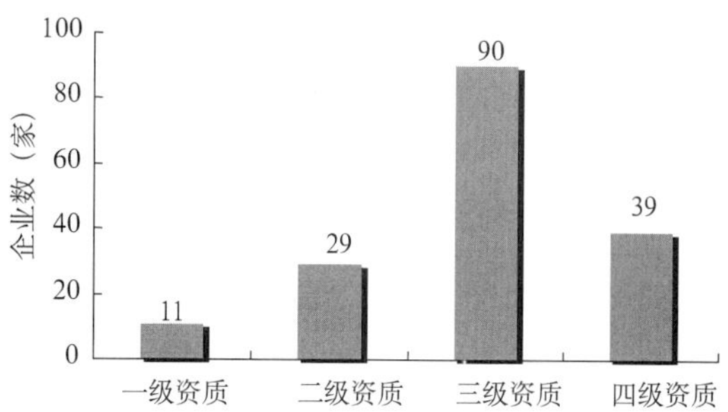

图8 上海计算机信息系统集成资质认证企业分布

6.软件出口稳步增长

上海软件出口一直走在全国前列，涌现出了一批龙头出口软件企业，基本实现了从单纯低端开发向高端的、自主知识产权产品和技术的转变。2008年，上海软件出口7.98亿美元（不包含嵌入式软件出口），同比增长26.7%，增幅比软件产业经营收入高1.4百分点。上海的软件出口合同网上登记协议金额达到6.06亿美元，同比增长42.9%，排名全国第一。出口主要国别依次是日本、美国、法国、乌兹别克斯坦、安哥拉等52个国家和地区。

目前上海共有出口型重点软件企业16家，数量全国排名第一，所占比重达到34%（见图9）。

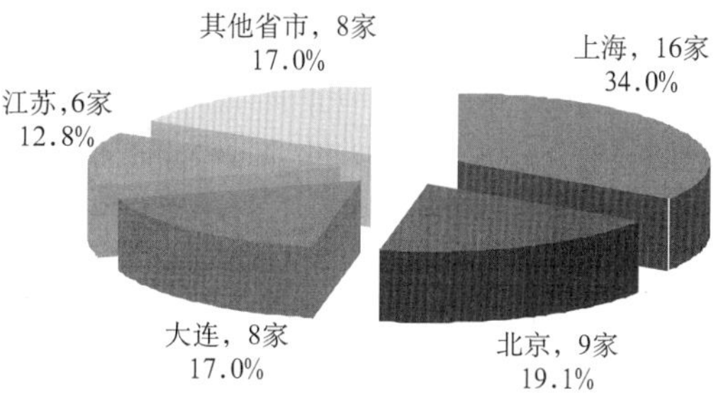

图9 出口型重点软件企业省市分布

7.人才队伍建设凸显成效

上海始终坚持以人为本的发展理念，把人才队伍建设作为发展上海软件产业的重点之一，加快建立多层次软件人才培养体系，大力开展学历教育、职业教育、继续教育和各种形式的社会培训，培养高水平、高素质软件人才。截至2008年，上海软件从业人员达到20.9万人，同比增长0.5万人（见图10）。

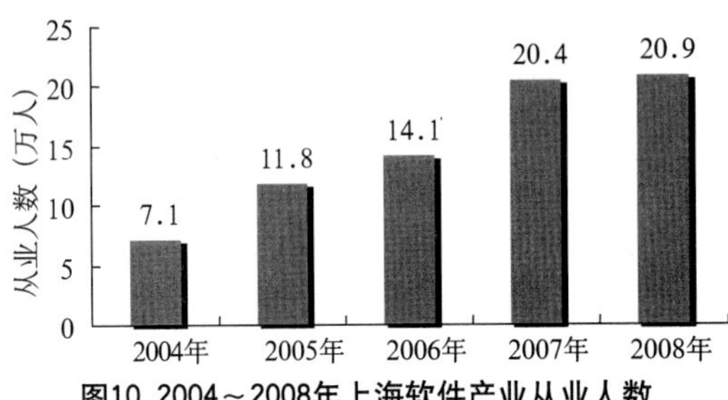

图10 2004～2008年上海软件产业从业人数

从人员构成上看，高学历人才，特别是硕士以上学历的人才，逐渐成为上海软件从业人员的中坚力量。2008年，上海软件从业人员中，拥有本科及本科以上学历的人员占68%。软件人才队伍明显具有较高的专业教育水平。

在人才培养方面，启动“万名软件人才培养工程”，三年内培养1万名软件人才。成立“校企合作信息服务业专业理事会”，培养实用性人才。实施“653工程”，对全市信息领域的专业技术人员进行知识更新培训。

8.技术创新成绩显著

技术创新是支撑上海软件产业快速发展的法宝之一。上海不断加大对软件开发技术的研究力度，积极鼓励企业开发拥有自主知识产权产品，大力推进以企业为主体的技术创新体系建设。2008年，上海软件产品登记数量达到1 782个，同比增长25.3%（见图11）。

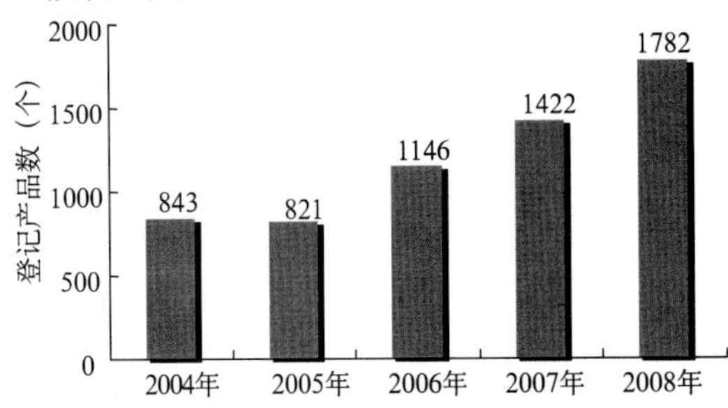

图11 2004～2008年上海软件产品登记数

在基础软件方面，基于国产基础软件的一体化解决方案不断在各方面得到实践，并已经在社区卫生服务方面进行了试点应用。不少企业在基础软件领域实现突破，如中标软件的中标普华操作系统已在建行陕西分行得到应用，普元参与了国际SOA标准制订等。同时，通过整合各方资源，积极争取“核高基”国家科技重大专项落户上海。

9.产业集聚效应凸显

浦东国家软件产业基地和国家软件出口基地建设卓有成效，产值占上海软件产业规模的14%；市级软件产业基地建设蓬勃发展，集聚了全市60%的软件企业。上海形成了1个国家级软件产业基地、1个国家级软件出口基地和7个市级软件产业基地的产业布局（见表2）。

表2 2008年末上海软件产业基地情况

基地名称	面积（万平方米）	经营收入（亿元）	入园企业数（家）
浦东软件园	75	145	215
陆家嘴软件园	21.7	75	62
交大徐汇软件园	4.7	40.3	141
漕河泾软件园	20	65	155
长宁信息园	50	60.3	89
科技京城	21	52.7	99
复旦软件园	26	14	407
天地软件园	11	14	132
合计	230	466	1 300

目前，上海109家超亿元软件企业的经营收入在全市软件产业经营收入中的占比超过60%，利润的比重更是达到了80%以上，产业集中度不断提高，集聚效应凸显。

（叶月明）

浦东软件园：巩固三商战略，推动园区发展

【规模常扩容，覆盖长三角】 浦东软件园一、二期已经建成，三期在建；浦东世博分园于2008年11月成立；昆山分园在建；嘉兴分园签约。在全国多个地区，浦东软件园以管理输出和品牌输出的形式谋求新的合作。

1.浦东软件园本部

浦东软件园位于浦东张江高科技园区内，2000年3月至2002年9月，总占地12万平方米的上海浦东软件园一期、二期园区先后建成，2004年，总规划建筑面积59万平方米、绿地率达到61%、总投资约

30亿元的上海国家软件出口基地（浦东软件园三期）建设正式启动。浦东软件园由此突破原有框架，进入一条超常规发展的高速路。目前，在浦东软件园内注册的国内外软件厂商近1 000家，包括芯片设计、信息安全、软件出口、系统集成、金融、电信、医药等软件企业在园区内形成产业群落；一批国内外著名的软件企业落户园区，如日本的索尼上海技术中心、京瓷、电装等，美国的花旗亚太软件研发中心、毕博全球软件开发中心、安捷伦科技、Synopsys、Cadence 、群硕软件、Sungard、金仕达等，印度的TCS、Infosys、Wipro、Satyam等，德国的SAP中国研究院、英塔信息以及国内的中国银联、银晨科技、普元、新致软件、晟峰软件等优秀企业。园区内软件和信息服务外包产业高速发展，有8家入园企业名列国际外包专业人员协会（IAOP）评定的“2007全球外包100强”之列。

截至2008年底，浦东软件园园区软件销售总收入达145亿元人民币，软件出口达3亿美元，上缴税收10亿元人民币，园区单位面积产出在国内同类园区中名列前茅。作为国家软件产业基地和国家软件出口基地的引领、示范、集聚与辐射效应得到进一步展现。

2.浦东软件园昆山分园

2006年，占地面积44万平方米、总投资约26亿元人民币的上海浦东软件园昆山分园开工建设，计划2010年建成。目前市政配套工程基本完工，总部大楼于2008年12月底完成主体结构封顶。多家企业表示了入驻意向和签订了意向协议。昆山分园将成为一个集软件研发、技术支撑、商务服务、教育培训、生活配套和旅游休闲为一体的高科技产业发展基地，逐步与上海浦东软件园形成产业整合，成为中国软件的重要生产基地。

3.浦东软件园三林世博分园

2008年10月，浦东软件园抓住世博会主要场馆和配套设施在浦东新区的契机，巧妙利用社会存量房产，高速度地建成上海浦东软件园三林世博分园。

世博分园是浦东软件园打造的全国第一个“服务世博”的专业软件及信息服务外包产业集聚区，也是上海国家软件产业基地及出口基地的品牌与服务功能的重要辐射点，形成以会展信息化服务和软件研发为主的产业链和价值链，提供各类增值服务。以“配套世博、服务世博”来进一步营造品牌，形成园区的创新特征。世博分园的诞生，使浦东软件园在上海有了“本部”以外新的发展基地，形成能互补互动互助的“犄角”之势，也使浦东软件园从规模到品质都实现新的跨越。

由此，浦东软件园的实地范围和业务触角已经形成三角鼎立的强劲之势，以此辐射周边地区，带动国内，特别是长三角地区的软件技术和软件产业的发展。

【内涵常充实，服务上等级】

1.服务平台的强化

浦东软件园公共服务平台面向软件企业提供技术服务。通过投资建设、资源整合等多种方式，现已建成网络数据通讯、数据中心、软件构件库、安全服务代理、软件评测、在线与离线培训、集成电路设计服务、软件出口、嵌入式软件技术服务、多媒体软件技术服务等十个主要的服务模块。

Ⅰ期平台自开始建设至今，累计为近2 000家企业提供了5 000余项次的技术服务。仅2008年一年就为992家软件企业提供了1 689项次技术服务，创造的经济效益达到1 600多万元。第三方通过该平台对外提供的服务收益高达7 000万元以上。

为达到更好的绩效，Ⅱ期平台现已开始建设，目前已落实国家投资2亿元，自筹资金1亿多元，投资总规模将达到3.6亿元以上。二期平台的建成，可实现更大规模、更强功能、更高层次的软件服务工作。

浦东软件园为提升服务平台质量，从制度规范、框架体系和服务效率的高度对平台服务工作作了多次理论探讨，同时对实际服务的效果作了全面审视，并结合实际落实了改进措施。

5月，“协同商务平台”开展了上线测试工作。浦东软件园召开系统上线准备工作会，并组织开展公司员工内训。通过培训和上机实践，掌握了系统的主要功能和使用方法。

6月，“上海浦东软件外包服务平台建设专家咨询会”和“软件产业公共服务平台建设及运营方案专家咨询会”如期举行。来自市信息委、上海联合产权交易所、上海创投、中国软件行业协会、多所上海高校的专家学者对浦东软件园在软件与信息服务领域的优势和公共技术服务平台建设的现状进行了分析，从平台建设方案、发展方向以及运行与管理机制等方面提出了意见和建议。

在做好工作规范方面，浦东软件园严格按照国际规范执行。8月，浦东软件园股份有限公司召开ISO9001质量管理体系、ISO14001环境管理体系文件发布会议，宣布从即日起在公司内执行ISO9001质量管理体系，在浦东软件园园区内执行ISO14001环境管理体系。通过两个体系的有效运行，进一步提升管理水平，最大限度地提高客户满意度。

9月，浦东软件园召开“上海浦东软件产业公共技术服务平台项目评标答辩会”，对市场推广、技术服务和人才培训三大模块13个单体项目共32个投标项目进行了评标。经过严格评审，落实了所有项目的招标。

2.与世博局合作的强化

浦东软件园为世博会服务主要体现在两个方面。一是充分利用浦东软件园的资源，直接为世博会服务；二是了解并推荐世博会信息化项目，为园区企业牵线搭桥。

3月，浦东软件园三林世博分园项目签约。世博分园利用浦东三林地区（世博会主会场）的社会空余1.7万平方米的旧工业厂房，经改造改建，配套服务设施基本到位，客户已陆续进驻。10月，浦东软件园三林世博分园宣布开园。

12月，世博局与浦东软件园合作共建的“中国2010年上海世博会信息化开发服务基地” 在三林世博分园揭牌。浦东软件园及三林世博分园由此成为世博会信息化服务支持的基地。同月，浦东软件园组织召开“中国2010年上海世博会信息化建设情况介绍会”，为园区企业参与世博会信息化项目建设牵线搭桥。这是浦东软件园与世博局开展的多项合作项目之一，充分发挥了双方的优势。

3.对外展示的强化

10月，第三届“上海国家软件出口基地软件展示交易会暨IT风云论坛”在浦东软件园开幕。此届软交会是规模最大和内容最丰富的一届，汇集了国内91家软件企业参展，除上海本地软件及信息服务外包企业以外，还有全国11个国家软件产业基地和6个国家软件出口基地以及长三角地区著名软件及信息服务外包企业，重点展出各软件及信息服务外包企业的核心技术、具有自主知识产权的产品和服务、软件创新成果以及软件外包和服务外包的能力。此外，与软件产业相关的人才培训、风险投资等企业也纷纷参展。展会期间，共有约1万名专业观众前来参观。

此届软交会期间，还分别举办了“2008 张江创业融资秋季训练营”、“2008 网游投资论坛”、“服务外包实用人才培养论坛”、“软件外包——IT 新势力”等一系列论坛及会议。来自海内外的行业专家、学者、IT 从业人员在论坛上充分交流、激发灵感、捕捉商机，搭建了有形和无形的诸多合作渠道，扩展了视野，积累了资源。

4.软件人才培养的强化

7 月，浦东软件园启动“万名软件人才培养工程”。在市信息委的资金及政策支持下，浦东软件园和印度 Infosys 公司合作，计划三年内为上海培养 1 万名优秀软件人才。该“人才培养工程”通过短期的强化培训，把“学生”转变为企业所需的“人才”，将“人才”培训成“企业所急需人才”。浦东软件园是项目唯一指定的培训实施机构。截至 11 月，“万名软件人才培养工程”共计培养 JAVA、DOT NET、测试、网络管理等技术方向的学员有 774 人次，绝大多数学员完成培训后成功就业，在软件公司从事相关工作，企业反映良好。

5.校企合作的强化

浦东软件园在积极做好专业人才的储备、培养和挑选工作时，加强与国内各大软件院校的沟通合作，以满足软件产业特别是服务外包产业的快速发展。

10月，浦东软件园举办了规模较大、针对性又很强的“服务外包实用人才培养论坛”。来自复旦、交大等软件院校的专家学者、部分学生和来自宝信、微创、Infosys等软件服务外包企业的代表，就软件人才标准、企业用人标准、人才培养、校企合作等热点问题各抒已见，双方进行了充分的探讨和交流，促进了校企双方进一步的了解和沟通。此次论坛架起了园区企业与教育部门之间的沟通桥梁。通过互为报告各自的强项亮点，互为了解各自的需求标准，互为探讨科学的人才培养模式机制，将教育与使用人才从分割状态变为合力的双方，将教育与应用构筑成了统一的平台。

6.高端沟通的强化

为营造企业高层互动的环境，浦东软件园发起成立了“浦东软件园企业老总沙龙”。9月，首届“浦东软件园企业老总沙龙”成功举行。来自软件行业20余家企业的老总不仅对各自企业做了推介，还交流了各自的管理心得、工作中的困惑、对产业的建议等。建立在企业老总之间的沙龙，拉近了企业间的距离，使与会者开阔了思路眼光，掌握了业界最新信息。

7.后台支持的强化

5月，浦东软件园客户服务部牵头举办“2008年园区企业联谊恳谈会”，宣布强化服务重点，提高服务层次,深化服务内容,提供“一门式”服务清单。恳谈会期间，还开展了“客户满意度调查”和“餐厅满意度调查”，对改进餐饮服务、班车服务等诸多方面征求意见，浦东软件园针对这些问题作了及时反馈和改进。

【创新无止境，敢闯新模式】 2008年，浦东软件园创新重点主要放在通过招商引资形成产业集群，完善园区的产业链，实现企业利益的最大化；与此同时健全孵化器功能，培育初创型企业。

4月，为集思广益，收集和借鉴国内各大软件园的办园经验，浦东软件园先后两次组织园区高中层干部，前往西安、大连软件园调研，并组团访问了成都、深圳、珠海等三个软件产业基地。就兄弟园区发展情况和特色、园区发展战略、产业基础配套服务所采取的措施等专题进行了沟通探讨。

5月，浦东软件园与复旦大学管理学院正式签订《浦东软件园品牌发展战略咨询课题合作协议》，合作的重点为归纳总结浦东软件园发展中的经验教训，包括对园区现有产品线和服务管理模式的评价及对软件产业发展趋势的研究等。

7月，浦东软件园与上海浦东生产力促进中心正式签署《上海浦东软件园股份有限公司与上海浦东生产力促进中心合作框架协议》，双方就资源共享、投融资服务、孵化器建设、招商等多个方面达成合作意向。双方表示要认真落实《国家中长期科技发展规划纲要》，并特别关注中小型软件企业在人才培训、产业咨询及融资三方面的需求，并就科技服务机构如何提升服务质量，做大做强浦东软件产业提出了新的目标。

8月，“上海浦东软件园发展战略咨询项目”中期汇报会召开。课题组作了关于软件园“问题诊断与战略思路研讨”的中期报告。以整体战略分析为主，通过软件行业分析和企业内部资源能力诊断，探讨软件园未来的商业发展模式及品牌战略定位。同时明确了下阶段创新的三个研究目标。

【孵化功能强，控制规格高】 自2008年开始，为了更好行使孵化器职能，上海浦东软件园股份有限公司自身不再承接任何软件项目，不再与园区内企业争利，仅扮演技术管理者的角色。浦东软件园得到较大项目的投标资格，由于园区内一些小企业不具备必要的资质，承接不了这些项目。浦东软件园就发起组织园区内的中小企业共同投标，由园区承担技术管理。凭借浦东软件园的品牌效应，提高了中标率，使园区内中小企业大大提升了市场能力，为做大做强奠定了基础。

8月，作为浦东软件园专业孵化器的管理机构，浦东软件园创业投资管理有限公司组织召开了2008年第一批入孵项目评审会。评审会邀请相关专家对11个候选企业项目评审打分并出具书面评审意见，根据专家的综合评分及随后的深入调查，最终挑选出5家企业入孵。这些入孵企业将享受到创投公司提供的股权投资、战略规划、市场拓展等多方面的服务。

(浦东软件园)

漕河泾开发区：各项经济指标稳中有升

【概况】 2008年是上海漕河泾新兴技术开发区（以下简称“漕河泾开发区”）获批国家级经济技术开发区二十周年。在这特别的一年里，漕河泾开发区各项经济指标实现稳中有升，年内实现销售收入1 603.43亿元，同比增长14.1%；工业总产值1 146.95亿元以上，同比增长13.2%；地区生产总值（GDP）473.99亿元（第三产业增加值158.02亿元），同比增长13.8%；税收收入39.08亿元，同比增长41.8%；进出口总额180.55亿美元（其中：出口138.09亿美元，同比增长31.3%）；现代服务业收入首次超过400亿元，达460.03亿元，占开发区总销售收入的28.7%，同比增长17.9%。

2008年漕河泾开发区主要经济指标完成情况表

指标名称	计量单位	2008年	同比增减%
地区生产总值	亿元	474.0	13.8%
销售收入	亿元	1 603.4	14.1%
其中：外商投资企业	亿元	1 363.0	14.1%
工业总产值（现价）	亿元	1 147.0	13.2%
其中：外商投资企业	亿元	1 093.1	15.0%
税收收入	亿元	39.1	41.8%
利润总额	亿元	55.5	−2.0%
出口总额	亿美元	138.1	31.3%
进口总额	亿美元	42.5	−4.5%
新批准设立外商投资企业数	家	27.0	—
合同外资金额	亿美元	2.8	5.1%
实际使用外资金额	亿美元	1.6	−27.8%

【招商引资结硕果】 2008年，漕河泾开发区二、三产业进一步融合发展。本部区全年新引进中外企业130家，新批准设立外商投资企业27家，新增投资总额5亿美元，合同外资2.76亿美元，其中增资1.57亿美元，占新增合同外资总额的57%。90%以上的新进项目为研发、总部、商贸类高附加值企业和机构，进一步推动了服务经济的发展。截至年底，开发区累计引进外资53亿美元，合同外资23亿美元，累计批准外资项目628个。浦江高科技园成功引入世界500强、全球第一核能企业法国阿海珐（Areva）等9家内外资企业，区内企业斯派莎克及海得控制由本部向浦江延伸发展。截至年底，浦江高科技园已累计引进内外资企业36家，总投资额9.6亿美元，合同外资4.1亿美元。至年底，开发区正逐步形成信息（微电子、光电子、计算机软硬件和通信产业）、新材料、航天航空、生物医药、现代服务业五大产业集群，并正培育形成汽车零部件研发、无线通信及终端设备研制以及环保新能源三大新的产业亮点，二、三产业融合发展态势明显。

2008年漕河泾开发区各高新技术产业门类主要经济指标完成情况表

产业分类	企业数(家)	销售收入(亿元)	利润总额(亿元)	出口总额（亿美元）	期末人数(人)
总计	1 258	1 603.4	55.53	138.1	122 810
集成电路	75	74.02	4.76	7.85	7 696
光通信及网络设备	131	66.21	3.35	0.43	6 683
计算机软硬件	190	1 048.35	15.73	124.05	52 634
生物医药技术	50	21.84	3.32	0.05	2 422
新材料能源及化工	61	64.7	4.95	1.52	4 999
电子器件及数字电子	139	59.45	1.81	3.73	10 228
仪表仪器及专用设备	160	61.73	2.91	0.42	10 085
航天航空	14	20.43	0.58	0	5 705
汽车	11	74.12	4.5	0	3 463
其他	427	112.55	13.62	0.05	18 895

【三大重点区域建设全面铺开】 2008年，漕河泾开发区现代服务业集聚区、科技绿洲、浦江高科技园三大重点区域建设全面铺开。开发区本部区建设总面积78.3万平方米。宝石园、十一期厂房、科技绿洲二期（3）和会所年内竣工验收并交付使用，光启园三期高层单体竣工，国际商务中心建至15层；现

代服务业集聚区首期已建成并交付使用，现代服务业集聚区总部区平均建至7层，商贸区及宾馆区实现开工；新漕河泾大厦启动改建。浦江高科技园建设总面积6.1万平方米，F地块一期、二期工程竣工，初步完成三期工程施工设计，完成地铁广场项目方案设计和C、D地块的整体开发策划及规划方案的优化调整。

【创新创业深入拓展】 2008年，漕河泾开发区科技创业中心被批准成为全国首批享受“四免”（免征房产税、土地使用税、营业税，享受减免企业所得税待遇）政策的国家级孵化器。在加快完善开发区创新体系和环境、深入推进自主创新方面，重点开展了以下工作：⑴充分利用孵化器“四免”政策，将开发区内多栋科技型中小企业集中的楼宇延伸认定为“孵化楼”，放大孵化器政策效应，全年共为16家在孵企业落实了优惠扶持政策。⑵积极推动区内企业参与高新技术企业认定，年内共有123家企业参加2008年度高新技术企业认定，并通过认定。⑶结合“瞩目漕河泾”品牌宣传活动，组织创新发展论坛、人才高地建设论坛、“节能减排走进漕河泾”沙龙和中以孵化器项目推介会等活动，进一步活跃开发区创新文化氛围。⑷以环保和新能源产业为特色的浦江创新创业园于11月正式开园，已成功引入23家企业落户，完成出租面积的71%，形成东西联动扩展创新创业空间的新局面。⑸完善“促进科技成果转化示范基地”及“知识产品（上海）集散中心”建设，成立集散中心管理办公室，全年共接待2 000余人来访参观，向兄弟省市及开发区推介项目数达1 000余个。⑹积极争取徐汇区支持，设立1 000万元的科技企业上市专项资金，为开发区内高新技术企业改制、上市辅导、上市发行提供专项扶持，其中申瑞电力获得首笔160万元扶持资金；举办“漕河泾开发区企业上市之路”研讨会，针对企业上市策略、机遇把握和应对挑战等热点问题，为企业指点迷津，提供投融资、股改、上市等方面的具体诊断、评估和指导；设立上市服务办公室，为拟上市企业提供专业辅导、信息交流、银企对接等服务，推动实现创新型高科技企业与资本的有效对接。

【服务外包示范区建设有序进行】 以软件园为平台，先后对网络工程师、软件工程师等服务外包类人才628人进行专项培训，进一步加强了服务外包人才队伍建设。截至年底，漕河泾开发区内通过CMMI3级以上认证的企业达15家。

【“走出去”战略扎实推进】 在坚持大力集聚高新技术产业、提高园区自主创新能力与管理服务水平的同时，漕河泾开发区将“引进来”和“走出去”相结合，抓抢国内外合作发展机遇，积极探索对外拓展、合作方式，重点通过“紧密合作型、理念互动型、项目对接型”三种合作方式，加强与国内外园区的学习交流，寻求务实合作的可行性。2008年，先后与武汉、合肥等国家级经济技术开发区以及上饶、盐城、通州、海宁等省级经济开发区缔结友好开发区。截至年底，已与24家国内外园区建立友好合作关系，其中国外10家，国内14家。

【出口加工区业绩显著提升】 2008年，漕河泾出口加工区完成工业总产值856.34亿元，比上年增长33.11%；出口总额118.33亿美元，比上年增长41.37%；进口总额29.67亿美元，比上年增长3.02%。截至年底，出口加工区共引进外资重大项目14个，投资总额6.89亿美元，合同外资总额2.51亿美元，实际利用外资2.49亿美元。

【产业转移促进中心（商务部上海基地）启动】 12月12日，产业转移促进中心（商务部上海基地）隆重揭牌并在漕河泾开发区启动。产业转移促进中心是国家商务部为加强中西部互利合作、促进东部地区产业优化升级、支持中西部地区更好地承接产业转移的一项重大发展举措。“产业转移促进中心”（商务部上海基地）是由国家商务部、上海市商务委员会和漕河泾开发区共同建立，承载着政策、项目信息交流，中西部地区投资环境展览展示、宣传推介，项目对接洽谈，并协助组织或承办大型投资促进活动的主要职能。截至年底，入驻“产业转移促进中心”（商务部上海基地）的有15个省（市）、自治区及单位的商务代表，分别是山西、安徽、黑龙江、江西、河南、湖南、重庆、贵州、云南、陕西、甘肃、吉林、四川、新疆维吾尔自治区、新疆生产建设兵团等。

（王 晖）

徐汇软件基地：努力为入驻企业服务

【概况】 2008年，围绕为企业服务的工作重点，徐汇软件基地（以下简称“园区”）以成立信息服务业协会为契机、以公共服务平台为抓手，开展了一系列活动，力求为园区企业创造更为良好的投资环境，帮助企业更好地规范经营、健康成长。截至12月，园区入驻企业共141家，产值达人民币40.31亿元，同比增长10.46%；上交地方税收2.29亿，同比增长20.25%。

【以区信息服务业协会成立为契机，更好发挥园区在现代服务业中的“桥梁”与“接口”作用】 “十一五”期间，以现代服务业作为支柱产业的徐汇区，已经把信息服务业确定为徐汇现代服务业“1+6”行业结构的核心。区信息委联合园区于上半年共同成立徐汇区信息服务业协会。协会成立后，将利用园区构建的现代信息服务业企业数据库，以及以园区为主体制订的信息服务业三年计划；同时完成对外区及长三角软件园区的政策调研，为徐汇区的现代信息服务业优惠政策提出合理化建议。

【以数字内容公共服务平台为抓手，形成产业集聚效应】 2008年，园区数字内容公共服务平台正式投入运营。该平台包括一个信息门户，通过信息门户将各种应用和数据整合到一个统一的平台上，并提供基于角色的内容组织，进行统一的身份认证，使任何类型的用户只需访问一个站点，采用一个身份，进行一次登录，就可以访问与身份授权相符的所有信息资源；整合园区概况、政务服务、园区服务、中介服务、软件工程中心、游戏测评中心、电子竞技平台及企业邮局等八个服务场景，集成政务动态、产业扶持和政府采购、政务指南、产业政策、园区信息发布、软件企业论坛、在线招商、企业统计、生活休闲等30项服务资源。

该平台推动徐汇的数字内容产业获得更多的市场机遇，可以形成自身的产业链，使区域经济用产业集聚来带动市场繁荣，税收收入增加，产生经济效益；同时也让入驻在徐汇的企业深刻感受到政府、园区真正地在为企业做实事，帮助企业降低商务成本、帮助企业拓展市场空间，并最终能够让入驻企业更安心地留在徐汇。

【以开展系列沙龙活动为途径，提高入驻企业的凝聚力】 2008年，园区开展了一系列沙龙活动，包括2月21日达晨基金来园区与企业交流、3月12日“企业信息化建设论坛”、3月28日民生银行与园区企业“共同探讨融资方案、共谋发展”座谈会、5月22日“徐汇企业家圆桌论坛”、6月19日市知识产权局及市高级人民法院民三庭与园区企业就产业发展状况与司法需求等内容进行座谈调研、7月2日“圆桌论坛”系列之“中小企业沙龙”活动、9月8日园区“迎中秋 · 企业家联谊会”、9月20日与马鞍山花山分园开展的两地企业家互动沙龙、12月10日“圆桌论坛”系列之“经济困局中的企业应对策略及政府扶持政策”、12月13日赴济南分园区考察活动。

其中，5月22日“徐汇企业家圆桌论坛”的主题为“利用金融创新做强做大现代企业”，旨在以企业家论坛形式，开展企业经营管理相关理论和实务培训，进一步推进政企合作、企银合作、企企合作，促进企业良好成长，做优徐汇商务环境品牌。

9月20日的两地企业家互动沙龙活动使两地企业增进了了解，并认识到可以充分运用双方企业各自的资源进行对接，有效整合，形成优势互补、资源共享。

12月13日，园区携企业、徐汇信息服务业协会会员、徐汇软件协会会员上海暴雨信息科技有限公司、上海奕华信息技术有限公司、上海普尔网络信息技术有限公司等12家企业一行20人共赴济南分园区考察商机。考察团主要观看了大学科技园发展整体模型、规划建设多媒体宣传片，并参观了科技园整体风貌，全体成员对园区规划的详实、施工的速度、政府的重视、团队的服务给予了高度评价。企业家座谈会上，济南市区领导就“企业要发展”、“企业要互动”、“企业要市场”、“政策要稳定”等问题一一与企业沟通交流。

通过上述沙龙活动的开展，企业间产业链的形成，同时园区也及时抓住商机，让企业更好地了解徐汇，让有关部门加速推进了园区的好项目，从而有方向地给予更大的支持。

【以国际交流为纽带，提高企业自主创新能力及核心竞争力】 2008年，园区与3WIN上海分会、财团法人太平洋人才交流协会等共同举办了“第六届亚洲商业恳谈会”；参加了4月12～19日香港国际资讯科技博览会、5月18～22日在马来西亚举办的2008世界信息技术大会、11月4～8日中国国际工业博览会“信息与通信技术应用展”。

5月的信息技术大会上，园区与马来西亚电脑与多媒体协会签订了合作备忘录。备忘录承诺，将合作搭建双方企业间服务与产业互动的桥梁；通过进一步开拓企业间的市场合作渠道，真正实现企业资源共享和合作共赢。通过基地与马来西亚电脑与多媒体协会的合作，园区企业上海水木动画设计有限公司的作品《中华五千年》打进了东南亚十多个国家600余所华人学校，是帮助企业开拓国际市场的良好案例。

9月22日，“第六届亚洲商业恳谈会”在园区隆重召开。参加恳谈会的包括三菱、日立、欧姆龙等知名企业在内的34家日本企业代表和24家园区知名企业代表。通过此次恳谈会的交流，使园区企业能直接与日本需求方交流，按它们的要求为其量身定做所需项目。

通过国际交流与合作，园区使入驻企业在激烈的市场竞争中处于优势地位，增强市场竞争力，同时也为企业搭建了中外企业交流平台，这一举措得到全体园区企业的一致肯定。

【以培训中心及对外合作为通道，降低入驻企业成本】 第一，为降低企业的人力成本，园区建立了培训中心，解决软件企业软件技术人员和管理人员的继续教育问题，通过进行在职培训的方式，提高软件人员的技能，注重培养实用复合型人才，更注重用国际统一标准来衡量人才的质量；同时提供用于数字内容培训的各类资源，如各类课件素材、声视频片段等。通过这个培训平台，使企业的需求培训转为社会培训。园区企业瑞控信息与上海师范大学在园区共建的嵌入式实训基地，也实现了真正的产、学、研一条龙服务。

第二，由于徐家汇地区商务成本高，为降低入驻企业成本，园区已在多地建立了分园区，包括济南、马鞍山、南通、太仓等。通过在当地的调研与研讨，进行园区定位，制订园区政策与产业园管理模式，制订招商宣传方案；园区还与上海市多家软件园建立合作伙伴关系，在企业需扩展空间时，可向他们提供相关信息。

同时，园区与合作伙伴共享园区所有的公共服务平台，如数字内容公共服务平台、动漫资源库等，平台为双方园区企业提供服务时收费标准一致。随着近几年政策优势和地理优势的逐步减弱，尤其是龙头企业的外迁，会带走一批与之配套的上、下游企业，容易使产业集群的内在力量受到削弱。因此，保持产业集群持续稳定发展，必须转变发展思路，必须从过去单纯提供优惠政策的简单扶持，逐步向提供技术、品牌、信息、服务等各方面的公共服务转变。其中，建立以技术服务机构为主体的技术服务平台，为集群区内企业通过互联网为其提供有效的技术支撑，是留住企业、提高产业集群的竞争力和根植力的有效途径。

（徐汇软件基地）

理想（集团）公司：融合创新引领ICT业务发展

【概况】 中国电信上海理想信息产业（集团）有限公司（以下简称“理想（集团）公司”）是以网络系统集成、应用软件集成、软件产品研发为核心业务的高科技产业集团，既是中国电信上海公司内部信息化建设的中坚力量，又是面向社会、政府和企业的电信与IT产业融合的ICT信息服务商（ICT即“Information Communication Technology”）。2008年2月公司注册资本增至1亿元，是上海市投资规模较大的信息服务型企业之一。信息系统集成、应用软件开发、软硬件产品研制、增值业务运营、IT外包服务等五大方面的产品和服务覆盖全国31个省、市、自治区，应用于多个行业，公司拥有全国性的营销渠道和运维服务体系。

2008年，理想（集团）公司以电信转型攻坚为己任，以“激情、诚信、合作、创新”的企业家精神为动力，贯彻落实“保持一个领先、争取两个突破、实现三项提升”的关键举措，大力发展ICT业务，大力支撑社会信息化、企业信息化、家庭信息化。公司业绩稳步提升，企业实力再上新台阶，成为上海市首次颁发的“年度诚信企业”，入选“2007年中国软件业收入前百家企业”，连续第四年获得“上海市明星软件企业”称号，并获得“涉密信息系统集成甲级”资质和建筑智能化工程专业承包三级资质，蝉联“国家规划布局内重点软件企业”资质，通过“安全生产许可证”第三方现场评估，通过ISO9001挪威船级社DNV外审中三年一度的大审。

【网管专家业务服务海内外】 2008年，网管专家服务（英译为“NETCARE”）被中国电信集团明确为“集团平台型业务”，正式纳入800全国运维系统，理想（集团）公司凭借客户网络监控管理平台，为企业客户提供系列网络监控管理服务。“一点接入，全网监控”7×24小时的服务方式受到很多全国各地布点的集团级企业和众多跨国企业的欢迎。截至年末，NETCARE客户数80户，平台上在线设备1 800多台，签约设备2 000点，较上年同期增长100%，监控点已延伸到中国香港、中国台湾、法国、美国及中亚、欧洲等海外地区。理想网管专家服务团队被中国电信集团授予2007年“跨省外包项目优秀团队”。为确保服务质量，提升平台服务水平，在满足TL9000和ISO9001标准的基础上，NETCARE平台上持续实施ITIL工具改进服务流程，设立专项客户经理，召开客户联席沟通会，处理客户网络故障5 000多个，获得100%的客户活跃度和良好的客户满意度。

【区县电子政务签约57个】 2008年，从培训、技术支持、咨询服务等方面共支撑各地区县166个，其中已签约电子政务应用平台系统的区县57个，覆盖云南、广西、四川、湖北、湖南、江苏、江西、海南等8个省份。作为中国电信全国“百千万”工程的电子政务唯一支撑单位，产品线在提炼政府共性需求的基础上不断加深应用开发与引进，“理想区县级电子政务集成协作软件1.0”在由中国软件行业协会主办的第三届“中国软件产业发展暨企业创新高峰会”上荣获“2008年中国创新软件产品”称号。适合多层级政府互联共享的区县电子政务平台V2.0版、基于电子政务V2.0的移动版本也在2008年先后推出。

【企业ICE继续占主导地位】 顺应企业客户发展应用需要，2008年梳理并深化了企业集成协作环境（简称“ICE”）、门户系统、OA系统、统一身份管理、内控系统、人力资源系统、移动OA等多方面的企业管理软件综合应用解决方案，结合内部管理平台与外部门户建设，推出ICE应用解决方案。为全国10个省电信公司建设内控支撑系统，并累计接下湖南、江西、宁夏、甘肃、上海、浙江、江苏等7个省（市）电信公司的门户与OA系统建设项目，继续保持中国电信集团“OA及门户建设”的主导地位，同时获得上海市政府有关部门若干项目，承建了中国福利彩票发行管理中心综合业务信息服务管理平台工程。

【号百平台（一期）上线】 继2007年连续签下中国电信集团号码百事通（以下简称“号百”）及全国15个省（市）的号百“三统一”平台建设项目，理想呼叫中心产品在电信行业的应用取得丰硕成果。2008年，由理想（集团）公司承建的所有上述平台全部割接上线，并有13个单位续签了平台二期升级扩容的合同，选择理想继续支撑当地号百业务的发展。随着业务发展的需要，理想号百支撑产品线和支撑的内容更加丰富，按照号百通讯服务支撑、号百信息服务支撑和号百电子商务支撑3条产品线推进，相应承担了多省企业总机、号百平台二期建设、电子商务平台建设等重要工程。

【IT外包项目标的刷新】 在工程建设类项目中，中标江苏省泰州市文化中心（大剧院）智能化建筑工程，理想（集团）公司所获项目总标的2 000多万元，刷新历史记录。同时，签下“世博行政中心二期新闻中心通信弱电工程”项目以及联手浦东电信局签下陆家嘴高宝金融大厦项目。智能业务板块逐步由现场管理向自行设计、清包施工的模式转型，将信息系统建设、信息安全建设、网络应用建设以及信息系统运行维护保障结合在一起，为用户提供全面的解决方案，逐步发展为用户解决方案的咨询师。

【承担多个国家科研项目】 在研发上不断投入人力物力支持业务发展与创新。公司承担的国家课题研究项目中，科技部863课题“多语言综合信息平台”已有阶段性进展；市科委小巨人项目完成NETCARE平台建设和基于RFID数据服务系统架构的研究；市科委“制造业信息化公共服务平台专业化服务研究与应用”完成中期汇报和汽配、物流、服装机械、零件库等行业应用总体设计；接近年底又申报承担了原市信息委“基于商务领航的电子商务公共服务平台”项目研究。此外，公司还承担了多个电信体系的研发项目，并分融合通信、网管及IT外包服务、RFID产品等三个方向自主投入研发。对世博信息交换平台、自主可控的信息安全共性服务体系关键技术研发及应用示范、PUSH VPN相关项目、中国电信集团移动搜索产品孵化项目、统一电子政务平台开发等项目的研究均有进展。

【支撑电信IT建设及保障】 支撑中国电信上海公司实现多个IT系统的融合改造，主力承担C网融合IT系统项目建设，承接了除IBP/HB系统外所有IT系统的总集成工作，割接上线的系统18个，其中核心系统7个、外围系统11个，还有若干个外围配合系统以及新系统硬件部署安装、现有系统的硬件扩容等，支撑中国电信上海公司为全业务受理构建了良好的移动和固网融合的IT环境。在上海公司数据枢纽配套，包括IDC营账管理系统、网上营业厅、10000号、收入汇总系统、全息视图网格推进项目、信息生活体验舱（InfoTruck）等重要IT工程中，充分发挥技术专长，为保障电信业务发展和业务创新提供良好的支撑。此外，还承担了接近60个系统的运维工作，奥运期间实行7×24小时错时工作制，提供全天候保障支撑，确保了奥运期间无重大生产故障发生。继2007年承建中国电信集团大客户营销及一站式服务业务处理系统、集团级CRM项目一期等跨省重大项目如期上线之后，2008年理想（集团）公司再次承担了集团级CRM项目二期开发任务，继续满足业务快速发展所引发的系统支撑需求，支撑中国电信集团实现以客户为中心的运营与服务模式，保障中国电信大客户在全国范围内享受统一和高质量的客户服务体验。 （理 想）

金桥信息：致力于自主研发

【数字公告信息管理平台软件开发应用】 信息公告和发布技术在日常应用中体现出越来越重要的趋势，通过建立一个新形态网络联机的多媒体播放频道，加上一个运作良好的管理平台，可以集中有效地管理信息发布。由上海金桥信息工程有限公司（以下简称“金桥信息”）研发的金桥数字公告信息管理平台软件作为信息整合的终端，包括对文字、图形的基础支持，同时可以平滑地支持MPEG-1、MPEG-2的视频回放以及所有最新的MPEG-4视频标准；并且还包括了对Word、Excel、PowerPoint以及标准的Web页面、Adobe Flash的全面支持——所有信息播放完全基于后台强大的数字媒体排期、内容管理应用套件，使用户能够通过网络轻而易举地管理所有广泛分布的显示终端。该软件采用先进的关键技术，自主研发VPE视频转换引擎，通过视频转换引擎处理整套Microsoft Office产品文件，最大可能兼容用户的使用习惯；研发MCS 媒体内容服务，整合多点存储的概念，同一个文件可独立存储在多站点上，加速远程下载速度，有效管理大型拓扑结构的公告布点；设计异步网络架构，采用IOCP配合合理规模的线程池进行有效的负载平衡，同时对协议进行优化，在序列化到Xml、二进制或是PlainText都能进行跨平台处理，能针对各类突发事件进行有效的计划外快速反应。

【全视角边缘融合拼接器软件开发应用】 当前，应急指挥、工业设计制造、科学研究等领域对超大画面、高分辨率、全景一体化的显示屏需求越来越多，但目前当多台投影机组合投射一幅画面时，会有一部分影像灯光重叠，产生“亮带效果”，严重影响视觉效果及应用功能。为了消除“亮带效果”，使整个屏幕在色调、亮度、色温等各方面效果一致，金桥信息充分利用公司各项优势资源，对基于IETF的TCP/IP协议栈、基于S-Video、复合视频、RGB视频的硬件接口标准、边缘融合技术等关键技术进行攻关研究，自行研发了金桥全视角边缘融合拼接器软件。该系统将一组投影机投射出的画面进行边缘重叠，并通过融合技术显示出一个没有缝隙、更加明亮、超大、高分辨率的整幅画面，画面的效果好像是一台投影机投射的画质。系统能够驱动多达52个显示设备成一个M*N的高分辨率单一逻辑显示屏，该逻辑屏的总分辨率等于所有显示设备单元分辨率的总和；并且具有overlap功能，可生成公共像素，配合投影单元做边缘融合或对大尺寸DLP

进行像素调整。在整个拼接屏上，各种活动视频、RGB 信号和来自网络的计算机桌面和窗口等各种类型的图像信号可在高分辨率单一逻辑屏上，以窗口方式任意大小、任意位置显示，并可以自由移动、任意缩放、任意叠加显示，投影机之间不再有边界阻隔。该系统不仅实现了大屏幕影视的无缝播放，而且图像质量清晰，系统成本大大降低，填补了国内大屏幕无缝拼接技术的空白，成为国内市场上不多见的具有自主知识产权的显示系统，具有十分广阔的市场前景。

【数字法庭智能控制信息管理平台开发应用】 传统法院以发言为主，主要展示各类实物证据，法庭记录则以文字记录为主，经常会遇到各种新型媒体资料证据，文字录入的准确性较低，获取并保存案件审理过程的视音频资料较为困难，异地举证以及网络举证的需求逐渐增加，对法庭内新增的大量设备的控制较为困难。金桥信息针对上述情况，对相关关键技术进行攻关研究，自行研发了金桥数字法庭智能控制信息管理平台。该系统的开发完成解决了新增的大量新型媒体证据的使用问题；多话筒发言管理的智能化和有效的秩序控制；通过专门的文字录入系统，解决文字录入的及时性和准确性；通过可控的多角度摄像系统和高质量话筒，实现审理过程的实时转播和记录；通过智能化法庭控制软件平台，实现大量设备的集中化控制；并通过与其他弱电子系统的接口，对法庭内的各类环境设备进行控制。

（金　桥）

启明软件：从容应对金融危机

【概况】 上海启明软件股份有限公司（以下简称“启明软件”）是一家致力于以软件服务为主、为用户提供高质量全面解决方案的企业，2008 年总产值 1.6 亿元人民币。启明软件在日本东京、大阪、美国洛杉矶设有子公司及分支机构，在深圳、济南、成都设立分公司，人员规模达 700 多人，是上海乃至全国软件骨干企业之一。2008 年，启明软件被授予“上海研究生联合培养基地”称号，目前已和华东师范大学、华东理工大学签订了培养协议。

2002～2008年，启明软件连续七年获得“国家重点软件企业”称号，获国家科技部“中国软件欧美出口工程试点企业”称号；荣列2008中国服务外包企业最佳实践五十强第17位；2008年荣获中国软件行业企业信用评价AAA级信用企业称号。

【主攻国外嵌入式软件领域】 启明软件针对嵌入式软件离岸开发的应用特点，在自主研究开发基于 ITRON 的嵌入式软件外包支撑平台（国家 863 计划）的基础上，进一步研究支持嵌入式软件离岸开发的共性技术；研制面向嵌入式软件离岸开发的支撑平台，包括嵌入式软件开发、模拟、仿真、测试环境，面向应用领域的共性构件库，以及国际化团队开发的支撑环境；形成支持嵌入式软件离岸开发的技术规范，为对日软件高效开发提供了技术支撑。

【为金融行业提供创新性服务】 2007 年始，启明软件与国外业内著名的资深公司携手，提供海外信用卡结算业务上的系统解决方案，并且成功进行了系统实施及客户定向开发，2008 年继续在这一领域为国内及海外客户提供高品质、高附加值的创新性服务。技术团队充分发挥从事国内外金融行业应用软件开发及参与过全国范围内多项金融信息化重大系统工程的设计、开发与集成工作的经验，在多外部结算中心、代理结算平台、支持大型流通企业不同层次构架并存的多元化管理模式等方面的研发上取得进展。

【深耕细作综合性 IT 服务】 启明软件在为客户提供专业的端到端的企业信息化整体解决方案方面深耕细作。包括：信息基础网络建设服务、ERP 管理咨询、协同办公、企业应用集成、商务智能、企业信息化门户及应用等。主要的服务平台有：(1) 电子分销管理信息平台，满足企业／集团对商贸业务管理的需求，提供实时数据，支持全国乃至全球市场的分销业务管理。(2)VERP 企业资源管理信息平台；(3)VCRM 客户资源管理信息平台，使企业市场营销、销售管理、客户服务和支持等经营流程信息化，实现客户资源有效利用；(4)VERM 网上报表管理信息平台，实现跨地域网上报表填写、审核、报送和报表设计、发布、控制、汇总等系列功能；(5)VIET 进出口贸易管理信息化平台；(6)VTPL 第三方物流管理信息平台；(7)VGEE 发电设备管理信息化平台。

【严守企业的社会责任】 启明软件联合业内几家企业共同发起了“齐心协力、共渡危机，构建企业劳动关系和谐稳定，履行社会责任”的倡议，向全行业倡议不裁员；响应政府号召，再提供就业岗位；在公司内部积极开展创新活动，增加创新投入，为双增长努力。（任渊杰）

颐东公司：技术创新取得成效

【概况】 上海颐东网络信息有限公司（以下简称“颐东公司”）作为一家民营企业始终坚持产品研发和技术创新，坚持对科研开发的较大投入，成立十二年来积累了许多特色应用和尖端技术。2008 年，颐东公司的技术创新取得很大成效：协同办公系统、网站群技术和分离式安全标签技术等都大大向前迈了一大步，实现了销售显著增长，推动了企业的快速发展，吸引了一批有影响的客户。12 月，颐东公司被上海市科委确定为小巨人培育企业；公司承诺研发经费的投入占销售额的比例在今后五年内每年再提高 1%，以保证企业的特色技术和自主产品创新具有可持续发展能力和创新能力。

【协同办公系统研发】 2008 年，颐东公司成功实施了与武汉力龙数码科技有限公司战略投资合作后，组建了颐东政务软件事业部。事业部在力龙公司原有的协同办公内容管理系统、协同政府审批系统和协同工作系统的开发成果上，结合上海本地客户更广泛的和特殊的需求进行二次开发，推出“协同办公系统”。该产品基于第四代站群系统，通过对政府信息数据分类，将政府机构、设备、人力等资源组织起来，建设一个资源共享、流程自动化、即时通讯、知识积累、统计决策、协同办公的高效的综合应用系统。该产品可以实现自定义多条件查询数据，自动建立政府数据子站及栏目，实现数据之间的同步映射、引用和关联等。在先进的网络通讯手段和工作流等信息技术帮助下，该产品的先进技术架构保证了整个系统的方便、快捷、稳定和可扩展。

【网站群技术应用】 网站群技术是近年来电子政务领域使用很多、市场前景很好的一项软件开发技术。2008 年，颐东公司网站应用事业部成功运用该技术帮助 3 个重要客户在本区县内、条线上的数十个下属单位网站（子网站）、关联单位网站建成网站群项目，以较少的成本为客户提供了可观的增值服务、可观的管理前景和可观的工作效益。已投入运营的 3 个网站群系统都部署了远程管理、站群管理员和子站管理员权限、模块的存储管理、更换标签、在线投诉和咨询、统计和检索等功能，采纳了在互联网上人气很旺、靓丽时尚的许多工具，上网参与互动的百姓、企业、政府部门视野更开阔、办事更方便了，对管理部门来说则节省了人力物力，提高了工作效率。

【962666 涉密系统维护服务热线建设】 上海地区涉及国家秘密的计算机网络系统定点维护和维修服务业务的呼叫中心 962666 已经在上海市场为党政机关客户服务近五年。

颐东公司具备国家保密局认定的涉密系统集成乙级资质和涉密信息系统集成（软件单项）资质，国家信产部认定的计算机信息系统集成二级资质，国家密码管理局认定的商用密码产品的生产许可和销售许可，建设部认定的建筑智能化系统集成专项工程设计甲级资质、建筑智能化工程专业承包三级资质，是市科委认定的高新技术企业和市信息委认定的软件企业，在增值电信业务方面也拥有上海市通信管理局颁发的经营许可证。2003年年底通过ISO9001:2000质量管理体系认证后，颐东公司在自身业务的每个重要环节都按照体系要求进行严格和科学的控制，经过多年完善，每年都在对体系执行的第三方评审中获得较高评价。非常齐全的业务资质和不断完善的业务质量控制让颐东公司的涉密计算机网络系统定点维护和维修服务方面的业务得到稳定而持续的增长。涉及国家秘密的计算机网络系统维护和维修服务业务关系重大，颐东公司不仅注意业务质量，注意外派现场的工程师等技术人员的技术水平和保密意识，还严格按照国家对有关人员和文件资料进行管理，有效地确保了用户计算机系统的安全保密。

多年来，与颐东公司签订的常年和专项运行维护维修服务合同已经超过90家。许多用户都认为颐东公司的涉密计算机系统的维护、维修服务为党政机关客户提供了可靠的技术后盾。

（孔繁坚）

二、互联网信息服务业

概况

2008年，上海互联网信息服务业呈现快速增长态势，全年实现经营性收入183.46亿元，比上年增长39.6%；占当年上海信息服务业经营性收入的10.12%，所占比重比上年大幅提高，提高了28.2个百分点。互联网信息服务业已成为信息服务业各门类中增长最快的一个门类，成为信息服务业中十分活跃的新经济点。2008年，上海互联网信息服务业经营性收入的增幅比信息服务业高了19.0个百分点，分别比软件业和电信服务业高出14.3和29.2个百分点（见表1）。

表1 2008年上海信息服务业收入构成

产　业	经营性收入（亿元）	占信息服务业比重（%）
软件产业	1 004.78	55.5
电信服务业	484.03	26.7
互联网服务业	183.46	10.1

上海互联网服务业的快速发展为上海信息服务业的发展拓展了新的发展空间，加快向个人等提供服务，孕育发展新的商业模式和商业形态，在社会公共服务领域信息化方面有较快发展（见表2）。

表2 2008年上海社会公共服务领域信息化

指　　标	单位	绝对值	比上年
“市民信箱”累计注册用户	万人	361.20	增加28.25万人
全年“付费通”业务平台交易量	万笔	3 801.50	增长30.8%
全年“付费通”业务平台交易额	亿元	35.48	增长43.7%
交通卡累计销售量	万张	4 161.49	增加920.85万张
全年交通卡销售额	亿元	13.41	增长15.0%
银行卡累计发卡量	万张	7 915.22	增加1 133.58万张
全年银行卡交易额	亿元	6 918.92	增长15.4%

互动娱乐作为互联网信息服务业的主要组成部分，继续保持行业领先地位，其中盛大、久游、巨人、九城四家企业2008年实现经营收入近65亿元，比上年增长约三成。在网络游戏领域，上海一直保持着行业领先地位，2008年在国内市场占有率达60%左右。

上海互联网信息服务业向传统产业渗透，面向商业、文化、娱乐、个人服务领域的信息服务业已成为发展新亮点，涌现出一批龙头企业。商业方面，携程已成为中国在线旅游业的领跑者，市场份额超过50%，营业收入和净利润保持30%以上的增长。文化方面，盛大网络整合旗下“起点中文网”、“红袖添香”和“晋江原创网”三家文学原创网站，组建盛大文学有限公司，其中“起点中文网”已成为全球最大的中文原创网络文学平台，目前最高日页面浏览量超过2.2亿次。娱乐方面，土豆网月度覆盖人数达到6 932万人，占家庭及单位网民总数的41.8%，有效浏览时间市场份额达到32.5%，在行业内处于领先地位。个人服务方面，篱笆网的注册用户已达到200多万，日浏览量超过1 000万次，成为中国最具影响力的家庭生活消费交流社区。

上海热线：互联网信息内容综合服务网站

“上海热线”隶属于上海电信，是上海信息产业(集团)有限公司旗下、目前国内最优秀的互联网信息内容服务商之一，于1996年9月22日正式建立，获得了关注上海、热爱上海的网民的认可，奠定了其门户网站的地位，并且连续多次位列中国互联网信息中心（CNNIC）组织的中国互联网络发展状况调查十佳网站之列。

“上海热线”于2004年提出“最上海的热线”的区域化经营理念，立足本地，提供上海“衣、食、住、行”等多方面全方位的本地生活指南及商业信息服务。经历10次改版后，“上海热线”已经从最初的信息导航发展到以提供信息应用服务、网络互动服务等为主的多元化信息综合应用门户网站，目前上海热线日访问总量超过3 000万，首页日平均访问200万人次，拥有注册用户300万。“上海热线”除继续保持高速的本地化战略发展外，还将为全国提供更周到的应用服务和海派新风尚，为世界提供了解中国和上海的窗口。“上海热线”已经成长为一个宽窄带结合的“全媒体”网络品牌。

东方财富网：国内影响力最大的财经证券门户网

东方财富网致力于打造专业、权威、为用户着想的财经媒体，自上线以来，凭借权威、全面、专业、及时的优势，持续位居中国财经类网站第一位，并不断扩大与竞争对手之间的差距，巩固优势地位。

东方财富网始终坚持网站内容的权威性和专业性，打造中国财经航母。网站内容涉及财经、股票、基金、港股、期货、债券、外汇、银行、保险等诸多金融资讯与财经信息，全面覆盖财经领域，每日更新上万条最新数据及资讯，为用户提供便利的查询。东方财富网日均访问用户突破2 000万，日均页面浏览量超过2.5亿。中国互联网协会数据统计显示，东方财富网位列中文网站前10名，中国财经网站第一名。

东方宽频：集互动性和商务性于一体的视频门户网

上海东方宽频传播有限公司是上海文广新闻传媒集团（SMG）的全资子公司，独家受权拥有SMG所有版权视听节目的互联网推广和经营权。除运营主站www.smgbb.cn外，东方宽频还从事互联网视听节目版权经营，宽频网站技术、内容建设、运维及经营的系统解决方案，整合营销传播和国内外多媒体广告代理以及电子商务等业务。

东方宽频全力打造具有 SMG 特色的、融互动性和商务性于一体的宽频门户网站。迄今为止，东方宽频主站目前拥有新闻、娱乐、体育、股票、音乐、影视、动漫、购物、美食、财经、英语、电台、播客、社区、论坛等近 20 个网络视频及音频频道，可在线收看的节目达数万小时，同时承办 SMG 各大品牌栏目官方网站和“舞林大会”、“加油！ 2008”、“加油！好男儿”、“我型我秀”等大型活动的官方网站建设以及运营。此外，还自行策划制作体育赛事、各类大型展会等重大活动直播节目以及各种访谈类节目。

除主站外，东方宽频以主流媒体的姿态积极拓展对外宣传平台，在海外主流媒体平台上展示中国的崭新面貌。除与微软合作在线商店项目，与英特尔合作数字家庭项目，东方宽频还与美国最大的网络平台——美国在线（AOL）合作推出独家中文视频资讯服务，与MSN中文网合作建设MSN财经、MSN视频频道，为上海网通提供“宽带我世界”视听门户网站系统解决方案。东方宽频携手IPTV共同打造的“股评互动直播频道”分别登陆主站和MSN财经频道，成为全国首家专业股票点评视频网站；携手人民网合作建设、维护、运营人民宽频频道，立足主流媒体的权威，定位向世界传递中国的声音；首度与Google旗下著名视频网站YouTube深度合作，在YouTube上开通SMGBB专区，成为全球首个中文官方合作伙伴。

技术进步与商务创新是保持东方宽频稳步前进的动力之源。东方宽频与微软合作研发的“东方宽频数字版权保护系统（DRM）”在德国世界杯直播中得到充分应用，被认定为上海市高新技术成果转化项目；携手英特尔研发无线网络移动直播系统，在无网络设施的2007女足世界杯赛后发布会直播中大显身手。

2008年，东方宽频全新的主站测试平台上线，以更为丰富的资讯和互动功能赢得业界瞩目。同年，东方宽频入选“第三届德勤中国高科技、高成长50强”，以三年1 657.23%的收入增长率名列第6位。东方宽频主站将以视频直播为特色，互动社区为核心，打造国内知名的集新闻资讯、互动娱乐、播客社区、电子商城、网络游戏于一体的视频门户网站。

五一网：国内最大的网上个人家园平台

五一网成立于 2005 年 8 月，致力于为用户提供稳定安全的个人空间服务，并努力为用户搭建优秀的交流平台，是中国最大的网上个人家园平台。相对大多数的互联网公司而言，五一网更多地注重于保障用户数据的安全性与交友的真实性。截至 2008

年6月，五一网已拥有1.3亿注册用户，并保持高速增长。

五一网业务模式基础为web2.0模式的个人博客门户概念，以个人博客为基础，延伸出丰富的运用，其中网络社交服务是目前运用最为广泛的一种。在web2.0和博客概念网站均没有寻找到盈利模式的现在，五一网已经在web2.0和博客概念的商业模式上有了很大突破，网站将逐步建立起以网站增值服务、广告服务、移动增值服务为基础的三大业务支柱。

五一网主要提供以下模块：(1)网络个人家园。提供以文字、图片、音乐等最常用网络功能为基础的网络个人家园服务，致力于为广大网民提供深度沟通的平台，为年轻人群提供交流、参与、展示自我的最佳互动空间。操作简易化、数据稳定性、访问速度成为网络个人家园服务的追求宗旨。(2)网络社交平台。随着web2.0时代的到来，随着个人博客门户概念的兴起，网民有了五一网平台建立其在互联网上的个人主页，通过文字、音乐、图片、视频等丰富多彩的形式进行深度沟通、展示自我。(3)视频认证体系。五一网在全球首推视频认证方式来验证会员资料真实性。每天数以万计的用户通过视频认证取得五一网真实身份资格，为个人博客门户的业务发展提供了真实安全的保障，受到用户极大欢迎。

千渔网络：生活服务信息网络平台

上海千渔网络科技有限公司创立于2007年，是一家拥有国际资本、世界领先技术和市场驱动理念的全新概念网络科技、信息、服务企业，“千渔宝”是旗下生活服务类信息网络平台。“千渔宝”总结了当前众多生活服务网站的特点，并将目光首先投注于消费者、餐厅、供应商上，根据消费者、餐厅及社会的实际需求开拓出全方位展示和服务的天地。

作为一个生活服务信息平台，内容、功能及服务能够满足消费者的需求是千渔所关注的重点，从传统的食文化解读饮食健康知识，从权威的角度分析饮食安全观点，从百姓的视角关注饮食卫生、绿色环保，将实体经济和虚拟网络平台完美地结合，综合信息业、餐饮业，用诚信营造一个专业化、标准化及权威的饮食资讯网站，并努力发展为涵盖多方位的生活服务类信息网络平台。

久游网：数字互动娱乐提升人类生活

上海久游网络科技有限公司即久游网，是中国领先的网络游戏运营商，2008年北京奥林匹克运动会大型文化活动系列“我们的奥运”之“我们的数字奥运”全球独家指定休闲网游音乐、舞蹈、体育、赛车类合作伙伴，中国第一家集各类网络游戏、时尚数字娱乐、互动社区、移动增值服务等为一体全新形态的互动娱乐门户网站，为全球华文用户提供最酷、最新、最全的一站式多平台在线娱乐服务，致力于通过数字娱乐服务提升人们的生活。

久游网自公司成立以来采取基于一号通、一卡通的先体验后付费——“SAME”(Single Account，Multiple E-contents)&“FEEL”(First Experience，Expense Later)运营模式，代表着最新型的网络互动娱乐形式。公司冠名东方卫视综艺节目“舞林大会”，冠名东方卫视“久游网东方新娱乐”实现365天天天互动，开创网络游戏行业整合营销的新模式。自主研发的《超级舞者》和《超级乐者》已经签约出口到北美、欧洲、东南亚、印度、中国台湾及中国香港等全球41个国家和地区。截至2007年2月底，注册用户突破2亿，总同时在线账户数达到95万，久游网Alexa流量排名目前在国内网游运营商中位居第一。

分众传媒：中国最大的数字化媒体集团

分众传媒创建于2003年，旗下拥有横跨数字户外、互联网广告、手机广告三大领域的数字化媒体平台，产品线覆盖商业楼宇视频媒体、卖场终端视频媒体、公寓电梯平面媒体（框架媒介）、户外大型LED彩屏媒体、手机无线广告媒体、分众直效商务DM媒体及数据库营销渠道、电影院线广告媒体、网络广告媒体等多个针对特征受众、并可以相互有机整合的媒体网络。

分众传媒经营的媒体网已经覆盖100余个城市、数以10万计的终端场所，日覆盖超过2亿的都市主流消费人群。其中，分众的楼宇视频网络是中国都市最主流的传媒平台，是覆盖都市月收入3 000元以上受众最大的媒体频道。分众传媒所打造的生活圈媒体群正成为中国都市生活中最具商业影响力的主流传播平台之一。

前程无忧：集多种媒介资源优势的人力资源服务企业

“前程无忧”是国内领先的集多种媒介资源优势的专业人力资源服务机构，集合了传统媒体、网络媒体及先进的信息技术，加上一支经验丰富的专业顾问队伍，提供包括招聘猎头、培训测评和人事外包在内的全方位专业人力资源服务，在全国包括香港的26个城市设有服务机构。

“前程无忧”招聘猎头服务在国内首创了“报纸+网站+猎头+软件+校园招聘”的全方位招聘方案，拥有上千万的个人用户，并为20万家企业成功招募所需人才，帮助企业高效准确地锁定目标，用最短的时间、经济的成本找到最合适的人才。

巨人网络：打造中国人自己的网游巨作

上海巨人网络科技有限公司（原上海征途网络科技有限公司）成立于2004年11月18日，是一家以网络游戏为发展起点，集研发、运营、销售为一体的综合性互动娱乐企业。公司于2007年11月1日顺利登陆美国纽约证券交易所，总市值达到42亿美元，成为在美国发行股票规模最大的中国民营企业。

巨人网络的目标是做真正属于中国网游玩家自己的游戏，打造中国人自己的网游巨作。面对变幻的市场需求和层出不穷的挑战，巨人网络坚持“一切以玩家为出发点”的宗旨，不断为玩家提供高品质的游戏产品，为中国网络娱乐产业的发展做出积极贡献。

第九城市：不断稳固和提高在中国网络游戏产业中的领先地位

第九城市是国内最大的网络游戏开发商和运营商之一，旨在通过世界第九艺术——游戏艺术，为都市人创造一种全新的在线娱乐生活方式。在这个“城市”里：激情、活力、浪漫时时相伴，平等、尊重、关爱充溢其间。至今为止，第九城市旗下的产品有《奇迹》(MU)、《快乐西游》、《魔兽世界》(WOW)、《卓越之剑》(GE)、《奇迹世界》(SUN)、《激战》(GW)、《暗黑之门》(Hellgate：London)、《幻想世界》、《仙境传说 2》(暂定名)(RO2)、《Emil Chronicle Online》、《Huxley》、《EA Sports FIFA Online》、《劲舞团 2》(暂定名)(AU2)。

为了不断地稳固和提高在中国网络游戏产业中的领先地位，为广大游戏玩家提供最高品质的网络娱乐产品和服务，第九城市一是增加基础设施投资，进一步维护和完善第九城市的游戏运营平台；二是丰富产品种类、拓展营销网络、扩大市场份额，使第九城市更具有市场竞争力。

盛大网络：通过互联网提供多元化的娱乐服务

上海盛大网络发展有限公司是中国领先的互动娱乐传媒公司，致力于通过互联网为用户提供多元化的娱乐服务。盛大网络不断发现与满足用户的普遍娱乐需求，向用户提供包括大型多人在线角色扮演游戏（MMORPG）、休闲游戏、棋牌游戏、对战游戏、无线游戏、动漫、文学、音乐等在内的适合不同年龄层次用户群的互动娱乐产品，深受广大用户欢迎，拥有的所有娱乐内容累计注册用户数超过6亿。

盛大网络通过强大的游戏运营能力、客户服务能力、完善的技术保障与支持能力、广泛的销售网络和健全、高效的支付平台，形成了面向用户的综合性互动娱乐平台。该平台凝聚了庞大的家庭用户群体，各年龄层的玩家均可以借由盛大互动娱乐平台与其他成千上万的玩家进行互动，体验互动娱乐带来的乐趣。

携程旅行网：成功整合高科技产业与传统旅行业的网站

携程旅行网创立于 1999 年，总部设在上海，在北京、广州、深圳、成都、杭州、厦门、青岛、南京、武汉、沈阳等 10 个城市设立分公司，员工超过 5 000 人。作为中国领先的在线旅行服务公司，携程旅行网成功整合了高科技产业与传统旅行业，向超过 1 500 万会员提供集酒店预订、机票预订、度假预订、商旅管理、特惠商户及旅游资讯在内的全方位旅行服务，被誉为互联网和传统旅游无缝结合的典范。

服务规模化和资源规模化是携程旅行网的核心优势之一。携程旅行网拥有亚洲旅行业首屈一指的呼叫中心，其坐席数已超过2 000个；并同全球134个国家和地区的2.8万余家酒店建立了长期稳定的合作关系，其机票预订网络已覆盖国际国内绝大多数航线，送票网络覆盖国内47个主要城市。规模化的运营不仅可以为会员提供更多优质的旅行选择，还保障了服务的标准化，进而确保服务质量，并降低运营成本。

携程旅行网将技术视为企业的活力源泉，在提升研发能力方面不遗余力。携程旅行网建立了一整套现代化服务系统，包括客户管理系统、房量管理系统、呼叫排队系统、订单处理系统、E-Booking机票预订系统、服务质量监控系统等。依靠这些先进的服务和管理系统，携程旅行网为会员提供更加便捷和高效的服务。

易趣网：全球最大的电子商务公司

易趣网是全球最大的电子商务公司——eBay和国内领先的门户网站、无线网公司——TOM在线于2006年12月携手组建的合资公司。2007年8月底，双方为中国市场推出了本地化在线交易平台——易趣(www.eachnet.com)。新平台致力于为用户提供“品质网购”的体验，为卖家带来更多的互联网与手机增值领域的商机。

与传统经营模式不同，易趣网不直接参与平台交易，卖家在平台发布商品信息，买家足不出户就可以通过易趣平台购买到自己想要的商品。易趣网在交易过程中起到沟通、促进、协调的作用，帮助买家购买到想要的商品，帮助卖家尽快销售出商品，同时鼓励广大网民积极参与网络交易，体验交易的乐趣，营造便捷安全的购物社区。

(信息服务业行业协会)

三、电信服务业

概况

2008年，上海电信服务业实现业务收入484.03亿元，比去年同期增加10.4%。移动、电信、联通等六大基础电信运营商实现电信业务总量（业务总量的计算采用不变单价乘以业务量，其中不变单价为2000年制定）776.1亿元，同比增长17.3%。由于电信资费下调等原因，六大基础电信运营商的业务收入增速低于电信业务总量的增速。2008年，完成固定资产投资114亿元，同比增长2.6%。

1.移动电话用户平稳增长，固定电话用户小幅下降。

截至2008年底，固定电话用户累计达1 015.4万户，其中住宅电话用户数累计达660万户，小灵通用户累计达155.4万户，固定电话普及率达53.8%；移动电话用户达1 880.9万户，比上年末增加104.4万户，移动电话普及率达99.6%。全年长途电话通话时长达194.2亿分钟，同比增长2.3%，其中国际及港澳台电话通话时长达1.9亿分钟，同比增长18.8%。固定电话长途通话时长达30.2亿分钟，同比下降17.0%；移动电话长途通话时长达35.4亿分钟，同比下降11.7%；IP电话通话时长达128.6亿分钟，同比增长13.5%。

2.互联网用户进一步趋向宽带化。

2008年，互联网拨号用户数为60.8万户，持续减少，而互联网宽带接入用户数达到418.6万户，较上年末净增54.6万户。

(叶月明)

上海电信：提升服务质量，努力打造“无线城市”

【营造和谐消费环境】 2008 年，中国电信上海公司以“关怀”为主题推出电信服务新举措，包括方便客户的“免填单”服务、上门安装维修的“五个一”服务、体现上海国际大都市形象的 10000 号英文台以及体现企业社会责任的环保电子账单等。通过落实整治配线箱电缆接头氧化问题，加大 POP 点建设力度，完成新建 POP 点 1 402 个，使宽带质量明显完善，客户感知显著提升。做强网上营业厅，通过完善功能、丰富内容、美化页面等多种方式，提升网上营业厅的能力，让客户足不出户轻松办理业务。

全年网上营业厅访问量近1亿次，同比上升300%，实现30多家主流银行卡的接入，月在线支付金额超过150万元，平均单笔支付金额达到203元。

【努力打造“无线城市”】 7月7日，随着嘉定区政府与中国电信上海公司签订无线城市建设协议，上海所有区县政府都与中国电信上海公司签署了无线城市的区域建设框架协议。一辆安置了可360度旋转摄像头的“流动摄像无线监控车”把实时图像通过“无线松江”网络系统直接传送到显示屏上。通过综合利用现代无线宽带网络和数字视频监控技术，移动视频监控运作效果良好，连运动中的车牌号码都能看得一清二楚。早在2006年，中国电信上海公司与市信息委签订上海信息化建设协议，确立在世博会前建成“无线上海”的目标。2008年3月，中国电信上海公司与市信息委签署持续推进信息化建设合作协议，进一步明确“无线上海”建设和服务世博会的目标。4月1日，中国电信上海公司与杨浦区政府签订合作框架协议，拉开了全面建设“无线城市”的帷幕。4月9日，上海电信与闵行区签订合作协议，并被市信息委确认为全市首个“无线城市”正式试点区域。而基于“CDMA + WIFI”网络的189移动业务将使“无线上海”真正实现无缝覆盖，不仅可以大大优化用户的个人上网环境，而且可以让城市管理、物流运输、交通导航、远程医疗和保密通信等社会信息化应用项目的覆盖面大大提高，让多元化的电信综合信息服务在国民经济和社会信息化领域发挥更大的支撑作用。

【履行企业社会责任】 2008年，中国电信上海公司率先推出电子账单订阅服务，截至年底已有6万多名用户充当“环保先锋”加入到使用e账单的队伍中，与中国电信上海公司共同实践节能环保、友善健康的生活方式。上海公司以“消费与责任”为主题组织“3·15”服务宣传活动，通过派遣志愿者、联合宣传等方式积极参与《新民晚报》“夏令热线”活动，并再次获得市建设和交通委员会与《新民晚报》联合颁发的“‘夏令热线’优秀参与单位”的荣誉称号。上海公司组织近90场次的专家咨询活动，深入居民社区，由资深专家及劳模团队为客户答疑解惑，让广大市民了解电信业务，进一步普及了信息化相关知识。

【顺利承接CDMA移动业务】 2008年，中国电信上海公司携手市消保委，建立CDMA移动业务专项联络员制度，以加强对口交流，提高工作效率。积极落实CDMA移动业务各项保障制度，加强服务支撑，实现快速响应，切实做到“首问负责”、“限时办结”，对于来自各类渠道的客户投诉，处理解决彻底，做到“不蔓延、不升级”。网上营业厅开设“移动业务服务专区”，开通在线客服。10000号与10001号及时优化IVR（即互动式语音应答）流程，为移动业务客户提供各类服务。

【“全球眼”护卫浦东网吧看奥运】 为保障奥运会安全、顺利举行，浦东新区公安局在2007年底就已经把网吧安全保障工作纳入了重点工作，中国电信上海公司则积极和浦东新区公安局接洽，推出了“全球眼”业务，旨在共同做好浦东新区全部网吧的监控工作。“全球眼”网络视频监控业务是由中国电信推出的一项完全基于宽带网的图像远程监控、传输、存储和管理的增值业务。该业务系统利用中国电信的宽带网络，将分散、独立的图像采集点进行联网，实现跨区域、全国范围内的统一监控、统一存储、统一管理以及资源共享，为各行业的管理决策者提供一种全新、直观、扩大视觉和听觉范围的管理工具，提高其工作绩效。同时，通过二次应用开发，为各行业的资源再利用提供了手段。

【号码百事通推出特色服务】

1.号百商城业务

9月，114品牌直送运用114号码百事通的电话商务功能，结合商品销售和广大用户的生活消费需求，推出各类生活商品的订购服务。114品牌直送销售的商品主要为专业领域产品和时令礼品，包括月饼、大闸蟹、粽子、保健品、水果、进口礼品、茶叶礼盒、鲜花订送、报刊杂志、母婴系列产品等。商品质量与品牌保证、价格实惠，订购流程简单，服务优质。

2.名医导航业务

为迎合市场需求，1月16日正式开通114名医导航，联合上海各大三甲医院，为患者提供专家预约的便民服务。

3.商企通业务

6月，中国电信上海公司推出为企业提供综合高效的通讯新产品——“商企通”。“商企通”借助公司宽带和电脑，融合企业现有的电话、传真、手机、电话会议、短消息、电子邮件、即时通信和多媒体会议等语音和信息服务功能于一体，为企业整个业务流程和管理流程在通讯和信息沟通方面提供全面支持，在提升企业形象的同时，更提高了沟通效率和管理效率。

【启动迎世博600天行动计划】 根据《上海市迎世博600天窗口服务行业行动纲要》精神，中国电信上海公司制定了“迎世博600天服务窗口行动计划”，从需求保障、制度保障、组织保障和人员保障四方面详细阐述了上海公司迎世博的主要责任，力求通信服务构建美好城市信息生活。在网上营业厅（sh.ct10000.com）新辟“世博专区”，并将《上海市窗口服务行业职工文明服务公约》在显著位置予以公示，让广大客户监督上海公司的服务工作，充分体现中国电信作为2010年上海世博会全球合作伙伴的社会责任。举办“满意诚信在窗口、服务世博添光彩”电信营业窗口服务明星技能大赛，评选“十大服务明星”，进一步深化迎世博服务工作。

（谢蓓蓓）

上海移动：深入实践科学发展观，开创持续发展新局面

【概况】 2008年，中国移动上海公司在中国移动集团公司新跨越战略的指引下，深入贯彻落实科学发展观，持续推进新跨越战略，围绕“开拓年”工作主题要求，一手抓开拓创新，一手抓固本强基，公司规模优势进一步巩固，拓展蓝海市场迈出大步，奥运保障交出满意答卷，世博工作扎实推进，TD建设运营齐头并进，圆满完成各项目标任务，综合实力迈上新台阶，开创了企业持续发展的新局面。

【企业综合实力迈上新台阶】 公司全年运营收入、客户总数与话务规模同比保持良好增长，领先本地行业增幅近3个百分点，在大都市成熟市场上保持良好发展态势，为企业的全业务运营奠定了坚实基础。公司荣获2008“中国最佳100人力资源典范企业”、通信行业管理创新先进企业等诸多荣誉称号，获得世博合作明星奖、上海市“电信企业服务公开评议活动”第一名，通过了两年一度的“全国质量奖”复评确认，作为唯一的电信企业获得首届“上海慈善奖”等。

【强化客户为导向的服务管理体系】 面向全社会开展“金牌服务 满意100”活动，推出“五心”服务举措：奥运服务全程创优，为盛事添欢心；携手治理垃圾信息，让消费更舒心；量身优选资费套餐，让选择更省心；强化增值业务监督，让使用更放心；广开便捷电子渠道，让服务更随心。完善基础服务，开展网络信号小区覆盖等14项服务专项提升工作。做细特殊客户服务，建设多语种呼叫中心。落实品牌化经营，有序推进VIP服务示范基地创建。加强集团业务售后服务支撑，建立双跨客户投诉绿色通道和服务虚拟团队。

【助推城市信息化迈出大步】 深入推广行业信息化解决方案，城管通业务实现全市覆盖并向重点行业延伸推广，校讯通收费用户突破9.5万，展信通成功试用，移动视频监控已具备试商用条件。构建视频基地的日常运营管理体系，完善全网业务质量监控，手机电视人均收看频次增长4倍、时长增长6倍。积极探索无线宽带建设，与市信息委、上海所有19个区县签订“持续推进信息化建设的合作协议”；WLAN热点超过900个，比2007年翻了两番；从无线政务、产业和民生三个方面推进，积极试点无线城市综合应用推广，全力助推城市信息化。进一步开发农村市场，新增达标镇48个，涉农企业48家，农村信息化建设取得新突破。

【奥运保障交出满意答卷】 牢牢抓住“质量、安全、应急”三个重点，为奥运提供一流的网络运营支撑。奥运上海赛区比赛期间，赛场区域小区完好率及无线接通率达到100%，掉话率低于0.68%，TD网无线接通率超过95%，总体指标达到和超过了集团奥运保障规定要求。深入实施金牌服务，获得良好市场反响。营销宣传有声有色，开展“为奥运加油”

语音数据整合营销推广。综合保障有力有效，维护了大局稳定，奥运期间未发生重大安全和上访事件。

【实施“迎世博600天行动计划”，全面推进世博工作】 抓住奥运和世博热点转换的有利时机，传承奥运精神，助力“精彩世博”。制定实施公司“迎世博600天行动计划”，提出“传播世博更有力、演绎世博更生动、助力世博更精彩、文明迎博更深入、服务世博更亮丽”五大工作目标，成为落实市委市政府迎博工作要求的表率。积极参与世博票务工作，正式入围首批内地门票代理商，推进了世博手机票系统建设。多渠道、多角度、全方位开展世博营销推广，世博无线官方网站正式开通上线。全面启动世博园区移动网络建设，初步确定世博园区店、站、亭数量及建址，牵头世博村工程建设。加快推进信息通信馆项目，确定了初步概念设计方案。

【积极承担企业责任】 中国移动上海公司充分发挥移动通信在抢险救灾中的特殊作用，有力有序有效做好抗雪灾、震灾的通信服务保障。实施“绿色行动计划”，在节能改造、网络IP化、社会信息化、环境保护等方面同步推进企业“节能减排”。积极落实“限塑令”要求，开展残疾人环保袋设计大赛，倡导生态文明理念。以“倾情上海，共圆梦想”为主题，成功策划开展社会回报系列活动，其中“生命的奥运”爱心传递活动入选“2008年度中国十大公共关系事件”。开展“信息惠民”139工程，首批发行了10 000份《信息化普及培训手册》。针对残疾人、老年人等特殊群体推出特色产品，取得良好社会效应。针对社会和舆论关注的不良信息治理问题，采取多种手段，加大治理力度，取得阶段性成效。

【成功实施多项重点通信保障任务】 4月11～13日，圆满完成A1上海站赛事通信保障工作，赛事期间网络性能指标良好，话务吸收量达3600ERL。5月24日，以“让爱心传递，为奥运加油”为主题，圆满完成奥运圣火传递上海站服务保障工作，保障过程网络接通率为96.33%，短信接通率为99%。8月7～22日，圆满完成奥足上海赛区全部12场足球赛事通信保障和服务工作，赛事期间无线接通率保持100%，掉话率低于0.68%。9月1日，圆满完成2008残奥会火炬上海站传递通信保障任务，共计吸纳话务量2505ERL，无线接通率保持在99.9%。10月17～19日，顺利完成F1大奖赛保障工作，正赛日当天峰值话务量达2030ERL，较上年增长25%；每平方公里吸纳话务量高达1000ERL，接通率达99%以上。11月9～16日，首次与上海铁通合作，以全业务形式为上海网球大师杯赛提供全方位通信服务，首次提供传真、IP电话、宽带上网、无线POS、ISDN等语音和数据通信服务。

（骆远远）

上海联通：大力提升企业形象

【开通多项个性化服务】 5月，开通“保号通”业务：可以为拥有多个手机号码的上海联通用户提供保号服务。该业务可以将用户当前不在用的其他手机号码的未接来电信息以短信形式通知到用户当前在用的手机上（当前在用手机号必须是上海联通手机号码）。最多可以为用户提供5个其他手机号码的未接来电信息通知服务。

5月，开通基于GPRS的SP彩信资讯类手机报业务：是上海联通联手全国各大权威媒体机构，通过手机为用户提供各类资讯信息的服务。手机报提供的资讯包括新闻、体育、娱乐、文化、生活、财经等，并以具体“报刊”产品体现相关内容。

6月，开通“交通向导”业务：用户拨打10198生活信息服务热线，可进行公交换乘查询和驾车问路。地图资料和交通临时管制信息更新及时，为用户提供准确、及时的乘车问路信息。这一便民举措不仅为广大市民出行提供了便利，同时也为奥运期间国内外游客在上海的观光出游提供了准确指引。

6月，开通用户通过手机直接收发电子邮件的“联通百邮”业务：通过联通百邮，可以用手机收发任意支持POP3/SMTP的互联网邮箱的邮件，在邮箱有新邮件到达的同时还会获得短信通知，一部分手机可以通过直接点击短信中的网址直接查看邮件。联通百邮可以支持各种文档的查看，包括WORD/EXCEL/POWPOINT/PDF/文本/网页，还支持各种视频音频文件的查看，比如图片在线缩放查看，视频在线转成3GP手机格式，WMA转成MP3，大MP3压缩成手机的小文件等，充分满足商务和娱乐的需求。联通百邮针对不同手机网页浏览器做了针对性优化，并具有最好的邮件附件支持。

6月，开通“手机唱响”业务：针对上海联通时尚群体用户开通新兴娱乐节目，内容包括都市播客、快信互动、K拉超声播、个人频道等。K拉超声播不但可以自由录制DIY歌曲，且支持歌曲点播、欣赏、投票、音乐作品排名等功能。

6月，开通“手机传真”业务：以新一代网络传真系统为核心的增值业务。能将电脑上编辑好的资料通过互联网发送给普通传真机，同时也可以自动接收普通传真机发来的传真。用户在收到传真同时收到短信通知，其附加功能主要包括为手机短信传真等信息服务。

7月，开通“求医问诊”业务：用户拨打10198生活信息服务热线，可预约沪上三甲医院和特色专科医院的专家门诊。与目前市场上同类业务（助医卡、导医卡）相比，该业务资费灵活，每次预约服务费20元。用户不需要一次性支付上百元的购卡费用，更避免了医疗服务卡的使用有效期限制。该项服务还为用户提供医院推荐、专家介绍等人性化服务，避免了很多用户在就医时的盲目性。当用户预约后，如临时有事，不能就诊，只需提前2个工作日告知客服代表，预约号源可保留顺延，不会浪费。如遇专家临时停诊，客服人员会在第一时间通知用户，给用户提供预约顺延或更换专家的选择。

7 月，开通“如意杂志”业务：通过短信指令定购、手机话费支付形式购买电子杂志的业务。定购用户可通过互联网下载或在线阅读时尚类、旅游类、美食类、游戏类以及上海本地特色杂志，如《华夏地理》、《瑞丽》、《上海家居》、《世界时装之苑》、《今日风采》等。

7月，开通“短信防火墙”业务：用户订购该业务后，可以根据自己的需求，设定短信接收号码的黑白名单，也可以根据短信内容中的关键字，过滤垃圾短信。

7月，开通“短信签名”业务：用户订购该业务后，可以根据自己的需求，设定个性签名，这个签名会在用户短信中自动添加。

10月，开通“如意通讯录”业务：将手机通信录、个人电话本、客户名片等信息保存在网络服务器上，并通过互联网或手机短信等方式，进行实时更新、管理的通讯录工具产品。

【奥运上海赛区信息通信保障】 上海联通成立了奥运通信保障领导小组和无线优化、网络监测、网络与信息安全、投诉处理、大客户保障、战备应急等六个专项奥运保障工作组，分动员、检查整改、演练准备、保障、总结几个阶段进行。

保障期间，网络运行总体比较平稳：国际、长途、GSM网、CDMA网、智能网、数据网、193网、IP网、长途传输网、本地传输网、线路、计费系统、营账系统、增值业务的网络平台（包括CG网短信中心、移动电信互通网关、联通在信网关、CDMA 1X核心网、GPRS核心网、CG网炫铃、CG网WAP、彩信系统、接入子系统、PDSCP）等系统运行稳定正常，无重大故障及事故发生，信息安全得到有效管控。

【抗震救灾应急通信保障】 受5·12汶川地震影响，上海联通5月12日G网15～16点的话务量达32 115.92ERL，增幅为24.48%。G网晚忙时19点的话务量创2008年新高，达44 131.8ERL，增幅为18.68%。

5·12汶川地震后，上海联通应急通信工作得到充分检验。在总部统一指挥下，上海共安排、组织了两个应急通信小分队，共计6位技术人员和13位驾驶员，赴川执行历时40天的应急通信保障任务。同时，上海联通还紧急调拨和采购了6部海事卫星电话、8套移动通信基站设备，90箱抗灾通信物资，50顶帐篷，在最快时间内安全送达灾区。

7月初，根据总部《关于给予四川分公司抗震救灾对口支援的通知》和联通四川分公司提出的专业需求，上海联通组织安排了两批次共6位交换、基站、线路专业的技术人员赴四川阿坝地区对口支援当地恢复灾后通信，参加完成了为期六个月的灾后重建工作，出色完成全部救灾通信保障任务。

同时，为全力配合四川抗震救灾行动，充分保障上海地区赴川救灾抢险人员通信畅通，根据总部文件精神要求，上海联通对5月12日至5月31日期间上海联通手机用户漫游到四川成都/绵阳/德阳/广元/阿坝五市州，相应减免其通信费用。根据赴灾区支援的建工集团、第二军医大学、静安区疾病预防控制中心、海军医学研究所的申请，从6月至9月，对上述单位的322位联通用户减免通信费用。

（应 燕）

上海网通：开展多项个性化服务

【开通多项个性化服务】 “3·15”期间，上海网通各大营业厅均推出“无障碍专柜”助残服务，为前往营业厅办理业务的聋哑人提供哑语服务，满足残疾人对通信服务的特殊要求。客服热线10060、10069也开设英语坐席，提供7×24小时双语服务。

11月27日，上海网通新会场业务正式上线。新会场业务是利用NGN平台实现的多方语音交互式会议电话产品，具有实用、灵活、优质、便捷等特点，是商务客户信息交流和远程会议的理想通信工具。

11月底，上海网通开通电子渠道程控业务自助服务功能。用户只要登陆网上营业厅，根据操作提示捆绑电话号码后，即可自行选择办理程控业务功能，实现业务及时开通。

12月初，上海网通正式推出“上海电话号簿”黄页产品。将纸质黄页与现有的电话导航、网站导航、视频导航产品相结合，为签约客户提供纸质、语音、网络、视频综合广告服务，打造四位一体的“立体黄页”。

【进一步扩大代收费体系】 继光大银行各支行、邮政储蓄局、各便利店、付费通网站及终端被纳入代收费体系后，4月上海网通成功与光大银行达成扩展合作协议，新增代收超市网点近1 000个，开通自助终端信付通终端2 000台，从而使上海网通在全市建立的代收费网点总数超过5 000个，进一步方便了用户缴费。截至年底，每月代收笔数增长至1.8万笔，代收成功金额增加至近180万，拓展了回款途径，缩短了回款周期，有效推动了各项业务健康开展。

【私车额度拍卖投标电话保障】 1月12日进行的2008年首次私车额度拍卖是拍卖规则改革后的首次投标，且只能通过电话或网上进行，这在上海乃至全国尚属首次，受到市政府和社会各界的广泛关注。上海网通承担着投标电话96567222的重保任务。为万无一失地做好此次保障任务，上海网通与国拍公司密切合作，于保障工作前完成了综合语音平台安全评测，完成了语音中继线、传输局数据的配置，并进行了严密的拨打测试等调测。1月12日拍牌当日，上海网通密切监测各个系统运行，观察话务接通情况。由于充分准备，上海网通的综合增值业务平台系统在1.5小时内满负荷运行，各环节都承受住了大话量的冲击，大网、传输和业务平台均未出现问题，圆满完成此次私车额度拍卖通信保障任务。

【奥运上海赛区信息通信保障】 8月7～22日，北京奥运会共在上海赛区举行12场足球比赛，上海网通提供了BOB高清电视转播传送、GAMES赛事管理系统、CATV落地转播、上海奥运村通信服务、国际足联FIFA专网、新闻中心通信服务、新闻发布、中外各大媒体文字及图片的即时传送，以及全场各功能区宽带和固话业务的通信保障；还为奥足赛上海赛区26场新闻发布会，3 000多人次记者提供了通信服务。整个奥运期间，上海网通通信保障工作保持高畅通、零故障、零投诉，确保了奥运通信保障的万无一失。

【抗震救灾应急通信保障】 春节前后，南方罕见雪灾使全国电力供应面临巨大考验。为确保国家电网南方各省间的电力通信，上海网通为国家电网紧急开通上海跨域电路，确保电力调度畅通。

（应 燕）

四、广电服务业

概况

2008年，上海广电服务业实现经营收入64.91亿元，继续保持较快增长。上海广电服务业在做好传统业务的同时，在新媒体产业上的布局也走在前列，其新媒体业务涵盖电视购物、数字互动电视、手机电视、IPTV、宽频网络电视等，并已取得良好的成绩。东方CJ的经营收入超过15亿元，电视购物已成为上海广电行业新的增长点。

2008全年公共广播节目播出21套，公共电视节目共播出25套，有线数字电视共播出33套；公共广播节目播出时间达13.19万小时，公共电视节目播出时间达17.17万小时。

截至2008年底，有线电视用户累计达527.2万户，比上年末增加28万户，其中有线数字电视用户累计达70.9万户，互动电视用户累计达15万户。IPTV用户数达到74万户，较上年末新增52万户。上海CMMB（China Mobile Multimedia Broadcasting，中国移动数字多媒体广播）建网速度不断加快，目前已开通7个频道，2009年将实现户外信号全覆盖，轨交、数字内信号基本覆盖。东方明珠移动电视一实现对上海中心城区100%的覆盖，拥有公交、出租、楼宇、水上巴士等形态的电视终端32 000多个，日均受众超过1 500万人次。

（叶月明）

文广集团：积极拓展各项服务平台

【卫星地球站建站十周年】 9月27日，上海广播电视卫星地球站迎来建站十周年。该站建于1998年9月28日，它的建成使用开创了上海广播电视从微波传送、有线播出向卫星播出方式的跨越式转变。历经十年发展，上海广播电视卫星地球站现已发展成为国内规模最大、功能最全、设备最新、业务最繁忙、管理最规范的卫星地球站之一，目前担负着东方卫视、炫动卡通、全国数字付费电视集成平台及高清共25套电视、3套广播节目，每天646小时的上行播出任务。卫星电视信号覆盖全国各省、直辖市及北美、欧洲、日本、澳大利亚、中国香港、中国澳门等国家和地区，卫星日总上行和下行量达到700小时。

（谷一飞）

【数字电影流动放映播放器通过认证】 7月7日，上海文广科技发展有限公司自行研发的HDM-405数字电影流动放映播放器通过了电影技术质量检测所的质量认定和技术检测，并获得国家广电总局颁发的《广播影视系统设备质量认定证书》。这是国内最早采用嵌入式架构，以硬解码技术播放高清数字节目的专业数字电影设备之一。产品符合广电总局《数字电影流动放映设备技术要求》，并与总局数字节目管理中心“DMS”片源内容成功对接，且支持国家广电总局农村公益流动放映影片授权体系和放映场次管理体系，同时也可应用于其他公益或商业影片放映。同时，科技公司分别于2007年5月和2008年4月成功获得了上海市政府招标的高清数字电影放映系统订单1 200余套，已在上海农村和社区大规模使用。

（韩　忠）

【两项成果获计算机软件著作权】 2008年，文广科技公司事业部的“文广IPTV流播控系统V1.0”及“文广数字图文电视播出系统V1.0”获得国家版权局授予的计算机软件著作权登记证书。文广IPTV流播控系统是一套可以实现对VOD以及直播节目灵活设置的软件模块，通过它可以实现离线节目IPTV流播控系统化，导视频道、专题频道等更具有特色的服务。2006年底，百视通公司采用了文广IPTV流播控系统，截至2008年底已提供上海IPTV商用系统共40个聚场的播出，播出稳定正常，并且支持今后的线性扩展。文广数字图文电视播出系统采用计算机及多媒体技术，将图片、多媒体视频以及文字制作成信息画面和声音信号一起，通过视音频转换设备，输出完整的电视信号节目。

（倪　妮）

【数字电影放映机推广取得新进展】 12月11日，文广科技研发中心在上海影视技术协会理事扩大会议上，展示了最新研制的1.3K高清数字电影播放机，该产品获得了与会上海影视技术领域专家的高度评价和肯定。目前，该类播放机已开始在上海联和院线下属的15家商业影院安装使用，以满足联和院线的影院能尽早在年终贺岁电影档期放映数字大片的需要。此次该院线采用的1.3K设备在国内中档数字电影放映市场中处于领先地位。

（张艳芳）

【网络视频广播播放器研发成功】 12月25日，上海文广新闻传媒集团下属广播文艺中心动感101网络视频广播播放器——DAN正式对外发布，由广播文艺中心和东方宽频共同研发。这是广播动感101频率为拓展传统广播新渠道，开拓广播层面新视听而采取的全新举措。这个外表酷似蛋型的白色网络视频广播播放器可爱时尚，涵盖了许多功能。从现在开始，只要进入动感101的视频网站101.smgbb.cn，就能免费注册下载。通过软件，既可以便捷地收看在线视频广播节目，揭开电台主播的神秘面纱，还能与直播间的明星嘉宾零距离接触。而DAN除了可听、可看，不久的将来还能实现“可说”的强大功能。受众在边听边看电台节目的同时，可以点击录音按钮，当即录下自己的看法和感想并自动上传，主持人能在节目中当场播放留言录音，并进行最直接的互动沟通与交流。

（陈伟钟）

【3TNet 项目获市科技进步一等奖】 1月18日，由文广互动公司参与完成的“高性能宽带信息网(3TNet)总体技术和规模试验”项目荣获上海市科技进步一等奖。“高性能宽带信息网（3TNet)”由全国50多所高校、研究院所和知名企业，2 000多名科技工作者历时四年多艰苦攻关所研制的，文广互动公司负责牵头实施了“3TNet网络电视内容运营平台”子课题的研发和试运营工作。

3TNet项目是中国“十五”期间863计划信息领域的重大专项之一，是目前全球规模最大的能够提供高清晰度视频服务在内的宽带流媒体互动业务试验示范网络。它具有高达每秒万亿比特的核心网络带宽，可以在可控、可管、可信的支撑体系下，为网内每一个用户提供平均每秒41兆比特以上的接入带宽，用户可以同时享用高清电视、数字电视、高保真立体声、网上冲浪和互动视频电话等服务。3TNet还可以提供和发展远程医疗、远程教育、电子娱乐、居家办公等新兴服务。

（火向君）

东方有线：互动与高清，引领有线电视新动向

【概况】 2008年，东方有线网络有限公司（以下简称“东方有线”）以上海市中心城区有线电视数字化整体转换为契机，大力发展增值业务：推出高清数字电视、互动家庭等产品，取得良好市场反响。

【加快整体转换实施推进】 东方有线克服一系列不利客观因素影响，加大了有线电视数字化整体转换力度，上海市中心城区整体转换用户已超60万户，全市数字电视用户规模已超70万户，机顶盒保有量超过100万台；同时，通过与整体转换工作的紧密结合，以及销售流程的优化，互动电视业务的销售节节攀升，带动了数字电视相关业务的发展。

【推出高清电视】 根据国家加快发展高清电视产业战略，以2008年北京奥运会召开为契机，东方有线在5月进行了上海地区高清机顶盒及相关节目的销售工作；通过与各市场销售渠道的紧密合作，高清数字电视业务快速发展。截至年底，全市高清电视用户已超1.3万户。

【推出互动家庭业务】 东方有线结合自身在数字电视领域的领先地位，积极推进与家庭有线通接入业务的捆绑，推出东方有线互动家庭业务，为上海地区用户提供基于有线网络互动电视业务。截至年底，新增用户超过3万户，全市互动电视用户规模已近5万户。

【奥运安全保障工作】 奥运期间，东方有线主动强化全市广播电视节目安全播出和重要数据网络安全工作责任，大力加强安全工作力度，积极维护企业内部和社会的稳定，全力以赴保证公司各项工作安全有序，最终实现“四个确保”的工作目标，尤其是在有线广播电视传输中，未发生任何播出异常。

（上海信投）

文广互动：提升制作能级，精耕频道内容

【加快技术创新，推动产业发展】 2008年，上海文广互动电视有限公司（以下简称“文广互动”）积极参与一系列国家863项目、市科委、原市信息委重大项目的研发。10月，公司承担的“面向宽带网络的互动电视信息发布技术及应用示范”课题顺利完成，并通过了市科委组织的专家验收。同时还有1项科研项目申请了国家发展改革委的“下一代互联网业务试商用及设备产业化专项”，2项科研项目申请了“上海市重大科技攻关项目”。文广互动还积极参与产业发展的建设，主动建立沟通与交流平台，

推动信息产业和广电产业的跨越与融合。在2008年上海电视节期间，公司携手东方宽频、东方龙新媒体、百视通公司成功举办了第五届国际新媒体产业论坛，邀请海内外专家学者和产业界声名卓著的企业高层管理人士进行专题研讨。出席论坛的中外代表人数高达425位，论坛已经从举办之初比较单纯的学术探讨扩展成为国际新媒体产业技术、商业运营创新的新平台。

【提高节目制作能力，提升节目质量】 2008年，文广互动以集团数字新媒体战略为导引，努力在提升制作能级、精耕频道内容上下功夫，并最大限度地集成电视门户，加速技术创新，立足上海、服务全国。为实现既定目标，公司十分重视并于年内完成数字内容制作基地的建设，实现新媒体数字内容演播制作系统从无到有的质变，并对演播室系统内使用视频服务器，将IT技术融入传统演播室系统进行了尝试；同时，还对制作网和播出网进行了系统规划和改造。这些措施不仅保证了系统的安全性、可靠性，还增加了系统的灵活性，实现制编播一体化和无带化。截至12月底，SiTV全国有线数字付费频道集成运营平台通过卫星共集成传输22套数字付费频道节目，其中自办全国付费频道16个，节目信号覆盖全国220个城市及地区，覆盖数字电视用户2 000余万。

【强化营销理念，推进市场拓展】 6月4日起，为纪念中国电视诞生50周年，文广互动将旗下30套主题节目向上海地区数字电视网以不加密的形式清流播出30天，上海近40万数字电视机顶盒用户皆可免费收看包括SiTV全程独家转播的2007～2008赛季NBA总决赛、五大系列热映主题电影、六大剧场当红电视连续剧、全纪实频道独家纪录片等在内的王牌节目。此次对上海40万机顶盒用户清流一个月的活动，旨在让更多观众感受付费频道的精彩内容与卓越服务，用高品质丰富内容全力支持上海数字电视整体转换，并使公司一直倡导的“付费频道大众化”理念得以更好地贯彻。十月黄金周起，文广互动将旗下魅力音乐、游戏风云、极速汽车、法治天地、七彩戏剧五大付费频道倾情赠送上海的数字机顶盒用户，丰富了上海市民的文化生活。下半年，SiTV作为媒体合作伙伴全程参与了NBA重要的线下品牌推广活动“大篷车”，巡回全国12个主要城市，为付费电视用户提供频道增值服务，提升频道品牌营销力与用户忠诚度。在历时三个月的活动中，活动现场参与者达80万人次左右，现场影响人数总计达280万人次，共回收超过1.2万份用户信息，从而为建立相关数据库及进一步拓展市场提供了有效的实用数据。

（信息家电行业协会）

上海电信：IPTV新增三大频道

IPTV业务是中国电信上海公司作为综合信息服务提供商在电视媒体服务方面的重要突破，也是中国电信的重点业务。截至年底，IPTV用户数近75万户，新增50多万用户，公众用户活跃度稳定在70%左右。2008年，IPTV开出了购物、教育、健康三大频道。其中，购物频道的上线商品已达到2 000余种；教育频道基本形成了教育信息平台、远程教育平台、辅助教育平台和大众普及教育平台的系统架构；健康频道设立了包括健康视界、预约挂号、数字预检、爱心活动和为您服务等主要标签功能位，形成了从视频到图文到线下服务的整体内容形态，为用户提供全面的健康内容和服务。

（谢蓓蓓）

五、信息服务外包业

产业规模

近年来，上海市信息服务外包发展迅猛。软件产业营业收入从2000年的48亿元人民币，增至2008年的1 004.78亿元人民币；软件出口从0.53亿美元增至2008年的7.57亿美元（不包含嵌入式软件出口）。上海软件产业从业人员已达20.9万人，企业超过1 300家，其中200多家从事软件出口；全国186家重点软件企业中，上海有29家。

上海已初步形成“软件产品出口、来料加工、系统集成、整体方案和软件服务并举”的软件产业链。截至2008年9月底，上海累计批准设立跨国公司地区总部178家，外资研发中心215家，形成了信息服务外包较为丰富的客户资源，一大批国际知名服务外包企业已入驻上海。

企业数量

截至2008年12月底，在上海市信息服务外包发展中心注册的上海信息服务外包从业企业共336家。其中美国国际外包协会评选的“2007年全球服务外包企业100强”中已有14家落户上海。中小型企业则占据了所有信息服务外包企业的90%以上，可见上海的信息服务外包企业大都还处在成长阶段。

上海从事信息服务外包的企业业务大都以软件外包和IT服务为主，ITO企业占到所有信息服务外包企业的60%以上。另外有三分之一强的企业在从事BPO业务。在从事ITO业务的企业中，有高达72.1%的企业涉及软件开发业务，有44.8%的企业业务涉及软件测试环节。因此在目前的上海市信息服务外包产业中，软件出口与外包是非常重要的一环。在对BPO业务进行细分的企业中，涉及财务管理外包业务的企业占22.5%，涉及人力资源管理外包业务的企业占18.5%，涉及客户关系管理外包业务的企业占9.4%，涉及采购外包业务的企业占1.7%，涉及研发外包业务的企业占12.3%，涉及营销销售外包业务的企业占25.3%，涉及物流外包的企业占15.6%。

人才规模

上海信息服务外包从业人员已超过5万人，其中68%拥有大学本科及以上文凭；信息服务外包人员业务构成中，研究、设计和开发人员占43%，系统维护人员占13%，经营管理和市场开发人员各占14%。

上海积极推进软件学院的建设，共有 4 所示范性软件学院，分别是上海交通大学软件学院、华东师范大学软件学院、同济大学软件学院和复旦大学软件学院，四所学院每年招生人数总计约 700 人，其中研究生约 150 人。此外，上海有 500 多家社会力量办学的计算机应用技术培训机构，所提供的计算机技术培训人次近 10 万，其中软件技术方向的占 30% 以上。

业务拓展

由于欧美日是信息服务外包主要的发源地和发包方，上海承接业务起步较晚，加之与日本的地理临近和文化相似性，上海信息服务外包主要以服务日本市场为主。目前从发包市场来看：日本是最大的发包地，市场份额高达51%，来自本地的发包业务占到34%；欧美发包市场份额为14%，美国、欧洲市场的成长性仍然非常好，具有良好的发展势头。

（信息服务外包发展中心）

第三编

政务领域信息化

综 述

2008年，上海政务信息化建设持续推进，政务信息资源开发利用工作稳步推进，部门和跨部门政务信息化应用项目建设成果显著，电子政务支撑体系进一步完善，电子政务服务渠道不断拓宽，政务信息化工作已成为“服务政府、责任政府、法治政府”建设的重要手段。

在政务信息资源开发利用方面，按照《中华人民共和国政府信息公开条例》和新修订的《上海市政府信息公开规定》，持续推进政府信息公开工作，继续在全国处于领先地位；人口、法人、空间地理等基础数据库建设稳步推进，初具规模，政务信息资源目录体系和交换体系试点不断深化；在政务支撑体系建设方面，基础网络、行政审批平台、政府网站、服务热线等建设不断深化，较好地支撑了全市电子政务建设，其中行政审批平台的建设规划已基本完成，政务服务热线114继续发挥指引公众办事的作用；在应用系统建设方面，公安信息系统、知识产权信息平台、食品药品监管系统、居住证系统等一大批重点信息化应用系统基本完成建设，各部门的信息化建设也得到了长足的发展，较好地支撑了业务工作开展。

（张柏军）

第一章　政务信息资源开发利用

概　述

2008年，上海市继续深化政务信息资源开发利用工作，取得进一步成效。继续推进政府信息公开工作，完成《2007年政府信息公开工作要点》确定的各项任务，进一步完善机制建设，深化了公开内容，拓展了公开渠道，主动公开政府信息和依申请提供政府信息工作顺利开展。开展政务信息资源目录体系和交换体系的研究和试点工作，徐汇区、静安区、市水务局分别完成空间地理信息资源、法人领域信息资源、水务行政业务信息资源的分类编目和公开属性审核试点工作，探索了非公文类信息资源的编目、公开属性审核、共享和交换的工作方式，为进一步深化政务信息资源目录体系建设奠定了一定的基础。进一步推进企业信息的共享交换工作，在企业基础信息共享应用系统的基础上，完成上海市进出口领域企业信息交换应用系统建设，初步实现近3万家进出口领域企业175项信息在海关、检验检疫、外汇管理、商务、工商、税务、质监、国资管理部门之间的及时交换与共享。

（张柏军）

一、政府信息公开

制度规范建设

2008年，上海市继续加强政府信息公开制度规范建设，确保政府信息公开工作有据可循、有章可依。2007年4月5日，国务院总理温家宝签发了《中华人民共和国政府信息公开条例》（以下简称“《条例》”），并于2008年5月正式实施。为了贯彻落实国家《条例》，市政府法制办牵头组织开展对《上海市政府信息公开规定》（2004年1月20日上海市人民政府令第19号发布）的修订工作。在充分调研的基础上，新修订的《上海市政府信息公开规定》（以下简称“《规定》”）（2008年4月28日上海市人民政府令第2号公布）于2008年4月7日经市政府第5次常务会议通过，与《条例》同时施行。新修订的《规定》严格遵循《条例》的相关规定，并对上海市在政府信息公开积累形成的工作做法以具体条文进行了确认，保留了上海市在信息公开工作方面的相关特色。新修订的《规定》共六章三十七条，从工作原则、工作机构、公开范围、公开途径、依申请公开程序、监督和救济等方面对政府信息公开工作作了具体规定。目前，新旧《规定》之间过度平滑，新修订的《规定》实施顺利。

根据《条例》第八条的规定，行政机关应当建立健全政府信息发布协调机制。为此，上海市启动了相关立法调研，并于年底由市政府办公厅发布了《上海市政府信息发布协调工作规范》（以下简称“《规范》”）。《规范》规定，行政机关发布政府信息前，知道该政府信息涉及其他行政机关的，或者政府信息涉及两个或两个以上行政机关，但相关行政机关已发布的政府信息内容不一致的，行政机关应当与有关行政机关进行沟通、确认，保证行政机关发布的政府信息准确一致。《规范》总计十二条，从职责分工、适用范围、协调内容、协调责任主体、协调程序、时限、责任追究等方面对信息发布协调工作作了明确规定。

此外，根据《条例》的相关规定，2008 年上海市还发布了《上海市政府信息公开监督保障工作规范》和《上海市政府信息发布保密审查工作规范》，进一步完善了政府信息公开的相关工作机制。

信息公开情况

【主动公开政府信息情况】 政府机关对政府信息进行了梳理和编目，2008 年新增主动公开政府信息 15.8 万条，全文电子化率为 98.5%，涵盖机构职能、政策法规、规划计划、业务信息和其他等各领域。

【依申请公开政府信息】 2008 年，全市各政府机关共收到政府信息公开申请 9 388 件，其中市级机关收到 3 562 件，区（县）政府收到 5 826 件；当面申请 6 349 件，占 67.6%；以网上提交表单形式申请 1 861 件，占 19.8%；以电子邮件申请 160 件，占 1.7%；以传真形式申请 126 件，占 1.3%；以信函形式申请 766 件，占 8.2%；以其他方式申请 126 件，占 1.3%。

在9 388件政府信息公开申请中，已经答复的 9 027件，按照《规定》将于下年度答复的361件。

在答复中，“同意公开”的为5 320件，占总数的58.9%；“同意部分公开”的为287件，占总数的 3.2%；“不予公开”的为502件，占总数的5.6%。

其他情况 2 918 件。其中，“非《规定》所指政府信息”343 件，占 11.8%；“信息不存在”1 028 件，占 35.2%；以“非本机关公开职责权限公开范围”972 件，占 33.3%；“申请内容不明确”465 件，占 15.9%；“重复申请”44 件，占 1.5%；“非政府信息公开申请”66 件，占 2.3%。

网上申请处理

根据《条例》和新修订的《规定》，对建立在市政务外网上的政府信息公开申请处理系统进行了系统更新。重点更新了政府信息公开申请处理流程，调整了依申请公开政府信息的相关统计指标。同时，推进各政府机关依照系统调整要求，对各自的相关系统进行了调整和维护。该系统在规范申请处理流程、加强申请处理监督方面发挥了积极作用。

此外，结合推进公文类信息目录备案工作，将原先部署于互联网上的政府信息公开统计、业务交流互动、重要信息发布等功能，与申请处理系统进行了整合，形成了上海市政府信息公开工作平台，综合提供统计数据报送、网上申请处理、公文类信息目录备案、工作交流等服务。

公文类信息目录备案

为了加强公文类信息的公开工作，启动了公文类信息目录备案系统的开发工作，并配套制定了相应的管理办法。根据行政机关公文管理的相关规定，要求各政府机关在分类梳理、审核公开属性的基础上，将2008年5月1日之后产生的各类公文信息的目录备案至公文类信息目录备案系统，并在全市部署和运行成熟后，将属于主动公开的公文类信息目录通过“中国上海”门户网站进行公开，实现基于目录的公文类信息的定位和查询，进一步方便公众获得相应的公文类信息。

该系统已经基本部署完毕，运行情况较为良好。截至年底，有26市级委、办、局和14个区县向系统备案公文类信息目录总计28 558条。

非公文类信息编目试点

为了进一步探索非公文类信息的分类编目和公开属性审核工作，推进非公文类政府信息公开，在徐汇区、静安区、水务局分别就空间地理信息、法人信息、水务行政业务信息开展分类编目和公开属性审核试点工作。目前试点工作已经验收完毕，试点取得预期成效。

徐汇区：梳理空间地理信息，对空间地理信息资源进行标准化的定义，确定了符合国家标准的空间地理信息资源元数据方案，基本完成徐汇区空间地理信息资源的公开属性审核工作，并探索基于目录体系的信息资源共享和交换工作。

静安区：完成静安区信息资源核心元数据的规范制订工作，完成区法人库、区行政服务中心、“十一五”期间建成的应用系统等三类信息的元数据方案和目录方案制订工作，并编目数据30 000余条。按照政府信息公开要求，制定了信息资源公开或共享审核原则和流程，形成了《政务信息资源目录数据规范》等相关的配套制度和技术标准。

市水务局：梳理了水务行政业务数据资源，形成相应的信息资源分类规范，按照主题、部门、公开属性、资源形态对信息资源进行分类和编目，形成上海市水务行政业务信息资源目录体系。同时，制定了《上海市水务局行政业务数据库信息分类编目和公开属性审核工作规范》，探索形成了市级部门信息资源目录编制规则。

（张柏军）

二、信息资源开发利用

基础性信息资源开发利用

【人口信息共享】 截至2008年底，全市19个区县中已有17个区县建成自然人基础数据库，2个区尚在建设中，18个区县开发了基于自然人基础库的综合应用系统。

为配合区县公共管理和市民服务的需要，上海市社会保障和市民服务信息中心（以下简称“社保卡中心”）充分利用居住证项目中已建成的区县交换平台，建立与相关区县社会保障卡受理信息共享机制。在对试点区县多次调研和对业务需求的全面分析后，先后制定并发布了《区县社保卡信息比对环境要求》、《区县社保卡信息比对操作规范》、《区县平台标准（2.0版）》，并在逐一对签订协议的区县的系统环境、系统和信息安全、管理制度进行现场检查的基础上，启动了数据交换比对。截至2008年10月，卢湾、金山、浦东、黄浦、杨浦、松江、崇明、虹口、闵行、静安10个已签订协议的区县收到社保卡受理信息及社保卡管理信息，同时增量数据也按每小时一次的频率进行交换，目前信息交换正常。截至2009年1月底，中心累计向上述10个区县交换的业务数据已超过570万条（其中含1人多次办理业务的多条数据）。

根据市委组织部、市信息委有关推进市基层党建信息系统的工作要求，社保卡中心承担了党员信息库比对交换系统建设，2008年累计比对完成党员信息共计76万多人次。

（蒋力群 社保卡中心）

【空间地理信息共享】 7月，“上海城市建设地理空间信息系统共享交换平台（以下简称‘共享交换平台’）研究”课题立项。该课题由上海城市发展信息研究中心、市信息委社会处、上海市测绘院、上海市绿化管理信息中心、上海市市容环卫管理信息中心、上海市水务局信息中心、上海市环境保护局信息中心等共同参与完成。研究内容共分四个部分：

第一部分为现状分析。归纳概括了国内外、上海城市建设领域地理空间信息共享应用现状，上海城市建设地理空间信息共享存在的问题，共享交换平台建设的必要性与可行性等；分析了为什么要建立共享交换平台。

第二部分为需求分析。从共享交换平台的应用需求、业务需求、信息需求、功能需求、性能需求、安全需求六个方面进行需求分析；明确了共享交换平台的内涵。

第三部分为建设研究。对共享交换平台定位、建设目标、建设对策、框架体系、建设内容、关键技术进行深入研究；从共享交换平台的组织机构、运行体系、运行规范、共享政策四个方面进行深入分析其运行保障体系；确定了共享交换平台的建设内容。

第四部分为实施建议。提出立项“上海城市建设地理信息系统共享交换平台与应用示范”重大信息化工程，推进共享交换平台建设；其次明确基础测绘数据与共享应用平台的关系；提出了共享交换平台建设的实施建议。

该课题通过对上海城市建设领域地理空间信息共享交换研究工作，研究制订高端有调度力的共享交换平台的建设方案，以及包括组织架构、运行体系与机制、共享政策等的运行保障体系。深入探索有效推动跨行业、跨部门地理空间信息在线交换、共享和应用的方式方法，推进上海城市地理空间信息共享交换工作；满足上海国民经济和社会发展的对基础地理空间信息和共享交换服务的需要。

（于海龙）

【进出口领域信息共享】 根据国家有关试点工作要求与上海电子政务建设的实际情况，2008年底，由市经济信息化委牵头，市商务委、市国资委、上海海关、市工商局、市国税局、市地税局、市质量技监局、上海出入境检验检疫局、上海外汇管理局、上海口岸办等单位共同推进实施的“上海市进出口领域企业信息交换应用系统”基本建设完成，并投入试运行。

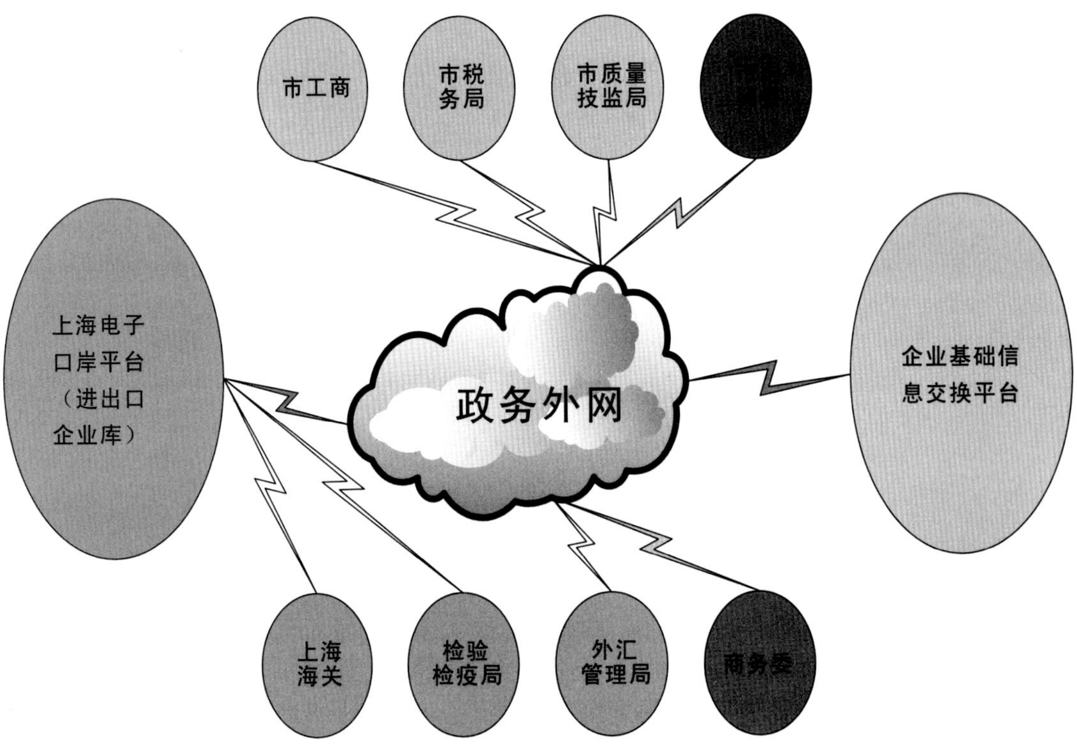

系统建设充分依托了上海电子口岸平台、上海市企业基础信息共享应用系统已有的信息资源与软硬件资源，以及上海市政务外网的网络资源，建成了经比对信息较为完整、准确的进出口领域企业信息库和信息交换平台，初步实现近3万家进出口领域企业175项信息在海关、检验检疫、外汇管理、商务、工商、税务、质监、国资管理部门之间的及时交换与共享，并初步形成该系统与上海市企业基础信息共享应用系统的协同与互动框架，做到新增进出口领域企业信息的“一口采集，多部门使用”，企业变更信息的“单部门变动，多部门联动”，确保各部门企业信息的准确、完整和一致性。该系统的稳定运行将为进出口领域各部门提高面向企业的服务水平，加强对进出口活动的监督管理与行政执法效能提供有效支撑。

（张璐璐）

第二章 政务基础支撑体系

概 述

2008年，上海电子政务基础支撑体系进一步完善。在基础网络设施方面，全市已建成了市公务网和市政务外网，形成了市、区（县）、街道（乡镇）三级电子政务基础网络，为全市党政机关提供了统一的办公、业务应用、协同办事、信息交流和资源共享的网络平台，使行政机关处理各类业务和满足公共服务需求的能力明显增强。上海市电子政务灾难备份中心正在建设中，建成后将为上海电子政务发展提供信息安全和应急防范保障。在应用支撑方面，结合上海市行政审批管理制度改革，全市网上行政审批办事平台建设方案已基本完成，项目立项和平台建设工作正在有序开展。平台包括网上行政审批大厅、行政审批信息管理系统、行政审批电子监察系统、电子签章及时间戳服务系统等，通过对各类行政审批事项的流程优化、电子化、信息化，大幅度提高全市的行政审批效率。在服务渠道方面，“中国上海”门户网站在深化政府信息公开、创新办事模式、建设互动渠道、拓展为民服务等方面取得显著成效，门户网站访问量持续快速增长，政府与公众联系的桥梁纽带作用进一步体现。全市重要公共服务热线，政务服务热线114、12319城建热线、12316农科热线、12365质量投诉热线、962020旅游热线、96222市民服务热线等热线接待服务数量比上年明显增加。

（龚 青）

一、基础网络设施

公务网建设运行

上海市公务网是在原市党委系统网的基础上，统一规划和建设覆盖各区县、部委办局等局级以上单位的计算机光纤物理网络，实现了统一布网、规范应用、互通信息的目标，大大提高了上海市各级党政机关的办事效率，为全市党政机关提供了一个统一的网络平台，促进了机关各系统内外的信息交流和资源共享，对整个社会的信息化建设起到辐射、示范作用。

截至2008年底，东方有线负责接入的公务网节点数达291个，光纤使用长度为11 058芯公里。目前，公务网可实现的应用包括：由市委、市政府向各个区县委传达机密文件和命令，再由区县委向相关委办局下发；为市委、市政府召开各项视频会议提供平台；为应急指挥、各条线局级单位实现涉密域和非涉密域的应用等。

（上海信投）

政务外网建设运行

政务外网是与公务网共同构成电子政务网络的两个平台之一，是政府的业务专网，主要运行政府部门面向社会的专业性服务业务和不需要在内网上运行的业务。截至2008年底，东方有线共接入政务外网的节点数达750个，其中互联网节点15个，VPN节点735个。

政务外网目前已实现与中央政务外网平台的对接和互联，基本覆盖所有市级委办局、市财政拨款单位，与19个区县实现联网，支持市区两级政务网互联互通，并为应急指挥、医疗系统等跨部门高带宽实时应用提供网络支持。可为跨部门、跨行业的信息交换和协同业务提供工作平台，为门户网站和各部门网站网上办事提供后台业务支撑，为“中国上海”门户网站提供互联网主备出口，为市政府办公厅等13家单位提供互联网出口。同时，也为各部门构建各自的业务专网提供公共网络服务，已为市建交委等10余家条线应用提供网络支持等。

（上海信投）

电子政务灾难备份中心建设

上海市电子政务灾难备份中心项目（以下简称“灾备中心”）是上海市信息安全应急防范体系的重要组成部分，主要服务对象是面向市级委办局电子政务内、外网及市医保、社保等关于国民经济、社会生活领域的重要信息系统。

项目位于浦东张江软件园，项目机房工程建设（一期）于2006年12月开始桩基施工，2007年8月实现结构封顶，10月进入设备安装阶段。2008年5月完成工程建设，6月完成各项工程验收，即将移交使用单位。

灾备中心整体功能划分为机房区、运营功能区、客户服务区、备用生活区和基础设施区等五大功能区域。灾备中心二期（包括设备采购软件平台建设）已经正式启动，目前进入可研报告批复阶段。

（上海信投）

二、应用支撑平台

行政审批办事平台

根据市委“深入推进本市行政审批管理制度改革”重要课题的调研安排，开展了“推进行政审批电子化、信息化，建立网上行政审批和管理应用平台”的课题研究。课题组研究了南京、苏州、深圳等市的行政审批或电子监察系统建设情况，调研了市发改委、市建设交通委、市房管局、市规土局等有关部门及各区县的建设需求，完成了课题研究报告。期间，市有关领导多次召开会议进行专题研究。在广泛调研及综合多方意见的基础上，平台建设总体方案现已初步形成。近期主要由各试点业务的牵头部门进行流程梳理和优化，同时将由市政府办公厅作为项目建设主体，会同市审改办、市经济信息化委推动项目的立项建设。

（刘迎风）

三、政府门户网站

“中国上海”政府门户网站

【概况】 2008年，“中国上海”政府门户网站（以下简称“门户网站”）在市委、市政府的领导下，在全国抗震救灾、北京奥运会召开、迎接上海世博会等重大事件中积极宣传报道，发挥政府与公众联系的桥梁纽带作用。网站建设与加快政府职能转变、创新管理体制和管理方式紧密结合，与加快建设“服务政府、责任政府、法治政府”紧密结合，在深化信息公开、创新办事模式、建设互动渠道、拓展为民服务等方面取得显著成效。

根据国家工业和信息化部发布2008年中国政府网站绩效评估结果，上海获总分72.6，位列32个省级政府网站绩效排名第二；在工信部电子科技情报所组织开展的2008年中国优秀政府网站推荐活动中，获领先奖与信息公开领先奖（两项评奖在省级政府网站中均位列第一）；在上海市第四届优秀网站评选活动中被评为优秀网站；在2008年上海祝福北京奥运网络作品征集活动中获"特别贡献奖"。

【信息公开与要闻发布】 2008年5月1日，《中华人民共和国政府信息公开条例》正式实施，新修订的《上海市政府信息公开规定》颁布，门户网站确保政府信息发布及时、内容权威，信息公开工作得到不断深化。5月，门户网站开通"政府信息公开意见箱"，截至年底共收到市民提交意见与建议455条。11月，"政府信息公开"栏目新增"规划计划"、"财政预决算"、"行政收费"、"政府信息公开监督保障机制"、"重大工程招投标"、"监督检查"、"土地征用房屋拆迁"、"三农服务"等子栏目。为配合上海市机构改革，针对网上有关部门制订信息梳理方案，开展重新归类与更新工作。

2008年，门户网站公开的市政府信息主要有：市政府普发文件110个，市政府常务会议14次，市政府实事项目评议与征集，市人大代表书面意见和市政协提案办理工作动态35条，市政府工作百题集189题，市领导活动图片50张，市政府法规（草案）征求意见稿6个。

门户网站全年集中发布的市政府文件和部门公开信息（文件、通知等）2 071条，日均约8条（以工作日计），其中包括市政府文件（含市政府新闻发布会）193条，市政府各部门信息1 878条。政府信息公开栏目页面总访问量全年1 577万页（次），增幅11.4%，在主要栏目访问量排行中位居第三。

门户网站上海要闻（含部门信息和区县动态）发布信息4.8万余条，日均132条（以日历日计），其中选用市政府部门、区县报送信息3.3万余条，占发布总量70%；图片新闻2 697幅，日均7.4幅。要闻信息页面访问量全年3 993万页（次），位居主要栏目访问量排行首位。

【网上办事与便民服务】 门户网站全面梳理"办事规程"、"在线受理"、"状态查询"、"结果反馈"、"表格下载"、"网上咨询"、"网上投诉"、"办理机构"等栏目，总共更新信息5 300余条，确保网上各项链接办事事项（网址）的准确性与有效通畅。

截至年底，门户网站集聚各类办事项目，包括行政许可审批事项、非行政许可审批事项及其他办事事项1 677项，其中在线受理（预受理）的办事项目783项、办事状态实时查询项目560项、结果反馈事项681项，表格下载4 752张。网站提供生活地图、公共设施信息、生活服务信息以及常用网站等6大类、300多项查询和500多个网站链接。

门户网站"网上办事"（市民办事、企业办事、办事平台、百件实事网上办、虚拟现实服务等）页面访问总量1 032.2万页（次），占主要栏目页面访问量9.7%。便民事项类栏目（便民问答、便民提示、查询平台、服务导航、生活地图、城市生活等）页面访问总量2 136.9万页（次），占主要栏目页面访问量20%。

【互动建设】 2008年，共有6个政府规章制度草案在门户网站上公开征集意见。"公众参与、百姓评议"累计公布各类公示公告、项目方案征询、网上测评等共236项，体现政府工作公正与透明，切实保障公民知情权和参政议政的权利。

"市长之窗"收到有效信件4.6万封（工作日计日均187封），自开通以来累计收到市民发来电子邮件20.4万余件。门户网站每季度公布"市长之窗"网上信箱工作情况，每月公布市政府委办局、区县（含街道乡镇）网上领导信箱工作情况。

门户网站互动类主要栏目（市政府委办局、区县、街道乡镇网上领导信箱、市人大代表书面意见和政协提案办理栏目、政府规章草案民意征询平台、公众参与百姓评议、互动社区）页面访问总量335万页（次）。

【网站改版与新增栏目】

1.首页布局调整

5月，门户网站首页改版，将栏目优化整合，推出"办事平台"、"查询平台"、"征询平台"、"互动平台"，更加注重体现"为民办事、为民服务"的宗旨，使页面布局更清晰，首页信息发布量更大。

2.在线访谈开通

4月30日，市长韩正开通"在线访谈"栏目并担任首期嘉宾与网民进行互动。截至年底，栏目共举办了包括常务副市长杨雄等担任嘉宾的13期访谈节目，平均最高峰在线人数3 925人次，有效提问总数6 750条，平均每期519条。目前栏目在访谈策划、访谈运作、系统及网络保障、页面形式都已得到完善并形成书面规范，对访谈的问题都形成了反馈机制。

3.虚拟现实服务上线

5月，门户网站以公众需求为导向，推出虚拟现实服务，模拟现实办事场景，以动画方式将办事要素完整呈现，方便网民更好地使用网上办事功能。截至年底，总共推出20个大项、99项虚拟办事服务。

4.百件实事网上办

5月，“百件实事网上办”专栏新增“社会服务、体育休闲、市场与质量安全”等栏目。目前，专栏共辟8个栏目计190项办事，涉及24个部门。截至年底，专栏页面访问量累计138万页（次）。

5.重大专题发布

门户网站紧密结合政府工作，为抗震救灾、迎世博600天行动、市政府实事项目、政府工作百题集、落实办公厅科学发展观网上征求意见和《上海市经济适用住房管理试行办法（征求意见稿）》等推出大型专题。

6.2008年市政府实事项目专栏上网

5月，“2008年实事项目专栏”上网，集聚市劳动保障局、市教委等13个部门、共9大项22个小项实事项目内容页链接，在网上公布事项的建设背景和详细进展情况。

【电子邮件、手机短信与检索服务】 门户网站邮箱、短信使用率与检索功能进一步提升。截至年底，公务信箱开户数1.1万，企业信箱用户数1 513个。政府信息免费服务平台注册电子邮件用户数累计6 360人次，手机短信订阅用户16.4万人次，平台发送免费短信累计约4 513万条。网站内容整合系统与全网检索系统数据库覆盖69个市政府委办局与区县政府网站，可检索数据77.9万条。

【对政府子网站加强督促与指导】 门户网站先后发布《关于在奥运会及节假日期间加强本市政府网站安全防范与管理的措施》、《关于本市政府网站加强安全管理的通知》，督促政府子网站重视节假日和重大活动期间信息发布与网站安全防范工作；召开本全政府网站工作交流会，对网上办事、信息报送、网站互动与领导信箱反馈等深入探讨达成建设共识；召开市政府部分委办局和区县政府网站工作交流会，针对评议工作开展讨论拟定改革方案，推动网站不断发展。

【网站建设基本数据】 截至年底，门户网站数据库信息总量8.09G（与上年同比增1.28G，增幅18.8%），静态页面数45.04万余张（与上年同比增11.72万，增幅35.2%），图片7.57万余幅（与上年同比增1.59万，增幅26.6%）。其中，市政府公报1 052条，法律法规890条，各类办事规程1 677条，市政府各类文件665件，市政府规章88条，便民问答8 021次。累计发布要闻类信息21.06万条(与上年同比增4.6万，增幅27.9%)。

全年，门户网站总点击数23.7亿次（与上年同比增24.7%），首页访问人次1 725万余，日均4.7万；页面总访问量2.9亿页次（与上年同比增15.7%），日均80.6万。自开通以来，门户网站总访问人次1.1亿，页面总访问页次11亿。

（尚子敏　刘晔）

四、重要公共服务热线

政务服务热线114

梳理汇总全市各级政府机关、部分公用事业单位的3 258个对外服务电话号码，并依托114开通了“政务服务热线114”，向公众提供号码查询和电话转接服务。自热线开通以来，已总计提供查询服务1 385 471人次。

（张柏军）

110报警电话

2008年，110接警中心共接警11 398 023起，同比增加4.3%；处警3 623 102起，同比增加2.8%。其中报警案件类803 054起，同比减少2.5%；纠纷类635 240起，同比减少7%；煽动性案件类13 288起，同比减少5%；事故类1 210 741起，同比增加10.4%；交通管理类303 753起，同比增加1.1%；社会求助类269 989起，同比减少3.1%。通过110接处警，查破刑事案件1 866起，查处治安案件19 164起，查处违法犯罪人员7 625人。

（侯陈继）

12319城建热线

2008年，12319上海市城建热线共接市民来电295 771个，接通278 483个，接通率94.2%；日均接电808个，同比上升9.3%。受理与建设交通行业相关的市民诉求228 939件，其中，派往各相关热线226 575件，占86.6%；派往各区网格化平台处理2 364件，占0.9%；外系统32 832件，占12.5%。市民回访满意率91.3%。为满足城市不断变化发展的需要，12319城建热线利用现代化信息技术和手段进一步强化管理效能。一是进行系统升级，二是完善GIS地理地图系统，三是做好督办回访工作。

12319城建热线在与卢湾、长宁和浦东三个区网格化互动工作的基础上，进一步扩大覆盖面，6月23日实现与10个中心城区网格化平台的全面联动。互转信息共4 626件，互转信息量为联动前的2.3倍，办结率达96.6%。同时，拟定《上海市网格化平台与12319热线联动信息业务操作规范》，明确了信息互转的内容、工作流程和要求，加快了与网格化系统的信息传递速度，统一规范用语，有效促进市民诉求的快速处理。通过12319热线与网格化平台一同管理、一同立案、一同处置、一同监督、一同考评的闭环处理模式，实现管理资源的“一体化联动”，互动更为频繁、处理更为高效、效果更为显著，进一步扩大了数字化城市管理效能。

12319 城建热线加大信息挖掘的深度和广度，通过管理人员业务培训、听录音等，提高信息敏感度。同时，扩充了 BI 数据分析软件使用功能，根据实际工作需要，多次进行调整修改，添加基础模块，完善数据库信息，细化电话数据、业务数据的项目内容，有效提升了信息分析质量，加速数据提取。全年共提供各类数据统计分析近 500 次；中心编印的《2007年度工作报告》、《通报》、《专报》、《夏令热线快报》等 20 余期信息，引起上级领导和相关部门的高度关注，促进了问题的有效解决。

（赵宁宏）

12316农科热线

上海农科热线于2002年8月开通，是上海市农委根据市委、市政府关于“面向全国、服务全国”的工作思路创办的第一条面向全国、免费提供农业科技和市场信息咨询的服务热线。

农科热线坚持“有问必答，有求必应，及时准确，满意为止”的服务承诺，根据农民现有的经济实力、文化水平、适应农业生产的连续性、周期性等特点，坚持全年候、全天候的服务制度，全年365天开通，每天24小时服务，接受全社会的咨询。一般问题当场回答，疑难问题24小时内答复，并且积极收集各种方便、实用、价廉的农业生产技术，及时、有效、准确的市场信息，努力拓展咨询服务的好方法、好渠道。

2008 年，农科热线接待服务数量比上年明显增加，全年共接各地来电 13 206 个，登门咨询 1 276 人次，组织专家下乡 2 825 人次，分别比往年增加了 12.2%、21.2% 和 2.4%。服务内容更加广泛，咨询内容不仅有农业技术，而且涉及市场信息、政策法规、质量举报、困难求助等，辐射面不断加大，宣传工作也有了新突破，宣传的形式、方法均有所创新。

（丁志远）

12365质量投诉举报热线

2007年8月，上海市“金质工程”12365质量投诉举报热线子系统建设完成，2007年10月投入正式运行。目前已有20个坐席，采用30B+D中继接入模式话务。该系统包括申诉、举报、咨询、业务报表等四大功能模块，截至2008年底共受理咨询102 870次，申诉3 879次，举报187次，在应对三聚氰胺事件中发挥了积极的咨询服务作用。系统具有以下功能：

⑴简单易用，可操作性强，实现与软电话软件、GIS系统的集成(见图1)，快速定位被申诉地址及关联数据，大大方便了用户的运用，提高了系统的可操作性；

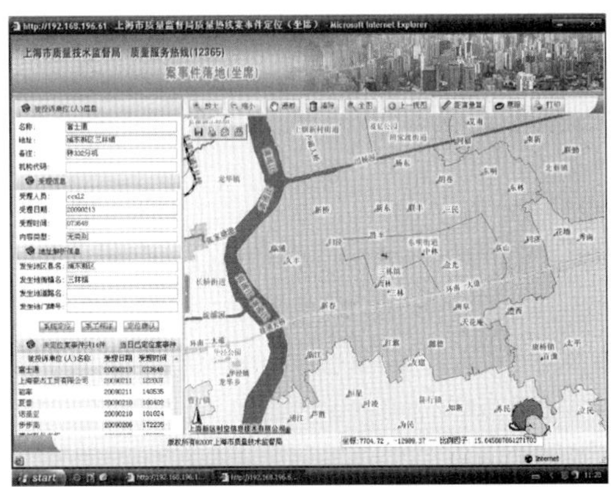

图1 GIS电子地图定位可帮助执法人员快速定位事发地

⑵提供基于产品申诉信息的多种统计功能，通过综合报表可以方便得知当前申诉热点或品牌申诉排名(见图2)，快速定位特定时间的申诉热点；

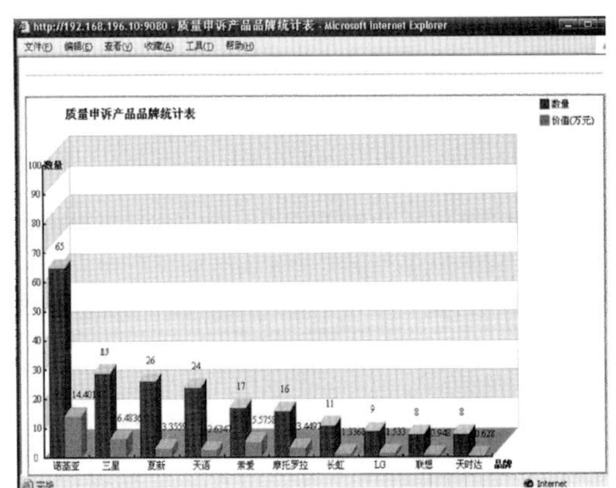

图2 质量申诉产品品牌统计表提供申诉热点

⑶实现申诉和咨询“集中受理、分工处理”的工作模式，不仅强化了“12365”质量投诉举报热线的品牌服务，而且提高了市、区两级质量监督部门协同工作的效率；

⑷实现与电子监察系统的数据关联（见图3），便于各级管理部门对申诉工作进行跟踪和检查。

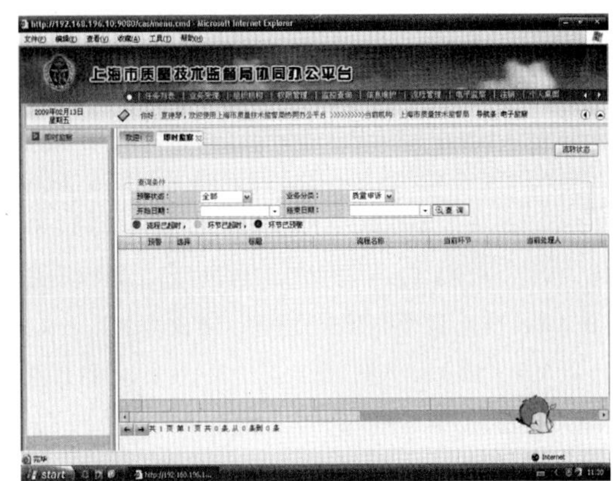

图3 电子监察功能提高了工作的透明度

（周莉蓉）

962020上海旅游热线

2008年，上海旅游热线平均月呼入量6 500通。通过购买服务，委托上海市旅游咨询服务中心运营，基本确保了工作人员的队伍稳定；积极开辟信息渠道，从相关处室获取旅游节、国际旅交会、黄金周等各类信息，通过加强培训，提升了服务质量。同时，配合国家旅游局建设12301旅游服务热线，经与上海市通信管理局协调，上海正式取得了12301短号码的使用许可，并完成上海旅游热线962020和12301的号码对接工作，于8月正式开通。目前，与962020实行双轨制，以方便市民和游客咨询。

（刘 昊）

9682000信息化服务热线

2008年，9682000上海信息化服务热线为市民提供电话咨询服务11.9万余人次，上门服务单位数量967余次，家庭数量5 669余次，发布于全市20个主要新闻媒体的计算机病毒预报信息156余条，服务网络基本覆盖各区县。

同时，发放免费期刊——《信息安全和服务》12期，全面介绍全市信息化发展的状况、信息安全防范知识等，免费发放面保持在稳定的范围内。

（姜 健）

962222市民服务信息热线

2008年，“962222”市民服务信息热线人工受理咨询电话共计74.8107万话次，其中：社会保障卡查询33.0760万话次，占咨询总量的44%；社会保障卡挂失9.6298万话次，占咨询总量的13%；社会保障卡（学籍卡）查询18.8009万话次，居住证查询4.2005万话次，分别占咨询总量的25%和6%；电话外拨服务8.1874万话次，语音留言服务1.3074万话次， 得到市民表扬75起；此外，服务窗口接待市民来访1.8530万人次，收到来信9.7225万封，其中需信息处理总量达7.7611万件。全年市民对服务热线的满意度达到98.77%。

（社保卡中心）

962200社区服务热线

962200社区服务热线坚持政府主办、社会参与，本着“以民为本，需有所应，便民利民，服务社区”的服务理念，以居民生活需求为导向、以社区服务信息为基础，集咨询（家政服务、社区政务、社区信息、生活百事等）与服务（家政服务、家电维修、物业维修、冷门服务、社区事务等）为一体，面向社区居民提供专业化、个性化、规范化的社区服务。同时，也是“安康通”为老关怀服务援助系统的受理、服务平台。

2008年，962200社区服务热线共接听市民来电40万个，接通率100%，处理率99.83%，满意率94%。社区服务热线与社区生活综合服务系统共享信息资源，形成信息资源管理平台，以实体服务为后台支撑，其构建的以提供居家生活服务为主要内容的社区服务超市项目达到八大类55个，其中11个重点项目被列为便民服务的热门项目。此外，为了加强热线的工作效率，全年对热线话务员进行了3次集中培训。

“5·12”汶川地震发生后，社区服务热线作为上海市抗震救灾捐赠咨询热线，参与了救灾捐赠工作。在最初不到6天时间里，受理了9 000多个电话，单日最多达3 700个。截至工作结束，共受理各类捐赠咨询来电20 000多个。

（方廉忞）

第三章　重点业务系统建设和机关信息化

概　述

2008年，上海推进了机构改革和行政审批制度改革，围绕行政体制改革和社会经济发展需要，全市进一步深化、拓展重点业务系统和机关信息化建设，不断提高政府经济调节、市场监管、社会管理和公共服务的效率与水平。

在经济管理领域，重点推进了食品药品监管信息系统、食品QS便捷查询终端系统、百万气瓶电子标签标识系统的建设，启动了金财工程一期建设，通过采用RFID等信息技术手段，在加强市场监管、保障食品药品安全、完善公共财政体系等方面发挥了显著的作用。

在社会管理领域，重点推进了公安、社会保障和市民服务和民政信息系统建设，通过公安图像监控网络体系、公安信息支撑系统、敬老服务卡系统、居住证系统、救灾捐赠系统、养老服务信息系统、市居民家庭经济状况评估信息系统等建设完善，实现了人力资源与社会保障、公安、民政、卫生、交通等部门的业务协同和信息资源共享，满足了社会综合管理服务和抗震救灾工作的需要。同时还推进了电子统计工程和档案数字化管理工作，启动了世博会专题档案目录管理系统建设。

在政府自身信息化领域，配合全市机构改革，以提高协同办公和业务处理效率为重点，积极推进各部门办公业务系统和核心业务应用系统建设；以完善政务信息公开和改革公共服务为重点，进一步改造和完善部门门户网站，重点加强行政审批和网上办事功能的建设；基于市公务网、市政务外网初步实现各部门、各层面之间的办公业务和信息交换的网络化；同时进一步推进涉密系统分级保护工作，加强保密管理和保密技术检查。

（刘迎风）

一、重点业务系统

公安信息系统

【启动上海公安图像监控网络体系建设】 结合上海市“平安建设”要求，2008年市公安局成立由张学兵局长任组长的“上海公安图像监控体系建设领导小组”，启动上海公安图像监控网络体系建设。该体系建设主要由基层派出所图像监控系统建设、前端监控设备采购与安装调试、一二级监控平台扩容、视频直播应用存储系统建设、公安视频IP专网系统及配套设备建设、网络安全认证系统建设和视频信息安全共享建设七部分内容组成，全部项目将于2009年6月前完成。届时，全市所有有条件的公安派出所图像监控室将全面建成，社会治安面管控能力将得到进一步提升，同时基于IP视频专网的数字视频应用及共享也将得到加强。

【推进上海市公安局信息中心支撑系统建设】 2008年，市公安局完成存储系统（二期）建设，初步实现数据线索的全关联索引，并向公安分县局信息中心提供数据下载功能；建成信息中心运行维护管理平台，实现用信息化手段提高对信息通信系统的管理能力；完成信息中心数据抽取服务平台建设，共配置数据抽取方案113个，抽取常住人口信息1 300多万条、居住证500万条等；完成信息中心数据复用服务平台建设，挂接常住人口信息等14个数据资源，并与请求服务系统数据关联，实现对公安掌握的外地公安信息的数据共享应用；完善信息化应用交流平台，开设19个专题栏目，为信息系统建设单位和基层民警双向沟通提供交流渠道；完善数据搜索统一平台，实现在一个平台中同时检索网页资源和数据库资源的目标。

【长三角地区道口公安查控技术的应用研究】 该项目4月通过验收，主要立足于实现长三角地区公安信息互通、协同工作。项目由“综合信息查询比对技术研究”、“人像自动识别技术研究”、“无线移动图像传输技术研究”和“存储图像清晰还原技术研究”四个子项目组成。项目组通过研究，在信息查询比对的动态配置和负载均衡技术、人像自动识别的神经网络识别算法技术、无线移动图像传输的COFDM调制技术、图像还原的时域空间和频域空间的代数及几何运算技术等多项关键技术中取得突破。项目总体上达到国内领先水平，“江浙沪综合信息查询比对技术研究”和“人像自动识别技术研究”两个子项目则达到了国际先进水平。

【数字技术运用于交通事故现场取证及事故再现的研究】 该项目研究了事故现场多类痕迹物证，如制动印迹、车身及其他物体变形、人体损伤等信息，应用了交通事故的现场调查、过程再现和现场重构的基本要素，将数字化技术运用于交通事故现场取证和事故再现，实现了交通事故数值再现，可以通过计算机对事故场景进行二次检验和三维测量。项目提出了基于摄影测量理论的交通事故现场取证的一般方法和工作流程，设计了摄影测量标志物，通过摄影测量方法进行了72起交通事故的实际应用，与实际现场的吻合程度达到90%以上，现场处置效率提高50%以上。通过综合运用制动印迹优化方法、多刚体动力学方法及有限元方法，模拟了75起交通事故的过程再现，数值再现结果获得相关职能部门的认可与采信。通过对700余起不同类型交通事故现场的调查，确定交通事故数字化基础数据的基本数量和录入的途径，并建立了相关数据库，可以实现车辆基本信息、数值模型信息的查询和维护。该项目于10月通过验收，经上海科学技术情报研究所项目查新和水平查新，该项目具有新颖性，达到同类系统国际先进水平。

（侯陈继）

知识产权信息平台

截至2008年底，知识产权信息平台的所有开发和集成工作都已结束，并于2009年元旦启动试运行服务工作。平台以高质量的专利信息资源建设为基础，充分吸收国内外现有专利信息服务系统的优点，有效利用现代信息技术和领域专家知识，打造功能强大的专利检索系统；以个性化、智能化的专利信息服务网站为支撑，有效提供专业化、高水平、快捷、便利的专利检索、分析、评估、预警、转化和管理服务，以及相关非专利科技信息服务，有效满足不同用户的专利信息应用服务需求，从而达到满足基本检索和分析、初步服务于专利交易、支持企业知识产权管理、立足上海覆盖长三角的目的。上海市知识产权信息平台旨在为中小企业提供全方位的知识产权信息服务。平台在开发过程中，充分吸收了国内外优秀专利信息和专利检索系统的特点，形成了平台自身的多个创新点或功能亮点。

（市知识产权局）

食品药品监管信息系统

【RFID在药品追溯中应用示范项目】 2008年，上海市食品药品监督管理局（以下简称“市食品药品监管局”）信息中心与药品安监处、流通管理处通过市科委立项，联手就RFID技术在药品监管中的应用开展研究。经过一年的探索，建立了一条基于RFID射频技术的，从生产、批发、零售直至终端消费者的药品跟踪链，将药品生命周期中的各个过程状态实时反映到局监控终端，实现追溯管理的最终目的。该技术在全国范围内是首次应用于药品监管领域，并于11月初举行的“2008上海工博会”上向全国同行宣传和展示，取得国家食药监局、国家科技部等部门的充分肯定与高度评价。目前，RFID 技术在药品中的适应性与应用可行性都已得到验证，随着示范应用项目的成功与下一步的推广，市食品药品监管局技术监管的手段将得到进一步创新与丰富，药品监管水平将提升到一个新的高度。

（柴　雄）

档案管理与信息服务系统

【概况】 2008 年，以市档案馆为主体、各区县档案馆为骨干、有关主管部门档案室为补充的分布式档案信息资源总库及各应用系统建设稳步推进。截至年底，市档案馆主数据库已有馆藏档案目录数据、企业信用档案、区县专题档案等目录信息 1 000 多万条，存储的数字化档案全文数据总量已接近 6 000 万幅，音视频资料库数据量近 1.5TB，全年采集与上传近 50 家机关的政府信息公开数据 7 300 余条。

市档案局馆局域网共上网稿件 720 篇，40 多万字，同比增长 25%，以上海市档案馆本部为核心，以外滩馆区为窗口，一个集管理智能化、办公网络化、信息利用社会化的上海档案信息化资源网络正发挥着越来越重要的信息积聚与服务功效。档案信息化各类应用系统正按照“多网并进”的建设格局推进。目前，已完成“口卡档案数字化查询利用系统”、“档案全宗信息与基础工作业务流程动态管理系统”、“外滩馆交互式网上学生课堂系统”、“档案展览图片资料库管理系统”、“馆藏历史照片浏览器改造”等一批经济实用、贴近实际需求的档案信息化业务系统；围绕全市中心工作和社会关注热点已启动“中华老字号档案资源共享管理系统”、“世博档案目录共享管理系统”、“政府信息公开数据采集、共享、发布系统”等一系列档案信息业务系统的研发建设。

【“世博会专题档案目录管理系统”项目建设正式启动】 为进一步加强 2010 年上海世博会档案信息化工作，使世博会期间各阶段形成的具有保存价值的各类文字、照片、声像和实物等材料及时归档、合理整合、大力开发、有效利用，7 月 18 日，市档案局召开项目需求发布会，“世博会专题档案目录管理系统”项目建设正式启动。

（王　玮）

社会保障和市民服务信息系统

经过十年建设、完善和应用推进，上海市社会保障和市民服务信息系统已经成为全市人口管理和信息服务领域重要的信息平台。2008年，完善加强了市民服务信息系统安全机制，建立相应的运行监控和安全控制系统，加强了补换卡网点的安全建设力度，进一步规范社保卡业务办理的操作流程；顺利完成了本年度上海市敬老服务卡的发放工作，满足了全市70周岁以上老人免费乘坐公共交通工具的用卡需求。截至年底，社保卡累计发放1 425.57万张，其中包括学籍管理卡195.7万张、敬老服务卡136.97万张、补换卡128.67万张，持卡人群基本覆盖全市各类参保人员。同时开展了社保卡转型和应用拓展的相关研究，为上海市社保卡升级换代打下较好基础。6月，上海市社保卡项目荣获国家金卡工程优秀应用成果奖。

（黄文彬）

居住证信息系统

2008年，通过继续完善居住证信息系统的相关建设，增强了数据统计功能，优化了信息采集业务流程，规范统一了收费核销管理制度，完成了居住证受理网点的资产清点工作。全年，居住证和临时居住证制发量较大，发放居住证20.23万张，临时居住证271.59万张，截至年底，累计发放居住证53.26万张，临时居住证690.71万张。

（黄文彬）

质量技监信息系统

【特种设备检验管理信息系统建设与应用】 上海市“金质工程”子项目之一“上海市特种设备检验管理信息系统”在一期项目应用基础上，继续开发二期项目的建设。2008 年，完成该系统底层架构、数据库和中间件的开发和电梯检验模块的移植工作，在全市 11 个综合性特种设备检验机构和 9 个行业检验机构应用实施，顺利实现与上海市“金质工程”的有效整合，并搭建了特种设备动态监管信息平台，提高了管理与监管效能。

【食品 QS 便捷查询终端系统建设】 上海市质量技术监督局（以下简称“市质量技监局”）承担了市政府

实事工程“食品QS便捷查询终端”项目。2008年，市质量技监局会同市级有关部门开展了该实事项目的推进工作，完成信息查询系统的设计开发、信息查询终端选型部署和项目的具体实施。目前该项目的工程建设已完成，在全市147家大卖场和153家中型超市安装了300台QS信息便捷查询终端，覆盖全市19个区县。QS查询终端通过ADSL宽带与市质量技监局信息中心联网，能够对全国食品生产许可证信息和食品安全信息进行在线查询。12月28日，市质量技监局在农工商超市118店举行了QS信息查询系统开通仪式。

【应用开发百万气瓶电子标签标识】 百万气瓶电子标签标识项目自2006年起连续四年被列为市政府实事工程项目。该项目计划每年对全市100万个家用液化石油气瓶等危险化学品气瓶应用电子标签，力求通过信息化手段实现对危化气瓶的动态管理，为确保城市公共安全提供有效的技术保障。截至2008年底，市质量技监局已累计完成气瓶电子标签标识320万个。

为了加强对气瓶电子标签管理系统的应用，加强对经电子标签标识气瓶的安全管理，市质量技监局先后在市、区两个层面进行了实事工程示范单位的筛选和重点扶持，同时明确了各级示范的工作要求和目标。通过在氯碱、上液等基于电子标签的灌装、称重自动化系统的应用开发，提高了气瓶充装生产劳动效率，减低了生产成本。

电子标签技术应用于危险化学品气瓶管理得到了上海市周边地区的高度关注。上海市科委、浙江省科技厅、江苏省科技厅将此列入2007～2010年长三角地区共性高科技技术联动项目。

（周莉蓉）

财税信息系统

【启动金财工程一期建设】 ⑴开展多层次调研活动。赴湖北、四川等地考察财政部金财工程试点单位的工作进展情况；深入市药监局、松江区财政局等试点单位，详细了解运用信息化管理系统，加强所属单位预算、财务管理、探索财政等政府公共资金实时监管等情况，为谋划金财工程框架设计奠定了理论与实践基础。⑵会同区县（乡镇）财政部门，研究框架设计思路，理清各项财政业务，梳理归并，提升整合。经反复磋商修改，完成了业务需求框架的设计工作，形成阶段性成果——《上海市金财工程业务需求框架设计》。在编制《框架设计》过程中，设计开发了金财工程业务管理平台。通过管理平台，市局金财工程办公室与市局处室、区县财政局在网络上实时进行信息交换和修改意见的联系互动，对《框架设计》工作起到了很好的技术支撑作用。⑶按照财政部有关地方金财工程一期建设内容和建设标准，并根据市委、市政府对上海市财政改革发展总体要求，组织编制了《上海市金财工程一期建设可行性研究报告》，并形成可行性研究报告（初稿）。⑷从系统内部抽调业务和技术骨干组成业务需求细化实施小组，进行业务需求细化工作，确定业务需求编写框架、制订需求提出的要素、编写的范例和流程，形成业务需求细化的标准和规范。

【完善金税工程综合征管软件（上海）系统】 ⑴加强制度建设，提高运维质量。2008年，共制定了“业务需求管理流程”、“用例开发进度管理流程”、“用例测试管理流程”和“工单管理流程”等8项运维工作流程。按照业务发展的顺序，将一个模块从最初提出业务需求至最终上线使用的整个过程予以梳理，确定了需求编写、需求分析、用例开发、用例测试、软件发布5个步骤，分别制定了管理工作流程；并将这些流程设置在问题申报管理软件中，通过“待办任务”显示的方式，提请相关人员及时处理；按《上海市税务信息化应用系统两级运行维护管理办法（试行）》，定期向各分局通报问题申报的处理情况，开发了可供分局自查本分局运维存在问题的模块，减少了操作性的失误，提高征管软件操作效率。2008年，反映日常运维工作效率的问题受理平台，市局层面共受理问题申报单5 783张，与上年同期相比减少了13.9%，其中已处理申报单为5 643张，问题解决率为97.5%。从问题属性归类，属于软件自身BUG的有1 274项，与上年同期的3 103项相比，问题下降率为59.0%。同时抓问题处理速度，明确每周待解决问题必须控制在30个以内，申报单的平均处理速度由上年同期的平均23.0天缩短到目前平均3.7天。⑵完善优化系统功能。2008年，共完成国家税务总局和市局新增、变更的业务需求共计150项。根据市局各业务处室提出的抽取数据的要求，及时提供了24项分析数据，减轻了基层分局上报数据的负担，初步体现了征管系统市级集中的优势；有序安排后续开发工作，完成纳税评估模块开发，重点围绕日常使用频率、疑点方向指示程度、指标重要性和紧迫性三个标准进行，22个指标中已开发完成18个指标。同时在评估对象确定、审核分析、税务约谈等具体评估环节方面，完善了纳税评估总体框架和整体流程，已在试点分局应用；完成纳税信用等级的开发和测试，9月在全市分局推广应用，基本情况稳定；征管质量考核的六个率正式启用，分局层面可以正常查询，完成税管员平台的增值税的8项预警指标及阳光定税和纳税评估的总体框架等。(3)加强对综合征管系统小型机和服务器使用情况的监控，及时分析、预测数据库增长趋势，适时扩充数据库表空间，确保数据安全高效的存储，保障系统的稳定运行。第三季度进行了综合征管软件（上海）应急演练，当日上午8时至9时模拟生产系统发生灾难性事件，将系统切换到容灾系统；9时至12时，启用容灾系统继续对外服务；12时至13时模拟临江生产系统恢复正常，将系统切回至生产系统；13时开始启用生产系统继续对外服务。经各单位数据验证及业务操作，达到了数据不丢失、业务不中断的预期目标，确保突发灾难性事件时，税务信息系统能及时有效地恢复并正常对外服务。（孙虹英）

电子统计工程

电子统计工程是上海市电子政务重点项目，其系统建设内容包括：建立上海市统计数据中心，建立适用于各类统计数据采集和综合处理的标准化应用平台，提供统计数据仓库应用和多元统计分析服务。

2008年上半年，上海市统计局进一步充实完善了“电子统计”项目应用系统的功能，包括基本单位名录库、综合数据库、数据仓库等子系统，增加了经验审核、统计分析文章生成、与网上报表系统的接口等功能，基本满足了专业处室的业务需求。基本单位名录库实现了一库制管理，即专业处室的年、定报基本情况表和普查中心的基本单位名录库在格式上建立对应关系，可以相互导入导出，内容上互为补充，保持基本单位数据的完整性，避免数出多门。综合数据库涵盖了局现有的月度库、年度库的所有功能，同时更贴近实际工作流程。各专业处的统计人员在月报完成后，以b/s方式上报数据，局综合处审核并加载入库，界面直观，操作方便。统计分析文章生成工具可以根据一些预先设定的分析文章模板和实际统计数据，智能化产生一篇初步的统计分析文章，供用户修改。数据仓库中的预警和景气分析系统可以让用户直观了解经济运行情况，减少原先许多手工操作。上述软件功能在设管处、投资处、贸经处进行了试运行，并在试运行过程中得到完善。截至8月，软件开发工作基本完成，整个项目建设工作基本结束。

8月，电子统计工程通过了由市软件评测中心进行的应用系统功能、性能和安全评测；9月，通过了由市安全测评中心的系统安全测评；11月，通过了市经信委组织的专家专项验收，可以正式交付使用。（唐庆茹）

民政信息系统

【救灾捐赠系统（救灾管理信息系统）】 为进一步整合救助资源，构建具有上海特点的“一口上下”现代城市救助体系，2008年，进一步完善救助管理信息系统，开发完成救灾捐赠信息系统，保证了捐赠资金的接收、统计、上报、移送等工作有序开展，以及捐赠名单、统计报表的及时公示，为集中式、大规模的救灾捐赠工作提供了有力的信息化保障，在抗震救灾工作中发挥了重要作用。

【养老服务信息系统】 为实现机构养老、居家养老需求评估一体化，全市老年人需求照料信息、服务机构信息动态管理的目标，2008年，进一步完善养老服务信息系统，并大力推进该系统的推广应用工作，弥补了市民政局在居家养老、机构养老设置等业务管理方面的信息化应用空白，同时为老龄业务网上受理、养老服务科学化、养老机构精细化管理等工作打下良好的信息化基础。

【市民政系统统一交换平台】 2008年建设完成的市民政系统统一交换平台项目，解决了市、区民政信息交换、系统内外数据交换、各业务系统之间交换，以及与内外网数据交换的有序管理和快速解决方案等问题。

【市居民家庭经济状况评估信息系统】 根据市政府关于扩大廉租住房受益面工作的要求，民政部门承担居民家庭的收入核对工作，即通过信息化手段，建立一套完整的评估机制，对全市低收入家庭的经济状况进行科学评估。上海市居民家庭经济状况评估信息系统（以下简称“市民收入核对系统”）是个涉及公安、劳动、民政、公积金、财税、证券、社会性机构、IT 公司等诸多单位的综合性系统工程，需要实现跨部门间的快速数据采集和业务自动流转；通过与政府相关部门、社会机构进行自动电子比对，降低基层评估人员的劳动强度和人工核实的次数；通过与市民互动，促进评估业务更加完善，加强舆论监督。通过市民收入核对系统的建设，对全市低收入家庭的收入资产等经济情况进行评估核实，对数据进行综合分析以及前瞻性评估，为政府部门制订相关政策提供科学依据。

2008年初，该项目顺利通过市发改委、市信息委等部门的评审和批复，正式启动建设。年内，初步建立了与劳动、公积金、税务、“一门式”等部门进行相关数据交换的系统；完成第一批软件开发、设备采购的政府招投标工作；实现全市中心城区126个街镇的推广扩容工作；按照相关推进要求，部署了街道通讯线路申请、街镇设备采购准备和街镇系统集成的各项工作；组织开展4批次100多个中心城区街镇的系统培训工作，有力支持了收入核对工作的顺利开展；全力推进“三个一”（一套上海市居民家庭收入核对办法，一个权威的收入核对机构，一个面向全市居民家庭收入、资产核对的综合信息处理平台）建设进度。截至12月底，完成全市4 000多户廉租住房收入核对工作。

（纪江明）

二、市级机关信息化

中共上海市委组织部

【概况】 2008 年，市委组织部信息化建设主要围绕新大楼信息系统建设、信息系统安全分级保护实施、领导干部管理信息系统建设和基层党建信息化工程推进。

【新大楼信息系统主体建设基本完成】 市委组织部新大楼信息系统项目经过两年多的建设，在 2008 年取得阶段性的建设成果。

1.新大楼内网涉密信息系统通过安全保密测评

市委组织部按照信息安全分级保护的有关要求，完成内部局域网及市公务网接入网按照机密（一般）级的要求进行涉密信息系统分级保护建设。5月，完成分级保护建设方案，并通过专家评审。根据评审意见，市委组织部按照相关要求，集中力量对内部局域网及部分应用系统进行了符合分级保护要求的建设，同时完善了一批信息安全规范制度，建立了有效的工作机制，并对全体部机关工作人员开展了信息安全教育培训，于11月通过市国家保密局组织的分级保护测评。年底，市委组织部事业单位大楼内部局域网及市公务网接入网分级保护改造也顺利通过分级保护测评。

2.新大楼信息系统集成项目通过专家评审

12月，市委组织部新大楼信息系统集成项目召开项目验收会，市委组织部信息处代表用户方提交用户报告，上海信息安全工程技术研究中心提交项目监理报告，万达信息股份有限公司提交项目建设的相关文档。与会专家认为，项目建设了主机、网络平台、安全管理平台、应用系统以及相配套的管理制度规范，为市委组织部目前及将来的业务工作提供了较为完善的信息化系统支撑，其中的各项应用已在实际工作中得到应用，体现出市委组织部业务应用的特色，具有较好的灵活性和实用性，符合项目验收要求，通过验收。新大楼信息系统集成项目通过专家评审，为整个组织部新大楼信息系统项目验收奠定了工作基础。

3.办公门户应用进一步充实

市委组织部进一步充实办公门户信息系统的应用，收文登记模块上线运行，归档收发文查询查看模块开发完成并投入试用，信访、文书档案管理按照相关文件的要求进行了调整，通讯录、知识库和智能检索等功能的开发和测试已进入收尾阶段。在平台延伸方面，对办公门户信息的一体化发布系统进行了功能测试，网站信息实现同步。

【深入拓展领导干部管理信息系统的应用】 领导干部管理信息系统是市委组织部核心业务系统。通过深入拓展应用，加大应用推进力度，该系统已成为全市组织系统中使用最广泛、业务相关性最高的应用系统。

1.区县组织系统信息化工作会议成功召开

9月22日，市委组织部召开区县组织系统信息化工作会议。会议明确了今后一段时间区县组织系统信息化工作的主要任务，并对各单位的信息化建设提出了具体要求。会议对基础网络建设、干部人才信息库建设、干部信息综合利用和维护、信息安全工作以及信息化建设骨干队伍的培养等各区县关心的问题进行了工作部署。

2.完善市管领导干部管理信息系统

市委组织部信息化工作以服务干部业务为抓手，围绕市管领导干部信息库，进一步充实完善市管领导干部管理信息系统。在2007年完成后备干部信息管理系统设计方案的基础上，2008年初步完成系统开发，实现按权限分类管理的建设目标。为提高干部信息的准确性和复用性，建立健全干部信息维护机制和干部档案审核管理制度，基于市管领导干部信息库开发了来文（批文）登记管理系统、干部档案零星材料管理系统和干部档案审核系统等应用，部分业务实现流程的信息化管理。

3.加强领导干部管理信息系统的应用培训

4月起，市委组织部信息处分批对部内各干部处开展了市管领导干部管理信息系统的集中培训，考虑到参加培训人员系统应用水平的差异，尝试分类培训的方式，分别安排参加基础信息维护培训和系统综合应用培训，使部内应用水平整体提高。9月，结合区县组织系统信息化工作会议对建设领导干部信息库和培养信息化骨干队伍的具体要求，对各区县组织部开展了领导干部信息管理系统的培训，内容贴近日常干部工作，培训效果显著，得到各区县组织部门的积极反响。

4.拓展信息系统在业务流程中的应用

自“干部任免文档应用系统”开发以来，市委组织部积极探索信息系统在业务流程中的应用，2008年“干部任免文档应用系统（二期）”建设顺利完成，实现了分部门、分权限的任免流程和任免文档的集中管理，做到任免工作“有迹可循、有案可查”。在积极总结“干部任免文档应用系统”成功经验的基础上，结合《新任市管干部档案接收标准》和干部档案审核工作的具体要求，开发完成干部档案审核系统，将干部档案审核、整改提醒和审核结果分析等业务进行整合，贯穿到整个档案审核业务流程。

【基层党建信息化工程试点扎实稳健推进】 2008年，市委高度重视“上海市基层党建信息化工程”的建设和部署，将其作为年度工作要点加以推动。在各级组织部门统筹协调和安排下，项目组按照计划有序开展项目的推进工作。截至年底，全市160余万名党员中90%完成电子身份认证；全市所有的基层党组织都开通了组织邮箱，并有90%以上的基层党组织实现邮箱和书记手机的绑定；全市近15万名党员在党员网上学习系统中进行网上学习。

作为“上海市基层党建信息化工程”核心内容的上海市党员党组织管理信息系统也于年内完成在长宁区的试点工作。试点中，实现了长宁区4万多名党员、近2 000个党组织信息的综合管理；在全区范围内实现党员组织关系的网上转移；完成2008年度党内统计工作；实现党员党组织信息实时查询和统计分析。试点工作有效提高了长宁区基层党建工作的信息化水平。项目组在试点的基础上认真总结经验，探索信息化条件下党建工作新思路，为下一步全市的推广工作夯实基础。

【推进“系统2005”的应用】 自2005年中央组织部在全国组织部门推广使用“中国共产党基本信息管理系统2005”（以下简称“系统2005”）以来，根据中组部的工作部署，结合上海市党员党组织信息库建设的实际情况，市委组织部制定了“统一部署，分步实施，平滑过渡”的工作原则，实施全市党内统计软件向“系统 2005”的迁移工作。经过三年努力，针对“系统 2005”的特点和要求，有针对性地举办各种类型的培训班。在做好 2008 年党内统计工作期间，建立了 24 小时服务保障制度，对重大问题及时上门给予技术保障，确保上海党内统计工作有序开展。为推动“系统 2005”在上海的推广，市委组织部还积极向中组部争取进行网络版的试点，选择静安和宝山区委组织部作为“系统 2005”网络版试点单位，并会同试点单位建立了网络试点联合工作机制，认真组织试点工作，积极总结试点经验。目前，上海已成为全国较早实现基于“系统 2005”建设党员党组织信息库的省级单位之一，包含 163 万党员、8 万党组织的信息库已服务于全市组织工作。

（市委组织部）

上海市档案局馆

【概况】 2008 年，基于公务网的上海市档案局馆网站共上网稿件 740 篇，约 60 万字，图片 115 幅，同比分别增长 18%、20% 和 1.5 倍，为各级领导和各级机关提供了有效的信息服务；基于因特网的上海档案信息网站共上网稿件 1 883 篇，218 万字，图片 1 159 幅，实际点击数 241 万，同比分别增长 9.4%、11.8%、18.1% 和 26%。为宣传北京奥运、纪念改革开放 30 周年、上海市开展第二届档案馆日活动，在“上海档案信息网”上实时推出“人文奥运与我同行”、“档案见证改革开放”、“档案与您同行”专栏。5 · 12 汶川地震后，“上海档案信息网”迅速开设“聚焦抗震、心系灾区”专栏，宣传报道档案部门众志成城、抗震救灾的工作情况，短短 2 个多月点击数骤升 50 多万。

【电子文件归档管理工作取得阶段性进展】 2008 年，市档案局在两年前的 18 家市级机关开展电子公文归档管理试点工作基础上，进一步部署区县推行机关电子文件归档管理工作任务，要求每个区县档案局按照一定的数量要求选择不同类型的典型单位进行试点，深入研究各单位电子文件形成的不同特点和保管需要，认真探索和推广机关电子文件完整归档、科学管理的经验和方法，把电子文件归档管理工作推向一个新的阶段。通过试点工作，越来越多的机关单位将电子文件归档管理纳入重要日程，切实提高电子文件归档各个环节管理的规范化程度，促进档案信息化工作进一步为各级机关服务，为上海建设发展服务，为构建和谐社会服务。为了指导和规范全市机关电子文件归档管理工作，在试点工作基础上，市档案局又进一步修改完善了《上海市电子文件归档管理实施指南》，拟于 2009 年正式颁发。市档案局还根据现阶段实际情况，提出开发一套符合档案工作基本规律，并适应目前各立档单位档案管理现状和发展的“上海市电子公文归档管理通用软件”。截至目前，经采购中心公开招标，已确定中标单位并已着手开发。

【档案信息化研究成果显著】 2008 年，上海档案信息化研究工作取得新的进展，尤其是档案信息化科研成果显著。经专家委员会评审，共有 6 项档案信息化项目被市档案局批准立项，占市档案局科研立项总数的 38%，4 项档案信息化项目获得 2008 年度上海市档案科技研究成果奖，占获奖总数的 50%，其中二等奖 1 项，三等奖 3 项，同时获得国家档案局优秀科技成果二等奖的有 2 项。获得 2008 年度上海市档案科技研究成果二等奖、国家档案局优秀科技成果二等奖的档案信息化研究项目——《电子档案的移交与接收进馆研究》，由市档案局承担并完成，研究了电子档案移交接收进馆的必要性和可行性及途径、方法，提出并分析了两种模式，制定了《电子档案移交和接收管理办法》等四项业务规范与技术标准，提出了跨平台、跨系统移交电子档案的通用格式要求，为全市电子文件归档和电子档案移交接收进馆奠定了坚实基础；项目首次对区域性电子档案移交与接收模式进行分类研究，具有创新性，为各级数字档案馆的建设提供了可资借鉴的方案和经验。

【“2008 上海国际档案信息化暨现代办公技术及设备展览会”召开】 11 月 26 ~ 28 日，由市档案局、市档案学会联合主办的“2008 上海国际档案信息化暨现代办公技术及设备展览会”在上海国际展览中心举行，国内外40余家品牌企业的逾200项产品汇集参展，展示了当今国内外先进的档案信息化管理软件、设备及办公技术和设备。此次展览会为各级档案部门与档案用品研发单位提供了一个交流合作的平台，展品有档案保护现代化装具、档案信息化管理应用系统等先进技术和设施，有档案管理及现代化办公的先进设施，特别是电子文件归档管理、档案数字处理、档案信息化存储与管理利用的先进技术、应用软件和档案安全保护、库房智能化监控的先进设备引人注目。展览会期间，还举办了“档案保护设施和信息化管理专题论坛与咨询”和“最受观众欢迎产品”评选活动。

【“档案网站的合作与发展研讨会”在沪召开】 4月9～10日，由中国档案报社和上海市档案局联合主办的“档案网站的合作与发展研讨会”在上海召开。北京、辽宁、吉林、上海、江苏、安徽、江西、广东、甘肃、南京、深圳等省市档案局馆领导及档案网站负责人参加了会议。与会代表从围绕中心、彰显特色、强化服务、加强管理等方面总结交流了各地档案网站建设的经验，并就档案网站建设的进一步发展提出了具体思路：一是把档案网站建设作为档案信息化建设的重要部分，加强领导，完善管理；二是加强档案网站的科学管理，制订整体发展规划；三是进一步推动档案网站建设的合作交流，以中国档案资讯网为基础，建立一个由众多档案网站参加的合作交流平台。

（王 玮）

上海市国家保密局

【概况】 2008年，上海市国家保密局（以下简称“市保密局”）按照国家保密局保密科技工作“十一五”发展规划的总体要求，结合上海实际情况，切实抓好涉密计算机及信息系统的保密管理，推进保密科技工作又好又快发展，努力发挥保密工作部门在信息安全保障工作中的作用。

【推进涉密信息系统分级保护工作】 在市委保密委的统一领导下，上海市各涉密信息系统建设使用单位高度重视，加强组织领导，认真制定分级保护实施计划，按照分级保护的标准和规范，积极组织涉密信息系统方案设计、安全保密论证、工程实施以及系统测评等工作。对未达到国家分级保护标准和要求的涉密信息系统，坚决抓好整改和复查。市保密局会同市发改委、财政局、科委、信息委等部门，落实必要的经费和技术保障，并做好组织、指导、协调工作，以保证分级保护工作的顺利推进。

【举办网络窃密泄密案例巡展】 为了增强各级领导和广大涉密人员的保密意识，市委保密办、市保密局从7月至11月在全市举办了“警惕，伸向网络的黑手——网络窃密泄密案例巡展”。展览以近年来发生在党政军机关和涉密单位的网络窃密、泄密案例，揭示了信息化条件下的网络窃密泄密渠道，并介绍了提高保密防范能力的有效方法。通过参观展览，大家进一步了解了网络窃密泄密的途径、方式和后果，增强了计算机网络使用中的保密意识，了解了计算机网络和办公自动化设备的保密防范要求，取得很好的保密教育效果。

【深化政府信息公开保密管理工作】 一是在认真总结近年来政府信息公开保密审查实践经验的基础上，制定了《上海市政府信息发布保密审查工作规范》，由市政府办公厅下发施行；二是指导市、区政府部门进一步完善政府信息公开保密审查制度，加强对政府信息公开中密级界定工作的具体指导；三是对各政府部门门户网站的公开信息进行经常性的保密检查，发现问题及时督促整改，为政府信息公开做好服务和保障。

（郑小翔）

上海市人大常委会

【概况】 2008年，上海市人大常委会充分整合信息化资源，发挥信息技术优势，启动了信息资源平台及代表履职管理信息平台的建设，为常委会履职，为人大代表、区县人大和市人大机关工作人员提供更多、更快、更便捷的信息服务。

【完善信息管理机制，实现信息开源】 为提高信息服务质量，逐步实现信息公开、信息共享，7月，市人大常委会进一步加强信息资源管理，修订并实施《上海市人大常委会信息资源建设工作机制——机关内部动态信息加载办法》。通过这一长效管理工作机制，理顺了信息加载、信息处理及信息监管等各个环节，明确了信息加载责任人和信息管理部门，并按照信息上网率、信息报道质量、加载工作及时性等要素进行必要的管理和考评，有效地对市人大常委会内部信息资源实现开源。《信息加载办法》实施以来，市人大常委会机关每月信息加载数量约为以往的3倍，信息报道的质量和及时性也有了大幅提高。

【市人大常委会信息资源平台建设】 8月，为整体推进市人大常委会信息资源建设，按照市人大原有五大网络（机关网、代表网、公众网、公务网、区县网）的各自特点，根据“五网并举、联合编辑、突出重点、适度外包”的建设原则，启动了以市人大机关网为核心的市人大常委会信息资源平台（以下简称“信息资源平台”）建设。

信息资源平台包括技术支撑体系、信息服务体系和运作管理体系的建设。技术支撑体系充分考虑到市人大现有信息系统的实际情况，符合上海市民主化进程发展趋势，操作简便、实用、易于维护；信息服务体系立足于实现信息共享与信息交互，为常委会领导、人大代表、区县人大和市人大机关工作人员提供完善的信息化服务；运作管理体系通过合理化配置人员，使市人大机关工作人员与外包单位工作人员形成人力资源互补，协同工作，有效提高工作效率并且节约运作成本。

建成后的信息资源平台将以市人大机关网为源头统一采集市人大工作信息，按照五大网络的不同需求，将信息分类、整理、加工和组合后，提供给各个网络发布，既确保信息来源统一、规范，又凸显各个网络特色，可以有效地服务于不同对象。

【市人大代表书面意见网上办理系统建设】 为探索网上协同工作的新思路、新办法，7月开始，进一步完善代表履职信息管理平台，着手建设市人大代表书面意见网上办理系统（以下简称“书面意见办理系统”）。

该系统具有代表书面意见网上提交、书面意见相关信息录入、书面意见办理、办理超时预警、信息检索和统计、报表打印等功能。在不改变书面意见办理单位原有工作习惯的基础上，采用与有关单位正在使用的书面意见系统相结合的方式进行设计；从代表书面意见办理工作的实际情况出发，最大程度地满足市人大代表、书面意见管理部门和办理部门的实际需要。为确保系统在政务外网和互联网上安全运行，设置了完善的安全保障机制，能有效应对数据丢失、数据库崩溃等突发情况，保障数据和系统的安全。

书面意见办理系统将为代表提交书面意见提供多种途径，为书面意见管理单位科学有效地管理代表书面意见信息、全面了解代表履职情况提供技术支持，为书面意见管理单位和办理单位在网上协同工作提供服务和保障，为书面意见管理单位和市人大代表了解书面意见的办理情况提供有效手段。

【充分利用网络平台，提高人大工作公开性和透明度】 按照市人大常委会主任刘云耕“不断提高人大工作的公开性和透明度，进一步把人大建设成为民意机关”的要求，上海人大公众网继续发挥网络平台优势，让百姓走进人大，让人大走近百姓。

6月和8月，根据市人大常委会年度工作要点安排，上海人大公众网上分别推出《市人大常委会关于本市实施“公交优先”战略情况专项监督工作专题》和《市人大常委会节能执法检查工作专题》网页，对市人大常委会相关工作进行网络全程跟踪报道，提高人大工作的公开性和透明度；并通过“人大网议日”、网络有奖征答和网上“献一计”等多种形式，收集网民意见与建议1 277条，为市人大常委会倾听民声、了解民意开辟了一条网络通道。

11月12日，市人大常委会主任刘云耕在上海人大公众网就“学习实践科学发展观”话题与网友展开互动交流。网友反响热烈、踊跃提问。活动期间，共收到网友提问2 700余条。同日，网友意见征集平台也在上海人大公众网上正式开通。

市人大常委会继续办好“人大网议日”活动，全年共举办22次活动，邀请59位嘉宾（其中市人大代表41人、全国人大代表7人、专家11人）参与。网友共提出2 029个问题，嘉宾通过网络平台就其中的714个问题与网友进行了直接交流。

（宋 兵）

上海市经济和信息化委员会

【概况】 2008 年 10 月，根据《中共中央办公厅、国务院办公厅关于印发＜上海市人民政府机构改革方案＞的通知》要求，组建上海市经济和信息化委员会，将上海市经济委员会（以下简称“市经委”）的工业行业管理职责、上海市国防科技工业办公室、上海市信息化委员会的相关职责，整合划入上海市经济和信息化委员会，不再保留上海市经济委员会、上海市信息化委员会。因此，2008 年 11 月之前上海市经济和信息化委员会信息化建设情况，主要是指市经委信息化建设情况，11 ～ 12 月是指市经济信息化委信息化建设情况。

【丰富和完善信息资源中心】 市经委资源中心包含了文档、数据、图片、音视频等 60 多类办公所需要的资料，每天增加的文档和数据量在 50M 左右。利用全文检索功能、标签管理等功能，委内人员可以对文档和数据等信息进行方便地检索和多维度管理；资源中心提供了移动公文包功能，将最新的信息和文档导出，为委领导提供强大的信息支持。信息资源中心的建立，达到了以下目标：建立了汇总各类文档数据的全文数据库；建立了委内信息管理的各个维度，如按处室、按行业、按时间以及按自定义的文档、图像主题和关键字等；提供了可离线浏览的移动公文包，使委领导可随时查看及时的信息和文档；建立了全文检索等信息服务功能；提供了基于用户／角色的权限管理。丰富的资料库为全体办公人员提供了良好的网上办公环境。

【开通两委异地协同办公平台】 两委合并，最需先行的就是网上办公系统，为此，市经济信息化委对电子政务协同平台进行了升级，进一步优化了流程。早在机构合并的前几个月时间，针对两委的工作性质和现状，已经开始了对原有办公系统的流程梳理和程序优化，从业务调研、完善标准代码、修改表单，到异地办公的链路、网络设置、安全性等诸方面给予比较详细和周密的考虑，做好了充分的技术保障工作，两委合并宣布的同时新办公系统正式启用，市经济信息化委所有人员都顺利在网上办公，基本实现无纸化办公。

协同办公平台具有委内所有公文收发和白头文件处理功能，具有区县公文和信息的双向传输功能，具有对门户网站导入的所有网上办事进行处理的功能，具有原市经委和原市信息委异地联合办公的功能。同时，引入基于流程的电子签章、修改痕迹保留功能，为公文安全性提供了保障；引入基于高压缩的全文扫描系统，使无纸化办公成为可能。

【加强门户网站建设】 近几年来，市经委每年对门户网站进行改版，重点是加强网上办事和信息公开的内容，突出表现网站和公众、政府和企业的互动，取得一定的成效。

1.网站的公众满意度大幅度提高

据“中国上海”门户网站对五十个政府网站的最新统计，2008年市经委网站首页访问总量排名前十位，页面访问总量排名前五位，上报“中国上海”门户网站信息1 000多条，信息报送排名第九位，网站的公众满意度大幅度提高。

2.网站已成为信息公开的主渠道

2008年，在网站中主动公开政府信息121条，公开的行政许可和非行政许可审批事项27项，基本实现网上受理。需要公开的信息经过内网流转审批后，经过安全性处理可以转到网站公布，保证了信息公开的及时性和准确性；同样，通过外网转入的审批事项，经过内网流转处理后及时在网站上告知申请人。市经委网站已成为信息公开的主渠道。

3.网站为企业办事和咨询提供直通

网上办事、网上咨询是市经委在网上为企业服务的重要手段，它改变了原来单向服务方式，集聚了委里所有资源，一个口子、一种声音服务企业。

企业的咨询、建议、提问、需求和其他需要经委办理的都可以通过网上来提出申请，所有的申请通过审核后导入内部网络流转到相关处室进行处理，并在外网及时告知办理状态和结果。2008年，通过网站为企业提供网上办事和咨询服务735件。

【上海市经济运行与产业安全监测平台建设】 该项目是根据市经委工作职能而专门搭建的政府专业性经济类服务平台，包括工业、现代服务业、产业安全、能源运行、市场监控、基础数据库等诸多方面的信息采集、汇总分析，作为企业及时了解上海市经济运行情况的窗口，为企业提供上海市经济运行、产业安全方面的信息。截至 2008 年底，该平台积累了大量基础数据，包括工业预测报送数据、产业损害预警报送数据、生产性服务业报送数据、成品油报送数据、煤炭报送数据、重点流通企业采集数据、黄金周（十一、春节等）上报数据、统计局数据、煤炭资格审批企业数据、加油站企业数据、产业安全数据库等，为政府和企业提供相关报表和多种情况分析。

【上海市开发区管理应用系统建设】 由市经委和市房地资源局合作建立了上海产业用地数据库，整合开发区及产业项目的土地利用信息和产业经济信息，并以此为基础，建立开发区及产业项目的综合信息动态更新和定期监测的长效管理机制。系统以上海市基础地理信息数据和上海市产业用地数据库为基础，实现数据的综合采集、建库、更新维护、查询、分析统计、显示、输出、发布。系统以网络 GIS 分析技术、大型数据库管理系统技术和网络技术、产业用地数据库统计分析技术为技术支撑，具有四大功能: GIS 信息服务、数据统计分析、信息管理服务、安全机制管理。系统充分体现了依托区县服务区县的理念，为进一步促进全市产业用地节约集约利用，提高上海市开发区建设和土地利用管理水平打下坚实基础。

【上海市加油站查询系统建设】 该系统向社会公众提供上海市成品油加油站的相关信息，为百姓生活提供便利。特别是在资源紧张的特殊情况下，为百姓提供科学引导，合理地分配现有成品油资源，避免造成不必要的公众紧张情绪。基于地理信息系统 (GIS) 的加油站系统，由五部分组成：加油站合理优化布局、加油站企业的动态和长效管理、与加油站相关的业务信息、数据检索与显示、数据共享和发布。通过以上功能的建立，可以为百姓提供加油站具体地理位置，可以为规划中的加油站布点提供科学依据，可以掌握已经具有成品油零售经营或者批发资格的企业的相关信息，为许可证的年检提供辅助分析等等。

【上海市产业投资项目管理与信息服务网建设】 该平台是一个集工商投资项目入库管理，形成项目备案、核准及审批的网上信息系统。提供诸如办事指南、政策导向、专家咨询、产业投资指南等网上互动资讯，通过市经济信息化委、区县经委、开发区管委会、央企集团、一般企业等多层级关系，用信息化的手段完成项目入库、跟踪、统计、汇总。逐步把全市的工商领域投资项目有效地纳入到信息系统中来，以提供适时的正确决策数据基础。通过网上备案和审批流转，大大提高了企业项目备案的速度，并提高了信息的及时跟踪度和共享度。

（张舒敏）

上海市商务委员会

【概况】 2008 年 10 月，根据《中共中央办公厅、国务院办公厅关于印发＜上海市人民政府机构改革方案＞的通知》要求，组建上海市商务委员会，将上海市对外经济贸易委员会（以下简称“市外经贸委”）的职责、上海市经济委员会的内贸管理职责，整合划入上海市商务委员会。因此，2008 年 11 月之前上海市商务委员会信息化建设情况，主要是指市外经贸委信息化建设情况，11 ～ 12 月是指市商务委信息化建设情况。

2008年，市商务委（原市外经贸委）继续不断完善内部信息化建设，主要是针对业务系统进行全面升级、改造，重点结合全市行政审批制度改革的不断推进，建设了“上海外资网上办事系统”。在电子政务建设之外，在电子商务方面开展了一系列工作，积极参与《上海市促进电子商务发展规定》的立法工作，并在立法过程中展开大量调查、研究工作，为新组建的市商务委在上海商务领域电子商务方面工作的开展奠定良好基础。

【上海外资网上办事系统建设】 原市外经贸委自2007年10月起筹备建设“上海外资网上办事系统”，2008年4月正式开始建设，经过历时一年多的前期调研、测试开发，2009年1月4日系统正式开通，目前市商务委的外资审批已全部通过网上办事系统完成。

该系统共包含三部分内容，分两期开发，现已完成的系统一期包括“信息接收系统”和“业务处理系统”，第三部分“电子档案系统”是系统二期内容。信息接收系统：行政许可申请人通过该系统实现外资行政许可事项的在线申请，办理外资企业设立、变更及其他各类行政许可事项。申请人可查询到经过分类整理的外资行政许可70个行业，166个审批事项所需材料清单、法律法规、审批流程、下载文件及其他告知事项等政府信息公开内容。在线申请时，系统通过交互式方式引导申请人按照办事类型、所属行业、投资金额、投资地点四个要素对办事项目准确定位，明确申报材料、受理部门、审批时限。申请人可对项目审批流程进行实时查询，与经办人通过留言、邮件、电话、传真等方式互动交流。业务处理系统：商务部门通过该系统实现外资行政许可事项审批流程的电子化和标准化。在优化审批流程的基础上，系统设定了每一项办事项目每一个环节的办理时限。系统提供57种批文模版，统一了全市外资行政许可事项的公文格式。对每一位工作人员建立了量化的绩效考核指标，并引入电子行政监察对办事全过程进行监督。电子档案系统：商务部门通过该系统可实现外资行政许可事项档案的无纸化。通过该系统实现对历史审批数据的查询、统计和分析，建立外资企业预警系统，加强对外商投资企业设立后的后续管理。为该系统顺利开通运行，市商务委还制定了与系统有关的规范性文件：包括《上海外资网上办事系统操作手册》、《上海外资网上办事系统办事指南》、《上海外资网上办事系统审批流程管理规范》等。

该系统的建设一是有利于提高外资审批和管理的专业化水平。办事系统实现了网上申请，优化了办事流程，实现全市范围内外资办事项目流程和结果的标准化。二是有利于提高外资审批和管理行政行为的公开、透明。三是有利于提高对外商投资企业的服务和管理能力。四是有利于提高与区县和其他部门的工作合力。办事系统是覆盖市区两级政府的统一办事平台，市区两级外资主管部门协同工作，为今后进一步向区县外资主管部门下放外资审批事项和建设全市跨部门行政审批平台打下基础。自系统上线以来，受理后到办结项目的平均时间是5.4个工作日，达到了外商投资企业行政审批改革的要求。市商务委计划2009年将“上海外资网上办事系统”的应用范围扩大到全市各区县和授权外资审批部门。同时将启动第二期“电子档案系统”的开发建设，力争在2010年全面建成上海外资办事系统。

【电子商务推进工作】 2008年，市商务委（原市外经贸委）积极参与全市电子商务促进工作。在《上海市促进电子商务发展规定》起草过程中，市商务委通过企业调研、座谈、专家咨询等多种方式充分了解上海电子商务领域各个层面对立法工作的建议与意见，并及时与市政府有关部门沟通协商。

12月，《上海市促进电子商务发展规定（草案）》通过人大审议之后，市商务委及时组织了一次“上海商务领域电子商务培训活动”。培训得到区县外经贸委、典型电子商务企业、中小外贸企业、知名内贸企业及相关企、事业单位的热烈反响，共有70余名学员踊跃报名全程参加，其中大多为企业的高层管理人员。培训安排了丰富多彩的培训课程，既有来自高校知名学者的精彩主题演讲，又有来自知名电子商务服务提供商的实用知识介绍；既有电子商务专业知识如电子支付的讲解，又有相关法律知识的普及；既有流通领域通用型电子商务平台及软件的推广，又有外经贸行业电子商务环境和特点的阐述。除丰富多彩的课程之外，培训还安排了赴知名电子商务企业的参观活动，让学员对电子商务平台的运营机制和企业文化有了更加直观的认识。培训活动取得良好效果，成功搭建了政府与企业沟通的桥梁，为市商务委进一步开展电子商务工作奠定了良好基础。

【电子商务区域合作】 12月,市商务委组织召开“长三角电子商务发展研讨会”，与江苏省外经贸厅、浙江省外经贸厅共同探讨长三角地区电子商务的发展。参加研讨会的均为三地商务主管部门负责电子商务工作的骨干，此次研讨给大家提供了良好的交流机会，并且在相互学习中对三地电子商务如何共同发展进行了有效沟通。上海的《上海市促进电子商务发展规定》出台、江苏省的电子商务专项扶持资金到位和浙江省外经贸公共信息服务平台建设启动是三地近期在促进电子商务发展方面的重要举措，有非常好的相互借鉴意义。三地均表示希望今后积极加强合作，并初步达成筹备《长三角电子商务发展合作备忘录（暂定名）》的意向，并就《备忘录》涵盖内容范围进行了初步协商，计划于2009年下半年签订此协议，进一步有实际举措来推动长三角地区电子商务的共同发展。

（市商务委办公室）

上海市公安局

【概况】 2008年，市公安局围绕奥运会安全保障工作和公安“三基”工程建设主线，深入开展公安信息化综合应用，包括开展侦控专用网络建设；启动公安信息网（二级网）优化改造，将核心主干带宽提升至2.5G；为全局各单位开通视频会议SDH专用链路，实现视频会议双路备份；进一步完善及推广综合信息查询比对系统、新版派出所综合信息管理系统，扩展上海公安道口机动车、驾驶人查控系统的应用；完成市应急联动中心接处警录音系统和GPS系统以及上海公安热线电话优化完善；完成基于GIS平台的监控图像应用系统建设；顺利完成奥运会、残奥会及佘山圣母月活动安全保障信息通信保障工作；全面推进世博安全保障通信系统项目建设。

【全面部署进一步推进公安信息化工作】 2008年，市公安局根据公安部“南京会议”精神，开展了“找原因、找差距、找目标”活动，学习、考察北京、江苏、浙江等地公安机关信息化工作的先进经验，进一步“明工作措施、明工作节点、明工作责任”，规划、研究上海公安信息化工作。11月26日，召开上海公安机关进一步推进信息化建设工作会议。会议在全面回顾总结过去五年上海公安信息化工作经验和存在问题的基础上，根据明确当前态势、下一步发展设想和加强公安信息化保障工作的要求，下发了《关于进一步推进本市公安信息系统建设的总体方案》、《上海市公安局关于进一步加强公安信息化保障工作的意见》等文件，对今后三年上海公安信息化建设和应用工作作了全面部署。

【加强信息系统整合】 为进一步实现上海公安信息化建设与应用的规范化、标准化、集约化，切实做到系统整合充分共享，系统应用满足需求，市公安局决定加强信息系统整合工作。3月，市公安局信息系统整合专门工作班子成立，直接负责全局主要信息系统总体规划及具体整合方案的研究制订，并按照“绝大部分利用、部分转接改造、部分予以淘汰”的思路，组织开展对现有信息系统的整合改造，推进“网上办案、网上办公、网上办事”应用的工作目标。工作班子对全局数百个信息系统进行了梳理、评估，开展了“网上办案”平台相关系统建设，组织推进了“网上办公”平台和“网上办事”平台建设的前期准备工作，并为实有人口信息管理系统、新版派出所综合信息管理系统、综合信息查询比对系统等系统的建设与应用提供指导和帮助。

（侯陈继）

上海市民政局

【概况】 2008年是民政信息化建设坚持以科学发展观为指导、各项工作扎实推进的一年，一是继续推进上海市居民家庭经济状况评估信息系统（以下简称“市民收入核对系统”)、社区事务受理中心“一门式”系统项目、上海民政电子政务平台建设(二期)、上海民政专网网络全覆盖项目等重大信息化项目的建设工作；二是按照“以民众需求为导向，以完善网站现有功能与推进后台建设为重点”的工作要求，加大2008年度市民政局网站建设、管理和维护力度，进一步完善市民政局网站的各项功能，促使网站向规范化、专业化、科学化发展；三是新建救灾捐赠系统、养老服务信息系统和市民政系统统一交换平台等业务信息系统，完成优抚、双退、收养等系统的升级改造工作。

【扎实推进社区事务受理中心“一门式”系统标准化建设，为居民提供便捷、透明、亲和的公共服务】 根据沪府办[2006]49号文件要求，2006年起在全市街道、镇（以下简称街镇）全面推进社区事务受理服务中心标准化建设，其核心部分是街镇一门式社区事务受理系统（简称“一门式”系统）。该项目旨在采用统一标准的技术软件，将市、区（县）政府有关职能部门依法在街镇设立的各类受理事项和出证事项，归并到社区事务受理服务中心一门受理，并通过电子政务、现场服务和电话咨询“三网合一”平台，实行“前台一口综合受理、后台网络联通协办”的社区事务办理模式，逐步实现前台受理、网上流转、后台审批、横向关联查询等功能，为居民提供便捷、透明、亲和的服务。2008年，对“一门式”系统进行了软件版本升级，并结合收入核对工作、局网站改版工作，建设市民收入核对系统社区流转系统、市级综合管理平台，在解决部门协同、数据共享方面取得较好效果。截至2008年底，已在全市153个街镇进行了社区事务受理服务中心标准化建设和“一门式”系统配送。

【初步建成民政电子政务平台，构建集成化的协同办公平台】 随着民政业务管理信息系统和应用系统的逐步增多，带来登录界面繁多、管理维护成本升高及数据来源分散等问题，为解决这些问题，2006年启动建设了上海民政电子政务平台（一期）。在第一期建设的基础上，2008年，大力推进上海民政电子政务平台（二期）建设工作，主要工作有：完成门户短信（手机短信）、技术支持、民政新闻、公告和会议通知、电子邮件、待办事宜等模块的开发建设工作，统一发布民政各项业务基础数据及统计分析资料；正式启用电子政务平台电子公文流转；整合民政各个业务系统，实现对各项业务的综合管理，以及日常业务和办公服务的一体化操作；建立统一认证系统，统一用户身份管理，实现业务系统单点登录。还配置了多台冗余服务器，增加了F5负载均衡设备，使主要核心子系统在负载均衡的环境下运行，增加了系统的稳定性、安全性，为民政信息化发展提供了整合、展示、应用的基础平台。

【大力推进民政网站建设，打造民政部门网上办事、便民服务的综合平台】 通过2007年的建设和优化，市民政局网站在整体结构、网上办事、网上服务等方面得到提升，并在2007年度市政府部门网站综合评议中荣获第5名。2008年，进一步加大了对民政网站的建设、管理和维护力度。

完善网站页面布局，优化网站结构功能。进一步完善和美化局网站各级页面布局，优化网站的结构和功能，丰富各栏目内容；新增国内民政栏目和视频新闻栏目；改进网站导航，进一步推动网站结构的扁平化，提高了信息的易得性。

大力拓展网上互动，畅通民众诉求渠道。新建公众评议栏目，群众可通过该栏目对市民政局及其下属单位进行政风行风评议。进一步完善信访回复系统，以及调查评议、在线访谈、民政大家谈等栏目的功能。全年共答复4 670份信件，其中局长信箱答复1 105份、网上信访答复607份、网上咨询答复2 961份、监督投诉答复177份信件。开展5期“民政大家谈”主题讨论节目、5项调查评议、1期以“敬老日话养老”为主题的在线访谈节目。

深入推进网上办事，提高网上办事成效。优化网上办事大厅布局结构与办事流程，实现与“一门式”系统直接进行数据交换。进一步完善“一门式”网上办事功能，建设了区县民政、街镇社区民政事务专栏，将23项社区民政事务全部纳入网上办事事项，实现网上办理。

加大民政网站群建设力度，提升民政部门为民服务水平。初步完成19个区县的子网站建设工作，各区县民政子网站主要包括区县新闻、区县政府信息公开、区县政府实事项目、区县办事指南、区县便民服务信息、区县局长信箱等栏目。区县民政网站群的建成，有效整合了全市民政信息资源，提高了其整体利用价值，集中展现了上海民政在互联网上的整体形象，为打造“网上上海民政为民办事和服务平台”奠定了良好基础。

完成网站监测与统计分析平台建设，提升网站管理工作水平。主要建设了网站诊断与检测平台、栏目内容统计分析平台、网上办事监督与分析统计平台。其中，网站诊断与检测平台可提供网站可用性指标与诊断、网站页面缺图缺页指标诊断、网站响应速度指标诊断、网站更新量指标诊断、网站访问量指标诊断与统计等功能，第一时间反映网站运行状况与存在的问题，为保证网站的稳定与正常运行提供了重要的技术手段；网站栏目内容统计分析平台能够按任意时间段实时统计各部门和单位向网站报送的政府信息和政务信息；网上办事监督与分析统计平台能对网上办事具体事项按任意时间段、受理部门、办结情况、满意度情况进行统计分析，并通过文字与图表等方式展现统计分析结果。网站后台统计分析管理系统的建设，推动网站运行和维护管理向规范化、专业化、科学化发展。

加强网站日常维护，及时更新栏目内容。对信息公开、政务新闻、便民服务、网上互动等栏目及时进行更新维护。全年新增主动公开信息157条，修改7条；发布新闻类信息1 087条，包括市局动态246条，区县动态641条，图片新闻132条（其中图片335张），媒体关注200条。做好11项网上行政审批事项、10项其他办事事项的日常维护管理工作，共收到883项网上申请，回复883项。

【初步建成民政地理信息系统，提升民政业务综合管理能力】 上海市民政机构设施包括社会福利类、社会救助类、老龄工作类、社区建设类、双拥优抚类、婚姻收养类等 11 个类别，种类多、数量大、分布广，为加强统计管理，方便公众查询，2006 年启动建设民政地理信息系统（民政 GIS)。2007 ~ 2008 年，建立了基础的民政业务地理数据、民政机构信息和民政对象信息数据库，设置了民政机构展示和查询系统，以及民政对象统计服务系统，充分展现了民政工作成果，并能够根据需要进行灵活的纵向（市级、区级、街道）和横向（属性）查询统计，初步实现辅助领导科学决策、合理分配社会资源的实际效果。

【逐步推进民政专网网络全覆盖项目，提升民政信息化的整体效应和协同工作能力】 按照“直属单位网络全覆盖”的目标，2008 年，对社会福利中心等 13 家异地直属单位进行了专线施工、网络设备、安全设备配置等工作，并对所有的线路进行了资源盘查。截至年底，已完成 6 家异地直属单位的互联互通工作，推进了民政信息化的深化应用，提升了民政信息化的实施效能，进一步提高了民政信息化的覆盖广度。

【继续推进社团信息化建设，实现社团网上年检率100%】 为进一步做到便民利民，提高工作效率，市社团局将市区 7 607 家二级社会组织和 880 家二级业务主管单位全部纳入网上年检流程，于 3 ~ 6 月，对全市社会组织实施了 2007 年度网上年检，网上年检率达到 100%。市社团局实施的网上年检已成为政府部门网上办事的一项成功案例，得到了国家民管局和市信息化主管部门的高度好评。

（纪江明）

上海市财政局（上海市国家税务局、上海市地方税务局）

【概况】 2008 年，上海市财政部门启动金财工程一期建设，提高财政信息化工作管理水平；市税务部门加快推进金税三期工程建设，完善和拓展综合征管软件（上海）应用功能，深入开展信息资源开发利用，提升信息安全保障能力和运行维护支持能力。有效发挥信息化在促进财税工作方面的支撑作用，为进一步开创财税信息化工作新局面奠定了基础。

【政府采购管理系统建设】 上海市政府采购信息管理平台软件开发项目按计划分步实施，每周定期召开由财政、开发方、监理方三方代表共同出席的工作例会，及时沟通、协调项目开发中出现的各种问题。截至 12 月，记录有重要事项的工作例会纪要 28 篇，周报44篇。4月，产生系统原型；5月，对系统原型设计说明进行完善；5月27日，召开了“上海市政府采购信息管理平台（一期）原型”专家评审会，专家们一致通过对系统原型的评审鉴定，对流程的可操作性提出了进一步优化建议；6月底，完成由概要设计、详细设计、数据库设计等组成的系统设计评审，进行软件编程、调试；10月27日，电子采购系统上线试运行；11月底，完成包括预警监管等采购平台一期的所有建设内容并全部上线运行。截至12月1日，平台系统中商品种类37种，供应商7 715家，采购人289家，代理机构58家，评审专家1 918名，累计访问量达到19 053人次，累计采购交易13笔，日均访问量553人次，处于有效期内的重要通知5条，新闻3条，公告104条。试运行期间，供应商通过“平台系统”网上提交的材料数为467家，经由系统审核通过的供应商数量为267家，达到政府采购平台一期开发的管理和应用目标。

【在国库单一账户系统上拓展公务卡应用】 在开展金财工程（一期）建设同时，坚持“两条腿走路”。新系统建成前，继续沿用现有技术和编码，适度改进现行预算管理等系统，继续在市区县财政部门推广应用，保障现有财政管理和改革的顺利进行。公务卡应用方面，上半年与中国人民银行、16家商业银行和银联商定了软件接口标准，完成公务卡系统的设计方案和原型设计。公务卡网络硬件方面建设：公务卡信息管理系统硬件平台项目进入招标流程。招标的设备主要是为在政务网上建立对预算单位服务平台，不能进入公务网运行的预算单位将通过政务网在此统一平台上运行公务卡报账等相关业务处理。根据系统建设计划，于第三季度启动了“公务卡信息系统硬件平台项目”的政府采购招标流程。12月，完成硬件平台的建设。由此建立起纵向连接市区县二级财政，横向连接所有预算单位，对外连接人行国库、所有商业银行的信息通道，同时利用财税网站形成一个对社会公众、企业的服务窗口，基本搭建好金财工程的网络运行框架。建成后的系统，达到通过对个人（单位）持卡支付、单位报销还款全过程的即时记录，展示公务消费痕迹及相关要素，实现对公务消费行为的实时动态监控。

【加强数据利用分析工作】 ⑴建立各项查询功能。根据查询个人所得税明细申报及缴纳税款的情况，开发查询纳税人申报记录与受理记录，统计年所得超过12万元自行申报人员、各行业自行申报人数及相关数据、比对年所得12万元以上纳税人信息数据与代扣代缴明细库中纳税人信息数据；开发完善了按预先设定的时间、范围、口径、输出项目形成定制查询的功能，包括申报信息统计、入库信息统计、欠税信息统计等内容，以及欠税信息分析、分税种申报信息分析、分税种入库信息分析、企业所得税申报信息分析、企业所得税入库信息分析、一般纳税人增值税申报信息分析、增值税入库信息分析和营业税申报信息分析。⑵编制数据报告。设立数据分析小组，定期组织讨论，选定可控分析的数据专题，通过监控性分析实现辅助领导决策、促进征管质量提高、推动信息系统应用效率提升的目标。2008年共完成7期数据专题分析报告，包括税务登记数据分析、增值税一般纳税人的基础户管数据分析、企业所得税分析、欠税分析以及增值税、营业税、企业所得税、印花税等税收情况分析。

【推进税务网上应用】 全市税务网上应用包括：网上电子申报，网上报税付款通知下载，网上认证，出口退税网上申报，年所得12万以上个人所得税纳税人网上申报，网上抄报税，电子签名等7大功能。2008年，在推进应用方面做了以下工作：

1.完善和拓展网上应用功能

上海税务系统网上申报系统在原有基础上不断完善和拓展其功能，增加了网上上报财务报表、补充数据采集网上申报、企业所得税和消费税新申报表网上申报等功能，全市每月共有48万余户企业通过网络办理纳税申报事项297万余次，实际网上申报户占全市正常登记户数的67.4%，占应申报户数的75.8%，网上申报比例超过90%。增值税一般纳税人网上申报覆盖率达100%。防伪税控增值税专用发票抵扣联网上认证，全市每月共有网上认证户数9万余户，占全市增值税发票认证纳税人的59.7%，认证发票445万余份，占全市发票总量的78.9%，通过率达到95.6%。全市出口退税网上申报的企业中，生产企业登记占全部用户的82.8%，外贸企业登记占全部用户的74.0%。

2.网上远程抄报税试点及推广

组织网上抄报税开发公司和综合征管软件开发公司进行系统的联调，测试了一窗式比对的接口。进行抄报税软件网站端、税务端的部署，更新防伪税控数据库，对数据软件程序增加了针对网上抄报税的配置，对试点税务局报税金税卡程序进行了加载升级，并由开发公司对四个首批试点分局开展操作流程培训。第二季度逐步扩大试点范围。5月，徐汇、杨浦、宝山、嘉定、南汇、青浦、崇明7个分局试点运行。此外，网上抄报税系统多次升级优化，到11月，共有14个分局近6万户纳税人成功使用网上报税系统。

3.电子签名试点工作

电子签名技术在网上申报的运用经过前期方案讨论、软件开发，于5月正式试点运行，杨浦区所有1万多户电子申报企业部分申报表实现了使用电子签名方式发送申报表。电子申报软件也分期分批在8月完成所有申报表的升级工作；11月，17个分局的电子申报纳税人使用电子签名技术发送了申报表，税务局能在综合征管软件查看申报表显示电子签名串，有印章的纳税人可以查看到电子印章，其中使用图形化电子印章的纳税人有300户；12月，全市所有48万电子申报纳税人使用电子签名技术进行电子申报。 （孙虹英）

上海市人力资源和社会保障局

【概况】 2008年10月，根据《中共中央办公厅、国务院办公厅关于印发＜上海市人民政府机构改革方案＞的通知》要求，组建上海市人力资源和社会保障局，将上海市人事局的职责、上海市劳动和社会保障局的职责、上海市医疗保险局的职责，整合划入上海市人力资源和社会保障局，不再保留上海市人事局、上海市劳动和社会保障局。以下介绍的上海市人力资源和社会保障局信息化建设情况，主要是指原上海市劳动和社会保障局（以下简称“市劳动保障局”）信息化建设情况。

2008年，市劳动保障局根据劳动保障系统建设的有关要求及年初制订的《年度工作任务计划书》，克服系统开发及后期维护等方面所遇到的诸多困难，在充分保障系统稳定的基础上，通过进一步完善《劳动保障管理信息系统运行管理办法》及信息平台，使系统管理水平有所提高，较好完成年初既定的各项工作目标。

【通过系统优化和强化管理，确保整个系统安全稳定运行】

1.系统优化工作顺利开展

1～10月，共处理故障单总数15 616余张，其中完成劳动子系统问题处理需求7 988条，社保子系统问题处理需求6 840条，网站系统问题处理需求788条。通过开展对数据库参数优化、调整，使主机整体效率提高近28%。同时，通过加强流程管理，强化了对软件分发的控制，对系统中所有涉及相关程序进行有计划的检查和修改，有效控制、解决可能影响系统稳定的隐患。

2.进一步完善《系统运行管理办法》及其管理平台的开发

在2007年推行实施《系统运行管理办法》及系统平台基础上，系统流程化管理进一步增强，系统管理有序规范。在软件开发、故障分析处理上，实现全过程的控制管理，提高了整个系统运行管理的效率。

3.系统安全水平进一步提高

⑴继续在系统中推进加强“域管理”和网络准入控制管理工作，进一步增强系统的防病毒能力，系统整体安全水平进一步提高。现系统总用户数已达到12 529个。⑵系统安全总体水平上新等级。1月，聘请HP全球技术专家对系统安全实施现场环境评估。通过评估找到系统安全稳定运行中存在的一些漏洞，并制定了详细的《整改方案》，于4月起分步实施整改。⑶容灾备份系统进一步完善，每月的系统安全检查及每季度的容灾切换演练正常进行。继续强化网络入侵检测功能，形成较完善的系统防御体系，抵御外部攻击能力有了进一步提高。⑷继续全面实施主机监控。通过统一的监控日志平台及策略提高了系统的总体控制能力，截至年末，业务、电话咨询及网站几大系统可用性指标均达到99.9%以上。

【根据劳动保障业务发展的需要，完成主要开发任务】 ⑴完成劳动子系统中外劳力管理、失业保险、劳动力资源监控、职业培训、技能鉴定、非正规组织等模块357个新增需求的开发，完成任务数共计1 722个，其中特别失业保险模块的新增功能50个，占总新增功能需求开发的较大比例。⑵完成社保子系统中镇保市级平台、生育保险、镇保补充保险、基金财务等模块253个新增需求的开发，完成任务数共计1 739个。⑶完成电话中心及网站子系统131项新增需求开发。其中，完成电话中心Web版的参保人员地址变更、英语库开发、考核功能修改、电话单劳动仲裁等14项功能的开发工作，上半年电话中心人工接听总量达到202.7万个，平均单日接听量1.1万个；完成职业介绍子网改版、职业指导咨询模块等职介中心6项开发任务；完成职业培训子网改版、公共实训预约管理、校企合作管理等职培中心9项开发任务。⑷顺利完成基金监控系统软件开发及后台网络环境搭建工作，一期系统于7月15日接受了市、局两级领导的审核，并正式投入实际运行。⑸完成劳动保障网站首页的开发和维护、组织人事系统新增功能的开发维护。⑹在完成各类统计报表生成维护工作的基础上，积极探索开展数据分析，维护开发日常报表，包括：非正规、技能鉴定、劳动能力鉴定、失保、外劳力、职介、工伤认定、劳动力资源、培训、劳动监察、网上招退工、专业人员招聘网、人事系统、社保咨询、城镇保险、小城镇保险等4 533种。年内新开发各类日常、临时报表556种。此外，积极探索开展城镇养老保险测算项目人口分析、延长退休年龄人口测算、扩覆（外劳力、镇保、农保）三套人口测算、就业形式等八项大型数据分析，为进一步开展决策支持系统建设工作进行了必要的探索。

（杨 挺）

上海市城乡建设和交通委员会

【门户网站建设】 2008年10月，根据《中共中央办公厅、国务院办公厅关于印发＜上海市人民政府机构改革方案＞的通知》要求，组建上海市城乡建设和交通委员会，不再保留原上海市建设和交通委员会、原上海市市政工程管理局。因此，将原市建设交通委和原市市政局的政府门户网站合并为上海市城乡建设和交通委员会门户网站，根据新部门的职责对原有两个部门网站进行整合、改版。此次改版工作结合原各部门网站运行情况，从网站总体布局设计、信息资源利用和网站运营管理机制等方面，对上海市城乡建设和交通委员会门户网站进行整体规划，以整合优化网上互动、网上办事、便民服务，提高政府行政效能，加强政府信息公开透明为核心内容，构建了上海市城乡建设和交通委员会门户网站总体框架。改版后的上海市城乡建设和交通委员会门户网站设有建设交通动态、信息公开、便民服务、网上办事、网上互动5大板块，14大栏目；建立了“网上办事大厅”，对目前建设交通委66项网上办事事项进行详细分类，并且开通了办事结果告知，极大方便公众使用。

（王 炜）

上海市农业委员会

【优化上海农业网】 2008年，上海市农业委员会（以下简称“市农委”）完成了上海农业网第八次改版工作，对原有栏目进行整合，按照内容分成政务中心、资讯中心、服务中心、互动中心等四大版块。2008年，上海农业网再次被评为全国农业网站百强网站。各栏目累计维护信息7 024条，网站平均日点击次数达到13万。网站积极编辑发布上海农业新闻，被中国农业信息网首页采纳发布的条数为106条，并获得农业部2008年度信息联播工作优秀组织奖；同时新增了农业旅游栏目，提供32个上海郊区旅游景点的介绍和上海地区到这些景点的驾车和公交路线图。

【完善电子政务网站建设】 2008年，市农委完成了农委网上办事平台和行政许可受理大厅管理系统的升级改造，强化以用户为中心，优化了操作界面，提高了响应速度。现有65项行政审批事项的办理机构、办理时间、办理时限、申办程序、办理依据、收费标准等已全部上网公开，其中48项行政许可事项在网上实现“一办到底”，促进了行政办事效率的提高。截至年底，通过网上办事平台申请行政许可2 575件，公开办事结果6 635件，主动公开政务信息914条。

（丁志远）

上海市审计局

【概况】 2008年，上海市审计局抓住全年工作重点，加大力度，有序推进“十一五”期间审计信息化各项工作的开展，取得阶段性的建设成果。“上海市审计局网络建设配套项目”通过竣工验收；上海市审计信息化应用系统升级改造基本完成；相关网络的三级等级保护和三级分级保护分别通过市公安局和市保密局的测评；积极开展信息系统审计探索，努力推进计算机审计技术成果在审计实践中的推广应用。

【“上海市审计局网络建设配套项目”通过竣工验收】 市信息委立项的“上海市审计局网络建设配套项目”于年初完成并顺利通过市信息委验收，获得好评。配套项目的建设不仅完善了市审计局的计算机网络配置，消除了网络应用的瓶颈，充分发挥了网络效能，而且充实了审计一线审计软件和设备配置，完成计算机联网审计试点，为规范审计工作、提高审计工作质量和效率提供了技术保障。

【“上海市审计信息化应用系统”升级改造基本完成】 年底，“上海市审计信息化应用系统”升级改造基本完成。改造后的“上海市审计信息化应用系统”主要由机关办公系统、审计业务系统、审计资源系统、审计支持系统、审计决策系统和系统平台管理等六大系统组成，对全面规范市局行政管理和审计业务工作，加强审计项目全过程的质量控制，实现无纸化办公打下坚实基础。目前，系统已投入试运行。

【相关网络的三级等保和三级分保分别通过测评】 市审计局的公务网接入网和业务网涉密信息系统两个分级保护安全保密改造方案通过专家评审。年底前实施了两网分离，对两网上的计算机按相关规定进行设置，通过了市保密局的保密测评。同时，市审计局的审计专网（非涉密网）也通过了市公安局的三级等级保护测评。

【推进信息系统审计探索和计算机审计技术成果的推广应用】 2008年，市审计局努力在计算机审计技术支持和运用、计算机审计技术成果的推广应用及计算机审计培训等方面下功夫，取得明显效果。⑴计算机审计技术支持组继续发挥计算机审计技术骨干力量的作用，全年共对66个审计项目提供了技术支持，其中重点参与项目14个，特别是在对120急救项目、SMG审计项目和居住证项目的审计中探索开展了信息系统审计，获得相关业务部门的好评。⑵积极促进计算机审计方法的总结、提炼和推广应用，加强全市审计机关间的经验交流，不断提高审计工作的质量和效率。3月开始，市审计局在全市审计机关内开展了计算机审计小程序小模块的征集活动，共收到5个区县审计局和9个市局业务处报送的审计小程序小模块45个。经评审，有12个单位的36个小程序小模块入选上海市审计机关计算机审计小程序小模块，其中10个小程序小模块被评为优秀，4个单位被评为“优秀组织单位”。入选上海市审计机关的计算机小程序小模块已在市局局域网和审计专网上进行公布，提供全市审计机关审计人员下载使用。⑶举办计算机审计中级培训班。10月20日～12月30日，市审计局与上海交通大学信息安全工程学院合作，举办了上海市审计机关第四期计算机审计中级培训班，来自市局和区县局的41名审计一线骨干参加了培训。培训内容在审计署中级培训教学大纲的基础上，结合审计实际进行拓展，注重实验和应用，培训班取得了预期效果。

（市审计局）

上海市人民政府外事办公室

【政府信息公开工作】 根据《中华人民共和国政府信息公开条例》和《上海市政府信息公开规定》要求，上海市人民政府外事办公室（以下简称“市政府外办”）积极主动开展政府信息公开工作。2008年，主动公开和依申请公开政府信息91条、约15万字，全文电子化率达99%。

市政府外办加强对政府信息公开工作的组织领导。在办领导班子调整后，及时对政务公开工作领导小组进行了调整充实，以保证政务公开工作的安全、合法、高效运行。市政府外办对有关政府信息公开内容进行梳理，对应该公开的行政审批程序予以公开，加大全办行政管理的有效性。市政府外办修订补充了政府信息公开的指南和目录，在“上海外事”网站上比较及时地发送涉及上海经济和社会发展的信息，让更多的人了解最新的政府公开信息。

为了做好政府信息公开工作，让驻沪领馆官员、驻沪外国记者准确及时了解相关政策和政府信息，市政府外办利用各种形式主动介绍上海经济和社会发展的最新情况，先后邀请各国驻沪领馆官员与市长韩正等市领导见面，并出席新一届市人大、市政协全会开幕式和市政协、市经济信息化委、市知识产权局等举办的情况通报会。此外，继续编制中文版、英文版和日文版的《今日上海》，让更多的外国人了解上海。同时，市政府外办政府信息公开注重与市民的互动。在“上海外事”门户网站继续开设“主任信箱”、“事务咨询”等栏目，及时与市民互动交流。11月2日上海市市长国际企业家咨询会议第20次会议期间，市政府外办及时与“东方网”联系，将即时的视频等信息播报链接到办门户网站，供网民及时了解。

【“因公出国（境）综合管理信息系统”建设的前期准备工作】 2008年，为认真贯彻中共中央办公厅、国务院办公厅下发的《关于进一步加强因公出国（境）管理的若干规定》（中办发［2008］9号文件），中纪委、中组部、外交部和公安部关于加强因公出国（境）管理和纪律教育的通知精神，严格审批把关和强化外事纪律，切实加强对因公出国（境）团组的管理和监督，及时、高效、规范地办理因公出国（境）审批及护照签证的管理业务，市政府外办启动“因公出国（境）综合管理信息系统”建设的前期准备工作，先后完成项目可行性报告等基础准备工作。通过该系统的建设，将进一步加强对全市因公出国（境）及护照签证等情况管理，在强化归口管理的同时，加强数据库建设，更好地服务国家的总体外交和上海的经济社会发展。该系统将于2009年年内建设完成。

【公务网建设与应用工作】 2008年，市政府外办办公楼开始维修，迁至越洋广场临时办公点办公。在市有关部门的指导、帮助下，做好网络迁移、安全测评等工作，确保工作有序进行。

市政府外办认真做好公务网网站的建设工作，做到目标明确，推进积极。对公务网网站的栏目作了调整，新增近期信息等栏目，加大在网站上发布的信息量，特别重视对网站内容的更新与调整，做到专人负责，及时、准确。同时，做好公务网上各项应用工作。市政府外办积极落实市政府及市有关部门在公务网上推出“文、会、报”和信访系统等应用工作，分别指定专人负责。针对信访系统的应用，市政府外办结合实际工作情况，按照要求，确保信访系统的正常运行。

此外，市政府外办加强调研，组织有关部门做好2009年年底回搬原办公地后公务网机房、网络的设计、布线等工作，公务网建设的各项工作做到明确目标、时间和节点。

（市政府外办）

上海市国有资产监督管理委员会

【概况】 2008年，上海的国资国企改革向法制化、制度化建设迈进。为全面贯彻落实科学发展观，上海市国有资产监督管理委员会（以下简称“市国资委”）认真贯彻落实国务院国资委关于国资监管信息化建设的有关精神，以“国资监管信息系统”建设为重点，推动现有信息资源整合，积极支持企业信息化建设，为出资监管单位的改革发展服务，不断推进监管信息化建设和应用。一年来，上海国资在国资委两委的领导下，信息化建设紧紧围绕全委总体工作思路，把信息化工作作为高效履行出资人职责、提高国资监管科学性的有效手段加以推动，并运用信息技术手段实现监管流程的规范化，积极推进六大业务系统建设，为国资监管工作提供支撑，取得一定成效。

【六大业务系统支撑国资监管信息化建设】 以“国资监管信息系统”建设为重点，推动现有信息资源整合，以信息技术手段实现监管流程的规范化，为国资监管的公开、透明提供支撑。以推动企业“十一五”信息化规划的实施为抓手，积极支持企业信息化建设，为出资监管单位的改革发展服务，不断推进监管信息化建设和应用。

1.国有资产监管信息系统

该系统意在实现国有资产监管方式由静态信息

的人工收集向动态监管信息的实时采集转变，对42家出资监管单位的国有资产进行“事前、事中、事后”全过程监管，充分掌握企业全方位动态信息，提高国有资产监管的科学性和效率。系统已经过专家评估认定和财政审批，完成公开招投标工作，进入开发、建设启动阶段。

2.国有企业层级查询系统

该系统有助于摸清国有企业家底，为动态掌握国有企业的资产运行质量，加强国有企业的监管以及决策提供依据。在经过半年多试运行的基础上，系统又增加了集团参股企业、壳体企业、质押企业、资产经营决策、土地、人员等信息的统计分析与综合查询功能等。新增功能的代码开发已经完成，进入向各集团公司和相关企业收集数据阶段。

3.收入分配信息系统项目

市国资委分配保障监管数据中心的主要工作之一是建立企业分配保障基础信息库和个人信息库，按照分配保障各项业务需求构建收入分配管理、军转干部管理、帮困救助管理、高技能人才管理业务数据库，该项工作现已基本完成，进入试运行阶段。

4.科技创新项目管理系统

该系统运用信息技术提高项目管理能力及项目执行监督能力，主要面向科教兴市项目、国资为信息化建设项目的立项审批管理、项目资金情况管理、项目人才情况管理、项目进度情况管理、项目统计分析等。目前已完成前期调研和部分功能的开发。

5.国有财务数据收集和处理平台

根据国务院国资委的有关要求，已建立由国有资产统计软件、企业财务决算软件、企业财务预算软件、国资经营预算软件、企业财务快报软件构成的信息系统；在统一的数据收集平台上，进行国有资产相关业务数据收集、审核、汇总工作。此项工作已如期完成，年底前已进入实施阶段。

6.国资委内部分级涉密保护升级系统

市国资委根据涉及国家秘密的信息系统分级保护管理有关规定，确定国资委日常业务信息系统等级，信息系统分级保护运行维护方案已报市信息委审核通过。

【积极推进业务应用系统的开发应用】 2008年，市国资委通过监管信息系统的建设，主要结合信息化发展规划的总体设想，积极、有序地推进委内业务应用信息系统的开发应用，积极完善信息系统项目管理。年内建设的主要系统包括：

1.提高完善OA办公自动化建设

围绕委中心工作，密切配合业务处室工作需求，结合委内业务应用信息系统的开发建设，完成了OA办公自动化系统的改版，新版OA办公自动化系统大大提高了系统的运行速度和系统的稳定性。一是对系统软硬件做了进一步完善，对应用中发现的问题进行了整改，解决委领导OA办公系统运转速度，简化操作程序，统一界面，提高办公应用速度，完善办公功能。二是积极完善信息系统项目管理、日常应用等相关工作制度，建立内部服务台账制度和工作日志，制订涉密计算机设备服务外包制度，缓解日常维护人员不足的困难，降低运行风险。

2.国资委视频会议系统

年内对市国资委视频会议室的电子会议系统进行了改造。由于原有多功能电子会议室系统已运行了近五年，且没有专业服务公司对该会议室进行专项维护保养，有些设备陈旧老化，部分设备与其他设备存在兼容性问题。经过改造，11月，市国资委视频会议室的项目改造通过专家验收。该项目应用了行业内技术领先、产品成熟的嵌入式控制产品以及计算机模块化集成控制技术，提高了系统控制的可靠性。系统的控制界面满足非专业技术人员的操作使用，增加了会议议程编辑、一键操作等智能化功能，专业操作人员可对系统设备实现多种组合控制，使系统控制更加灵活、高效。

3.国资委内部宣传教育视频共享平台建设

通过多媒体技术的有效运用，提高对市国资委内部人员宣传教育和培训的效果，有助于参训人员更加深入地理解和掌握学习的内容，并能通过各种丰富而翔实的多媒体素材来更好地做到理论学习联系到实际工作。该项目是专门针对在市国资委内网平台上进行视频宣传教育资料共享开发的一个支持平台，以有效推广视频技术在市国资委内部员工宣传教育领域的应用。5月，市国资委内部宣传教育视频共享项目建设正式启动。系统主要由基础平台和应用系统两个层面组成，其中基础平台负责提供对视频资料和系统的管理支持特性，而上层的应用层面则提供针对最终用户的教育培训业务需求直接相关的部分。该系统是一个技术先进、性能可靠、功能满足用户需求、使用方便的多媒体宣传教育资料的使用管理系统，可方便管理员对宣传教育视频资料的管理，也可方便参加学习人员使用。该项目预计在2009年底前完成。项目的实施可提升对市国资委内部人员进行多媒体宣传教育工作的效率，提高宣传教育工作的实施效果。

【进一步完善国资委网站建设】 2008年，市国资委网站主要围绕内、外及党建网的各栏目进行完善，推进“三网合一”联动机制。积极配合党委办公室、行政办公室和区县工作处共同协调管理好“三网合一”信息联动平台建设，主要针对目前网络信息平台管理，进一步强化工作责任，明确工作职能。根据网站的实际情况，除了对网站进行技术支撑、技术维护及网络平台建设外，积极配合两办及各有关部门做好信息的发布工作，及时更新，保障信息的畅通。调整后的外网网站，主要是在原有板块的基础上重点强化信息公开、便民服务、网上办事、互动渠道四大功能，有针对性地对来访的信息、咨询、关注的问题作出反映，为公众和网民访问网站提供便捷通道。同时不断完善信息报送和审核机制，年内更新上报国务院国资委网站信息及“中国上海”门户网站报送信息近万条，采用率近50%以上，为有关单位报送及发布信息提供了快速通道。

【加强信息化相关工作制度建设】 年内通过监管信息系统的建设，在项目建设过程中，对委内现有的各类业务信息系统、数据库进行全面梳理，积极完善信息系统项目管理、日常应用等相关工作制度，尝试制订涉密计算机设备服务外包制度，并在实践中推进日常维护服务外包，选择具有相关资质的公司签订涉密计算机外包合同，缓解日常维护人员不足的困难，降低运行风险。同时，为进一步完善网站信息公开平台，积极与业务处室配合，为需要公开的国资监管相关信息提供畅通的公开渠道，保障社会公众对国有资产运营、监管相关信息的知情权，自觉接受监督，为国资监管提供信息化管理平台。从制度和体制上进一步明确信息化工作的地位及重要性，在工作实践中真正做到信息工作有人抓，信息工作有人管的常效机制。通过建立信息化有效手段，探索建立信息交互平台机制，实现信息整合共享平台。

（赵　泉）

上海市质量技术监督局

【全面完成视频会议系统建设】 依托政务外网，市质量技监局2008年完成了19个区县直属质量技术监督局和9家直属技术机构的视频会议室改造，建成覆盖所有直属机构的视频会议系统，实现了会议室到会议室、会议室到桌面、桌面到桌面等多种模式的远程会议；开展了支持视频及数据同步传输的远程培训，大大降低了全系统会议成本，提高了全系统业务协同的效率。

【深化门户网站建设，构建“网上质监”】 以《国家政府信息公开条例》实施为契机，深入推进政府信息公开和门户网站建设。以“网上质监”为目标，强化了网上办事功能，对办事量大、程序复杂的部分行政许可办理事项提供了场景式服务，使办事要求、程序更加清晰，同时实现了网站同“金质工程”行政许可业务系统的联动，内网办事情况可实时传递到外部网站。企业通过网站可及时了解办事状态，增强了政府的服务能力。

【行政执法系统信息化建设】 为进一步加强质量技监行政执法工作信息化、规范化及科学化，11月，上海市“金质工程”行政执法子系统正式投入使用。该系统具有案由库、执法程序流转办理功能、移送功能、执法现场处罚程序、指定管辖子流程、黑名单管理等16项功能和特性。其中案由库由依据指导模块和案由处罚模块组成，依据指导模块由行政处罚案由库、法律法规库、行政执法指导意见库、行政执法解答库、行政处罚裁量库、案例分析库、行政执法参考库七大数据库构成；案由处罚模块建立了案由查询、法律朔源、责任对应、裁量指导的逻辑对应关系，通过输入关键词即可在库中搜索到相关案由、违反法律法规条款、处罚依据、裁量规定、指导意见、相关案例，为规范行政处罚、提高办案质量提供了强有力的技术支撑。该系统运行至今，已导入历史案件 2 296 起，其中各区县局、执法机构案件 229 件，结案 35 件。系统的有效运用极大地提高了行政执法的公正性和规范性。

（周莉蓉）

上海市统计局

【网络扩建工程顺利完成】 根据国家统计局信息网络扩建工程一级主干网网络系统建设要求，2008 年市统计局顺利完成局到国家统计局及其他各省统计局的一级主干网网络扩容工作。该项工程主要分为光纤铺设及线路测试、新网络搭建、原有网络设备升级、网络割接等主要工作。经测试，上海到国家统计局的 155M SDH 线路和两条 2M SDH 线路的带宽、时延、误码率等各项技术指标均符合工程实施技术要求。在光纤铺设到位、新建网络搭建完成的情况下，技术人员于 12 月 18 日进行了主要网络设备升级及网络割接工作，顺利完成了原有统计业务主干网到新建统计业务主干网的过度工作。

网络扩建工程完成后，上海到国家统计局及其他各省的统计业务一级主干网网络带宽由原来的2M+1M扩容到155M+4M，网络速度有很大提升，可以满足现在及未来几年内统计信息主干网业务承载需求。

【网络安全切实加强】 根据市网安办和国家统计局的要求，为了确保门户网站安全运行，尤其是在奥运会和残奥会期间，阻止恶意攻击，防止有害信息的传播，市统计局加强了网站安全防护，采用新的网站安全防护设备，对网络和系统进行了更严格的配置，并通过了上海市安全测评中心的安全测评。

根据国家保密局要求，市统计局制定了“上海市统计局公务网接入网分级保护改造方案”，对网络的拓扑结构、保密机配置和安全方案进行了调整，增添了新型防火墙、红黑电源、汉邦强审计、非法外联检测等软硬件，完成局公务网接入网分级保护改造工作，并通过了市保密局测评中心的安全测评。

（唐庆茹）

上海市新闻出版局

【概况】 2008 年，新闻出版总署与上海市人民政府建立了推动数字出版的部市合作机制，建立了第一个国家数字出版基地。上海市新闻出版局把推动数字出版作为一项重要工作，在总署的帮助下，在上海市委、市政府的关心支持下，在市委宣传部的直接指导下，张江国家数字出版基地的建设以及全市的数字出版推进工作取得很大成效。同时，上海在部市合作、部局一体（市委宣传部、市新闻出版局）、市区联动（市局和区级政府）的框架下，坚持两个“两手抓”，即一手抓国家数字出版基地的建设，一手抓全市数字出版产业的发展；一手抓传统出版单位向数字出版转型，一手抓民营数字出版企业的做大做强。

7月，全国书号实名申领全面推开，上海作为全国试点单位之一，开始书号网上实名申领工作。年底，市新闻出版局启动开发上海市印刷业统计分析系统，可以及时、快捷地收集和整理全市印刷企业的信息。

【推进数字出版项目建设】 市新闻出版局以项目资助为突破口，推动张江国家数字出版基地的建设，推进全市传统出版转型发展。在市科委、市信息委、市财政局的支持下，市新闻出版局用三个月的时间，了解、收集、筛选了全市出版、报业、印刷、发行单位和部分民营企业正在进行和准备开展的数字出版项目 54 项，其中出版社（含集团）25 项、新闻单位 22 项、音像企业 2 项、印刷企业 1 项、发行企业 2 项、期刊社 1 项、培训单位 1 项。之后协同市科委、市信息委对项目分别进行讨论、评审，最终确定资助 16 个数字出版项目，资助总金额达 2 000 万元，其中市信息委资助 10 个项目，市科委资助 6 个项目。资助的项目涵盖数字出版的多个领域，包括数字出版内容资源管理系统、数字出版发行平台、数字音乐出版、数字印刷生产应用系统研发、网络教育出版、数字信息营销平台、手持终端电子报纸等。

数字出版项目申报工作推动了传统出版的转型，促使越来越多的传统出版单位开始关注数字出版，了解数字出版，开发设计数字出版的项目，同时也推进了上海市新闻出版行业的信息化发展。

【印刷产业统计分析系统建设】 年底，市新闻出版局启动开发了上海市印刷产业统计分析系统。该系统共分三大模块：印刷企业上报信息模块、区县级出版行政管理部门初审模块、上海市新闻出版局终审模块。印刷企业上报信息模块主要是录入和上报功能，以及接收区县、市级管理部门发布的有关产业信息和通知等。区县级出版行政管理部门初审模块主要是接收和初审企业上报信息，过滤和退回错误信息，对未上报企业进行催报，上报市新闻出版局，查询本辖区内印刷企业信息，统计和下发本辖区内印刷产业信息，接收全市印刷产业信息等。上海市新闻出版局终审模块主要是接收和终审企业或区县管理部门上报的信息，过滤和退回错误信息，对未上报齐全的区县进行催报，查询全市印刷企业信息，统计和下发全市印刷产业信息等。

查询和统计信息主要分无固定模式和固定模式两种。无固定模式可根据随意标的为条件进行统计和分析；固定模式采用月报、季报和年报的方式，可按区县、管理类别、企业类型、规模、产品分类、人才结构等内容对企业信息进行统计分析。

该系统可以及时、快捷地收集和整理本市印刷企业的信息，摸清现状、分析趋势、发现问题、寻找对策、整合资源，为主管部门对产业的宏观调控提供依据和基础数据支持；依靠产业信息分析，进一步转变上海印刷产业发展方式，提升产业能级和国际竞争力；依靠网络信息技术，提升服务效率，降低信息收集成本；防范和减少产业成长不确定性，使产业适应日益国际化的激烈的市场竞争；规范企业经营方式，建立和维护健康有序的经营环境。

【全国书号实名申领全面推开】 书号实名申领是指出版单位在图书出版活动中按书稿实名申领书号，一书一号。实行书号实名申领管理，是进一步转变政府职能，创新管理机制，完善图书出版管理，促进中国出版产业繁荣发展的重要工作。截至年底，通过书号实名申领信息系统共核发新书号 1 230 个。根据《书号实名申领管理办法》的规定，成书信息要及时进行上报，现在系统中已上传 424 本成书信息。新闻出版总署在验收试点单位工作时，认为上海在全国试点单位中，管理手段和管理方法的科学性较为突出，并能及时对该系统软件的设计提出改进意见，对市新闻出版局的工作方法和工作效率给予了充分肯定和高度评价。该项工作创新管理模式，服务科学发展，标志着出版管理依托新技术，面向市场、面向基层迈出实质性的一步。

【2008 上海书展信息化应用】 由市新闻出版局主体打造的“我爱读书，我爱生活”上海书展已举办了五届，2008 年根据书展现场布局，对书展网页（www.shbookfair.com）进行了调整，书展期间发布新闻 94 条、通告 1 条、书目 52 324 条、单位信息 31 条和期刊 77 条，书展活动 285 项、展馆平面图和交通平面图。在展会现场设置了书目检索咨询服务中心，短短 7 天时间接待前来咨询、检索书目的人数达 3 万多，为读者提供更加细致、到位的服务。

（市新闻出版局）

上海市食品药品监督管理局

【概况】 2008 年，市食品药品监管局不断巩固已初步取得的信息化成果，同时进一步深化信息产品的质量与内涵，把提高食品药品监管信息化水平作为工作目标，紧紧围绕全局的中心工作，结合食品药品监管工作实际，全面开展网络、应用系统、网站、信息衍生产品等的建设，为促进依法行政，科学监管、提高监管效能，保障全市食品药品安全，提供坚实的技术支持。

【推行阳光行政，建立网上行政审批平台】 在局党委的大力推进下，在前期食品、药品流通审批管理平台的基础上，信息中心与全局各相关处室通力协作，全面开展局行政审批项目的上网工程，建立了全局系统统一的行政审批平台，实现全部审批事项的在线受理、在线审批和即时结果公示，达到审批要求全告知、审批过程全透明、审批信息全公开、责任时限全监控的目标。网上行政审批平台的建立，为行政相对人提供了一条快捷、公正的绿色通道，体现了“阳光行政”在行政审批工作中的具体落实。同时，此项目也是市纪委在全市开展“三重一大”工作试点的重要内容之一，将为行政监察工作的开展提供强有力的技术支持。

【基层管理模式创新，实时数据体现监管成效——区县一体化查询系统应用】 由南汇分局与市局信息中心联合开发的“南汇区一体化查询系统”通过抽取各业务实时数据，将与南汇区相关的食品药品监管数据有机地结合到同一个平台，较完美地实现统一平台实时展现基层工作状态的目的。在南汇分局由上至下的大力推动下，系统建成后得到广泛应用，南汇区所有相对人的基本情况、行业监管动态趋势、执法人员检查情况都通过该统一门户进行记录与查询，并实时提供各类详细的业务报表，为实现区域特色监管、业务工作量精确核算等给予了详尽的数据支持，确保了监管数据的准确性、实时性和可操作性，极大方便了监管人员，提高了工作效率。该系统正改变着南汇分局原有的工作格局，基层工作以数据说话、区情民情实时掌握，借助于信息数据的现代管理模式已具雏形。该系统的建成也为各区县分局的推广应用积累了经验，为全系统实现数据整合、信息共享探索了可行之路。

（柴　雄）

上海市知识产权局

【概况】 借助信息化技术“对外完善服务”和“对内提高效能”是上海市知识产权局信息化工作的两大重点任务，2008 年是相关工作取得重大突破的一年。自 2006 年上海知识产权信息工程建设工作正式启动至 2008 年底，工程所包含的“知识产权政务管理信息系统”和“知识产权信息平台”两大系统的各项建设任务已基本完成，并分别相继投入运行和试运行服务。

【知识产权政务管理信息系统建设】 知识产权政务管理信息系统已于 2007 年底完成整体开发并实现了公务网、办公内网和互联网的接入，其中办公内网和互联网实现了局内所有公务员全覆盖，公务网应用点则部署到处以上领导岗位。2008 年，市知识产权局进行了多阶段测试和试运行后，进一步完善了系统的建设工作，并通过了第三方测评工作，等待与信息平台一道启动竣工验收工作。市知识产权局政务管理系统具备了 10 项行政事务办理、通知的管理、日程管理和工作计划、公文阅办、信息报送等基本功能，还具备了与知识产权相关的业务管理功能，如软课题管理、专利奖管理和专利纠纷及违法案件管理等各项行政事务和业务应用功能，并且业务应用正在逐步增强和扩大。

（市知识产权局）

上海市人民政府侨务办公室

【概况】 2008 年，上海市人民政府侨务办公室（以下简称“市政府侨办”）的信息化建设工作紧密结合侨务工作的总体目标和要求，以为侨服务为宗旨，结合侨务工作实际，利用网络拓展侨务工作平台，扎实推进市政府侨办电子政务建设。

【加强“上海侨务”网站建设，提高为侨服务水平】 根据政府信息公开要求，进一步加强网上办事和信息公开的功能，增加网站专题活动数量，突出网站和公众的互动。利用“上海侨务”网站开设了“市政府侨办深入学习实践科学发展观专栏”、“华侨华人建言上海世博征文活动”、“2008 长三角技术项目”、“2008 海外华裔青少年夏令营”、“改革开放与上海侨务图片展”、“华侨华人之歌征集”、“上海侨界抗震救灾专题”等活动，增强网站互动性；进一步完善“政府信息公开”、“便民信息”、“为侨服务”等栏目内容，拓展为侨服务信息发布渠道。“上海侨务”网站现有政务信息公开、涉侨信息、政策法规、网上办事、便民服务、华文教育六大类栏目。2008 年，网站月均访问量达 100 多万人次，其中海外访问量近 40 万人次，访问者来自 50 多个国家和地区。

【优化内部网络，改进数据库信息系统】 对服务器、交换机等网络设备进行优化配置，对信息化终端设备进行升级，对华侨回国来沪定居审批数据库系统进行改进，提高了办公效率。及时更新完善各类侨务信息数据，提高数据的准确性和可靠性。

【建立健全安全制度，确保网络信息安全】 按照中央和市委、市政府的要求，积极开展信息安全保密教育工作，进一步提高机关干部的安全保密意识，严格做好信息安全保密防范工作。涉密信息系统及其网络严格执行国家保密局的有关制度和规定，每周定期进行巡检维护，全年累计安全巡检140余次，出具安全巡检报告12份，每月向市信息委上报信息安全月报表。严格执行国家电子政务、信息安全有关规定，结合市政府侨办实际完善了《市政府侨办计算机信息系统安全保密管理制度》。对内部局域网、计算机终端使用、公务网安全保密、国际互联网浏览、计算机机房等方面作了详细规定。

（市政府侨办）

上海市粮食局

【着力推进粮食业务信息化，逐步完善粮食流通监测网络】 2008年，上海市粮食局继续深入推进信息化建设，着力推进粮食业务信息化，建成了上海市粮食流通数据中心。该系统是一个覆盖市区两级粮食行政管理部门、全市大型粮食批发市场、重点加工企业、部分零售网点的粮食流通数据处理平台。该系统有以下几大模块组成：一是数据采集模块，能够实时采集各个监测网点的粮食价格、数量信息；二是数据处理模块，能够将采集到的基础数据按照要求分类汇总，生成报表；三是数据挖掘模块，能够依照指定的数学模型对汇总后的各类数据进行挖掘，以达到预警预报的目的。上海市粮食流通数据中心建成后，全市粮食流通监测网络正在逐步完善，上海市粮食局的粮食行政管理能力上了一个新的台阶。

（熊一鸣）

上海市高级人民法院

【概况】 2008年，上海法院信息化进程日趋加快，信息化工作取得丰硕成果。以“上海法院信息网”为门户的网站群功能强大，信息量多，时效性高，交互性强，已成为信息技术与法院工作紧密结合的重要载体；以“上海法院综合信息管理系统”为代表的审判工作信息化建设日趋完善，为人民法院践行“为大局服务，为人民司法”的工作主题提供了重要的技术支持；各级法院、各职能部门应用信息技术积极主动，围绕有效提高工作效率和工作质量、提升司法权威和司法形象、促进司法公正等不断拓展和深化，使上海法院的信息化建设呈现出多姿多彩的局面。

【面对新形势，拓展信息化软环境建设】 2008年，上海市高级人民法院（以下简称“市高院”）信息化管理部门除完成全市法院信息化维护和高院大楼弱电系统、桌面系统维护工作，以及为高院庭审和会议提供技术保障外，在信息化软环境建设上，主要抓了以下工作：

1.锐意进取，拓展开发新项目

上海法院的信息化建设始终以科学发展为核心，以审判业务工作为中心，不断增强审判工作和法院管理的科技含量。2008年，市高院信息化管理部门对审判、执行等核心模块加强完善和整合，先后开发了上海法院法官（干部）业绩档案系统、上海法院公告管理系统、网上立案审查系统、电子档案管理系统等多个新项目。

⑴上海法院法官(干部)业绩档案系统（V1.0)：2005年，人民法院“二五改革纲要”提出“要建立健全法官业绩评估机制”；2007年，中央政法委要求“为每一位政法干警建立业绩档案”。2008年，为了建立客观公正的干警绩效评估机制以及共享网络信息资源，全面反映干警工作业绩，建设完成上海法院干警业绩档案系统。该系统主要数据从审判、执行、人事及调研等多个系统自动采集，辅以职能部门和干警自主输入。系统由基本信息、办案业绩、调研成果、审判辅助和管理、职业素养、工作札记等六个功能模块构成，涵盖法官的岗位经历、学习培训、审判工作、调研成果、奖惩记录等方方面面。

干警业绩档案系统还可进行各种数据的智能化比较、分析和评估，帮助使用者非常直观地了解某位法官的工作实绩、历史或当前状况、发展趋势、特长和欠缺，及其在部门、本院和条线范围内等相关群体中的纵向、横向排名情况。该系统已全面应用于全市三级法院的所有在编干部，由此建立了一张能够覆盖全市三级法院全体干部的“业绩档案网”。借助这一科学的队伍绩效评估体系，使组织考察有充分依据、个人努力有正确方向、群众评价有明确标准、监督指导有统一尺度。通过科学管理，进一步强基固本，全面提升上海法官队伍的整体素质。

⑵网上立案审查系统（V1.0)：指当事人可以通过上海法院因特网网站的“网上立案审查”栏目

提交相关诉讼文书和材料，立案法官在网上对材料进行审查，避免当事人因材料不全而多次往返。从2008年12月1日起，市高院在全市法院范围内推行网上立案审查制度，这条通过网络搭建的快捷立案通道得到了社会的广泛欢迎。启用后一个月内，收到300个申请件，其中同意立案57件，约谈72件。

(3)电子档案管理系统（V1.0）：法院档案是国家重要的专业档案之一，是人民法院审判活动的真实记录，是进行审判工作、实行审判监督的重要依据和必要条件。电子档案管理系统的开发目的在于使存库的档案最大限度地为审判工作服务，实现电子档案和纸质档案同时存在。电子档案不只是原始档案的备份形式，更大的作用是可以发挥信息资源网络优势，使档案的管理及利用发生质的变化。该系统解决了档案信息总量庞杂与人们特定检索要求之间的矛盾，将先进的数据库技术引入检索工作，对档案信息实现资源共享。

(4)上海法院公告管理系统（V1.0）：该系统利用现代信息网络的优势，将各法院业务庭制作的公告及时转送至《人民法院报》、上海法院因特网、公务网及各法院的大屏，确保了法院公告的公开性和及时性，获得较好的法律效果和社会效果。该系统启用后，上海法院的公告将纳入统一管理平台，进一步减少公告遗漏的几率。

(5)党委网五期：该项目包括上海法院检察院案件信息交互系统（二期）、人民陪审员信息查询系统两个项目。针对刑事公诉案件，法院和检察院之间有着较频繁的信息交互，之前主要依靠人工操作，既制约了信息的流转速度，又对案件的审理效率产生一定的影响，因此依托上海市公务网平台，建设了上海法院与检察院之间刑事公诉案件信息交互系统。该系统上线后，为两单位提供了一个快速的信息交互平台和沟通渠道，对审判质量的提高有很好的促进作用。人民陪审员信息查询系统主要实现从上海法院人民陪审员管理系统中提取人民陪审员的名单、培训情况以及参与的案件审理情况信息，通过此查询系统可以让公务网上的其他单位方便地了解到上海法院人民陪审员工作的开展情况。

(6)网站改版：为了更加有效地发挥网站的作用，对高院内部网和上海法院因特网进行了全新改版。改版后的高院内网增加了部门总结与计划、审判事务、干警名册、纪检监察等与审判工作密切相关的应用系统，同时增添了即时通信、网上订餐、中国期刊网镜像查询、图书借阅、国内外网上新闻和电视新闻等众多便利措施，强化了法院管理、审判监督等信息应用，同时也使网站成为提高审判工作效率的有利保障。改版后的上海法院因特网本着司法为民的宗旨，推出网上立案审查、网络直播、执行专栏等各项便民措施，极大方便了群众诉讼，减少了当事人诉累，使群众能够充分感受到上海法院诉讼的方便与快捷。

(7)调研管理系统（V2.0）：升级后的系统健全和完善了法院调研工作的考核机制，激励调研工作更好地为审判工作、为领导决策服务。该系统将调研文章登记、案例登记、司法分析统计登记、少年审判登记、执法意见登记与干部业绩档案有效结合起来，并对信息进行综合考核统计和评分，提高了全市法院工作人员调研的积极性。

(8)上海法院交通事故简易案件快速审理系统（V1.0）：该系统主要针对争议不大、适用简易程序审理的交通案件，可在缺席审理和非缺席审理的情况下应用于庭审问答，并记录到格式化裁判文书自动生成阶段。该系统可帮助法官快速审理案件，并生成庭审笔录、民事调解书、民事裁定书、民事判决书等相关文书，节约了审判资源，提高了审理效率并减轻了民事法官工作负担。

2.夯实基础，优化基础系统

上海法院的信息化建设历时数年，已完成对案件从受理、分案到审理、归档、执行等全过程的信息化，并为案件质量评估、法官业绩档案和审判监督提供实时、动态的信息支持。2008年，市高院信息化管理部门对上海法院审判综合查询系统、上海法院案件移送系统、上海法院执行管理系统、上海法院司法鉴定系统等二十多个系统进行升级和优化；为因特网网上预约、网上咨询系统、法律文书管理系统、信访管理、诉讼档案等十几个系统提供运转保障。这些系统的优化和功能的完善，进一步方便了审判人员的工作，促进和提高了上海法院审判质量和效率，同时对规范办案人员的司法行为，强化审判监督起到应有的作用。

【构建新起点，强化信息化硬环境建设】 2008年，为增强上海法院审判和执行工作的科技含量，市高院信息化管理部门尊重信息化工作发展的客观规律，坚持“严格论证、务实求效、以需求为导向”的原则，建设完成高院内网庭审直播系统、最高法院一级网接入项目（柳州路信访办）、数字档案备份系统、电子印章和加密机项目等十几个系统；启动全市法院法庭装备标准化建设项目、高院机房改造项目、因特网庭审直播系统、内网安全监管项目等诸多项目。

(1)高院内网庭审直播系统：建设法院庭审直播系统，实现庭审过程与科技手段的紧密结合，体现了审判公开、透明的原则。高院内网庭审直播系统能够对原被告、证人、法官、公诉人、犯罪嫌疑人等画面进行实时采编录像，并提供直播和点播服务，以满足庭审音像资料存档、远程观看庭审和在线监督庭审的需求。2008年，高院法庭全部实现科技审判法庭功能，借助现代科学技术装备，扩展和延伸传统的审判法庭功能，建设集声音、数字、图像处理为一体的多媒体法院庭审直播系统。

(2)电子印章系统：该系统的建设是为了解决传统方式下印章管理工作中的漏洞和难点问题，解决长期以来困扰人民法院派出法庭的“盖章难”问题，加强人民法院的印章管理。经过2007、2008两年的努力，上海法院全部安装了电子印章系统及加密机设备，既加强了法院的公章管理，又大大提高了法官的办案效率，同时节省了人力、物力和财力。

【谋划新发展，注重信息化工作的制度建设】 随着全市法院信息系统的逐步投入使用，建立和完善信息化工作制度显得尤为重要。2008年，对全市法院信息化建设的管理制度进行了修改和完善。加强对全市法院信息化工作的考核，促进信息化管理水平上一个新的台阶。加强信息化管理网络和例会制度，定期或不定期地召开信息化工作例会，通报信息化工作进展情况，检查信息化工作任务的落实，互通信息化工作信息，进行信息化工作的协调。加强对全市法院信息化的指导和培训，在全市法院积极推广成熟的应用系统，并积极开展培训工作，全年共计完成集中培训30次，其中高院13次，中院、基层法院17次。培训提升了法院工作人员运用各类信息系统的能力，强化了法院工作人员维护公平正义的意识。同时，完成2009年信息化工作的预算编制，并指导各基层法院进行预算工作。

（市高院）

上海市人民检察院

【概况】 2008年，上海市人民检察院（以下简称“市检察院”）调整了上海检察机关信息化领导小组。由市检察院检察长陈旭任组长，副检察长柳小秋任副组长，市院的各部门负责人和基层院三位检察长代表组成，形成了横向的、上下的联动。领导小组高度注重科技强检，紧紧围绕高检院统一规划、统一规范、统一设计、统一实施的战略要求，把信息化工作作为提高办案质量、办案效率和规范执法行为的“一把手”工程来抓，积极探索，转变理念，求真务实，在构建业务、队伍、信息化保障方面取得较为明显成效。领导小组面对新形势和新要求，提出要在解决检察信息化工作中的突出问题上取得新成效，要在顺应发展、准确定位全市检察信息化发展思路上有新突破。(1)转变观念，调整思路。要以人为本，充分体现信息化工作的人性化和个性化，由网上办案的设计理念转变为办案辅助管理的理念。要以业务需求为准，强化基本核心信息输入和重要流程节点控制，高度重视软件的稳定性和便捷性。(2)认真梳理、系统谋划。根据检察机关现有工作基础和需要，认真梳理，系统考虑，确立好今后检察信息化工作的整体框架和设计思路，着力强化基本信息和流程管理，强化统计分析功能，实现对办案、办公以及为领导研判办案形势和决策服务，从而使信息化在检察工作中最大限度发挥应有的作用。

【制定《2008～2012年上海检察信息化建设与发展规划》】 根据高检院“统一规划、统一规范、统一设计、统一实施”和市检察院党组以及信息化领导小组对信息化工作的总体要求，市检察院信息中心以科学发展观为指导，在充分听取市检察院、分院、基层院业务部门以及信息技术部门意见的基础上，结合前三年信息化工作规划执行情况，制定了《2008～2012年上海检察信息化建设与发展规划》，力争通过五年努力，建成一个技术先进、资源共享、功能完善、门类齐全、安全保密的检察信息化综合应用体系，使上海市检察系统在基础网络、软件应用、标准体系、人才培养和应用水平等各个方面达到全国检察系统的先进水平。

【检察业务统计分析系统开发】 根据检察工作的要求和业务管理的实际需求，市检察院集中精力加快开发“检察业务统计分析系统”，努力将静态的案件信息变为动态的统计分析和管理信息，为市检察院、分院、基层院各级领导研判办案形势和科学决策服务，为全体检察干警办案和业务管理服务。该系统在建设方面，以市检察院中心数据库为数据源，以数据仓库技术为框架体系，提高了软件应用的稳定性、数据的准确性和运行速度；在应用方面，重点保障侦监（含未检）、公诉、反贪、反渎、控申、民检等业务部门的应用；在功能拓展方面，通过引进数据挖掘、报表制作等专业软件技术，采用面向对象的设计理念，使系统在数据展示、功能实现、适应需求变化、操作简便等方面有较大提升。

【华东六省一市检察机关行贿犯罪档案查询系统开发】 为进一步发挥行贿犯罪档案查询系统的作用，加强对行贿犯罪的打击力度，由上海市院牵头，在全国率先开展行贿犯罪档案跨地区信息交换与共享。目前该系统已实现在华东六省一市间信息共享和信息查询，最大限度地发挥系统的查询功能，发挥其威慑行贿犯罪的作用。

【检法刑事诉讼案件信息交换平台开发】 2007 年，市检察院与市高级法院联合开发了“检法刑事诉讼案件信息交换平台”（一期），基本实现基层法院和基层检察院在一审刑事案件诉讼环节上的信息和文书交换。2008 年 9 月，“检法刑事诉讼案件信息交换平台”二期项目开发工作完成，10 月通过专家组验收，基本实现检、法在二审刑事案件诉讼环节上的信息和文书交换，同时拓展一审交换功能，使一审与二审信息交换在流程上实现衔接。

【档案数字化系统开发】 档案数字化工作主要有老档案数字化转化、档案管理软件开发等内容。2007 年市检察院制定了《上海市检察机关诉讼档案数据格式标准》，全市各级检察院的诉讼档案数据库及相应的信息、格式都以此为标准进行建设；2008 年市检察院基本完成基于该标准的档案信息管理软件的开发，在全市统一使用，为今后开展全市检察机关档案管理、应用、指导、考核提供统一的基础数据信息。

【运用信息化手段为检委会决策提供服务】 为进一步规范检委会议案程序，保证检委会决策的科学性、公正性和效率性，虹口区检察院建立了网上检委会议事议案系统。在检委会讨论前，凡提交检委会讨论的案件和事项，从议案的提起、报告的传送到会议日期、地点的通知，全部在网上操作，增加了检委会的公开性和透明度。在检委会讨论时，每位委员根据案件承办人是否能做到汇报全面、突出重点、语言精练、报告规范，进行综合评价和打分，由此检验案件承办人对案件的熟练把握程度、专业理论水平和口头表达能力，汇总评分结果及时在网上公布。在检委会讨论后，检委会决定内容将及时发布网上，同时通过网络对承办人按期执行检委会决定进行提示和告知。检委会决定作出后 7 日内由汇报部门的承办人在网上填写执行检委会决定情况。同时，当前与检察工作有关的热点、难点和重点问题，以及对检委会讨论决定的涉及法律适用疑难争议且具有一定典型指导意义的案件，也收集汇总于网上检委会议事议案系统，为办案实践提供指导帮助。

【重点课题在线督查系统开发】 为切实有效地提高重点课题督查的效率，解决过去有的部门遗忘或不能及时提交督查表的老大难问题，嘉定区检察院办公室提出利用信息化手段推进重点课题督查工作正规化的课题。从 2006 年起，该院开始建设该系统，目前已投入应用。系统设计方案是基于通过 B/S 结构方式，集中的数据管理，开发基于 .net framework 平台的应用软件，在系统功能方面，各部门可指定一位工作人员作为督查信息的录入者，督查信息采集完成后，经科长审批，按照预定流程，督查信息会在科室、办公室、分管检察长、检察长等之间流转，每一步均有信息提醒。整个督查的流转在各自界面上根据不同的权限可以进行浏览、打印、统计、分析等操作，从而为领导的正确决策提供科学依据。截至2008年度，嘉定院各部门利用该套督查系统向院办公室、分管领导上报督查报表共计46份，为院领导及时掌握全院重要业务数据提供了有效帮助。

【律师摘阅诉讼文书实现网络化】 2008年6月1日，新《律师法》开始实施，扩大了律师的调查权。该项新规定对检察环节接待律师工作提出了新要求。为了适应新《律师法》的要求，金山区人民检察院研发了律师摘阅诉讼文书网络管理软件，运用信息化手段服务检察工作，保证律师摘阅诉讼文书及时、有效、规范。在审查起诉阶段，当律师提出摘阅案件卷宗材料申请时，案件承办人可登陆该系统，将律师情况及需要摘阅的卷宗、摘阅时间和地点录入该系统。该系统全程跟踪律师阅卷过程，既减少了接待律师的人力成本，也有效提高了工作效率，是运用信息技术手段促进新《律师法》实施后检察工作发展的成功范例。 （翁美华）

共青团上海市委员会

【举办“商务领航杯”上海IT青年创新创业行动】 在团市委、市科委、市信息委、市青联、市学联等单位的指导下，市信息化青年人才协会、市科技创业中心、市高新技术成果转化服务中心、中国电信上海公司、青年报社等单位联合举办了“商务领航杯”上海IT青年创新创业行动。活动自2007年8月正式启动，于2008年5月顺利落下帷幕，包括举办IT青年创业大赛、设立IT青年创业基地和专项基金、组织创业青年园区行等内容。

【召开上海市信息化青年人才协会第二次会员大会】 11月30日，上海市信息化青年人才协会第二次会员大会隆重召开。此次大会依据协会章程顺利完成了各项议程，产生了第二届协会理事会和新的领导班子。团市委书记潘敏出席大会并作重要讲话，市经济信息化委副主任刘健、市社团局副局长姚凯为大会致辞。

【举办2008上海IT青年人才峰会】 11月30日，由团市委、市经济信息化委、市青联联合主办，上海市信息化青年人才协会承办的“2008上海IT青年人才峰会”隆重举行。峰会活动具体主要由IT新锐颁奖典礼、主题演讲和头脑风暴三个环节组成。副市长艾宝俊等领导出席峰会；IT业界知名人士鼎力支持，多位演讲嘉宾专程来沪参会；广大IT青年踊跃参与，IT青年企业家、青年创业者、相关专业大学生等共约600人到场；新闻媒体给予全方位的关注，40多家新闻媒体专题报道。

（团市委）

上海市妇女联合会

【市妇联协同办公平台建设】 上海市妇女联合会（以下简称“市妇联”）协同办公平台于2007年9月投入运用。经过2008年一年的运行，该平台逐步完善了市妇联机关OA系统，提供了一个市妇联与区县妇联之间沟通联系的高速安全的信息化接口，方便接入市公务网的区县妇联了解市妇联的工作安排和相关文件材料。该平台具有以下三大功能：⑴工作安排核心功能。领导日程模块汇总主席室各位领导的日程安排，成为市妇联各部门精确安排工作时间的指导性信息。平台提供的会议申请和会议室管理功能，自动汇总经领导审核通过的会议安排，并提供会议室占用提示，切实提高了工作效率。⑵个人办公辅助功能。个人办公模块提供了内部电子邮件、日程安排、公告等功能。内部电子邮件可以传输任意大小的附件，且具有独有的撤回功能。⑶信息资料汇总功能。平台提供了文档、视频、音频、PPT等相关信息资料的查询和下载功能，汇总了自2001年以来市妇联的全会文件、领导讲话、妇女情况、调查建议、大事记、统计报表等。

【上海女性网站建设】 上海女性网（www.shwomen.org）是市妇联的门户网站，于2001年3月开通。经过多次改版，2008年网站按照“三个平台”的建设目标，即适应上海妇女儿童和家庭发展需求的服务平台、搭建妇女工作者创新工作交流互动的工作平台、展示上海妇女儿童发展和妇女工作的宣传平台，不断创新发展，并在上海市第四届优秀网站评选活动中取得较好的成绩。该网站具有以下特点：⑴可看性强。网站及时提供了时政要闻、女性关注的各类新闻和上海各级妇联组织的最新工作动态。全年，网站发布工作动态类稿件1 300余篇、时尚服务类信息1 500余篇，通过网络宣传上海妇女工作；定期发布各类调研报告和妇女理论研究成果，受到全国各地妇女工作者和妇女理论研究人士的关注；多媒体视窗栏目收录了市妇联各类重大活动和优秀女性人物的视频，通过短片和专题片的形式呈现给广大网友。⑵实用性强。网站首页设有站内搜索功能，在维权驿站栏目中提供了妇女维权相关的实用信息，在为您服务栏目中提供了各类妇幼“关爱一生”服务、教育培训、就业创业的相关信息。⑶整合性强。网站整合全会资源，开设了形式多样、内容丰富的各类专题。在杰出女性栏目中，对“三八红旗手”标兵、巾帼创新奖为代表的妇联系统各类先进人物进行了广泛宣传，并结合各部门工作，开展了各类网上投票、评选和调查等。

【开展上海市“千村万户”农村信息化培训普及工程】 市妇联与市信息委、市农委、市教委联合在全市郊区县开展国家农村信息化综合信息服务试点项目——上海市“千村万户”农村信息化培训普及工程，从2008年起，力争用三年时间基本覆盖1 800多个行政村，完成60万人的宣传普及工作。2008年，市妇联承担了全年10万农民的宣传普及任务。全市开办学员培训班494期，22 927人参加培训并通过考核，完成宣传普及101 842人。全市各郊区妇联以“观看宣传短片、参加体验活动、阅读普及读本”为主要内容，利用“信息大篷车”和“信息小篷车”深入每个郊区县的乡村、集镇和工厂，开展电脑、手机、互联网等信息化工具应用的知识普及。全年出动“信息大篷车”、“信息小篷车”828次，深入500多个村、30多个工厂，完成宣传普及101 842人，占全年计划数的101.84%，其中农村妇女占58%，50岁以上占49%，初中文化程度占47%。

【市妇联信息资料库建设】 市妇联信息资料库主要由文档信息管理系统和多媒体信息管理系统组成，该系统集中存储全会近2 800多篇相关电子文档信息，近700多份照片、视频等多媒体信息。整个系统界面简洁明快，富有时代气息。其主要特点有：⑴信息浏览便捷。在系统首页对最新信息、重要信息、热点信息、重要栏目进行提示；支持全文检索的查询功能，其中多媒体信息提供跨类型的综合搜索服务。⑵信息服务主动。充分利用信息技术，对用户浏览信息进行跟踪，向用户提供浏览信息的建议。当用户设置的感兴趣信息入库时，主动向该用户的OA邮件中发送浏览相关内容的通知，主动提示用户进行查看。对于入库的多媒体资料允许经过授权的用户对其进行打分、评论、订阅、收藏、推荐、标签等web 2.0操作，帮助用户快速找到最有价值的信息资料。⑶信息利用多样。系统内信息可以浏览、下载，具有一定权限的用户可以下载文档，并可以专辑的形式导出。该系统提高了市妇联机关人员信息查询和利用水平，有效提升市妇联的信息化水平，有力地促进了市妇联工作效率的提升。

（市妇联办公室）

第四编

经济领域信息化

综 述

2008年，经济领域信息化工作全面推进。在农业领域，以推进“为农综合信息服务千村通工程”和启动上海农业数据中心建设为抓手，对农业信息资源进行整合，优化信息服务平台，健全农村信息服务体系，积极探索信息技术在发展高效、生态农业中的应用。在制造业领域，钢铁、石化、纺织、汽车、轨道交通等行业以高科技重点项目建设、强化集团管控为重点，信息化改造在已有的基础上得到进一步提升。在金融领域，银行业以奥运支付环境建设为契机，大力推进信息化建设；证券、期货和保险等行业一批重点项目相继建成，取得较好的社会效益和经济效益。在商贸流通领域，电子商务发展环境不断完善，保持良好发展势头；电子口岸建设稳步推进，平台功能日益完善；陆上货运交易中心平台系统完成物流企业数据库建设。在旅游和会展领域，信息化在信息咨询服务和应对突发事件等方面起到了重要的沟通协调和保障作用。此外，上海市企业信息化促进中心通过开展形式多样的咨询评价、扶助体验和宣传推广活动，分析典型案例、推荐最佳方案、褒扬最佳实践，不断完善上海市企业信息化公共服务平台的服务功能，企业信息技术应用服务支撑体系不断得到完善。

（陈可乐）

第一章 农业信息化

概 述

2008年，上海农业信息化工作按照“求实效、重服务、广覆盖、多模式”的要求，以推进为农综合信息服务千村通工程和启动上海农业数据中心为抓手，对农业信息资源进行了整合，优化了信息服务平台，健全农村信息服务体系，积极探索信息技术在发展高效、生态农业中的应用。其主要体现在以下几个方面：⑴深化推进为农综合信息服务平台的建设实施和推广应用，积极探索各种信息服务模式；⑵启动建设上海农业数据中心，建设标准统一、实用性强的公用农业数据库，以有效整合现有的信息资源；⑶开发推广食用农产品安全生产和监管系统，推进本地产主要农产品可追溯体系建设；⑷完善电子政务网站建设，提高网上办事效率，强化信息公开和网站的服务功能；⑸开发建设区域性农业电子商务平台，加强华东地区区域性农业商业合作。

（丁志远）

一、农业信息化基础建设

深化推进为农综合信息服务平台

根据《关于推进“为农综合信息服务千村通工程”的实施意见》，市农委会同市信息委、市财政局、市文广局等部门联合在全市郊区继续实施“为农综合信息服务千村通工程”。截至2008年12月底，已在701个农业比重较大的村建立了为农综合信息服务站，每个村建设达到“五个一”标准（一条带宽不低于1M的网线，一名联络员，一套管理和服务制度，一套“农民一点通”设备，一个网站）。同时，完善了为农综合信息服务平台，多渠道拓展了为农信息服务模式，包括对种养大户的需求进行细分，通过专家远程辅导的方式提供个性化服务，全年共有27批650人接受了远程专题辅导；提供短信定制服务，共发送病虫害防治、市场信息等短信6 777条，订阅农信通短信的用户数量达6万余人；在松江试点农业补贴公开查询，加大信息公开力度，保障农民权益。

启动建设“上海农业数据中心”

根据农业部“金农工程”建设要求，市农委从全市农业的发展需求出发，着手建设上海农业数据中心。数据中心建设目标包括一张地理信息系统图，八大数据库（基础地理数据库、土地资源数据库、农产品价格信息数据库、种植业数据库、林业数据库、养殖业数据库、农村社会经济数据库、农业机构和人员数据库），四个应用系统（查询系统、报表系统、预警系统和分析模拟系统）。数据中心建设方案于5月底提出，经需求调研、专家论证，于11月正式启动建设工作。计划将61个已有业务信息系统与中心数据库间建立数据采集接口或采集机制，并为53套报表新建报表采集系统。

大力推进精准农业建设工作

通过建设上海市长江农场精准农业研究示范区，以粮食生产为对象，在引进、消化、吸收的基础上开发精准农业生产有关系统，实现信息技术在农业生产中的应用。建设内容主要包括农田土壤状态监测信息系统、现代农业信息管理系统、农业综合数据库与统计分析系统、农业综合信息展示系统，以及为上述信息系统提供支撑的卫星定位系统和地理信息系统。利用计算机技术、网络技术、传感技术，及时获取作物生长环境、生长状况、以及农事操作记录等信息，并建立数据库加以储存和管理。利用农业生产管理辅助决策支持系统精细准确地调整土壤和作物的各项管理措施，最大限度地优化使用各项农业投入，获取最高产量和最大经济效益，同时保护农业生态环境、保护土地等农业自然资源。

（丁志远）

二、农业生产流通信息系统

继续推进农业生产的信息化管理

2008年，继续深化信息技术在农业生产领域的应用，新研发了水稻生产信息管理系统和水产品基地生产信息采集系统。截至年底，全市已有89家规模化养猪场、83家蔬菜园艺场、11家水产养殖场、4家奶牛场推广使用生产管理系统，详细记录了各类农业生产信息和农业投入品使用情况，为提高农产品生产源头质量安全水平提供了保障。

切实加强农产品安全监管与追溯

为确保食用农产品安全，进一步发挥市境道口动物防疫监控系统的作用。目前，信息化管理系统已在全市16家规模屠宰场、4家批发市场、8个市境道口动检站以及兄弟省市的1 955家供沪企业使用。2008年建成的猪肉追溯系统已经实现了猪肉流通全过程跟踪、猪肉加工、流通企业全覆盖、信息清晰、追溯快捷的总体目标。

（丁志远）

上海农村信息化关键技术研究示范

根据上海郊区农业资源和农业生产特点、经济发展模式和技术基础，围绕上海市社会主义新农村建设目标，以奉贤区为示范基地，对水产健康养殖信息化、蔬菜安全种植信息化、黄桃生产经营管理信息化、食用菌企业产业链全程信息化、农业资源管理信息化、村镇综合管理信息化、自然村的信息服务、农村社区信息服务等的关键技术进行研发和示范应用，以促进区域优势农产品发展，改良农村产业结构，提高农业企业竞争力，增加农民收入，提高农民科技素质和改善农村生态环境。

蔬菜病虫害诊断专家系统研发和应用

模仿植保专家病虫害诊断的分析方式，充分考虑用户的思维习惯，采用基于案例的推理机制，开发了蔬菜病虫害诊断专家系统。该系统能够对十字花科、茄果类、瓜类等8类40多种蔬菜的常见400多种病虫害进行诊断，并提供基于诊断结论的防治方案。该系统依托“上海植保在线”网站发布，为上海市基层植保技术人员和蔬菜种植人员提供蔬菜生产过程中病虫害诊断辅助决策服务，旨在采用合理的绿色防治技术，提高蔬菜品质和生产安全性。

杏鲍菇全程数字化生产技术体系建设

以上海特色食用菌杏鲍菇为研究对象，研究杏鲍菇工厂化栽培过程中生物信息和环境信息采集技术，建立了杏鲍菇信息采集技术体系和生物、环境信息数据库；研究建立杏鲍菇生长模拟模型，开发了基于生长模拟模型的杏鲍菇栽培管理专家系统，并集成开发基于模型的杏鲍菇工厂化栽培生长环境精准控制系统和杏鲍菇工厂化栽培全程质量管理软件，提高企业的数字化水平，实现杏鲍菇生产的精确调控。

（市农科院）

三、行业、企业信息化

华东农业网商务版——区域农商合作新平台

由华东六省一市农业主管部门共同主办的华东农业网商务版于2008年11月正式开通。目前平台收集了23条全国最新的农业会讯，36个龙头企业，74个优势产业基地，667个优质农产品信息，已完成了江苏、江西两省网上展厅，170家企业、384个商品进入展厅。该平台对各地品牌、优质农产品进行宣传，发布供求信息并接收网上订单，促进华东地区优质农产品与上海大市场的对接，降低农产品流通成本。同时，平台还开通了华东地区农家乐、农业旅游景点643个，以促进农家乐旅游事业的发展，促进农民增收。

网上专卖店——优质农产品销售好途径

2008年，南汇区农委继续探索水蜜桃网上营销的新模式，改版建设了南汇水蜜桃网，链接“东方网”首版首页作宣传推广，重点宣传8家南汇优质农产品网上专卖店，大大方便了市民就近选购正宗的南汇水蜜桃。全年，“南汇水蜜桃网”实现累计点击35万多人次，提高了南汇水蜜桃的销售份额。根据与8家结对的农业合作社不完全统计，网上专卖店累计促销达千万元以上，使南汇桃农得到了实惠。

（丁志远）

第二章 制造业信息化

概 述

2008年，上海制造业信息化以装备制造业为重点，推动信息化与工业化融合。中石化上海石油化工股份有限公司2号乙烯装置先进控制系统、城市轨道交通建设项目全周期管理平台和城轨车辆研发全过程数字化设计系统等重点项目通过验收；上汽集团、宝钢集团、上海石化、上海纺织等企业集团信息化建设稳步推进，在风险管控方面注重集团信息化整体集中与渗透，系统从企业集团贯穿至各产业板块基层单位，实现集财务统一核算、人事集中管理、生产销售全覆盖的一体化，实现企业信息化系统的集成、共享、协同。

（顾伟华）

一、重点项目

轨道交通

上海轨道交通装备产业信息化平台以提升中国城市轨道交通装备的自主创新能力、促进中国城市轨道交通装备产业的发展为目标，以数字化设计和轨道交通建设工程项目管理信息化为应用重点，实现城市轨道交通装备工业关键技术、配套技术及工艺装备创新能力和项目管理水平提升。目前，城市轨道交通建设项目全周期管理平台和城轨车辆研发全过程数字化设计系统已完成。该系统通过对企业知识型资产的管理，建立了一个从概念设计、方案设计到施工设计的产品开发平台架构。

该项目集城市轨道车辆研发、工程项目管理、集团生产管理于一体，已经对全面提升A型整车系统集成能力、车辆核心部件设计制造能力、车辆自主研发能力、工程项目管理能力起到良好的支撑作用。

（顾伟华）

2号乙烯装置先进控制系统

2008年，中国石化上海石油化工股份有限公司（以下简称“上海石化”）完成2号乙烯装置先进控制系统建设。项目于2007年6月开始实施，2008年5月完成研发投入试运行。该系统投用后，裂解炉炉管平均出口温度波动和各组炉管出口温度偏差均控制在±1.5℃之内，总负荷波动范围控制在±0.25%之内，乙烯精馏塔塔顶采出浓度、塔釜乙烯浓度和丙烯精馏塔塔顶采出浓度、塔釜丙烯浓度等控制精度均得到提高，稳定了产品质量，减小了精馏塔能耗。12月，项目通过评审。

（钟 旭）

二、行业、企业信息化

上汽集团：稳步推进信息化建设

【概况】 上海汽车工业（集团）总公司（以下简称“上汽集团”）、上海汽车集团股份有限公司（由上汽集团控股，以下简称“上海汽车”）的信息化建设是企业决策、管理、生产中不可或缺的部分。2008年，上汽集团信息化建设围绕推进自主品牌建设、提升企业核心竞争能力，不断稳步推进，在信息化项目建设、信息系统深化应用等方面取得新进展。

【上汽各企业稳步推进信息化建设】

1.上海汽车集团股份有限公司

上海汽车技术中心和乘用车分公司是“上海汽车”的实体运作公司，是上汽集团首个自主品牌汽车“荣威”的设计和制造企业。自2008年上汽和南汽合作后，“荣威”与“名爵”携手并进，业务涵盖了上海、仪征、南京、英国等不同地域。在贯彻自主品牌发展的战略规划中，上海汽车信息化建设始终融入研发、制造、采购、质保、物流、销售、售后等各个环节，实现了有效整合与数据共享，确保了企业数据的一致性、及时性、完整性、安全性和准确性，从而提升企业竞争力。

⑴工程数据管理系统：GBOM（Global BOM）项目启动，旨在开发统一的、支持异地多平台生产的、涵盖产品全生命周期的BOM管理系统；同时，PDM（产品数据管理）项目二期实施和系统升级，确保了中英两地技术中心之间实现数据的加密交互和定时同步。目前，上海汽车的GBOM、PDM二期系统已正式上线，能深入有效地支持自主品牌产品的研发，无论是系统架构或应用功能方面均已达到国际领先水平。

⑵企业内部门户网站：借助上海汽车门户网站进一步推进PR-Online（电子采购）系统、PQCP（产品质量控制与管理流程）系统、内控管理相关系统（内控文档管理、投资管理流程、合同管理流程等）的实施，为弘扬企业文化、整合共享资源、简化行政流程、完善监管机制提供丰富、安全、便捷、高效的信息渠道。

⑶临港生产基地的应用开发：上海汽车临港生产基地于9月落成投产，1月启动的临港应用项目——IMES（集成的制造执行系统）与SAP系统已按时上线，支持了临港基地的正式生产。IMES系统以生产制造为功能主线、以物流配套和质量管理为业务支撑，功能包括对生产计划与控制、物料计划与现场物流、生产执行、供应商管理与质量监控等；SAP系统以IPPE、APO、PP、MM、SD、FI/CO模块为核心，并与上下游系统（IMES、GBOM、DMS等）产生数据交互与协同运作，涉及制造、采购、质保、财务、销售等业务部门，强大的外围接口延伸，确保了业务流、数据流在整个企业内流转的顺畅和高效。与此同时，上海汽车安亭数据中心也相继建成并形成了“一个支持中心、多基地合作”的运维体系，所采用的7×24监控机制，覆盖了上汽总部、安亭数据中心、临港/仪征/南京生产基地、英国技术中心、商用车技术中心等领域，为上汽自主品牌各地业务运作提供全局性支持；同时，通过创建CMDB（配置管理数据库）IT信息库、规范CSR（系统服务更改）流程、推广运维规范与运维文化，为下属各企业的协同发展提供了可靠平台和优质服务。

2.上海小糸车灯有限公司

在技术研发方面，PLM项目于2007年下半年进入正式实施阶段，经过六个多月的系统实施以及三个月的数据迁移，PLM系统于2008年正式上线运行。在一期项目中，实施完成了产品零部件的模型图纸管理、零部件编码和属性管理、产品结构和BOM管理、产品数据安全性管理等11项功能。通过以上技术管理的实现，可节约开发时间20%，缩短开发人员数据查询时间50%，开发成本以及设计变更得到了更好的控制，尤其是提高了驻客户或海外开发人员的信息获取效率，使研发人员能够更快地适应客户的变化。

在企业管理方面，SAP系统经过近200个工作日的实施，于10月4日上线运行。此次SAP系统的范围包括上海小糸所有的5个工厂、80个存储地和近20个成本中心，涉及模块包括SD（销售和分销）、PP（生产计划管理）、MM（物料管理）、WM（仓库管理）、FICO（财物管理和成本控制）。此外，借助SAP系统对企业的流程重组，上海小糸建立了全面的KANBAN配送管理，实现了生产线智能报工系统等辅助系统与SAP系统的无缝接口。

在供应链管理方面，Supplyweb（供应链管理系统的简称）系统于10月4日与SAP一并上线，并实现了无缝接口。该系统的上线将提升整个供应链的信息处理时间50%，首批近60家供应商已纳入该体系的管理范围。信息获取的透明化将大大提高供应商的订单完成率，降低供应商的安全库存水平，从而减轻整个供应链的资金压力。

3.延锋伟世通汽车饰件系统有限公司

延锋伟世通紧密围绕公司发展战略，进一步加强信息系统建设和信息技术应用工作，不断创新思路，大力推动系统升级改造、实现整合，全面系统地实施企业信息化。一是在已建的OA系统基础上，建立了一套电子流程审批系统（构建在IBM WebSphere门户信息平台上），提高了公司内部业务流程运转的效率。截至年底，已有27个业务流程上线，内容涵盖采购、财务、行政、设备管理等。二是继续深化PDM（产品数据管理）系统建设，通过建立一个集成各种CAD应用系统的平台，规范产品数据格式和开发流程，有效管理产品数据。目前已初步建立了产品数据管理的IT系统，现正在实施第二期，计划完成Catia集成管理、工程更改管理、子公司工程更改协同等目标，使PDM系统成为涵盖整个公司设计过程的管理平台。三是公司自主开发的MES制造执行系统先后在仪征、临港与重庆等地陆续上线，成功服务于上汽自主品牌荣威750、荣威550系列及重庆福特全系列车型。MES系统已基本覆盖延锋伟世通各子公司生产基地，实现了从生产设备接口到物料拉动及仓储的全方位信息化管理。四是在ERP建设上进一步挖掘系统潜力，完成新建合肥公司的QAD上线工作。同时，加强对QAD数据完整性的管理，完成账号整理、菜单权限整理等工作，提升了QAD的应用能力，实现出门证和送货单自动匹配、自动打印，减少了人工操作。

4.上海汽车工业销售有限公司

公司根据规划分层次、分阶段进行信息化建设，着力实现资源和信息的共享，为企业发展提供经济高效的信息系统支持。在汽车物流业务上，11月整车可视化系统平台一期上线。该系统通过对订单、运力等一系列图像信息的实时更新显示，结合现场运作视频，为管理带来便利，改善了客户沟通渠道。公司的VDC（车辆调配中心）系统全面升级后对SVW入厂零部件的WMS（仓库管理系统）覆盖率由年初的57%提高到89%。在汽车租赁业务上，核心业务支持系统——车辆管理系统项目已按计划进入开发阶级，预计2009年4月上线投入运行。在汽车俱乐部业务上，成功完成Salesforce的CRM与DMS系统的数据接口，实现整车售前、售中、售后整体系统覆盖。在二手车业务上，二手车信息管理系统已正式投入使用，为二手车评估、收购、销售、库存管理、财务管理等主要业务提供高效的技术支持，成为平台最为核心的信息系统。

5.上海拖拉机内燃机有限公司

公司继续深入应用技术管理系统以及用友ERP系统，同时为解决责任部门对质量问题回复不及时、措施不细化等问题，进一步提高部门之间的协同工作能力，年初开始实施BPM（业务流程管理）协同平台项目，作为信息化工作的重点。

通过BPM流程管理一期项目的实施，明确了岗位职责，规范了业务流程，大大缩短了流程审批时间。同时，平台中提供的质量报表统计数据可以帮助质量工程师在工作中严格监管产生问题零件的生产流程，发现造成缺陷的原因，及时沟通调整生产工序，防止同类缺陷发生。利用BPM管理平台，不仅促进了企业内控制度的建设，同时也规范了公司各类制度文档的管理，方便了员工学习和查询。BPM为企业搭建一个统一的业务流程管理平台，企业可在平台上快速实施各种业务需求，灵活自主地构建应用功能，极大地提高了企业办公效率和管理执行力，保证企业核心业务流程的竞争力。

6.上海萨克斯动力总成部件系统有限公司

公司信息化建设以完善网络架构、确保信息安全为重点，在对客户端、服务器端优化，以及广域网带宽升级的基础上，大力推进网络架构的优化工作（VDI+WTS项目的实施）。为降低IT运营成本及硬件投资成本，确保信息安全，于2007年10月启动VDI+WTS（Virtual Desktop Infrastructure+windows终端服务器）项目。在调研的基础上形成实施方案，并对方案进行了三个月的测试。实现虚拟化后，所有的计算将发生在服务器端，一台支持RDP协议的PII计算机或瘦客户机就可以供用户使用，从而大大降低了客户端硬件的投资；同时IT人员只需对服务器进行综合管理，不再需要对客户端进行维护，很大程度上提高了运维效率。2008年，公司成功实施了VDI+WTS项目的第一阶段。目前，有两台ESX服务器、40台虚拟机为80个用户提供服务，2009年将启动第二个阶段。VDI+WTS项目的实施提高了公司信息的安全性。通过对服务器安全级别的设置，提高了所有客户端的安全级别；虚拟化后的DRS（动态资源分配）使用，保证了虚拟客户端始终保持最优性能以及客户端的不间断使用。

（夏　骏）

宝钢集团：信息化向整个企业集成、共享、协同转变

【概况】 2008年，宝钢集团有限公司在“一业特强，适度相关多元化”的战略发展目标指导下，紧紧围绕企业发展和管理变革的新要求，初步完成了宝钢集团信息化总体规划，逐步使企业信息化向集成、共享、协同转变，基本建成跨地域、多组织协同管理的宝钢核心业务应用信息系统和多产业综合经营管理系统。

【宝钢集团总部信息化建设】

1.宝钢集团总部信息化规划

根据宝钢新一轮战略发展规划（2007～2012年），6月宝钢集团成立信息化规划项目组，正式启动与之配套的宝钢集团总部信息化规划，并对集团公司上一轮信息化规划进行调整、补充。项目组在走访、调研宝钢集团总部各职能部门信息化现状、信息化需求的基础上，学习跨国企业的先进管理经验，借鉴相关标杆企业的实施案例，历时半年，完成了宝钢集团总部信息化规划的编制工作。共建立起2个结论性报告和14个专业管理规划报告分册，为宝钢集团信息化系统的建设、运行及后评价建立了一个规范框架。

2.人力资源管理系统建设

2月，根据宝钢集团人力资源战略，集团公司决定推进人力资源系统在集团公司范围内的全面覆盖实施。截至年底，已完成集团公司下属177个分/子公司人力资源管理数据的梳理和系统上线工作。通过e-HR覆盖实施，规范了集团公司人力资源业务流程和基础信息，使集团公司能及时、准确、便捷地了解和掌握子公司人力资源发展动态，为人力资源现状分析和决策提供支撑。

3.协同办公系统二期建设

本着把“宝钢协同办公系统建设成为宝钢集团内部传递企业文化、高效协同的工作平台”的系统建设目标，宝钢集团在宝钢协同办公平台一期功能的基础上，于下半年推出4D工作平台，开拓了黑莓移动办公业务，加强了CA审批认证机制，实施了第一次OA标准版软件升级，截至年底，已完成对下属主要一级子公司的覆盖实施。

4.集团统一会计系统建设

5月，宝钢集团启动集团统一会计系统项目，并于9月底完成统一会计系统标准版的开发和集团公司总部属地化财务的优化改造，实现了集团公司总部现金管理与财务公司资金平台的无缝连接。在统一会计系统标准版功能趋于稳定之后，又适时启动了对下属第一批子公司全层级部署。截至年底，第一批一级子公司的部署准备工作已基本完成。

5.其他信息化项目建设

⑴根据国资委统一部署要求，宝钢集团于4月8日正式启动宝钢集团惩治和预防腐败体系管理信息系统的实施，并于5月8日正式上线，系统涵盖集团总部及下属25个纪检单位。

⑵宝钢集团于5月4日启动宝钢e-Learning培训系统平台建设。该平台作为面向集团公司全体员工、多语言支持和集实时远程培训、在线自主培训、离线自主培训、混合式培训等多种形式于一体的远程培训系统，一阶段功能已于10月16日上线。截至12月底，新系统共计实施培训项目4个，提供不重复课程162门、2 760学时，培训9 817人次。

⑶宝钢集团于8月28日启动员工网络论坛建设，作为面向宝钢全体员工的“交流凝聚平台、学习创新平台、建言献策平台、舆论监督平台”。该论坛于11月24日进入试运行，12月底正式投运。

6.央企信息化评级

8月，宝钢集团参加了2007年度中央企业信息化水平评价。按照《中央企业信息化水平评价暂行办法》规定，依据宝钢集团填报的数据，经过国资委初评、复评，宝钢集团2007年度信息化水平指数得分为92.28，水平级别为A级，位列145家央企第3名。

【宝钢股份信息化建设】

1.一体化经营管理系统建设

根据宝钢集团统一会计系统要求，宝钢股份调整一体化系统覆盖钢铁分/子公司方案和计划，加快

实现一体化经营管理系统覆盖。

⑴把一体化财务系统与股份公司下属钢铁制造单元系统的标准集成模式调整为覆盖模式，并加快二期项目实施进度计划：4月1日覆盖中厚板分公司；5月20日覆盖不锈钢分公司不锈钢产品；合并报表系统于9月1日上线，与宝钢分公司实现账务项集成，与财务公司实现报表项集成；11月3日与宝信公司、化工公司实现报表项集成；一体化财务系统于年底覆盖梅钢、烟台鲁宝、宁波宝新、黄石涂镀板、特殊钢分公司精密钢管厂。采用标准+α方式，把总账、报表功能分布式部署到宝钢国际，覆盖其下各子公司。

⑵一体化销售及物流管控系统二期项目于4月1日覆盖中厚板分公司；5月20日覆盖不锈钢分公司不锈钢产品；年底覆盖烟台鲁宝、宁波宝新、特殊钢分公司精密钢管厂。四家海外公司ERP系统建设第一阶段项目于5月通过结题验收。

⑶采购供应链系统二期项目于4月1日与中厚板分公司财务账套接口；在不改变现有职能情况下，于10月1日覆盖第一家沪外钢铁子公司宝通钢铁；与采购电子商务平台集成，安全实现与供应商的采购协同，分离内外部门户，消除恶意攻击隐患；11月20日完成供应商绩效评估子系统功能上线和218个功能点的优化。

⑷整合原燃料采购、物流、财务管理功能，支撑原燃料采购及物流一体化、精细化、专业化管理的原料采购物流管控系统二期项目原料采购物流管控系统二期项目于10月1日实现核心功能上线，覆盖公司铁前原料的集中采购及物流管控业务。在与宝钢分公司运管机、铁区系统集成的基础上，与不锈钢分公司铁区系统、中厚板分公司原辅料系统、梅钢公司铁区系统、一体化财务系统及相关物流系统（货代、船代、运管机）集成。11月30日实现其余应用功能上线。

⑸工程项目管理系统已完成对沪内钢铁分公司A、B类工程建设项目管理及其工程设备采购业务，沪外钢铁子公司（梅钢、宝通钢铁、烟台宝钢）A类工程建设项目及其工程设备采购业务也已纳入工程项目管理系统管理。与一体化财务系统配合，年底与梅钢公司财务账套、特殊钢分公司精密钢管厂财务账套接口。

⑹科技管理系统升级与推广项目1至6月覆盖公司总部、各分公司、梅钢公司；年底覆盖其余沪外钢铁子公司，并与一体化财务系统配合，与梅钢、烟台鲁宝、宁波宝新、黄石涂镀板公司、特殊钢分公司精密钢管厂财务账套接口。

⑺需求管理与综合销售计划一期扩充项目于3月20日覆盖宝钢分公司碳钢薄板产品和不锈钢分公司、梅钢公司所有产品。

⑻重点推进采购电子商务平台建设及供应商协同应用。采购电子商务平台一期项目于3月31日上线。二期项目中网上招标子系统已成功上线，其余功能于年底与相关业务系统集成，推广供应商统一门户、网上寻源功能应用，拓展采购执行协同、物流跟踪、供应商评估功能；建成网上差旅服务子系统；拓展网上采购寻源与执行跟踪分析、监控或监督功能。

2.数据仓库系统建设

完成了数据仓库规划，启动采购数据仓库系统、营销价值分析系统、产品盈利能力分析系统、不锈钢存货管理系统建设，于年底初步建成HR-BI、采购数据仓库系统、营销价值分析系统。

3.基础设施建设

⑴于10月31日完成计算机资源平台设计和集成一期扩充项目实施，该项目覆盖的系统范围为：销售及物流管控系统（二期）、财务系统（二期）、人力资源管理系统（二期）、采购供应链系统（二期）、原料采购物流管控系统（二期）、工程项目管理系统推广与改善项目、数据仓库系统等。

⑵配合一体化系统建设与推广工作，同步进行网络环境改善项目。已完成品种管理部、原料采购中心、资材备件采购部搬迁至五钢地块的专线网络开通工作，按计划完成烟台鲁宝、宝钢国际相关加工中心等17家单位专线建设。11月底完成五钢地块的光纤网络开通。

【宝钢资源信息化建设】 一是宝钢资源落实宝钢集团统一会计系统建设的要求，建设属地一体化财务信息管理系统平台，支持子公司系统延伸覆盖。覆盖了宝钢资源本部及所有下属的全资及控股公司，功能包括了应收、应付、业务台帐、成本管理、资金及票据、费用报支、库存管理、固定资产等模块。

二是建设了外部门户网站，项目建设内容主要分应用功能和管理功能两部分。三是建立符合公司管理流程的项目管理系统（进度管理、质量管理、成本管理、文档管理、风险／问题管理、资源管理）的基本功能，实现与相关周边系统的接口，为资源开发项目的日常工作及跨部门的项目管理提供系统支持。四是公司网络优化完善及基础设施建设，实现了宝钢资源板块的独立组网以及机房的搬迁。同时建立和完善宝钢资源 IP 地址整体规划。

【宝钢金属信息化建设】 宝钢金属企业门户与信息协同平台项目于 2007 年 10 月启动，2008 年 1 月正式上线运行，4 月验收后进入运行维护阶段。集中财务系统于 2007 年 10 月底启动，核算与合并报表功能于 2008 年 4 月上线，7 月预算模块上线，12 月 26 日资金管理、接口平台和商务智能上线。宝钢金属下属车轮公司 ERP 系统于 3 月启动调研，经过论证，10 月形成 ERP 一期方案。金属包装生产线及质量监控系统于 10 月启动，年底前已进入编程阶段。宝印公司 ERP 项目于 7 月启动，11 月完成供应链上线。型钢 ERP 项目完成了可行性研究及评审。

【华宝投资信息化建设】 华宝投资于 3 月实施微软安全项目，通过加强对公司员工使用设备的权限管理和访问控制，强化了公司员工办公环境的安全性，提高了数据的安全性；通过文件服务器设置和防病毒、防垃圾邮件的邮件系统设置，提供了良好安全的沟通环境；通过安全审计功能，提供了系统使用的安全审计能力。6 月 SAMS 一期顺利上线，提供了公司非年金业务的产品销售平台，提高了账户管理能力。8 月新网站上线，提供统一崭新的网上服务体系，为公司电子商务和网上客户支持提供了平台。10 月完成金手指年金功能的升级和 SAMS 系统的净值接口。11 月资产管理系统优化完善工作完成，保证了场外开放式基金在系统中的风控和交易管理。11 月完成投研平台和金仕达系统股票池的对接，通过系统实现了对三级股票池的进行盘后仓位监控。12 月统一消息门户项目投入试运行，提供了公司员工新的交流办公平台，优化并新增了原有的行政办公流程，提供了会议室预订、领导财务仪表盘等功能；并进一步进行业务流程梳理后的系统固化工作。12 月投研平台完成试运行，投入正式运行，实现了对投资决策的信息进行统一转换、存取，整合各种有用资源，构建了统一的投研信息平台，提高了投研人员的工作效率。

【宝钢发展信息化建设】 宝钢发展初步制定了信息化建设规划，对公司的信息化现状进行了梳理，提出了信息化的目标及建设步伐。修订信息化管理办法 2 个，新增信息化管理办法 8 个，进一步完善规范信息系统的开发、运维，为信息化建设统筹协调、统一规划打下基础。同时，宝钢发展进行了宝钢发展分／子公司职工健康信息系统改造项目可研；进行了宝钢发展分／子公司网络统一接入项目的实施，并于 11 月完成与宝钢集团网络的统一接入，12 月底完成项目的结题。

【工程公司信息化建设】 上半年，工程公司完成了《公司信息化建设三年发展规划》及《公司信息化建设实施方案》。按照规划，工程公司信息系统将由“经营管理系统”、“项目管理系统”、“协同设计系统”、“图纸档案系统”四部分组成。“经营管理系统”主要功能包括公司合同的管理、开票及收付款计划的管理、发票的管理、应收应付账款及实际收付款的管理、成本收入的管理等功能。可实现从销售到收款及采购到付款主流程的部分功能。截至年底数据已正式迁移到生产环境，报表模板正在讨论确认中。“项目管理系统”主要功能包括项目前期策划及进度、费控、在线质量的跟踪管理，2008 年启动了系统功能需求调研工作。“协同设计系统”主要用户为工程公司设计人员，该系统将对设计过程进行有效的控制管理，并对设计标准及设计流程进行规范，2008 年启动了系统功能需求调研工作。“图纸档案系统”主要提供公司设计产品分类归档、查询功能，截至年底已完成部分功能开发。

【检测公司信息化建设】 2008 年，检测公司在 ERP 一期建设的基础上，建立数据考核体系，完善系统功能。自 1 月 1 日财务系统开账以来，公司通过建立 ERP 项目团队，形成例会制度，层层推进 ERP 一期功能完善项目。截至年底，该项工作已基本完成。

（谢立群）

上海石化：不断拓展信息技术应用的广度和深度

【概况】 上海石化是上海石油化工的主要生产企业，是中国集炼油、化工、塑料和化纤产品于一体、高度综合的现代化大型联合企业。2008年，上海石化积极应对原油价格大幅波动、石油石化产品市场急剧变化的严峻形势，坚持“保安全，讲大局”，全力保持生产经营工作的持续稳定，稳步推进企业信息化工作，在经营管理、生产优化、流程模拟等领域，不断拓展信息技术应用的广度和深度，为提高管理效率、提升生产效益、推进结构调整提供了有力支撑。

上海石化发挥信息化业务统一管理优势，完成了全面预算管理系统（TBM）、生产装置先进控制（APC）技术应用等项目建设，深化ERP系统应用，实现了ERP系统应用达标，在信息化管理制度建设、信息系统技术支持、信息化项目建设、信息队伍建设、信息系统深化应用等方面取得新的进展。

（吕燕君）

【完善信息化相关制度】 2008年，上海石化全面修订和完善信息化相关制度，制定了《信息化工作管理制度》、《信息系统用户管理办法》、《信息资源管理办法》，修订了《信息化项目管理制度》、《信息系统运行维护管理办法》、《信息系统运行与应用管理制度》、《ERP系统运行和应用管理制度》、《计算机网络管理办法》以及IT相关的五个业务流程内控手册，结合实验室信息管理系统、全面预算管理系统和先进控制系统的项目建设，制定了相应的系统运行和应用管理办法。

（吕燕君）

【ERP系统应用达标】 2008年，上海石化确定了ERP应用达标工作目标。通过开展ERP应用达标工作，完善应用管理体系，细化应用指标，健全协调机制，落实支持人员，执行应用规范，确保生产经营管理数据全部纳入ERP系统，并制定了《公司ERP应用达标考核办法》，明确考核内容、考核对象、考核方式和评价标准。12月，通过中国石化集团公司ERP应用达标检查。

（何益权）

【建成全面预算管理系统】 2008年，上海石化成立全面预算管理系统项目组，建设以生产经营全面预算为依据的企业内部经济效益责任制考核体系。5月项目启动，6月完成需求分析，7月完成主体配置，9月完成项目建设，10月进入试运行。该系统包括系统管理、报表设计器、报表处理／展现、指标编制、辅助功能五个组件，主要功能有预算数据采集、汇总、调整、试算平衡、多级审核、上报等。至年底，系统运行稳定，月度预算和年度预算数据准确，符合业务要求。

（梅　松）

【加强信息系统应用培训】 2008年，上海石化组织完成了ERP系统用户集中培训944人次，全面预算管理（TBM）系统应用培训108人次，信息主管人员IT内控培训23名，新进员工信息安全培训50名，邀请资深培训师为信息管理人员和信息技术骨干作管理知识培训20人次。通过全员培训，规范和增强了员工信息系统应用技能，提升了信息化应用队伍的业务素质。

（吴原华）

上海纺织：全面进入业务系统建设

【概况】 2008年，上海纺织（集团）有限公司（以下简称“上海纺织”）信息化工作重心逐步从一些条线进入业务系统的建设，启动了集团财务信息化项目，推动外贸企业实施“业务财务一体化”，同时加强既有系统的优化、向投资企业推广等工作，并加大对下属投资企业信息化工作人员的技能培训指导工作，加强集团信息化队伍的梯队建设，为集团大集成的过程管理做人才和技能储备。

【办公自动化系统深入应用】 2008年，上海纺织继续推进OA系统在二级企业的深入应用，已在上海市纺织科学研究院和上海龙头股份有限公司建立分布式的OA系统，其中龙头股份在集团现有功能的基础上拓宽了需求，并与集团本部实现公文和邮件的直接互通；纺研院的系统主要应用于中层人员，尚未与集团本部的OA实现公文和邮件的直接互通。

【土地房屋管理信息系统优化完善】 根据管理中出现的新需求，2008 年信息技术部在原有土地房屋资源管理系统的基础上，进行了系统功能的完善，实现数据录入权限向各企业物业管理人员开放、保留租赁及处理历史数据和优化统计报表样式的功能。

【集团财务系统建设】 2007 年，上海纺织提出“培育、整合和提升”产业链的工作，经过调研和分析，决定实施集团财务信息化项目（GFIS 项目），以获取及时真实的财务数据，从而支撑集团效应的发挥。信息技术部配合计划财务部从 2007 年 10 月开始财务业务调研，2008 年初对系统选型，5 月 28 日正式立项，7 月正式启动系统建设工作。建立了单独的数据机房，至 2008 年底已完成集团科目的初步统一，31 户试点企业 33 个账套的总账模块上线工作，完成部分试点企业的固定资产模块上线，实现试点企业“一本账”管理，同时完成 250 户投资单位报表和预算编制工作的培训。通过该系统的实施，上海纺织达到如下效果：⑴在系统中按投资管理关系建立了组织架构树，250 家投资单位按层级展示；⑵在登录同一服务器操作的基础上，通过系统数据权限的划分，实现各企业间数据安全隔离的财务数据大集中；⑶由集团本部管理机构通过对系统参数的设置实现财务政策统一；⑷利用系统的控制策略，规范了包括科目和相关基础资料分类等管理，实现科目、客商、库存等基本资料的精细化管理；⑸实现真正意义上的往来核销、报表平台账上取数、穿透查询等业务功能。

【数据中心建设】 由于上海纺织之前建设的系统主要用于结果性数据，数据量不大，数据的实时性要求也不高，所以都是采用 PC-Server 架设，不能满足实时业务系统的需求，2008 年以集团财务信息化项目为契机，购置了小型机、磁盘阵列柜和周边保障设备，并做了必要的电能和网络流量储备，初步建立了集团的数据中心，这将是集团级数据中心的雏形。

【门户网站整合】 2008 年在上海纺织文化建设的整体部署下，完成了集团门户网站的整合，实现上海纺织（控股）集团公司与上海纺织（集团）有限公司两个门户网站的合二为一，并按照 CI 的要求对原网站的内容和样式进行了改版。

【投资企业外贸信息管理系统建设】 上海纺织外贸投资企业信息化建设从 2001 年起步，由于种种原因，只有上海申达股份有限公司等少部分企业实现财务业务一体化，绝大部分企业的外贸系统与财务系统是完全分立的两个系统。经过几年实践，这些企业终于达成共识，2008 年上海纺织外贸投资企业兴起新一轮的系统升级，目标直指财务业务一体化运行。这一质的飞跃为集团进一步打造外贸信息平台打下扎实基础。

【龙头股份协同办公系统建设】 上海龙头（集团）股份有限公司（以下简称“龙头股份”）根据管理战略“四个中心”的定位要求，制造局路办公园区弱电系统架构基本成形，在其平台之上搭建相应应用管理系统，即为构建统一的信息平台，覆盖到各事业部及子分公司，其目的在于使龙头总部加强集中管理、提高管理效率、信息共享，形成快速反应的信息流，从而完善管理信息中心的架构。4 月初，龙头股份正式启动总部协同办公系统项目，历经近 7 个月的实施，系统平台按照既定目标完成搭建。该系统既有普通 OA 具备的行政管理功能，同时又具备专业条线工作的功能，实现纵向到底、横向到边，体现了系统的特色，如：公文流转（集团内部纵、横向之间的工作协同），品牌管理（564 家改造终端数据汇总分析、项目申报、专利申报、商标管理等），财务管理（部门预算管理、日常费用管理、房地产权证借（调）用、内部借款申请及银行担保）等。在此基础上结合各部门实际应用情况，增加了信息化物品管理、绩效管理、员工培训等多个模块，打破传统 OA 模式，做了很大程度的创新，基本实现无纸化办公。

（上海纺织信息技术部）

第三章 金融信息化

概 述

2008年在上海市委、市政府的大力支持下，上海市银行业深入实践科学发展观，以奥运支付环境建设为契机，大力推进信息化建设，一批重点项目相继建成投产，取得较高的社会效益和经济效益。

（人行上海分行）

一、重点项目

金融税控收款机试点

上海作为国家金融税控收款机共享试点城市之一，2008年金融税控收款机推广工作在全市19个区县正式开展，首批推广行业为饮食、娱乐两大行业。9月，市财政局、市税务局、市信息委、市监察委、市金融办、市质量技术监督局等单位联合印发了《上海市税控收款机机具供应商及销售、服务代理商管理办法》，对金融税控收款机推广细化标准、推广模式以及对供应商和销售商管理要求等作了进一步明确。完成金融税控收款机公共管理和服务系统建设，实现销售商、服务商销售和服务数据网上申报。

（唐燕萍）

银行卡产业园建设

上海市银行卡产业园经过五年的建设与发展，目前已形成以区域聚焦、产业集群和技术集聚为特征，以国内外各大金融机构数据中心或信息中心为核心的主要业务链。截至2008年底，产业园累计投入建设资金和浦东新区投入市政配套建设资金近30亿元人民币。一、二期共引进金融后台外移项目16个、金融BPO等6家，签约项目总投资估算近170亿元人民币，预计吸纳就业人口4万人以上。其中，2008年上海农村商业银行后台数据项目等7个项目签约。中国银联、交通银行、中国平安、中国银行、浦发银行等几大金融机构中后台外移项目基本建成并投入运营，就业人口已逾万人。完成覆盖整个产业园的视频监控系统，电力、电信等基础设施建设投入进一步加大，产业配套和综合配套服务水平提升了。

（唐燕萍）

二、银行业信息化

银行业信息系统安全建设

奥运会和残奥会期间按照各级主管部门要求，由人民银行上海总部牵头协调市公安局、全市各商业银行以及电力、电信等部门建立了有效的信息沟通联络和应急响应机制，召开了安全保障工作周例会，举办了银行卡交易成功率竞赛活动，并配合人民银行总行组织了上海市银行业信息系统奥运安全保障工作现场检查。同时，全市各商业银行科技部门也加强了系统运维管理，实行了7×24小时负责人带班值守制度，落实了信息系统安全评估和健康性检查各项工作。在相关部门的大力支持下，通过全市各银行科技部门的努力，全市银行业信息系统在奥运期间未发生重大信息安全事件，落实了信息系统奥运安全保障工作的各项目标。

（人行上海分行）

支付结算综合系统建设

为推进上海国际金融中心基础设施建设，进一步完善上海市银行业支付结算体系，由人民银行上海总部牵头建设了上海支付结算综合业务系统，系统于2008年12月8日正式上线运行。该系统覆盖了上海票据交换所和全市21家商业银行，实现了各类跨行结算业务的实时处理和资金清算，为上海市社会和经济的发展提供了功能齐全、安全高效、低成本的支付清算服务。

（人行上海分行）

单位信息化建设

【生产网络扩容完成】 工商银行上海市分行完成32家支行174个网点备份线路建设，带宽由64K提升到2M，实现了网点双线同带宽冗余备份。农业银行上海市分行完成城域网A、B二网的核心千兆互联及B网汇聚层架构建设，实现了网络通讯协议的升级，提高了网络的容量和覆盖范围。

【灾备体系建设成效显著】 根据总行灾备系统建设规划，交通银行上海市分行配合完成了数据中心和备份中心的切换运行，并负责管理交通银行同城备份中心。中心的建成使交通银行灾难备份系统建设达到了国际先进水平。

【信息系统整合取得重大进展】 在存储系统整合的基础上，建设银行上海市分行建成投产了“分行操作数据存储系统”、“分行信息系统认证授权平台”、“新一代信贷管理信息系统”、“分行级数据交换处理平台”，为建行业务的快速发展和集约化管理提供了有力的技术支撑。

【新一代核心业务系统成功上线】 2008年9月19～22日，上海银行新一代核心业务系统个人业务在全行210个营业网点一次性整体切换成功，上海银行新一代核心系统的全面上线运行标志着上海银行的信息化水平进入中国银行业先进行列。

（人行上海分行）

三、证券业信息化

交易所信息化

【上海证券交易所】

1.信息系统建设

⑴新一代交易系统建设

2008年，新一代交易系统项目组在深入调研、听取市场参与者对系统优化的意见和建议的基础上，持续调整和优化系统架构，不断完善业务功能，推进软件版本的稳定和升级。2月，上海证券交易所（以下简称“上交所”）邀请5位业界资深专家对新一代交易系统的测试和上线就绪情况进行评审和论证。与会专家一致认为，系统开发建设工作基本完成，测试充分，确定的上线原则和策略可行。

为推动市场就绪和降低市场总体切换成本，上交所针对市场参与者的反馈情况，本着“服务市场”的精神，对新一代交易系统的会员端软件设计进行了调整，重新开发了EzOES会员端接入软件，作为市场参与者与交易系统的接口。市场就绪的各项工作正按照计划稳步推进。下一步将启动部分会员公司现场试用，之后启动市场部署和演练，择机切换上线。

⑵现有交易系统建设

上交所现有交易系统核心设备组自2007年7月项目启动以来，先后历经设备采购、设备到货验收、系统上电拷机、应用测试并行运行、新老设备更新等多个阶段，至2008年5月31日项目整体建设顺利完成。为了确保在奥运会前完成整个项目，项目组抓紧每个时间节点，保证了项目进度不受雪灾、地震等影响。根据《上海证券交易所核心设备限期运行管理办法（试行）》，上交所技术中心对交易系统中的网络设备进行了三个阶段的全面更新。

⑶固定收益平台建设

10月13日，上交所完成了固定收益证券综合电子平台（以下简称“FISP”）2.0版本的升级工作。新版本增加了谈判式回购功能并且提供了自动报盘接口，全面支持报价申报、成交申报、交易回报、实时行情、证券基础信息、信息公告等功能，帮助券商将债券交易整合到各自的报盘交易系统中去，并进行风险控制，为券商提供了更加完善的交易手段，顺利通过对网络与系统安全的全面评估与认证。

⑷通信网络系统建设

双向vsat卫星系统所采用的LinkStar系统能够提供其他宽带接入系统所不具备的独一无二的优势，利用基于卫星网络的网络互联传输这一独特的优势，为用户提供宽带、多业务服务的传输，目前系统用户规模达1 200家。上海证通宽带广播网覆盖全国范围内的证券市场，目前系统用户规模达2 700家。证券信息发布平台是上证通信公司自行组织研发的一个单向卫星传输系统，自2005年开通商用站至今，用户涉及服务部、银行、保险及上证信息网络公司用户200余家。上海证通DDN广域网络目前系统用户规模达216家，为满足会员对宽带通信网传输数据的需求，建立了同步数字网络（即SDH网）。上海证通PSTN系统目前租用中国电信2条E1线路，采用双因素身份认证，通过与强有力的、独特的、基于时间的安全算法规则相结合，可以验证试图访问网络资源的用户的身份真实性。

⑸数据基础设施建设

上交所业务管理系统是处理企业内部业务流程和数据的重要业务系统，2008年对每个业务子系统进行了可用性等级的定级工作，并于年初启动了核心硬件升级工作。上交所企业级数据仓库自2005年12月建成后，在市场监管、产品创新、信息经营等方面发挥了强大的支持效应，并获得2007中国证券期货业科学技术奖最佳创新专项奖。经过一年期数据仓库整合扩容建设，2008年7月实现数据仓库系统架构整合优化及容量扩充的目标。

整合扩容后的上交所企业级数据仓库是全球证券业第一的数据仓库，是亚太地区首例双系统运行数据仓库，是亚太首个同城灾备系统，整体水平已达国际领先地位。上交所在技术应用和运维管理都有创新和突破，如数据库和流程合并、数据转储、双系统并行双加载及数据一致性检查等都属亚太首创，具有很大的挑战性。

⑹门户网站建设

上交所官方网站（www.sse.com.cn）于2002年上线，以会员公司、上市公司、广大投资者以及所有市场参与者为服务对象，以业务应用和信息披露为核心功能，采用CnSCA系统提供应用安全支撑，强化先进、易用、高效、安全的服务理念，网站同时提供英文版信息。

⑺Level-2行情系统建设

为了贯彻落实国家关于加强信息资源开发利用的有关政策，提升市场服务水平，满足市场多层次、差异化的需求，上交所于2006年8月1日正式发布Level-2行情系统。经过两年多的发展，Level-2行情系统已有包括大智慧、指南针、路透、彭博等在内的22家信息服务商，付费用户近19万。获得上交所正式授权许可转发上交所基本实时行情或Level-2行情的境内外信息服务商已达169家，证券行情信息使用范围覆盖：网站、手机、软件、电视等。上述系统的建设运行和与产业链下游信息商的合作，丰富了现有即时行情信息产品线，促进了证券信息产品的健康、有序发展。

Level-2行情系统由上交所自主设计，并经历了2007年超大行情的严峻考验。为进一步降低行业成本，减少传输带宽和时延，上交所于2007年9月启动基于FIX国际标准协议的FAST（FIX Adapted for Streaming）研发工作，并于2008年11月17日完成开发正式上线。FAST系统的上线对于提高数据发送品质、提高系统安全运行和降低整个产业链成本都具有重要意义。

⑻监察系统建设

为配合新一代交易系统的上线和上交所未来市场监察的需要，上交所于2004年底开展了第三代监察系统（3GSS）的研发工作，2008年进行了3GSS后续新增功能开发及性能调整、测试工作，配合新一代交易系统进行了T-1年、T-1日、T日跟账测试；

完成了不合格账户、限售流通股减持等实时监控功能开发；完成了微结构分析、异动股监控等历史分析功能的开发；根据规则要求，进行了交易系统盘中自动停牌相关功能开发；进行了跨市场监管数据交换准备工作，完成与中金所跨市场监管数据交换所需网络设备采购和接口测试工作；完成A、B股监管主机，以及历史数据分析系统主机更换工作；保障了奥运维稳期间监察系统的安全运行。监察系统的历史数据分析系统获首届证券期货业科学技术奖最佳创新奖。

⑼指数系统建设

一是外部数据源指数维护、计算与发布系统开发。为了配合指数业务发展，中指公司在2008年完成了外部数据源指数维护、计算和发布系统的开发，实现全球股票指数前期研发支持、参数生成、实时计算、行情发布和数据服务等工作，可完成境内债券（含银行间）估值、收益率曲线生成、指数研发支持、计算、发布和数据服务等工作，并支持开放式基金指数的计算和发布。系统计划在2009年升级后承担实时全债指数、全球实时指数计算、期货指数、现货指数的研发、维护、计算和发布工作。

二是股指期货交割结算参考价计算及异常情况下回演系统建设。公司从2006年8月开始支持中金所股指期货仿真交易，2008年上半年上交所主机指数计算系统改造完成，经协调所内相关部门，各方已确定股指期货正式上线后指数单频数据和交割结算参考价提供流程。与此同时，根据中金所要求，为满足特殊情况下的股指期货交割结算需求，中指公司完成了异常情况下股指期货标的指数回演及交割结算参考价计算系统的开发。

此外，中指公司年内完成自由流通股本计算系统的开发，并从2月1日起，以自由流通股本计算上证50、沪深300等样本股指数。

2.运行保障

⑴加强规章制度建设和组织管理

上交所在2008年结合实际情况，制定执行并及时修改安全运行规章制度和操作规程，细化工作目标和要求，将责任分解到具体工作人员；各相关部门在完善部门内安全运行工作的同时，还注重协调解决跨部门安全运行风险隐患；对《上海证券交易所办公电脑管理暂行办法》进行了修订颁布，同时加强外来人员管理，保障运行安全。

⑵核心交易系统运行保障

2008年，上交所交易系统运行平稳，各项保障工作实施顺利。截至11月26日，交易系统累计安全运行1 468天，交易运行安全率达到了100%。全年主要保障工作包括：在奥运会、残奥会、全国“两会”、上海“两会”、雪灾期间，根据上交所安全运行管理办法，及时启动相应级别的交易运行特别保障措施，定期提交维稳工作报告，全面保障交易系统安全可靠运行；开展交易系统安全运行及风险隐患的自查整改工作，日常运行工作规范有序，妥善安排系统设备维护厂商的支持保障工作，有效实施系统运行的事件管理、问题管理和配置管理；根据上交所核心设备限期运行管理办法，对交易系统超期服役的设备进行分步骤有序更新。自2007年6月以来的一年间，各级设备更新有条不紊，流程严格把关，更新后系统运行平稳，期间同时对运行监控系统同步进行了升级。同年，还完成三次较大规模的应急演练，以及与中登上海分公司、参测会员等的新功能测试。

⑶通信网络系统运行保障

一是建立安全运行机制。始终以“安全运行”为工作目标，认真做好通信网络系统的日常监控、维护和备份，制定了完善的配套管理制度，并严格按照管理制度执行各系统月检、切换及数据备份等各项工作，为证券市场的平稳运行提供安全技术保证。为了实现“安全运行”的工作目标，规范系统变更实施工作，制定了系统升级、扩容与下线淘汰制度。二是建立核心网络备份机制。通信公司的网络系统是一个多业务、多系统的网络，为了在交易所与会员单位间提供安全、稳定、可靠和高速的信息通道，保障证券交易所买卖申报、即时行情、成交回报、清算数据及公告信息的有效传输，通过多年的建设和积累，通信公司已拥有国内规模最大、功能完备、天地合一、“天网”“地网”互为备份的通信网络。此外，通信公司还建立托管机房，为会员公司提供异地灾备服务。三是建立应急响应机制。年初结合已实施的各系统应急预案及演练结果，梳理并制定了《应急处理流程实施指引》，对应急处理流程、应急预案的准备、响应、维护、演练和培训进行了规定，以此建立更全面、科学的应急处理体系，从制度上保障了通信系统的安全运行，并且定期组织员工进行应急预案及应急处理流程的培训与交流以及进一步完善应急预案。

(4)门户网站运行保障

上交所每年投入必要的资金用于保障网站的正常运行和技术更新，不断升级采用更加稳定成熟的软件和专业硬件，建立完善的维护和应急方案，定期进行应急演练，并根据专业机构的安全测评报告进行加固。网站还采用了经国家权威机构审核认可的CnSCA系统颁发的数字证书提供安全支撑，确保应用数据安全、保密、防抵赖和不可否认。自网站上线至今，未发生安全事故。

(5)Level-2行情系统运行保障

在运行保障方面采用双系统架构设计，由一流、专业的技术支持和维护团队进行日常维护工作，并建立完善的日常维护和应急处理流程及机制，不定期地进行应急演练，建立完备的机房管理制度，加强对信息商的监控。

(6)网络安全

在整体网络架构方面，根据功能需求及网络使用范围，将业务网络与办公网络分离，将内外网络进行分离。在交易网络方面，交换机冗余（同时配备双引擎、双电源），线路冗余，网段冗余；采用广播抑制、portfast+bpdugurad、loopguard等技术提高网络可靠性；每星期对交换机配置文件作备份。在数据传输安全方面，与券商的通道采用行业专网，涉密数据通过专用网络传输。在安全保障措施方面，使用防火墙进行安全隔离。在网络安全认证方面，大宗交易系统采用CA认证，实现对相关信息储存、传递和使用的安全管理。在病毒防范措施方面，办公网部署了防病毒体系；邮件系统由专用的邮件过滤设备。在监控方面，上交所已建网络监控系统，可以有效检测网络设备的运行状况。

(7)指数运行保障

2007年开始，中证指数公司全面负责上证和中证上星指数的维护工作，并通过自建系统维护全收益指数和海外指数、全债指数、开放式基金指数等外部数据源指数。2008年，中指公司新发布126条指数，目前共维护181条指数。全年指数安全运行246个交易日，其中沪深指数系统维护63条上星指数，新发布29条上星指数，并完成以自由流通股本计算指数，设置权重上限因子，参数文件使用行模式等重大系统升级。上星系统完成事件调整3 726次，临时样本股调整2次，定期样本股调整2次。

3.标准化建设

(1)XBRL标准建设

2008年，上交所及时对分类标准和报送系统进行维护和更新；完成金融类上市公司分类标准“Acknowledged”国际认证并同步开展应用；开展临时公告试点报送；启动上市公司分类标准的“Approved”国际认证；启动上市公司XBRL信息同步披露工作。继续推进基金信息披露电子化规范行业标准制订和评审；启动基金分类标准的“Approved”国际认证；两次承办证监会基金XBRL应用推广大会，正式启动和加快推进行业应用；协助证监会有关标引规范制订和应用系统建设以及相应维护工作。

受XBRL中国地区组织委托，上交所对XBRL-CN网站作为地区组织官方网站进行升级改造，于10月第18届XBRL国际大会前夕上线。网站以中英文动态发布新闻和最新成果，提供相关工具展示分类标准、实例文档，同时作为分类标准的发布平台满足行业应用的需要。

(2)FAST标准建设

采用FAST协议的Level-2行情发布系统于11月正式投入使用，FAST不仅极大地节约了带宽，同时提升了系统的处理性能。信息公司已向证监会申请立项，研究FAST协议在中国的本地化、标准化，并制订相关标准在行业内推广使用。

4.市场服务与管理

(1)核心交易系统

上交所根据业务的发展情况，积极响应会员需求，在2008年及时发布了新版本前端接入软件。上交所技术中心和通信公司联合建立了技术实验室、联合服务窗口，该服务窗口向市场参与者提供“一门式”技术支持服务。为满足会员公司在系统升级、切换时的需求，上交所于每周二、四向市场提供测试联调后台环境。上交所为降低整个市场的技术风险，每年还定期、不定期地组织进行市场切换演练。

(2)通信网络系统

一是提升市场服务水平。紧紧围绕保障通信网络安全运行的宗旨，通过服务为用户创造价值的思路，开展市场服务工作，包括：完善相关服务体系，用制度保障为用户提供更好的服务；积极配合、参与证监会、上交所关于证券行业通信网络规范、灾备公共平台等相关办法的制订和实施等工作；配合上交所完成新一代交易系统的推进；以及在保障安全运行的前提下，致力于降低行业运行成本，为用户提供经济、合理的整体技术解决方案。二是构建会员灾备中心托管机房。上海证通在浦东外高桥保税区内建成用于证券行业的灾备中心，已为包括中登公司、上证所信息公司、申银万国、海通证券、银河证券等在内的38家证券行业用户提供托管机房服务。三是为客户提供多种信息服务传输平台。为了更好地满足客户业务发展的需要，公司着力进行面向多市场、多用户类型及多应用网络架构的规划，完善通信技术网络；同时提高增值应用、产品开发和市场拓展能力，为客户提供多种信息服务传输平台。

⑶门户网站

2008年度，上交所推出了投资者教育网站（edu.sse.com.cn），依托该网络平台，强化会员单位的投资者教育责任及义务。为提升上交所官方网站用户界面的易用性和友好度，对网站首页面进行了改版，获得大部分用户的肯定。

【上海期货交易所】

1.基础项目建设

一是推进张江数据中心网络系统建设。该项目是上海期货交易所2008年重点项目，项目实施难度大、时间跨度长，总历时11个月。两个数据中心的新网络系统于10月初顺利切换上线。完成了大厦和张江数据中心之间DWDM光传输系统的组网、测试和上线；奥运保障期间在两个数据中心组建了与生产环境独立的交易和生产网络。双中心网络平台的建设成功大大降低了业务系统的测试压力和上线风险。二是推进期货大厦网络系统改造。完成大厦数据中心通讯机房布线的重新敷设，废除了原有基于双绞线的水平布线系统，主要采用光纤到机柜的布线方式，极大地节省了线槽，改善了机房送风条件；完成大厦数据中心供电线路的改造，废除了使用近10年的供电电缆和接线柱；远程交易接入网进行大规模扩容，在SDH接入数量和设备性能方面有较大提高。改造完成后，机房环境得到极大改善，网络结构也进一步优化。三是推进网管系统建设。在建设网络的同时，部署完成一套完整的网管系统建设方案，包括网元管理、故障管理、性能管理、配置管理、CMDB管理和统一认证授权中心。网管系统开发工作于10月完成并投入运行，将在网络运维中发挥重要作用。

2.业务信息系统建设

交易灾备系统于12月顺利切换上线，实现了交易系统在两个数据中心的同步运行。期货大厦和张江两个数据中心在逻辑组件结构上相同，处于同等地位，可将两个数据中心中的任何一个作为主中心，另一个为备中心。备中心与主中心是相对独立的，功能上备中心的故障和问题不会影响主中心正常工作。在生产时段，当主中心发生灾难性事件时，可以在120分钟（RTO）内切换到备中心；当交易流水同步快于数据库同步时，可通过手工重做业务使备中心恢复为主中心在最近30秒（RPO）内的一个精确镜像，交易流水和数据库共同构成一个完整的镜像；备中心接管主中心工作，以恢复点为起点继续进行业务处理。交易灾备系统上线以来，经过连续三个月大业务量的测试考验，实现了系统设计的建设目标：一是双中心运行模式。保证两个数据中心数据一致性，为业务连续性做好准备；主用数据中心定期在两个中心切换。二是灾备切换。一旦主用中心发生切换，能够在短时间内将生产主要业务以半自动化方式切换到备用数据中心运行。三是共享接入。会员分别接入两个数据中心，日常运行中两个数据中心可共享接入以完成远程交易业务。

交易监控系统于9月顺利上线，是交易系统运行情况的放大镜和显微镜。监控功能包括：对NGES交易系统的实时监测，对各数据中心系统、业务流程和业务数据实时监控；对系统运行的正确性、完整性和健康性实时检查，便于监控人员即时发现故障、错误及潜在的技术危险，提醒交易管理人员处理，保障交易的顺利进行。上线以来发现了交易系统在性能和响应速度方面的配置隐患。

在系统迁移方面，3月完成后台WEB业务系统从HP小型机到Linux PC服务器的应用移植。这种部署方式优点在于降低了硬件购置和运维成本，同时提高了应用的灵活部署能力。

3.落实维稳工作，保障信息安全

一是奥运前对全所技术系统进行了全面和系统的安全排查和加固工作。在业务部门的配合下，下线了一批无法升级的应用系统，部分由业务部门管理的技术系统全部划归技术部门统一管理。二是制定了全面细致的奥运和维稳安全保障应急计划，抽调业务和技术骨干组建了信息安全保障应急响应团队。将安全扫描和安全加固工作常态化，覆盖了开发、测试、上线和运维等各个环节，形成了以技术部门为主、技术公司和安全服务供应商为辅的信息安全保障体系。三是及时调整奥运期间的系统建设计划。对于张江数据中心网络互联和核心业务系统灾备项目，技术部门建立了独立的测试环境以隔离建设风险和测试风险；奥运前完成核心业务系统的主要变更（包括数据库版本升级、交易系统版本升级和后台业务系统硬件平台迁移）；奥运期间完全冻结了交易系统的变更，从严审批结算和交割等生产系统的变更流程；将原计划6月上线的交易所新网站系统延期至10月初执行。四是在不影响会员正常运行和不增加会员工作量的前提下，在奥运期间组织大规模的涵盖各项主题的内部演练，包括通信链路、网络接入、机房供电、空调和核心应用等各项内容。

4.制度完善和流程建设

为适应业务变化和系统发展的形势，上海期货交易所对多项技术管理制度实施了制订或修订完善工作。一是完成了《上海期货交易所信息安全策略》两年一度的修订完善工作。二是逐步规范和统一了系统安装和巡检流程，编写了包括《Linux安装与安全手册》和《Oracle安装手册》等文档。多项技术性较强的管理文档得到修订完善，主要包括：《网络运维管理手册》、《网络应急演练方案》、《NGES交易系统管理手册》、《NGES数据库系统管理手册》和《NGES系统应急计划》等。三是在行业制度建设方面，与上证所合作牵头参与《证券期货业信息安全技术指引总体框架》的编写工作。

【中国金融期货交易所】

1.信息系统基本情况

中国金融期货交易所（以下简称“中金所”）信息系统基本架构如下图：

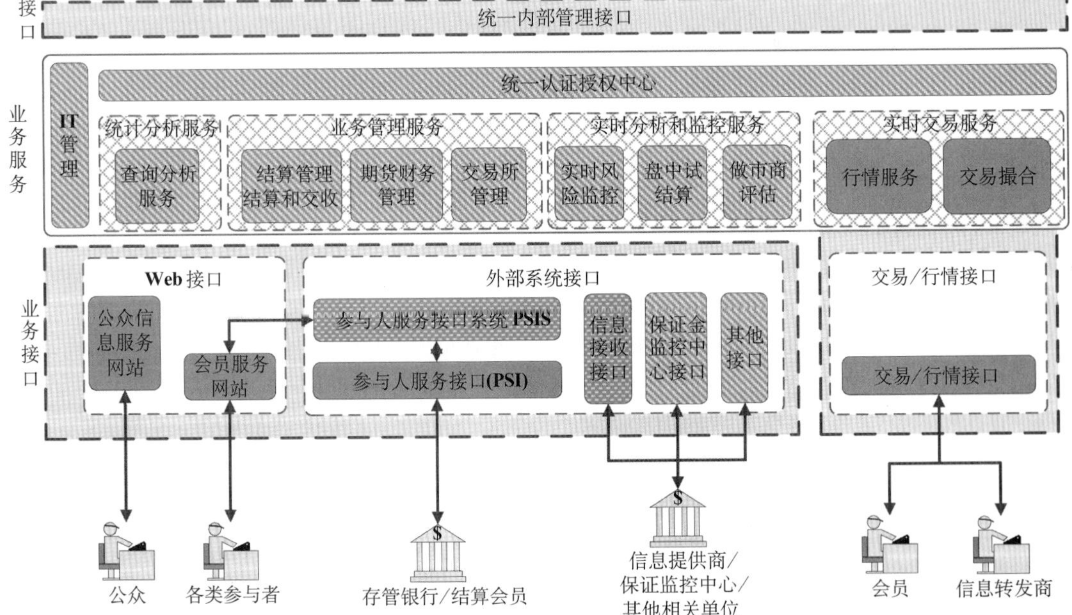

中金所通讯网络首次贯通了证券、期货原有的通讯网络。各类机构的三种可能接入方式为：通过上证通的联网通道，间接接入到中金所内部（简称“上证通接入”）；通过现有期货交易三所联网通道，间接接入到中金所内部（简称“三所联网接入”）；直接通过广域网线路接入中金所的方式建设接入网络（简称“直接接入”）。

中金所通过2条155M SDH线路与上海证券通讯公司的网络相连，与三所联网则通过与上海期货交易所100M网络相连。中金所的直接接入方式提供电信、网通两家运营商的ATM、SDH、DDN线路，线路带宽从128Kbps到2M，南北方的会员可以根据实际情况选择不同运营商，会员可以同时选择两家运营商双链路接入中金所，以保证链路的可靠性。

中金所是国内第一家全部采用远程席位的交易所，提供了全面的外部接口，以满足各种市场参与者对电子化信息交换的要求，支持分层结算制度，为分层管理控制风险提供了强有力的技术支持，目前使用的系统为金融期货信息系统（以下简称“FFIS”）。

中金所的交易/行情接口采用FTD协议，支持会员多席位、多链路的方式选择，为会员、行情转发商提供安全、可靠的交易及行情信息。为了满足原有系统的接入要求，中金所同时支持上海期货交易所的OSF协议。截至2008年底，共有397条链路连接中金所，多数会员有两种以上的接入方式。

2.信息系统应用情况

截至2008年底，共有339家会员总计397条链路连接中金所。具体情况见下表：

链路情况 / 链路类型	已连通链路（条）	调试中链路（条）	申请中链路（条）	小计（条）
直连会员接入	263	5	0	268
上期技术公司接入	26	0	0	26
大连飞创公司接入	2	0	0	2
上证通接入	30	0	0	30
三所环网接入	76	0	0	76
合计	397	5	0	402

截至2008年，中金所共有仿真会员339家，参测会员峰值出现在11月8日，当日共有190家会员参加仿真交易：

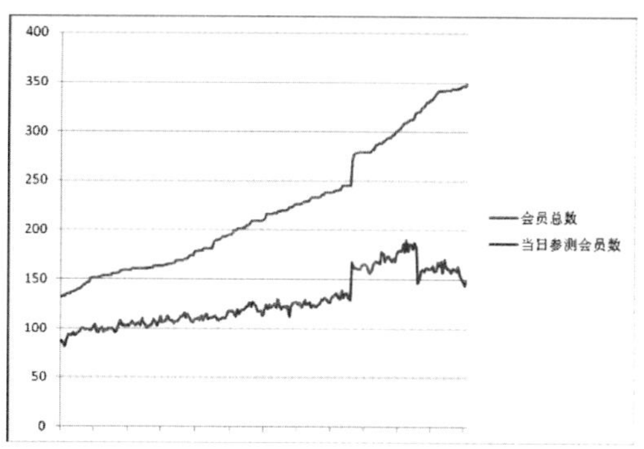

截至2008年，中金所共有仿真客户767 724名，参测客户峰值出现在10月25日，当日共有74 969名客户参加仿真交易：

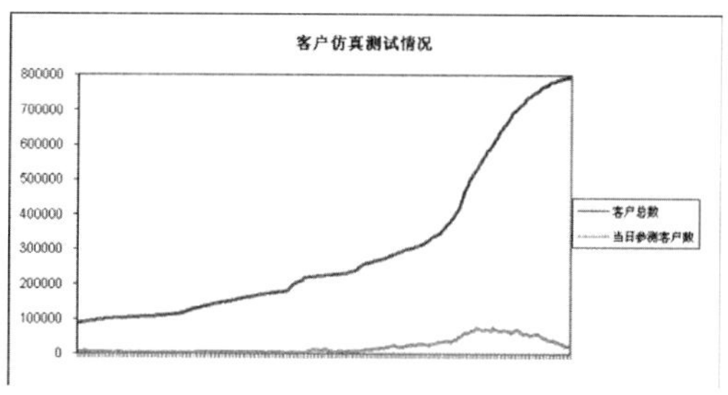

2008年，中金所交易系统峰值出现在11月21日，当日共有158家会员，69 849名客户参加仿真交易，当日委托笔数为846 986笔，当日成交笔数为1 143 620，当日成交量为2 255 802手。

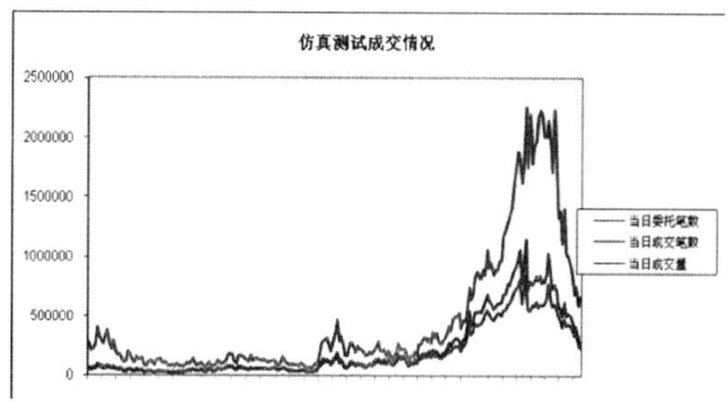

3.信息系统建设情况

2008年，中金所在信息系统建设方面主要推进了如下项目：生产系统优化项目、风险监控系统、参与人服务系统项目、门户网站项目、内外网隔离项目、IT系统监控项目、跨市场数据交换平台项目、统一开户系统项目。

（上海证监局）

证券登记结算机构信息化

【概况】 2008年，中国证券登记结算有限责任公司上海分公司（以下简称“中登上海分公司”）在继续优化、提升技术系统性能，满足证券登记结算业务发展需要的同时，加强信息系统安全管理制度及设施建设，使公司技术系统经受住了雪灾、汶川地震等突发事件的考验，保障了技术系统在“奥运”特别保障期的安全、稳定、高效运行。目前公司技术系统能支持1.2亿笔／日的交易规模，1个亿的证券账户容量，公司服务对象涉及864家上市公司、262家境内外结算会员和7 689.18万开户投资者；所涉各类上市证券市值达10.19万亿元。

【加强系统安全管理，圆满完成“奥运”维稳要求】 面对各类突发事件及“奥运”维稳要求，中登上海分公司通过进一步规范技术系统运行管理和操作，积极稳妥地做好各项应对工作，确保技术系统安全、稳定、高效地运行，充分实现“诚信、安全、务实、高效”的质量目标。公司全年累计完成15.2亿笔交易的结算工作，日均完成高达618万笔交易的结算量，截至12月31日，公司现用技术系统已连续安全运行2 320天。

1.建立健全各类安全保障预案，根据安全运行需要，及时启动相关预案

为了提升中登上海分公司处置各类技术系统突发事件的能力，制定和完善了《技术系统安全运行保障预案》、《生产系统应急恢复预案》、《生产系统故障应急预案》等处置预案，并配合各处置预案的具体实施，编制了相应的《日终批处理应急恢复手册》、《日间批处理应急恢复手册》、《其他系统应急恢复手册》等，增强了突发事件处置的规范性和可操作性。同时，公司还积极组织各项技术系统应急演练，提高了公司应对各种突发性紧急事件的处理能力。

奥运会和残奥会特别保障期间（8月1日～9月30日），启动系统安全运行一级特别保障预案；“两会”期间，启动系统安全运行二级特别保障预案，圆满完成“奥运”及“两会”的维稳工作；雪灾、地震期间，通过安排技术骨干值班、跟踪受灾地区结算参与人接收分公司发送数据等多种措施，加强了对登记结算技术系统的特别保障。

2.加强信息安全保障设施建设

⑴搭建涉密网络环境，配置涉密专用计算机，实现涉密网络与现有业务、办公网络完全物理隔离，并配合完成证监会组织的涉密工作检查；⑵完成机房环境保障系统优化，为技术系统安全运行提供可靠保障；对机房保安监控系统实施改造，加装检测及防暴设施，提升了物理环境的安全性；⑶加强技术系统防病毒管理，对技术系统主机、网络设备及个人计算机进行多次专项病毒与木马扫描，根据扫描结果进行风险评估与分析，并对相关风险项进行安全加固；⑷完成网络通信系统优化，实现办公网与公网的分离，提高了网络通信系统的安全性；⑸参与修订行业等级保护基本要求及证券期货业信息安全技术指引总体框架，并对现有技术系统实施安全等级保护。

3.完善安全制度建设，加强员工安全教育

按照ISO9001质量管理体系的要求，持续完善内部各项技术管理制度。2008年，公司启动了信息系统相关管理制度和办法的修订工作，完成《技术系统管理暂行办法》、《员工个人计算机使用规定》等的修订工作。同时，还开展多次面向全体员工的信息安全培训，为公司信息安全工作的顺利开展和全员参与提供技术储备。

【提升技术系统运能，积极应对证券市场发展需要】

1.完成业务系统运能提升工程

中登上海分公司顺利实施业务系统运能提升工程，对业务系统进行了硬件升级，升级后系统处理效率得到大幅度提高。其中，主机处理能力、存储处理能力、主机到存储之间的通道带宽提高到原系统的4倍以上；磁带备份速率、SRDF通道带宽、PROP通信机处理能力提高到原系统的8倍以上；日终处理效率提高到原系统的2.85倍，在2 000万笔的交易量规模下，登记结算数据发送时间和系统开工处理时间分别提前50分钟和240分钟，异地磁带备份完成时点平均提前5小时零6分钟。

2.完成数据仓库系统扩容

数据仓库系统扩容工程提升了公司数据仓库系统的数据容量和服务能力：系统容量从4.2TB扩充为9.8TB，前端运行速度比扩容前提升5.6倍；平均加载时间从230分钟左右减少到130分钟左右，备份

效率提升3倍。

【加强技术系统建设，提升市场服务水平】

1.完善参与人远程操作平台（PROP）功能

结算参与人远程操作平台（以下简称“PROP”）是中登上海分公司与市场参与人进行业务数据交换的计算机网络应用系统，旨在实现证券交易、结算、登记业务的直通处理（STP），从而减少手工操作、提高处理效率、降低交收风险，是支撑证券登记结算业务日常运行的核心系统之一。它既是连接登记结算系统与证券市场参与者的信息高速公路，又是提供全面登记结算业务处理的综合性业务服务平台。2008年，公司对PROP系统进行了完善和推广：⑴在用户中全面推广PROP2008综合业务终端，进一步提高公司登记结算系统对市场变化的应对能力；同时，PROP2008具有界面美观、操作方便、人机交互友好的特点，改善了用户体验，提高了PROP用户的满意度；⑵开发PROP数据交换系统，以满足第三方存管银证数据传递等市场用户需求；⑶对PROP投资人、发行人、用户管理等模块进行优化，延长PROP服务时间，加强用户交流和培训，切实提升市场服务水平。

2.完善登记结算系统功能

配合证券市场的业务发展需求，公司对原登记结算系统进行了功能拓展和优化，分别完成网下新股申购电子化系统、融资融券系统、A股权益业务处理电子化系统、债券结算系统优化、证券资金冻结系统及清算系统改造等较大的项目开发，为证券登记结算业务的开展提供了有力的技术保障。

3.推出全市场技术测试环境

为了减少参与人在应用开发、系统升级更新中面临的技术风险，公司于年初启动全市场技术测试环境的建设工作。12月中旬，全市场技术测试环境正式推出，受到市场的积极响应，证券公司、托管银行等参与人纷纷向公司提交测试环境接入申请。此技术测试环境的运行，提高了公司技术系统的对外服务水平，进一步改善了公司市场服务形象。

（中登上海分公司）

证券公司信息化

【概况】 2008年，全行业信息系统主要工作为：信息安全“维稳”工作，各机构在证监会统一组织下，从系统、管理等层面全面加强了系统安全检查、建设和保障，包括网站与网上交易系统、集中交易、灾备措施、运行监控保障、应急预案与演练等各方面；继续完善系统基础设施、集中交易系统、网上交易系统的建设、扩容、功能升级等工作；各公司继续深化IT治理，提升IT服务业务效力；继续推动行业标准化建设工作等。2008年1月，国泰君安经纪业务服务平台获得“2007年度证券期货业科学技术奖”一等奖。

【系统建设】

1.基础设施建设

申银万国于2006年底开始酝酿大集中系统加固方案，于2007年8月13日正式启动大集中加固“8.13”项目，投资1.5亿元，于2008年5月启用IBM P595小型机，10月启用外高桥主机房，建成设立于成都的异地数据备份恢复中心机房，实现了本地热备、温备、同城灾难备份和异地数据备份等多种容灾备份手段，全面提升了公司信息技术系统的整体安全等级和性能容量。

上海证券4月初正式启动原中富集中交易系统整合项目，6月27日完成原中富系统的切换，9月26日交易数据库及外围系统合并，成功完成了交易系统整合。2008年，上海证券顺利完成公司新大楼信息系统的建设和机房搬迁工作，原中心机房建成公司的灾备机房。

2.营业部标准化建设

申银万国营业部内网改造工作于1月底实施完毕，实现营业部机房建设和应用系统配置全面标准化，并于上半年完成温湿度远程监控工作，在营业部环境故障告警方面起到有效作用。全面完成营业部设备的更新，电脑设备的平均使用年限从5.8年下降至2.4年，营业部的安全运行能力有了显著提高。

国泰君安根据证监会《证券营业部信息技术指引》的精神，完成公司营业部信息系统建设及应用配置技术标准的制订工作，并在此基础上制定了三类营业部信息系统建设的具体标准、配置及费用测算，配合公司服务部升级为营业部。

3.集中交易系统建设

集中交易系统是证券公司核心业务支撑系统，

承载经纪业务、资金转账处理、集中客户资料管理等核心业务。2008年，各公司主要在账户清理、融资融券业务、性能等方面进行了升级完善。

德邦证券集中交易系统升级了功能模块：账户清理相关功能模块、二代身份证识别模块、中行外币转账模块。

国泰君安集中交易平台提高了安全性和可用性，优化了业务处理中间件、报盘回报程序、外围交易程序、外围接口功能等。

4.网上交易系统建设

目前证券公司有70%～80%的交易基于网上交易系统，2008年证券公司网上交易系统主要在系统扩容、功能优化、安全加强方面进行了升级。

申银万国网上交易系统在2007年扩容和优化的基础上，2008年进行了进一步优化，包括网上委托客户端功能改版，完善上海地区网上行情系统部署，加强网络安全，WEB版网上交易系统多浏览器支持，WEB版网上交易系统多域名合并。在不增加硬件和软件费用的情况下，系统容量大幅提升，达到35万客户同时在线委托，55万客户同时查看行情。

海通证券新建、扩容了郑州、杭州、绍兴等10个网上交易中心，行情从年初的110套增加到190套，交易从年初的96套扩容到130套，使网上行情容量达到51万、交易容量达到35万。同时启用了负载均衡设备，基本实现基于域名的链路及服务器的全局负载均衡，构建了各网上交易中心异地互为备份、各交易接入点负载均衡的网上交易技术架构，进一步提升了交易的处理效率和系统的稳定性、可靠性。

国泰君安根据客户反馈和业务需求变化，自主研发网上交易系统繁体版、融资融券业务、基金风险测评与提示等功能；网上交易系统支持的最大并发交易接入容量超过35万，系统正常运行保障率超过99%；与通达信公司合作定制开发国泰君安锐智版网上交易终端，实现行情、交易、资讯合一的整合。

5.其他业务系统建设

(1)账户信息管理系统

账户清理是各证券公司2008年的专项工作，按要求应将小额休眠账户、不合格账户移出柜面系统，另库存放，中止交易。各证券公司信息系统通过建立独立的账户管理或在集中交易系统集中账户管理模块进行升级来提供支持。

申银万国全面上线客户账户信息管理系统，实现客户账户信息的统一管理。为配合客户账户清理和第三方存管工作，“客户账户信息管理系统”于6月16日在公司所有营业部全面上线，通过对现有客户账户体系的业务流程改造，实现公司内部和外部对客户账户信息的各类监管要求，一举改变了客户开户模式及业务操作流程，保证了客户信息的一致性。客户账户系统的使用实现了有风险监控机制下的客户信息共享，增强了对客户的综合服务能力，并为客户服务系统预留了功能扩展接口。

爱建证券根据公司《客户保证金账户清理实施方案》的具体实施计划，完成账户清理各项信息技术工作任务：休眠账户筛选及另库存放，公司建立了完全独立的账户管理系统——“顶点非规范不合格账户管理系统”（另库系统）；参加了沪、深交易所休眠账户激活的全网测试，确保休眠账户激活后可及时恢复正常状态。在账户清理过程中，进行严格的数据处理，确保数据正确性。

(2)零售营销平台支持系统

2008年，证券公司为整合电子商务，支持公司营销策略转型，通过整合网站、网上交易、手机证券、CallCenter等系统，形成统一的零售营销平台支持系统。

国泰君安从网站、手机证券、短信服务等方面进行整合，建立了公司零售营销平台支持系统。网站实现从门户概念向支持客户分级服务与营销的转型。网站支持智博汇、ET助手等品牌栏目的建设推广，实现对客户的分级与交互式服务。建设了E-marketing平台，使其成为客户经理/居间人通过互联网服务和营销客户的统一入口，以此推动与行情、交易等客户端资源的融合。公司网站在2008年“中国优秀财经证券网站”评选中荣获综合奖第一名。建设了公司新一代手机证券业务——第二代易阳指系统，在2008年“中国优秀财经证券网站”评选中荣获最佳手机证券奖。新增直连中国移动的短信MAS通道，对原有短信发送平台进行了全面升级，使整体发送速度由原来的200条/秒大幅提高到600条/秒。

(3)QDII业务系统

东方证券重点建设了QDII业务系统，3月QDII

业务相关的交易系统、TA系统、估值系统均部署完成，与银行等相关单位的联测。

⑷资产管理投资交易系统

申银万国9月设立了“资产管理投资交易系统”项目。项目目的：配合实现客户资产管理总部完成资产管理交易功能，完善全过程流程管理和风险控制，实现分层次的投资决策执行流程和分权限的操作流程。系统主要功能为：由投资经理在授权范围内负责整个资产的统筹安排，包括资金分配、风险监控、进度监控、业绩统计等；风控经理在授权范围内负责监控指令全过程，并通过预先设置的风险控制参数予以事先和事中的监控；交易经理负责具体项目的操作计划、投资分析等。

⑸风控系统

2008年，各证券公司风控系统功能升级主要为增加风控指标动态实时监控、反洗钱监控及大小非监控等功能。

华宝证券在风控系统中增加了异常交易和开放式基金代销监控模块，对风控系统净资本模块进行了升级，增加了净资本监控模块、开放式基金监控模块、异常交易监控模块、反洗钱监控模块等内容。

德邦证券集中监控系统分为四个模块：经纪业务日常监控、自营业务日常监控、清算和财务信息监控以及国债回购和核算监控。10月，公司进行了第三次升级，完善了日常监控系统、净资本监控系统、大小非异常交易监控系统、开放式基金销售评级监控系统、反洗钱系统等功能。

⑹CallCenter系统

海通证券完成95553短号码的开通，实现上海地区900线，异地63个点4 000多线的接入；统一IVR流程，逐步使客服中心成为集客户服务、交易、营销为一体的综合服务平台，提升了客服服务质量。

国泰君安推进全网客户服务中心Call-Center的建设，完成23+5客户服务中心区域分中心的建设和95521短服务号码在各区域分中心开通。

【运行保障】

1.信息安全保障

⑴组织管理

2008年是证券期货行业信息安全“维稳”年，各机构在证监会统一组织下，从系统、管理等层面全面加强了系统安全建设和保障。4月底5月初，展开全行业的信息安全检查，发布了《证券期货业信息安全检查贯彻落实指引》，各机构根据指引对信息系统进行了全面加固和完善。全行业成立“证券期货行业信息化专家组”、“证券期货行业信息系统应急专家组”。

⑵网站及网上交易防护

各证券公司通过病毒防护、消除网站代码漏洞，采用防篡改系统，交易软件下载防护、系统隔离措施等对网站与网上交易进行全面加固。

爱建证券在网上交易前台网页和网上交易后台数据库之间加装了数据网关进行有效隔离，网站上采用高效的网页防篡改系统，保护应用系统数据免受外来的篡改和攻击；公司采用数字证书的方式对网站下载的交易客户端软件进行保护和认证，在交易软件下载的同时，提供MD5文件签名验证，防止捆绑木马。

海通证券对网站代码进行全面检查，消除了代码造成的漏洞；使用应用负载均衡，隐藏内部IP地址，防止内部IP地址的泄漏等。

国泰君安对公司主网站和分支机构网站进行全面排查，从网站服务器、通讯、客户端、用户身份等几方面全面对网上交易进行加固；集中交易系统增加了对各类外围交易系统登入集中交易时自动记录客户的MAC地址、电话号码、IP地址等相关信息的功能。

⑶网络安全防护与加固

各证券公司网络安全防护和加固措施主要有：对核心交易网进行有效隔离，全面清理和关闭防火墙无用端口，全面清理和关闭网上交易、手机系统等的远程维护端口，对通讯链路、设备进行备份和升级等。

东方证券进行了网络架构的重新整改，完成主干网络的升级，完成互联网与公司现有业务应用网络的物理隔离；进行营业部业务和非业务数据分流工作，落实营业部双线路的数据分流；加强对客户端的安全管理，在总部分别针对互联网、办公网和交易网的访问，部署了不同等级的安全防范措施。

海通证券对网络设备进行更新及升级，共计更换了70余家营业部的路由器及公司总部的两台核心路由器；对公司所有营业部的卫星备份链路进行了带宽升级，带宽从1M升到2M，进一步巩固了集中交易通信链路的天地备份机制，使备份链路的可靠性与性能都得到提升。

⑷交易系统保障

各证券公司通过加强密码管理、清理并最小化用户权限、接入认证、加强监控等措施加强交易系统保障。

东方证券对重要应用信息系统的密码管理机制进行了重建，增加了密码长度、密码强度、密码修改次数等方面的限制性功能。

上海证券实行安全和操作岗位分离，操作人员必须得到安全管理人员的确认后方可对新系统进行部署、安装调试和运行。对所有接入中心机房生产系统的外部用户实行安全准入控制，利用工具实现权限最小化。

⑸应急响应与应急演练

年初雪灾中，东方证券位于长沙、武汉、桂林等地营业部的系统运行均受到不同程度影响，公司及时发布了应急预案，实时跟踪检查营业部情况，确保系统平稳运行。

航天证券建立了应急演练长效机制，利用交易所测试时段，经常性进行相关演练，确保应急处理能力。

2.规章制度建设

2008年，各证券公司梳理和完善了公司信息管理规章制度体系，主要有信息技术管理制度纲领，包括岗位职责、人员管理、安全运行、硬件、软件管理、密码管理、IT项目管理及故障处理等；信息技术应急值班制度；应急处置预案；应急演练计划制度；集中交易系统安全运行的管理规定，包括集中交易系统的用户管理、权限管理、密码管理、数据备份、日常运维及故障和灾备管理等；集中交易系统数据安全管理规定，包括集中交易系统的联机、离线数据管理、系统数据管理、数据库管理及数据保密管理等；移动存储设备管理制度；操作安全管理制度；机房管理办法；技术资料管理制度；软件管理制度；网络系统安全管理制度，规范计算机网络系统的安全性和可靠性；网络与通讯管理办法；系统升级管理制度等。

海通证券根据证监会《证券公司信息技术管理规范》（JR/T 0023—2004）以及信息系统安全等级保护的有关规定，对公司信息技术规章制度进行了修订和完善，修订了《信息技术手册（营业部版）》，制定了包括机房建设标准、网络建设标准、Windows操作系统安装规范、NOVELL服务器安装标准、应用系统安装规范、技术文档建设标准等六方面的技术标准，使分支机构信息技术工作达到“日常操作管理规范化，信息系统建设标准化”的目标。

3.运行管理新模式

上海证券全面启动ITIL项目管理，提高IT服务运营管理能力，降低系统运行风险，加快实现技术部门从单纯“技术支持”到“IT服务管理”的转型。年初成立了ITIL项目工作组，组织了基于ISO20000、ISO27000、ITIL、COBIT以及公司IT治理等相关业务知识的培训和交流，明确了ITIL项目建设的目标，明确了“以流程为导向，以业务为中心”的IT服务管理模式，拟定了公司信息技术精细化管理和质量管理的实施方案框架。

【IT 治理】 国泰君安继 2007 年聘请 IBM 公司进行 IT 治理和服务管理咨询后，2008 年在运维流程、IT 预算管理等方面有效运用了方法论和最佳实践。完成 95521 短号码业务在全国范围内的开通工作，在公司内推广黑莓手机应用、音频和视频多方会议系统、IP 电话会议系统等先进的办公技术手段；委托汉普咨询等专业咨询公司和国家信息化测评中心等信息化组织，收集了工行、建行的 IT 运作模式相关资料，在此基础上，对工行、建行 IT 运作模式的共同优点和差异点进行研究，对公司未来 IT 部门的职能取向提出了七点借鉴意义。

海通证券首次聘请专业审计机构，对公司信息技术安全工作进行专项审计，达到对公司信息系统安全管理进行全面评估的目标。对于审计中发现的问题，及时进行分析、整改，并逐一加以落实。

中银国际成立“IT筹划委员会”，负责公司IT治理、IT业务规划、IT预算、IT重大项目审议等工作，制定了公司三年规划方案。信息技术部设置三个工作小组，分别为应用开发组、综合业务组、基础架构与应用运行管理组，营业部IT人员由公司委派，信息技术部垂直管理日常工作，并对其考核。

【标准化建设与应用】 国泰君安积极参与行业信息化总体发展的规划工作，继续接受证监会的委托进行行业技术标准的制订工作。作为牵头单位，完成了《证券经营机构信息安全等级保护基本要求》、《证券营业部信息技术指引》、《证券行业信息安全发展报告》三项技术标准或技术报告的撰写工作；由公司牵头组织编写的《证券银行间业务数据交换消息体结构和设计规则》已通过国家金融标准化委员会审核，将作为金融行业的标准正式发布。

【技术规范发布】 2008 年，证券期货行业发布的信息系统技术规范有：《证券期货经营机构信息技术治理工作指引（试行）》、《证券期货行业信息安全检查贯彻落实指引》、《奥运期间证券期货业网络与信息安全突发事件应急预案》、《银行、证券跨行业信息系统突发事件应急处置工作指引》等。

基金公司信息化

【概况】 2008 年是证券期货行业信息安全“维稳”年，各机构在证监会统一组织下，从系统、管理等层面全面加强了系统安全检查、建设和保障，包括网站与网上交易系统、集中交易、灾备措施、运行监控保障、应急预案与演练等各方面；继续完善系统基础设施、灾备系统建设、投资交易系统等建设和升级；继续深化 XBRL 等国际标准在行业的应用等。

【系统建设】

1.基础设施建设

基金行业重点持续推进了灾备系统建设。各公司普遍完成前期调研，一些公司灾备项目已经启动。如汇添富基金经过对灾备方案的长期研究和对供应商的认真遴选，采用Oracle 推出的高可用性数据库方案，可以实现快速切换与灾难性恢复。

信诚基金正式启动灾备项目，完成了考察、规划、选型和设备采购工作，开始相关系统的测试，组织公司各个部门参加灾备培训及应急演练。

中欧基金生产系统核心存储升级与灾备项目同时进行，新增加EMC存储及灾备数据复制设备。灾备机房托管在国都证券南方灾备中心，灾备中心增加了一台IBM P55A小型机作为数据库服务器。核心业务系统，包括交易、清算、直销、注册登记等通过数据复制设备，异步复制到灾备中心。

农银汇理于年底开始在北京农行机房建立关键业务系统的灾难备份系统，包括基金投资交易系统、基金注册登记系统、基金直销业务、基金估值与资金清算业务。

2.业务系统建设

(1)投资交易系统

诺德等公司投资交易系统进行了升级，恒生投资管理系统03.0版本升级到03.2版本，功能上完善了指令管理、可用头寸计算、财务管理、消息管理、自动交易等。

(2)其他业务系统

2008年是汇添富基金投资风险管理系统建设的突破年，完善风险控制制度流程，自主建设风险控制系统。完成金融数据中心一期的工程建设，实现前后台、内外部数据的统一整合；完成对具有国际先进风险管理技术的Barra风控系统采购、安装和培训等，并投入应用；自主研究开发了“投资风险管理系统”，固定收益风险管理模块已投入试运行。

为落实中国证监会颁发的《证券投资基金销售适用性指导意见》，农银汇理建设了基金销售适用性系统，确保基金和相关产品销售的适用性，在基金销售系统中实现《指导意见》相关规定的需求。要求系统记录下基金产品的风险等级、基金投资人的风险承受能力，并能支持投资人在购买基金产品时进行基金产品风险等级与投资人的风险承受能力匹配性检查，当投资人购买的基金产品超过其风险承受能力时，系统给出提示。

海富通基金大力建设公司层面的Oracle数据仓库，采用业内领先的BI工具、数据挖掘分析工具，构建基金会计数据集市、基金客户数据集市、行情咨讯数据集市，使用部门涉及风控、投资、市场、营销、财务、中台等等。

【运行保障】

1.信息安全保障

(1)组织管理

各基金公司成立应急处理领导小组和应急处理工作小组，建立明确的信息系统安全保障方案，对信息系统的安全进行全面排查和有效整改，从管理、系统排查、应急预案、网站与网上交易安全、网络隔离防护等方面组织全面的信息安全保障工作。

⑵网络加固和防护

交银施罗德基金实施了网络系统改造，将网络系统划分为六大网络区域：业务网、办公网、管理网、开发/测试网、外连网络、电子商务网。各区域使用防火墙隔离，设置访问策略，控制对应用的访问。公司在网络Internet出口处增加IPS入侵防护设备，采用RSA动态密码认证，提高VPN用户安全性。建立日志收集设备，收集所有网络设备、数据库访问、网站访问、服务器事件等日志，用于日志审计分析。

汇添富基金全面提升系统和网络安全防护水平，全面提升门户网站及网上交易系统的安全防护能力。网站和网上交易系统采用静态网站与动态网站结合、CDN等先进的技术模式，能够彻底杜绝黑客采用“DDOS”攻击。加强网络隔离和系统维护措施，运用多层防火墙和高性能交换机设计将网络分为办公网、生产网、门户网三大子网，通过严格的ACL策略进行访问控制，建立完善的维护制度。

友邦华泰基金通过部署一系列先进的运维监控软件，加强公司信息系统安全运行，主要是采用SolarWinds网络监控系统，对公司各个网络结点和重要的应用进行7×24小时实时监控，系统可通过短信和邮件方式进行系统报警；采用以IBM Tivoli为应用平台的机房环境系统，对机房的温度、湿度、电力等进行24小时实时监控，保证机房环境的正常；采用业界领先的TippingPoint入侵防护系统，对网络进行有效安全防护；采用国内知名的网康上网行为管理系统，对员工的上网行为进行管理。

⑶应急预案和应急演练

泰信基金等公司在证监会的要求下，对信息系统进行全面详细的应急演练，包括TA系统、直销系统、投资交易系统、估值系统、网站系统、网上交易系统、客服系统等，提高了应急响应能力。

【XBRL 国际标准应用】 汇添富基金继续参与中国证监会、上海证券交易所组织的 XBRL 行业标准小组的工作，作为 XBRL 行业试点报送单位，根据行业标准要求改进和优化公司内部信息处理和信息披露的流程，完成包括规则制订、试报送在内的各项任务。汇添富基金的 XBRL 系统已经完成适应性开发，进入上线运行阶段。

农银汇理建设了XBRL信息报送系统，系统包含数据录入功能、模板管理功能、创建/查看/编辑报告功能、校验功能、审核功能、实例展示及报告生成功能、权限管理功能等。

期货公司信息化

【信息安全保障】 按照 2008 年“维稳”工作要求，各期货公司对公司总部和所有营业部进行了全面的信息安全检查，包括网站与网上交易、集中交易系统、备份措施、应急预案等，各期货公司根据发现的问题进行有效整改，行业整体信息安全水平得到提升。

上海良茂期货完善各项信息管理制度和信息安全策略，对网上交易和网站查找漏洞并进行整改，营业部购置安装网络安全设备，严格物理划分交易网与办公网，规范管理和日常操作。为提高交易系统的安全性和稳定性，排除单点故障，公司对关键服务器、关键网络设备、关键通讯链路加设了热备和冷备器件，在数据库热备方面联系了迪斯杰和九桥进行测试，提升了客户交易的稳定性和健壮性，计划于2009年建设灾难备份系统。

大陆期货对上海辖区期货公司及营业部进行了信息安全检查，并通过学习其他期货公司和营业部信息安全管理的优点，完善了相关技术管理制度，加强了信息安全巡检制度；针对公司营业部技术管理的不足，完善了《大陆期货营业部技术管理体系》并下发各营业部落实执行，要求各营业部技术人员严格按照总部要求进行信息技术管理并执行。

久恒期货对公司网站进行了漏洞扫描检查及整改，对网络系统进行了热备和隔离。在网络结构上实现数据与网络分离、技术与业务分离、前台与后台分离，充分保障了业务系统的安全。对公司的网络线路和资料进行了系统规范的整理和补充，建立了完整、专用的技术资料数据。

【业务系统建设】 申银万国期货根据证券营业部开展 IB 业务的需要，以及证券营业部现有信息系统的情况，构建了证券营业部的期货系统，包括在局域网和外网（Internet）分别部署期货行情、委托、管理系统或终端，局域网和外网的两套系统进行备份。系统建设遵循独立性、安全性、便利性、节约性、扩展性五大原则。证券营业部局域网部署澎博DOS行情系统、金仕达DOS热自助委托、金仕达管理终端；外网部署文华网上行情系统终端、金仕达网上交易终端、金仕达管理终端。外网的管理终端运行在通过动态令牌卡建立的VPN通道上，数据加密传输。期货公司总部和证券公司总部之间、证券营业部和证券总部之间都双链路热备连接，链路能自动切换。3月，先后分四批完成证券公司所有109家营业部和32家服务部的期货IB业务技术系统的安装部署工作。

光大期货的证券IB营业部进行了期货交易系统的安装和测试，所有IB营业部都完成测试，并正式上线，下半年配合证券IB营业部进行了IB验收。光大银期转账系统从2007年年底的1家增加到4家，分别为建设银行、农业银行、工商银行、交通银行。同时对股指期货全面结算会员系统进行了升级、扩充及测试。

（上海证监局）

四、保险业信息化

2008年，上海保险业坚持科学发展观，全面加强信息化建设，稳步推进保险核心业务平台改造、数据大集中、客户服务系统平台建设、信息安全保障体系建设等工作，保险业务自动化的处理水平和管理能力进一步提高，创新能力进一步增强，服务质量进一步改善。信息化水平的提高大大增强了保险业的整体竞争能力和现代化水平，增强了保险业防范化解风险和参与社会管理的能力。信息化建设为上海保险业实现又好又快发展和经济效益与社会效益的双丰收提供了有力的支持。

（丁志丞）

利用机动车辆联合信息平台实现车险见费出单

2008年11月1日起，上海保险业机动车辆保险“见费出单”管理制度正式实施。“见费出单”指的是保险公司在全额收取车险保费和代收车船税后向客户出具保单和开具保费发票的过程。在车辆投保过程中，“见费出单”必须在上海市机动车辆联合信息平台（以下简称“信息平台”）实时管理下完成。“见费出单”业务目前适用于所有的机动车辆保险业务，包括直接业务和中介业务、电销业务、招投标业务、大宗业务等。险种范围包括交强险、商业车险（主险及附加险）。

经营车险业务的公司全部加入信息平台，并将车险信息上传到信息平台。保险公司财务系统和核心业务系统必须依照信息平台的指令，确认并生成保险费发票和正式保单。保险公司业务系统应增加相应查询统计功能，确保保单与保费一一对应。“信息平台”与符合“见费出单”要求的银行（以下简称“结算银行”）实现实时对接，以便及时获取保费和车船税款的到账信息。保险公司原则上应当在结算银行开设一般资金账户或基本账户，使结算银行能将收到的保费和车船税信息及时传递到信息平台。

实行机动车辆保险“见费出单”管理制度的主要目的：一是进一步规范车辆保险市场秩序，制止不正当竞争行为，促进财产保险市场健康发展；二是切实履行车船税代收代缴义务，确保代收代缴车船税税款安全，做好上海地区代收代缴车船税工作；三是推动保险公司降低经营风险，提升管理水平，维护被保险人合法权益。

（丁志丞）

办公自动化系统全面运行

2008年，中国保险监督管理委员会上海监管局（以下简称“上海保监局”）办公自动化系统全面运行，机关行政类公文正式取消纸质文件的流转，从而在保监会系统内率先实现通过办公自动化系统开展日常工作的目标。

机关办公自动化系统主要由公文管理、签报管理、大事记、政务信息、电子邮件、档案管理、督办管理及大事记八大模块构成。目前行政类收发文件全部通过系统进行阅读办理，行政发文也通过系统实现审核签发。

办公自动化系统的使用，大大缩减了文件的人为周转时间，简化了文件流转程序，便利了文件的查找、阅读和追踪，提升了信息共享程度，节约了纸张使用，有效地加强了局机关文件、信息及档案管理，提高了机关工作效率，为机关信息化、规范化建设奠定了基础。

（丁志丞）

上海保监局网站优化

为了加强保险业的社会宣传工作，2008年，上海保监局继续按照保监会《关于印发＜中国保监会网站群保监局子网站网页版式及模块配置规范＞的通知》的要求，对上海保监局网站网页版式、模块配置及“保险动态”、“保险机构”、“行政许可”、“政务公开”、“地方法规”、“统计数据”、“信访投诉”、“局长信箱”、“电子政务”等栏目的内容进行了优化，实现了网站界面的美化、功能的优化和使用的便捷化。该网站已成为广大市民、保险公司和监管机关相联系的一个重要窗口。

（丁志丞）

中国人民财产保险股份有限公司上海市分公司

【应用系统建设】 2008年，人保财险上海市分公司改进了业务系统和财务系统。11月，完成“车险见费出单”改造项目及大宗业务的开发，并率先通过同业平台验收，在上海市同业公会的验收报告中，人保财险上海市分公司验收通过的项目数量名列第一；12月6日，系统正式上线，又开出了“见费出单”的第一单，有力地保障了车险业务的开展。作为上海世博会合作伙伴，人保财险上海市分公司调整了VIK和非VIK项目的设置，为推进世博项目提供了保证。上半年，人保财险上海市分公司进行了车险事业部改革，根据车险事业部的要求，对系统进行了相应改造，使车险业务系统满足了车险事业部的改革需要。

【GPS和全球眼项目】 2008年，根据“促发展、保效益、防风险”的工作主基调，人保财险上海市分公司启动了GPS和全球眼项目。4月，完成GPS设备安装，实现了车辆的动态监控，启动了车辆送修推荐项目，有力支持了业务一线的展业工作；10月，全球眼网点完成签约，并已成功地在部分网点实施远程视频传输，为车险理赔工作的改进打好技术基础。

【95518“畅听工程”】 为了更好地提升客户服务的质量，6月人保财险上海市分公司完成95518“畅听工程”的技术实现方案并顺利切换，同时在95518系统中，完成与“畅听工程”相配合的短信发送功能（在报案、投诉、咨询环节增加给客户发送短信功能），提高了客户的满意度。

（瞿元超）

中国出口信用保险有限公司上海分公司

【“信保通”二代上线运行】 2008年，中国出口信用保险公司“信保通”电子商务系统建设向纵深化、专业化、特色化发展，服务客户手段和形式日趋多元。“信保通”二代上线运行，系统结构更加灵活和清晰，安全性和可靠性得到提升；业务流程进一步优化，系统功能日趋完善，用户满意度逐步提升。截至12月30日，“信保通”开通率达到92.63%，网上限额申请比重达到90.80%，网上申报比重达到90.18%，分别比上年增长1.25%、2.77%和3.21%。中国出口信用保险公司还完成“信保通”融资系统的研发及试点，实现“一条龙”的网上融资服务，进一步提升融资业务办理效率，提高信息交互效率和质量，将电子商务的服务领域扩充到融资银行。

（司小雪）

美国友邦保险有限公司上海分公司

【eTA系统加强版成功上线】 9月，eTA（旅行险）加强版成功上线。基于用户部门的反馈和需求，为更好地支持用户开展业务，方便用户日常工作，eTA系统进行了较大的修改和强化。该版本为所有分公司和中国区用户新增和改进了许多核心功能，包括：Internet版eTA，为保险营销员或代理机构提供一个便捷的访问eTA系统的入口，用户可以通过互联网直接访问，在线为客户输入投保信息并打印或查询投保单。改进了 POS 模块，优化了退费、退保及变更等部分功能。

【银保通系统】 10 月，友邦－交通银行银保通系统在友邦保险中国区成功上线，第一期覆盖了上海、广东、深圳、北京、江苏分公司和佛山支公司与对应交通银行分支机构的连接。友邦交行银保通系统基于 SOCKET 协议和高扩展性 Web Service 架构和银行实现互联。它能支持如下的新单交易类型：新单投保询价、新单承保打印、当日投保撤销、当日保单重打、当日保单查询、日终对账。客户投保后，银行柜员可以在银行柜台录入保单信息，实时调用友邦后台自动核保系统，收取保费，并当场打印保单。该系统极大地提高了效率和客户满意度，确保了银保新单的签单率。同时，也节省了营运部录单及其他流程流转的成本，大大缩短了银保新契约业务的业务处理周期。友邦交行银保通系统的上线进一步强化了友邦保险公司和交通银行的业务合作关系，并且为将来的友邦直销业务通过交行的电话营销、电子银行等模式的合作提供了系统基础和业务增长的空间。

（窦　茹）

永诚财产保险股份有限公司

【车险网上理赔系统】 车险网上理赔系统是永诚财产保险股份有限公司组织开发的新一代车险网上理赔系统，该系统于 2007 年中立项，2008 年 3 月全国上线。该系统功能包括车险报案、委托、派工、查勘、调查、核价、核损、立案、支付、预赔、理算、核赔、结案、审计、注销、撤案、追偿、交强险垫付、交强险垫付审核、交强险垫付追偿的业务处理等功能模块。提供灵活的权限管理配置，基础数据配置，工作流配置管理，规则引擎配置管理以及对相关业务数据的查询和统计功能。该系统支持异地接报案、商业险和交强险关联保单报案，全国委托、全国通赔流程以及多次赔付流程等方便业务操作的功能，并提供自动核价、自动核损、自动理算等提高工作效率的改进。

（周　凯）

第四章 商贸流通信息化

概 述

2008年，全市电子商务保持良好发展势头，全年完成电子商务交易额2 758.2亿元，同比增长13.7%，发布《上海市促进电子商务发展规定》；BtoB电子商务专项支持服务工作重点支持11个行业电子商务平台建设；启动“电子商务进我家”系列推广活动，30多家知名网站共同参与。口岸信息化顺利推进，全年上海电子口岸平台数据传输量达160GB，同比增长4.4%，电子单证传输量达9 695万张；上海电子口岸税费电子支付系统继续拓展服务功能和应用领域，至年末，入网企业累计达3 500家，全年实现税费电子支付1 004亿元，占上海海关税额的51.2%；海关总署授权服务全国的海关税费支付系统启动建设，特殊区域联网监管系统和外高桥保税区监管信息系统整合试点，江浙沪地区海事船舶动态信息共享启动试点。物流信息化进展顺利，陆上货运56135信息平台完成物流企业数据库建设，涵盖5万家物流公司和10万家制造业企业；基本完成上海市危险品储运安全监控管理系统开发，初步实现危险化学品生产、存储、运输的全程实时监控与管理，已在上海氯碱、高桥石化等单位开展试点。

（张璐璐）

一、重点项目

电子商务社会推广服务工程

电子商务发展环境不断完善，保持良好发展势头。《上海市促进电子商务发展规定》已由上海市第十三届人民代表大会常务委员会第七次会议于11月26日通过，于2009年3月1日起施行。2008年，全市实现电子商务交易额2 785亿元，同比增长14.8%。其中BtoB电子商务交易额达到2 577亿元，占交易总额的比重为92.5%。

继续深化BtoB电子商务专项支持计划实施工作，重点支持了涉及汽车产业、现代农业、钢铁、化工、建材家居、移动商务、综合信息技术服务等领域一批行业电子商务平台项目建设，推动电子商务企业发展壮大。面向广大中小企业开展电子商务普及培训、项目咨询等支持服务，举办电子商务企业CIO高级研修班，组织优秀电子商务项目的宣传推广活动，促进面向企业、行业、区域的第三方电子商务交易服务模式的应用推广。为加大社会宣传力度，进一步提高社会公众的电子商务应用意识和水平，以迎世博600天行动计划实施为契机，启动“迎世博，电子商务进我家”系列推广活动，在浦东新区、杨浦区率先开展电子商务企业服务展示、市民互动体验、便民讲座、电子商务投诉服务、法律咨询等实践活动，得到广大市民的踊跃参与。号码百事通、携程、易趣、百联E城、东方CJ、我爱我家、篱笆网、上海团购网等沪上30余家知名电子商务网站在活动中推广展示优秀电子商务应用成果，并共同发起电子商务诚信服务倡议，号召全市电子商务企业共同努力，建设上海一流的网上服务窗口。

（张璐璐）

上海电子口岸建设

2008年，上海电子口岸稳步发展，平台功能日益完善。全年上海电子口岸平台数据传输量达160GB，同比增长4.36%；电子单证传输量达9 695万张。主要业务系统继续拓展服务功能和应用领域，上海电子口岸税费电子支付系统入网企业累计达3 500家，全年实现税费电子支付1 004亿元，同比增长14%，其中海关税额电子支付金额占上海海关税额总量的51.22%；海关总署授权的服务全国的海关税费支付系统启动建设；特殊区域联网监管系统用户总数达213家，和外高桥保税区监管信息系统整合启动试点；开发上海口岸入境货物检验检疫及口岸查验管理系统（即统一版），其中统一版海运子系统和空运快件子系统正式上线运行。洋山保税港区联网监管平台项目筹划和立项工作顺利进行。

上海电子口岸呼叫中心对VOIP远程坐席应用系统进行细化，优化了相关服务功能，全年处理用户电话达12万次。上海电子口岸门户网站内容进一步完善，新增国家和地方电子口岸动态、加贸监管、长三角通关协作等信息。中国电子口岸上海制卡中心网上审核辅助系统支持了各联审单位分散审核的模式，通过制卡审核、信息共享、统计查询等功能使制卡工作实现电子化管理，有效提高了制卡审核效率。

江浙沪地区海事船舶动态信息共享启动试点。4月开通的长三角船舶计划动态信息共享系统使用户能及时获知相关船舶在长三角范围内的动态，从而对集装箱的流转状况进行跟踪，提高相关作业安排的效率和货物全程可视化管理水平。

（唐燕萍　上海信投）

物流信息化

推动制造业供应链物流信息化，相关信息系统开发运行，并在松江工业区进行试点。结合世博会筹办需要，启动国际会展物流联网监管信息化项目研究。陆上货运交易中心平台系统（www.56135.com）完成物流企业数据库建设，涵盖5万家物流公司和10万家制造业企业，有效资讯2万条。

（唐燕萍）

商务领航

总结多年发展经验，2008年理想（集团）公司对发展商务领航相关业务时在收缩产品线聚焦重点、创新业务锁定市场、升级平台提升客户满意度方面，重点推广了两大类产品：通用产品和行业解决方案。企业网校、在线安全、进销存管理等通用产品受到了市场欢迎。据不完全统计，企业网校用户1万户，累计实现收入700万元；在线安全用户5万多户，实现收入超过千万元；进销存管理用户4 000户，实现收入40万元。汽车后服务市场、专业市场、会展以及农村信息化等行业解决方案分别赢得较典型的客户和较清晰的商业模式。截至年底，商务领航平台用户数累计11万多家，客户满意度超出预期。

（理　想）

重点电子商务平台项目

【钢铁供应链公共服务平台】 由东方钢铁电子商务有限公司运营的“东方钢铁”供应链公共服务平台以钢铁及下游重点企业形成的产业链为主线，向产业链中的中小企业提供基于互联网的应用服务、基于钢铁行业标准单据的数据交换服务，业务涉及钢铁行业的各仓储供应商、运输供应商，以及汽车、家电、造船等行业的战略客户和相关业务部门，提升钢铁供应链整体的协同水平和运营效率，同时构建行业电子商务社区，提供拍卖、招标等在线交易功能，集成银行、认证中心等外部资源提供的信息、金融、支付、安全、信用等服务，实现钢铁贸易流通模式的创新。

2008年，东方钢铁加大建设力度，在钢铁供应链公共服务平台的供应链建设和钢铁贸易商区建设上取得较大进展，针对钢铁行业用户通过电子商务平台实现钢铁贸易全程在线业务；进一步强化大客户通道建设，新增激光拼焊件管理、厂外件断点预测等功能，将供应链协同向下游配套厂进一步延伸；新增工程项目管理视图、油井技术服务等功能，扩展大客户通道行业应用范围。截至12月底，新增上海大众、上汽、福特马自达、江淮、徐工等9家应用客户。

东方钢铁在完善平台建设的同时，不断深化平台应用，扩大平台对业务支撑的程度，取得良好效果。2008 年，平台用户累计自助订购期货 600 余万吨，生成合同 2 万余份，金额 400 多亿元，较 2007

年有显著增长；累计实现现货挂牌 20 余万吨，现货竞价 40 余万吨，生成合同 1 万余份；现货交易中心新增交易会员 579 家，全年交易额达 20 多亿元，增效 8 800 余万元。在电子商务自助服务方面，用户全年自助办理提货手续近 10 万笔，使用电子合同万余次。

钢铁供应链公共服务平台的成功建设和应用，将会对钢铁行业相关的中小企业在管理和业务发展上带来积极的作用，该平台所实现的业务模式和技术手段也将在其他行业和企业中得到推广和应用。

【盖世汽车网】 上海盖世网络技术有限公司运营的盖世汽车网是定位于汽车产业的第三方 BtoB 电子商务平台，帮助中国汽车产业供应商获得国际出口商机和国际化进程中的专业信息服务，是专业定位于汽车产业的外向性电子商务平台。盖世汽车网的服务对象包括汽车零部件、零部件模具、汽车用品、汽车产业相关设备、各类汽车相关的工艺横向件等供应商，提供包括中国汽车产业供应商在国际化进程中所需要的各类包括采购信息、专业的市场及技术信息、采购代理等服务。

2008 年，盖世汽车网完成 BtoB 1.5 代搜索产品的开发，旨在帮助跨国采购商解决在华采购瓶颈，通过“Product Catalog”、“OE Suppliers”及“Parts Number”三大新搜索功能产品，让采购商更精准、高效地找到匹配中国供应商，从而大大提高对华采购效率。盖世汽车网推出了基于现有 BtoB 信息交流平台之上的联合采购子平台，将采购商中一部分采购产品相近的需求整合在一起，产生一个总需求包，让供应商参与竞标，帮助采购商降低采购成本，也为供应商提供更大商机。

盖世汽车网现拥有37万国际买家数据资源，注册买家约87 300家，注册供应商逾43 200家，已成功为8 782家全球活跃买家提供中国供应商推荐、筛选和配对服务，超过17 500家中国汽车零部件企业成功接触国际买家。来自盖世汽车网的调查数据显示，2008年92%的高级会员曾获得有效订单，68%的高级会员成功开拓新客户，39%的高级会员成功开拓新市场，37%的高级会员与配套采购商有过接触。同时，盖世汽车网在吸引国际买家对华采购和鼓励、支持中国供应商走出去方面起到较好的平台和纽带作用，并通过积极参与汽车行业的论坛、展览会等，促进汽车行业的交流与合作。

【齐家网电子商务平台】 由上海齐家信息科技有限公司投资运营的齐家网电子商务平台立足于以个性化的信息服务为基础，突出以客户为中心的市场销售、以技术为核心的销售支持、以网络化管理为重心的三大功能，使客户可以与网站进行基于互联网的联机交易，从而使电子商务应用成为新的业务渠道。齐家网电子商务平台的发展目标是充分发挥企业用户与个人用户、网站和供应商之间的联动作用，建设成为以企业用户促个人销售，个人用户带动企业需求的综合销售支持平台，最终成为中国最大的家居消费品导购服务平台。平台将建立以客户为中心，网络、电话、人工三位一体的服务系统，通过在线销售支持系统、客户服务系统的整合，实现网络化的销售管理。利用客户数据整合技术、客户行为分析方法以及客户生命周期管理理论实现营销行为的智能化，实现销售机会挖掘等功能。

2008年下半年，齐家网电子商务平台投入试运行，截至年底平台注册会员数达90万人，已有近3 000家商家4 000个品牌加入平台，全年超过42万个有效订单，总产值超过12亿元。已经在苏州、无锡、常州、南京、杭州、宁波、合肥、长沙、武汉、深圳、天津、济南、沈阳、成都和重庆等19个城市建立了分支机构。

【点讯移动商务门户】 上海点讯网络技术有限公司运营的点讯移动电子商务门户，以商旅服务业务为主，集合了众多电子商务服务商于同一平台，提供推荐、评论、比价等人性化服务及旅游指南等功能。移动商务门户由四大功能模块组成，分别是商旅系统、移动商务社区、商品展示和资讯发布系统。从用户的角度看，可以通过该平台进行比价、搜索及在线订购，为用户提供方便自由，可以随时随地订购各种商品和服务的全新途径；从商户的角度看，移动电子商务平台可使其增加产品销售和营销推广的渠道，通过技术和个性化服务手段提升其产品销量，同时降低运营成本，提高资源配置效率。

点讯移动电子商务门户完成了移动商务社区、商品展示系统、商品资讯系统三个子系统的开发建设，移动商务社区、商品资讯系统已经上线运行，后台支撑系统对资讯进行抓取、分类，客户端对资讯以图文结合方式进行展示的整个工作流程均已长期、稳定地运行。在两个多月的运行期间，用户数逐步上升，点讯移动电子商务门户已经被越来越多的手机用户所接受、认可。

【LIBA 在线交易平台】 上海篱笆信息科技有限公司运营的 LIBA 在线交易平台是家居建材行业的垂直类电子商务平台，通过系统的建设，实现从生产商直接到消费者的分销模式，减少流通环节，降低销售成本与价格，建立完整的物流体系，降低物流成本，建立完整的价格和信息体系，使整个产业链的关联度得到加强。整个系统分为网上商城、交易处理、客户服务、物流配送四大平台，目前电子商城平台已经基本建设完成。2008 年，通过交易处理平台的开发建设，实现用户在网上商城完整的交易流程，支持各个合作银行的各类付款方式，大幅度降低整个对账、结算流程中的人工操作，发挥信息系统的优势，向商家提供更完善的服务。

截至年底，篱笆网拥有近 230 万会员，4 080 余家供应商，3 万余种商品，每月 3 万个定单以上，论坛固定信息达近 3 亿条，并且以每日 24 万条的速度增长。全年，篱笆网完成 10.8 亿元的交易额，利润收入达到 7 600 万人民币，平台交易上缴 6 700 万增值税。

（张璐璐）

二、行业、企业信息化

畜牧业电子商务平台

由上海农业信息有限公司建设运营的畜牧业电子商务平台主要针对畜产品供应链各环节主体的交易需求，提供与交易有关的信息服务，为畜牧业干系人提供行业信息、行情信息、历史交易信息，以利于畜牧业的行业发展、企业决策以及政府监管。同时，通过与各环节业务信息系统的结合，提供商品展示、宣传、供需信息服务、网上交易等商务功能，并将网上平台与网下各信息子系统紧密结合，有效解决传统畜牧业商务活动中的诚信认证和信息有效性难题。

平台主要包括网上电子商务平台以及畜牧生产管理软件、饲料生产管理软件、兽药生产管理软件、畜牧屠宰加工管理软件等多个网下支撑子系统。2008年，平台完成建设投入运营，并为使用各网下支撑系统的养猪场、奶牛场、饲料及兽药厂等企业提供服务，与几十家畜牧投入品供应商建立了合作关系。在上海市畜牧办公室的支持下，已经推广到全市多家养猪场、养牛场、市境道口、兽药厂、饲料厂、屠宰场、批发市场以及生鲜超市。

平台中的食品安全信息查询系统自运行以来得到广泛应用，目前在上海几十家大型超市中使用了食品安全信息终端查询机，并且扩展到浙江、江苏等地。迄今为止，数据库中包含的产品信息已超过百万条，基本涵盖上海大型超市中所有农副产品品牌，直接使用过该平台的消费者累计超过300万人次。

畜牧业电子商务平台的建设是上海为服务“三农”，促进区域经济协调发展，建设现代化农业实施的重大公益性项目，社会效益突出。通过电子商务在畜牧业的应用，大大降低了畜牧业供应链上下游环节之间的交易成本和促进信息沟通，提高购销效率和质量、降低购销成本、缩短购销时间和减少购销过程中的不确定风险。

（张璐璐）

我爱我家建材家居电子商务平台

上海鸿洋电子商务有限公司运营的我爱我家建材家居电子商务平台由建材超市、家居商城、爱家装修等组成，向消费者、建材供应商、装修从业人员、装修相关行业单位提供咨询、讨论、交易等在线服务，注册用户可以通过平台享受装修咨询、房型设计、在线客服，建材采购、配送和售后服务的一条龙服务。我爱我家建材家居电子商务平台充分发挥平台的影响力和号召力作用，更好地配置上下游企业的资源，构筑全国领先的建材家居电子商务平台。

2008年，平台扩展了系统中建材商品的类别，改进了订购流程，通过新增加的客户管理系统，提高客户量和单个客户的建材采购量。截至年底，平台的日均访问用户达20万人次，日均网页浏览数200万PV，注册会员超过32万，资讯文章总数100万篇，商品品牌上千，商品种类十万多，合作商户数百家，开设了杭州、苏州、厦门、南京、无锡等分站，年度累计装修客户400余家，每天在线采购数百次。

平台的应用大大加强了企业的盈利能力、服务水平和抗风险能力，在下半年经济整体形势困难和行业内普遍业务下滑的情况下，平台仍然实现一定的盈利增长。另一方面，带动了行业内建材、家具、家居等商户的信息化建设，提升了商户的业务、服务、管理水平，使整个建材、家具、家居等传统行业的信息化程度得到很大的提升，对行业的规范化发展起到促进作用。

（张璐璐）

新锦华“在线收废”平台

上海新锦华商业有限公司运营的新锦华“在线收废”平台是按照商务部关于组织开展再生资源回收体系建设试点工作要求，运用信息技术、计算机技术、现代通信技术、多媒体技术等现代先进技术，通过在中心城区的再生资源专业公司设立“在线收废、电话收废、环保收废”通信站点和分布在各个城区通信站点下的若干个收废交投站，在建立网络化废品回收运作体系的基础上构筑上海中心城区废品交投的网络平台。

2008年，新锦华在原有在线收废系统基础上拓展了网络的服务功能和管理功能，包括信息管理、分中心管理、客户管理与积分等，加强客户关系的维系，提供客户方便简捷的使用体验；强化网络中心与各分中心之间的纵向协调管理控制功能，使信息的传递达到反馈及控制。8月，平台实现上海九个中心城区“在线收废”联网全覆盖，开通了废品交投呼叫中心（400−620−9500）。全年共接受客户交投定单近12 000次。

新锦华将打造一条以信息化为中心，集成废旧物资“回收”（指利用信息化技术通过网络将各再生资源回收交投站点进行联网，实现在线预约、上门服务、信息共享的再生资源回收新模式）、“加工”（指利用信息化技术与设备对回收的再生资源通过集中、分拣、压缩和打包等粗加工工艺来获得匀质的且可投入再加工的生产原料）、“交易”（实施网上交易）和“连锁（利用连锁加盟制度建立再生资源回收网络，规范再生资源回收行业）”四大体系的产业链，逐步成为面向长三角、乃至全国废旧物资综合商务平台。

（张璐璐）

上海金山化工品电子交易平台

上海化工品交易市场成立于2004年，是上海市工商行政管理局特批的唯一以上海地域命名的化工品专业市场。为贯彻落实市委、市政府对金山区“加快建设上海国际化工城”的产业发展定位，2007年经资产重组落户金山区，成为上海国际化工城的基础组成部分和对外窗口。2008年，上海化工品电子交易平台由上海化工品交易市场经营管理公司投入建设，旨在依托金山区内外大型化工企业的产品资源，为化工企业提供专业的电子交易服务，利用化工品电子交易所产生的信息流、商品流和资金流，推动金山区现代化工物流产业的进一步发展，构建区内化工企业的采购和销售平台，形成区域化工产业供应链，创造金山区化工产业新的经济增长点。

平台的一期工程项目将实现化工品电子交易，包括现货挂牌交易网上洽谈、撮合、电子合同签订、现货竞价交易、网上银行监管支付、中远期仓单交易等服务功能。12月初，上海化工品交易平台正式启用，现货系统投入试运行，吸收了首批交易注册会员，完成46项化工品现货合同，并成功进行了五类化工产品的电子交易业务。

（张璐璐）

上海口岸信息化建设

【概况】 2008 年，上海口岸各相关部门积极推进信息化建设。海关稳步推进通关无纸化改革试点，将范围扩大到所有海空运出口业务现场；海关和检验检疫部门全面启动“通关单联网核查”，关检联动协作进入新的阶段；上海检验检疫局启用“入境货物检验检疫全申报及物流监控系统”，并积极推广电子监管及视频监管系统，提高监管效率；上海海事局开发和推广船舶智能导航仪系统，并将船载外贸危险品货物无纸化申报推广到内贸货物；上海边检部门启用“国际航班载运人员信息预报系统（API）”，为方便旅客快速“通关”和安全监管服务。上海口岸信息化建设取得明显进展，为建设便捷、高效、安全、法治的口岸通关环境提供了有力的技术支撑。

【上海海关推进通关无纸化改革试点】 上海海关稳步推进通关无纸化改革试点，采取风险管理方法对高风险申报实施重点监管，而对大多数诚信企业和低风险货物予以快速验放，提高通关效率。目前改革范围已经扩大至所有海、空运（含快件）出口业务现场，有37家企业参与“无纸通关、单证自存”试点。

【上海海关和上海检验检疫局全面启动通关单联网核查】 1月，上海海关和上海检验检疫局全面启动“通关单联网核查”工作，即检验检疫局在签发通关单的同时，将通关单电子数据传输给海关，海关在受理报告时对通关单电子数据进行非严格模式的比对，在比对成功后核销电子通关单数据并反馈检验检疫部门。实施通关单联网核查，可以加强关检协作，在提高口岸通关效率的同时，有效防范和打击逃漏检行为。

【海运入境货物检验检疫全申报及物流监控系统研发成功】 2008年，上海检验检疫局在原“提货单电子签章管理系统”基础上，开发了“海运入境货物检验检疫全申报及物流监控系统，并成功上线试用。该系统利用上海电子口岸“大通关”平台，实现检验检疫与港口、船代、货代以及收货人的信息共享，形成检验检疫无纸化电子申报、电子审单、电子抽查和电子放行，大大提高了口岸放行效率。

【检验检疫入境全申报及物流监控系统（空港版）完成研发工作】 上海检验检疫局和上海亿通公司合作，按计划完成“进境物流监控系统（空港版）”的研究开发工作，于9月18日通过国家质检总局中期验收。目前已在上海机场辖区10家监管仓库、近40家报检单位范围内进行试点运作。

【上海检验检疫局推广电子监管及视频监管系统】 截至年底，上海检验检疫局对上海地区的近千家出口生产企业实施了电子监管，涉及机电、服装、小家电、食品、化妆品、种苗等3 000余种商品。此外，还在114家出口生产企业、港区查验点、监管仓库安装420个“全球眼”摄像头，实现对监管目标的全方位监管。

【上海海事局推广船舶智能导航仪系统】 6月，上海海事局完成智能导航仪的研究和应用工作，并售出600多台。船舶智能导航仪作为上海市智能交通的一项创新性科研成果，集成了GPS、电子海图和智能报警等功能。其推广应用为进出上海港水域的船舶，尤其是小型船舶，提供航行及安全信息服务等方面的技术支持，也为海事部门加强船舶监控提供有效手段。

【上海海事船载内贸危险品货物无纸化申报正式实施】 上海海事积极加强电子政务与“数字海事”建设，在船载外贸危险货物与防污染作业无纸化申报基础上，进一步开发“船载内贸危险货物EDI无纸化申报系统”，于10月1日起正式投入使用，标志着上海港船载危险货物与船舶防污染作业申报审批全面与国际先进港口接轨，迈入高效、便捷的“无纸化”新时代。

【浦东、虹桥机场启动API系统】 5月1日，上海浦东、虹桥边检站启用API系统。API系统又称“国际航班载运人员信息预报系统”。边检部门通过API系统，可以提前掌握旅客资料，减少旅客抵达口岸时的资料录入时间，方便旅客快速“通关”。

【上海边检启用外轮船员名单自动转换系统】 4月，上海边检总站组织人员开发外轮船员名单自动转化软件，并无偿提供给船舶代理企业使用，使船舶代理企业原先近一个小时的工作时间缩短到几分钟，同时有效降低了数据差错率，大大提高了船代企业和外勤人员的工作效率。

（口岸办通关处）

上海航空：加快电子商务建设，为企业降本增效

【完成新呼叫中心建设】 2月23日，上海航空股份有限公司（以下简称“上航”）新呼叫中心落成并投入使用，启用新顾客电话服务号码10105858，实现全国范围内固定电话和移动电话的统一接入。10月，新呼叫中心新软件系统全部功能上线运行，实现轻松订票，安全支付，并享受订票、常旅客、旅游等多方面的服务。呼叫中心坐席还能通过新系统更便捷地管理客户群，分类别类地提供个性化服务，实现销售工作的降本增效，不正常航班旅客的统一管理，客户活动统一化管理，便捷的自助服务及业务分流，邮件、传真、短信统一化。新系统上线后的短短四个月，通过新系统电话支付成功12 093笔，支付金额15 181 186.00元，节约代理费用成本近百万元。随着客源的增加，顾客群的稳定，客户对电话支付的认可，预计仅仅电话支付一项每年可节省成本至少300万元。

【完成电子商务系统新功能建设】 在原有电子商务系统基础上，新系统增加了低价票搜索、订票成功后短信提醒旅客、不同折扣不同限制条件提示、网上订票目的地气象信息短信发送等功能，实现网上旅客自助值机、网上行程单管理及打印功能。2008年，上航网上订票数量达到85万张，比2007年增长85%；销售金额达到10亿元人民币（不含机场建设费和燃油附加费），比2007年增长100%；其中B2C订票数量同比增长116%，订票金额同比增长101%。

【自主开发上海航空网上招聘系统】 9月，上航自主开发的网上招聘系统(zhaopin.shanghai-air.com)投入使用，改变了以往通过集中或零散的在报纸及招聘网站上发布新闻广告，继而通过EMAIL收取简历进行人工筛选实施招聘的方式，实现简历的自主发布、自动筛选，大大节约了广告费用，提高了招聘效率。截至年底，两个月内共在两个部门实行7个招聘计划，接受报名3 350人次。在减少广告宣传成本的情况下，高质量地完成了招聘任务。预计在2009年全面推广的情况下，可为集团公司节省约50万元人民币／年的招聘人才成本。

（瞿宝宝）

第五章　旅游和会展信息化

概　述

2008年，上海旅游适逢北京奥运会和迎世博600天的契机，也面对雪灾和汶川地震的挑战，旅游信息化在信息咨询服务和应对突发事件上起到了重要的沟通协调保障作用。上海市旅游局积极开拓服务渠道，有效加强市场监管，通过信息化建设提升上海旅游公共服务水平。（刘　昊）

一、重点项目

上海出境游动态监管系统建设

10月，上海旅游出境游动态监管系统建设完成。系统是借助GPS概念，对上海市的出境游进行实时管理的市场监管工具。系统整合了上海5 175个出境游领队、92个出境游目的地、3 033家地接社、1 504个目的地城市的信息，使组团出境游的管理流程由手工操作全面实现信息化。系统能实时监控上海出境游团队的状态，掌握游客行程，以应对各类突发事件。现该系统在各出境组团社进行部署，相关工作人员的培训工作也在进行，预计2009年1月上线运行，2月实现出境社全覆盖。（刘　昊）

上海旅游行业管理短信群发系统建设

2008年，上海旅游行业管理短信群发系统先后整合了高星级饭店和部分经济型旅馆的联系信息，并在雪灾和汶川地震等突发事件中起到快速协调作用。在年初的雪灾期间，旅游管理短信群发系统向各旅游相关部门和旅游企业及时发布天气和周边交通状况，在灾情最严重的5天内发送5条短信，共计5 500余人次，密切关注旅游线路动态，随时准备做出应急响应。汶川地震发生后72小时内共发送7条短信，累计发送8 500余人次，统计在震区的组团旅行社名称、团号、人数、游客姓名、团队联系方式、有无人员伤亡等信息；地震发生24小时内就确定在四川共计有50个团队1 413人，并且能够不断更新游客在川情况，及时对游客家属和公众发布信息。短信平台在此次地震灾害中信息传递速度快，范围广，效率高，对旅游管理部门面对突发事件的响应速度和正确决策起到关键作用。（刘　昊）

三星级以上饭店触摸屏更新

2008年，通过与电信协调，根据饭店的实际情况，在三星级以上饭店陆续新安装了100台触摸屏。截至年底，各三星以上饭店都基本安装了新的触摸屏，并通过各种方式接通ADSL，实现联网，将信息统一链接到E点通触摸屏的网站上。原先以旧换新的200台触摸屏也已全部安装调试完毕。触摸屏网站英文版、日文版的开发招标工作已完成，进入正式开发阶段。（刘　昊）

上海旅游人力资源网建设

上海旅游人力资源网于10月8日正式开通运营，由教育培训、考核认证、人才交流三大板块组成，为上海旅游从业人员提升工作能力、拓展工作渠道建立了沟通平台。网站的建成促进了行业旅游人才发展，更加符合上海旅游人才国际化的发展方向。（刘　昊）

上海旅游诚信建设系统建设

2008年，上海旅游诚信建设系统新增了景区景点、推荐接待单位的企业信息。至此，该系统自2006年开始建设以来，共分三期，已全部完成开发。系统包含了上海的星级饭店、国际旅行社、国内旅行社、旅馆、景区景点、推荐接待单位，以及导游、领队等相关从业人员信息，并开设了旅游质监等专栏。该系统为上海旅游市场的监管提供了较为完整的信息平台，起到规范旅游市场、提升旅游从业人员素质的作用。

（刘 昊）

上海旅游政务网建设

2008年，上海旅游政务网累计回答各类网上咨询823条，主任信箱回复邮件182封，发布各类规范性文件85次，公告27次，要闻119条，旅游快讯1 013条，新增搜索条目298条，在主动公开政府信息渠道建设方面开展了一系列工作。同时，对上海旅游政务网进行了进一步的整合和创新，对外公布的《政府信息公开指南》和《政府信息公开目录》做到及时迅速更新，并开通互动栏目《旅游劳动咨询热线》，对网站英文版进行了全面梳理更新。

（刘 昊）

上海旅游会展网建设

2008 年，上海旅游会展网制作完善了上海旅游景点、旅游设施和公共服务设施的示意图，做好日语和韩语版网站的更新，完成了新网站改版的方案制作，选定了全面接轨世博会的网站设计方案，成为对外推广上海会展旅游资源和世博旅游的重要窗口。

（刘 昊）

世博园区工程建设管理信息系统建设

基于世博园区空间基础数据平台的“世博园区工程建设管理信息系统”是世博信息化建设中11个核心应用系统中的一个，是基于GIS数据平台的可对世博园区内建设工程进行有效管理和实时视频监控的信息化系统。目前，该系统已开发完毕，投入正常运营中。

该系统以空间信息基础数据库的建设和服务为主要研究内容，充分挖掘空间信息基础数据在世博园区建设期间为各类应用管理信息系统提供的服务作用，开发专业的工具软件，做到及时准确的跟踪、监督和管理规划及其工地建设情况，实时、动态反映土地开发、工程建设进度，为世博局及相关部门掌控全局、部署工作、及时调整和高效建设服务。该系统的主要目标是建立世博园区GIS空间信息基础平台，并基于GIS基础平台构建规划管理、工程管理、工地监视等管理功能的应用系统，实现世博园区工程建设全过程的数字化管理。同时又能为其他应用系统和世博会展期后进一步开发建设提供相关的基础、辅助信息。

为了保障各项建设工程的顺利推进，该系统在安全、质量、成本、进度等各方面对建设项目实行跟踪监督监管。实现“以关键节点为控制对象的多项目监管”的计算机模型，根据工程项目管理的理论，将多项目划分成一致的关键节点，如建设前期、施工准备、开工阶段、竣工验收、工程竣工5个阶段，每个阶段均有关键工作必须完成。通过计算机系统，监视各关键节点的完成情况和进度，在完成关键节点后计算机自动监视各关键工作的完成情况，并将异常情况主动报告给管理者以采取管控措施。从不同使用对象的需求出发，考虑将系统设置为微观、中观和宏观三个层面对数据进行采集、展示、分析、汇总。微观层（用户：工地项目部）从安全、质量、成本、进度全方位实时采集建设工程信息；中观层（用户：工程指挥部、规划部等业务部门）对工程项目的建设信息、规划信息进行归纳分析汇总，形成各类统计分析汇总报表；在宏观层（用户：世博局领导等），系统会结合GIS基础数据平台，以丰富样式的图标直观地展示工程项目的工程建设情况，对工程建设过程中的关键信息进行监控提醒，对建设工程进行跟踪监督管理，为世博局高层管理者提供决策支持。

（张 燕）

二、行业、企业信息化

上海市旅游咨询服务中心

上海市旅游局积极推动上海旅游咨询中心建设，2008年接待游客56.71万人次，发放69.1万册各类资料，新建了南汇临港新城、金山枫泾古镇、嘉定安亭、华亭等咨询中心，全市旅游咨询点达到27个。咨询中心完善各类管理制度，一季度通过了《上海旅游咨询服务中心操作规范》，按照统一标识体系，组织各区县咨询中心主要工作人员进行培训，提升服务水平。

经过与上海机场管理部门的多次接洽，最终确定了浦东机场咨询中心地点为一号航站楼汇合点和二号航站楼步行通道中央，在虹桥机场的A、B楼国内到达处合适位置放置6台E点通触摸屏的咨询中心建设方案。

上海市旅游咨询服务中心经过近十年发展，面临新的挑战，经过不断调研，确定了今后的发展思路：在思想上，统一认识，将进一步加强公益性服务功能定位；在布局上，进一步合理优化，加强机场等咨询中心建设，形成“店、亭、点”的布局；在对外交流上，探索同长三角城市的合作；在内部管理上，加强旅游咨询中心服务规范的使用，完善管理机制；在宣传推广上，通过各类宣传资料和活动，努力提升中心的知晓度。（刘　昊）

上海科技馆

【上海科技馆网站运行】 上海科技馆网站全年无故障运行，共发布信息 1 554 条信息。网站年访问量达到 50 万人次，比上年增加 10%。2008 年，网站配合馆的临展和重大活动，共制作了 10 个主题网站（如新年“孰是孰非？鼠老大”、“随源而动——汽车能源　未来”科普展、“梦圆神七，辉煌航天”大型航天科技展、第二届上海科技馆科普特种电影周、《尼罗河之谜》等），还开展了 3 个在线答题活动，制作首页宣传 flash　16 个。为配合科技馆 5A 国家旅游景点的申报工作，网站还制作了科技馆虚拟浏览网页，新增日语和韩语两个版本的网站，整个网站信息量大，内容丰富，起到较好的宣传效果。

（顾秋凡）

【信息系统维护工作】 上海科技馆对票务系统进行了双机热备份改造，确保了该馆关键业务系统安全可靠运行。票务系统经受了黄金周和临展票务高峰期的考验，完成了全年 360 万人次的票务销售量。同时，对网络代理服务器（ISA Server）进行升级，提升了对网络用户的安全控制；对防火墙系统进行升级置换，提升了网络安全性，网络接入能力有了较大提升。互联网的带宽由独享 10M 专线提升到 12M，网站的访问速度进一步提高。OA 系统运行平稳，全年新增馆文化建设等 4 个栏目，共发布文件 703 个，比上年增长 106%。个人计算机维护工作良好，年更新电脑 70 台，确保了业务系统的正常运行。

（顾秋凡）

【商品销售收银系统】 2008 年，上海科技馆管理有限公司投资 33 万元，为馆内整个商品销售配置了收银系统。整个系统包含服务器、收款机、工作站、条码打印机、条码阅读器等相关设备。该系统在馆内 10 个纪念品零售营业点、仓库、营运与财务相关部门间形成信息联动，规范了作业程序，实现商品销售前后台实时反映与全程管理，为商品销售、结算、库存、供应商管理和数据分析提供了依据。目前该系统已投入使用，运行良好。（朱佳予）

【开通免费无线上网】 继 2007 年上海科技馆在馆内实施电信无线信号四网合一改造和信号覆盖工程后，2008 年该馆对馆内的两个游客服务中心开通了免费无线上网服务。游客可以手持笔记本电脑尽情上网冲浪，畅游该馆的网上虚拟科技馆，体现了国家 5A 级旅游景点的人性化服务。（顾秋凡）

【游客 PDA 导览系统的应用】 “无线多媒体智能导览系统”是融合无线通讯、多媒体、智能（定位）三项技术，技术含量较高的游客自助导览系统。该系统通过对室内微波信号场强的精确计算，根据用户的个性化设置，随时随地将智能化引导服务及丰富的多媒体信息，通过宽带无线通讯技术推送至手持式多媒体信息终端（PDA），从而达到智能导览的目的。目前该系统已投入使用，游客可在上海科技馆游客服务中心租借 PDA 语音导览器，在馆的二层和三层展区可体验到漫游自动多媒体讲解的服务。该系统的引入提高了观众的参观兴趣和质量，能更好地发挥科技馆科普教育的效果。（沈　宁）

【引进先进技术，完善展示效果】 2008 年，IBM 公司向上海科技馆捐赠 4 台“永恒的埃及”信息亭。这是该公司继 2003 年向科技馆捐赠 6 台“放眼看科学”信息亭后的第二次捐赠。“永恒的埃及”是该公司与埃及政府合作开发的新项目。该项目历时三年时间，将先进科技与古老文明相结合，通过前沿的三维重建技术，使参与者能够进入虚拟重构的图坦卡门法老墓，观看法老墓室的情景，也可以欣赏在 14 世纪就已被毁的亚历山大大帝灯塔；使用者甚至能够分辨“人面狮身像”的脸庞在两千年以前呈现的模样。“永恒的埃及”单套信息亭价值为 2.5 万美金，此次捐赠合计 10 万美金（折合人民币 70 万元）。“永恒的埃及”属国内首次引进，开了该技术在中国科技场馆使用的先河。（吴　喆）

第六章 企业信息化公共服务体系

概 述

2008年，为加快企业信息化公共服务体系的建立，上海市企业信息化促进中心作为第三方公益性专业服务机构，以“强化队伍建设、夯实公共服务”为工作重点，一方面充实完善上海市企业信息化公共服务平台的服务功能，继续实施以“百家IT厂商助力，万户传统企业提升”为主题的扶助体验计划；一方面抓机构内部规范化管理，汇聚社会资源、传播信息文化，继续开展以专题培训、调查评测、沙龙研讨、课题研究、项目推荐、高峰论坛和“双十佳”表彰为主要形式的培训体验、咨询评价和宣传推广活动。

（顾伟华）

一、企业信息化服务机构

上海市企业信息化促进中心

上海市企业信息化促进中心（以下简称“促进中心”）作为独立于传统企业和IT企业的功能性服务机构，长期致力于应用信息技术改造提升传统工业、促进工业化与信息化融合。在工作中坚持政府引导与公共服务、分类指导与重点推进、企业自主与效益优先的推进原则，通过机制创新，着力营造信息技术应用发展环境，注重以大型企业信息化带动行业信息化、以公共服务平台建设带动中小企业信息化。

推进企业信息化的工作牵涉面广，有赖于社会各界的共同努力，亟待建立循序渐进、持之以恒的长效工作机制。促进中心结合自身条件，制定了“服务于企业信息化推进，服务于信息技术改造提升传统产业”的服务宗旨和“政府推动，分类指导；企业实施，效益优先；社会服务，市场运作”的工作原则，把推进企业信息化进程作为中心的长期工作和历史使命，正日益发挥着“桥梁”、“纽带”、“引领”的独特作用。

2008年，促进中心组织开展区域经济信息化测评、编制《企业信息化公共服务平台通用规范》、发起成立“企业信息化公共服务平台标准联盟”、主办“第二届SEIP企业信息化高峰论坛”、实施“百家E万户”松江专题推进活动、发布《上海市企业信息技术应用解决方案（产品）推荐目录》、表彰“2008上海市企业信息化“十佳”成功案例”和“2008上海市企业信息化“十佳”解决方案（产品）”。上海市企业信息化公共服务平台于2008年12月正式投入运营。

（顾伟华）

二、企业信息化公共服务平台

制定标准和规范

【《企业信息化基本要求与评价》】 依照国信办关于组织区县信息化水平测评试点工作要求和市信息委区县处的具体工作部署，2007 年 5 月～2008 年 5 月，促进中心开展了区域经济信息化测评工作。测评依据《企业信息化基本要求与评价（DB31/T381－2007)》所明确的评价指标、评价内容和组织方式，采用样本调研模式通过网上填报问卷方式进行，受访对象主要为企业主管信息技术应用的高层管理人员或计算机部门的负责人。样本点采集的数据为针对某个企业的具体数据，样本点中的该指标满足率经科学统计后为评价依据。

此次测评对象覆盖全市10个郊区县，涉及机械制造、钢铁冶金、石油化工、纺织服装、食品饮料、印刷包装、塑料制品、电子产品制造8个行业29个门类。根据测评结果，对4个区县的二产、三产和特色产业的企业信息化情况和经济信息化环境进行了分析评价。

（顾伟华）

【公共服务平台通用规范－标准联盟】 2008 年 4 月 1 日，由上海市企业信息化促进中心牵头编制的企业联合标准《企业信息化公共服务平台通用规范》正式发布，5 月 1 日起实施。该规范结合企业信息化的实际情况，从技术、服务、监督管理等方面对企业信息化公共服务平台提出一般技术要求、服务要求等，适用于公共服务平台产业链的相关主体。其中，平台运营商可依据该规范要求制订平台运行规则，应用提供商可根据该规范的相关技术要求实施建设，用户可以根据该规范选择服务平台。上海市企业信息化促进中心、上海市电信有限公司、上海市软件评测中心、长江计算机集团有限公司、上海亿通国际股份有限公司、东方有线网络有限公司、万达信息股份有限公司等单位参与了标准起草，旨在规范企业信息化公共服务平台建设运营、引导企业信息化公共服务行业的健康发展的“企业信息化公共服务平台标准联盟”，也在中国移动上海有限公司、上海理想信息产业集团有限公司、上海合强软件有限公司等 10 家单位的倡导下同时发起成立。

（顾伟华）

推进“百家万户”扶助体验计划

【“提升 融合 发展”──第二届 SEIP 企业信息化高峰论坛】 5 月 8～9 日，上海市企业信息化促进中心以“提升 融合 发展”为主题举办“第二届 SEIP 企业信息化高峰论坛”。中国工程院院士倪光南到会并做“探索适合中国国情的企业信息化道路”的主题演讲，凝聚企业信息化推进工作策略和经验的《改造与提升》一书同步发行。市信息委领导介绍了上海的信息化与工业化融合发展重点、工作思路和推进要略，并发布首批入选的《上海市企业信息技术应用解决方案（产品）推荐目录》的方案（产品）。来自政府、企业和研究机构的企业信息化相关人士就《关于应用信息技术改造提升传统产业的若干政策意见》、《企业信息化基本要求与评价（DB31/T381－2007)》、《企业信用化公共服务平台通用规范》等主题展开高层对话。同时举办的三场分论坛，围绕行业组织信息化发展、人才发展信息化、全球化时代的集团化管理的主题展开。

论坛揭晓了“2008上海市企业信息化‘十佳’成功案例”和“2008上海市企业信息化‘十佳’优秀解决方案（产品）”；上海市企业信息化促进中心等十家“企业信息化公共服务平台标准联盟”发起单位发表联盟宣言。

【“百家万户”扶助体验计划系列活动】 10 月 30 日，“百家万户 e 体验活动”举行松江专场推荐会。此次松江区推进活动主要围绕在低迷的经济形势下，帮助区内中小企业借助信息技术手段实现企业经济效益增长、管理效率提升、运作成本降低展开，旨在通过免费体验感受信息化的澎湃动力。

“百家万户e体验活动”松江区推进活动由松江区信息委、上海市企业信息化促进中心联合主办，松江区信息化服务中心、松江区信息化系统协会协办。此次活动提供的免费体验产品包括ERP软件易助/易用、即时通讯软件IMO、协同OA标准版、杰诺CRM、运先进销存系统、成长型企业应用包等。为鼓励企业积极参与，活动主办方为参加报名使用体验服务（产品）的各100家企业提供补贴。

（顾伟华）

上海市企业信息技术应用解决方案（产品）推荐目录

为贯彻落实《关于应用信息技术改造提升传统产业的若干政策意见》（沪信息委产〔2006〕352号），推进信息化与工业化融合，进一步提高企业自主创新能力，发展现代产业体系，指导信息技术改造提升传统产业的应用方案（产品）推广，市信息委于2008年3月开始组织上海市企业信息技术应用推荐解决方案（产品）申报工作和开展企业信息技术应用解决方案（产品）推荐目录编制工作，并分别于5月和11月以企业管理和节能减排信息产品和应用方案为主，发布和编辑印发了两期《推荐目录》，共22个产品。

《推荐目录》是企业信息技术应用推进的一项长效工作，将不定期分批发布，每批次推荐的解决方案或产品的数量、类别不做明确限定。

（顾伟华）

第二届上海市企业信息化“十佳”成功案例和优秀解决方案

为褒奖企业信息技术应用过程中涌现的优秀解决方案，分享企业信息化建设的成功经验，营造企业信息化和谐的服务环境，鼓励IT厂商和企业提高信息化实施的质量，发挥信息技术的渗透性和创新性优势，促进中心通过开展“双十佳”活动，组织企业管理和信息技术应用领域的专家、学者及业内资深人士对企业所提交的解决方案和典型案例进行深入调研和分析，筛选出对企业信息化建设具有借鉴、指导意义的解决方案及案例各十个。第二届“双十佳”在5月8～9日举办的第二届“SEIP企业信息化高峰论坛”上晓。

第二届上海市企业信息化双“十佳”名单

序号	十佳解决方案	提交单位
1	imo互连企业　携手企业e化未来	上海艾睦网城网络科技有限公司
2	集团化房地产企业协同办公系统	上海泛微网络科技有限公司
3	零售业GLOBALSTORE解决方案	富士通(中国)信息系统有限公司
4	龙方应用数字签名推动电子商务的解决方案	上海龙方信息技术有限公司
5	易拓ERP系统制造业解决方案	神州数码管理系统有限公司
6	商贸企业信息资源管理解决方案	上海易灵软件科技有限公司
7	WPS Office办公软件版权解决方案	北京金山软件有限公司
8	上海市旅游行业综合信息服务平台	上海旅联信息服务有限公司
9	上海体育健身场所公共信息化服务系统	上海上体产业发展有限公司
10	尊蓝协同BPM工作流引擎助力物业行业信息化	上海尊蓝信息技术有限公司
序号	十佳成功案例	提交单位
1	百联电商的产业链高效沟通平台	百联电子商务有限公司
2	复地集团的协同管理之路	复地（集团）股份有限公司
3	集中高效的信息化业务系统	申能股份有限公司
4	信息化助力连锁流通业持续发展	上海可的便利店有限公司
5	完善多项目管理　创建知识型组织	上海建科建设监理咨询有限公司
6	史泰博商贸有限公司零售信息系统建设案例	史泰博商贸有限公司
7	利用信息技术提升消费品企业竞争力	脱普（中国）企业集团
8	钢铁连铸设备核心部件的PLM平台	上海宝钢设备检修有限公司宝钢机械厂
9	打造专业第三方物流信息化典范	上海新发展国际物流有限公司
10	构筑创新物流平台　打造上海信息陆港	上海陆上货运交易中心有限公司

（顾伟华）

上海市企业信息化公共服务平台

在企业信息化进程中，需要一个透明、开放、健康的整体环境，为信息化建设的各个阶段提供全面、专业的服务。为此，上海市企业信息化促进中心建设了上海市企业信息化公共服务平台。平台通过“信息发布”、“信息化咨询”、“信息化评价”、“信息化培训”、“信息化体验”、“信息化统计”、“咨询监理”、“信息化交流”等多个专题板块，汇聚专家学者、第三方咨询机构、软硬件提供商、企业等各方社会资源的优势，结合政府、行业推动的优势，形成促进信息化与工业化融合发展合力。

随着平台的投入使用，其初期建成的新闻库、专家库、产品库、厂商库和典型案例分析已初步显现成效；随着平台体验、咨询、监理功能的进一步完善扩充，平台将运用培训体验、咨询评价和宣传推广等手段，在帮助企业了解企业信息化服务市场发展状况的同时，全面认识、科学评价企业自身信息化概况，切实、准确地帮助企业提高信息化实施的成功率，加速信息化知识在企业中的传播，实现知识更新和指导应用。

2008年，平台扩展了服务范围和深度，将全市通过双软认证的单位和产品即时分类发布，为软件商推广解决方案/产品和传统企业咨询选择信息技术应用提供更便捷的供需配对方式。以此为基础，通过将《企业信息化及电子商务统计指标及实施方法》课题研究成果嵌入，建立可靠、经济的企业信息化（电子商务）测评统计体系；并将研发全市信息产业电子地图，发布软件市场占有率和客户满意度评分，为社会公众和政府机构了解掌握信息产业情况提供最直观的渠道。

（顾伟华）

上海市中小企业信息服务平台

该平台是市经委专门为中小企业提供全方位服务的网络平台，提供各类信息与咨询、信用担保、中小企业发展研究和合作交流等综合性服务，目前已有14个频道、68个栏目、3 000多兆信息内容。平台共收集800多条政策法规，500多条政府办事程序，可以按照12个办事环节或市政府的52个职能委办局进行查询；共发布246次重大活动、重要会议公告，提供小企业简报、小企业发展报告等资料700多篇。提供130多家全市中小企业服务机构、工业园区、担保机构、行业协会等联系方式、服务内容，方便企业寻求中介服务；发布企业展示信息3 100多家，企业自主发布的商贸信息近3 400条；发布创业项目、创业培训、创业政策等有关创业的信息共1 200余篇，其中，发布420多个创业项目，涵盖餐饮、汽车维护、会展服务、创意创新等多个适合小型创业的行业。配合国家发改委，举办了5次“大学生网上百日招聘活动”，全市有超过5 000家企业的近3万个工作岗位在历年的百日招聘活动中发布。该平台是一个实实在在为中小企业办事的服务平台。

（张舒敏）

第五编

社会事业与公共服务领域信息化

综 述

2008 年，社会事业与公共服务领域信息化坚持“以人为本，便民利民”的方针，依托各行业主管部门积极开展信息化应用工作，一批重点项目继续深入推进，得到了市民的普遍认同。

市政府实事项目“为本市视力障碍者提供信息沟通服务”全面完成，为 2.7 万名视力障碍者提供了固定电话本地通话优惠服务。“家校互动”、“市民信箱”、“付费通”等历年实事项目继续深入推进。

科教文卫体领域的信息化应用稳步推进。在教育领域，上海教育资源库完成了四年建设总体目标，上海终身教育平台已完成 40 万用户数的平台搭建工作，党员干部现代远程教育网络体系初步建成，高校信息化应用不断优化。在文化领域，“文化信息资源共享工程”积极拓展基层点的布局建设，新媒体应用不断发展，张江国家数字出版基地揭牌。在公共卫生领域，突发公共卫生事件应急信息系统基本建成，医联工程已联网 23 家市级医院，市民电子健康档案应用试点工作全面完成。在体育领域，体质监测网络系统建成，“上海体育”门户网站不断完善和丰富网站内容。

社区信息化迅速发展、应用不断深化，卢湾区社区信息化综合试点工作顺利推进，全市 213 个街道（乡镇）基本完成办公自动化功能；社区卫生服务中心、区域医疗中心三级卫生服务工作平台交换和共享居民健康档案试点推广。

（陈可乐）

第一章　市政府实事项目

概　述

2008年，“为本市视力障碍者提供信息沟通服务”实事项目全面完成，为2.7万名视力障碍者提供了固定电话本地通话优惠服务。“市民信箱”继续秉承“便民利民”的服务宗旨，截至年末，“市民信箱”注册用户累计达361万人；累计向用户发送各类信息7.77亿条次；累计开展网上调查159次，参与人次达82万。“付费通”平台累计交易达9 611万笔，累计交易金额达85.9亿元。在全面完成2007年市政府实事项目任务的基础上，2008年“家校互动”项目继续深入推进，截至年底，全市累计有124.9万户家庭和11万名教师开通了“家校互动”系统，教师累计发送个性化信息3 299.4万条（次）。

（陈可乐）

一、为本市视力障碍者提供信息沟通服务

“为本市视力障碍者提供信息沟通服务”是2008年市政府实事项目。该实事项目通过政府适当补贴、企业有偿让利、视力障碍者个人承担部分话费等形式，为视力障碍者提供固定电话本地通话优惠服务，以保障他们与外界的基本交流需要，逐步实现信息沟通无障碍。截至2008年底，共为2.7万名视力障碍者开通了信息沟通服务。

（陈可乐）

二、“家校互动”应用

在全面完成2007年市政府实事项目任务的基础上，2008年“家校互动”项目继续深入推进。一是继续开展宣传推广工作，共发放学生申请表10余万份，教师申请表2万份，对700余所学校的管理员进行了培训。截至年底，全市累计有124.9万户家庭和11万名教师开通了“家校互动”系统，教师累计发送个性化信息3 299.4万条（次）。二是“家校互动”系统功能进一步完善。增加了班级主页、学校墙、即时通讯、数据报表统计、校长密钥和区县密钥等新功能，并对原有的功能模块重新进行了规划和改造。三是进一步丰富“家校互动”平台的服务内容。针对学龄前儿童，新增了“家有宝贝”电子刊物，已编写了14期；整合了互联网的大量课件资源，为用户提供免费服务。

（陈可乐）

第二章 社会事业领域信息化

概 述

在教育领域，上海教育资源库完成了四年建设总体目标，资源库资源总量达3 244G，注册用户19.9万人，访问量达到3 565万人次。上海终身教育平台已完成40万用户数的平台搭建工作，资源建设、项目推广等工作基本完成。党员干部现代远程教育工程已建成终端站点10 204个，发布课件资源1 093个，课件入库量达到1 500小时，初步构建上海党员干部现代远程教育网络体系。复旦、交大、华师大、上海大学等高校在巩固校园信息化建设已有成果的基础上，稳步推进新系统的开发应用，为学校管理、教学、科研和校园生活等提供更加便捷的信息化手段。

在文化领域，“文化信息资源共享工程”通过与城市信息化建设、中心图书馆建设、社区信息苑建设和数字电影播放相结合，积极拓展基层点的布局建设，截至 2008 年底，全市共建成市分中心、区县支中心和各类基层服务点达 1 458 个。移动视频、户外及楼宇视频、互联网视听、IPTV、手机电视等新媒体应用不断发展。张江国家数字出版基地揭牌。

在公共卫生领域，突发公共卫生事件应急信息系统基本建成，联通19个区县以及42个市级骨干节点单位，覆盖全市600多家各级各类医疗卫生机构。医联工程已联网23家市级医院，联网医院间共享就诊患者的基本信息、检验检查结果、医学影像、门诊处方、住院病案首页等临床信息。长宁、闵行、静安三个区以及申康医院发展中心、瑞金医院、岳阳医院围绕市民电子健康档案而开展的应用试点工作全面完成，并取得较好成效。

在体育领域，体质监测网络系统建成，实现全市80个体质监测站的联网和数据共享；北京奥运会网球项目引入“鹰眼”技术辅助裁判的判罚；“上海体育”门户网站不断完善和丰富网站内容，推出奥运专题、残奥专题。

(陈可乐)

一、教育领域信息化

“家校互动”系统建设应用

【实施情况】 2008 年，先后在全市 19 个区县开展推广和培训工作，共发放学生申请表 10 余万份，教师申请表 2 万份；对 700 余所学校的专职教师进行了培训。截至年底，全市有 124.9 万户家庭开通“家校互动”平台；11 万名教师完成注册激活；教师累计发送个性化信息 2008 年达 767.4 万条（次），历年累计 3 299.4 万条（次）。968888 客服热线人工接通 5 万余次，客服信箱收到并有效回复 800 余封咨询邮件；以报刊、电视、移动多媒体等形式进行新闻报道 14 次。

【功能拓展】 2008 年，对 WEB 服务器、消息应用服务器、数据库服务器、数据分析平台存储设备、网络安全设备等硬件系统进行全面的系统扩容，确保教师、学生和家长能够快速、稳定地使用“家校互动系统”。在“家校互动”系统一期的基础上，进一步完善“家校互动”系统，增加了班级主页、学校墙、即时通讯、数据报表统计等新功能。对原有的功能模块重新进行规划和改造，并重新设计了页面。经过充分调研和实施总结，听取多方教师使用建议，便利学校及区县管理家校互动平台，开发了校长密钥、区县密钥两大特色功能，实现即插即用的突破。配合市教委“管理通”系统的实施，进一步做好“家校互动”系统与各区县“管理通”系统的互联互通。并着手客户端软件的进一步设计——家校助手，方便学生、教师及家长更便捷地使用“家校互动”平台。

【内容和应用深化】 2008 年，针对不同年龄层次和不同需求的用户，“家校互动”增加了更多的内容。针对学龄前儿童，新增“家有宝贝”电子刊物，已经发放 14 期；为了丰富学习内容，整合互联网的大量课件资源，为用户提供免费的课件下载。为了培养用户的读书习惯，开展了“第一届上海市民网上读书学习活动”，40 余万用户参与了此次活动，累计收到 1 万余篇投稿征文。为了丰富学生的课余生活，“家校互动”引进了一些专业的教育机构，提供专业的教育服务内容，充实“家校互动”教育内容的权威性和全面性。

为了扩展家庭使用“家校互动”平台的途径，解决信息化程度不一导致的客观困难，“家校互动”还着手增加“语音听消息”功能。该功能建立在固定电话服务上，是短信和网络服务的一种有效补充手段。

【服务体系建设】 2008 年，以 100% 满意为服务目标，“家校互动”在服务过程中构建一支专业的服务团队，建立了辅导员服务体系。要求每一所学校都有一个辅导员与之对应，建立电话联络机制，辅导员要定期和学校专责老师进行电话沟通，了解“家校互动”实施情况；建立定期回访学校机制，通过走访，与专责老师和学校校长进行应用交流，听取意见和建议；建立辅导员培训和督导机制，通过定期内部交流和培训，确保辅导员从注册受理工作、技术问题答疑、解决用户问题等多个方面都能提供一条龙服务。在管理上，通过抽查和电话回访，确保每一个辅导员都能全心全意为学校提供正确的咨询和辅导服务。

（上海信投）

加强高校信息化管理工作，推动上海教科网建设与发展

2008年，市教委信息中心加强全市高校信息化管理工作，组织全市高校信息网络中心和信息办积极开展高校教育信息化推进工作，推动上海教科网建设和发展。

⑴中心注意发挥上海教科网专家委员会作用，全年召开了六次专家会议，引导高校协办，会前定好主题，事先通知专家做好发言准备，会后发布会议纪要。一年来，讨论并解决了网络改造、协作平台及网上报告厅建设、课题确定等实际问题。

⑵在前几年教育信息化课题管理工作的基础上，中心完善了课题申请、管理、结题流程，并形成相关文档，逐步实施，使课题管理工作更加规范化、制度化。全年启动了上海教科网协作平台应用、E-PACS等课题，并且结题了分布式僵尸木马网络监测系统课题。

⑶上海教科网主干网络升级改造，完成总体方案设计和设备招标两部分，其中总体方案设计和设备详细指标是在2007年研究基础上，由专家小组成文并经几次专家会讨论形成的。由于2008年市政府采购对进口产品采取单独论证的管理方法，为充分引入竞争、保证上海教科网主干网络设备性价比最高，中心积极组织专家论证，并顺利完成设备招标工作。

⑷2008年，上海教科网应用系统的重点项目是协作平台和网上报告厅。配合前者的实施，中心组织近十所高校的研究人员对跨校认证完成了基础研究，并于年中的信息化工作会议上发布了《上海市教育系统跨校身份认证规范（讨论稿）》，目前已有多所学校实现跨校认证。两大项目目前已上线测试，网上报告厅在上海大学的支持下，已直播和录制了多场报告。

⑸中心大力推进上海教科网IPv6实验室建设。在年中信息化工作会议上，IPv6实验室各分中心正式挂牌，按计划下达了经费；11月底召开中期总结会议，各分中心均取得一些成绩，特别是测评中心在完成上海教科网设备选型测试后，为多家单位进行了测评，形成良好的发展势头。

⑹市教委信息中心作为上海市通信线路架空入地工作小组成员，围绕世博会的建设要求，积极开展上海市教育系统光缆入地工作，并注意确保各高

校的正常网络使用，使得受影响时间最小化。2008年，中心对全市教育系统自有光缆进行了排查，汇总相关资料，配合“迎世博600天计划”整理了未来几年入地工程的相关路段资料，布置了相关工作，为后期的工作打下良好的工作基础。

（市教委）

加强“校校通”主干网网络管理，推进基教信息化工作

1.“校校通”主干网网络管理

2008年，“校校通”主干网网络设备开始托管电信机房，中心积极研究新的环境下如何加强网络管理问题。利用远程监控技术克服进出机房不方便的问题，努力提高网管水平。在分析梳理网络管理现状时，发现DNS域名管理比较乱，公网IP地址资源利用率不高，中心及时组织力量对800多个IP地址和上千个域名进行重新整理，并开发了相应的管理软件，年内向基层学校下发100个公网IP地址，使IP地址资源更好地为基层服务。

2.更新上海基础教育网站

上海基础教育网站多年来没有进行过升级，内容陈旧，2008年中心对该网站进行了全面升级改造。新增教育专题、咨询热线、基教频道、电子图书馆、视频专题、信息公开、历史上的今天、故事会等一级栏目及多个二级栏目。新增教育地图，可实现到各区县学校公交查询及联系方式查询功能。新增会员中心，为网站注册会员提供资料库、新闻采集、收藏夹、通讯录等实用办公功能，设有休闲区提供在线游戏和音乐下载功能，另设电子图书订阅、在线阅读、电子邮件绑定功能。新增视频会议系统，提供视频会议专用软件下载及统一认证，支持视频点播、视频直播。

3.开展基础教育信息化的研究性课题

为了更好地推进全市基础教育信息化的应用，中心以研究性课题作为抓手，并注意推动区县间的合作与交流。目前已启动的课题有：虹口区和南汇区合作开展的“区县级教育资源建设与应用”，金山区和长宁区合作开展的“区县级视频系统建设及应用研究”，卢湾区和黄浦区合作开展的“上海市中小学生学籍卡管理通应用研究”，杨浦区的“中小学教学质量监控”，浦东新区的“中小学学校教育信息化应用评估的研究”等项目。

4.中小学生社会实践基地学籍卡应用项目

在2007年10所科普基地和爱国主义教育基地安装中小学生学籍卡读卡系统的基础上，进一步扩大安装范围，新增20家单位，使全市中小学生社会实践基地普遍用上学籍卡读卡系统，可以记录和统计学生参加社会实践活动的情况。

5.向奉贤区教育捐赠100台东海电脑

2008年，信息中心对机关办公用电脑进行更新，提高机关干部信息化办公效率。同时，组织专门力量，自己动手克服困难，加班加点对更换下来的100台东海电脑进行维修、安装和调试，顺利将100台东海电脑送到奉贤区民办宏翔小学和民办福祉学校。

（市教委）

上海教育等门户网站奥运期间信息安全保障工作

根据市网安办“迎奥运网络与信息安全”文件精神，信息中心配合办公室和公众服务处制定了市教委教育门户网站详细的保障计划，以及对部分高校和直属单位教育网站开展专项检查的计划。

1.市教委上海教育门户网站信息安全保障

信息中心对市教委上海教育门户网站制定了详细的技术保障方案，奥运期间将教委门户网站设在愚园路460号教委信息中心机房，加强维护和保障。中心从网络环境、数据安全、访问加速等方面着手保障门户网站安全运行，委托上海市信息安全测评认证中心对网站进行了远程渗透性测试，并指导软件公司针对测试发现的问题进行软件加固。奥运期间，中心组织相关人员制定24小时值班表，加强网络监控，保障网站安全运行。

2.指导全市教育部门加强教育门户网站安全保障工作

奥运前夕，委办公室向各高校、各直属单位下发了《做好奥运期间网络与信息安全的紧急通知》，要求各单位高度重视奥运会期间网络信息安全工作，严格落实网络信息安全各项制度。信息中心对全市教育系统门户网站进行了抽样安全测试，查出了不少网站安全漏洞。针对市属单位教育网站安全漏洞相对较多的实际情况，信息中心配合办公室和公众服务处组成检查组，对部分市属高校和

直属单位进行了教育网站专项检查，指导这些单位消除网站安全漏洞，确保奥运期间教育网站安全运行，提高网站管理水平。

（市教委）

上海远程教育集团

【概况】 2008年，上海远程教育集团（以下简称“集团”）进一步加强信息化建设和应用，信息化规划进入实施阶段并取得明显成效。集团在2007年确定信息化建设的远景目标和战略规划基础上，为提高信息化建设的质量，保证建设投入得到预想的效果，2008年通过信息化风险评估，对信息化建设工作进行全面、深入的分析，通过信息化体系架构模型设计，理顺各类应用系统、服务组件、中间平台之间的结构关系。

年内，集团承担的上海教育资源库项目完成四年建设总体目标，顺利通过专家组验收，资源库注册人数19.9万人，资源容量3 244G，总访问人数达到3 565万人次；集团承担的市政府督查实事项目“上海终身教育平台建设工程”，已完成支持40万用户数的平台初建工作，资源建设、项目推广等工作也已基本完成；集团承担的市信息化重点项目“党员干部远程教育”得到全面推进，已建成终端站点10 204个，发布课件资源1 093个，课件入库量达到1 500小时，初步构建上海党员干部现代远程教育网络体系；集团完成国家科技支撑计划课题“面向数字教育公共服务的资源集成示范应用”等7个高水平课题的申请及其实施工作，正在开展教育部“十一五”课题“数字化教育资源建设体系框架和共享机制研究”等5个市级以上课题研究。同时，集团进行了与云南和都江堰的远程教育对口支援工作，重点完成云南中小学教师培训；上海教育信息化应用实践学校推进项目获得市教委高度评价，由2所试点扩展到20所，完成10个郊区县120位骨干教师的教育技术培训。

上海电视大学（以下简称“上海电大”）为配合继续深化教学综合改革，更好地满足开放办学的需要，年内开展网上教学平台综合改造，对总校版网上教学平台进行维护，对分校版网上课堂提供技术支持。上海电大门户网站“电大在线实训中心”于9月正式启用，无线校园网一期工程、服务器机房改造、ICDE及联合国教席网站、远教后勤管理网站改版等项目也已基本完成。11月，“全国广播电视大学信息化建设协作会”成立，上海电大当选为全国13个常务理事单位之一，上海电大副校长陈信当选为副理事长。

【上海教育资源库建设工作顺利完成】 集团承建的上海教育信息化重大应用项目上海教育资源库建设工程，以“校长管理的参谋，教师教学的助手，学生学习的工具和终身教育的课堂”为目标，历时四年终于建设完成，并于3月通过总验收。上海教育资源库建设主要分为资源、软件、基础架构、应用推广、机制研究和科学管理等六个层面，形成了较为完善的资源库建设体系。

在资源建设方面，建有4T的教育资源，包括学前教育、基础教育、职业教育、高等教育、继续教育、社区教育、党员教育等。在软硬件平台建设方面，面向教师的教学应用，上海教育资源库构建了大型教育知识管理系统，形成一套完整的资源制作、管理、应用、交流和服务的体系化支撑平台。在推广应用方面，目前资源库注册人数达20万，访问人数超过3 000余万人，上海市13万中小学教师人手一张教育资源卡进行教师培训和教学应用。资源应用覆盖全市正规教育体系及社区教育和党员教育，同时在中西部地区进行延伸应用。在“机制研究”和“科学管理”方面，依托资源库争取了863软件重大专项课题等多个国家级项目，并举办了全国远程教育公共服务平台发展论坛，同时建有完整的管理制度，有效保障了资源库的可持续发展。

【上海电大信息技术支持系统获充分肯定】 9月10日，上海电大收到国际远程教育理事会（ICDE）的质量评审报告，标志着上海电大顺利通过国际远程教育专业机构ICDE的质量评估，成为国内首家接受ICDE质量评审的高校，意味着上海电大信息技术支持系统得到国外专家的充分肯定。在评审期间，ICDE质量评审专家对上海电大进行了全方位的实地考察，评审报告对上海电大的开放式办学理念、“导学－自学－助学”的“3L”教学模式、“系统管理－质量管理－信息化管理”的“3M”教学管理模式、基于信息技术的学习支持服务体系给予了充分肯定，同时指出进一步努力的目标：进一步完善现代远程教育的质量保证体系、学习支持服务体系及相应的评价体系；进一步采用最新的网络技术来提升课程的建设，尽可能地扩大网络使用的范围和幅度，扩展网上图书馆；以适应地区经济和社会发展需求的办学理念为引领，进一步深化教育教学改革，优化教育教学环境，强化教育教学过程，提高教学质量。10月，在“世界开放与远程教育论坛”开幕式暨ICDE SCOP闭幕式上，ICDE主席向上海电大校长张德明颁发了质量评审证书。

【上海电大数字化终身学习系统得到肯定】 11月，上海电大申报的“变数字鸿沟为数字机遇——中国上海电视大学市民数字化终身学习系统建设”项目，经国际评审委员会评审，获得2008年联合国教科文组织哈马德 本 伊萨 阿勒 哈利法国王奖。这是上海电大首次，也是中国第一次获得联合国教科文组织哈马德国王奖。

联合国教科文组织哈马德国王奖系巴林王国资助，以巴林国王名字命名，主要奖励将信息通讯技术应用于教育和教学领域并作出重大贡献的个人、机构和非政府组织，旨在促进消除数字鸿沟和实现优质教育资源共享。上海电大申报的项目是在47个国家推荐的67个申报项目中脱颖而出的。上海电大经过多年的创新开拓，变数字鸿沟为数字机遇，创建了市民数字化终身学习系统。该系统覆盖全市230个社区学习中心，满足学生、在职成人、老年人和外来民工等普通大众多元背景群体的数字化学习需求，同时通过卫星和网络系统向中国偏远和欠发达地区提供数字化教育服务，并在发展远程教育和终身学习体系方面对亚洲及非洲部分发展中国家有计划地进行力所能及的帮助。

【上海市农村教育信息化应用实验学校推进项目初见成效】 上海市教委委托集团启动的上海市农村教育信息化应用实验学校（共两所学校）第一阶段试点工作达到预期目标，得到了市教委的充分肯定。在此基础上，市教委决定从2008年6月到2009年6月对全市22所郊区（县）学校开展第二阶段实验推进工作。第二阶段实验推进工作进一步推广第一阶段实践经验，发挥教育资源库的作用，整合各方面力量，合理解决学校实验中的重点和难点问题，提升学校信息化办学水平。通过实验项目，形成较为优化的市、区（县）、校贯通的教育信息化架构和一批典型经验与做法，为2009年第三阶段492所农村学校工作的推进奠定基础。

【上海终身学习网投入试运行】 12月20日，集学习、管理、统计、查询、互动等多功能于一体的在线学习平台——上海终身学习网（www.shlll.net）投入试运行。上海终身教育网是集团承建的市政府督查实事项目“上海终身教育平台建设工程”的一个重要组成部分，提供学习门户、课件制作、课件学习、互动答疑、在线作业和学习档案等学习功能。目前，第一批2 000余小时的学习课件已经上传到网络学习平台上，供全市人民免费学习。网上资源涵盖了终身教育、高等教育、职业教育和基础教育等四大类别，初步满足各类人群的学习需求。

【上海市中小学德育网搭建师生学习平台】 集团承建的上海市中小学德育网有序运行，6月启动上海市未成年人社会实践在线活动馆，以“两纲”内容为指导，秉承“绿色网络、健康上网”的原则，由上海市教科院、部分区县德育专家以及各基地场馆的教育专家共同研发活动项目，学生可在网上参加社会实践基地场馆的丰富活动，为中小学生的暑期生活、社会实践增添更多体验、乐趣。暑期，为引导学生继续关注和帮助四川地震灾区儿童，体验奥运盛会并理解奥运精神，以实际行动迎接上海世博会，上海市中小学德育网开展“为汶川加油，为奥运喝彩，为世博增光”的学生在线活动。该活动得到广大学生群体的积极响应，共有300名表现突出的学生取得了名次和荣誉证书。为进一步贯彻落实胡锦涛在北京师范大学师生代表座谈会上的重要讲话精神，学习“抗震救灾英模教师”和“上海教育功臣”等优秀教师的先进事迹，10月27日～12月5日，上海市中小学德育网举行了“‘学习英模、贯彻规范、推进师德师风建设’网上师德论坛”，旨在规范师德建设工作，全面提高师德建设水平和广大教职员工的素质。整个活动受到广大教师的积极响应，论坛发表主题总数达9 949篇，发贴总数达58 029篇。11月，上海市中小学德育网举行“‘行万里平安路，做文明交通人’——上海市中小学生迎世博文明修身系列活动”，帮助学生树立交通安全意识，提高自我保护能力，引导学生“迎世博，讲文明，争当合格小公民”，截至12月20日，已有3 167名中小学生参加了网上知识竞赛活动。

【职成教育在线打造中等职业教育网络平台】 2008年，集团承建的职成教育在线努力打造成为中等职业教育网络平台。提供上海市第三届“星光计划”中等职业学校职业技能大赛官方网站，做好比赛动态报道、人物专访、信息发布等工作，并承担信息管理系统的开发工作。中职招生期间，开辟上海中职招生专栏，做好上海中职校网上招生宣传工作，并首次开设上海高职高专院校三校生招生专栏，为中职学生选择报考高一级院校提供帮助。承担了上海市中职师资培训平台的开发工作，为各中职学校提供简洁、直观的监督平台，为管理部门提供一个强大的数据查询、统计、搜索平台，并且实现权限的动态分配。开设上海市中等职业教育网络课程学习平台，陆续开通20门（25个版本）网络课程，已有近3万人次的中职学生通过职成教育在线选学。同时，还开发了《就业指导》网络课程，为学生及教师提供客户咨询服务。

【上海电大在线实训中心正式启用】 9月，“上海电视大学在线实训中心”网站正式启用，共计20余个各种形式、各专业课程的实践性学习资源子系统在此门户网站下运行。截至年底，累计在线学习达87 000余人次（每人每天多次访问仅计1次学习）。实践教学是上海电大实施“当班人”培养模式必不可少的重要教学环节。上海电大自2006年起，历时三年，集中力量进行实践教学环节的改革和建设，整合各种现代化技术和手段，旨在建设一个在线实践学习环境和一批高质量的实践性学习资源，作为校内外实体实践基地的有效补充，为全市十余万电大学生提供满足专业学习需要的实践条件和实验环境。门户网站实现了与部分现有系统（如网上课堂、实践教学支持系统等）的不重复登录和部分数据传递，为进一步整合信息化应用系统、消除信息孤岛进行了有益的探索和技术准备。该项目被列为“上海市属高校高水平特色发展项目”并获得资助。

【建立远程接待中心】 5月16日，上海电大举行远程接待中心揭牌仪式。上海电大远程接待中心是上海电大学生支持服务系统的重要组成部分，主要通过人工电话、自动语音、录音留言、传真、短消息、电子邮件和网站访问等多种方式，为上海电大系统师生提供招生、教学及教务管理信息咨询、投诉受理等方面的服务。

【集团无线网络一期工程建成并投入使用】 为进一步适应集团业务发展需要，完善集团网络基础设施建设，为集团师生员工和对外活动提供更加灵活、高效的网络条件，2008年，集团无线网络一期工程建成并投入使用。一期项目建设遵循集团信息化规划“总体规划，分步建设”的指导思想，在建设内容中，不追求全面建设和覆盖，优先考虑重点区域和需求，同时预留今后扩展的可能性。为保障项目质量，通过广泛调研和询价，选购国际知名品牌设备，采用“集中控制器加瘦AP”的主流架构和技术。经过一个多月的施工调试，成功部署了近50台AP接入终端，构成了跨越大连路和国顺路两个校区的无线网络。为加强安全管理，用户在接入无线网络时必须通过“WEB认证”。考虑到用户使用的便利，无线网络的认证系统与集团现有的用户认证信息进行了整合，集团职工可以使用集团邮箱账号进行认证，电大学生可以使用学号和网上课堂的密码进行认证。一期项目完成后，不仅为广大师生员工提供了移动办公和学习的良好环境，也为集团召开大型活动提供了更好的服务和保障。

【集团学习网建成并投入使用】 8月19日，集团学习网正式开通，网站分为愿景与计划、信息交流、学习论坛、远程课堂、专题活动、最新信息六个板块。其中愿景与计划板块涵盖学校各部门在创建学习型组织中的共同愿景、部门工作计划和学习计划；信息交流板块涵盖学习型组织建设中的领导有关讲话、相关政策文件以及各部门好的做法；学习论坛板块涵盖学校员工在学习与工作、学习与修养、学习与生活方面的心得体会；远教课堂涵盖学校图书馆相关网络数据库10余个、上海教育资源库2 000多门网络课件以及推荐书目10本。学习网的开通，为学校教职员工搭建了一个信息交流、知识共享、思维碰撞的虚拟学习平台。

【上海电大继续加强多媒体教学资源建设及应用】 2008年，上海电大配合深化教学综合改革，鼓励教师积极参与学校多媒体教学资源建设。1～3月，组织教师根据教学需要，对需要建设的优质课程、文字资源、多媒体资源、音像类资源进行立项申请，聘请校内外专家和技术人员参与资源建设申报审定。学校还对课程资源及教学活动进行整体设计，启动10门左右不同类别的“课程学习包”建设，把课堂教学情景物化为文字、录音、录像等载体，向学习者提供比较全面的学习媒体资源。

2008年，上海电大在中央电教馆举办的第十二届全国多媒体教育软件大赛和教育部信息中心举办的第八届全国多媒体课件大赛等活动中成绩显著。两个大赛共获得特等奖一名、一等奖一名、二等奖两名、三等奖三名、优秀奖十一名的成绩，并且在两个大赛中都蝉联了组织奖。

（王月艳）

复旦大学

【概述】 2008年，复旦大学（以下简称“复旦”）信息化校园工作继续注重已有建设成果的推广与应用，并通过管理的规范、服务水平的提高，使师生更认可信息化校园建设的实施为学校管理、教学、科研和校园生活等提供更加便捷的现代化手段。

【校园网络基础设施建设】

1.校园网规模继续扩大

全面完成江湾校区的网络建设，包括整个教学区域（行政楼、实验楼、后勤楼、教学楼、食堂）、生活园区与校园网的互连互通，以及单身教师公寓的网络规划建设，并逐步落实相应的网络管理规范；张江二期则完成张江药学院动物实验楼、科研楼、教学楼、实验楼和青年教师公寓的网络改造，并使用全新的DHCP分配IP地址方案；为配合复旦附属医院的网络建设工作，信息办积极配合各医院的网络改造，完成华东医院、金山医院、第五人民医院、疾病控制中心接入校园网的工作。此外，护理学院校园改造时，信息办则为护理学院各大楼新铺设了光缆，并配套建设了新建宿舍楼的网络。

2.校园无线网络建设

复旦无线校园网的建设重点在于继续扩大覆盖面。4月，开通邯郸校区光华楼、物理楼和管院南楼4个区域的无线覆盖；8月，完成邯郸校区本部1号楼、8号楼、10号楼、微电子楼以及计算机楼的无线网络覆盖。

3.邯郸校区网络出口带宽扩容

随着复旦教学科研活动与网络的接合日益紧密，原有的网络出口带宽已不能满足学校的需要。信息办在2007年添置电信IPMAN线路100兆的基础上，又扩充网通线路至100兆，并新置两台流量整形设备分别部署于各网络出口，配合多出口负载均衡、P2P流量的限制，以及部分楼宇实施教师认证后免费访问非教育网免费列表中的网络资源等措施，大大提升了校园网出口的利用率和稳定性，有效缓解了网络出口拥挤的局面。

4.校区旧楼宇网络改造

继续分批对邯郸校区和枫林校区内大量老化的楼宇网络进行改造，具体包括：邯郸校区物理楼、综合楼北楼、文科楼6～10楼、计算机楼、招办、跃进楼高分子系、计算中心B楼通信系、净化楼微电子系、枫林校区12号楼、治道楼、6号楼，共涉及网络信息点2 800多个，大大改善了这些楼宇的网络性能。

【Email系统功能和服务拓展】 在确保Email系统稳定运行服务的基础上，复旦根据人性化的流程方式采取一系列措施提高Email的服务质量，具体包括：进一步增加Email动态路由的选择；扩大部分特殊用户邮箱容量；继续在队列、用户通知、积压处理、人工智能防范和统计模型等方面构建防垃圾邮件的多层次防范架构，减少用户退信；改善系统界面，新增钓鱼邮件提醒功能；扩容光纤通道网卡，增加读写速度；对光纤存储进行区域(zone)划分，保证数据的一致性安全。

【CNGI-CERNET2驻地网建设】 根据CNGI-CERNET2驻地网建设的要求，在校园网全面开通IPv4、IPv6双栈，全校2万多信息点（办公、科研区域和部分学生公寓）、近70%楼宇无障碍接入CNGI-CERNET2，并采用独立光纤1Gbps速率将下属各节点高校接入驻地网。

【IPv6 实验室测评中心建设】 复旦信息办承担的上海教科网 IPv6 实验室测评中心完成了测试设备选型，并实验性开展测试工作，具体包括：对内开展的网络设备选型和应用系统压力测试，以及为市教委、市公安局和上海高速公路管理局提供的网络设备和安全设备的性能及功能测试。通过这些测试工作的开展，信息办积累了有益经验，可为复旦信息化建设和管理工作提供有力的支持。

【新建各类信息系统】

1.新建附属医院人员信息采集系统

完成附属医院人员信息采集系统基本功能开发和试运行，并实现与共享数据库、统一身份认证、校园信息门户等的数据集成，为进一步向附属医院人员提供服务奠定了良好基础。

2.新建网站发布平台

新购置了网站发布平台，以便为各部门提供方便快捷的网站定制服务。目前已使用该平台建设了研究生招生、研究生院、组织部、房委会、研工部、校医院、文科科研处、财务处等多个部门处，以及几十个精品课程网站，大大提升了网站建设效率，有效节约了开发成本。

3.新建研究生招生管理系统

复旦研究生招生管理系统投入使用，并顺利完成2009年度研究生招生目录制订和博士生网上报名工作。网上收费首次成功应用，共有3 200多人成功缴费。

4.新建文科科研系统

复旦文科科研系统完成基本模块开发，并进行了大规模的历史数据清理工作。

5.新建周转性教师公寓管理系统

周转性教师公寓管理系统上线运行，有力支持了教师公寓管理，方便了青年教师申请周转性教师公寓的工作。

【不断完善已建应用系统】

1.校园信息门户 (Portal)

校园信息门户系统完成CMStar技术平台升级；改进了集成应用系统的方式，师生可以更好地通过Portal接入校内各类应用服务。此外，附属单位用户也被纳入Portal的服务范围。

2.新精品课程网站

建成新的精品课程网站，为需要申请精品课程的教师提供了简单方便的申请、信息发布、内容组织平台。本年度学校国家级、上海市级的精品课程均已通过此平台申请，并有9门课程被评为国家级精品课程，8门课程被评为上海市级精品课程，取得良好效果。

3.选课系统

进一步深化教务选课系统建设。包括：重点优化系统的并发性能，目前选课在线人数峰值可达到2 500人；新增第三轮选课结束后系统自动推送本科生学期课表至学号邮箱的信息服务功能，学生反馈良好；紧跟学校的国际化需求，新开发选课系统英文版界面，提供选课的双语服务。

4.统一身份认证 (UIS)

完成UIS技术平台迁移和升级，目前接入系统已达到40个左右。该系统升级后加强了接入安全性的管理，规范了UIS中人员的信息存放，实施了离校人员冻结使用权限试验，并严格审计测试账号的管理，加强对弱密码用户的监管。

5.校园一卡通

校园一卡通系统持续稳定运行，目前系统用户近9万，商户212个。在不断完善既有业务功能的同时，新功能继续得到拓展。包括：学生浴室水控系统与校园一卡通系统的对接、图书馆自助复印功能、物料管理系统在信息办和校园卡中心的推广使用，以及新增故障网上报修模块、经费本充值限额、商户结算手续费、卡库存管理、服务器监控等系统应用或管理功能，均收到良好效果。其中，信息办配合学校整体规划，按时完成食堂消费、门禁、浴室水控、图书馆、校医院等系统功能在新江湾校区的实施，有力保障了新校区搬迁过程中师生工作生活的平稳过渡；为部分院系或部门实现的一卡通门禁、会议签到功能，在提高管理效率的同时，也有效节约了费用；信息办内部还试点应用了一卡通考勤系统，实现出勤记录、请假、出差登记、工作时间统计等功能，成为信息办绩效考核的主要指标之一。

【深化运行服务体系建设】 复旦信息办自行开发的服务管理平台（eService）第二版正式上线运行，新版新增二级域名管理、虚拟主机管理、托管服务器管理、OA 账户操作登记、工作计划与总结、CERNET 免费列表维护等功能模块，有效提高了信息化校园服务管理的工作效率。该平台上还发布了信息办有关服务的流程，实现大部分业务的网上申请功能，有效节约了师生的时间。用户培训方面，信息办在新建成的培训机房面向院系组织开展了网络基础知识培训，受到广大教师的积极响应。首次关于网络故障排查的培训总计有 185 人报名，约 120 人分四个班参加了培训。为使师生获得安全稳定的 IT 应用环境，信息办购买了卡巴斯基反病毒软件的正版使用版权，全校师生可免费下载使用。此外，随着江湾新校区投入使用以及楼宇网络改造工程的逐步实施，信息办的服务范围也在不断拓展。下半年，运行服务中心江湾校区的值班工作全面开展，据不完全统计，目前信息办已提供免费服务托管 100 多台（服务器托管和提供虚拟机、虚拟主机等），用户服务台接听用户电话 5 479 余次，用户来人接待 4 672 余次，提供上门服务百余次，处理用户邮件 2 200 封左右。

【提供各类信息化应用服务】

1.视频会议建设与服务

复旦信息办继续提供包括几次视频直播和100余次视频会议和视频课程在内的各种视频会议保障服务。8月，信息办进行了大量组播技术在多校区校园网中应用的测试和配置工作，为复旦多校区远程视频教学系统的建设提供了有力支持。通过资源的合理调度，在几乎不增加开支的前提下，满足了不同用户的需求；11月，信息办配合外事处实施了校园网跨国视频教学测试和配置工作，开设了与美国Appalachian州立大学和瑞典隆德大学的远程视频教学；信息办还主要测试了视频会议室灯光、音响、摄像头、录制终端、电源控制等的远程控制功能，并在400人报告厅实施了安装。采取自动控制后不仅能降低管理强度，也节约了开支。

2.为复旦大学主办的“上海论坛2008”提供信息化服务

5月，信息办对复旦主办的“上海论坛2008”提供全程技术支持，提供DVTS视频直播、有线网络、无线网络等服务，并配合新浪网对大会开幕式、闭幕式进行了网上直播，使全球各地人士可及时了解此次大会的盛况。

3.积极支持互动电视入户项目

9月，信息办配合计算机学院互动电视入户项目，对邯郸校区东区教师公寓1号楼和4号楼内的部分网络接口进行改造，新增了互动电视的网络接口，约200位青年教职工作为志愿者参加了该项目，使用免费发放的电视机顶盒测试了项目提供的90个频道IP高清电视的收看及电视点播等服务。

【主办／参加会议】

1.参加亚太大学CIO/IT主任联合会会议

4月，亚太大学 CIO/IT 主任联合会会议（Joint APAC University CIOs/IT Directors Meeting）在复旦成功召开。参加此次会议的有澳大利亚大学 IT 主管委员会（CAUDIT Australia）、香港－澳门大学计算机中心联合会（JUCC Hong Kong & Macau）、新加坡 CIO 论坛（Singapore CIO Forum）、清华大学、复旦大学、SUN 公司等 26 所亚太地区的大学和组织。会上澳大利亚莫纳什大学、香港大学、新加坡国立大学、香港浸会大学、新加坡南洋理工大学、复旦大学等学校分别就校园信息化建设的相关热点问题进行了主题发言和交流。

2.参加第二届APRU CIO会议

4月，第二届APRU（环太平洋大学联盟）CIO会议在印度尼西亚大学（University of Indonesia）举行，包括美国加州理工学院、日本京都大学、俄罗斯远东大学、北京大学、台湾大学、新加坡国立大学在内的近20所APRU成员大学的CIO及代表出席会议，复旦信息办两名人员代表学校参加了此次会议。与会代表就信息化管理、信息安全、视频会议与远程教学、高性能计算等议题交流了各自正在开展的工作、目前面临的主要组织和技术挑战以及最希望进行合作的项目。

3.参加APRU 第八届远程教学与互联网会议

12月，复旦信息办一行四人赴泰国朱拉隆功大学参加环太平洋大学联盟（APRU）组织的第八届远程教学与互联网（DLI）会议。此届APRU DLI会议针对高校视频应用和远程教学的现状，就开放知识共享、虚拟试验室、移动和实时的视频教育、关键学习质量多重学习环境、高清视频教学、电子课件开发、视频技术趋势、远程教育机构发展等方面进行了广泛的交流，复旦受邀在会上作了报告。此次交流对复旦信息化校园工作有很大的借鉴意义，进一步开拓了思路，也促进了学校与国内外其他著名高校的合作交流。

4.承办“中国高校信息化指标体系研究——中国高等教育学会教育信息化分会”

12月，复旦信息办承办了“中国高校信息化指标体系研究——中国高等教育学会教育信息化分会”。与会专家来自上海市教委、复旦大学、上海交通大学、上海师范大学、华东师范大学、清华大学、中国人民大学、北京大学、北京信息科技大学、北京航空航天大学、深圳大学、中山大学、兰州大学、延边大学、南京大学、内蒙古大学、内蒙古师范大学、内蒙古自治区教育网络信息中心等。此次会议圆满确定了高校信息化评价指标体系及考察细目V3.0的内容。

（复　旦）

上海交通大学

【概况】 2008年，上海交通大学（以下简称“交大”）继续深化内涵建设，坚持服务创新，通过细分需求层次、创新服务类型、深化服务内容等手段，持续努力改善用户服务体验，为全校师生提供安全稳定、完备优质的各类网络信息服务，用信息化促进学校科研、教学、管理和服务在高起点、高水平上取得新突破。

【校园网络基础设施建设】

1.校园网建设

完成闵行校区东1区、东2区、南区、北区共43幢宿舍楼内14台三层交换机、200余台二层交换机等设备的升级改造；配合船建学院向闵行校区转移搬迁工作，完成船建大楼的网络开通；完成闵行校区9＃、12＃留学生公寓改建、南区13幢学生公寓大修、老行政楼大修、徐汇校区出版社改建、教三楼、新建楼与科学馆修缮等工程的网络布线系统审核、验收及网络开通；完成闵行校区95幢学生公寓门禁、监控工程的布线及调试开通；全年累计开通学生宿舍IP地址13 825个，比上年新增约2 400用户，学生宿舍现有IP地址总计26 192个；完成校园网光缆敷设约5.8公里，熔接纤芯288芯。

完成校园网主干升级，升级后校园网主干万兆节点共15个，万兆链路21条，形成了覆盖各主要校区主要汇聚点的万兆高速宽带主干网，其主要特点是：全冗余平面化网状拓扑结构，主干节点万兆互连，采用链路层快速保护，全面支持IPv4/IPv6协议和MPLS协议，为校内开展各种新业务提供保障，有效提高了校园网络为全校师生服务的能力。

5月底，通过到浙江大学的隧道，实现与中国电信、中国联通各200Mbps带宽的互联，采用带宽优化控制等措施，有效缓解了校园网用户访问校外ISP速度慢的问题，交大也成为国内第一所采用IPv4-in-IPv6隧道方式解决访问速度问题的高校。

10月，完成新增无线网络建设，覆盖校园内的全部教学办公区。无线网络采用技术先进的控制器技术、冗余系统架构，目前可以支持600颗AP（具有3 000个以上AP扩展能力），10 000人同时在线，支持下一代互联网IPv6协议，原先建设的校园无线网络大部分也将通过技术升级纳入新系统实现统一控制。

9月，完成国家发改委CNGI-CERNET2上海交大驻地网（上海交通大学IPv6校园网）建设项目，采用IPv4/IPv6双协议栈和多种隧道技术并存的方式，建设了用户规模超过3 000个的IPv6校园网，同时提供IPv6 DNS、Web、FTP、BBS、视频服务、网管系统等基本IPv6网络和应用服务，使学校在第二代互联网建设上取得新的突破。

地区网扩容与升级方面，3月中旬，完成CERNET上海地区7G上行主干升级；7月下旬，先后开通CERNET上海与网通互联的第二条2.5G线路、与铁通互联的2.5G线路、与长宽的1G线路，保障了高招和奥运期间的正常运行；8月20日，开通南京至上海第二条10G线路；12月4日，新增开通shx1-sh2的10G线路和sh1-shx1的第二条10G线路；12月9日，新增CERNET2上海交大节点2.5G POS至CERNET2主干。

2.信息服务建设

优化完善邮件系统，推出新的webmail用户界面，实现垃圾邮件分检和自动删除及邮件自动回复等新功能；进行邮箱容量升级（学生邮箱扩大至50M，教师邮箱扩大到100M）；建设IMAP4邮件服务器和用户邮件日志的自我查询系统，以满足不同用户的应用需要；教职工和学生网络存储空间容量分别提升为1GB和200MB；开通面向全校的，支持JSP、Python、RoR等动态虚拟主机服务，同时为用户提供Windows虚拟主机的控制面板，方便用户管理和设置虚拟机。

数据中心一期建设初具规模，配备了30余台多路多核服务器，一套SunFire 6900小型机，两套基于HDS AMS 500（15TB）和SUN ST6140（6TB）的SAN存储系统，能够支持.net、asp、php、jsp等不同类型的WEB应用，形成较强的服务能力，有效支持了大容量选课系统（近万人同时上线）、邮件服务系统、数据交换平台（数百个交换流程运行）正常运行和使用，保障了各类新应用系统的上线运行。

通过Citrix支持安全的Client-Server应用，为学校的应用集中提供了技术和安全保障；通过对服务器虚拟化技术的研究消化和实际运用，提高了服务器的利用率；实现服务器的容灾备份，进一步提高了信息服务的可靠性；通过引进Veritas网络备份软件，实现对关键业务数据定期、自动和集中的备份，并通过位于徐汇、闵行两个校区的存储设备建立了实验性的异地数据备份。

网络安全平台建设方面，在校园网出口处部署了入侵检测系统，可以长期记录校园网内外的各种入侵和攻击行为并及时处理；进一步改进各种操作系统漏洞补丁自动发布平台，目前校内已经有近2万台主机安装使用；完善常见病毒库校内更新镜像，确保用户无论使用哪种主流防病毒软件均可在校内快速获取更新；完善校园网的木马僵尸网络监测平台，及时发现校内隐蔽的木马活动行为并加以控制来保障校园网用户安全；完成校内360余个网站的安全扫描检测，针对网站存在严重的安全状况，出具安全漏洞报告，通知用户处理；通知并协助指导有关部门处理多起服务器被恶意攻击以及网站首页篡改和网页挂马事件，维护了学校信息安全。

安全服务网站不断完善，内容不断丰富。向校园网用户提供防病毒、安全公告和建议、安全补丁和安全工具下载、常见安全软件病毒库更新等服务；向校内提供趋势科技等多达8种防病毒软件病毒库的更新服务，通过在学校邮件系统引入发信地址实时黑名单验证、垃圾邮件分级技术和卡巴斯基杀毒引擎，大大降低了垃圾邮件的数量，基本消除病毒邮件的威胁。

为了方便学校各个单位在工作中都可以使用手机短信作为通信工具，加强校内沟通并提高工作效率，学校开发了网络短信服务平台（http://sms.sjtu.edu.cn）。12月，该平台投入试运行，面向校内各二级部门用户（院系、部处、直属单位）开通为期一年的免费试用。部门用户在申请到一个网络短信集体账号后，即可通过该平台实现短信的收发、群发及通讯录管理等功能。

3.管理信息化建设

进一步推进校园一卡通建设，完善运行服务体系。主要包括：校园一卡通拓展到卢湾校区，建立医学院校园卡运行管理分中心；改版校园卡专题网站；实现交大统一身份认证JAccount登陆以及门户网站登陆后的漫游功能；持卡人可以通过交大统一身份认证、学工号+查询密码、账号+查询密码等三种方式登录网站；实现校园一卡通系统中的持卡人身份数据与人事处信息系统中的教职工数据、教务处信息系统中的本科生数据、研究生院信息系统中的研究生数据的同步；印发《上海交通大学校园一卡通系统商户管理办法》和《上海交通大学“校园一卡通”卡务手续费管理办法（试行）》两个文件，以及《“校园一卡通”接入卢湾校区专题协调会会议纪要》，编印《校园一卡通使用手册》。

2008年，校园一卡通系统活动账户6.4万余个，累计消费次数2 298.5万笔，累计交易金额9 086.2万元。通过自助设备银校转账15.93万次，1 930.44万元。其中，9月新生入学后，平均每日交易约10万笔，每日银校转账金额升至10万元。

门禁管理系统网站开通运行。徐汇校区总办公厅、浩然大厦4楼网络信息中心、闵行新图书馆五区四层的一卡通门禁已投入使用；闵行校区所有学生公寓大门安装了一卡通门禁，其中东1～14栋学生公寓投入使用，本楼住宿的同学可以使用校园卡开启宇楼大门。

信息资源综合服务平台全面推广应用，完成全校信息整合平台，实现大量原先无法实现的跨部门、跨系统的信息整合，包括：学生、教工数据与一卡通的整合；校医院与学生教工数据的自动整合；学生教学档案及成绩自动归入档案系统；研究生院系统与其他系统的数据整合；学生就业系统与教务系统、研究生院系统的数据自动同步。一百多个跨系统数据整合流程在后台运行，大大提高了学校信息系统的功能与质量。

资产综合管理信息系统建设完成，建立了符合学校资产清查要求，能够整合房产、设备、财务等业务的资产管理体系及相关的支撑系统，避免原有的各部门数据不一致、流程上责任不清的现象，根本实现学校固定资产管理流程统一化，该平台将于2009年正式上线运行。

人才资源信息库管理平台建设基本完成，建立了人事处专家办、国际合作与交流处、档案馆人物档案、校友等多个业务系统，并实现与人才资源信息库的整合。

此外，针对校内相关职能部门的业务变更需求，对人事、教务、设备与实验室等多个管理信息系统进行功能改进工作；完成西南高校联合办学系统的开发。

（杨宝军）

【校园一卡通拓展到卢湾校区】 3月，校园一卡通拓展到卢湾校区，医学院校园卡运行管理分中心开始工作。校园一卡通在卢湾校区开通的应用有：所有食堂的餐饮消费、公共浴室淋浴水控、泡开水、进入图书馆、借阅（阅览）图书、学生到校医院门诊及报销医药费、利用圈存机将中国银行借记卡上的存款自助转存到校园卡等。卢湾校区的持卡人也可以使用一卡通网站、自助电话、自助查询圈存机等自助服务设施。至此，交大所有师生员工均可在闵行、徐汇、卢湾、法华、七宝等校区使用校园卡。

（蒋磊宏）

【网上离校平台为毕业生简化离校手续】 5月，由校网络信息中心提出技术方案，会同校内多个职能部门共同探讨建立网上离校服务流程框架，目的是通过充分利用此前建立的全校信息资源平台，整合相关部门毕业生离校信息，彻底简化每年一度的毕业生离校工作。

6月底，面向08届毕业生的毕业生离校网络平台正式推出。通过该平台，毕业生可以实时查询离校手续办理的详细流程及须知，按照提示信息可以明确办理部门，避免了以往到各个部门盖章的奔波。各部门信息管理也实现同步交换，院系可以根据网上查询毕业生的手续办理情况，相应发放毕业证书、学位证书及报到证，注销学生证，寄发档案，大大提高了职能部门的办事效率，简化了工作量，并且避免了离校时依然欠缴学费等事件的发生。

据统计，2008年共需要办理离校的人数是3 456人，如按照传统的离校方式总计将有20 736人次到6个部门办理相关手续。采用网上离校平台后，到相关部门办理离校手续减至6 755人次，工作量不到原来的三分之一，75%以上的学生避免了跑腿，消除了以往大量学生排队等候的现象，部门工作失误也大幅减少。

（蒋磊宏　杨宝军）

【正式启用GSA搜索服务器】 3月1日，交大与Google公司正式签署“Google搜索工具试用协议”，成为国内首批与Google公司合作的高校之一。5月，学校正式启用GSA（Google Search Appliance）搜索服务器。该搜索服务器能够对学校等拥有的网页、文档、数据库等相关信息进行高效安全的通用搜索，支持文件格式220余种，可以索引百万数量级文档。通过引入Google先进的搜索引擎技术，进一步实现了学校各类信息资源的有效整合和快速检索，为广大校内师生提供方便快捷的信息搜索服务。

（杨宝军）

【举办“网络安全服务活动月”主题活动】 针对日益严重的网络攻击，交大网络信息中心对校内360余个网站的安全状况进行了扫描和检测，结果表明近50%的网站存在较为严重的安全漏洞。

11月，交大校园内举行了“网络安全服务活动月”主题活动。活动以“普及网络知识、提高安全意识、构建安全的校园网络环境”为宗旨，结合在校园网上发生的安全问题和事件，针对不同用户对象举办Web网站的安全、僵尸木马网络、主机安全等主题讲座。通过提供现场咨询服务、举办专家讲座等活动，向各院系部门、机关单位以及广大师生系统地宣传当前网络安全面临的严峻形势、展示校园网上存在的各种安全问题，介绍了应对方法和防范措施。

活动期间，还在网上举办“网络安全有奖知识竞赛及校园网络安全问题有奖征集”活动，得到广泛响应。1 073名教师、学生参加了活动，收到有针对性的校园安全问题报告38份，为未来的校园网络安全评测工作提供了有价值的参考。

（杨宝军）

华东师范大学

【概况】 2008 年，华东师范大学以“信息化提升核心竞争力”为理念，继续推进“985 工程”二期建设，网络基础设施更加完善，校园网各项应用持续发展，数字化校园建设取得新进展。

【网络基础设施和网络基础应用建设】 ⑴机房改造：完成闵行校区中心机房从理科北楼到图书馆中心机房的切换；完成中山北路校区中心机房的强、弱电改造。⑵网络建设：完成两校区 CWDM 万兆的升级与改造；完成中山北路校区干训楼、文科大楼、理科大楼、对外汉语学院教学楼汇聚网络的改造；完成中山北路校区文科大楼外国语考试中心网络的改造和设备调试；完成研究生院、生物站网络的改造；完成中山北路校区物理楼部分区域网络的更新；完成闵行校区本科生公寓 19 ～ 22 号楼及第四食堂的网络连通；完成 CNGI 驻地网的建设与验收，同时将 IPv6 连通到全校 21 幢大楼及附属楼宇。⑶无线覆盖：完成中山北路校区化学楼网络调试、无线网络的补充；完成中山北路校区外语楼网络改造和设备的调试；完成教育信息技术学系所在区域无线设备的安装调试；完成新老校区已有 200 颗 AP 的升级与统一认证；完成全校无线网络二期的规划与设备选型及招标；制定了两校区图书馆部分区域无线免费上网的方案。⑷网络管理：完成网络认证系统的多出口升级。⑸网络安全：在校园网上部署了 Norton 10.1 企业版。⑹教师个人主页：为全校在职中级职称以上人员开通可在线维护个人中英文简介页，已开通 1 392 人；完成教师个人主页和虚拟空间的开发工作，已开始测试，即将对外发布。⑺英文主页改版：完成学校英文主页的改版，建立了英文主页的新闻发布机制，并开通了北美镜像和欧洲镜像。

【公共数据库二期建设】 2008 年，公共数据库服务器由中北机房搬迁至闵行机房，实现公共数据库的数据库由 Oracle9i 主备模式向 Oracle10g 双机 RAK 模式的升级；实现公共数据库与其他系统的单点登陆，包括教师个人主页、设备与实验室管理平台，使得广大师生只要登陆一次公共数据库系统，就能同时访问教师个人主页、设备与实验室管理平台；实现公共数据库与其他系统的数据同步，包括校园一卡通系统、财务系统、设备与实验室管理平台、学生处系统、软件学院系统，保持了数据的一致性；完成图书馆借还图书系统同公共数据库的认证集成。

完成科研系统二期的调研、开发工作，并于12月1日开始启动全校科研经费网上办理；完成财务系统的进一步完善和推广；完成研究生二期系统，资助办新增三助模块，管理处新增绿色通道、助学金管理、学籍异动、惩处、寒假留校（年夜饭）申请、医疗结算申请、学生证补办、火车票补助申请、证书编号导入等模块；在重新梳理研究生培养流程的基础上，完成课程、培养方案、开课、选课、成绩模块；教务系统的完善升级，完成毕业资格审核、论文资格审核等功能等。

【数字档案馆建设取得新进展】 学校档案信息化建设充分依托校园信息化建设平台，突出档案工作服务大局、服务社会和服务广大师生员工的主旋律，积极推进数字档案馆建设，通过加强对学校 OA 系统中电子文件的接收和馆藏档案数字化工作，不断丰富数字档案资源，为建设和谐校园、和谐社会提供优质、高效的档案信息服务。

1.基础设施建设与系统开发

⑴成功开发档案数字化加工质量控制系统：开发了档案数字化加工质量控制软件，实现对馆藏档案数字化工作的全程跟踪与监控。⑵更新档案存储与数字化设备：根据学校“十一五”档案信息化建设的发展目标，新增新磁盘阵列、高速磁带备份机、宽幅面平板扫描等设备，为数字档案馆建设提供硬件保障。

2.数字档案资源建设

建立了2008年度《华东师范大学校报》全文数据库、学校前身大夏大学、光华大学历史档案全文数据库和华东师大20世纪80年代至90年代初毕业生学籍档案全文数据库、2008年度学校OA系统归档电子文件全文数据库和研究生毕业论文全文数据库和华东师范大学人物档案数据库等数字档案资源库。

3.网站建设

学校档案馆的“校史档案信息网”荣获2008年度学校优秀网站。由档案馆负责维护的上海高校档案信息网新设上海高校人物档案全查询栏目，为上海地区高校档案工作的信息交流与档案资源共享提供了便捷的平台。

4.档案信息化研究

档案馆承担的“上海高校专门档案数据中心建设与信息共享研究”已完成数据词典的编制，进入数据建设阶段，首个专门档案数据库——上海高校人物档案数据库已经初步建成。

（华师大）

上海大学

【概况】 2008年，上海大学（以下简称“上大”）本着信息化建设要为学校的管理、教学和科研服务的思想，一方面继续对原有的网络信息系统进行加深和巩固，另一方面在学校各个层次扩大和推进信息化技术的应用。

【校园网络基础设施建设】

1.校园网规模继续扩大

配合学校基建部门完成上大宝山校区东区的网络和通讯建设，铺设光缆5 000米，信息点约3 000余个，9月之前开通了东区校园网络，及时保证了国商、环化、生命等学院迁入东区后正常使用校园网络。

2.教育部科技司CNGI项目建设

上大是全国参加CNGI项目的100所高校之一。目前上大校园网已实现IPv4和IPv6双栈网络，校内网络用户只要启用IPv6协议，就可以获取IPv6地址，正常连接到CERNET2及国际IPv6网络。9月，学校通过了CNGI高校驻地网建设项目验收。

3.加强校园网络安全建设

上大信息办集中力量对校园网网速及网络故障进行检查，更新了全校千余台网络设备，对网络用户之间进行端口隔离，避免了计算机病毒在网络中的传播。同时，购买专业设备实行网络策略化管理。在日常工作时间段，对单个IP地址进行带宽和线程限制，保证每个校园网用户的正常访问；在其余时间段，则放开限制，满足部分师生下载公共资源。信息办在实行网络端口隔离以后，提供打印共享服务器，解决办公室内部的打印共享。

【加强信息化基础平台建设和推广】

1.完善交互式论坛建设

综合校内各部门及学院应用系统中有共性的应用，推出集中化的应用平台，实现数据和应用整合。2008年，信息办在学校推出的统一身份认证系统和主页内容管理系统（CMS）的基础上，又完善了交互式论坛的建设。

上大统一身份认证系统已经应用到校内各个信息化系统上，新的应用系统都要求采用统一身份认证来实现用户的认证。学校已有80%的部门和学院采用CMS建立门户网站，并且大量的专题网站也采用CMS进行建设。

上大乐乎社区是学校着重建设的一个交互式系统，拥有论坛、圈子、博客等功能，已有人事处、科技处、武保处、信息办、后勤、学工办、招毕办等部门在乐乎上建立交流板块。乐乎社区还根据学生选课结果生成课程班圈子，现乐乎社区约有9 000余个课程班圈子，一部分任课教师已经利用圈子进行作业布置、作业上交、答疑解惑，形成了一个网上课堂。此外，乐乎社区还整合了课程查询、成绩查询、教学评估、火车订票等一系列功能。

2.校园一卡通广泛应用

校园一卡通已经在学校多个方面得到广泛应用，截至10月底，一卡通用户数为99 497个，其中活动用户86 680个，校友用户12 817个。2007年9月1日至2008年9月1日，全校充值金额共计54 501 700.5元人民币，消费金额为53 388 657.15元人民币。

【不断完善已建应用系统】

1.校园能源实时监控与管理系统升级

在原有基础上建立覆盖全校电、水、煤气的远程监测系统，实现对各楼宇和实验室的能源消耗的实时监控和管理，制订优化的节能政策和策略，将能源消耗水平降到最低程度。实现了基于无线远程自动抄表系统的电、水、煤气的用量检测，各单位部门能源用量和节能指标的统计与分析，电、水、煤气的用量定额和节能指标制订的决策支持，各单位、部门节能激励策略的分析与优化，高能耗设备的耗能性能指标的统计与分析。

2.校园安全监控与应急响应系统升级

在已建立的校园安全监视系统中新增视频监控和声音监控，建立了突发事件的应急与救援支持系统，实现对要害部门和重要交通枢纽的安全监视，基于校园一卡通门禁系统的关键地点往来人员记录，对重点盯防人员的档案管理与特征分析，校园疏散和楼宇疏散的预案编制和计算机仿真，紧急救援过程的记录和事后责任分析系统。校园安全监控与应急响应系统的升级增强了校园安全监控系统的使用性，极大地保障了校园的安全性。

3.电子邮件系统升级

上大使用的是北京雄智伟业科技有限公司的Quark电子邮件系统，用户数5万。为保证在校师生拥用较大的电子信箱，并且有效减少垃圾邮件的数量，2008年信息办对Email系统做了一次全面升级，将原来的Quark 5.X版升级至同样界面的6.X版。新的电子邮件系统具有Spam反垃圾列表、反向域名查询、SPF检查、DCC检查等反垃圾邮件措施。同时为了确保邮件数据的安全性，在EVA存储上每天对邮件数据进行增量备份。

【应用系统建设】

1.公共卫生信息管理系统建设

2008年，上大建立了公共卫生信息管理系统。通过数字化仪器进行数据采集、汇总、分析，建立全校师生网络健康档案和医疗报销信息数据库，实现对师生的健康进行监测。

新生在开学初的体检中，凭新发的“校园一卡通”即可去医务室体检。教职工也能在学校规定的体检时间段内自主选择体检日期，避免了个人因业务、上课等与体检时间发生冲突。使用新系统后，全校师生挂号、看病、取药也都能凭“校园一卡通”实现，极大地方便了师生员工的看病就医。

2.体育信息化管理系统建设

2008年，上大建设了体育信息化管理系统。上大采用选课制，学生可以在学习期间自由选择体育课程，因此体育班级的设置需要根据选课结果而定。通过数据统一交换平台，系统直接获取现有的数据信息，不再进行重复录入和数据导出工作，系统的课程信息和学生信息采取与教务系统和学工系统同步更新的方式，保证了数据的准确性和有效性，学生体育锻炼的成绩也通过系统联动输入到教务系统中。

体育信息化管理系统还利用上大完善的无线网络覆盖，选用带有无线网卡的PDA进行日常体育教学管理。PDA的特点是采用触摸式图形界面操作，方便直观，并具有多媒体功能。教师手持PDA进行教学活动，将学生的课外活动出勤数据、体育考试成绩数据、健康测试数据和游泳测试数据等信息实时传输到服务器后台，由体育教学管理平台软件进行处理，减轻了体育教师的工作量。这也是上大体育信息化管理系统的一个特色。

3.社区管理系统建设

上大社区管理系统的建设提高了学生社区管理的水平和效率，通过与校园一卡通系统和门禁管理系统的联动，为学生提供安全性和方便性。在2008年新生入校期间，社区管理系统从一卡通系统中获取学生卡信息后，立刻开通相应楼宇的门禁，让新生在注册报到后，马上就可以用刚领取的学生卡进入自己住宿的楼宇。

同时，社区管理系统还可以对门禁系统的数据进行分析。根据学生返回寝室的时间点信息统计，及早发现和解决出现的一些问题，为上大在校学生提供一个良好的生活环境。

【校园微软正版化软件的推广】 8月，上大与微软签订了MS-Campus Agreement高校正版化协议，使学校办公区的计算机在授权期间可以合法使用协议中所授权的软件，在此期间可以自由升级或降级所用的软件版本，享受微软正版软件的服务和更新，确保用户在遇到问题的时候可以有软件解决方案的支持。

（上 大）

二、文化领域信息化

宣传系统信息化工作推进

2008年，宣传系统信息化工作围绕贯彻落实党的十七大、市第九次党代会精神，以科学发展观为指导，全面实施市信息化工作要点，促进信息化与宣传文化产业的融合，加强信息服务能力建设，强化信息安全的部署和监测，充分发挥信息化在建设文化事业、文化产业和文化服务中的作用，确保奥运期间宣传系统信息系统的安全运行。

【注重信息应用推进，不断提高信息化服务能力】 2008年，宣传系统各单位以高效创新为主线，进一步加强信息化应用对中心任务的服务，运用信息技术进一步提升工作质量和管理效率。市委宣传部建设宣传系统大额度广告招投标监管平台，实现大额度广告招投标信息的实时报送、审批和数据统计，用信息化手段有效规范了大额度广告招投标流程，提高了监管效率。文新报业集团上海印刷（集团）有限公司从主动抢占印刷新领域的战略出发，创新研发数字印刷服务平台，为按需印刷、商务印刷、个人业务印刷全覆盖的业务需求服务。世纪出版集团启动ERP项目，全面推进流程再造和业务平台创新，为数字化条件下新的业务模式服务。东方网对博客系统进行升级改造与扩容，实现可支持5万用户与平均每用户200M的空间；对“高考查分系统”进行部分优化、升级，确保了整个查分过程无误；对东方网滚动新闻功能进行改造，结合搜索引擎优化策略，提高了东方网滚动新闻更新频率，提升了东方网稿件被搜索命中概率及在搜索引擎上的排序。上海博物馆将多媒体技术运用于常规陈列，将大量的玉器专业知识通过多媒体手段，以通俗易懂的方式介绍给参观者，弥补了陈列的不足，受到广大参观者的欢迎和好评。文广集团建设新闻协作内容交换系统，解决台际互联问题，扩大新闻节目制作资源的外延，丰富节目共享资源，为不同地域电视台之间的大型项目合作和交流提供了便捷通道；实施广告管理系统综合改造，通过对播出接口、广告短信服务系统、远程投单、数据归档和自由竞价等系统的改造，提高了系统运行效率，减少了播出差错率，同时为广告经营中心带来技术革新，简化了工作流程，提高了服务水平，开创了新的运作模式。解放日报报业集团的“智能手机新闻互动平台”基本建成并正式投入使用，使集团的记者编辑有望摆脱传统内容生产方式在移动性、时效性方面的局限，真正实现即时播报。

【积极扶持新媒体发展，促进文化产业与信息化的融合】 2008年，宣传系统各单位根据自身业务特点，切实关注信息技术发展对行业发展带来的契机和挑战，积极探索数字新媒体产业发展模式，在公交及移动视频、户外及楼宇视频、互联网视听节目、IPTV、手机电视、广播电视等新媒体产业发展方面取得显著成绩。文广集团结合集团新媒体产业的战略目标和发挥集团无线数字广播电视技术资源，积极组建新媒体公司，先后推出上海东方明珠数字电视有限公司和上海地铁电视有限公司，做大集团新媒体产业。文广互动电视有限公司（SiTV）的数字电视用户数截至12月31日，突破2 200万用户大关，SiTV继续以“内容规模第一”、“市场规模第一”领先于全国同行。百视通在全国IPTV试点省市累计发展用户突破100万，同比增长率240%，显示出稳健发展势头。市委宣传部、市新闻出版局积极推进数字出版基地建设，7月16日，全国首个国家级数字出版基地在上海张江揭牌，新闻出版总署署长柳斌杰和上海市市长韩正为基地揭牌，并签署部市合作框架协议。解放日报报业集团启动“多通道复合数字出版平台”的研发工作，将信息通过模版化的快速编辑和拼版功能快速整合成不同格式的新媒体内容产品，满足各种不同新媒体传播渠道的需求；率先推出具有广阔商用前景的《新新闻》移动数字报纸，突破了日夜轮回的传统出版周期，实现按时间半径进行多种图文资讯的实时传播。

【推进、培训和测评并进，确保奥运期间信息系统安全】 2008年，宣传系统各单位高度重视信息安全工作，以分级保护安全测评为契机，以迎奥运信息安全检查为切入点，强化有针对性的安全培训，进一步部署、完善信息系统防御体系，积极开展计算机网络安全应急预案完善和演练，切实保障信息系统安全运行。市委宣传部结合宣传系统各直属单位与世博会筹备工作有着或多或少联系的实际情况，转发了迎世博信息安全保障两年行动计划通知；委托上海市信息安全测评认证中心对宣传系统17家重要单位的互联网站进行外部渗透测试，并根据奥运会期间信息安全保障要求，开展宣传系统信息安全检查，督促相关单位对检测出现的问题进行整改；针对测试和检查中发现的问题，组织开展宣传系统迎奥运网站信息安全技术培训，确保奥运期间宣传系统信息系统的安全。市社科院通过采取加强操作系统和HTTP服务的安全配置、限制会话连接和会话时间、关闭不必要端口、升级防篡改软件规则补丁等各项措施，不断提高网站系统安全。上海图书馆不断完善信息安全体系建设，通过部署网站应用防火墙和上网行为管理系统，全面保障网站群的安全；完善馆所计算机信息安全小组的协调机制，积极开展信息系统分级保护定级工作，进一步完善计算机网络安全应急预案，成功实现365天开馆，全年无故障运行的目标。文新报业集团建立网络安全日志审计系统，分秒记录每一位上网人员的行为，及时掌握攻击行为和病毒传播，有效保障了网络系统的安全。

（钱江燕）

公共文化信息资源开发和服务体系建设

【文化信息资源共享工程有序推进】 与城市信息化建设、中心图书馆建设、社区信息苑建设和数字电影播放相结合，开展郊县“共享工程”基层点的建设任务，2008年度新增“共享工程”街镇和其他基层点7个，配合完成村级基层点布点600个，目前市分中心、区县支中心和各类基层服务点达1 458个。启动与市委组织部牵头的上海市党员干部现代远程教育网的合作，已陆续提供“共享工程”数字化资源91部（集），正同步推进“共享工程”布点工作。对106家“共享工程”基层点进行了420次数据更新和维护，安装和维护数据量达到40TB，对崇明16个乡镇卫星点的软件进行升级和维护。提供“共享工程”基层点和东方社区信息苑数字资源DVD光盘71 570张。先后在宝山、松江、崇明、浦东、南汇、青浦、嘉定等区县开展“共享工程”培训工作19次，共计培训基层点人员1 152人次，比上年大幅度增加。配合完成了“共享工程”区县支中心和基层点的配置达标和全国性督查评估工作。

加强“共享工程”上海数字文化网主站点建设，做到“三快”：资源下载快，资源转换快，资源更新快。提供了适合互联网流媒体视频点播的数字视频资源1 911部（集）、288GB，“共享工程”上海本地资源库的规模已经超过10TB，新增文化共享奥运行的“奥运上海记忆”专题、“改革开放三十周年纪念”专题等栏目。“上图讲座”大型多媒体资源库建设和服务已成规模，全年新增上网讲座88个，总共开放的网上讲座有510个，超过885小时的音频和视频资源，全年网站访问量突破200万。上交国家建设管理中心“共享工程”数字化讲座52个，计4 370分钟，157.67GB的容量。

（徐 强）

【公共文化服务覆盖面进一步扩大】 2008年，全市文化信息资源共享工程农村基层服务网点建设继续与农村数字电影基层播放点、农村信息苑同步推进，资源共享，实行“一站式”服务，从而进一步完善覆盖城乡的全市文化信息化服务体系。据统计，全年新建成行政村基层服务点774个，全市已建成的村级基层服务点增加至1 211个，在郊区覆盖率达到66%。目前,全市已建各级中心和服务点1 795个，其中市级分中心1个,区县支中心19个,建在街道(乡镇）图书馆的基层服务点104个，行政村基层服务点1 211个，郊区居委基层服务点174个，建在社区信息苑249个,建在市和区少年儿童图书馆,大学、高级中学、部队、企业、监狱、寺庙等共37个。

全市制定的各项政策措施在推进实施中发挥了实际效果。一是制定了村级基层服务点最低设备配置标准，确保了每个村级文化共享工程基层服务点的标准化建设。每个基层服务点的场地使用面积达到60平方米以上，设置50个以上座位，设备配置为2台电脑终端、1台投影机、1台数字电影播放器、1套音响、1块投影幕布、1台80G以上移动硬盘、1套计算机管理软件及相关辅助设备等，要求所有设备管理责任到人，确保能正常使用。二是投入上采取市和区县各出资50%的方式，保障了建设经费的落实到位。每个村级基层服务点建设资金约4.2万元，市和区县各投入50%，市里支持资金由市文化专项资金列支。全年，市和区县及街道（乡镇）三级财政共投入6 730万元，使全市各级财政累计用于文化共享工程建设经费总量达3.92亿余元。在全市3.92亿余元的投入总量中，市级财政共投入1.37亿元，区县财政共投入1.47亿元，街道（乡镇）财政共投入1.08亿元。市文广局还给予崇明县补贴政策，已累计补贴该县198万元，确保崇明农村基层服务网点建设任务的顺利完成。三是加强日常运行和维护管理，形成长效机制。在资源配送方面，上海图书馆作为全国文化共享工程省级分中心，负责提供文化共享工程数字化资源的配送和更新，向区县、街道（乡镇）和行政村三级基层服务点配送近7.5万张DVD光盘，容量达到300TB，2008年累计配送和更新各类数字化资源250TB。在培训方面，每建成一批基层服务点后，随即开展技能培训工作。全年共举办专题培训12期，培训技术人员884人。在监管方面，市文广局出台《上海市农村文化信息服务点管理暂行规定》，明确了设备管理、开放时间、服务方式、工作技能、上岗培训以及违规处理等规定。市文广局要求各级文化主管部门要实行有效监管，建立工作绩效评估体系，通过每年的工作考核，树立一批优质服务先进典型，推广成功经验，确保各项工作的巩固、提高和发展。

（张　杰）

东方信息苑建设

【基本建设】2008年，继续按照合理及优化苑点布局，集成分布资源的原则，在全市19个区（县）的街道（镇）社区文化活动中心及人群密集区域建设东方社区信息苑，截至年底累计建设330家。

【平台服务内容】 聚焦时事热点、整合优质资源，继续引进、开发、集成内容平台，搭建市民素质教育平台，提供包括市民文化培养、青少年素质教育、电脑基础培训等主流文化内容；配合迎世博600天行动，引进10 000小时社区影吧视频节目，同期开展线下展播1 063场；更新16类视频文化讲座4 000场；增加适合青少年观看的百集电子版爱国经典连环画和成语故事；开发面向互联网初学者的低门槛、零成本、一站式上网培训和导航服务平台“好易导航”；新增两会时政、改革开放三十周年、5 · 12抗震救灾、我的奥运、世博社区行、两岸“三通”、元宵清明端午等民俗文化专题栏目，为广大社区百姓提供丰富多彩的主流文化服务。

【公益活动和培训】 2008年，东方社区信息苑积极探索，开展各类贴近百姓需求的活动和培训。如开展第二届“快乐天空——琴棋书画 舞文弄影”暑期青少年系列公益活动，丰富青少年假期生活，引导未成年人度过一个安全、健康、快乐、有益的暑期；开展“百万农民工绿色网上行”活动，通过为在沪的1万名农民工提供免费的城市精神、计算机基础知识、网络应用等培训，以点带面提高农民工的整体从业素质和文明素养；在杨浦区开展“上海社区干部网络论坛版主试点培训”，帮助街道居委干部充分运用网络平台更好地关注民情，了解民意，汇聚民智，为民服务。此外，与“年轻几岁”、“陈蓉博客”电视节目合作，在栏目和百姓间搭建互动桥梁；响应市文广局号召，在春节期间为外来留沪人员赠卡送温暖；陆续推出“阳光班网络培训课程”、“追忆上海历史档案馆里的故事”、“美容大赛”、“金融理财互动巡回讲坛”等多元化的公益活动和培训。全年累计开展公益活动1 923项，公益培训7 154次，历年累计服务人次505 815人次。

【区域化特色活动】 结合各区（县）年度重点工作内容，开展特色服务。联合上海音乐学院、上海百合古筝艺术团开展古筝试点培训，在社区青年市民中普及高雅文化；与七宝镇合作为来沪从业人员子女提供各类电脑网络技能辅导；与江川街道共同举办小博客网上爱心传递活动，为灾区儿童送上节日祝福，与周家渡街道联手开展“彩虹手拉手”夏令营，丰富当地未成年人的暑期生活；与松江方松街道联合开展“迎世博数字生活进社区”志愿者服务活动；与上海儿科医院党组织结成精神文明共建单位，为患儿提供爱心服务等。

【特色项目】 依托社区信息苑信息管理技术，研发社区文化活动中心中央信息管理系统，为全市100家社区文化活动中心实现信息化管理提供有效技术平台。该系统主要包括基础信息、业务信息、日常活动管理和活动信息报表几大功能模块，可实现市区街镇各级主管单位对社区文化活动中心数据的即时采集、动态分析。截至年底，信息管理平台在临汾街道社区文化活动中心上线试运行成功，并完成全市12个区县的18家活动中心的系统培训工作。该系统平台的推出使社区信息苑真正成为社区文化活动中心的信息中枢。

（韩怡蔺）

数字新媒体发展

【公交及移动视频新媒体】 公交及移动视频新媒体主要包括上海东方明珠、巴士在线、世通华纳等单位各自运营的公交车载移动电视；东方明珠、i–level、触动传媒等单位各自运营的出租车载移动电视；东方明珠和DMG共同运营的轨道交通视频和轨道站牌电视；文广科技运营的公交站牌电视。此类新媒体终端主要分布在中心城区。目前系统内运营单位中，东方明珠移动电视覆盖了全市约8 000辆公交车，共计约16 000块屏幕，出租车共计约6 000块屏幕，文广科技公交站牌电视共有812块屏幕。

（张 杰）

【户外及楼宇视频新媒体】 户外屏幕较大的视频新媒体主要分布在南京路步行街、淮海路、徐家汇、陆家嘴、上海站、中山公园和五角场等商业密集度高、人流量大的地区，主要运营单位有郁金香传媒、香榭丽传媒、瑞狐广告等；户外屏幕较小的视频新媒体大多分布在中心城区，主要有分众传媒户外视频、解放日报i–street公共新闻视屏、众旭广告电话亭视频等。楼宇卖场视频新媒体主要有东方明珠公众电视、分众传媒楼宇电视、郁金香楼宇电视、玺诚传媒卖场电视等，大多分布在中心城区的行政、商业楼宇及大卖场等公共场所内。此外，机场内有航美传媒运营的机场电视广告视屏和机载电视广告视屏。户外视频新媒体中，郁金香和香榭丽各有8块和7块大屏；楼宇视频新媒体中，东方明珠楼宇电视约有3 000块屏，分众传媒约有13 000块屏。

（张 杰）

【互联网视听节目新媒体】 目前，上海地区持有《信息网络传播视听节目许可证》的互联网视音频新媒体运营单位有15家，分别是东方宽频、东方星天地、东方网、白玉兰远程教育、优度网、激动网、易视网、新华宽频、PPLIVE、琥珀网、PPSTREAM、土豆网、解放网、盛大在线和东方财富网。其他影响力较大、无许可证、在上海运营互联网视音频新媒体的单位主要还有我友网、VERYCD、MOFILE和久游网等。

（张 杰）

【IPTV类新媒体】 截至12月31日，百视通在全国IPTV试点省市累计发展用户突破150万，同比增长率达240%，显示出稳健发展势头。在国家广电总局的直接指导下，上海文广新闻传媒集团已陆续在黑龙江、上海、浙江、福建、陕西、辽宁等省市稳妥有序地启动IPTV试点。三年来，全国70%用户通过“回看”、VOD方式收看IPTV；哈尔滨、上海等地IPTV用户开机率从40%逐步攀升到目前的80%；用户平均每天收看IPTV为3～5小时，最高达到每天6个多小时。此外，在国家广电总局直接参与的3T–Net项目中，未来宽带运营的“炫视通”（位于长宁古北地区）和嘉定广电运营的“嘉视通”（位于嘉定地区）也在相对地域内发展较快，广电总局和上海市委市政府将以此为基础发展下一代广播网NGB，试验用户规模定为50万（先在西郊宾馆试点）。

（张 杰）

【手机电视类新媒体】 上海文广传媒集团下属的东方龙新媒体公司运营的基于移动通信网手机电视（有总局许可证）目前上海地区用户数约3万。5月1日起，东方龙新媒体公司为中国移动3G业务运营平台精心打造的手机电视“高尔夫频道”正式上线，填补了国内3G网络平台通过手机电视系统介绍专项体育资讯和相关知识的空白。手机用户不仅可以在该频道中收看到重要的高尔夫赛事，还能了解高球技巧、球具导购、球场选择等相关知识。此外，还有由国家广电总局大力推广的、由东方明珠运营的CMMB手机电视（现已签署协议开始商业运营）和DMB手机电视（试验中）。

（张 杰）

【广播电视类新媒体】 高清电视有东方明珠无线发射以及东方有线网络有限公司有线传输2种形式；

标清电视有东方明珠无线发射1种形式；有线数字电视现已完成整体转换70万户，另有有线数字付费电视用户10万户；传媒集团的DAB数字音频广播目前尚处于试播阶段。

(张 杰)

【文广互动电视全国数字平台突破千万用户】 截至12月31日，文广互动电视有限公司（SiTV）的数字电视用户数目前已经突破2 200万用户大关，SiTV继续以“内容规模第一”、“市场规模第一”领先于全国同行。作为中国最早开通运营的全国数字付费电视集成运营平台，七年来SiTV一直致力于服务全国，通过丰富内容、服务当地、零门槛节目落地等策略，扩大上海传媒在全国的影响，推进广播电视数字化进程。目前，SiTV的16个全国付费频道已落地200多个城市，北京100万数字电视用户都能收看SiTV节目。

(火向君)

【中国移动多媒体广播电视上海地区初现雏形】 截至12月31日，上海文广手机电视有限公司所运营的中国移动多媒体广播电视（CMMB）在上海地区基础建设已经完成，并已经具备商业运营基础；“随时随地，想看就看”已经不是梦想。CMMB业务在国家广电总局的全力支持下在全国各地区发展迅速，目前已有超过150个城市开通了CMMB业务。网络方面，上海已经建成2个大型信号发射基站，目前上海中心城区的CMMB信号覆盖率超过了95%；运营方面，商业运营支撑系统（BOSS）已搭建完毕，随时可以投入使用；终端方面，在11月召开的CMMB终端集采会上，有超过100家终端厂商，300款终端参加投标，各大芯片公司、终端厂商乃至整个相关行业均已被调动。

(贯 鋆)

【文广移动率先推出“实时交通点点通”服务】 随着数字音频广播“DAB移动多媒体广播制式”在国内正式应用，文广移动成为上海首家提供实时路况服务的运营商。7月24日，文广数字移动携手宇达电通发布中国首款加载“实时交通点点通”服务的车载导航仪C516t，让申城市民率先体验智能交通的乐趣、效率与实惠，感受实时交通信息带来的便利。“实时交通点点通”能提供的实时交通信息，包括上海市外环线以内所有高架道路、173条主要地面道路以及市区主要高架匝道开关闭的实时交通信息、准确及时的天气预报。目前发布的均是权威部门采集的路况数据，实时交通信息每30秒刷新一次，每5分钟更新一次，将来更新周期有望更短。同时以不同颜色区分道路的拥挤状况，直观地在电子导航地图上显示实时的路况，用户可通过查看各个路段的实时路况，来选择最优的出行路线。此举不仅将大幅节约时间、提高市民出行效率，也有助于解决城市中的拥堵问题，节约能源消耗，为节能环保作出贡献。

(沈 健)

【新兴媒体公司公交电子站牌建设】 2008年，在上海市交通运输和港口管理局和市“600办”指导下，上海文广科技公司下属新兴媒体公司大力推进上海公交信息化和牌亭整合工作，在广泛听取广大市民和乘客的意见后，不断进行技术改造和新技术开发，自主设计制造了新型公交候车站亭、立杆，使公交电子站牌功能更合理，信息更准确，更好地满足市民和乘客的要求，更好地为市民出行提供方便。截至12月31日，公司已完成新型公交候车设施建设160余座，完成基础施工229处，遍布杨浦、静安、虹口、黄浦、卢湾、长宁、闸北、徐汇等主要区域。

(唐永政)

【宽频网络电视技术】 4月10日，文广集团与英特尔公司联合宣布，将在新媒体宽频网络电视领域展开全面深度合作，英特尔将为文广集团宽频网络电视业务的发展提供资金、技术、产品研发等支持，并投资1 200万美元，用于开发和推广宽频网络电视技术，共同打造更安全、更便捷、更时尚的网络电视播出平台。

(文广集团)

【《上海电视》杂志手机版正式推出】 4月10日，由《上海电视》杂志社和东方龙新媒体有限公司共同合作开发的《上海电视》手机版正式上市。发布会上，《上海电视》杂志社、东方龙新媒体有限公司负责人签署合作协议。《上海电视》手机版的推出，旨在实现读者与编者之间的即时交流互动，为没有时间细看明星时尚资讯及节目表的白领人士推荐新增精品节目。《上海电视》杂志手机版通过无线增值移动数据业务，采用短信和彩信相结合的业务方式，每天为上海手机用户提供相关影视娱乐资讯、电视最新排播表等内容。在此基础上，增加了明星佚事、旅游路线、时尚导向等即时内容。遇有特别活动，将第一时间告知用户相关信息，如索票、明星见面等。手机版《上海电视》涵盖《上海电视》的大部分内容，最大限度地展现杂志的全貌。用户不仅可以去看、去听，还可以借助图片、动画等形式，实现新闻的多形式浏览，从而获得全新的阅读感受。 （谷一飞）

数字出版建设

【张江国家数字出版基地揭牌】 7月16日，全国首个国家级数字出版基地在上海张江揭牌，国家新闻出版总署与上海市人民政府部市合作举行了首次联席会议。新闻出版总署署长柳斌杰和上海市市长韩正为基地揭牌，共同签署部市合作框架协议。根据协议，下一阶段双方在六个重点领域展开合作：⑴共同推进国家重大数字出版工程的建设；⑵全面推进张江国家数字出版基地建设；⑶合作开展数字出版人才的培养；⑷共同打造数字出版国际合作交流平台；⑸力争共同建设实物和数字形态的中国出版博物馆；⑹合力打造上海版权公共服务平台。从2008年起至2011年，上海张江国家级数字出版基地将每年投入5 000万元专项基金，用于搭建政策优势平台、完善的数字出版综合业务信息服务交易平台、技术研发平台和专业人才培养平台四大功能性平台，并拓展十大业务板块，覆盖到网络游戏动漫、手机出版领域，以高端艺术品的数字化印刷为主的“艺术典藏”，以及数字报刊、数字音乐、电子图书、按需出版与数字印刷、互动教育、数字图像、数字会展等。

【推进数字出版项目建设】 市新闻出版局以项目资助为突破口，推动张江国家数字出版基地的建设，推进全市传统出版转型发展。在市科委、市信息委、市财政局的支持下，市新闻出版局用三个月的时间，了解、收集、筛选了全市出版、报业、印刷、发行单位和部分民营企业正在进行和准备开展的数字出版项目54项。其中，出版社（含集团）25项，新闻单位22项，音像企业2项，印刷企业1项，发行企业2项，期刊社1项，培训单位1项。之后协同市科委、市信息委对项目分别进行讨论、评审，最终确定资助16个数字出版项目，资助总金额达2 000万元，其中市信息委资助10个项目，市科委资助6个项目。资助的项目涵盖了数字出版的多个领域，包括数字出版内容资源管理系统、数字出版发行平台、数字音乐出版、数字印刷生产应用系统研发、网络教育出版、数字信息营销平台、手持终端电子报纸等。数字出版项目申报工作推动了传统出版的转型，促使越来越多的传统出版单位开始关注数字出版、了解数字出版、开发设计数字出版的项目，同时也推进了上海市新闻出版行业的信息化发展。 （崔 雨）

其他项目建设

【上海市文化市场行政执法指挥监管系统建设】 该系统一期工程项目经过一年多时间的建设，于2008年1月3日基本建成并通过验收。初步实现了举报批件网上流转，执法检查情况现场录入，行政处罚案件网上审批，部分文化场所地理信息展现，部分稽查数据计算机统计等五项功能，提高了文化行政执法科学化监管程度，经过总队层面一年多时间的运行，系统同时得到进一步修正和完善。2008年度，该系统举报平台共受理各类举报批件1 528件，总队执法人员现场检查各类文化经营场所信息7 245条，依托电子签名办理各类行政处罚案件1 524件，采集到的全部稽查数据点为50多万个，所有这些信息为总队监管行政执法行为、分析研判文化市场起到积极推动作用。目前，该系统二期工程正在筹建中，建成后可实现与全市19个区县文化执法大队的联网运行、与文化执法相关的政府机构实行信息互通。 （姚继豪）

【市互联网版权工作委员会成立】 4月，上海版权保护协会在科学会堂召开互联网版权工作委员会成立大会，首批递交入会申请的全市网络视频服务骨干企业的负责人等参加了成立仪式。互联网版权工作委员会是网络视频传播服务企业集体正视版权问题、主动要求规范行业经营行为的产物，标志着全市网络视频传播产业进入成熟发展阶段。该委员会成立后，将在政府部门的指导和帮助下，从两个方面入手破解版权问题的困局：一是帮助企业会员建立统一规范的版权管理制度，采取统一的合同备案服务管理措施，解决由于视频内容来源渠道多元化、授权链不清晰、权属查证困难而产生的版权法律高风险问题；二是帮助企业会员增加视频内容的获取渠道和获取方式，增加网络视频服务商与视频内容提供商就网络版权许可使用问题上的共识，充分利用政府提供的版权公共服务平台提高交易机会和交易成功率，着力解决企业成员获取视频内容授权难的瓶颈问题。此外，互联网版权工作委员会还宣布成立了版权法律咨询专家团队，为解决全市视频产业面临的版权问题定期提供政策性、宏观性、建设性的意见和建议。

（市新闻出版局）

上海文化广播影视集团

【出色完成奥运火炬上海站转播技术保障】 5月23日、24日，奥运火炬接力活动在上海举行。综合考虑各种因素，上海文广新闻传媒集团技术运营中心决定在各接力段采用以微波为核心的“传送接力”，即在通过无线摄像机拍摄火炬手画面，通过一辆中继车完成微波信号的接收和再发射，位于固定区域的微波接收设备接收这些信号后再通过微波、光缆、卫星等传统手段送回位于广电15楼演播室。这一转播手段的最关键处在于做好接力途中不断移动的直播信号的传送通畅。中心在短短两个月内积极做好各种预案，对11条传递路线进行实地勘察，反复调试微波传送设备。

正式转播的2天，技术运营中心积极投入火炬接力31项转播内容、16小时的转播、超过40小时的技术保障中，每个转播点都做到所有视音频路由双备份。为了全程直播东方绿舟的接力活动，技术人员针对特殊的地理环境重新布置转播方案，连夜调集转播车、微波传送设备、发电车等，并完成所有测试工作，确保了24日东方绿舟段火炬接力转播的圆满成功。

（张盛　常丹丹）

【完成集团企业邮局升级】 2007年底，文广集团着手展开企业邮局的升级与改造工作。2008年，集团技术管理部门通过用户走访、技术测试、专家鉴定等多种方式，最终确定了该改造项目的技术方案与实施规划。该项目分二期实施，以满足10万注册用户、7万活动用户使用为设计目标，投入总资金近百万。项目一期架设了垃圾邮件过滤网关，以阻挡日益增多的垃圾及病毒邮件，提升了邮件系统的整体安全性，更有效减轻了系统的负担。二期更换了邮件收发系统，提升了系统性能，彻底解决了原先邮件系统存在的资源高负荷、内存溢出、收发信延迟等问题。目前，文广集团企业邮局开通包括文广局、文广集团、传媒集团、电影集团、东方网等41个子域，共4 185活跃用户，使用状况良好。

（魏浩俊）

【完成集团企业网改造】 为进一步加强集团企业网的安全运维和管理，2008年文广集团对集团企业网进行了改造。改造的目标是：对集团企业网内外网链路结构调整，解决链路带宽的瓶颈；加强互联网带宽的管理；加强用户浏览互联网和DMZ区域的安全审计与行为管理。项目在尽可能利用原有设备的基础上，增加了高端交换机、防火墙、流量管理及上网行为管理等设备，将原有内外网间链路升级至千兆。通过该项目的实施，有效提升了集团主干网及互联网出口端的安全等级，改善了集团上网环境。

（魏浩俊）

【完成集团人力资源管理信息平台建设】 为规范文广集团人力资源工作流程，提高人力资源管理效率，集团从2006年11月开始启动人力资源管理信息平台项目，经过近两年的建设，该平台已基本完成。平台已将集团13个直属单位、160多个独立法人单位纳入系统管理，共收录2.6万多条人员信息，提供300多个不同权限不同管理范围的人事信息管理员账号，100多名集团总部工作人员开通了员工自助服务。通过信息平台这一有效管理工具，能够完成市人事局人才资源统计年报、广电人才资源统计年报和文化系统人才资源统计年报等共8张政府报表的数据统计工作，还可以进行合同到期提醒、干部任免审批表、出国备案表、保密薪资单等共15项集团内部自定义的业务报表统计功能，使人力资源工作人员能快速取得各种统计数据及各类人员情况，提高了管理效率。

（魏浩俊）

解放日报报业集团

【概况】 2008年是国家重大事、突发事多发之年，为落实市委、市政府和市委宣传部关于信息网络安全文件要求，解放日报报业集团（以下简称“解放报业集团”）信息化工作的重点，一方面围绕保障集团内部信息网络系统的安全运营展开，一方面继续为传统报业向数字化报业转型摸索新路，积累经验，开拓新闻信息资源增值利用的新渠道和多次发布的新平台。

【对报业信息网络系统的安全实施分级管理】 解放报业集团内部局域网中有上百台各种类型的应用服务器，局域网内有1 500多台联网计算机（商用台式电脑和笔记本电脑），百台服务器中部分服务器承担办报关键应用业务的运营，有些是集团办公相关的应用业务。为保障集团信息网络安全，需要对网络和应用系统实施分级管理，对重要信息网络系统采取多种措施提升安全等级。

【部署集团局域网核心路由交换机】 解放报业集团局域网内核心路由交换机是集团内部网络安全运营最重要的基础设施。2008年，集团投入资金实施网络升级改造，采购并部署了两台H3C 7506E-V核心路由交换机，构成双机在线互备系统；采购并更换了办公楼内各楼层的网络交换机，网络设备升级改造提升了集团局域网络的性能和可靠性。

【部署报纸新闻采编软件】 集团内六张主要报纸（《解放日报》、《新闻晨报》、《新闻晚报》、《申江服务导报》、《房地产时报》和《I时代报》）的新闻采编软件，是集团内重点保障的信息网络应用系统。为切实增强各报新闻采编软件的可靠性，各报新闻采编软件均采用多服务器分布服务模式。新闻采编软件均由三台分别运行Windows2003E、Solaris10和IBM AIX5L操作系统的服务器组成，与操作系统无关的软件运行基础平台，服务器上运行由IBM Lotus/Domino群件系统基础上专门研发的以非结构化数据为主要管理对象的协同工作流管理软件，三台服务器之间采用系统软件级负载均衡技术支撑，任何一台出现故障均不影响新闻采编业务的使用。每台服务器均采用硬盘镜象冗余技术。同样机型的服务器以冷备方式随时准备当在线服务器出现故障时实施硬件更换。

集团内新闻图片管理软件是另一大重要信息应用系统，技术上也采用了双服务器分布运营与NAS海量存储共享的软件系统运营模式，以此保障主要办报业务系统的长期安全可靠运营。同时，制订重要应用系统运维规范，每周一次检查操作系统和数据库软件打补丁的制度。

【打造报纸版面远程传输安全通道】 报纸采编与版面制作完成时通常在凌晨2至3点，紧接着就要把数字格式的报纸版面打包压缩后，快速传输到印刷点完成报纸的即时印刷与分发。解放报业集团旗下各报的采编业务在汉口路300号的集团采编业务楼完成，而集团印刷点位于普陀区谈家渡路和闸北区灵石路。版面传输安全是报纸出版的关键环节，为保障数字报纸版面的传版安全，采用VSAT（甚小口径天线卫星通信系统）的256K速率的卫星信道传版、2M的DDN专线传版和基于国际互联网的宽带传版三种互为补充的传版手段，确保每天的报纸版面准确、准时传送至印刷点。由于集团报纸向全国发行，除了市内集团自有印刷点外，在全国还有多家代理印刷点。对于集团的报纸版面向全国代印点的传版，也采用卫星传版与基于互联网的宽带传版两种互为备份的传版手段。为保障互联网传版方式有稳定宽畅的传输通道，结合集团新闻网站——解放网的带宽建设，专门向上海电信公司申请建立带宽100M的高速宽带IPMAN光纤接入专线。报纸版面传输前压缩和印点接收后解压是确保报纸版面内容安全准确传送的另一技术保障手段。

【部署集团局域网用户上网行为管理策略】 集团1 500多台电脑互联构成的局域网络，如果没有相应的管理措施，半小时内局域网络就会崩溃，需要对局域网内员工的上网行为进行适当的监管。2005年12月公安部发布的《互联网安全保护技术措施规定》

82 号令中，第八条要求联网接入单位“应当落实具有以下功能的安全保护技术措施：记录并留存用户注册信息，使用内部网络地址与互联网网络地址转换方式为用户提供接入服务的，能够记录并留存用户使用的互联网网络地址和内部网络地址对应关系，记录、跟踪网络运行状态，监测、记录网络安全事件等安全审计功能”；第十三条规定“互联网服务提供者和联网使用单位依照本规定落实的记录留存技术措施，应当具有至少保存六十天记录备份的功能”。据此要求，2008 年集团投入资金对互联网接入专线的入口处部署了三大安全管理装置（见下图所示）。经过有序管理后的局域网络安全效果十分明显，全年网络运行非常稳健。

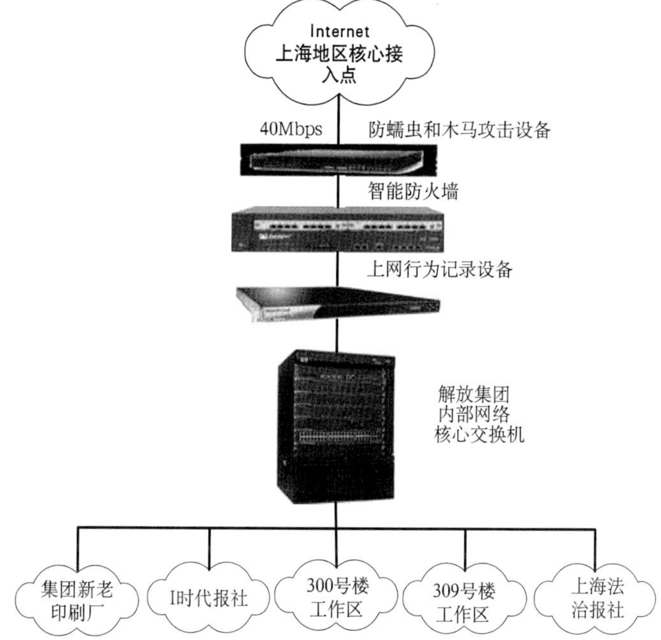

【**解放网的安全保障建设**】 解放网是解放报业集团开设的全市重点新闻发布网站，每天更新网站新闻内容达千条，每天网站的页面访问量达 500 多万。保障解放网的访问安全是集团信息系统安全的重要组成部分。新闻网站的静态页面发布平台采用三台 SUN Solaris10+Apache2.0+ 共享 NAS 海量存储 +Foundry 负载均衡设备组合的内容发布安全管理机制，几年来解放网站的静态内容发布未遇到页面被篡改的恶性事故。根据市政府信息网络安全协调办现场检测结果和整改要求，技术部针对网站所用 SQL 数据库进行了打补丁；根据通管局的要求删除了个别网页，确保了北京 2008 奥运会举办期间网站内容的安全。

【**更新与添置 IT 设备**】 上半年，根据集团年度预算计划，通过汇总集团各独立核算单位上报的 IT 设备添置与更新需求，集团资产管理办公室组织实施集中公开招标选择 IT 设备供应商，全年完成 HP C7000 刀片服务器机箱一台及刀片服务器十四片的采购，完成十台 HPDL360G5 和 HPDL380G5 服务器的采购，完成 DX7408 商用台式电脑 120 台的采购，用于更新和添置集团办报和办公用台式电脑。根据集团出台的政策，由个人出资 1/3，集团出资 2/3，采购了 IBM 和 SONY 公司的笔记本电脑共 21 台，采购各类商用打印机 24 台。通过分年度实施 IT 设备的更新和添置，确保集团办报和办公用设备处于较好状态，IT 数码新产品也在集团办报业务中分步得到应用。大量笔记本电脑在集团的推广应用为编辑记者的远程和移动办公提供了物质基础。

【**解放网内容管理软件平台升级改造**】 2008 年，解放网实现了网站内容管理软件平台的升级改造。选用国内著名的内容管理软件厂商北京拓尔思(TRS)公司最新发布的TRS-WCM6.0企业版套装软件，作为解放网新闻内容的采编发全流程作业管理。通过内容管理软件平台的升级，提升了内容管理软件的性能，增加了网站对多媒体内容采集、编辑与发布的管理、网站广告发布的管理、新闻评论的管理、新闻图片的管理、网站内容全文检索和网站电子报纸生成的管理功能，使解放网内容发布管理从表现形式到实现手段均有了较大提升。另外，为使新闻网站的编辑每天采编更多的新闻信息，年内为网站内容编辑部部署了天津海纳信息技术公司推出的新闻自动抓取子系统,部署了网站内容相关新闻自动生成子系统，提高网民浏览解放网新闻内容时的黏度。

【探索传统媒体进军新媒体的道路，i-news项目获重要进展】 解放报业集团在2007年新媒体探索实践的基础上，2008年初对全年新媒体发展做出部署，重点在集团运营的i-news手机报项目的市场策划和推广应用上下大功夫，在手机报内容的新特快上下功夫。2008年是国家重大事、突发事多发之年，“5·12”汶川大地震发生后，i-news手机报全体编辑在第一时间策划了“关爱生命”和“守望相助”专题报道，每小时一次发布受灾和全国军民救灾情况；借2008北京奥运会举办之机，i-news手机报每天多次发布赛事新闻和线上互动，吸引大量新用户加盟。年底，集团组织了i-news手机报三周年庆典活动，政府主管人士、运营商、读者及i-news工作团队共同参与，是一次手机媒体行业的聚会，是一次读编的互动。经过多年的营销和市场推广，截至12月，i-news彩信报用户突破10万，飙升至16万。i-news手机报已成长为上海手机报市场第一品牌，经济和社会效益取得双突破。

【推进i-street项目和i-paper项目建设】 集团大力推进户外新闻视屏项目（i-street）的建设，把户外新闻视屏作为新时期主流新闻内容发布的新平台加以开拓，于2007年启动该项目，2008年准备快速发展并占领市内主要街道等市场。由于2010年举办上海世界博览会，市政府开展了集中清理楼宇和街区广告牌的专项整治行动，致使户外新闻视屏市场的拓展十分艰难，期望在2010年后再做大发展，现在着手完善并提升信息发布的通信技术手段。在电子报纸阅读器（i-paper）的试验项目上，解放报业集团多年前就已经展开跟踪研究。2006年，集团开展移动阅读器介质的体验阅读，经过几轮体验，认为移动阅读器设备广泛应用于新闻信息传播，目前的阅读器产品成熟度和市场机会还未到达，将在2010年上海世博会举办前夕力争投入实际应用。

【围绕数字出版开展课题研究】 2008年，集团技术部联手新媒体部，开展数字出版项目的研究与试验，其中“新闻搜索与分析平台”及“数字复合出版平台”获得市科委的专项资金资助。“新闻搜索与分析平台”为报业集团采编人员提供一个自动从互联网上搜索抓取、内容汇聚并通过关键字智能提取技术分类网上新闻稿件，建立稿件与相对应报纸版面的一对一联系，做到浏览新闻稿件时可以看到稿件在报纸版面的位置，方便采编人员及时了解国内外新闻及新闻在版面的布局。该项目建立在美国Autonomy公司推出的智能分析引擎的基础上， 根据报纸新闻采编人员的工作特点进行二次开发形成。“数字复合出版平台”项目着重解决新闻稿源和新闻图片准备就绪后，通过统一管理的软件平台，制作并生成适合多种新型新闻发布载体发布的数据格式，具有对报纸版面内容反解、内容编辑、多种规格组版和数据格式转换等功能，是利用新媒体发布新闻的流水作业中最重要的技术支撑平台。

（高宝中）

文汇新民联合报业集团

【概况】 2008年，文汇新民联合报业集团（以下简称“文新集团”）的信息化建设工作在集团各部门全面展开。北京奥运会前夕研发建设的集团联合行动平台不仅实现集团信息资源整合和共建共享，还获得2007/2008年度中国报业电子技术项目一等奖；合作研究的平面媒体远程传版中信息安全关键技术研究与应用项目获得市科委科技攻关项目立项；集团互联网带宽扩容后，为集团采编人员提供高速的信息通道；建立的集团网络安全日志审计系统保障了集团各信息系统的安全运行；集团人力资源管理系统的创建提升了集团人事管理工作的效率和水平；集团奥运资料信息库和数字信息营销平台的建设使集团的新闻信息数字资源得到深入挖掘；新民网自主开发的内容管理系统、文字直播及问答系统、通行证系统等多套系统使网站不断推出新功能；正式上线的《上海日报》电子报将服务对象对准了PSP、iPhone、iRex、手机、kindle阅读器等多种移动终端；升级的集团财务管理系统与集团人力资源系统有效地整合在同一系统平台上，为提升集团整体信息化水平打下扎实基础；集团印刷板块重点打造的数字印刷服务平台获市科委科技研发项目；升级后的东方票务系统成功完成与其他大型系统进行信息对接与合作；新开发的电子防伪门禁系统成功运用于上海汇丰高尔夫冠军赛、陶　演唱会、周华健演唱会等多项大型活动。

【文新集团联合行动平台再获殊荣】 文新集团为更好地做好北京奥运会报道工作，专门研发了一套面向整个集团各媒体的新闻发布平台——文新集团联合行动平台。该平台不仅可以服务于2008年北京奥运会，今后还可作为集团重大时政新闻和赛事的发稿中心，使集团各媒体共享新闻信息资源。

联合行动平台的内容制作分前、后台两个团队，前者统一指挥、分头行动，后者有机整合，重点稿件实行主笔负责制。前方统一使用获得的采访证，明确职责，统一发稿；后方则各报明确专职责任编辑，加强策划，各取所需，体现特色。技术平台分为公共发稿平台和即时沟通平台。公共发稿平台由采访记者与前方新闻中心相联，后方与集团各媒体的新闻采编平台相联；即时沟通平台可在交换例会和先期策划时做到信息共享，沟通即时，指挥通畅，服务到位。同时，新华社信息、权威网站信息、集团962288读者热线、集团图片中心等数据都统一整合在平台中。

该平台通过网页访问形式，采用用户权限访问机制和下载使用方式。平台支持新闻文本稿件、图片、音频、视频等多种数据格式，侧重于新闻文本稿件、图片的采访、编辑、发布，尤为支持图文混合的新闻采访信息。2008年北京奥运会期间，联合行动平台按奥运29个项目提供对应稿件的分类信息，开设了文新集团奥运图片、奥运快讯、奥组新闻、赛事焦点、金牌背后、外电评论、场外故事、特约专访、名人名家等奥运专题新闻栏目，还将新华社奥运专稿、新华社奥运图片、文新集团图片网、文新集团新闻信息服务网、文新集团信息窗、文新集团奥运资料库、奥运视音频等信息资源集成整合在同一平台上。此外，联合行动平台还提供了如天气、金牌分布、场馆介绍、比赛记录、通讯录、热点网站等奥运相关服务信息。

该平台在原有的集团纵向条块化管理结构的基础上，实现横向资源联合，按项目、按行动、按专题进行统一新闻采访。平台不仅可为北京奥运会采编服务，还能适用以后集团类似的重大采访行动，具有很强的拓展性。该平台与集团刚刚升级的新闻采编系统真正达到了无缝衔接，非常便捷地溶入到平面媒体一线采编人员的业务生产流程中。同时平台还提供多种使用模式，满足各类新媒体的出版要求，实现不同系统的数据共享。

文新集团联合行动平台不仅为集团信息资源整合、共建共享打下基础，成功完成了北京奥运会的新闻采访和出报工作，也是文新集团一次体制、机制整合的初步尝试。该平台获得2007/2008年度中国报业电子技术项目一等奖。

【平面媒体远程传版中信息安全关键技术研究与应用项目成功获得市科委攻关项目资助立项】 通过公开竞标的方式，文新集团与上海东泽勤争科技有限公司、上海交大合作的平面媒体远程传版中信息安全关键技术研究与应用项目成功获得市科委科技攻关项目立项。

该项目主要针对当前平面媒体传播业中大量采用的远程传版技术存在的信息非法截获、篡改以及盗用等安全威胁，着力研究对于流行远程传版系统中电子版面信息对象的完整性保护技术，实现对于电子版面整体PS对象以及其中内嵌的图片对象的全面安全保护，抵御截获、篡改以及盗用等安全攻击。项目成果将实现对现有平面媒体远程传版系统的无缝嵌入，构建完整可靠的平面媒体远程传版安全体系，填补了国内外平面媒体远程传版安全防范的空白。

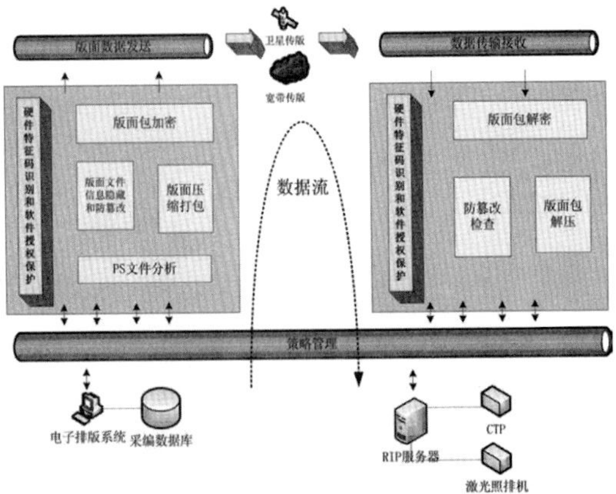

项目主要研究数字信息隐藏的版权保护与防篡改关键算法，采用信息隐藏与数字摘要相结合的方式，实现对于远程传版之内容的完整性自动检查。接收方通过对于隐藏信息和摘要信息的双重验证，从而确认信息的完整性。研究综合硬件识别和软件授权的自动识别认证技术，将终端设备的多个关键硬件特征码提取生成硬件标识，并结合软件授权技术，实现版面处理中版面生成、版面压缩、版面传输、版面接收各终端的单向唯一性的安全问题。研究基于PostScript3标准的PS文件版面内容分析的完整性和安全保护技术，解决不同版本排版系统PS文件分析的问题，得到相关版面文件的完整信息并自动对之进行顺序搜索以及完整性判断、冲突检查和格式检查，同时，在将通用的数据压缩算法与先进的LZMA的数据压缩算法综合应用、无缝并自动进入压缩传输环节，杜绝人工操作中人为错误。

【扩容改造互联网平台】 为更好地报道北京奥运会，2008 年文新集团再次对互联网带宽进行扩容改造，新增带宽 50M，使集团互联网带宽由原来的 130M 扩大到 180M，同时新增了一条网通奥运专线。此番扩容改造为前方采访北京奥运会的记者提供了奥运联合平台、前后方视频交流、发稿等畅通良好的网络线路通道，保证了前后方记者编辑的全面互动和出报。

目前，文新集团已经拥有一个集电信、网通、有线通多路、高速的互联网平台，互联网的总出口达到250兆，9根专线把集团的文新大楼、新民晚报老大楼、沪太印刷厂、洛川印刷厂、金桥印刷厂、龙吴印刷厂、青浦印刷基地等7幢大楼联接在一起，实现内部数据互联互通，开通互联网上的网点达到3 000多个。集团的互联网平台已经成为文新集团日常工作的第二条生命线。

【建立网络安全日志审计系统】 随着集团网络应用的不断拓展，及时了解用户上网状况，审计内部人员上网行为的合法性就显得尤为重要。根据公安、信安部门要求，各单位需要对上网行动的日志进行统一存储。2008 年，文新集团建立了一套网络安全日志审计系统。该系统以保障信息系统的安全稳定运行为出发点，全面收集集团网络、关键服务器、重点应用系统、安全设备、即时通讯的运行系统日志，获取各种状态信息和操作行为，通过事后的审计分析，预防和及时发现信息系统中存在的运行故障、违规操作和安全事件。同时，建立了集团统一的海量存储平台，结合安全日志审计系统独有的存储方式和动态索引机制，实现海量记录、集中存储、高速检索、复杂查询，为各类异常事件的追查和恢复提供有效依据。

随着该系统应用范围的不断扩大与深入，文新集团将进一步扩充各类日志的应用，包括拟定可扩充的入侵特征库、查询功能B/S化、扩充SysLog的捕获范畴、FTP的异常用户访问（入侵企图）探测器、WWW入侵分析功能、实时日志分析等。

【创建集团人力资源管理系统】 为进一步完善集团人事信息管理工作，降低人事管理成本，创新人事管理方式，提高人事管理工作的质量和效率，加快推进集团信息化建设的步伐，文新集团创建了“集团人力资源管理系统”。在经过长达半年的整体调研后，最终选择“用友 eHR 人力资源管理系统”。根据集团人事工作的需求，先后建立并启用了组织管理、人事管理、薪酬福利、档案管理、人事合同、人员变动、考勤管理、老干部管理、招聘培训记录、系统权限、预警通知、HR 报表、招聘管理、培训管理等模块。

文新集团人力资源管理系统充分结合集团人事工作的业务特点，建立统一的人事数据管理平台，做到统一平台、统一流程、统一标准。系统以管理“人”的一切事务为宗旨，以“人”的全方位信息管理为设计目标，以信息的分类管理构成模块，并在这些模块之间建立起信息关联，提高了整个集团人事管理基础信息的准确性、全面性和有效性。同时，该系统还与集团现有的财务管理系统、采编系统等应用系统进行整合，实现各系统相关数据信息的共建与共享。该系统的建设使集团人力资源管理全面规范化、信息化、数据化、图形化，明显提升集团人事管理工作的效率和水平。

【深入挖掘新闻信息数字资源】 文新集团经过多年努力，积累了较为完整的新闻信息资源，为配合集团平面媒体北京奥运会的新闻报道工作，“文新传媒”网充分发挥海量信息资源的优势，积极配合奥运联合采访行动，研发制作了奥运资料信息库，并成功嵌入集团奥运联合行动平台中。

奥运资料信息库包括：今日奥运版面图文，依次显示集团各报刊当日的奥运会相关版面，供采编人员查询；往届奥运版面图文，收集了自1984年以来历届奥运会《文汇报》和《新民晚报》的精华版面，可查询中国参加奥运会以来的新闻；其他平面媒体奥运版面图文，收集了文新集团以外10余家主流媒体的有关奥运会最新版面，采编人员可根据需要进行查询；不同报纸版面对比，使用户可以在版图框中选定需要比对版面，主要为版面编辑提供服务；奥运专题，是为用户量身定做的一系列奥运专门题材，以整体、集中、全面的方式将用户所需的关于奥运的信息进行展示、选择；奥运视频点播，使采编人员能够随时点播当日至前3日选录的奥运视频录像。

2008年，文新集团的新闻信息资源库初步具备进行数字信息营销的基础。为最大限度实现社会资源共享，更有效服务于信息内容供应商，并开展对外信息加工与销售服务，提升信息产品的市场价值，集团“文新传媒网”建立了集团数字信息营销平台。平台基于电子商务模式，以信息数据为销售主体（既可包括文本、图片、视频、音频，还可包括电子杂志等数字衍生产品），借助互联网络，形成具有操作简单、支付便捷等特点，既可面向企事业单位等团体用户，又可面向个人消费者的“信息超市”。

【新民网自主开发新系统拓展网站新功能】 2008年，新民网（www.xinmin.cn）不仅在网站内容上进一步突破，还自主开发了新民内容管理系统（XMCMS）、新民网文字直播及问答系统（XMLS 1.0）、新民通行证系统（XMPS 2.0）、新民搜索系统（XMSS 2.0）等核心产品，为网站拓展了一系列的新功能。

新民内容管理系统（XMCMS）包括新闻、图片、下载、分类信息、影视、采集等20多个功能模块，能方便地进行模块扩展，是一款功能强大、易用、可扩展的网站管理软件。因其功能覆盖面广、扩展性强、负载能力好、模板调用灵活，不仅适合于建设有报业特色的网站，同时也适合于建设综合门户、地区门户、行业门户等形式的网站。该系统具有管理操作便捷易懂的特点，支持在线图片处理、自动内容格式整理等特色功能。

新民文字直播问答系统（XMLS）可以简单快速地创建直播间，并且拥有灵活的可定制性，每个直播间均有独立的模板，可以加入P2P视频直播组件，并且通过修改或选择模板实现个性化需求。该系统文字直播内容静态化，问答内容采用高速缓存减少对数据库的压力。

新民通行证系统（XMPS）是一套SSO单点登录、统一认证的解决方案，实现了注册用户只需在任何成员网站上登录一次，而后访问其他分支网站，无需再进行验证登录。系统管理员只需要维护一套统一的用户账号，使系统维护更方便、简单、安全。开发新的应用系统时，可以直接使用单点登录平台的用户认证服务接口，简化开发流程。同时，XMPS可以与绝大多数系统进行整合，支持跨服务器、跨域名、跨应用、跨开发语言等特点，拥有良好的系统开放性。

新民搜索引擎系统（XMSS）是新民网针对繁多信息处理和多种应用系统的需要，开发的一套面向互联网网站、媒体、政府、企业等特色鲜明、性能卓越、接口标准灵活的产品。该系统向用户提供了包括关键词搜索、分类搜索、句内搜索、中英文混搜、渐进搜索等丰富的检索方式，能适应不同用户的搜索习惯，实现高效、准确的全文检索和高级检索功能。

新民网除了开发上述产品外，还拥有其他众多自主知识产权的技术产品，如新民招聘系统（XMJS 1.0）、车型数据库(基于XMCMS)、汽车经销商系统、新民作品评选系统（XMWS）等，不仅对新民网的发展起了决定性的推动作用，同时也获得了一定的收益。

【《上海日报》网站获得重大突破】 《上海日报》以（www.shanghaidaily.com）为主要平台，组建了新媒体中心采编与技术相结合的青年人才队伍，在报社各部门的全力配合下，信息化工作获得重大突破。

《上海日报》网站全程报道了北京奥运会火炬在全世界的传递活动，对于火炬手在海外传递火炬时受干扰以及其他不公正待遇作了客观、有效、及时的英语报道，在互联网上开启了全球了解此事件的新窗口。5月12日汶川大地震后，网站反应迅速，在14：47：48秒即准确报道出地震震级和震中所在地。地震发生后开设相关专题，引起广泛关注。7月开始，网站全面投入北京奥运会的报道工作，开设了奥运子网站。子站推出时时更新的奥运赛事电视转播表，并与中央电视台签订公益性转播协议。子站24小时更新奥运赛况及相关新闻，报社特派驻京记者也在子站开设奥运博客。9月，上海全面实施《迎世博600天行动计划》，《上海日报》网站利用其世博官方英语网站内容服务提供商的优势，加大了对上海世博会英语网上宣传支持，及时推出上海世博会专题。

1月1日，《上海日报》电子报（Shanghai eDaily）正式上线。Shanghai eDaily是专门针对iRex等大屏幕手持阅读器的产品，每日通过无线网络发布上午版、下午版两期，周一至周五出版，内容涵盖当日《上海日报》纸质报纸所有报道。下午版即时追踪白天全球最新事件，跟进重大新闻进展并刊登独家经济、评论类稿件，是全国第一份英语晚报。5月初，电子报正式登陆亚马逊网站，成为继《纽约时报》、《华尔街日报》等世界知名报纸之后，第一家入选亚马逊Kindle计划的亚洲报纸。读者只需每月支付5.99美元，就可以通过Kindle阅读器无线下载阅读《上海日报》电子报。

《上海日报》网站将服务对象对准了PSP、iPhone、iRex、手机、kindle阅读器等多种移动终端。对RSS功能进行了完善，使读者可以在iPhone等设备上自如地阅读新闻。年底，网站还研发出适合PSP媒介、针对大学生英语学习的产品以及针对外国读者的手机彩信业务。2008年，网站重点研发的个性化电子报，将通过互联网技术、人工智能的搜索、自动排版技术和数字发送技术改造报业的商业模式，为处在困境中的报纸业务找到新的增长点。

【集团财务管理系统升级】 文新集团在创建集团人力资源系统的同时，将已平稳运行三年的集团财务管理用友ERP3.0系统直接升级为用友ERP5.02系统，与集团人力资源系统有效地整合在同一系统平台上，为进一步提升文新集团整体信息化水平打下扎实基础。

与原用友NC3.0系统相比，升级后的NC5.02系统颇具优势。首先，由于新系统使用了IBM中间件，系统效率得到有效提升。尤其在月底年底财务工作并发使用数高峰时，系统也不会出现运行速度下降的问题，保证了财务人员更安全、准确、高效地计算获取各类财务数据并做出财务分析，及时报送给相关单位和上级管理部门，同时也为集团管理层的决策提供有效的经济数据。其次，NC5.02系统的预算管理和资金管理模块在功能方面有了很大提升，不仅修复了早期版本中存在的一些漏洞，还为集团的财务管理提供了一些新模式和新功能。

系统升级完成后，集团财务管理部门将系统地调研分析集团现状和将来管理需求，结合用友NC5.02系统提供的新模式和新功能，深入挖掘，加强资金管理，优化经济资源配置，提高集团财务管理水平。

【印刷板块主动抢占印刷新领域】 为配合国家新闻出版总署“国家重点数字出版工程”项目建设，2008年，文新集团控股的上海印刷（集团）有限公司从主动抢占印刷新领域的战略出发，成立了数字印刷服务平台项目小组，重点致力于数字印刷服务平台的建设。数字印刷服务平台由三大模块组成：数字仓库、数字印刷流程管理、客户网络化服务系统，实现按需印刷、商务印刷、个人业务印刷全覆盖，并与上海印刷集团最具优势的传统印刷无缝衔接，最终成为行业的服务提供商。平台在软件创新与系统集成方面具有明显的技术优势，得到市科委专家组的认可，获得市科委的科技研发项目。

数字印刷服务平台的建成，将有利于出版社按照需求组织生产，真正实现零库存；有利于准确引导消费者进行图书消费；为政府相关职能部门对出版领域的监管提供可行的途径。

【东方票务系统成功升级再添新功能】 文新集团文化发展中心对运行中的东方票务系统服务器端和客户端上的预购单格式、归档、佣金报表等功能进行了完善，优化了系统销售界面、套票销售和退票、场次复制等功能，并成功完成与其他大型系统进行信息对接与合作。例如与中国移动 12580 以及上海移动 web 票务网站进行的数据接口对接，实现信息实时同步等。同时，根据“方便快捷、简单实用、内容丰富、功能齐全”十六字原则，全面升级东方票务网站，设计了全新的页面，使东方票务网站的新老客户有更好的视觉效果以及享受到更好更多更周全的各类服务。网站同时还与其他多家网站合作，实现数据交互、信息对接等功能。例如与“丁丁地图”网站进行的演出项目信息传输，与上海文广局的新网站进行的演出信息页面调用，以及与 Onlylady 网站进行的数据交互等。

文新集团文化发展中心在成功升级东方票务系统的基础上，新开发了城市大型活动电子防伪门禁系统。该系统对大型活动现场的人员进出进行数字化管理，主要由管理软件、数据采集器、控制器、处理器、报警传感器等几部分组成。2008 年，电子防伪门禁系统成功运用于汇丰高尔夫冠军赛、陶喆演唱会、周华健演唱会、郭德纲相声、南京欧美小丑节等大型活动，成为活动现场的第一道安全保障。

（杨俭俭）

上海图书馆上海科学技术情报研究所

【概况】 2008 年，上海图书馆上海科技情报研究所（以下简称“馆所”）紧紧围绕党的十七大“推动社会主义文化大发展大繁荣”以及上海建设文化大都市和创新型城市的要求，进一步巩固了上海市中心图书馆三级服务架构和文化共享工程覆盖力度，加快数字图书馆服务环境建设，加大数字化资源整合力度，增强了情报服务的信息化支撑和个性化服务能力。通过资源整合，平台拓展，服务创新，门户网站群年访问量达到 3 647 万。文化共享工程建设取得可喜进展，“文化共享奥运行”服务活动在全国 31 个省级分中心评选中获得二等奖，在年终全国性督查评审培训工作中再获二等奖；“盛宣怀档案元数据检索与全文数据库项目”则获得了上海市文化广播影视管理局 2008 年度科技进步三等奖。

截至年底，馆所数字资源总量累计已超过 80TB，其中自建数字资源总量超过50TB，已开展服务的自建数字资源超过16TB，包括中外文图书报刊书目、古籍善本、稿抄本、家谱、 盛宣怀档案、近代文献（民国图书、民国期刊）、上海年华——电影记忆和图片、上海地方文献、馆藏专利、标准、政府研究报告数据库、西文期刊篇名库和会议录、全国报刊索引、上图讲座、上图展览多媒体库、情报知识库等，书目数据总量超过330万条，题录目次超过3 000万条，原创情报研究文章3 800多篇，已提供服务的全文总量超过1 500万页。此外，文化共享工程多媒体资源存量已超过10TB，外购电子资源总量超过20TB，拥有外购数据库共138个，其中中文数据库31个，外文数据库107个，电子期刊3.3万种，中外文电子图书20万册，电子报纸402种，学位论文151万篇，会议论文370种。

【巩固中心图书馆“一卡通”三级服务架构】

1.合理布局，继续拓展上海市中心图书馆“一卡通”平台建设

2008年，“一卡通”继续增加覆盖了2个区级图书馆和25个街镇基层服务点，其中浦东新川沙、陆家嘴功能区图书馆成为浦东地区“一卡通”第2和第3个分馆，整个系统规模已经达到108个（包括各类图书馆和服务点），“一卡通”馆藏量已达458万册，系统书目数据总量达199.3万条，馆藏量达1 074.8万条，年异地通借通还流通量超过1 400万

册次，网上续借量超过72万册次，同比增长25%。“一卡通”在扩大规模的同时，积极增强服务能级和远程管理能力，在市、区县和街镇三级图书馆全面部署票据打印机，形成自动化的借还提醒和逾期结算打印能力。在做好系统集成和数据集成的基础上，作为徐汇区政府2008年度实事工程之一，徐汇区所有13个街镇图书馆全部纳入“一卡通”服务体系并实现市、区、街镇图书馆的全流通和全覆盖。随后闵行区街镇和大型社区图书馆也整体纳入“一卡通”范围，截至年底，已有4个闵行街镇和大型社区馆加入。目前，已有卢湾、徐汇、青浦和静安等4个区实现了市、区县、街镇三级图书馆“一卡通”全流通。

2.推出“一卡通”自助借还和移动办证服务

借助与上海邮政系统联合建立的大型物流系统以及自建的流通书刊分拣中心，通过系统软件集成开发，成功推出长宁区、奉贤区新馆“一卡通”自助借还服务。通过定期巡检，增强系统网络和应用系统管理能力，降低运维成本，提高响应支持能力。同时为了方便读者办证，启动了“一卡通”移动办证服务，在原区县图书馆远程续证的基础上，在嘉定、奉贤、青浦、松江等远郊8个区进行了试点，集成3G、GPRS以及WLAN无线网络技术，结合汽车图书馆实现流动办证服务，现场办证，当场取证，平均每点可多办100多张读者证，并在各区县定期轮流巡回办证。

3.推进“主题图书馆”建设，初步形成全市主题图书馆布局的雏形

由上海图书馆和杨浦区共同建设的“上海近代文献主题图书馆”于12月12日在杨浦区图书馆三楼正式对外开放，同步开通以杨浦近代工业、市政为主题的近代文献主题门户网站，提供新兴图书馆服务模式——信息共享空间，将文献、数字资源、影视播放、视频点播、展览讲座、网上服务各种传统与现代的读者服务方式融为一体，并设立读者讨论交流空间。目前，已建成的有黄浦区文庙的儒家经典展示馆和黄浦区图书馆的俄罗斯室，长宁区图书馆的“中国之窗”阅览中心即上海虹桥国际图书馆，上海生命科学院的生命科学主题图书馆，复旦大学上海视觉艺术学院的视觉艺术主题图书馆，在全市初步形成了主题图书馆布局的雏形。

【数字图书馆推进资源整合和数字化服务环境建设成效卓著】

1.馆藏历史文献接轨数字化时代

经过十余年的数字化建设，馆所完成了一批从书目数据库到全文影像光盘数据库和全文影像网络数据库的建设项目，并陆续向读者开放服务，现已成为国家自主研发建设馆藏文献全文数据库规模最大的图书馆之一。2008年，历史文献数字化服务区建设完成并全面开通馆藏历史文献数字化服务，以满足读者的阅读需求和实现历史文献的再生性保护。该项服务受到国内外图书馆界的关注，此举不仅改变了历史文献读者阅览形态，且有利于解决珍贵文献保护与利用的矛盾，为打造复合型图书馆提供了一个成功案例。以家谱数字图书馆为例，全年阅谱量中的数字化版本已经反超纸质家谱1 952种，成为读者查阅家谱文献的主要形式。

年初，与国家图书馆合作，在第三次全国数字图书馆联席会议期间推出“中国近代文献联合目录”。“盛宣怀档案检索与全文数据库”全面完成并可提供完整的数字化服务，拥有74.06万拍全文图像，成为馆所重要的研究资料库。

资源名称	提供服务级的元数据或书目数据量（条、种）	提供服务级的全文数字对象量（拍、页）
盛宣怀档案	157 564	74.06万拍
家谱	16 832	903.2万拍
古籍善本	3 223	126.7万拍
稿本善本	4 246	74.2万拍
民国图书	9 451	169.1万页
民国期刊	期刊919种，期刊论文数183 050篇	109.2万页
“上海年华”主题资源库群	电影期刊376种，11 449条元数据，电影明星103个，并包含大量的简介、书影、照片、2 143 部影片、198段声影的多媒体再现资料	

2.力推网上联合知识导航站、“e卡通”电子资源远程访问服务系统、手机图书馆以及网上支付全文下载等数字化服务

网上联合知识导航站、“e卡通”电子资源远程访问服务系统、手机图书馆以及网上支付全文下载等数字化服务日益受到读者的欢迎，年访问量和下载量以20%以上的速度递增。网上书目推荐达3 100种，在成功举办馆藏文献精品年展《珍档秘史——上海图书馆藏盛宣怀档案展》的基础上，同步推出网上展览。

【逐步形成情报研究知识库】 研发了馆藏日本科技报告加工检索系统，与美国政府研究报告、美国行业标准和馆藏标准检索系统等合计209万条特种文献数据同步提供服务。对接上海研发公共服务平台，利用上海情报服务平台的政府专区、企业专区等用户注册服务机制，以信息产业、能源与环境等八大产业坐标和城市竞争情报、知识产权情报等五大情报坐标为依托，提供《机电一体化》杂志电子版、情报Tag云图、情报互动站、全文检索等功能以及30个RSS订阅频道，提高平台检索、关联、主题集合和RSS等用户易用性。同时，借力馆所资源优势和上海信息情报系统的合作能量，陆续推出了“情报专家导航”、“科技论坛精粹”、“情报合作联盟”、“产业资源知识图”等服务。目前平台提供全文情报研究文章3 846篇，平台网站月均访问量在百万次左右，年累计访问量1 155万次，正逐步形成情报知识库。

【推出借阅排行榜和电子图书整合揭示服务】 通过软件研发和业务流程整合，协同完成读者证免工本费、普通借阅免年度注册费、办证资金管理的增能调整，规范办证的资金操作。全面推出上海图书馆借阅风云榜年度榜、月度榜和分类榜单和2007年借阅“状元榜”，完成了业务数据自动化统计平台的建设；成功推出电子图书与书目检索系统的整合揭示，采用856字段并引入DOI和ISBN规范，提供Springer eBook 3 868种外文电子图书全文服务。读者自助索书系统全年接受闭架索书请求15.7万人次、47.9万册次，进一步增强了馆所自助服务的能级。

进一步完善馆所计算机（信息）安全小组的协调机制，全年信息系统运转正常，确保了馆所365天开馆和中心图书馆“一卡通”的顺畅运行，在多次意外停电事件中未发生数据丢失现象，体现了应急预案和处置机制的有效性。在奥运期间，确保了馆所业务和网络基础设施的正常运转，上网行为管理也得到进一步加强。

（徐　强）

上海博物馆

【概况】 2008年是上海博物馆信息化工作稳健发展的一年。保证信息化基本工作平稳安全运行，并使之更好地为博物馆业务发展服务，这是2008年上海博物馆信息化工作的一个基本思路和主要任务。上海博物馆信息化所做工作也围绕以上思路展开：从设备升级维护等方面入手，保证网络、数据库、网

站的正常运行；配合博物馆陈列改建工程，继续积极推进数字化三维展示项目；网站改版，以更多、更新的内容吸引广大网友；积极配合世博及国际博协大会，进行相关的数字化工作。

【调整设备及应用平台，保证系统稳定运行】 随着上海博物馆业务系统数据的增加，如何保证系统的稳定性、安全性、数据存储资源增长性及快速恢复，成为系统应用应该尽快解决的问题。因此，2008 年信息中心继续进行上博局域网改建工程，着重解决主要系统硬件的更新、藏品和数据库的数据迁移与备份升级，以及邮件系统藏品保管总账系统等业务应用系统的更新改建问题。截至 10 月，经过上博信息中心与项目承包商的共同努力，局域网系统的改建已基本完成：更新或升级了主要的硬件设备；包括藏品数据库数据的迁移、藏品保管总账系统的升级、邮件系统的更新以及备份系统的升级调整等工作按计划顺利进行，并成功实现了新老系统平台之间的交替。目前各项应用皆已在新的硬件平台上平稳运行，以前一些困扰已久的问题，如邮件不通畅等问题也基本得到解决，保证了博物馆业务工作不受影响。

【多媒体运用，上博陈列更加丰富多彩】 为了使上博的陈列在可看性和生动性上更进一步，并对陈列内容的背景及展品内涵做出必要的、清楚的揭示，信息中心配合陈列的改建工程，将多媒体技术运用于常规陈列，并在陈列馆安排了多媒体展示区域。继在钱币陈列和雕塑陈列的改建中成功地将多媒体展示融入其中之后，2008 年为配合玉器馆改建工程，信息中心再次投入力量进行玉器馆多媒体系统的建设工作。为使表达内容更为生动、准确，信息中心人员与工艺部多次研商修改，精心准备，精心制作，精心开发，终于使该系统在玉器馆开放之前成功完成。10 月 1 日，随着改建后的玉器馆重新开放，玉器图文说明系统也以多媒体形式生动地呈现在观众面前，艰深的玉器专业知识通过多媒体手段，以通俗易懂的方式介绍给参观者，弥补了陈列的不足，受到广大参观者的欢迎和好评。

【网站再改版，内容更加亲切生动】 2008 年，上博网站进行了又一次改版。此次改版是在新的硬件和系统软件的基础上进行的，因此首先对网站的数据库进行了升级，并对原有的数据信息进行了迁移。新的数据库系统和功能模块都依据新的基础平台进行了重新开发，使后台的网上特展管理、多媒体信息发布等操作功能得以完善，原来的几个互不相同的功能模块也得以统一。此次改版除了对视觉艺术、陈列大观、特别展览、教育学习等栏目进行了修改调整之外，还增加了信息订阅（RSS）、综合信息检索、更新提示等服务功能，以进一步满足大众对信息的各类需求。改版后的网站，网页的风格设计更显亲切，界面的友好性、互动性得到提升，网站的亲和力、用户的体验感也得到加强。同时，为适应博物馆免费开放的需要，信息中心积极配合开放部门，在网站内容上做出相应修改，以确保免费开放信息的准确、及时。

【启动内部管理系统，建设消息交流平台】 上海博物馆信息化建设开展多年，局域网上的应用也日益丰富，但这些应用一般多偏重于为学术研究服务。而作为博物馆信息化整体系统的重要组成部分，行政数据信息的管理还是有所缺失。随着技术的越来越成熟和应用的越来越普及，该项应用已越来越被博物馆界所重视，国内如故宫博物院、首都博物馆等都先后开始了这方面的运用，并取得较好效果。作为行政数据信息管理系统的一部分，2008 年信息中心启动了局域网消息交流平台软件的建设，其目标是：建立一套以局域网为支撑环境，以应用为导向，通过整合资源、优化流程，达到信息共享的目的；由此建立起消息交流、信息公告、数据共享的平台，以形成一套完整的交流共享平台服务体系。截至 10 月，该系统初步建成，并在部分部门开始应用，反应良好，年底推广至全馆。该系统的建成，初步解决了博物馆内部的信息沟通及协同问题，员工可以利用系统随时随地进行即时交流、传送文件，对提高工作效率发挥了一定的作用，并为今后行政数据信息管理系统的建设奠定了基础。

【配合国际博协大会，筹建相关网站】 2010 年，国际博物馆协会（ICOM）代表大会将在上海举办，由上海博物馆承办的该年会将接待来自世界各地的文博专家与学者。按国际惯例，所有前来参加会议的人员将通过网络平台进行报名与确认。为保证该会议的顺利进行，信息中心与文管委相关人员合作，进行了ICOM大会网站的建设。作为一个注重传播性、服务性和资源共享性的网站，设置了新闻、会议主题、会议议程、会议注册、博物馆博览会等栏目。网站负责对2010年国际博协大会的主题、内容、议程等信息进行公示，确保大会的有序筹备和顺利开展。其次，网站还为与会代表提供了在线注册和预约等功能，承担此次国际性会议的诸多前期会务工作。此外，网站还将是一个交互式的数字平台，将利用网络的便利性，通过公开征询窗口，收集、汇总并解答有关此届大会的相关疑问。目前，ICOM大会网站已经基本建成，并在2008年底投入正式运行，开始为大会提供服务。

（刘　健）

东方网

【概况】 2008年，东方网在金融危机波及互联网的冲击下，贯彻落实中央“加强网络文化建设和管理研讨班”和上海“网络文化大会”的精神，深入学习实践科学发展观，从发展瓶颈中找问题、找对策，不断夯实影响力和经济效益，开创东方网发展建设的新格局。一方面在互联网重大宣传报道上扩大主流媒体影响力，日均页读数有所上升；另一方面克服市场不利因素，网站线上业务及线下控股子公司均保持良好发展势头和持续盈利能力，为东方网谋求试点上市打下基础。

一年来，东方网成功获得“中国传媒改革三十年论坛十大媒体网站品牌”、“2008年度中国互联网行业自律贡献奖”、“上海市2008抗震救灾网宣先进单位”、“2007年度中国互联网品牌栏目”、“第十八届人大新闻奖网络新闻作品一等奖”、“2007年度上海市网络文化特别贡献奖”等荣誉。

【五个平台：全面打造上海网宣主阵地】

1.打造“上海互联网权威信息第一发布平台”

坚持发挥上海互联网权威信息第一发布平台作用，在842路公交车火灾、杨佳暴力袭警等敏感热点新闻报道中，先声夺人，及时刊登有立场、有观点的新闻；同时，全年刊发原创评论近4 500篇，主动赢得网络话语权和舆论引导权。

2.打造“上海互联网重大新闻核心平台”

对历次重大新闻事件和活动进行充分报道，以上海眼光准确解读，以关键影响力带动社会影响力提升。在上海“两会”报道中，首次对俞正声参加人代会审议进行直播；在抗震救灾报道中，策划组织“同饮一江水，川海血脉情——上海千万网友抗震救灾爱心集结”；在“两个奥运”报道中，被独家授权承建奥运火炬跑上海段和奥足赛上海赛区的新闻发布平台；围绕世博600天宣传报道，开设“文明在线”平台，营造全体市民共迎世博的良好舆论氛围。

3.打造“上海互联网社会生活全方位交互平台”

积极发展用户生成内容的平台交互模式，11月市委书记俞正声等做客东方网，与现场和在线网民面对面征集意见，共20多万网友参与交流，收到网民建议留言近万条。另一方面，大力发展东方博客，通过世博和改革开放三十年等活动，使东方博客成为东方网影响力增长的重要支撑。此外，结合热点推出科学发展观、上海地铁、奥运等主题BBS论坛，并深化全网办嘉宾访谈策略，俞正声、韩正、刘云耕、冯国勤先后做客东方网。同时，继续与市教育考试院合作，提供考务在线咨询和高考查分服务，全年举行了11场，页读数累计5 000余万。

4.打造“上海互联网多媒体主流平台”

大力拓展视频和直播业务，全年视频直播117场，其中站外视频直播79场，仅奥运期间，刊播原创视频28条及7场新闻发布会视频直播。此外，东方网在市政府新闻发布会直播基础上，重点发展法院庭审直播。全年近20场庭审直播，被媒体称作上海司法公正公开透明的重要一步。

5.打造“上海互联网外语外宣拓展平台”

着重从做强日语频道、自建英语频道入手，提升东方网外语外宣能级，扩大东方网涉外影响力。新版英语频道以准项目制方式自建，于2009年1月1日推出。

【四大举措：全力创新技术主导效应】

1.全力以赴，确保网站平稳运行

通过更新换代加强骨干网络的安全性与稳定性，并对东方网新大楼办公网络环境设备与文新大厦的网络对接进行设计与部署。此外，进一步在外地设立重要系统镜像点，拓宽了网站带宽资源的利用，提高了北方用户访问的质量。

2.千方百计，优化网站系统应用

重点针对博客系统、嘉宾访谈系统、搜索引擎策略、滚动新闻应用进行了重点优化；探索了页面结构与搜索引擎优化策略；对东方网滚动新闻功能进行改造，提高了搜索引擎友好度。

3.页面改造，宽屏工程逐步推进

新闻类频道先后全面实现底层页面宽屏化改造，仅排行频道一例，页读数就飙升了23倍；并清理完成全部新闻类频道的目录树，对提高被搜索率起到了积极作用。

4.项目评测，技术管理规划更上台阶

“东方网网站及托管网络平台系统”于2月顺利通过安全测评，获颁《信息系统安全测评证书》。东方网还规划或参与了上海互联网内容监管及网络文化管理共享平台等项目，为提高网站技术能级打基础。

【六个方向：全方位夯实主营业务效益】

1.多元整合：创新线上频道广告模式

东方网市场拓展部与商务频道部合并，重组成为市场商务部，在网站广告经营、商务类频道经营、合作项目拓展等业务上积极开拓。其中，与“窄告网”合作带来品牌广告客户；与群视技术合作争取网络社区广告营销；坚持“广告＋网建/活动”模式，新增江桥镇、永达汽车等项目。此外，在频道经营上以进入上海及在上海本地有策略安排的垂直类网站为主攻方向，新增高尔夫、就医、电子消费、折扣、休闲、装潢、公积金等频道。

2.因地制宜：创新合作电子政务模式

合作发展业务经受了汶川地震和金融危机政府部门财政缩减、上海大部制调整等困难和压力，实现70多家合作单位的网站建设、维护、专题制作及相关的合作服务，包括市保密局、市新闻办、致公网、庭审直播、大学生创业、文广局网站、侨办改版、机关党委服务器托管等。此外，合作发展业务已逐步形成六大类——网站建设类、直播支持类、网上互动类、专题推广类、硬件支持类及其他类。

3.构建格局：创新技术运营增值模式

新成立的东方网技术运营中心较好完成2008年经营指标，其中托管服务、软件开发、系统集成及其他是主要领域。在软件开发方面，开发改造了“上海文广人才招聘系统”等10多个管理信息系统以及东方网高考查分、中国上海嘉宾聊天应用平台建设等117项软件项目。同时，先后完成市长咨询会、中美互联网论坛等活动技术支持，并为世博网、传媒集团、东方票务、文新集团等托管单位提供服务。

4.平台联动：创新线上线下服务模式

年内，东方网点共有224家门店办理二次加盟手续。东方数字社区共建设完成270家东方社区信息苑、868家东方农村信息苑。东方怡动依托东方网，与上海电信合作的“灵通世博”短信，用户超过10万；与上海联通合作的“东方便民”短信，用户超过30万，并入选“2008群众乐见的优秀短信栏目”。东方诚心、东方企业信用征信因经营上资源共同使用，完成了股权调整的变更手续，从征信业务等四个方面多元拓展业务。总体上，东方网股份有限公司的控股子公司2008年均实现盈利，合并利润比上年明显上升。

5.东方慧谷：打造上海文化信息产业园

在东方网完成对东方文信的同比增资，以及园区建设土地使用权投标的基础上，为保证东方网虽不是第一大股东，但作为法人代表、董事长单位的权益，全面完成东方文信章程和相关规定修订，使运营管理风险得到有效控制。12月6日，东方慧谷举行奠基仪式，宣传部长王仲伟参加仪式并做重要讲话，宣传部副部长张止静和嘉定区委书记金建忠为“上海文化信息产业基地”揭牌，推动了作为文化和信息化融合发展重大示范工程的园区建设。

6.网报互动：创新《城市导报》经营模式

《城市导报》先后探索了以打造权威城市生活排行榜为主要目的的“一周生活排行、双休生活导航”内容形态，推出会员制、抢购广告产品等多元化经营模式；为了更快地找到盈利模式，又探索了一周出版两期，增出一期消费周刊（会员制互动周刊）。另外，向社区街道报拓展，《城市导报》提供服务的街道报由年初的4家增加到年底的8家，并组织策划了一系列社区活动。

【三个方面：推进科学发展管理增效】

1.机制改革，建章立制，启动项目化试点

为探索业务新增长点，激发团队活力，鼓励内部创业，东方网党委决定，在公司化运作中推进项目化机制，4月通过《关于东方网公司化运作中推进项目化机制的实施意见》。经过调研，确定东方博客为首个项目化运作的业务，在网站内部公开招标，顺利落标。此外，东方网继续强化制度化管理，新订和修订管理规范13件。

2.组织活动，品牌推广，承办中美互联网论坛

11月6～8日，中国目前为止最高规格的互联网业界论坛——“第二届中美互联网论坛”在上海举行，东方网被指定为承办单位，挑战了自身在会务筹备、策划统筹、组织接待等方面能力，刷新了东方网承办最高规格、最大规模的活动记录，推广了东方网在中美互联网业界的综合影响力。此外，积极组织品牌调研推广，形成《iResearch—东方网竞争力研究报告》，尝试广告置换，配合组织等各类推广活动近30次。

3.提升影响，宣传形象，探索网站新闻发布工作

年初，主动联络《人民日报》、新华社、中央电视台、《光明日报》、《经济日报》、《工人日报》等，集中宣传东方网八年来在提升传播实力和推进民主民生的探索，首次将东方网誉为“和谐之网”。年中，根据国新办在重点新闻网站中实行新闻发言人制度要求，确定东方网新闻发言人，规范网站信息披露，强化口径和品牌管理，协调危机公关处理。全年对外口径发布27次，情况报送216次，妥善处理考试院高考查分报道纠纷等危机公关事件23次。

（东方网）

三、公共卫生领域信息化

突发公共卫生事件应急信息系统建设

2008年，上海市“突发公共卫生事件应急信息系统”基本建成。该系统以“平战结合、应急优先、立足长远”为基本原则，建设了基础网络平台，联通19个区县以及42个市级骨干节点单位，覆盖全市600多家各级各类医疗卫生机构；建立了“一主三辅”四个数据中心；建成上海市公共卫生应急指挥中心，并在处置手足口病、抗震救灾及污染奶粉等应急工作中发挥了巨大的作用；建立了应急资源管理数据库、疾病控制数据库、卫生监督数据库、突发事件数据库四大核心数据库；建立了数据采集、数据共享交换、地理信息、数据分析挖掘、统一权限管理等基本功能支撑平台；开发了应急指挥与处置、疾病报告与监测预警、卫生监督、医疗救治和资源管理等应用系统。

（市卫生局）

医联工程建设

“医联工程”项目即“市级医院临床信息交换平台”，由上海申康医院发展中心于2006年10月启动建设，旨在促进市级医院之间临床信息共享，为减少重复检验检查和重复用药，减少浪费，提高医疗质量，优化医疗服务提供支撑。该项目2007年获得国家科技部“十一五”支撑计划支持，并列为部市合作项目。

至2008年底，已在瑞金、新华、仁济、市一、市六人民医院等23家市级医院之间实现联网，18家市级医院建成全院级医学影像存储传输系统(PACS)。就诊患者的基本信息、检验检查结果、医学影像、门诊处方、住院病案首页等临床信息在联网医院范围内实现共享。市民可以通过医联门户网站（www.shdc.org.cn）和市民信箱获取在联网医院所做的检验报告，减少往返奔波。截至2008年底，“医联工程”数据中心已采集2 215万条就诊记录信息、1亿条医嘱记录、41.3万份住院病案首页、742万份化验报告和65.9万份影像检查报告。平均每天增加就诊记录59 823条、医嘱记录317 470条、住院病案首页1 336份、化验报告25 279份、影像检

查报告2 191份。除周末外，医院端每日查询量约为8万次。（杨佳泓）

电子健康档案试点应用

电子健康档案应用试点工作全面完成。长宁区通过建设社区卫生全科团队信息系统，让社区卫生服务延伸到居民家中，通过PDA设备可以调阅社区居民的健康档案，并通过便携式打印机现场打印建床单、化验单和健教处方。闵行区以个人健康信息为核心，建成了包括健康档案、疾病管理、妇女保健、儿童保健、计划免疫、健康教育、计划生育等功能的区域综合社区服务信息系统，促进了闵行区社区卫生机构相关业务信息的交换和共享，为社区居民提供了更为方便、快捷的医疗服务，为建立和完善闵行区的公共卫生体系奠定了基础。静安区以区域实有人口信息库为基础，建立了包括数据采集、任务管理、全程跟踪、服务监管等功能的社区居民健康档案应用系统，初步实现区域社区卫生服务管理的网络化以及社区卫生服务行为的全程跟踪和监控。申康医院发展中心以“医联工程”为依托的个人医疗信息服务正式向市民开放，市民通过“医联网”和市民信箱可以查询本人在全市23家市级医院的检验检查报告，截至年底，共计有28 009名市民申请了该项服务，市民信箱向就诊市民发送检验检查报告11 462份。由瑞金医院承担的“区域双向转诊信息平台”项目实现瑞金医院、卢湾区中心医院和社区卫生服务中心之间病人病史的相互调阅；医护人员可以在“区域双向转诊信息平台”网站上为患者预约瑞金医院、卢湾区中心医院的床位和专家，并安排患者进行在线会诊，社区居民可以在“区域双向转诊信息平台”网站上查阅个人医疗档案和就诊安排。

（陈可乐）

四、体育领域信息化

体质监测网络系统建设

2008年，市体育局完成体质监测网络系统建设。该系统以上海市业已建成的80个体质监测站为基础，借助Internet信息通道，通过建立VPN虚拟内网，实现中央体质监测数据库的实时更新和数据共享。通过网络管理平台，实现市区两级的网上业务管理功能。通过“体质在线”子网站，实现市民自我简易体质测试，系统根据测试数据，提供有针对性的体育健身忠告、心理调节忠告和运动营养忠告。

该系统的核心部分是体质监测中央数据库，系统围绕中央数据库构建一系列功能模块。系统建设的总体要求是：以原有单机版系统为基础，扩展体质监测系统的服务功能的范围和提升原有服务功能的档次；建立系统安全和数据安全体系。项目实施现场为全市19个区县的80个体质监测站、19个区县体质监测管理中心和市级体质监测指导中心。“体质在线”子网站安装在托管的服务器中，进一步扩展了“体质在线”网站子系统，并将该子系统融合进了市体育局“上海体育”网站。市民可以通过简易方式自行采集体质数据，通过互联网输入系统后，便能获得分析结果和运动处方。市民也可以通过互联网进入系统，查询自己历年的体质档案，包括体质监测站收集的体质档案和“体质在线”网站子系统收集的体质档案。该子系统还设立有健身科普类和健身指导类栏目。

水上中心项目建设

上海市水上运动中心信息化基础性项目将原先无线网络环境改造成有线网络环境，为了提高数据传输速度，内部数据传输速度由10MB提高到100MB，确保数据传输的安全性和保密性，还提升了内部局域网抵御黑客入侵和电脑病毒入侵的能力。

该项目主要建设内容有：(1)办公大楼包括主机房、教练员和运动员宿舍楼、贵宾楼、指挥塔、新闻中心和多功能厅的综合布线；(2)增加黑客防火墙和病毒防火墙设备；(3)增加核心交换机；(4)机柜和

UPS电源。该项目采用交换机为核心，两层架构的组网方式，主干采用1 000兆级接入，桌面采用100兆级接入。除了提供国内国际赛事的网路服务外，系统主要是面向中心内部的信息管理系统。

2008奥运会信息化建设

【奥运网络安全】 奥运会的网络分五个部分：北京奥组委管理网、运动会网、奥运会官方网站、奥运会票务网、其他互联网接入，面临的风险主要有：病毒的大面积传播、垃圾邮件、对网页的恶意篡改，黑客借攻击奥运“扬名”、对网站的恶意攻击、网站的突发访问流量大造成交换机等网络设备的压力大达到一定程度之后设备瘫痪、网络瘫痪等。为此，奥组委特别测试了“网络安全运营管理技术”，并在“奥运网络安全监控系统”中成功使用。

针对“上海体育”网站奥运期间的安全问题，市体育局信息中心制定了《“上海体育”网站信息安全方案》，在制度上健全了值班制度、审核制度、责任制度，在硬件上升级了病毒、黑客防火墙，在软件上开发了网页防篡改系统，在人员上组织了专项工作小组并配备了相应的技术团队。整个奥运期间，“上海体育”网站作为市体育局的官方网站，多层次多角度地宣传了北京奥运，深入剖析了上海健儿在奥运期间的完美表现。

此外，为了加强公务网建设，落实奥保安全。市体育局进行了公务网建设，保证了体育局系统与所有委办局和市政府保持正常沟通。由于奥保安全因素，针对涉密网络、涉密系统的审查制度大大加强。根据市保密局最新的安全保密审核规范，市体育局重新拟定了公务网安全保密方案，对原有的临时机房进行彻底整改，从综合布线、机房装修，到终端防护、规范手册，一一规范到位，并在奥运筹备阶段进行了多次内部自查。

【奥运网球“鹰眼”技术】 奥运会上，网球项目首次引入“鹰眼”技术辅助裁判的判罚。“鹰眼”系统的正式名称是“即时回放系统”，由 8 到 10 个高速摄像头、电脑和大屏幕组成。首先利用高速摄像头从不同角度同时捕捉网球飞行轨迹的基本数据，再通过电脑将这些数据生成三维图像，最后利用即时成像技术，由大屏幕显示出网球的运动路线及落点，从而判断网球是否出界。一般情况下，选手在每一盘比赛有两次申请借助“鹰眼”的权利，如遇到抢七，还可以追加一次。主裁在接受申请之后，会通过大屏幕播出“即时回放”并根据回放决定最终判罚。

门户网站建设

【升级改造网站服务平台】 2008 年是中国体育的关键年，“上海体育”门户网站专门推出了奥运专题、残奥专题，结合原有的竞技体育、全民健身、体育产业三大主线，展开了信息公开、网上办事、工作动态、体育之窗、新闻中心、便民互动、教育培训、职业鉴定八个栏目。网站突出体育特色，积极构筑集办公、宣传、教育、培训、资讯和便民为一体的综合性体育服务平台。

【网站内容进一步丰富】 2008 年，“上海体育”网站在内容条线分类和后台建设上做了进一步升级。在做好网站新闻类信息常态化建设之外，还积极加强网站资料类和运用平台的建设和更新，不断完善和丰富网站内容，同时对网站的运作模式作了探索性尝试。在年度工作中，市体育局进一步深化建设有上海特色、体育特色的“上海体育”官方网站的建设思路，坚持政府网站属性不动摇，提高和扩大信息公开、网上办事、便民互动等窗口的服务质量和范围。同时，结合 2008 奥运会的举办，做好上海体育健儿勇夺金牌的舆论宣传。

为满足网站升级改造的需求，策划了两个奥运（残奥）、学习实践科学发展观、改革开放三十年体育回顾、全民健身节、迎世博、全运会、体育彩票、一区一品等专题约140个，设计上海火炬传递、奥运健儿、品牌赛事等通用模板5个，不仅大大增强了网站信息的厚度、广度，而且在版式设计上大胆创新，推进了网站内容建设的专业性和规范化。

【网站便民效能再次提升】 网站作为市体育局良好的资源平台，不仅是市体育局对外发布官方消息的重要窗口，而且还担负着为市民提供便民服务的职能：(1)升级网站应用功能，为系统开设实用、便捷的办公工具。信息员报送平台在2008 年度运行良好，与“中国上海”门户网站协作开展了全民健身节专题网谈，有效利用共享资源开设“上海体育”网谈频道。⑵随着2008奥运会的召开，网站不但是一个信息发布的平台，同时也是一个综合性的媒体、信息、产业资源平台。在尝试网站模式拓展性运作中，把握奥运年体育产业空前发展的机遇，与上体实业公司合作建设“体育产经”频道。此外，一直备受关注、却得不到良好运作的“健身地图”栏目也迈出了探索性的第一步。

各单位信息化项目顺利推进

经过初步对系统直属单位和区县体育局的调研，截至年底已经有三分之一的单位建立了自己的信息系统或网站，但都不同程度存在运维困难、资金投入不足等问题。2008年度，信息中心作为市体育局信息化建设和发展的职能部门，试点性地参与了水上中心综合布线工程与军事体育俱乐部网站建设等项目，同时还为体育总会网站建设、青训中心二线运动员管理系统、市体育运动学校综合布线工程提供咨询和解决方案等服务，与部分基层单位形成了长效的信息化建设合作模式。通过局机关网络及设备维护，建立了机关办公环境维护的长效机制，科学分配IP地址，保证网络有序使用，并在原有基础上提高服务质量，不断满足机关无纸化办公的发展要求。

（市体育局信息中心）

第三章 社区信息化

概 述

2008年，上海社区信息化按照《上海市人民政府关于完善社区服务促进社区建设实施意见》（沪府发〔2007〕19号）要求，以社区为载体，充分发挥信息化在社区“三个中心”建设中的支撑作用，全市社区信息化迅速发展、应用不断深化，城乡数字差距进一步缩小，对社区服务与管理的促进作用日渐明显。

社区管理信息化得到深化拓展。全市213个街道（乡镇）基本完成办公自动化功能，普及了信息交换、公文传输、网上简报及通知等应用；采用建站、主机托管、空间租赁等方式开设了街道乡镇社区网站或网页，开设了主任（镇长）信箱，拓展个性化为民服务项目。政府部门直接面向市民的服务窗口集中到社区事务受理服务中心，实现“一门式”办事；全市80%以上社区事务受理服务中心采取了统一受理的信息系统支持，正从“一门式”向“一口式”发展，“前台一口受理，后台协同办理”服务模式逐步完善。社区信息化基础设施初具规模，至7月，街镇科室工作人员电脑拥有率0.98台/人，居村委工作人员电脑拥有率0.67台/人；政务外网对各街镇机关实现了全覆盖，并依靠光纤延伸和经电信、有线拨号上网覆盖居（村）委，形成了区县、街道（乡镇）、居（村）委政务网络三级联网；为社区信息化呈现出丰富多彩的应用格局奠定了基础。社区党建信息化不断拓展，街道社区党委运用信息化手段改进流动党员管理，加强党建工作，依托党员信息库和服务资源信息库，建立“台账式”信息档案，解决流动党员“跟踪难”；运用党员日常管理系统和法人服务平台，建立“菜单式”工作专栏，解决流动党员“活动难”；运用互助网站和党员服务热线，建立“在线式”需求网页，解决流动党员“服务难”。

社区公共服务信息化继续完善丰富。社区卫生服务信息化不断深入，结合社区卫生服务综合改革，促进服务团队、社区卫生服务中心、区域医疗中心三级卫生服务工作平台交换和共享居民健康档案，在长宁、闵行、闸北先期试点后，已逐步推广到其他区县。经过探索与实践，医院信息系统（HIS）、实验室信息系统（LIS）、放射科信息管理系统（RIS）、影像存档与通讯系统（PACS）、影像识别系统（CIS）、全科团队管理系统（TIS）之间形成有机衔接，通过社区居民健康档案，实现了医疗服务、健康教育、医疗延伸服务紧密结合，达到防治兼顾的目的。社区文化活动信息化不断丰富，以东方社区信息苑为主要载体的社区信息化综合服务建设工程，成为社区公益性文化信息化的阵地。东方信息苑已建1 500家，中心城区建成东方信息苑300家，农村信息苑1 200家，覆盖全市19个区（县）的157个街道（镇）及600个行政村，共27个频道、256个专栏，可提供政务服务、文化服务、便民服务、未成年人服务及培训服务；整合出版机构定期更新的新版电子图书达10万册、整合影视集团正版电影电视剧80G、与永乐院线合作的百姓影院近年新片600多部，与远程教育集团共享50万个教育课件。社区生活服务信息化不断完善，通过打造以市社区服务热线“962200”为中枢的社区服务信息平台，进一步理顺社区服务热线电话网（“962200”）、电脑网（“www.88547.com”）、实体服务网“三网联动”的服务机制，以市社区服务中心为主线，基本构筑市—区（县）—街（镇）—居委四级社区服务中心(分中心)的工作体系。上海社区服务网包括三个子网站：

上海社区公共服务网（www.88547.com）集中发布社区公共服务类信息；上海社区生活服务网（www.962200.net）是社区生活服务的网上受理窗口；上海社区志愿服务网（www.c-home.org）成为社区志愿者的活动、交流平台。“社区服务超市”中拥有5大类60余项服务，包括家政服务、家电维修、水电维修、特需服务以及社区事务服务等，基本实现了社区服务项目的专业化、规模化、规范化运行。

（那海燕）

一、社区管理信息化

社区信息化综合试点

2008年4月，市信息委复函同意在卢湾区开展上海市社区信息化综合试点工作。根据俞正声书记在视察五里桥街道时提出“继续深化社区信息化工作，进一步拓展应用功能”的要求，社区信息化综合试点工作重点进行两方面的探索：一是重点探索社区信息化的综合应用，在推进政府职能转变、加强社区管理、提升社区公共服务功能、构建和谐社区等工作中体现支撑和促进作用；二是重点探索区、街道、居委会信息共享和业务联动的工作模式。

社区信息化综合试点总体目标：基于社区基础工作、面向居民的公共服务和商业服务的需要，建立以综合数据库为支撑、覆盖社区各类业务、渠道界面统一的社区信息平台；改变社区管理和服务条块分割的现状，全面整合卢湾社区服务信息资源，向居民提供全方位的信息服务。试点计划用两年左右的时间，围绕社区信息平台的总体框架，在全区层面一体化设计、集约化建设“一个系统、一个网站、一个热线”（即：覆盖全区日常社区基础工作的社区工作信息系统，提供“一网式”集中服务的社区服务门户网站，提供“一线式”求助服务的社区服务呼叫热线）。

卢湾区明确了试点工作机构，及以五里桥街道为重点的综合试点单位，其他街道同步开展单项试点，相关部门积极配合，形成全区统一组织、分工负责、共同推进的工作格局。目前，以建设社区信息平台为重点推进应用系统整合，以加强共享交换为重点推动信息资源开发利用，探索实践区、街道、居委“三级联动”的社区信息化综合应用工作模式。同时，注重构建规范化的建设和管理、社区信息资源共享、日常运维保障、信息化服务外包等机制。

（那海燕）

二、社区公共服务信息化

社区信息服务系统建设

【社区服务网建设】 在对上海社区服务网进行分析和论证的基础上，市社区服务中心对其结构和内容进行了重组，将社区公共服务、生活服务和志愿者服务分门别类地集中到统一的公共信息平台之中，使社区服务网定位转为社区服务的集中发布门户、各类志愿者服务队伍和活动供需信息的交互平台、社区生活服务的网上受理窗口，并面向市民开设了各类生活服务的网上在线咨询和预订服务。同时，统一采集并发布了相关资料，为一些区专门开通了上传通道以便实时维护、修订公开信息，使得社区居民可以很方便地在社区服务网上查询到社区事务服务信息。上海社区公共服务网现有公共服务、社区新闻、社区文摘、服务队伍、志愿服务、居委之窗、社区特色、安康通、生活百事、区直通道十大板块；上海社区生活服务网现开设乐淘上海、漫游服务、推荐服务、风尚家居、生活论坛五个栏目；上海社区志愿服务网有义工天地、活动招募、小组专区、义工论坛四个栏目。

【社区服务资源在线统计】 市社区服务中心加强了对各级社区服务基础数据的普查和统计工作，对统计系统进行了较大改进和完善，增加了动态数据的统计功能，扩大了社区服务资源的统计范围，组织各区对社区服务中心的各类基础数据和信息开展了全面统计计划，年内已完成 14 个区、146 个街镇社区服务工作数据的复核、统计和分析工作。同时，中心还初步开发了社区生活服务全信息系统，将多方采集的各类生活服务设施信息以电子地图的形式直观呈现。

【社区服务平台建设】 为进一步完善社区服务工作，在启动与浦东热线的联动试点后，2008 年又与南汇申港街道合作，指导成立了申港街道社区服务热线，极大方便了临港新城区域居民的社区日常生活。

【社区服务项目创新】 为更加完善社区服务项目，中心组织各级社区服务中心对新兴的社区服务项目或尚在构想之中的创意项目进行了推选，并撰写了项目策划报告书。目前已征集到创新服务项目 50 多个，“社区健康小屋”、“少儿驿站”、“睦邻点”等项目脱颖而出，为今后的工作做出有益的探索。

深化“安康通”为老服务项目

作为一项为社区老人提供信息化居家养老服务的配套工程，“安康通”在2005、2006、2007年被列为市政府实事项目的基础上，2008年新发展老人用户1.5万户，并进一步增强服务，在南汇、嘉定等郊区逐步建立起服务网络体系。同时，在面向全体老人开展紧急呼叫援助、居家养老和信息咨询服务的基础上，又新增了文化娱乐服务和为老维权服务。在文化娱乐服务方面，组织了多次老年旅游、文艺演出、文体比赛、文艺沙龙、兴趣讲座和拍金婚照等活动，加强了与“精神文明共建联盟”会员单位之间的服务互补和联动，重阳节还推出了“百万次真情服务、一万次生命急救”服务成果展暨老人联欢大型活动。在为老维权方面，一年共处理各类事件30余件。

（方廉忞）

三、智能化楼宇和小区

上海网通智能化小区建设

【CPN 小区流量监控系统建设】 为进一步强化对 CPN 小区的监控能力，解决由于监控手段缺失，造成无法进行流量对比等问题，上海网通自行开发了“CPN 小区流量监控系统”。4 月初，该系统正式在公司运维系统中启用。

【小区宽带接入能力提升】 2008 年，新增小区宽带接入认证服务器 BRAS 设备 9 台，全网 BRAS 设备达到 28 台，可支持 10 万并发用户接入，并具有用户带宽限速和权限控制功能。

（应　燕）

第六编

城市建设管理领域信息化

综 述

2008年，上海城市建设管理领域各相关业务部门按照《国家信息化发展战略（2006～2020年）》和《上海市国民经济和社会信息化发展“十一五”规划》的要求，围绕提升公共服务和社会管理能力，充分发挥信息化对提升管理服务质量和效率的促进作用，推动信息技术应用，强化信息化支撑，推进信息资源的开发和利用，形成了建设和应用的良性互动。一是信息化重点项目向纵深发展，城市网格化管理信息系统向郊区和街镇等基层延伸，实现城市网格化管理在上海城市化核心区域的全覆盖，并向市政、绿化等专业系统进一步拓展；地下空间基础信息平台项目建设进入以管理应用功能开发和地下空间数据建设为主的第三阶段；土地房屋综合管理信息系统在土地管理板块、房地产市场管理板块、房屋管理板块、综合管理板块等方面进行了开发和完善；对上海城市地理信息系统平台中的遥感数据库进行了全面更新，形成了2008年版的基础平台遥感影像数据产品，并已广泛应用于建设、交通、房屋土地、环保等城市管理的多个领域。同时，全市还进行了绿化、水务行业信息的遥感综合调查，为行业管理信息系统提供新的矢量数据土层和属性信息。二是大力推动保障世博的相关重点项目建设，作为国家科技部“十一五”科技支撑计划项目“国家综合智能交通技术集成应用示范”课题之一，上海市世博智能交通技术综合集成系统课题以应用智能交通技术、保障世博交通畅达为目标，对综合交通信息平台构建技术等关键技术进行研究，支撑了示范工程的建设，取得了阶段性成果；交通港航指挥中心启动建设，建成后将实现基础数据管理、日常监管、应急处置、决策支持等应用功能，加强对交通港航运行的安全监管，提高对突发事件的应对能力，增加政府决策的科学性，为世博公共交通服务保障和安全管理提供支持。三是稳步推进城市建设管理业务信息化建设，上海城建管理领域各相关业务部门结合工作实际，以提高政府管理效率和社会公共服务水平为中心，从加强自身电子政务建设、有序推进部门信息化项目、注重软环境建设等方面，继续推进全行业的整体信息化进程。

（吴 敏）

第一章 重点项目

概 述

2008年，上海城市建设管理领域的信息化重点项目呈现向纵深化发展的特点。城市网格化管理信息系统向郊区和街镇等基层延伸，实现城市网格化管理在上海城市化核心区域的全覆盖，并向市政、绿化等专业系统进一步拓展。地下空间基础信息平台项目建设进入以管理应用功能开发和地下空间数据建设为主的第三阶段。土地房屋综合管理信息系统在土地管理板块、房地产市场管理板块、房屋管理板块、综合管理板块等方面进行了开发和完善。作为国家科技部“十一五”科技支撑计划项目“国家综合智能交通技术集成应用示范”课题之一，上海市世博智能交通技术综合集成系统课题以应用智能交通技术、保障世博交通畅达为目标，对综合交通信息平台构建技术等关键技术进行研究，支撑了示范工程的建设，取得了阶段性成果。为了满足城市管理对航空遥感数据不断增长的应用需求，对上海城市地理信息系统平台中的遥感数据库进行了一次全面更新，形成了2008年版的基础平台遥感影像数据产品，并已广泛应用于建设、交通、房屋土地、环保等城市管理的多个领域。同时，全市还进行了绿化、水务行业信息的遥感综合调查，为行业管理信息系统提供新的矢量数据土层和属性信息。

（吴 敏）

一、城市网格化管理信息平台

上海城市网格化管理信息系统在完成市级平台与16个区级平台建设的基础上，2008年又建成奉贤区、南汇区、崇明县的区县级平台，实现城市网格化管理在上海城市化核心区域的全覆盖，覆盖面积约1 000多平方公里。网格化管理向街镇等基层进一步延伸，年内完成浦东新区网格化管理信息系统二期项目的建设任务。同时，网格化管理向专业系统进一步拓展，年内完成市政专业网格化管理信息系统（二期）的建设任务，并完成绿化专业网格化管理信息系统的工程可行性论证。

另一方面，上海城市网格化管理信息系统与12319城建服务热线的联动机制不断完善，在原有浦东新区、长宁区、卢湾区与12319城建服务热线联动的基础上，实现全市中心城区的联动；并已部署于2009年1月1日开始，在松江、青浦、金山、闵行、嘉定、宝山等6个郊区实现联动。

以网格化管理信息系统为载体的城市网格化管理通过建立主动发现问题和解决问题的管理机制，有效提升城市管理的能级和水平，特别是针对市民关注的城市管理热点问题进行有效处置。自2005年实现城市网格化管理以来，截至2008年底，系统对各类城市管理问题已累计立案逾156万件，结案153万件，系统结案率达98%以上。

（刘 臣）

二、地下空间基础信息平台

2008年，“上海地下空间信息基础平台及其关键技术研究”项目建设进入第三阶段，此阶段项目实施以平台的管理应用功能开发和继续地下空间数据建设为主。按照项目规范标准建设、关键技术研究、数据建设、功能开发、发展管理研究、环境建设六大内容划分，截至年底，大部分建设任务已经完成。具体为：

标准规范研究工作已经完成。针对地下空间信息基础平台数据收集、制作入库到应用管理过程，项目研究制定了21个标准规范，形成平台自身的标准规范体系。

关键技术研究工作已经完成。其中包括复杂情况下管线探测技术应用研究、地下构筑物数据建模关键技术研究、三维可视化关键技术应用研究、分布式数据库关键技术研究、空间数据库和空间数据查询关键技术应用研究、空间数据仓库与数据挖掘关键技术应用研究六项内容。

数据建设已经完成80%以上的工作量。其中地下空间数据建设情况为：长宁区、黄浦区地下管线数据调查全部完成，现已经进入维护阶段；黄浦区地下构筑物的资料收集和三维建模工作已经完成80%工作量；地质数据已经整理入库。

功能建设已经全部完成。其中包括资料管理系统、平台管理系统、管线维护系统、共享服务系统和三维模拟系统五个系统的开发和集成工作。

发展管理研究基本完成。已经形成地下空间信息基础平台的建设规划和运行机制研究报告，即将进入专家意见征询和评审阶段。

环境建设已经完成。集成并搭建了能够支撑目前数据存储和应用服务的软硬件实施环境，内容包括机房、存储和应用设施等。

根据计划进程，项目整体建设将于2009年4月底全部完成。

（倪丽萍）

三、土地房屋综合管理信息系统

2008年，“上海市土地房屋综合管理信息系统”建设主要完成如下工作：

土地管理板块，完成土地交易、征地管理、土地开发整理复垦、建设用地预审模块、土地执法等系统的开发和完善。

房地产市场管理板块，完成二手房升级改造和资金监管系统建设。

房屋管理板块，完成物业违章搭建和群租在三级网络的上报系统，完成962121物业管理呼叫平台的开发建设，针对市民反映比较强烈的维修不及时、服务不到位、收费不规范等物业管理顽症，结合局信息化建设的阶段成果，采用先进技术手段优化物业管理行业监管流程，建设以维修业务处理为基础，以规范物业企业行为、服务公众、决策支持为目的的统一报修平台，实现全市物业管理规范化、数据标准化和信息公开化；完成全市公房凭证换发打印，5 297个公房和售后住宅小区的落地工作；梳理了全市近3 000物业公司及10 870个小区管理处信息；完成第一、二、三、四批历史保留保护建筑及风貌区的图形和属性数据入库；完成拆迁基地入库落地工作。

综合管理板块，完成办公自动化系统和信访投诉系统的升级改造。在机构改革后，分别为两局重新调整或新建了各自的办公自动化系统，并做好新老系统间平稳过渡和衔接工作。

（卢锦台）

四、上海世博智能交通技术综合集成系统

“上海世博智能交通技术综合集成系统”课题是国家科技部“十一五”科技支撑计划项目——“国家综合智能交通技术集成应用示范”三项课题之一。

“上海世博智能交通技术综合集成系统”课题以应用智能交通技术、保障世博交通畅达为目标，针对世博交通区域集聚性、交织冲突性、管理复杂性等特征，根据世博交通对智能交通技术的需求，以“提出一个战略，建设一个平台，整合六个系统，实现四项服务”为总体目标，从世博交通信息的整合处理、世博交通协调控制管理、世博交通出行信息服务三个方面，重点对“综合交通信息平台构建技术”等8项关键技术进行了研究、攻关，支撑4项以在世博交通主要通道和主要交通枢纽节点现场建设的示范工程，并完成33项子课题研究，获得软件著作权4项、专利2项。该课题由上海市交通信息中心承担研究，同济大学、上海电器科学研究所（集团）有限公司、上海市城市综合交通规划研究所共同参加。目前，课题研究与示范工程已全部按任务书要求完成。

在世博交通信息整合处理方面，研发了综合交通信息平台构建技术、综合交通动态信息获取技术、复杂道路环境交通状态分析技术，形成了平台系统构架、数据标准、网络通讯、数据存储与管理、信息共享、运行管理等平台构建技术，支撑交通综合信息平台的建设与世博交通信息服务的发布；形成了基于手机移动定位的广域公路交通流参数采集技术、密集客流视频检测技术、多源道路交通流参数整合处理技术等，丰富交通动态数据获取技术手段。

在世博交通协调控制管理方面，重点研发了网络路由优化诱导控制技术、交通走廊协调控制技术、世博专线车信号优先技术、世博交通紧急事件检测与管理技术，提出了城市快速路、地面主要干道交通流的有效诱导、合理控制和均衡交通流技术、世博交通紧急事件检测与管理技术。

在世博交通出行信息服务方面，重点研发了城市交通枢纽出行信息服务系统技术，提出了交通枢纽交通信息服务发布的内容、手段、设备、枢纽内部客流组织方案等，以提高交通枢纽的换乘效率、出行安全和舒适性。

课题还研究了世博交通信息服务的需求，构建了世博交通信息服务系统建设框架，提出世博交通信息服务系统建设思路和建设任务。这些成果将在世博交通建设工程实践中得到充分运用，为保障世博交通畅达作出应有贡献。

该课题将于 2009 年 5 月由科技部组织专家进行验收。（陆奭蕾　翟希　顾承华）

五、航空遥感平台更新与信息调查

上海城市基础数据平台航空遥感数据库更新与应用

2008年，由上海市测绘院和上海城市发展信息研究中心共同实施，对上海城市地理信息系统基础平台（以下简称“基础平台”）中的遥感数据库进行了一次全面更新。

此次更新的原始数据来自2008年1月至3月进行的数码航空摄影，覆盖范围包括上海市的陆域、岛屿和部分滩涂，覆盖面积约7 000平方公里。此次数码航空摄影采用的是目前先进的面阵数码航摄仪，成像比例尺为1:2万，影像的地面分辨率为0.25米。

经过波段融合、正射校正、拼接、分幅等后期处理所得的数据产品是按照1：2000地形图图幅进行分幅的模拟真彩色影像（9 400多幅）；同时为了应用方便，对分辨率进行重采样，正式推出应用的数据产品包括：0.25米分辨率影像（数据量340GB）、0.5米分辨率影像（数据量85GB）、1米分辨率影像（数据量22GB）。

2008年版的基础平台遥感影像数据产品已经应用于建设、交通、房屋土地、水务、绿化、环保、民防等城市管理的多个领域，不仅从信息更新角度有效地支持了这些领域的信息化管理与应用工作，还促进了各领域之间的信息共享交换，并为一些科研和工程项目的信息综合调查提供数据支撑。目前，2008年版遥感影像数据产品已经在以下一些信息平台或管理系统展开应用：上海市网格化管理平台、上海市交通综合信息平台、上海市旧区改造信息服务系统、上海市水务公共信息平台、上海市“地-楼-房”基础数据库、上海市绿化林业遥感和地理信息系统、上海市污染源管理信息系统、上海世博园区建设工程项目管理信息系统、上海市重要经济目标综合信息库、上海城市空间信息应用服务系统（SIG信息共享平台）、上海地下空间信息基础平台、浦东新区环保局综合管理GIS系统、徐汇区公务门户综合应用系统等。该版遥感数据产品还将在其他一些领域逐步实施相关的应用，诸如黄浦江两岸开发规划、农业、安全生产、港口管理等。

全市绿化与林业、水务行业信息遥感综合调查完成

在上海城市地理信息系统基础平台遥感数据库更新的同时，全市还进行了绿化与林业，以及水务两个行业信息的遥感综合调查，为各自行业的管理信息系统提供新的矢量数据图层和属性信息。

绿化与林业遥感调查是利用2008年的数码航空遥感影像，对全市建成区范围内的绿化矢量数据，以及郊区林地矢量数据进行更新调查，添加新增的绿化与林地矢量信息，查找消失的绿化与林地。尤其是配合原上海市绿化管理局实施的“春雷行动”，分析2005年至2008年间发生大面积减少的林地，在此基础上分析全市绿化与林地的覆盖率以及增减变化原因。

水务行业则是利用2008年的数码航空遥感影像，对全市范围内的河道水面进行更新调查，补充新开挖的河道的矢量信息，并查找被填埋的河道，在此基础上分析全市河道水面积率。

（潘　强）

第二章　城市建设管理业务信息化

概　述

2008年，上海城建管理领域各相关业务部门结合工作实际，以提高政府管理效率和社会公共服务水平为中心，继续推进全行业的整体信息化进程。一是加强自身电子政务建设，如水务局电子政务系统二期项目建设，完成了统一门户、办公自动化系统、协同办公系统、电子政务支撑系统的开发；“上海环境”完成了政府网站改版；民防的行政审批系统二、三期建设完成，并投入试用；绿化林业系统内部实现全系统“无纸化”办公等。二是各部门信息化项目有序推进，如城市交通管理综合信息平台建成并投入使用、高速公路电子不停车收费系统（一期）建设完成、金土工程（一期）建设通过验收、地下工程综合管理信息系统（一期）建设完成、水上客运电子联网售票系统进一步完善、按时完成130万张敬老卡发放和全市公交、轨道交通进出口POS机升级改造等。三是重视软环境建设，各部门通过健全组织机制、完善制度建设、制订规范标准等方式，不断加强有利于信息化发展的软环境建设。

（吴　敏）

一、水　务

2008年，上海市水务局按照《国家信息化发展战略（2006～2020年）》、《上海市国民经济和社会信息化发展“十一五”规划》、《上海市水务信息化“十一五”规划》和《上海市水务局“十一五”信息化建设实施意见》的要求，围绕“提升公共服务和社会管理能力”的主线，推动信息技术应用，强化信息化支撑，促进信息资源开发和利用。上海市地方标准《水务信息管理》荣获上海市标准化优秀技术成果二等奖。“上海市水务公共信息平台应用系统”获得“中国GIS优秀工程金奖”和ESRI中国“GIS特别成就奖”。

规范健全水务信息化工作机制

2008年，水务信息化工作以规划、标准、规范建设为重点，进一步健全信息化建设和管理的工作机制，有效推进了水务系统信息化建设的平衡发展。⑴进一步细化、完善水务信息化规划体系，完成了水务执法总队等单位信息化规划的编制；⑵编制行业信息化管理规范，在上海市地方标准《水务信息管理》颁布实施的基础上，从行业管理实际需要出发，推动相关设施编码标准化工作，编制完成了《河流（湖泊）编码标准》、《上海市河道数据库建设维护规程》；⑶编制了《水务信息化建设管理规程》，进一步从工作机制上明确信息化建设和管理的具体要求；⑷继续通过信息化项目立项、预算审批、竣工验收等环节，强化对水务信息化项目的管理力度；⑸按照水利部的统一部署，完成水务系统信息化建设情况调查，编制了首份《上海水务信息化年报》；⑹继续推进信息系统安全测评、信息系统安全等级保护，以及CA证书应用等工作，提高了信息系统安全保护力度。

完成电子政务二期工程建设

市水务局电子政务系统二期项目自1月实施建设，到年底完成了统一门户、办公自动化系统、协同办公系统、电子政务支撑系统的开发工作，系统进入总体调试和试用阶段，市水务局全部行政许可项目实现了“外网受理、内网流转、协同办公、电子监察”的目标，提高了办事效率和透明度。市供水管理处网上行政许可完成审批流程梳理和应用软件方案设计。截至12月31日，累计在水务网上更新政府信息公开文件987件（其中主动公开309件，依申请公开678件），受理网上申请政府信息公开事项320项。为了配合电子政务系统的建设，配套编制完成了《协同办公数据及接口技术规范》、《机构用户编码规范》、《统一用户及权限管理技术规范》、《电子政务系统运行维护技术规范》四个技术规范和《协同办公流程管理参考规范》、《界面设计参考规范》两个参考规范。同时，为规范电子政务系统的应用，起草了《上海市水务局电子政务系统应用管理暂行规定》，并举办了三次系统推广应用培训，更好地推广电子政务系统的应用。

完成水资源实时监控与管理系统一期建设

按照水利部关于城市水资源实时监控与管理系统建设试点工作的各项要求，市水务局结合上海城市水资源特点和水务一体化管理需求，从信息规范、资源共享、数据整合、应用集成的角度出发，建设上海市水资源实时监控与管理系统。项目由上海市水务信息中心负责，基于水务公共信息平台和电子政务系统初步搭建了水资源综合管理系统，到年底完成了项目水利部第一阶段投资部分的验收。该系统汇聚了水资源管理相关的基础数据、设施数据、统计数据，实现了与市供水调度监测中心、市水文总站、市水利处、市堤防处等单位的实时监测数据的接入与共享，初步实现了基础管理信息地图化、水资源监测实时共享、统计报表网上流转、水资源动态评价。

行政业务数据库信息分类编目和公开属性审核试点项目通过验收

8月6日，“上海市水务局行政业务数据库信息分类编目和公开属性审核试点”项目通过验收。项目结合市水务局信息资源开发利用实际，对市水务局行政业务数据资源进行了合理梳理和分类编码，形成了上海市水务行政业务信息资源目录体系；开发了上海市水务信息资源目录检索与交换系统及相关数据库，实现信息资源的目录服务和交换服务，探索建立了市区二级信息资源目录体系的架构；制定了相关的工作规范和技术规范予以保障。

完成苏州河综合管理信息系统前期工作

市水务局结合苏州河综合整治三期工程建设提出建设苏州河综合管理信息系统。苏州河综合整治办公室、市水务信息中心、市堤防（泵闸）管理处、市水利处、市水文总站、市排水处、江海公司等单位参与了系统建设。7月，编制完成项目建设规划，提出在2009至2011三年时间内创新专业网格化管理的理念，运用在线监测、视频监控等信息化手段，优化管理流程，整合管理资源，为提高苏州河水安全、水资源、水环境管理水平提供信息技术支撑，逐步实现“集约化巡查管理、网络化数字地图、实时化调度监控”的管理目标。规划明确了建设任务，一是建设苏州河综合信息管理平台，通过该平台实现与电子政务系统、防汛指挥系统、水资源管理系统的有机整合，形成统一门户、统一权限、一个平台、一张地图、分层共享；二是建设和接入苏州河干流水文水质自动监测、苏州河水系水闸泵站自动监控、苏州河堤防设施安全监测和苏州河河道堤防巡查管理等信息采集监控子系统，实现各类信息要素的全覆盖；三是建设三个行业综合调度中心：水利监控调度中心、网格化（条段化）管理中心以及排水监测中心。

上海水务网站完成第六次改版

2008年，上海水务网站共发布动态信息1 550条，其中上报“中国上海”门户网站483条，被采用318条；收到意见投诉428条，处理率达100%，并按月及时向“中国上海”门户网站报送“局长信箱”运行情况和反馈情况统计表。根据“中国上海”门户网站统计，2008年上海水务网日均浏览量约为7.9万人次。根据全市政府部门网站建设管理的要求，经过五个月的方案编制、技术实施，“上海水务”网完成了第六次改版。此次改版以提升便民服务水平、优化栏目配置为目标，在汇总水务行业各项公共服务功能的基础上，开辟了具有水务特色的“便民信息”专栏。该栏目整合了防汛系统和水利、供水、排水三个行业30多项服务功能，包括防汛预警、台风路径、道路积水等防汛栏目，河道水系、水环境整治、海塘堤防、河道水质等水利栏目，雨水系统、污水系统、窨井盖补缺等排水栏目，供水部分在原先基础上新增了原水水质、服务范围、供水规划等栏目。此次改版还对网站布局、栏目设置进行了优化，做到核心栏目首屏传达，板块划分更加合理，进一步提升了网上服务成熟度、信息公开透明度、公众参与度、使用友好度。

水务信息化安全体系经受“迎奥运、反恐怖”考验

2008年，市水务局在服务政府职能转变、行业基础管理水平和社会公共服务等方面发挥了积极的支撑作用。在病毒防范方面，构建了立体安全防护策略，市政大厦（市水务局部分）和水务大楼在病毒感染率方面比上年明显降低，控制在10%与5%之内。针对奥运保障等特殊要求，进一步加强了信息类基础设施、重要信息系统的运维管理，落实了信息系统的分级保护工作，并成功举行了网络与信息安全应急演练，为水务应用系统的正常运行提供了稳定的信息化环境。为确保奥运顺利进行，全局专门提出应对举措，编制了《2008年奥运及汛期网络与信息安全专项应急预案》和《2008年奥运及汛期信息类设施设备及网络系统专项应急预案》，优化了应急处置流程和业务恢复流程，加强定岗定责和奥运期间值班制度，加强对各单位网络与信息安全工作的监督考核，奥运期间全局网络系统运行正常率达100%。全年网络正常运行率达97.8%，同比提高2.8个百分点；服务器及存储系统正常运行率达98%；视频会议系统正常运行率达99.6%；视频监控系统正常运行率达98.6%；PC机及外设保障率达98%。

视频会议升级改造项目完成

2008年，市水务局对原有上海市防汛视频会商系统进行升级改造，采用视频会议主流技术，构建数字交互平台，实现28个分会场高清视频功能，并与水利部、太湖流域管理局视频会场无缝对接，提供了MSN、Outlook的复合应用，具有多种会商机制、多种应用复合、多种资源整合的特点。该项目于9月1日启动，到12月已完成15个会场终端的建设工作，并投入运行。

供水“一张网”调度延伸到郊区

上海市郊区（县）供水调度监测系统项目于2007年3月正式启动，截至2008年底，市供水调度监测中心完成与松江自来水公司、浦东新区自来水总公司、奉贤自来水公司的调度系统的联接，实现供水调度信息的网上共享。该调度监测系统已于2008年第四季度通过市信息安全测评论证中心进行的安全测评。

排水行业基础数据库及其管理系统（一期工程）完成

2008年，市排水处开展了排水行业基础数据库及其管理系统（一期工程）建设，并于12月通过阶段性验收。系统导入了现有污水厂、泵站和管网等测绘数据，已在排水规划评价数据处理入库及应用分析等方面开始试用，提高了排水行业的管理水平与应急处置能力。

堤防管理系统建成运行

上海市堤防（泵闸）设施管理处于2008年建设完善了堤防管理系统，对市管河道堤防基础数据库、堤防运行管理、抢险数字预案等模块进行了完善和优化。进一步优化数据库的使用功能，并对险

工、险段以及薄弱段等数据进行录入和部分数据的校对和更新。其中包括黄浦江共250余段5公里左右堤防岸段的数据更新、黄浦江中下游95%以上岸段的数据完整性检查以及黄浦江上游干流、红旗塘、拦路港、太浦河堤防的数据录入以及部分地质数据的录入，全年完成10 000多个数据的更新维护。

水利工程质量安全定额信息管理系统建成运行

上海市水利建设工程质量监督中心站于2008年建设完成了“水利工程质量安全定额信息管理系统”，系统包括质量监督、安全监督、定额管理及办公自动化等业务工作模块，对监督流程、监督规范、监督标准进行了程序化设计，使工程质量监督过程更为严谨。

上海市海塘网格化管理信息系统（一期）建成运行

《上海市海塘网格化管理信息系统（一期）》项目经过近一年的试运行，于12月11日通过专家验收。该项目借鉴了城市网格化管理的理念，属于专业网格化管理在水务行业的应用，实现从被动管理到主动管理，粗放式管理到精细化管理。该项目一期以奉贤区海塘所为试点，优化海塘网格化管理的工作流程，细化海塘管理的部件和事件，通过适应当地海塘管理体制和特点的信息系统开发，实现从巡查、派单、养护、核查、结案全过程封闭的数字化管理。

（周凡　蓝岚）

二、环境保护

依据环保部及上海市环保局的工作部署，围绕全市环保“三年行动计划”及当前污染减排等环保重点工作，积极推进信息技术在环境监测、监察、监管等领域的广泛应用，同时从着力建设政府政务公开、增强便民服务、提高行政工作效率的角度，积极推进全市环保信息化工作。

“上海环境”政府网站改版

2008年“六·五”世界环境日之际，上海市环境保护局（以下简称“市环保局”）推出全新改版的“上海环境”网站。新版“上海环境”扩大了首页版面，并采用分块设计，方便查找。新增加“招投标与专项资金管理”、“监测与应急”、“绿色创建”、“化学品管理”、“节能减排”、“创建模范型城市”、“城市综合整治定量考核”等二级栏目，以及“领导讲话”、“环保大事记”、“各区县每月降尘情况”、“环境统计年报”以及“环境统计相关文件”等三级栏目，信息量显著增加；在公众参与版块中，增加了“环保大家谈”网上访谈节目，将定期就市民关心的环保热点问题举行实时交流；另外，除原有的“建筑工地夜间施工作业审批公示”、“机动车国三标准车型查询”、“建设项目环评审批公众参与”以外，还新开设了“开展非法生产、销售和使用消耗臭氧层物质的有奖举报”栏目，接受市民对非法生产、销售和使用消耗臭氧层物质（简称ODS）的举报。

改版后的“上海环境”自上线以来，网站访问点击率明显上升，其中6月、7月的访问量分别达到48 131人次、49 979人次，同比增加8%和23%。在2008年度全国各省级环保局（厅）政府网站绩效评估活动中，因“信息公开覆盖面广，信息丰富，更新及时”受到表彰，并取得信息公开单项评分第一、网站综合评分第五的好成绩。

研究建立“环保数据库技术规范”

根据上海市环境保护信息化建设“十一五”规划数据平台建设的要求和工作部署，2008年，上海市环保信息中心与华东师范大学合作，研究制定了《上海市环保数据库技术规范》。

《上海市环保数据库技术规范》以污染源管理为基础，着重从环保信息资源标准、应用支撑标准、管理标准三个方面，包含环保信息分类与编码规范、环保数据元数据规范、环保数据库建设与运行技术规范、环保空间数据库建设与运行技术规范、环保信息资源目录体系、环保信息资源交换体系以及环保数据共享管理办法共七个部分，对环保数据库的建设、运行和管理工作进行规范，为进行复杂异构环境下的异构数据资源的有效整合与共享提供了依据，为环保信息的深层分析和综合利用奠定了基础。 该技术规范已在市环保局和部分区县数据库建设项目中试点应用，取得较好效果。下一步将在试点应用基础上，进一步对规范进行完善，扩大推广应用范围。

建立“环保执法信息系统”

继“环境保护法律法规信息库及检索系统”（2008）成功开发运行，市环保局为进一步规范环保执法行为，加强对执法过程的控制，强化对相关内外部程序和文书的管理，及时发现和纠正执法过程中存在的各类问题，研究并开发了“上海市环保执法信息系统”。

该系统采用Visual Studio.NET技术架构，基于Web Service应用集成，使用了WWF工作流技术和Ajax编程技术，并运用Eclipse插件建立了基于角色的用户权限管理机制，使环保行政执法工作实现从立案、案件调查，听证、案件审查、结案、归档的相关文书在线填写、审核、审批等所有内外部管理程序的全流程控制管理，并完成与“环境保护法律法规信息库及检索系统”的无缝集成，为提高环保执法效率、规范执法过程提供了有效手段，并在实际运用中发挥了良好的作用。同时该系统的成功建设，使环保执法工作向规范化、电子化、网络化管理又迈进了一大步。

（市环保局）

三、房　地

2008年，原上海市房屋土地资源管理局信息化建设和管理工作按照“统一规划、统一标准、统一管理、统一平台、资源共享”的信息化管理要求，围绕局重点工作和局信息化领导小组扩大会议确定的建设目标，对信息化“十一五”规划中2008年的任务重新进行梳理，完善实施方案，加强信息化计划、信息化专项资金管理，规范了信息化资产管理，推行“一个平台、三条主线、三个层面、两个要素”改革，转变政府职能，重点加强指挥监测体系建设，实现管理创新。

信息化基础数据管理

全力做好基础数据的更新维护，不断丰富和完善全市“地—楼—房”基础数据底板，使基础数据底版和专业数据库的数据做到“全、通、新、用”。“全”是指所有涉及的房地资源数据必须按照横向到边、纵向到底的要求汇集到统一平台；“通”是指必须按照房地资源全生命周期管理的要求，打破各个管理主体、各个管理环节之间存在的鸿沟壁垒，实现数据的互联互通；“新”是指所有的数据必须按照长效管理机制的要求，实现动态更新，确保准确性、现势性；“用”是指所有的管理行为必须在统一平台上进行，所有管理行为产生的结果必须归集到统一平台中来。

全年共完成房地产权属调查项目确认和备案1 671件，土地现状变更13 300件，违法用地项目上传377件，土地整理复垦项目立项289个、验收195个；楼盘登记信息触发和项目编号挂接802个项目。完成全市2000年以前3万余件建设用地批文的清理入库和建设用地项目的图形检查、8 140条历史违法用地清理入库、全市剩余公房数据比对、650余件全市基本农田数据调整，全市范围2006年5月1日到2007年12月31日期间的房屋调查数据成果更新工作，提高了底版数据的准确性和现势性。

信息化基础设施建设

截至2008年底，完成245个乡镇土地所和房地办事处的联网工作，建立了日常管理和维护检查制度。在机房建设发面，完成北京西路99号8楼新机房的建设。在信息安全方面，完成局信息系统的信息系统安全测评；完成指挥中心安全管理制度的制定；网站和办公自动化系统通过了上海市安全测评中心的A类测评。

指挥监测中心应用

在指挥监测中心一期的基础上，建设指挥监测信息平台，开展行业动态监测和行政事项监测，根据预先设定的业务指标自动作出判断和预警。2月，正式开展在线监测工作，目前在土地管理方面，指挥监测中心已经按批中、批后对土地审批（包括农转用、土地供应、招拍挂等内容）、土地征用、土地执法等工作实施全面在线监测。截至2009年2月13日，在土地审批、土地规划中监测到预警事项共计462件，规范了土地管理业务、提高了全市土地基础数据质量。

金土工程（一期）建设通过验收

按照国土资源部金土工程（一期）建设的要求和部署，完成土地利用现状、基本农田、农用地分等定级等基础数据库的缩编和整合，实现了与国家金土工程相关应用系统的集成和对接，完成了国土资源部金土工程一期系统接口开发、界面整合、数据交换系统部署等工作，通过了国土资源部组织的专家验收。 （卢锦台）

四、交　通

城市交通管理综合信息平台建成并投入使用

截至 2008 年底，随着城市交通管理各业务子系统相继通过验收并投入使用，城市交通管理综合信息平台基本建成。该平台作为市交通局信息综合和政务管理的基础平台，既实现全行业基础信息资源的集中与分发，又支撑各部门之间的应用共享，是城市交通行业对内对外的信息枢纽。综合信息平台主要包括一张业务专网、一个基础数据库和多个应用系统，构建了以业务专网为依托、基础数据库为核心的一网覆盖、数据集中、应用分布的电子政务框架。业务专网已覆盖市、区两级各管理部门和执法机构以及服务窗口和枢纽等重要信息监控点。城市交通基础数据库既涵盖了全行业内车辆、线路、业户、人员以及交通设施等基础数据，还逐步融入客流、车辆营运和站点视频等行业运行数据，实现了数据集中、应用分布，一数一源，一源多用。业务受理系统、运输管理系统、综合执法系统、人员考试系统以及局机关业务系统等不同层面的应用子系统，基本实现了城市交通业务受理、行政许可、行政执法和人员考试等信息化管理，同时向远郊区县延伸，支撑两级管理模式。 （陈良贵）

交通港航指挥中心启动建设

2008年10月，市交通运输和港口管理局成立后启动了位于武进路151号的交通港航指挥中心建设，建成后既是交通港航的数据汇集中心，又是应急指挥中心。指挥中心信息系统将充分利用交通港航基础数据和行业运行的动态数据，实现基础数据管理、日常监管、应急处置、视频监控和决策支持等应用功能，加强对交通港航运行安全监管，提高对突发事件的应对能力，增加政府决策的科学性，为2010年上海世博会公共交通服务保障和安全管理提供支撑。2008年，重点建设了轨道交通视频与客流监管、危险品运输运行监管、突发事件接处警等功能。 （陈良贵）

危险品道路运输行业监管系统基本建成

2008年底，上海市危险品道路运输行业监管系统基本建成并试运行。系统基本覆盖了全市6 000余辆危险品运输车辆和300家危险品运输企业，实现了对危险品运输企业、车辆、人员、停车场、维修点、禁入区域等基础信息的查询统计；车辆监管范围覆盖达90%，通过车载监控系统数据实时接入和动态处理，实现监控车辆运行、停放、维修和出境等不同状态运行监控和安全监管；提供超速、紧急状态、掉线、非指定道口进出、驶入禁入区域、高温限运等报警功能，尤其当车辆进入世博等关键区域时实时报警，并根据56号令规定的实现监督检查危险品运输企业安全监管。同时重点实施对剧毒品车辆运行监管，实现了剧毒品运输车辆的驾驶员、押运员和运输货物的在线查询和跟踪功能。

（陈良贵）

公交信息化建设按计划推进

按照“公交优先”三年行动计划，至2009年底全部公交车辆将安装车载信息系统，20多个新建成的综合交通枢纽信息联网。截至2008年底，已实现9 500余辆公交车安装车载信息系统，基本覆盖中心城区，远郊区县覆盖率超过40%；实现铁路南站、崇明南门等6个枢纽的智能化系统建设的信息联网，依托牌亭一体化的新型公交候车设施建设，结合600天行动计划，实施了200个公交站牌数字化改造。

2008年底，全市公交行业监管信息系统建设基本完成功能开发，系统处于试运行阶段，覆盖全市700条公交线路和9 000辆公交车。通过对车载GPS系统实时采集传输的数据处理，实现了对线路车辆供应（如各时段配车数量）、执行班次以及首末班车发车时间及准点率等服务供应动态监管；对线路运营大间隔监管、车辆乱串线、车辆超速以及非规范停车、非正常开关门等情况异常报警和运行安全监管。

（陈良贵）

颁布实施地方标准《危险货物运输车辆车载监控系统基本要求》

2008年底，由市交通港口局牵头，会同公安和安监部门共同编制了地方标准《危险货物运输车辆车载监控系统基本要求》，并通过了市质量技术监督局和国家质量技术监督局审核。标准由系统基本要求和通信协议规范两部分组成，规范了危险货运车辆车载系统的系统组成、主要功能、数据接口、系统性能以及检测等内容。该标准颁布实施后，将有效地指导全市危险货运车辆的车载监控系统设计，统一各类型设备无线通信数据传输协议，引导危险品运输行业车载监控系统技术发展。

（陈良贵）

推进水上客运电子联网售票系统建设

目前上海市吴淞客运中心使用的客运票务信息系统，覆盖了上海至普陀山等地全部13条省际航线和市区至崇明三岛的部分航线；2008年底投入试运行的大达旅游码头信息化系统，则覆盖了主要浦江游览船。在此基础上将逐步推进省际、三岛、浦江游览等全市范围的水上客运联网售票方式，进一步完善水路客运票务信息系统功能，新增网上查询、购票等功能，以提升水上客运服务水平。

（市交通港口局）

公共交通卡建设

上海公共交通卡系统从1999年投入运行至今，已累计发行交通卡达2 300多万张，应用领域覆盖公交、地铁、出租、轮渡、高速公路等10多个行业，累计装载POS机7万余台，进入“一卡通”消费交易结算系统的运营单位279家，建立售卡（充资）网点2 491个、移资网点146个、退卡网点112个。通过十年运营，系统在有效提升城市公共交通服务和管理水平、提高效率、促进便捷环保消费的同时，带动了上海IC卡相关产业的发展，目前在国内仍保持着较先进的应用水平，是国家“金卡工程”应用的一个典型示范。

2008 年，公司以优化服务、确保“系统安全”、“资金安全”为重点，坚持公益性和市场运作相结合，充分发挥科技企业服务职能作用，在为市民服务、为运营企业服务、为社会服务等各项服务举措上取得一定成效。根据市政府有关要求，公司通过合理的人员调配，按计划有步骤地进行设备采购、系统调试和测试，按时保质地完成了130万张“敬老卡”的发卡任务和全市公交、轨道交通进出口POS机的全面升级改造。8月顺利实现“敬老卡”的上线使用，并建立了“敬老卡”和换乘优惠数据统计以及异常情况的监控管理平台，按时向行业管理部门等单位提供相关数据资料和分析报告。

根据6月24日市建设交通委召开的高速公路不停车收费系统（ETC）建设和管理体制会议纪要中“由交通卡公司出资建设、运行和维护本市ETC收费运营管理系统，实现市场化运作，全面负责ETC系统收费结算及客户服务”的指示精神，在有关部门的大力支持和协调下，公司通过调研，确定了实施方案，并对结算系统以及清算银行等进行了招投标，加紧ETC配套项目的实施建设，年内完成ETC结算中心、ETC客户服务中心运营体系的一期建设，并开展了OBU和沪通卡推广销售工作，12月31日上海与江苏两地高速公路不停车收费互通互连正式开通试运行。

2008年，公司配合市有关部门研究长三角互通专题项目，建立了长三角各城市协调机制，确立了IC卡标准，完成了互通清算平台方案。该项目已通过验收，并被与会专家一致认为取得了阶段性成果。目前上海公共交通卡异地互通系统共有4个城市，分别为上海、江苏的无锡、常熟以及安徽阜阳，苏州公交、杭州部分出租车也已实现单向通。

（公共交通卡公司）

五、民 防

民防通信警报系统建设

一是完成“5.19”全市防空警报鸣放的技术保障任务。根据国务院公告，全市于5月19日14时28分开始在全市范围内鸣响防空警报3分钟，从公告发布到全市防空警报器同时鸣响，只有短短的19个小时。二是完成“国防教育日”全市警报试鸣技术保障任务。根据上海市颁布的《防空警报建设管理办法》，于“国防教育日”（9月20日）首次在全市范围组织进行防空警报试鸣。为了做好警报试鸣的保障工作，组织对市民防防空警报统控中心进行改进完善，对全市19个区县的警报控制终端软件程序进行升级优化，进一步提高系统的可靠性和稳定性；积极配合做好数字800兆的市、区两级组网工作，完成系统分组、设备编组工作。目前全市19个区县民防系统和市民防系统已实现每天的正常通联；在宝山区民防办完成了警报信号发放有线控制系统的开发和试点，在9月20日的警报试鸣中，首次在全区范围内采用有线控制方式发放防空警报。

“奥运安保”任务技术保障

完成香港名品街、迪美广场、民防大厦地下停车库等市属民防工程监视系统建设，实现民防大厦31层指挥中心和总值班室的视频接入；建立了800兆数字集群民防子网的值班制度，保障奥运期间上海市和19个区县民防系统的通信联络顺畅；建立机动指挥车应急保障值班，时刻处于待命状态，确保随时开赴事故现场处置应急事件；完成由市民防办组织的两次“地下空间突发事件应急处置模拟演练”的各项技术保障工作；完成地下空间处置突发事件应急预案的通信保障计划、指挥所应急开设方案。

重点建设项目

1.“车载系留气球监测系统”建设项目

“车载系留气球监测系统”旨在为世博园区的视频监控和环境监测等提供保障服务，为世博会期间突发事件应急处置和安全保障提供支持。根据工作需要，成立了由市民防办、市信息委、世博局等相关部门组成的项目工作小组。完成项目可行性研究报告的编写、上报和批复，在此基础上深化了项目的建设需求，协调相关部门初步落实场地建设；

完成技术规格书和招标文件的编写和制订；落实项目的采购方式，完成政府采购招标和合同的签订。

2．“动中通”卫星通信系统建设项目

为了提高机动指挥所在应对突发事件处置时运动中的通信功能，市应急办和市信息委批准市民防办组织实施“动中通卫星通信系统”。根据实际需求完成了项目建议书的编制，已进入系统建设阶段。为了“动中通”卫星通信系统的配置和安装，对原通信警报车进行了整修和改装，年内正式建成并投入试用。

3.防空防灾基础平台（二期）高分辨率卫片和航片数据库建设项目

完成基础平台二期的全部工作内容，对地理信息系统硬件平台进行了扩容，专用软件进行了升级优化，完成中环内分辨率0.6米的卫星彩色遥感影像、中心城区分辨率0.25m航片的数据采集入库。

4.民防指挥中心指挥大厅维护完善

组织实施31层指挥大厅的维护完善工作，更新了指挥大厅大屏幕和综合布线系统，建立了指挥大厅专用计算机局域网和桌面升降计算机终端，配置了指挥作业图板，完善了家具、灯光、窗帘、地毯等工作环境。

5.重要经济目标综合信息库建设项目

制定了项目建设总体方案。在上年试点建设基础上，进一步完善了系统框架，强化了软件功能，增强了系统的实用性。召集重要经济目标单位开展数据采集工作的专题会议，对相关数据进行分类编辑和集中处理，年内基本完成数据建库工作。

6.上海市地下工程综合管理信息系统建设

完成系统建设（一期）和全市各地下工程属性信息及空间定位入库工作，在地下工程综合管理信息系统（一期）卢湾区试点工作的基础上，完成向全市推广应用。细化二期建设需求和方案，启动系统（二期）建设。

7．“基于GIS的民防指挥信息系统（两防一体化）基础数据库标准及市区两级共享”建设

修改完成了数据标准（草稿），完善市区两级共享交换平台软件，在闵行区进行试点，通过专家验收。

电子政务建设

1.民防网站建设

上海民防网站积极做好日常的信息更新与网站维护管理工作。完成网站专题栏目内容的及时更新，共上网信息3 594条。完善网上办事和咨询投诉的功能管理，及时响应、处置与反馈咨询问题与投诉共280件。为配合奥运期间地下空间安全宣传，开发了在线访谈系统，获得较好效果。开发了“9.20”警报试鸣和集中宣传活动专题网页，在警报试鸣前后及时宣传和发布试鸣效果。在完成网站安全测评工作的基础上，开展专项安全整改工作。公务网网站完成网站的改版工作，逐步做好网站的日常信息更新维护工作，新版网站共计迁移原有信息和新上网信息759条。

2.行政审批系统软件建设

开发完成了行政审批系统二期，根据试运行的情况多次修改完善了软件，做好民防行政审批信息管理系统日常维护管理工作，每天对内外网审批数据进行交换，确保软硬件系统正常运转。经过广泛调研，形成三期建设的方案建议，启动并完成“行政审批系统三期”建设工作，于2009年1月1日正式投入试用。

3.信息安全和办公自动化

拟制了“公务网接入网分级保护”建设方案，通过由市国家保密局组织的专家评审，年内完成系统建设和测评验收。完成新版办公自动化系统的开发工作，在全办范围内进行了试运行和相关的培训，根据运行情况进行了调整、改进，做好了正式上线运行的所有技术准备工作，完成了系统的技术验收。

（陈奕平）

六、市 政

上海高速公路电子不停车收费（ETC）系统一期建设完成

按照市委市政府服务2010年上海世博会和排堵保畅的指示精神，根据交通部长三角区域高速公路ETC联网收费示范工程的要求，为有效解决目前高速公路收费站在高峰时段出现的收费道口拥挤现象，充分发挥现有收费道口的效用，提高高速公路的收费服务水平，在2007年完成工程建设的前期准备以及技术测试工作之后，上海市市政工程管理局（以下简称“市市政局”）于2008年正式启动上海高速公路电子不停车收费系统（以下简称“ETC系统”）一期工程的建设，并于12月31日正式开通运行，在长三角区域率先与江苏省实现省际高速公路ETC系统的互联互通。

此次ETC系统一期工程的ETC车道建设布局以省市间射线道路为主，重点解决省际和入城主通道，兼顾两个港区的集疏运通道，覆盖包含主线在内的主要收费站，布置方式上采用ETC收费专用车道和ETC/MTC混合车道相结合的办法，施工过程中最大限度地不影响现有高速公路各道口的车辆通行能力。

此次ETC系统一期工程中充分利用上海现有公共交通卡广泛应用的优势，根据交通部规范要求和长三角互通的需要，在一期工程中采用由交通卡公司发行的符合交通部密钥标准的双界面CPU卡（沪通卡），满足了公共交通卡在市域范围ETC系统中的兼容应用。（顾　涛）

《上海市政道路视频信息系统间联网技术规程》编制完成

随着上海市公路与城镇道路视频信息系统建设和联网需求的不断增长，为适应市政道路视频信息系统联网的需要，进一步规范联网建设和维护，确保视频信息系统互联环境下视频信息资源的质量，规范视频信息系统联网的层次模型、接口分类、资源编码和协议，实现市政道路视频信息系统联网建设和视频信息资源的共享，按照上海市技术监督部门有关图像监控系统管理组织架构，在《上海市高速公路路网视频系统暂行技术条件》（SZ-26-2002）基础上，由市市政局立项、上海市公路管理处主编、上海市市政工程管理处和同济大学参编，共同编制完成了市市政局专业标准——《上海市政道路视频信息系统间联网技术规程》。该标准是上海市政道路视频信息系统间联网首个信息化标准，由市市政局发布，于 2008 年 10 月 1 日起实施。

该技术规程包含总则、术语及缩略语、基本规定、结构模型及层次划分、资源管理、通信协议、系统主要流程、视频服务器数据库表、附录等八章二十三节内容。适用于全市市政道路（含公路与城镇道路）视频信息系统建设和联网；规定了市政道路视频前端采集的视频信息接入相应节点的方法；规定了视频信息系统新建、改建和扩建时应采用的结构模型；规定了系统中主要设备的技术与性能指标的最低要求；规定了系统资源的编号和命名规则；规定了叠加附加信息的格式；规定了系统联网的通信协议。该技术规程还规定了外系统共享市政道路视频信息系统资源时的技术要求，可供其他视频信息系统互联参考。

该技术规程的制定，对提高视频信息系统管理水平，新建、改建和扩建视频信息系统的设计、实施和验收，视频信息系统间的互联和共享，应用系统与视频信息系统的衔接具有指导作用。

（陈　敏）

市政专业网格化部件数据调查统计工作圆满完成

根据上海市城市网格化管理总体要求，截至2007年底，市政专业网格化监督指挥中心已建成并投入使用。2008年，市政专业网格化管理系统要实现专业部件（构件）和专业事件（状况）管理内容的全覆盖应用，特别是要完成专业部件数据调查统计工作，在此基础上初步建成市政行业全覆盖、全过程、全时段的行业网格化管理系统。

根据市政专业网格化的总体建设部署，部件数据调查统计工作分两期展开，一期数据调查统计工作范围为五条典型路段，即一条城市快速路（南北高架）、两条高速公路（A12公路、A30南环段）以及两条区县公路（崇明县蟠龙公路、金山区松卫南路），总长约110公里，总部件数42 058个，于2007年9月完成数据调查统计工作，并于2007年12月底作为专业管理对象投入试点运行。

在总结一期数据调查统计工作经验的基础上，二期数据调查统计工作于2008年2月正式部署实施，4月全面铺开。参加此次数据调查统计工作的调查单位有高架道路养护公司的各个道班养护队伍、8个越江桥隧项目公司、13个高速公路项目公司、8个区县公路署和基层养护公司共30余家，参加人员达300多名。

二期数据调查统计范围基本上覆盖了除一期外的大部分市政专业设施，包括高架道路、市管桥梁、越江设施，总里程约2 927.66公里，总部件数864 122个。2008年8月中旬完成部件数据现场调查工作，9月中旬分别完成调查数据统计加工工作以及手机数据处理工作，10月中旬完成对网格化系统数据更新工作，完成了相关后续测试工作，截至目前，市政专业网格化部件数据实现全覆盖。

（伍德勇）

七、绿 化

2008年是《上海市绿化林业管理信息系统三年（2007～2009年）建设计划》（简称“第二轮‘三年计划’”）成果巩固推广的一年，也是专业网格化建设工作启动前期工作准备的一年。上海市绿化管理局（以下简称“原市绿化局”）根据“一建三管”的工作目标，以专业网格化建设为中心，巩固加强行业计算机网络系统的规范化、标准化管理、“3S”系统动态更新机制的建设和管理以及电子政务系统的完善和管理，推进行业的信息化进程。

专业网格化建设工作有序推进

绿化林业专业网格化建设工作是2008年绿化系统信息化建设的中心工作。原市绿化局依据网格化管理的理念，编制了项目可行性研究报告并完成项目初步设计。同时，积极准备项目开工建设的准备工作，力争试点区平台和市指挥监督平台、崇明东滩鸟类保护区（一期工程）、古猗园、滨江森林公园等主题公园的视频安保和防火监控系统尽早进入开工阶段，为全面建成绿化系统专业网格化平台打下技术基础。

3S信息管理系统形成工作能力

“上海市绿化林业遥感与地理信息系统”（以下简称“‘3S’系统”）历时两年半的时间，于2007年基本建设完成，2008年覆盖全市范围的绿化、林业、湿地等各类资源数据已全部完成入库，进入日常应用。原市绿化局根据绿化林业的核查结果，编制了《上海市绿化林业信息核查总结报告》和《上海市绿化林业专业图集（2006）》，对历时近三年开展的绿化林业核查工作予以总结和表彰。运用2008年0.25米空间分辨率的航空遥感影像，开展了解译工作并形成《2008年上海市绿化林业遥感调查报告》，为管理提供最新的基础调查数据。运用这些成果，原市绿化局为2008年开展的林业“春雷行动”和“林木绿化率”考核工作提供了重要的数据支撑。为了确保绿化林业遥感和地理信息系统的稳定运行和信息的日常动态更新，制定并下发了《关于开展“上海市绿化林业遥感与地理信息系统”数据更新上报工作的通知》，强调对全市绿化林业资源数据的管理与更新工作，进一步促进信息更新机制建设，完善了全市绿化林业资源数据更新管理的体系与框架。

规范化、标准化建设工作成绩丰硕

原市绿化局为了进一步加强计算机网络系统的规范化建设和管理，保障网络畅通，保证各应用系统稳定运行，确保不影响日常管理工作，制定并下发了《上海市绿化管理局关于加强计算机网络规范化建设与管理的若干意见》。按照《意见》要求，对纳入检查范围的全市18个区县绿化管理部门、9个郊区林业管理部门以及11个直属单位从网络安全性、可靠性需要出发进行了验收检查，检查合格率100%。

电子政务系统应用取得新进展

1."无纸化"办公系统成熟运作

原市绿化局在巩固全行业实现公文、会议通知和简报的网络传输的基础上，进一步推动各直属单位和区县绿化林业部门内部局域网的办公自动化系统应用，全面实现单轨制电子化传输，扩大电子印章系统在全系统的应用范围，实现全系统"无纸化"办公的目标。

2.运用视频会议系统达到节能、高效的办公方式

为规范上海市绿化林业系统视频会议系统的管理，保证系统稳定、高效地运行，更好地服务全市绿化林业管理工作，组织实施了全行业视频会议系统的规范化改造工程，制定并下发了《上海市绿化林业系统视频会议系统运行管理规定》。通过该工程的实施和规定的执行，提高了IP视频会议系统的质量，减少了参会人员的往返消费，同时也节约了会议支出成本。

3.推动投诉受理系统单轨制向区县延伸

原市绿化局投入较大的人力、财力，对投诉受理系统向区县绿化林业部门延伸进行了升级改造。升级改造后的系统以电子派单的方式取代传统的纸质单据流转，优化了由原有文本地址的抽象概念到实际地图的直观定位的功能，并简化了险情受理程序，从而提高了投诉受理中心的调度能力以及区县处理险情事件的效率。通过系统功能运用、业务流转以及实际操作方面的培训，该系统已正式进入运行阶段。

4.行政审批系统正式运行情况良好

为配合新的《上海市绿化条例》的实施，2007年5月1日进行全面改版的行政审批系统在经过八个月的试运行后，于2008年1月通过验收进入正式运行阶段。通过一年的正式运行，系统运作情况良好，全年网上审批量达到2 589项。运行期间行政管理部门及区县审批部门对改版后的审批系统及时提供了反馈意见，技术部门针对反馈意见进行不断完善，提高系统的实用性以及加强与业务的融合性。同时，为配合木材运输许可证管理的监管，开发建设了"木材许可证管理信息系统"，规范出证形式，加强了该工作的市、区二级监管能力。

5.多媒体共享系统以制度保障管理

信息共享平台系统自成功改版后建立了筛选审核功能，出台的《上海市绿化林业信息共享平台（Bizshare）信息发布系统使用管理办法》和《上海市绿化林业信息共享平台（Bizshare）信息发布系统实施细则》规范了信息的提交录用评比方式，对所有发布的信息进行审编。2008年信息统计结果显示，全年共发布信息4 932条，录用信息4 554条。信息平台上的信息发布量有了明显提高，且信息的质量较以往有了很大改进，录用率逐月递增。

6.进一步加强政务信息公开月报工作

政务信息公开工作是绿化林业行业提高政风行风工作的重要内容之一，《关于进一步加强政务公开工作的通知》和《上海市绿化管理局办公室关于实施政务信息公开月报统计制度的通知》的文件明确指出要加强对市、区二级绿化林业部门政务信息公开工作的考核。通过2008年一年的实施，全行业对信息月报工作的认识态度有了明显改善，最初只有少数单位能及时上报统计信息，大多数单位都迟报或不报，现在所有单位均能在规定期限内完成统计信息上报工作。从中可以看出，全行业对于信息公开工作的重要性以及必要性都有了新的认识，也说明了管理制度的实施对于信息公开工作的推进起到了重要的作用。

7.进一步加强绿化林业门户网站建设与管理工作

市绿化林业门户网站改版紧紧围绕“优化网站栏目，提升服务功能”的工作思路来进行。此次改版主要是对原网站的栏目进行梳理和调整，对市民检索、咨询等功能进行提升，并加强了对视频技术、图片新闻等版面的美化，旨在增强政府信息公开的透明度、便捷性；理顺网上办事的工作流程，提高网上办事的工作效率；充实互动板块和便民服务内容，提高为民服务能力。为了配合上海市迎世博600天环境综合整治行动，原市绿化局在门户网站上开辟了“上海绿化林业系统迎世博600天行动”专门子网站，成为全市相关部门中首家通过网络形式宣传“迎世博600天行动”的政府部门，取得良好的社会宣传效果。

面向全行业提供个性化培训

原市绿化局针对绿化林业系统不同的业务范围、 业务内容开展“对象式”培训，收集实际运用中经常发生的问题与解决方法，针对不同对象开展“案例分析式”培训。2008年，组织开展了信息员培训班，指导教授多媒体采编知识并结合实际操作加深印象，巩固培训效果；开展了网管员培训班，对新上岗的网管员进行上网技能培训，布置新的工作要求并对业务知识及系统新功能进行指导与巩固；为各区林业站开办了GPS数据采集和GIS系统操作管理培训班，进一步加强“3S”技术在林业管理中的应用能力；结合投诉受理系统的升级改造和木材许可信息管理系统的建设，对各区县绿化林业部门、局机关和直属单位的管理人员进行了培训。据统计，全年开展各类培训8批次，受训人员达到290名。通过各种培训班的开展，推动了现有应用系统的运行，提高了行业信息化队伍的业务素质，为信息化的推动提供了技术保障力量。

制定奖惩标准，进一步落实管理措施

根据原市绿化局2006年第26号文的相关规定，定期对各区县绿化林业部门的系统使用管理以及数据更新维护情况进行跟踪管理；通过检查评比，对优秀的集体与个人进行表彰与奖励。在对2008年各单位的信息化全面总结与评价的基础上，召开全系统表彰大会，对信息化工作表现突出、进步显著的11个单位进行表彰与奖励；在共享信息、新闻报送评比活动中，评选出15条好新闻、10名优秀通讯员，并予以奖励，以激励信息化队伍工作人员的积极性。

（钱杰　金萃）

八、市容城管

2008年，原上海市市容环境卫生管理局和上海市城市管理行政执法局的各级组织在深入学习贯彻党的十七大和上海市第九次党代会精神的基础上，认真贯彻落实科学发展观，大力加强人才队伍建设，充分发挥科技和人才引导带动效应，进一步提升市容环境卫生管理水平，增强城市管理执法效能，全面推进信息化建设，为市容环卫城管执法事业的发展提供了坚强的保障。

城管执法视频监控系统建设

上海市城管执法视频监控系统由上海市容环境卫生信息中心根据原市市容环境卫生管理局行政常务会议的要求，在已建的全市环卫数字化指挥中心系统的基础上，建设了全市城管执法视频监控系统，同时结合城管执法业务的特点，切实做好城管执法的视频监控工作。通过该项目的建设，可较好地提高城管执法工作的监控效率，且具有设备维护费用低、无线路租用费用、移动便捷等特点。项目于2008年底正式投入运行。

该系统运用802.11a/b/g无限局域网技术，在全市架设了18处无线终端和相应的网络中转点，可实现对目标区域24小时全天候监控。目前系统主要联通了上海市城市管理行政执法局直属单位和全市各区城管大队之间的无线视频会议系统，实现了执

法信息的快速传递，打破了传统会议地域和时空的局限性。下一步该系统将向部分区域的街道、镇等三级节点延伸。

短信告知平台建设

为了有效地管理全市三乱（乱张贴、乱涂写、乱刻画）行为，提升上海的城市形象。上海市城管执法局委托市容环卫信息中心搭建了“上海市城管执法短信告知平台”。

该平台通过短信提醒告知两遍和网上公示违法手机号码双通道告知方式替代以往的语音呼叫方式，向违法、违规人员发布信息，告知其违法、违规事项，并通知其在48小时之内到所在区（县）城管大队接受处理。逾期未接受处理的，执法总队将协同市相关部门依法中止其通信工具的使用。

该平台的建成除了为执法人员带来极大的便利外，同时也弥补了以往“呼死你”系统在执法成本和执法依据上的缺陷，对提高城管执法工作效能起到积极有效的促进作用。

渣土网上申报系统建设

为了加大对渣土偷、乱倒现象整治的力度，根据“全局、开放、共享”原则，通过对数据、流程、技术的标准化和一体化设计，建立了渣土网上申报系统。

根据对工程建设单位、工程施工单位、工程项目需要处置渣土量、承运单位及车辆、运输路线和时间及渣土处置点等相关信息的统计和汇总分析，使渣土处置在可控范围内，并通过计算机网络数据共享功能，实现渣土排放申报、渣土排放区管理单位勘察审核、回填区管理单位勘查深化、渣土排放区管理单位发放渣土工程处置证以及运输车辆和船舶处置证的发放等业务的网络化工作，从而大大提高了整个流程中管理工作的标准化、规范化和工作效能，并带来可观的经济和社会效益。

门户网站改版

随着电子政务信息化建设的不断深入，门户网站成为市民与政府双向沟通、共同参与政府事务的一个重要渠道。为了更好地提高政府监管职能和服务水平，市容环卫信息中心在原有门户网站基础上，充分挖掘网上办事功能，加大政务公开力度，增强网上互动模块，尤其是对网上评议系统进行了提升，提高了网上评议的功能，增强了公众的参与度，使其成为技术先进、功能完备、内容丰富、具有一定特色的市容门户网站。

此外，为了配合上海绿化和市容管理局的组建，将原绿化门户网站和市容城管门户网站在最短的时间内进行合并。合并后的首页内容包含了原绿化网和原市容网的首页所有栏目，努力做到网站版面风格简约、美观、实用。

（市容环卫信息中心）

九、邮　政

邮政储蓄银行上海分行业务系统上线

按照中国邮政集团公司金融信息化建设领导小组和信息技术局、邮政储蓄银行总行（以下简称“邮储总行”）的安排，2008 年 5 月 16 日上海市邮政公司召开邮政储蓄银行上海分行（以下简称“上海分行”）业务系统上线工作动员会，成立工程建设指挥部，下设办公室和七个专业小组负责指挥各项工作要求的实施。在各专业小组配合下，先后组织完成了网点改建方案、设备采购、系统及外围设备测试，为区县各试点网点安装通信线路和调通设备，组织业务培训和操作演练，完成标准数据编制工作和会计账户核对、清理工作等。6 月 19 日，集团公司金融信息化建设领导小组和信息技术局、邮储总行及工程管理部门领导来沪检查指导上海分行业务上线准备工作，6 月 27 日上海分行业务系统切换上线。

商函制作中心信息集成系统项目上线试运行

为使商函适应发展需要和地域特点，上海邮政拟建设商函制作中心、数据处理中心和直复营销中心，年内先后完成商函制作中心信息集成系统方案的编制、系统设计开发、软硬件设备安装、系统集成和系统调试等工作，于12月25日上线投入试运行。该系统完善了商函制作自动化、信息处理网络化、生产管理科学化等建设目标。通过信息系统的建设，提高了商函制作的质量和效率，规范了作业流程，实现商函制作中心与邮政综合网系统之间的数据能够稳定可靠地交换。

为上海书展智能防伪检票系统开发照像扫描存档等功能

7月，上海书展组委会要求上海邮政为书展提供智能防伪检票系统，结合奥运期间安全保卫特点进行技术改进，并增加红外线扫描后照像存档和实时掌控人流统计等功能。经开发后的智能防伪检票系统在对每张门票进行扫描验证时，安装在安检门上方的摄像头会自动拍摄一张照片存储在数据库中，并可对每日各时段人流量和进场人数进行分析和统计，亦可对各类进场的门票和证件进行分类统计和查询，方便主办方每天各时段及日终获得准确的各类数据和报表，还可根据报表直接生成各种曲线图和柱型图，使书展主办方实时掌控人流情况。该系统在8月书展期间运行稳定。

（谭伟荣）

第七编

信息安全

综 述

2008 年，遭遇国际金融危机影响，全市主要产业在年末都呈现负增长态势，但是包括信息服务业在内的信息产业却逆势而上，实现 20.4% 的逆势增长，成为全市增长最快的行业；各领域的信息化水平不断提升，社会管理和公共服务领域信息化工作不断深化，促进了经济社会的发展；互联网尤其是宽带网络的日益普及，使广大市民享受到便捷的网络服务，构建在城域网上的网络社会已初显雏形。

随着城市各方面对信息化依赖程度的日益提高，信息安全保障工作已与城市正常运转密不可分，成为保障经济又好又快发展，服务产业结构调整升级的重要支撑。2008 年，围绕保障全市基础网络和重要信息系统安全稳定运行的目标，按照《上海市信息安全“十一五”专项规划》的阶段目标要求，在全市各方面的共同努力下，上海市信息安全工作取得较好进展，基本形成了符合上海特大型城市应急和信息化发展需求的信息安全保障体系框架。在有效的措施和机制应对下，全市未发生重大信息安全事故，为上海成功承办北京奥运会等大型活动，以及上海经济社会发展提供了有力的保障和支撑。

信息安全协调管理机制不断完善，市网络与信息安全协调小组办公室（以下简称“市网安办”）通过协调全市公安、保密、密码、通信管理等主管部门，有效组织了北京奥运会期间的信息安全检查及保障工作；信息系统信息安全等级保护工作不断深化，基本完成全市信息系统的定级备案；信息系统安全测评和风险评估工作继续完善，进一步规范了信息系统全生命周期信息安全管理；密码管理、信息安全保密工作也得到进一步落实。这些工作都得到全市众多信息安全功能性机构的有效支撑。

2008 年，信息安全产业也抵御了金融危机影响，全行业呈现逆势而上的发展格局，随着信息服务业的增长，出现一定增长，为全市信息安全保障体系的构建发挥了重要作用。国家信息安全成果产业化（东部）基地不断发展壮大，入驻的企业规模、研发能力得到进一步提高，产业带动集聚和区域辐射效应进一步加大。

（吴　昊）

第一章 信息安全管理

概 述

按照国家对信息安全保障工作的总体部署，在市委市政府的领导下，市网络与信息安全协调小组办公室（以下简称“市网安办”）组织协调全市公安、保密、密码、信息化等部门密切协同、有效配合，推动了全市信息安全保障体系的建设，并继续在2008年保持了全市基础网络与重要信息系统的安全稳定运行，确保全市不发生重大信息安全事故。

在各单位的通力合作下，全年重点围绕了信息安全等级保护定级备案，信息安全测评，应急预案整改及演练，全市统一的网络信任体系建设等方面推进安全保障体系的建设工作，尤其是完成了北京奥运会期间全市信息安全保障任务：在全市公安部门的总体推动下，目前全市主要的信息系统已完成定级备案工作，为等级保护的深入开展打下良好的基础；按照《上海市公共信息系统安全测评管理办法》的要求，完成全市50个公共管理和公共服务系统的安全测评工作，提出了相应的整改要求，并要求各系统管理部门将整改结果上报备案；全市重点信息安全单位的应急管理工作继续深化，调整完成了相关部门的应急预案，督促指导有关单位开展预案演练，并就完善城域网监测预警体系展开了调研并形成初步方案；网络信任体系建设方面，完成了14家市级机关公务员数字证书发放工作，并确定了市工商局的数字证书改造方案，纳入全市统一的网络信任体系。

（吴 旻）

一、组织建设

体制机制

市网安小组作为全市信息安全保障工作的决策协调机构，在市国民经济和社会信息化领导小组的统一部署和领导下，对全市信息安全相关机构的设置、安全管理制度的建立、跨部门专项任务部署以及信息安全重大项目的投资等方面发挥领导决策作用，综合协调全市信息安全保障工作。市网安小组下设办公室（简称“市网安办”），作为市网安小组的常设办事机构，设在市经济信息化委（原市信息委），具体承担全市信息安全的组织协调和管理工作，以及市网安小组交办的各项任务。

市网宣小组负责对互联网舆情的研判和引导。市网宣小组下设办公室（简称“市网宣办”），设在市委宣传部，作为常设机构承担日常工作，是上海舆论宣传工作的统筹协调机构。

各信息安全相关部门在网安、网宣两个平台协同管理的基础上密切协作，落实信息安全责任制，完善日常信息安全监管工作，有效实施全市信息安全各项工作。

（吴 旻）

功能性机构建设

全市主要建有以下信息功能性机构和基础设施，面向政府部门、企事业单位和社会公众提供服务：

市数字证书认证中心有限公司：按照政府指导、市场化运作的方式成立的第三方电子认证服务机构，主要负责构建全市性的数字证书认证服务平台，向政府、企事业单位和市民提供数字证书认证服务，推广数字证书应用，为构建统一的网络信任体系发挥基础性作用。

市信息安全测评认证中心：隶属于市经济信息化委（原市信息委），主要业务包括信息安全产品测评、信息系统（网络）测评、计算机信息系统集成企业资质（三、四级）认证、信息系统安全方案评审和提供相关技术支持、咨询服务、技术开发和测试实验环境等。

市计算机病毒防范服务中心：隶属于市经济信息化委（原市信息委），主要职责有包括组织开展信息安全和计算机病毒防范服务工作，组织开展信息安全和计算机病毒防范技术的研发工作，组织开展信息安全知识的宣传、培训工作，协同建立信息安全防范体系工作，协调管理9682000信息化服务热线的运作等。

市信息安全行业协会：由上海地区从事信息安全产品研发、制造、经营和服务的企业和其他相关企事业单位按自愿、平等的原则组成，提供咨询和中介服务，组织调研、交流、合作、培训，开展会展、编辑出版以及政府委托的其他工作。

9682000信息化服务热线：前身是上海市信息化办公室直属机构及2001年度上海市政府实事工程项目之一的“82000信息化服务热线”。作为信息化技术、信息增值服务的提供商，9682000面向全市提供信息化基础保障服务，为政府机关、企事业单位及家庭个人提供全方位多层次的信息化建设、使用和应用的增值服务。

上信计算机司法鉴定所：是由市经济信息化委（原市信息委）直属机构上海市计算机病毒防范服务中心创办，经上海市司法局批准，于2005年6月16日正式成立，面向社会提供权威、公正的电子证据服务的第三方计算机司法鉴定组织。

（吴　昊）

二、职能监管

确保北京奥运会期间信息安全

作为北京奥运会的会办城市之一，上海举行两场足球赛。为确保北京奥运会期间信息安全，在全市相关单位范围内组织开展了一次迎奥运信息安全检查工作。此次检查按照“谁主管谁负责，谁运营谁负责，谁使用谁负责”的原则，以网站系统和重要信息系统的防护和整改为重点，采取以自查为主、抽查为辅的方式进行。市网安办分别组织市网宣办、市体育局、市金融办、市经委等11个主管部门和全市19个区县信息委，研究制订市级层面和区县层面的专项检查实施方案并进行落实。一是发布紧急通知，部署全市各信息安全重点单位的奥运自检自查工作。二是开展抽查工作。市级层面上，成立了赛事、金融、政务、生产、媒体五个信息安全专项检查组，分别开展各自领域的专项检查；受市网安办委托，市信息安全测评中心和市计算机病毒防范服务中心为检查工作提供技术支撑；区县层面上，由各区县信息委负责落实检查工作。三是加强整改，消除隐患。各检查组向市信息委按时反馈检查情况，由市网安办根据情况开展整改指导培训，各单位及时进行整改。同时，赛事期间还就重要信息系统加强值班监看和人员在位等工作作了部署。

（吴　昊）

深入开展互联网安全整治

2008年，全市公安部门全面清理有害信息，集中清理数据中心、托管主机和虚拟空间，整顿了一批违法违规的互联网服务单位。全年共清理处置有害信息102万余条，及时查处关闭了违法违规网站3 836家，栏目9 124个，尤其是在“打击淫秽色情专项行动”中，有效整顿了全市互联网管理秩序，遏制了有害信息在全市网上传播蔓延的势头。同时，充分发挥技术手段和信息优势，积极配合打击各类涉网违法犯罪，共受理各类涉网案件3 721起，其中协破案件2 317起。

全市公安部门还积极塑造良好的互联网环境，在东方网、上海热线等21家全市重点网站上布设了网上“报警岗亭”和“虚拟警察”。共受理网民报警信息7 854条，接受网上咨询求助信息1 003条。此外，相关主管部门还积极督促本地各级运营商切实加强信息管控，期间运营商、网站自行对有害信息采取相关技术手段加以遏止。

（吴 昊）

三、制度建设

落实等级保护制度

2008年，由市公安部门牵头，市保密、密码、信息等部门配合，认真组织开展了等级保护各项工作，全年共完成全市3 780个系统的定级备案，其中二级系统3 510个。根据《信息安全等级保护管理办法》，相关主管部门督促各信息系统运营使用单位落实等级保护各项工作措施，保障了各重要系统在奥运会期间稳定运行，奥运安保期间全市未发生一起重大信息系统安全事故。同时，借助奥运安保和迎接世博会之际，重新梳理了全市各行业、条线的信息系统，通过开展信息网络安全专业技术人员继续教育工作，分条线、分批次对全市500多家单位900多人进行了等级保护相关工作的培训和指导。

（吴 昊）

加强预警应急体系建设

为统筹建设全市信息安全应急管理体系，加强应急响应能力，2008年进一步统筹协调国家、上海市及相关企业的应急资源及预警监测能力，并在以下领域加强工作：一是完成《上海市计算机信息系统突发事件处置办法》基础调研，推进其立法工作；二是完善应急预案体系，指导163家信息安全重点单位的应急预案调整工作；三是监督市机管局、浦东新区等单位开展的应急演练，指导有关单位编制演练计划，切实提高应急响应能力；四是完成网络与信息安全事件应急防范综合支持系统建设，进一步提高信息安全事件预警和响应能力。同时，借鉴北京奥运会期间北京城域网信息安全预警监测系统在北京奥运会信息安全保障工作中成功运用的经验，对全市相关信息安全监测预警资源进行了调研，并形成了符合上海市实际的信息安全预警监测体系建设方案。

（吴 昊）

第二章 信息安全服务

概 述

信息安全服务已经成为信息安全保障体系的重要组成，在相关企事业单位的共同推动下，病毒预报及处置、电子证据鉴定、系统安全测评及风险评估、电子认证、计算机维修等多种信息安全服务已经逐步常态化。在信息化建设加快推进的过程中，众多信息安全服务机构为相关基础网络和重要信息系统提供了高质量的安全服务，为保持全市信息安全态势总体可控作出了重要贡献。

（吴 昊）

一、计算机病毒防范

信息安全重点单位病毒防范

综合年度信息安全防范情况，上海市信息安全问题有以下几点情况值得关注：⑴就发生信息安全事件的数量而言，2008年度信息安全事件月平均发生率与上年度的月平均发生率相比较有所下降，月信息安全事件发生率最高是5月，最低是1月和7月，总体变化不大。说明随着全市有关单位对信息安全问题越来越重视，各项安全措施不断落实和完善，特别是市计算机病毒防范服务中心每周一次的“本周计算机病毒预告”发布，规范了人们的信息化工作的操作和管理行为，使全市的信息安全态势进入一个相对平稳期。⑵“黑客攻击”事件与上年度比较数量明显增多，为11 288例（按攻击源IP统计），基本上是端口扫描、尝试性远程登入以及通过SNMP窃取设备配置信息等试探性动作。由于有关单位采取多种技术和管理方面的安全措施，使攻击得逞的仅为5例。（见图表一）⑶“计算机病毒”事件比上年情况好转。全年有37.27%的单位受到不同程度的病毒感染，比上年度的44.1%有所下降；有27.95%的单位遭受过三次以上的反复感染，比上年度的30.43%有所下降。全市每月入侵计算机的病毒种类不完全相同，全年肆虐比较严重的计算机病毒有Worm蠕虫病毒、ARP病毒、MSN病毒以及各种Trojan木马病毒及其变种。病毒的发展趋势由破坏性向窃取用户信息变化。（见图表二）⑷就单位而言，“由于自身原因造成的信息系统瘫痪”事件发生概率最小，全年度只有1.24%的单位发生过此类事件，但是对社会和经济生产活动的影响却不容低估，有的甚至引起了社会的关注。（见图表三）

纵览年度全市信息安全状况，发生信息安全事件的重要原因固然是由于外部的破坏，但是许多事件是由于内部管理疏漏和在安全方面投入不足引起。各单位需要根据自己的实际情况，进一步加强和调整信息安全措施。

图表一：2008年“黑客攻击”发生数量各月分布情况

2008年												
1月	2月	3月	4月	5月	6月	7月	8月	9月	10月	11月	12月	共计
2.75%	1.69%	2.39%	2.56%	6.02%	6.41%	10.00%	21.78%	10.91%	12.23%	13.34%	9.92%	100%

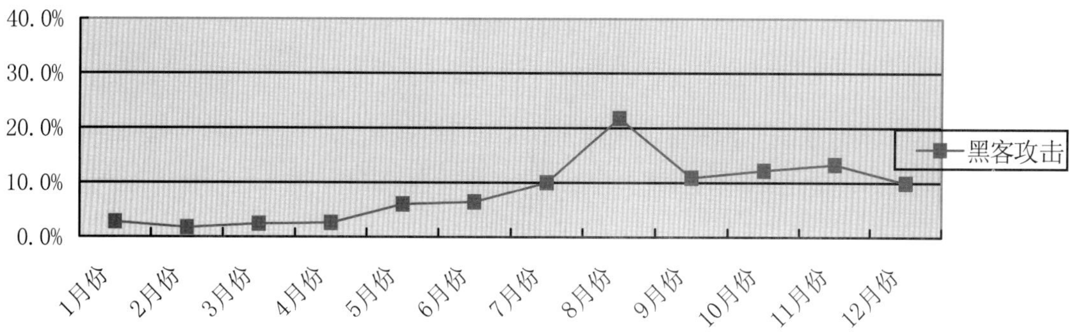

图表二：2008年“计算机病毒”发生数量各月分布情况

2008年												
1月	2月	3月	4月	5月	6月	7月	8月	9月	10月	11月	12月	共计
6.39%	6.92%	6.31%	5.47%	7.00%	5.60%	4.52%	4.60%	5.81%	11.82%	18.68%	16.89%	100%

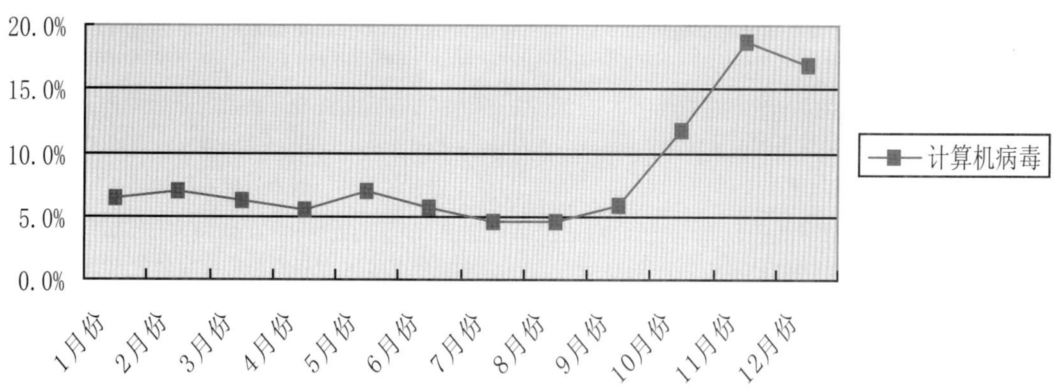

图表三：2008年信息安全事件单位发生率走势图

月份	2008年											
	1月	2月	3月	4月	5月	6月	7月	8月	9月	10月	11月	12月
百分比	25.63%	26.09%	27.95%	26.09%	31.68%	26.25%	25.63%	26.25%	28.57%	26.71%	30.00%	28.13%

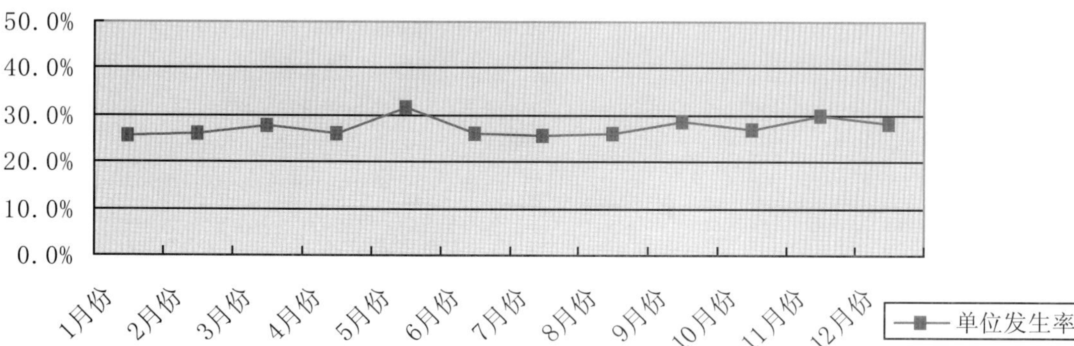

重要计算机病毒防范

【概况】 2008 年，新病毒样本 9 306 985 个，是上年同期的 12.16 倍。其中木马病毒 5 903 695 个，后门病毒 1 863 722 个，两者之和超过 776 万，占总体病毒的 83.4%。这些病毒都以窃取用户网银、网游账号等虚拟财产为主，带有明显的经济利益特征。

与2007年相比，盗号木马、Root kits驱动、木马下载器等新型病毒有了巨量增长，黑客“犯罪图财”的特征非常明显。由于大量木马采用了加载驱动、频繁升级等手段与杀毒软件对抗，使用户极其容易遇到杀毒软件被病毒关闭、杀毒不彻底等情况，用户对于安全行业的整体评价有所降低。

【2008年计算机十大病毒和疫情介绍】 根据客户端上报的数据，2008年全国约有8 000多万台电脑（包含企业用户）曾经被病毒感染，其中通过网页挂马方式被感染的超过90%。以盗取网络游戏账号为目的编写的“线上游戏窃取者”病毒成为2008年毒王，该病毒及其变种总共感染计算机2 000余万台次，是排行第二的“安德夫木马”病毒感染台数的3倍。“梅勒斯Rootkit”排行第三，是2008年最流行的Rootkit工具，可以帮助很多木马病毒隐藏自身、逃避反病毒软件的追杀，甚至会关闭多种主流杀毒软件，使其失效。十大病毒排名如下：

1.线上游戏窃取者（Trojan.PSW.Win32.GameOL）

VC语言编写的木马病毒。病毒运行后会首先将系统的扬声器设置成静音，避免杀毒软件和安全工具发出警告声响，并试图关闭多种主流杀毒软件和安全工具。然后病毒将自身复制到系统目录下，修改注册表启动项实现开机自启动。该病毒通过网络传播，病毒盗取用户网络游戏的账号、密码等信息并发送到黑客指定网站，给玩家造成损失。

2.安德夫木马（Trojan.Win32.Undef）

木马病毒。病毒运行后会将自身文件复制到系统目录下，并修改注册表启动项，实现随系统自启动。此外，病毒试图关闭多种杀毒软件和安全工具，并会记录用户键盘和鼠标操作，窃取用户的网游账号、密码等隐私信息，发送给黑客，使玩家蒙受损失。

3.梅勒斯Rootkit（RootKit.Win32.Mnless）

木马下载器。从黑客指定站点下载其他木马，并在被感染的计算机上自动运行。开机后随系统启动而运行，开机后点击右键删除被病毒感染的文件是不可能的，杀毒软件也不能将病毒清除。该病毒还可以劫持安全软件，使其崩溃来隐藏自己。该Rootkit病毒驱动通过挂接键盘设备驱动获取用户键盘输入的信息。该病毒2008年传播广泛，通过网络传播，可以窃取用户输入的账号、密码等。

4.Flash漏洞攻击器（Hack.Exploit.Swf）

一种利用最新Flash漏洞溢出的攻击型病毒程序，通常被植入人气旺盛的网站。当用户浏览该网站时，此病毒将尝试攻击用户电脑，方便“木马群”病毒的侵入。该黑客程序可以破坏Flash插件的安全机制，使其他病毒获取系统权限，侵入用户电脑，危害十分严重。此病毒会被植入“挂马网站”中，用户浏览时就可能中毒。

5.奇迹木马（Trojan.PSW.SunOnline）

针对“传奇游戏”的木马病毒。该病毒会窃取“传奇游戏”账号、密码及游戏人物的仓库密码等信息，通过自身的邮件引擎发送电子邮件给病毒作者，给网游用户带来极大的不便。关闭系统中的安全软件，使系统极易感染其他病毒。

6.安德夫Rootkit（RootKit.Win32.Undef）

内核木马。会把自己的进程、在注册表中的键值、创建的文件、创建的服务隐藏起来，尽最大可能不让受害者发现木马，以使木马长久驻留在受害者计算机中执行外界发来的特定命令。该木马下载器病毒运行后会释放一个动态库文件，该文件会从黑客指定网站下载一个config.ini文件，并且从下载的config.ini文件中获取具体要下载的木马、病毒的地址，然后下载到用户计算机上并执行，给用户的计算机安全带来危害。

7.西游木马（Trojan.PSW.Win32.XYOnline）

针对“梦幻西游”的木马病毒。病毒体运行后，会释放xydll.dll文件到系统目录下，调用其中的函数，利用键盘和鼠标钩子获取游戏密码及其他相关信息，同时病毒体还利用自带的smtp引擎将这些信息发送给木马种植者。该类病毒为盗取“大话西游”、“梦幻西游”网络游戏的游戏账号、密码、角色及游戏角色装备信息的一类木马，中毒后的计算机会导致用户机器不稳定，系统重要文件关联被修改、无法正常使用反病毒软件、用户上网速度变慢等。病毒盗取用户游戏相关信息给用户带来一定的经济损失。

8.POPHOT点击器（Trojan.Clicker.Win32.PopHot）

木马病毒。病毒运行后会将自身复制到系统目录下，并释放多个病毒文件。病毒会注入到系统正常进程，试图关闭多种主流杀毒软件和安全工具，以及把自身添加到防火墙信任列表，以此躲避防火墙在病毒刷新页面时的拦截。病毒还会利用浏览器频繁地刷新页面并点击页面广告等，使用户上网和计算机运行速度缓慢甚至死机，同时也造成用户宽带流量的极大浪费。

9.代理蠕虫（Worm.Win32.Agent）

蠕虫病毒。病毒运行后会把自己复制到系统目录下，并修改注册表启动项实现开机自启动。同时病毒会修改注册表信息，禁用系统任务管理器，禁止WINDOWS自动升级，将系统文件和隐藏文件设置为不可见，以及锁定用户默认浏览器主页，并且试图关闭杀毒软件和安全工具，以躲避杀毒软件的查杀。该病毒还会从网上下载新的木马病毒，并在可移动存储设备中写入病毒，以此进行传播。通过U盘等可移动存储设备传播，侵入用户电脑之后，会禁用任务管理器、锁定浏览器主页和隐藏系统文件，还会从黑客指定网站下载盗号木马、病毒等，给用户造成很大安全隐患。

10.QQ通行证木马（Trojan.PSW.Win32.QQPass）

该木马病毒变种会随开机自动启动，通过伪装的页面，诱骗盗取用户的QQ号和密码。 该木马病毒变种入侵计算机后，会修改注册表，并释放一个动态库，这个动态库会伪装成腾讯的QQ密码保护修改资料的网页，诱骗用户填写自己的QQ号码和密码。骗取成功之后，会把用户密码发送到病毒作者的邮箱，完成盗号过程。

计算机司法鉴定

2008 年，计算机司法鉴定业务是上年同期的 2 倍，其中邮件类数据恢复类两者之和占总体鉴定业务的 80.7%。这些案件都以来往经济业务为主，带有明显的经济利益特征。与 2007 年相比，邮件类、数据恢复类、聊天业务类等新型业务有了大量增长，客户对于计算机司法鉴定的整体评价有了较大提高。

2008 年，市计算机病毒防范服务中心（以下简称“中心”）鉴定设备到位，使中心具备国内先进的电子证据处理能力。中心建有专门的电子证据司法鉴定实验室，配备了国内一流的电子证据鉴定专用仪器和设备，并且都符合司法的特殊要求，确保鉴定结果的准确性和可靠性。在人员配备上，中心具有中高级计算机专业职称的司法鉴定人员 8 名，全部取得司法鉴定人员资格证书；并以上海市信息安全行业协会专家组为依托，建立了由多名相关领域的资深专家组成的计算机司法鉴定专家组。在管理上，中心建立、健全了一套完整的、严密的内部管理制度和安全保密制度，保证客户信息的安全性和保密性。同时，中心通过规范、完整、严密的计算机司法鉴定文书，最大限度地保护委托方的合法权益，以专业的司法鉴定服务，维护公民、法人司法公正，确保司法鉴定工作客观、公正地顺利进行。

2008年，中心承接了大量的司法鉴定工作。目前开展的计算机司法鉴定业务包括：⑴计算机数据鉴定服务：对存储在计算机硬盘、光盘、软盘、U盘、磁带等介质中的数据进行证据的固化、查找、提取、恢复、分析等，并保证取证过程的完整性、有效性，以及取证过后证据的妥善保存；⑵网络证据鉴定服务：对网页、BBS、博客、网络游戏等网络环境下的数据进行证据的固化、查找、提取、分析等，并保证取证过程的完整性、有效性，以及取证过后证据的妥善保存；⑶数据恢复服务：利用专门的工具恢复硬盘、U盘等介质中丢失的数据；⑷密码破解服务：对加密的计算机文件或程序进行密码破解；⑸数据销毁服务：将存储于电子介质中的敏感信息或保密数据进行彻底清除，以保护数据的安全性；⑹破坏性程序的提取与鉴定服务：对计算机病毒、间谍软件、木马程序等破坏性程序进行查找、提取与功能鉴定分析。

（姜　健）

二、安全测评

基础网络和重要信息系统安全测评

2008年，继续深入贯彻国家信息安全等级保护基础制度和市政府58号令《上海市公共信息系统安全测评管理办法》，稳步推进全市重要公共信息系统的安全测评工作。

1～12月，根据市信息委的统一部署，上海市信息安全测评认证中心（以下简称“信息安全测评中心”）完成对全市50个重要信息系统的安全测评工作，其中26个公共管理信息系统，24个公共服务信息系统。从系统的具体类型分布来看：电子政务类系统17个，占34%（如上海市审计局审计专网系统、上海市统计局“政府电子统计”系统、上海市静安区公共信息平台等）；门户网站类系统10个，占20%（如上海热线web应用系统、上海市统计局门户网站等）；重点企业的业务支撑系统9个，占18%（如上海移动业务支撑系统网上营业厅、SMG财经业务应用平台等）；金融服务类系统8个，占16%（上海银行企业网上银行、海通证券交易集中清算系统、上海浦东发展银行上海分行付费通系统等）；社会保障类系统3个，占6%（如上海市市民服务信息系统、市医疗保险费用结算审核计算机管理系统等）；轨道交通类系统2个，占4%（如上海市高速公路交通监控／通信及收费结算中心核心系统、A12高速公路收费系统）；基础信息网络类1个，占2%（如上海移动短信中心系统）。

截至12月底，信息安全测评中心已完成对全市260余个公共信息系统的安全测评，测评范围涉及电子政务、社会保障、银行、证券、保险、电力、燃气、供水、轨道交通、医疗卫生等关系国计民生的主要信息系统应用领域，为确保2010年上海“数字世博、安全世博”的召开奠定良好基础。

（赵瑞颖）

信息安全测评认证系统建设

在市发改委、市经济信息化委的大力支持下，信息安全测评中心负责建设的“上海市信息安全测评认证系统二期”项目（以下简称“测评二期”，总投资额5 370万）基本完成。

“测评二期”主要建设五方面的内容：⑴添置涉密系统安全保密测评业务要求的设备，购置和开发相关工具软件；⑵购置信息安全系统测评业务所需模拟渗透性测试工具，建立应用系统安全模拟测试平台；⑶购置商密产品质量检测业务要求的仪器设备，购置和开发相关软件；⑷购置和开发信息安全风险评估业务相关的工具软件，添置信息安全产品认证测评业务的设备工具；⑸按商密和涉密授权业务要求进行机房建设和实验室环境改造。目前，拥有一大批国内领先、国际先进的检测设备，具备完整的以信息技术产品测评、信息系统测评、信息安全评估服务为核心的技术能力，已是国内业界检测平台最完整、检测案例最丰富、综合检测能力最强的机构之一。信息安全测评中心将继续秉承“一个平台、多方授权、服务各方”的测评模式，为服务全市乃至国家信息安全保障体系建设发挥积极作用。

（赵瑞颖）

三、数字证书应用推广

概况

2008年，上海市统一电子认证服务平台完成根证书高强度改造，在加强认证系统根证书的安全强度的同时，也解决了根证书植入微软操作系统的要求，为认证服务的持续发展提供了必要的保障作用。全市的电子认证服务坚持电子政务、电子商务和区域均衡发展的思路，在巩固已有市场的基础上，积极推进市场规模化发展，全年新增应用项目20多个。上海市数字证书认证中心（以下简称“上海CA”）依托政府政策，凭借自身努力，积极参与重点委办局的全市性应用，形成除财税应用外新的业绩支撑点，加快完成全市统一电子认证服务的布局；同时积极拓展行业市场，实现电子商务领域证书应用的新突破。

（崔久强）

基础平台建设

2008年，上海CA全面启动新一轮的技术研发工作，加强基础平台建设，以提高和完善电子认证服务能力。

1.以系统升级为抓手，完善基础平台核心业务系统

上海CA注重创新发展，不断根据技术和市场

发展实现服务模式的嬗变，形成管理规范、运营可靠、技术领先的电子认证服务架构，电子认证服务能力和服务水平得到持续不断的改善和提高，逐步向具备国际化意识的大型电子认证服务机构发展，在同行业中的竞争优势已经从时间上的先发优势转变成为能力上的阶梯优势。在基础平台系统硬件及机房改造完成的基础上，上海CA于2008年启动了软件系统的升级研发工作，成立了由公司总工程师担任组长的项目组，并多次召开认证委员会专题讨论。经过一年的努力，项目基本开发完成，并初步定于2009年初正式上线运行。基础平台软件系统升级开发的成功，全面提升了数字证书认证系统的运行能力，能在相当长的时间内满足用户不断增长与延伸信任服务需求。

2.完成根证书高强度改造，提升用户证书安全水平

长期以来，上海乃至全国其他地区的电子认证系统采用的根CA证书的密钥强度为1 024位，2008年上海CA制定了完整的高强度证书系统改造方案，生成并测试了4 096位根密钥证书，升级了证书应用API，开发了根证书签发模块，最终于11月正式实施上线。目前，上海CA的根证书最高可支持4 096位，用户证书支持1 024位、2 048位，是国内第一家支持高强度用户证书的认证机构。整个认证系统的安全强度得到大大提高，也为根证书植入微软操作系统打下坚实基础。

3.根证书植入微软操作系统，成功打破国际垄断

WebTrust认证是电子认证行业国际通行的运营服务审计标准，通过此认证就意味着CA机构的运营服务达到了世界公认的严格标准，能够提供全球信任的证书服务。2008年，上海CA把Webtrust认证作为核心工作来抓，按照Webtrust认证的要求，精心组织，明确职责，严格操作，加强过程管理，在7月通过WebTrust认证。紧接着于12月将根证书植入到微软的操作系统中，上海CA发放的数字证书在微软浏览器可以直接信任，并且在全球所有国家都可被信任，直接打破了十多年来只有国外的CA机构才能提供全球信任证书的局面，国内用户可以向依法设立的认证机构申请全球信任的数字证书来保障网站的真实性和安全性。Webtust认证和根证书植入微软操作系统的顺利完成，标志着上海CA成为国内首家符合国际运营标准的第三方电子认证服务机构，确保了上海电子认证服务平台在行业内的领先地位。

4.积极铺设网点，提升服务范围和便捷性

上海CA充分利用公司在国内同行业中的影响力及品牌优势，积极开拓区域市场。在安徽地区，根据证书发放的不同情况，对销售服务策略进行了调整，2008年安徽地区的两个分中心共计发放证书7 000余张；在柳州地区，得到当地政府主管部门大力支持，证书推广正在向周边地区扩散，每年都能保持稳定增长；常州分中心和温州市受理点的服务拓展也在积极开展。根据市场发展的需要，公司进一步加强客户服务能力的建设，增加了服务人员，新增了在线支付、短信服务等服务项目。年内，先后召开全国合作伙伴会议与受理点工作会议，共商发展大计。

(崔久强)

电子政务中的应用

上海CA充分认识到电子认证服务在信息安全保障体系中的地位和作用，以应用发展推动网络信任体系建设，切实依靠政府扶持和协调作用，以示范项目带动电子政务应用开展，贴近政府变革和创新需要，为电子政务发展提供安全支撑。

1.以公务员数字证书项目为契机，巩固和扩大电子政务市场

在前几年示范项目的基础上，2008年上海CA与市司法局、市人事局、原市经委、原市外经贸委等14个委办局共同推进公务员数字证书的应用，签订数字证书及相关项目的开发和采购合同，累计发放数字证书2万张。6月，市信息委、市机要局、市国家保密局共同召开了由50多家委办局参加的市公务员数字证书应用推进大会，继续深化上海CA在电子政务的市场。

2.深入挖掘财税、房地等项目潜力，积极培育社团、工商、药监等新应用

上海CA于2000年和上海市财税局签订合作协议，经过多次方案讨论和技术协商，2001年开始试点，当年发放证书近1万张，2003年开始大面积推广，到目前为止，已经覆盖全市43万纳税户，上海2007年6 471亿元税收总额中的大部分都通过网上进行申报。上海CA的网上报税已经发展成为全国最早、规模最大、覆盖面最广的政府公共服务平台应

用项目。2008年，在深挖税务项目潜力的基础上，全年网上报税共新增和更新数字证书22万张。同时，积极配合市税务局完成网上报税数字印章的自主研发项目，制定了电子申报数字印章的申领、使用流程和相关规则，并在杨浦区税务局开展试点工作，为2009年的推广打下基础。在市房地资源管理局项目上，顺利中标该局的内部管理应用项目，同时不断推进数字证书在不同系统中的应用，如物业管理和测绘项目等。目前市房地资源管理局数字证书应用项目增至5个，累计新发证书16 000多张。在财政项目中，经过一年多的努力，成功将数字证书嵌入到市财政局市政府采购平台中，目前已有4个财政应用项目使用了数字证书。此外，与市建管办合作的建筑企业管理系统的数字证书发放工作有了新发展，市社团局项目也在年底前签订了合作协议并开始实施。同时，上海CA还积极培育工商、药监等新的增长点。尤其是工商项目，已基本确定在全市工商业务系统中为近8 000名工作人员发放数字证书，数字证书和工商电子营业执照整合的项目也在积极推进中。

3.推进区县RA建设，初步建立起市区二级证书发放体系

在市政府的支持下，上海市网络与信息安全协调办公室、市信息委和上海CA组织实施了证书在政府中应用的示范项目，通过示范项目以点带面，扩大证书应用的广度。2008年，上海CA相继完成杨浦、长宁、普陀、静安等区县的RA建设工作，使基础平台在区县信息委（信息中心）的RA分中心已经达到13个，覆盖了全市19个区县的三分之二，应用领域包括远程办公、并联审批、内部办公等，开创了上海市网络信任体系建设与应用结合的里程碑。通过2008年的努力，已经初步建立起市区二级电子政务数字证书发放体系，为未来电子政务数字证书应用打下良好基础。

（崔久强）

电子商务中的应用

2008年，上海CA在电子商务市场有了新的进展，新增上海跃亿、日立基建、捷讯传媒、昂升信息、异邦医药、楚华软件、西亚思等用户。数字证书已经同时在东方钢铁电子商务4个应用平台上得以推广，继而走进宝钢钢贸系统应用。同时，在中拍网也建立了较为稳定的证书申请和更新模式。在金融、证券、期货和电信行业，上海CA组建了专门的市场团队，在网银业务和其他金融业务取得实质性进展。

1.以企业管理平台为抓手，做好大中型企业化服务

在大中型企业领域，上海CA以企业信息化管理平台为重点，抓住集团财务管理、企业供应链、ERP和分销系统管理等应用，努力开拓电子认证服务应用。上海大众自2001年在其零配件供应平台中使用证书进行采购，300多家供应商每年成交额达到20多个亿。爱姆意机电集团分销系统证书应用中，每年的成交金额超过8个亿。此外，柳州五菱、江西铜业、华能集团财务管理、日立公司、东航集团、申能集团、上汽集团等众多大型企业也在其不同的应用系统中使用了证书保证其安全性。

2.积极培育优势项目，扩大金融行业服务

在期货行业，上海CA先期进入大连期货交易所业务平台，结合期货行业特点创新服务模式，成功进行了证书应用，目前全国已有三大期货交易所采用上海CA的数字证书，不但扩大了证书应用的规模，而且实现了行业应用的证书一证通，节约了网上期货交易的成本，提高了交易效率。在银行领域，上海CA和中国银行上海分行进行合作，在网上外汇宝业务中推广证书使用，继而扩大到中国银行其他网上业务。目前与中国银行的合作已经从上海走向全国，多个区域分行都和上海CA建立了合作关系。此外，海通证券、上海证券等证券公司，华安基金等基金公司和太平洋保险、中国人寿保险等也在其一些网上业务中采用上海CA的数字证书作为安全保障手段。

3.抓住大型交易平台，开拓在线交易市场

在各类网上交易平台中，上海CA选择交易数额大、安全要求高的B2B交易平台作为重点突破目标，采取稳扎稳打的方式开展证书应用，争取形成示范效应。目前，东方钢铁在线交易平台已经全面使用上海CA的证书进行在线钢材交易，每年网上成交额超过30个亿。海虹医药网上采购和招投标系统从上海逐步扩展到江苏等地。

（崔久强）

第三章　信息安全技术研发及产业化

概　述

随着城市信息化整体水平大幅提高，信息化应用规模与日剧增，信息安全问题也成为日渐影响到国家及社会安全的重大问题。信息安全产业作为信息安全保障工作的重要支撑，产品技术水平的提升、相关企业的壮大将直接影响到信息安全保障工作的成败。因此，上海市委、市政府历来重视信息安全工作，大力发展自主信息安全技术及其相关产业，取得显著成效。2008年，上海信息安全技术研发和产业发展展现出蓬勃的生命力，信息安全技术在广度和深度上不断发展，全年实现收入额30.29亿元，从业人员1.3万余人。不过挑战也是严峻的，信息安全产业仍然面临企业规模偏小、缺乏产品核心技术、产品结构依然单一等许多问题。

（吴　昊）

一、国家信息安全产业化（东部）基地

国家信息安全成果产业化（东部）基地（以下简称“基地”），又名上海八六三信息安全产业基地有限公司，是由国家科技部立项的国家863计划重点项目之一，旨在聚集国内信息安全领域的人才、技术和资源，尽快形成信息安全产品产业化规模，改变国内信息安全技术领域的落后状况和被动局面。

截至2008年底，基地的入驻企业已经承担了国家863项目、国家重点科技项目和地方重点项目50多项。基地内入驻企业的相关情况如下：

表1 基地相关业务开展情况

从业人员	4 815	成果转化及著作权	30
申请国内专利数	39	申请国际专利数	35
申请国家创新基金项目	9	申请地方创新基金项目	8

同年，为更好地促进基地发展，积极发挥基地辐射和带动作用，基地举办了两次论坛活动。

“相约张江——ICT产业融合论坛系列研讨活动”：是“2008相约张江——第四届张江科技文化节”的论坛之一。随着经济全球化及中国国民经济的发展，市场经济从初始的产品的竞争向产业链竞争及产业融合的方向行进，并且已经形成了一种趋势。自2007年末，八六三信息安全产业基地公司启动了系列预研，并在2008年初提出“关于打造张江ICT产业园的整体设想”。通过ICT产业的趋势分析及ICT行业特征，结合张江高科技园区产业转型的大思路，在整体设想中对打造张江ICT产业园提出自己的看法，同时对张江ICT产业园的定位及建设意义进行了概括性阐述。此次论坛将以张江高科技园区为典型，重点探讨：如何提高自主创新能力，建立ICT产业融合与产业服务的新型园区模式；园区间的产业合作，共同构建产业融合；ICT产业园与张江的合作共赢。此届论坛吸引了国内外各界关注张江高科技园区、推进园区产业转型，促进新型园区模式体系的研究与建设，提高园区自主创新能

力，推动园区产业发展。

“孵化器专业化运营与联合发展论坛”：由上海市科技创业中心、上海科技企业孵化协会主办，上海张江高新技术创业服务中心、上海八六三信息安全产业基地有限公司联合承办，张江高科技园区管理委员会、张江功能区域管理委员会指导举办，作为中国火炬计划二十周年系列庆祝纪念活动的子论坛，在孵化器的模型理论研究、孵化器之间的合作发展、创业导师行动的落实与深化、孵化器的密集型服务资源打造、孵化器的专业化运营实践等课题进行了研讨交流，立足于孵化器专业化运营与联合发展，从理论研究、实践与探索等方面，明晰思路、共享合作，切实促进孵化器事业的良性发展。论坛上，上海八六三信息安全产业基地有限公司与杭州萧山国际创业中心就联盟孵化合作签署了协议。

（盛 夏）

二、重要信息安全企事业单位

国家信息中心数据修复中心

国家信息中心数据修复中心隶属于国家信息中心信息安全研究与服务中心。国家信息中心信息安全研究与服务中心于1987年开始信息安全工作，是国内最早从事网络与信息安全研究和技术服务的单位之一。经过近二十年的发展，在信息安全战略与政策研究、决策支持、网络安全工程建设与管理、安全服务、标准化工作、沟通交流服务等领域取得诸多成果，积累了丰富的实践经验，具有较强的综合实力。目前拥有国家信息化专家咨询委员1人，博士后2人，博士3人。为了适应信息安全的需要，国家信息中心信息安全研究与服务中心在引进国际先进的数据修复技术的基础上成立了数据修复中心，自主研发适合中国计算机用户的数据修复技术，是国内首家提供数据恢复服务的单位。自1999年开展数据恢复业务以来，在硬件及磁盘阵列服务器数据恢复技术上一直处于国内领先水平，并积累了大量的成功案例，主要服务规范已成为业内事实标准。2001年，被原国家信息化领导小组计算机网络与信息安全管理办公室定为国家计算机应急恢复服务定点单位；2003年，被国家保密局批准为首家国家涉密数据恢复定点单位；2006年3月，再次获得国家涉密数据恢复单项资质。2006年7月，国家信息中心信息安全研究与服务中心经北京市司法局批准获得国家电子数据司法鉴定资质，并正式成立电子数据司法鉴定中心。该中心拥有千级洁净间、百级洁净环境、数据鉴定实验室和包括博士、硕士等人员组成的电子数据司法鉴定队伍，为公安、检查、法院系统及律师事务所提供司法鉴定服务，为政府部门、公司及个人提供电子数据鉴定服务。

2008 年 8 月，国家发展改革委员会批准了国家信息中心申请的“国家高技术产业化项目自主可控的信息安全专业化服务项目存储介质数据恢复服务项目”，项目总投资 2 100 万元，国家补助资金 800 万元。

“存储介质数据恢复服务项目”旨在国家信息中心信息安全研究与服务中心现有数据恢复业务的基础上，在三年内，扩充设备、设施和技术能力，形成可恢复多种存储介质、各种操作系统和数据结构的数据恢复专业化服务平台；实现数据恢复设施专业化，管理规范化，自主知识产权的专业工具、软件和技术的升级、改造和完善，服务规模化；制订数据恢复技术标准和管理规范，促进数据恢复服务行业技术实施和管理的标准化和规范化；在有条件和需求的省市建立数据恢复服务分中心，初步形成自主可控的覆盖全国的普通数据恢复、涉密数据恢复、特殊数据恢复及电子数据司法鉴定等专业化数据恢复服务体系。

为适应国内广大客户的要求，同时满足业务发展的需要，国家信息中心数据修复中心于2006年8月在上海设立办事处分支机构。经过三年本地化的良好运作，于2009年1月正式升级为国家信息中心数据修复中心上海分中心。

国家信息中心数据修复中心上海分中心是上海著名的数据修复服务单位，并与上海市信息化服务热线有限公司建立了合作伙伴关系，成为上海通用汽车、通用电气、上海电气、上海电信、移动通信、市检察院、市法院、市统计局等知名公司和机构的指定数据修复单位。中心多次参与重大数据灾难事故的数据修复服务工作，有突出的表现。

（王　勇）

上海华虹集成电路有限责任公司

上海华虹集成电路有限责任公司（以下简称“华虹设计（上海）”）是专业从事大规模集成电路设计、开发及应用的高新技术企业，是上海华虹（集团）有限公司下属子公司，是中国“909工程”的重要组成部分。公司采用Fabless运作模式，自主研发智能卡芯片等先进集成电路，产品基于8英寸0.35～0.13微米的CMOS生产工艺。公司产品覆盖公交一卡通、身份识别、社会保障、电信和信息安全等应用领域，多个项目已成为国内乃至世界应用之最。2008年，华虹设计（上海）更成为2010年上海世博会电子门票芯片唯一供应商，预计将发行8 000万张电子门票。上海世博会电子门票是国际最大的柔性纸封装的RFID应用项目。

2008年，华虹设计（上海）已八年蝉联中国集成电路设计公司十强企业。近两年，公司与国密局积极合作，研发出多款具有国密算法的高安全芯片。公司新产品逐步拓展到多功能卡、电子护照、金融支付、3G电信、数字多媒体等新应用，标志着华虹产品线开始由单一的智能卡应用向票证、3G手机、多媒体等高端应用发展。

（王　勇）

上海三零卫士信息安全有限公司

上海三零卫士信息安全有限公司是专业从事信息系统安全建设和服务的高新技术企业，公司总部位于上海徐汇新媒体软件园区内。公司依托国内实力最为雄厚的信息安全权威机构——中国电子科技集团公司电子第三十研究所，以其四十多年信息安全和通信保密工程的技术积累和经验为基础，结合现代信息安全技术的最新发展，积极投身中国的信息安全事业，主要面向党政机关、军工企业和科研院校、金融和企业事业单位，主要提供信息安全服务、信息系统安全集成、安全产品和专业应用开发等。在积极开拓各项业务的同时，公司开展广泛的科技成果转化工作，呈现给用户一个完整的信息安全解决方案，并通过提供有效的安全服务，包括系统安全评估、安全方案制订、安全实施、应急响应、安全咨询和培训服务等，为客户提供强有力的安全保障。

公司于2001年7月成立，作为国家首批计算机网络安全服务A类试点单位，承担了多项信息安全示范工程建设。目前公司作为华东地区唯一一家互联网应急处理服务试点单位，拥有涉密信息系统集成资质和计算机信息系统集成三级资质，是上海市企业信用管理试点单位，于2004年顺利通过ISO9000质量认证，是上海市重点扶持的“小巨人”企业等。此外，公司还协助国家、部委、北京、上海及杭州等地方政府进行信息安全规划工作，承担了一系列国家863高科技计划中的相关信息安全课题，取得重要成果，获得5项发明专利，2004年公司的研究成果获得上海市科技进步三等奖。公司还特别关注信息安全行业的标准化工作，作为主要执笔人和起草单位参与起草了国家、公安部、北京市、上海市、杭州市等十几个国家、行业和地方标准的制订工作。

上海三零卫士公司是国内“连锁信息服务”的积极倡导者和积极实践者，目前已经在华东、华南、华中、华北、西南有5个区域服务中心，2个区域巡检中心，按照连锁服务的模式运作。作为一个立足上海、服务全国的高新技术企业和软件企业，三零服务已经形成了全国的直接服务网络。

（王　勇）

上海卫士通网络安全有限公司

上海卫士通网络安全有限公司是中国信息安全龙头企业——三零集团旗下的公司，是中国电子科技集团公司第三十研究所的信息安全产品在华东区的市场运作和销售服务实体。依托集团及总公司在信息安全领域四十年积淀的强劲技术优势和人才资源，上海卫士通公司已经发展成为华东地区重要的信息安全主流产品供应商、安全系统集成商和安全服务提供商，建立了以上海本部为中心、以浙江、江苏、福建、安徽、江西等省办事处为支撑的营销服务网络，客户群遍布党政机关、金融系统及企事业单位。主流密码产品销量连续五年位居华东地区前茅，是上海市高新技术企业。

2008 年，上海卫士通公司承担了上海市商用密码管理基础设施项目的建设，实现商用密码设备及密钥的统一管理，提高了上海市商用密码管理水平。同时，首次提出对于密码设备的管理和密钥的统一管理技术，为国内其他地区的商密管理提供了典范，并为制订密码设备统一管理的国家标准提供了依据和基础，属国内首创，具有重要的标本意义。

（王　勇）

上海众人网络安全技术有限公司

上海众人网络安全技术有限公司（以下简称“众人网络”）于2007年9月注册成立于浦东新区张江高科技园区国家信息安全基地，注册资金3 000万元。截至2008年底，共有员工人数70人左右。

众人网络是国家密码管理局正式批准的商用密码产品定点生产单位和销售许可单位，主要生产及销售拥有完全自主知识产权的“iKEY双因素动态密码身份认证系统”产品。2009年1月，众人网络通过ISO9001质量管理体系和ISO27001信息安全管理体系认证。同时成为SGS(HongKong)（瑞士通用公证行）在大陆地区首家通过的ISO27001信息安全管理体系认证的企业。

凭借在国内外知名IT企业和研发机构担任关键性技术职务的核心研发团队成员以及70%以上具有研究生以上学历员工组成的研发团队，与交通大学、武汉大学等国内著名高校建立的稳定的战略合作关系，强大的产学研一体化基地三大优势作为后盾，众人网络不断汇聚国内顶尖网络安全技术领域的精英，2008年12月“iKEY双因素动态密码身份认证系统”还被中国企业创新成果案例审定委员会评为“最具自主创新能力企业成果(案例)”，并通过了上海市高新技术成果转化项目A级认定。

众人网络在上海、北京分别设立生产、研发基地和营销中心，拥有1 000平方米的研发办公环境。截至2008年底，已申报国家发明专利5项，承担上海信息安全行业协会“信息安全产品测试平台项目”的筹备和搭建，参与制订动态密码身份认证技术标准。

（王　勇）

上海飞想信息科技有限公司

上海飞想信息科技有限公司的业务定位是专注于内网安全和IT资产管理，运用成熟稳定的软件技术和行业经验，向用户提供轻便、实用、性价比高、实施容易、见效快的软件产品。公司拥有一支专业的企业内部信息安全系统项目开发团队，主要技术人员在软件及网络安全领域有深厚的经验，项目组成员中很多人都在大型跨国软件公司领导开发过大型软件项目。

公司已开发出WinManager安全管理系统2.4，并且为多家企事业单位用户提供专业化的企业内部信息安全整体解决方案，在企业内部信息安全管理的长期研究、客户服务和市场推广中，积累了非常丰富的经验。公司将这些经验和专有技术用于WinManager安全管理系统的开发中，极大地增强了产品的技术层次，并保障了WinManager安全管理系统具备很高的技术起点和用户接受度。

2008年，公司的新产品“WinManager基于知识产权保护的技术保护方案系统”获得较大成功，产品获得了上海市科技创新奖、国家科技部中小企业创新奖等一些列的荣誉，并且获得一批国内外著名企业认可并应用，如TCL集团公司呼叫中心、中国证监会上海分部、一汽集团第二发动机厂、上海公安局、分众传媒（中国）有限公司等。

（王　勇）

上海新网程信息技术有限公司

上海新网程信息技术有限公司（以下简称“新网程”）成立于1998年8月，由清华学子和资深互联网及网络安全技术专家创立，是一家专门从事互联网应用及信息网络安全产品研发的高新技术企业。新网程是上海市首批获得“软件企业认定证书”，也是国内首家从事上网行为管理研究并将研究成果转化为生产力的创新型企业，拥有多项自主产权技术和产品。同时，公司利用自身强大的技术实力，积极配合各级政府及公安网监部门，参与了国家有关行业标准的制订与多项保障互联网安全、净化互联网环境的工作，在业界享有很高的声誉。

新网程在北京、广州、天津、南京、福州、成都、杭州、长沙、武汉、哈尔滨、大连等拥有分公司或办事处。直接从事产品策划、设计、研发的都是具有十五年以上从事互联网技术研究的国家级顶尖人才，其中许多员工参与了互联网发展各阶段电信级运营网络与系统的建设。

新网程是国内网络行为管理产品的领导厂商，其自主研发的网络督察系列产品以其功能完整、稳定高效、简便易用风靡全国，是业内最早推出的网络行为管理产品。作为上海市重点支持项目，新网程自主研发的PAS网络应用开发平台和网络督察产品先后获得上海市种子基金及浦东新区创新基金的鼎力资助。

2008年，新网程在研发上取得进一步突破，网络督察日志记录仪、网络督察日志浏览器、网络督察管理中心等相关软件相继升级完善，网络督察上网行为管理系统功能更加全面，技术更加成熟，已成为国内著名上网行为管理品牌。

2008年，新网程的业绩没有因为经济大环境的影响而下滑，反而比上年增长了两倍以上，实现危机下大幅度逆势增长。网络督察产品的销售良好，尤其是在酒店宾馆行业更是稳占市场，仅2008年一年，就有上千家酒店宾馆采用了网络督察上网行为管理系统对网络进行安全审计和规范管理。在政府、能源、电力、电信、金融和医疗卫生等行业，网络督察产品销售也取得突破性成绩。截至年底，国内已有8 000余家企事业单位应用了新网程的网络督察上网行为管理系统，包括国家部委、政府机关、国有大企业、厂矿、学校、医院、酒店宾馆等，几乎涵盖了所有产业和行业，网络督察市场占有率遥遥领先于其他同类产品，在国内居于首位。

（王　勇）

上海华依科技发展有限公司

上海华依科技发展有限公司（以下简称“华依科技”）成立于1998年。作为国内专业的网络安全产品供应商，华依科技提供了数千台各种类型的网络安全产品，包括防火墙、UTM、入侵检测系统、VPN网关等，服务机构遍布企事业单位、教育院校、政府部门，产品遍布国内31个省级行政区划、港澳台地区以及东南亚、欧洲等国外区域。华依科技拥有网络安全领域多项知识产权和专利，同时还是上海地区率先通过国家级软件企业认证的单位。

华依科技成立之初就建立了以技术为导向、以服务为依托的公司立业方针，于2001年率先开发出国内第一台ASIC芯片防火墙并完成相关的国家级科技攻关项目。华依科技注重技术研发和投入，建立了华东地区第一个网络安全实验室。2005年，华依科技开发出基于FPGA芯片的高速解密机，在处理速度上处于世界领先地位。2008年，华依科技应对当前安全市场快速变化的需求，开发出访问监控设备。该系统是目前国内为数不多的能够实现监视和管理两个方向的产品之一，产品技术处于业界领先地位。同时，华依科技在2008年底完成防火墙技术的革新，在全面升级现有产品功能的前提下，开发出基于芯片的万兆防火墙，该防火墙在功能和性能方面成为国内产品的佼佼者，势必会在日后的防火墙产品更新换代过程中取得突破性市场作为。

在市场和服务方面，华依科技致力于精耕细作、全心全意的指导思想。公司立足华东本地市场，在华东六省一市设立直属办事机构和分公司，做到本地化产品、本地化服务。华依科技的本地化市场策略取得丰硕成果，自2003年以来稳居华东地区国内防火墙产品销量前三名，在上海地区部分细分市场中更是具有绝对的品牌优势。在产品销售额方面，华依科技每年都以30%左右的额度增长。

华依科技作为第一批入驻张江的高科技企业，在大力发展科技事业的同时，应对立足张江、扎根上海的企业发展远景，在张江建造1万余平方米的华依创新园。华依科技总部以及上海地区销售部门均入驻该产业园办公，是华依科技与上海共发展的有力保证。

（王　勇）

上海颐东网络信息有限公司

颐东公司是一家专业从事信息安全产品研究和开发、政务应用软件的规划和开发、政府网站的开发和建设、计算机系统和智能化楼宇的设计和集成、信息系统的运行和维护等业务的高新技术企业，多年来积累了一系列以信息安全、密码应用、软件开发、系统维护和智能化楼宇为核心的业务建设经验和一枝稳定的技术骨干队伍，拥有一批自主知识产权的信息安全产品和业务解决方案。颐东公司具备国家保密局认定的涉密系统集成乙级资质和涉密信息系统集成（软件单项）资质，国家信产部认定的计算机信息系统集成二级资质，国家密码管理局认定的商用密码产品的生产许可和销售许可，建设部认定的建筑智能化系统集成专项工程设计甲级资质、建筑智能化工程专业承包三级资质，是市科委认定的高新技术企业和市信息委认定的软件企业，在增值电信业务方面也拥有上海市通信管理局颁发的经营许可证。

2008年，公司在五个方面取得一定成果：⑴公司机构建制从部门制向事业部迈出关键一步；七个事业部成立、运行，并取得良好效果。⑵内部管理模式从集中式管理向事业部制的两级管理形式转变。⑶企业高层、中层管理人员和技术骨干从完全依靠内部培养向内外结合过渡，引进竞争机制，取得明显效果。⑷内部安全保密工作形成长效机制，从硬件到软件均更新了系统，技术和管理并举确保了涉密文档在公司内部的绝对安全。⑸经过两年的业务转型，形成以维护服务和产品开发为核心的业务发展格局，2008年服务销售额增长20%，产品销售额增长120%。

公司信息安全产品主要有：⑴单向安全阀：是颐东公司推出的新一代软硬件结合的信息安全产品，采用数据链路物理隔断策略，能够实现信息从低密级网络向高密级网络传送，同时附带病毒检测、文件类型过滤等功能，实现非涉密局网络、Internet网络向涉密网络单向数据传输的目标。该产品从2001年起获得国家版权局颁发的计算机软件著作权登记证书和上海市高新技术成果转化项目认定办公室颁发的高新技术成果转化项目证书。该产品采用高性能可编程逻辑器件和先进的总线开关电路来实现链路的物理隔断，彻底防止人为攻击，保证产品性能的稳定。该产品在2003年已通过国家保密局涉密信息系统安全保密测评中心的测评，获得国家保密局颁发的安全产品证书；在2005年已获得国家公安部公共信息网络安全监察局颁发的单向安全阀计算机信息系统安全专用产品销售许可证和上海市科委颁发的上海市重点新产品证书。⑵网络黑盒：是一款软硬件结合的网络系统安全监控产品，是在承担和完成了上海市科委的重点课题“分布式密码设备物理状态监管技术的应用”基础上开发完成和推向市场的。该产品实现了在现有的网络线路上通过增加一种监测设备（系统），对网络上的关键设备进行24小时不间断监控。产品采用先进的网络传输和监测技术，具有实时监测被检测设备的网络连接状态、物理位置状态、设备通电状态、视频传输图像等功能，弥补了国内同类产品的空白。该产品已在上海市党政机关一百多个重要的计算机网络系统的节点上安装、使用，获得上海市科委颁发的上海市重点新产品证书。⑶英赛虎电子文档安全管理系统：是颐东公司连续三年组织技术人员开发完成的软件产品，拥有自主知识产权。该产品符合国家行业标准《安全电子文件密码应用规范》，颐东公司作为该项规范的编制单位之一，首创了分离式的“电子文档安全标签”。由于在世界上尚无同类技术运用的先例，该技术已经被引入国家规范。颐东公司的这个产品还进一步实现了将对客户端保护、系统内核级的文档加解密、涉密文档的安全外带管理、涉密文档在网络内实现了集中存储，在客户端还实现了涉密文档不落地、不外泄等各项功能。该产品已在政府、金融、军队和企事业单位得到广泛应用。

（孔繁坚）

第四章　重要信息系统安全建设

概　述

2008年，随着北京奥运会的举行和世博会的日益临近，信息安全等级保护、安全测评各项长效信息安全管理制度得到进一步深入推进，各重要信息系统信息安全防范和应急处置能力不断提升。市内各种涉及国计民生的社会管理和公共服务类信息系统，都积极从技术和管理两方面入手，开展信息安全保障措施建设，加大信息安全管理制度落实力度，保证了系统的正常运行，确保全市全年未发生重大信息安全事故，为信息化工作的顺利推进奠定了良好的基础，为上海经济发展和社会稳定提供了有力的支撑。

（吴　昊）

一、基础信息网络安全建设

奥运期间全市信息网络安全建设

2008年，针对北京奥运会期间可能面临的信息安全风险，全市相关主管部门与相关电信运营商共同保障全市通信安全。主要做了以下几方面工作：一是要求相关通信企业高度重视通信保障工作，明确责任，形成严格的责任追究机制。二是高标准建设奥运网络，确保网络畅通。上海网通作为此次奥运会通信服务提供商，投入2 000万元，开展市新闻中心、虹口足球场、奥林匹克宾馆等单位的网络建设，充分满足各项业务需求的同时，系统得到多重保护。三是全市通信、公安、海事、渔政等相关主管部门群策群力，共同保障海缆、江缆安全。四是对重点保障场所进行多次检查指导。五是对传输网、IP网、交换网等相关网络，以及机房、电力保障等进行优化升级。六是针对奥运期间的安全威胁，相关电信企业组织了多次网络中断恢复的应急演练，取得良好成效。

（吴　昊）

上海联通大力开展信息网络安全建设

【"两会"通信网络环境保障】"两会"期间(3月3～18日)，上海联通对C/G两网实施24小时不间断的短信监控，其中C网平台拦截362个号码，G网平台拦截1 315个号码，有效杜绝了有害、不良信息的传播，确保用户良好的通信网络环境。

【系统建设】5月，上海联通建成网管网络(生产网络)统一远程接入系统，解决目前各网络、系统平台存在MODEM拨号、专线接入等多种方式所造成的安全隐患，对远程接入用户进行专项管理，并具备对接入用户的行为进行安全审计等功能。

【开展电信网络安全防护】　根据工信部的要求，上海联通积极开展电信网络安全防护工作，共确定安全等级在2级以上的定级对象23个，其中有11个在3.1级以上。根据奥运保障的要求，5～7月之间，对11个3.1级以上的定级对象开展了2次风险评估和安全评测工作，对问题点进行了积极整改，目前11个系统风险等级均小于等于3，属于可接受范围之内。而在安全测评方面，在安全等级保护、安全风险评估、灾难备份及恢复三个部分的检测结果基本均为"良好"或"较好"。

【奥运网络信息安全保障】　为了确保奥运期间网络信息安全，上海联通与信息安全厂商签订了奥运保障服务合同。在准备阶段，对公司重要网络、系统平台、相关网站的安全防护情况进行排查，并制定了系统加固措施和网站信息审核机制；在奥运比赛期间，由安全厂商资深工程师进行7×8现场值守和7×24小时应急响应支撑，对上海联通互联网出口负荷、域名解析是否正常、网页内容是否被非法篡改等内容每半小时巡查一次，确保了上海联通奥运信息安全保障工作的圆满完成。

【进行第三方安全测评】 根据上海市网安办提出的对公共信息系统进行安全评测的要求，下半年上海联通对OSS业务支撑系统进行了一次第三方安全评测。对于发现的问题，专业部门整改后通过复测，获得合格证书。（应 燕）

上海网通加强和完善管理力度

2008年，在上海网通城域网出口及漕河泾IDC出口部署安全系统，可以进行入侵检测，防病毒、防DDOS攻击，提高了网络安全系数。

1～9月，上海网通按照公安部、中央宣传部、信息产业部等13个部门联合部署，积极开展依法打击整治网络淫秽色情等有害信息专项行动。上海网通对用户进行资质审查，对代理商、批发商的经营行为提出明确的要求；与下级ISP逐级签订信息安全责任书；进一步完善“先备案后入网”的管理流程，对列入信息产业部黑名单做到不予接入。全年，上海网通对1 408个未备案的网站进行整改，取得明显效果；对4 059条IP信息进行IP报备，共删除不良信息1 529条，关闭网站13个。此外，上海网通注重长效、常态管理，积极探索，加强和完善管理力度，规范自身及下级业务模式，共创和谐、稳定、健康的社会氛围。（应 燕）

二、重要信息系统安全建设

水务信息系统中心：安全服务外包有效应用

上海市水务信息中心1996年成立，经过十三年的发展，积累了大量的信息类设施设备及应用系统。这些信息类设施设备和应用系统在上海市防汛和水务信息化业务中发挥了举足轻重的作用，确保了市防汛和水务信息化业务的正常运转，进而直接关系到全市人民的生命财产安全。

2004年，中心开始信息化服务外包的探索，将信息类设施设备的日常运行维护外包给社会化专业IT服务机构。五年来，信息中心先后经历了操作型向管理型转变，粗放看管型的管理向数据型管理的转变，数据型管理为资源型管理奠定基础，资源型管理为管理决策提供依据，根据需要开展服务外包的专业化定制，实现对市场优秀IT资源的集成和驾驭能力等一系列探索和实践。

信息安全管理工作是中心信息化外包服务内容之一。在中心信息化服务外包体系的统一规范下，建立了市水务信息中心信息安全服务体系模型，即在安全策略核心的指导下，人员组织、安全技术及运行操作三个要素紧密结合协同作用，最终实现信息安全防护、检测、响应、恢复的四项功能。同时，还选择社会化专业信息安全服务公司作为服务方。以信息化服务外包体系为基础，以信息安全服务体系模型为核心，中心要求服务方提供系统安全状况分析、系统安全维护、汛期值班服务、安全通告服务、应急响应服务、评估和加固服务、安全培训服务等内容。

在全年的信息安全服务管理工作中，通过中心与服务方的协同，针对网络、信息系统、服务器及安全设备等信息类设施设备提供较好的日常安全维护服务工作，保障了市防汛信息中心信息类设施设备和应用系统的安全稳定运行。现在，信息安全维护服务每周一会以周报方式向中心提供维护项目的运行状况，提高的服务与维护的内容和出现的问题，排除的方法，恢复的时间，故障统计以及一周中基础、核心设备的运行参数以及下周工作计划，一周中安全设备的运行状况，系统升级次数、病毒库更新次数、恶意代码的出现次数与处理情况以及一周的安全评估，管理建议及下周工作计划，从根本上改变了信息安全的被动式管理，从技术层面的安全策略延伸为包含运行环境、技术环境、应用环境和人为环境的新安全策略。

统计资料表明，中心网络的安全环境与安全的事前控制能力已经得到很大改善：2008年，中心管辖的网络整体无重大事故发生，广域网专线的接通率为99.8%，全年共发布安全通告65次，其中微软系统安全通告12次，病毒通告53次；进行系统安全评估共计4次；安全系统加固共计221台次，升级补丁7 000余个；安全专项工作共计8项。特别是开展2008年反恐迎奥运期间，服务方配合中心成功开展了迎奥运网络与信息安全专项服务、水务内网安全加固工作、2008年奥运网站安全技术研讨会等工作，提供了良好的信息安全服务保障环境。

（水务信息中心）

市电力公司：依靠信息安全保障电网可靠供电

在上海市委市政府、国家电网公司的指导和支持下，上海电力在系统内全面开展信息安全防护体系建设和世博会信息安全保障工作，确保上海电网信息系统安全稳定运行，保障了电网的可靠供电。

1.成立信息安全保障组织机构，职责明确

上海市电力公司成立专门的信息安全领导小组与工作小组，并建立专门的信息安全组织机构，配备专职人员，负责组织、协调、监督、开展网络与信息安全保障工作。

2.规范企业信息系统运行和管理监控，建成应急数据中心，确保公司网络与信息系统总体可靠

为进一步提高系统可靠性，加强信息系统抗风险能力，公司于 2007 年完成新数据机房建设和同城异地灾备中心的配套改造，实现企业三大核心系统：企业资源计划（ERP）、营销应用系统、生产管理系统的完整应用级容灾功能。公司严格按照电监会 5 号令和 34 号文要求，加强公司信息系统安全防护，保障电网安全供电。同时，完成公司网络与信息系统运行监控中心建设，强化对各大系统的运行状态监视，提高故障预控能力，保证系统运行可靠性。

3.以世博会为契机，整体推进信息安全防护体系建设

一是全面推进信息系统信息安全等级保护工作。按照相关部门精神，为切实提升企业信息安全防护能力，上海电力全面推进信息安全等级保护、网路隔离、安全测评等工作。依据《关于本市开展重要信息系统安全等级保护定级工作的通知》的要求，上海电力已完成相关信息系统的定级申报备案工作。同时，根据国家电网公司《国家电网公司信息化“SG186”工程安全防护总体方案》、《信息系统安全等级保护基本要求》，完成上海电力《信息系统等级保护方案》的制订和评审工作，并按进度要求推进实施。2008年，上海电力完成信息系统等级保护建设的主体工作，并根据公安部等级保护标准和国网公司等级保护验收标准进行策略调优。

二是实施信息网络内外隔离，桌面终端的标准化管理。根据国家电网公司《信息内、外网隔离总体方案》的建设及有关配套工作要求，提高各单位网络与信息系统抵御互联网安全威胁能力，上海电力已经完成信息网络隔离工作，以实现内部办公网络和外部互联网访问的物理隔离，双网双机。为加强公司信息内网桌面终端的安全管控，公司部署桌面管控平台，实现所有内网终端的准入控制和安全管控，并同步实现移动存储介质的管理，防止未经授权的移动存储介质的违规接入。

三是参与企业对外窗口服务的信息安全测评。为切实保障上海电力对外窗口服务的连续性、安全性，公司依据《上海市公共信息系统安全测评管理办法》的有关要求，积极配合参与公共信息系统安全测评工作。公司委托上海市信息安全测评认证中心，每两年对公司营销95588系统进行信息安全测评工作，发现潜在风险并及时整改。

四是建立信息安全风险评估长效机制，落实信息系统上线评测制度。自2007年起，在国家电网公司的统一部署下，上海电力委托国家电网公司信息安全评测机构，每年开展信息安全风险评估，对发现的安全隐患进行整改加固。2008年，国家电网公司委托国家信息技术安全研究中心对上海电力进行了深入评估，获得高度肯定。同时，为切实提高公司信息系统的安全稳定，公司逐步推进信息系统全生命周期的安全管控。在新系统设计初期，公司信息安全监督部门负责对系统设计方案进行安全性评审，开发过程中对软件代码进行白盒测试，并规定新建信息系统上线前均需通过信息安全测评机构的上线安全性评估。

五是开展信息系统应急处置和演练。上海电力成立了应急指挥领导小组和工作小组，建立了应急指挥中心，制定了信息系统专项应急预案，并开展定期演练。建立信息安全值班联系表，落实专人按照全天值班的方式，保障系统运行。

六是积极开展员工信息安全教育，加强重点岗位人员的管理。上海电力对公司在册员工发放《员工信息安全手册》，签署《员工信息安全承诺书》并统一组织培训学习。对重要涉密岗位人员单独签署《涉密人员保证书》，明确岗位安全责任。同时还与第三方咨询顾问、厂商等签署《保密协议》，加强对第三方人员的管理。

4.积极开展信息安全督查工作

上海电力成立信息安全督查组，定期对各单位的信息系统安全状况进行督查。同时，公司积极配合国家有关部门和国家电网公司的信息安全专项检查，排除隐患，督促整改。

（上海电力）

第八编

信息化环境

综 述

2008年，市发展改革委和市信息委联合发布《上海市市级机关信息系统项目建设规划编制规范（试行）》，明确了项目建设规划的编制原则、编制框架、编制要求，市本级信息化预算项目申报和审核工作正常开展，全年共受理300余家市级预算单位的千余个信息化项目申报。电信和无线电等领域行业管理工作进一步加强。

信息化政策法规工作成果显著。《上海市促进电子商务发展规定》已于2008年11月26日经市十三届人大常委会第七次会议表决通过，2009年3月1日起施行；《上海市市级预算单位信息系统运行维护项目外包服务合同示范文本（2008版）》发布，该合同示范文本的实施对有效控制财政资金的合理使用具有积极的作用。创新信息化法制宣传教育工作形式，开展信息化法律知识竞赛活动；有序开展信息化依法行政工作，重点组织开展对无线电管理等执法部门的自查和检查。

信息化人才管理和服务水平继续提高。全面落实《上海市“十一五”人才发展规划纲要》和《上海市信息化人才发展“十一五”专项规划》，充分发挥委人才工作小组和信息化行业协会的作用，结合全市信息产业发展需求，推动信息化人才队伍建设，认真组织开展了信息化人才工作，为上海信息化发展提供人才保障。

信息化研究与咨询工作深入开展。组织开展了《上海电子商务促进政策研究》、《上海中心城区信息服务业发展的合理布局研究》、《上海信息基础设施集约化建设机制研究》等9项课题研究，组织出版了《专家论城市信息化》一书；按照国家关于加快推进信息化与工业化融合发展的要求，启动了关于推进上海“两化融合”的课题研究。

信息化宣传工作卓有成效。组织或者协助开展的新闻宣传活动共计28次，组织或接待国内外记者前来采访信息化建设内容新闻20余人次，各类报刊杂志发表的信息化建设宣传报道600余篇，圆满完成2008上海信息化建设情况介绍会、2008世博信息化研讨会、2008上海国际信息化博览会等一系列大型会议和活动的新闻宣传工作。

信息化国际国内合作交流不断拓展。企业“走出去”和“引进来”的促进势头良好，沪苏浙两省一市共同推进的区域信息化合作项目取得阶段进展，信息化对口支援工作在专业领域得到充分发挥。

市信息化工作系统党群工作全面开展。深入探索保持党员先进性长效机制建设和党务信息化建设，广泛开展和谐创建活动，充分发挥基层党组织“推进发展、服务群众、凝聚人心、促进和谐”作用和广大党员先锋模范作用，努力为上海信息化又好又快发展提供坚强的政治保障。

（邵 祺）

第一章 信息化管理

概 述

信息化项目支出预算审核方面，2008年共完成对310家预算单位，617名财务和信息化人员的动员和培训工作，审核了千余个信息化项目申报。同时，规范工作流程，固化操作细节，构建起专业主管部门与财政部门协同理财的机制，实现了从市级层面对信息化资源的统筹整合和财政资金的优化配置。信息化建设项目审核把关方面，市发展改革委和市信息委联合发布《上海市市级机关信息系统项目建设规划编制规范（试行）》，明确了规划的编制原则、编制框架、编制要求。在落实《上海市市级机关信息系统建设和管理指南（试行）》的同时，市发展改革委和市信息委分别对项目的后评估工作进行了探索性的研究，为下一步全面推广项目后评估工作打下了基础。

行业管理方面，2008年上海市通信管理局共审批核配124个固定网万门局号，上海移动新的漫游费标准自3月1日起执行，由上海电信、上海网通、上海铁通等三家固话运营商积极参与的为视力障碍者提供信息沟通便利的助残项目被列入2008年上海市政府实事。无线电管理方面，公用频率对讲机销售办理电台执照、代收频占费“一条龙服务”工作开展顺利，无线电频率占用费难收缴、易流失的问题得到了缓解。 （邵 祺）

一、信息化项目归口管理

信息化项目支出预算审核

2008年，共受理300多家市级预算单位的千余个信息化项目申报。在预算审核工作中，通过信息系统固化工作流程和操作细节，规范工作流程。完善审核标准，对重点单位和部门进行实地调查和项目跟踪，了解信息化项目实际情况，提高预算审核质量。同时加强与市财政局协同工作，联合发布《关于做好2009年度市本级信息化项目支出预算有关工作的通知》，共同制定了金额较大的建设项目提前申报方案，共同组织2009年度信息化项目支出预算申报培训，完成对310家预算单位，617名财务和信息化人员的动员和培训工作。

四年来，市本级信息化项目支出预算审核工作逐渐规范化、制度化。通过信息化专业主管部门审核把关，充分发挥了市信息委的专业管理优势，构建起专业主管部门与财政部门协同理财的机制，实现了从市级层面对信息化资源的统筹整合和财政资金的优化配置。

信息化建设项目审核

2008年，上海市信息化建设项目工作制度不断完善，机制创新取得新的进展。市发展改革委和市信息委联合发布《上海市市级机关信息系统项目建设规划编制规范（试行）》，明确涉及两个以上机关和事业单位业务协同、信息共享的跨部门跨领域的信息系统项目，由若干业务关联度较高的信息系统组成、需要统筹规划分别实施的信息系统项目，总投资估算在5 000万元以上、且建设周期预期超过2年的大型信息系统项目，在编制项目建议书前应当编制项目建设规划，并明确了规划的编制原则、编制框架、编制要求。2008年，信息化建设项目的项目建议书和可行性研究报告的总体编制水平有所提高，项目建设规划编制工作逐步开展。市信息委严格按照初审、会审、评审等工作程序，继续配合市发展改革委对项目建议书和项目可行性研究报告组织了审核。在落实《上海市市级机关信息系统建设和管理指南（试行）》的同时，市发展改革委和市信息委分别对项目的后评估工作进行了探索性的研究，为下一步全面推广项目后评估工作打下了基础。

（邵　祺）

二、行业管理

电信行业管理

【码号管理】 2008 年，上海市通信管理局共审批核配 124 个固定网万门局号；共审批核配“96”字头上海本地短号码 10 个，收回本地“96”字头短号码共 19 个；全国短号码备案 29 次，其中“95”字头短号码备案 15 次、“1”及其他字头备案 14 次。共审批本地短消息类服务接入代码 13 个，全国短消息类服务接入代码备案 93 个。

【移动漫游费调整】 根据原信息产业部的统一部署，按时完成上海市移动漫游费调整工作，新的漫游费标准自 3 月 1 日起执行，即国内漫游状态下主叫 0.60 元／分钟，被叫 0.40 元／分钟。中国移动集团和中国联通集团统一执行上限标准，套餐资费自 4 月 1 日起执行新标准。

【通信助残】 为视力障碍者提供信息沟通便利的助残项目，被列入 2008 年上海市政府实事工程。在上海市通信管理局的组织协调下，上海电信、上海网通、上海铁通等三家固话运营商积极参与，为视力障碍者支付固话月租费和可实际使用 100 元的固定电话费用，其中市残联支付 25 元，运营商让利 50 元。该实事项目于 5 月 17 日世界电信日开始实施，共有 2 921 个视力障碍者家庭得到固定电话优惠。

（胡永龙）

无线电行业管理

【规范无线电发射设备销售市场】 2008 年，公用频率对讲机销售办理电台执照、代收频占费“一条龙服务”工作顺利开展，全年已有 3 538 台机器通过现场办证方式完成了执照办理，代收频占费计 35 万，同上年相比有了稳步增长。“一条龙服务”工作的开展进一步促进了办事和服务效率的提高，同时也加强了行业内部的规范建设，缓解了无线电频率占用费难收缴、易流失的问题。

【建立无线电频率评估指标体系配套标准】 为了进一步贯彻“科学管理，促进发展”的无线电管理方针，充分、合理、有效地利用无线电频率资源，根据《上海市无线电频率使用管理规定》，积极开展无线电使用频率评估指标体系配套标准的建立工作。通过对典型用户单位或部门的频率资源使用现状的调研，结合利用效率、经济效益等比值状况的综合分析，开展无线电频率使用评估的试点工作，促进了频率资源使用评估标准的细化完善和出台，为综合利用资源、提高使用效率创造了依据和条件，并带动宝钢和自来水公司在用频率评估工作的顺利完成。

（市无线电协会）

互联网管理

【经营许可证审批】 2008 年，上海市通信管理局共审批 ICP 许可证 39 张，SP 许可证 19 张，ISP 许可证 55 张，呼叫中心许可证 15 张，传真存储转发许可证 4 张，数据中心许可证 3 张。

（胡永龙）

第二章　信息化政策法规

概　述

根据年初确定的工作计划，2008年信息化政策法规工作完成情况主要体现在以下方面：

1.根据年度立法专项计划，稳步推进立法工作

第一，重点配合完成地方性法规和政府规章项目的立法工作。

积极配合市人大开展《上海市促进电子商务发展规定》立法工作，完成了提请市政府审核并向市人大报送议案的程序，完成了市人大常委会立法审议的程序性工作以及相关立法调研工作。该规定已于2008年11月26日经市十三届人大常委会第七次会议表决通过，将于2009年3月1日起施行。这是上海历经五年、第一件比较完整的促进电子商务发展的地方性法规，对上海加快发展现代服务业具有重要的现实意义。这一法规的出台在全国引起了极大的关注。

积极开展市政府规章项目《上海市无线电电磁环境管理办法（草案）》立法工作，该草案已经市信息委主任办公会议审议通过，并进入了市政府法制办审查阶段。

有序推进市政府规章项目《上海市计算机信息系统突发事件处置办法（草案）》的立法调研工作。

第二，稳步推进信息化项目管理、社会保障卡等领域内的示范合同和规范性文件的制定工作。

7月18日，市信息委、市工商局联合发布《上海市市级预算单位信息系统运行维护项目外包服务合同示范文本（2008版）》，该合同示范文本的实施对有效控制财政资金的合理使用具有积极的作用；7月22日，市信息委发布《上海市社会保障卡副卡管理办法》，通过对社会保障卡的功能延伸，拓展其服务领域的范围，为老年人享受社会福利提供方便；10月9日，市财政局、市信息委发布《上海市信息化发展专项资金管理办法》，对全市信息化发展专项资金的管理和使用提出了具体要求，有利于专项资金管理的科学化和规范化。

2.开展2008年信息化政策法规项目调研工作

通过公开招投标的方式，开展了上海市电子政务管理办法立法调研、政府投资信息化项目后评估管理暂行办法立法调研、数字证书使用服务协议示范文本研究、“长三角”信息化政策法规联动机制研究、国内外信息化政策法律动态研究等7项信息化政策法规调研项目课题研究。

3.推动年度法制宣传工作

根据市法宣办和市综合系统法宣办要求，结合市综合系统法宣教育联席会议部署，编制并下发了市信息化工作系统2008年度法宣工作要点。市信息化工作系统召开了2007年度法宣工作总结考评会，表彰了市信息化工作系统2007年度法宣工作先进单位和个人。根据市委宣传部、市法宣办《关于开展“五五”普法中期检查的通知》要求，在系统内开展中期检查工作。创新信息化法制宣传教育工作形式，在系统单位内组织开展了信息化法律知识竞赛活动，该项竞赛活动的成功举办在信息化系统内外引起了很好的反响。市信息委被评选为市综合系统法制宣传先进单位，市信息化工作系统法宣办主任陈潜被评为市综合工作系统“学法用法模范公务员”，并被列入市“五五”普法期间“学法用法模范公务员”候选人。

4.有序开展信息化依法行政工作

根据市人大要求，对《上海市人民代表大会常务委员会关于加强本市基础通信管线管理的决定》实施情况做了专项书面报告。根据市审改办要求，填报了行政审批制度改革工作领导小组有关情况登记表，组织业务处室和事业单位填报了相对集中行政审批工作情况调查表。根据市政府法制办要求，

组织填报了信息化系统行政事业性收费项目清理意见表，上报了系统行政许可法实施情况自查情况的报告。配合市政府法制办，重点组织开展了对无线电管理等执法部门的自查和检查工作。

5.及时处理各类日常法律事务

做好合同审核、意见会签、议案答复、解读报告等日常法律事务，共完成合同审核近50件，其他各类法律事务工作70多项。 （陈 潜）

一、信息化政策法规制定

《上海市促进电子商务发展规定》

《上海市促进电子商务发展规定》于2008年11月26日经市十三届人大常委会第七次会议表决通过，2009年3月1日起施行。该立法历经五年，是全国第一部以电子商务为名的地方性立法，较完整地规定了促进和规范电子商务发展的措施和手段，对上海加快推进信息化与工业化融合、加快发展现代服务业具有重要意义。此外，该法规的出台在全国和业界也引起较大关注，为中国电子商务法律制度的建立和完善开展了有益的探索和尝试。

《规定》主要贯彻了以下指导思想：⑴促进发展，规范经营。促进发展：重点设定了上海市鼓励和引导电子商务发展的具体措施，明确了政府部门应当形成合力推动全市电子商务发展，规范经营：针对实践中电子商务领域消费者权益保护问题等方面作了相应的规范。⑵结合实际，突出重点。结合全市电子商务发展现状和存在的主要问题，一方面限定于通过互联网进行的电子商务活动，另一方面鼓励措施和规范手段主要是针对电子商务企业。⑶营造环境，深化应用。重点要求有关部门在基础网络建设、电子支付、信用评价、信息公开等方面提供公共服务，积极引导行业协会、企业和社会共同参与电子商务环境营造，并推动电子商务在市民、企业、政府三个层次深化应用。

《规定》共二十二条，围绕如何促进上海市电子商务的深化应用、营造电子商务发展的良好环境、加强对消费者保护等主题，主要内容包括：电子商务的定义、主管部门、发展规划、基础设施建设、优先支持项目、相关促进措施、政府电子商务应用、行业协会、经营信息公开、个人信息保护、数据保存、电子商务平台企业责任、消费者权益保护、法律责任等内容。

《上海市社会保障卡优惠服务专用管理办法》

为了促进政府部门社会管理和公共服务水平的提高，体现以人为本利用信息化手段为民服务的理念，规范运用社会保障卡副卡向市民提供社会公共服务的行为，保障市民有效使用社会保障卡副卡，2008年7月22日，市信息委发布《上海市社会保障卡副卡管理办法》，自2008年8月1日起施行。

《办法》一方面为政府主管部门利用社保卡信息系统推出为民办实事的服务新项目提供制度性、规范性保障，另一方面也是规范全市社会保障卡副卡的发放和管理活动，保障市民有效使用社会保障卡副卡，完善和丰富全市社会保障卡制度的需要。此外，《办法》作为规范性文件，从制度层面上为政府在敬老服务等实事项目上提供了立法支撑，同时为今后实施的其他利民项目明确了要求和留下了空间。

《办法》共二十六条，内容主要包括社会保障卡副卡的设计、制作、使用以及申领发放等环节的规范要求。《办法》的发布为2008年8月1日启用的敬老服务专用卡规范使用提供了依据。

《上海市市级预算单位信息系统运行维护项目外包服务合同示范文本（2008版）》

为加强对全市市级预算单位信息系统运行维护项目外包服务的管理，维护合同双方合法权益，市信息委、市工商局结合全市实际情况，于2008年7月18日联合发布了《上海市市级预算单位信息系统运行维护项目外包服务合同示范文本(2008版)》。

该示范文本供全市市级预算单位信息系统运行维护项目外包服务合同双方参照使用，各区县政府以及其他单位和企业的信息系统运行维护项目外包服务合同双方也可参照使用。

该示范文本内容主要包括：维护环境及对象、服务期限与服务地点、服务内容、方式和要求、维护确认与验收、价格与付款方式、义务与责任、所有权和知识产权及使用权、保密、服务变更、不可抗力、违约责任、争议解决、合同的生效，以及名词解释等条款。

此外，该示范文本约定了使用过程中产生的纠纷可由上海市信息法律协会协助处理。

（刘新宇）

二、信息化政策法律基础调研

政府投资信息化项目后评估管理暂行办法立法调研

该立法调研针对上海市市级财政出资的政府投资信息化项目验收后进行后评估立法展开调研，为今后全市该领域的立法提供了理论支撑。

该立法调研研究了政府投资项目及投资信息化项目后评估发展现状及其趋势，分析了全市已有的信息化管理中的后评估与前评估、中评估的联系，分析了与后评估、绩效评估和IT审计、IT治理的边界与联系，明确了后评估的边界和目标。

该立法调研通过对一般的政府投资项目后绩效评估的国内外理论模式和政府投资信息化后项目评估相关的指标模式的研究，明确了上海市政府投资信息化项目后评估指标思路，分析了上海市政府投资信息化项目后评估的指标内容，提出了包括项目目标、项目持续使用情况、项目意见采纳情况、经济效益、公共效益等在内的一级指标及其二级指标体系。

该立法调研对上海市政府投资信息化项目后评估立法基础进行了分析。分析了政府投资、项目后评估、信息化、立法等几个关键词所涵盖领域的评估相关基础，分析了政府投资信息化项目后评估的必要性和时机，分析了投资信息化项目后评估难点、重点和障碍，分析了后评估的主体、客体、参与方在后评估中的作用，分析了后评估过程中的评估原则和内容及评估思路。

数字证书使用服务协议示范文本课题研究

该课题研究通过对国内外主要认证机构公开发布的服务协议进行调查分析，了解相关协议的框架、用户和认证机构相关权利义务设置条款的优缺点，为编写上海市数字证书服务协议示范文本提供借鉴。

在当前电子商务和电子政务活动中，数字证书使用服务协议的规范化十分重要。该课题研究的主要内容包括：法律法规和技术对于数字证书服务协议的要求、国内外主要认证机构服务协议现状研究、起草数字证书服务协议示范文本。

该课题研究草拟的《数字证书服务协议示范文本》（草案）主要内容包括：总则、用户权利和义务、认证机构权利和义务、承诺、免责条款、违约责任、协议的生效、变更和终止、管辖法律和争议解决等。

上海市电子政务管理办法立法调研

该立法调研围绕服务型政府建设，通过立法规范电子政务管理，促进电子政务建设和深化应用，保障政务信息安全，提高政府工作效率和公共服务水平，更好地维护公众知情、参与、表达与监督权等方面开展课题研究。

该立法调研的主要内容包括：分析立法背景，阐述上海电子政务立法的现状与问题；研究立法的必要性与可行性，即电子政务立法的理论基础和现实条件；探讨国外电子政务立法及其启示，主要对美国、欧盟、韩国、日本电子政务立法实践进行分析和借鉴；借鉴国内外电子政务立法的经验，以建设服务型政府，降低行政成本，提高行政效率，增强决策的民主化、科学化，方便、快捷地提供公共服务为目标，阐述了电子政务立法的基本思路；论述了立法过程中需要研究的若干重要问题，对草案文本中的相关表述进行说明并为立法提供理论支撑。

（刘新宇）

三、信息化法制宣传教育

系统“五五”法制宣传教育年度工作

2008年，市信息化工作系统法宣办按照市法宣办和市综合系统法宣办的工作部署和指导，组织和推动市信息化工作系统各单位法宣办，较好地完成了年度法制宣传教育的各项任务。

第一，常抓不懈，认真做好日常法宣工作。⑴重视总结，精心谋划开局。年初专门向工作系统各单位法宣办下发通知，并召开法宣办主任会议部署此项工作；组织对各单位上一年度法宣工作的考评和表彰，总结经验，树立先进，寻找差距。⑵健全机构，夯实法宣工作基础。着手对信息化工作系统各单位的法宣工作机构进行调研，摸清人员状况，并在此基础上，重新制定了信息化工作系统的法宣工作机构职责和联络员职责，重新下发了法宣工作的日常会议制度和情况报送制度。⑶注重实效，促进各类对象学法用法。采取建议、引导、帮助、向单位领导介绍等方式推动各单位结合本单位工作特点，根据不同层次不同岗位的不同需求开展法制教育，进一步完善法制教育的制度化、规范化建设，达到学用结合、学以致用的效果。

第二，突出主线，认真抓好法宣重点工作。⑴深入学习十七大精神，进一步落实廉政建设要求。信息化工作系统法宣办按照年初制定的工作计划，把认真学习贯彻党的十七大精神作为法制宣传教育工作首要政治任务抓好抓实。⑵周密部署，认真开展“五五普法”中期自查工作。精心组织，系统各单位法宣办对本单位的法宣工作从机制体制到开展形式、内容等方面进行了认真自查，对本单位法宣工作的底数有一个较为全面的了解，从而把法宣工作向前推进了一步。⑶结合重大事项和时间节点，广泛开展法宣教育主题活动。除了每年一度的“宪法周”主题宣传外，2008年重点结合奥运、世博会和改革开放30周年等重大事件，开展了一系列法制宣传教育活动。

第三，努力创新，开创法宣工作新局面。⑴强化优势，运用信息化手段开展法宣工作。充分发挥系统各单位信息化资源较为丰富、网络系统功能较齐全的优势，引导和鼓励将这些资源充分运用到法宣工作中去。⑵结合业务特点，在工作中推进法宣。市信息委机关和工作系统各单位的业务工作各有特点，法宣工作不强求统一，关键是要联系工作实际，落在实效上。⑶以赛促学，不断探索法宣新形式。组织“五五”普法知识竞赛，通过“以赛促学”的方式，普及信息化法律知识，增强了系统从业人员的法制意识，提高了系统单位依法经营的能力，为推动信息化法制建设贡献了力量。

信息化法律知识竞赛活动

为了提高系统单位接受法制宣传的积极性，扩大法制宣传培训的参与度，探索法宣工作的新路子，市信息化工作系统法宣办以知识竞赛的形式普及信息化法律知识，举办了信息化法律知识竞赛，取得良好效果。

信息化法律知识竞赛历经选拔赛、复赛和决赛三个阶段。决赛以“学习信息化法规，打造健康数字环境”为主题，重点关注社会保障、电子商务、诚信以及电信、无线电管理、信息系统安全等信息化相关领域。目的是通过“以赛促学”的方式，普及信息化法律法规知识，增强信息化从业人员的法制意识。决赛共决出一等奖1名，二等奖2名，三等奖3名。通过此次法律知识竞赛活动，原市信息化工作系统法宣办成功地探索了用知识竞赛这种活泼的形式开展普法工作的新路子，为今后法宣工作的创新和拓展奠定了较好基础。

《信息化政策法律理论与实践》（第5册）

为了研究上海市信息化和信息产业政策法规工作如何服务产业发展大局、配合中心任务等问题，2008年，市信息委政策法规处编辑印发了《信息化政策法律理论与实践》第五册。该书收录了五篇政策法规调研报告，分别就“十一五”规划、信息服务业中的个人信息保护、创新型社会信息化政策法律、重大决定草案公开、社会信用立法及制度规范建设框架等方面的问题展开了深入研究，并对上海市进行相关立法的可行性与必要性作出了充分的论证，提出了切实可行的建议，为下阶段立法工作奠定了扎实的理论基础。

（刘新宇）

第三章 信息化人才工作

概 述

2008年，市信息委人才工作小组按照市委、市政府关于人才工作的要求，全面落实《上海市“十一五”人才发展规划纲要》和《上海市信息化人才发展“十一五”专项规划》，充分发挥委人才工作小组和信息化行业协会的作用，结合全市信息产业发展需求，推动信息化人才队伍建设，认真组织开展了信息化人才工作，为上海信息化发展提供人才保障。

（蔡 霞）

一、信息化人才基础工作

制定《2008年信息化人才工作要点》

深入学习领会党的十七大报告和市委对人才工作的新要求，进一步增强做好人才工作的责任感和使命感，委人才工作小组制定了《2008年信息化人才工作要点》。

开展信息化行业人才工作调研

发挥平台作用，参加专题调研。组织有关方面参加由市人事局牵头组织的2008年市委重点调研课题“上海加强人才培育与引进问题”调研，完成了《上海电子信息人才培育与引进基本状况、存在问题和政策建议研究报告》等分课题调研，并形成《上海电子信息人才引进标准》初稿。

（蔡 霞）

二、信息化人才教育培训

“千村万户”农村信息化培训普及工程

在2007年试点的基础上，2008年市信息委会同市农委、市教委、市妇联在闵行、嘉定、宝山、浦东、南汇、奉贤、松江、金山、青浦和崇明10个区县启动实施“千村万户”农村信息化培训普及工程，力争用三年时间基本覆盖1 800多个行政村，完成6万人的培训和60万人的宣传普及工作。具体内容主要包括两个方面：

一是农村信息化培训。主要面向农村基层管理者、专业农民和有积极性的普通农民，按照“统一组织、统一教材、统一培训点认定、统一考核、统一发证”的要求开展信息化应用技能培训，提高农村居民的信息化应用水平。根据培训对象的实际情况，培训分为入门班和提高班两个层次，入门班学员重点掌握“两会两能”，即会打字、会上网，能搜索信息、能收发邮件；提高班学员将学习文档制作处理、电脑外设使用等更深层次的内容。为方便农村居民就近学习，培训采取定点和流动相结合的方式，固定培训点设在经认定的乡镇成人学校、农业广播电视学校等地；在出行不便的地区，将由工业和信息化部赠送的配有教学设施的两辆“信息大篷车”送教上门。对通过全市统一考核的学员，由四家推进部门联合颁发合格证书。

二是农村信息化宣传普及。主要面向郊区县的农村居民，开展电脑、手机、互联网等信息化工具应用的知识普及，引导他们认识互联网，感受信息化，提高信息化意识。考虑到农村居住地比较分散，宣传普及采取较为灵活的流动方式，由上海电信公司提供的配有相关设备设施的10辆“信息小篷车”深入每个郊区县的乡村、集镇和工厂，为当地居民参加“三个一”活动，即观看一部宣传短片、参加一次信息化体验、阅读一本普及读本提供服务。

2008年，已完成22 927人的培训和101 842人的宣传普及任务。 （陈可乐）

行业人才开发工作

【信息领域“653工程”】 2008年，上海市信息专业技术人才知识更新工程（信息领域“653工程”）立足全市信息产业发展的实际需求，重点建设适应市信息专业技术人才培养的知识更新体系：

课程开发。自全市启动信息领域“653工程”以来，共有46个单位申报了236门课程，有151门进入专家评审程序，经审批有93门课程立项开发。其中，已开发完成并通过市认定的21门，得到国家信息领域“653工程”办公室认定的13门。同时启动了全市主要信息领域岗位目录的编撰工作。

培训工作。截至年底，共有1 500余名信息专业技术人员参加了市组织的信息领域“653工程”培训，有1 174人通过考核，并获得了由原国家人事部和原信息产业部联合颁发的《专业技术人才知识更新工程（“653工程”）培训证书》；有115名取得原市人事局和原市信息委联合颁发的继续教育培训证书。

标准编制。市信息领域“653工程”办公室委托市信息化培训协会组织专家编制了《上海市信息专业技术人才知识更新工程认定规范》（以下简称规范），该《规范》共分为两部分，第一部分为《培训指定课程》，第二部分为《培训机构评估》。这两个标准于2008年1月3日通过专家验收，于2008年2月由上海市信息化培训协会正式向社会公布试行。

工作机制。以徐汇示范区为示范的市区合作机制在信息领域“653工程”培训中逐步发挥作用。虹口区以公务员电子政务培训为契机，推动全区信息专业技术人才知识更新培训，举办《政府协同办公机理与应用》培训班17期，有402人参加培训，并获得国家信息领域“653工程”培训证书。静安区结合本区的实际情况，举办了信息系统安全应对培训，有98人参加培训，93人通过考核，并获得国家信息领域“653工程”培训证书。

区域合作。1月21日，市信息化委员会与杭州市信息化办公室就两地共同推进信息领域专业技术人才知识更新培训工作签署了合作协议。双方将充分利用沪杭信息化人才培训资源，共同推进信息化高端人才培养和交流，共同开发利用培训课程，共同推动信息化培训，为沪杭两地的经济社会发展提供信息化专业人才保障。

服务体系。市信息专业技术人才知识更新综合服务信息平台于11月20日通过专家验收。

（丛建平）

【产业信息化培训工程】 上海市企业信息化促进中心（以下简称“促进中心”）的企业信息化发展战略高级研修班以惠普培训课程“企业十步法”、“企业IT管理战略”、“动成长理念”为原型，结合企业培训需求和信息化知识不断更新的特点，不仅为企业高层管理者提供企业管理战略类培训，同时也为企业其他管理人员提供信息化项目管理、各种企业信息化成功案例体验等培训；并根据企业的需求定制培训内容，组织学员参观拜访信息化建设成功企业、现场学习企业信息化建设的成功经验、定期举办沙龙研讨等活动。

同时，促进中心聘请多位来自高校、研究咨询机构和在企业战略、项目管理、IT服务、协同商务、投资咨询和政策研究等方面拥有多年实战经验的资深管理专家，为学员提供富于应用价值的课程。通过切实有效的培训体验，不但解决了企业内存在的信息化人才结构性矛盾，而且使大量企业管理人员对企业信息化为企业发展所带来的优势和利益有了亲切的了解，提高了其共同推进企业信息化事业的动力和决心，为全面推进企业信息化工作打下牢固而坚实的基础。

截至2008年4月，促进中心共举办了八期企业信息化发展战略高级研修班、十九期企业信息化与核心竞争力提升专题系列讲座，另有三期IT项目管理专题培训，以及四次学员沙龙活动，参加培训的中高层管理人员达2 000人次。

（顾伟华）

【CIO高级研修班培训】 由原上海市信息化办公室主办、上海市信息投资股份有限公司（以下简称“上海信投”）和美国应用理论ATC公司承办的CIO（Chief Information Officer）高级研修班培训，旨在为市信息化发展培训、培养一批本土化的信息技术战略管理人才。经过近十年的努力，已先后开办了16期CIO高级研修班，培训了各级政府、企业、事业单位共555名高级信息技术管理人员。2008年度，上海信投组织了第15期长宁区CIO高级研修班和第16期上海市电子商务CIO高级研修班，招收学员共36名，学员分别来自市、区县委办局及市电子商务企业信息中心主任及分管信息化工作的领导。

通过研修班的培训，为推进上海企事业单位和政府部门的信息化进程培养了一批可供挑选的CIO骨干人才。通过CIO培训，学员系统性地学习了先进的信息化管理理念，丰富了自己的知识结构，提高了自身的素质和管理水平，并在自己的工作岗位上有出色的发挥和表现。

（于丽辉）

三、信息化优秀人才评选

开展上海领军人才推荐工作

市信息委推荐的全市信息化领域自然科学类尹志尧（中微半导体设备（上海）有限公司董事会主席兼首席执行官）、奚自立（上海超级计算中心主任），经营管理类张维华（中国电信股份有限公司上海分公司总经理、党委书记）、袁欣（上海贝尔阿尔卡特股份有限公司董事长）等4人入选上海领军人才。

（蔡　霞）

“IT青年十大新锐”评选

2008年，市信息委加大信息化优秀人才宣传表彰力度，营造优秀人才脱颖而出的良好氛围。由共青团上海市委员会、上海市信息化委员会、上海市青年联合会以及上海市信息化青年人才协会、中国移动通信集团上海有限公司等单位联合主办的“上海IT青年十大新锐”至今已历经第七届。此项活动5月正式启动，上海IT领域青年踊跃报名参与。组委会办公室通过新闻媒体，对正式候选人进行公示，同时通过手机短信息投票等方式，组织社会投票。11月18日，组委会以无记名投票方式，并结合社会公众短信投票评选产生了（按姓氏笔画为序）中国移动通信集团上海有限公司数据业务中心业务研发部经理毛卫良，上海暴雨信息科技有限公司董事长兼首席执行官朱威廉，上海汉涛信息咨询有限公司（大众点评网）首席执行官张涛，闻泰集团董事会主席、首席战略官张学政，复旦大学微电子研究院副院长林殷茵，EMC公司全球副总裁兼EMC中国研发中心总经理范承工、上海我要网络发展有限公司（51.com网）董事长兼首席执行官庞升东，上海市信息安全测评认证中心主任赵瑞颖，上海赢思软件技术有限公司（小i机器人）首席执行官袁辉，中国电信股份有限公司上海中区电信局局长兼党委副书记韩茁10人为第七届“上海IT青年十大新锐”。

（徐方　林燕凌）

第四章 信息技术创新、信息化标准与知识产权保护

概 述

2008年，根据市信息产业和城市信息化的发展要求，有序推进信息技术创新、信息化标准和知识产权保护工作。信息技术创新取得较大成果，集成电路已有12英寸生产线1条，8英寸生产线8条，并形成了一批特色工艺；自主开发的手机基带芯片和多媒体芯片、数字电视信道和信源及图像处理芯片、高效节能电源管理芯片等集成电路产品迅速进入市场。原市信息委组织了“新一代宽带无线移动通信国家科技重大专项”2009年度课题申报，共有23家单位申报第一批03专项课题。此外，电子标签、数字媒体、通信领域、集成电路信息安全、信息获取等各方面，都有一批创新项目取得重大进展或获得应用。2008年度共制定了各类标准、规范19项，其中列为国家和部标的标准项目4项，列为上海市地方标准项目7项（其中3项是为世博配套服务标准），属行业协会联合企业标准的8项；目前完成国标部标4项，地方标准6项，行业协会联合企业标准6项。开展了“重点信息技术领域自主创新知识产权保护专项行动”，加强知识产权法制宣传和政府软件正版化等工作。

（吴亦闻）

一、信息科技创新项目

电子标签创新项目

【RFID 技术在酒类防伪和流通监管领域的应用】 该项目由上海复旦天臣新技术有限公司承担。通过对国内外 RFID 防伪发展状况与趋势的分析和研究，结合五粮液等酒类行业打假、防伪工作最新进展情况，研制开发基于 RFID 技术的符合最新防伪要求和中国国情，适用于酒类防伪、监管与追溯管理体系的软硬件产品及相应的应用规范。

通过建立基于 RFID 射频识别技术的酒类等产品的防伪系统信息平台，实现生产、流通、销售等各环节的信息追溯和商品防伪，给酒类防伪技术带来革命性突破；实现低成本防转移酒类电子标签的工艺技术，研发出适用于酒类产品的防转移防伪电子标签，杜绝不法分子利用回收手段重复造假；通过研究 RFID 芯片、标签、二次封装、读取机具、数据元格式和公共信息查询平台、商品应用，形成酒类 RFID 应用原型。该项目已完成硬件设备研发与测试。

【基于 RFID 技术的邮件传递跟踪与溯源关键技术研究及其示范应用】 该项目由上海邮政科学研究院承担。该项目以邮政行业应用为背景，以国内 RFID 领域研究成果为基础，以国内、特别是上海的 RFID 产业为依托，通过 RFID 技术在邮件传递质量检测方面的应用，促进国内 RFID 技术发展，使上海成为中国邮政应用 RFID 技术的支撑基地。

该项目以万国邮政联盟规定的邮件传递质量规则为依据，结合中国邮政的状况，在系统设计上既

符合国际规则，又符合中国国情；在技术研究和设备开发中，强调坚持自主创新，根据实际情况选择合理可行的技术路线，使研究成果拥有自主知识产权，在国内具有实用性，在国际具有竞争力。

2008年8月10日～9月19日，在完成项目预定的标签及读写器等硬件设备研发工作的基础上，项目组在江苏苏州和浙江嘉兴进行了邮件质量传递的小规模测试，对有源阅读器、标签、中间件、后台系统、测试员管理方案进行了检验，并取得成功。

【RFID 无线射频技术科普馆】 该项目由上海集成电路设计研究中心承担，2008 年 6 月 18 日经过市科委专家组实地考察和严格考评，顺利通过验收。该项目围绕已有的国家射频识别产业化（上海）基地RFID 展示中心实施展项综合改造，由原来面向专业人士的定位转而面向普通民众，特别是大中小学生，使之成为向大众开放的 RFID 科普教育基地。

基地占地 540 平方米，新增“动手区”、“人员定位系统”、“NFC 手机点餐”、“音乐视听”、“图书管理”、“车辆管理”等展项，同时对原有展项做了调整，形成 4 个主题区域 15 个展项的全新布局，充分展示 RFID 技术在现今及未来人类生活中所扮演的越来越重要的角色。其中“无所不知的管理员”（RFID 在仓储管理中的应用）已在上海百联集团成功示范并投入实际应用；“安全和谐的家园”（基于 RFID 的气瓶安全管理）已在全市 115 万气瓶中实现电子标签标识；“人员定位系统”已应用在煤矿开采现场。

【基于 RFID 技术的车辆／驾驶员管理服务系统】 采用无源 RFID 技术将电子标签研制成汽车的终身“电子身份证”，与传统汽车号牌共生并用，分别满足“机读”和“人读”的需求，为汽车创设起“二元化的身份标准信源”。该系统由公安部第三研究所开发，以解决“车辆身份自动识别认证”为核心，在此基础上建立用于车辆／驾驶员管理服务的现代管理服务系统，可为社会安全、反恐防恐、重大政治活动及涉车涉驾各行各业提供多达几十种的专业信息服务。该系统 2008 年在“国家金卡工程 15 周年纪念活动”中，被评选为“最佳射频识别应用开拓金蚂蚁奖”。目前在建的应用包括：用于上海世博会及周边道路区域范围的汽车数字化标准信源系统（世博会区域性应用研究与示范项目），发卡量预计为 4.5 万张；深圳海关车辆自动识别系统工程项目。

该系统实现了一种“依靠信源、形成资源、凭借资源、进行应用服务而获得经济效益”的可持续发展模式，不仅能为涉车税、费稽征部门截逃堵漏增加实收金额，以满足中国迈入汽车社会后的战略信息资源应用需求，还能为涉车运营部门和行业产生增值服务，同时带动起一条以社会化专项应用为牵引的RFID产业链。

【集装箱电子标签系统】 该项目由上海国际港务（集团）股份有限公司承担。2005 年 12 月 3 日，中国第一条装有电子标签的集装箱航线“浙海 325”轮正式起航，完成集装箱电子标签系统在上海至烟台“两港一航”运输线真实环境下的应用，示范线箱量累计完成 5 294 TEU。2006 年 5 月，在巴黎国际发明展览会上，系统中的“集装箱电子标签装置”和“集装箱电子标签与电子门封条连接方法”等技术荣获四项金奖。

为进一步推动项目的进展和走向国际化、标准化，该项目在2006年被列入国家科技支撑计划项目“现代港口物流服务示范工程” 和交通部西部交通建设科技项目，同时也得到了美国海运署、美国国土安全局等官方部门的高度关注。上海港与美国Savannah港于2008年3月10日在上海港振东分公司集装箱码头举行开航仪式，在国际上第一次正式开通了全部安装智能电子标签的“上海–Savannah”中美集装箱运输示范航线，对该航线上运输的集装箱实现全程实时在线监控，推动了中国集装箱物流信息化水平。

【电子票务安全防伪管理系统】 该项目由上海华申智能卡应用系统有限公司承担，与上海复旦微电子等公司通力合作完成。项目通过将加密技术和射频识别技术结合实现电子标签芯片内数据安全、读写器安全以及读写器与电子标签、读写器与应用系统等环节的数据通信安全，保障票务安全防伪管理系统的信息安全。项目研制的主要内容包括：开发基于中国自主开发的密码算法 RFIDSF（国家相关密码研发机构根据 RFID 技术安全应用特点专门研发，并通过国家密码管理部门审查的密码算法）的密钥管理系统、票务应用系统软件，以RFIDSF密码算法为主要安全加密和认证手段的电子标签、读写器及其他软硬件产品。项目主要创新点是：将中国自主密码算法应用于电子票务系统的安全防伪管理，从而使中国有可能在RFID应用领域（尤其是安全防伪应用领域）取得突破，实现中国RFID技术应用的跨越式发展。

项目研究成果将成为世博会、工博会、体育竞赛等城市大型会展、赛事电子票务系统规范制订的基础，并为RFID电子票、证件的大规模推广应用提供坚实的技术支撑。该项目填补了国内相关技术的空白，并且具有自主知识产权，提高了国家信息安全水平，保障了国家信息安全，其安全管理关键技术还可以在公共安全、军需物资管理、危险品安全监管、海关进出关物品监管、药品质量追溯与跟踪、证照防伪、烟酒防伪、产品供应链管理、现代物流业等多个领域中广泛应用。

（市科委）

数字媒体创新项目

【自主心智发育机器人关键技术研究】 该项目由复旦大学承担。项目开发了实时多模态交互的心智发育软件系统，并应用于自行研制的“复娃”轮式移动机器人。项目提出了多层在位学习神经网络MILN，可用于视觉信息的不变特征提取和多任务学习；研究了基于视觉和听觉等多模态信息的在线交互学习算法，特别是基于自然语音的人机交互发育算法等；研究了心智发育软件系统的分层架构和任务调度决策算法等；以上关键技术在“复娃”机器人上获得了验证，通过人机交互和发育学习，机器人具备陌生人的指令理解、面部识别和自主导航等能力。该项目在软件系统实现方法上，利用面向服务体系架构SOA的思想，开发了具有统一框架下的机器人软件系统，使所有功能在统一框架下得以实现。

【集中控制式分组播出技术研究】 该项目由上海文广科技发展有限公司承担，2008年9月经国家广电总局组织鉴定和上海科学技术情报研究所查新，确认为国际先进和国内领先水平。该项目研制的基于广播方式的集中控制分组显示数据广播系统，通过自主开发的多种媒体信息融合发布平台，实现了对接收终端的集中控制和内容的个性化显示。数字分组播出电视广播系统由分播前端控制子系统、分播数据打包服务器和数字分播接收终端等部分组成，所设计的播出事件控制方式实现了前端对终端内容的下载、存储、播出、删除等集中分组控制。该系统在上海移动电视广播、公交电子站牌、公共交通信息服务等领域得到应用，系统稳定，效果很好。

【面向宽带网络的互动媒体业务规范及支撑平台】 该项目由上海未来宽带技术及应用工程研究中心有限公司承担。该项目主要研究：在宽带网络上实现对标清和高清视频信息的传输和播放；对服务提供商提供的多种增值服务进行集中的后台运营管理；实现互动媒体平台上的推送机制以及直播电视中的互动机制；通过机顶盒、电视机以及遥控器实现人性化的人机交互；面向互动媒体服务的规范和标准。

互动媒体业务支撑平台提供以下服务功能：互动媒体的内容制作与整合，包括接收内容提供商CP的节目内容和素材，进行节目内容的编辑和制作，设计内容浏览和搜索的门户等；内容审核和版权控制，确保节目内容的安全发布和版权保护；内容的存储管理和分类组织，便于用户搜索和定位媒体内容；运营管理，包括用户终端管理、用户身份管理、计费和结算等；用户行为分析和个性化内容推送；面向不同类型用户终端的内容发布。

该项目的创新点有：在业务支撑平台中，提出业务网关的概念，以实现对SP所提供的服务的信息记录和计费功能；研究如何在互动媒体业务平台上，实现对推送机制、电视直播时的互动机制的支持。

该项目已开发出一个可支持多种服务提供商接入的、支持基本的直播电视和点播电视的互动媒体业务支撑平台；平台具备一站式服务功能，提供安全认证服务、计费管理服务、授权管理服务、搜索服务、基于即时通讯等多种集成机制与服务；支持至少2T数据量的点播节目（包括VOD和TVOD）；能够同时播放至少2路视频，以支持画中画功能；支持为用户生成个性化EPG的能力；支持包月、按点击次数、按时长等多种的计费方式；完成一套互动媒体服务运营及服务接入规范，包括终端设备技术规范，宽带数字媒体服务接入规范、宽带数字媒体服务调用规范。

【宽带网络上实现集健康教育、健康咨询、远程会诊为一体的 e-Health 系统】 该项目由上海华山信息技术有限公司承担。e-Health 系统是利用宽带网络技术通过信息化手段为社区全科医生服务社区居民探索出一套完整的社区医疗服务体系。

该项目内容：⑴打造一个健康医疗服务频道：研究开发了健康VOD点播，建立起大量细分后的健康VOD视频点播内容，有针对性地为居民提供视频点播服务。同时开发了e-Book健康电子杂志系统，通过每月出一期电子杂志，丰富居民的阅读，为居民提高健康意识。⑵为社区居民和社区医生建立起一套集多种接入方式的互动多媒体健康咨询诊疗系统：研究开发居民在家通过电视、电话等简单接入手段和社区卫生服务站的全科医生通过电脑进行远程健康咨询，健康诊疗服务；社区全科医生在和居民健康互动的同时，在后台可以通过电脑察看居民在医院登记的健康档案和诊疗记录，快速诊断居民的病情，为居民提供诊疗指导。居民的整个诊疗服务内容也通过诊疗模块记录在案；系统同时提供居民和全科医生离线的服务——居民可通过电视、电话为社区医生录制留言，医生也可通过电脑为居民提供多种方式的留言(文字、图片、音频、视频)。该系统可根据全科医生的服务环境，为全科医生建立一个药品说明库和疾病说明库，医生可通过药品、疾病名称察看规范的说明书文档。

该项目主要创新点在于采用模式创新，采用互动电视的技术，实现远程健康咨询及诊疗服务；通过电视与电脑的视频交互，为社区居民和全科医生建立起一条方便快捷的沟通渠道。社区全科医生通过这种交互模式管理居民的健康，为居民提供健康评估和健康促进服务。

【面向宽带网络的数字导购服务应用示范】 该项目由上海宽鑫信息科技有限公司承担。项目面向宽带网络和数字媒体互动电视终端，重点研究 RFID 现场感应网与高性能宽带网络和交互电视网络的互联，实现基于交互电视的各种数字导购点播，使用户在时尚互动交互电视的应用延伸到线下，并可使用户在时尚互动交互电视获得已被标识的商品资讯，给用户带来全新的时尚交互享受。该项目以互动电视为基础，融合了 RFID 身份识别技术的新型商务信息推送系统；主要架构在现有的宽带电视 3TNet 网络和遍布城市时尚热点的现场 RFID 感应网络上，通过后台高效的服务器系统，对信息进行统一的存储和调配；将平常客厅中的电视机变成时尚信息终端，将互动电视定位到户的功能与 RFID 具体个人身份识别的优势结合起来，使用户不但可以足不出户地了解到最新的时尚信息，还能亲身参与到时尚活动中；将商务信息推送和真实的卖场消费有机结合起来，达到商务信息互补的良性服务模式。

【面向宽带网络的跨平台数字学习关键技术研究】 该项目由上海交通大学承担。主要研究面向新一代宽带网络的普适教育环境，支持新型宽带网络电视及移动设备等多种终端，研究基于普适计算的智能空间授课、跨终端师生交互、多终端漫游学习等内容及关键技术；并通过面向学历教育和辅导培训的教育应用示范，推动数字教育媒体产业的发展。

该项目的创新点有：实现智能、真实的自然授课技术；实现跨终端数字学习中的实时交互技术，为学习者之间构造一个虚拟的交流空间，使不同终端的学习者在观看学习内容的同时，可以随意地沟通交流；解决了多终端之间进行漫游学习中的数据一致性问题，解决了在切换终端时能够继续原来的学习进度，播放相应的数字学习内容。

【面向宽带网络的用户行为分析与个性化信息推送技术研究】 该项目由华东师范大学承担。该项目主要研究用户行为分析和兴趣知识表示方法，以用户的行为特征知识为指导，设计数字媒体内容定制、过滤和推荐的个性化定制策略，并把个性化定制媒体内容与主动推送技术相结合，设计了多策略混合推荐系统的架构和一系列创新的推荐算法，开发了面向宽带网络的用户行为分析和个性化推送系统。该系统具备了统计用户行为兴趣、用户及媒体分类、个性化推荐一系列功能，建立了媒体内容元数据和用户描述元数据，并制定了用户行为数据规范和用户描述文件规范。

该项目主要创新点有：提出多策略混合推荐

系统框架，可以根据系统运行情况自适应地选择最适合的推荐算法；提出一系列创新的个性化推荐算法，推荐精确度和算法效率上较以往的推荐算法均有大幅提高，解决了因评分数据稀疏导致的推荐不准确的问题，在算法可扩展性上做出了相应优化；制定了用户行为数据规范与用户描述文件规范；与IPTV平台集成，形成智能化、个性化、动态化、一对一的媒体服务模式，提高了资源的利用率和用户的交互体验。

【面向互动电视的视频搜索关键技术】 该项目由复旦大学承担，其研究成果已达到国际先进水平。项目面向互动电视的实际应用环境，针对“机顶盒+电视机”的终端系统的弱交互性特点，研究基于语义对象网络的内容搜索技术，开发面向互动电视的视频内容搜索引擎系统，并应用到互动电视应用支撑平台中。

主要创新点在于利用机器学习方法，发现视频内容中语义对象之间的深层次关系，构建视频语义对象网，面向机顶盒和电视机，提供方便快捷的用户浏览和搜索服务，帮助用户找到喜爱的电视节目。具体创新之处包括：⑴视频语义实体网络构建。利用语义实体网络维护语义实体及其关系，将语义实体作为检索对象，以语义实体作为内部表示，统一了文本、视频、音频和图像信息，语义实体网的构建将语义实体指向的视频片断作为检索返回的结果。⑵针对弱交互终端特点，设计了新颖的支持搜索的人机交互技术。和传统的桌面搜索不同，该项目研究的内容搜索引擎可以不需要用户输入关键词等查询，而是基于可视化浏览、标签和关联搜索，通过少量的用户交互即可找到感兴趣的节目。⑶根据互动电视的特点，设计适合互动电视的搜索排序算法。充分利用了机器学习和数据挖掘的手段，挖掘出以用户爱好为主，结合热点分析、用户评价分析等排序算法的排序依据。

【面向宽带网络的互动电视信息发布技术及应用示范】 该项目由上海文广互动电视有限公司承担，研究面向宽带网络的互动电视信息发布及交互流程的业务模型、系统架构和关键技术，开发相应的软硬件产品，并最终实现一套实际可运营的互动网络电视信息发布系统，将信息发布及交互功能引入到电视直播频道的播出中，为用户提供全新的信息门户形式，使用户在收看电视直播频道的同时获得丰富的信息资讯和享受各类增值应用服务的便捷途径。

项目提出了互动电视引导信息的概念并及其应用模式，确立了引导信息的数据结构、组织形式、管理模式及交互方式，实现了引导信息发布系统功能以及增值业务示范功能。项目依托互动网络电视运营支撑平台，利用DVB技术和IP技术将互动功能引入到传统电视直播频道的播出中，为用户提供一种全新的信息门户形式，使用户在观看电视直播频道时，可以在实时引导信息的帮助下选择收看非实时性节目、参与互动式在线活动或享受互动增值应用服务。另外，由于系统将引导信息封装于MPEG-2 TS中进行下发，所以项目研究成果也将适用于具备双向交互能力的数字电视系统。

【面向多核处理芯片和嵌入式操作系统研发与应用推广】 该项目由华东计算技术研究所、上海广电（集团）中央研究院、上海广电信息产业股份有限公司、上海普天邮通科技股份有限公司、上海计算机软件技术开发中心共同承担。

在嵌入式基础软件平台方面，建立了PowerPC多处理器及双核处理器研发环境，包括WindRiver ICE与Trace32 for PowerPC调试环境、StarFabric高速交换总线、AFDX航电网络及多核参考实现环境，基本完成关键技术攻关：安全关键内核、分区虚拟执行环境、多核编译以及协同调试等，实现面向PowerPC双处理器并行处理环境的ReWorks-653/ReDe-653功能示范系统，且已在机载综合传感器系统中的光电对抗与雷达系统功能线程中得到初步应用验证。

在国标地面数字电视接收机产品方面，建立了基于AVS/MPEG-2编码的端到端地面数字电视运行环境，即建立了数字电视信号发生、变频、调制、发射、接收和调试环境，建立了基于嵌入式操作系统ReWorks的AVS地面数字电视机顶盒的软硬件开发环境和调试环境。基本完成关键技术攻关，包括基于SPARC v8/AVS芯片、地面国标(单载波)传输的地面数字电视接收机设计与调试，包括国标信道模块的设计验证、解码模块的设计验证等。完成样机开发，支持AVS(标清)处理，能够接收目前东方明珠开播的AVS地面数字电视节目。产品样机在上海东方明珠开播的国标地面数字电视试验系统、山西大众数字移动电视项目中得到应用，实现小批量生产和销售。

在金融税控终端产品及二代证机具方面，完成第一版金融税控终端样机研制，基本实现金融税控收款机在线交易、报税、完税、开票、断电保护、数据存储等功能，支持受理银行卡和国内磁条卡交易，在此基础上正在研发第二版样机，并实现金融税控收款机的全部功能。在长春、北京等开展金融税控终端市场活动，同时开展二代证在公安部系统、银行系统的市场工作，以期实现项目经济指标。

在搭建嵌入式公共服务平台方面，完善技术服务环境，提供公共技术资源的网络化共享，形成了多媒体终端、手持打印机、车载应用等多种解决方案和参考实现，公共资源库中资源总量超过100个。提供社会化专业服务50余项，开展了工博会、中国国际嵌入式大会等大型联盟活动，发展用户300余个，发起组建长三角嵌入式系统与软件产业联盟，并开展了三地调研与资源互动研讨。

【区域医疗信息整合平台的研究与应用】 该项目由上海市长宁区卫生局承担，于2008年8月1日正式启用。该项目采用最先进的国家863计划科研成果“高性能宽带信息网”3T–net技术作为长宁医疗卫生专网的组网技术，通过技术攻关实现长宁区区域内所有辖属医疗机构的诊疗信息、医学影像信息及健康档案信息的互通共享，为院际之间的调阅及领导决策分析提供支持。

(市科委)

通信领域创新项目

【兼容IPv6的高端路由交换设备研发及产业化】 该项目由上海博达数据通信有限公司承担。项目研发了支持IPv4/IPv6、多业务、高性能、低成本、大容量的高端路由交换设备，拥有完整的自主知识产权，在该领域处于领先水平，已批量生产并实现产业化。

该项目主要研发内容有：背板工艺设计用512对3.125G的差分线提供64条全双工12G信道，保证高密度超高频信号完整性，达到1.536T（64*1.2G*2）交换容量；从硬件设计到微码到整个路由操作系统平台BDROS拥有完整的自主知识产权，杜绝任何潜在的后门，有力保障了中国信息安全；针对下一代网络应用以及IPTV等新一代信息服务业务在微码一级设计专门流程，对IPv6、组播、QoS、安全访问控制等进行优化处理；同时支持使用NP的多层处理转发线卡和高密度低成本的三层转发线卡，提高产品性价比和产品适用场合；形成1个系列，3种型号的高端路由交换设备。

该项目的创新点有：采用1.536T交换矩阵，产品具有持续发展的长远潜力；同时支持采用NP处理转发的多层业务线卡和高密度低成本三层以太网交换线卡，集路由器和交换机于一体；采用大规模逻辑阵列FPGA实现POS接口及部分链路层协议和QoS；采用多种安全措施防范网络病毒攻击。

(市科委)

集成电路创新项目

【超低功耗低噪音三百万像素图像传感器芯片】 该项目由视翔科技（上海）有限公司与上海锐晶电子科技有限公司共同研制，是中国大陆首款自主设计并使用130纳米工艺制造的CMOS图像传感器芯片，填补了国内空白。其最大创新点是低于国外同类产品50%以上的智能超低功耗技术，及达到世界领先水平的4T低噪音技术，可应用于手机、玩具相机、监控等领域。

【无线语音通讯芯片】 由博通集成电路（上海）有限公司研制的5.8GHz COMS射频收发器BK5893在单芯片上集成了完整的无线语音通讯所需的相关功能模块，采用标准的混合信号CMOS工艺，实现了低成本、低功耗，在世界同类产品中实现最高的

集成度和最有竞争力的性价比。作为世界首颗工作在5.8GHz频带的语音通讯SoC，避免了由于众多的新生无线通讯技术的推广而产生的严重的无线连接。该芯片已被国际著名品牌AT & T、VTECH等采用。

【新一代智能终端安全控制芯片——SCCII CreaChip[TM]】 该芯片由上海爱信诺航芯电子科技有限公司自主研发，拥有完整的知识产权，是中国第一颗将国产32位CPU核、USB2.0高速通信接口及国密SM1和SF33算法硬件实现高集成度的SoC单芯片，也是目前唯一量产的智能终端安全控制芯片，已通过国家密码管理委员会的鉴定并取得国密产品批号，命名为SSX45。该芯片面向终端安全市场应用，具备高处理能力、高安全性、多种接口、低功耗、低成本等特点，可用于终端加密机、VPN、加密U盘、USB KEY、读卡器、手持POS机、加密板卡、Smart Card等设备，在0到70度的温度范围内，工作频率可达100MHz以上。

【准谐振绿色模式PWM控制器OB2201】 该芯片是由昂宝电子（上海）有限公司研制成功，是离线(offline）式准谐振PWM控制芯片。该芯片通过准谐振工作模式，使系统的开关损耗和EMI大大降低，能为系统提供超过90%的满载转换效率，其完善的可编程软启动、芯片VDD过压保护、优化的过功率保护、内置过温度保护、内置保护死锁等功能可以大幅提高系统的可靠性。目前提供DIP8、SOP8两种封装形式，符合RoHS标准，适用于经济型笔记本电脑适配器、DVD播放器电源、白色家电电源等。

（市科委）

信息安全创新项目

【多特征智能型反垃圾邮件系统】 该项目由上海交通大学信息安全工程学院承担，263网络通信集团、中国互联网协会共同实施，项目获得重大应用推广。根据中国互联网协会的年度统计数据，该项目形成的技术成果与行业标准实施以来，中国的垃圾邮件蔓延势头得到有效抑制，已由2005年的世界第二位下降到世界第四位。

2008年3月25日，由中国互联网协会主办，263网络通信和反垃圾邮件中心承办的“每天抢救36分钟——反垃圾邮件服务公益行动”在北京启动。该活动以863项目技术成果——TAP前置式反垃圾邮件服务器为核心，由263网络通信集团向全社会提供免费反垃圾邮件服务，从根本上提升中国整体的反垃圾邮件能力，净化网络环境，提高网络效率。

基于上海交通大学在反垃圾方面的技术研究成果，中国互联网协会正联合国内移动信息业务服务提供商，共同探讨在移动通信领域的垃圾信息管理与控制技术手段与行业标准，其前期试点工作已由上海交通大学与中国移动上海公司合作，在市科委的支持下积极展开。

【信息内容安全关键技术与产品研制】 该项目由上海复旦光华信息科技股份有限公司承担。项目成功研制了符合国情的系列化信息内容安全专用硬件和软件产品，可根据需求灵活组装，既能为有关的国家职能机关和各级政府构建网络空间的全面信息内容监控基础设施，又能提供给基础网络运营商和重要信息系统进行全面的内容监管。

该项目实现的创新点包括：基于硬件的分流与合流技术；基于硬件的内容匹配和含有特定内容的连接完整捕获；基于快速联动的实时跟踪定位技术；独特的文本内容分析技术；SPI、NDIS网络过滤技术；网络协议包分析模块；文件系统过滤驱动技术等。通过该项目的研发，申请了两项发明专利——“论坛网民兴趣分析方法”及“网页结构化数据提取方法与系统”。截至项目验收，项目成果及配套销售维护体系已累计实现产值3 179.19万，净利润279.62万，上缴税金105.87万。

【自主高可信操作系统关键技术研究与产品研发】 该课题由上海中标软件有限公司承担，是市科委于2007年批准立项的科技攻关计划项目，研发周期两年（2007.7～2009.7）。该项目研究成果将形成与安全主板、TPM安全硬件平台对接的自主高可信操作系统——中标普华 Linux 桌面操作系统 V4.X 产品。通过中国权威部门安全认证，安全级别达到国标第三级以上，安全功能上可与微软 Vista 相竞争。

课题研发遵循可信计算技术和规范的自主高可信操作系统，以满足中国可信计算平台对高可信操作系统的技术需求。主要研究基于TPM的系统信任根构造，基于认证的信任链构建，安全内核构造，基于安全芯片的数据机密性和完整性保护，基于TSS规范的可信软件构建，可信操作系统与TPM安全硬件平台、安全BIOS对接等。

【格尔 SSL 安全认证网关系统】 该项目由上海格尔软件股份有限公司自主研发，通过对数据安全交换、负载均衡、硬件加速等关键技术的研究，开发出实现业务数据安全和业务连续性安全的高性能数字内容安全交换网关产品。

该项目创新点主要是应用了自动签名验证技术（自主专利技术）、SSL协议中双证书的应用办法（自主）、单点登录技术、基于证书的负载均衡技术及双机热备、硬件加速技术，其中自动签名验证技术、SSL协议中双证书的应用办法已申请专利。经中国科学院上海分院科技查新中心鉴定，项目技术达国际先进国内领先水平。截至2008年10月底，产品完成了97套销售量，销售收入达1 694万元，主要面对国家安全局系统（信息所），信息产业部门、国家统计局等政府客户安全认证系统，以及几大商业银行系统的安全应用。

项目研制成果荣获2008年国家密码产品创新一等奖，国内《SSL VPN商密产品技术规范》由上海格尔软件股份有限公司牵头撰写，即将由国家密码管理局对外公布。

【无线移动网络安全接入管控系统关键技术研究及港务应用】 该项目由上海汉邦京泰数码技术有限公司与上海交通大学共同承担，并将洋山深水港和上海电信纳为无线安全技术应用的示范基地。项目聚焦无线接入的安全性问题，以事件为核心，通过建设无线安全接入管控系统及其延伸子产品，实现对终端的标识认证、自身安全加固，有效保障了终端的安全接入；同时对接入的用户、终端、网络等进行分域管控，全面保障运营业务的权限管控，对大型复杂网络将提供基于 Mesh 自组网络的成套安全技术进行支撑；在安全事件发生后，系统将提供数据的痕迹追踪还原，大幅提升了信息系统的责任认定能力。通过以上方式，系统将实现对终端、用户、网络、业务应用等方面在事前、事中、事后全生命周期中的管理与控制。项目成果将在上海三个中心建设之一的“航运中心”核心平台——洋山深水港数字港务进行示范应用，将进一步保障洋山港无线网络的安全性，助推无线应用在洋山港的建设。

（市科委）

信息获取创新项目

【GNSS综合测试与认证环境及用户终端产业化研究】 该项目由上海伽利略导航有限公司承担，完成了 GNSS 综合测试与认证环境定义段的工作和高动态双模式 GNSS 接收机的研究工作。该项目⑴研制完成了基于伪卫星的室内定位系统，该系统由低成本伪卫星、主控站、监控站、时频系统等构成，定位精度可达厘米级；并研发出 Galileo/GPS 高精度双模伪卫星，作为 GNSS 综合测试与认证环境的关键设备，在技术上具有创新性；项目形成的伪卫星组网系统已基本具备了对接收机原理性能进行测试验证的能力。⑵研制完成了高动态多模式 GNSS 接收机，为在高动态条件下完成导航定位打下基础，也为多模系统算法研究提供了验证测试平台；并研发出实时 GPS 软件接收机，可实时处理 GPS 信号，在实时处理算法方面具有新颖性；开发的 Galileo 软件接收机，成功捕获、跟踪、解调 Galileo 试验卫星信号。⑶研制完成了 GNSS 综合测试与认证环境的野外测试区的选址软件，对佘山试验区域进行了测算。

【基于 CAN 总线的多媒体车载导航通信信息终端开发与产业化】 该项目由上海易罗信息科技有限公司承担。项目研究并验证了基于 CAN 总线的组合导航技术，利用车轮转速和车速信号进行车辆位置推算，并实现了与 GPS 相结合的组合导航，形成了相关的专利技术和软件著作权。

该项目采用ARM922T、32bit RISC芯片和WINCE4.2NET嵌入式操作系统，为前装导航产品提供了多样化、低成本的核心技术平台。结合奇瑞汽车有限公司汽车的研发，成功地开发出M11轿车汽车多媒体导航产品，并通过奇瑞相关标准的认证，产品已进入试装阶段。同时该项目相关产品平台已成功在奇瑞B11/B14/S18/P11/H13等多种车型上采用，形成了前装车载导航系列产品，在汽车前装市场的产业化方面取得突破，为相关产业的市场发展提供了技术实现的基础。

【基于Ad hoc技术的井下无线安全监测系统】 该项目由上海大学承担。项目开发了2.4GHz和433MHz无线通信模块，实现混合组网，节点数大于30个。该项目是一个煤矿无线监测试验性预警系统，实现井下人员的体温和脉搏、瓦斯报警等数据的采集并上传到监控中心，实现井下人员位置信息的区域实时跟踪。该项目获得无线传输模块防爆合格证和传感器矿用产品安全标志证书。

【城市公共安全Mesh传感网关键技术攻关及应用示范】 该项目由中国科学院上海微系统与信息技术研究所承担。项目提出了三层传感网体系构架，在此基础上成功构建了上海市公共安全MESH传感网平台。项目研制的无线MESH高速传输系统，采用优化的MESH网络协议，将每增加一跳的带宽损失从原来的50%降低到10%左右，具有支持多用户、双向组网、高速移动和绕射能力强的特点，满足了城市公共安全对移动性、通信距离和带宽的要求。项目研制的微传感网节点的随机布设组网能力、传输距离、待机时间等均符合公共安全场景对随机布设组网的要求。项目研制的爆炸物、核辐射传感网节点样机能很好地接入随机布设网络，并可通过MESH网向指控中心发送信息。该项目组根据任务书对演示示范的要求，在中科院嘉兴中心进行了示范演示，关键成果在上海应急指挥系统中得到应用。

（市科委）

二、信息化标准

召开“全国信息服务外包标准化研讨会”

10月24日，召开“全国信息服务外包标准化研讨会”，来自各地20个国家级信息服务外包示范基地、全国各省市信息产业厅等方面150多专家参加了此次会议。在会上发出了“关于共同促进服务外包标准化建设的倡议书”，为加强各省市的交流与合作，坚持共同发展，进一步推动全国服务外包标准化工作的切实进步。

（张 明）

参与制定“上海市服务标准化三年行动计划”和“上海市先进制造业标准化行动计划”

原市信息委参与了“上海市服务标准化三年行动计划”和“上海市先进制造业标准化行动计划”的起草工作，明确在先进制造业和信息服务外包、动漫、电子商务、信用服务等方面的标准化制定工作计划，拟完成起草、制定10项有关上海市地方标准。

（张 明）

三、信息技术相关知识产权

开展“重点信息技术领域自主创新知识产权保护专项行动”

该行动是上海信息技术领域贯彻落实国家知识产权战略的一项重要活动，通过发动集成电路行业协会、信息家电行业协会、通信制造行业协会、嵌入式软件联盟以及张江高科技园区、紫竹科学园区、漕河泾开发区等共同参与，组织各重点技术领域企业参与自主创新和知识产权保护系列活动，对上述企业在活动期间内申请的发明专利由市知识产权局予以每件3 000元的补贴。专项行动旨在通过组织上述企业积极参与，提高企业自主创新能力和知识产权保护水平，促进相关专利的申请。活动期间，共有28家企业申请了187件发明专利。

（张　明）

建设知识产权信息工程

市硅知识产权交易中心在国家知识产权局的授权下，建立了国家级集成电路行业专利数据库，并向集成电路行业企事业单位开放查询、检索等各项功能及服务；同时，也已作为闵行区知识产权服务的工作站，开展知识产权咨询、培训、检索等各类社会公共服务。

（张　明）

知识产权法制宣传

11月10～11日，承办了由工信部和欧盟的技术援助项目“企业知识产权战略与竞争力培训”，邀请了来自上海信息技术领域各企业代表100余人，并汇集了全国信息技术领域标准和知识产权领域的专家、学者及业内人士，讨论知识产权领域的重要课题，获得部领导及各界人士的好评。

（张　明）

政府软件正版化

为推广使用国产软件，集中采购了一批国产软件，建立了国产软件兼容性测试实验室，并选择了一批试点单位对试用国产软件进行测试，市委宣传部等一批单位积极加入了测试和试用国产软件的试点工作。（张　明）

第五章 信息化研究与咨询

概 述

2008年，上海市信息化研究咨询工作按照国家信息化战略要求和上海实际，围绕全市重点任务，组织开展了《上海电子商务促进政策研究》、《上海中心城区信息服务业发展的合理布局研究》、《上海信息基础设施集约化建设机制研究》等9项课题研究。上海市信息化专家委员会继续在信息化重大项目决策咨询、重要课题研究、信息化合作交流等方面发挥作用，并组织出版了《专家论城市信息化》一书。此外，按照国家关于加快推进信息化与工业化融合发展的要求，启动了关于推进上海“两化融合”的课题研究。

（陆 森）

一、信息化专家委员会

参与信息化重大课题研究和评审

2008年，信息化专家委的各位专家在上海信息化重大课题和项目的研究评审中发挥了重要作用。据不完全统计，累计70余人次参加了包括国家科技专项“极大规模集成电路制造装备及成套工艺”、“国家信息网络分级保护改造方案”等国家重大课题，以及“信息化对上海发展服务经济的推动作用”、“黄浦区政务信息资源管理体系试点成果分析”等上海市信息化课题的咨询和评审工作；3位专家参与了联合国《世界信息化发展报告》（中国部分）的撰写工作；10余名专家参与或承担了“人民币外汇衍生市场发展策略研究”等5项国家课题，以及“上海世博国际展品物流系统建设方案”等17项上海课题的研究任务。

编写出版《专家论城市信息化》

作为第四届信息化专家委的论文集和咨询报告汇编，《专家论城市信息化》一书收录了专家论文27篇，并按照内容分为“产业与环境”、“技术与应用”、“世博信息化”三个篇章，从不同角度对上海信息化进行了分析，并提出思考和建议。此外，该书还附录了第四届专家委开展的“世博信息化服务集成研究”、“世博信息化框架研究”等7个课题的研究成果摘要。

主办“2008世博信息化研讨会”

配合世博会筹办工作的推进，着眼于为世博信息化建设者和决策者提供广泛的意见，连续第二年主办世博信息化研讨会。此届研讨会的主题是“信息化，让世博更精彩”，共有16位来自企业、高校和科研院所的专家在会上做主旨发言。同期举办了世博信息化论文征集和评选活动，共征集论文64篇，其中19篇被评为优秀论文。

（陆 森）

二、互联网经济咨询中心

上海市互联网经济咨询中心（以下简称“中心”）是2000年12月由上海市政府批准成立的信息化专业咨询、研究以及合作交流、培训机构。中心立足于国内市场，面向国内外政府和企业，提供信息化决策支持服务、信息化项目咨询服务，以及信息化技术和项目的合作、交流。成立八年多来，中心完成了数百项信息化研究和咨询业务，成功举办了七届亚太地区城市信息化论坛，以及信息化与上海世博会国际论坛等大型国际会议。

根据业务发展需要，中心在2008年构建起了分工合理、功能互补、全面覆盖的服务链条。在研究方面，参与了市委重大课题调研中的“信息资源共享平台等智力密集型服务业和高端制造业发展的外部环境建设研究”和“信息化如何支撑行政审批改革”两项研究及其他领域十余项课题研究工作。在项目审核方面，中心建立了一支有较高专业知识和实际操作经验的审核队伍，组建了专家库，整理了价格库，制定了规范评审流程，为原市信息委对信息化项目的归口把关工作提供了良好的专业支持。目前，全市由市建设财力投资的信息化项目、市本级预算单位信息化项目、市信息化发展专项资金项目都已经纳入中心的审核范围，2008年审核项目数分别为9个、1 272个、144个。在咨询方面，中心积极拓展信息化咨询服务面，充分利用中心在信息化项目建设方面积累的研究成果和咨询经验，为政府、企业和各类社会团体提供信息化规划、项目立项、初步设计以及绩效评估等咨询服务。2008年，中心与近30个市政府委办局、18个区县、24家各类企业、3家社会团体签订了100多个咨询服务合同，市政府委办局客户覆盖率超过60%，区县覆盖率达到95%。在工程监理环节，中心积极参与全市信息化重大项目的监理工作，承担了市实有人口信息系统、世博OA系统等重点项目监理工作。在信息化系统测试方面，中心积极开展信息系统的测试、验收和质量控制工作，2008年共完成信息系统评测项目115个，为全市32个委办局、18个区县、87家集团公司提供了专业化第三方评测服务。同时，中心积极向周边地区拓展，为无锡、杭州、青岛等城市提供信息化评测服务。在合作交流方面，中心承办了第七届亚太地区城市信息化论坛，参会的国内外城市超过100个，代表人数886人。在第七届论坛年会上，论坛组委会决定将亚太论坛更名为全球城市信息化论坛，下届年会将于2010年世博会期间举办。中心2008年成立了亚太地区信息化人才培训中心，与多家合作单位正式签约，设立了杭州市等5个区域中心，在上海及周边地区建立了7个培训基地。

（互联网经济咨询中心）

三、课题研究

上海电子商务促进政策研究

该课题由上海市信息中心承担，较系统地研究了上海电子商务发展的现状和发展趋势，立足实际的调研，对上海市电子商务发展因素进行了相关的数据和理论分析，并通过建立相应的数学模型，在电子商务各因素发展的贡献率等方面作了创新研究。重点基于对国内外电子商务发展和相关产业促进政策的案例分析和研究，聚焦电子商务平台建设、重点企业扶持、网络基础设施服务能级提升、物流环境优化等角度，设计了上海电子商务发展政策，并进行了较为科学的政策模拟和效益预测。

面向市民的信息化公共服务体系框架研究

该课题由市信息化发展研究协会承担，对公共服务进行了较为准确的界定，明确了面向市民的信息化公共服务体系概念，并对信息化公共服务体系现状、问题等进行了初步研究与比较分析。重点结合上海公共服务需求实际，提出了面向市民的信息化公共服务体系基本框架，并从服务渠道、形式、内容、建设方式等角度进行了较为深入的分析研究，初步提出了建设的目标、任务及具体保障措施。

上海中心城区信息服务业发展的合理布局研究

该课题由市互联网经济咨询中心承担，较系统地调查研究了上海中心城区信息服务业发展的现状及存在的问题。初步提出了上海中心城区信息服务业发展布局的目标和原则，对各区发展信息服务业的定位较为明确，提出了推进软件、信息内容服务及信息服务外包等重点领域的相关举措及政策建议，具有一定的针对性和前瞻性。

上海信息基础设施集约化建设机制研究

该课题由上海邮电设计院承担，立足建设资源节约型社会战略，较系统地研究了国内外信息基础设施集约化建设的现状，对上海信息基础设施集约化建设模式进行了较深入的分析。重点对全市信息基础设施集约化建设的整体环境，以及集约化建设“统一规划、集约建设、资源共享、规范管理”的原则进行了较深入的研究，从政府、企业、社会各层面，以及法规、标准、资源利用等角度提出了较为合理的对策建议。

上海无线城市建设与运营模式研究

该课题由闵行区信息委承担，较系统地研究了无线城市的定义、技术、各方面的应用需求，对国内外无线城市建设进行了案例分析，对上海无线城市建设与发展情况进行了较清晰的描述。重点对三种类型的无线城市建设模式进行了比较分析，对上海无线城市建设中政府、运营商和企业等不同主体的基本定位与作用进行了较深入的研究，从上海无线城市建设的原则、阶段与目标，以及应用技术、资金预算及重点应用领域等方面提出了较为合理的方案与建议。

上海社会保障卡扩展性转型和应用拓展研究

该课题由市社会保障卡服务中心承担，较系统地研究了社会保障卡国内外应用发展情况及趋势，对上海社会保障卡应用特点、问题及实施应用转型的背景和意义进行了分析。立足实际调研，根据各领域应用社会保障卡的需求状况与可行性分析，初步提出了社会保障卡转型、应用拓展的定位与目标，以及在公共服务与社会管理领域应用拓展的对策措施。

（贯国富）

电子政务项目绩效评估研究

随着信息化的推进，中国电子政务的投资额度和社会影响越来越大，然而电子政务建设失败率却居高不下。上海电子政务正面临着向普及深化、协同共享、服务型政府转型的重要阶段，迫切要求电子政务项目绩效评估内容、评估方式与时俱进。2008年，上海市信息中心在市发改委、市经济信息化委和国家信息中心的支持和指导下，完成了《电子政务项目绩效评估研究》课题研究。课题研究历时一年时间，通过对上海目前电子政务建设发展现状的深入研究，结合国内外电子政务绩效评估的主要经验和做法，明确了电子政务项目绩效评估的理论基础、指导理念，并对电子政务项目评估关键影响因素作了较为深刻的分析，形成了电子政务项目绩效评估指标体系，确定了指标体系评价方法，同时通过实例分析验证了评估体系的科学性和有效性。

该课题主要进行了以下几方面的研究工作：⑴电子政务项目的分类研究。课题对上海2000年以来建设的电子政务项目进行了深入研究，依据上海电子政务项目建设的特点，将电子政务项目分为基础支持类、应用支撑类、业务职能类三类，使电子政务项目绩效评估更具针对性和准确性。⑵建立指标体系。课题以国际主流评价体系为基础、以国家信息中心电子政务框架为指导，结合上海电子政务建设实情和特点，形成包括4个一级指标、10个二级指标、28个三级指标的指标体系，从投入产出、组织提升、公共效益、用户满意四个纬度评价电子政务项目绩效评估；并运用专家打分法、层次分析法确定各指标权重，使各种类型电子政务项目的指标权重更加科学合理。⑶建立指标体系评价方法。课题对评价方法和评价标准进行了细致研究和详细说明，采用可累计加分和非累积加分5分制，同时注重评价数据收集的多样性，使评价方法具有较强的稳定性和可操作性。(4)形成绩效评估模型和绩效值。课题运用层次分析法计算出各级指标权重；利用加权平均法算出二级和一级指标分数；最后用欧氏距离法计算出项目总绩效；形成课题特有的绩效评估模型和绩效值。

通过该课题研究，希望从三个方面促进上海市电子政务的发展。第一，引导电子政务按照国家和上海电子政务框架及相关规划的要求发展，从以基础设施建设及本部门业务信息化建设为主向应用互联互通及资源共享利用与开发阶段发展，不断提高电子政务水平。第二，逐步强化建设有效益的电子政务观念，指导电子政务项目不断优化业务流程，提高办公效率，减低行政成本，同时通过开展电子政务服务，为公众和企业办事提供便捷，降低公众和企业的办事成本。第三，为电子政务项目的续建、扩建或新项目的立项提供依据，通过测评，可以对项目建设、运营和管理进行全方位的评价，能提炼总结项目经验，发现存在问题和需要持续改进的方向，成为电子政务项目审批的辅助手段。

(市信息中心)

行政审批信息化应用研究

信息化应用是打造效能型、服务型政府的重要举措，也是提高行政审批服务效能的一项基础性工作，因此在该领域的研究具有较高的社会经济价值。自2008年开始，上海市互联网经济咨询中心（以下简称“中心”）就着手开展了上海行政审批信息化应用研究，特别是在行政审批信息化平台建设方面，已取得一定的研究成效。

项目组通过调研掌握上海行政审批改革的方向和相关实施情况，分析上海市行政审批平台建设的必要性，以及平台建设基于的现状和条件，并从条件、技术等方面分析平台建设的可行性，详细梳理对功能性能的需求，设计平台的建设方案，估算出平台建设的进度、投资及效益。项目组还对上海市行政审批平台应用（企业准入等）的业务流程进行了梳理和分析，包括审批事件的办理流程；每个事项的审批依据、申请材料、时限、权限规则、审批结果等。

通过上述研究，中心项目组构划出了上海市行政审批平台的建设思路与模式，包括平台的建设目标、原则、内容、推进步骤，以及服务渠道整合模式、网络与信息资源布局等方面；形成了上海市行政审批办事平台可行性研究报告；完成了上海市行政审批平台建设方案；编制出上海市行政审批平台运行配套的规范及标准。

(互联网经济咨询中心)

诚信、信息等资源共享平台等智力密集型服务业和高端制造业发展的外部环境建设

2008年，上海市互联网经济咨询中心（以下简称“中心”）参与了由市信息委负责的“诚信、信息等资源共享平台等智力密集型服务业和高端制造业发展的外部环境建设”的分课题研究。中心梳理分析了全国近百个信息资源共享平台以及上海市100多个公共服务平台，实地走访了全市重点公共服务平台并邀请相关企事业单位参加专题座谈会，了解平台的建设运行情况以及发展过程中的瓶颈问题，了解用户对公共服务平台的应用和需求情况。在此基础上经分析整理，形成全市公共服务平台建设发展的研究报告。

报告指出，上海市信息资源共享等公共服务平台的体系架构基本形成，覆盖了企业生命周期的大部分阶段，实现部分领域的资源整合，提升了服务能级，但平台的运营、持续发展仍存在一些问题，如部分政府出资、市场化运营的平台，运营资金难以得到充分保障；缺乏考核机制，政府财力难以实现最大效益；支撑公共服务平台发展的政策环境有待进一步完善。

报告建议以政府为主导，以整合现有资源、提升服务效能为重点，加快建设和完善满足产业发展需要的公共服务平台，提高行政运行透明度和行政效能；加大财政资金对产业公共服务平台建设的保障力度，建立以绩效评估为重要依据的运维资金预算审核机制；研究制订上海市公共服务平台管理办法，对公共服务平台的建设和管理进行制度规范。促进公共服务平台建设和运行的规范化、制度化，确保科学规划、合理布局，充分发挥公共服务平台支撑智力密集型服务业和高端制造业发展的积极作用，同时，积极保障公共服务平台自身的持续发展。

(互联网经济咨询中心)

第六章 信息化宣传

概 述

2008年，在新闻媒体的大力支持下，市信息委组织或协助开展的新闻宣传活动共28次，组织或接待国内外记者前来采访信息化建设内容新闻20余人次，各类报刊杂志发表的信息化建设宣传报道600余篇。圆满完成了各项重要宣传报道任务，其中2008上海信息化建设情况介绍会、2008世博信息化研讨会、2008上海国际信息化博览会、亚太地区城市信息化论坛第七届年会、《改革开放三十年的电子信息产业》大型文献纪录片拍摄（上海）等一系列大型会议和活动的新闻宣传工作得到各界好评。

（承巍巍）

一、信息化重点工作宣传

2008年中外人士信息化情况介绍会

为使在沪相关国外机构和企业了解上海信息化整体发展情况，加强沟通，3月12日，市信息委召开了2008上海信息化建设情况介绍会。会议通报了2007年上海信息化建设的进展情况，介绍了2008年信息化发展重点。新华社上海分社、人民日报上海分社、《解放日报》、《文汇报》、SMG电视新闻中心、SMG广播新闻中心等多家新闻媒体进行了深入报道，报道文章约30余篇。

2008上海国际信息化博览会

2008上海国际信息化博览会于3月18～20日举行，是展示信息化产业发展和成果的重要会议。此届展会规模空前，首次汇聚国际半导体设备与材料展、印制电路展以及慕尼黑电子展等。市信息委组织新华社上海分社、人民日报上海分社、《解放日报》、《文汇报》、SMG电视新闻中心、SMG广播新闻中心等多家新闻媒体进行了会前会后深度采访与报道，并协同《会展视界》栏目组制作专题报道。同时，组织《上海商报》刊发3天会议特刊，进一步扩大宣传范围，加强宣传力度。

亚太地区城市信息化论坛第七届年会

主题为“信息化，让城市更美好”的亚太地区城市信息化论坛第七届年会于5月26～27日在上海国际会议中心召开。来自100多个国家和城市累计超过4 500名代表参加了论坛。亚太论坛作为一个信息化领域的国际性论坛，以其丰富多彩、富有成果的活动，为全球信息化主要决策者和政策制订者提供了一个交流信息化发展经验，探讨信息化进程中热点问题的平台。此届年会议题包括：贯彻“十七大”科学发展观和工业化与信息化融合的精神，推进城市信息化和2010年中国上海世博会建设；聚焦全球信息化促进经济可持续发展热点，研讨科技信息化促进发展全球合作，协商联合国全球电子政务知识库建设，召开国际科学院灾害研究专家组会议；展示联合国与中国南南合作可持续发展项目成果。市信息委组织《中国计算机报》、《电脑报》、《IT

时报》、《环球时报》、《上海商报》、《IT经理世界》、《计算机世界》、《网络世界》等计算机专业媒体进行了分类跟踪采访与报道。

其他重大会议和活动宣传

2008年，市信息委为配合《改革开放三十年的电子信息产业》大型文献纪录片拍摄（上海）工作的顺利开展，协调、组织、拍摄了上海电子信息产业园区、上海华虹、上海贝尔及上海广电（集团），收集整理与改革开放三十年相关的企业视频、照片、文件等，圆满完成文献纪录片的协助配合拍摄工作。以“信息化，让世博更精彩”为主题的2008世博信息化研讨会于11月5日召开，来自社会各界的近300名专家和代表参加了会议。国内外信息化领域的15位专家作了专题报告，包括2010年上海世博会信息化的组织者和建设者、IT跨国公司等专题。

（承巍巍）

第七章　信息化社团

概　述

2008年，成立了1家行业协会——上海市交通电子行业协会，变更了1家民办非企业单位——上海斯佳信息产业科技促进中心变更为上海市数字内容产业促进中心。截至年末，上海市信息化系统共有协会17家、民办非企业单位6家、基金会1家，其中行业协会12家、专业协会5家、专业委员会29家，会员单位超过2 800家，基本覆盖全市信息化领域的龙头和骨干企业。

截至2008年末，市信息化协会系统共有48个基层党组织，其中党委2个、党总支1个、党支部45个，在册党员669名。　（何　炜）

一、社团发展

社团管理

【概况】　2008 年，信息化系统协会工作以服务信息产业发展、促进和谐社会建设为目标，坚持培育发展与管理监督并重，发挥社会组织在提供服务、反映诉求、规范行业等方面的作用，支持协会积极参与承接政府职能转变和委托的有关事项和公共服务，指导协会加强自身能力建设，提高自律性和社会诚信度。

【搭建沟通平台，推进社会组织间的信息交流】　(1)召开 6 次协会秘书长工作会议。年初，召开各协会会长、秘书长会议，传达市信息委年初计划工作会议情况，并交流了 2007 年工作总结和 2008 年工作计划；2 月，组织部分行业协会召开信息化产业工作会议；3 月，召开协会系统秘书长工作会议，就根据章程按时做好协会换届工作、协会秘书处内部稳定和谐工作、涉外活动备案制度、对外宣传等组织纪律工作要求，并就信息化系统各协会加入工业经济联合会事宜作了说明和动员；7 月，组织召开秘书长年中工作会议，总结上半年工作并计划下半年工作；11 月，举办协会秘书长培训会，旨在提高秘书长的自身能力和加强社会组织的规范化建设；12 月，举办协会总结和先进表彰会；(2)编撰并下发了 9 期协会工作简报；(3)配合规划处组织各协会编写了《2008 上海信息化年鉴》；(4)完成上海信息化行业 2007 年发展报告的编写印发工作。

【围绕信息产业发展，推进信息人才的蓬勃发展】　(1)开展校企合作，培养信息服务业人才。3 月，会同市劳动保障局职业培训研究发展中心、市信息服务外包发展中心和民盟上海市委社会部共同筹建了“上海市校企合作信息服务业专业理事会”，目前已完成 30 家学校和 30 家企业对接，并开发了 7 个信息服务外包职业资格规范。(2)继续组织协会开展“653 人才培训工程”的课程开发和组织培训。市信息化培训协会组织专家编制了《上海市信息专业技术人才知识更新工程认定规范》，并于 2 月向社会公布。(3)召开电子教育服务企业发展研讨会。3 月，联合合作交流处共同召开“电子教育服务企业发展研讨会”，台湾资策会数位学习研究所主任林立杰、嘉惠集团总裁乔培伟以及各相关行业协会和企业代表等共 70 余人参加会议。(4)开展 2008 年上海领军人才选拔推荐工作。根据市委组织部、市人事局《关于开展2008年上海领军人才选拔工作的通知》要求，在协会系统中积极选拔信息化领军人才，共推荐16人为候选人。(5)开展中国软件杰出青年申报工作。根据团中央办公厅、工信部办公厅、全国青联秘书处《关于开展第四届“中国软件行业杰出青年”评选活动的通知》，在全市软件企业（重点是全国百强软件企业）中组织开展了候选人上报工作，共申报4人为中国软件行业杰出青年候选人。

【组织协会参与社会管理】 (1)继续抓好“互联网违规违法举报中心”、“电子商务投诉中心”和网络游戏行业“反盗号绿色联盟”的组织建设；(2)为加强网络文化建设和净化网络环境，配合市有关部门指导信息服务业行业协会对互联网网站编辑人员岗位培训教材的开发，以及组织实施由上海政府部门审批的网站编辑人员的岗位培训和发证工作；(3)会同市网宣办，指导市信息服务业行业协会组织了第四届优秀网站的评选活动。

【加强对民间组织的规范化建设】 (1)完成2007年度协会系统社会组织的年检工作。5月底以前完成14家协会、4家民办非企业单位和1家基金会2007年度年检初审工作并报市社团管理局。(2)指导与协调相关协会完成筹建、换届、变更等工作。完成上海市交通电子行业协会的筹建工作，7月2日召开成立大会；指导通信制造业行业协会、电子商务行业协会、光电子行业协会、信息家电行业协会完成换届改选工作；指导上海斯佳信息产业科技促进中心变更为上海数字内容产业促进中心。(3)配合市社团局开展规范化建设的评估和星级评定工作，市信息服务业行业协会被选为全市第一批试点范围，并被评为四星级社会组织。下半年，市东方互联网络交换中心、市企业信息化促进中心、市信息服务外包发展中心3家民办非企业单位被选为全市第二批试点范围。通过评定工作，有效地促进了各单位的内部建设。

【组织相关IT企业参与世博信息化建设】 (1)继续组织行业协会并通过协会发动IT企业，积极向世博会推荐信息服务商，以及动员有关企业向世博信息化部推荐新技术的应用和新产品的展示；(2)推进世博会信息化软件质量保证联合实验室共建工作；(3)指导中国电子音响工业协会参与世博会信息化建设。

社团党建

【概况】 2008年，协会工作党委在上级党组织的领导下，以邓小平理论和“三个代表”重要思想为指导，全面贯彻中央关于构建和谐社会的要求，围绕年初下发的《上海市信息化协会系统2008年党群工作要点》，积极开展各项工作。

【认真组织政治理论学习】 协会工作党委为了方便各党组织学习，除及时将市信息委党组编辑的中心组学习资料转发到各党组织外，还为各协会党支部和直属新经济组织党支部订阅了党刊党报。各党组织在学习后也纷纷将学习情况与学习体会上报，协会工作党委将这些文章刊登在《协会工作简报》上，以便各党组织进行经验交流。协会工作党委还多次召开党务干事会议，布置相关工作，交流学习经验，沟通工作体会。组织协会秘书处103人参加学习十七大文件知识竞赛。

【持续开展主题征文活动】 为了引导信息化协会系统广大党员进一步学习十七大精神和新党章，深入研讨“两新”组织党的建设如何促进和谐社会建设的理论、途径和方法，协会工作党委在4月下发了《关于在信息化协会系统开展“迎七一 学十七大”主题征文活动的通知》，共收到征文34篇。协会工作党委组织各支部和党员进行学习、交流，再由各支部推选优秀征文，经汇总，最后评选出一等奖1名、二等奖2名、三等奖3名。获一等奖的是：慧龙计算机公司兰茹撰写的《党建在民营企业中的作用浅析》；获二等奖的是：通信制造业行业协会王海燕撰写的《强化服务理念，构建和谐协会》，龙软信息技术公司胡春花撰写的《迎接“七一”，自我完善，共赴和谐》；获三等奖的是：集成电路行业协会袁吉祥撰写的《学习党的十七大报告初析非公经济企业的党建管理》，盛大公司郑嵘撰写的《以人为本服务员工，员工发展构建和谐》，火速网络信息技术公司李泽慧撰写的《一个党员一面旗帜，一个支部一座堡垒》。

【多种形式开展抗震救灾活动】 汶川地震发生后，信息化协会系统各级党组织积极组织抗震救灾捐款活动。信息化协会系统40 家单位及职工3 123 人共捐款16 351 777.60元；各党组织交纳“特殊党费”总计52 050元，交纳人数共127人，其中交纳1 000元以上的共22人。5月28日，上海市信息服务业行业协会党委副书记、协会副秘书长袁丽燕作为志愿者，和16名上海星星港关爱服务中心成员及3名二级心理咨询师组成的心理危机干预服务队赶赴四川灾区，安慰和鼓励在地震中失去孩子的父母，并帮助双流县黄龙溪镇安置点的丧子家庭成立了类似星星港的自救组织。

【积极组织参加评优活动】 协会工作党委认真组织协会系统各级党组织参加市委组织部、市社会工作党委布置的优秀共产党员、优秀党务工作者、优秀党建之友，市综合工作党委精神文明建设优秀组织者评选，一批党组织和个人受到上级党组织的表彰。上海市信息化培训协会秘书长童陵枫和上海海鼎信息工程公司副总工程师李希明获“优秀共产党员”称号；上海信息化发展研究协会办公室主任郑珊获“优秀党建工作者”称号；上海宽鑫信息技术公司总经理张毅斌获“优秀党建之友”称号；上海市信息服务业行业协会党委副书记、协会副秘书长袁丽燕获综合系统“精神文明建设优秀组织者”称号。12月，协会工作党委又组织开展了协会系统先进党支部、优秀共产党员、优秀党务工作者的评选。

【继续抓好“两新”组织党建工作】 ⑴继续抓好党组织健全工作，召开了通信制造业行业协会党总支成立大会，成立了华杰资信评级公司党支部、上海卓繁信息技术有限公司党支部和上海市交通电子行业协会临时党支部，指导杉德银卡通公司开展成立党委相关事宜；⑵继续做好党员发展和转正工作，上半年共发展党员15名，预备党员转正29名，入党积极分子培训21名；⑶开展完成“两新”组织基本情况调查和党员私营企业主基本情况统计，信息化协会系统共有非公企业841家，其中规模以上非公企业272家（有党组织的155家）；⑷完成2008年信息化协会系统党员年报统计工作，截至年底共有党员669名，党组织48个，其中党委2个、党总支1个、党支部45个。

【积极开展平安建设】 ⑴组织开展了协会系统2008年“一日捐”活动，共收到14家协会128人的捐款8 162元，并为每位捐款人填写了荣誉证书；⑵组织开展帮困活动，帮助协会系统困难党员5人，共5 000元；⑶与15家协会签订了2008 ~ 2009年度社会治安综合治理目标责任书。

（何 炜）

二、行业（专业）协会发展

上海市信息服务业行业协会

【概况】 上海市信息服务业行业协会共有会员单位580家，涵盖ICP、ISP、ASP等领域；并且根据行业发展成立了6个专业委员会和4个中心：企业信息化应用推广专业委员会、社区信息化专业委员会、数码互动娱乐专业委员会、动漫产业专业委员会、网络教育专业委员会和数字内容专业委员会、上海市互联网违法与违规信息举报中心、上海市数字健康信息中心、上海信息服务人才培训中心、上海数字内容产业促进中心。2008年，协会认真贯彻国家信息产业发展的指导方针，坚持优先发展信息产业和“以信息化带动工业化、以工业化促进信息化”的国家战略，坚持信息产业“国际化、规模化、专业化、自主创新”的发展思路，在服务企业、服务政府、推进行业自律、促进产业发展、建立政府与企业之间沟通的桥梁作出积极贡献。

【打造行业品牌】 ⑴9月，由协会数码互动娱乐专委会联合盛大网络、第九城市、久游网开展的《上海市网络游戏行业服务标准》制订工作启动，正式申报“地方标准”。该标准建立以后，将成为中国第一部网游标准。⑵协会结合自身优势编制了《上海动漫产业发展报告》，通过对中国动漫产业的历史回顾、分析世界和上海动漫产业现状及存在的问题分析、制订上海发展动漫产业的战略意义、发展上海发展动漫产业的思考等几方面，全面系统全面解析了上海动漫产业的发展前景，为整体推动上海及长三角地区动漫产业的发展探索有效途径，为实现动漫产业的市场化提供有力支撑。(3)4月18日，召开《互联网视听节目服务自律公约》首批签约仪式，东方网、东方宽频、东方星天地、白玉兰远程教育网、易视网、优度宽频、激动网等7家市持证单位带头签署了《中国互联网视听节目服务自律公约》。开展互联网视听节目服务行业"以自律促发展"活动，经过第一、二批的签约与发动，视听企业违规率明显下降。

【完善三大"平台"功能】 (1)上海市数字内容公共服务平台。主要包括数字内容展示中心、版权交易中心、技术研发服务中心、数字内容渠道服务中心等功能。平台将于2009年投入运营，努力打造成全市一流的公共服务平台，向长三角地区延伸，向全国拓展。(2)上海市网络宣传工作平台。受市网宣办委托，协会2008年起运行该平台，积极为行业网络宣传提供一个良好的新闻热点关注、宣传素材选取、行业动态把握的宣传互动交流的平台。(3)爱家（i+）社区信息服务平台。协会积极推进平台服务终端的落地建设和业务应用，并在服务内容上进行不断丰富和完善，2009年将在普陀区全面投入运营。

【提升行业竞争力】 (1) 7月4日，上海市社会组织规范化建设评估试点工作总结推进大会召开，协会获得上海民间组织4A级等级荣誉称号；12月16日，中国软件行业协会游戏软件分会召开，协会数码互动娱乐专业委员会被评为2008年度全国优秀动漫游戏协会，会员单位上海盛大网络发展有限公司、第九城市（上海）计算机技术有限公司、上海巨人科技有限公司、上海久游网络科技有限公司被评为"2008年度中国游戏行业优秀企业"，陈天桥、朱骏、史玉柱、王子杰被评为"2008年度中国游戏行业优秀企业家"。(2) 4月8日，由协会发起并筹建的上海市浦东新区数字媒体行业协会成立。协会成立后，努力加强政府和行业企业的沟通联系，促进行业自律、有效整合行业资源，在更高平台和起点上促进数字媒体行业的规范运作和发展，不断开展行业法律和业务培训与指导，并利用各种有效形式，加快行业建设和发展，提供决策咨询信息。

【开展国际国内合作交流】 (1) 1月24日，协会网络教育专委会举办了2008年e-Learning应用研讨会暨网络教育专委会年会，加强了海峡两岸供应商、厂商之间的交流。研讨会使市政府职能部门了解中国台湾、日本与韩国政府在推动企业e-Learning发展过程中所发挥的作用，可以借鉴相关经验和方法以便更加有效地通过推动e-Learning在企业的应用，从而提升上海企业的核心竞争能力。对企业而言，可以吸取中国台湾、日本与韩国企业实施e-Learning过程中的经验及教训，为企业实施或即将实施e-Learning提供有益参考。(2) 3月19日，由协会和普陀区信息委共同主办的"上海首届社区信息化应用及数字社区发展论坛"举行。论坛以"政府引导，企业联动，服务社区，便民利民"为宗旨，旨在探索实现数字社区工作有效运行模式的首次尝试。论坛的召开有利于整合社会信息服务行业资源、构建社区便民服务平台、提高政府对社区信息化管理和服务的水平，有利于加强信息技术、产品及服务在社区公共服务领域和社区管理事务中的应用和推广，有利于提高市民参与社区信息化建设的热情、改善市民的生活质量和社区的生活品质。(3)由协会及全球领袖研究院联合举办的"2008亚太未来电视"国际论坛于5月8～9日召开。论坛汇集了相关政府部门的领导、国际电视产业运营商、国内外著名媒体机构及业内的高端专业人士，旨在探讨未来亚太地区电视产业合作与发展。(4) 5月，协会所属数字内容专委会部分成员单位参加了由虹口区政府与市科委联合举办的"2008年上海数字媒体技术与产业发展国际论坛"。论坛主题是"技术与文化的完美融合——共铸数字媒体产业发展"，分成数字媒体技术与上海世博会、影视后期特效制作、数字媒体人才培训等三个分会场进行。(5) 2008年分别接待了瑞典、韩国、马来西亚、潍坊、嘉兴、深圳等地的代表团，大大增强了协会的公众知名度和社会影响力。8月，组团到德国就网络游戏进行商务考察；11月，组织会员单位赴澳大利亚为期10天的考察访问，增进了协会与企业的交流合作。此外，协会加强与长三角地区合作交流，组织会员单位到南通等地进行招商引资，为提升企业市场影响力搭建服务的平台。

【加强会员服务力度】 (1) 7月，组织开展了法律咨询的沙龙活动，为会员提供交流服务学习的平台。(2)组织会员单位积极参加专项资金申报工作，包括市发改委的网络通信项目申报、市信息委软件及系统集成申报（13家16个项目）、市信息委2008～2010年上海市企业信息技术应用推进项目申报（16家）；2009年度上海市软件和集成电路产业发专项资金项目申报（14家16个项目）科学技术奖推荐申报。同时，协会自身还申报了11个项目：2008上海信息服务行业发展报告、上海市数字内容产业发展研究、上海市动漫产业调研报告、社区信息服务需求及发展研究、企业e–Leanring实施效果评估标准、网游企业及从业人员软课题研究、上海市第五届优秀网站评选、2009上海信息服务行业发展报告、上海市数字内容企业资质认定、互联网违法与违规信息举报中心监测系统、网络编辑人员注册管理中心。

【加强“两新”基层党建】 根据上级党委要求，协会党委按照年初制定的“一个目标、两个服务、八方面工作”的计划，开展了各项活动，积极探索“两新”组织党建工作的有效性。协会党委所属企业（单位）中，共有党员429名，其中预备党员31名。2008年，新转进党员55名，转出党员33名，发展新党员6名，预备党员转正10名，参加党校培训的积极分子9名；上半年新成立党支部1家（上海卓繁信息技术有限公司），新成立工会1家（上海宽鑫信息科技有限公司）。

（信息服务业行业协会）

上海市集成电路行业协会

【概况】 上海市集成电路行业协会于2001年4月19日成立。2008年，发展新会员32家，会员总数已达到402家。会员单位覆盖江苏、浙江、北京、山东、沈阳等地区，已初步形成包括设计、制造、封装、测试、设备、材料等各环节完整的产业链。

【积极协调推进重大展会的成功举办】 3月18日，“2008上海国际信息化博览会”成功召开，该博览会是经过协会的积极推进和主动协调产生的。在“信博会”品牌下，首次使一个大展覆盖了集成电路、电子产品从生产到应用的完整产业链，打造了上海乃至全国最大的IT专业展览会。而2008年的SEMICON China展览规模首次超过5万平方米，2 400个展位，来自全球20多个国家和地区的900余家展商参加，比上年增长了29%。其中超过100家是新展商，为SEMICON China注入了新鲜血液。

【积极主动努力做好为会员企业的政策服务和协调工作】 协会各级政府组织开展“国家科技重大专项”和“上海市推进科技创新重大专项”申报工作；协助会员企业解决进出口海关协调、外汇核销、进口设备免税和出口退税等有关政策咨询及操作实务等问题，并向国务院有关部门、市政府、市财税局专报反映行业诉求，并递交了《关于新税法实施后集成电路企业享受税收优惠的有关情况报告》，得到有关部门和市领导的重视；为保证奥运会期间生产企业危险品运输的安全，向公安、海关、商检多方进行咨询、协调，解决困难；组织申报2007年度集成电路设计人员奖金免征个人收入调节税工作，601位主要设计人员享受到免征个人奖金收入调节税的优惠；开展集成电路设计企业认定和年审工作，87家集成电路设计企业通过2008年年审和24家新申请集成电路设计企业通过认定。

【积极开展知识产权工作，提升企业自主创新能力】 协助市信息委和市知识产权局开展“重点信息技术领域企业自主创新知识产权保护专项行动”活动；协助张江园区管委会、市知识产权服务中心举办了“技术标准、知识产权与企业科技创新研讨会”；积极推进上海市促进整机业与集成电路设计业联动专项活动；继续推动上海“IP+IC设计+FOUNDRY”的发展模式；举行2008年度重点信息技术领域企业自助创新知识产权保护专项行动启动仪式。

【积极开展软课题研究，为政府和企业决策提供依据】 协助政府召开“国家微电子产业基地建设”交流会；完成《2008年上海集成电路产业发展研究报告》的编写和出版工作；完成《改革开放30周年上海集成电路产业发展回顾》、《上海信息化年鉴》有关“集成电路产业发展”等材料编写。

【积极开展节能减排工作】 参加上海信息产业节能减排工作小组；召开年耗5万吨以上标煤的集成电路制造企业交流座谈会；协助召开2008年电子信息产品污染控制经验交流座谈会；参加“中国半导体行业协会”EHS工作组工作。

【积极开展行业薪酬调研和各类研讨会及培训活动】 开展“2008上海集成电路行业薪酬调研”工作，40多家知名企业60余人参会；开展IC产业的人力资源工作研讨会和联谊活动；成功举办2008集成电路产业链国际合作（上海）论坛、“打开世界之窗——看2008中国集成电路商机”研讨会、创新手机设计与芯片应用交流会暨IMIE2008推介会；第二届尼康中国研讨会、65纳米及射频晶圆代工服务研讨会、自主创新与设计技术学术研讨会；主办RF领域国际前沿学术报告会；协办“高速数字信号完整性培训”；帮助多家企业开展内训，如“高压器件设计与制程技术”培训和为张江（集团）公司管理人员进行以“创新、发展中的集成电路产业”等培训。

【加强协会组织建设，提高工作人员素质】 成功召开“二届四次会员大会暨二届四次理事会”及“二届六次常务理事会”；组织行业积极行动支援抗震救灾；开展2008年度诚信活动，7家企业获得“知荣辱、讲文明、迎世博、建诚信”系列活动评选相关奖项；组团参加“SEMI俄罗斯2008展”和“2008台北国际半导体产业展”；积极参与“上海集成电路科技馆”建设，开展“上海集成电路科技馆”样品的收集和文字撰写工作，已于10月15日通过市科委验收并开馆；开展行业季度和年度统计工作，并对20家先进统计工作者和先进统计单位进行了表彰；编写协会简报（月报）12期，“国家微电子产业基地简报”（季报）三期，“集成电路应用”会刊12期，同时加强协会网站建设，并开通网站英文版；加强协会政治思想工作，积极开展“十七大”报告和新党章的学习；加强协会党组织建设，积极培养青年同志，按期转正党员1名，培养入党积极份子并列入考察对象1名。

（孙美玉）

上海市光电子行业协会

【概况】 2008年，协会工作以党的十七大会议精神为指导，充分发挥协会的特殊职能，在体现服务政府、服务企业、发挥政府与企事业单位之间的桥梁和组带作用上，做了一系列工作。

【精心打造协会平台，用心做好服务工作】

1.发挥桥梁作用

⑴充分发挥协会的桥梁作用，使政府与企业有良好的沟通，有针对性地帮助企业做好项目的申报，2008年共为10家企业进行了项目申报，其中节能减排项目4项，“863”项目2项，电子信息化项目4项。⑵3月31日，协会举行《半导体照明工程光源技术规范》验收专家组会议，建议对《规范》的范围作进一步调整，对《规范》文本作适当修改。专家们希望协会等起草单位在对《规范》作进一步修改和完善后，及时批准发布并组织实施。⑶8月8日，协会正式做为团体会员加入上海市工业经济联合会。⑷11月5日，协会承办了由上海世博（集团）有限公司、中国照明电器协会半导体照明专业委员会联合主办的2008“迎世博：LED照明与城市建设”推介会，旨在通过会议向世博建设采购部门提供和介绍行业内优秀企业为实现打造“绿色世博”出谋划策，并成功使10家企业顺利加入世博照明采购名单。⑸12月5日，协会FPD平板显示专业委员会召开“第三次FPD专业委员会主要企业及高层领导联谊会”，将围绕整合上海及长三角FPD平板显示产业链如何向最终端应用（TV产业）发展进行深入探讨。⑹12月底前，组织下属企业围绕TFT-LCD产业链和改造传统产业申报国家高技术产业发展项目，已经收集到15个重大投资项目。

2.举办各类论坛

⑴3月26日，由协会、上海广电（集团）有限公司共同举行“上海市推动TFT-LCD产业持续发展专家讨论会”，就新一代生产线的选择、资金问题、产业链配套建设、人才建设等问题进行了讨论。⑵3月24日，由国际规模最大的非营利性科技专业学会——国际电子电气工程师学会IEEE举办、协会协办的“相约张江——2008 IEEE纳米电子学（INEC08）”国际会议暨上海纳光电论坛开幕。会议由学术研讨会和讲座、技术和产业论坛两部分

组成，参会人数达500余人，海外参会人员达200多人。⑶11月6日，协会配合上海半导体照明研发应用中心成功举办“第三届上海LED半导体照明创新与应用论坛”。市区相关领导、海内外LED知名专家，以及国内外LED企业、中介机构、科研院所、设计机构代表共120余人出席论坛，共同深入探讨了LED应用推广和产业化发展的形势、目标、任务和措施。

3.组织参加各类会展

⑴7月10～13日，协会组织下属会员企业参加中国国际消费品电子展。⑵11月4～8日，协会组织30家下属半导体照明企业以“半导体照明专区”的形式参加上海国际工业博览会。此次展区主要以奥运LED照明应用工程为主，集中展示即将在2010年世博上的最新应用产品。

4.国内、国际合作交流

⑴3月24日，上海市光电子行业协会、江苏省仪征市政府举办“2008中国仪征光电暨电子信息产业投资说明会”，协会半导体专委会的会员共40家企业出席。⑵5月19日，协会举行“迎世博中韩半导体照明产品应用论坛”。⑶7月10日，协会参加上海企业援建四川省工业重建座谈会，协会组织下属的半导体照明及平板电视等重点企业在对口的都江堰市的高科技相关产业重建起了推进作用。⑷9月3日，协会接待加拿大光电协会代表，就光纤到户技术的应用进行深入探讨，并将相互设立网络平台以方便两边会员企业的更好沟通。⑸10月13～15日，协会常务副秘书长王蓉代表上海光电行业参加上海市经贸代表团前往南非夸祖鲁—纳塔尔省，在“两省市经贸合作论坛”上与两地近百名政府和企业家代表进行了交流访问，为协会半导体照明企业争取到了承建德班第二国际机场及2010年足球世界杯主赛场的内外照明项目。⑹10月30日，协会、上海硅知识产权交易中心联合与韩国光技术院签署《友好合作备忘录》，双方将在光电产业领域内的关键技术、知识产权和人材培养等方面进行全面合作。

【积极筹备、认真组织、完成换届改选工作】 2008年是协会成立五周年，为了搞好协会自身建设，提升协会的服务能力，更好地为上海及全国的光电子产业发展提供优质服务，按照上海市社团局行业协会换届选举的有关规定，认真进行了换届选举有关筹备工作。6月13日，协会召开第二届会员大会暨第一次理事会。

【加强协会支部建设，做好新经济组织会员单位的党建工作】 协会党支部本着求实务实的原则，根据实际情况，扎实抓好支部的基础工作，确保每位党员有一个正常的组织生活。一是认真组织党员及协会员工学习十七大文件，保证第一时间把上级党组织的学习材料发放到每位同志手中；二是积极组织抗震救灾募捐活动；三是继续做好组织发展工作，认真做好预备党员的教育、管理和转正工作。

（光电子行业协会）

上海市通信制造业行业协会

【概况】 2008年，协会以党的十七大精神为指导，以实践科学发展观为契机，坚持“服务、指导、自律、协调”宗旨，围绕“一条服务主线连接三条基本点”工作经验，不断拓展工作思路，开创新局面，为全市通信产业又好又快发展作出应有贡献。

【拓展视野，提供平台】

1.举办大型展览会

7月9～11日，由中国电子学会、上海市通信制造业行业协会共同主办，上海扩展展览服务有限公司承办的“2008第五届上海国际手机产业展览会暨研讨会”在光大会展中心举行。展览会吸引了除中国大陆外，来自德国、意大利、法国、美国、英国、日本、韩国、瑞士、加拿大、比利时、巴西、新加坡、中国香港、中国台湾等15个国家和地区的450家厂商参展，750个标准展位，展品反映了当今世界电子及手机行业的先进水平。

2.组织企业参加国内外展览

为了扩大通信制造企业间的交流，给企业展示产品和自我形象的平台空间，协会协办或参与组织落实20余家企业、30余名人员参加“2008中国（上海）贸易投资展览会（以色列）”和2008年美国拉斯维加斯国际消费类电子产品展览会以及青岛、北京等地区通信产品展的前期招展工作。10月，协会带团组织大众科技、众达信息、颠软科技、外包服务中心等企业参加了国际展览会（台湾电子展），并参观了高雄软件园区，与台湾同行企业进行合作洽谈。10月，协会在组织会员企业参加南非经贸洽谈会上获悉南非手机市场进口渠道以欧洲与美国等国（地）为主、价格偏高的情况，及时帮助联系本地手机制造、设计企业与境外经销商沟通，共同开拓南非市场。

【专题走访，征询需求】 5～11月，协会开展“服务企业,征询意见”专项活动,先后专访了65家企业,共征集企业对政府、协会和理事长单位需求11大类25项。(见下表)

会员企业需求项目表	
序号	需求项目
1	加大行业政策扶持力度
2	放宽引进人才政策
3	加大对通信市场秩序的监管力度
4	帮助、扶植全市中小企业的发展
5	多组织务实的交流活动
6	及时为企业提供各类信息
7	帮助企业寻找合作伙伴
8	为企业政策享受、知识产权等申请程序提供引导和咨询服务
9	向有关部门咨询2007年政府组织的申报世博会子项目情况
10	协商政府部门帮助项目验收
11	组织企业制订“联合标准”

【调查研究，献计献策】 ⑴配合市信息委、市经委关于《2007上海信息化行业发展报告》、《上海市信息产业节能减排的调研报告》、《2007年产业技术创新攻关指南》和《上海市鼓励进口技术及产品目录》等编写工作。⑵完成《下一代网络(NGN)发展趋势研究与建议》、《通信和网络技术与制造工业的融合预研究》等课题的调研工作。协会广泛征求业内人士、相关企业的意见和建议，多次组织召开业内资深专家认证会，深入探讨，反复推敲，多易其稿，按时保质完成。⑶11月，对全市通信设备行业已经受到金融危机影响和企业发展过程中遇到的困难，以及所采取的建议和措施等开展专题调研，形成《上海通信设备制造业发展情况分析》书面资料，为有关部门应对全球金融危机提供决策依据。⑷积极配合市发改委和市信息委，针对上海通信产业环境、基础和研发实力、人才资源及发展机遇等方面开展调研，形成《上海国家通信产业基地申请报告》，已通过市发改委上报国家发改委。⑸围绕改革开放30周年，撰写了《改革开放三十周年上海市通信制造行业回顾和展望》。

【履行职能，服务企业】

1.标准制订

组织上海阿法迪智能标签技术系统有限公司、上海华申智能卡信息有限公司、上海贝岭股份有限公司、上海申博智能标识技术有限公司等制定了《税控针式打印机芯技术规范》，上半年已验收并发布推广。

2.项目申报

⑴组织企业参加《关于开展2008～2010年上海市企业信息技术应用推进项目申报工作》，其中上海瀚讯无线技术有限公司自主研发“远程无线抄表系统”新技术通过新闻媒体向全市宣传推广。⑵组织近50家企业参加市发改委、市经委、市信息委《关于组织实施2008年下一代互联网业务试商用及设备产业化专项》、《2008年上海市引进技术的吸收与创新计划》、《2009年度软件集成电路产业发展专项资金》等7个重大产业专项的申报，其中上海博达数据通信有限公司、上海瀚讯无线技术有限公司、上海双威通讯网络有限公司各获得50万元扶持资金，上海安保设备开发工程有限公司与上海新球通信有限公司联合申报获得80万元。

3.政策宣传

为帮助企业进一步了解有关税收优惠政策，协会及时转发了《高新技术企业实行过渡性税收优惠的通知》、《关于贯彻落实国务院关于实施企业所得税过渡优惠政策有关问题的通知》、《国务院关于实施企业所得税过渡优惠政策的通知》、《国务院关于经济特区和上海浦东新区新设立高新技术企业实行过渡性税收优惠的通知》等文件,并上门解读。同时,热情接待、耐心解答企业的来电来访咨询,确保政府政策能贯彻落实,使企业得到实惠。

4.牵线搭桥

利用信息“广、快、多”的优势,为企业牵线搭桥、排忧解难,年内为17家企业寻找合作伙伴提供机遇和创造条件。⑴爱尔兰领事馆商务处需寻求手机多媒体芯片合作伙伴,协会当即将信息提供给龙旗、希姆通等公司。⑵为使加拿大多伦多大学的研发成果OPM无线宽带技术能为世博会建设服务,协会牵头组织资深业内专家和相关企业人士对该技术成熟度进行探讨和认证,积极帮助寻找合作伙伴。⑶为里克贸易有限公司求购出口到哥伦比亚的光纤光缆、元器件、同轴电缆等产品,联系会员单位,积极促成贸易合作。

【协会建设,持续发展】 ⑴ 2008 年发展会员 8 家,现会员单位 150 家 ,分布在全市 18 个区。其中集中在浦东、徐汇两区有 85 家,占总数的 56.67%;浦东新区 46 家,占 30.67%;徐汇区 39 家,占 26.00%。⑵ 4 月 8 日,如期召开协会第三届会员代表大会暨三届一次理事会,选举产生 16 名新一届理事会理事和协会负责人。⑶建立具有数据更新、用户管理、查询检索等功能的数据库,将历年来参加协会会员的 200 余家单位的基础信息资料全部输入。⑷通过网站、月刊、电话联系建立政策信息传递的“绿色通道”。

(通信制造业行业协会)

上海市信息家电行业协会

【积极应对金融危机,与会员单位共渡时艰】 协会在政府主管部门指导下,深入开展行业调研,通过走访、座谈,了解企业经济运营状况,了解企业的实际困难,听取并及时反映企业对政府政策的诉求;组织业内专家,探讨行业应对金融危机的良策,探讨产业链合作新的模式和思路,提出上海建设数字电视模组产业的设想和建议;召开彩电企业经营负责人座谈会,了解上海市场彩电销售情况,听取各彩电企业对政府主管部门的工作建议;对企业在严峻形势下,坚持科技创新,积极开发新技术、新产品的情况,给予积极支持。民营企业丽宝公司在困难情况下积极开发新产品——迷你投影机,协会积极支持,组织专家会诊,解决具体问题,提出改进建议,并积极推荐上报技术开发项目,争取政策进一步支持。

【继续推进和完善数字电视产业链建设】 2008 年初,协会积极宣传、贯彻落实《关于鼓励数字电视产业发展若干政策的通知》精神,推动本行业关于机卡分离的小卡方案发展为正式的行业标准,推进机卡分离全面实施,推进数字电视一体机产业化。1 月 4 日,组织召开“地面数字电视广播产业化通气会”,机顶盒生产企业与部分电视机生产企业 20 余人参会,与会代表就如何加快中国数字电视发展进行了多方面的交流。2 月 25 日,组织召开“中间件标准意见征询会”,天柏宽网、全景、SVA、TCL 蓝信、上海高清、上海质检院等单位参加,;同日组织召开“终端设备标准意见征询会”,上海质检院、索广映象、上海广电电器、上海广电信息、TCL、海信、数源科技、松下等离子、飞利浦、索尼、东芝、夏普等 12 家单位的近 20 名代表参加。3 月 5 日,组织召开“数字电视产业推广联盟高清电视产业链上下游企业见面会”,东方有线、SVA、TCL、海信、索尼、东芝、先锋、日立、松下等离子等企业近 20 名代表参加。

年内,协会还在推进地面数字电视广播产业链建设中芯片和整机的联动,以及推进具有自主知识产权的AVS产业链建设,实施AVS机顶盒终端产业化和AVS格式的数字电视产业化方面做了大量工作。适时开展了关于数字电视一体机的调研,在此基础上,撰写了《数字电视一体机调研报告》,提供给有关主管部门作为产业战略决策的参考。同时根据行业专家的意见,形成了关于数字电视一体机的解决方案。

【隆重举办“上海高清数字电视应用发展论坛”】 6 月 26 日,协会隆重举办了“上海高清数字电视应用发展论坛”,200 多位代表参加。论坛上,产业链各环节的领导和专家就数字电视的技术标准、市场模式、消费特点等问题进行了广泛的研讨交流。作为论坛的组成部分，协会还于6月16日组织召开了“上海数字电视现状通气会”，和产业链有关单位向媒体详细介绍了上海数字电视（包括高清数字电视）的现状和发展趋势，现场解答市民关心的问题。

【开展优质产品展示活动】 9月，依托上海彩电节平台，协会组织了在上海销售的15个品牌的30台平板电视机开展“新视觉，新享受，高清平板电视显身手”活动，400多位消费者和业内专家对优秀参赛产品评出了“最具人气奖”等奖项；同时，组织专家在销售现场进行数字电视知识普及、咨询演讲，演讲录音在商场循环广播，受到消费者欢迎。据商场统计，彩电节期间，家电销售额同比上升5.82%。

【积极开展数字家庭应用产业的调研及有关培训】 为推进数字家庭的民众知晓度，协会组织编写了数字家庭培训教材《信息家电网络控制技术》；组织家用投影机技术和市场情况调研，撰写了《家用投影机的市产机会与产业发展建议》调研报告；在第十六届国际音响影视展览会期间，举办了“家用投影机论坛”，邀请有关企业和消费者就家用投影机的技术特点、市场发展、消费需求、发展趋势等进行了交流探讨；继续加强和拓展行业标准化工作，完成《数字电视条件接收通用智能卡规范》和《AVS编转码器规范》的制订工作；组织开展《数字音频及数据广播技术规范》和《家居智能化系统设备互联及互操作规范》标准制订的调研和前期准备工作。

【广泛开展节能减排和电子信息产品污染防治工作】 协会继续推进节能减排，积极贯彻“电子信息产品污染防治管理办法”，“节能减排”行业协会联合工作组通过调研提出建立电子信息产品污染控制工艺测试公共服务平台的建议；通过走访企业，提出制订首批“电子信息产品污染控制重点管理目录”的建议；“节能减排”行业协会联合工作组组织有关企业与浙江省信息产业厅及浙江省企业进行节能减排工作的交流活动。

【继续开展“653”培训、知识产权服务和科技普及工作】 协会在培训、专利服务以及科技普及方面一如既往予以推进。完成《数字电视地面广播传输国家标准中的关键技术》与《数字电视显示及增强技术》教材编写，《信息家电网络控制技术》与《数字图像压缩编码和码流技术》的教材初稿基本编写完成，即将组织专家论证；借助“8+1”知识产权服务平台，组织会员单位进行知识产权信息平台利用试点，进一步扩大试点面；组织会员单位参加“重点信息技术领域企业自主创新知识产权保护专项行动”，10家单位52项专利参与了此项活动；组织行业50多人参加有关专利预警机制建立、专利情报分析、专利交易和许可、专利价值评估、知识产权诉讼等内容的培训；结合数字电视产业推进工作和数字家庭应用产业急需普及、培训等基础性工作的现状，协会组织有关专家编写了《平板电视知识手册》和《数字家庭知识手册》，书稿已经完成，正在进行专家校审。

【积极组织各项交流活动】 积极组织会员单位参加各类电子信息行业展览、展示交流活动，包括青岛CES（消费电子展）展览会、东盟国际展览会、中国电子展、中国工博会等展览展示活动。年中，协办了中国质量技术协会在上海举办的“电子产业绿色制造”论坛。

（信息家电行业协会）

上海市信息安全行业协会

【概况】 上海市信息安全行业协会成立于2003年6月6日，现有会员86家，协会下设有“商用密码专业委员会”。2008年，协会紧紧结合《上海市国民经济和社会信息化“十一五”规划》目标，围绕为政府服务、为企业服务、搞好内部建设等三个方面，围绕“服务”这一中心工作，继续为会员、为社会、为政府提供优质服务。在政府与会员、会员与用户、会员与会员之间发挥好桥梁、纽带作用，并努力以此为契机，使企业做大做强。同时，进一步发挥“服务企业、规范行业、发展产业”的作用，积极促进上海信息安全产业的发展。

【协会主要工作】

1. 产业发展调研研究

为更好、科学地促进上海市信息安全技术创新、产业发展，协会配合市科委，共组织了6次有关网络与信息安全事件监管、恶意代码与垃圾信息防范、逆向分析，安全评估、应急响应与处理、灾难恢复与容错技术；舆情监管、内容监管，无线安全和生物识别技术的小型研讨会，近百位来自大学、研究所、应用单位和企业的专家参加了分组会议，会议主要探讨了上海信息安全行业的现状和信息安全技术的发展趋势。同时，协会还组织部分会员单位的技术骨干，对一些利用公网对外开展业务的重点企业进行了走访，重点了解在业务中信息安全的防范措施、最关心的问题以及对今后发展的考虑，加深了协会对整个行业动态的了解，同时，也有助于协会为企业开展工作。

2.筹备组建信息安全专家库和信息安全产品资源库

在市网安办的支持下，协会筹备组建上海市信息安全分类应急处置专家队伍和信息安全产品资源库。专家库和产品资源库主要为全市重点信息系统的应急响应、2010年上海世博会信息安全保障提供人员、技术方面的服务，提供应急产品需求的资源保障。

3.信息安全商用密码宣传

为了促进《商用密码管理条例》、《信息安全等级保护商用密码技术要求》的宣传，受上海市国密局委托，协会协助商密专委会面向全市商密产品生产定点单位征集宣传文稿活动，内容包括商密技术推广应用、等级保护涉密应用等。

4.积极推进网络诚信体系的建设

为提高互联网上各类主体（个人和企业）交易行为的安全性和可信度，进一步推进和落实《电子签名法》，为网络诚信体系的建设奠定基础，协会与上海格尔软件股份有限公司、公安部三所等单位，在上海市国密办的指导和市科委的支持下，进行了“统一信任网络运营平台”建设的研究和前期准备工作，并已获得市科委重大项目支持，协会承担了其中《统一信任平台标准体系及其验证研究》子课题。

5.建立商用密码技术标准测试、验证和展示平台

针对目前国内在密码算法服务、电子认证、授权管理、安全传输等方面存在的不规范问题，协会参与组织商用密码定点单位，以东部信息安全基地为依托，进行相关标准的测试及集成技术的研究，筹备建立一个商用密码技术标准的测试、验证和展示平台，帮助企业发展密码产品，推动全市商密产业的快速发展。商密专委会已经和参与平台建设的9家商密定点单位进行了5次专门研讨会，完成了前期准备工作。

6.为会员单位提供法律培训和指导

为保障会员单位的合法权益，指导各用人单位合法用工，规避法律风险，协会经与上海市远业律师事务所专职劳动法诉讼的律师联系，为会员单位免费提供《劳动合同法》企业应对系列讲座；请国信安东部基地有关部门为会员企业举办“税收政策”免费专题讲座。

7.加强信息安全的标准化工作

⑴在市信息委的支持下，完成《商用密码安全服务（中间件）身份验证接口规范》、《商用密码安全服务（中间件）授权管理接口规范》两个规范的验收和备案；完成《公钥密码基础设施应用技术——时间戳服务接口规范》的编制。⑵协助浦东新区质检局对注册在张江的信息安全企业承担、参与和使用的信息安全标准情况开展调研。⑶组织会员单位参加由浦东新区质检局和张江园区举办的标准化培训。⑷协助商用密码专委会，在国密办的指导下，商用密码定点单位万达信息股份有限公司、上海市电子商务安全证书管理中心有限公司、上海格尔软件股份有限公司、江南计算技术研究所信息安全工程技术中心等单位开展《商用密码安全服务（中间件）身份验证接口规范》、《商用密码安全服务（中间件）授权管理接口规范》的编制工作，并准备申报国家行业标准；

8.积极开展信息安全的培训工作

根据《商用密码管理条例》、《信息安全等级保护商用密码技术要求》，配合市商密办，规划全市200家重点单位及下属企业进行商用密码管理法规及应用技术培训活动的课程准备。同时，酝酿测试平台和商密的培训工作，根据企业自愿参加的原则，上海颐东网络信息有限公司等八家企业组成了“测试平台和培训工作专题小组”，重点围绕PKI及证书应用、VPN网关、电子公文流转和文件保护等方面的内容。

9.积极为会员单位宣传推广产品及企业信息

为更好地让企业了解国内信息安全情况和行

业动态，协会编制了月刊《行业动态选编》，每月上旬出版，以电子版向有关职能部门、会员单位发送；在进一步完善《行业动态选编》的基础上，在《9682000信息与安全》杂志上建立了协会专栏，专门为会员单位免费提供栏目页面，介绍公司的新技术、新产品、解决方案等信息。

（信息安全行业协会）

上海市信用服务行业协会

【概况】 上海市信用服务行业协会成立于2005年6月，为上海市从事信用服务的同业企业及其他经济组织自愿组成的跨部门、跨所有制的非营利行业性社会团体法人，是全国该行业中第一个成立的地方性行业协会。协会现有会员单位42家，业务范围涵盖信用管理咨询和培训、信用调查、资信评估、商帐追收、信用担保、信用保险、保理等领域。

【加强自身建设，提升协会工作能力】 ⑴2008年底，根据协会章程进行了换届改选，选出新一届协会领导。⑵为进一步提高协会秘书处工作人员的综合素质，以更好地适应协会工作发展的要求，协会常设机构做到人员精干，一专多能，工作任务饱满，效率质量上乘。⑶进一步建立、完善和规范协会日常工作的管理制度，不断提高协会的管理、服务水平。

【密切配合政府部门，有效落实有关重点工作】 ⑴为更好地规范信用服务行业的准入门槛，协会积极配合原市信息委征信行业监管处开展的征信机构备案；为更好地让政府部门了解行业的发展情况，协会配合政府部门做好征信行业年度统计工作。⑵积极配合政府部门组织相关活动。年内组织了十多家会员单位积极参加在杭州召开的第二届信用长三角会议，拓展了会员单位的视野，以利于更好开展业务工作。⑶继续做好参与徐汇区政府推广使用信用服务产品的工作，协助做好政府与机构之间的协调工作，并在政府部门的有关会议上以协会的角度提出意见和建议，得到政府部门和会员单位的首肯。

【积极参与社会诚信建设活动，提高业内人士的业务水平】 ⑴为了更进一步做好社会诚信体系建设工作，协会协办了“风险 · 规范 · 发展——信用服务行业助力中小企业发展讲座”。该活动邀请了业内专家分别以征信与资信评级、企业信用风险管理技巧及实物为主题进行演讲，通过对真实案例的剖析，对资信评级及应收账款管理操作进行了指导。⑵组织业内机构参与由银行界、市发改委、上海市促进小企业发展协调办公室等单位举办的“上海市银行界小企业金融服务洽谈会”，为业内机构的对外宣传提供了条件。

【积极整合业内机构资源，主动为业内机构提供服务】 ⑴协会网站做到及时更新，加快了行业信息传输，加强了与各单位的交流。⑵通过各种形式，及时报道会员单位的业务创新和市场开拓成果。⑶积极走访业内机构，了解基本状况，掌握业内动态，协助调解业内机构间矛盾。⑷为了规范信用服务机构中小企业信用评估行为，提高服务质量，提升行业社会认知度与行业公信力，2008年底发布《中小企业信用评估准则》，推动了在实现自律框架下信用服务行业的健康发展。⑸为促进上海信用服务行业发展，降低信息查询成本，提高行业服务效率，协会秘书处就上海市企业信用联合征信系统推出向上海市信用服务行业协会会员单位开放企业征信平台查询服务的相关事宜，广泛听取各会员单位的意见和建议。上海市企业信用联合征信系统现已向行业协会各会员单位免费开放为期半年的企业征信信息查询服务。

（信用服务行业协会）

上海市无线电协会

【概况】 2008年，上海市无线电协会紧密结合全市无线电事业的发展，围绕管理职能的转变和办事效率的提高，充分发挥协会的“桥梁和纽带”作用，服务于无线电行业管理工作能效提升的需要，服务于无线电用户单位诚信体系建设的需要，服务于无线电新技术和新业务验证应用的需要，在规范行业间无线电发射设备销售、组织行业间无线电专管员业务知识培训，开展公用频率对讲机办理“一条龙服务”，加大公用移动通信基站建设推进力度，促进无线电频率评估指标体系建立等工作的新实践。

【加大公用移动通信基站建设推进力度】 ⑴进一步调整完善公用移动通信基站建设发展专业规划。为进一步加强上海市公用移动通信基站（以下简称“基站”）设置的管理，维护移动通信用户、业务经营者和社会公众的权益，保障公用移动通信的健康发展，根据《上海市公用移动通信基站设置管理办法》（上海市人民政府第104号令）及《上海市公用移动通信基站设置管理办法实施细则》，结合3G牌照发放和网络建设，以及运营格局的变化，协会积极组织相关运营企业对原全市公用移动通信基站发展专业进行了调整和完善，并已通过专家评审进入报市规划局审批阶段，为促进基站专业发展规划纳入全市信息基础设施发展规划做好准备。⑵加强公用移动通信室内无线覆盖分布系统集约化建设组织协调。协会结合公用移动通信室内无线覆盖分布系统集约化建设项目的不断推进和发展实际，一是对公用移动通信集约化无线室内覆盖分布系统租赁事宜开展调研并组织召开了专题研讨会；二是在对各运营商有关建设项目数据进行汇总及数据核对的基础上，要求运营商之间统一项目合同范本；三是根据租赁费标准需要进行适当的调整需要，对《公用移动通信集约化无线室内覆盖分布系统租赁费标准》进行了修订。

【加强无线电管理业务知识培训】 2008年，市无线电协会承办了各类无线电业务知识培训共5期。其中，“无线电管理及业务知识”培训班一期；与宝钢公司联办无线电知识讲座一期；“无线电专管员培训”三期，累计培训350余人次。通过培训，进一步普及了无线电管理政策法规，提高了无线电行业间无线电专管员的业务能力，为规范政策法规执行，提高办事服务效率夯实了基础。此外，由协会编写的无线电专管员主要培训教材《无线电管理及业务培训教程》已列为“上海市紧缺人才培训系列教材”之中。 （无线电协会）

上海市信息化培训协会

【概况】 上海市信息化培训协会成立于2003年1月，由全市从事信息化培训的机构自愿组成的专业性社团组织，现有会员单位78家。

【推荐会员单位参加“年度诚信建设单位”称号评选】 为在会员单位中大力倡导“信息诚信，诚实经营”的理念，培育和维护良好的培训市场秩序，保护学员的合法权益，进一步营造良好的社会诚信环境，协会积极响应由全市151个行业协会、商会联合参加的2007年上海市“年度诚信企业”推荐评选活动，并向上海市“知荣辱、讲文明、迎世博、建诚信”活动组委会推荐会员单位上海启明信息技术培训中心参加评选。经组委会考察和评选，上海启明信息技术培训中心荣获“年度诚信建设单位”称号。

【举办“2008上海计算机专家高峰座谈会”】 2月10日，由上海高教学会计算机专委会、上海市信息化培训协会和嘉兴科技城培训园联合举办的“2008上海计算机专家高峰座谈会”举行，会议主题是“信息化人才的培养”。与会代表针对目前存在的高校专业毕业生不能满足IT企业用人需求这一现状，从多个角度进行剖析，指出了其中的合理和不足，分析了存在的原因，结合产业的发展趋势，对信息化人才的培养提出了很多具有建设性的建议，对高校IT专业的教育模式改革和社会IT培训机构的发展具有积极意义。

【为西部地区培训信息化人才】 根据中央人才工作协调小组关于东部地区支持西部地区信息化与信息产业人才开展培训工作的指示精神，由上海市对外合作交流办公室和上海市信息化委员会主办、上海市信息化培训协会承办的“2008年度西部地区信息化与信息产业人才研修班”于5月12～23日在上海东华大学举行。培训班共50名学员，分别来自广西、云南、西藏日喀则、重庆万州和湖北宜昌，其中少数民族（壮族、彝族、藏族和满族）学员16人。该期培训形式以培训与实地参观为主，结合分组讨论，内容涉及上海信息化发展的总体概况、某个领域的具体政策措施和成果、服务外包、政府门户网站建设以及IT项目管理等；参观地点包括上海移动的信息化体验馆、上海电信的信息生活体验馆、上海超算中心、浦东软件园、上海世博会展示中心等。

9月下旬，协会受市合作交流办和市信息委的委托，组织一批专家赴云南送教上门，先后在昆明、丽江和红河等地，就信息化建设、软件产业和信息服务外包的发展等，对云南省信息产业和信息化的相关政府部门人员以及相关企业的高层开展培训。

同时，通过各种形式的交流，了解云南地区的特点，并围绕一些具体的项目实施，从宏观和微观的角度进行分析，提供了不少有效可行的方案建议，帮助他们拓宽了思路，提高了认识。

【“千村万户”农村信息化培训普及工程】 协会承担了由市信息委、市教委、市农委和市妇联联合举办的“千村万户”农村信息化培训普及工程的具体管理和服务工作。为此，协会到上海的各郊区县进行了调研考察，在此基础上，组织编写了专用教材、简易教材、宣传手册，制作了普及宣传动画片，开发了网上管理系统，制定了培训宣传工作流程和相应的管理制度，同时多次上门开展教师培训，与培训和宣传管理人员加强沟通交流，为项目的顺利完成打下良好的基础。为确保项目质量，协会在7～8月的培训高峰期间，组织专家成立培训质量督查小组，深入10个区县的培训机构，通过与学员、教师和管理人员的沟通交流，实地了解培训情况和培训质量，对一些明显存在的问题予以指出纠正。截至年底，项目设定的2008年开展2万人参加培训、10万人参加宣传活动的目标均超额完成。

【协助“653工程”工作】 协会协助市“653工程”办公室组织专家编撰了《上海市信息专业技术人才知识更新工程认定规范》，并已通过评审；组织信息服务业行业协会、集成电路行业协会、信息安全行业协会及信息家电行业协会编撰上海市信息领域的岗位目录，梳理岗位的知识构架，为建立全市信息专业技术人才知识更新课程体系奠定了基础；受理9个单位申报的88门课程，组织专家认定了17门，上报国家并认定了5门；近800人参加培训并通过考核，获得由原国家人事部和原信息产业部联合颁发的《专业技术人才知识更新工程（“653工程”）培训证书》。

（信息化培训协会）

上海市信息系统质量技术协会

【概况】 上海市信息系统质量技术协会是经上海市社会团体管理局核准登记，具有法人资格的专业协会，2003年11月成立。协会主要业务是提供质量技术工作咨询、交流培训、标准化建设服务、开展产品质量比对、接受政府委托事项等。截至2008年底，共有会员单位58家。2008年，协会按照“做好政府的助手，企业的帮手”的指导思想，深入学习实践科学发展观，努力开展标准、培训、质量服务、名牌评审及质量月活动等工作，在为政府服务和为企业服务方面有了明显的进步，提升了协会的良好形象。

【开展标准化建设和管理】 上海市信息系统标准化建设按照市委、市政府提出的“两个优先”和产业结构调整的要求，有效发挥标准化工作在信息产业发展、城市信息化发展的助推作用，努力把上海信息产业和信息化发展的优势转化为标准和标准化的优势。通过调查研究，充分考虑上海市信息化应用系统建设的现状及实际需要，列出重点扶植、重点发展的标准项目，归并为关注世博、关注节能降耗、关注民生和关注企业四类。共制定了各类标准、规范19项，其中列为国家和部标的标准项目有4项：《车辆轮胎压力监测系统TPMS标准》、《集成电路嵌入式内核测试标准》、《超大规模集成电路芯片加工贸易单耗标准》以及《集成电路加工贸易封装单耗标准》；列为上海市地方标准项目有7项：《世博会电子票务系统应用技术规范》、《世博会信息系统数据交换规范》以及《世博会软件质量控制管理规范》3项标准是为世博会配套的服务标准，其余4项标准是：《“社会保障卡”地方标准修订》、《上海市网络游戏行业服务规范》、《移动电话机维修企业资质分等与评定》以及《金融数据中心信息化设置设计规范》；属于行业协会联合企业标准有8项。协会积极参与信息系统标准编写计划的管理，充分发挥行业协会和专业协会的作用，协助有关部门进行了2008年信息系统化标准项目验收，并对立项标准进行梳理和协调。

【参与信息标准制订】 ⑴由协会主编，会同市信息管线公司、上海建筑设计院、上海邮电设计院、上海电信、东方有线网络等单位共同制定的上海市工程建设规范《公共建筑物通信配套设施设计规范》已由上海市建设和交通委员会公告并实施。⑵完成市信息委下达的由协会主编的《有线电视网络住宅改造技术要求和施工验收规范》标准项目，6月12

日通过项目验收。⑶修订《现代信息服务业上海名牌评审规范》，增加信用服务业的评审要求。修订后的评审规范更具实用性和可操作性，为上海市信息服务名牌的评审工作打下较好基础。⑷《移动电话机维修企业资质分等与评定》标准入选上海市地方标准。为规范手机维修市场，解决投诉居高不下的被动局面，与上海市电子产品维修协会一起承担《移动电话机维修企业资质分等与评定》的标准制订工作，3月将该标准申请列为地方标准，6月25日经专家评审正式立项。目前，该标准已完成征求意见稿。

【组织上海信息服务业名牌申报推荐工作】 2008年，“信用服务”首次被列入信息服务类上海名牌。该年度申报的企业从数量和质量上都超过了上年，共有互联网服务、信息服务外包、信用服务3个行业的18家企业申报上海市服务名牌，其中16家新报企业，2家复评企业。经过上海市名牌产品推荐委员会综合评价后，携程计算机技术（上海）有限公司、上海世纪新元信息产业有限公司、上海大宗钢铁电子交易中心有限公司、上海我要网络发展有限公司、东方钢铁电子商务有限公司、上海火速网络科技有限公司、上海宝信软件股份有限公司、上海海隆软件股份有限公司、上海新世纪资信评估投资服务有限公司、上海远东资信评估有限公司等10家企业被评为2008年度上海名牌。上海盛大网络发展有限公司、上海东方网络股份有限公司2家企业复评合格，继续保持上海名牌的称号。

【积极完成“653”工程的课程开发】 2008年，协会积极投入信息领域“653”工程推进工作，抓紧编写《企业产品标准编写方法》，于6月中旬通过“653”工程专家鉴定，并成功举办了第一期培训班。参加培训的学员有50名之多，收到良好的培训效果。《企业产品标准编写方法》于10月上报，成为国家“653”工程的培训教材。

【积极开展质量技术服务】 协会组织了对上海百联电子商务有限公司等3家企业进行质量体系的认证咨询工作，聘请资深的咨询老师，针对不同企业的实际情况制订培训计划，加强企业对ISO9000标准的理解，帮助企业建立、实施质量管理体系；并关注企业质量管理体系的运行情况，对企业进行后续跟踪，使企业能够独立运行质量管理体系。年底，3家企业已经通过了ISO9001质量管理体系认证。同时，继续为企业提供3C认证以及产品检测服务，为大众科技有限公司等2家企业代理了3项产品的3C认证，接受上海市有线网络有限公司的委托，对6家企业25种光端设备进行入网认证的检测，对上海前进电子器材有限公司进行欧盟的CE检测，为飞利浦公司代理了全年共39项产品的检测服务。9月，协会全力协助上海广电电器公司及时取得新产品的3C认证证书，解决了企业的燃眉之急。

【开展高清平板电视质量评比活动】 9月，借助上海彩电节与质量月活动，协会与上海市信息家电行业协会开展了“新视觉，新享受”的高清平板电视机显身手活动。在此次活动中，组织专家和广大消费者共同对40英寸级、50英寸级的中外品牌优质高清平板电视机进行了评比，结果11个品牌32个型号的高清平板彩色电视机分别获得“视觉清晰奖”、“色彩缤纷奖”、“工艺精湛奖”、“综合优质奖”、“最具人气奖”等5个奖项，达到了让普通消费者尽早享受高清视觉新体验，激励彩电企业在技术、品质、服务等方面更上一层楼的目的。

（信息系统质量技术协会）

上海信息化发展研究协会

【概况】 2008年，协会秉承持续发展的理念，坚持“积极面向市场，借力政府资源，自立自强求发展”的原则，紧跟政府工作步伐，在贯彻、落实推进信息化工作方针的过程中，体现自身的社会价值；加强内部管理，强化人才队伍建设，加快知识积累与更新，协会的工作效率、工作质量持续提高；不断完善现有业务模式，增强在信息化规划、信息化评估和专项研究领域的专业性和权威性，并积极走向市场，开拓新业务，增强新时期协会的竞争力。

【成功举办首届上海金融灾难备份与恢复高峰论坛】 金融灾难备份与恢复高峰论坛（SFDRS2008）由上海市信息化委员会、上海市金融服务办公室、上海市对外经济与贸易委员会、浦东新区人民政府共同主办，由协会与上海市银行卡产业园具体承办，并得到上海市银行同业公会、上海市保险同业公会、上海市证券同业公会、上海市期货同业公会大力支持。此届论坛邀请了来自120多家金融机构的300余位国内外金融机构IT代表，邀请了包括IBM、EMERSON（艾默生网络能源有限公司）、美国RIVERBED、DOUBLE-TAKE、中金数据系统有限公司等企业的高层人士以及国际IT 咨询机构Gartner全球副总裁，共同探讨中国金融灾备建设。论坛成为推动上海灾备建设的重要窗口，取得圆满成功。

【撰写上海金融灾备调研报告】 为全面、切实了解上海市金融机构灾难备份建设和应用情况，协会在上海市四大金融同业公会的帮助下，对上海市200多家金融机构进行灾备建设情况的问卷调研；深度访谈28家金融机构的40多位资深IT主管，深入了解目前上海金融机构对灾难因素的认识、IT现状、灾备建设现状与水平、障碍灾备建设的因素、启动灾备建设的计划等问题。《2008上海市金融领域灾难备份与恢复调研报告》真实准确地反映了当前的灾备现状，科学大胆地预测了金融灾备未来的发展趋势，为相关部门、企业作出相关决策提供策略性的建议。

【有序开展"一区一业"产业信息化规划调研与咨询】 为深入推动信息化改造，提升传统产业，加强信息化与工业化的融合，协会在上海市企业信息化促进中心的支持下，开展了《上海市"一区一业"产业信息化规划》的课题研究。项目小组深入上海19个区县，了解每个区县特色产业的不同定位、特色产业的发展状况及信息化应用现状，提出以信息化改造、提升该产业的方向；同时，对已完成特色产业信息化支撑、改造，建有成功信息化项目的，予以大力推广。目前协会已按计划顺利完成"一区一业"产业信息化规划报告。

【完成《面向市民的信息化公共服务体系框架》课题研究】 为全面摸清上海市信息化公共服务的建设情况，建立面向市民的信息化公共服务体系，协会受市信息委的委托，开展此项课题的研究。协会根据研究要求和项目研究计划，全面研究了公共服务体系的概念，理清上海市信息化公共服务体系的建设和应用现状，通过比较研究建设性地提出面向市民的信息化公共服务体系框架，并明确了各阶段的发展目标与任务，以及相应的保障措施。

【编制《2008年上海信息化行业发展报告》】 为全面、客观地反映上海市信息化各行业年度发展状况及发展趋势，总结年度信息化行业建设的成功经验及存在的问题，更好地为全市信息化行业进一步发展提供有效的对策措施，协会受市信息委委托编制了《2008年上海信息化行业发展报告》。

【完成信息化"十一五"规划中期评估】 为科学评价上海信息化发展水平及"十一五"信息化执行情况，更好地了解上海向信息社会迈进的程度，制订进一步的发展战略，协会受托开展信息化"十一五"规划中期评估，对上海市信息安全保障和信息化环境营造进行了评估研究。项目小组准确界定了信息安全、信息化环境等相关概念，科学解读了上海市"十一五"信息安全和信息化环境方面的发展目标，摸清了"十一五"以来上海市信息安全和信息化环境的发展状况，详细评价了主要任务和措施的执行情况，进一步提出存在的问题，并针对性地给出相关对策建议，顺利完成评估研究工作。

【积极参与区县信息化建设】 协会作为一家专业性的研究机构，积极参与各区县信息化建设工作，为各区县信息化建设部门出谋划策。协会分别受金山区信息委和嘉定区信息委的委托，参与完成了《上海市金山区化工品交易平台规划》和《嘉定区汽车电子产业园公共服务平台规划》的制订，为区县信息化的深入推进，完善信息化服务模式提供有价值的策略建议。

（信息化发展研究协会）

上海市交通电子行业协会

【概况】 2008年7月2日，上海市交通电子行业协会成立；9月1日起，协会秘书处在理事会领导下正式运行。协会下半年的工作以开好局、起好步为主线，遵循协会的宗旨，并按照会长会议的要求，组织对行业的调查研究，走访各会员单位，开展为会员单位的各项服务，积极完成政府有关部门交办的工作，取得预期效果。

【开展企业调研，强化服务功能】

1.走访企业，听取意见，了解诉求

年内，对协会系统的近50家会员单位进行了走访和调研，通过交流，听取意见，了解会员单位的现状、发展以及诉求。特别是受国际金融危机的影响，对上海汽车电子和轨道交通领域进行专题调研，走访了上海地区汽车电子和轨道交通相关的国有公司、外资、民营和中小企业30余家（包括非会员单位），发出60份调查问卷，及时向政府有关部门反映了企业的困难和要求。

2.为推动产业发展，积极协助会员单位申报项目

根据原市信息委、市发改委2009年度有关“项目指南”的要求，协会专门召开申报专项的工作会议，对会员单位开展宣介服务，并按程序及时对部分会员单位申报2009年度上海市信息化产业发展基金项目、国家和市发改委高技术专项基金项目的材料给予修订指导，鼓励、推动企业开展自主创新。会员单位申报上述专项基金项目的有18家，涉及汽车电子13家、航空电子1家、船舶电子2家、轨道交通电子2家。

【开展行业调研，发挥参谋作用】

1.完成上海交通电子行业及产业调研

交通电子（涵盖汽车/航空/船舶/轨道交通电子等）产业是新兴的先进制造业，在上海乃至国内发展空间很大，协会及时编写了《上海交通电子行业及产业发展调研》的报告，包含三方面内容，即上海汽车电子产业现状及发展趋势、上海汽车电子产业基地发展任务及其运作、车载卫星定位导航系统产业与应用，为政府重点支持交通电子产业领域的实施战略，提供决策参考。

2.编写“积极应对国际金融危机影响，努力推进上海汽车电子产业健康持续发展”专题报告

面对国际金融危机的影响，根据市经济信息化委主管部门的要求，就如何“积极应对国际金融危机影响，努力推进上海汽车电子产业持续健康发展”的情况，10月至11月组织了对上海汽车电子和轨道交通领域的专题调研，开展了针对企业2008年经济运行分析和目标完成的预判、国际金融危机对上海汽车电子产业等的影响与分析、2009年汽车电子产业发展趋势预测及上海汽车电子产业发展热点、重大项目、存在问题和措施建议等，编制了专题调研报告。一面向政府反映企业的困难和要求，提出“降低汽车购置税、保险费”等政策的具体建议，同时向会员单位进行综合反馈。该专题调研报告取得良好效果。

3.以协会为主体，组织申报“产业研究”诸软课题

以协会为主体，相关会员单位参加申报四个“产业研究”软课题项目，分别是：“上海交通电子产业‘十二五’发展规划预研究”、“信息技术与上海汽车产业化融合研究”、“上海航空电子产业技术成熟度和发展策略研究”、“上海城市轨道交通信息化产品自主创新重点领域、机制和路径研究”。这些项目的研究将为政府和企业提供决策咨询服务做好基础准备，为制订《上海交通电子产业‘十二五’发展规划》提供科学依据。

【参与标准制订，服务上海世博】 作为迎世博的科技创新行动，规范交通信息接收的技术要求，为上海汽车、汽车电子的强强联合发展提供标准支撑。由协会提出，以上汽集团为主要起草单位，并由上汽集团技术中心、文广数字移动有限公司等单位参与制订《车载导航信息接收应用规范》，争取上海市地方标准的立项。

【加强信息交流，注重资源共享】 在宣传和贯彻国家的产业政策，加强会员单位信息互通、资源共享方面，协会注重收集和分析上海以及国内外交通电子行业的动态资料，累计编辑了协会简报 7 期，筹建了协会网站 www.stea2008.org，成为协会对外的一个重要窗口，供会员单位和相关部门参阅。

12月，协会和中国汽车工业协会电子电器专委会合作，参与主办了“中国汽车电子电器行业战略转型研讨会”，约80余家企业140余人出席，反响良好，扩大了协会在行业中的影响。

【筹组专家委，发挥智囊作用】 协会分别召开上海市交通电子行业协会航空电子、船舶电子专家委员

会的筹备会议。拟定了《上海市交通电子行业协会专家委员会工作规则》，推荐了首批航空电子、船舶电子专家库的专家名单，并颁发了专家聘书。

（交通电子行业协会）

上海印制电路行业协会

【概况】 协会成立于2005年9月15日，为上海市从事印制电路行业企事业单位自愿组成的跨部门、跨所有制、非营利性的行业性社会团体法人。截至2008年底，会员单位达102家，包括PCB生产、设计、研发、经营、应用、教学单位及相关企事业单位。其中PCB相关企业15家，材料相关企业34家，设备相关企业38家，贸易及其他相关企业15家；协会有理事单位13家，副会长单位4家。协会根据会员需求，组织市场拓展，发布市场信息，推介行业产品，开展行业培训，提供各种咨询服务，不定期举办各种信息、技术交流活动，积极提倡PCB工业的废水利用、铜等重金属废液“零”排放的生产技术，组织开展印制电路行业环境污染治理现状的调查，支持中国PCB行业走上清洁生产和可持续发展道路。

【协会主要工作】

1.成功举办第十一届世界电子电路大会

3月17～19日，协会在光大会展中心成功举办第十一届世界电子电路大会（简称“ECWC11”）。ECWC11是首次在发展中国家举办。协会依靠会员单位的力量，按照主题向全球电子电路行业发出征文，共计收到142篇论文，论文学术水平高，涉及范围广。为期三天，共举办89场大会演讲和30余场揭示板演讲，将此次以“环境与创新技术的挑战”为主题的论坛达到高峰，全球行业发展趋势、最新技术成为会议关注的热点。全球共有千余人参加此次盛会，协会同时获得了世界电子电路理事会颁发的最佳承办单位证书。

2.努力拓展与国际同行的交流与合作

2008年，协会共组织行业内171人参加了协会主办的国际交流活动。4月1～3日，组织业内企业参观了美国IPC主办的IPC Expo/APEX 2008展览；4月23～25日，参加了由韩国KPCA举办的KPCA SHOW 2008；6月11～13日，组织行业内企业参加了由日本JPCA举办的JPCA SHOW 2008，同时参观了日本的PCB企业；10月21～26日，组团前往中国台湾参观了TPCA SHOW 2008。

3.加强行业专业人才培养

2008年，为推动全行业印制电路生产技术提高，为印制电路产业员工提供普及性系统性学习书籍，协会编辑出版了一套印制电路技术培训丛书——《印制电路技术丛书》。丛书对应五个工艺大类或称工种的技术要求分别成册，加上综合性的印制电路技术基础与现场管理基础二册，共七册，每册各章后附有深浅要求不同的A、B两类思考题供读者思考。丛书适用于新进印制板企业的技术、管理人员及技术工人，是行业员工常备的参考读本。

同时，协会结合PCB产业发展的需求，做好人才发展的规划、储备、培训和再教育，举办了各种行业培训班。根据企业生产和实际需要，培训部举办了两期印制电路检验员（中级）技术培训班，印制电路设计与CAM（中级）培训班。通过理论知识的提高及现场观摩，动手实验分析及上机操作，特别是在教学内容上与岗位挂钩，教学为现场服务，突出培训的实用性和应用性；通过教学互动，满足企业对人才多元化的需求，取得较好效果。

4.进一步开展环保综合治理、节能降耗工作

2008年是环保攻坚年，为了做好此项工作，协会通过走访企业，联合当地政府及环保部门召开座谈会，邀请专家、企业进行行业调研、筛选优秀项目向政府提交等方法来普及综合治理、节能降耗的工作，和市信息委产业处、市家电行业协会等六个协会组建了信息产业节能减排工作小组，对行业企业进行调查，对优秀的节能减排产品和应用方案进行推荐，编写了《上海信息产业节能减排调研报告》。行业内的中泽技鑫环保科技(上海)有限公司的《印制线路板制程微蚀刻液铜离子减排预处理系统》、奥特斯（中国）有限公司的《天然气热电联供系统》被信息产业节能减排工作小组评定为信息产业节能减排推荐项目。

（印制电路行业协会）

三、民办非企业单位发展

上海市信息服务外包发展中心

【概况】上海市信息服务外包发展中心成立于2006年7月，是一家全市性、从事非盈利性社会活动的非企业法人组织。中心成立两年多来，紧紧围绕服务全市信息服务外包企业，有计划、有重点地开展多项富有成效的工作，切实起到推进全市信息服务外包产业发展的作用。

【源于企业、服务产业，开展研究工作】 一是制定了服务外包领域第一部地方标准——《信息服务外包企业技术与管理规范》。该规范是促进企业有序发展，从源头上规范市场的重要举措。已完成标准送审稿，将于2009年初正式颁布。二是发布《上海2007信息服务外包产业发展报告》，根据对产业、企业及人才的调研分析，详实而客观地描述了上海信息服务外包产业的发展状况、产业环境、企业状况、人才状况。

【脚踏实地、成果丰硕，开展交流活动】 一是举办论坛。中心于9月18日召开“上海国际信息服务外包交易合作论坛”。论坛汇聚包括美国、加拿大、澳大利亚、新加坡等全球信息服务外包产业领域高端的专家、发包机构代表，企业高层代表，秉承“合作、发展、创新”这一主题，立足上海，致力于为长三角地区乃至全国服务外包基地城市和示范区从业企业打造一个集海外项目发布、供需合作洽谈、精英论坛研讨功能于一体的实效平台。合胜科技、龙软信息技术与澳大利亚Challenger Momentum举行了项目签约仪式，加拿大SIOLINK Solutions等企业也成功与多家企业对接。同时，中心分别与澳大利亚Challenger Momentum、加拿大SIOLINK Solutions签署了合作备忘录，就今后共同帮助上海地区企业承接澳大利亚、北美洲（美、加）地区的接发包及海外投融资、并购等方面达成合作协议。

二是成立沪港软件服务联盟。在市经信委的支持下，中心联合上海市信息服务业行业协会与香港资讯与软件业商会、香港电脑学会联合成立沪港软件服务联盟，并于12月9日签订《沪港软件服务外包合作备忘录》，其目的是充分发挥香港对海外市场及项目管理的经验及上海量大面广的人才优势，鼓励及推动沪港两地软件服务企业加强合作，开拓相关市场。

【透明公开，提供公共服务】 一是年内成立了上海市校企合作高技能人才培养信息服务业专业理事会，以信息服务外包人才培养为切入点，实现企业和应用性院校紧密对接，开展信息服务外包人才培养规划编制、课程开发、院校认定并接受项目申报。

二是组织上海市信息服务外包企业参加上海市服务名牌的评选，以帮助企业塑造品牌，创建国际一流的信息服务外包企业。通过评选，新致、微创、万达等企业获得上海市信息服务外包企业名牌称号。

【立足当前、着眼未来，推进产业发展】 面对全球金融危机，积极思变，推动产业聚集，应对金融危机带来的信息服务外包产业发展的挑战与机遇。中心在原有工作的基础上，进一步推动同类信息服务外包企业物理或逻辑形态的聚集，提升企业内部功能，拓展对外发展能力。进一步根据全市信息服务外包企业需求，完善人才培养与交流、国际信息服务外包项目交易与合作、重大公共技术服务平台建设，为全市信息服务外包企业发展提供强有力的支撑。

（信息服务外包发展中心）

上海东方互联网络交换中心

【概况】 2008年，上海东方互联网络交换中心（以下简称“东方交换中心”）在做好互联网络交换平台的建设、管理及维护等工作的同时，积极探索和推动长三角互联网络“同城化”互联工作；在加强单位自身建设的同时，积极探索和形成多样化的服务产品和市场，为政府、企业、社会提供多样化服务。

【接受政府委托，圆满完成互联网络交换平台扩容建设任务】 “互联网络交换平台扩容”是2008年度市信息化重点项目之一。东方交换中心接受政府委托，严格按照计划任务书的要求，通过充分的前期准备工作和精心的组织管理，历时 1 年半时间，圆满完成项目的所有建设任务，提高了互联网络交换平台的功能及性能。该项目于 11 月 18 日通过市经济信息化委项目验收小组的验收。

【响应政府规划，积极推动长三角互联网络“同城化”互联】 2006 年，沪浙苏三地信息产业主管部门推出《2006 ~ 2010 年长三角区域信息化“十一五”合作规划》，明确提出“提升长三角城市之间互联网络的交换能力”。2008 年 12 月，东方交换中心与嘉兴市信息产业局率先签订《有关上海与嘉兴两地互联网络“同城化”互联工程实施备忘录》，明确了工程实施的具体计划、技术方案、建设费用及工程组织协调等方面的工作。上海与嘉兴两地互联网“同城化”互联的实施正是长三角区域信息化合作的具体和重要的举措，必将在长三角区域内的各个城市起到带头和示范作用，有力促进长三角互联网络间交换水平的逐步提高和可持续发展。

【抓住契机，通过规范化建设评估活动加强中心自身建设】 2008 年，东方交换中心成为上海市第二批 43 家民办非企业单位规范化建设试点单位之一。中心充分认识规范化建设对中心发展的重要意义，及时抓住这一契机发动全体员工积极参与、共同创建。根据《上海市民办非企业单位规范化建设评估标准(试行)》的要求，中心从基础条件、组织建设、诚信建设和社会评价四个方面，按 146 条规范化建设标准（总分为 1000 分）逐一进行自查自评和整改落实，做到有计划、有步骤，分工明确，时间节点清晰，材料齐全规范。通过此次规范化创建，东方交换中心既规范了管理，同时也进一步看到了中心的优势和差距；既实现了“以评促建”的目的，同时也更进一步明确了中心自身建设的方向。

【科学发展，通过市场化运作为政府、企业、社会提供多样化服务】 一是为各 ISP 提供优质、高速的信息高速交换服务。截至年底，接入互联网络交换平台的会员单位共有 16 家。二是为各类用户提供安全可靠的互联网服务。年内，东方交换中心为上海科技网络通信有限公司等会员单位提供交换机端口出租、路由器端口出租、虚拟专用通道（VPN）租用、光纤转接、设备代维等服务，为上海市人民政府办公信息处理中心等政府、企业和社会公众提供机房空间租用、主机托管、主机租用、企业邮局租用、虚拟主机租用等服务。三是为政府部门提供互联网监管等服务。年初，东方交换中心在漕河泾中心机房内开辟一个专区作为上海市计算机病毒防范服务中心“上海市网络与信息安全应急防范支持系统”数据采集机房，并为其提供数据服务。四是为各类用户提供互联网咨询服务。年内，东方交换中心为长沙、嘉兴、宁波等城市提供有关交换中心的建设及运营技术咨询与支持。

（东方互联网络交换中心）

上海市数字健康信息中心

【主要工作】

1.辅助建立了覆盖全国700家三级医院的医学健康教育信息共享平台

⑴中心与医讯通信息科技有限公司（24小时医学频道集团）共同合作，在全国范围内，搭建了一个以传播先进教育资讯、平衡教育资源、专业教育与科普宣传相结合为基本出发点的大型医学健康教育信息共享平台。目前，该平台的入网医院已达700家（其中大部分为三级医院），上海入网医院13家，中山医院、长海医院、同济医院等都给予了大力支持，并积极参与信息共享平台的建设。

⑵汶川地震期间，中心与医讯通信息科技有限公司（24小时医学频道集团）通力合作，充分发挥卫星传播的优势，并整合长海医院、上海精神卫生中心等医学资源，通过数字卫星直播的方式，为灾区救治前线提供远程的医疗救治指导等服务，增加了前线救治的效果。

⑶中心采取自主制作和合作制作等方式，整理制作了数百小时的数字视频健康科普教育和医学教育的内容，并逐步建立和完善了医学及健康教育视频库。该视频库已为包括上海华山医院在内的沪内、沪外医院开展患者康复及健康教育提供帮助，受到医院和患者的好评。

2.协助承担了中国医师协会合作项目

医讯通信息科技有限公司作为唯一合作伙伴，承担了中国医师协会“专科医师培训”项目教育培训平台的研发和实施工作。中心发挥自身优势，为医讯通信息科技有限公司在该项目的研发工作中提供必要的信息咨询服务，确保项目的正常实施，受到了中国医师协会的好评。

（数字健康信息中心）

上海市数字内容产业促进中心

【概况】 上海市数字内容产业促进中心成立于2008年7月，是由市信息委主管，市信息服务业行业协会、虹口区科委发起成立的民办非企业单位，是信息服务业行业的六大中心之一。其定位是为上海不断集聚起来的中小型数字内容企业服务，帮助企业成长壮大。

【发挥桥梁作用】 中心致力于企业与企业、企业与市场、企业与政府之间的桥梁和纽带，充分履行社会服务等职能。其宗旨是提供诚信服务，接受社会监督，信守职业道德，遵守诚实信用、公平竞争原则，以符合国家和社会的公共利益为准则，依据国家和地方政策，促进数字内容产业的事业发展。开展产业市场调研，发展研究和分析，配合政府制订行业规范和标准，为企业提供产权保护，产品评测、评估、评价，交易推介等服务，编辑出版“数字内容”杂志，组织专业人才培训，接受政府委托相关事宜。

【自律运行，健全机制】 中心按照国家有关规定和确定的业务范围开展活动，实行重大活动报告制度，专项资金的审计制度。为进一步提高自身建设，中心在人才选拔上专业化、年轻化，使中心健康持续发展。同时，按照市信息委党组领导的要求，深入贯彻落实科学发展观，加快推进“四个率先”，逐步健全党建长效机制。

（数字内容产业促进中心）

上海亚太地区信息化人才培训中心

【概况】 上海亚太地区信息化人才培训中心（CIFAL上海）是获得国家外事部门批复同意、由联合国训练研究所（UNITAR）与亚太地区城市信息化合作办公室（RCOCI）于2006年联合成立的面向亚太地区的国际培训机构。CIFAL上海是联合国训练研究所国际培训网络（CIFAL Network）在亚洲的成员单位。培训中心成立以来，同UNITAR合作举办了多期关于电子政务的国际研讨班。经过多年发展，培训中心已成为多个国际机构和国家部委的合作培训机构。

【培训业务目标和方向】 利用联合国训练研究所的资源优势，广泛开展国际合作项目，尤其是在信息化领域内，包括电子政务、电子商务、信息技术应用方面的合作项目，国际合作项目的内容将逐步扩展到环境保护、物流、城市可持续发展等领域，并开展信息化领域和城市发展领域内的研究，同时举办各种国际研讨会，邀请国内外专家学者开展学术研讨，成为上海市乃至亚太地区的国际合作交流平台。

【培训合作网络签约】 12月22日，上海亚太地区信息化人才培训中心培训合作网络签约仪式举行。出席此次签约仪式的有来自全国部分省市的政府部门、培训机构和知名企业的负责人，共有13家单位与CIFAL上海签订建立了合作培训网络的意向书，包括5个区域中心、6个培训基地和2个项目合作单位，另有2家作为合作培训网络的支持单位出席了签约仪式。

（互联网经济咨询中心）

第八章　信息化合作交流及重要会展

概　述

2008年，上海信息化合作交流按照市委、市政府工作要求，围绕全市信息化工作重点，通过联络、协调，借助交流平台建设等，保障和促进了全市信息化工作的开展。国际合作交流领域不断拓展，企业“走出去”和“引进来”势头良好；国内合作交流进一步推进，沪苏浙两省一市共同推进的区域信息化合作项目取得阶段进展，信息化对口支援工作有效开展。　（姜　宁）

一、国内外合作交流

国际合作交流

【概况】 2008年，信息化国际合作领域不断扩大，工作机制逐步优化。保持与联合国相关部门和机构在信息化领域的密切合作，多层面加强与世界各大IT企业在信息产业方面的交流和信息沟通。通过一系列国际交流活动，促进了信息化新技术、新业务的引进吸收。

【世博信息化合作座谈会】 2月20日，世博信息化合作座谈会在上海举行，微软、惠普、IBM等八家著名跨国IT企业高层代表参会。上海方面详细介绍了世博信息化的最新进展情况，提出了希望跨国IT企业关注的重点合作领域。与会企业表达了积极参与世博信息化合作的愿望，双方就如何确定恰当的合作模式等议题进行了深入探讨。

【2008上海信息化建设情况介绍会】 3月11日，2008上海信息化建设情况介绍会在上海宾馆举行。外国驻沪领馆、各国在沪商会、国内外新闻机构和主要外商独资IT企业代表近200人参会。会上，市信息委新闻发言人介绍了2007年上海信息化建设情况和2008年工作重点，并就外方感兴趣的世博信息化、信息服务外包发展等议题回答了现场提问。

【《2008年上海信息产业投资合作指南》】 为进一步优化上海信息产业招商引资环境，市信息委、市外经贸委共同编写完成了中英文版《2008年上海信息产业投资合作指南》。该指南全面介绍了上海市总体投资环境；以上海信息产业发展为重点，全面介绍了信息产业园区、投资政策、投资程序等方面情况，为外商投资和参与上海信息化建设提供参考。

【2007上海信息服务外包能力报告】 3月，英文版《2007上海信息服务外包能力报告》编写完成。该报告概述了上海市信息服务业的总体发展情况、产业布局和产业环境，分析了上海信息服务外包企业的现状和特点，并对部分较成熟的信息服务外包企业情况给予具体介绍，为外商了解上海该行业的相关信息、寻找合适的合作伙伴起到引导作用。

【市信息委与IBM公司签订合作备忘录】 4月1日，市信息委与IBM全球服务（中国）有限公司签订合作备忘录，双方同意将着重在社会公共服务、城市建设和管理、信息技术创新等领域加强交流和合作。IBM公司表示将重点关注世博会的信息化建设，力争为举办一届“精彩、成功、难忘”的世博会贡献力量。

【以色列“上海经贸周”活动】 6月3日，作为“上海经贸周”活动的组成部分，“中国上海—以色列经贸合作论坛”和“上海经贸展”在以色列特拉维夫举办。上海相关信息通信企业参加了“上海经贸展”。市信息委在“中国上海—以色列经贸合作论坛”上发表了题为“增进交流合作，繁荣IT产业”的演讲，介绍了上海IT产业发展的趋势和重点，回顾了以色列与上海在IT产业合作方面的成果，并欢迎以色列IT企业继续来沪发展，与上海企业密切合作，取长补短，实现共赢。 （张　莉）

【对外表彰】 9月18日，2008年上海市白玉兰纪念奖颁奖仪式在上海锦江饭店小礼堂举行，经市信息委推荐的印孚瑟斯技术公司的林德茂先生荣获2008年上海市“白玉兰纪念奖”。9月28日，2008年上海市白玉兰荣誉奖颁奖仪式在市政府贵宾厅举行，经市信息委推荐的上海久游网络科技有限公司董事长兼总裁王子杰先生荣获2008年上海市“白玉兰荣誉奖”。 （姜　宁）

国内合作交流

【概况】 2008年，信息化国内合作深入推进，政府引导、企业参与的国内合作工作机制逐步充实完善。沪苏浙两省一市省市长座谈会推动的信息资源共享、信用体系建设专题合作取得阶段成果。行业协会在区域信息产业合作中的服务带动作用日见突出。上海对口支援都江堰以及与云南、新疆、西藏等省市区在信息化领域的交流合作不断取得进展。

【促进藏族语言文字信息化】 1月9日，原信息产业部、上海市政府、上海中标软件有限公司联合向西藏自治区人民政府援助藏文版办公软件的签约仪式在浦东香格里拉酒店举行。上海市常务副市长杨雄、西藏自治区副主席吴英杰、原信息产业部电子信息产品管理司副司长陈英出席签字仪式并发表讲话。原信息产业部电子信息产品管理司副司长陈英、上海市信息委主任傅文彪、上海中标软件有限公司总经理韩乃平、西藏自治区藏语委主任洛桑土美在协议书上签字。会议由上海市政府副秘书长范希平主持。此次共同向西藏自治区赠送了3.2万套、价值1 500万元的中标普华藏文版办公软件。

【2008年度西部地区信息化与信息产业人才研修班】 5月，由市信息委主办、市信息化培训协会承办的“2008年度西部地区信息化与信息产业人才研修班”在上海成功举办。研修班共培训学员50名，分别来自广西、云南、西藏日喀则、湖北宜昌和重庆万州，学员均为当地信息化、信息产业等相关部门干部。研修班围绕上海信息化发展和上海与西部地区合作，采取集中上课、考察学习和研讨交流方式进行，内容涉及多个领域和应用层面，达到了预期效果。

【中标普华藏文版办公软件培训】 为促进中标普华藏文版办公软件在西藏的广泛应用，2008年，中标软件公司分别在西藏拉萨、日喀则和上海举办了5次共9期中标普华藏文版办公软件培训，共培训学员1 360人。结合5月在上海举办的“2008年度西部地区信息化与信息产业人才研修班”、11月在上海市委党校举办的“日喀则地区党政干部培训班”，向学员介绍并培训中标软件藏文办公系统。中标普华藏文版办公软件主要用于西藏自治区政府与教育系统的信息化建设，促进西藏的信息化建设进程，以及经济发展和社会和谐。该软件的广泛运用将有利于藏族语言文字在信息化时代的传承和发扬，促进民族团结，增进民族融合。

（姜　宁）

二、长三角区域合作

【第四次长三角地区信息化合作座谈会】 2月29日，第四次长三角地区信息化合作座谈会在浙江台州召开。市信息委秘书长周卫东、江苏省信息产业厅副厅长陈为保、浙江省信息产业厅党组书记曾浩明、副厅长邓国强，以及三方相关处室和单位负责人等30人参加了会议。会议交流了两省一市2007年信息化建设和信息产业发展情况以及2008年工作重点，总结了第三次长三角地区信息化合作座谈会以来重点合作项目推进情况，讨论研究并确定了2008年度长三角信息化合作目标与重点项目。

【长三角城市互联网络交换中心互联互通】 12月，上海互联网络交换中心与嘉兴市信息产业局签署备忘录，共同实施两地互联网“同城化”互联工程，工程建设费用预计190万元，由双方共同投入。该工程计划从2008年开始至2012年完成，其中2008～2009年为启动阶段，2010～2012年为运营阶段。双方在两地互联网路由策略及服务内容等问题上，将进一步签订“多边对等连接协议”，制订相应的“连接技术方案”。为保证工程顺利实施，两地共同成立了协调组，由上海市经济信息化委相关部门、上海互联网络交换中心、嘉兴市信息产业局、嘉兴市信息中心相关人员组成，指导协调工程建设、运维和相关合作事宜。上海方面与宁波市互联网络交换中心的合作备忘录已经草拟完成，具体合作事宜正在进一步商洽。

【城市信息化发展水平评价指数研究报告】 7月16日，联合江苏、浙江两省信息化和信息产业主管部门以及发展改革委、统计局，共同完成了《城市信息化发展水平评价指数研究报告》并发布研究成果。两省一市信息化和信息产业主管部门共同签订了《关于联合开展长三角城市信息化发展水平指数评测研究等发展与规划相关工作的合作协议》。根据协议，三地将进一步深化信息化发展水平指数评测工作，争取到2012年评测范围覆盖三地的所有25个地级市。同时，将围绕信息化中长期规划编制和评估、信息化重点项目策划等信息化发展和规划领域重点工作，共同开展相关的研究和探索。

【长三角信息化政策法规联动机制研究】 5月，“长三角信息化政策法规联动机制研究”课题开题。该课题对上海市在信息化政策法规方面的联动需求进行调研，对实际需求情况进行分类研究，并与苏浙两省对口部门和企业就信息化政策法规建设情况进行交流沟通，在此基础上提出联动机制建议。

【开展与长三角地区行业协会的交流与合作】 5月，上海市集成电路行业协会与江苏、浙江两省半导体行业协会在上海共同召开“长三角半导体（IC）产业区域合作圆桌论坛”，交流了产业区域合作案例，探讨了东部继续率先提高国际竞争力方面的问题；交流了区域合作中政府、企业、学院、园区、协会各自的作用角色；商讨了区域合作意向书和近期联合开展合作的内容和方向。年初，上海市开源软件专业委员会积极组织策划“长三角Linux大奖赛”活动，以促进长三角开源文化的传播，开源软件人才的培养，Linux技术交流和产业发展。

【上海与杭州两地开展信息化培训合作】 1月22日，上海市信息委与杭州市信息办在上海共同签署了关于加强两地信息化培训合作与交流的框架协议。按照协议，两地将开展信息化培训方面的交流与合作，探讨建立沪杭两地在信息化人才培训模式、课程开发、师资及培训协会等方面的合作机制，充分利用沪杭信息化人才培训资源，共同推进信息技术高端人才培养和交流，共同开发利用培训课程，共同推动信息化主管（CIO）培训，为沪杭加强信息化管理队伍建设和专门人才的积累创造有利条件。

（姜　宁）

三、2008上海国际信息化博览会

3月18～20日，由市信息委和浦东新区政府共同主办，国际半导体设备与材料协会、慕尼黑国际博览集团和中国印制电路行业协会承办的2008上海国际信息化博览会在上海新国际博览中心举行。此届博览会由国际半导体设备与材料展暨研讨会、慕尼黑上海电子展和中国国际电子电路展览会组成，重点展示了集成电路行业、信息电子行业、印制电路板行业的产品，突出了产品的前瞻性和实用性，充分展现了国内外信息电子技术的飞速发展，全方位、多角度地展示了中国及上海信息化的市场和发展。此次博览会展览面积达12万平方米，专业观众人数达8万人。

为更好地与展览互动，在博览会举办的同时，还举办了第十一届世界电子电路大会、国际光伏技术会议和第三届国际应用激光技术中国研讨会等一系列国际性专题会议。

（饶明华　金祺奇）

四、亚太地区城市信息论坛第七届年会

5月26日，亚太地区城市信息化论坛第七届年会在上海举行，34个国际组织、28个国家的98个城市共450名代表出席了年会，联合国机构高层官员、相关部委领导、中外学者和企业家积极参与研讨。此次年会新增了国际电联、中国科协和中国互联网协会三个主办单位，中外主办单位达到13家。论坛期间举办了1个主论坛和8个专题会，颁发了“联合国全球公共行政网络知识管理杰出贡献奖”和“联合国全球公共行政网络知识管理卓越领导奖”，启动了联合国全球电子政务知识库亚洲中心建设，发布了《2007中国电子政府发展水平测评报告》，确定亚太论坛下一届年会将于中国2010年上海世博会合作举办“全球城市信息化论坛”。

（姜　宁）

五、2008世博信息化研讨会

11月5日，以“信息化，让世博更精彩”为主题的2008世博信息化研讨会在上海美丽园龙都大酒店举办，来自社会各界的近400名专家和代表参会。此次研讨会在上海市经济信息化委指导下，由上海市信息化专家委员会主办，上海世博事务协调局信息中心、上海市世博科技促进中心、上海城市发展信息研究中心协办，上海市互联网经济咨询中心承办。研讨会上，国内外信息化领域的16位专家作了专题报告，包括2010年上海世博会信息化的组织和建设者、国内外知名学者、IT跨国公司代表等，为世博信息化建设献计献策。《2008世博信息化研讨会论文集》汇集了来自企业、高校、科研机构专家的论文64篇，内容涉及世博会综述、世博会运营管理、世博会技术应用和世博会通信服务四方面。经过论文评审组专家的认真讨论，共评出优秀奖论文19篇，并在研讨会上举行了颁奖仪式。

（张　莉）

六、2008上海软件外包国际峰会

10月22～24日，“2008上海软件外包国际峰会暨第三届上海国家软件出口基地软件展示交易会”在上海大宁福朋喜来登酒店和上海浦东软件园举行。此次峰会由上海市商务委、上海市经济信息化委联合主办。上海市政府副秘书长沙海林在会上作了介绍，国家商务部服务贸易司副司长单庆江出席开幕式并致辞，市经济信息化委副主任陈跃华作了演讲。会上还发布了“2007上海软件出口企业排行榜”，并对上海中和软件有限公司等前10强企业授牌，确定复旦大学软件学院、交通大学软件学院、华东师范大学软件学院、同济大学软件学院“2008上海市服务贸易（信息技术）人才培训基地”。此次峰会的“两岸专场”促进了两岸企业间的交流，台湾财团法人资讯工业策进会组织IT企业来沪参会，并就“两岸软件外包合作机会与模式介绍”发表了观点；与台湾有合作项目的上海企业还作了经验交流，台湾著名建筑师谢英俊作了“工程软件支持四川灾后重建”的演讲。

上海软件外包国际峰会自2003年以来已连续举办6届，在解读最新政策、探讨前沿观点、解析成功案例、建立商业关系网络以及对接外包项目等方面作了有益的尝试。 (金祺奇)

七、2008中国国际工业博览会

11月4～8日，2008中国国际工业博览会在上海新国际博览中心举行。博览会发挥以交易为核心，展示、评审、论坛为辅的四大功能，通过“产品、技术、产权”三大交易，形成专业展商和专业客商聚集、装备制造设备聚集、高新技术成果聚集、市场信息聚集的效应。展览面积达12.65万平方米，中外参展企业（机构）1 816家，展位5 016个，创历届之最。

在博览会网站上还开展了“网上工博会”的试点，将工博会现场的真实空间环境移植到互联网，延续博览会的展览、交易等功能，成为2008中国国际工业博览会的亮点之一。

(金祺奇)

八、其　他

改革开放30周年电子信息产业成就展

11 月 10 日，主题为“跨越 · 融合 · 新征程”的改革开放 30 年电子信息产业成就展在北京海淀展览馆举行。此次成就展由工业和信息化部主办，是贯彻落实中央关于做好纪念改革开放 30 周年总结宣传工作精神的一次重要活动，市经济信息化委副主任邵志清带队参展。此次成就展全面展示了上海改革开放 30 年来的辉煌成就，王旭东、娄勤俭、郭炎炎、陈小筑、肖华等部领导视察了上海展区，对改革开放 30 年来上海在信息产业发展方面取得的成绩以及对国家信息产业发展作出的贡献给予了充分肯定。

2008中国国际消费电子博览会

7月10～13日，2008中国国际消费电子博览会在青岛国际会展中心举行。此次博览会由商务部、工业和信息化部、科技部和山东省政府共同主办，美国消费电子协会为海外主办单位，青岛市政府和中国电子商会共同承办；以“自由连接”为主题，参展企业502家，展览面积3.6万平方米，摊位数1 320个，其中境外展位270个；吸引观众8万余人，其中专业观众2万余人。博览会期间，举办了消费电子产业发展论坛等22场论坛活动，吸引听众超过5 000人次。市信息委主任傅文彪带队出席了此次展会。上海方面组织了上海普天邮通科技股份有限公司、上海隆光蜃景光电科技有限公司、上海科瑞光电发展有限公司、博通集成电路、上海飞乐股份有限公司、沪工电器等企业参加展览，总面积180平方米，达到了预期效果。

第六届中国国际软件和信息服务交易会

6月18～22日，第六届中国国际软件和信息服务交易会在大连世界博览广场举行。展会围绕“国际合作、自主创新、行业应用、人才交流、资金对接、信誉保障”六大板块，通过展览、论坛会议、交流对接活动等多种组织模式，打造了产业的权威发布平台、国际对接平台、专业交易平台。上海软件企业积极参加此次展会，并与国内外同行进行交流对接。由市信息委副主任邵志清带队，市信息委、市外经贸委、市科委和有关单位组成上海代表团参加了此次展会和各项活动。

（金祺奇）

国产基础软件专题研讨会召

10月15日，由市信息委主办的国产基础软件专题研讨会在上海数娱大厦召开，来自万达信息、华腾软件、理想集团、上海远程教育集团、长江计算机集团、东方数字、宝信软件、众恒信息、金蝶软件、中标软件、达梦公司等上海基础软件厂商与行业应用企业近30人参加了会议。此次会议拟成立上海基础软件应用联盟，促进了上海“亿元级”软件企业的交流与合作，推动了国产基础软件研发与应用的产业链融合，进一步说明了上海大力推进国产基础软件研发与应用的决心与力度。

（市科委）

2008中国国际嵌入式大会暨第八届全国嵌入式系统学术研讨会

9月24～25日，2008中国国际嵌入式大会暨第八届全国嵌入式系统学术研讨会〔Embedded China(Shanghai)2008〕在上海虹桥宾馆举行。大会由中国计算机学会嵌入式系统专业委员会、上海计算机软件技术开发中心主办，上海市计算机学会、上海嵌入式系统应用工程技术研究中心、上海科技会展有限公司等联合承办。

会上“长三角嵌入式系统与软件产业联盟”宣告成立。市科委副主任陈克宏、中国软件行业协会理事长陈冲到会祝贺，并为联盟成立揭幕、致辞。上海、浙江、江苏三地嵌入式系统工程中心相关负责人出席了此次成立仪式。该联盟的成立将有效发挥三地在芯片生产、装备制造、行业应用等方面的优势，实现芯片与系统的联动、硬件与软件的融合、技术与产业的衔接，形成区域嵌入式系统与软件创新环境和体系，最终为促进长三角地区改革开放和经济社会发展贡献力量。

此次大会紧扣“技术与应用的完美融合，推动嵌入式系统产业化发展”，在主题策划和论坛设置方面涵盖了当前和未来嵌入式系统相关行业发展的热点和趋势，有效支持了本土嵌入式系统相关领域企业在技术和应用领域的自主创新工作。

（市科委）

2008上海国际数字媒体技术与产业发展论坛

5月14～15日，2008上海国际数字媒体技术与产业发展论坛在上海外滩茂悦大酒店隆重召开。论坛主题为“技术与文化的完美融合——共铸数字媒体产业的发展”，内容定位于国内外数字媒体产业链的现状剖析，探讨数字媒体技术应用创新以及产业发展的先进经验等。论坛搭建了良好的沟通平台，专家、学者思想精髓的碰撞，同行的参与、分享和探讨等都对推动数字媒体技术和产业的发展起到积极作用。论坛让中国了解了世界数字媒体产业发展的潮流与趋势，更让世界看到了上海乃至整个中国潜在的广阔市场，通过国际间的合作共同促进产业发展，使数字媒体产业成为推动经济发展和产业升级的重要动力。

此次论坛加深了国际政界、学术界及产业界对上海乃至全国数字媒体技术及产业发展的认识，对促进国际数字媒体行业深入了解上海，认识中国，特别是了解中国数字媒体技术及产业发展的现状，开展项目合作等将起到积极推动作用。

（市科委）

第三届中国射频识别技术发展国际研讨会

11月4～6 日，第三届中国射频识别技术发展国际研讨会在上海张江召开。会议由科技部高技术发展及产业化司和上海市科委共同主办，主题是“突破瓶颈、推进应用、合理发展RFID产业”。

来自中国大陆与台北、香港地区和欧盟、新加坡、美国等海内外的114家企业（国内104家、国外10家）、27所大学和科技机构近300人参加了此次研讨会。会议围绕RFID技术发展现状和发展战略、当前RFID技术的新进展、新成果和RFID典型示范应用，分别以高峰对话、关键技术、典型应用、软件与信息平台及技术标准与测试等论坛形式进行了广泛深入的研讨，寻求推进RFID产业发展之路。

（市科委）

第九章 市信息化工作系统党群工作

概 述

2008年，市信息委党组按照“打基础、利长远”的思路，切实履行负责市信息化工作系统各单位日常党的工作职责。在市委和原市综合工作党委的领导下，坚持以中国特色社会主义理论为指导，认真学习贯彻党的十七大和市第九次党代会精神，深入探索保持党员先进性长效机制建设和党务信息化建设，广泛开展和谐创建活动，充分发挥基层党组织“推进发展、服务群众、凝聚人心、促进和谐”作用和广大党员先锋模范作用，努力为上海信息化又好又快发展提供坚强的政治保障。

（徐方 林燕凌）

一、管理体制

党的日常工作由市信息委党组负责的单位主要有：上海市通信管理局、中国电信股份有限公司上海分公司、中国电信集团号码百事通信息服务有限公司、中国移动通信集团上海有限公司、中国联通有限公司上海分公司、中国联合通信股份有限公司、中国网通（集团）有限公司上海市分公司、中国卫星通信集团上海分公司、中卫国脉通信股份有限公司、电信科学技术第一研究所、联芯科技股份有限公司、上海普天邮通科技股份有限公司、上海电话设备厂和中邮普泰通信服务股份有限公司等14家中央在沪单位，以及上海市无线电管理局、上海市信息投资股份有限公司、上海市信息化行业协会工作党委、市信息委直属机关党委4家单位，共18个单位。截至年底，共有基层党组织867个，中共党员11 500名。

（徐方 林燕凌）

二、党建工作

加强领导班子和干部队伍思想政治建设

1.举办处以上干部十七大精神学习培训班

2月27日至3月1日，市信息委党组以“解放思想，振奋精神，推进上海信息化又好又快发展”为主题，举办了处级以上干部学习党的十七大精神培训班。市信息化工作系统各单位领导班子成员、市信息委机关副处级以上干部和直属企事业单位党政领导班子成员130余人参加了集中授课。其中，有50余名处级以上干部在集中授课结束后，赴浙江台州进行了学习考察，听取了台州市委书记张鸿鸣的“高举旗帜，创业创新，全面实施三个台州战略”主题报告，考察了台州的民营企业。

2.深入开展学习实践科学发展观活动

10月起，市信息委直属机关党委、市通管局、市无管局3家单位开展了深入学习实践科学发展观活动。各单位按照党委“三个下功夫”的要求——

即在提高认识上下实功夫，在找准实践载体、查找解决突出问题上下狠功夫，在走群众路线上下真功夫，围绕“三个着力点”下功夫、求突破、见成效，抓好集中培训，广泛开展学习成果交流，深入基层进行调研，广泛听取意见建议。进一步振奋精神、坚定信心，出谋划策、努力工作，积极把思想统一到对形势的科学判断上来，把行动统一到中央和市委、市政府部署上来，把工作统一到科学发展上来。认真开展解放思想讨论活动，把学习实践不断引向深入。

3.开展“讲党性、重品行、作表率”主题教育活动

4月22日，根据上级党委部署和市信息委党组的要求，直属机关党委在全体党员中开展了“讲党性、重品行、作表率”主题教育活动。该主题活动与直属机关党委“公推直选”试点工作同时启动，分准备和动员阶段、学习教育和整改阶段、巩固和提高阶段三个阶段进行。在主题活动中，直属机关党委组织全体党员听取了专题党课或辅导报告，并通过市信息委党组“党员教育管理监督服务信息系统”进行专题宣传弘扬先进，共收集党员撰写“讲党性、重品行、作表率”警句格言78条。“5·12”汶川大地震发生后，机关各级党组织和广大党员干部快速反应，积极响应号召，发扬“万众一心，共克时艰”精神，以实际行动全力支援抗震救灾。814名党员干部职工捐款136 800元，216名党员缴纳“特殊党费”130 275.12元。

4.组织开展严格遵守政治纪律教育活动

根据市综合工作党委《关于认真贯彻落实〈中共上海市委办公厅关于当前集中开展严格遵守政治纪律教育的通知〉的通知》精神，信息委党组高度重视，对学习传达该通知进行了部署，主要分为两个层面在系统内组织学习：一是直属机关党委召开专题会议。在委党组的统一部署下，直属机关党委进行了集中开展严格遵守政治纪律教育动员。委机关全体工作人员及直属企事业单位党组织负责同志共118人参加会议。二是结合十七大精神学习培训班，向市信息化工作系统各单位传达严守政治纪律要求。在学习十七大精神培训班的集中授课中，党组书记、主任傅文彪在党课中要求各单位坚决执行“六个决不允许”的要求，认真学习文件精神和何卫国为综合工作党委机关党员所上专题党课的内容。

加强基层党的建设和管理

1.加强基层党内民主建设

一是以“党员之家”创建活动为载体，关注和满足党员合理正当的需求和利益，为党员实现价值、展示作用搭建平台。二是积极推行党员“三先”，推进党务公开，上海电信建立了公司党委、直属党组织和基层党支部党务公开“三级联动”体系。三是以党代表议事制度和党员代表常任制为抓手，拓宽党员参与党内事务渠道，推进党务信息公开。

2.创新党内选举方式

3月初，市信息委直属机关党委被市委组织部确定为2008年上海市基层党组织领导班子“公推直选”试点单位。直属机关党委高度重视，组建了试点工作机构，制定了试点工作方案，认真梳理了党组织和党员群众队伍的现状，明确了新一届直属机关党委和纪委委员、书记、副书记的任职条件及结构。通过党员推荐、党员自荐、群众建议和组织推荐四种方式，自下而上、上下结合、反复酝酿，完成了三轮“公推”。5月30日，召开党员大会，采取无记名投票方式和差额选举委员、等额选举书记、副书记的办法，“直选”产生了新一届直属机关党委和纪委的委员、书记、副书记。

3.加强党员教育学习和日常党的工作

一是针对中央长效机制规定的机关和国有企事业单位党员一年不少于12天、“两新”组织党员不少于6天的集中学习时间要求，抓好党员经常性教育。采取举办培训班、上党课、举行报告会和组织专题研讨等形式，有计划地抓好党员集体学习。同时，进一步完善“党员教育管理监督服务信息系统”，为党员学习创造条件，鼓励党员进行网上学习。二是严格党内各项生活制度，认真落实“三会一课”制度，按时收缴党费。

4.评选先进典型

充分发挥党员的先锋模范作用。2008年度，市信息化工作系统共有1个集体和1名个人荣获全国性先进荣誉称号，24个集体和24名个人荣获市级先进荣誉称号，36个集体和35名个人荣获市综合工作党

委系统荣誉称号，28个集体和59名个人荣获市信息化工作系统荣誉称号。

营造和谐发展环境

1.组织抗震救灾工作

“5·12”特大地震发生后，市信息委党组迅速组织部署，各级党组织和广大党员干部职工积极响应，快速反应，全力支援抗震救灾。一是组织赈灾捐款。据不完全统计，有23 336名党员干部职工捐款约472.6万余元，另有5家单位捐款约206.3万余元，市信息委直属机关党委共有214名党员交纳“特殊党费”12.7万余元。二是加强网络保障。上海电信、上海移动、上海联通等单位发挥应急通信保障的作用，加速应急反应，确保上海至四川等地区通信畅通；多家单位纷纷组织应急队伍奔赴灾区。三是捐赠通信器材。上海电信、上海联通等单位为灾区提供海事卫星电话、数字集群终端、卫星通信设备、通信基站设备等。四是开通热线服务。上海电信与上海红十字会联合推出114抗震救灾募捐热线，与上海市慈善基金会合作开通了968600抗灾救灾募捐热线；上海移动、上海联通开通“短信捐款”功能；上海联通向公众提供“地震灾区寻亲查询”服务；上海号百开通“报平安、寻亲人”热线。五是提供免费长话。上海电信开通拨往灾区的“免费亲情长途电话”服务；上海移动推出赈灾队伍移动服务热线，减免赈灾人员在灾区救灾期间的移动通信费用；上海联通免收赴四川五市州抢险救灾人员国内漫游通话费。

2.加强社会治安综合治理基础建设

做好系统单位安全稳定工作，坚持元旦、春节和敏感时期24小时值班和重要信息报送制度，重点抓了国家安全、信息安全、保密工作、610工作、安全生产工作和预防“法轮功”等邪教组织的破坏活动。定期召开综治领导小组会议和综治办公室主任会议。年初，针对市信息化工作系统7个单位领导有所调整，并新增号百公司的实际，及时调整和补充了市信息化工作系统社会治安综合治理工作领导小组成员，与系统16家综治领导小组成员单位签订了《2008～2009年度市信息化工作系统社会治安综合治理目标责任书》。突出“平安奥运”主题，组织观看了《奥运会重大政治事件回顾》国家安全专题教育片和宣讲中央610办公室编写的《防范“法轮功”干扰破坏北京奥运会宣讲提纲》。注重做好职工群众思想政治工作，认真处理来信来访。

3.开展帮困送温暖活动

各单位普遍开展“一日捐”活动，建立了困难群众的台账，并根据困难对象的类别，春节期间逐一走访慰问。上海电信、上海移动、上海移动、上海联动、上海信投等单位的主要领导都重点走访特殊困难职工，亲自把慰问金送到每一位困难党员、职工手中。春节期间，各单位累计走访慰问困难党员282人次；上级下拨党费40 000元，市信息委党组及系统各单位党组织配套党费21 900元，市信息化工作系统帮困送温暖基金等其他慰问资金686 400元。加强对送温暖基金的监管，全年共有135人次受到资助，进一步发挥市职工保障互助资金的作用，继续推进职工保障互助参保续保工作，全年共有300多人从中受益。

4.与经济薄弱村结对帮扶

市信息委、市无线电管理局和8个中央在沪企业与12个经济薄弱村进行结对帮扶，各单位按照“量力而行、尽力而为”的原则，分别与帮扶对象签订了三年帮扶协议，有计划地从思路、信息、项目、技术、资金、人才等方面着手帮扶，已初见成效。市信息委机关党委着眼农村文化信息化帮扶，把结对帮扶的扶拦村列入市第一批“农村文化信息苑”建设单位；市无线电管理局着眼文化帮扶，为新建村、翻建村老龄活动中心组织开展信息化知识普及和操作应用技能的学习培训；上海信投先后投入了100万元，协议资助金石村困难家庭的“有线电视家家通工程”。各单位把参加结对帮扶工作作为教育干部、员工了解市情、民情，转变工作作风的重要载体，作为党员教育的基地，广泛组织党员、团员开展实地走访、慰问特困户的活动，上海电信、上海移动、中邮普泰等单位还与村委会召开“2008年帮困结对工作”座谈会，深入沟通以信息化建设为主线，再续“同呼吸、共命运、心连心”帮困结对新篇章。

（徐方　林燕凌）

三、精神文明建设

开展文明单位创建活动

系统文明办于1月下旬对预申报2007～2008年度各级文明单位的40家单位，以新申报和上台阶单位为重点，抽查了15家单位的文明创建工作。年底，组织申报市级文明单位的17家单位进行了网上申报。7月，根据市文明办的部署，组织开展全国文明单位和全国精神文明创建工作先进单位的推荐工作，经过各单位自愿申报，综合系统文明办进行评审，确定上海电信本部为第二批全国文明单位推荐单位。

积极参与迎世博活动

根据市文明办要求，广泛征求各单位对《上海市迎世博加强精神文明建设600天行动纲要（征求意见稿）》的意见建议。组织各单位制订本单位的迎世博600天行动计划，在汇总各单位意见的基础上，结合本系统实际，制定了《上海市信息化工作系统迎世博加强精神文明建设600天行动计划》。多家运营单位根据迎世博工作的要求发挥自身优势，配合进行社会宣传。3月，市信息化工作系统文明办在上海市和综合系统两级文明单位中，组织开展了“迎奥运、讲文明、树新风”文明礼仪知识测试活动。参与测试的人数达11 023人，多数单位平均分95分以上。按照《上海职工迎世博600天行动计划》的要求，结合市信息化工作系统工会的实际情况，重点推荐相关企业参加窗口服务行业的立功竞赛活动，积极开展迎世博“五一巾帼示范岗”创建活动，调动女职工建设世博、服务世博的劳动热情。

评选表彰本系统优秀先进

开展了2007年度“双文明”双十佳好事评选活动，共评出“双文明”双十佳好事20件、评选活动优秀组织奖3个。推荐获奖的20件好事参加2007年度上海市和综合系统社会主义精神文明十佳好人好事的评选，其中3件好事被评为综合系统“十佳”好事，4件获提名奖。组织推荐的上海市精神文明建设优秀组织者4名、综合系统精神文明建设优秀组织者6名获得表彰。组织推荐了优秀志愿者7名，优秀志愿服务先进集体6个，志愿者服务优秀组织者2名。组织编写2007年度精神文明创建工作大事记报送，共向市综合系统文明办上报19条。扎实推进创建“工人先锋号”主题活动，8家先进班组评选为市信息化工作系统工会的“工人先锋号”，推荐的2个先进班组被评为市级“工人先锋号”。

（徐方 林燕凌）

四、工会、共青团工作

积极发挥工会、共青团组织作用

认真做好中国工会十五大、上海工会十二大代表和委员的推荐选举工作，共推荐1名中国工会十五大代表、1名市总全委会十二届委员和选举1名上海工会十二大代表。继续推进工会组建和职工入会工作。积极推进“两新组织”组建工会工作，3家“两新组织”新建工会组织。指导建立国家无线电上海监测站工会。在上海大唐移动分拆以后，及时帮助分拆以后的联芯科技和大唐移动两家公司健全工会组织。注重用身边的先进事迹教育人，汇编了《风雨彩虹——上海普天工会信息》。开展“职工健身与奥运同行”系列活动，开展了乒乓球、羽毛球、三人制篮球、大怪路子、游泳、跳绳和拔河等比赛。总结五年来系统工会开展的各项文体活动，编制了2003～2008年职工文体活动成绩汇编。

以学习党的十七大、团的十六大和市第十三

次团代会精神为重点，开展团员青年的经常性教育活动，进一步深化思想凝聚；以“青春世博”岗位建功行动为核心，开展市、系统两级青年文明号创建，系统团内“两优一先”和“十佳青年”评选，做好市级青年岗位能手、青年突击队申报，进一步深化事业凝聚；以推进“党建带团建”为目标，参与团市委“争红旗、创特色”活动，开展“一团一品”建设，进一步深化组织凝聚。

认真开展工会工作调研

一是完成《2007年上海市信息化行业职工状况调研报告》。认真研究探索研究新形势下加强工会组织建设、维护职工权益的方法，被市总工会、市工运研究会评为一等奖，并被选入市总工会选编的《2007年上海职工队伍发展状况调查报告集》(该报告集列为上海工会十二大会议资料)。二是完成上海信息通信行业实施“653工程”的调研工作。调研上海信息通信行业专业技术人员和职工知识更新需求和更新规律，通过由市总工会、市人事局和市信息委相关专业人员组成的专家组的验收。

(徐方 林燕凌)

第九编

区县信息化

综　述

2008 年，区县信息化工作在各区县政府的高度重视和支持下，在区县信息委的努力下，在区县电子政务、农村信息化、信息产业发展及长效机制建设等方面都取得了良好的成绩，信息化服务区县经济和社会发展的成效得到充分体现。

1. 区县电子政务建设与应用持续深化

各区县继续按照“五横两纵”的区县电子总体框架建设，体现“一体化设计、集约化建设、协同化应用”特色，不断推进电子政务持续发展。长宁、黄浦、松江三区围绕电子政务基础支撑、应用服务、信息资源、服务渠道、组织管理五个方面，开展试点工作，基本完成了基础支撑体系建设，电子政务综合试点成果初显；继续开展年度区县电子政务总体框架评估，提出一对一的评估意见，各区县电子政务总体框架得到进一步完善，区县电子政务建设与应用水平已走在全国前列；随着全市行政审批平台、实有人口信息系统等项目的实施建设，对市、区县两级上下联动提出了新的要求，进一步了加强市区联动，应用深化。

2. 农村信息化工作持续推进

以金山区农村信息化综合信息服务试点工作为契机，探索形成全市农村社区公共服务中心信息化建设和管理、城镇电子政务建设和应用等信息化推进模式。原市信息委等 7 个委办局联合印发《关于统筹推进本市为农综合信息服务工作的意见》，要求建立协调机制，联合推进全市农村信息化建设；编制《上海市城镇电子政务建设与应用指南（试行）》，规范推进城镇电子政务建设；参照原国信办《县域信息化指南》的测评指标体系，研制全市信息化水平测评指标，并对 10 个郊区县开展信息化水平的综合评估，摸清了工作基础；启动“千村万户”农村信息化培训普及工程，提高农民信息化认识水平和应用技能；积极开展政企合作，探索农村信息化的市场化建设机制，在 5 个郊区县 16 个镇 28 个村建设为农综合服务站，在 2 个郊区县 2 个村建设信息化公共服务中心，截至年末，累计完成 800 个为农综合服务站、1 200 个东方农村信息苑建设。

3. 区县信息产业发展不断深入

各区县不断加强基础工作，完善区县信息产业综合管理职能，认真完成了软件和信息化服务业季度统计工作，组织完成对本区域 2008 年度软件和集成电路产业发展专项资金项目申报工作；继续完善信息产业园区管理机制和基础设施建设，扶持园区公共服务平台，提升园区服务功能；开展调研宣传，促进传统产业信息化改造，嘉定、宝山等区开展了企业信息化水平测评工作；各区县积极制定和落实扶持信息产业发展的政策。

4. 国家和市重点工作和项目在区县得到落实

在政府信息公开方面，19 个区县修订 2008 年信息公开指南和信息公开目录，完成 2008

年政府信息公开年报编制工作，全年各区县主动公开信息 7.6 万条，受理政府信息公开申请 5 826 件。在电子商务工作推进方面，各区配合完成 2008 年电子商务应用专项资金支持项目申报工作，浦东、杨浦等区启动“电子商务进我家”系列推广活动。在银行卡应用方面， 19 个区均通过银行卡综合应用环境达标建设工作验收。社保卡的拓展应用不断扩大，利用社保卡开展党员登记和管理、进行农村合作医疗即时结算等。在卫生信息化方面，居民电子健康档案在长宁、闵行、静安三个区试点基础上，在全市逐步进行推广。在诚信体系建设方面，浦东、徐汇、松江、杨浦、南汇等区开展了中小企业信用信息自主申报试点工作，各区利用多种形式，开展富有成效的诚信建设活动。在信息安全工作方面，闸北、青浦、崇明、卢湾、徐汇等区县加快推进 CA 认证体系建设，继续推进数字证书应用。

5. 区县信息化长效机制继续完善

围绕“关注民生统筹城乡发展、提升产业能级促进区域经济发展、政府职能转变和服务管理创新”三个主题， 评选出 30 个区县信息化优秀成果。

(那海燕)

第一章 区县信息化工作

概 述

2008年，各区县积极围绕区域发展战略和中心任务，按照《2008年上海市区县信息化工作要点》所确定的目标和任务，深入推进区域信息化建设，充分体现了信息化支撑区县国民经济和社会发展的有力推动作用。

区县电子政务推进采用“点面结合”的工作方式：“点”上通过试点探索，为国家和全市积累经验；“面”上按照“强基础、立规则、促应用”的原则，各区县积极按照《上海市区县电子政务总体框架建设指南》（以下简称“《指南》”）要求，不断完善区级电子政务总体框架的建设和应用，体现了“一体化设计、集约化建设、协同化应用”的特色，有效地促进了政府职能转变和服务创新。长宁、黄浦、松江三区围绕电子政务基础支撑、应用服务、信息资源、服务渠道、组织管理五个方面开展国家电子政务综合试点工作，取得了一定的阶段性成果。目前，上海的区县电子政务建设与应用水平已走在全国前列，为贯彻全市信息化战略、落实电子政务建设要求，奠定了基础，积累了成果。

农村信息化按照“点面结合”的工作思路持续推进。以金山区农村信息化综合信息服务试点工作为契机，建设完成金山区124个行政村的为农综合信息服务站，形成了农村社区公共服务中心“集约化建设、多样化服务、市场化合作”的信息化建设、运营模式；发布了《上海市城镇电子政务建设与应用指南（试行）》，形成了城镇电子政务建设和应用模式。初步建立了全市农村信息化统筹协调推进机制，形成了涉农部门协调会议制度，印发了《统筹推进本市为农综合信息服务工作的意见》，统筹推进为农综合服务千村通工程、农村信息苑、党员干部现代远程教育、新型农村合作医疗等各项涉农信息化项目。为全面梳理郊区县在信息化工作中的已有成效和问题，摸清农村信息化家底，在10个郊区县组织开展了“郊区县信息化发展水平测评工作”，研究形成了郊区县信息化发展水平评价体系，为下一步推进全市农村信息化建设提供决策依据。

注重区县信息化长效工作机制建设，搭建交流、互动和协调平台。发布《2008年上海市区县信息化工作要点》，做好区县信息化工作的计划指导工作；定期召开例会，编写《简报》、《快讯》，组织专项工作交流会，做好工作跟踪指导；组织信息化优秀成果评选，全市共评选出2008年度信息化优秀成果30项，多手段、多形式进行推广宣传；开展专项研究，先后组织了“郊区信息化水平测评”、“社区信息化建设发展”、“农村信息化建设现状和发展趋势”等专项研究工作，为掌握面上情况、把握工作规律提供决策支持。

（邢海燕）

一、区县电子政务框架体系建设

近年来，上海的区县电子政务着眼于政府职能转变和服务创新，以电子政务总体框架建设与应用为抓手，有效提升了资源共享和业务协同水平。2006年开始，市信息委发布了《上海市区县电子政务总体框架建设指南》（以下简称“《指南》”）。三年来在市、区信息化主管部门的共同努力下，各区县按照《指南》要求推进电子政务建设。至2008年，各区县已基本建成了由统一的政务网络、安全体系、资源管理体系等构成的电子政务平台，完善了信息化项目管理制度，形成了整体化规划、集约化建设、系统化管理的电子政务推进模式。经由第三方专业机构测评，区县电子政务总体框架建设符合《指南》，达到了预期目标，主要表现在：

一是区县基本建成一体化的电子政务平台，资源集约共享，协同应用水平明显提升。19个区县形成以公务网、政务外网、互联网为基础网络平台，网络应用及覆盖面不断扩大，网络体系的建设管理更加规范；信息资源利用、部门协同应用进一步提升，19个区县基本完成（在建的也即将完成）自然人、法人、空间地理三大基础库，并新开展了多个基于基础库的综合应用，有些区县还形成一些全区性的应用，以及跨部门的资源目录体系；应用支撑平台更加完善，认证授权、数据交换平台建设已经覆盖所有区县；服务渠道进一步完善，公务员门户覆盖范围进一步扩大，政府呼叫中心由2007年的47.4%增加到63.2%，新建成一批区县市民服务中心、区县法人服务中心，部分区县还在积极探索内外服务渠道之间的贯通整合。

二是各区县按照“强基础、立规则、促应用”原则，探索实践并形成了区县电子政务总体框架建设模式。崇明县以“强基础”和“立规则”为着力点，借鉴先进区的成功经验，从建设统一的政务网络体系开始，逐步完善电子政务总体框架，并加强项目审批制度建设，目前基本形成“五横两纵”的总体框架；奉贤区坚持“强基础”与“促应用”两个基本点，以区内政务网络建设、应用系统开发为抓手，以及时解决业务部门的信息化工作技术困难为助力，逐步推进建设并完善电子政务总体框架；静安、徐汇、卢湾等处于前列、信息化基础较好的区，在“立规则、促应用”方面，坚持整体化规划、集约化建设、系统化管理的原则，通过典型应用推进、信息化人才培养、工作氛围营造、体制机制建设等措施，形成电子政务建设的内外合力，不断补充完善总体框架建设。

三是区县之间的电子政务总体框架差距明显缩小。比较2006年、2007年、2008年的总体框架建设现状评估结果，可以看出各区县在电子政务总体框架上的差距明显缩小。究其原因而言，一方面是在国家、市及区县信息化主管部门的努力推动下，各级政府部门对电子政务的建设初步达成共识，明确了一体化电子政务建设的方向；另一方面是政府工作重心下移，区县电子政务健康、持续、规范发展对一体化总体框架建设的客观需求；此外，在《指南》的指导下，市与区县、区县与区县之间通过交流、学习借鉴，为进一步缩小“数据鸿沟”，发挥电子政务带动社区、农村、社会的信息化发展，改善城乡二元结构差别打下基础。

（蒋力群）

二、试点工作推进

国家电子政务综合试点

自2007年10月原国家信息化工作办公室批复同意将上海作为电子政务综合试点城市，在长宁、黄浦、松江三个区开展区级电子政务综合试点工作以来，2008年市、区协力推进试点工作，长宁区重点聚焦电子政务组织管理体系建设，推进以来沪人员服务管理和电子健康档案为主体的实有人口综合服务，以及土地储备和建设项目管理为主体的城区综合建设与管理应用；黄浦区重点聚焦政务信息资源管理体系建设，围绕提高民生服务质量，深化和完善社区事务服务系统，加强实有人口服务管理；松江区重点聚焦电子政务基础支撑体系建设，深化法人领域的企业行政审批、企业信用和经济统计分析等协同应用。

为规范试点项目管理，提升试点工作效益，由上海市互联网经济咨询中心作为试点项目管理单位，建立《试点项目管理工作规则》，明确项目立项、需求确认、招投标、开发、试运行、测试、验收、结项等环节的工作与要求，建立专家资源库，选聘责任专家对口提供咨询服务，汇总和编发月报表、《会议纪要》、《信息快递》和《简报》，交流动态信息。

2008年上半年，以“政务信息资源管理模式和制度建设”为主题开展了征文活动，得到了区县信息委、有关科研院校和专业公司的大力支持，征集到了研究政务信息资源架构、编目体系、机制建设、应用案例等四大类28篇研究文稿，由市信息化专家委员会评审出14篇优秀论文。在5月17日举办的专题研讨会上，就自然人、法人、空间地理三大领域的编目，国内外政务信息管理比较分析，以及市、区两级人口信息纵向联动、横向异构系统整合等六大专题进行了交流讨论，得到了热烈反响。

目前，在22项试点任务中，已有18项正处于建设完善阶段，有4个项目正在继续优化实施方案。试点区基本建成了基础网络、门户支撑、信息交换、认证授权、基础服务、安全保障等“六统一”的一体化的电子政务基础支撑体系，在此基础上拓展社会救助、企业服务与管理、城区综合建设与管理、电子监察等多项应用，形成并优化“前台一口受理，后台协同办理”的行政服务模式。通过试点，已在政务信息资源管理、组织推进机制、应用支撑体系等方面取得了可喜的阶段性成果。

（蒋力群）

三、信息化支撑社会主义新农村建设

金山区农村信息化综合信息服务试点

【概况】 在2007年建设的基础上，金山区继续认真贯彻中央及上海市有关推进社会主义新农村建设的文件精神，以开展信息产业部农村信息化综合信息服务试点工作为契机，结合贯彻落实上海市《关于推进“为农综合信息服务千村通工程”的实施意见》（沪农委〔2006〕第347号）文件精神以及金山实际，以信息化服务“三农”为目标，以开展“二网一站二平台”（互联网、政务外网、为农综合信息服务站、城镇政务管理公共服务平台、涉农综合信息服务平台）建设为重点，全面推进农村信息化综合信息服务试点工作，探索形成了一些符合农村特点、注重实效的做法，并取得一定成效。

【改善网络环境，夯实农村信息服务基础】 在调研的基础上，金山区拟定了《关于加强金山区信息基础设施规划编制工作的指导意见》，积极推进农村宽带网络、信息管线集约化建设，依托电信公司优先完成为农综合信息服务站网络接入。实现全区各镇光缆村村通，所有行政村通过光缆接入区政务外网，通过ADSL接入互联网，建成从区级层面到镇到村的三级政府内部网络（政务外网），实现电子公文交换；建成以电信为主体、覆盖全区农村的光缆加ADSL宽带网络，全区宽带用户数达9.8万多户；实现全区各行政村IPTV全覆盖，金山卫镇农建村建成上海市第一个党员干部现代远程教育点。中国移动还在区农委、农业技术推广服务站、相关镇、村等配置了农信机131台。

【强化服务功能，建立健全农村综合信息服务体系】 为解决农村地广人稀，农民办事不便的问题，金山区坚持“方便农民，就近服务”的原则，利用信息技术支撑，在村委会建设集多种功能为一体的农村基层公共服务中心，即为农综合信息服务站，使农民足不出村就能享受各种综合信息服务，极大地方便了农民获取农业生产、生活信息以及各类政府公共服务。经过一年多的探索与实践，为农综合信息服务站形成了六大服务功能：⑴为民办事功能，即利用连接镇社区事务受理中心与村代理点的社区事务受理系统，为村民提供人口计生、劳动保障等事项的咨询和业务代办等功能；⑵医疗服务功能，即利用连接区镇卫生机构和村卫生室的合作医疗管理系统，为村民提供医疗就诊、实时报销和健康档案功能；⑶文化娱乐功能，即结合文化信息共享工程等应用入村，为村民提供数字电影、网络电视、电子阅览和上网浏览等服务；⑷政府管理功能，即利用连接区、镇、村的镇村政务管理系统，为镇和村工作人员提供镇务和村务管理服务；⑸教育培训功能，即结合“千村通”工程、党员干部现代远程教育工程等，为党员干部、村民提供远程教育、上网学习和科普宣传等服务；⑹便民服务功能，即采用政企合作的形式，为村民提供账单缴费、通信运营商业务代办等服务，以及利用连接市农委信息中心的“农民一点通”触摸屏,为村民提供农业信息服务、农业专家在线视频对话咨询服务等。

【创新服务模式，整合各类信息资源构建“2+1”服务平台】 ⑴城镇政务管理公共服务平台。利用现有电子政务资源向农村延伸服务，建设一个覆盖区政府及各镇（金山工业区）、街道，并一直延伸到村（居）委会、融合政务管理和公共服务为一体的信息管理平台，包含城镇政务管理系统和社区事务受理系统，为全区公务人员提供政务管理、事务办理、信息发布等业务应用。通过该平台的应用，进一步提高农村基层管理水平，方便农民办事。其中，社区事务受理服务中心村代理点可以直接代办残联、民政、计生等各类事务 4 类 16 项，可以接受各类咨询服务 10 类 329 项。⑵涉农综合信息服务平台。按照国家“求实效、重服务、广覆盖、多模式的要求”，金山区充分依托市级层面的条线资源，深入挖掘整合农业系统的各类涉农信息资源，通过金山农业网、农信通和“农民一点通”触摸屏等多种综合信息服务渠道，为农业龙头企业、种养业大户、农产品购销大户、农村经纪人和广大农民提供农业政策、农业技术、农产品市场信息等各类信息服务，促进农业增产农民增收。同时，为加强对农业生产的决策分析能力和管理能力，着重开发了规模经营户生产档案管理分析系统，建立了统一的农业信息基础资源库与业务资源库，促进了区域内农业信息管理基础框架的完善。通过对种植业规模经营户进行信息化管理，有效提高了规模经营户管理工作的效率和信息利用率，方便领导直观地进行辅助决策，并使国家下发的各类补贴快捷、准确地落实到农户手中。⑶农产品网上交易平台。在建设两大平台的基础上，积极引导电信企业发挥在电子商务方面的优势，支持上海电信依托“商务领航”平台建设农产品网上交易平台。采用“政府支持、企业运营”的模式，将政府管理服务、农业企业内部管理和电子商务服务有机整合，通过平台连接政府监管部门、企业和电子商务服务商，统一采集金山优质农产品生产加工企业的产品、服务等商品信息，并提供农事信息管理、客户管理、报价管理等服务，既提高了农业企业的生产效率、扩大了商机来源，也为政府监管提供了有效支撑，实现了政府、农业企业和信息服务商三赢的局面。

【精心组织实施，全面开展农村信息化培训普及】 2008 年，金山区按照上海市“千村万户”农村信息化培训普及工程的要求，成立了由区信息委、教育局、妇联、农委等部门组成的工作小组，落实培训计划，对全区 10 个培训点进行了认定与授牌，并对各培训点的相关教师进行了师资培训及指导，规范操作流程，确保培训质量。经过精心组织与合理安排，全年金山区完成 3 066 人次的培训和 20 139 人次的宣传普及工作。

【形成机制，长效服务】 在试点工作推进过程中，积极探索与建立农村信息化综合信息服务的长效机制，形成具有上海特点、金山特色的郊区农村信息化综合信息服务体系，指导和帮助农民利用信息化手段获取各类涉农信息和政府服务。⑴组织领导机制。根据推进工作的需要，成立了由两位副区长任正副组长，区政府办公室、信息委等 21 家单位为成员单位的农村信息化综合信息服务试点工作领导小组,在区、镇层面明确各自分工,优势互补,形成合力,为推进农村信息化建设铺设了一条“绿色通道”，共同推进落实试点工作的各项内容。⑵协调管理机制。对于在试点工作推进过程中遇到的具体问题，由区信息委在区级层面牵头协调，各层面予以落实解决；镇级层面由各镇网管员负责协调落实，每个村都有一名信息员负责协调村级层面的应用推进。⑶制度保障机制。针对试点工作的推进与应用，制定相应的管理制度及办法，如《为农综合信息服务站电脑管理办法》、《信息室管理制度》、《多功能室管理制度》等，以规范为农综合信息服务站内部管理人员行为，并加强对服务站外来人员管理，使为农综合信息服务站的各项功能得以有效实现。⑷企业合作机制。分别与相关设备商、运营商、IT 企业合作，确保试点工作的推进；与区内IT企业展开的对服务站进行技术支撑、设备维护的合作；与移动、电信公司展开的设立业务代办、优惠购机、配发农信机、费用返还等合作，实现双赢。⑸人员培训机制。有计划、有步骤地开展针对不同对象、多层次的信息化知识培训，并在区级层面明确分工，具体由区信息委负责专业人员的培训，由区教育局负责普通农民的培训，同时由区妇联负责开展对普通农民的信息化知识宣传普及。⑹设备管理机制。对不同层面的信息化设施（设备）进行分级管理，如对区、镇层面的网络设备、服务器等由区信息委统一进行管理，村委会的电脑、农信机、IPTV、数字影院、农民一点通等设备由村委会进行管理等。

【开展"为农综合信息服务站"建设验收工作】 12月，区信息委组织区财政、区农委、区卫生局相关人员及部分镇网管员，对枫泾镇、金山卫镇、廊下镇和吕巷镇共计55个村的"为农综合信息服务站"建设情况进行验收。验收小组首先抽查了部分村"为农综合信息服务站"的建设应用情况，认真检查了"信息室"的电脑上网情况、"农民一点通"的应用情况、村卫生室的农民就医实时报销系统的应用情况以及为村民提供的其他各项服务情况。四个试点镇55个村的"为农综合信息服务站"在经过近一年多的实际应用后，已经达到预期建设目标，实现为民办事、农村合作医疗、文化娱乐、政府管理、便民服务和教育培训等六大功能应用。

【召开农村信息化试点项目专家验收会】 12月23日，区信息委组织召开了"金山区农村信息化综合信息服务试点"项目中三个信息系统（城镇政务管理和公共服务平台、经营户管理信息系统、蔬菜办内部信息管理系统）的专家验收会。与会专家听取了项目组的汇报，观看了系统演示，审阅了相关验收文档。经过质询讨论后，专家组认为三个系统的建设达到了预期目标。试运行情况表明三个系统的应用对提高金山区农村信息化水平、完成国家农村信息化综合信息服务试点打下良好基础，具有推广价值。专家组一致同意通过验收，同时建议在推广应用过程中进一步完善功能，满足资源共享需求，促进部门协同工作。

（赵 千）

为农综合信息服务站建设

根据《关于推进"为农综合信息服务千村通工程"的实施意见》，2008年，市农委会同市信息委、市财政局、市文广局等部门联合在全市郊区继续实施"为农综合信息服务千村通工程"。截至12月底，累计完成701个村的建设。在推广过程中，通过对各种信息服务模式的积极探索，在铺设为农科技信息服务的最后1公里道路问题上进行了大量的有益尝试。一是坚持应用、培训和宣传三者并重，充分挖掘亮点，宣传介绍应用事例，利用媒体资源加强推广工作，利用"三下乡活动"和征文活动的形式全面介绍"农民一点通"，让农民了解和知道终端的作用和功能；二是注重实效、整合创新，探索多种服务模式，通过视频会话系统实现专家与农民的零距离接触，全年举办50多次远程授课活动，广大村民足不出村，就可以聆听专家的讲课；三是在采编录入大量信息内容的基础上，将一大批农业技术光盘的内容发布到"远程教育"资料库，通过市区镇村的协力共建，形成了信息资源中心，并使之不断丰富。此外，2008年还新开发完成了后台全文检索功能，实现"三农"服务信息的高度共享。

（丁志远）

第二章 浦东新区信息化建设

概 述

2008年，浦东新区按照《2008年上海市信息化工作要点》的要求，根据《2008年浦东新区信息化和社会诚信工作要点》提出的任务，紧紧围绕电子政府行政审批平台、公务人员协同办公平台、电子政府中台、权力公开透明运行系统等信息化重点项目，开展了专题研究和建设工作，取得预定成效。

新区重点项目推进基本实现预期目标。完成《浦东新区电子政府行政审批平台总体规划方案》（送审稿）；完成新区公务人员协同工作平台和电子政府中台一期建设目标，启动二期建设；完成新区公共数据中心和电子政务基础网络升级项目建设的各项准备工作；“96916市民热线”受理平台和新区人口库项目建成并通过验收；各委办局财力投资项目进展顺利，基本达到预期要求；财力投资项目、管理制度逐步完善；科技基金信息化专项资金年度目标顺利实现，企业信息化进一步发展；完成《浦东新区推进电子政府建设的CIO制度设计、岗位职能定位和可行性研究报告》、《电子政府研究》等前瞻性课题研究，组织开展了《信息化和工业化融合研究》课题研究，对实际工作提供了有力的借鉴和帮助。

市重点工作落实有力，圆满完成阶段性任务。开展国家信产部（现工信部）IT治理研究试点工作，各项工作按计划进行；重视和加强信息安全工作，相继下发《关于做好迎奥运、迎世博信息安全保障工作的通知》等三个文件，举办新区信息安全应急演练，保证了奥运期间无一例信息安全事故；开展“千村万户”农村信息化培训普及工程，截至年底，新区共培训1 903人，宣传普及达到5 000人，分别完成全年计划任务的254%和100%。

社会诚信体系建设深入开展，信息公开工作得到深化。由区委办公室、区府办公室联名印发《关于加强浦东新区信息公开全面性和及时性工作的意见》，督导信息公开相关工作得到加强和完善；继续推进政府使用信用产品，提高政府政策执行的准确度；启动“科技企业信用互助融资计划”，得到了新区中小科技企业的积极响应和参与；开展市企业信用信息自主申报试点，企业信用岗位培训和社会责任体系建设工作得到加强。

2008 年，“浦东新区土地管理信息系统”与“浦东新区规划管理网上审批平台”被上海市信息化委员会评为“2008 年度上海市区县信息化优秀成果”。

（施丹峰）

一、政务领域信息化

【政府信息公开工作稳步推进】 浦东新区认真贯彻落实《中华人民共和国政府信息公开条例》和《上海市政府信息公开规定》，坚持多渠道公开政府信息；根据市政府工作要点的要求，结合新区实际，制定了《2008 年浦东新区政府信息公开工作要点》和《关于加强浦东新区信息公开全面性和及时性工作意见》，进一步扩大信息公开的范围，丰富了信息公开的内容，缩短了公文信息从审签形成到提供发布的时间，确保可公开的政府信息第一时间向社会公布；对“上海浦东”门户网站政府信息公开网页进行重新调整，完善以新区政府门户网站为主的政府信息公开平台，对网上主动公开栏目进行规范，并对基层单位进行培训。

2008 年，浦东新区累计年度主动公开政府信息 12 456 条，全文电子化率达 96.7%；共受理政府信息公开申请 1 753 件，其中当面申请 1 269 件，传真申请 72 件，电子邮件申请 21 件，网上申请 301 件，信函申请 90 件；共接受市民咨询 555 209 次，咨询电话接听 108 246 次，当面咨询接待 434 507 次，网上咨询 12 456 次；年度政府信息公开专栏访问量 2 769 980 次。

【浦东新区采取有力措施，奥运期间门户网站无一例信息安全事故】 根据国家和市网安办的总体部署，新区采取了一系列有效措施，确保奥运会、残奥会、“十一”期间无一例信息安全事故发生。一是相继下发《关于做好迎奥运、迎世博信息安全保障工作的通知》、《关于开展浦东新区政府网站安全防护检测的通知》和《关于做好奥运期间浦东新区各单位网站安全保障工作的紧急通知》三个文件，要求各单位对照自身网站和信息系统的安全情况进行自查、整改；二是组建信息安全应急队伍，确保奥运会期间能及时处理信息安全事件；三是联合上海交通大学信息安全工程学院，开展了历时三个月、每周一天的“信息安全技术与管理培训”，进一步提高各委办局信息化管理人员的信息安全意识和技能；四是对新区所有政府机关和链接“上海浦东”门户网站的相关网站进行安全检测，对存在风险的网站提出整改要求并及时跟踪监督，对存在高风险且访问量较低的网站采取临时关闭措施；五是编制《上海市浦东新区网络与信息安全事件专项应急预案》，对信息安全队伍、各单位职责、应急措施等做了部署；六是在奥运会前夕举办新区信息安全应急演练，实战检验应急预案的操作性，确保各环节有效、畅通。

【启动电子政府数字认证体系建设】 为进一步完善新区电子政府信息安全体系建设，新区启动了数字认证体系建设项目。新区数字认证体系建设项目是以《浦东新区推进电子政府建设实施纲要》为指导，结合国家、市电子政务数字认证体系建设总体规划，利用数字签名技术，通过制订保障机制、管理和服务方面的操作规范，建设新区电子政府数字认证体系，提高用户管理、信息安全、信息化规范的水平，为新区电子政府建设提供信息安全支撑。

（施丹峰）

【新区电子政府中台二期项目通过专家立项评审】 根据新区电子政务建设“前、中、后台”的框架，前台旨在面向公众提供窗口、网站、热线服务，后台旨在为政府工作人员办公服务，中台则指向的是国家、市电子政务总体框架的“应用支撑层”，有机连接前后台，实现前后台贯通、后台协同。中台二期建设内容具体包括数据交换、认证授权、系统功能联动、消息传输、支撑跨部门业务协同功能，为电子政府各类应用系统的开发提供技术支撑，通过建设实现应用系统所共有的、满足各类业务系统应用的技术性功能的需求，形成一个“异构集成、互联互通”的完整技术框架。10 月 27 日，新区信息委组织专家对“浦东新区电子政府中台二期项目”进行立项评审，该项目的必要性、重要性和可行性受到与会专家的高度认可。根据专家建议，该项目年度建设任务将在两个维度上继续深化和拓展：⑴继续巩固一期建设成果，拓展各项中台基础支撑和服务的应用覆盖面，在一期试点推广 5 家单位的基础上，继续扩展到 14 家单位。至此，新区中台基础支撑和服务在政府机关公务人员电子政务应用中的覆盖面将有望超过 90%。⑵在一期中台数据交换平台的基础上，进一步细化和深化交换功能，着眼于交换技术标准和管理规范的制订和执行，以公文交换应用为突破口，尝试通过中台数据交换达成异构系统间的真正意义的协同办公应用试点验证。

（施丹峰　陈骆颖）

【新区公务人员工作平台正式上线运行】 新区公务人员工作平台 5 月 20 日正式上线。运行以来，平稳有序。截止年底，⑴用户访问量和平台使用效率稳步提升。政务信息门户内外网访问总量达 27 万余人次，电子邮件实际使用用户数 4 697 人。⑵工作平台各相关应用系统运行基本稳定，无重大宕机故障，故障、问题逐月减少。⑶应用整合工作继续有序推进，在首批 5 家试点单位的基础上，继续开展对新区科委、新区劳保局办公 OA 系统的整合工作。

【"上海浦东"门户网站签约"浦东新区迎世博600天行动窗口服务和功能对接"承诺书】 9月27日，新区区委办公室、新区电子政务管理中心代表"上海浦东"门户网站签订"浦东新区迎世博600天行动窗口服务和功能对接承诺书"。"上海浦东"门户网站作为新区政府在互联网上面向公众提供服务的唯一门户，在加强世博网络宣传和服务、拓展网上办事项目、提高办事效率、优化网站栏目、提高公共服务类窗口单位网站信息发布的权威性和及时性等方面进行了承诺。为此，10月9日电子政务管理中心主管领导主持召开专门会议，就落实总体目标、编制工作计划、细化目标责任等方面组织研究。⑴落实总体目标，细化工作指标。具体工作指标包括五个方面：拓展网上办事功能、提高办事效率；拓展门户网站政府信息公开的深度和广度；加强门户网站的网络宣传和便民服务功能；继续强化在线互动咨询栏目的功能，积极推动网上信访、区长网上办公会、浦东论坛等主阵地的建设；提高硬件性能支撑水平，建立网站安全保障体系。⑵一把手负责，加强组织保障。紧密依托新区推进电子政府建设联席会议办公室和新区政府信息公开联席会议办公室两大综合协调机构的组织协调能力，建立"迎世博600天行动"门户网站工作协调和推进机制。具体包括：成立工作推进小组、落实工作责任到人、建立周例会制度等。

【"上海浦东"门户网站群管理系统技术更新项目通过专家立项评审】 10月27日，"上海浦东"门户网站群管理系统技术更新项目通过立项评审。该项目立足于强化网站安全保障能力、优化网站各项管理和发布性能指标、提升网上办事能力、拓展网上互动、手机网站服务等便民服务功能，以此为世博会期间全面提升网站服务能力奠定工作基础。

【新区人口基础数据管理平台通过专家验收】 11月中旬，新区人口基础数据管理平台顺利通过专家验收。该平台建成以后，存储和实时更新的人口数据包含了新区户籍人口、外来人口、人户分离、境外人士等实有人口统计数据；存储和管理的人口管理服务设施包括计生三级管理服务单位、医院、学校（中小学、幼儿园）、敬老院、派出所等；与人口相关的基础地理信息数据包括新区各级区划范围（区县、功能区、街镇、村居委、派出所、小区）、建筑物、门牌号码等有关人口地理定位和统计单元划分的数据，以及道路、河流、绿化、重要地名基础地理数据。该平台的功能主要包括：实有人口及人口相关信息检索；多类型、多层面、多指标的人口统计分析；人口状况历史对比分析、人口服务设施机构对比分析展示等综合分析；人口相关管理业务；面向各街镇的人口数据应用服务；实有人口数据的数据更新比对、人口数据落地、数据导入导出、备份与恢复等；人口库数据与新区基础地理信息数据相结合，还可进行以房管人等地理查询、统计操作。人口基础数据管理平台由开发完成运行至今，在新区政府人口办、新区信息委、电子政务中心、新区组织部、新区劳保局和洋泾街道等单位运行正常。数据更新维护稳定，其中来沪人员信息每日更新，户籍人口每月更新，市卡办的居住证卡数据和社保卡数据每日更新，新区劳保局社保卡数据每日传送。

【新区电子政务GIS服务系统通过项目验收】 11月下旬，新区电子政务GIS政务服务系统通过项目验收。该系统以"信息资源整合，协同办公服务"为核心思想，在新区现有地理信息交换共享平台和地理共享库的基础上，面向电子政务，为协同办公、政务应用、社会化应用和区域化服务等提供空间定位基础框架、空间辅助决策技术支撑和空间可视化工具。⑴通用GIS：基于基础地理数据库，为新区政府业务部门提供基于B/S架构的GIS前端应用工具，各部门不用自己单独建设地理库和GIS系统，直接访问通用GIS就可以共享到新区统一建设的基础地理库和使用各种基于GIS的业务分析处理功能，用户还可以定制自己的业务图层和GIS功能。⑵GIS服务接口：GIS服务接口是一组经过优化组合和封装，可以满足大部分拥有业务流的业务处理部门GIS功能需要的统一的GIS功能组件，包含了地图集成、业务定位、业务区域分布、专题地图、区域检索等服务，提供给传统的协同工作系统MIS或OA系统调用和组装。协同业务系统只要按照标准的开发接口调用这些GIS功能组件，就可以在系统中访问基础地理信息和集成GIS分析功能。这样降低了其他项目GIS开发难度，节约了建设成本，避免了GIS的重复投资和建设，形成GIS异步协同/工作流的工作环境和技术支持。(3)工作流与GIS的集成服务：业务流工具主要是对政府业务进行建模，进行组织机构、工作流程、文件表单管理和访问权限控制等灵活配置和用户自定义。

（陈骆颖）

【规划管理网上审批平台的合力效应和监管作用进一步显现】 规划管理网上审批平台完成《建设项目选址意见书》、《建设用地规划许可证》、《建设工程规划许可证》三种新版城乡规划许可证书的调整和打印功能，同时增加商品住宅项目“9070”指标的比对和监管功能。截至11月底，平台共受理项目916个，其中选址100个，设计要求72个，建设用地199个，方案182个，建设工程（建筑物）258个，市政管线70个，市政交通28个，临时工程证7个。该平台先后荣获中国信息化协会颁发的“2008中国政府信息化应用推进奖”，市信息委颁发的“上海市区县信息化应用推进奖”，新区工会颁发的“操作奖”，并被原上海市规划管理局作为2008年推进全市“阳光规划”工作的样板工程。

【开发完成企业投资项目（重点）进展情况管理系统】 为应对全球金融危机，进一步加大对社会项目的协调推进力度，新区发改委仅用半个月的时间就高效完成了企业投资项目（重点）进展情况管理系统的建设，在新区建立了项目跟踪、推进和快速受理、处置及运转的机制和平台。通过该系统，各功能区可随时将项目的推进情况和遇到的问题直报新区发改委，发改委安排专人每日收集信息，梳理出需新区层面协调解决的问题，提出解决方案和解决问题的责任部门，每周向新区有关领导报告项目的进展情况和解决问题的结果，使项目推进工作落到实处。新区领导、协调部门、审批部门和监管部门可通过系统及时了解新区企业投资项目的最新进展情况，如项目进度和资金使用情况、项目安排和资金计划情况、遇到的困难或需要政府部门协调解决的问题等，使政府部门的协调、部署和推进工作更有针对性和时效性，改变了以往政府部门“等企业上门谈问题”的做法。相比过去的“一门式”服务和两周一次的协调会机制，新系统有效提高了政府部门主动服务、跟踪服务的意识，并使这种意识得到真正的落实。

【新区发改委数据建设长抓不懈】 新区发改委的数据建设主要集中在规划和统计两大业务。规划业务方面，已完成原上海市城市规划管理局批准的23个社区、61个单元的控制性编制单元和新区自2000年建政以来批准的559项详细规划（包括技术调整）的建库工作，涉及地块数19 066个，数据总量已接近13G。目前，详细规划资料（文字和附图）库极大地方便了业务人员对信息资料的需求。

“一书两证”规划注记工作已做到“1+6”新区全覆盖。完成选址意见书146项，建设用地规划许可证267项，建设工程规划许可证342项。从2008年起增加了对审批资料中重要物件，如通知、证书、项目表、总平面图等的扫描建库，满足了业务人员对资料全面性的要求。

统计业务方面，完成2008年国民经济核心数据库的维护工作，主要对统计月报、年报和经济普查中涉及的1 000多个指标进行了梳理，在此基础上构建了元数据库，并完成宏观经济数据库、工业、房地产业、建筑业、旅馆业、商业、餐饮业、物业、固定资产投资、交通运输业、招商引资、金融业、对外贸易和旅游业等十几个专业的2007年年报和2008年月报数据，以及2007年经济普查数据的导入工作，记录数约有几十万条。

【开创性引入防伪号、二维条形码和电子印章】 随着新区建设项目规划审批权向功能区的下放，为解决各类证书的有效性和真实性问题，新区发改委在证书的打印上引入了18位防伪号。规划监督检查大队在进行批后管理时，能通过网上审批平台验证证书的真实性。针对功能区核发通知和证书时采用套打的情况，新区发改委又开创性地提出引入二维条形码和电子印章的设想。考虑到这些做法在新区前所未有，而且建设项目的规划审批结果牵涉到其他部门的后续利用，新区发改委采取“稳步推进”的办法。 目前，二维条形码和电子印章已在信息公开、信访和信访复查上得到成功应用。

（胡春红）

【新区建交委统一电子政务平台得到广泛应用】2008年1月，新区“建交委基层单位电子政务统一办公平台”正式在新区建交委系统推出使用。该系统新建13家署级单位统一电子政务平台，整合8家署级单位已建的电子政务系统，完成全部委属事业单位OA部署工作，完成13家土地所、18家房产办事处电子政务系统架构统一配置部署工作，整合了新区建设管理地理信息系统等5套信息化应用系统，完成委机关和委属50多家基层单位电子政务网的互联互通工程以及署级单位内部局域网的建设工程，创建了委系统完整、安全、适用的电子政务一体化应用环境，实现新区建交委系统各单位电子政务系统平台的统一。系统日常的内部用户超过1 000名。截至年底，通过该系统及市民中心窗口受理系统、市条线业务审批系统受理的各类行政审批和办事事项4 371项，办结率在90%以上。

（戴友锋）

【“浦东党建”网站升级改版】 2008年，“浦东党建”网站成功进行了升级改版。改版后的网站在内容编排上，设置了动态速递、基层党建、“三服务”、党内民主、热土风采、党建文化、前沿探索、互动交流八大栏目；在网站功能上，增加了图片新闻、近期视点、邮件订阅、下载中心、问卷调查等实用功能；在网站规划上，“浦东党建”网站以强调整体规划、创导大党建网络构架为指导，以建设一个自上而下、由点到面的大党建网络格局为目标，着力整合，努力实现对基层党建网站资源的充分利用，专门建立了基层党建联动的功能机制，实现了互联互通。

新版“浦东党建”自7月1日开通投入运行以来，建立了一个大容量、高效率、宽辐射的党建指导交流服务系统，以此提高党建工作效率和实际效果，成为新区党建工作的一个重要窗口，成为与基层党组织、广大党员和党务工作者沟通联系的桥梁和纽带。在2008年上海市第二届党建活动评比活动中，“浦东党建”网站荣获一等奖。

（陈　峰）

【运用信息技术推进新区环保市容局权力公开透明运行试点工作】 新区环保市容局行政许可网上审批系统运行范围覆盖新区环保市容局全部43项行政许可事项。系统具有社会服务、网上办公、网上监管、电子监察、绩效评估、数据交换等六大功能。社会服务依托“上海浦东”和“浦东环境”门户网站，实现事项告知、表格下载、状态查询、结果提醒、网上投诉等功能。网上办公实现行政许可事项受理、经办、决定和反馈四个环节全过程100%的网上流转审批。网上监管实现行政许可事项包括申请人申请材料、审批人审批意见、审批事项审批进度等所有信息都透明可见，确保“运行状态看得见”；同时，通过统一的监督电话和互联网投诉渠道，落实具体监督部门，将所有信息和处理情况予以公示，确保“百姓意见听得到”。电子监察以网上办公和网上监管为基础，梳理监察标准，通过预警提醒、超期催办、违规督办的黄、红、黑牌电子监察机制，对不予许可、不受理、办理时限超期、投诉等异常情况进行监察，确保“权力运行管得住”。绩效评估实现系统自动综合统计工作量，并予以公开，为绩效考核提供客观依据，促进提高行政效能。数据交换实现与新区层面权力公开网站、市民中心行政审批系统和新区电子监察系统之间的数据传输。

通过权力公开运行试点工作，增强了权力行使人法制意识，进一步自觉依法行政；规范了权力的行使，岗位职责进一步明确；加强了权力监管，权力运行进一步公开透明；方便了市民办事，服务效率进一步提高。

（龚忠　张雪峰）

【建立内部执法监督平台】 为了加强和完善检察机关内部监督机制，确保检察权正确运行，提高检察机关自身机制创新，新区检察院建立起内部执法监督平台。

1．“检视通”实现对办案工作区的实时监督

监察干部通过“检视通”可随时进入新区检察院办案工作区的监控画面，对每间询问室及讯问室进行实时监控，从而实现对执法纪律进行全程检务监督，有效预防、发现和纠正各类办案纪律问题。

2．开发案件质量检查平台，实现对案件办理全流程监管

在办案软件应用较好的基础上，新区检察院自主开发了“案件质量检察平台”。通过该平台可以对诉讼各流程节点进行全方位的监督，对超期办

案、文书不规范、判决反馈不及时等各类问题进行有效监管，大大提高了检察院案件质量监控的工作力度。

3．启用出庭公诉远程指挥监控系统，加强庭审监督、提高出庭公诉水平

出庭公诉远程指挥监控系统于7月正式建成启用，新区检察院成为全市检察机关率先实现公诉出庭远程援助、观摩功能的基层院。该系统运用专线连接，实现网络视频双向联通，以实时再现法庭场景的方式，让院领导和相关部门人员在院内就能及时了解庭上情况，并根据出庭过程中出现的情况，在幕后以语音指挥、文书指导、影像支持等手段对重特大案件进行远程指挥，对案件庭审实施法律监督，有效提高了新区检察院公诉出庭质量。

通过内部执法监督平台的建设，有效提高了新区检察院内部监督制约的科学性、规范性，实现了良好的制衡效果，促进了公正、严格、文明执法。

（曹　义）

【新区人民法院信息化工作成效显著】 在司法为民方面：⑴开通网上立案审查。“网上立案审查”网络平台是新区法院在高院的统一部署下推出的一项便民新举措。该平台进一步拓展了司法的时空纬度，将立案审查工作与当事人之间的互动由立案大厅扩展到立案大厅之外，确保当事人可以在任何时间和地点通过网络方便快捷地向法院提起诉讼；进一步提升了司法服务软环境，满足了人民群众的司法需求，实现司法亲民。⑵实行网上电子阅卷。网上电子阅卷系统使原先的档案人工管理、调阅、查看卷宗，转变为信息化管理、在线申请调阅、查看，实现一册卷宗可以同时由多方借阅的功能。当事人借阅卷宗时，只需携带本人身份证件，随时可在法院阅卷室查阅电子版卷宗，并申请打印需要的案卷材料。

在促进司法公平公正方面：⑴完成民事调解证据固定系统的建设。该系统包括对新区法院27间调解室录音录像及后端数据存储、调阅和管理；将法院本部的全部庭审活动通过电子存储的方式予以固定，充实了诉讼档案资料，方便了日后查询、调阅。⑵开发执恢备管理系统，于10月上线使用。该系统使申请恢复执行案件在审查期间从登记、调查、归档、进入立案等程序能得到全方位的跟踪管理和监督，弥补了管理上的空白，杜绝了执行案件管理的死角，做到信息共享、动态跟踪，大大提高了办案效率。⑶研发“信访交督办件管理系统”，于11月28日正式上线，将信访交督办件的受理、办理、结案、归档及信访后续工作等纳入有序的流程管理。⑷开发建设审前/委托调解网络信息系统。该系统将立案庭的诉前调解系统与审判系统对接，使法院的委托调解工作信息网络化。

（卢贤凤）

【新区政法委完成“政法信息共享管理平台”一期建设】 新区“政法信息共享管理平台”依据公安、检察、法院三家单位的办案流程，将公安局的刑事管理系统、检察院的检察办案系统和法院的审判系统等业务系统紧密联系起来。5 月 28 日，平台经专家评审，通过验收。其主要功能包括：建立公检法各部门共享信息平台，实现办案信息共享，办案文书高效便捷地传递和对案件办案流程的跟踪管理，对重点案件的监督。主要特点包括：数据共享、统一消息提醒、全流程信息查询和全流程信息预警。

（张宝阳）

【实现审计业务电子化】 新区审计局“审计管理系统”建成后，注重系统的后期应用，力争实现项目功效最大化。新区审计局充分利用“审计管理系统”的优势，通过该系统处理和流转日常的政务和业务工作。截至 12 月底，来文阅读 11 387 次、发文起草 1 067 份。该系统极大地整合了审计业务工作，使审计项目的立项、审批、检查等都能在网上及时反映。目前，系统中已有 101 个审计项目，项目的信息化使用率实现全覆盖。

（徐　欢）

【新区开展档案信息化总体框架研究】 2008 年，为了为新区档案信息化建设提供战略发展路线，指导新区未来五年内的档案信息化相关工作，新区档案局结合新区档案业务管理特点与新区电子政务整体发展，开展新区档案信息化总体框架。该课题以档案事业信息化管理体系、服务体系、档案资源体系、制度体系建设及电子政务基本发展方向为指导原则，达成协同、整合、共享，实现“物理分散、逻辑集中、异地服务、全网共享”的新区档案信息化管理目标。研究的成果包括两部分：主报告——《浦东新区档案信息化中长期规划》（2009 ~ 2013）；分报告——《浦东新区档案信息化资源现状调研》、《浦东新区档案信息化推进实施意见》、《中国档案信息化建设的现状和未来发展趋势的报告》。

（张建堂）

【启用“浦东新区法律服务网络系统”】 为了适应新《律师法》实施后管理职能的变化和浦东法律服务业快速发展带来的管理创新需要，新区司法局立项建设《浦东新区法律服务网络系统》，于 2008 年启用。该项目的主要内容包括：⑴律师诚信管理，将律师执业规范、对律师问题的投诉处理流程向社会公布，并提供律师诚信信息的查询；⑵建立律师业的动态管理、服务和交流平台，实现律师业更规范、更高效、更便捷的管理和服务；⑶建立网上律师党建平台，探索新时期浦东律师党建新途径；⑷建立浦东法律服务业协会的动态管理、服务、交流平台，及时掌握协会的发展动态，加强协会的规范和引导；⑸建立人力资源开发建设平台；⑹建立面向社会公众的法律服务平台，为公众提供更快捷的法律服务业信息。

该系统主要应用于新区司法局法律服务管理和为广大人民群众提供方便快捷的法律服务渠道，使用对象为新区司法局、新区各律师事务所、法律服务业协会、新区青年律师联合会、上海市律协浦东工作委员会等各类用户。该项目为广大人民群众提供网上聘请律师、对律师执业过程进行监督、法律法规的查询，尤其是提供律师诚信情况的查询及律师行业特点的查询，极大地满足了人民群众对法律服务的要求，在律师事务所与服务对象之间架起了一座桥梁。

（钱志刚）

【“张江行政审批服务信息系统”投入运行】 10 月 10 日，“张江行政审批服务信息系统”在张江行政服务中心正式投入试运行。系统开发了审批流程、电子监察、排队叫号、客户评价等功能，整合了原有的“张江一表制”审批、张江园区“零收费”等系统，实现与新区主要职能部门审批系统的信息交互。在系统建设中，对审批事项进行了梳理、归并和流程再造，实现所有审批事项“一口式受理、网上流转、实时监察”，全部审批环节在张江行政服务中心内完成。截至 12 月 31 日，张江行政服务中心共接受咨询 3 500 多人次，正式受理 2 800 多个审批事项，申报单位满意率达到 97%，审批事项及时办结率达到 98%，平均办结时限缩短 45% 以上。其中，比较复杂的基建项目的规划审批办理时间由新区承诺的 16 天缩短为 6.5 天。一个建设项目完成立项、规划、报建、环保等审批程序，一般需要三个月左右时间，如今在张江办理时间缩短到 50 天。

在“张江行政审批服务信息系统”这一政府公共服务流程再造的试点平台上，还将建立和完善权力公开透明运行的监督、考评、问责等配套制度，探索即时办结、全程代理、联合会审等高效审批服务机制。

（金　松）

【川沙功能区域稳步推进电子政务建设】 川沙功能区始终坚持将电子政务建设作为推进功能区域信息化工作的抓手，一手抓电子政务网络平台管理维护，一手抓网络平台的扩充完善。经过努力，川沙功能区域范围内 13 家直属单位和 85 个村居委通过 VPDN 方式实现联网，使川沙功能区域内部电子政务平台的应用延伸到了各村、居委等最末端使用单位，初步实现川沙功能区域内部电子政务平台的网络全覆盖。充分利用现有的 OA 系统资源，发挥网上公文流转优势，上传下达各类文件资料、沟通信息，逐步迈向由传统型办公向数字化办公、无纸化办公的转变。

川沙功能区域通过各种形式推进信息公开工作，按“主动公开”原则，把57条政府主动公开信息内容上传登载到新区门户网站，方便群众查阅。全年共为新区门户网站相关栏目上报并被刊登各类报道文章170篇，采用率100%，获总分850分，位居新区47个应报送单位的第三名。此外，还重点关注新区门户网站 “网上咨询”栏目的来信回复工作，全年在保证信息准确度的前提下共回复群众网上来信97封。

（杨曙光）

【潍坊街道发挥政务网站作用】 潍坊街道政务网络骨干平台运行平稳，完成全街道 27 个居委、近 12 个街道直属部门及 3 家双管单位（派出所、房产办、城管分队）的接入；10 多项应用模块在政务网上运行，通过政务网发布通知 230 余次；有效完善街道外来人口管理信息，输入外来人口信息共计 10 724 条；街道工作计划及值班计划每周更新，街道内部事务有条不紊。（顾祝君）

二、社会领域信息化

【中小学生学习质量监测系统取得成效】 随着课程改革的逐步深入，教学有效性越来越成为急需突破的瓶颈。为此，新区从学习质量的有效监测入手，建设“中小学生学习质量监测系统”，取得一定成效。该系统实现了数学、英语和科学三门学科基于学科课程标准的诊断性测试，完成对新区常规性教学质量抽测的全样本分析反馈，积累了大量的学习质量监测数据，为教师教学和学校管理提供诊断性过程评价的依据。在 11 月社发局主办的“第二届浦东教学展示周”上，该系统的推出得到与会老师的一致好评。（恽敏霞）

【建设集各种应用于一体的教师研修网上社区】 浦东教育发展研究院于 9 月正式启动“浦东教师研修社区环境合作建设”项目。截止年底，浦东教师研修网基本实现四级页面架构，基本建成“教研中心”，开发了四类网上教研场景：备课研讨、观课评课、专题报告和专题研讨，为广大教师提供了一个了解实时教学动态，观看精彩视频，开展网上教研活动，浏览、下载最新教育资源，互动交流探讨研究的广阔平台，拓展了教师研修的空间和时间，促进教师学习共同体的集体反思和资源共享。教师研修网已经对新区全体教研员开展了两轮大规模集体培训，并逐步开展多轮小规模的上机操作培训，以保证研修网在新区教师中的全面应用。系统的其他部分也在逐步建成，届时将为新区全体教师提供一个集教研、科研、培训、管理为一体的综合性服务平台。（朱一军）

【农村教师教育技术培训项目取得成效】 为完善农村中小学信息化建设，全面落实《上海市教育委员会关于 2007 年市政府教育实事项目的实施意见》，上海市率先对全市 400 所农村中小学实施教师教育技术能力（中级）培训。新区于 2007 年 9 月启动“80 所农村学校教师教育技术能力培训”项目。通过培训，深化了教师对教育技术的理解，提高了教师的信息化教学设计能力，其中张江高科实验小学和华夏中学等学校已经将培训内容在实践中应用，取得较好成效。（刘慧琴）

【新区教育信息化应用试点及实验校建设项目顺利通过验收】 新区教育信息化应用试点及实验校建设项目于 4 月通过评估组的终期验收。该项目包括学校教育信息化应用实验、支持教师专业化发展的校本研修平台、学校校园网 IT 外包管理机制试点、学校资产管理、教育信息化基础平台五大子项目。项目的总体目标是形成一系列可以推广的教育信息化发展方案，从管理层面上摸索教育信息化推进的科学方法，形成教育信息化研究、实践、经验总结等方面的方法和体制，让教育信息化走上良性可持续发展的道路。通过实验研究，项目取得一系列有较高水平和推广价值的成果：⑴开展了信息化规范与标准建设；⑵建成一批为全区可借鉴、可操作、有思想、有理论的成功系统和平台；⑶提升了学校的管理水平，保障了学校信息化工作的有效开展。（黄忠东　石慧）

【推广应用区域实验室信息系统（LIS）】 8 月起，新区在高桥联合体（包括上海市第七人民医院、高桥社区卫生服务中心、高行社区卫生服务中心、高东社区卫生服务中心和凌桥卫生院）和川沙联合体（包括浦东新区人民医院、中医医院、川沙社区卫生服务中心、黄楼卫生院、六团卫生院、机场镇卫生院）开展区域实验室信息系统（LIS）的推广应用。12 月中下旬，区域 LIS 系统启动，实现联合体内检验信息的互联共享。（彭康康）

【北蔡镇数字社区服务示范工程被建设部授予示范单位】 11 月,北蔡镇被国家建设部授予国家“十一五”科技支撑计划“现代服务业共性技术支撑体系与应用示范工程”项目“数字社区服务示范工程”课题的示范单位。

2008年，北蔡镇大力配合住房与建设部“数字化社区服务示范工程”的试点工作，形成了数字社区社会网格化管理的一系列标准与规范，为住房与建设部《数字社区管理与服务的分类与编码》、《数字社区网格划分》等重要标准的制订提供了实践基础与应用参考。该镇还根据区域特点开展了“为老服务”等数字社区的特色服务，将百姓最关注的热点领域不断引入社会网格化管理，进一步发挥政府在数字社区管理中的重要作用与影响力。

（徐　倩）

三、经济领域信息化

【银行卡产业园形成核心业务链】 上海市银行卡产业园经过五年的建设与发展，目前已形成了以区域聚焦、产业集群和技术集聚为特征，以国内外各大金融机构数据中心或信息中心为核心的主要业务链。截至年底，产业园累计投入建设资金和新区投入市政配套建设资金近 30 亿元人民币。一、二期共引进金融后台外移项目 16 个、金融 BPO 等 6 家（如积分通、昆卓、宜保、万联盛世)，签约项目总投资估算近 170 亿元人民币，预计吸纳就业人口 4 万人以上；累计竣工面积 44 万平方米，年内在建和开工面积 42 万平方米；中国银联、交通银行、中国平安、中国银行、浦发银行等几大金融机构中后台外移项目基本建成并投入运营，就业人口已逾万人。

（叶培明）

四、城市建设管理领域信息化

【城市网格化管理信息系统新区二期项目建设成绩斐然】 新区城市网格化管理监督（指挥）中心全面完成区政府要求重点推进的街镇网格化平台建设，全面完成网格化二期项目建设任务。⑴网格化管理“四拓展”工作取得突破，着力拓展网格化管理区域，着力拓展网格化管理时间，着力拓展网格化管理内容，着力拓展网格化管理功能；⑵形成完整的“三级平台，四级派单”网格化管理体系；⑶网格化专业系统建设取得实质性进展，加大创新力度，着力推进建设环保、工地、公交、水域安全专业系统的建设，以新区平台和三林、陆家嘴平台为代表，全面完成噪声、视频等系统的建设，在工地、公交等地安装了 100 多个点位的“全球眼”视频监控，100 个点位噪音监测设备，对在建 7、8、9、13 号轨道交通线等 18 个轨道交通工地安装“全球眼”，实施网格化管理，初步架构了新区网格化“视频集中控制系统”、“工地噪声实时监控系统”、“全球眼控制系统”，实现与各专业行业主管单位的互联互通和资源共享。

【积极开展迎“奥运”、“世博”专项整治活动】 新区城市网格化管理监督（指挥）中心积极构建具有新区特色网格化管理创新体系，切实做到与已经制定并实施的“迎世博 600 天行动”计划相结合，使网格化管理主动渗透到接轨世博、服务世博和配合世博全过程，发挥网格化管理在城市管理中的引领与支撑作用。

围绕迎“奥运”、“世博”，集中开展了 8 次网格化管理整治活动，以工地网格化管理为抓手，制定了《三林世博功能区域建设工地网格化管理手册》，规定了 4 大类 21 小类的工地网格化内容，从功能区域层面全面了解和掌握在建工地分布情况及数量。围绕“世博600天行动”，在全区开展了书报亭及架空线黑轮圈普查，共调查梳理书报亭335个，架空线黑轮圈3 434处，摸清了城市视觉污染的分布规律和特点，为环境整治工作提供了重要参考依据。（徐 倩）

【潍坊街道加强网格化建设】 潍坊街道依托新建的“社区城市网格化管理中心”这一管理平台，“多网协同、多队联动”的市容环境管理取得明显成效。潍坊街道将城市管理各个信息来源进行整合，直接将信息汇总至城市网格化管理中心，统一由城市网格化管理中心的人员在第一时间内对信息案卷进行核实、分析，确定处置方式，进行处置。按照“高学历、高素质、低年龄”的用人标准，先后聘请了6名大专以上学历的应届毕业大学生作为中心的信息员，成立街道、城管、房办“三位一体”的专项处置小组。截至12月底，共收到案卷864个，处置案卷860个，及时率达到99.8%，结案率达到99.5%，完好率达到99.9%。

（顾祝君）

【新区越江交通诱导系统获多项发明专利和信息化应用优秀成果奖】 “浦东新区越江交通诱导系统”的建设是在现有道路设施的基础上，采用信息技术手段合理引导和分配路网上的交通流量，尤其是挖掘与主干道相匹配的次干道和支路系统的潜能，分析交通运输系统运行状况，研究最佳道路诱导系统方案，引导车辆在最佳线路上行驶，为出行者提供越江道路通行参考。该系统采用“三态判别”法等技术模型设计与实施，采用A型全屏全彩高亮度可变信息板进行交通诱导，在国内城市道路交通诱导均属首创。

系统上线运行后，延安东路隧道、复兴路隧道以及大连路隧道交通流量的均衡性在交通高峰时段提高了20%，缓解了小陆家嘴地区（延安东路隧道）越江通道的交通拥堵状况。应用表明，系统交通状态判别准确率为93%，对浦东至浦西的越江交通拥堵起到了有效缓解作用。

在系统的开发过程中形成了多项技术成果，均为自主知识产权。其中“城市道路交通流预测及交通信息诱导系统”发明专利于2008年底授权。系统2008年获“上海市浦东新区信息化应用优秀成果奖”。

【新区土地管理信息系统获得肯定】 “浦东新区土地管理信息系统”运用3S、PDA等技术和“一机三网”集约化方法，实现地籍图、土地利用规划图、土地利用现状图、遥感图、城市规划图等多图合一。该系统核心地理信息库建在新区建交委信息中心，并通过网格化巡查管理和电子政务外网，为全区各土地所提供服务。系统投入使用后，明显提高了日常土地管理、巡查和执法的效率。由于将违法用地事件消灭在萌芽状态，有效地减少和制止了违法用地事件的发生，从而大幅度降低了行政和执法成本，维护了社会的稳定与和谐。该系统2008年获得市信息委区县优秀信息化项目成果奖。

【公交监控调度管理系统“统一网关”技术研究取得进展】 新区建交委在研究分析目前各类通讯网关相关技术及其优缺点的基础上，首次提出在公交监控调度管理系统中采用“统一网关”进行车载智能终端系统和政府、企业之间的通讯。“统一网关”是指车载智能终端子系统与政府监控管理信息子系统、企业调度管理子系统之间的通讯，采用同一网关进行。

新区建交委通过大量技术方法研究、建立试验模型和4条试验线路200多辆公交车的实验，取得重要进展和成果，得到新区公交管理部门和公交企业的一致好评。在实验中，各个子系统实时数据的采集处理，采用“统一网关”实施。通过电信GPRS网络接入车辆实时运行信息，将历史运行记录定时写入历史表，同时基于统一的通讯协议和数据规范，转发车辆的实时运行信息到连接服务端的监控终端。数据采集服务在基于实时数据基础上进行实时计算，将计算结果写入数据库。功能主要包括：事件转发服务、消息处理服务、定时任务服务、数据处理服务和日志保存服务等。在新区综合交通信息管理系统工程项目中，公交监控调度管理系统完全采用“统一网关”研究成果。

“统一网关”研究成果具有明显的应用效果。首先，可统一车载智能终端系统、政府监控管理系统和企业调度管理系统之间的通讯协议、数据标准，从而可加快工程的实施；其次，系统采集的数据具有客观公正性，完全可以作为政府对公交企业财政补贴的科学依据；第三，由于减少了通讯量，以新区3 000辆公交车计算，每年仅节省额外通讯费一项，就可为政府和企业节省360多万元，其社会效益和经济效益都十分明显。

（戴友锋）

五、信息产业发展

【集成电路产业能级不断提升】 新区集成电路产业经济总量保持平稳较快增长，2008 年新区集成电路产业实现销售收入 273.8 亿元，占上海市的 65.7%，较上年保持平稳发展。其中，集成电路设计产业发展迅速，2008 年新区集成电路设计产业实现销售收入 32 亿元，同比增长 25.9%，占上海市比重达到 60.9%。产业链由低到高转移趋势明显。

【集成电路技术优势进一步凸显】 新区集成电路产业技术能级进一步提升，芯片制造领域跟上国际主流水平，工艺技术已进入 65 纳米工艺阶段。展讯通信推出世界首颗 SoC 级商用数字音视频编解码技术标准（AVS）解码芯片 SV6111，同时在 TD-SCDMA 芯片研发上取得成功。锐迪科微电子成功研制出全球首颗采用 CMOS 工艺、支持 HSDPA 的 TD-SCDMA/GSM 双模射频收发器芯片 RDA8206，并通过主要基带厂商的验证。

【国际半导体设备与材料展顺利召开】 3 月 18 日，全球重要的半导体行业盛事国际半导体设备与材料展（2008 Semicon China）在浦东开幕。该展览由国际半导体设备及材料协会主办，新区科协积极支持该活动举办。此次展览规模超过 5 万平方米，共设 2 500 多个展位，吸引了 1 100 家展商参加。

【软件产业实现稳健发展】 2008 年，新区软件和信息服务业营业收入达 560 亿，同比增长 20%；利润总额达 89.6 亿元，同比增长 13.5%。超亿元的软件企业数进一步扩大，新增 21 家，总量达 60 家，大部分骨干软件企业均实现稳步增长。

【浦东软件园发展势头良好】 上海浦东软件园本部新引进软件企业 64 家，新签合同、续签合同及扩租合同累计 179 个，园区企业总量达 918 家。上海国家软件出口基地（浦东软件园三期工程）按计划推进，累计交付使用建筑面积 12.4 万平方米。三林世博分园的招商工作全面启动，全年签约项目共 14 个，签约面积 2 430 平米。

【软件公共服务体系日臻完善】 新区继续对公共技术服务平台实行统一认定，努力扩展平台服务范围，积极落实对浦东软件增值服务平台等受认定平台单位的扶持政策。目前，新区共有认定软件企业 591 家，国家规划布局内的重点软件企业 10 家，通过 CMM(I)5 认定的企业数量达 8 家，华为等一批优秀企业加入公共技术服务的行列，增强了平台体系服务能级。

（盛雪锋）

六、信息基础设施建设

【曹路镇启动新农村信息化建设】 曹路镇全面启动新农村信息化建设，赴金山、南汇等新农村建设原国信办试点区域学习经验，了解新农村信息化的优秀做法，并于 12 月 10 日与浦东电信局签署曹路新农村信息化建设共建项目合作协议，制定了电信让利、政府贴补、农民获利的信息化建设合作方案。建设内容分两块：⑴扩容基础通讯网络，拓宽通信带宽。对曹路新农村的基础网络进行规划、设计，充分利用现有资源，通过管道敷设、光纤到村、铜缆覆盖、引入线整治等工程，提升线路资源和线路容量，使之能够承载领先的信息服务。(2)建设信息化应用系统，打造集成多个子系统的曹路镇农村信息化综合服务平台。建设基层电子政务信息系统，提高管理效率和服务水平；搭建村级门户网站，加强对外宣传；应用外来人口综合管理系统，方便外来人口管理；集成IP视频监控全球眼系统，监控各村的治安情况；通过党建网IPTV业务，为广大农村党员干部提供技术和党务知识的学习交流平台；建设农产品交易平台，为农户、企业提供了解市场、销售农产品的便捷渠道。

（曹路镇党政办公室）

七、信息化环境建设

【完成“浦东新区城市网格化管理发展三年规划”课题】 按照“通观全局、突出重点”的技术管理创新思路，立足网格化长远发展需要，新区城市网格化管理监督（指挥）中心顺利完成“浦东新区城市网格化管理发展三年规划”课题研究任务，编制了《浦东新区城市网格化管理发展三年规划总体研究报告》、《浦东新区城市网格化管理发展三年规划(2008～2010)》、《浦东新区城市网格化管理与相关系统现状调研报告》、《浦东新区城市网格化管理信息系统与相关系统共享接口标准研究报告》等四份研究报告。

作为课题的重点，《浦东新区城市网格化管理发展三年规划》在对新区城市网格化管理及其相关系统的现状进行全面调研与分析的基础上，针对城市网格化管理发展中的问题作了深入全面详细的调研分析及论证，并结合新区的实际特点与发展需求，提出新区城市网格化管理发展的三年规划（2008～2010），给出了城市网格化管理信息系统与相关系统的共享接口技术方案及信息标准。《规划》中所提出的发展思路充分考虑到了新区城市网格化管理在新形势下的发展与变化需求，具有良好的前瞻性。

（徐　倩）

【编制《浦东新区卫生信息化三年（2009～2011年）规划》】 根据国家和上海市对卫生信息化建设的要求，新区抓住综合配套改革试验区的契机，结合卫生的业务特点和发展趋势，编制了《浦东新区卫生信息化三年（2009～2011年）规划》。《规划》旨在建立“以人为本”覆盖广泛的卫生信息化体系，提升卫生服务效率和水平，满足人民群众日益增长的医疗卫生信息化服务需求。《规划》的重点是建设公共卫生体系、社区服务体系和医疗服务体系，围绕区域性卫生服务体系，提出可发展的整体解决方案；实现动态的信息管理，探索并实现全方位、整体化的“数字卫生，”解决卫生信息管理问题，逐步实现对自然人自出生到死亡的全程卫生信息的收集和整合；对疾病相关因素以及环境、场所等影响人群健康的因素进行重点监测，全面解决人群健康信息的收集、管理和应用。

（彭康康）

【浦东新区农村信息化培训普及工程任务圆满完成】 为贯彻党中央和上海市关于推进社会主义新农村建设的有关精神，根据市信息委、市农委、市教委、市妇联联合印发的《关于启动实施“千村万户”农村信息化培训普及工程的通知》的要求，新区农村信息化培训普及工程在新区信息委、新区农委、新区社发局、新区妇联和新区科协的大力推进下稳步开展。据统计，截至年底，新区已培训1 903人，宣传普及达5 000人，分别完成全年计划任务的254%和100%。

此次培训工作得到新区社区学院和各成人学校的充分重视，由各成人学校校长亲自挂帅主抓，并经常随访各培训点，关心工作开展情况。有条件的成人学校积极开展培训工作，力争超额完成培训指标；没有条件的主动创造条件，与附近学校、信息苑联系，租借场地以保证培训工作的顺利开展，切切实实地将培训工作落到实处。培训期间，农村居民特别是村干部、村信息员踊跃报名，学习热情高涨。

学员们在培训结束后表示获益良多，许多曾经连开机都不会的农村居民通过培训已经能够在因特网上浏览时政新闻和实用信息，更有学员表示在入门篇的培训结束后，将继续参加提高篇的培训学习。

【召开制造业PDM项目应用推广暨浦东新区信息化专项资金政策宣讲会】 为贯彻落实十七大“信息化和工业化融合”的精神，推动新区信息化和工业化融合发展的步伐，10月28日，新区信息化协会联合新区科委基金办、上海第二工业大学，召开了浦东新区制造业PDM项目应用推广会暨浦东新区科技基金信息化专项资金政策宣讲会。此次会议旨在探索建立协会－大学－企业产学研咨相结合的路径，即通过协会的咨询服务，依托本区域大学信息化专业技术力量，加快中小制造企业信息化建设步伐，缩小甚至消除新区企业信息化与国外发达国家和地区的数字鸿沟，实现新区产业结构调整和优化升级。

【召开推进电子政府建设联席会议】 11月21日，新区召开推进电子政府建设联席会议，通报新区2008年信息化建设情况和2009年工作初步思路以及现阶段重点工作开展情况，并邀请相关单位交流信息化建设的经验和体会。2008年新区信息化工作基本完成年初计划目标，下一阶段新区信息化和诚信建设将紧紧围绕综合配套改革试点和备战世博等重点工作，在2008年良好基础上，以电子政府、公共服务信息化、诚信政府建设为重点，在推进“多个部门，一个政府”、构建和谐社会目标方面再进一步。会议同时汇报了“浦东新区电子政府行政审批平台”的工作进展和总体规划思路以及“浦东新区电子政府中台二期”的工作情况，解读了“前、中、后”台的新区电子政府框架体系，特别是中台二期建设的详细内容。

新区外办、新区发改委、新区投资办就自身在部门信息化建设过程中的理念、经验、体会、管理措施等和与会者分享，认为人性化设计是政府信息化成功的重要条件，信息化不仅能极大提高工作效率，而且有利于工作的规范化。

（施丹峰）

【召开信息化与工业化融合发展研讨会】 12月27日，浦东新区召开信息化与工业化融合发展研讨会。工信部司长秦海、市经济信息化委副主任刘健以及来自德勤咨询、上海交大、张江产业研究院等咨询、研究机构的专家莅临指导，副区长张恩迪出席会议并作重要讲话。

到会专家围绕对“两化融合”的认识、“两化融合”对浦东的意义、浦东产业的特点、两化如何融合、聚焦突破重点、推进方式等六方面展开了热烈讨论。基本共识是：企业是“两化融合”的主体，政府引导推动，政府要聚焦重点产业、重点领域、重点区域，加强金融、物流、信息服务业发展，推动三产融合；在规划、政策、人才、公共服务平台、树立标杆等方面做好服务和保障；推动企业在研发设计、工艺流程、生产管理、市场开拓等方面积极利用信息技术。

（高玲玲　施丹峰）

八、社会诚信体系建设

【新区政府部门使用信用产品的范围不断扩大】 按照上海市《政府使用信用产品指南》要求，新区信息委继续推动信用产品的使用，除继续在政府采购招投标、财会信用等级评定、公务员招录、科技基金发放等方面使用信用产品外，还将使用范围拓展至企业信息化资金资助、研发机构资金资助及孵化器资助项目。2008年，政府带头共使用信用报告400多份，为政府决策提供了重要参考，同时也为增强企业信用意识、培育信用市场起了积极作用。

【“浦东新区企业信用信息服务系统”建成并试运行】 2008年底，“浦东新区企业信用信息服务系统”建成并试运行。目前已有新区发改委、新区建交委、新区科委、新区劳保局、新区环保局、新区文广局、工商分局、税务分局、质监分局、药监分局等14家单位102名个人通过申请，授权使用。经过授权的单位和个人可通过系统查询企业信用信息，初步实现企业信用信息政府内部之间的共享。新区还发布了《浦东新区行政机关归集和使用企业信用信息管理办法（试行）》，编制了第一批征集浦东新区企业信用目录，更好地归集和使用企业信用信息。

【启动“浦东科技企业信用互助融资计划”】 为有效解决浦东科技企业流动资金短缺的困难，新区启动“浦东科技企业信用互助融资计划”。该计划是浦东新区关于“促进自主创新”的六条政策措施之一。该计划的专项资金是由政府出资的“引导资金”和企业认缴的“信用互助金”（并作为担保资金存入上海银行的专户），以及由银行授信的贷款额度等组合而成。如果企业使用贷款发生实际损失时，将由政府、互助企业群体、合作银行三方，按合同约定共同承担风险。该计划组织民间信用资源，使用信用杠杆，引导银行向科技企业贷款，由政府、企业、银行三方合力，有效解决了企业流动资金短缺的困难。2008年，8家高科技企业正式加盟这一创新计划，并将获得首批由“信用互助金”为保证的贷款支持。

【组织开展企业信用信息自主申报试点工作】 根据市征信办统一安排，新区信息委联合张江高新技术创业服务中心在张江功能区内选择了50家企业开展企业信用信息自主申报试点工作。为开展好企业自主申报工作，新区信息委会同市征信办和企业自主申报信息系统技术支持单位组织试点企业开展信用知识和企业自主申报系统操作培训，通过培训参加自主申报的企业对新区开展企业信用信息自主申报试点的举措表示肯定和支持。50家企业都已通过自主申报系统上报了企业的信用信息，为增强企业诚信意识，起到较好的作用。

【信用认证助力电子商务平台健康发展】 上海钢联电子商务有限公司在客户数和交易量快速增长的过程中，遇到了网上交易信用问题，并已开始影响企业的进一步发展。为此，新区信息委会同基金办邀请专业信用征信公司为钢联进行专题诊断，共同研究解决方案。经过反复论证，提出了直接在网上交易平台嵌入第三方信用认证的解决方案，并委托专业信用征信公司研制了升级完善平台的技术方案。方案的实施提高了钢联电子商务平台交易的成功率，取得良好效果。

【信用培训又添新举措】 为贯彻落实上海市对紧缺人才的培养，加快推动信用岗位培训，在上海市信用管理考核办公室以及新区信息委共同推动下，新区信用管理教育培训中心会同新区财政局、浦东财税管理进修学校，把财务信用管理培训嵌入财务会计继续教育，让财务信用管理理念融入企业的经营管理中。6月12日，新区信用管理教育培训中心与浦东财税管理进修学校联手，为参加2008年度财务会计继续教育的第一批财务人员进行了首次财务信用管理培训。通过新区信用管理教育培训中心注册信用培训师授课，众多参与培训的企业财务人员理解了企业信用管理的基本概念，掌握了企业信用管理的基本方法，纷纷认同财务信用管理的重要性，并表示要从企业自身出发，积极开展信用学习，开展信用意识、信用管理在企业内的普及推广工作，为新区的信用环境建设，为提高企业信用管理意识，建设和谐浦东作出贡献。

【政企、政社合作，积极开展行业诚信创建】 为了增强企业信用意识，营造新区良好的诚信氛围，新区信息委依托行业协（学）会组织开展了系列行业诚信创建活动：在新区劳动保障学会的组织下，积极开展新区劳动保障诚信单位创建活动，4家单位获得浦东新区劳动保障诚信示范单位荣誉称号，141家单位获得浦东新区劳动保障诚信单位荣誉称号；通过新区消费者保护协会，积极开展消费领域的诚信创建，26家企业评为消费者放心企业，收到较好的效果。

（张国伟 施丹峰）

第三章　徐汇区信息化建设

概　述

2008年，徐汇区在深化推进区域信息化、信息产业、社会诚信体系、政府信息公开等建设中，紧紧围绕全区中心工作，准确定位，服务重点，取得较好成效。通过完善电子政务网络平台和应用支撑体系，推进了公务网建设和党建信息化、网上并联审批、平安建设、应急响应、帮困救助“一口上下”等跨部门、集约化的区重点工作建设；推进“无线徐汇”，落实“迎世博600天行动计划”，完成徐家汇商圈、上海南站、衡山路休闲街等公共活动场所的无线覆盖建设，共计485个场点/移动305个场点；聚焦重点，制订信息服务业行动计划，起草《徐汇区信息服务业三年行动计划（2008～2010年）》并报区政府发布；牵头协调，进一步深化诚信体系建设，开展政府部门使用信用产品工作，强化企业信用制度创新建设；推动《中华人民共和国政府信息公开条例》、《上海市政府信息公开规定》的实施，在区府办牵头下，开展《条例》实施准备的调研并形成调研报告，举办全区性的业务培训，完成2008年《徐汇区政府信息公开指南》、《徐汇区政府信息目录》的更新编制，组织依申请公开业务系统（二期）的修订开发并实现上线运行，规范了政府信息公开制度。

2008 年，“徐汇区企业服务网”、“徐汇区电子政务治理平台”被上海市信息化委员会评为“2008年度上海市区县信息化优秀成果”；区信息委获“2007年度软件产业统计工作先进单位”。

（杨　彪）

一、政务领域信息化

【深入推进政府信息公开工作】 贯彻落实《中华人民共和国政府信息公开条例》和《上海市政府信息公开规定》，以深化政府信息公开内容为核心，着重完善管理体制和推进机制，进一步规范政府信息公开申请处理，夯实政府信息公开工作基础。⑴加强工作推进。在区政府信息公开联席会议指导下，由区政府办公室牵头、区信息委具体操作，负责推进、指导、协调、监督全区的政府信息公开工作；各行政机关由分管领导负责并设立联络员，形成决策、指导和操作三个层面有机结合的工作机制。⑵强化制度规范。根据区级政府的职责，确定区政府及各委、办、局重点公开的政府信息范围，提出街道重点公开内容的指导意见，促进华泾镇公开有关政府信息，完成《徐汇区政府信息公开指南》和《徐汇区政府信息目录》的年度更新和发放；根据要求，组织各行政机关开展公文类信息目录备案，统一汇总完成2008 年度的目录上报工作；推广使用《上海市政府信息公开示范文书》，组织依申请公开业务系统（二期）的修订开发并实现上线运行。⑶夯实工作基础。年初区政府发布了《上海市徐汇区 2007 年政府信息公开年度报告》，召开区政府信息公开联席会议（扩大），部署全区推进政府信息公开工作；组织开展《条例》实施准备的调研并提出专题调研报告，举办各行政机关分管领导、责任科室负责人参加的《条例》实施培训；开展全区月度信息公开统计汇总并上报；发挥保密部门职能，指导、落实各项保密审查制度。

(4)深化便民服务。进一步调整充实以区“三风”监督员为骨干的检查员队伍，重点对公共服务窗口和公共查阅室的信息公开情况进行定期和不定期的检查，及时反馈存在问题；接受有关政府信息的电话和当面咨询，积极发挥“上海徐汇”政府门户网站的咨询服务平台作用。

出版《徐汇区人民政府公报》6期；累计主动公开政府信息1 913条，全文电子化率达100%，其中年度新增主动公开政府信息281条；受理信息公开申请163件，已答复159件申请；接受市民咨询34 052次，其中现场接待9 301次，咨询电话接听22 880次，网上咨询1 871次；“上海徐汇”政府门户网站中政府信息公开专栏访问量为640 390次；发生针对区行政机关有关政府信息公开事务的行政复议案15件，行政诉讼案4件。

【深化电子政务基础设施建设和应用】 遵循“统一规划、统一管理、统一建设、分步实施”的原则，按照区电子政务总体框架，完善统一、安全、可靠的电子政务网络平台和应用支撑体系，推进跨部门、集约化的政务信息系统建设。基础设施进一步加强，完成区级机关办公大楼内网络交换机升级，达到大楼内网络千兆主干、百兆到桌面，为各单位信息化应用的深入推进打下坚实基础。电子政务基础框架和系统应用继续深化，针对全区电子政务发展现状，启动了以核心基础架构优化和IT运维平台建设为主要目标的IT治理工作，确定系统需求并组织开发。完善人口、法人、空间地理三大基础数据库建设，在做好空间地理领域政务信息资源目录体系试点工作的基础上，探索人口、法人领域政务信息资源目录体系建设，为全区政务信息资源的合理有效利用奠定基础。

【信息化支撑体系作用明显】 (1)加强公务网建设和党建信息化。公务网分级保护方案通过市保密局评审并组织实施；协助区委办建设并开通基于公务网的门户网站，提高涉密信息系统的应用水平；以信访系统建设和涉密信息系统分级保护工作为抓手，协同区机要局、区保密办做好公务网的应用建设和安全建设，确保涉密信息系统的安全、可靠；协助区委组织部进行党员远程教育平台建设，为新时期党建工作提供信息化支撑。(2)推进政府职能转变。贯彻区领导关于建设、推进并联审批，强化服务职能的要求，协助区工商分局、区经委、区招商中心等有关部门开展网上并联审批系统相关调研、建设等工作，提供区企业服务网及网上办事系统建设的技术支持。(3)支撑平安建设。协助区信访办完善信访系统，探索视频信访新途径，提高信访工作的便民性；协助区应急办做好全区信息化应急响应系统建设；协助区民防办做好应急指挥所的信息化系统方案制订，提高区应急响应的总体能力。(4)促进网格化管理。与市建委系统合作，进行区地理信息系统与网格化管理信息系统整合，为全区网格化管理工作提供技术支持。(5)助力民生工作。协助区民政局建设，推广全区统一的帮困救助“一口上下”信息系统。

（杨　彪）

二、社会领域信息化

【推进社保卡申领、发放工作】 区信息委指导各街道镇社会保障卡受理网点工作，组织各网点开展学龄前婴幼儿、敬老服务专用卡等社保卡扩大申领，年内共完成申领社保卡42 996张、学籍卡28 532张，敬老卡98 558张，补换卡23 478张。

【受理市民信箱2 033个】 区信息委继续推进指导各街道镇市民信箱受理，全年完成市民信箱受理2 033个。

【区卫生局召开信息化专题论证会议】 4月2日，区卫生局召开信息化专题论证会议。会议对《2008～2010年卫生系统信息化建设与发展规划》、《2008～2010年卫生系统信息化建设项目的可行性研究报告》的总体内容、主要任务和进度实施进行研讨，并对信息化评审会中专家提出建议和意见所做的修整内容进行汇报。

【以信息化为抓手推动“两新”组织党建工作】 ⑴加强组织领导，将“两新”互动网和综合服务平台信息化建设作为工作的重要内容，推进“网上党支部”建设；⑵整合资源，利用“两新”党建网格化管理网络，对社区内“两新”组织的党员队伍、规模企业、商务楼宇和工业园区党建等情况进行全面排摸，掌握第一手资料；⑶加强综合运用，利用“一网一台”的综合信息服务功能，坚持以支部为主，激发党员主体意识，创新党组织生活方式，开展网上支部生活、网上党员论坛等活动，进一步增强基层党组织的吸引力和凝聚力。

【推行网上纳税】 11月1日起，区税务分局推行企业使用电子签名进行网上纳税申报，纳税人网上申报资料统一进入综合征管软件系统，无需报送纸质申报资料，减少了纳税人的办税成本和往返办理次数。一是通过徐税网、电子申报网站、手机短信平台等多种载体向纳税人告知电子签名的意义和办理手续，督促企业下载并填写《申请电子签名和电子印章确认书》；二是在办税服务大厅专设资料审核室和六个受理专窗，对纳税人相关申报资料提供审核、受理、确认等手续的“一条龙”服务；三是在受理新办企业网上申报申请时一并发放并收取《申请电子签名和电子印章确认书》，将新办网上申报企业纳入电子签名。截至12月底，共有1.5万余户电子申报用户纳入电子签名应用范围。

【举办第四届“人口文化杯”电子小报制作大赛】 7月18日，区人口计生委、区科委、区教育局、区文化局、区妇联在西南文化中心联合举办“为四川加油，为奥运喝彩！”——第四届“人口文化杯”电子小报制作大赛决赛，来自全区13个街道镇的163位高中、初中和小学的参赛者参赛。经评选，30位同学分别获得一、二、三等奖及优胜奖。此次大赛历时1个多月，有5万多名学生参加了初赛。

【加强区人口计生信息交流平台建设】 区人口计生委在全区网络建设基础上，形成人口计生综合信息和基础数据共享，重点指导居民优生优育。⑴依托“徐汇区实有人口基础信息管理系统”，构造《徐汇区社区优生优育系统——0～3岁科学育儿工作平台》。经过近一年的建设、试运行，已在全区13个街道镇居委会正式投入使用。平台的主要功能是对符合条件的社区0～3岁婴幼儿家庭进行每年至少4次科学育儿指导以及对其母亲的相关随访工作进行记录、督促、评估；建立以社区为单位，以居委为端点，以街道为组织，以区为指导的三级优生优育信息网络。网络建立了包括新婚对象、孕期对象、产后母婴保健（0～3岁科学育儿）和应落实措施的重点对象等四大服务体系，同时还为200余户流动人口0～3岁家庭提供网上服务。数据显示，0～3岁婴幼儿家庭优育、优教指导服务率达到85%。⑵依托“上海市育龄妇女信息系统（WIS）”构造育龄妇女人口计生管理工作平台。全区已婚育龄妇女约14万人，其计划生育、独生子女领证、落实节育措施、进行综合避孕等管理信息全部纳入该工作平台。⑶依托“全国流动人口计划生育信息交换平台”和“市人口与计划生育综合管理信息系统”，建立育龄人口流入、流出信息平台，为流动人口计划生育管理共享资源。⑷依托上海市计生药具免费发放管理系统，引入网络信息管理药具，提高计生药具管理服务水平。区人口计生指导中心完成年度免费发放避孕药具计划75万元，并与市药管中心签约，采取区域内免费计生药具配送物流工作社会化模式，在保证区人口计生指导中心6个月库存量的前提下，市计生药具供应站除每年4次免费将计生药具直接送往各街道镇，再增加5次有偿配送，有效利用市计生药具供应站的配送物流资源，减少区级层面配送物流环节。

（杨　彪）

三、经济领域信息化

【区企业服务网及网上协同办事系统启动】 11月7日，区企业服务网及网上协同办事系统启动仪式举行，区领导以及相关委办局、街道镇和90余名区域内企业代表参加。仪式上，区工商分局介绍了系统的建设情况和功能特点，克莉丝汀和申银万国两家企业代表作交流发言。徐汇区企业服务网及网上协同办事系统建设对于区加快推进政府职能转变、落实行政审批制度改革、提高行政效率和透明度、营造稳定良好有序的企业发展环境具有非常重要的作用。区长陈寅要求：⑴各部门以推进行政审批制度改革为契机，以信息化技术手段为依托，以为企业提供更多高效便捷的服务为切入点，使系统在实际运用中不断完善，成为全天候了解和解决企业实际困难的平台。⑵坚持规范、高效、透明和公正。坚持规范，即通过统一服务事项、工作流程、操作规则的标准，实现服务企业的规范化；坚持高效，即完善企业绿色服务通道功能，为企业提供更加高效便捷的服务，并结合政府机构改革的推进和深化，进一步缩短办理时限；坚持透明，即政府制定的政策让企业及时知晓，政府对于企业的需求及时呼应，各部门的服务情况相互了解，整个平台的运行绩效及时评估；坚持公正，即通过对行政审批过程的效能监察，促进政府行政、执法、管理、服务水平的提升。 （杨　彪）

四、城市建设管理领域信息化

【加强绿化信息化建设】　“徐汇绿化”网站正式改版完成，新增政府信息公开、绿化建设和养护、队伍建设等板块，完善了行政审批公示、面向单位和市民的便民服务内容，同时提供“网上咨询和投诉”、“信息公开申请”和“网上认养登记”等互动性内容。区绿化局还根据市绿化局关于信息化工作的要求，针对网络硬件、软件、规章制度、网络物理隔离和视频会议等进行检查，结合市绿化局专家关于网络建设提出的改进建议，促进信息化管理工作，为今后建设更“稳定、高效、安全”的信息化网络奠定基础。 （杨　彪）

五、信息产业发展

【推动信息服务业发展的载体建设】　区信息委以优先发展“信息技术服务业”和“信息资源服务业”为侧重点，合力推动信息产业园建设，按照区现代服务业“2010105”的目标推进园区基本建设。重点关注和联系漕河泾软件园、徐汇软件园、慧谷创业中心、国家数字媒体技术产业基地，重点走访和服务L777新媒体产业园、华东理工科技园等园区，完善园区信息化基础设施建设，扶持园区公共服务平台建设。帮助L777园区确立以信息安全为重点的园区发展方向，探索建设信息安全公共服务平台。

7月11日，徐汇区信息服务业协会成立大会在上海数娱大厦召开。协会由上海巨人网络科技有限公司等10家注册办公在徐汇区的知名企业共同自发组织成立的社会团体，有会员36家。

【优化信息服务业环境建设】　充分发挥市高新技术企业、软件企业、区导向性企业、现代服务业企业资格认定对区域信息服务业企业的推动作用，积极推荐和鼓励区内有条件的信息服务企业申报各项专项资金扶持和相关资质认定，促使各类资源向信息服务业集聚。根据区信息服务业发展特点修改完善并发布了《2008年度区信息化发展资助项目申请指南》，确定12个项目为资助项目。结合第三方审计机构的验收审计，完成12个2007年度区信息化发展资助项目的验收。上海中标软件有限公司的高可信操作系统平台产业化等8个项目获得2008年度市软件和集成电路专项资金支持，上海点讯科技公司获得市2008年度电子商务支持项目的资金支持。完成2009年度市软件和集成电路专项资金39个项目的申报，重点推荐14个项目并承诺了相应的配套计划。

【加强产业政策研究】 结合区信息服务业发展实际，在开展调研和征求有关部门意见的基础上，起草完成了《徐汇区信息服务业三年行动计划（2008～2010年）》并报区政府发布。按照营业规模和发展潜力梳理出66家重点跟踪企业，作为今后三年重点服务的对象。结合新一轮产业政策的调整，依托区信息服务业协会，开展了《促进区域信息服务业产业发展的优惠政策》的专项调研，为下一步调整完善信息服务业政策体系提供依据。基于现有的地理信息系统，着眼科学有效地加强产业管理和服务，组织相关专家召开座谈会，启动IT产业地图和产业分析系统建设。

【完成2007年区信息化发展资金项目验收】 10～11月，区信息委完成2007年徐汇区信息化发展资金项目验收。此次验收工作首次引入了第三方审计机构参与对项目承担企业的专项审计，再组织专家进行现场技术验收。经审计，此次验收的12个项目在一年的执行期内，实现产值6 854.7万元，完成税收387.7万元，吸引企业配套资金3 998.06万元。

【完成2007年区软件企业年度统计】 区信息委、区统计局依据《上海市信息化委员会关于开展软件业统计工作的通知》，开展对区经认定的软件企业的统计工作，共统计软件企业175家（含2007年税收收入前20位的信息服务业企业），其中认定企业142家，非认定企业33家；统计企业全年营业收入为103亿元，其中认定企业为85亿元（占82%），非认定企业18亿元（占19%）。

【7家企业入选2008年度国家规划布局内重点软件企业】 经国家发展改革委、工业信息化部、商务部和国家税务总局联合审批，确定186家企业为2008年度国家规划布局内重点软件企业。在全市29家企业中，徐汇区启明软件、海隆软件、亚太计算机信息系统、先锋商泰电子技术、PFU上海计算机、新蛋信息技术（中国）、万达信息等7家公司入选。

（杨　彪）

六、信息基础设施建设

【签署共同推进信息化建设及“无线城市”建设合作协议】 5月9日，区政府与中国移动通信集团上海有限公司签署了共同推进信息化建设及“无线城市”建设合作协议。根据协议，双方将按照“政府主导、政企合作、服务民生”的原则，围绕区域信息化建设的总体要求，加快区宽带无线网络的建设和覆盖，有效推进信息化在社会民生、政务管理、产业升级等方面的深入应用，为区“十一五”时期乃至未来长远发展提供全面的信息化保障。

【区无线宽带网络一期开通、二期启动】 6月6日，区政府与中国电信上海公司联合举办“无线徐汇，无限精彩”——徐汇区无线宽带网络一期开通、二期启动仪式。根据区政府与中国电信上海公司签署的《推进徐汇区信息化建设战略合作框架协议》，“无线徐汇”建设项目于2007年初启动，分为二期三个阶段。一期已正式交付使用，共架设无线热点400余个，覆盖区域包括44幢楼宇、20家星级酒店、上海南站、徐家汇、衡山路休闲街等标志性区域以及人流集中的公共场所。

【推动“无线徐汇”建设】 区信息委加快先进适用的信息化基础设施建设，继续深化与电信运营商的合作，打造“无线徐汇，无限精彩”品牌，召开“无线城市”项目方案研讨会。落实“迎世博600天行动计划”，细化责任目标和任务，建立工作机制，推进实施“无线城市”。完成徐家汇商圈、上海南站、衡山路休闲街等公共活动场所的无线覆盖建设，同时继续扩大场点覆盖，共计完成电信390个场点、移动101个WLAN场点和124个TD-SCDMA场点的覆盖工程，并开展基于无线宽带的政府和企业应用试点。

（杨　彪）

七、信息化环境建设

【完善信息化项目审核管理】 区信息委会同区财政局完善全区各单位政务与公共服务信息化项目的管理过程，组织专家对2009年重点信息化产业项目立项审核进行专家评审，根据“统一规划、统一管理、统一实施”的一体化建设原则，做好协同理财工作，完成2009年各单位信息化项目预算审核，审核项目266个，计1.2亿元，核减4 647万元。

【开展应用系统的推广培训】 区信息委结合有关应用系统的推广使用进度，针对各单位系统管理员开展新版办公桌面等信息化项目推广培训2期共100余人，计800课时／人。

【配合完成奥运安全工作】 区信息委采取有效措施，组织对全区各单位网站进行全面安全漏洞扫描，针对有漏洞的50余个网站，积极督促各相关单位及时整改，并采取有效安全加固措施，保证了奥运期间未发生信息安全事故。 （杨　彪）

八、社会诚信体系建设

【深入开展政府部门使用信用产品工作】 探索建立企业失信惩戒和守信受益机制。在《徐汇区企业信用产品使用暂行办法》的基础上，结合市《关于加强中小企业信用制度建设的实施意见》等有关规定，进一步研究和拓展区信用产品的使用范围，2008年有9个部门共计使用442份信用产品。

【完善企业信用服务系统】 推动信用信息的公开共享，建立社会服务与应用机制。积极参与市有关课题的研讨，制定了关于加强政府内部企业信用信息的归集和维护、推动信用信息公开共享的深化建设计划，研究企业信用平台的营运方案。积极参加市企业自主申报信用信息工作试点，开展了对首批50家试点企业的培训。

【开展企业信用制度创新建设】 区信息委会同区经委、区财政局制定工作方案，开展企业信用制度试点工作和培训工作，完成第三批信用管理制度的试点工作。指导两个培训点开展企业信用培训工作，增强区域各类企业经营管理的信用意识。贯彻落实市《关于加强中小企业信用制度建设的实施意见》，促进中小企业的信用管理制度建设，“华东理工科技园信用管理制度建设”被批准为2008年上海市第一批社会信用制度建设试点项目，“诚信徐家汇商圈”管理机制及信用平台建设项目被确定为上海市社会诚信体系建设发展专项。会同有关部门，确定上海先致信息系统有限公司的“企业信用风险控制系统建设”等11个项目受益2008年度企业信用管理制度建设专项扶持资金。积极推进行业信用管理和服务，开展相应的诚信创建活动，加强相关市场的诚信规范。

【举办诚信宣传活动】 积极营造“有信者荣，失信者耻，无信者忧”的和谐环境。按照区文明办的统一部署，积极参与“诚实守信在徐汇”的主题活动，将诚信要求作为文明社区、文明小区、文明行业、文明单位等创建项目的考核内容。区信息委会同区文明办、区教育局联合举办“让诚信感动你我”920专题宣传活动。作为“2008年诚信活动周”重要内容之一，承办市征信办以“信用上海，和谐生活”为主题的展示活动，对公众进行诚信教育和宣传。

（杨　彪）

第四章　长宁区信息化建设

概　述

2008年是长宁区开展国信办电子政务综合试点，推进城区信息化走在前列的关键之年。区信息委紧紧围绕推进城区信息化走在前列的目标，聚焦电子政务综合试点平台的建设，细化信息化服务社区百姓的工作方法，努力形成和完善信息化推进机制，进一步提升长宁信息化发展环境，积极开展各项信息化建设。

按照上海市电子政务综合试点区要求，积极推进完成各项信息化目标任务。⑴统一门户和机关办公信息系统各项内容全面建成，在20个部门和街道开始试运行；⑵城区综合建设与管理信息系统基本建成，进入试运行阶段；⑶实有人口服务与管理信息系统基本建成，救助模块已开始在新泾镇进行试点；⑷综合经济管理信息系统正在全面建设与完善中；⑸行政审批网上办事大厅已在长宁门户网站开始运行。

深化提高“数字惠民”工作的针对性和有效性，始终把贴近市民、服务发展作为信息化工作的基点。⑴进行卫生领域信息化跟踪；⑵完成社保卡、学籍卡在长宁图书馆实现借阅功能的应用；⑶启动社会保障卡扩大申领工作；⑷完成2008年敬老服务专用卡申领工作，进一步完善老年人免费乘车办法；⑸全面推广学籍卡，学籍卡成为学生综合信息和电子身份凭证；⑹启动信息化特色小区创建工作，应用信息新技术与社区“双结对”共创共建，在区内街镇事务受理中心、小区活动室、世贸商城、龙之梦购物中心等居民区、商务楼宇、商场等36处试点布放多媒体自助终端——“易付捷”，该终端是“数字惠民”的创新形式。

召开迎奥运网络信息安全自查和检查工作专项会议，确保奥运会期间长宁网络和信息系统安全运行。积极推进迎世博600天行动计划，为世博会营造市场环境和社会环境，展现“数字长宁”的形象。签署与上海电信“无线城市”建设合作框架协议，与上海移动就共同推进信息化和开展“无线城市”建设签订合作协议，最大化地发挥无线宽带应用服务民生的作用。开展第三代无线通信应用推广工作，发挥无线信息技术的作用。

深化信息公开工作，编制完成《2008年长宁区政府信息公开工作要点》。截至年底，主动公开及依申请公开信息9 300余条。编制完成《2008年长宁区社会诚信体系建设工作要点》，在应用引导、环境营造上努力推进社会诚信体系建设。9月开展以“诚信你我，和谐新长宁”为主题的诚信宣传活动方案，10月配合“上海诚信活动周”开展网上公务员诚信知识竞赛、诚信进机关、进社区、进园区等各类宣传活动。

2008 年，“长宁区城区建设与管理系统”与“长宁区政府项目监督管理系统”被上海市信息化委员会评为“2008 年度上海市区县信息化优秀成果”。

（徐　丹）

一、政务领域信息化

【完成公务员统一门户和机关公务管理系统建设】 完成公务员统一门户和机关公务管理系统建设，建设内容包括一二级门户、办公应用（文件、会议、简报等）、公共应用（日程、消息等）、业务整合、权限管理和历史数据迁移等各项工作。

【完成实有人口领域综合信息系统建设】 基本完成实有人口领域综合信息系统建设，将进行完善和筹备公共系统推广。建设内容包括实有人口数据库建设（包括户籍、来沪和境外三类人员基础信息导入和人户分离信息采集）、社会救助（民政救助事项和街镇救助事项）、市民政救助数据导入、支撑信访应用和查询统计。

【完成网上行政审批改革】 完成网上行政审批改革系统建设，基本完成事项内容加载，将启动系统推广工作。建设内容主要包括：223项行政审批大厅框架建设（在线受理、状态查询、结果反馈、表格下载、办事指南、办理机构、相关法规、网上咨询、监督投诉、便民问答）、会计资格报名一办到底的系统建设、后台受理和事项发布、超时监察等。

【调查评估区电子政务总体框架建设现状】 区信息委对区所辖的9个街道、1个乡镇、6个工业园区（开发区）、178个居委会、5个村委会进行电子政务建设现状调查。经调研，区电子政务总体框架建设符合国家和上海市要求，基本形成分领域集约化建设的建设模式。

【启动实有人口帮困救助系统开发相关工作】 由区民政局、区人口办和区信息委共同组成专项工作小组，以实有人口库为基础，整合建立区帮困救助业务综合信息系统。该项工作4月底正式启动，完成对6个相关部门（机关党工委、总工会、房地局、残联、教育局、劳动局）及4个街道（新华、华阳、江苏、仙霞）的调研走访工作，主要是对救助帮困业务项目、执行流程管理规范、资金审批权限、部门协作关系及相关信息化系统的建设使用情况进行详细的了解。调研结束后，工作小组及时对各部门救助帮困工作的业务内容、救助帮困资金的使用以及救助的流程进行了梳理和总结，理清了区帮困救助工作现状以及存在的问题，初步明确了项目的总体思路和框架。

【“百户单元”实有人口服务和管理综合试点工作通过验收】 10月10日，“百户单元”实有人口服务和管理综合试点工作通过市信息委验收。结合网格化管理的理念，通过实施流程再造，强化条块协同，全面推进区实有人口服务和管理工作，构建了“一体化”综合管理应用平台，实施网格化的信息采集，掌握精确化的数据分析，实现多元化的信息共享。通过此次试点工作，强化了在集成实有人口信息采集、人口库建设、条块信息共享，以及社会救助、信访、社区服务等方面的试点成果。

【推进“迎世博600天行动计划”】 进一步提升网上行政审批大厅在线办理率，简化社会公众和企业的办事流程，推进区级“网上服务大厅”，切实方便世博期间社会公众和企业办事。在迎世博600天内加快网格化信息终端向各部门延伸，为迎世博提供信息化管理的保障。协同10个街道、镇，在社区建设与管理信息平台和社区事务一门式服务上增加迎世博内容的服务，推进“社区数字活动室”，为世博会举办期间社区居民提供更优质的服务。引导中小企业加强自身及交易方信用信息记录，在联络软件企业中，对企业遇到交易信用方面问题，将通过诚信工作平台，促进企业发展，为世博会营造公平信用的市场环境和诚实守信的社会环境，展现“数字长宁、诚信第一”的形象。 （徐 丹）

二、社会领域信息化

【跟踪卫生领域信息化】 二级医院及8家社区卫生服务中心与卫生局信息中心完成网络铺设，区域内诊疗信息、健康档案信息的互通共享已完成系统开发投入使用；启动市信息委信息化建设项目——区域居民健康管理服务平台建设，经过前期调研完善设计、项目招标，项目已完成开发；在市卫生局领导下，积极参与社区卫生信息化建设的规范和标准的试点示范任务，完成规范标准的编制，报市卫生局审核；完成在区8家社区卫生服务中心推广应用全科团队信息管理系统一、二期（TIS系统）开发，经过测试投入运行。

【实现社保卡、学籍卡在图书馆借阅功能】 完成社保卡、学籍卡在长宁图书馆实现借阅功能的应用。通过社保卡、学籍卡注册认证，建立读者信息库，成为长宁图书馆电子借阅卡，实现在自助借还系统运用。

【启动社保卡扩大申领工作】 召开各街镇社区事务服务中心分管领导和社保卡受理点负责人专题会议，对申领发放工作做了明确布置和详细安排，发放了相关宣传资料，在网站、电子屏等宣传媒体及时向居民发布申领通告。通过各居委会向全区1.1万0～6岁儿童、3.4万18岁以上尚未申领社保卡的居民逐家逐户发放申领登记表。

【完成敬老服务专用卡申领工作】 为进一步完善老年人免费乘车办法，上海市为沪籍70周岁以上老人免费发放具有乘车记次功能的社会保障卡（敬老服务专用卡）。共完成申领发放6 1352张，4月7日启动申领（信息核实）工作，8月1日起正式启用。为确保在较短时间里有序、稳妥地做好申领发放工作，区信息委组织召开了敬老服务专用卡申领工作专题部署会，发动和依托居村委会的力量，就近、方便地完成对老人的信息核实及发卡工作。

【全面推广学籍卡】 学籍卡申领对象为11届高一、12届预初、13届小学一年级三个学段的全体在籍新生（包括非沪籍学生），预计人数达9 000余名，与现在籍新生学籍卡9 785张。为了体现便民服务，全区各街镇受理网点特增设周六工作时间为学生办理学籍卡。随着学籍卡的全面推广，其应用功能将进一步完善。除记录学生的基本信息、学籍信息等，还将应用于图书阅览、参加科普基地学习活动、参加各种社会实践活动等。学籍卡成为学生综合信息和电子身份凭证。

【启动信息化特色小区创建工作】 区信息委向全区10个街镇下发《2008年在全区各街道、镇继续开展信息化特色小区创建工作的意见》，正式启动2008年信息化特色小区创建工作。经过几年的建设推广，信息化特色小区已覆盖全区近140个小区，在推动公共服务信息化方面起到重要作用。区信息委认真总结信息化特色小区的创建经验，结合两会期间人大代表和政协委员关于“电子社区”方面提出的建议，以突出互动性、服务性为原则，根据小区不同的情况选择“生活百事通”、电子公告屏等不同的创建形式，鼓励创新，努力做到社区资源整合和共享，使社区居民能够感受到信息化带来的便捷，真正把“数字惠民”落到实处。

【推进“易付捷”进社区】 区信息委与区内企业银联电子支付服务公司合作，在街镇事务受理中心、小区活动室、世贸商城、龙之梦购物中心等居民区、商务楼宇、商场等36处试点布放多媒体自助终端——“易付捷”。该终端是“数字惠民”的创新形式，主要为居民提供便捷的水、电、煤、电话等账单缴费、银行卡转账及还款、手机充值、航空电子客票购买、保险购买和缴费、刷卡爱心募捐等功能。由于操作便捷，2008年36处“易付捷”终端共计完成数万笔交易，其中水、电、煤账单支付交易额占总金额的四成以上。

（徐　丹）

三、经济领域信息化

【推进综合经济管理信息系统建设】 确定年内综合经济管理信息系统建设目标，初步完成目标需求调研。由于长宁区被列入上海市网上行政审批试点单位，因此在建设目标上进行了略微调整，对进展情况有所影响。系统共分为经济发展、市场监管和并联审批三部分。2008年完成经济发展方面的系统建设任务，主要内容包括经济运行分析、楼宇经济升级扩展、“招、留、增”和税收数据库等方面。

（徐　丹）

四、城市建设管理领域信息化

【基本完成城区综合建设与管理信息系统建设】 内容包括：108个图层入库；基本完成并联审批平台阶段性功能开发；基本完成土地储备系统开发；基本完成政务资源目录体系总体框架，同时完成了并联审批和土地储备系统的数据入库；完成综合报表系统；完成与公务员统一门户的统一登录和身份认证；完成指定统一接口技术规范。

（徐　丹）

五、信息产业发展

【推进“数字产业”发展】 区信息委对2007年度通过年审的软件企业和2007年新认定的软件企业开展2008年度年审工作，95家软件企业申报年审。配合市信息委开展2008～2010年度上海市企业信息技术应用推进项目、2008年度软件和集成电路产业发展专项资金项目申报工作，共有22个项目申请市信息委2008年度软件和集成电路产业发展专项资金。

（徐　丹）

六、信息基础设施建设

【与上海电信、上海移动签署“无线城市”建设合作框架协议】 5月15日，区信息委与中国电信股份有限公司上海西区电信局签署了《关于长宁区“无线城市”建设的合作框架协议》，共同推进长宁区“无线城市”建设，应用无线宽带助推数字长宁。根据协议内容，区信息委和上海电信西区电信局将加快“无线城市”的基础设施建设，尽快实现无线宽带信号在虹桥涉外贸易中心、中山公园商业中心等重点区域的基本覆盖，并拓展面向全区的公共应用，在政务公开、便民服务、区域特色公共信息提供、治安管理、环境保护和社区医疗等领域提供服务，最大化地发挥无线宽带应用服务民生的作用。同时，江苏、仙霞等街道也根据街道实际应用需求与上海电信西区局合作开展以无线宽带为基础的应用项目。2008年，上海电信已在区范围内布设无线信号覆盖点232个。

7月11日，区信息委与中国移动通信集团上海有限公司就共同推进信息化和开展“无线城市”建设签订合作协议。根据协议内容，双方将在基础设施建设、“无线城市”应用等方面开展合作。中国移动上海公司将利用WIFI－MESH和GPRS/3G网技术，于2008～2010年在长宁区域内分阶段推进“无线城市”建设，覆盖区政府机构和各街道办公楼、重要商务楼宇、主要商业区、开发区、规划中的大型交通枢纽、各大专院校等。

【第三代无线通信基站建设】 TD－SCDMA是中国拥有自主知识产权的第三代移动通信标准，目前已进入测试阶段。区信息委按照市政府要求，自2007年起配合上海移动在区范围内开展3G基站选址建设工作，已经完成基站建设20余个，3G信号基本覆盖全区。

（徐　丹）

七、信息化环境建设

【召开电子政务工作组交流会】 1月3日，区信息委主持召开电子政务工作组交流会，会上提出对电子政务建设的要求。电子政务建设要注重流程再造和优化，要体现部门间的协同、数据上的协同，要提高行政效率，体现政府形象。电子政务工作组各成员进行了交流发言。

【举办“电子政务实务”专题报告会】 7月2日，举办“电子政务实务”专题报告会，区电子政务四大平台的牵头单位分管领导和相关人员参加报告会。会议邀请市绿化局相关人员结合市绿化局推进电子政务的先进经验，针对电子政务的含义、电子政务构成要素、电子政务建设目标和原则，电子政务技术热点和规范标准、基于共享和协同的应用平台开发策略，以及“一门式”行政许可受理系统等方面作了专题辅导报告。长宁区借鉴市绿化局推进电子政务的先进经验，结合区电子政务建设的实际情况，加强电子政务基础设施建设，强化部门间信息共享和业务协同，进一步完善区电子政务公共服务内容及服务方式，不断提高政府部门的行政效能和公共服务水平。

【召开市政务公开、政府信息公开督查会】 为进一步推进政务公开、政府信息公开工作，市政务公开联席会议、市政府信息公开联席会议组成联合督查组到长宁区督查工作。在工作督查的过程中，长宁区根据《2007年上海市政务公开工作要点》和《2007年上海市政府信息公开工作要点》的要求积极开展自查，并就政务公开工作进行了汇报，介绍了区政务公开中的经验与做法。市督查组充分肯定了长宁区政务公开、政府信息公开工作取得的成效，并对政务公开、政府信息公开工作提出了建议。

【创新信息化项目审批和管理模式】 根据2007年信息化项目审批中流程、统计等方面存在的缺陷及2008年项目全过程管理的需要，区信息委进一步探索在项目审批管理的机制和手段上的创新，引进具有经验和资质的第三方社会咨询公司参与项目的审批和规划、重大项目现场跟踪指导并继续完善后续文档管理。重点完成三方面的工作：⑴对在建和已建成的信息化项目进行全过程管理和重大项目的现场管理、历史数据的挖掘整理、部门已有系统的统计、维护经费的估算、项目质量评估；⑵协助完成2009年信息化项目预算审批及培训等相关工作；⑶协助完成国信办电子政务综合试点24项具体任务的文档整理工作。

【开展信息化先行区指标体系研究】 区信息委、民建长宁区委和上海工程技术大学签署合作协议，共同开展信息化先行区与国际城区协调发展的课题研究。两会期间，民建长宁区委提出了一系列旨在推进数字长宁建设的提案，在办理答复过程中，区信息委与民建长宁区委进行了沟通，确立了依托民建长宁区委及相关高等院校所拥有的社会和学术资源，借助外脑外力开展区校合作，为信息化先行区建设服务的工作思路。该项课题重点研究区信息化先行区与国际城区战略目标的协调发展机制，建立综合的评价指标体系，制订适用的管理机制和决策方案，以实现信息化先行区与国际城区协调发展的科学化和最优化。

（徐　丹）

八、社会诚信体系建设

【开展“重诚信、讲诚信、用诚信”诚信宣传活动】 10月23～29日“上海诚信活动周”期间，长宁区以“重诚信、讲诚信、用诚信”为主题，广泛开展诚信宣传和教育活动。区信息委以展板形式宣传普及诚信知识，在机关、产业园区、社区事务服务中心集中展示诚信建设丰硕成果，促使诚信为本的理念深入人心，营造“诚信光荣，失信可耻”的社会氛围。同时，在区机关青年论坛上开展“争做诚信公务员”网上诚信知识竞赛，使政府机关工作人员掌握基本的信用知识，增强诚信意识，倡导诚实守信的行为理念。

（徐　丹）

第五章 普陀区信息化建设

概 述

2008年，普陀区信息委深入学习贯彻党的十七大精神，坚持科学发展观，在区委区政府的领导下，围绕服务区域经济和社会发展的新要求，紧扣“全面推进、重点突破、拓展应用、增强实效”的工作定位，积极推动信息产业集聚发展，全面提升信息化建设实效，不断夯实信息化事业发展基础，为实现区域信息化全面、协调、可持续的科学发展而努力奋斗，圆满完成各项工作任务。

2008年，“普陀区商业企业信用管理系统”与“普陀区LED半导体照明公共服务平台机制探索”被上海市信息化委员会评为“2008年度上海市区县信息化优秀成果”；鉴于普陀区在主导推进LED半导体照明产业方面的突出表现，普陀区政府荣获上海市经济和信息化委员会颁发的“上海LED半导体照明产业应用推进特别贡献奖”。

（卫 榕）

一、政务领域信息化

【稳步推进政府信息公开工作】 2008 年，普陀区高度重视政务公开和政府信息公开工作。以《中华人民共和国政府信息公开条例》正式实施为契机，区政府适时调整完善工作机构和工作机制，深化信息公开内涵，加强业务培训。一年来，区政府各部门及时更新全区办事服务的电话号码，做好非公文类政府信息的梳理公开工作；不断拓展门户网站公开渠道，提高政府信息的知晓率，扩大群众受益面。截至 12 月底，共主动公开政府信息 1 313 条，受理政府信息公开申请 240 件，答复率 100%；接受市民咨询 8 858 人次，门户网站信息公开专栏页面访问量逾 267 万人次。（吴双励）

【推出新版电子政务平台】 3 月 18 日，普陀区新版电子政务平台正式上线运行。此次平台优化改版以操作的人性化和流程的规范化为重点，完善系统架构和后台监管，优化主页面和 OA 系统，引入数字签名、电子印章和手机短信等功能；同时，对电子政务平台和门户网站进行了优化和接口开发，实现内外网协同办公功能。此次电子政务平台优化改版极大地推进了普陀区的无纸化办公，强化了网上办事功能，提升了机关的行政效能。

【建成数字证书认证分中心】 3 月，普陀区成立区数字证书分中心（RA 中心），并制定了《普陀区电子政务平台数字证书（电子印章）的管理办法》，规范数字证书的使用和管理。区数字证书认证分中心主要是基于区电子政务平台，为区机关各单位提供数字证书的申请、审核、生成、颁发、存储、查询、废止等各项服务，采用 CA 数字证书技术对网上公文流转进行加密和封存，保障了电子公文产生的唯一性和不可抵赖性。区数字证书认证分中心的成立为普陀区信息化建设提供了一个统一的安全认证及应用平台，为构建网上行为的认证、授权、责任认定机制奠定了基础。（李庆庆）

【“上海普陀”门户网站新辟提醒服务】 “上海普陀”门户网站对网站后台功能进行优化提升，为“网上办事”、“政民互动”栏目新辟了短信和邮件提醒功能，公众只要在用户注册时填写有效的手机号码或电子邮箱，系统即能通过手机短信或电子邮件发送办事事项和信件的处理情况，极大地方便了公众办事。

【“上海普陀”门户网站注重网宣工作】 “上海普陀”门户网站充分发挥政府网站在网络文化建设中的重要作用，提高公共服务水平，在第一时间制作专题网页，宣传区内重要会议、重大活动和热点关注。2008年，相继开辟了“学习贯彻十七大”、“防雪抗灾”、“两会专题”、“迎世博、讲文明、树新风”、“与灾区同行”、“走近奥运”、“诚信活动周”、“改革开放三十周年”、“促进中小企业发展”等新闻专题12个。

（赵 玥）

【门户网站群不断壮大】 普陀区本着一体化、集约化的建设理念，开发了区门户网站群，并逐步对已经运行和新建的部门网站进行整合。截至年底，已整合全区各部门网站21个，形成一定规模的区域网站群。网站群的建设提升了政府建设网站和管理网站的效能。

（何芦琪）

【积极推进网上并联审批】 普陀区稳步推进企业注册登记统一办理网上并联审批工作，现已在工商分局、区环保局、区文化局、区食品监督所、区药品监督所、区卫生监督所等六个部门全面推行，网上回复率达100%，超时现象基本杜绝。由于企业设立或变更登记时信息告知及时，各部门对登记的企业提前介入服务，既提高行政效率，也体现了服务政府的新形象，受到社会公众的欢迎。

（肖 鸣）

【“媒体看普陀”栏目获奖】 3月26日，在上海市网络文化工作会议上，普陀区门户网站“媒体看普陀”栏目被评为2007年度上海市网宣特色项目。该栏目将全国各大媒体有关报导该区的新闻等信息转载在“上海普陀”门户网站上，通过集中宣传媒体对普陀的关注，聚焦普陀热点，共谋普陀发展。

（邵娅美）

【启动公务网三期建设项目】 5月，普陀区启动公务网三期建设项目。整个项目严格按照国家涉密信息系统要求进行设计建设和管理，实现建成一个覆盖全区正处级党政机关单位的网络系统。该系统已于年底基本建成，并顺利通过市安全测评中心的安全测评。同期开发建设的普陀区公务网网站也已开通运行，网站包括区情概况、组织机构、普陀新闻、工作动态、简报信息、领导讲话、各类文件、工作研究、资料中心九个板块，并集成区党务办公系统，是普陀区向公务网联网单位提供信息服务、开展工作交流的网络平台，也是区委服务于和谐新普陀建设的重要载体。

（周勇燕）

【开通迎世博专题网】 12月19日，普陀区举行迎世博倒计时500天主题大会暨“普陀区迎世博专题网”开通仪式。该网站集中了迎世博视频、迎世博新闻、三个指挥部工作、市民建言板、世博小百科等栏目，已成为区政府向社会公众展示迎世博各项工作成果的窗口。

（赵 玥）

二、社会领域信息化

【社会保障卡工作取得成效】 2008年，普陀区共办理社保卡5.1万张，累计总数已达84.3万张，其中义务教育学生学籍卡2.1万张，高中学生学籍卡3 572张，儿童卡1.7万张，敬老服务卡9.9万张。普陀区社会保障卡户籍人口的覆盖率已达97.7%。

区信息委、桃浦镇社保卡（居住证）受理点、长征镇社保卡（居住证）受理点荣获2008年度上海市区县社会保障卡、居住证工作先进集体；街道镇四名工作人员荣获2008年度上海市区县社会保障卡、居住证工作先进个人。

【继续推进“市民信箱”实事工程】 2008年，“市民信箱”开通了奥运会志愿者报名平台。区卡办抓住契机组织街道镇积极向市民宣传，并要求街道镇在受理居住证的同时，积极向新上海人宣传“市民信箱”。全年共登记办理“市民信箱”1.2万个。

【稳步推进居住证工作】 2008年，居住证申领工作在区人口办、区公安分局、区信息委的密切配合下，继续稳步推进。区卡办组织街道镇受理网点开展竞赛，在信息采集的业务政策、操作技术上给予指导，在耗材保证、收费管理、报表统计等方面提供服务；各街道镇受理点放弃双休日休息时间，及时解决居民的实际困难。全区办理一年期居住证1.1万张，累计总数2.5万张；办理临时居住证4.8万张，累计总数27.3万张；临时居住证续签7万张，累计总数7.9万张。（孙宝良）

【试行数字社区建设】 3月19日，首届“上海社区信息化应用及数字社区发展论坛”在普陀区举行。普陀区以此为契机，积极探索推进数字社区建设。结合无线城市建设推进等工作，先后开展“数字老年日托所”、“新华视讯进社区”、“爱家信息服务平台”等项目建设工作，探索数字社区“政府引导、企业联动、服务社区、便民利民”的建设模式，深化拓展数字社区的内涵。

（宁建军）

【长寿路街道打造沪上首个“数字老年日托所”】 3月，普陀区长寿路街道建成沪上首家老年人日间服务中心。该中心配置了宽带网络、IPTV、终端付费系统和“全球眼”视频探视系统等信息化设施，为老年人提供培训上网、付费等服务，同时还让身在异地的亲人可以通过网络视频零距离地关注老人。

（叶　瑞）

【“爱家”信息服务平台进社区】 12月28日，“迎世博 促和谐”——“爱家”信息服务平台进社区仪式在普陀区河滨围城社区广场举行。该信息服务平台广泛整合了政府和社会资源，提供与社区居民生活密切相关的“民政服务、家庭服务、社区活动、东方社区信息苑、市民信箱、精彩都市”等六大类50余项便民服务内容。该平台目前已在河滨围城、都华名苑、祥和名邸、绿地世纪城四个社区试点开通，还将陆续在区内其他小区推广使用。

（宁建军）

【“家校互动”取得新进展】 2008年，全区中小幼教老师注册人数5 685人，实现在编教师100%注册；学生注册人数41 213人，占全区学生人数的73%；家长注册人数52 001人。教师累计发送信息2 756 539条，学生累计发送信息6 157条，家长累计发送信息17 559条。5月，普陀区评选出桐柏高级中学、江宁学校、普陀区白玉新村幼儿园等16所中小学、幼儿园为区“家校互动”先进集体，洵阳路小学张静等15名中小学、幼儿园教师为区“家校互动”先进工作者。

（孙宝良）

【建成“网上数字教研平台”】 9月，集教研训一体化的教师发展平台——“普陀区网上数字教研平台”正式投入运行。该平台覆盖全区80所中小学，在线注册用户9 000余人，通过开放、交互动态的网络教研平台，有效实现教育资源的交流与共享。

（徐　政）

【开通慈善网站】 8月，“普陀慈善”网站上线试运行。慈善网站的开通进一步宣传了慈善工作，畅通了捐赠信息，通过互动方式拓展了捐赠渠道。网站开通至今已接受各类捐款捐物达815万元，同比增长近30%。

（宁建军）

【曹杨影城在全市率先引进数字放映设备】 6月，由上影集团购买的首批100套数字放映设备在曹杨影城调试成功，曹杨影城成为全市首家数字影院。

（盛颖莹）

【石泉路街道高起点建设社区事务受理中心】 石泉路街道在社区事务受理中心建设中，充分发挥信息化作用，贯彻“一体化”和“集约化”的原则，同步建设功能完善的信息系统，率先成为普陀区第一个实行“一口式受理”的社区事务受理中心。

（殷伟彦）

三、经济领域信息化

【信息化促进中小企业发展】 12月30日，普陀区“促进中小企业发展”专题网页正式开通。该网页主要由“政策措施、工作要闻、企业动态、服务信息”四部分构成。网页的开通进一步加大了政策公开力度，搭建了政府服务中小企业的信息平台，是继区中小企业服务中心成立后，完善中小企业服务体系的又一有力举措，为促进区域中小企业发展营造更加良好的环境。（邵娅美）

【信息化助推物流企业进入发展快车道】 3月28日，国内民营物流企业的龙头企业远成集团与世界综合排名第三的知名软件企业Infor公司正式签署信息化建设战略合作协议。远成集团借助先进的信息化平台实现物流和信息流有效融合，以进一步提升企业竞争力，对信息化助推物流企业发展起到引领示范作用。（张家骥）

【信息化提升招商服务能级】 普陀区加强招商服务信息化建设，充分利用门户网站和区电子政务平台，加大对投资环境、发展前景和政府服务的宣传，全面提升招商服务的质量和能级。

（付 桦）

【陆交中心信息平台获奖】 5月8日，在第二届SEIP企业信息化高峰论坛上，上海陆上货运交易中心道路货运公共信息平台被评为上海市企业信息化十佳优秀解决方案。作为市级试点项目重要组成部分的物流门户网站（www.56135.com）于1月15日成功上线后，在“应急物流”中发挥了十分重要的作用，先后推出“雪灾与物流”、“奥运与物流”、“地震与物流”等专题，特别是第一时间参与了灾区过渡安置房的运力采购招标工作，充分发挥现代物流在经济和社会发展中的重要作用。

（李 媛）

【经济管理信息系统助推桃浦经济发展】 12月，桃浦镇经济管理信息系统投入运行。该系统可实现对全镇各项经济指标变化和发展趋势，以及各园区入驻企业的经营状况和资源利用情况的查询分析，及时核查企业、园区和全镇经济指标的发展态势，为桃浦镇经济的科学管理和工作指导提供新手段，有效提高区域经济管理水平。（郭雅芬）

【曹杨商城建成POS—ERP系统】 该系统能实现企业售前、售中、售后的全程监控和精确管理，并成功实现与企业信用管理系统的对接，实现系统的互联互通、数据共享，有效提高企业的经营能力。

（陈 杰）

四、城市建设管理领域信息化

【建成突发公共事件应急监控系统】 1月22日，普陀区突发公共事件应急监控系统通过验收。该系统将全区路面监控图像接入区应急指挥中心大屏幕，可实现多路信号切换，数据转换后再通过区电子政务平台传输到相关部门，使突发公共事件得以快速妥善处置。系统共享区电子政务平台资源，整合公安、民防、防汛、应急的指挥系统，凸现区域内各部门的整体优势，使区应急管理工作再上新台阶。

（邵娅美）

【城市管理网格化成效显著】 2008年，普陀区城市网格化管理进入实用阶段，全区共有31个管理与处置部门协同工作，对五大类84种共61万余部件和五大类32种事件进行管理，实现管理资源的“集约化”和“一体化”。全年共接上报总案件数34 246件，其中事件数29 420件，部件数4 826件，案件有效立案数32 649件，结案数为32 090件，处置率为98.2%，处理突发事件437起。城市网格化管理工作平台凸显服务市民、为民排忧解难的快速响应机制，使城区管理逐渐从粗放转向精细，从静态转向动态，从分散转向综合，从重过程向重结果转变，逐步实现城市管理信息化、标准化、精细化、动态化、常效化的工作目标。 （李庆庆）

【地理信息系统为普陀绿化导航】 5月，区绿化局对相关工作人员进行地理信息系统的应用操作培训，为进一步做好遥感和地理信息系统数据维护工作奠定基础。该系统的充分应用有效地提高了普陀区的绿化管理工作。 （区绿化局）

【区规划工作更公开更高效】 通过“规划信息共享平台比对系统”加大规划公开的力度和范围，做好控详和重点地区等规划草案和规划调整方案的网上公示和意见征集工作，以及拟建项目方案进行网上公示。全年方案公示24条，规划草案和规划调整网上公示4条。 （张志梁）

【区房地局开通政务办公系统】 2月，区房地局电子政务平台建成开通。该平台是一个面向房地局干部职工，基于内部局域网并集成房地局各项房地产管理业务系统、办公自动化系统及区域电子地图等系列日常工作功能模块的综合性电子政务平台。房地局电子政务平台有效地整合了目前所使用的信息化资源，推进了信息无纸化办公的整体工作进展，提高了房地局的日常办公效能。

（朱懿清）

五、信息产业发展

【第三届LED创新与应用论坛成功召开】 11月6日，由市经济信息化委与普陀区政府联合主办、主题为“LED让城市更精彩”的第三届“上海LED半导体照明创新与应用论坛”成功召开。市经济信息化委向普陀区政府颁发了“上海LED半导体照明产业应用推进特别贡献奖”，并向“苏州河沿岸景观亮化应用工程”等首批LED示范（试验）基地授牌；举行了韩国光产业振兴会驻沪办事处和中国照明电器协会半导体照明专委会入驻LED应用中心揭牌仪式；举行了中国上海测试中心和LED应用中心的战略合作签约仪式；开通了“上海LED半导体照明研发应用公共服务平台”网站。主题论坛上，企业代表和专家共同深入探讨了LED应用推广和产业化发展的形势、目标、任务和措施。论坛的成功举办反映了普陀区积极建设LED公共服务平台，实现LED产业链规模集聚，整合各方资源，在产业发展转型中加快培育新兴产业，实现LED特色产业突破发展和节能减排目标的实践勇气和坚定信心。

【第十届工博会区LED产业展示专区精彩亮相】 11月4～8日，普陀区LED产业展示专区在第十届中国国际工业博览会“城市照明与LED显示专区”精彩亮相。此次展览展示了LED应用中心发展两年来的公共服务功能和成果，宣传了普陀区发展LED的良好环境和突出亮点；普陀区的“一核两翼”LED产业发展规划和模型首次对外展示；落户普陀的科锐、达科、盛企、信耀和芯光等十余家相关企业也集中展示了各自的最新科技产品和企业特色。展示专区充分展现了普陀区发展LED产业的开放姿态。

【积极申报市软件和集成电路产业发展专项资金】 区信息委积极组织企业申报2008年度上海市软件和集成电路产业发展专项资金项目。通过专题培训和个别辅导，共有15家企业17个项目在规定时间内经过初审提交市信息委。最终，“上海LED半导体照明检验检测公共服务平台优化与推广应用”等6个项目获市信息委合计920万元的专项资助。

（李　媛）

【区信息产业统计工作全面开展】 普陀区结合市信息委软件和信息服务业专项统计工作全面开展区域信息产业统计工作。截至年底，全区共112家IT相关企业纳入统计范畴，其中软件认定企业32家，主营业务收入完成28.45亿元。区域信息产业统计工作的全面开展，为普陀区推进产业结构调整，促进信息产业发展科学有效决策作出了积极贡献。在2

月26日召开的市软件和信息服务业统计工作会议上，区信息委获得2007年度市软件和信息服务业统计先进单位和先进个人表彰。

（生　红）

【首批上海LED示范（试验）基地授牌】 11月，普陀区创新“以奖代补”的奖励机制，制定了完善示范基地管理办法，经上海LED应用中心组织评定，区政府机管局的“普陀区人民政府机关庭院灯光改造应用项目”和区市容景观所的“苏州河沿岸景观亮化应用项目”被评定为上海LED示范（试验）基地，区文化局的“普陀区图书馆室内照明应用项目”被评定为示范（试验）点，并均在第三届LED创新与应用论坛上被正式授牌。示范基地通过对LED应用技术全方位、多样化的示范、试验和展示，宣传推介LED产品和技术的绿色照明理念，加速LED产业化进程，点面结合地扩大LED的影响力和拓展LED的市场空间。（张家骥）

【LED半导体照明公共服务平台获奖】 LED半导体照明公共服务平台由上海LED应用中心创建，与社会多机构、多资源、多技术联合，开展LED产品的检验检测公共服务、建设示范（试验）基地、举办LED年度高端论坛和评优活动等，有效推进了LED半导体照明产业链集群和发展。该项目荣获2008年度上海市区县信息化优秀成果。

（陈建伟）

【LED应用中心与中国上海测试中心签订战略合作协议】 11月，LED应用中心与中国上海测试中心签订了战略合作协议，就LED检验检测进行全面协作。LED应用中心通过整合企业、机构多方资源，形成“物理分散、逻辑集中”的检验检测平台，完成了“上海LED半导体照明研发应用公共服务平台”网站一期建设，为建立标准、规范市场、提高产品质量、服务企业奠定了载体基础。

（姚　亮）

【“一核两翼”LED产业发展格局初步形成】 11月，普陀区制定了以“上海LED应用中心”为核心，以未来岛和天地LED光电产业基地为产业发展载体的LED产业发展规划。未来岛LED光电产业基地位于未来岛高新技术产业园小环岛，占地约16万平方米；天地LED光电产业基地规划建成约15万平方米。普陀区依托“一核两翼”LED产业发展格局，进一步形成LED特色产业在普陀区的规模集聚和产业发展优势。（张家骥）

【天地软件园快速健康发展】 截至2008年底，上海天地软件园共入驻科技型企业160家，出租面积达100%，落地税收4 546万元，比2007年同期增长78%；招商引资项目65个，招商引资额达1.6亿元，整个园区显现出良好的产业集聚功能和快速健康的发展态势。园区在完善增值服务、塑造一流服务品牌、探索管理体制创新等方面不断努力，在已建设好的一流宽带数据通讯平台基础上，又形成了动漫制作、人才培育基地两大公共服务平台，给与企业更多的服务和支持。

【天地软件园动漫制作公共服务平台服务辐射长三角】 自2007年8月开始试运行以来，天地软件园动漫制作公共服务平台已经为50多家上海及江苏、浙江等长三角地区的动漫、游戏企业提供各类技术和培训服务，帮助企业完成“武林三国”等多款游戏的设计和制作项目，低成本高质量的技术服务已辐射长三角地区，为动漫产业在普陀区集聚和发展起到了有效的推动作用。

（宋　铮）

六、信息基础设施建设

【获市TD-SCDMA技术试验网建设表彰】 在4月18日召开的“上海市TD-SCDMA技术试验网建设总结表彰会”上，普陀区荣获表彰并作经验交流。TD试验网建设是奥运会配套项目之一，根据市政府的相关要求，普陀区自2007年8月启动TD基站建设协调工作，在全区相关单位的支持和配合下，先后建成TD基站150余个，基本完成建设任务，为2008年奥运会开通3G移动通信提供了重要保障。

【积极推进“无线城区”建设】 5月8日，普陀区政府分别与上海移动、上海电信签署关于共同推进“无线城区”建设的合作框架协议。此次签约确定了双方在“无线城区”建设方面的战略性合作关系。根据合作框架，区政府支持上海移动、上海电信未来几年在普陀区推进信息化工作，重点关注民生和经济领域，进一步优化信息基础设施，推进信息技术应用及服务，促进区域经济和社会事业的发展。

（叶 瑞）

【长风生态商务区信息基础设施规划实施落实】 长风生态商务区信息化基础设施规划在各方努力和配合下，正逐步实施落实。核心通信机房已开工建设，引进电信、移动、联通三家运营商；信息管网的建设与市政道路同步，目前已完成大渡河路全部路段，光复西路、中江路、泸定路、丹巴路、同普路等部分路段的管网铺设，总计约113.28管孔公里，占规划应铺设总数的67.74%；长风生态2号绿地已成为“无线长风”网络覆盖试点。

（龚 蔚）

【真如城市副中心完成信息基础设施规划】 7月，《上海真如城市副中心信息基础设施专业规划》通过评审。该规划由市区两级信息委联合指导和协调，委托市邮电设计院制订完成。规划将为上海真如城市副中心发展建设“国际先进城区”、发挥城市副中心的现代化服务功能、促进现代服务业发展提供强有力的信息化支撑和保障作用。

（李 媛）

七、信息化环境建设

【加强奥运期间网络与信息安全工作】 7月，区信息委制定了《“上海普陀”门户网站群奥运期间信息安全专项工作方案》，内容包括：完善一套应急工作机制、建立一支应急工作队伍、建立一支专家咨询队伍、形成一套技术防范措施、落实一套事件处置方案、召开一次信息安全动员大会。根据方案内容，普陀区开展了全区信息系统安全扫描，组织了门户网站首页面被篡改的应急预案演练等一系列工作，确保了奥运期间网站群的安全、可靠运行。

（邵娅美）

【IT企业家联谊会定期开展专题活动】 截至年底，“上海市普陀区IT企业家联谊会”共发展企业家会员64名。成立以来，联谊会定期举办各类专题活动，如IT企业融资运作专题研讨会暨迎春联谊会、IT人才流失应对机制研讨暨参观活动、《新劳动合同法》培训、国家及市区项目申报辅导和高新技术企业、软件认定企业资质认定辅导等专题活动，以及与华东师范大学合作共建IT创新人才培养平台等。目前联谊会已成为普陀区对IT企业亲商、安商和扶商的重要平台，为集聚IT企业、提升产业能级和促进区域信息产业发展作出了积极贡献。

（刘 亮）

【“长风动漫节”被评为区文化特色项目】 在11月举行的普陀区文化工作会议上，由区信息委协调推动的“长风动漫节”项目被区政府评为区文化特色项目。“长风动漫节”旨在打造“动漫长风”概念，营造普陀区文化产业发展氛围，是普陀区调整产业发展格局、聚焦文化创意产业的重要举措之一。活动坚持“市场运作企业为主体，政府协调支持服务”的原则，由上海纷华体育经纪有限公司具体运作，是一种办节运作模式的创新和实践。

（李 媛）

【LED应用中心积极推介LED绿色照明理念】 围绕重点工程及政府项目，LED应用中心多次以推介会的形式，为世博局、长风生态商务区、真如城市副中心、区两会代表和区有关部门开展 LED 节能环保照明产品、技术和理念推介，在 LED 企业与重点工程之间牵线搭桥，为 LED 推广应用和产业集群发展夯实理念基础，营造 LED 产业发展的良好环境。

（张家骥）

【IT 企业家喜获多项市级荣誉】 在 2008 年举办的各项市级 IT 风云人物评选中，普陀区 IT 企业家表现优异，获得多项荣誉称号。上海先达 CEO 陈春荣获“2007 年度上海十大青年经济人物”；上海纷华体育经纪有限公司总经理袁刚获得“上海十大青年经济人物”提名奖；普陀区天地软件园总经理梁专建获“上海 IT 青年新锐”提名奖；上海维鹏信息技术有限公司董事长兼总经理张毅斌获首届“上海青年创业先锋”称号。

（陈建伟）

八、社会诚信体系建设

【举行“诚信活动周”活动】 10 月 25 日，普陀区举行了以“落实迎世博 600 天行动计划，营造诚信和谐的社区生活”为主题的“诚信活动周”现场咨询宣传活动。区文明办、区经委、区建委、工商分局、区质监局、食药监分局、区消保委、区信息委及迎世博 600 天行动指挥部等部门在兰溪路设摊接受群众现场咨询，开展政策法规宣传，群众踊跃参加活动。

（宁建军）

【试点建设商业企业信用管理系统】 作为全市第一批试点建设的曹杨商城商业企业信用管理系统，普陀区商业企业信用管理系统荣获“2008 年度上海市区县信息化优秀成果”。该项目得到市信息委的充分肯定，并拟在商业企业中推广应用。

（王　蓓）

第六章　闸北区信息化建设

概　述

2008年，闸北区确立信息化工作紧紧围绕区中心任务，坚持科学发展观和科教兴区的主战略，积极推动信息技术在各个领域的应用，以信息化为手段大力提升城市现代化管理水平，加快信息服务外包产业经济的发展，使信息化更加全面、高效地服务于和谐闸北的建设。

2008年，"闸北区上海信息服务外包产业园项目推进及制度建设"与"闸北区财政管理信息平台"被上海市信息化委员会评为"2008年度上海市区县信息化优秀成果"。

（区信息委）

一、政务领域信息化

【推广应用办公自动化系统】 继续保障区办公自动化系统及网上会议通知系统的正常运行，全区各部门通过系统累计发送会议通知462条，接收9 570条，通过系统平台发送手机短信99 484条；完成区文档一体化系统的开发工作，做好全面推广应用前的各项筹备工作。

【加快政协信息系统开发】 下半年，区政协办、区信息委在征求意见的基础上，制定了政协信息系统开发技术方案，通过信息化手段，为政协委员提供及时信息沟通，方便政协委员参政议政，扩大政协工作宣传，提高政协机关工作效率。该信息系统包括门户网站、提案系统、委员管理系统和政协机关内部办公系统四个部分。系统将于2009年上半年建设完成。

【加快党员干部远程教育系统开发】 根据区委关于加强党员责任区建设的要求，在市北工业园区进行"两新"组织党建试点基础上，逐步完成包括全区居委会和"两新"组织在内计300个终端的远程教育系统建设，形成区、街道镇和居委会（企业）三级党组织的学习网络，建立起全区统一的党员信息资源库，为党务信息管理提供支持。

【深化政府信息公开工作】 年初，正式开通闸北区政府信息公开网上申请处理系统，实现申请受理、申请答复、信息提供等业务的全程电子化，大大提高了信息公开申请处理的工作效率。继续健全政府信息公开监督和考核机制以及责任追究制度，加强工作评估和公众评议工作，将政府信息公开工作纳入各部门的年底绩效考核。8月，闸北区召开政府信息公开工作会议，学习贯彻《中华人民共和国政府信息公开条例》和《上海市政府信息公开规定》的文件精神，增补了区人事局为区信息公开联席会议成员单位，并筹备调整和完善现有的联席会议机制。截至11月底，全区共公开政府信息3 235条，政府网站信息公开专栏点击率超过39万人次，提交网上申请2 733件。

【建设楼宇经济管理信息系统】 年初，区信息委、区投资促进中心完成楼宇经济管理信息系统的前期调研和方案设计，目前信息系统已基本开发完成，进入运行测试阶段。该信息系统由电子地图、楼宇信息发布、投资环境分析、经济效益分析和租期预警分析五大功能模块构成。以区域电子地图（GIS）为载体，把区域内重点楼宇的基本信息，包括楼宇的物业地址、面积、图片、招商情况等进行收集、整理，通过一系列定量方法对楼宇经济的整体和个体投资环境进行分析、评价和排序，进而合理地评价和揭示各个楼宇投资环境特点、差异以及相应的投资适宜性，为各个楼宇有针对性地改善和优化自身的投资环境，提高自身的竞争力提供依据。

（区信息委）

二、社会领域信息化

【提升社区服务信息化水平】 继续发挥信息化在社区“三个中心”建设中的支撑作用，按照“一口受理、内部协办”的要求，深化社区事务受理服务系统建设。同时，充分发挥居住证、社保卡、家校互动、市民信箱等应用服务功能，探索开展社区综合应用，拓展服务领域和内容。

【推进社保卡、居住证申领工作】 2008年，闸北区共采集社保卡信息24 338条，申领发放社保卡49 231张，为市民补卡7 748张，换卡8 471张。全年共发放临时居住证45 759张。

（区信息委）

三、城市建设管理领域信息化

【完善城市网格化管理平台应用】 继续完善区级网格化管理信息平台功能，确保平台稳定运行。根据区政府提出“在各街道、镇建立城市网格化管理分中心”的有关要求，加快推动区级网格化管理信息平台在社区层面的延伸建设，已完成在区内所有街道镇搭建社区网格化分中心管理平台，实现在区、街道镇两级的信息共享和业务互动，在城区管理、市容等方面取得很好的应用实效。

【完善图像监控系统】 2008年，进一步对已建成的覆盖全区的图像监控系统和478个摄像头做好技术保障和维护工作，加强资源整合，与城市网格化管理进行有机结合，实现全区监控一体化。同时，根据市统一部署，区信息委、区公安分局等部门研究制定了城市图像监控系统扩建方案，计划再安装300多个摄像头。

（区信息委）

四、信息产业发展

【推进传统企业信息技术改造】 根据《关于应用信息技术改造提升传统产业的若干政策意见》的要求，制定了《应用信息技术改造提升区传统产业推进工作实施方案》和《应用信息技术改造提升区传统产业项目认定实施办法（暂行）》。7月，经区政府研究批准，分别以区信息委、区发改委、区经委、区科委、区财政局、区国资委、区社会党工委七部门和区信息委、区财政局、区税务分局三部门的名义联合发文执行。这些政策的出台将营造良好的区域发展环境，积极鼓励和支持区域中小企业信息化建设，充分调动社会各方面的积极性，进一步推进应用信息技术改造传统产业，提高企业自主创新能力，提升传统产业能级。

【加快推动信息服务外包产业工作】 上海信息服务外包产业园经过一年多建设以来，积极引进、带动大批软件服务外包企业，加快推进区信息服务外包产业发展。2008年，整个产业园区集聚效应明显，发展势头良好，产业规模日益扩大，已在全区布局形成恒通基地、龙软基地、多媒体谷基地3个各具特色的产业基地，正加快创建新民文汇基地、名仕街基地和聚源大厦基地。截至年底，上海信息服务外包产业园共引进企业53家（其中21家已开始产税），行业全面覆盖ITO、BPO和KPO。为进一步完善产业园区扶持政策，先后起草制定了《关于上海信息服务外包产业园管理服务实施办法》、《关于信息服务外包产业园税收归口返还比例的实施意见》和《与各街道、镇加强上海信息服务外包产业园建设的合作协议》等操作规范。

【上海信息服务外包产业园龙软万荣基地开园】 10月16日，上海信息服务外包产业园龙软万荣基地正式开园，成为闸北区唯一的软件出口基地。现已有包括上海龙软企业在内的3家企业入驻，有4家企业即将完成注册，还有20多家企业正在迁移和办理注册中。

【制定《关于上海信息服务外包产业园管理服务实施办法》】 根据区政府《关于促进闸北服务外包发展的实施意见》的精神，研究制定了《关于上海信息服务外包产业园管理服务实施办法》（经区政府批准下发执行），明确了上海信息服务外包产业园的政策落实与操作、税收归口与统计、企业认定与扶持措施的实施细则等方面内容，从而进一步完善上海信息服务外包产业园区的招商和税收统计体制。

【加强软件和信息服务业统计工作】 为摸清全区软件和信息服务业发展状况，进一步提高统计数据的时效性、准确性和权威性，区信息委等相关部门研究建立区软件和信息服务业统计联席会议制度，以加强和协调各部门及行业协会的统计工作；同时会同区统计局完善统计调查方法和指标体系，健全科学、统一、全面的统计调查制度和信息定期发布制度，为区领导决策和相关职能部门制订规划、政策提供依据。

（区信息委）

五、信息基础设施建设

【加快推进无线城市建设】 上半年，闸北区先后与电信公司、移动公司签署了关于“无线城市”建设合作协议。按照“总体规划、分步实施”的原则推进，现已基本完成“无线闸北”项目一期规划，在区政务大楼、大宁商业广场、不夜城等重点区域实现无线覆盖。由网络运营商提供便捷、快速、实惠和安全的无线宽带应用服务，进一步提升政府公共服务能力，更好地满足了区域内市民、企业对综合信息服务的需求，增强了区域综合竞争力。

【实施公务网分级保护】 根据上海市委保密办、上海市国家保密局《关于全面推进本市涉密信息系统分级保护工作的实施意见》文件精神，闸北区对属于涉密信息系统分级保护工作范围的区级公务网进行了梳理和自查，按照要求制定了公务网分级保护的技术改造方案。9月11日，技术改造方案通过了市保密局的专家评审。年底，实施完成区公务网分级保护工作。

【改造完成区级中心机房】 10月，闸北区政务大楼中心机房主体工程改造基本完成。扩建后的中心机房使用面积增加至100平米，交换机、服务器等网络设备容纳数从30台增加至100台，基本满足了区各部门日益增长的需求，实现集中管理、统一维护。同时，完成区政务内网信息平台的升级改版，改版后的平台信息内容更丰富、功能更完善、使用更便捷，并制定下发了《区政务内网信息平台运行管理办法（试行）》。

（区信息委）

六、信息化环境建设

【开展“面对面——共商经济发展大计“交流对话活动】 为应对当前金融危机，加强政企沟通和切实解决企业面临的迫切难题，12月2日，在上海信息服务外包产业园龙软基地内开展了区领导与企业家“面对面——共商经济发展大计”交流对话活动。区委书记姚海同、副区长许谋赛以及区信息委等部门负责人和入驻龙软基地的有关企业负责人出席座谈会。座谈会上，区政府相关职能部门和园区企业就目前发展所面临的困难和问题、以及有关行业和企业发展的形势、问题进行热烈的交流对话，发表了看法对策。姚海同书记强调指出：一方面要加强企业服务工作，切实解决企业困难，立足区情和当前实际，着力帮助企业解决资金、生产、经营等方面的困难；另一方面要抢抓机遇，促进闸北经济发展新的跨越，要变此次金融海啸的负面效应为产业结构优化升级的推动力，要以更高的层次、更新的措施、更强的力度服务于企业，加快转变闸北经济发展。

【加强迎奥运期间网络与信息安全保障工作】 为贯彻落实中央、市有关迎奥运网络与信息安全保障工作的文件和会议精神，7月21日，闸北区召开了迎奥运网络与信息安全保障工作会议，传达了有关文件和会议精神，并对区迎奥运网络与信息安全保障工作进行了部署安排。7月下旬，区信息委、区府办和区保密办等部门联合组成检查小组，对区委宣传部、区教育局、区卫生局、临汾街道、宝山街道等网络与信息安全重点单位展开了专项抽查。奥运期间，闸北区重要信息基础网络、信息系统和政府网站无任何安全故障，无泄密事件发生。

（区信息委）

七、社会诚信体系建设

【加快社会诚信体系建设】 为贯彻落实《上海市社会诚信体系发展“十一五”规划》精神，制定了《闸北区政府部门在公共管理中使用企业信用产品的暂行规定》（以下简称“《暂行规定》”），经区政府第56次常务会议批准下发执行。《暂行规定》规范了企业信用信息的征集、使用和共享，并要求政府部门率先使用企业信用报告，形成政府带头、促进守信受益的示范效应。加强政府诚信建设，重点深化公权力大、公益性强、公众关注度高的政府部门以及与社会发展、市民生活密切相关领域的政务信用信息依法公开工作，推动政府各部门切实履行职责，以提升政府公信力。积极组织参加以“诚信上海，和谐生活”为主题的2008年上海“诚信活动周”活动，倡导诚实守信的行为理念，促进形成和谐友爱的社会氛围。

（区信息委）

第七章 虹口区信息化建设

概 述

2008年是深入推进虹口区“十一五”发展规划的重要一年，也是全面推进区信息化建设与应用的关键之年。虹口区信息化工作在区委、区政府的领导下，深入贯彻落实科学发展观，紧紧围绕《2008年上海市区县信息化工作要点》和区工作重点，深入推进电子政务总体框架建设，坚持技术与管理并举，促进政府职能转变和服务创新，把推进信息化项目管理与应用作为主要抓手，把推广协同办公系统应用、深化行政事务综合管理系统功能、探索信息资源共享机制作为重要任务，注重项目管理、运维保障和推进应用等各个环节，有效促进了信息共享和部门协同，信息化各项工作均取得显著成效。

2008年，“虹口区实有人口管理维护机制探索与实践”与“虹口区电子政务数据调度中心”被上海市信息化委员会评为“2008年度上海市区县信息化优秀成果”，“上海虹口”门户网站荣获中国区县政府网站绩效评估第一名，虹口区电子政务总体框架建设现状评估位居全市第二名。

（区信息委）

一、政务领域信息化

【“上海虹口”门户网站建设】 “上海虹口”门户网站自2001年创建以来，期间经过三次改版，已经从一个单一信息发布平台，发展成一个集信息服务、政民互动、信息公开、网上办事等服务为一体的综合性平台。“第七届（2008）中国政府网站绩效评估”对全国政府网站进行了调查评估，其中区县政府网站绩效评估指标体系包括信息公开指标、在线办事指标、公众参与指标、网站性能及设计指标。评估严格按照指标体系规范进行组织和实施，由国家信息化专家咨询委员会的专家在不直接和评估对象接触的前提下，采取日常监测、模拟用户等多种形式对评估对象进行全面的系统性测评。最终，“上海虹口”门户网站在所有参加此次评估的区县级政府网站中位居第一名。

【区电子政务总体框架建设现状评估】 支撑区电子政务建设及应用的“五横两纵”总体框架已初步建成，并在信息资源开发利用、跨部门协同应用、应用支撑体系与管理机制建设等方面取得较大成绩。虹口区坚持“整体化规划、集约化建设、系统化管理”的原则，从基础网络、政务信息资源的底层逐渐向资源整合、协同应用、一体化服务建设推移，形成具有虹口特色的支撑市、区、街、居联动应用的电子政务总体框架。2008年度区县电子政务总体框架建设现状评估从网络体系、数据库及应用、应用支撑、服务渠道、安全体系、管理体系和特色创新等七个方面进行多方位评估，评估结果显示，虹口区电子政务总体框架的建设水平有了较大提高，位居全市各区县第二。

【区实有人口管理维护机制探索与实践】 区信息委按照体制创新、流程再造的要求，建立全区统一的实有人口管理信息平台，构建了区、街道、居委会三级联动、资源共享的实有人口信息管理维护机制，通过明确职责、规范操作，建立统一的组织领导体系以及明确维护内容和流程、确保人口信息的准确性等有力措施，逐步形成具有虹口区特色的实有人口数据库。

【区电子政务调度中心建设】 电子政务调度中心项目旨在构建全区统一的数据字典，从组织单位、主题、服务、行业、资源形态等多个角度对资源进行分类，使管理部门能够实时地掌握各级单位资源建设和利用情况。通过建立数据调度规则和数据调度协议，确保数据调度的有效性和及时性，同时构建数据调度的权限和安全管理的机制，保证数据在稳定、安全的环境下运行。该项目已经应用在区实有人口数据项目，同时与法人数据中心、GIS 平台建设同步启动，逐步实现自然人、法人、地理空间数据在不同部门之间的交换与共享。

【积极推动行政事务综合管理信息系统建设与应用】 全面完成区行政事务综合管理系统的二期项目建设，改进条线整合方式，优化系统性能，整合了区实有人口信息管理系统。通过系统的应用将市民的相关办事项业务信息自动沉淀并与实有人口系统的状态信息关联，同时将部分办事项延伸至居委会，为进一步提升民生服务创造了良好条件。该系统在 9 个街道完成部署并使用，全年共受理事务 282 925 项。结合系统的调研与系统的需求分析，行政三期在业务监管、辅助办公、功能深化、数据联动、数据安全、民生服务等方面进行功能扩展和优化。

【深化推进网上办事，提升舆情监控效能】 深化网站服务功能，大力推进网上办事和事项监督。全年共计 31 个办事部门及 10 个街道网上发布事项 516 项，其中审批类 388 项，服务类 105 项，社区服务类 23 项，表格 177 套。网上办事申请累计 630 项，答复率达到 100%。

建立健全网上舆情收集监控的工作机制。突出重点，围绕社会稳定问题、敏感问题、热点问题，随时调整互联网上监测信息的检索方式，加强网上舆情监控，及时把握信息，为区领导和部门提供决策、参考。全年共编报“网络舆情专报”50期，摘报信息共计71件；区主要领导对“专报”做出专门批示的有15件，均得到有效落实。

（区信息委）

二、社会领域信息化

【社会保障卡工作扎实推进】 全年累计发放社会保障卡（含学籍卡、儿童卡）59 288 张，社会保障卡遗失补卡 25 376 张；作为 70 岁周岁以上老人享受惠老政策的凭证——敬老服务专用卡的申领宣传、登记工作顺利完成，受理敬老服务专用卡申领 91 901 人次；完成临时居住证和长期居住证的办理发放工作，共计发放居住证 10 622 张，临时居住证 28 070 张。

【数字内容公共服务平台建设项目通过专家评审】 9 月 10 日，上海市数字内容公共服务平台建设项目专家评审会在虹口召开，该项目旨在为全市中小数字内容企业及个人提供内容制作设施、发布与交易以及人才培训等公共服务集成平台，为企业有效降低信息获取和经营运作的成本。会议邀请了市信息委、上海市计算技术研究所以及上海大学计算机工程与科学学院的专家对项目的建设方案进行了评审。专家评审小组认为，该建设方案可操作性较强，已具备实施条件。

【“虹口区万户家庭网上行三年行动计划”活动圆满完成】 新三年“虹口区万户家庭网上行”活动自 2006 年启动以来，成效显著，截至 2008 年底，“网上行”活动圆满完成。2008 年度举办了多场具有针对性的特色专题培训活动，有配合全区数字电视整转工作举办的“数字电视知识与基本操作”，有配合虹口门户网站改版举办的“虹口网上政务服务培训”，有以“培训提技能、技能助创业”为主体开展的“虹口区‘网上创业’基础知识培训”以及顺应居民需求开设的“网上理财基础知识培训”等。全年共完成辅导培训 10 200 人。此外，还成功举办了第二届“科普杯”虹口区数字家庭网上购物大赛。

【举办网上行有奖征文活动】 围绕“迎奥运、迎世博、讲文明、讲科学”主题，举办旨在培养健康文明的生活方式、提升市民文明素质和科学素养、展示虹口市民文明风采的网上行有奖征文活动，共收到征文238篇，评出一等奖4篇、二等奖8篇、三等奖12篇及鼓励奖19篇。 （区信息委）

三、经济领域信息化

【举办上海市第十二届彩电节】 以“彩电与家庭智能化”为主题的上海市第十二届彩电节于9月13日～10月5日在上海曲阳商务中心举行。市信息委副主任邵志清、虹口区副区长包建强等领导出席开幕式并剪彩。彩电节期间，现场设有“数字电视与智能化家庭体验中心”，为广大消费者提供高清一体机、高清数字视频会议系统、家庭远程报警系统以及无线WiFi家庭智能远程控制系统等一系列智能化系统的亲身体验机会，同时安排了平板电视体验与评比、数字电视与智能化家庭大讲堂、特价彩电销售、购物抽奖等多种丰富多彩的活动。

（区信息委）

四、城市建设管理领域信息化

【区城市网格化管理信息系统应用】 完善网格化平台、实时监控系统与“12319”热线、公众投诉的工作联动机制，使主动发现问题和接受监督的机制很好地结合起来。在拓宽网格化管理的内容方面进行积极探索，将已有的防汛防台系统、工地管理和违法建筑整治等按统一标准纳入网格化和实时监控系统。全年共立案46 944件，经处置、核查，结案46 291件，结案率达到98.6%。立案数趋于稳定，其中，事件案件占94.86%，部件案件占5.14%。实时监控系统利用原有已建探头和公安调用探头发现各类案件2 155起，全部得到快速处理。

（区信息委）

五、信息产业发展

【信息产业发展稳步推进】 区信息委根据产业链组织和构建的总体规划，以数字家庭产业发展为重点，大力发展信息产业，项目总投资达1 270万元人民币。组织区内优秀企业申报2009年度软件和集成电路专项资金，优秀项目共11个，申请资金达1 360万元人民币。

【区领军拔尖人才评选活动】 2008年，虹口区举办领军人才、拔尖人才评比活动，评选各行业中对虹口经济、社会发展作出重大贡献的代表人物，共选出10位区领军人才和20位区拔尖人才。区信息委推荐9位信息产业企业候选人参加评选，经评定，上海全景数字技术有限公司总经理顾亚平获得领军人才荣誉称号，中国电信号百信息服务有限公司IT中心总经理沈欣获得拔尖人才荣誉称号。

【软件和信息服务业统计】 截至年底，虹口区信息产业企业总计667家，经认定的软件企业共55家；经企业自主申报统计的软件和信息服务业企业的营业收入为16.38亿，其中软件收入11.28亿。

（区信息委）

上海市人民政府办公信息处理中心

上海市人民政府办公信息处理中心成立于1986年，长期从事政府系统办公自动化和政务信息化工作，先后建设了上海市政府办公厅办公自动化系统、上海市党政机关应急指挥无线集群调度系统、上海市行政机关办公决策服务系统等信息化系统。

近年来，中心积极参与上海市电子政务建设，相继完成"中国上海"门户网站、上海市政府核心办公业务系统、国家重大科技专项及863项目"上海市电子政务试点示范工程"等一系列重大工程建设；编制了上海市电子政务协同工作数据标准，完成了上海市电子政务协同工作数据标准测试及示范应用、电子政务协同工作安全支撑平台关键技术研究及实现等课题研究。2008，年信息中心按期完成了灾备中心大楼的土建工程，获得了由市国家保密局颁发的《涉及国家秘密的信息系统使用许可证》；"信息安全公共服务关键支撑技术和系统研发及应用"课题荣获2008年度上海市科学技术进步二等奖。信息中心在2008年间三个平台的建设任务：市应急平台体系初步建成，应急指挥可视系统基本建成，市800兆政务网成功实现转网。

在1986年至2008年的办公自动化和政务信息化建设历程中，信息中心取得了优异成绩，十余次获得上海市科技进步二、三等奖，蝉联"上海市文明单位。"

一座大楼

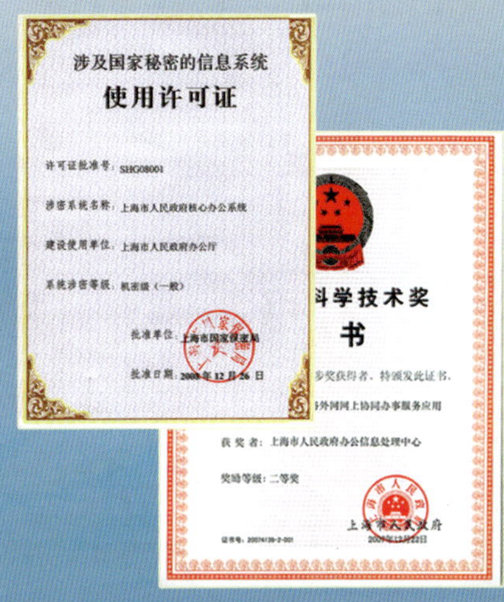

涉及国家秘密的信息系统

使用许可证

科学技术奖

书

两张证书

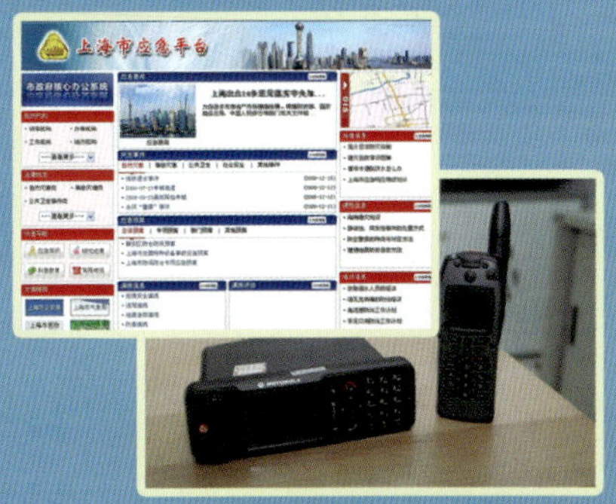

三个平台

地址：上海市人民大道200号3区3F　　邮编：200003

电话：021-23112060　　传真：021-63291194

武警总队作战勤务指挥中心场景

中队勤务值班员在监控目标情况

武警上海市总队

CHINESE PEOPLE'S ARMED POLICE FORCE OF SHANGHAI

2008,年武警上海市总队大力推进信息化建设,完成了总队作战指挥信息系统建设,完善了支队级作战指挥中心功能应用,规范了中队执勤信息化建设标准。各级指挥中心已全面联网,实现了市区公共信息图像、突发事件现场卫星、微波图像,远程重要目标监控,多级电视会议等音视频系统的接入,以及作战指挥、应急调度、GIS图层调用、GPS卫星定位、三级联动报警等功能,提升了全部队执勤、反恐、处突的效能,总队信息化建设走在了武警部队前列。

上海市长宁区卫生局

一、区域性临床医疗与健康档案信息交互共享平台的建立和应用

上海市长宁区卫生局从2002年起，以数字医院建设为抓手，在全区下属医疗机构统一部署实施了医院临床信息管理系统，涵盖了财务管理、药品管理、医生工作站、护士工作站、实验室信息管理系统、报告信息管理系统、医学影像信息管理系统等系统，从而实现了临床诊疗信息系统（CIS系统）全覆盖。

2004年根据社区卫生服务改革的需要,在全区10家社区卫生服务中心实施社区居民健康档案信息管理系统（CHSS系统），同时自主创新开发全科团队信息系统（TIS系统）。通过CIS、CHSS和TIS三大系统间对接，进一步激活居民电子健康档案，实现了社区卫生服务工作中“中心、站点、家庭”全流程信息化整合的工作模式。

2006年10月开始探索建设“区域性医疗信息整合平台”，实现区域医疗机构信息资源共享，检查、检验结果、影像资料、居民健康档案的相互调阅，通过信息技术解决医院间的信息不能共享等造成的重复检查、重复化验、重复配药等问题，从而为减少病人看病的费用，提供了有力的支撑。

二、区域医疗信息整合平台的建设背景

根据国际上发达国家的经验，医院信息化将经历医院管理信息系统（HMIS）、医院临床信息系统（HCIS）、区域信息系统（GMIS）三个阶段。

长宁区的医院信息化建设在实现了第一阶段目标的基础上，绝大多数二级医院以及社区卫生服务中心已经开始建设并使用以患者为中心的第二代医院临床信息系统（CIS）。医院信息化的发展趋势已经形成了部分可以在医院间建立临床信息共享的条件，并且亟须通过建立临床信息共享系统的建设来促进医疗机构的CIS建设。

另外，作为“全国社区卫生服务改革试点区”，在全区范围内统一部署了社区居民健康档案信息管理系统。通过临床信息与社区卫生服务信息的整合，提升社区卫生服务的效率和水平，也成为社区卫生服务发展的一种趋势。

三、区域医疗信息整合平台的建设内容

长宁区区域医疗信息整合平台的主要内容包括：建立长宁区“卫生数据中心一数据交换平台”，通过VPN网络实现全区60个卫生服务站点联网，其中高性能宽带3T-NET网络实现区域18家医疗卫生机构、15个中心服务站点联网（双网并存），从医疗信息资源整合的标准化和安全性两方面着手，实现各医疗机构临床信息和健康档案信息交互共享。

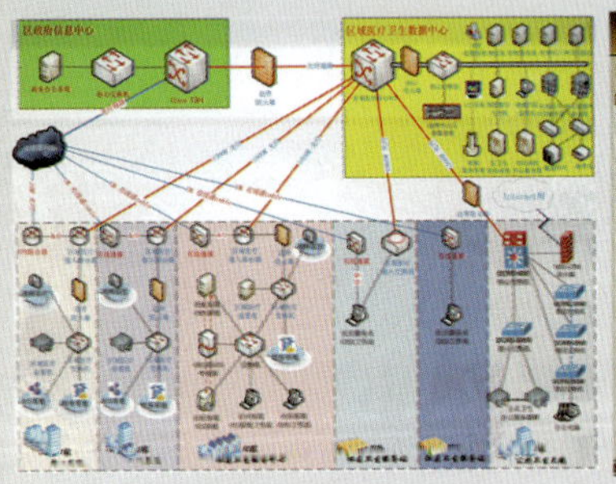

上海市长宁区区域医疗信息网络架构图

区域医疗机构住院病案首页调阅

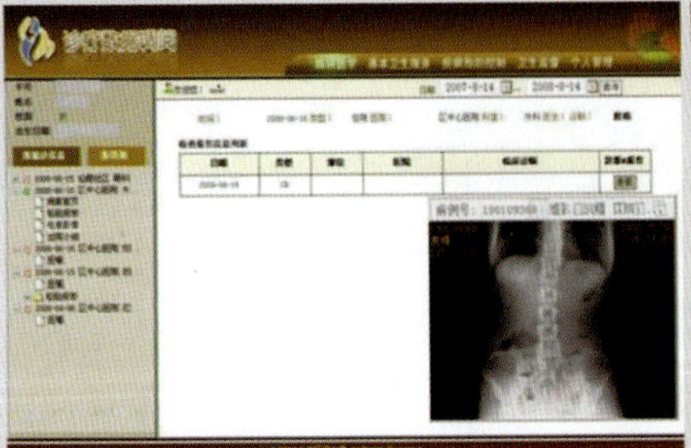

区域医疗机构影像资料调阅

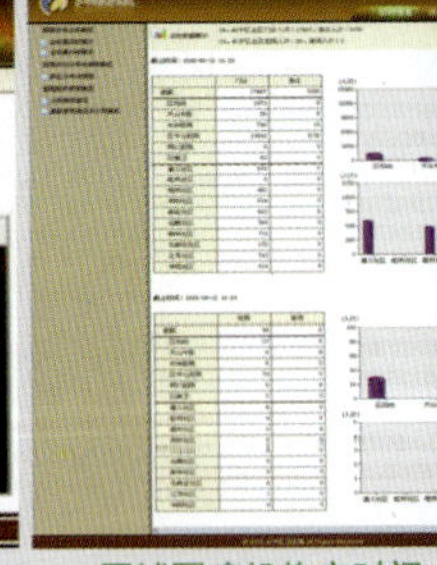

区域医疗机构实时门、急诊、住院情况反应

在技术上，区域医疗信息整合平台由两大部分组成，分别为医院端和数据中心端。其业务服务主要在如下两个分系统中体现：

3.1 区域医疗信息整合共享系统

通过区“卫生数据中心一数据交换平台”的建设和应用，在长宁区范围内，进一步实现各医疗机构之间诊疗信息和健康档案信息的交互和共享。即在原有医疗机构内部数据交换整合的模式基础上，进一步通过数据交换平台，实现院际病人健康档案、病案信息、检验信息、诊疗报告和影像数据的交换与共享。该系统的建设重点包括：区域健康档案应用共享子系统、区域诊疗信息应用共享子系统和区域医学影像应用共享子系统。

其具体功能如下：

1）以病人为主线，集成病人所有分散在各个医疗机构的诊疗和健康档案信息。

2）以多种方式对集成的患者信息加以利用：

3）实时反应当前区域医疗机构的门、急诊及住院病人信息。

4）实现全区医疗机构业务工作统计和分析。

5）实现全区医疗机构资源分配和使用分析。

6）实现对居民健康档案建设情况统计与分析。

7）实现对突发公共卫生事件的布控和查询的地理信息支持。

8）实现对各医疗机构财务监管等。

3.2社区卫生服务系统

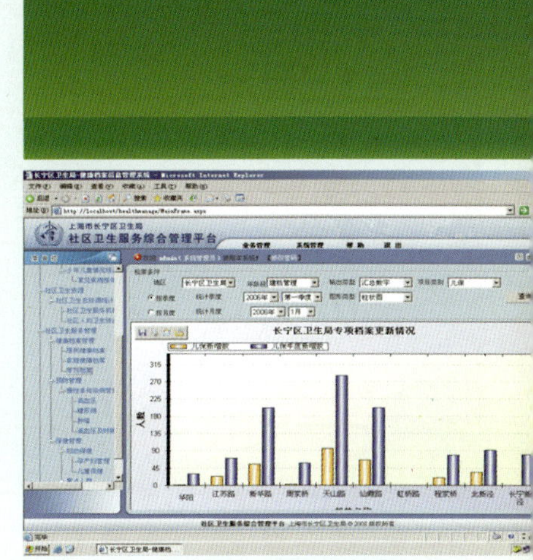

区域医疗机构影像资料调阅

以区卫生数据中心为核心，通过实现区域卫生信息资源的整合和互通共享，进一步完善社区卫生服务系统，在为每位社区居民形成一份完整的个人健康档案的同时，也帮助社区卫生服务中心/站点和社区卫生服务团队更好地开展“六位一体”的社区卫生服务工作。

区社区卫生服务系统的建设重点包括：社区综合健康卫生服务子系统、社区全科团队服务管理子系统、社区居民健康档案互动服务子系统。

该系统的建立，通过对个人健康档案所采集到的海量数据信息的整理、分析、加工、提炼，为档案的所有提供个性化的服务，有的放矢地实施居民健康的干预、管理和教育；为政府主管部门提供公共卫生信息服务；为医疗单位提供健康信息共享；为社会上与卫生健康的相关单位提供健康信息服务。充分提升电子健康档案海量信息的价值，为社会各方提供服务，实现多方共赢是本平台建设的根本目标。

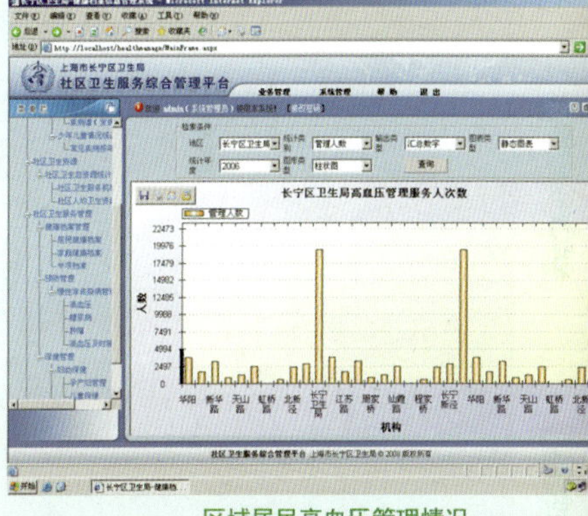

区域居民高血压管理情况

四、取得的主要技术成果

1）实现了区域内异构的医院信息管理系统有效整合，达到各系统间、各医疗机构间的互联互通。

2）创新海量信息的数据存储方式，有效地满足了数据存储和区域共享的需要。以数据类型来分，主要分为非影像数据和影像数据。非影像数据在数据中心集中存储；影像数据由于数据量庞大，则采用集中注册、分布存储，按需调阅的方式进行处理。

3）高性能宽带技术在卫生领域率先应用。由于大量数据在数据中心进行交换，高速网络的支撑是很有必要的。我们率先在卫生领域采用国家863重大专项课题3Tnet技术，对其中16家医疗卫生机构，15个社区卫生服务站点实现光纤专网。

五、应用效果

5.1 业务层面

1）　建立居民从出生到终老的电子化健康档案信息，医生可更好提供个性化、全程化医疗卫生服务，居民亦可以随时从网上调阅自己的健康信息。

2）　医生可以在病人就诊时调阅病人在区域内任何一家医院及社区的既往病史（包括门诊、住院、体检等）和健康档案信息，为医生诊断提供有效辅助手段，避免重复检查，降低就医费用。

3）　全科医生在为居民提供上门服务时可以调阅病人的既往病史和更新档案，实现无纸化的家庭病床诊疗过程，从而提供更好的六位一体服务。

4）　建立居民健康咨询服务系统，通过视频、网络、电话等为居民提供健康咨询、健康点播及专业健康咨询服务。从而实现健康服务向社区家庭的进一步互动延伸。

5）　通过高性能3T-NET网络对区属各医疗机构进行实时图像监控，为医院安全监管提供支撑。

6）　通过3T-NET网络为区域卫生财务监管平台提供安全通畅的网络支撑，保障了财务数据的私密性。

5.2管理层面

1）　数字惠民：通过共享系统降低重复检查，减少就诊费用；以同样价格，得到更好的服务（管理水平、技术水平、人员水平）；通过对居民（病人）全程化健康信息的管理和掌握可以提示诊疗安全性，增进医患沟通；居民（病人）可以实现对自己健康信息的自主管理，增进人人参与健康促进的理念和医患良好互动。

2）　决策支持：及时掌握本区疾病发生情况及医院业务动态；对资源进行合理调配，降低卫生投入成本，提高资源利用率。为区域卫生决策支持提供保证。

3）　支撑改革：更好支撑区域双向转诊机制，有效纵向整合医疗卫生资源。

六、结论

通过重点信息化建设项目为契机，充分利用“区域医疗信息整合平台”加强市区联动（数据的联动、业务的联动），条块结合（疾控、妇幼、精卫等各条线的区内联动），最终实现医疗卫生服务人性化、业务规范化、管理精细化、决策科学化，为“数字惠民”和卫生事业发展打下扎实的基础。

中共上海市经济工作委员会党校

中共上海市经济工作委员会党校（以下简称“市经济党校”）是经中共上海市委批准成立，由原蹦上海市财贸党校和中共上市外经贸党校合并组建而成，是上海经济工作党委系统干部教育培训基地。中共上海市经济工作委员会书让潘志纯同志担任校

徐汇校区：上海市徐汇区中山西路2271号
邮编：200235
电话：（021）64870541、64879653、64280280（直线）
（021）64870020（总机）转1624、1613、1610
传真：（021）64879653、64288497

奉浦校区：上海市奉贤区奉浦大道123号
邮编：201400
电话：（021）67102976、67105466
传真：（021）67102977

Email: shjjdx@163.com

学校贯彻“实事求是、与时俱进、艰苦奋斗、执政为民”的办学要求，按照“忠诚教育、能力培养、行为训练”的培训理念，坚持教学、科研、咨询一体化发展的原则，以自身独特的地位和功能，培育和发挥系统干部培训特色。学校采用课堂讲授、案例分析、现场体验、互动交流、研究探讨等教学形式，借鉴国内外的先进教学经验，不断探索干部教育培训的新方法、新途径。

学校主要培训对象是：上海市经济信息化委、商务委、农委、旅游局、环保、工商、质量技术监督、食品药品监管、安全生产监管等系统和石化、化工、医药、电力、航天、航空、船舶、烟草等许多关系国计民生的中央大企业大集团的领导干部和专业人才。同时面向社会，承接国内外有关政府、机构、企业和社会团体委托的培训项目。

学校内除常规部门外，还设秘书处、教务部、学员部和培训部四个职能部门。学校致力于建设一支政治强、作风正、业务精的专任教师队伍，同时聘请国内外知名专家、政府官员、著名企业家等专家学者担任我校客座教授。学校已建成挂牌陈云故居暨青浦革命纪念馆、江南造船博物馆、上海国家航天博物馆、临港新城、上海节能监察中心、上海化学工业区、温州民营企业等一批现场教学基地。

学校正积极同国内外著名教育培训机构开展交流与合作，联合进行学术研究、培训、咨询、案例开发和举办国际学术会议等。

上海商學院

SHANGHAI BUSINESS SCHOOL

上海商学院是市属公办本科普通高校，上海市文明单位，具有 59 年建校和发展史，她的前身是中央税务学校华东分校。

半个多世纪以来，学校坚持与时俱进、不断创新，先后为全国和上海的经济建设战线输送了数以万计的党政领导和经济管理干部，为社会培养了大量的大学生，其中不少毕业生走上了局、处级或大中型企业的领导岗位，有的已成为国内外著名企业家。

学校现有专任教师 400 余人，其中博士生、研究生以上学历占 37.9%，副高以上职称占 37.4%（其中正教授、研究员 40 人），拥有一支百余名以国内外著名企业集团董事长、总裁等高级管理人员组成的客座教授队伍。

目前全日制在校生 10000 多名，下设管理学院、流通经济学院、财会学院、生态旅游学院、艺术设计学院、外语学院（国际交流学院）、计算机与电子信息学院、食品学院、新闻与传播学院、法政学院、基础学院、成人教育学院等十二个二级学院，有 18 个本科专业、45 个高职专业和 7 个中外合作专业，其中 2 个国家级和 1 个市级的教学改革试点专业;《商品流通学》被上海市教委批准为上海市重点学科（培育）（第二期），《商务传播学》被上海市教委批准为上海市教育委员会重点学科（第五期）；《连锁经营管理》专业作为教育部专业目录外的本科专业，被上海市教委批准为本科教育高地建设项目；另外，《电子商务概论》《物流基础》和《职业发展规划与设计》为国家级精品课程，《电子商务概论》、《基础会计学》《职业生涯规划与管理》《计算机应用基础》和《经济法》为上海市精品课程，《会计学基础》等九门课程为上海市教委重点建设课程；《〈连锁经营管理〉专业教学改革试点探索与创新》和《高职学生就业指导工作实践与探索》两项教学成果分别荣获上海市教学成果一等奖，其中《〈连锁经营管理〉专业教学改革试点探索与创新》项目还被评为教育部第五届高等教育国家级教学成果二等奖；连锁经营管理专业教学团队被评为第一届上海高等学校市级教学团队；《市场营销学教程》、《电子商务教程》等九种教材分别荣获上海市优秀教材一、二、三等奖；学校流通现代化实验教学中心被市教委评为实验教学示范中心；经市教委批准，学校牵头组建了上海商贸职业教育集团，学校产学研合作教学模式受到教育部领导充分肯定，现已被外省市兄弟院校借鉴嫁接，开花结果。良好的教学资源、正确的办学定位，不断深化的教学改革进一步提升了教学质量，学生综合素质明显提高。近年来，学生在大学生数学建模竞赛等活动中多次荣获上海赛区和全国比赛一等奖，取得了丰硕的成果。2000年以来，学校毕业生就业率连续保持在95%以上，位居上海高校前列。

改革开放以来，学校先后建立了上海连锁经营研究所、上海电子商务教育研究所、现代发展研究院、日本商业研究所、日本学研究所、上海市高校商贸类职业技能鉴定所、全国高职高专教育师资培训基地、上海商业人才开发服务中心等体现办学特色和学科优势、具有一定社会影响力的科研和培训机构，完成了一批具有前瞻性、综合性，学术价值较高，对上海乃至全国经济建设和社会发展有重要作用和意义的研究课题，为国家、上海经济等领域的重大改革提供依据，产生了良好的社会效益；创办了公开出版学术刊物《上海商学院学报》，主办国内商贸类核心刊物《上海商业》，并协办中国经济类核心期刊《华东经济管理》等杂志。

党委书记、校长：方名山

图文信息中心

实训大楼

学校第五届运动会

校园一角

徐汇校区：上海市中山西路 2271 号
邮编：200235
电话：（021）64870020　传真：（021）64288497
奉浦校区：上海市奉贤区奉浦大道 123 号
邮编：201400
电话：（021）67102976　传真：（021）67102977
网址：http：//www.sbs.edu.cn

◆ 南京东路步行街无线宽带开通仪式

◆ 召开电子政务综合试点总结推进会

◆ 与中国移动签定信息化合作协议

◆ 主管领导到信息委调研

◆ 参加奥运火炬黄浦区传递安保工作留影

上海市黄浦区信息委员会

2008年，黄浦区以开展国家区级电子政务综合试点为契机，建设区电子政务应用支撑体系，使电子政务建设从自建自用的分散建设模式转变为一体化、集约化的整体建设模式；实施“黄浦政务”网站改版，建立“个人工作台”，形成了区统一的公务员门户；围绕人口信息资源的开发利用，基本建成区人口领域政务信息资源管理体系；整合社会面244个监控点、道路面136个监控点、风景区84个监控点，建成区监控图像地理信息系统，实现了多画面、多数据源的视频监控；积极与移动、电信等运营商合作，推进信息基础设施集约化建设，开通了南京东路步行街无线宽带网络。“黄浦区电子政务应用支撑体系”和“黄浦区监控图像地理信息系统”两项目被评为“2008年度上海市区县信息化应用优秀成果”。

地址：上海市福建中路2号3楼　邮编：200001

电话：33134800（总机转）　传真：63261692

上海市普陀区信息化委员会

普陀区信息委自2003年10月揭牌成立以来，围绕区委区府“发挥后发优势，实现跨越式发展”的指导思想，五年来先后按照“打基础、兴功能”、“夯实基础，谋求发展”、“以需求推应用，以服务促发展，发挥信息化对提高区综合竞争力的引领带动作用”、“建管并重、发展产业、强化应用，全面推进信息化服务全局进程”的工作定位，突出信息产业和信息化建设两条主线，理性务实地推进区域信息化发展，实现了电子政务从无到有，社区信息化向纵深发展，信息产业从弱到强，信息化建设和管理队伍从零到整的飞跃；基本形成了信息化基础设施日趋完善，信息化发展环境日益优化，信息化建设框架趋于合理，信息化管理手段更臻科学，信息化服务水平逐步提升，信息产业规模集聚效应得以初步体现的发展格局。

五年来，先后荣获了2004年度“上海市区县信息化工作先进奖”，2003~2005年度“上海市信息化优秀项目”，2006、2007、2008年度“上海市区县信息化应用优秀成果奖”表彰等综合性奖项以及各类专项奖励。

◆ 举办年度上海LED半导体照明创新与应用论坛

◆ 与电信、移动签订“无线城区”建设合作框架协议

◆ 成立普陀区IT企业家联谊会

◆ 团结奋进 活泼向上的普陀区信息委团队

◆ 开展信息化宣传活动

上海市普陀区信息委
地址：上海市普陀区大渡河路1668号
邮编：200333
电话：021-52564588
网址：www.shpt.gov.cn

上海市崇明县信息化委员会

无线崇明

2008年4月22日，“无线崇明”、崇明信息化乡镇签约仪式在崇明举行，崇明县信息委、相关部门以及各乡镇领导百余人参加。崇明县副县长杜松全与中国电信上海公司副总经理吴冬立共同签署了推进“无线崇明”建设的框架协议。中国电信上海公司崇明局、县信息委与乡镇代表签署了崇明县乡镇信息化建设合作协议，此举标志着崇明地区的无线覆盖以及囊括全县所有乡镇的信息化建设工程全面动工。

外网村村通

2008年2月28日上午，崇明县党员干部现代远程教育站点开通暨政务外网“村村通”工程签约仪式在前卫村举行。县委常委、组织部长宋宝儒，副县长杜松全和市电信公司、市委组织部的有关领导共同开通了崇明县党员干部现代远程教育站点。开展农村党员干部现代远程教育是推动农村党员干部教育培训从手段到内容全面体现时代性，把握规律性，赋予战略性的一项举措，是建立让干部经常受教育，使农民长期得实惠机制的有效载体，是以信息化带动农业产业化和农村现代化的重要途径。

信息化项目预审

结合年度财政预算工作的开展，2008年县信息委对全县43家财政预算单位的信息化项目进行了预审，按照集约化建设和信息化基础设施资源共享的原则，确定了上述信息化项目建设资金4758.53万元，比原计划6125.31万元节省了资金1366.78万元。

三岛行

聚焦生态崇明——第三届长三角网络媒体三岛行活动于2008年12月6日正式启动。活动期间，来自东方网、新华网、中国江苏网、浙江在线、新浪网、腾讯网等12家网络媒体记者，走进崇明三星白山羊养殖基地、米酒加工基地、振华港机等地，围绕崇明岛域建设、生态、旅游、民生等主题进行最新报道。县委副书记施建华、东方新闻网站副主任朱国顺共同开通了崇明宣传网。“崇明宣传网”的开通为广大网友提供一个了解崇明的窗口，让更多人认识崇明、关注崇明。

上海市奉贤区信息化委员会

2008年，奉贤区信息化工作围绕《奉贤区国民经济和社会信息化“十一五”发展规划》，以应用为主线，积极推进重点信息化项目建设，开拓进取，勇于创新，扎实推进，在电子政务建设、诚信体系建设、农村信息化应用及普及等方面实现新的突破，顺利完成全年各项工作任务。

2008年，“奉贤区政务网安全认证支撑平台”被上海市信息化委员会评为“2008年度上海市区县信息化应用优秀成果奖”。

“千村万户”新农村信息化培训普及工程启动仪式

2008年度新农村移动信息化推进会暨签约仪式

参观信息生活体验舱

区县信息化优秀成果奖

区长网上办公活动

兄弟区县到访

上海市民防通信与信息中心

Shanghai Municipal Civil Defense Communication and Information Center

上海市民防通信与信息中心隶属于上海市民防办公室，具体负责本市的民防指挥通信警报建设和民防信息化建设。

为满足人防机动通信的需要，上海市民防办公室确定“动中通”卫星通信系统为办2008年重点建设项目，通过政府采购招标，于2009年4月顺利完成了系统建设并通过了验收。该系统是上海市第一个“动中通”卫星通信系统，具有在运动中通过卫星传输视频图像、语音、数据等功能，建成后极大提高了人防机动通信的能力。

地址(ADD)：上海市复兴中路593号　邮编(P.C):200020　电话(TEL)：021-24028888

上海市公共卫生应急指挥中心

2009年2月13日，以多方整合、多重服务的上海市公共卫生数据中心为依托，以联通全市各级各类卫生机构的政务外网平台为支撑，以现代公共卫生信息体系为框架，以1800万市民的健康保障为目标的上海市公共卫生应急指挥中心正式启用。

与设在上海市疾病预防控制中心的上海市公共卫生应急指挥中心同步建设的“突发公共卫生事件应急信息系统”耗时3年，投资近亿元。该系统以“平战结合、应急优先、做实基础、立足长远”为原则，整个系统建设有1个网络安全平台、4个数据中心、1个指挥中心、4大核心数据库、5大应用支撑平台、5大应用系统、1个对外信息门户和1套数据标准规范，同时可联通全市600家公立卫生机构的信息网络，实现对20万家企业的卫生信息化监管，支撑5万名公共卫生业务工作人员的日常工作。

上海市公共卫生应急指挥中心的疾病监测预警系统与中国疾病预防控制中心相关系统联动，覆盖了人禽流感、不明原因肺炎、手足口病等39种传染病类型，覆盖了全部14种突发公共卫生事件的处置。其卫生监系统也在全国率先建立起对5万多家公共场所、1万多用人单位、5000多家医疗机构的“一户一档”电子档案，同时在全国率先实现了全方位数字化的现场卫生监督执法管理。

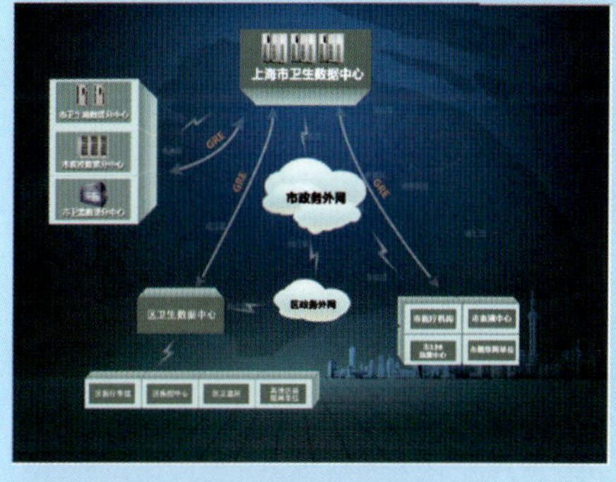

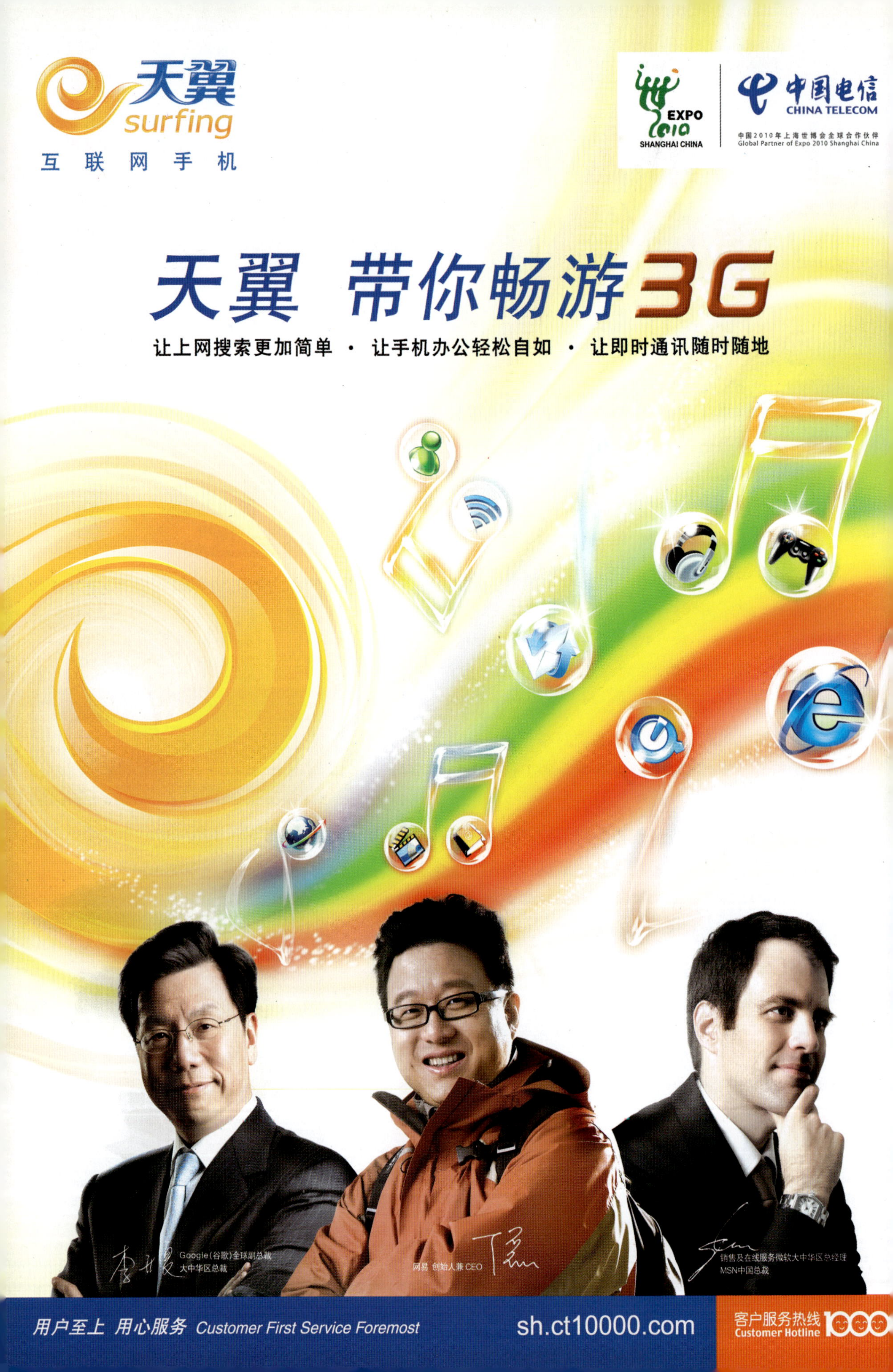
天翼
surfing
互 联 网 手 机
EXPO
2010
SHANGHAI CHINA
中国电信
CHINA TELECOM
中国2010年上海世博会全球合作伙伴
Global Partner of Expo 2010 Shanghai China
天翼 带你畅游3G
让上网搜索更加简单 · 让手机办公轻松自如 · 让即时通讯随时随地
Google(谷歌)全球副总裁
大中华区总裁
网易 创始人兼CEO
销售及在线服务微软大中华区总经理
MSN中国总裁
用户至上 用心服务 Customer First Service Foremost
sh.ct10000.com
客户服务热线
Customer Hotline
10000

六、信息基础设施建设

【区政务网络建设】 通过对政务网整体资源优化和加固项目的实施，区政务外网、政务内网和中心机房整体资源得以优化，整网安全得到加强。构建起统一的区电子政务网络与信息安全管理平台，实现了由过去的被动式网络监控管理变为主动式监控管理，达到了“第一时间发现问题、第一时间解决问题”的工作目标，从而更有效地保障了区电子政务系统网络安全、可靠、稳定地运行。

【有线电视数字化整体转换工作基本完成】 虹口区有线电视数字化整体转换工作经过三年由试点到全面铺开的建设，已在全市率先基本完成。通过加强宣传、主动沟通、强化服务、质量改善等措施，区信息委配合东方有线有效推进了整转工作在虹口区的顺利进行，同时通过及时处理市民来电来信、协调化解矛盾、提供优质服务等，使社区居民对数字电视的认同度不断上升。截至年底，虹口区已累计完成整转用户 17 万户，占全市总数的 30%，有线电视数字化覆盖近 20 万户，占全市完成总数的 1/3，基本完成全区的整转任务。

【“无线虹口”项目稳步推进实施】 2008 年，虹口区政府分别于 6 月 5 日和 9 月 10 日，与上海电信、上海移动签订了建设“无线城市”的合作协议，确定了以北外滩、四川北路、虹口足球场为重点区域的无线覆盖方案。区信息委积极配合上海电信和上海移动组织实施“无线虹口”的项目建设工作。

（区信息委）

七、信息化环境建设

【区信息化办公系统应用推进工作会议召开】 为进一步推进和规范区信息化办公系统的功能应用，2 月 22 日，区委办、区府办、区信息委联合召开第二次区信息化办公系统应用推进工作会议，全面总结信息化办公系统第一阶段文本、电子双轨制实施以来的工作情况，专题部署第二阶段部分办公系统功能实行单轨制的工作任务。

【区信息化工作会议】 4 月 10 日，虹口区召开 2008 年信息化工作会议。会议明确 2008 年区信息化工作的主要任务：推动政府信息化建设，促进政府行政效能提高；建立完善政务受理平台，理顺政务受理渠道；深入推进电子政务建设应用，提高协同处理成效；进一步推进行政事务综合管理系统应用，逐步实现“一门受理”向“一口受理”的转变；加快信息产业发展，促进数字媒体产业集聚；加强信息通信基础建设管理，提升区位功能环境；优化信息化发展环境，支撑信息化协调持续发展。

【组织开展协同办公系统应用培训】 围绕办公系统应用，区信息委与区组织部、区人事局合作，全年共举办了 17 期“政府协同办公与机理”培训班，共 402 位机关工作人员参加了培训，其中处级领导班、中青年干部班 4 个，共 122 名。

【制定落实奥运反恐预案】 为保障奥运期间全区通信与网络安全运行，成立区信息化奥运反恐协调领导小组，下设通信与网络保障应急处置、系统与信息安全应急处置、信息系统受损情况处置与评估等三个工作小组；细分虹口区奥运安全保卫反恐怖通信与网络信息安全应急处置预案为五个子预案，分别是区公共通信应急保障子预案、区政务网络应急保障子预案、区协同办公系统应急保障子预案、区实时监控系统应急保障子预案、“上海虹口”门户网站应急保障子预案。奥运期间，区信息委积极落实奥运反恐预案，实行 24 小时值班制，及时排查机房、设备、线路等安全隐患，切实加强网络安全防护工作，保障全区通信与网络的正常运行。

（区信息委）

第八章 杨浦区信息化建设

概 述

2008年，杨浦区信息化工作围绕知识创新区信息化建设总体目标，夯实基础，拓展应用，努力提高城区信息化总体水平，完成了《2008年上海市杨浦区信息化工作要点》所制订的目标任务。

2008年，杨浦区信息化建设的主要工作：⑴完善信息基础设施建设，拓展信息网络应用。完成区招商中心等部门政务网光缆接入工程、街道镇信访信息系统、公务网电子政务安全等级保护体系、区政务外网数字认证平台等建设任务；开展社会防控体系四期工程建设和9个街道城市管理网格化分中心建设；完成区城市管理热线962151改造工程；推进区政府与上海电信、上海移动等电信运营商的全面合作，实施“无线城市”建设规划，实现五角场城市副中心、区机关、部分科技园区等区域无线宽带网络的覆盖；完善“校校通”工程；完成区“卫生网”建设任务；完成西门子上海中心工程、波司登国际大厦、君欣时代广场、上海新江湾城D1地块等6个项目建筑智能化咨询任务；完成4万户居民有线电视数字化整体转换目标。⑵推进电子政务建设，深化信息化项目开发应用。完成区并联审批信息系统改造，内、外资企业设立行政审批信息化平台运行；开展区门户网站改版，建设基层党建网络，完成党员远程教育397个信息点接入工作；推广区办公大OA系统与视频会议系统的应用，完成区办公大OA系统二期开发任务；完善实有人口数据库、法人数据库，建设地理数据共享交换平台。⑶推进社会公共服务信息化，优化信息化发展环境。做好社保卡、居住证日常管理、“家校互动平台”、市民信箱等工作；开展公务员、居委会干部信息化应用培训，第二轮“百万家庭网上行”培训考试合格人数7 000余人；组织开展2008年度区信息化发展资金申报、审核及协同理财工作。⑷推进信息产业基地建设，提高信息产业管理水平。加强协调与推进复旦软件园工程建设，实现年内开工建设目标；建立健全信息产业管理体制与机制；开展软件企业季度统计、年检初审工作。

2008年，“杨浦区社会应急联动中心系统”、“杨浦区五角场高科技园区征信平台”被上海市信息化委员会评为“2008年度上海市区县信息化优秀成果”。

（区信息委）

一、政务领域信息化

【推进政府信息公开工作】 区政府信息公开工作注重深化公开内容，拓展公开渠道。区政府门户网站设政府信息公开专栏，建立主动公开和依申请公开政府信息目录，整合区政府各机关公开信息及时上网发布，区政府门户网站成为区政府信息公开的主要渠道。在区图书馆、延吉图书馆和杨浦少儿图书馆设立政府信息公开查阅点，提供免费上网查阅。建立完善政府信息公开发布协调、政府信息公开监督保障和政府信息发布保密审核等三项工作规范，加强政府信息解读服务，对涉及民生问题、专业性强的重大政策和重要事项，逐步建立政策解读服务制度。通过政府门户网站分别对廉租住房扩大受益面、促进企业发展、优抚对象医疗保障、纳税个人所得税自行申报和大学生创业等政策进行了解读。

区政府各委办局和街道镇主动公开政府信息发布、依申请公开政府信息受理、公文类政府信息目录备案等工作，都通过网络进行计算机处理，并建立督促检查和年度考评制度。截至年底，累计主动公开政府信息 7 372 条，全文电子化率达 69%，其中年度新增主动公开政府信息 956 条；共受理政府信息公开申请 102 件，已经答复 98 件；发生针对区政府有关政府信息公开事务的行政复议案 18 件，主要涉及房屋拆迁强制执行请示、领导批复等信息，其中 17 件已被行政复议处理机关维持，1 件还在处理中；共接受市民咨询 762 人次；政府信息公开专栏访问量 1 005 678 次，其中按点击率排序的政府信息公开栏目依次是：政府公报、政府文件、规范性文件、政府会议。

【“上海杨浦”门户网站第四次改版】 改版后的门户网站对政府信息公开专栏进行了较大的调整，新增政策解读、应急管理和新闻发布等栏目，并增加全文搜索功能。将政府信息发布、公文目录备案、政府信息依申请公开处理和政府信息公开统计分析纳入区政府门户网站管理系统。市民通过“上海杨浦”门户网站的政府信息公开专栏及其子栏目，可查阅区政府及其委办局主动公开的政府信息。通过“依申请公开受理”栏目可向区政府各机关提出政府信息公开申请，并查阅政府信息公开申请处理状态。为方便公众查阅各政府机关主动公开政府信息，门户网站实现了主动公开政府信息全文检索功能。“区长信箱”的来信处理，来信人可通过网站登录的方式，查阅来信办理单位和处理状态。

【开通 1890 企业服务信息系统】 根据区委推出的领导干部联系服务企业制度，在区领导联系服务区百强企业的基础上，全区处级以上领导干部与规模企业、产业导向企业和困难企业进行结对，定时、定点、定人对企业进行联系服务。全区有 350 名处级以上领导干部与 490 家企业建立了结对关系。12 月，开通“一线工作法”1890 企业服务网和服务热线 55051890，直接听取并帮助企业解决各类诉求，确保企业在遇到困难时第一时间得到帮助。作为“一线工作法”领导干部定点联系居委会的延续，领导干部联系服务企业活动是将“一线工作法”联系范围从社区拓展到企业，服务内容从解决社区群众急难愁问题向帮助支持企业发展延伸。

【建设行政审批信息化平台】 6 月 30 日，区内资企业设立行政审批信息化平台试运行，12 月完成区外资企业并联审批信息系统改造，这是杨浦区建设行政审批信息化支撑平台的组成部分。该系统连接所有具有行政许可权的部门，实现网上受理、数据共享与交换、同步监管等综合管理和办事功能。通过与法人、自然人的网上互动，向企事业和公众提供行政审批业务的信息发布、政策查询、业务咨询等网上行政服务，建立交互式、可视化、人性化的咨询办理平台。通过行政审批电子监察系统实现对所有行政许可事项的实时监督、及时纠错，从而建立对窗口工作人员和部门科学的绩效评估体系。

（区信息委）

二、社会领域信息化

【社保卡工作顺利推进】 2008 年，社保卡、居住证工作平稳有序圆满完成，共补换卡 23 397 张，社保卡扩大申领 5.6 万人，敬老服务卡申领发放 12 万张，完成 2 万多名小学、初中、高中三个学段的一年级新生学籍卡采集工作。共办理临时居住证 68 534 张，申领一年居住证 14 449 张（从业 3 092、投靠 11 357），发放居住证 16 891 张。杨浦区已累计办理临时居住证 204 585 张，申领一年居住证 41 752 张（从业 7 533、投靠 34 219），发放居住证 38 659 张。为做好居住证收据、临时居住证押金、卡基的清查工作，在 9 月、10 月两次开展网点盘查，改正个别街道镇随意收费、不按流程工作、统计不准确等问题，保证社保卡、居住证工作顺利开展。

【做好敬老卡申请发放】 根据市信息委、市交通局、市老龄委办公室关于组织集中开展社会保障卡（敬老服务专用）申领发放工作精神，从4月初至7月底，完成12万适龄人群的申领、信息核实和制发卡工作。8月1日起，正式启用社会保障卡（敬老服务专用），作为老年人免费乘车的唯一凭证，同时作为全市70周岁以上人员享受尊老社会一条龙服务的凭证。按照市政府领导提出的好事办好、免费送卡上门的要求，区社保卡中心、各街道镇受理网点采取集中申领、集中制卡、集中发放的方式，发动和依靠居委会的力量，完成有关信息核对及发卡工作。

【卫生网建设】 结合上海市公共卫生体系对于应急处理突发公共卫生事件的迫切需要和体现《突发公共卫生事件应急条例》的要求，以及杨浦公共卫生安全的现状，为提高区卫生局系统的信息化程度，完善远程交互系统和接入点信息网络系统，区卫生局通过运用先进的计算机通信技术、控制技术，采用整体化系统集成的方法，建立起杨浦区卫生系统光缆专网和卫生综合信息平台。完成区卫生医疗单位23个点的光缆铺设工程，建立区级卫生网络数据中心，启动杨浦区社区卫生服务中心信息化应用系统建设，完善社区卫生服务中心信息基础设施，开展市民电子健康档案试点。 （区信息委）

三、经济领域信息化

【开展电子商务进社区活动】 11月30日，由市经济信息化委、共青团上海市委、市妇联联合主办，市电子商务行业协会与区经委、区信息委共同承办的“社区服务新体验，电子商务进杨浦”主题活动在五角场万达广场隆重举行。此次活动是2008上海“电子商务进我家”系列推广活动的其中一站，是电子商务行业积极响应市政府号召，落实上海迎世博倒计时500天活动的具体行动。作为2008上海“电子商务进我家”系列推广活动示范站点之一，“电子商务进杨浦”延续了推广活动的理念和主要形式，以社区和大型商业广场为平台，通过组织全市优秀B2C、C2C电子商务企业开展服务展示和电子商务应用体验，向广大市民宣传各类有关居民生活的电子商务应用服务，普及推广电子商务的应用成果和相关知识。通过电子商务法律现场咨询，为居民百姓提供网络消费投诉、咨询等法律服务，帮助居民百姓正确地认识和对待网络消费。通过现场展示，深入推广优秀电子商务企业的先进服务理念，从互动中了解居民百姓对网络消费和各种便民电子商务应用服务的需求，获取更多的企业创新灵感。活动中，首次参加巡展活动的东区电信、家帝、健诚山、帝和信息等企业积极响应诚信服务倡议，加入到创建一流网上窗口服务的行列中。在电子商务服务展示活动中，来自号码百事通、亿贝、百联、携程、东方CJ等20多家知名电子商务企业开展了包括网上购物、家庭装修、个人理财、教育咨询、医药保健、社区服务等多种网上服务内容展示，百联推出的竞答赢手机活动，东方CJ、齐家等企业各具特色的市民互动体验主题活动，将展示活动不断推向高潮，吸引了大批群众驻足观看和踊跃参与。由市经济信息化委、市法律学会指导，律师志愿者组成的“上海电子商务法律服务团”还为现场市民提供了免费法律咨询服务。

（区信息委）

四、城市建设管理领域信息化

【推进社会防控应急体系建设】 完成长白、平凉街道社会防控体系四期工程建设，设置监控点33个；实施网格道路监控二期50个监控点建设，区路面图像监控点总数达到373个；完成五角场、控江、殷行、四平、大桥、长白、江浦、平凉街道和五角场镇等9个街道城市管理网格化分中心建设；完成区城市

管理热线 962151 改造工程。

【区社会应急联动中心系统建设】 区社会应急联动中心系统自 4 月开始建设，6 月 1 日基本建成，投入试运行。系统试运行期间正值汛期，区委、区政府及相关职能部门领导十分重视系统的应用，多次进行实践运行，使系统经历了一次又一次实战考验。6 ～ 8 月，系统承建商根据试运行情况及用户要求，对系统进行了调整和完善。该系统覆盖范围广，系统用户包括 12 个街道镇、区信息委、区民防办、区网格办、区防汛办和区城管大队等共 17 个部门。该系统是一个综合性、多功能的系统，主要设备、光缆路由中心节点均在区网格办，主要包括：音视频会议系统、图像监控系统、计算机网络系统、电话系统、光缆传输系统和应急联动管理平台。该系统管理平台共整合了 7 个功能模块：门户管理系统、应急预案、视音频会议、962151 呼叫中心、网络办公、水闸系统和卫星云图。系统通过整合区内现有信息化资源，并加以延伸和拓展，进一步提升了城市管理、应急指挥、防汛指挥等工作效率和水平。

【开发城市网格化管理分中心信息平台软件】 网格化管理社区分中心是以现代信息技术为支撑、以城市管理数字化平台为依托、实施社区服务和城市管理的工作机构，是区城市网格化管理平台的终端处置平台，是受理群众咨询、诉求的社区综合服务平台，是监督、发现区域内城市管理运行问题，落实派遣、处置工作，督促、协调相关职能部门及派出机构解决问题的城市管理基础工作平台，是应对突发自然灾害和重大突发事件的应急指挥平台。分中心围绕城市管理和社区服务两大主题，整合社区应急管理、实有人口管理等管理体制，在一体化平台之上实现多方面信息化资源共享与整合。在认真总结五角场街道试点信息平台经验的基础上，区网格办、区信息委根据建设标准进行优化和整合，形成信息平台标准性建设文档。整个信息平台由六大独立应用系统组成，网格分中心软件平台作为统一平台，把几个应用系统紧密地整合在一起，建立了统一的应用门户，操作人员使用一个账号和密码就能登录所有子系统，在各应用系统之间能够共享数据。数据在各应用系统之间共享之后，极大地提高了数据的利用率，平台的处理效率也得到同步提升。

【建设五角场智能停车诱导系统】 为均衡各停车场（库）的利用率，缓解道路交通压力，提高交通信息化管理水平，更好地推动五角场区域经济发展，区政府与西门子公司合作，启动五角场地区停车诱导系统建设，区建交委承担该项目一期建设任务。纳入系统（一期）的有万达广场、百联又一城等 7 个停车场（库），共 1 774 个泊位，系统中二级屏设置七处共 16 块，三级屏 9 块。停车诱导系统服务范围覆盖五角场副中心核心区，即政立路、国定路、国定东路、国和路所围区域，面积约为 1.85 平方公里，整个五角场副中心面积约为 3.11 平方公里。该系统由停车场停车泊位数据采集外站、中心管理与监控平台和区域停车信息发布端（诱导显示屏 25 块）等部分组成，通过先进的无线通讯方式——上海移动 GPRS APN 网络，连接所需进行停车诱导区域内的停车场和诱导显示屏，及时将有关信息发布到预出行者在出发前即想知道其出行目的区域停车信息的相关媒介。系统建成后，通过诱导停车缓解了五角场区域停车难、停车不均衡的矛盾，为五角场商圈的繁荣和发展提供了基础保障。

【空间地理数据共享平台试运行】 11 月底，区空间地理数据共享平台完成一期开发任务，开始在区政务外网上试运行。该系统由基础地理数据库、专业地理数据库、基础业务数据库和专业业务数据库四部分组成，专业业务应用包括区公共服务（涉及交通、餐饮、旅游、服务性设施、招商、医疗保健、政府部门等）、人口管理、社会经济管理、环境保护管理、安全监测以及建设工地管理等方面。

【开发区城管 GPS 执法调度系统】 为了更好地发挥应急指挥作用，特别对热点、焦点、难点开展有针对性、时效性的执法调配，区城管大队组织开发了 GPS 执法调度系统。该系统不仅仅是车辆的 GPS 定位，更多的是车辆的状态监控，包括历史轨迹回放、数据统计，以及基于 GIS 地图的跟踪定位，以便实时调度，应急指挥。在综合业务管理系统中可实现查看车辆当前状态、车辆行进路径跟踪，以及车辆报警监控等功能，提高了区城市管理的水平。12 月，该系统通过验收。

（区信息委）

五、信息产业发展

【提高信息产业管理水平】 为探索提高信息产业管理水平的有效途径，区信息委建立软件企业信息员制度，以进一步掌握信息企业发展动态。开展区76家软件企业季度统计、年检初审工作，受理了24家单位参与上海市软件与集成电路专项资金的申报工作。76家认定的软件企业总产值超过17亿元，上缴税收1.05亿元。

（区信息委）

六、信息化环境建设

【获得市软件专项资金扶持】 经市政府批准，杨浦区有6家企业列入2008年上海市软件和集成电路产业发展专项资金项目计划，获得840万元专项资金扶持。4月，根据市信息委《关于开展2008年度软件和集成电路产业发展专项资金项目申报工作的通知》，区信息委召开相关园区管理部门负责人会议，将专项资金申报工作要求进行了传达，要求各园区将《通知》精神第一时间传达至入驻企业。对于没有入驻科技园区的重点企业，区信息委采取了上门通知的方法，确保全区信息企业知晓《通知》精神。开通咨询电话，帮助企业解决申报过程中遇到的各类问题，最后共有24家信息企业申报了专项资金。经市信息委组织的专家评审，最终6家企业获得市专项资金的资助，分别是：上海盛锐软件技术有限公司（基于RFID离散制造PLM管理系统，资助120万元）、上海中和软件有限公司（数字媒体综合内容服务平台，资助120万元）、上海东方希杰商务有限公司（家庭电视购物信息系统，资助200万元）、上海扶明泽实业股份有限公司（城市动态交通信息服务及跨平台移动导航，资助100万元）、上海复旦微电子股份有限公司（具有安全加密认证的电子标签芯片，资助150万元）、上海同济同捷科技股份有限公司（汽车车灯控制系统，资助150万元）。

【落实区信息化发展资金】 自6月起开展2008年度区信息化发展资金申报、审核工作，对12家单位申请的248万元信息化发展资金项目进行沟通和方案论证，审批确定6家单位（部门）的9个项目立项，批准的申请资金总额共计230万元，完成当年项目的政府采购。7个历年项目完成专家验收评审。审核2008年区财政预算资金总额约8 600万元，审核通过信息化相关金额约3 900万元。对武警执勤目标安全隐患综合治理工程、房地局房源管理系统、区图书馆文化共享设备预算进行专项审核，出具审核意见，批准金额共计156万，节省财政资金27.7万元。

【开展公务员信息化培训】 7月，区政府下发《杨浦区公务员信息化与电子政务培训三年行动计划》。根据《计划》，区政府将用三年左右时间对全区公务员进行分批轮训，使全区机关工作人员能够熟练运用计算机和网络进行办公和对外服务，掌握区大OA（区政府办公自动化平台）和本部门业务信息系统应用技能。9月，第一批公务员信息化培训开班。经考核，有334人获得培训证书。

【公务网安全等级保护测评】 9月开始，为进一步提高区级公务网的安全性，根据区保密局的要求，对区级公务网涉密域各接入点进行分级保护改造，对原有的网络方案、保密要求进行了梳理，制定了分级保护的改造方案，并向国家保密局涉密信息系统安全保密测评中心系统测评（上海市）分中心申请进行涉密信息系统分级保护安全测评。第一次测评未能顺利通过，测评中心专家提出了一些整改方案，根据专家提出的建议，对公务网涉密域的网络结构进行了改造，并增添了相应的网络安全设备。整改结束后，向测评中心申请了再次测评并顺利通过。

（区信息委）

七、社会诚信体系建设

【深入推进社会诚信体系建设】 2008年度完成企业信用评估180余份，个人信用评估1 634份，建立信用档案与开展信用评估的商业企业达到100家。开展200人次信用岗位培训，并聘请60名优秀学员担任区“诚信督导员”。积极探索科技型中小企业信用制度建设，深化五角场园区企业征信平台建设工作，进一步完善中小企业征信数据库，启动区商联会信用信息服务系统建设。深化诚信宣传教育，配合上海旅游节、上海购物节、上海诚信活动周，开展“诚信兴商”系列宣传活动。

【完成五角场高科技园区征信平台建设】 杨浦区五角场高新技术产业园区企业信用信息服务平台于2007年9月开始建设，2008年1月试运行，7月完成验收，主要应用于杨浦区五角场高新技术产业园区的各个管理部门、相关政府部门及园区内1 400多家企业。系统作为区中小企业信用体系建设的重要公共基础设施，其核心是通过整合企业自身、政府部门及社会机构所掌握的企业信用信息，为中小企业融资、政府部门对中小企业的扶持审核、信用中介机构与金融投资机构进行企业评估等工作内容提供服务，并通过信用管理功能建设，提高中小企业信用管理水平与能力。通过信息综合查询模型分析，在科技小巨人企业认定、杨浦区科技企业项目扶持、科技成果转化专项资金扶持、上海市企业自主创新专项资金等政策资金扶持等方面为园区企业的管理与服务提供信息化支撑。系统主要包括企业信用信息资源库、信用信息征集与管理系统、综合监管服务系统和公共征信服务系统四个部分，包括园区管理、综合监管应用和公共服务三大功能。其中园区管理功能主要针对园区管理部门对园区内企业管理服务等业务工作，包括企业基础信息管理、税收数据查询、企业统计月报表、企业月度会计报表、年度进度表、园区综合情况统计、物业管理、企业信息变更审批、政策扶持查询、企业信息调查、信息交流互动等；综合监管应用功能主要针对相关政府部门和征信机构查询企业信用情况，提供信用服务等，包括查询统计、信用发布、信用管理、辅助决策和系统管理等功能；公共服务功能主要针对园区内企业提供自主申报入口，包括公共企业基本信息查询、企业自主查询、诚信知识教育等功能。通过该平台的建设，探索信用体系信息化建设，形成了信用信息收集共享的平台，有效地利用了信用信息，规范了企业信息、征信数据的开放共享，实现信用信息资源的市场配置和充分利用。

【开发商业企业信用服务系统】 杨浦区商业联合会投入38万元，开发建设杨浦区商联会信用信息服务系统。该系统是集商联会门户系统、企业信息征集管理、企业信用申请、评估和应用于一体的综合系统服务平台，面向商联会管理员、区政府相关职能部门、第三方征信评估机构、商业企业以及社会公众。系统较好地实现了区商业企业基本信息、信用信息以及政府职能部门监管信息的整合，通过提供统计、查询、数据维护等功能使企业信用信息发布、管理基础工作、统计分析等诸多方面做到更科学有效，对改善杨浦商业信用环境、规范商业经营秩序产生了积极影响，是区社会诚信体系的重要组成部分。

（区信息委）

第九章 黄浦区信息化建设

概 述

2008年，黄浦区信息化工作坚持落实科学发展观，以开展国家区级电子政务综合试点为主线，全力抓好信息化项目建设和应用推进，发挥信息化在区经济和社会发展中的支撑作用。围绕试点任务，建成区统一的电子政务应用支撑体系和公务员门户，开发了图像监控地理信息系统，基本构建人口领域政务信息资源管理体系，进一步完善区电子政务总体框架。推进信息基础设施集约化建设，完成延安东路（成都北路——河南中路）、南京西路（成都北路——黄河路）等路段的信息管线敷设，积极配合中国移动建设TD-SCDMA技术试验网。推动信息化在民生等领域的应用，全区居民互联网用户数13.4万户，同比上升7.20%；家庭人均信息消费支出1 295元／人，占人均消费总支出的10.8%；“上海黄浦”门户网站主动公开政府信息555条；“家校互动”平台注册人数达3.8万人、发送信息24.5万余条；全年发放社保卡34 617张、学籍卡7 292张、婴儿卡9 437张、敬老服务卡51 611张、补换卡9 228张。加强信息化管理，实施重要信息系统等级保护制度，开展多层面的信息化应用培训。全年区财政信息化建设资金投入1 201万元，占区财政总支出的0.57%，其中，信息化固定资产投资501万元。

2008年，“黄浦区电子政务应用支撑体系”和“黄浦区监控图像地理信息系统”被上海市信息化委员会评为“2008年度上海市区县信息化优秀成果”。

（张鹏生）

一、政务领域信息化

【建成电子政务应用支撑体系】 按照开展国家区级电子政务综合试点工作的要求，结合区电子政务建设和应用实际情况，在上一年调研分析的基础上，建设区电子政务应用支撑体系。建设内容包括构建统一的门户支撑平台、基础服务平台、认证授权平台和信息交换平台。其中，门户支撑平台可实现信息门户的统一管理、分级维护及一体化检索、个性化设置等功能；基础服务平台可实现日志管理、邮件收发、短信收发等功能；认证授权平台可实现用户管理、权限管理、身份认证等功能；信息交换平台可实现政府部门之间、异构应用系统之间的信息交换。区电子政务应用支撑体系于6月完成相关项目开发，7月起试运行，12月通过专家验收。该项目的建成为区各部门应用系统开发和整合提供了技术保障，使电子政务建设从自建自用的分散建设模式转变为一体化、集约化的整体建设模式，对促进区电子政务的可持续发展具有重要意义。同时，该项目作为国家区级电子政务综合试点任务之一，为其他区县电子政务建设提供了示范和参考。

（董晨慧）

【公务员门户上线运行】 结合承担国家区级电子政务综合试点工作，建设全区统一的公务员门户，内容包括构建新版“黄浦政务”网站和建立“个人工作台”两部分。其中，新版“黄浦政务”网站是在原“黄浦政务”网站的基础上，对网站布局、栏目等进行调整和充实，增加了要闻报道、政策法规、一带三区、“十一五”规划、迎世博600天等内容；

对黄浦情况、黄浦信息、黄浦廉政等部门站点进行了改版。“个人工作台”将相关办公服务系统进行整合并集中展示，成为机关公务员的网上办公桌。区公务员门户于6月完成相关系统开发，7月在区信息委试运行，8月开展上线培训、制订相关管理制度等工作。9月8日该门户中的“黄浦政务”网站在全区上线运行，10月8日起该门户中的“个人工作台”在区机关各委局办、街道推广应用，至12月底用户达2 300多个，12月24日区公务员门户通过专家验收。区公务员门户的上线运行满足了机关日常办公的应用需求，实现了资源共享，为协同办公提供了技术支撑。其中，依托“黄浦政务”网站，可了解区政要闻、浏览普发文件、访问专题站点、查询电话号码、进行视频点播等；依托“个人工作台”可进行单点登陆，定制个人办公桌面，了解日程安排、查看公告留言、收发电子邮件、处理待办工作，同时依据权限可实施会议管理、日程管理、任务管理、文档管理、通讯录管理等。

（董晨慧）

【完成通用办公服务系统升级】 在区公务员门户建设中，针对通用办公服务系统功能不完善、架构不合理、协同功能较弱的情况，对系统进行升级改造。具体任务是：升级会议管理子系统，实现会议登记、通知发送、电子签到和出席反馈等功能；升级日程管理子系统，实现部门日程与个人日程关联，个人日程与Outlook同步；建设任务管理子系统，实现工作交办、跟踪、管理等功能；升级文档管理子系统，实现文件网上流转等功能；升级通讯录管理子系统，实现更多办公信息、个人信息的查找。6月区通用办公服务系统升级完成，7～8月在区信息委试运行，9月开展系统操作培训，并分批在区机关推广应用。升级后的通用办公服务系统实现了信息资源的进一步整合和共享，提升了区机关电子化办公水平。

（董晨慧）

【基本建成人口领域信息资源管理体系】 在开展国家区级电子政务综合试点过程中，围绕人口信息资源的开发利用，在上一年调研分析的基础上，基本建成区人口领域政务信息资源管理体系。具体完成以下几方面工作：⑴编制资源目录。对区人口计生委、区公安分局、区民政局等16个部门的人口信息资源进行编目，共编制资源目录125个，其中基础信息55个、专业信息70个，自动生成索引目录70余万条。⑵建设技术平台。按照“三横两纵”的体系技术框架，完成资源编目、目录管理、资源服务等相关系统的开发。⑶建立资源管理模式。确立“逻辑集中、物理分散”的人口信息资源管理模式，即数据库分散在各相关部门，数据的提供、管理仍由部门负责；通过目录指引，实现信息的集中共享；制定了《黄浦区政务信息资源目录管理办法（试行）》等7个规范制度。⑷设定应用场景进行体系验证。结合区人口领域信息化应用的实际情况，提出信息资源批量、个体查询及目录定制三种典型的应用场景。其中，目录定制应用场景已成功在区来沪人员信息采集管理系统、流动党员信息管理系统、育龄妇女信息采集管理系统中得到验证。区人口领域信息资源管理体系的基本建成，规范了信息资源的提供、使用和管理，方便了各部门查找和获取所需的人口信息，满足了跨部门业务协同的需求。同时，该项目作为国家区级电子政务综合试点任务之一，为深入探索政务信息资源的共享利用提供经验。

（桑惠康）

【完成信息交换平台二次开发】 在建设电子政务应用支撑体系过程中，对区信息交换平台实施二次开发，优化了交换桥接子系统、前置交换子系统、交换传输子系统、交换管理子系统、 交换监控子系统，在区公安分局、区劳动保障局、区民政局、区规划局、区建委、区市政委、区人口办等20余个部门部署交换前置机， 实现上海户籍人员、外省市来沪人员、失业登记人员、 就业困难人员、 社会救助人员、 老年人、残疾人等17类人口信息及医院、社区卫生中心、星级饭店、旅馆、国内旅行社、菜场、商品贸易市场等20类地理信息的交换。区信息交换平台于7月完成二次开发，12月通过专家验收。经二次开发的区信息交换平台实现了政府部门之间、异构应用系统之间的人口、地理等信息的交换，改变了以往信息多源、分散、不一致和重复采集等问题，为部门之间开展业务协同奠定了基础。同时，通过政务信息资源交换、共享的探索，验证和完善了国家信息资源交换体系标准，形成了地区电子政务交换体系参考原型。

（傅 纲）

【建成处级干部廉政信息管理系统】 为深化区党风廉政建设，加强对处级干部的廉政管理，区纪委、区信息委经认真调研分析，于11月建成黄浦区处级干部廉政信息管理系统。该系统具有基本信息管理、廉政信息管理、电子预警提醒、评估分析管理等功能。各区属单位处级干部可通过廉政信息管理系统填报个人基本情况、廉政信息、收入信息、重大事项信息及年度考核情况等内容。依托系统和权限，区纪委可及时掌握和分析各处级干部在信访和案件、党风廉政、日常谈话等方面的情况，为区委教育、考察和选拔干部提供第一手资料。11～12月，区纪委、区信息委在区委党校联合举办该系统的操作培训，区属单位处级干部、部门网管员等分五批参加培训。12月，该系统正式启用。

（谢 伟）

二、社会领域信息化

【制定《黄浦区2008～2010年教育信息化工作规划》】 2月，区教育局完成《黄浦区2008～2010年教育信息化工作规划》的制订，明确了未来三年教育信息化工作的主要任务：⑴对区教育信息中心进行扩建改造，使其成为全区教育系统的网络服务中心、数据中心和技术服务中心；⑵对区教育信息网进行整体升级改造，确保宽带覆盖全区所有中、小、幼等教育单位，实现全市唯一裸光纤万兆环结构的区级教育网；⑶分批完成校园网升级改造，实现校内所有固定、移动终端无障碍联网；⑷中小学教学用教室 、专用室全部实现多媒体化，配置投影仪、音响和视频等基本设施；⑸各校至少配备一间电子阅览室，并向全体师生全时段开放；⑹加强校园网平台建设，使校园网真正成为师生的互动平台；⑺推进教师专业发展平台建设，通过网络培训、教学研究等形式，提升教育科研水平；⑻发挥区教育门户网站作用，增强其在教育综合管理上的功能；⑼加强实验学校科研成果的应用推广，进一步深化信息技术研究工作。《规划》的制订和落实将进一步提升教育信息化水平，促进精品教育现代化。

（徐辰超）

【推进公共卫生信息系统建设】 继续推进公共卫生信息系统建设，完成以下建设任务：⑴利用区政务外网资源，实施覆盖全区各个医院和街道卫生服务中心的网络建设，实现区卫生局、区属各医疗、卫生单位与市卫生局数据中心的网络连接；⑵建设区卫生局应急指挥中心视频会议系统，实现卫生部、市政府、市卫生局各项重大会议精神和领导批示的视频传达、各类突发公共卫生事件应急处置的现场指挥和实时互动；⑶建设区突发公共卫生事件应急处理系统，为应急事件的果断、正确处置提供技术支撑。通过推进区公共卫生信息系统建设，提高了公共卫生的管理和服务水平，提升了突发公共卫生事件的处置效率。

（潘 瑾）

【完成敬老服务卡申领工作】 4月，根据市里统一部署的70岁周岁以上老人免费乘坐市内公共交通的精神，启动敬老服务专用卡申领工作。在各社区服务中心、居委会、小区及“上海黄浦”门户网站发布申领通告，在各居委会设立申领点，为孤老、残疾老人上门办理申领，分四批对160多名办卡人员进行操作培训，做好全区121个居委会计算机保障工作，使申领工作正常运行。累计为51 611名70岁周岁以上老人办理了敬老服务专用卡申领手续。

（任志贤）

【完成社区（派出所）图像监控系统二期建设】 为进一步满足主要道路、交通道口、标志性建筑、重点要害部位、重要保卫目标、公共聚集场所、治安复杂场所等位置的安全保障需求，实施社区（派出所）图像监控系统二期建设。该项目建设分为四个阶段：6月前开展项目调研，制订建设方案，报区政府审批；

7～8月完成项目招标工作；8～11月进行系统开发，安装238个前端监控点；12月完成项目验收评审。社区（派出所）图像监控系统二期项目的建成和投入使用，为公安部门探索“人机互动”的工作模式提供了技术支撑。依托监控系统，各派出所根据监控点的设置及辖区治安边际，进一步深化警务改革，让布警点位和监控点位互为补充，使人防与技防达到点线交织，最大限度发挥监控系统的实战作用，起到遏制各类治安与刑事案件上升的实际效果。

（涂云青）

【半淞园路街道开展网上信访服务】 半淞园路社区门户网站利用“上海黄浦”门户，开展网上信访和便民服务，全年受理“上海黄浦”领导信箱来信93件、部门咨询34件、投诉7件；社区门户网站受理各类来信共32件，其中监督投诉10件、咨询21件、合理化建议1件，网上受理来信回复率达到100%。网上信访进一步拓宽和畅通了广大社区居民和街道之间的沟通渠道，及时解决了许多群众反映的问题。

（邓 昕）

三、经济领域信息化

【开通网上“老字号博览会”】 9月中旬，“永不落幕的老字号博览会”（www.100lzh.com）上线开通。作为2008长三角地区老字号博览会的服务平台，“永不落幕的老字号博览会”不仅介绍2008长三角地区老字号博览会的展会信息，还分行业介绍各老字号企业及其品牌的成长史。该平台还与“网上南京路”合作，开通老字号网上购物功能，方便用户通过互联网购买传统老字号商品。同时，为普通百姓提供互动功能，如让老百姓来讲述老字号的故事等。

（李文君）

四、城市建设管理领域信息化

【建成监控图像地理信息系统】 结合国家区级电子政务综合试点工作，建设区监控图像地理信息系统。该系统利用区已有的GIS平台，整合区公安分局社会面244个监控点和道路面136个监控点，区市政委84个风景点监控点，实现多画面、多数据源的视频监控。其主要功能有：监控点分类分布功能，即各类摄像头以不同颜色图标标注在电子地图上；查询功能，即按摄像头编号、名称、位置（街道、居委、路名）等多种方式查询；预制监控区域，即按照用户需求预先设定监控范围和选定摄像头等；监控图像切换，即对选中的多个监控图像进行任意切换操作；摄像头控制，即依权限对摄像头进行云台转动、镜头变焦、视频快照等操作；申请审批服务，即通过申请、审批服务获取视频的浏览及操控权限；后台控制，即用户管理、设备管理、日志管理等。该系统从2007年12月启动建设，2008年6月建成并投入运行。该项目是区“平安黄浦、和谐黄浦”的重要实施项目之一，旨在通过系统建设，实现区图像监控资源的集中管理和共享。依托该系统，通过区政务网任一计算机终端可即时调取监控图像信息，为道路交通管理、社会治安防控、打击违法犯罪、处置突发事件、重大安全保卫、日常社会面管控等工作提供技术支撑。

（吴晓蕾）

【区环境监测站政务触摸查询系统投入使用】 1月16日，黄浦区在环境监测站大厅内开通了环保政务触摸查询系统。该查询系统包括机构设置、办事指南、政务公开、法规标准、影音交流等五大块环保政务信息，其中政务公开部分实现了与“黄浦环保”网站的链接。该系统的投入使用方便了企业、市民的办事查询，拓展了区环保政务信息公开渠道。

（陆皓明）

五、信息产业发展

【闻泰手机产业化基地落户嘉兴】 11月2日，闻泰手机产业化基地在浙江省嘉兴市举行落成典礼暨投产仪式。该基地位于嘉兴市南湖区，占地面积13余万平方米，由总部位于黄浦区科技京城的闻泰集团公司投资建设。全面投产后将形成年产量超3 000万部、年产值超100亿人民币的手机产业集群。除手机屏幕和摄像头外，可以为客户提供所有手机配件及整机生产服务，并为世界一流的手机品牌商和运营商供货。该基地的落成和投产表明科技京城内的上海集成电路设计孵化基地的一些企业正在不断成熟和壮大。 （吕瑞怡）

【完成软件和集成电路产业发展专项资金项目申报】 区信息委按照市有关文件要求，积极组织全区相关企业开展2008和2009年度软件集成电路产业发展专项资金项目申报。截至12月末，全区15家企业共计申报了17个项目。其中，上海海尔集成电路有限公司申报的“HID车灯控制芯片与模块的研发及应用”项目通过了市信息委组织的专家评审，获得2008年度200万专项资金支持。

（周康平）

六、信息基础设施建设

【南京东路步行街无线宽带开通】 5月10日，“‘迎奥运’无线宽带杯万人网络扑克大赛开幕式暨南京东路步行街无线宽带开通启动仪式”在世纪广场举行。为迎接第29届北京奥运会的召开，黄浦区与上海电信通力合作，在“五一”前夕开通了南京东路步行街无线网络信号，使东起河南中路、西至西藏中路之间的南京东路步行街实现无线宽带覆盖，方便游客和市民轻松上网。

（周康平）

七、信息化环境建设

【做好迎奥运网络和信息安全工作】 上半年，黄浦区为确保北京奥运会期间区政务网络和信息的安全，从技术和管理两方面着手，提高网络信息安全的防范能力。采取的主要措施包括：⑴加强重点网站安全防范。委托市信息安全测评认证中心对“上海黄浦”门户网站进行安全测评，对发现的安全漏洞及时进行整改，部署入侵防御系统、安全审计系统和主页防篡改系统，调整网站防火墙配置，进一步增强网站防病毒、防黑客攻击的能力，制定了门户网站安全防范应急预案，并进行演练。⑵开展信息安全检查。区信息委会同区保密局、区机要局对重点部门计算机与网络使用情况进行检查，检查内容包括涉密计算机管理、内外网隔离、涉密信息存储、网上信息发布等，对发现的问题及时纠正，严防泄密事件发生。⑶加强信息化外包服务管理。区信息委与13家外包服务商签订奥运期间项目维护安全责任书，内容包括近期工作重点、应急响应机制、维护工作纪律等。奥运会期间，区政务网络和系统安全运行，未发生安全事故。

（钱志红　桑惠康）

【完成信息化“十一五”规划中期评估工作】 9月，区信息委对《黄浦区信息化“十一五”规划》进行了中期评估，评估结论是：总体执行情况良好，提出的目标和任务部分已经完成，并且取得一定效果。全区政务网光缆铺设达150公里，覆盖全区88个党政部门、街道和企业集团；已建成区政务外网和区公务网两大网络体系，两者之间物理隔离；累计铺设信息管线35条路段21.48沟公里；完成区体育中心、区人大政协大楼通信集约化、中国移动“TD-SCDMA”基站建设等协调任务；初步建立统一的数据交换、政务管理和公共服务平台，电子政务应用不断深入；全区信息传输、计算机服务和软件业地区生产总值达到20亿元，同比增长19.3%，信息服务业税收累计达1.5399亿元；电子商务逐步推进，信息化环境不断改善。存在的主要问题是：资源整合面临较大困难；电子政务与部门业务工作结合不够。预计到规划期末，各项目标任务基本能够完成。法人信息库因难以采集到信息，“十一五”期间能否完成存在不确定性。

（叶亚庭）

【《黄浦区信息化系统（设施）维护外包管理办法》试行】 3月1日，《黄浦区信息化系统（设施）维护外包管理办法》（以下简称“《办法》”）在区信息委试行。《办法》正文主要包括制订目的、适用范围、经费预算、服务采购、合同管理、维护巡检、维护档案、廉洁自律等15个条款；《办法》附件主要包括维护项目计划申报表、政府采购项目计划申请单、维护项目月（年）度报告表等6个表（单）。《办法》规定，外包服务管理建立责任人制度，由责任人编制维护计划、初核经费预算、协助政府采购、实施日常管理。《办法》根据维护项目建设资金的大小、硬件与软件等具体情况，对不同年度维护经费预算的计算方法作出了明确规定。《办法》要求维护单位定期提供维护报告、参加维护例会、建立维护档案。《办法》的试行规范了信息化外包服务管理，提高了维护工作质量，降低了维护服务成本，杜绝维护外包中腐败现象的发生。《办法》试行成功后将在全区机关实施。

（许贵忠）

【开展区属网站展示交流活动】 12月，区新闻办公室组织开展区属网站展示交流活动，对区机关各部门、街道、企业集团、人民团体等开办的网站进行梳理，初选出82家网站，由全区新闻联络员从页面设计、栏目内容、信息维护、友情链接等方面进行总体评估，推选出15家具有自身特色的网站。12月22日，区新闻办公室召开区属网站展示交流会，黄浦人大、黄浦政协、黄浦青少年、大上海之旅、黄浦信息化、黄浦教育信息网等15家网站进行了展示交流，“网上南京路”作为自荐网站也参加了展示交流活动。市网络管理部门的有关专家对展示交流情况进行了点评。通过开展区属网站展示交流活动，提供网站之间相互学习的机会，促进了区属网站的建设和管理，推动了网络宣传工作的深入开展。

（张鹏生）

第十章 卢湾区信息化建设

概 述

2008年，根据《卢湾区国民经济和社会信息化“十一五”规划》，卢湾区的信息化工作围绕区中心工作，着眼大局，把握趋势，聚焦瓶颈，突出重点，努力推进都市型高端服务外包示范区和社区信息化示范区的建设工作，坚持以需求为导向，以应用促发展，努力提高信息化的综合应用水平。

1.推进高端服务外包集聚区建设工作

推进服务外包园区建设，卢湾区首个服务外包园区的智造局一期招商选资工作已经全部完成；完善园区的信息化基础设施配套建设，加强数据中心和宽带提速等公共信息技术服务；推进“上海市服务外包知识产权试点区”试点工作，强化“上海服务外包人才促进中心”功能完善；开展外资人力资源服务外包企业在卢湾的市场准入试点，推进“上海市服务外包标准化示范区”创建工作；加强服务外包招商选资的组织协调，建立重点项目目标储备库并形成跟踪推进工作办法，加大对在卢湾异地经营的国内外知名服务外包企业的招商力度。

2.开展社区信息化示范区建设工作

积极开展社区信息化试点申报工作，4月，市信息委复函同意在卢湾区开展上海市社区信息化综合试点。形成卢湾区开展上海市社区信息化综合试点工作方案，明确试点工作目标和任务，确立工作格局、工作模式和工作机制，细化需求调研工作，启动社区信息平台建设，完成全区社区服务集群化网站的统一框架，初步形成集群化社区服务网站的模型。

3.提高信息化综合应用水平

⑴深化电子政务建设，完善全区统一的电子政务基础网络设施，制定了《卢湾区网络与信息安全事件专项应急预案》，加强网络信任、应急响应与灾难备份等安全保障，逐步形成统一、安全、可靠的电子政务基础支撑体系。推行跨部门系统的“一体化”建设和应用模式。电子政务框架体系基本形成，完成核心应用平台、数据交换中心和知识库基础建设。门户网站建设工作取得成果，网上办事工作平台应用不断推进，实现统一管理和部门自行维护相结合的集群网站管理模式。政务信息资源共享和开发利用不断推进，地理信息共享平台（GIS）共享内容逐渐丰富，共享方式日益多样，共享维护机制已初步建立。

⑵加强信息产业管理，积极推进企业信息技术应用，开展软件和信息服务业统计工作。

⑶推进城区管理信息化建设，构建面向城市管理综合应用的区域空间地理基础数据平台，加快地理基础信息的采集、充实、更新和处理加工，进一步巩固和拓展城市管理网格化信息系统的功能。

⑷推进教育、卫生领域信息化，信息技术在教育管理、教学中得到广泛应用。社区卫生服务管理信息系统和瑞金医院卢湾分院数字化建设的有序开展，推动了公共卫生管理和服务信息化。

⑸社保卡、居住证、敬老服务卡等工作稳步开展。

⑹加强信息化项目管理和宣传。完成“十一五”信息化规划的中期评估，进一步加强已建、在建及新建项目的关系和业务衔接，区财政性资金信息化项目预算审核管理工作得到加强。积极开展机关干部的信息化知识培训，进一步提高机关信息技术应用能力。

2008年，“卢湾区涉外经济综合信息管理系统”被上海市信息化委员会评为“2008年度上海市区县信息化优秀成果”。

（区信息委）

一、政务领域信息化

【“上海卢湾”门户网站第六次改版】 自2001年10月建成开通“上海卢湾”门户网站以来，2008年完成第六次全面改版。此次改版主要从四个方面对网站功能进行提升：⑴针对不同服务对象需求，设立市民站、企业站、投资者站、旅游者站四大专题服务站，使改版后的“上海卢湾”门户网站更具服务性、便民性。⑵减少“上海卢湾”门户网站页面的点击层次，有效提高网站的便捷性。⑶完成网上办事工作平台升级工作，将后台办事系统移至“机关内部信息系统管理系统”3.0平台内，初步实现网上办事工作的前台一口受理、后台协同办理的工作模式。在对原有的数据进行梳理后，现共发布市民办事158项，企业办事336项。⑷对政府信息公开专栏进行改版，进一步深化政府信息公开的内容，推进区政府各部门把政府网站作为政府信息公开的主要渠道。

【持续推进政府信息公开工作】 以落实国务院《政府信息公开条例》为抓手，进一步充实完善政府信息目录，规范依申请受理工作，拓宽政府信息公开渠道，完善考核评估、监督评议、内容审查、更新维护等管理机制。新增主动公开政府信息目录1 062条，处理政府信息公开申请330件，政府信息公开专栏的页面浏览量达669万余次，提供政府信息公开咨询6万余次。

1.政府信息公开工作平台进一步完善

将公文目录备案系统、政府信息公开申请处理系统和政府信息公开数据维护系统统一整合到“机关内部信息系统管理系统”内。公文目录备案系统具有对公文类信息的分类编目、备案管理和检索查询等管理功能；信息公开申请处理系统可以统一处理政府信息公开的申请受理、业务处理和结果反馈，具有信息查询统计、监督催办督的功能。整合后的工作平台，实现了统一的政府信息公开内网维护、外网发布方式，具有政府信息内容浏览、依申请公开、网上咨询、数据统计等功能。

2.政府信息公开申请处理工作进一步规范

组织政府信息公开工作的专题培训，进一步学习国务院《政府信息公开条例》、上海市《政府信息公开规定》，剖析政府信息公开引发的行政复议和行政诉讼案例，对政府信息公开工作中碰到的具体问题加强业务指导。开展政府信息公开专项检查，由区府办、区信息委、区监察委、区保密局等单位组成检查小组，对区政府各委、办、局和街道落实上海市《政府信息公开规定》的情况进行检查，及时发现问题，督促落实整改，进一步推进依法实施政府信息公开。

【完善网上办事工作平台】 建成具有“一门式”受理前台和“一体化”办理后台的网上办事工作平台，整合全区29个部门的网上办事项目，梳理行政审批事项270项，政府服务事项141项，使原先分散在各部门网站零星的网上办事项目集中起来，一个“面孔”为市民和企业服务。设计个性化的用户办事桌面，以更亲和的方式为市民和企业提供一个个性化的网上办公桌。同时，为市民和企业提供办事手机咨询服务，实现通过手机进行移动办事，并获得短信答复。全年，市民和企业通过网上办事工作平台提交的办事申请、咨询等事项共356件，办事事项主要集中在区房地局、区教育局、公安分局、区劳动局、区民政局、区档案局、区人口计生委、区规划局等16个部门，办事回复率实现100%，便捷和快速的办理方式受到市民和企业的好评。

【开展部门、街道网站评比工作】 为加强政府部门网站的管理，改进和提高政府部门网站的服务质量，组织开展了2008年卢湾区政府部门、街道网站的评议活动。评议工作小组由区府办、区监察委、区信息委、区法制办组成，评议范围包括34个政府部门和4个街道的政府网站，评议内容包括政府信息公开、网上办事、便民服务、互动渠道和日常工作等五个方面的情况，评议方式采用专家评议、公众评议、部门自评、日常工作评议等五种形式。通过评议，部门平均得分84分。开展网站评议，找出了卢湾区部门网站存在的主要问题，加强了区各部门、街道对网站建设的重视，为规范部门网站建设明确了工作的目标任务。

【完善机关内部综合信息管理系统3.0平台建设】 2008年，对机关内部综合信息管理系统3.0平台进行进一步优化，提升了邮件、日程、简报、文件共享等应用系统的功能，调整了区内网络及服务器部署结构，构建全区统一的网络部署结构、安全认证管理结构、数据库应用服务和应用服务集群结构，为全区电子政务应用提供统一的网络服务、目录管理服务、消息通道服务、数据总线服务、应用支撑管理服务，使平台能适应日常办公应用、管理应用、协同应用和数据整合应用的需要，方便机关工作人员在政务管理中利用功能模块安排工作，共享文件和数据，获取工作需要的资源和政务管理支持，实现政务协同和数据共享。

【完成通用办公系统一期建设，启动二期建设】 完成卢湾区通用电子政务应用服务系统一期建设。该系统通过集中建设一个服务系统，解决80%以上的一般电子政务应用需求，2008年已完成区政府公文备案系统的建设，应用涉及50个部门。通用办公系统二期的建设已启动。二期系统主要从避免区内业务系统的重复建设，提高政府资源的利用率和统一区内业务数据的管理，提高辅助决策水平两个方面出发，在日常办公应用的基础服务已经成熟的基础上，通过提供一套灵活的通用办公应用定制服务系统，解决日常办公中遇到的数据存储、报送、共享、传递等业务需求。

【启动“四位一体”行政审批信息管理系统建设】 根据区政府的统一部署，启动“四位一体”行政审批服务系统建设。在区行政审批改革联席会议的领导下，成立系统开发设计工作小组，由区信息委牵头，区发改委、区工商局、区监察委、区外经委、区招商办相关工作人员组成，协调在系统设计开发中所遇到的业务流程配套问题和具体技术问题。在各相关部门的积极配合下，做好项目立项、招标工作，并根据需求情况稳步推进并联审批系统的开发。区信息委在完成系统开发后做好与使用单位的技术部署、应用交接和培训工作，同时做好系统的日常技术维护工作。

【保障公务网正常运行】 配合市公务网管理中心，完成公务网卢湾汇结点的网络巡检和网络链路抢修。实施对区公务网服务器的安全加固、日志管理和防火墙配置工作，会同区机要局、区保密局开展公务网运行的安全检查。保障了7次视频会议的圆满召开。对区公务网接入点进行筛选、比较和安全调整，截至年底，区公务网链接单位数63个，接入信息点458个。

【深化行政事业专网和政务外网的业务拓展】 在已建成行政事业专网基础上，利用电信EDSL线路和业务网光纤资源，做好卫生、教育、财政、人事系统业务专网的建设工作，协助做好财政公共信息平台、组织人事公共信息平台的维护管理工作。加大政务外网的接入工作，配合做好市政务外网的条系映射和安全设置工作。截至年底，共计有206个信息点接入政务外网，政务外网链接单位数65个。

【积极做好政府网站安全工作】 为了进一步做好政府网站安全工作，5月22日，区信息委召开网站安全工作会议。会议对政府网站面临的形势进行了分析，对各部门政府网站的安全工作进行了部署。主要内容：(1)建立各部门网站检测制度，加强网站内容管理，密切监控网站情况，发现问题及时通报；(2)做好各部门网站后台维护和FTP更新安全管理工作，加强维护密码的管理，防止安全漏洞的出现；(3)各部门与网站制作公司签订网站安全协议，进一步确保网站安全运行。46个部门的网站管理人员参加了会议。

【完善政协门户网站】 卢湾区政协门户网站于3月改版。新版网站主要实现两大功能：(1)通过要闻报道、卢湾视点、主席讲话、建言献策、提案工作、重要会议、专委会／界别之窗、委员之家等栏目的建设，使区政协委员能在政协门户网站上了解政协工作等内容，查看区政协会议通知、活动报道；(2)通过政协提案网上提交系统的建设，使区政协委员能通过网站提交提案。

【加强“上海市卢湾区总工会”网站管理】 为充分反映区各级工会组织的工作动态，全面展示广大职工的精神风貌，区总工会进一步加强“上海市卢湾区总工会”网站管理。根据实际，制定了《卢湾工会网管理实施细则》，明确网站管理责任制和信息上传的程序，确保网站信息的及时更新，并落实了高级管理员加强网站技术维护与安全管理。为提高网站信息质量，制定了区总工会《信息管理实施办法》，建立基层工会信息员队伍，加强培训，提高工作水平。

【推进档案综合管理系统优化及档案信息数字化工作】 为进一步加快档案信息的数字化进程，更好地发挥档案信息资源共享为区经济服务，区档案局积极推进档案的数字工作。目前已完成档案综合管理系统平台的平移迁移工作，整个系统在WEBLOGIC新平台上运行正常，解决了用户并发问题。截至年底，已完成75万页档案数字化扫描工作，其中A3幅面21万页、A4幅面54万页，馆藏婚姻档案、知青子女入户档案、建国前户籍档案、动拆迁档案已实现全文数字化。

【开通网上政风行风热线】 共编辑网上信息45 000多字，提供图片、视频等，市民点击率3 500多人次。以“政风行风热线”为载体，推进实施政府职能公开、投诉处理、整改落实、考核评价等职能，全天候接受群众投诉举报，已先后受理网上群众投诉10件。认真办理举报件，及时督促相关部门和单位解决群众反映的热点问题，改进工作质量提高服务水平，切实维护群众利益，已公开反馈处理结果9件、电话反馈1件，受理回复率为100%。

【建立公共人事一体化服务平台】 完善由区人才中心、四个社区、“8号桥”创意园区以及国有企业紧缺人才信息服务工作站构建的社区、园区、商务圈联动的服务网络，形成人事人才服务全覆盖。建立跨国企业服务平台，通过开展访百家知名企业人才发展需求调研、设立知名企业人事总监论坛等，搭建政府人事部门与企业的交流沟通平台。建立淮海商务圈高端人才资源市场配置平台，每年举办淮海商务圈高瑞人才招聘会，打造卢湾人才市场品牌。建立服务外包人才促进平台，积极推广服务外包人事人才服务项目，促进相关人才政策在卢湾先行先试。

（区信息委）

二、社会领域信息化

【五里街道深入开展社区信息化试点】 ⑴建设社区管理信息系统。积极整合社区信息资源，进一步完善社区实有人口管理数据库、街道政务管理信息系统，推进以全人口数据库为核心的条块业务协同、数据整合，发挥信息资源共享利用效能。⑵完善街道门户网站，强化在线服务功能，方便网上办事，开发“新世博、新五里”、“五里安全社区”、“五里桥创建充分就业社区”等特色网页。⑶建设“一线式”求助服务的社区服务呼叫热线，进一步扩充服务内容。目前共有十大类66个服务项目，涵盖居民日常生活基本需求，上半年共受理服务近3 400人次。

【淮海街道不断深化社区信息化建设】 建立数据维护机制，用实用活实有人口数据库，推进数据报表网上填报和一口上下救助管理系统，逐步实现条块信息共享。进一步深化办公自动化应用，完善督办、办文、请假管理等网上办公流程。对街道网站进行优化升级，突出网上办事和为民服务功能。加大硬件投入，强化目标管理和应用培训，做好网络安全防范工作。

【社保卡、居住证工作稳步开展】 市民社保卡共申领10 363张卡，为市民办理社保卡补卡3 543张，换卡11 518张；办理学籍卡申领3 478张；办理居住证申领2 306张，临时居住证申领12 158张。

【做好敬老服务专用卡申领发放工作】 根据《关于做好社会保障卡（敬老服务专用）申领工作的通知》要求，区信息委会同各街道社保卡受理网点，认真做好敬老服务专用卡的申领发放工作：制订工作方案，由居委会集中登记、街道社保卡受理网点集中录入数据，及时做好数据上传工作；加强技术保障，区信息委认真做好网络和系统测试工作，及时协调解决网络接入事宜，确保网络畅通和安全稳定；加大宣传力度，各街道利用黑板报、宣传廊等开展广泛宣传，方便居民及时、准确了解相关信息；细化特殊对象服务，通过上门登记、电话联系等方式，帮助部分高龄老人、人户分离老人申领服务卡。全区共发放敬老卡28 563张。

（区信息委）

三、城市建设管理领域信息化

【建立区属房产管理系统电子平台】 管理范围涉及区机关所属26个委、办、局、街道及其下属单位和各企业集团拥有的房产资源，内容包括租赁单位、租赁期限、租金等信息，实现管理范围全覆盖。安排工作人员定期更新信息，及时为相关部门提供最新的房产信息，进一步规范区属房产资源管理。

【建立区级公共停车服务网站】 依托区建委信息平台，采用先进的电子地图系统，建成全市首个区级公共停车服务网站——“卢湾公共停车网”，向社会提供网上停车引导服务，即时发布停车场泊位信息，方便机动车驾驶员寻找合适的停车场（库），缓解机动车停车难矛盾。同时，设立网上服务窗口，宣传交通、市容管理法规政策，向市民提供咨询和投诉服务，及时处理矛盾纠纷，不断提升区域交通服务和管理水平。该网站已开通试运行。

（区信息委）

四、信息产业发展

【信息产业管理得到加强】 积极推进企业信息技术应用，审核上报9家企业的信息化项目参加市专项资金的申报。以企业信息化为基础，引导中小企业积极参与，探索多层次、多元化的电子商务发展方式。开展软件和信息服务业统计工作。对申请“软件企业认定”的企业进行区级初审，对已通过认定的软件企业年审进行区级初审。完成26家区内重点软件企业的数据调查、16家区内重点软件企业年审材料的收集上报。

【推进服务外包标准化工作】 制定了《2008年服务外包标准化示范区工作计划及任务分解表》，积极推进各项工作落实。开展服务外包企业调研，先后走访48家企业，深入了解掌握企业业态、标准化工作现状和需求，有针对性地推进服务外包标准化工作。搭建服务外包标准化信息平台，分别在区质监局和区服务外包门户网站设立标准化工作专栏，为企业提供网上标准查询服务。在区外包办的统一协调下，上海服务外包标准化促进中心于6月正式挂牌成立。

【服务外包人才促进中心正式运营】 5月23日，上海服务外包人才促进中心正式运营，并开通网上信息服务系统。主要服务项目包括：人事人才事务外包、人力资源管理咨询、优秀人才引进、人才信用评估、领军人才专项服务和企业家沙龙等。同时，还将以服务外包企业和人才的需求为导向，建立吸引、集聚服务外包人才的服务机制，落实系列服务举措。

【服务外包园区发展良好】 2008年，智造局服务外包园区实现入驻率高、签约企业质量高。签约入驻企业包括：全球最大的综合性人力资源管理咨询公司之一翰威特、世界十大广告公司之一恒美、美国最大供应链物流公司之一锐得物流、世界知名期刊发行咨询服务公司华道咨询、中国最大的动画设计公司宏梦卡通等。

【举行首批服务外包重点企业暨第二批服务外包专业园区授牌仪式】 12月26日，上海市商务委员会在卢湾区智造局服务外包园区举行授牌仪式，上海市副市长唐登杰向第二批服务外包专业园区以及首批40家服务外包重点企业授牌，市政府副秘书长、市商务委主任沙海林，区长翁祖亮参加授牌仪式。卢湾区人力资源园区和浦东软件园区成为上海第二批服务外包专业园区，上海首批40家服务外包重点企业中，卢湾区内的先锋商泰电子、翰威特、埃森哲、安德普翰四家公司榜上有名。

（区信息委）

五、信息基础设施建设

【新天地无线覆盖启用】 6月11日，“无线卢湾——新天地无线覆盖正式启用仪式”举行。副区长尚玉英出席仪式并指出，新天地在卢湾率先实现区域性无线宽带全覆盖，是卢湾区与中国电信在信息化建设战略合作上取得的又一成果。卢湾要用两至三年时间，实现全区无线宽带接入的全覆盖，并在电子政务、电子商务、电子社区等领域，推广无线学习办公、无线视频监控、无线信息发布等多种应用，通过快捷安全的无线宽带服务，促进提高政府工作效率，优化企业投资环境，改善人民生活质量，以区域信息化综合应用水平的进一步提升，为卢湾区经济发展和社会和谐创造更加有利的条件。

【推进无线城市建设，提升综合服务能级】 加强与上海电信的战略合作，推进新天地、淮海路、打浦桥地区商贸设施无线接入。以区域内酒店、商务楼、会展、休闲餐饮等重要公共场所为基础，以热点覆盖为推进重点，提升卢湾区的信息化基础服务能力，带动相关社会信息化和政务信息化的发展。

【办公业务网终端数达1 424个】 加强对网络的运行保障，做好业务网核心交换机升级和链路配置优化工作，对原有域控服务器和数据服务器进行硬件升级和数据迁移。完成卫生疾控、瑞金分院、质监局3个部门的接入光纤迁移工作，保证网络畅通。业务网终端总数达到1 424个（含行政事业专网111个），全年共计新增办公业务网接入点数203个，部门局域网接入共96个部门及下属单位，业务网在全区范围基本达到全覆盖。

【托管机房投入使用】 完成托管机房的项目建设并通过验收投入使用。制定了托管机房管理制度，包括部门服务器托管协议、定期巡检规定，机房人员进出规定等。完成托管机房交换机配置工作，搭建托管机房监控报警平台，实施24小时的环境监控。2008年，共有7个部门的30多台服务器迁入托管机房。

（区信息委）

六、信息化环境建设

【机关内部防病毒系统升级】 对机关内部原有norton防病毒系统进行了升级，新升级的卡巴斯基防病毒系统对木马和病毒具有更良好的查杀效果，使用更方便。对原有norton用户统一进行了升级，升级后的防病毒系统提供了友好的web界面，运行稳定、扩展性强、安全程度高，占用系统资源少，能满足个人定制、专项查杀等特殊需求。至年末，更新率超过70%，实现了平稳升级。

【加强业务网运维，确保数据安全】 做好数据备份工作，加强对各主要应用服务器数据备份，做好各项备份策略，做好异地备份机房的维护管理。做好机房档案的建立和整理工作，实现对交换机、服务器、光纤链路、安全设备的档案更新。做好服务器补丁升级工作和交换机配置备份工作。配合区网安办做好机房突发事件应急演练工作，做好奥运期间的机房安全保障和安全巡查工作。

【安全等级保护和应急预案工作】 协调区网络与信息安全应急预案的制订工作。做好区涉密网络分级保护和重要信息系统安全等级保护定级的申报工作，积极完善公务网网络分级保护改造工作，加强安全设备的配置，圆满完成国家安全测评中心对卢湾区公务网网络分级保护的测评工作，通过涉及国家秘密的信息系统投入使用资格。

【加强信息化项目管理】 根据《卢湾区信息化项目建设资金审批管理的暂行办法》有关规定，自2005年起已审批审核的项目有95个。2008年为区质监局、区公共卫生大楼、瑞金医院数字化二期等工程项目进行网络方案审核，为区疾控中心、区纪监委等部门网络改造工程提供技术指导和可行性论证。对区发改委“四位一体”企业设立变更行政审批信息化建设项目、区卫监所业务自动化建设项目、区档案局文档一体化项目等进行了信息化项目指导和可行性论证。同时，严格执行项目软件测评的制度制订，自2007年开始执行以来，已经过测评的项目为10个，其中由具有资质的第三方机构测评的重大项目为2个。

【信息化培训工作】 区信息委通过组织专题讲座、上门培训等方式，全年累计培训人数达2 000多人次，编制和印发《卢湾区电子政务丛书》共计2 700册。培训内容涉及机关内部综合信息管理系统3.0、政府信息公开数据维护系统、公文目录备案系统、政府信息公开网上处理系统等公共信息服务系统操作方面。通过培训，进一步推动各部门重视电子政务建设，提高信息化应用水平。

（区信息委）

七、社会诚信体系建设

【加强政府诚信建设】 深化行政审批制度改革。开展并联审批、告知承诺、网上办事、电子监察四位一体的行政审批服务新流程的试点，努力形成“流程畅通、审批高效、监督有力、服务提升”新局面。继续深化政府信息主动向社会公开：加强政府采购的网上信息公开、公务员招录的有关政策及规定，网上公示财政及共公资金使用的情况。区有关部门在接待点设置电脑触摸屏，及时将相关法规政策、行政许可事项及各类服务信息公开，方便群众查询。加强对行政行为的规范与监督：加强对行政处罚实施主体的管理，在政府网站上公布行政处罚实施主体名单。制订政府投资项目稽查办法，使项目的资金使用、建设进度、工程质量、竣工验收等得到全过程的监督检查。发挥法律顾问团、特邀监察员作用，规范政府权力，不断提高行政执法水平。

【配合市“诚信活动周”开展有关诚信活动】 10月23～29日，全市范围开展2008年上海“诚信活动周”活动，卢湾区根据市联席会议办公室的安排，开展了以下诚信活动：

⑴开展“提升诚信经营水准，做好诚信服务工作”系列活动。主要开展营造诚信经营氛围活动，完善商业服务业信用管理制度和企业诚信度公示制度。深化“百城万店无假货”创建活动，坚持合同诚信、质量诚信、价格诚信，开展“守合同重信用”企业评定工作。开展强化知识产权保护活动，制订贯彻实施国家知识产权战略纲要行动计划。推进食品安全示范街区建设，扎实推进食品生产安全监管，组织市场价格监督检查。开展“卢湾区窗口服务行业从业人员迎世博，学双语、学技能600天培训”活动，提高窗口服务行业从业人员素质等；

⑵开展学习贯彻《上海市商业服务业企业从业人员行为礼仪规范》活动。针对商业服务业企业从业人员在岗服务全过程应遵守的行为礼仪基本要

求，开展接待礼仪、服务礼仪、服务行为、服务用语的培训，加强退换及投诉环节的服务，全面提升商业服务业企业从业人员的整体素质和服务水平，塑造文明礼貌的商业形象，培养爱岗敬业的职业道德，提高规范服务的职业技能。

【深化淮海中路诚信示范商业街建设】 结合迎接全国百城万店无假货示范街检查活动，开展对淮海中路商圈80家商业企业诚信指标的评估。组织淮海中路诚信建设项目领导小组成员单位做好诚信建设相关宣传工作，进行经常性检查，整改存在的问题。

【开展淮海中路商业街区诚信档案建档工作】 ⑴围绕老字号企业进行档案信息资源调查和建档服务工作。开展卢湾区中华老字号企业建档调研，制作老字号企业档案信息资源调查表，下发企业信用档案信息报送表，进行指导服务，对老字号企业上报的各类报表进行审核分析，并形成电子数据和相关材料上报市档案局。⑵加强宣传引导，要求淮海中路商业街区诚信建设参与企业重视企业信用档案的建档工作，明确责任，将企业信用档案纳入单位档案全宗，实行统一管理。4月26日，在淮海中路设点举行现场咨询活动，咨询活动的内容包括档案法制建设、利用服务、信息公开等各个方面，营造了较好的宣传氛围，进一步扩大档案宣传的效果，增强社会档案意识。⑶开展业务指导和培训，编制有关业务工作文件材料，明确诚信档案建设规范和工作方法。指导淮海中路商业街区诚信建设参与企业根据实际工作情况，编制本单位信用文件材料归档范围，进行信用档案的收集、整理和编目。⑷制作并下发企业信用档案管理系统软件，要求诚信建设参与企业进行公开信息和内部信息的录入，并及时向区档案局上报。区档案局收集企业形成的信用档案数据，通过企业信用档案管理系统网络版进行采集，在政务网平台上汇总，根据不同权限提供查询利用。⑸通过淮海路诚信网站进行信息数据上传，将淮海中路诚信建设参与企业上报的数据进行审核鉴定，导出公开信息，通过淮海路诚信网上传发布，整合资源，做好汇总上报和管理维护工作。

【开通企业联合征信系统】 为进一步提高社会信用信息的开发利用水平，方便政府部门在社会管理及公共服务中查询企业信息，推进全市社会诚信体系深入发展，根据上海市社会诚信体系建设联席会议办公室和上海市征信管理办公室的通知精神，及时与市资信有限公司联系，完成上海市企业信用联合征信系统查询申请，设立企业联合征信系统调查终端，开通网上企业信用信息的查询功能。

【开展“迎奥运、迎世博，销售真牌真品，保护知识产权”活动】 2007年“4·26世界知识产权日”，在区政府有关部门的积极推动和指导下，由淮海中路34家市区示范(试点)企业为发起单位，成立了“淮海中路商业街知识产权保护联盟”。2008年“4·26”期间，淮海路联盟举办了“迎奥运、迎世博，销售真牌真品，保护知识产权”活动暨“真牌真品”揭牌授牌仪式。通过该活动，促进淮海中路商业街知识产权保护联盟自律，不断提升社会公众对销售“真牌真品”的知晓度，积极推进淮海中路知识产权保护示范街建设。

【继续开展“守合同重信用”企业的评优工作】 2008年，卢湾区企业合同促进会在区属企业中进一步开展“守合同重信用”活动，在活动基础上，开展了“守合同重信用”企业的评定工作。全区共有110家企业被评为“守合同重信用”企业，其中，被评为AAA级的企业35家，AA级的企业38家，A级的企业37家。

(区信息委)

第十一章 静安区信息化建设

概 述

2008年，静安区信息化建设紧紧围绕打造“国际静安”的目标，本着“顶层设计，综合统筹，集约共享，集成联动”的原则，从支撑服务型政府建设，促进透明化政府建设，深化电子政务建设等方面入手，着力提升全区信息化的水平和能级，使信息化成为全面建设现代化国际城区、打造“国际静安”的重要支撑。

年初，召开了全区信息化领导小组会议，全面总结了2007年区信息化发展情况，对2008年信息化项目安排做了明确部署。年内，按照“一站式、一门式、一线式”多服务渠道的理念和“前台一口受理，后台协同办理”服务模式的要求，全面推进行政服务中心信息系统的应用，进一步整合服务渠道，创新政府管理和服务模式。深入推进政府信息公开工作，认真贯彻落实《中华人民共和国政府信息公开条例》和《上海政府信息公开规定》，完成政府信息公开申请处理系统、“上海静安”门户网站信息公开申请系统以及区协同办公系统和公文报备系统的改造，实现公文类信息目录备案与电子收发文一体化管理，拓展信息公开渠道，推进公文类信息目录备案试点工作，在全市区县政府信息公开评估工作中被评为优秀。加快电子政务建设，完成内外网邮件统一平台建设和全区统一数字认证平台建设，提升了政府日常工作效率，促进了信息资源的集成共享和跨部门工作协同。初步建成法人领域信息资源目录体系，提高区内各类信息资源发现和定位的能力，有效解决了区内信息资源共享问题，实现信息资源的科学化管理。加大对“上海静安”门户网站应用的推进力度，提升公共事务的社会参与度。全面推进社会诚信体系建设，完善法人信用数据库，加快信用信息的开发和利用，深化社会管理领域信用制度建设，形成全区共同优化社会诚信环境的良好格局。加强信息化项目管理，推动各领域信息技术应用，电子政务应用水平得到进一步提升。全年建设信息化应用系统20个，各类信息化项目建设稳步推进。继续推进社保卡和市民信箱等市政府实事工程。

2008 年，“静安区市民办事信息系统”与“静安区法人领域信息资源目录体系”被上海市信息化委员会评为“2008 年度上海市区县信息化优秀成果”；“上海静安”门户网站在中国政府网站绩效评估中，位列全国 306 个区县政府网站第六位，位列上海 19 个区县网站第二位；“上海静安”英文版获得第二届中国政府网站优秀外文版奖，名列全国 96 个地级市门户网站外文版第三名。

（区信息委）

一、政务领域信息化

【推进行政服务中心建设取得积极成效】 区行政服务中心建设是《国际静安指标体系实施意见》中的重要任务，也是作为促进服务型政府建设的重要工程。2008 年，以推进应用为主线，基本完成市民服务中心、企业服务中心、呼叫中心、网上办事服务中心和行政效能监察中心五个分中心的信息系统建设。市民服务中心和企业服务中心已相继开通，组织开展各岗位的系统操作培训，全年共完成 5 类 20

场次的培训，培训人数达到300余人次，确保了窗口及相关办事人员尽快适应“一口受理、内部协同”的岗位要求。市民办事信息系统街道试运行数已从2007年的1个推广至5个，窗口数也由2007年的3个增加至25个。试运行一年来，该系统共受理了97项事项85 797件事件。曹家渡街道利用该系统支撑在不增加工作人员的前提下，实现业务向双休日和居委会的延伸。企业办事信息系统自12月投入试运行以来，共受理104件事件。呼叫中心信息系统于7月底进行了模拟演练。

【深入推进网上政府信息公开工作】 ⑴加强信息公开工作计划的研究，编制并下发《2007年度静安区政府信息公开年度报告》、《2008年度静安区政府信息公开工作要点》，并在区图书馆增设政府信息公开查阅点；⑵加强对5月1日正式实施的《中华人民共和国政府信息公开条例》和《上海政府信息公开规定》的研究；⑶推进公文类信息目录备案试点工作，完成对5月1日之后产生的公文类信息的梳理，增加索取号等8个字段，共涉及15个部门304条公文信息；⑷完成政府信息公开申请处理系统、“上海静安”门户网站信息公开申请系统以及区协同办公系统和公文报备系统的改造，实现公文类信息目录备案与电子收发文一体化管理；⑸紧贴工作重点，深入推进网上政府信息公开。重点做好政府信息公开解读，在门户网站上开设聚焦廉租住房保障办法、房地产维权等3期民生热点专题解读；加强政府实事项目的双向互动工作，开设区政府实事工程中英文版的热点专题，开通实事项目网上评论。全区主动公开政府信息488条，依申请公开目录35条，公文报备1 152条。

【完成内外网邮件统一平台建设】 内外网邮箱统一平台于8月1日开始试运行，建立了内外网信箱4 586个，导入初始化数据近60G，将个人邮件存储空间由70MB提升至2 000MB，邮箱容量扩展了28倍，实现内外网邮件收发一体化；完成系统热备份、冷备份和垃圾邮件拦截网关的部署，有效提升了系统的安全性；制定并下发了《上海市静安区内外网统一邮件系统管理办法》，组织开展了系统使用培训，完成应急预案演练。截至年底，信件收发量共计219 108封，每月收发量从8月的35 000封稳步提升至12月的53 000封，月增长率约8.6%；不断优化垃圾邮件拦截策略，成功拦截垃圾邮件约92 546封，垃圾邮件拦截率从上线时的81.3%提升至91.2%左右。系统建成后，解决了原有邮件系统面临的空间不足、垃圾邮件较多、功能不强、内外网不能统一收发等问题，为区内工作人员提供了高效优质便捷的邮件服务。

【完成全区统一数字认证平台建设】 建立区级RA中心，为每个电子政务用户颁发数字证书，实现一人一证，通过应用整合，实现区内应用系统基于数字证书的统一登陆。完成系统开发、应用部署、与内外网邮件、消息平台等各项应用的调试工作，以及2 056个用户信息的比对、入库和公共信息平台226个角色的导入等数据初始化工作。完成数字证书的选型、制作和发放，共完成区内63家单位2 136个数字证书的发放。启用公文电子印章，完成100个部门公章的扫描和制作。制定并下发《数字证书管理办法》，规范数字证书的长效应用。数字认证平台的建成使用，为全区电子政务的安全认证和系统整合提供了技术支撑。

【日常维护服务更规范】 全面提升信息化安全管理的实际水平，做好全区主干网络管理和服务，加强日常维护和监控工作。⑴加强对区内公务网、政务网和互联网三套网络的维护，完成企业服务办事大厅等9家迁址单位的光纤迁移，对5家单位的近20台计算机进行网络接入，对2个部门的13个信息点进行综合布线，为7家单位分配VPN账号近80个。配合完成8次公务网和4次区人大视频会议的召开。完成房地局汇接机房的整体搬迁、光缆迁移和扩容。目前，政务网上运行的业务系统有78个。⑵加强日常信息维护工作，对公务网静安网站数据保持每周更新，在市公务网管理中心的网站综合中，静安区的各项评估分数一直名列各区县第一。截至年底，公共信息平台日均访问人数为675人，月信息维护量为1 072条，信息发布总量为4.9G，与上年平均值相比，访问人数上升了14%，月信息维护量上升了12.3%，发布总量增加0.8G。

【初步建成法人领域信息资源目录体系】 提高区内各类信息资源发现定位和共享水平，实现信息资源科学化管理。2008 年，静安区初步建成法人领域信息资源目录体系，实现以目录的方式为区内各部门提供数据和数据项的分层次服务，初步建立了政务信息资源的“台账”。完成 12 个静安核心元数据、6 个领域的 25 项领域元数据和部分自定义属性数据项的数据规范制订工作。完成区房地局综合管理信息系统中 607 个数据项的数据字典编目，完成法人诚信库编目 2 638 条，公文编目 3 736 条，实现目录系统与市公文报备系统的数据交换。建成五大功能近 30 个子模块在内的目录服务系统。制定了《政务信息资源目录数据规范》、《政务信息资源编目和属性审核规范》、《政务信息资源目录中心系统运行规范》等系列规范。

【“上海静安”门户网站应用显实效】 “上海静安”门户网站知晓面不断扩大，应用度不断加深，网站日平均访问量达到 3 201 人，平均访问时间超过 22 分钟／人，网站全年发布各类信息总计 11 150 条。网上办事加速推进，网站公布办事事项 465 项，78% 的行政许可事项、非行政许可审批事项实现网上受理、状态查询和结果反馈。互动功能不断深化，收到网上咨询 1 175 件，网上信访 1 498 件，信访按时办理率达到 90%，网站信访总量同比上升 30%，网上信访占全区信访总量的比例达到 17.3%。此外，“上海静安”门户网站形成了统一入口网站群，由 1 个“上海静安”门户网站和 37 个部门子网站组成。

【“上海静安”门户网站安全保障能力显著提高】 不断完善政府网站的安全基础设施，制定了完备的安全策略和应急预案，加强安全技术和手段的应用，提高对网络攻击、病毒入侵、系统故障等风险的安全防范和应急处置能力。奥运期间，按照“谁主管谁负责、谁运行谁负责”的要求，明确相关单位的职责分工，建立健全责任制，形成多层次的完备的安全责任体系，包括“上海静安”门户网站在内的静安区政府网站群未发生一起安全事故，无一例政府网站无法访问现象发生。

【完善“上海静安”英文版建设】 为了更好地宣传静安和展示静安，吸引外国投资者，为外籍人士提供服务，2008 年静安区从动态资讯、互动服务、用户体验等六大类、三方面分析，对“上海静安”英文版部分页面进行优化，进一步提升了外籍人士对静安区生活、旅游、投资等状况的关注度。“上海静安”英文版访问用户涉及美国、澳大利亚、日本等 50 多个国家。

【静安人大网站改版】 按照“版面新颖、内容丰富、信息公开、互动加强”的原则，从受众定位、栏目设置、功能扩展等方面进行改版，人大“三网”（即面向市民的公众网、面向代表的代表网、面向机关的政务网）各有侧重，相互联系，相对独立。5 月 1 日，新版静安人大公众网、代表网正式启用。改版后的人大网栏目由 30 个扩展为 40 个，信息资讯更加透明、互动交流更趋丰富、图文并茂更富感染性。截至 12 月，编辑发布各类信息稿 472 件、图片 332 幅、代表履职风采图文稿 7 组、视频节目 38 部、代表培训节目 1 部。网访点击率达 35 244 次，月最高点击量 7 931 次。此外，网站互动功能应用不断深化，截至年底，有近 80% 的人大代表 1 061 次登录代表网参与在线互动等活动。召开网上专题会议和工委例会 2 次，共有代表 20 人次 128 次参与在线讨论交流。组织开展了“小区停车管理”、“贯彻执行《义务教育法》情况”、“区济困、助老、扶残工作”等 3 项网上问卷调查，共有代表 247 人次参与调查。有代表 71 人次通过代表网提交 65 件代表书面意见和 6 封来信。

【建设工商静安分局综合监管 GIS 系统】 依托区电子政务网络平台，利用区 GIS 已有的资源和技术手段，借助可视化表达和空间分析，将工商综合监管的相关业务信息要素与地理信息数据相关联，实现信息内容的多层次展示和分析。系统设有监管信息子系统，实现对区商务楼宇、贸易市场、监管企业、个体户、道路面监管单位、无证无照信息的分类汇总统计，以及各类信息的多方式检索、GIS 空间分布、空间定位、达标预警、平面效果以及“一表式”监管内容显示等应用；数据交互子系统，实现各类监管主体的信息维护、GIS 关联维护以及外部连接规则维护等功能应用，为系统的信息更新和同步提供了保障。区综合监管GIS系统的建立实现把计算机信息网络技术以及GIS技术引入到整个工商监管的过程中，形成以区电子地图为基础，按“块”的划分方式，提供一种信息综合显示、综合监管以及综合处理的应用新模式，达到对全区工商综合业务的有序、高效和便捷的监督管理，为相关领导提供全面的决策支持。

【初步构建区远程审计工作平台】　为了解决跟踪审计项目日益增多、审计人员不足的现状，针对跟踪审计项目的特点，开发了远程审计工作平台。该平台可实现多单位、多项目的跟踪管理，对财务数据、业务数据实施网上监控，大大减少了审计人员去现场的次数，提高了审计工作效率。该平台已经投入试运行，并将在全区范围内推广使用。

（区信息委）

二、社会领域信息化

【建成社会化居家养老管理服务平台（一期）】　为进一步提高居家养老体系运行效率，减少政府的监督管理成本，构建现代居家养老服务新模式。2008年，静安区以“床位留在家、服务送到家”为模式，以区三级服务网络为依托，构建了一个连接政府、服务机构和服务对象三者之间的集政府监督、行业管理和养老服务为一体的综合信息管理服务平台。该平台实现了对服务对象、服务机构和服务项目的系统化管理，实现了三助（助餐、助洁、助浴）的订单管理和结算管理，并利用GIS技术实现对老人空间位置查询分析。该平台的建立有效地拓展了居家养老服务业的发展模式，促进了服务机构的服务规范化，为政府居家养老服务政策的落实提供强有力的支撑。

【建立社区就业服务业务平台管理系统】　为进一步促进社区就业工作，以期实现“互联互通、信息共享、分层管理、服务社区”的总体目标，以社区为依托，开发建立了覆盖区—街道—居委会公共就业服务机构的网络平台。该系统具有个人信息管理、零就业家庭管理、双困家庭管理、就业援助管理及相关查询和报表管理等功能，同时面向社区群众及时提供各类就业政策和最新招聘信息。截至年底，系统录入个人信息11.6万余条，维护就业援助记录20 623条，发布招聘信息18 926条，维护零就业家庭信息929人次，双困人员578人次，发布活动信息、政务公开信息170篇。为相关部门领导及时掌控区域就业状况，制订相关措施提供了有效依据，同时也推进了社区就业服务和社会保障工作的开展，提升了社区就业服务功能。

（区信息委）

三、城市建设管理领域信息化

【建成区城市实时图像监控系统（二期）】　按照“一网多用，资源共享，统筹规划，合理布局”的建设思路，以全面提高公众安全感和满意度为目标，2008年稳步、有序地推进了静安区城市实时图像监控系统（二期）的建设、应用工作。截至年底，全区城市图像监控系统各类监控点已达726个，并在指挥调度、治安防控、侦查破案、城区管理、防汛防台等工作中初步显现出了实战效能。根据规划，到2010年上海世博会召开前，全区规划建设1 500余个监控点，图像监控体系建设基本到位，为世博会安全保卫工作提供全方位、全天候技术支撑保障。

【建成区民防办综合信息管理系统】　为了更好地管理区内普通地下室和民防工程两类地下空间，实现对现有应急指挥通信资源的有效利用，提高区民防办的实际工作效率，区民防综合信息管理系统按照日常行政许可业务的管理流程，设有个人工作台、地下空间信息、日常管理业务、建设管理业务、应急指挥通信和系统管理共六大功能，并与区行政服务中心办事系统有效整合，实现建设管理业务的电子化操作流程，有效提高了民防工作的效率。

（区信息委）

四、信息产业发展

【成立区信息服务业协会】 以凝聚发展为突破点，调动区内信息服务业企业的资源，31 家信息服务业企业入会，涵盖了信息传输服务业、信息技术服务业、数字内容产业以及专业信息化咨询机构。静安区营业收入前 20 家的信息服务业企业中七成已经入会，其中中国软件收入百强企业 1 家、获得 CMM3 以上企业 6 家、系统集成企业 9 家、ISO9000 企业 19 家，集聚了一批信息服务业的领军人物和青年拔尖人才。成功召开了协会成立大会，为协会今后的发展奠定了良好基础。目前，静安区营业收入超过 1 亿元的信息服务业企业 7 家（列全市第 4 位），超过 1 000 万元的企业 31 家。全年营业收入总计为 30.7 亿元，同比增长 22.4%。

【完成软件认定企业年审初审和项目申报工作】 开展了软件认定企业年审初审，共有 32 家企业通过年审，比 2007 年增加 4 家软件认定企业，共计软件认定产品 70 个。组织开展 2008、2009 年软件和集成电路产业发展专项资金申报工作，初审通过 29 家企业的 33 个项目，最终“基于国家算法的防伪 RFID 安全系统”等 6 个项目获得上海市信息化领域专项资助，资助总额达到 650 万元，项目投资总额 3 570 万元。此外，部分企业成功申报静安区第二批领军人才 3 人、第六批优秀中青年拔尖人才 2 人、静安区第一届优秀人才贡献奖 1 人，并有 1 人入选“上海 IT 青年十大新锐”前 20 名。

（区信息委）

五、信息基础设施建设

【全力推进“无线城区”建设】 “无线城区”建设是打造国际静安，提升国际化程度的重要举措。按照“政府推动、企业运作、服务社会、带动产业”的原则，分别与上海电信、上海移动就静安“无线城区”建设签订了合作协议。着重从南京西路沿线的商务楼宇、室外重点区域和政府机关三个方面进行无线覆盖的推进，制定了静安区“无线城区”推进方案。截至年底，全区共建设 WIFI 热点 252 个，吴江路和同乐坊已实现室外全覆盖。

（区信息委）

六、信息化环境建设

【有效开展信息化“十一五”规划评估】 对信息化“十一五”规划的总体目标、重点指标、重大工作的执行情况和进度做出评价。研究分析影响信息化“十一五”规划完成的重大问题、面临的困难以及需要重点突破的瓶颈，衔接《国际静安指标体系》，从推进国际静安建设的高度着眼，总结、审视、完善规划的目标和任务。评估结果表明“十一五”以来，区域信息化各项工作平稳有序，基本上实现并超额实现了时间过半、任务过半的要求，其中深化政府信息依法公开、政务资源目录体系建设、行政服务中心建设等多项工作处于全市领先地位。评估报告针对执行过程中存在的问题，提出了有操作性的意见建议，为找准信息化薄弱环节和调整规划内容提供了新依据。

【开展信息化专项课题研究】 静安区在信息化推进中坚持采用研究、建设和推进的“三段式”工作模式，不仅得到市主管部门的高度认可，并在全市各区县推广经验。2008年，继续开展“信息服务业发展策略研究”、“信息化培训体系研究”、“关于依托区行政服务中心建设优化政府办事服务机制的研究”、“关于静安区信息化项目绩效评估的研究”、“静安区政务信息资源共享和交换的现状和规划”、“依托电子政务总体框架，探索电子政务支撑一体化”、“2009～2011年‘上海静安’门户网站发展研究”共7个软课题的研究工作。通过资料收集、调研考察、需求座谈、专家研讨等多种形式，注重把握信息化新阶段的发展特征，注重信息化建设的前瞻性思考，为信息化建设和推进夯实基础。

【初步形成信息化培训体系】 按照“整体推进、重点突出、按需施教”的方针，制定了《静安区2008年信息化培训计划》，根据不同对象的特点，确定了培训主题，设计了公务员课程20余门，社区课程10门。机关层面，已经开展了18门、33场培训，培训人数达到841人次；社区层面，开展了“多媒体与互动电视”、“家庭信息化应用前景”等11门、33场培训，培训人数达到3 094人次。网上培训专题访问人数达到1 270人，全年培训总人数达到5 205人，培训总人数比往年翻了十番，初步形成了培训组织、培训课程、培训师资相协调的静安区信息化培训模式。通过让各方共同参与到区信息化培训工作，不断增强了全社会的信息化应用能力。

【精心打造信息化队伍】 积极打造“信息化师资队伍、信息化专家队伍、部门信息化管理员队伍和信息化志愿者服务队伍”等四支队伍，从制度、机制等方面规范队伍管理，为有效地发挥队伍人才的积极性、主动性和创新性提供载体。⑴打造一支高素质、满足不同层次需要的信息化师资队伍。共筛选出培训师资31名，形成培训科目23门，不断提升信息化培训的质量和水平。⑵打造一支“专业水平高、领域分布合理、职业素质好、年龄结构恰当、规章制度健全”的信息化专家队伍。形成一个来自高校、科研机构、政府、企业等50名业内人士组成的专家库，2008年聘请专家49人次，在技术咨询、课题研究、项目评审与验收、宣传培训等多方面发挥了积极作用。⑶打造一支信息化管理、应用和指导能力强的部门信息化管理员队伍。建立了涉及60多个部门共66位的信息化管理员队伍，增强了信息技术与业务发展的融合度和部门信息化管理员的凝聚力。⑷打造一支热情朝气，志愿奉献，擅长信息技术应用的信息化志愿者服务队伍。完成第一批38名队员的招募，召开了成立大会和第一届队员大会第一次全体会议，形成规范有序的志愿者队伍管理机制，有计划开展志愿服务活动。

【信息化项目管理有新举措】 以信息化项目作为引导和推进信息化发展的重要抓手，推动全区整体性的“集约共享，集成联动”。力求从项目立项审核、需求把关、评审验收等环节对每个信息化项目的建设做好全方位管理，在管理推进中加强跟踪、监督、指导和服务。进一步完善《静安区信息化项目管理办法》，着眼于信息化项目建设好、管理好、利用好的根本目的，对申报范围、申报原则、需求审核、项目采购、系统运维等方面提出更明确的要求。2008年，共有37个部门申请信息化项目103个，涉及预算资金约3 500万元。经审核立项的35个部门信息化项目86个，涉及预算资金约2 100万元。已完成静安区金审工程一期等15个项目评审，完成2008年以前立项的静安区国有资产运营监管信息系统二期等22个项目验收工作，完成静安人才网升级等12个项目需求书的确认。积极推进区域卫生、老年人管理、平安建设三大重点领域的信息化建设，使相关部门的信息化建设任务有效开展。

【网络运维安全稳定】 为了全面提升信息化安全管理的实际水平，严格落实信息安全制度，积极做好主干网络、重要应用系统的全面监控。⑴加强公务网分级保护，确保全年区政务网整体运行平稳。对原有涉密信息系统进行安全加固和整改，确定机关大楼内、外涉密点数量、地点、IP地址、责任人等信息，按照先机关大楼内、后机关大楼外的实施步骤，分别制定了机关大楼内和公务网整体的分级保护方案。该方案已经通过专家评审，同时完成了机关大楼外的涉密点相关软硬件的安装。(2)开展应急演练，完善应急预案。8月2日，进行了应急演练，针对网络突发事件，通过设备顶替、系统恢复等方式进行了紧急处置，快速恢复系统的正常运行。全年，共处理网络、终端、机房等各类故障223起，其中主干和接入单位网络故障55起，终端引发的故障168起，机房报警等故障6起。主干网络故障的主动发现率达83%。

（区信息委）

七、社会诚信体系建设

【基本完成法人信用数据库建设】 加快信用信息资源的开发和利用，实现信用信息资源的整合、共享和应用。2008年，静安区基本完成法人信用数据库建设，建成信用信息采集、信用查询、信用申请、重点关注和统计分析五大基本功能。重点归集了16个部门的行政处罚、表彰类、等级评定和年检类四大类信用事项329项，信用数据2 399条，为提升跨部门、跨领域的行政监管水平，营造良好的社会诚信氛围提供有效的支撑。

【深化信用信息的公开】 继续推进信用信息向社会的主动公开，充分发挥信用信息资源的社会效益。面向社会主动公开商业企业诚信档案、诚信收费、财务信用等级评定、纳税信用、经营许可等信用信息，主动公开了行政处罚、经营许可等信用信息296条。

【有序开展各类诚信创建活动】 为了营造更好的社会诚信环境，积极发挥政府对社会诚信体系建设的推动作用，相继开展了3·15消费者权益日主题宣传活动、价格服务进商场活动、“5·20”计量日和质量月活动、“消费意识”专题讲座、税收宣传月活动等。同时，在“上海市诚信活动周”期间，开展了“2008信用服务行业助力中小企业发展讲座”和“社会诚信和政府服务”专题培训，近80家中小企业和100名社会诚信领域的有关同志参加了活动，并开展了信用报告查询。

（区信息委）

第十二章 宝山区信息化建设

概 述

2008年，宝山区信息化工作以“加快电子政务建设和应用，加强政务信息资源开发利用，提高政府工作效率”为目标，围绕工作重点，认真落实、扎实推进，全区信息化建设取得可喜成绩。一是以强化社会管理和公共服务为核心，加快电子政务的建设和应用。二是以实现信息资源共享和提高协同办公能力为目标，扎实推进政务信息资源的开发和利用。三是以提高信息化投入效益为目的，全面开展信息化项目的绩效评估工作。四是以更好服务于新农村为抓手，继续推进农村信息化建设。五是加强信息安全管理，不断提高预防能力。六是启动公文类政府信息公开目录备案工作，深入推进政府信息公开工作。七是启动宝山区企业诚信档案数据库建设，大力推动社会诚信体系建设。八是加强信息化队伍建设和各类宣传培训工作，信息化工作人员队伍素质和业务能力得到提高。

2008年，“宝山区信息化项目绩效评估课题研究”被上海市信息化委员会评为“2008年度上海市区县信息化优秀成果”；宝山区电子政务总体框架建设水平达到10个郊区县前列和全市较好水平；信息化发展总体水平在全市10个郊区县排名第二，仅次于浦东新区。宝山区社保卡服务中心被评为上海市社保卡服务先进集体。

（钱帼婷）

一、政务领域信息化

【电子政务建设居郊区县前列】 2008 年，宝山区电子政务总体框架的建设水平相对 2007 年度有较大提高，在市信息委对各区县电子政务总体框架建设现状开展评估中，宝山区在 19 个区县中处于前列水平。从区县电子政务一体化建设框架来看，宝山区已经建成支撑本区电子政务建设及应用的“五横两纵”总体框架，且在网络体系建设、资源开发应用、跨部门协同应用等方面取得较大成绩：一是政务网络体系建设完善，应用及覆盖面较广。已建成公务网、政务外网和互联网互为补充的政务网络体系。其中公务网覆盖到 80 家部门和单位，运行了市级应用为主的 7 个信息系统；政务外网覆盖到 96 个区县级单位、12 个街道、390 个居委会和部分街镇所属事业单位，运行了 103 个应用系统；互联网实现全区机关部门统一出口，覆盖所辖的所有居（村）委会，运行了宝山区网上办事系统、宝山区市容管理信息系统等 10 个对外网上办事应用系统，并制定了较完备的网络体系管理制度。二是注重政务资源整合，奠定协同应用基础。已建成自然人、法人和空间地理三大基础数据库，并供多个单位共享应用。三大库都有明确的主管部门、技术运维和数据维护单位，并对主要数据的更新周期和交换使用建立了相应的保障维护机制，保证了数据的时效性、准确性和有效性。在此基础上，开发了多个基于基础库的综合应用系统，并建成“宝山区基础地理信息共享与服务平台”作为政务资源目录服务系统，制定配套保障制度，为电子政务的协同应用奠定了基础。三是应用支撑体系基本完备，安全措施得当。基本完成认证授权、数据交换和基础服务平台三个支撑系统的建设，并为多个部门、多个业务系统提供了较好的支撑。同时针对网络、系统及数据安全采取了完备的保障措施，包括入侵检测、网管软件、链路冗余设备等网络防护措施，磁盘阵列、异地备份、光纤存储网络等备份方式，ID 认证、CA 及电子签章的认证方式，为跨部门业务协同、信息互通打下良好基础。四是注重管理机制建设，并与应用保持同步。在应用推进的同时，加强对项目管理、资源利用、网络建设及安全管理等方面的机制建设。按规定制定了完备的安全管理制度，并制定有《上海市宝山区公务网接入网应急计划与响应策略》、《宝山区电子政务网络应急预案》等三个应急预案；2008 年印发了《上海市宝山区信息化建设项目管理暂行办法(修订)》及实施细则，重点对项目审批审核、软件测评、安全测评、绩效评估等环节进行了探索实践，建设了“宝山区信息化项目管理系统”。在人才培养、资金保障及工作考核方面均建立并实施了管理制度，为区县电子政务建设提供了良好保障。五是深入探索项目绩效评估工作机制，完善项目全生命周期管理环节。宝山区较早就开始重视信息化项目的规范管理，在项目审批审核、软件测评和安全测评规范执行的基础上，重点探索了信息化项目的绩效评估，并于 2006 年通过服务外包方式，利用社会第三方专业资源，开展项目绩效评估指标体系和工作机制研究，取得良好成效。

【政府信息公开工作稳步推进】 截至年末，共梳理主动公开政府信息 7 400 条，比上年增加了 247%；依申请公开政府信息 727 条；网上咨询 8 055 人次；咨询电话 2 053 人次；现场接待 6 628 人次；政府信息公开专栏的页面浏览累计 699 886 万人次。

【区公务员门户和新版协同办公系统正式启用】 8 月 8 日，由区信息委承建的“宝山区统一身份认证和授权管理系统二期——公务员门户”和新版协同办公系统正式启用。该系统主要提供以下功能：信息共享（信息发布系统、文件资料库），协同工作（门户全文检索、工作交办），日常管理（用户变更申请管理）。通过以上各子系统的建设，为全区公务人员提供更多的信息共享和协同功能，降低沟通和人工数据整合的成本，同时进一步加强了区电子政务平台管理，提高了区电子政务平台的可用性，深化了区电子政务平台的应用，从而有效缩短了内部协同办公时间，提高办事效率。

【公务员电子政务大练兵】 宝山区结合《关于开展宝山区公务员“全员学本领，岗位大练兵”活动实施意见》五年培训规划，在全区公务员中开展信息化与电子政务培训。培训内容包括理论知识和实务操作，采取集中培训、个人自学、网上自测、技能竞赛等形式。培训历时九个月，分准备阶段、宣传动员、学习培训、技能竞赛、总结评比等六个阶段进行。通过对全区 85 家委办局和街镇及相关单位 800 人次的分批培训，使全区广大公务员掌握信息化和电子政务的基础知识和计算机网上办公实务，全面提高信息化和电子政务工作水平和实际应用能力，办公自动化系统应用得到进一步深化。

【打造安全、可靠的区电子政务网络平台】 “宝山区办公业务网基础平台建设——全网网络管理系统”通过专家验收并正式投入使用。随着对信息化应用的深入和依赖程度不断提高，区信息委为确保区办公业务网基础平台安全、可靠和稳定运行，每年对已建成的区办公业务网基础平台实施扩容及安全加固。从 2006 年开始实施对 Internet 线路带宽合并与负载冗余；连接市政务外网的三层交换机接入、主防火墙升级和热备；局域网防火墙、QoS 管控、SSL VPN 系统、终端管理软件、网管软件等部署。从网络用户管理、流量管理、安全防护、设备管理等方面采取安全措施，进一步加强了对宝山区办公业务网基础平台统一管理，防范安全隐患，保障网络可靠运行。

【区电子文档归档及管理系统（二期）通过验收】 “宝山区电子文档归档及管理系统（二期）——文件格式转换及存储系统”项目通过专家验收并正式投入使用。根据市档案局《电子公文归档管理实施指南》文件精神和要求，二期项目在电子公文归档元数据、电子公文标准格式转换、电子文件三性检查、扫描及转换文件的 OCR 识别、全文检索、电子文件的利用等方面加以完善和改进。系统采用 B/S 架构，以 JAVA 和 J2EE 技术体系为基础，功能使用性较强，代表了档案信息化的发展方向，在实现电子文件规范化管理、推动馆藏档案的数字化建设、加快推进档案信息化等方面起到积极作用。该系统的用户涉及全区各部门近 80 家。

【区基础地理信息共享与服务平台基本建成】 “宝山区基础地理信息共享与服务平台（二期）”项目通过专家验收并正式投入使用。该平台是根据《上海市区县电子政务框架技术指南》和宝山区信息化发展规划要求进行建设的，通过两期建设完成了全区统一的基础地理信息平台，实现了以资源共享为基础、以应用推广为抓手的建设目标。平台主要采用 B/S 架构， 利用 ArcGIS 及 Java 等当今主流技术，可扩展性好。项目一期完成了基础地理信息共享与服务平台框架搭建，建设了全区统一的电子地图，实现地理信息资源的共享与交换，并制定了一系列地理信息数据更新维护及交换共享的标准规范。二期则在一期的基础上进一步整合资源、完善功能、深化应用，通过整合区内环保、卫生、教育等部门的信息资源，形成了专业地理资源库；结合人口库建设了人口应用主题；利用 GIS 图形技术建设了地图综合查询、地图历史跟踪等应用模块，在信息资源整合、地理信息系统应用支撑等方面起到积极作用。该平台已经为区内多个委办局提供 GIS 应用支撑及地理信息资源。随着应用的不断深入，该平台将利用其特有的图形表示功能，发挥其在经济分析、城市规划、市政建设、交通运输、社会治安、应急指挥等专业领域的辅助决策作用。

【全面推进实有人口信息更新维护机制】 全区 12 个街镇和城市工业园区约 400 个居村委共采集更新上海市户籍人口信息约 15 万人次，更新比率为 15.6%。各街镇和工业园区来沪人员管理服务中心通过协管员队伍，共采集来沪人员信息 58 万多条。截至年底，区实有人口数据库共收录约 154 万人口的基本信息，其中上海市户籍人口约 96 万，来沪人员约 58 万。为全面推进实有人口信息更新维护机制建设，区信息委组织基层社区干部和协管员开展业务培训，计 19 批约 600 多人次；打印发送实有人口信息档案 857 册；为社区基层采购和安装电脑设备 223 台。实有人口信息在区内多个条线部门实现共享和应用，其功效正在逐步发挥。

【“为民地图”系统（二期）通过验收】 宝山区“为民地图”系统二期项目通过专家验收并正式投入使用。该系统是围绕区委组织部“问百家事、解千人忧、我与群众心连心——绘制《为民地图》”活动而开发的应用系统，也是宝山区实有人口数据库主题应用的试点项目。二期主要在用户管理、信息发布、数据采集、系统安全管理等方面实现了与区实有人口和地理信息系统信息共享，在推进区实有人口数据库应用、社区党建和社区建设信息化管理方面起到积极作用。

【“为民地图—实有人口”系统建设实现全覆盖】 区委组织部与区信息委共同推进“为民地图”、“实有人口数据库”系统应用，“为民地图—实有人口”系统在全区实现全覆盖。区信息委配合区委组织部完成“为民地图”和“宝山区实有人口数据库”指标采集系统的开发，整合“宝山区区实有人口数据库”和“为民地图”系统指标采集功能，优化数据采集界面和操作流程。通过系统对信息的统计、图示和处理，一方面给区有关部门，镇、社区（街道），行政村、居民区等党组织开展“问百家事、解千人忧，我与群众心连心——绘制《为民地图》”活动带来便利，实现“社区党建全覆盖、社区建设实体化、社区管理网格化”的工作目标；另一方面拓展了“宝山区实有人口数据库”在社会管理等领域的应用，起到政府信息资源共享的示范作用，打开了以人口信息数据业务协同工作为重点，协调区民政、卫生等部门，做好实有人口信息共享与交换工作，增强社区基层管理服务功能，提高各条线部门信息共享和业务协同能力的工作局面。

【减灾应急指挥中心机房改造工程通过验收投入使用】 宝山区减灾应急指挥中心机房于 2003 年与区政府大楼同步投入使用。随着机房设备的添加，原有的机房供电等功能已经无法满足新的需求，同时机房部分装饰已经出现老化，因此对机房改造工程正式启动。机房改造主要包括：UPS、静电地板工程、机房电气工程、机房配电工程、防雷接地工程、综合布线、监控系统等。通过增加 UPS，改善装饰、电器系统，预留了供电余量，改善了机房照明效果，优化了综合布线工程，并采取自动控制手段对重要设备进行集中监控，在确保区减灾应急指挥系统正常、可靠运行方面起到重要的保障作用，也进一步改善、优化了区政府重要视频会议的条件和环境。

【区检察院屏蔽机房改造项目通过验收】 宝山区检察院原有机房建于2000年，因面积过小，设备增加后，承重、散热、供电、消防、防磁泄露等均出现不同程度的安全隐患。宝山区检察院屏蔽机房改造项目设计方案经上海市人民检察院批复通过后，按计划于2008年5月完成屏蔽机房改造搬迁工作，并于6月通过国家保密局C级标准测评。10月10日，由上海市检察院、宝山区信息委、宝山区采购中心组成验收组对机房进行整体验收。新机房的完成，从性能、散热、空间布局、供电、消防、大楼承重等多方面解决了一直困扰的安全隐患，为应用工作的进一步开展奠定了基础。

【宝山政府门户网站建设——网站群建设项目通过验收】 10月31日，“宝山政府门户网站建设——网站群建设”项目通过专家验收。按照网站建设“统筹规划、集中建设、资源共享、各自主管”的原则，2006年宝山政府门户网站牵头对宝山建交网、宝山水务网、宝山体育网、宝山青年网等四个网站建设进行了统一规划和统一建设，实现服务器和所建网站软件资源共享，多个网站共用一套后台发布系统，起到“信息共享、资源整合、集约建设”及降低建设成本等方面的作用。通过此次项目的成功建设，2009年宝山政府门户网站还将对区内有建设需求的6家政府网站实施统一的网站群建设模式，除了集约化建设外，还将在统一的网站群监控和管理方面做进一步探索。

【区门户网站获奖】 5月30日，第二届中国政府网站国际化程度测评结果发布暨研讨会召开，宝山政府门户网站英文网被评为优秀外文网站。英文网重点对区内经济发展、城市建设、文化交流、项目招商及投资申办等方面加强宣传，成为区政府对外宣传交流的平台。

在首届中国互联网品牌大奖评比中，宝山政府门户网站荣获中国地方政府网站创新品牌奖。评比依据了各类网站访问量、点击率、诚信度、传播力，参照组委会在中国互联网与各大网站链接的网络投票情况，并结合中国互联网站品牌评价体系，最终对评比结果进行了综合平衡，保证评选工作的客观、公正和科学性。

【友谊路街道实行党建电子台账管理体系】 为拓展基层党建信息化工作体系，友谊路街道落实区委组织部关于推进基层党建信息化工作的各项精神，就居民区党建实行电子台账管理。针对居民区党组织日常填写的台账过多、内容重复、文字工作量大的情况，街道自行设计并启用居民区党建电子台账，以代替传统书面台账，使各项信息资源得到整合，有利于党工委与各居民区党组织的日常信息传递更加高效便捷。实行电子台账管理之后，各居民区党组织不同程度减轻了负担，简化了工作程序，保证了基层党建工作的规范化、标准化；使居委会干部有更多时间走进楼组，深入群众，为居民群众更好地服务。

【推进区党员干部现代远程教育】 9月11日，区委组织部与区电信局举行“共同推进宝山区党员干部现代远程教育”签约仪式。按照协议规定，2008年10月底前，宝山电信在全区完成400多个机关、企事业单位党组织的基层终端站点建设。同时，“党员干部现代远程教育终端站点进党员家庭”工作也在推进之中。

（钱帼婷）

二、社会领域信息化

【社保卡服务中心成绩显著】 2008年，宝山区社会保障卡服务中心通过加强内部管理，明确工作职责，理顺工作关系，强化服务理念，取得显著成绩。全年完成社保卡信息采集48 337人，发放社保卡 41 567 张，补卡 8 467 张，换卡 6 688 张；完成 70 周岁以上老年人信息采集 74 727 人，发放敬老卡 80 695 张；完成中小学生信息采集 20 465 人，发放学籍卡 44 582 张；完成 0 ～ 6 岁儿童信息采集 20 131 人，发放儿童卡 21 646 张。发放长期居住证 13 393 人，办理临时居住证 247 025 人次，退旧证 45 762 张，上交押金 496.6 万元。

【区两所中小学被列为市信息化应用实验学校】 2008 年，宝山区大华中学和月浦新村小学被列为“上海市教育信息化应用实验学校”，标志着宝山在推进农村中小学教育信息化应用工作上迈开新的步伐。在实现“为每一位农村中小学专任教师配备一台教学用计算机”和“多媒体教学设备配备到学校所有集中教学场所”的基础上，通过努力，试点学校的教育信息化应用水平和教学效果明显提升，达到了预期目标。

【新建 6 所东方信息苑】 2008 年，宝山区新建 6 所东方信息苑，新增电脑 179 台，新增多媒体演播厅座位数 64 座。全区东方信息苑达到 24 所，覆盖全区 12 个街镇。共有电脑 586 台，多媒体演播厅座位数 447 座。

【“宝山网络图书馆街（镇）覆盖工程”全部完成】 区图书馆根据《中共中央国务院关于深化文化体制改革的若干意见》文件要求，建设完成“宝山网络图书馆街（镇）覆盖工程”，并通过专家验收正式投入使用。该系统依托网络信息技术，分两期将区域内 12 个街（镇）图书馆与区图书馆连接成一个城域网，全面拓展图书馆的服务功能。主要建设内容包括：全区 12 个街（镇）图书馆硬件设备采购与安装，图书馆存储系统建设等。系统通过有效地优化、整合区图书馆的各类信息资源，充分利用全国文化信息资源共享工程的各类数字化资源，为弘扬先进文化，丰富市民文化生活，打造新型的城区图书馆公共服务体系方面起到积极的推动作用。

【区图书馆远程服务系统试运行】 从 2008 年 1 月 1 日起，宝山区图书馆远程服务系统试运行，所有宝山区的读者足不出户，均可远程访问和免费使用区图书馆所有的数字化资源，真正享受和体验现代化技术带来的便利和快捷。区图书馆在上海公共图书馆中率先做到“无障碍办证、无门槛阅读”；继网络图书馆建成后，又推出服务新项目——远程服务系统。通过该系统，所有宝山区的读者经注册申请后，即可在任何时间、任何地点免费使用图书馆已获授权的所有数字资源，是真正意义的资源共享。系统拥有总量达 7TB 的数字资源，其中包括电子图书 100 余万册、电子期刊 2 万多种、学术论文 7 000 多万篇、学位论文 52 万本、5 个自建的特色数据库；提供全国文化信息资源共享工程中的所有优秀文化信息资源，区图书馆媒体点播系统中近 500 部影视资料、宝山市民讲座以及其他教育培训资料，以及部分馆藏图书的随书光盘。读者只需轻点鼠标，就可以像看电视一样方便地检索到自己所需的各种信息，给工作和生活带来很大的便利。

【率先推出合作医疗门急诊即时结算制度】 为减轻参合农民在本地镇级以下医疗机构门急诊就医全额垫付医疗费用的压力，进一步简化医疗费用结算手续，减少参合农民为申请医药费补偿路途奔波等不便，自 10 月 1 日起，宝山区在上海市率先实行“新型农村合作医疗门急诊费用镇级定点医疗机构即时结算”，让参合农民在区内医疗机构门急诊就医时能直接享受到合作医疗基本保障待遇。宝山区 9 家镇级社区卫生服务中心、44 家村卫生室已全面完成计算机硬件配置及医院信息管理系统（HIS）的软件改造，实现参保人员门急诊费用即时结算计算机信息处理。对于硬件条件暂不符合的 53 家村卫生室，暂以人工记账方式过渡。大场镇、月浦镇、罗泾镇、庙行镇已实现全镇所有村卫生室计算机 HIS 系统全覆盖，率先在全区实现市级相关卫生部门要求的“2010 年全市村卫生室医疗费用结算信息化”。

【推进“三位一体工程”全覆盖】 在全区 86 个百户以上行政村实施文化共享工程农村基层服务点、农村信息苑和农村数字电影放映点“三位一体工程”。全年共完成 2 家网络图书馆和 20 个农村“三位一体”文化信息化服务点建设，2009 年将在全区所有行政村实现全覆盖。

【大力推进村级公共服务中心建设】 2008年，宝山区共完成7家村级公共服务中心建设并投入使用，村民足不出村就可享受到和城市居民同样的服务。村级公共服务中心搭建了一个农村基本公共服务平台，包括以村级事务代理室、村级标准卫生室、村级综合文化活动室、便民农家店、为农综合服务站为重点的“三室一站一店”，以及村委会、党支部办公室、党员活动室、综治警务室、老年活动室、小食堂、理发室、户外文化活动广场等，具备了办公会议、教育培训、事务代理、信访调解、文体娱乐、医疗保健、农经商贸服务等多种功能，给予农民群众精神生活和物质生活很大方便。截至年底，共完成24个村级“代理室”建设；完成村卫生室标准化建设75所；建有94个综合文化活动室，其中综合文化活动室面积达到150平方米以上的有42个，占活动室数45%；试点建设村级为农综合服务站11家。（钱帼婷）

三、城市建设管理领域信息化

【区城市网格化管理信息系统（二期）开通】 按照“一次规划、二次调查、分步建成”的建设方案，区城市网格化管理信息系统二期于3月开始筹建，10月28日如期开通试运行。系统二期主要覆盖9个镇中心城区，面积40.37平方公里，共划分单元网格712个，责任网格38个，部件为512 359个。全年系统实际运行252个工作日，共立案42 441件，其中：事件立案37 516件、部件立案4 925件，结案42 199件，结案率为100%；延期和在办242件，处置及时率为98.15%。根据市“12319”城建服务热线中心统计，全年宝山区市民投诉3 930起，相比2007年投诉案件减少673起，同比下降14.62%。区城市网格化管理中心根据工作中发现的普遍性问题，及时与相关部门联系，组织了专项调查，共调查暴露垃圾297处，破损、缺失消防设施237处、绿地设施损坏277处。为配合上海市“迎世博600天”行动，根据市建交委的统一部署，在友谊、吴淞、张庙三个街道辖区内共调查各类书报亭32个、架空线黑轮圈518个。

【区房地综合业务管理信息系统通过验收】 “宝山区房地综合业务管理信息系统”项目通过专家验收并正式投入使用。该系统是根据宝山区信息化发展规划及区房屋土地管理局实际工作需求进行建设，主要包括房地业务管理、基础数据维护、GIS综合应用、领导辅助决策等功能。系统利用GIS技术，采用B/S和C/S相结合的架构，将房屋用地、拆迁、物业管理、征地等业务通过地图的形式直观、便捷进行表现，实现了业务数据GIS管理、信息共享，在房地信息资源整合、提升工作水平、辅助领导决策等方面起到积极作用。

【区水务管理地理信息系统通过验收】 “宝山区水务管理地理信息系统”项目通过专家验收并正式投入使用。根据区信息化发展规划和区水务信息化“十一五”规划，在已建成的应用系统基础上，进一步实现业务数据与GIS技术相结合，实现水务信息图形化、网络化、自动化综合管理。该系统主要建设内容包括：防汛信息服务网、短信服务系统、传真服务系统、防汛WebGIS等。系统充分利用市、区相关信息资源，通过信息资源的整合、加工和综合应用，在信息化推动管理现代化上，提高水务信息管理的科学性、准确性，以及对防汛应急反应的辅助决策方面起到重要作用。随着系统应用的深化，区水务局将进一步完善信息的覆盖面，实现对区防汛指挥部成员单位和各街道镇的全覆盖；并建立及时的更新维护制度，不断提高水务信息化建设应用水平。

【区环境保护管理系统项目通过验收】 11月下旬，“宝山区环境保护管理系统—系统整合”项目通过验收并正式投入使用。该项目对区环境保护局已建设完成的应用系统进行整合，包括区环保地理信息系统、区环保在线审批系统等，形成了数据存取层、中间逻辑层、视图层的三层系统体系框架，完成了区环保系统的统一用户权限的管理、信息资源共享、全文检索、系统管理、子系统管理等功能。系统整合后克服了环保部门（科室）之间的信息流转“瓶颈”、系统之间信息“孤岛”现象，实现“一次采集、全局共享”、“一次输入、多次使用”的目标，保证区环保局内部各类信息在广度、速度、质量、数量、共享等方面的及时性、可靠性、准确性，使需要的文件（数据）可以在系统中及时得到，在推进区域电子政务信息化等方面起到积极作用。该系统已在区环保局内推广应用，并建立了相应的应用推进机制，以保证系统应用的持续和持久。

【区环境监测监控中心建设工程进展顺利】 区环境监测监控中心的建设主要包括大楼建成和监测监控信息化系统建设两大块。在建设中引入全新的工作模式，项目的大楼主体建设由区政府投资，内部信息化建设与宝钢集团联合开展，这是试行区域环境保护与企业环境保护互动开展的有效尝试，也是全面推进政府与大型企业集团契约化环境管理模式的具体实践。中心大楼自2007年底开工建设以来，整体工程建设进展顺利，主体结构已于2008年5月正式封顶，年内大楼建成并投入使用。大楼建成启用时同步完成在线视频、环境质量在线监测、部分污染源在线监测、楼宇智能化系统等基本功能。整个信息系统建设将根据需求不断深化，预计整体信息化项目将在2010年上半年全面完成。

（钱帼婷）

四、信息产业发展

【动漫衍生产业主题园开园】 12月26日，国内第一家专业的动漫衍生产业主题园在大场镇宝山科技园开园。园区围绕动画卡通、网络游戏、手机游戏、多媒体产品等动漫产业需求，提供专业孵化、技术支撑、人才培训、业务拓展等服务功能，借助上海动漫产业发展优势，打造国内动漫产业衍生品的产业集群。上海动漫衍生产业园，依托当地丰富的高等教育资源，将助水晶石公司在此开设“数字学院”，专门致力于多媒体设计人才培训。

【开展软件初审工作】 为满足行业管理需要，加强信息引导，全面反映上海软件产业的发展水平、规模、结构和经济效益，根据市信息委统一部署，2008年宝山区实行软件业统计报表制度。截至年底，共有13家注册在宝山的软件企业通过审核，全年营业收入合计42 286万元，其中软件业务收入合计27 773万元，软件行业从业平均人数1 021人，人均产生营业收入41.4万元。

（钱帼婷）

五、信息基础设施建设

【数据通信业务需求增长迅速】 区信息委全年共受理管线建设248条路段，管线长度255.6沟公里，与2007年相比分别增长51%和63%。从2008年信息管线建设情况来看，区12个街镇中，顾村、罗泾和大场镇成为建设的核心区域，三个镇的信息管线建设总长度达145.35沟公里，占全区建设量的66.39%。近年来，宝山工业园区、城市工业园区及各经济发展区等吸引大量企业入驻，逐渐形成规模的产业聚集区，新建小区居民入住数量的提高、周边配套设施的完善，带动了地区对各类数据通信业务需求的快速增长。

【与上海移动、上海电信签订“无线城市”建设合作协议】 4月30日，区政府和中国移动上海公司举行关于持续推进宝山信息化建设及“无线城市”建设合作协议签约仪式，共同签署了《2008年持续推进信息化建设和“无线城市”建设合作协议》，双方在基础通信设施建设、政务信息化、钢铁物流行业信息化解决方案等多个领域达成合作共识。此次合作以“无线政务、无线产业、无线生活”应用为发展目标，通过短信等无线通信形式，增强政府相关部门对城市管理事件的快速反应处理，进一步推进宝山政务信息化建设；推动区内钢铁、物流企业发展；以社区、教育、医疗信息化促进民生和谐，丰富“无限生活”的内涵。在继续完善2G及3G TD网络覆盖的基础上，上海移动将加快宝山区宽带无线网络的建设和覆盖。争取到2010年底，在宝山城市化地区实现“无线城市”全网覆盖。

5月14日，区政府与中国电信上海公司签约，合作推进宝山“无线城市”建设。此次推进宝山“无线城市”建设项目是以政府推动，企业投资，电信运营，开放合作的形式，计划在三年内基本完成宝山区“无线城市”建设，为2010年上海世博会提供成熟全面的无线网络服务。整个项目将分为三期：首期至2008年底，完成宝山重要区域热点覆盖，初步形成无线网络规模；第二期至2009年底，继续扩大无线网络覆盖至轨道交通、轮渡、商业场所等；第三期至2010年上海世博会之前，在宝山所有有需求地区广泛覆盖无线网络，基本建成宝山“无线城市”。

【农村有线电视奥运会前实现“户户通”】 为切实维护农村群众的基本文化权益，改善农村文化生活、推进经济和社会和谐发展，满足农民群众收看高质量有线电视节目的需求，区政府将农村有线电视“户户通”工程列为2008年政府实事项目。为了让部分经济困难的农户看上有线电视，区政府拨出专项经费500余万元，并提出“二免一送”的扶持政策：即对农民家庭免收有线电视安装费；对困难家庭免收月租费；为全区1 000余户困难家庭每户赠送了1台25英寸电视机。考虑到让广大农民群众能及时通过有线电视收看百年一遇的北京奥运会盛况，区有线电视中心提前5个月完成农村有线电视“户户通”工程，为6 000余户农民家庭安装了有线电视，在上海市郊区（县）中率先实现农村有线电视“户户通”。

（钱帼婷）

六、信息化环境建设

【信息化项目计划顺利完成】 按照《2008年宝山区信息化建设项目实施计划》，加快启动建设项目，定期考察建设情况，取得良好成效。信息化建设项目共计70项，建设经费3 086万元。其中新建项目31项，跨年度项目39项。

【信息化项目全生命周期管理】 6月13日，为进一步做好信息化项目建设，实现从项目计划、立项、采购、实施、验收和运行等环节的生命周期管理，区信息委决定引进咨询公司，承担区信息化项目建设咨询工作。通过公开招标，最终由国研信息科技有限公司和上海宝信软件股份有限公司中标。

【进一步完善信息化建设项目管理办法】 为便于对信息化项目加强管理，针对《上海市宝山区信息化建设项目管理暂行办法》和《上海市宝山区信息化建设项目管理暂行办法实施细则》中不适应当前现状的条款，由区信息委会同区发展改革委、区财政局等单位进行了修订，于2月28日，由区政府印发了《上海市宝山区信息化建设项目管理暂行办法（修订）》。5月27日，区信息委发布了《上海市宝山区信息化建设项目管理暂行办法实施细则（修订）》。

【区信息化项目绩效评估研究成果初现】 根据《宝山区信息化项目管理暂行办法（修订）》，区信息委将“信息化项目绩效评估研究”作为一项重点工作来抓，通过对信息化项目绩效评估指标、模型、方法等方面的研究，探索建立科学合理的信息化项目绩效评估指标体系和管理机制，实现对信息化项目全生命周期全过程管理，逐步形成项目建设重在效益的战略导向，不断提升区信息化项目建设应用与管理的整体水平。区信息化项目绩效评估研究的重点是对项目后期应用的绩效评估指标体系和评估方法的研究，主要内容包括：指标体系研究，评估方法研究，指标验证。该研究成果填补了区信息化项目管理程序上的一项空白，在区县范围具有一定的示范作用。

【开展政府资源开发利用课题研究】 2008年，宝山区着力进行信息数据规划和数据库群规划研究，完成了《上海市宝山区电子政务信息资源规范》和《上海市宝山区公共数据共享平台可行性研究方案》两份软课题研究报告；编制了《宝山区政务信息资源管理暂行办法》和《宝山区人口信息资源管理暂行办法》两份制度，进一步规范了宝山区在管理人口、法人单位、自然资源与地理信息、决策信息时所涉及的资源目录、数据标准，便于实现全区社会管理与公共服务信息化应用系统的跨平台、跨系统、跨应用、跨地区的信息交换和信息共享。

【电子政务网络应急演练】 为保障电子政务系统的稳定运行，防范电子政务网络出现的各种意外情况，尤其是保护关键业务免受重大故障或灾难的影响，区信息委针对区办公业务网络可能发生的物理环境和网络平台的应急事件编制了一整套应急预案。为检验应急预案的可操作性和实用性，确保在发生应急事件时能按照既定的应急预案实行有效操作，区信息委于6月29日和7月6日，分别就电子政务网络的物理环境应急和网络平台应急进行了应急演练。物理环境应急演练主要针对电子政务网络机房的消防、UPS、空调、服务器远程关闭电源、漏水等五大方面。通过演练，检验了机房消防系统、监控系统、供电系统、应用系统的工作可靠性和应急可操作性，保证在突发问题时能及时处理。尤其是消防系统的应急演练，达到了预期设计效果。网络平台应急演练通过假定出口中断、出口负载设备宕机、核心交换机宕机、双链路失效等一系列网络平台应急事件，有效地检验了网络平台应急的技术可操作性，确保在发生网络事件时，能按既定技术手段迅速排除故障。同时，通过应急演练，也发现了应急预案中，在远程机房自动消防系统的工作机制与预案中应急操作规程的结合，电子政务网络DNS服务器在切换后无法提供正常的域名解析服务等方面存在的问题以及需要进一步修订的地方。后期将通过一系列管理手段和技术手段，逐一排除潜在问题，确保在应急响应时业务的连续性。

【“奥保”期间涉密计算机保密专项检查】 7月24日～8月11日，由区保密局、机要局、信息委3家联合组建“奥保”联合检查小组，对涉密计算机及网络的保密安全情况进行了大范围的专项检查，重点检查了各单位对涉密计算机和涉密介质的使用管理情况。检查的主要内容包括使用单位是否有计算机非法外联、涉密介质混用、三铁一器配置、规章制度是否健全等情况。通过对区属82家单位的检查，69家单位存在各种安全隐患和管理等问题，13家单位检查符合使用和管理要求，3家单位尚未安装涉密计算机。对检查工作中暴露的问题及时督促整改，加强监督指导，确保了各项涉密计算机和网络管理工作的落实。为防止“法轮功”等反华组织和黑客在奥运期间对区政府网站和重要系统造成危害，和互联网安全测评中心等部门对全区范围内所有网站进行了一次安全扫描，发放整改通知，勒令按期完成整改，同时关闭了部分计算机系统和程序存在严重漏洞的网站，有效遏制了一批安全隐患的孳生，提高了计算机信息系统的信息上网保障能力。

【举办信息化项目管理培训】 为落实区信息化项目管理工作会议精神，6月12日区信息委召开信息化项目管理培训，全区48家信息化在建项目建设单位、区采购中心、市安全测评中心和软件测评中心的相关人员参加了培训。培训共分五部分：信息化专项规划编制培训、政府采购相关事项说明、项目安全测评相关事项说明、项目技术测评相关事项说明和信息化项目管理系统操作培训，从信息化项目全生命周期管理的项目计划、立项、采购、实施、验收和运行等各环节进行了分类指导。

【举办档案信息化应用培训】 6月5日，区档案局举办“电子文件归档及管理系统（二期）”应用培训，来自全区各机关近70名档案人员参加了培训。区档案局主要针对档案信息化应用推进中的主要问题，进行了四个方面的培训：⑴电子文件归档及管理系统（二期）功能应用；⑵电子文件归档及管理系统

(一期) 各单位在应用中需注意的一些问题；⑶档案目录中心系统的有效利用；⑷简单介绍新改版的宝山档案网。为配合区电子政务工作及市电子文件归档管理实施指南的要求，区档案局于2006建设完成“宝山区电子文件归档及管理系统(一期)”，该系统通过近两年应用已取得一定效益。2008年，针对系统一期中尚未解决的难点问题进行了系统二期开发。为了让新开发的功能尽快发挥作用，特组织了此次培训。同时，针对全区档案人员在平时运用两个档案系统中常出现的问题进行了进一步归纳和说明。

【开展组工信息化应用系统操作培训】 5月15日，区委组织部召开宝山区组工业务网上应用系统培训暨工作布置会议，分别就干部记实考核系统、察民情解民忧系统、人员信息互动系统、宝山党建网和区办公业务网组织部网站等系统的功能和特点进行了操作演示，并布置了相关的工作要求。新的宝山区组工业务网上应用系统采用统一的身份认证在区办公业务网平台登陆，实现了组织系统业务信息报送的网上操作，推进了新时期组织工作方式和手段的创新发展。

【开展来沪人员管理信息系统操作培训】 5月28日，区信息委和区人口办在海滨社区事务受理中心开展“宝山区实有人口系统—来沪人员管理子系统”情况抄告单业务操作培训。区各街镇和城市工业园区人口办主任、外口服务中心主任及中心电脑操作员代表，共计59人参加了培训。区信息委技术人员就抄告业务的处理流程、查询和统计操作等功能进行了演示说明，并提供实际上机操作指导，确保培训质量。2008年区各街镇全面推进来沪人员信息采集工作，并逐步推进情况抄告单业务工作。为此，区信息委与区人口办共组织了三次各街镇来沪人员受理点操作人员培训，共计109人次。6月开始，区各街镇正式启动情况抄告单业务工作。通过信息化手段，区人口办提高了来沪人员管理的工作效率，建立了完备的来沪人员信息数据资料，为外口管理和服务工作提供决策依据。

【启动“千村万户”农村信息化培训普及工程】 6月26日，宝山举办“千村万户”农村信息化培训普及工程启动仪式。此项工程由区信息委牵头，区农委、区教育局、区妇联、各镇联合实施，中国电信上海公司独家协办，已列为国家农村信息化综合信息服务试点项目。从2008年起，宝山在杨行镇、月浦镇、罗泾镇、罗店镇、顾村镇、大场镇、庙行镇、淞南镇、高境镇等9个镇开展“千村万户”农村信息化培训普及工程，力争用三年时间基本完成全区行政村农村基层管理层、专业农民及普通农民近3 000人的培训工作和1.5万农村居民的宣传普及任务。其中，2008年要完成1 000人的培训和5 000人的宣传普及工作。启动仪式后，与会者参观了信息体验舱及培训大篷车，玩转了一把IPTV、固网支付和宽带等信息业务，体验了一次“信息冲浪”。

【“万名农民工绿色网上行”公益培训杨行培训点开班】 8月4日，上海市“万名农民工绿色网上行”公益培训杨行镇培训点正式开班，拉开了宝山区“农民工绿色网上行”活动的序幕。培训旨在丰富农民工文化生活，提升农民工文明素质，夯实构建和谐社会基础。杨行培训点共在全镇范围内举办7期、共210人次的培训，内容包括城市文明素质、法制宣传、计算机使用入门、输入法教学、互联网的应用、电子邮箱申请与使用等，全部课程共计16个课时、720分钟。培训对象均为来自杨行镇各行各业的外来建设者。

【举办网络管理员培训班】 为进一步加强区信息安全保障工作，确保奥运会期间基础网络和重要信息系统的安全可靠运作，区信息委于7月17日召开2008年全区网络管理员培训班，全区各委办局、镇、街道、事业单位等共69名网管员参加了培训。培训的主要内容有网络管理知识培训、迎奥运与信息安全专项检查、安全保密教育三个方面。此次培训旨在加强宝山区在信息安全方面的防范意识和综合处理能力，为区电子政务的进一步发展打下坚实基础。

(钱帼婷)

七、社会诚信体系建设

【举办“诚信活动周”现场咨询活动】 10月23～29日，宝山开展“2008年诚信活动周”系列宣传活动。10月25日，作为“诚信活动周”系列宣传活动之一，宝山“诚信活动周”现场咨询活动在庙行镇北斗星商业广场举行。区质监局、区食品药品监督局、区旅游局、区酒类专卖局、区消保委等17家区社会诚信体系建设联席会议成员单位在现场设摊，向市民宣传家电节能标准、商品选购常识及真假鉴别等知识，并接受市民关于信用产品、劳动权利维护、消费者权益维护、青少年维权等方面咨询，发放诚信知识手册750份。

【举办青少年“诚信”主题演讲赛】 10月23日，由区社会诚信体系建设联席会议主办，区信息委、区文明办和团区委承办的“诚信塑造宝山　诚信成就事业”——宝山区青少年演讲比赛在区委党校举行。作为宝山区“诚信宣传周”的重要活动之一，此次演讲比赛以区各企业单位的团员青年、宝山区第七次团代会团代表、“三联系”网络内的青少年为参赛主体，经过历时两个多月的代表团选拔赛和复赛，动员了百余名团员青年，经过激烈角逐，12名选手参加了决赛。

【举办“我眼中的诚信”网上讨论活动】 由区社会诚信体系建设联席会议主办，区信息委、区文明办和团区委在区政府门户网站联合推出“我眼中的诚信”——为塑造诚信宝山建言献策网上讨论活动。网上大讨论活动自7月启动，200余名团员青年和网民留言，表达大家对社会诚信建设的认识和愿望。

【区企业信用等级评定系列创建活动出成果】 2008年，按照区社会诚信体系建设工作要点，组织开展了“推进企业诚信、构建和谐宝山”系列创建活动，旨在围绕各行业监管部门诚信建设，在行业内积极推进诚信创建活动，进一步加强区内企业诚信体系建设。在企业合同信用等级评定活动中，宝山区获得上海市“守合同、重信用”企业的数量达到244家，遍及22个行业，其中10家企业获得全国“守合同、重信用”企业的荣誉称号。在财务会计信用等级评定活动中，宝山区共有61家企业获得财务会计信用等级评定B级、463家企业获得财务会计信用等级评定C级。在学校食堂信用等级评定活动中，宝山区共有8家学校食堂达到食品卫生A级。此外，牡丹江路市级放心示范街已经创建成功，双城路放心示范街正在创建过程中。

【建立企业守法诚信机制】 区劳动局根据企业守法诚信情况，将企业分为诚信企业（A类）、较诚信企业（B类）、失信企业（C类）三种类别，并实施分类监管，对A类企业以服务指导为主，对B类企业以日常监察为主，对C类企业以重点监管、定期监察为主，不断完善监控手段，有效预防违法行为。

【餐饮单位签订食品安全诚信经营承诺书】 2008年，食药监管宝山分局与辖区200多家大中型餐饮单位、企事业单位食堂和集体用餐配送单位负责人签订食品安全诚信经营承诺书。各单位承诺自觉加强诚信经营，维护消费者合法权益：承担法定代表人作为食品安全第一责任人的责任；做到制度健全、管理规范、措施落实，诚信守法经营；积极预防和控制食物中毒，保证消费者饮食安全；不经营河豚鱼、毛蚶、炝虾等违禁食品，不经营腐败变质及其他不符合食品卫生安全要求的食品。

（钱帼婷）

第十三章 闵行区信息化建设

概 述

2008年，闵行区信息化工作全面贯彻党的十七大精神，深入贯彻落实科学发展观，按照全市信息化发展战略的要求和总体部署，围绕区委、区政府中心工作，以“科教兴区”战略为主线，用信息化促进政府职能转变和服务创新，提升城市管理水平，使更多的闵行百姓享受信息化发展带来的成果，为构建和谐闵行作出新的贡献。

2008 年，“闵行区村务管理信息系统（四本台账)”、“闵行区 EHR 社区卫生服务综合信息系统”被上海市信息化委员会评为“2008 年度上海市区县信息化优秀成果”。

（全淑蓉）

一、政务领域信息化

【电子政务建设向一体化方向迈进】 一个集协同工作、信息共享、流程管理、职能服务、面向个体、决策支持、公文管理、会议通知、重点工作（督查)、资料呈报、简报中心、文档中心、网络存储、共享日程、通讯录、即时通讯、短消息、电子公告为一体的电子政务应用平台建成，并已投入试运行。它标志着闵行区电子政务建设向资源整合、信息共享的方向迈出了坚实的一步。

【“上海闵行”门户网站建设取得成效】 2008 年,“上海闵行”门户网站全年安全运行，网站首页访问量 758 060 人次，全网页面访问量 123 548 359 人次，全年发布各类新闻 2 785 篇，同比增长 45.6%。围绕区委、区政府中心工作，完成“两会”报道、“十七大精神”宣传、“汶川地震”抗震救灾、区委四届六次、七次全会、全国文明城区创建、节约型机关建设、闵行城区形象推广等新闻专题。为进一步完善网站的信息保障制度，于 9 月 3 日进行了区政府门户网站建设业务培训，全区 70 余家单位的门户网站及党务公开网信息管理员 100 多人参加了培训。在 2007 年度上海市政府部门、区县政府网站评议中，以 85.23 分的综合得分名列全市 19 个区县第 5。

【“区长网上办公”系统正式投入使用】 “区长网上办公”是建立在“上海闵行”政府网站上的一个互动式栏目。区领导通过该平台，在每次 1 小时的办公时间内和网民开展直接交流，回答网民提问。7 月 30 日首次举办，按计划每两个月举办一次。下半年于 7 月、9 月、11 月，举行了三次网上办公会，区政府 7 位领导和 33 个部门先后出席。三次主题分别为：“倾听民声，关注民生”、“如何更好地安排政府实事项目”、“政府怎样更好地为企业服务”。由于网上办公的主题充分考虑了市民的需求与政府阶段性工作重点的结合，栏目一推出，就受到广大市民和多家媒体的关注。活动举办期间，栏目访问数超过 7 000 人次，累计收到网民提问 688 条，评论 134 条，其中有许多对改进政府工作有益的意见和建议。许多网民在评论中提到，区长网上办公是政府了解社情民意的一种很好的方式，拉近了老百姓和政府的距离。

【新版闵行区党务公开网开通】 在 6 月 30 日召开

的“纪念建党87周年暨闵行党建论坛”会议上，区委书记孙潮点击开通了新版闵行区党务公开网。闵行区党务公开网于2007年1月1日正式开通，2008年上半年对整个网站的页面布局进行了大规模调整改版。按照区委各部门的要求，增加了各自的专属页面，开辟了“区域党建”、“群团工作”等新栏目，“区委年度重要工作”和“常委会决策”两个栏目新增了评论功能。通过改版，进一步拓宽了党员群众了解和参与党内事务的渠道。全年，党务公开网共发布信息19 217条，处理领导来信714封。

【建设区村务管理（四本台账）信息系统】 为了提高闵行区村务管理水平，加强对集体资产的监管，更好地发挥信息化在新农村建设中的作用，由区纪委牵头，联合区国资委、区房地局、区民政局等部门建设涵盖区、镇、村三级层面的“闵行区村务管理（四本台账）信息系统”（以下简称“四本台账”）。系统以村务管理中最核心的台账管理需求为基础，结合资产管理、土地管理、社事管理、综治管理四本台账，建立起以村务管理为核心，全面、集成的村务信息管理系统，实现村务管理的信息化、智能化、自动化和标准化。“四本台账”分为区、镇两个层面。其中，镇级层面应用主要包括四本台账信息的采集、维护、统计等基础管理功能，与相关国资采集系统、区劳动系统等业务系统的数据交换。在镇级管理层面上，特别突出了资产台账管理功能，建立了融合资产日常管理、资产处置业务审批、流动资产的财务监管、经营性资产投资、资产业务的预警分析的村务管理资产台账系统，将资产管理与财务监管有效地结合起来，形成一个规范的有闵行特色的村务管理资产台账系统。区层面主要包括给区领导以及纪委、国资、房地、民政、综治等职能部门业务人员使用的“四本台账”信息的查询、统计分析、保管管理，以及和区级政务平台等系统的应用衔接等功能。

【深入推进政府信息公开】 2008年，区政府信息公开工作运行正常，政府信息公开咨询、申请以及答复工作均顺利开展。全区主动公开政府信息5 511条，全文电子化率达96.1%。在主动公开的政府信息中，政策法规类信息320条，占18.5%；规划计划类信息154条，占8.9%；业务类信息903条，占52.2%；其他类信息353条，占20.4%；共接受市民咨询7.8万次，咨询电话接听4.8万次，当面咨询接待2.4万次，网上咨询0.6万次，受理329件政府信息公开申请。

【启动“网上警务室”】 为全面落实“迎世博600天行动”要求，推进警务信息化建设，构建和谐警民关系，10月15日在紫竹高科技园区举行了“网上警务，让世博更精彩”——闵行公安分局启动仪式。“网上警务室”注重实效，规范管理，要求对群众需求及时反馈。5月，开展了13个点的试点工作，在5个月试点的经验基础上，在全区范围推广建立与实体警务室一一对应的“网上警务室”。通过“网上警务室”，开展公安业务咨询、预约民警的服务，进行警务信息公开，发布社区警情，开展治安防范知识和案例的宣传。“网上警务室”将公安管理服务平台延伸到互联网，在互联网上响应社区群众对公安工作的需求，有助于和谐警民关系，接受群众监督，拓展信息来源。

（金淑蓉）

二、社会领域信息化

【完成社保卡、居住证工作】 2008年，闵行区认真做好社保卡各项工作。全区共办理0～6岁儿童卡／学籍卡66 630张，发放敬老服务专用卡94 453张，发放临时居住证344 152张，正式居住证25 596张。

【建设区EHR社区卫生服务综合信息系统】 为了构建以社区卫生服务为基础的新型城市卫生服务体系，配合闵行区综合社区卫生服务改革，区卫生局在全面完成12家一级医院社区卫生服务中心标准化建设任务的基础上，建设开发“闵行区EHR社区卫生服务综合信息系统”。系统主要由闵行区卫生数据中心系统（包括数据交换中心、区级居民健康档案信息系统）、社区卫生服务信息系统（全科诊疗、高血压糖尿病等慢病管理、妇女保健管理、儿童保健管理、计划免疫、肿瘤早发现、体检系统）等模块组成。社区卫生服务中心初步构建了以EHR为核心的三站式社区卫生服务新模式。通过应用该系统，将医疗卫生各项服务下沉到社区，居民随时随地都能享受到医疗服务、医疗延伸服务和健康教育服务。

【初步形成社区卫生服务网络】 闵行区已经建立了居民个人电子健康档案（EHR）综合管理系统和数据交换平台，建立了覆盖区卫生局、各专业站所、区域医疗中心、社区卫生服务中心和社区卫生服务站点的网络，通过区政府政务网实现与居（村）委会的互通；所研发的基本医疗、健康档案、高血压管理、糖尿病管理、儿童保健、孕产妇保健、绩效考核等模块已经在全区12家社区卫生服务中心投入使用，计划免疫、肿瘤防治、家庭病床、护理模块也已投入试运行；利用数据交换平台，实现全区健康卡的发放及在全区各医疗机构的应用；实现全区诊疗一卡通，建立了全区居民电子健康记录EHR的主索引MPI；实现部分个人电子健康记录EHR（如诊疗记录、检验单、处方、门诊病历、慢性病、计免等）在全区医疗机构之间的共享与交换；实现医院、社区服务中心、诊疗团队对辖区居民的全程健康服务；实现对各医疗机构及服务团队的质量监控与绩效考核；实现签约居民借助互联网查询个人相关健康信息和与社区医生的网上互动。全区已建立社区卫生服务团队55个，社区居民健康服务签约建档68.9万张，签约建档率77.8%；社区管理高血压患者约98 838人，管理率92.45%；管理糖尿病患者约28 635人，管理率60.80%，均高于全市平均水平。

（金淑蓉）

三、经济领域信息化

【“农信通”业务推进呈现亮点和成效】 区信息委借助移动公司力量，在区内涉农的4个镇开通了43台农信机，其中村级农信机35台，镇级农信机3台，农技中心农信机3台，社区信息机1台，劳动保障事务所农信机1台。开通当月，农信机单位发送量达到863条。单位完成率、月均发送排名连续两个月排在全市9个区中第一名，获得单位农信机通话使用率全市第一，与崇明县并列为农信通无“零”流量区域，12528农情生信定制比例位列南郊地区第一。通过对“农信通”业务深入开发，在闵行区吴泾镇劳动保障事务所开展试点，利用农信机平台向农村无地农民、富余农务人员和本地在校毕业生发送招工信息，扶助农村人员和大学生就业。该试点被多家媒体报道引用，起到良好的示范效应。

【建设食品安全数据网络实时监控系统】 该项目被列为2008年闵行区政府实事工程，旨在借助网络优势，开辟食品安全生产经营企业日常销售及管理数据的实时监管通道，达到加大政府监管力度、缓解监管人员少、加强企业食品安全管理意识、帮助企业建立健全管理制度、提升企业自我管理水平的目的。截至11月20日，完成区内20家超市、35家盒饭厂的安装注册工作。超市端累计导入商品数据137 272条，供应商数据4 940条，累计发现健康证过期现象198人次（盒饭厂34次），发现问题商品1次，紧急召回重大问题食品1次。初步形成由企业主动上报数据和政府监管相结合的双向监管机制，提高了企业自身的管理水平，基本实现对区内85%以上重点企业实施监控的目标。

（金淑蓉）

四、城市建设管理领域信息化

【探索实践“无线城市”（一期）建设】 闵行区“无线城市”一期试点建设项目作为上海市“无线城市”建设的试点，依据上海市“无线城市”建设的总体规划思路，积极探索出一条以政府为指导，主流运营商投资建设并通过市场化运作构建的可持续发展的“无线城市”建设和运营模式。通过一期试点建设，2008年完成了区政府大院全覆盖和莘庄地铁南广场、紫竹科学园区内热点区域的无线覆盖。一期建设采用宽带无线接入技术的最新成果，并大胆尝试了无线系统太阳能供电等多种新思路、新方法，实现了无线宽带上网、市政管理无线视频监控、应急指挥车突发现场视频信号回传、政府公共信息免费发布等多种应用，为提高政府办公效率、增强政府服务功能和提升城市管理水平提供了强有力的信息化手段。在一期建设中，积极探索了“无线城市”建设推进、运营维护、市场推广、技术标准的运用和相关政策法规的建立等创新机制，完成了市经济信息化委《上海“无线城市”建设与运营模式研究》课题，受到课题评审专家组的充分肯定，对全市“无线城市”建设发挥了重要的指导作用。

（金淑蓉）

五、信息产业发展

【做好市软件和集成电路产业专项资金申报】 通过园区、闵行网站、区信息协会等多种途径，将国家和市级专项资金申报通知和指南发放到区内企业，及时组织区级项目的初审和推荐工作，全年累计53家次企业参与申报。通过项目推荐和申报，一批技术含量高、市场前景好的产业化项目涌现出来，全年有4家企业获得总计850万元的市级专项资金资助。区信息委以此次申报为抓手，努力营造“企业为主体、市场为导向、产学研相集合”的信息产业发展环境。

【调研区域信息产业发展状况】 走访平板产业上广电NEC、软件龙头国龙信息、美思恩等10余家重点企业，通过“请进来”、“走出去”与三大产业园区管理人员进行座谈交流，了解产业动态，倾听企业对政府工作的需求。在此基础上，完成了《闵行区信息化和信息产业“十一五”中期评估(自评报告)》和《闵行区信息产业发展与区域经济融合课题报告》。

【产业统计进一步规范化】 规范软件统计和年审等窗口服务工作，区软件产业总收入在全市季度统计排名由年初的第12位上升到第5位，2008年全区软件业总营业收入达到18.85亿元。

（金淑蓉）

六、信息基础设施建设

【信息基础设施建设向规范化集约化迈进】 与上海邮电设计院合作完成了《闵行区信息基础设施现状调研与规划设想》课题的制作，为今后信息基础设施规划打好基础。全年协调管理区内142条道路共247.3沟公里、1 672.9孔公里的信息管线集约化建设。积极协调，配合区市政道路改造和试点工程建设，做好闵富11万伏变电站进出线工程建设，优化莘松路的道路配套设施，协调完成架空线入地清理工作及道路北侧信息管线建设。按照区迎世博600天城市建设管理领导小组工作要求，着手开展吴中路、漕宝路等主干道、景观道路架空线入地现状情况摸底工作。做好信息窨井盖被盗补盖工作，全年共处理了170起信息窨井盖被盗丢失补盖工作（其中区网格化指挥中心下达152起，窨井盖防盗办和其他部门下达18起），及时处理率100%。

（金淑蓉）

七、信息化环境建设

【开展“千村万户”农村信息化培训普及工程】 区委、区府对该工程高度重视，将其列为2008年区政府重点工作“农村信息化推进”之一，成立了由区信息委、区教育局、区农绿局、区妇联和莘闵电信局等单位领导和工作人员组成的工作小组。在全区9个镇开展了培训宣传工作，全年完成824人培训和5 559人宣传任务，指标完成率分别为110%和111%。

（金淑蓉）

八、社会诚信体系建设

【开展企业信用信息平台（二期）建设准备工作】 根据区委、区政府关于《整合优势资源共创和谐劳动关系实施意见》的要求，实现执法管理类信息网上共享，方便相关职能部门实施有效及时的监管。在企业信用信息平台一期建设8家单位的基础上，拟新增区经委、区外经委和区总工会等单位数据。区信息委召集各参建单位召开了数据内容需求征集讨论会，完成了《区企业信用信息平台（二期）建设工作方案》，形成了《区企业信用信息平台（二期）需求报告》。

【积极开展诚信知识宣传活动】 通过“3 · 15”、“诚信活动周”、“质量月”活动，组织开展诚信宣传活动，接受市民咨询70人次，发放诚信宣传资料5 000余份。通过多种宣传平台和形式，大力倡导全社会诚信、守信观念，努力营造良好的社会诚信氛围。

（金淑蓉）

第十四章　嘉定区信息化建设

概　述

2008年，嘉定区信息化工作以党的十七大精神为指导，深入贯彻科学发展观，落实《国家信息化发展战略（2006～2020年）》，实施《嘉定区国民经济和社会信息化“十一五”规划》，围绕建设拥有雄厚经济实力、具有持续创新动力、富有独特城市魅力、社会和谐人民安康的“汽车嘉定”宏伟目标，继续推进电子政务建设和应用，促进政府职能转变，提升社会管理和公共服务效能；按照嘉定新型城镇体系建设规划，全面推进信息基础设施集约化规划和建设，加快“嘉定 · 无线城市”建设；结合创建全国文明城区工作，积极推进社会信息化，发挥信息化在服务新农村、促进社会和谐方面的积极作用；加快软件和信息服务业发展，不断推动区域产业结构优化。

（吴　越）

一、政务领域信息化

【电子政务系统建设和应用稳步拓展】　区电子政务建设工作从以支撑政府内部办公为主逐步转移到与支撑社会管理服务并重。完成政民互动平台，形成外网受理、内网办理的工作模式，实现网上信访、咨询、投诉、区领导信箱、政协提案管理系统等面向社会公众在线互动的应用系统。随着区电子政务一体化基础平台的完善，区内各类业务应用的建设、整合工作步伐逐步加快，启动了环保业务系统、审计系统二期、数字档案馆二期等系统的建设工作，以及试点推进区事业单位在线招聘系统等在线服务。

【电子政务运行管理体系初步形成】　在加快电子政务建设和应用推广的同时，按照嘉定区“315+X”电子政务规划的要求，着手推行集约化的电子政务运行维护体系，以实现嘉定区电子政务系统的高可用性。年内，优化数据中心机房存储、配电设施，提升电子政务保障能力；持续完善网络和信息安全管理规范和技术手段，加大关键领域和重点环节的保障力度；全面推行终端标准化，政务网联网计算机统一纳入域管理模式，安装统一的防病毒软件和终端管理软件；积极探索服务外包模式，引进先进的管理模式和技术手段，构建电子政务统一运行维护管理体系，提升电子政务系统的可用性和应用服务水平。

【电子政务办公平台应用普及】　随着区内大部分街镇完成了电子政务网全网接入工作，街镇到村、居委等的电子政务二级应用模式得到进一步普及，实现区、镇、村的三级网络连通，区电子政务工作平台使用用户数达到3 800多名。在各类功能应用保持稳中有升态势的情况下，启动了二期建设工作，进一步完善和优化区电子政务平台。

【“上海嘉定”门户网站功能日益丰富】　上半年，开通了“上海嘉定”门户网站英文版、手机版和繁体版，拓展了网站发布形式。进一步推进网上在线服务建设，初步建成“上海嘉定”在线服务系统（一期），进一步通过网络服务平台加快市民、企业办事效率，提升政府整体为民形象。连续举办六期“区长在线话嘉定”活动，“新民网”进行了首次现场视频直播。

“区长在线话嘉定”先后被评为2007年度上海市网宣特色项目、第三届中国特色政府网站“品牌栏目奖”。会同有关专业公司对门户网站进行专业测评，并进行相对应的政改，进一步提升了网站整体质量。

（吴 越）

二、社会领域信息化

【深入推进社会信息化服务】 进一步完善社会保障卡、居住证工作管理架构，充分发挥管理与协调的职能。全年（截至10月底）共完成社保卡申领134 362 人，其中儿童卡申领798人、学籍卡申领12 812人、成人卡申领41 803人、70周岁以上老人红卡18 583人、敬老卡60 358人，补（换）卡6 689人次；同时，正式居住证办理13 477人次，临时居住证办理近445 786人次。

（吴 越）

三、经济领域信息化

【新农村信息系统逐步完善】 针对嘉定区社会主义新农村发展需要而定制的网站群系统初具规模。该系统从新农村工作实际出发，抓住信息化服务精品农业、观光农业两个发展重点，以“无线城市”为基础，建立起基于无线及网站群技术的“三农”综合信息服务平台。目前，全区已有2个镇及部分村及农业园区投入运用。

【重点实施B2B电子商务应用建设】 年内， 加快曹安商贸B2B电子商务的建设速度，组建了曹安商贸电子商务有限公司，落实了B2B电子商务平台的建设主体，年底电子商务平台（一期）上线。

（吴 越）

四、城市建设管理领域信息化

【逐步推进“无线城市”应用】 联合嘉定新城保利地产公司，开展首个探索建筑施工与无线监控相结合的试点项目，探索“无线城市”中全新的安全生产监控模式，探索无线宽带网络在智能建筑中的各项应用；联合华亭镇、华亭人家现代农业园区，开展基于“无线城市”的农业环境远程监测试点应用，探索无线宽带城域网在现代农业生产中的各项应用；联合区安全局共同开展基于无线网络的无线应急指挥车试点应用；联合区交通局共同开展嘉定区交通运输综合信息系统，提高现代城市公共交通智能化建设水平，为政府行业监管提供依据，提高行业社会服务水平，为市民出行提供参考。

（吴 越）

五、信息产业发展

【加强对区内软件和信息服务业企业的管理和服务】 通过全市统一组织的软件和集成电路产业发展专项资金项目申报工作和软件企业年审工作，深入了解、掌握区内软件和信息服务业企业的发展经营状况。依托软件和信息服务业统计系统，加强与企业沟通联系，逐步建立管理体系，并有计划地培育一批创新型信息产业企业的发展。

【编制嘉定区信息产业发展规划】 按照区国民经济及社会发展“十一五”规划，结合区信息产业发展的实际情况，依托嘉定“无线城市”的建设，组织编写了嘉定区信息产业发展规划。结合区推进产业结构战略性调整及信息产业发展需要，进一步明确了区几大信息化园区的发展定位：位于马陆镇的上海文化信息产业园，主要以发展数字内容产业为核心，辅以咨询策划、电子媒体等产业；位于黄渡镇的上海汽车电子产业园主要发展汽车电子产业；位于真新街道的3131创意园区，主要发展电子商务和网络技术、研发设计和咨询策划。

（吴　越）

六、信息基础设施建设

【加快推进全区信息基础设施集约化规划和建设步伐】 按照嘉定新型城镇体系建设规划，推进各新市镇、园区信息基础设施统筹规划和集约化建设，继续加强基础通信管线建设的管理，通过网上公示区内的重大建设配套项目，尤其是园区、市政道路建设情况，公开征集各家运营商的建设申请，推行基础通信管线集约化共建。2008年度集约化建设通信管线计329沟／公里或1 732孔／公里，基本实现宽带网络“村村通”；推进4个新市镇规划中信息基础设施规划的深化，积极引进上海信息管线公司开展嘉定区基础通信管线的统一建设和管理；根据《公众移动通信基站设置程序和要求》，会同各职能部门，全力推进区域的无线专业规划，促进多家运营企业在区域内的集约化建设，进一步减少基站建设与城市规划的冲突。

【实现嘉定新城组合型城市近200平方公里的无线覆盖】 以WiFi+WiMax两种技术，综合组网，多重覆盖，在上半年完成“无线城市”一期近40平方公里以室外为主的无线覆盖，沿主干道路形成无线网络框架，并于5月15日正式开通，基本形成中国大陆第一个“无线城市”的雏形。截至年底，无线网络覆盖扩展至嘉定新城组合型城市近200平方公里，包括安亭、南翔、马陆、真新等镇街道的人口密集区域、部分工业园区、旅游景点等区域。同时，无线网络将以嘉定城区为核心，以辐射方式覆盖连接各镇街道的主要交通干道，从而在全区形成点、面、线相结合的无线城市网络覆盖方式。自启动网络市民注册机制后，“嘉定 · 无线城市”注册用户以平均近2 000人／月不断增长，注册用户已突破1万人。

（吴　越）

七、信息化环境建设

【推进“千家万户”农村信息化培训普及工程】 编制培训计划，整合培训资源，建立了工作组织机构和培训机构，在全区设立了6个培训点。截至10月底，完成培训人数950名，超额完成任务，完成宣传普及人数5 000人。

（吴　越）

第十五章 松江区信息化建设

概 述

2008年，松江区信息化工作认真贯彻党的十七大精神，紧紧围绕建设现代化新松江的总体目标，以科学发展观为指导，以推行电子政务为重点，推进国家电子政务综合试点区建设，推进信息化在社会主义新农村中的作用，支持信息产业发展，发挥信息化在改善民生、体制机制创新、构建和谐松江等方面的作用。

2008年，“松江区农业信息服务管理平台”被上海市信息化委员会评为“2008年度上海市区县信息化优秀成果”。 (郭西成)

一、政务领域信息化

【国家电子政务综合试点工作全面推进】 抓好综合试点各项任务的组织实施，推动和深化“四个面向”跨部门协同应用；基本建成并开通“企业行政审批电子监察与管理系统”、“企业信用信息服务平台”；完成“统计信息应用管理系统”、“建设工程安全质量协同监管系统”和“公务员办公门户”等项目的需求调研、立项和招投标，进入系统功能模块开发阶段。 （郁 峰）

【政府信息公开工作继续深化】 截至12月底，全区共公开政府信息1 986条；全文电子化率100%；市民申请政府公开信息41件，公开答复20件；市民咨询政府信息26件，同期相比有较大程度的增加。 (胡 伟)

【党员远程教育顺利推进】 2008年，全区计划设立400个党员干部现代远程教育终端站点，截至11月，已完成387个终端站点，基本完成党员远程教育的建设。 （蔡英智）

【政务外网建设】 完成市政务外网千兆防火墙及交换机设备的更新工作；完成区人大、审计局、计生委、卫生局、质量监督所和计量质量监督所等单位接入市政务外网；通过统一网络、分层管理方案评审。 (邱 为)

【公务网完成接入】 对公务网网站进行改版，网站内容定期更新；确定公务网二期建设具体方案，完成实施接入工作，年底前公务网在各委办局硬件已经安装到位，公务网操作人员定位工作已经就绪。 (阮 俊)

二、社会领域信息化

【“115”市民服务信息系统继续优化】 完成社保卡业务系统与“115 系统”的业务数据整合，形成每日一次的业务数据交换机制。实有人口库已建立与市卡办的日常更新机制，保证了库内户籍人员信息的时效性，并在现有数据基础上，根据各需求单位要求，开发了数据查询统计功能和数据开放接口，第一批 15 个街镇领导和信息主管已开放了人口库查询权限。截至年底，区人口库数据内户籍人口 552 824 人，外来人口 646 326 人（已办理居住证），1 155 423 人（居住登记）。（胡　坚）

【卫生信息化工作有序推进】 完成卫生信息化工作相关建设方案的制订、工程招投标工作，卫生信息化的框架基本搭建完成，初步实现双向转诊、检验检查结果互认等区域性医疗应用。（张毅伟）

【重要时期信息安全保障顺利完成】 成功保障了 2008 年 5 月 24 日佘山朝圣期间，以及奥运会期间的信息安全保障工作，做到在重要时刻信息安全万无一失。（邱　为）

【社保卡、学籍卡、敬老卡、居住证办理】 截至 12 月底，共申领社保卡 61 414 张，学籍卡 17 237 张，敬老卡 42 955 张；居住证办理 2 292 张，临时居住证办理 278 447 张，补（换）社保卡 8 161 张。

（沈慧敏）

三、城市建设管理领域信息化

【网格化管理向乡镇拓展】 通过年初两个月在车墩镇的试点，使网格化管理逐步在全区城乡地区推广，网格中心完成了泗泾、洞泾、九亭、新桥等城市化程度较高地区的城市部件普查、事件梳理、电子地图制作、网格划分等工作，为下阶段网格化管理在以上地区的推进打好基础。现网格化管理已覆盖车墩、泗泾和九亭三个镇，使松江区成为上海市网格化管理覆盖面积最大的地区。（区市政局）

四、信息产业发展

【信息产业工作稳步开展】 认真做好上海市软件和信息服务业统计工作，截至第三季度，松江区软件和信息服务业营业收入 8.44 亿元，其中软件收入 5.02 亿元；完成 2009 年度上海市软件和系统集成专项资金申报工作，共有 7 家企业上报；积极开展松江区发展服务外包产业的调研和筹备工作；做好百家万户“e”体验松江系列活动的开展。

（胡　伟）

五、信息基础设施建设

【提升管线建设和管理水平】 审批各运营商管线建设约 312 孔公里，协调解决井盖缺失事件 4 件，居民投诉基站辐射事件 2 件；协调通过了松江地区 TD 基站的建设事宜。（费　慧）

【无线城市建设逐步推进】 通过“无线城市”松江一期试点建设方案论证会，完成方松街道、佘山旅游度假区、财富兴园、大业领地中的8块区域进行无线宽带覆盖。（邱 为）

六、信息化环境建设

【农村信息化培训有效推进】 5月，召开启动会，在全区14个镇、街道设立14个培训点，至今共有1 526人参加市信息化培训协会的培训考核并顺利通过，完成10 118人的宣传普及，超额完成市里布置的任务。（胡 坚）

【信息化项目绩效评估工作有序开展】 2008年，松江区确定了区国资委与区企业服务中心的两个信息化项目作为试点项目。（郁 峰）

【着力做好区级信息化项目申报工作】 全年，收到28家单位共147个信息化预算项目，申报经费达106 856 853元。经过审核，上报到财政经费为64 790 441元。（胡 坚）

【规范信息化项目政府采购工作】 2008年，区信息化项目政府采购工作在区采购中心的统一管理下逐步步入规范化管理流程。（郁 峰）

七、社会诚信体系建设

【深入推进社会诚信体系建设】 2008年，松江区制定并下发了《松江区政府部门企业信用信息目录》，明确信用信息征集、披露、使用的操作规范；建成并开通了区企业信用信息服务平台，共归集15个部门掌握的171项数据指标项，企业信用信息数据库已拥有5万多户企业；积极推广信用产品的使用，全区共使用信用报告1 142份；进一步加强信用户、信用村创建工作，促进了新农村建设，制定了《松江区信用户贷款操作办法（试行）》，已有36户信用户贷款，贷款总额达279万元。

（孙银花）

【积极开展各项诚信创建、宣传活动】 2008年，松江区开展了歌舞娱乐场所、区互联网上网服务营业场所和旅游行业诚信单位创建活动；组织开展了“2008年松江区诚信活动周”，18个委办局联动，开展综合性咨询服务活动，共有1 500余人参加，累计发放宣传资料3万多份。

（孙银花）

【开展企业信用管理岗位培训】 在全区范围内组织开展6期企业信用管理培训班，共350人参加了培训。经过考试，有293人获得由上海市紧缺人才培训办公室颁发的证书。

（孙银花）

第十六章　金山区信息化建设

概　述

2008年，金山区信息化工作深入贯彻党的十七大、市第九次党代会和区委三届六次全会精神，认真落实科学发展观，全面围绕区委、区政府中心工作，按照“服务大局，突出重点；集约建设，整合共享；推进应用，提高效益”的方针，坚持开拓创新，抢抓机遇，努力促进信息化与工业化融合，紧密结合社会主义新农村建设和国际化工城建设，在电子政务、农村信息化、为民服务、信息技术应用等方面取得一定成效。

2008年，“金山区涉农综合信息管理系统”被上海市信息化委员会评为“2008年度上海市区县信息化优秀成果”。金山区信息化委员会被上海市信息化委员会评为“2008年度上海市区县社会保障卡、居住证工作先进集体”，被中国信息协会评为“中国信息化突出贡献单位”。

（赵　千）

一、政务领域信息化

【政府信息公开网上处理系统全面升级】 2008年，区信息委对2007年开发的“金山区政府信息公开申请网上处理系统”进行了改版升级，新版系统于9月1日起在全区范围内正式开通使用。该系统重点对政府信息公开申请的业务流程、处理结果、文书格式以及统计查询等功能进行了更新，改版升级后的系统通过全区41家政府机关的试运行，各项功能指标完全达到预期要求。该系统可处理来自不同渠道（包括当面、网站、信函、传真、电子邮件等）提交的政府信息公开申请，支持政府信息公开申请处理文书的自动生成、还原、打印、下载等功能，实现申请受理、申请答复、信息提供等业务的全程电子化；可实现外网申请与政务内网申请处理系统的数据实时交互，申请者可在网上及时了解所申请信息的获取渠道及处理过程；可实现对各项统计指标的精确统计和分析；可实现各委办局对本机关政府信息公开申请处理工作全过程的跟踪监督，并根据有关工作环节的时限要求进行提醒或催告。截至年底，全区各政府机关主动公开政府信息2 698条，全文电子化率为96.4%，新增规范性文件110条，提供服务类信息1 021条，提供依申请公开信息目录1 882条，网站专栏页面的访问量161万人次，收到公开申请43条，答复42条。

【升级改版区办公自动化系统】 根据以往使用过程中存在的不足，2008年对原办公自动化系统进行完善和升级。通过升级电子邮件系统及镇、区OA办公平台，更新数字证书等工作，有效地提高了全区办公网络平台的稳定性和安全性，提高了系统维护的便捷性。同时，政务网应用范围进一步扩大，已覆盖到全区各部委办局、区直属单位（部门）、区属企业、各医院、学校、村（居）委会，联网计算机用户已超过5 000户。

【开发政务管理公共服务平台】 ⑴建设城镇政务综合管理子系统。围绕城镇政务管理工作中民政事务、劳动就业等内容，建设全区统一的城镇政务综合管理子系统，形成较完整的城镇政务信息化应用，进一步提升社区事务的管理水平。⑵建设城镇党务管理子系统。围绕基层组织、党员、党务等党建工作，开发全区统一的党务管理系统。⑶建设村务管理子系统。将社区事务受理工作向村级延伸，实现村一级的民政、计生、残联三大类事务的代理服务，并实现一体化的村务公开信息公布。⑷建设城镇门户及授权管理子系统。通过统一门户系统，对区内各单位的资源进行整合；通过授权实现不同用户不同的办公平台，增强个性化办公平台功能。同时，将区内已有的系统和在建系统中的数据资源进行整合，使各个系统的数据资源可以进行数据共享和资源的充分利用。

【拓展人口基础数据应用】 ⑴完善来沪人员管理系统。根据区人口办等相关部门的要求，进一步完善来沪人员管理系统，增加了多项统计功能，修改了部分程序，确保系统的运行稳定性。⑵完善人口库系统。对原有人口库系统进行整合，完善和丰富了统计功能，对人口库数据进行整理和筛选，确保数据的准确性。⑶开发残疾人就业信息管理系统。建立了全区所有残疾人员信息库，并定期进行维护和更新。全区各相关职能部门通过该系统将各自掌握的残疾人员信息通报给残疾人联合会，以达到优化信息、资源共享的目的。

【加强区级公务网分级保护改造】 为了进一步提高区级公务网的安全性，根据区保密局的要求，对区级公务网涉密域各接入点进行分级保护改造，对原有的网络方案、保密要求进行梳理，并制定了分级保护的改造方案。区级公务网改造实施后，能够提升区级公务网的安全性、保密性。

【加强信息网络安全监管】 ⑴制定了信息安全应急预案，完善相关规章制度，购置相关信息安全设备和安全软件，完成信息安全等级保护评定；⑵突出重要时刻的安全保障，通过加强外网网站漏洞扫描、内网服务器群系统加固、健全值班制度等措施，确保奥运期间信息网络安全；⑶加强网络的日常安全维护，定时对中心机房的所有服务器系统进行补丁升级，加强托管网站的管理，加大网络监控力度，防治病毒和控制流量，保证区政务网的安全、畅通。

【区审计结果实现网上公开】 2008 年，经区政府批准，《金山区审计局审计结果公开实施办法》正式颁布实施，审计结果走向公开化、制度化。该《办法》明确了公开的原则、内容、承载的媒体、审批权限及对审计结果公开的要求。审计结果公开的载体以“上海金山”门户网和“金山审计”网为主，通过印发《上海市金山区审计局审计结果公告》向社会公开，也可通过新闻发布会以及其他适当的形式公布审计结果。9 月 4 日、27 日，在“上海金山”门户网和“金山审计”网上发布了汶川地震抗震救灾资金物资和“特殊党费”收缴管理审计结果公告。该《办法》的实施，是金山区政府推行“阳光工程”、将政府工作推向透明化的一项积极举措。

【金山劳动保障网全新改版上线】 11 月，区劳动保障局对原劳动保障网进行全新改版。改版后的劳动保障网有三个新的亮点：⑴内容更加丰富，增加了 12333 服务网点地图、行政审批结果反馈、政策解读、各区劳动保障网及相关部门的网络衔接、劳动保障学会和区外信息等，更方便网民了解劳动保障工作；⑵设有评议监督栏，接受人民群众的监督与评议，以此作为政风行风建设的一个重要举措；⑶网页更加美观，排版设计更显人性化。

【张堰镇、枫泾镇实现农村党员干部现代远程教育全覆盖】 为落实十七大精神和上海市委“要在全国农村普遍开展党员干部现代远程教育工作”的要求，2 月在中国电信及其他有关部门大力支持配合下，张堰镇、枫泾镇各村和居民区相继开通了农村党员干部现代远程教育终端站点，各村和居民区的党员只要打开 IPTV 网络电视，就能快捷方便地上党课。

农村党员干部现代远程教育终端站能提供全国资源库、上海资源库和全国农村党员干部现代远程教育频道直播，其中全国资源库包括政治理论、政策法规、农村先进实用技术等11大类节目，上海资源库包括贯彻十七大、基层党建、党建专栏等11类节目。金山区作为试点区，截至2008年底已完成124个村终端站点的建设开通工作，实现农村党员干部现代远程教育全覆盖。

（赵　干）

二、社会领域信息化

【社保卡工作稳步推进】 2008年，金山区共办理社保卡23 701名、婴儿卡16 819名，办理来沪人员临时居住证65 711人，为市民补换卡8 705张。同时，积极推进敬老服务卡的受理和发放工作，用近一个月的时间，为全区31 628名70周岁以上老年人免费发放敬老服务卡，占户籍人口数的65.8%。与区教育局和各镇、街道、工业区领导共同努力，完成中小学生社会保障卡（学籍管理卡）的申领工作，全年共发放新学籍卡11 134张。

【农村合作医疗“一卡通”实现全区覆盖】 12月，张堰镇的9个村卫生室实现医疗费用实时结算，至此，金山区村卫生室实时结算业务已实现全区覆盖。金山区参加农村合作医疗的近20万农民，也能与城镇居民一样，不需出村就能享受到即时报销的医疗服务。截至年底，全区已有40多万人次直接从中受益。实行实时结算模式后，不仅农民看病更方便快捷，还减轻了农民的经济负担，农民看病时只要将合作医疗保障卡在电脑上轻轻一拉，合作医疗报销部分的医疗费便会自动扣除，自己只需支付自费部分的医疗费。“一卡通”工程的实施，有效地解决了农村居民公平享受医疗卫生服务，而诊疗信息则可实时采集组成居民健康档案，为居民提供全面的健康服务，促进了社区卫生的改革和发展。

（赵　干）

三、经济领域信息化

【开展企业电子商务和企业信息化交流活动】 7月24日和10月31日，区信息委会同金山第二工业区管委会、枫泾工业区管委会分别组织召开了电子商务和企业信息化交流会，园区内企业负责人与IT服务企业的代表参加会议。会议紧紧围绕信息化服务助推企业发展的主题进行研讨。各发言人针对企业信息化建设中所涉及的不同领域，包括企业在建设信息化过程中所面临的问题，给企业代表以各种层面上的解读；与会者在听取交流发言后，并就企业信息化具体实施过程中所涉及的相关问题与发言人交换了意见。通过此次交流会，与会企业不同程度地了解了企业信息化建设的具体内容和实施方法，也增强了IT企业和传统企业之间的沟通渠道。

【上海化工品交易平台启用】 11月26日，上海化工品交易市场在上海化学工业区物流产业园顺利落成；同时，电子交易平台也正式启用，化工产品交易市场的功能由此得到提升。落成后的上海化工品交易市场将紧紧依托现代化工生产基地和专业化工物流基地的产业优势和配套服务，发挥市场聚散功能、信息功能、结算功能、价格功能、配送功能和展示功能，为生产商进一步打通销售渠道，为贸易商提供更多的产品信息，为设备生产商和服务商提供更多的商机。上海化工品电子交易平台采用安全、高效、便捷、先进的电子商务技术，将专业从事第三方大宗化工品网上交易，并提供信息、物流和金融等延伸服务。

【开展企业信息化建设培训活动】 4月，金山第二工业区、区信息委、区电子商务服务协会联合举办第二工业区企业信息化建设培训讲座，第二工业区内35家落户企业的相关信息技术人员参加了培训。通过培训，让企业充分利用信息化手段为企业发展开辟新的途径，增强工业区内部企业的互动信息流，提高企业产品的市场影响力，扩大市场营销能力。

（赵　干）

四、城市建设管理领域信息化

【城市网格化管理有序推进】 2008年，区信息委协调各大通信运营商通过远程登录的方式接入城市网格化管理平台，及时发现和处理信息管理中存在的问题与不足，确保金山区信息基础设施建设有序推进，促进区、镇街道二级城市管理相关信息资源的共享，不断增强城市管理领域的统筹监管、综合分析和信息服务能力。

（赵 干）

五、信息产业发展

【3家企业获得软件认定企业资质】 2008年，经上海市软件企业认定联席会议办公室审核，注册于金山区的上海交鸿数控科技有限公司、上海摩通软件科技有限公司、上海志心泉系统软件有限公司3家企业符合软件企业认定标准，获得软件认定企业资质。至此，金山区获得软件认定和系统集成相关资质的企业数量已增至33家。具备上述资质的企业，在经营活动中可享受上海市信息产业相关政策的扶持。

【组织完成软件和集成电路产业发展专项资金项目申报工作】 根据上海市软件和集成电路产业发展专项资金纳入部门预算管理的要求，区信息委积极响应并组织开展2009年度软件和集成电路产业发展专项资金项目申报初审工作。共有注册于金山区的13家软件和集成电路企业参与此次专项资金申报工作，总计13个项目，全部符合申报条件及项目申报指南所规定的申报要求和范围。项目涉及公共服务平台建设类、软件类、集成电路类、信息技术改造提升传统产业类、其他类等领域。项目申报主体企业中，注册型企业有8家，实地型企业有5家，注册资金超1 000万元的有3家，享有软件和集成电路相关认定资质的有4家。区信息委根据市信息委的具体申报要求，对所申报的项目进行初审和汇总，并负责项目具体实施进度的管理和监督。

此外，金山区共有7家企业和团体参与了2008年度的软件和集成电路专项资金项目申报，项目涉及软件公共服务平台、地理信息服务、协同设计制造、大功率高亮度LED照明等领域。其中上海默克高科技发展有限公司的“Auto CAPP——全自动工艺生成系统V1.0”项目获得市信息委100万元的专项资金支持。

（赵 干）

六、信息基础设施建设

【编制亭林镇信息基础设施专业规划】 2008年，根据市信息委《关于在社会主义新郊区建设中加强信息基础设施规划、建设和管理的指导意见》以及金山区政府办公室《关于加强金山区信息基础设施专业规划编制的指导意见》精神要求，区信息委协调上海移动、上海联通、金山电信局三大主运营商积极推进区域信息基础设施规划编制工作。6月18日，启动亭林镇信息基础设施专业规划编制工作，紧紧围绕亭林镇的总体规划，提出到2020年亭林镇区域内的信息基础设施建设的目标与任务。9月27日，区信息委组织召开《金山区亭林镇信息基础设施专业规划》评审会议，市信息委、区信息委、区规划局、区发改委、亭林镇有关领导以及各大通信运营代表出席评审会，并邀请有关专家组织对专业规划进行评审，对完善规划以及规划的落地等方面提出了指导性意见。

【信息基础设施建设有序推进】 2008年，金山区继续抓好信息管线审核工作和协调工作，协调各大通信运营商采用共建方式推进信息管线建设，先后推进7个镇工业区以及部分镇区内通信管线的集约化建设，召开8次信息基础设施集约化建设推进会，全年共建设通信管线150多沟公路，协调推进50多个无线基站集约化建设，全年共有9个基站共建。

（赵 干）

七、信息化环境建设

【加强信息化项目管理】 为了更好地规范金山区财政投资的信息化项目建设和管理，统筹各政府财力渠道建设经费的使用，抓好重点项目建设，避免重复投资，促进资源整合和共享，按照《金山区信息化建设项目管理实施办法》，制定了相关的操作流程和审核办法，对全区信息化建设项目开展统一管理和资金审核。组织各相关单位进行2009年度信息化项目支出预算编制申报工作，并按照轻重缓急原则，对所申报的项目进行筛选排序和分组归档。

【召开推进信息化示范镇建设研讨会】 7月16日，区信息委、廊下镇人民政府与中国电信上海公司金山局在廊下现代农业园区召开研讨会，共同商议深入推进廊下镇信息化示范镇建设，是对2007年签署的《上海市金山区人民政府与上海市电信有限公司关于聚焦廊下共同推进金山区新郊区、新农村信息化建设的合作框架协议》的进一步落实与推进。研讨会上，大家充分认识到农村信息化对支撑社会主义新农村建设的重要作用，提出每年要有实质性项目推进。为此，金山电信局与廊下镇人民政府在2008年重点推进利用电信资源实现对园区建设项目的远程监控、农产品网上销售的实施、扩大农村宽带与IPTV的安装覆盖面等项目。

【圆满完成2008年度“千村万户”农村信息化培训普及工程】 自6月正式实施培训与宣传普及工作以来，经过精心组织，金山区“千村万户”农村信息化培训普及工程2008年的培训和宣传普及工作已全部完成。作为试点区，2008年金山区承担了2 800人的培训任务和20 000人的宣传普及任务，是10个开展“千村万户”农村信息化培训普及工程的区县中承担人数最多的一个。截至年底，已完成培训人数3 066人，宣传普及20 139人，分别达到年度指标的110%和101%。

为切实加强金山区农村信息化培训普及工程的实施，金山区成立了由区信息委、区农委、区教育局、区妇联、金山电信局组成的工作小组，分工合作，组织、落实区农村信息化培训普及工程的推进工作。4月，拟定并下发《金山区关于启动实施“千村万户”农村信息化培训普及工程的通知》，对区农村信息化培训普及工程工作提出了具体要求，同时各镇也明确了负责农村信息化培训普及工程的分管领导及具体工作人员。区工作小组还召开相关工作会议并多次到现场指导，对区农村信息化培训普及工作进行具体协调与部署，并对10个培训点进行了师资培训和认定授牌工作，确保培训质量。在培训与宣传普及活动开展过程中，金山区结合实际，注重实效，把培训工作与培训对象的业务工作、相关应用结合起来，通过开展具有针对性的培训，提高培训对象的信息化应用能力，使村干部能应用OA办公、卫生室的医生能熟练地操作合作医疗系统看病、社区事务受理中心村代理点的工作人员能通过网络进行业务代办和咨询服务等。

【举办“农民一点通”业务培训班】 按照市农委关于“农民一点通”为农综合信息服务平台应用推广项目补充说明的要求，所有实施“千村通工程”的村级信息员必须通过培训及考试。11月12日，区农委信息中心在金山区农业学校举办村级信息员“农民一点通”为农综合信息服务平台业务培训班，全区共有60家单位的信息员参与了培训。培训专家系统地对“农民一点通”为农综合信息服务平台的开发背景、功能定位、终端使用方法、信息维护、后台管理系统等方面进行了细致的讲解。通过此次培训，共有58人通过笔试和上机操作考试，正式成为“农民一点通”村级信息员。 （赵 干）

八、社会诚信体系建设

【开展“2008年金山诚信活动周”】 10月23～29日，金山区组织开展了“2008年金山诚信活动周”，举办了一系列诚信宣传教育活动。⑴举办企业信用管理及应用讲座。此次讲座邀请了市信用管理培训和考核办公室、市紧缺人才培训中心资深讲师、注册信用分析师授课，从企业信用的主要内容、如何建立和维护好企业信用、如何规避生产经营中的交易风险三个方面，全面翔实地讲解企业信用管理及应用，增强企业对信用风险的认识，提高企业的信用风险管理和防范能力。同时，结合企业实际案例，对如何建立企业管理制度、规避风险以及把完整的信用管理技术植入到经营管理系统中，建立企业内部科学的信用风险管理体系等进行了深入浅出的分析，既生动又有借鉴作用，为金山区推进商务诚信建设起到促进作用。⑵开展设摊宣传诚信活动。区信息委、区诚信联席会议办公室联合食药监金山分局、农行金山支行组织开展以“诚信金山，和谐生活”为主题的设摊宣传活动。活动中区诚信办向市民宣解个人信用包括的内容、如何维护好个人的信用、如何使用个人的信用信息等，食药监部门现场为市民检测蔬菜农药残留量和讲解奶制品的安全知识，银行部门为市民介绍如何办理个人信用卡以及信用卡的使用等内容。通过宣传，市民对信用知识和涉及个人的信用内容有了深入了解，从提高个人信用意识做起，促进整个社会信用建设健康、有序地推进。宣传活动还发放宣传袋、宣传册等共2 000多本(只)。⑶召开行政执法信息共享及应用研讨会。会议邀请区科委、区劳动保障局等8家有行政执法职能的单位以及区政协委员，就政府执法信息共享及应用的重要性和意义、如何推进政府行政执法信息共享及应用、行政执法信息共享公开的方式和途径以及如何建立行政执法信息共享长效运行机制等内容展开讨论，并提出许多建设性意见。为此，区诚信联席会议办公室将结合实际，采取措施落实会上提出的建议和意见，不断推进金山区行政执法信息的共享和应用。

【两条街被命名为2007年度“申城万店无假货”活动示范街】 通过2007年努力，由区经委牵头，工商、技监、食药监、物价等职能部门及石化街道、亭林镇政府共同配合，经市创建办明查暗访，金山区石化街道金一东路、亭林镇华亭路被命名为2007年度“申城万店无假货”活动示范街。此次命名中全市共有7条街榜上有名，金山区就有两条街，是对金山区在规范市场、促进商业诚信经营、营造放心消费的良好市场环境等方面取得的成效给予的高度肯定。金一东路、华亭路将进一步完善长效管理机制，深入开展“申城万店无假货”活动，不断提升企业整体形象，力争在全市窗口服务迎世博工作中取得更大成绩。

【区诚信联席会议办公室参加“3·15维权”宣传活动】 3月15日，区社会诚信体系建设联席会议办公室、区信息委积极参与区消协组织的“3·15消费者维权”活动。在活动现场，区诚信办、区信息委设点接待市民咨询与投诉。在宣传活动中，有多位市民就政府网站内容更新不及时、领导信箱不通畅以及电信固定电话费条目不详细等问题进行了反映。区诚信办、区信息委参与活动的同志针对反映的问题进行耐心解答，并将协调相关部门及时解决以上存在的问题。同时，还发放《市民信用知识手册》、《上海市个人信用服务指引》以及《上海社会诚信体系建设一百问》500多册。通过此次宣传活动，让广大市民了解和掌握更多的信用知识，建立和维护好个人的信用信息，争做“知信用、讲信用、用信用”的模范。

【加大小企业贷款信用担保扶持力度】 自2000年建立金山区小企业贷款信用担保中心（以下简称“担保中心”）以来，金山区从财政预算中安排专款作为担保基金，担保基金最初为1 000万元，银行以5倍为限安排贷款资金，达到了政府为企业承担经营风险的作用。在小企业因银行放贷收紧而出现了贷款难和融资难的时候，区财政部门出台了《加大小企业贷款信用担保力度的实施办法》。首先是扩大担保规模，把小企业贷款信用担保资金增加到1亿元，使担保资金额度放大近一倍；再是采取实施小企业贷款信用补贴、建立政银企信息沟通服务机制和对高新技术企业优先给予贷款等举措，为小企业和高新科技企业的发展提供资金扶持。担保中心担保盘子的扩大，使合作银行放心为企业放贷。担保中心2008年出台的新政，对2008年由财政担保的新贷款企业，其贷款利率均按照中国人民银行颁布的同期同档次基准利率执行，以降低企业的贷款财务成本，促进企业健康发展。

【区财政局做好诚信体系创建活动】 3月以来，区财政局积极发挥政府示范和引导作用，在推动政府采购使用信用产品、工程招投标、高新技术企业认定以及建立健全中小企业诚信档案与数据库时，开展对企业诚信评价等措施，做好诚信体系创建活动。⑴落实措施，加快推进中小企业信用体系建设。区担保中心进一步与银行协作，配合银行向开户中小企业征集经营和财务信息，及时组织等级评定。同时对企业开展诚信评价，建立中小企业诚信档案与数据库，依法打击失信行为。⑵严格管理，推进中小企业贷款担保诚信体系建设。组织实施企业信用评价，开展对担保企业法人的诚信评价，加大对信用好、评分高的中小企业在贷款担保上的支持，解决这些企业在生产经营上的流动资金短缺问题，建立健全中小企业诚信档案库。⑶规范政府采购行为，提高政府采购公信度。坚持公开透明、公平竞争和公正原则，以公开招标为主要采购方式，依托政府采购信息系统平台，做到采购信息、采购过程和结果公开。加强对供应商的资格审查，建立供应商准入机制和诚信档案。⑷加强对供应商履约情况的监督与管理，实行政府采购市场退出机制。通过采购项目跟踪回访和市场暗访调查制度，对中标供应商提供产品的质量、价格以及售后服务等情况进行监督，对供应商存在违规违约行为，一经查实，将其列入“供应商黑名单”中，降低其信誉等级。

【完成2008年会计信用等级评定】 2008年，金山区会计信用等级评定工作在往年评定工作的基础上，创新评定方式，完善评定机制。评定实施期间，及时掌握评定信息，认真解决存在的问题，取得一定成效。此次评定采取财政及有关部门联合检查以及政府购买服务方式委托会计师事务所进行，确保了评定的质量和客观公正。经过单位自愿申报，财政部门审核认定等规定程序，截至年底，累计完成评定1 761户，当年完成评定261户，其中A类单位12户、B类单位248户、C类单位1户。同时为进一步体现奖优罚劣的信用价值，获评A类的单位可在办理小企业贷款事项等方面享受优惠政策，评定结果还将成为税务等部门的有力参考依据，便于社会各界掌握了解诚信单位信息，提高企业竞争力。

【举行民间组织——“自律与诚信建设”大型咨询服务活动】 10月19日，区社团局举办第二届民间组织“自律与诚信建设”大型咨询服务活动，20多家民间组织近70名民间组织工作人员参加此次咨询服务活动。咨询服务活动重点是宣传消费者权利保护等内容。现场还分发各类宣传资料3 000多份，接受咨询和服务的人员达到1 000多人。

（赵 干）

第十七章 南汇区信息化建设

概 述

2008年，南汇区按照信息化发展战略要求与总体部署，加强区内信息基础设施建设，推进信息技术在社会、经济和政府部门的广泛应用，促进工业化与信息化融合，落实市区重大任务和重点工作，发挥信息化在促进社会和谐方面的积极作用，主要体现在四个方面：一是全力推进电子政务建设，在整合拓展政务网络、渐进推进网上办公、完善视频会议系统、建立健全管理制度上取得新成效；二是积极推进市、区重点工作，在建设临港管理与服务信息平台、加强社会诚信体系建设、深化政府信息公开、推进网格化管理系统建设上取得新突破；三是着力推进新农村信息化建设，在加快推进农村信息基础设施建设、全力推动农村信息化建设应用、积极做好信息化培训普及工作上取得新进展；四是优化信息化发展环境，在落实信息安全等级保护制度、强化政府门户网站建设、推进社会保障卡服务工作、推进信息产业发展、认真做好专业培训以及充分发挥信息协会作用上取得新成效，充分发挥信息化的利器作用。

（邵丽丹）

一、政务领域信息化

【建设临港管理与服务信息平台】 按照区委《关于进一步加快临港新城开发建设的若干意见》，启动建设临港管理与服务信息平台，初步形成招商引资与项目审批管理信息系统的需求报告，系统内含八大模块，进入设计流程；完成区地理信息系统（GIS）平台需求分析、系统设计、数据库字典报告，进入平台的界面设计阶段；完成呼叫中心技术设计，进入建设阶段。

【推进网上办公】 按照区县电子政务总体框架要求，建成区电子政务一体化平台，完成各政府部门办公自动化软件安装工作，制作发放USBkey1 300多个，全区非涉密公文通过一体化平台流转，并在此平台上，推进投资服务中心一门式受理功能、诚信管理系统、公文类信息编目系统等应用；分类分层分批对办公自动化应用系统管理员、机关事业单位的1 470名工作人员，进行了电子政务（OA）培训。

【开通政协提案网上办理系统】 上半年，开通区政协提案网上办理系统，对办理工作实行信息化管理，提高了办理工作效率，规范了办理工作程序，90%的承办单位提前完成了办复任务。政协187件提案交由60多家承办单位办理，区政协三届二次会议闭幕后，所有提案答复完毕，答复率达100%。据统计，187件提案中，所提各类问题被采纳或解决的128件，逐步解决的39件，留作参考的20件。

【继续深化政府信息公开工作】 根据《2008年上海市政务公开工作意见》和《2008年上海市政府信息公开工作意见》编制政府信息公开培训资料第12期、第13期及内部资料一期，投入使用南汇公文类信息编目系统。同年，区各政府机关主动公开政府信息

68 876 条，其中全文电子化政府信息数达到 99.4%；各政府机关共收到政府信息公开申请 1 492 件，均已按规定程序予以答复；全年共有 4 849 381 人次通过现场、电话、网上等方式，咨询与政府信息公开有关的事务。

【南汇效能网开通】 7 月 22 日，南汇效能网（www.nhxn.gov.cn）正式开通。该网以网络为平台，从加强效能监督入手，规范机关办事行为，建立“公正透明、诚信务实、规范有序、运转协调、廉洁高效”的机关管理体系和运转机制，务求在履行工作职责、转变机关作风、提升服务水平、提高人民群众的满意度上取得新成效。效能网不仅让市民表达民意和投诉有了新途径，还利用远程视频图像监控系统，分别在投资服务中心、房地产交易中心、劳动职介中心、交巡警办事大厅、招标办等 6 个对外窗口安装了视频监控点。通过“电子眼”对全区行政审批许可事项的实施情况、办结情况和办事大厅进行实时电子监控。

【整合拓展政务网络】 配合区机关办公中心搬迁临港，重新规划南汇区电子政务网络，以临港办公中心、惠南、周浦为中心建设新的区电子政务外网骨干网络，基本实现全区所有处级以上单位公务网、政务外网全覆盖；制定了多项中心机房制度、应急预案，实现机关办公中心搬迁后政务网络平稳过渡。

【完善视频会议系统】 3 月，建设完成区视频会议系统。该系统在 4 个月的试运行中，完善了区机关办公中心 3 个主会场，21 个镇（街、园区）及 2 个领导办公室的视频会议设备安装和调试，实现远程会议、双向动态双流远程培训、组播与录播服务以及便携式会议功能。正式投入使用后，先后保障了 5 次市级视频会议、10 次区级视频会议。

【建立健全管理制度】 配合电子政务一体化平台的建成使用，建立健全各项管理制度来保证政务网络的安全运转。先后建立和完善了机房管理，设备、软件数据（资料与文档）安全，密码、外包管理，视频会议系统，政务网应急预案，信息化项目审核审批等 19 项制度，确保区政务网络的安全运转。

【南汇“两新”组织党建信息系统建成】 南汇区建设“两新”组织综合服务平台和“两新”互动网（“一台一网”），实现了市、区、镇（街道、园区）三级联网。南汇“两新”组织党建信息系统初步建设成功。该系统连通政务外网，建立与工商、税务、民政等部门的联动机制，清理出基层单位最新的“两新”组织名册及经营地等信息。2008 年，综合服务平台共录入新经济组织 9 586 家、社会团体 98 家、民办非企业 194 家，录入党组织 800 家、党员 6 303 人，发布信息 176 条。全区已有 76 个党组织建立了支部网站。

（邵丽丹）

二、社会领域信息化

【残疾人享受“打折”通信服务】 2008 年，上海电信与上海残联联合推出一项名为“助残关爱”的活动，为残疾人提供通信服务优惠。5 月起，南汇电信局推出“电话支付”优惠助残活动。用户开通“电话支付”功能后，通过具有“银联”标记的银行卡，在家缴纳电话费、电费、煤气费等公用事业费，还可以为手机充值、查询银行卡余额。全区共有 1 000 多位残疾人享受“助残关爱”和“电话支付”两项优惠助残业务。其中，900 多位残疾人申请了“助残关爱”宽带优惠套餐，100 多位残疾人申请了“电话支付”优惠助残业务。

【农村综合文化活动室信息服务点建设完成】 8 月底，南汇区建成 156 个农村综合文化活动室信息服务点建设。文化活动室信息服务点的配套安装包括全新的计算机、投影仪、幕布、数字电影播放器、音响等设备。8 月 25 日～9 月 4 日，区文明办、区文广局对农村综合文化活动室信息服务员进行了培训，共有 4 批次、近 200 名服务员受训。

【康桥信息化镇建设初见成效】 年内，康桥镇建成的2个光纤环网不仅满足目前镇、村级光纤接入需求和康桥工业区的光纤接入需求，为后续的信息化建设提供了网络基础。成功开发建设OA办公系统，21个小区安装“全球眼”。OA办公系统既有效提高了政府办公效率，又延伸到村、居委，扩大了办公自动化系统建设的空间。康桥镇已实现政务环网100%覆盖村、居委会，80%的村、居委会建立了为农综合信息服务站，宽带进入千家万户。

【社区教育实施信息化管理】 5月，南汇区社区学院正式成立。南汇区社区教育网（www.nhdd.shtvu.edu.cn/sqjy）是区社区教育服务的专业门户网站。该网站发布社区学院、各社区学校和社区教学点的最新工作热点，以及学历教育、职业技能培训等招生考试信息。“学习超市”板块免费为社区学员提供各种学习资源，学员可进行自由选择和学习。网站同时发布在学习型社会建设推进过程中的社区教育情况，以进一步加强全区社区教育的互动性和信息化管理。

（邵丽丹）

三、经济领域信息化

【大团镇农村信息“一点通”效果卓著】 年初，南汇区大团镇安装农业信息“一点通”，村民通过视频向专家咨询农业问题，提高产量，增加收入。该系统全年发布视频10余次、短信20多条，并组织开展“一点通”应用技术和电脑基础知识培训。

【维权信息“消费指南”网上开通】 年内，区消保委与区信息委在南汇区政府网（www.nanhui.gov.cn），开通了以消费维权为主体的“消费指南”网络宣传栏目。消费者可以通过该栏目了解最新的消费维权信息和消费维权知识。“消费指南”设有消费提示警示、投诉分析、消费常识等，融合了多部法律、法规中有关保护消费者权益的内容和日常生活中最常用的消费知识。

【评选农业信息工作先进单位】 2008年，南汇区各镇农业技术推广服务站围绕“给农业参谋，替农民搭桥，为发展服务”的农业信息化工作思路，坚持以服务“三农”为重点，开拓进取，扎实工作，充分发挥组织协调、指导督促和服务示范等职能作用，评选出“农民一点通”推广应用先进单位3家、农业信息采集工作先进单位3家、信息化培训工作先进单位4家。

（邵丽丹）

四、城市建设管理领域信息化

【区城市网格化管理系统平台建成并投入试运行】 12月25日，举行区城市网格化管理试运行启动仪式。管理系统启用“网格地图”，以1万平方米网格为单元，对城区管理主要对象按“部件”和“事件”进行分类，精确定位，实施精细、量化、长效的城市管理；以惠南、周康、申港地区3个区域为先期试点，划分出477个万米网格，共34个“责任网格”，并明确城区管理中公共设施等“部件”和毁绿占绿等“事件”的归属；聘任150名网格监督员流动巡查在“责任网格”的城区街头，发现问题后用GPS定位进行拍照定位，传回监督受理中心，落实到相关对口部门解决。2个小时后，监督员返回原地，查看处理情况。

（邵丽丹）

五、信息产业发展

【临港海洋高新技术产业化基地建设启动】 11月，临港海洋高新技术产业化基地启动基础设施建设工程。基地计划完成基础设施建设，国家海洋局东海分局海洋综合保障基地、同济大学国家重点试验室海洋地质海底观测基地等在内的建设任务。目前，临港海洋高新技术产业化基地特定区规划和一期控详规划已完成 “三通一平”工作正式启动。

【积极推进信息产业发展】 年内，对全区认定的软件企业做好信息化水平测评工作，完成22家软件企业的年审材料搜集整理工作；协助区内9家企业做好2009年度上海市软件和集成电路产业发展专项资金项目申报工作；落实应用技术改造提升传统产业的若干政策意见和三年行动计划，参与实施以“百家IT厂商助力万户传统企业提升”为主题的企业信息化体验扶持计划。康桥工业区坚持亲商理念、规划先导，积极推进电子信息等主导产业的集聚与完善，利用区位优势大力发展总部经济，形成了经济总量持续增长，产值、出口保持较快增长的良好趋势。截至10月底，康桥工业区共完成税收35.7亿元人民币。

【区30个重大产业项目集中开工】 12月，30个重大产业项目相继在康桥工业区、南汇工业园区、祝桥工业园区等重点区域破土动工，涉及电子信息、研发、经济等行业，总投资超过46亿元人民币。2008年，南汇区加大全区重点产业发展区块梳理力度，研究闲置土地的利用，促进各级开发区产业规划、城市规划、土地利用规划等“三规”统一，保障产业项目顺利落地。各职能部门则加快审批速度，实施并联审批和流程优化，通过合作，形成合力，缩短项目审批周期，加快推进产业项目建设。

（邵丽丹）

六、信息基础设施建设

【与上海移动签订无线城市框架协议】 4月28日，南汇区政府与上海移动签订了《共同推进信息化建设共建南汇无线城市合作框架协议》，南汇成为“移动都市无限生活”信息惠民行动的第一站。协议涉及运用3G技术，在无线政务、无线商务、无线教学、无线远程医疗咨询、无线城市管理、无线农业、无线娱乐各方面进行全方位合作。

【完成87个行政村网络建设】 以“1860”城乡规划体系为基础，完成农村信息基础设施建设规划，以“统一规划、集约建设、资源共享、规范管理”的模式，联合电信、移动等运营商，推进信息基础设施的集约化建设，力求同沟、同井、同局房、同基站，实现资源的最大化利用。完成了全区剩余的87个行政村的宽带网络建设，实现农村宽带网络“村村通”。

【区中心医院新址通信畅通】 8月底，搬至西乐路新址的南汇区中心医院配套通信建设全面完成。南汇电信局在惠南镇听潮7村新建了一个综合接入机房，内置A机、交换机、路由器、接入服务器等多种提供电话交换和宽带接入功能的通信设备。在西乐路和拱为路部分路段，布放了700米四孔管道，内置600对通信电缆，用于区中心医院新址内电话通信建设。区中心医院新址采用光纤到楼宇的宽带接入方式，将电话线路与宽带线路彻底分离，具有更高速的网路通信功能。对医院部分公共区域进行无线覆盖建设，主要包括手机、小灵通、无线上网和3G网络的无线覆盖。

（邵丽丹）

七、信息化环境建设

【顺利完成“千村万户”农村信息化培训普及工程】 4月29日，召开了南汇区“千村万户”农村信息化培训普及工程启动大会。会议决定由区信息委、区农委、区教育局、区妇联组成南汇“千村万户”农村信息化培训普及小组成员，各镇办公室负责人、妇联主席，各镇成校校长、培训班教师、培训班班主任出席了会议。当年完成2 000名农民及农村基层管理者的培训和10 000人次的宣传普及任务。

【信息协会探索信息化发展新路】 年内，区信息协会先后组织了年度信息化工作、电子政务、信息安全等研讨会，通过学术讲座和学术交流的形式，结合南汇实际，探索区域信息化发展的新路子。围绕“服务企业、规范行业、发展产业”的宗旨，发挥政府和企业的桥梁作用。

【落实信息安全等级保护制度】 奥运会期间，制定了政府网站及相关网络的信息安全应急预案，组织相关单位工作人员进行应急演练；召开“南汇区网络信息安全研讨会”，强化工作人员信息安全意识，提高信息安全技术水平；按照统一的网络信任体系要求，聘请专业公司对政府网站进行安全性测评，继续推进数字证书应用，做好安全隐患的排摸和防治工作。 （邵丽丹）

八、社会诚信体系建设

【深入推进使用信用产品】 区社会诚信管理中心例会明确区财政局负责推进政府采购使用信用报告，制定了《关于在南汇区政府采购中使用企业信用报告的暂行规定》、《南汇区政府采购领域使用信用报告流程及模版》等，要求参与政府采购的企业使用第三方信用报告。对推荐出来的57家优秀企业做了评优评级的信用报告，推进效果良好。

【开展中小企业信用信息自主申报】 南汇区是上海市中小企业信用信息自主申报试点区，5月24日，中心对30家中小企业进行了自主申报业务培训，对缺席培训企业采取了补课措施，共有49家企业参与此次自主申报。6月初，企业登陆“上海南汇”门户网站，通过市征信办、市信息委诚信建设处提供的自主申报系统进行填报。中小企业信用信息自主申报将是一个长期申报工作，每半年申报一次企业信息。通过自主申报，中心积极探索区内中小企业信用信息采集、比对、更新、共享和服务机制，帮助中小企业争取更多融资机会。

【启动建设诚信网二期（即南汇信用信息服务平台）】 该平台设计以建立服务型信用信息系统为目标，以整顿和规范市场经济秩序为重点，以建立企业信用信息的管理、记录、警示、公示、查询、评价体系为核心，整合工商等政府职能部门的企业信用信息。平台于9月初建设，10月底完成并开始试运行。平台涉及15个政府部门，48条信息总目，104条基础信息指标项、126条业务信息指标项，交换频率分为月度、季度、半年度、年度等，确保信息动态更新。

【营造“诚信为主，操守为重”的良好氛围】 2008年，区社会诚信联席会议办公室组织3次宣传活动。⑴开展第四届（2007～2008年度）“诚信企业（商店）、诚信产品、诚信职工”创建评选活动，共评选出“诚信企业”286家、“诚信商店”29家、“诚信产品”72个。⑵开展南汇区诚信格言有奖征集活动。10月初在上海南汇门户网站及上海南汇诚信网上发布有奖征集通知，截至10月23日，共收到各类来信36封，格言400多条，评选出一、二、三等奖诚信格言共10条。⑶10月23日，组织迎世博讲诚信——南汇区机关办公中心工作人员签名活动，300多位机关办公人员参加了该活动，共分发诚信宣传资料200多份。

【顺利完成文明城区创建相关指标】 按照区文明城区创建提出的建有对政府部门诚信建设监督社会化网络的指标。区信息委积极协同区纪监委、区府办制定了《政府部门诚信建设监督社会化网络工作方案》，同时制定了《政府部门诚信建设监督民众网上评议方案》，现已顺利完成该项指标。

【启动临港新城企业诚信通项目建设】 该项目包括建设港城企业诚信档案管理制度，建设港城企业信用信息服务平台，制订企业诚信体系管理监督制度，在市级及以上信息化类期刊上发表 1 ~ 2 篇论文。该项目实施时间为 2 年，从 2008 年 10 月到 2010 年 10 月。

（邵丽丹）

第十八章 奉贤区信息化建设

概 述

2008年，奉贤区信息化工作围绕《奉贤区国民经济和社会信息化“十一五”发展规划》，以应用为主线，积极推进重点信息化项目建设，开拓进取，勇于创新，在电子政务建设、诚信体系建设、农村信息化应用及普及等方面实现新的突破，顺利完成全年各项工作任务。

2008年，“奉贤区政务网安全认证支撑平台”被上海市信息化委员会评为“2008年度上海市区县信息化优秀成果”。

(区信息委)

一、政务领域信息化

【政府信息公开工作有序开展】 奉贤区认真做好政府信息公开月度、年度统计工作，按时上报区政府信息公开月报，编制完成《2007 年上海市奉贤区政府信息公开年报》，并按时在“上海奉贤”门户网站上公布；由区政府法制办、区监察委、区信息委组成检查组对区内相关部门政务公开、政府信息公开工作开展检查，以确保全区政府信息公开工作规范有序开展；根据政府信息公开工作的要求，按照市政府统一规范目标，完成对区政务网公文发文系统的再造，形成该区公文类信息备案报送系统，实现同市级同类系统的对接，同时积极部署培训推进工作。全年，全区共产生主动公开信息数 871 条，其中全文电子化的主动公开信息数 833 条；提供服务类信息数 5 402 条；网站专栏页面访问量 109.2 万人次；已编制依申请公开信息目录数 17 条，依申请信息公开申请总数 97 条，其中当面申请 86 条，所有申请均已得到答复。

【“上海奉贤”门户网站建设】 在维持“上海奉贤”门户网站整体架构不变的情况下，从实际出发，对个别栏目进行微调。完成区人才网、区团委网站、区史志办网站、食品安全网站的新建或改版工作，积极指导、帮助这些部门建立相应的网站管理机制，以确保网站日常的维护和更新。区信息委会同区信访办积极做好区网上信访信息处理系统的调研筹划工作，在已建成的区网上信访（投诉）中心网站基础上，对信访工作的处理流程进行认真梳理，并分别与徐汇区和虹口区的信访部门进行深入交流和学习，已基本完成该系统建设。加强网上信箱管理，全年共收到来信 2 959 封，已处理 2 622 封，针对有些部门处理网上来信不及时，安排专人通过短信、公务电子邮件、电话等多种渠道予以每日提示，对逾期未处理的信件送交区监察委催促。积极做好向“中国上海”网站编辑部的信息报送工作，共上报 2 581 条，被采用 2 565 条，采用率达 99%，总分位列 19 个区县第一。

【开展区长网上办公活动】 全年举办区长网上办公活动 12 次，区长、副区长围绕公共交通、人才队伍建设、社区卫生服务、社会主义新农村建设、关注社会弱势群体、安全生产等与人民群众生活密切相关的主题与网民展开在线对话。“区长网上办公”专栏页面浏览量达 56 214 次，现场参与活动网民 1 368 人次，提出问题 717 个，现场回答问题 608 个，109

个与活动主题无关的问题在活动后通过信访等渠道予以答复。

【不断完善政务网平台】 奉贤区在区政务网建设方面主要做了以下工作:(1)启动桌面终端管理系统建设,从技术层面为政务网络管理提供一个科学便捷的管理手段,完成区财政局150个点和区房地局130个点的试点部署工作。(2)完成政务网外网出口升级改造。随着用户数量的增加以及相关应用提升的需求,政务网外网出口面临很大压力。上半年,从三个方面着手进行了升级改造:政务网出口带宽从原60兆升级到100兆,部署了备用出口防火墙,进行了IPS设备测试并部署了流量控制和p2p协议过滤功能。(3)完成瑞星防病毒体系扩容和升级。防病毒体系建设是全区政务网安全体系的重要组成部分,2008年完成了防病毒软件2500点的扩容采购部署,并率先完成瑞星2008版垂直升级工作。(4)做好政务网对外门户群的运维保障工作。上半年,对政务网对外门户群区实施运行保障、调整升级和测评工作,在确保系统稳定运行的基础上,对管理措施和管理流程进行了不断优化和提升,确保了系统的稳定运行。

【电子政务建设】 奉贤区在推进电子政务建设工作中,一如既往地加强区内电子政务系统建设,同时也着力推进市区两级网络对接后的电子政务系统建设。区内的电子政务项目建设有:残联视频会议信息系统、奉贤区村卫生室信息系统、奉贤区园区综合信息管理系统、史志办门户网站改版和安全认证支撑平台项目等。市区两级单位的电子政务项目有:金质工程(质监局视频会议)、金审工程(区审计信息系统)、金财工程(财政国库统一收付平台)、金盾工程(工商局二级网络建设)、金政工程(民政一口救助信息管理系统)等相关系统。另外,档案信息系统二期、人大履职信息管理系统、会议中心政务网无线覆盖等项目的验收工作还在进行中。

(区信息委)

二、社会领域信息化

【推进市政府实事项目】 奉贤区受理社会保障卡申领9 883人,补换卡5 478张;组织学龄前儿童(0～6周岁的奉贤籍儿童)进行社保卡的申领工作,共受理16 893人;组织对奉贤辖区中小学校和该区户籍的九年制义务阶段的学生进行社会保障卡(学籍卡)的数据采集工作,共采集信息11 878人;组织受理社会保障卡敬老服务专用卡的申领工作,共受理41 224人。同年,继续积极推广"市民信箱"工程,共受理"市民信箱"申请94个,累计共受理"市民信箱"14 889个。

【基础信息数据库建设取得实质性进展】 在已有法人库、人口库和GIS库的基础上,重点推进了"地理信息系统(GIS)二期"和"企业信用信息服务平台"的建设。GIS二期建设使地理信息基础平台数据更优化、结构更合理、使用更方便,并为即将建成应用的图像监控信息系统、城市网格化平台等相关GIS整合应用奠定了良好基础。企业信用信息服务平台已整合8万余条企业基础信息和信用信息数据,建立了企业信用评价体系和环保、农业、旅游等行业企业信用评价数据模型。

【公共卫生信息化建设稳步推进】 在公共卫生信息系统一期的基础上,建设了公共卫生应急指挥系统和公共卫生二期项目。在区疾病卫生控制中心内建成一个上可连接市局、下可覆盖全区的公共卫生应急响应中心。公共卫生二期项目主要完成的是区内个人居民健康档案信息系统和合作医疗入村结报系统。上半年还启动了公共卫生三期项目,该项目将在全区所有一级、二级卫生机构中建立医院信息系统(HIS),并使其与全区公共卫生平台对接,实现全区病症病历联网。

【"镇村事务管理平台"网络基本建成】 覆盖全区的"镇村事务管理平台"网络构建基本建成,信息化服务和应用不断推进,农村信息化工作取得一定进展。政务网已延伸到所有乡镇,覆盖152个村委、69个居委,接入点共249个,行政村的覆盖率达80%,

初步实现镇、村所辖部门信息交换、文件传输、网上简报及通知等数字化办公功能，进一步推进和全区电子政务平台的整合。农村移动信息化建设已覆盖南桥、青村、庄行、金汇和柘林五镇的70个行政村，已安装农信机，开通了农信通业务，并配备了兼职信息员。年底，全区开展了“2008年度奉贤地区新农村建设优秀信息员”评选活动，对优秀信息员进行了表彰奖励。

（区信息委）

三、经济领域信息化

【全力推进农村信息化应用】 在全区镇村事务管理平台网络构建基本建成的基础上，重点推进以下工作：⑴实施了“为农综合信息服务站”一期工程，在全区90个村配置为农综合信息服务机，为农民提供综合信息查询，为农业提供生产和市场信息；⑵实施“千村万户”新农村信息化培训工程，超额完成市下达的宣传普及和培训任务；⑶完成村卫生室信息化建设一期任务，该工程将在每个行政村卫生室中构建由村卫生室医疗信息系统、合作医疗结报以及药品管理三个模块构成的村卫生室信息系统，方便村民看病、结报，通过信息化手段切实给农民带来实惠。已经完成一期30个村卫生室信息化建设任务，计划再利用两年时间实现区全覆盖。

（区信息委）

四、城市建设管理领域信息化

【图像监控信息系统建设进展顺利】 奉贤区图像监控信息系统是区政府2008年重点建设项目之一，是提高政府管理效能的重要工程。至年底，已完成477个城市实时图像监控点、13个图像监控室的建设任务。

【城市网格化管理系统初步建成】 奉贤区南桥中心城区城市网格化管理自3月1日起筹建，10月16日建成正式揭牌。奉贤区城市网格化管理监督指挥信息管理系统以区政务网为物理基础平台，中心网络平台通过政务网覆盖了37家城市部件、事件处置单位，并与上海市城市网格化管理中心网络平台连接，实现实时数据共享。系统功能包括：信息收集、案卷建立、任务派遣、任务处理反馈、案件核查和结案、实时监管、查询统计、系统维护。

（区信息委）

五、信息产业发展

【信息产业稳步发展】 奉贤区全年信息传输计算机服务和软件业实现增加值3亿元人民币，新引进IT内资企业注册资产总额1 460万元，新引进IT外资企业注册资金总额3 157万美元。

【信息产业企业申报工作顺利开展】 共组织2批17家有关信息产业企业共23个项目申报了2008、2009年度上海市软件和集成电路专项资金项目和上海市2008年电子商务应用支持项目。其中上海联鼎软件技术有限公司的“核心业务容灾管理软件”项目获得上海市2008年软件和集成电路专项资金100万元人民币的支持，上海易同信息技术有限公司的“中小企业电子商务采购平台”项目入选上海市2008年电子商务应用支持备选名单。

（区信息委）

六、信息化环境建设

【做好信息化统计】 根据市信息委的有关要求，对部分统计指标作了调整并及时向相关软件企业发出通知，全区 48 家软件企业按时完成了网上申报工作，并完成全区 20 家软件认定企业的年检初审和上报工作。同时，认真组织开展了对 6 个镇 1 500 户家庭的信息化消费问卷抽样调查工作。区信息委会同区统计局召集各镇、开发区统计干部举办软件产业统计工作研讨会，顺利、有序地完成了全年的软件产业统计任务。

【信息化学会发展】 奉贤区信息化学会以会刊——《奉贤信息化》编撰为重点，积极开展各项学术活动。共收到广大会员及会员单位投稿 30 余件，已基本定稿；组织开展“网络安全防病毒体系建设”专题研讨会、“政务网 OA 新版 7.0”体验交流会等；建立学会网站，吸引信息化工作者进入学会。目前，已有单位会员 20 家，个人会员 87 人。

【开展信息化应用培训】 4 月，为提高全区信息化工作人员业务水平，促进业务交流，不断完善网站和政府信息公开工作，举办了网络管理及政府信息公开工作培训班，共有 66 人参加了培训。

【超额完成“千村万户”农村信息化培训普及任务】 奉贤区“千村万户”农村信息化培训普及工程自 4 月 25 日正式启动以来，区信息委会同区农委、区教育局、区妇联在全区范围内对广大农村居民进行了广泛的宣传普及和培训。共出动信息大篷车 1 次、信息小篷车 40 多次；在适龄农民中开展“领一本手册、看一部短片、做一次体验”活动，共有 10 251 名村民参加了活动，完成任务指标数 102.51%；培训并通过考核的人员 1 980 人，完成任务指标 132%，其中农村基层管理者 659 人、普通农民 1 321 人，另外还培训了专业农民 632 人，均超额完成了任务。

（区信息委）

七、社会诚信体系建设

【完成区企业信用信息服务平台建设】 2008 年，奉贤区完成区企业信用信息数据库建设。该系统将实现信用信息交换、整合、共享的目标，实现企业信用信息查询和基于信用的辅助监管等功能，并给相关部门提供相应的信用评价模型。另外，根据相关法律法规，制定了《奉贤区企业信用信息服务平台管理制度》和《奉贤区企业信用信息服务平台信息使用管理办法》。

【积极开展诚信宣传活动周工作】 开展“文明经商、诚信经营”活动，提升全区中小企业和市民的诚信意识。共印制有奖邮政明信片 22 000 张，向全区 7 000 余家中小企业、15 000 余户家庭发放，并在“奉贤诚信”网上公布抽奖办法和领奖办法；区信息委会同区消保委，对新办企业、商户开展宣传教育活动 8 批次；布置悬挂讲诚信宣传标语横幅，向广大市民开展宣传教育。

（区信息委）

第十九章 青浦区信息化建设

概 述

2008年是青浦区信息化“十一五”规划建设进入攻坚阶段的一年，也是青浦信息化建设“确保重点，全面推进”的重要一年。青浦区信息化建设在政务公开工作、 新农村信息化建设、企业信息化应用、电子政务建设、信息基础设施管理、信息化保障、社会保障卡工作和社会诚信体系建设等方面继续深入推进，初具成效。

2008年，“青浦区交通信息化建设项目”被上海市信息化委员会评为“2008年度上海市区县信息化优秀成果”。 (区信息委)

一、政务领域信息化

【政务公开工作持续推进】 区政府继续将“深化政务公开工作”列入2008年重点工作之一。区政务公开工作抓住重点、强化措施、显现实效，主动公开政府信息2 689条，依申请公开信息806条，现场接待11 042人次，电话咨询9 533人次，全文电子化达100%。重点推进环境、医疗卫生、食品安全、招干招生、工程招投标等方面信息的公开，加大了医院、学校、供水、供电等与群众利益相关的公用事业的办事公开，区各中小学校、青浦自来水公司、中山医院青浦分院等相继建立公开网站。不断丰富政务公开载体，继续抓好区、镇街道、村多层次多形式多渠道政务公开方式，推进社区事务受理中心政府信息公开查询受理点建设工作。邀请专家依据《中华人民共和国政府信息公开条例》开展对政府信息公开工作人员培训，规范业务操作。组织对全区52家政务公开、政府信息公开责任单位实施工作情况开展检查。

【“网上访谈”开设民生专题】 “上海青浦”政府网站始终注重发挥网站政民互动沟通功能，不断创新内容、创新形式、创新手段。在开设区长访谈的基础上，开设涉及民生的专题访谈，分别围绕市民所关注的规划、教育、水务、卫生问题展开了四次专题访谈，市民参与达1 882人次，留言询问250条，现场答复162条。全年九期访谈活动参与市民3 897人次，市民提问730条，现场答复494条。“网上访谈”为市民与政府构筑起了沟通桥梁，促进了政府职能的转变。政府网站还积极做好区“2008两会”宣传报道、第二届青浦市民读书节主题宣传、汶川大地震“众志成城 抗震救灾”主题宣传等，及时发布区内政务动态和各类信息，让广大网民及时、全面、准确地了解青浦经济社会发展动态。

【政府网上办事平台完善优化】 为进一步改进公共服务，优化投资环境，增强信息透明度，提高办事效率，“上海青浦”政府网站对网上办事系统进行深度优化，在办事系统原有基础上，建设行政审批信息网上跟踪查询功能模块。4月初与区行政服务中心召开项目推进会，明确各自责任。5月底完成对受理事项全称和简称、红黄绿三色预警时间、公开显示企业名称、受理单位、办理人员等14项数据项的优化工作，对列入区“绿色通道”项目专门开设“绿色通道项目”跟踪查询模块，同时在门户网站建立信息查询功能页面。下半年基于区政府门户网站的网上办事平台的审批信息网上跟踪查询功能模块全面建立，且投入试运行，广大投资者和人民群众可通过网上办事大厅查询到相关信息。

【区公务网分级保护整改成功实施】 为贯彻落实市委相关文件精神，制定了《上海市青浦区公务网接入网涉密信息系统改造方案》，于5月14日顺利通过保密专家组的评审。此后严格按照改造方案，迅速实施区政府大院内29个涉密点的分级保护整改工作，在区公务网中有针对性地新增部署了有关监控系统及防护系统，并合理改进区公务网相关管理制度。6月中旬完成实施工作，6月16日成功通过市保密局安全测评小组的测评，在全市19个区县中首家完成了分级保护整改安全测评工作。

【政府网站发布系统升级】 为提升网站群服务功能，下半年"上海青浦"政府网站将现有内容管理发布系统进行升级，建设了一套支持无站点数限制、用户数限制、多域、集群式管理的内容管理发布系统。政府网站群统一发布系统整体升级改造项目，以升级软件平台系统架构、改造使用人员细节应用、提升网站平台发布能力和效率为核心，最终达到网站内容管理软件平台结构优化、性能优越的建设目标。新系统将解决旧系统用户数、站点（节点）数到一定数量不能添加、模版管理安全漏洞、系统稳定性不高等固有问题；通过内容管理系统用户管理模块可对各业务系统进行用户整合，实现单点登陆；支持无限多个站点、无限多个用户功能；支持各种格式的粘贴、后台编辑功能模块中嵌入word文字编辑功能；定制开发信息报送系统以及审稿机制；具有页面纠错、统计等附加功能。新发布系统建立了合理、先进的系统架构，使软、硬件系统具有很强的稳定性与扩展性，可以满足"上海青浦"政府网站及其子网站今后3～5年的发展需求。

（区信息委）

二、社会领域信息化

【农村合作医疗医卡通项目试运行】 农村合作医疗医卡通项目是一项针对居民的重要民生工程，于11月初完成软、硬件设备采购。医卡通系统于年底在赵巷镇、白鹤镇和金泽镇开始试运行。该系统的正式运行意味着全区17万合作医疗保险投保人可以直接支付本应该承担的医疗费用，而不用先垫付再报销，减轻了投保人的负担。同时通过系统严格对投保人用药和治疗记录进行监管，有效避免了发票报销过程中由于发票含糊不清造成的不应报销而报销的情况发生，节约了医保费用的支出。

【村务管理信息平台积极筹划】 村务管理信息平台是探索信息化系统建设的新模式，尝试由电信出资建设系统、政府购买服务的方式进行，4月开始项目准备。经过5～6月对华新、重固、赵巷、香花桥6个村和国资委等单位的调研，对项目的初始定位进行完整规划。10月中旬，电信研究院完成村务管理信息系统的整体规划。村务管理系统的建设在一定程度上减轻了村级组织的重复工作量，提高了村务标准化管理，同时也为区镇各级组织提供第一手数据，为政府决策起到参考作用。

【社保卡扩大申领工作顺利展开】 为配合市政府推出的《上海市城镇基本医疗保险试行办法》，社保卡扩大申领工作于2007年12月20日启动。在7个社保卡申领网点所属镇街道社会保障服务中心的安排下，工作人员通过在居民小区张贴申领通告、上门分发申领表等形式，严格按照市社会保障卡服务中心有关规定，督促未申领人群办理社保卡，扩大社保卡的覆盖面，一季度基本完成社保卡扩大申领发放工作。2008年累计完成社保卡申领发放20 637张，学籍卡申领发放19 928张，补换社保卡5 233张。

【敬老服务卡申领发放圆满完成】 根据市社会保障卡服务中心的统一安排，70周岁以上老人敬老服务卡集中申领工作从4月7日全面启动。"上海青浦"

政府网站、《青浦报》分别刊登了敬老服务专用卡申领专题、通告，各镇街道、居委会及时张贴申领海报，使工作做到家喻户晓。7 月中旬全区已陆续将敬老服务卡及时送到每位老人手中，8 月 1 日起全市正式使用敬老服务卡，10 月中旬各补换卡网点还推出了敬老服务卡的补换业务，解除老人使用敬老服务卡的后顾之忧。全年累计完成 70 周岁以上市民社会保障卡（敬老服务专用）申领发放 36 513 张。

【居住证申领覆盖面进一步扩大】 居住证工作在 2007 年全面推进的基础上，2008 年在区公安分局和各镇街道人口办的密切配合下，重点做好扩大覆盖面和居住证续签工作。华新镇、徐泾镇、香花桥街道等地区针对来沪人员基数大、任务重的特点，合理分配卡基的使用和领用，化解耗材供需矛盾，理顺核销环节，提高办证速度。中心城区重点做好临时居住证和正式居住证的续签。区社保卡中心在信息采集的业务政策、操作技术上给予指导，在耗材保证、收费管理、报表统计等方面提供服务，圆满做好居住证申领覆盖扩大工作。全年累计办理正式居住证 831 张，临时居住证 125 322 张。

（区信息委）

三、信息产业发展

【积极扶持信息产业发展】 2008 年，区信息产品制造业规模企业 76 户，完成产值 108.7 亿元，比上年下降 2.9 %，占全区工业规模产值 10.1 %；产品销售收入 105.8 亿元，信息传输、计算机服务和软件业经营收入 28.9 亿元。全区共有信息产业企业 3 238 户（包括规模以上制造业、服务业等），累计税收 88 110 万元，比上年同期的 91 973 万元减少了 3 863 万元，减幅 4.2%。年度税收累计 146.63 亿元，信息产业税收收入占税收总收入的比重约 6%，比上年下降了 0.9 个百分点。其中，纳税额位列前五位的企业在 10 767 ～ 2 256 万元之间，最高的是星科金朋（上海）有限公司，为 10 767 万元。全年信息化固定资产投资 87 608 亿元，同比下降 7.8%。

【不断加强软件企业管理】 为更好地服务软件企业，区信息委积极开展 2008 年上海市软件企业年审工作。认定软件企业 35 家，通过电话联系与沟通，按时完成了 33 家认定软件企业的年审工作，并及时上报市软件企业行业协会。区信息委还积极抓好软件和集成电路产业发展专项资金项目申报工作。3 月中旬，区信息委以 35 家软件认定企业与集成企业前 30 家为范围发布具体通知，上海络安信息技术有限公司、上海金发科技发展有限公司、上海百果信息科技有限公司等 15 家软件企业经过审核，上报市信息委，最终上海络安信息技术有限公司得到市信息委专项资金 100 万元。同时，区信息委认真安排开展了 2008 ～ 2010 年上海市企业信息技术应用推进项目申报工作，经过多家企业走访了解考察，最终上报 1 家。

（区信息委）

四、信息基础设施建设

【“村村通”光纤铺设覆盖村、居委】 根据信息化应用水平不断提升的需要，开展了全区 184 个村和 69 个居委会的“村村通”网络光纤升级，满足村居委会对于政务外网、互联网和党员远程教育 IPTV 等各种需求。在费用上，每个村居委会的基础点和一个外联点由区信息委统一出资向电信支付租费。村村通光纤项目的完成， 提升了村里政务外网网络带宽，有利于村、镇、区三级管理机构的沟通；统一的网络平台将给未来统一的村级应用平台提供基础，村作为数据采集的基本落实单位，能够通过统一的应用平台向上级管理部门提供数据；将村民信息化活动室、“千村万户”农村信息化普及培训和党员远程教育相结合，可向村民提供免费的信息化教育基地，带去信息化知识。

【公共信息基础设施建设稳步发展】 2008年，区公共信息基础设施建设保持平稳发展。截至年底，全区固定电话总数达到24.6万线，其中，居民住宅电话用户数为16.5万线，单位用户达7.7万线，公话用户达0.8万线；宽带用户达6.99万户，家庭宽带渗透率达到56.92%。

【“无线城市”建设启动】 为进一步增强区域综合竞争力，促进“十一五”期间全区国民经济和社会全面发展，5月区政府分别与上海电信、上海移动签订了《共同推进青浦区“无线城市”建设合作框架协议》。“无线城市”的建设将改善青浦投资环境、生活环境，提升城市现代化水平，也将加快青浦城区与上海中心城区信息化水平的接轨。电信、移动两大运营商计划通过三年左右时间，使青浦区“无线城市”的基础设施建设形成规模，实现重点区域全覆盖，并在社会公共服务和管理、电子政务、企业信息化等方面实现应用，为2010年上海世博会提供成熟的无线应用服务和有力的通信保障。目前，电信公司已完成并开通30多个公众服务集中区域的“无线覆盖”建设。

【推进室外宏基站集约化建设】 积极协同运营商推进集约化基站建设。在区信息委的积极推动和友好协商下，8月重组后的三大运营商电信、移动、联通公司分别与区政府签署了《青浦区室外宏基站集约化建设框架协议》。该框架协议与工信部在10月发出的《关于推进电信基础设施共建共享的紧急通知》精神完全一致，有效减少了土地利用率，与青浦经济社会发展相协调。

【协同推进信息基础设施集约化建设】 区信息委积极配合市政道路建设和改造工程，协调各通信运营商开展集约化通信管道建设和基站建设。针对任务重、矛盾大的城中东西路改造工程，区信息委积极配合区建交委，按时、按质完成了地下通信管道建设，及时协调各运营商在该路段架空线缆的入地工作。对地铁2号线徐泾站建设中通信线缆搬迁、青赵路架空线缆搬迁、崧泽大道市政工程及区域BRT工程的通信管道配合建设等，也积极配合，努力协调，保证了建设工程的顺利推进。3月徐泾陆家角共建新基站顺利通过验收，6月华盈路共建基站选址也尘埃落定。

（区信息委）

五、信息化环境建设

【区信息基础设施专业规划通过评审】 年初，区信息委邀请市、区相关专家对区信息基础设施专业规划进行评审。评审专家一致认为在充分调研的基础上形成的规划方案，编制内容完整，分析较为全面，符合规划编制要求，对后续建设管理有较强的指导作用，一致同意通过评审。在专家的指导下，针对规划中基础设施的集约共用、有线电视网络的普及、无线城市的试点以及基站选址和景观化基站建设等方面作了修改，有针对性地对区域规划作了分册列举，在分区域规划中进一步反映区域发展特点。基础设施专业规划的形成将对信息基础设施建设与管理提供科学依据，为促进区信息化发展奠定基础。

【开创区县对公用移动通信基站设置计划会审制度】 随着经济社会快速发展，通信事业不断发展，公用移动基站建设过程中出现了一些新情况和新矛盾。为保障人民群众的合法权益，同时维护通信运营商的正当利益，提高土地空间资源的有效利用，进一步优化环境，适应青浦地区城市化和新农村建设发展的新形势，根据区建设整体规划、信息基础设施专业规划及公用移动通信基站集约化、景观化、隐蔽化建设等要求，5月下旬青浦区组织召开“青浦区

2008年首批公用移动通信基站设置计划会审会议”，由市无线电管理局、区信息委、区规划局、区房地局、区环保局组成会审小组，对移动通信运营商申报的“青浦区2008年第一批公用移动通信基站设置计划”进行联合审核并进行了认真讨论。青浦区成为全市首家对公用移动通信基站设置计划进行会审的试点区县，开创区县会审制度先河。

【信息化专管员队伍延伸到村居委】 为进一步扩大和保障信息化应用向基层延伸，在各镇街道建立信息化专管员队伍的基础上，2008年又建立了村居委兼职信息化专管员队伍。全区184个行政村、67个居委会都配备了一名信息化专管员，建立了一支兼职信息化专管员队伍。为提升队伍的专业化水平，区信息委先后组织镇街道村居委会信息化专管员进行信息技术基础培训，主要以办公自动化应用为主要内容，辅以业务岗位培训、网络与信息安全知识专题培训等。青浦区计划用三年时间全面、深入、持久地开展农村基层管理者信息化普及培训工作，提高基层信息化管理的业务素质和水平。

【启动“千村万户”农村信息化普及培训】 6月13日，上海市“千村万户”信息化培训普及工程启动大会在华新镇举行，标志着全市“千村万户”信息化培训普及工程正式拉开帷幕。青浦区在普及培训工作中，发挥主动性、积极性、创造性，因地制宜，开拓创新，努力使普及培训合民情、顺民意。培训形式上，在以成人学校为主的基础上，依托社区妇女学校、就近的中小学以及村民活动室实施培训工程。组织方式上，采用“小手牵大手，全家网上游”的方式，组织发动广大学生家长参与到培训中。培训内容上，各镇街道根据本地区实际和市民需求，着力带动广大家庭成员改变生活方式，享受快捷的信息化生活。培训对象从原有的当地农村居民，逐步拓展到外地务农、务工人员，让更多的农村居民享受到免费信息化知识培训服务。全年共宣传普及20 530人次，培训普通农民7 218人，培训专业农民858 人。

【加强信息网络安全保障】 为适应未来信息化发展需要，提高突发事件应对能力，进一步保障电子政务系统安全稳定运行，根据《青浦区突发公共事件总体应急预案》和《上海市网络与信息安全事件应急预案》，区信息委积极改进《青浦区政府网站系统应急预案》及《青浦区政务外网系统应急预案》，充分考虑各种可能发生的突发事件，补充并优化相应处理措施，进一步明确全区各部门突发事件应对职责，规范应对流程，积极构建多重防护结构，逐步完善区电子政务网络与信息安全防御体系。区信息委分别于6月及12月成功组织实施了区政府网站系统应急演练及区政务外网系统应急演练，有效检验了应急预案的科学性、合理性及可行性，提高了各相关部门在突发事件应对过程中的实战应急处理能力和协调配合能力。

【完善信息化项目管理制度】 根据《关于规范区级预算单位政府采购运行管理的通知》、《关于印发<青浦区政务和公共服务信息化项目审批和管理程序>的通知》、《关于印发<青浦区关于加强政务和公共服务信息化项目管理的实施细则>的通知》等相关文件精神，结合近几年在信息化项目管理中的实际经验，区信息委草拟了《青浦区信息化项目申报、审批、采购和验收管理补充规定（试行稿）》和《信息化项目内部审批、管理和归档办法（试行稿）》，从细节上对信息化项目的各个环节加以约束和管理，一定程度上控制了信息化项目在建设过程中随意度大、进度把握不准等问题的发生，力求完善信息化项目制度，规范信息化项目建设各个环节。

（区信息委）

六、社会诚信体系建设

【大力推动政府部门使用信用产品】 根据区政府批转的《关于全区政府部门在财政性资金使用和公共管理活动中使用信用产品的暂行规定》，在政府采购、企业申请政府贷款担保、土地使用权出让、人事部门人员招用等8方面共12项内容上，强制推行应用信用产品。通过近一年的运作，实施效果良好。全年，政府采购环节使用信用产品40份，涉及项目资金6 027.26万元。区税务、财政、工商、质监、旅游、建设交通、房屋土地等政府职能部门相继建立了信用管理等级评定和同业征信制度，为在全区范围内推广使用信用产品进行了有益的探索，创造了良好条件。

【不断加强机制和制度建设】 ⑴建立区域信用信息披露机制，加强对企业和个人不良信用信息的采集、记录、整理和建档。通过"上海青浦"政府网站、青浦诚信网等媒体，向社会公布诚信和失信企业名单，公布企业诚信和警示信息。区经委在朱家角北大街开展了创建"全国百城万店无假货示范街"活动，对150多家商户进行了食品安全、市容环境整治活动。⑵实施行政管理公开承诺制度。重点推动食品药品管理、医疗卫生服务、房地产管理、社会保障等政府部门各项为民办事制度的公开承诺，促进政府行政部门加强诚信建设。

【广泛开展社会诚信宣传活动】 开展社会诚信宣传活动，提高市民诚信意识和观念，营造良好的社会氛围。⑴利用青浦诚信网及时报道区内社会诚信建设动态，公开大量政府掌握的社会、企业信用信息，在普及信用知识、开展诚信宣传、加强社会信用监督、提高市民信用意识等方面发挥积极作用；⑵联合区教育局开展以中小学生为主要对象的校园诚信宣传教育活动，12所城区的中小学，11个镇街道的部分社区居民参与了此项活动。活动的开展不仅提高了社会公众对诚信活动的知晓率，同时增强了市民的诚信意识，为改善区域社会诚信环境作出积极贡献。

（区信息委）

第二十章 崇明县信息化建设

概 述

2008年，崇明县信息化工作根据党的十七大提出的“推行电子政务，强化社会管理和公共服务”要求，紧紧围绕贯彻落实市信息化工作会议精神，结合崇明的实际情况，有重点地开展了信息化建设的推进与应用工作，并取得较为明显成效。

2008年，“崇明县农村合作医疗实时结算系统”被上海市信息化委员会评为“2008年度上海市区县信息化优秀成果”。

（郭磊 陈永平）

一、政务领域信息化

【积极推进政府信息公开工作】 为加强各部门之间的沟通协调，进一步有效推进政府信息公开工作，2008 年在崇明县政府信息公开联席会议办公室的基础上，县政府办公室专门设立信息科，由专人负责政府信息公开工作，完善了政府信息公开的工作机制和流程，促进了崇明县政府信息公开工作有序开展。5 月底，制定了《崇明县政府信息公开前审查实施办法》、《崇明县违反政府信息公开规定责任追究实施办法》和《崇明县依申请公开政府信息实施办法》，明确了信息公开的程序和责任。根据《规定》和市政府信息公开工作会议精神，制定了信息公开工作年度计划，印发了第三版《政府信息公开目录》。

【开展公文类信息目录备案工作】 10 月 24 日，崇明县开展了公文类信息目录备案工作。根据市政府召开的“公文类信息目录备案系统工作会议”精神，举办各委办局、乡镇办公室主任和公文类信息目录备案工作人员参加的培训班，部署崇明县公文类信息目录登记备案工作；逐步建立全县公文类信息目录库，通过网站为公众提供“一站式”公文类信息检索服务。

【政务外网应用系统正常运行】 政务外网已有 19 个应用系统投入正常运行，主要有县政务外网公共信息平台、“金财工程”、“两法”衔接平台、“两新”组织、人口计生、社会保障卡、“一口上下”社会救助、合作医疗实时结报、国资委转移支付、农村党员干部远程教育系统、劳动保障农村就业和城市网格化管理等应用系统。

【门户网站建设水平显著提高】 截至 12 月 31 日，崇明县共上报“中国上海”政府门户网站信息 2 116 条，采用 2 101 条，采用率 99%，列“中国上海”门户网站信息报送排行榜第 5 名、采用率第 1 名。崇明政府门户网站的文字信息量已达 3 670 多万字，网站页面浏览量日均由上年的 4.39 万人次，上升至 7.72 万人次。

（郭磊 陈永平）

二、社会领域信息化

【有线电视“家家通”工程实现阶段性目标】 作为2008年度县政府重点工程之一，有线电视“家家通”工程于10月完成光缆建设，实现崇明岛14个乡镇有线电视“村村通”。

【国内首个自主知识产权无线数字电视开通】 国庆节前，国内首个拥有自主知识产权的无线数字电视在向化镇开播，镇上近百户居民幸运地成为首批用户。

【港沿镇文化信息苑基层服务点运行良好】 3月，港沿镇“全国文化信息共享工程东方农村信息苑基层服务点”的7名操作员参加了崇明县农村文化信息化建设培训班，接受“全国文化信息共享工程简介”和“数字电影发行放映”等相关知识的学习。自2007年起，港沿镇已陆续有建中、骏马、港沿、富军、惠军和同效等6个村建立共享工程服务点，经一年初步运行，效果良好。

【召开社会保障卡（学籍卡）、居住证信息采集资源整合工作会议】 2月28日，县政府召开社会保障卡（学籍卡）、居住证信息采集资源整合工作会议。会议要求：⑴要统一思想，认清社会保障卡、学籍卡、居住证信息采集工作资源整合的重要意义；⑵要加强领导，切实推进信息采集管理体制调整和工作人员招聘工作；⑶要明确职责，各相关部门要加强配合，做好指导协调工作。

（郭磊　陈永平）

三、经济领域信息化

【建成特色农产品信息服务平台】 针对崇明特色农产品生产信息传输滞后、组织分散、企业宣传营销不够等问题，2008年建设完成特色农产品信息服务平台。通过实现上网技术服务、产品营销、信息传输发布、查询统计等系统功能，可及时掌握产品供求信息和市场行情，加快了崇明特色农业发展。

【为农信息服务站逐步推广】 在政务外网向村级延伸的基础上，对绿华镇、城桥镇、陈家镇等单位开展试点工作。自2006年上海市政府推动实施“千村通”工程以来，崇明县共在125个行政村安装了“农民一点通”设备，农民足不出户就可与市农科热线专家展开咨询对话，专家能在第一时间为广大农户解决种植、养护等方面的问题，并直接传授信息科技。

【为农民搭建科技信息平台】 7月2日，由崇明电信局为结对共建单位，港沿镇建中村出资建立的信息化示范点正式揭牌成立。结对共建以来，崇明电信局为帮助建中村提高社区服务功能，先后出资10多万元建造健身苑，赠送空调、电视机等，此次又为村信息化示范点送去15台电脑和路由器等设备，建立了局域网。

【建立猪肉安全信息追溯系统】 2008年，崇明县分别在县食品公司、天丰标准化菜场和县生猪定点屠宰中心建立3家猪肉安全信息追溯系统。建立追溯系统旨在通过对猪肉身份识别编码，对猪肉的来源、加工渠道、经销者等信息进行全程监控。

【县旅游局积极推进信息化综合服务平台项目建设】 11月，县旅游局召开崇明旅游信息综合服务平台项目建设节点确认会，以确保建设项目进度。

（郭磊　陈永平）

四、城市建设管理领域信息化

【崇明220千伏联网工程启动】 9月23日，220千伏崇明联网青年工程开工暨授旗仪式在建设中的沪崇苏长江大桥主桥面上举行。该工程的实施将改变崇明三岛供电困难的局面，给三岛的新一轮大发展提供强有力的电力支撑。

（郭磊 陈永平）

五、信息产业发展

【软件产业呈上升趋势】 截至年底，注册在崇明县、被市相关部门认定的软件企业共15家，同比增加1家；非认定的软件企业9家，同比增加3家。全年软件产业实现营业收入74 997万元，同比增长24%。

【软件服务化趋势日益明显】 截至年底，崇明县软件收入合计为37 207万元，其中，软件产品收入为15 220万元，同比增长3%。

【软件人才结构不断优化】 截至年底，崇明县软件从业人员有1 415人。在软件从业人员构成中，软件研发人员占据了相当大的比重。

【软件企业不断加强自主研发投入力度】 截至年底，全县软件企业研究与开发经费支出达4 078万元。软件企业不断加强自主研发投入的力度，把是否拥有核心自主知识产权作为自身生存、发展的生命线，技术原创投入增长明显，为软件产业的可持续发展打造坚实的基础。

（郭磊 陈永平）

六、信息基础设施建设

【召开“无线城市”建设合作协议签约仪式】 中国移动通信集团上海有限公司与崇明县政府持续推进信息化及“无线城市”建设合作协议签约仪式于5月12日举行，围绕崇明地区建设发展的总体要求，上海移动将加快崇明宽带无线网络建设，推进在崇明地区实现“无线城市”网络全覆盖。

【积极推进信息基础设施集约化建设】 根据县发改委相关文件精神，县信息委协调县建委、新城公司、陈家镇开发公司和崇明电信局等有关单位，对2008年重点道路确认了建设的管孔数、时间进度、具体位置等，确保了信息基础设施集约化建设的顺利推进。

【召开迎奥运网络信息安全保障工作会议】 7月15日，县信息委召开迎奥运网络信息安全保障工作会议。会议要求：⑴要加强领导责任制；⑵要认真做好自查、整改工作；⑶要进一步提升信息安全应急响应能力。

（郭磊 陈永平）

七、信息化环境建设

【启动“千村万户”农村信息化培训普及工程】 6月4日，崇明县“千村万户”农村信息化培训普及工程暨首期培训班开班仪式在堡镇成校举行。开班仪式上，县信息委向此次“千村万户”农村信息化培训普及工程的定点培训单位崇明县成人教师进修学校举行了授牌仪式。

【县农广校召开农民远程教育工作会议】 为充分发挥上海郊区农民现代远程教育平台的资源优势，推进农民远程教育培训工作进一步开展，更好地为新农村建设服务，县农广校于2月26日组织召开农民远程教育工作会议。上海郊区农民现代远程教育平台在农村教育中具有十分显著的功能优势，是推进村民素质教育的有效手段。

【百姓建言征集活动落下帷幕】 为了让市民共同参与崇明的发展建设，中共崇明县委与上海东方新闻网站联合举办了“我为崇明发展献一策”百姓建言征集活动，活动共选出六位网友获得优胜奖。此次网上征集活动内容涉及崇明规划、环保、旅游、农业、交通等各项事业，网友们踊跃参与，为崇明发展献计献策。

【聚焦生态崇明，体验风土人情】 12月6～10日，来自东方网、新华网、中国江苏网、浙江在线、新浪网、腾讯网、中国常州网、新南通网、苏州新闻网、杭州网、宁波网、崇明政府网等长三角12家网站的媒体记者和东方博客博友走进崇明三岛，体验风土人情，以他们独特的视角，感受发展变化，宣传生态崇明。

（郭磊　陈永平）

八、社会诚信体系建设

【积极开展诚信活动】 10月24日，由县信息委牵头组织的崇明县“诚信活动周”拉开帷幕。此次活动的主题为“诚信崇明，和谐生活”。活动期间，各参与单位展示了窗口服务行业的良好形象，积极营造全社会共同创建良好的社会诚信环境的氛围。

（郭磊　陈永平）

第十编

社会诚信体系

综 述

2008年，上海社会诚信体系建设在党的十七大“健全社会信用体系”精神指引下，围绕市政府“加快社会诚信体系建设，营造公平竞争、规范有序的市场环境”要求，圆满完成了《上海市社会诚信体系建设三年行动计划（2006～2008年）》各项工作任务，为加快实现“四个率先”、建设“四个中心”和社会主义现代化国际大都市提供了有力支撑。

个人和企业征信业务快速发展，信用信息的社会公共服务水平稳步提升；人民银行征信服务中心正式落户上海，上海服务长三角乃至全国的能力进一步增强；政府在履行社会管理、公共服务职能过程中更加注重信用制度的设计和安排，政府职能得以进一步转变、优化；信用制度建设试点工作在行业协会等领域开展，企业发展环境不断改善；信用服务行业持续快速发展，征信产品市场不断扩大，商业征信作用凸显；信用研究进一步深入，宣传普及力度不断加大；长三角信用体系建设区域合作有新突破，《共建“信用长三角”合作备忘录》、《长三角信用服务机构备案互认协议》相继签署。

（陈　思）

第一章　社会信用制度建设

概　述

2008年，上海市社会信用制度建设呈现出发展速度快、创新领域多、需求调研与试点相结合的发展态势。提前完成“十一五”规划中个人信用联合征信系统入库人数达到1 000万人、上海地区个人信用产品日查询量5万份的既定目标；信用信息的共享交换机制在城市交通、食品药品、住房管理等领域稳步推进；行业协会、科技园区等企事业单位日益成长为信用制度建设的新载体；圆满完成市委、市政府多项重点课题调研任务。

（陈　思）

一、联合征信系统发展

概况

截至2008年底，上海市个人信用联合征信系统已涵盖1 047万人的信用信息，基本覆盖全市具有信贷消费能力的常住人口；自个人信用联合征信系统建成以来，累计提供个人信用报告862万份，累计提供个人信用评分146万份。个人信用报告和个人信用评分广泛应用于信用卡发放、信用卡账户管理、贷款发放、贷款账户管理等多项业务中。评分查询机构25家，除了13家中资银行外，还包括渣打、花旗、汇丰、恒生等7家外资银行，以及通用、丰田、戴姆勒等5家汽车金融公司。

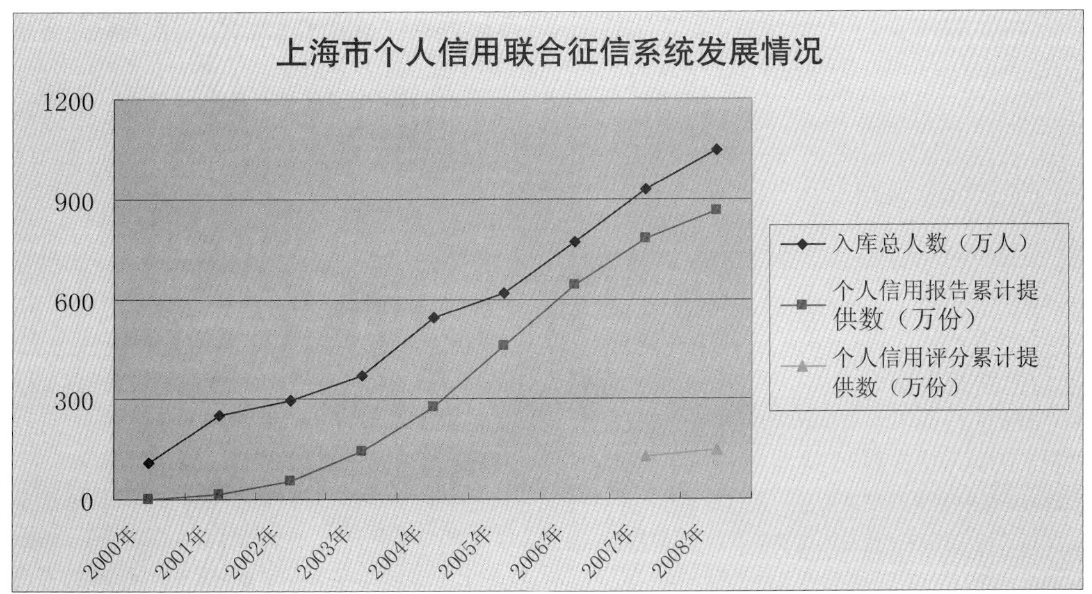

社会信用信息自动采集系统

建成并运行社会信用信息自动采集系统，在指定网站上抓取企业相关信用信息（以政府部门公开的信息为主），例如上海海关进出口红黑名单信息、上海法院送达执行信息、上海工商局行政处罚公告信息、上海税务局各类信用等级信息以及偷逃税信息、上海环保局荣誉惩罚信息、解放日报企业公示信息等，实现48大类信用数据的自动采集。

企业信用联合征信系统免费开放查询

7月10日，上海市企业信用联合征信系统经授权，开始向上海市社会诚信体系建设联席会议各成员单位免费提供查询。查询主体只需输入所需查询企业的组织机构代码或企业名称，即可实现在线查询。可供查询内容包括：企业辨识信息、联系方式、经营概况、提示信息、法院信息、媒体披露、信用等级、法定代表人信用信息等。

（陈　思）

二、信用信息共享与使用

城市交通领域

5月15日，市征信办与市交通局签署《关于共同推进城市交通行业诚信体系建设合作备忘录》，双方就建立交通行业企业信用档案，加强企业和从业人员信用培训，城市交通行业日常管理中形成、获得的企业及从业人员相关基础数据和诚信信息纳入联合征信系统，汽车租赁等城市交通行业开展信用产品应用试点等方面的合作达成共识。

食品药品领域

市征信办会同市食药监局开展建立食品药品行政黑名单监控制度研究课题，形成《关于共同推进企业及相关人员数据交换共享试行工作的合作备忘录》，双方同意共享经市食药监局认定具有严重违法行为的企业及其相关责任人员信息。

住房管理领域

市征信办会同市住房保障房屋管理局（原市房地资源管理局）形成将违法搭建建筑物、拒绝缴纳专项维修资金、欠缴物业服务费、以群租方式出租房屋等6项经过房地部门认定的违法违规行为记录提供给上海市个人信用联合征信系统的工作方案；将虚假申请经济适用房或提供虚假证明材料的单位或个人信息提供给联合征信系统写入《上海市经济适用住房管理试行办法（征求意见稿）》。

信用信息共享交换在其他领域的探索

市征信办会同市工商局、市高法院推广将企业不良记录相关责任人员的信息、有罪判决信息纳入市联合征信系统；6家新加入的寿险公司与联合征信系统签署《保险营销员信用档案建设合作协议》。

（陈　思）

三、信用制度试点

社会信用制度建设试点

组织开展2008年社会信用制度建设第一批试点。政府试点中，包括了杨浦区现代服务业企业信用制度建设、松江区宜居城区信用制度建设、徐汇区科技园区信用管理制度建设、市安监局的安全生产信用制度建设；行业协会和企事业单位试点中，包括了市工经联信用管理服务系统、汽车销售和汽配行业企业信用管理制度建设、硅知识产权交易平台信用管理制度建设和广告媒体信用管理制度建设等。

杨浦区依托区商业联合会建成现代服务企业信用信息管理平台，实现面向企业的诚信信息发布和信用信息自主申报、面向职能部门的信用信息征集、面向评估机构的企业诚信评估和面向政府的查询分析5项功能。

市安监局发布了《关于开展安全生产诚信建设试点工作的通知》，形成推进试点的实施方案和《上海市危险化学品生产企业安全诚信评估导则》，并设定47项危化企业评分指标分值。

上海文广新闻传媒集团建成“SMG客户征信管理系统”，设定了公司资质、履约能力、付款信用、特殊情况四个评价指标，对广告业务管理系统和财务管理系统（TPS）的数据进行综合分析，实现基础数据、管理流程、评估标准和分析报表的“四个统一”。11月7日，在SMG2009年度广告招商大会上试运行。文广新闻传媒集团已使用该系统对所有参与投标的广告代理企业进行征信评估，为企业经营提供服务与支持。

松江区建成城市管理与执法行业社会诚信体系基本框架；市工经联、市汽车配件和汽车销售行业协会分别搭建了行业协会信用信息平台，并挑选具有成长性的企业开展信用管理制度试点；市硅知识产权交易平台建立了信用管理机制。

中小企业信用信息自主申报

在徐汇、松江、南汇、杨浦、浦东五个区开展中小企业信用信息自主申报第一批试点，共组织了成长性好、创新能力强、符合政府相关扶持政策要求的300多家中小企业参加试点，涉及工业、建筑业、交通运输以及批发零售、住宿和餐饮业等领域。企业根据自主自愿的原则将自身相关的信用信息通过网络平台或介质（光盘、U盘等）向区县进行申报。报送信息范围既包括企业基本信息，还包含企业重点岗位高级管理人员的相关信用信息。具体报送内容见下图：

企业概况基本表登记

项目名称	项目内容	项目名称	项目内容
企业注册地址		营业执照到期日	
企业营业地址		地税登记证号码	
企业通讯地址		(地税)发证机关	
邮政编码		(地税)证照到期日	
联系电话		国税登记证号码	
传真号码		(国税)发证机关	
电子邮箱		(国税)证照到期日	
企业注册登记日期		行业分类	
* 企业组织机构代码	888888	从业人数	
贷款卡编码		经营场地面积(平米)	
登记注册类型		经营范围	
企业特征		经营场地房产所有权	--请选择--
工商登记注册号		国际认证/行业资质	
(工商)发证机关		备注	

保存　返回

高级管理人员基本信息登记

项目名称	项目内容	项目名称	项目内容
姓名		担任本职时间	
性别	--请选择--	最高学历	--请选择--
出生日期		持有企业股份	
证件类型	--请选择--	社会兼职1	
证件号码		社会兼职2	
职务		个人受奖励情况	

保存　返回

目前各区的中小企业信用信息自主申报平台挂在各区政府门户网站上。所报送的企业信用信息除可供试点企业在商务活动中为防范交易风险而进行查询外，还可供商业银行在与试点企业发生信贷业务时、市政府相关部门在落实中小企业发展扶持政策时、区县政府在研究区域经济和落实优惠政策时参考。

其他试点

在浦东新区启动“科技企业信用互助融资计划”，组织民间信用资源，使用信用杠杆，引导银行向科技型中小企业贷款，拓展中小企业融资渠道；结合科技创新，以知识产权评估和企业信用评估相结合的方式，组织开展知识产权抵押贷款试点。

（陈　思）

四、相关课题研究

智力密集型服务业和高端制造业发展的外部信用环境建设及对策研究

该课题是《上海市贯彻落实〈国务院办公厅关于加快发展服务业若干政策措施的实施意见〉的实施办法》的政策落地课题项目。课题组通过同智力密集型服务业和高端制造业企业及其行业协会调研座谈，详尽了解了当前两业发展的现状及亟待解决的问题，以“外部信用环境建设”为切入点，提出了出台信用信息征集和使用管理办法，形成以信用引导为基础的政府管理模式，发挥产业园区、行业协会和中介机构等社会载体的作用，扶持信用服务行业做大做强等诸项促进两业发展的对策。

推进政府信息公开、提高行政透明度、服务市场主体

该课题是市政府“加快政府职能转变、加强政府管理创新、促进上海经济发展方式转变”12个专项调研课题之一。报告从完善企业信用信息共享机制出发，建议充分利用各行业已有的平台、系统和信息资源，在企业信用联合征信系统的基础上，统一协调信用信息共享机制建设，加快建成企业信用信息的统一发布和查询公共平台，通过信用信息的共享流动体现政府为市场主体服务的职能。

上海金融信用环境建设对策研究

按照市委部署的“营造良好金融发展环境，加快上海国际金融中心建设步伐”课题的总体安排，以“金融信用环境建设”为切入点，课题组分别召开银行、证券、保险、外汇交易中心、资产管理公司等金融机构及相关金融监管部门座谈会，走访了相关政府部门，梳理了金融信用环境建设的现状、需求及存在问题，提出完善相关征信法规、完善信用信息服务机制、建立金融领域信用管理制度等长期规划，以及建立和完善金融机构高管人员和从业人员的信用记录、大力发展资信评级业务、建立金融“黑名单”信息共享系统等近期工作建议。课题研究报告成为下一步同金融领域部门合作推进信用体系建设的工作指引。

加强社会诚信体系建设，创新惩防并举监督机制

该课题是“三个更加注重”试点的总结报告，报告从预防和制度建设的角度着重介绍了此次试点通过在政府行政管理过程中嵌入信用制度安排，取得了促进政府部门诚信自律、限制自由裁量权、压缩权力“寻租”空间、完善体外监督机制等主要成效，并根据党员领导干部重大事项报告、个人收入申报等已有制度，建议建设反腐倡廉信息共享平台，逐步建设党员领导干部经济和职业信息数据库，形成靠制度管权、管事、管人的有效机制。

社会诚信体系建设发展“十一五”规划中期评估

对《上海市社会诚信体系发展“十一五”规划》提出的总体目标、具体目标以及主要任务进行中期评估：实现了信息信用记录共享机制比较健全、

失信惩戒守信受益的联动机制比较完善、信用服务业快速发展三项具体目标；提前完成了上海地区个人信用产品日查询量、个人信用联合征信系统入库人数等量化指标；具体分析了在深入推进金融领域信用制度建设、建立现代服务业相关领域的信用制度、发挥浦东新区信用制度建设的创新示范作用、推进社会管理领域信用制度建设、促进市场主体信用制度建设、推动信用服务机构快速发展、开展社会诚信创建活动等方面所取得的显著成效；进行了“十一五”后期全市诚信体系发展趋势分析。

促进金融市场，扶持科技创新创业诚信体系建设

根据市政府“推进科技创新，增强发展能力”专题调研精神，形成了完善科技创新诚信体系建设的专项课题报告，提出以金融市场内的信息共享为基础，建立覆盖金融业的统一征信平台、完善金融扶持环节的信用制度安排、加大信用中介机构培育力度等建议措施，进一步发挥社会诚信体系建设对科技创新企业的推动支撑作用。

（陈　思）

台湾地区和新加坡信用市场发展研究

该项课题研究工作由北京中诚信征信有限公司承担，课题对台湾地区和新加坡的信用发展环境与信用制度、信用管理体系、信用种类及信用风险因素、信用相关行业信用制度发展现状、未来信用制度发展方向等方面进行了梳理和研究，并对上海信用制度发展在树立政府信用、开展企业和个人信用建设、信用文化建设等方面提出了建议。

（刘　洋）

第二章 信用服务行业发展与规范

概 述

2008年，上海信用服务行业继续保持较快的发展势头。截至年底，在市征信办备案登记的从事信用服务的征信机构56家。根据2008年信用服务行业统计年报，全市参加统计的49家信用服务机构，资本总额为33 290.5万元，相比2007年增长了6.73%；从业人数达到1 891人，同比增长44.8%；营业收入合计为44 315.9万元，同比增长51.7%。在防范信用风险、促进信用交易、保障上海经济社会又好又快发展等方面，上海信用服务行业正日益发挥积极的作用。

5月9日，中国人民银行征信服务中心在上海正式挂牌。市征信办协助人行征信服务中心开展了控股上海资信有限公司（以下简称“资信公司”）的相关事宜。 （刘 洋）

一、行业产品与服务

个人征信

2008年，资信公司建立和运营的个人信用联合征信系统入库人数为1 047万人，较2007年的928万人增长12.8%；提供个人信用报告83.5万份，约占系统建成以来累计提供个人信用报告总数（862万份）的9.7%；日均报告查询量7 604份，日均报告查得量约3 312份；全年提供个人信用评分17.9万份，约占系统建成以来累计提供个人信用评分总数（146万份）的12.3%；提供保险营销员执业信用网上查询12 289人次，声讯电话查询16 642人次。

个人信用联合征信系统提供的个人信用信息服务（产品）包括：⑴个人信用报告：消费者信用报告、个人版信用报告、网上查询版信用报告、职业版个人信用报告、个人信用评估书（汽车金融版）、大学生信用档案查询；⑵个人信用评分；⑶其他信用服务：保险营销员执业信用查询（网上、声讯电话）、上海辖区上市公司高管诚信记录网上查询、上海社保卡中心社保信息比对、公安部全国公民身份信息比对。

资信评级

根据2008年信用服务行业统计年报，参加统计的49家信用服务机构中，从事资信评级业务的有17家，2008年资信评级业务总收入为13 002.2万元，占行业总营业收入的29.3%，相比2007年的9 828.75万元增长了32.3%。

商业征信

根据2008年信用服务行业统计年报，参加统计的49家信用服务机构中，从事商业征信业务的有30家，2008年商业征信业务总收入为18 234.3万元，占行业总营业收入的41.2%，相比2007年的14 663.8万元增长了24.4%。

信用管理

根据2008年信用服务行业统计年报，参加统计的49家信用服务机构中，从事信用管理业务的有19家，2008年信用管理业务总收入为7 165.9万元，占行业总营业收入的13.3%，相比2007年的2 651.7万元增长了170.2%。 （刘 洋）

二、行业规范与自律

法规标准建设

2008年，为了规范投诉处理工作，市征信办着手进行规范性文件《上海市征信活动投诉处理规定（草案）》的起草和意见征询工作。

市征信办指导行业协会制订联合企业标准《中小企业信用评估准则》，2008年11月30日正式发布，并开展了《商业征信准则》与《中小企业信用评估准则》的贯标宣传。围绕信用服务行业标准制订与实施现状、合同使用现状开展调研，完成了《信用服务行业标准制定与实施情况调研报告》、《上海信用服务行业合同使用情况调研报告》。

监管与自律

2008年，市征信办共受理了8起信用服务机构备案申请，核准8起。截至年底，在市征信办备案的信用服务机构达到56家。对已备案机构，市征信办在《解放日报》和《文汇报》上进行了公告。依法受理了多起市民和社会组织对信用服务活动的咨询和投诉，同时与市仲裁委合作，积极探索处理信用服务行业投诉事件的仲裁机制。

2008年，上海信用服务行业协会继续履行行业代表、服务、自律和协调职能，加强行业与政府的沟通，大力支持和协助市征信办的备案统计、法规标准建设、课题调研等各项工作，积极推动会员单位加强自律，开展行业服务标准的制订和推广工作，引导行业规范经营，提高行业整体素质和服务水平，并为协会换届做好了筹备工作。

（刘　洋）

三、行业宣传和品牌建设

2008年10月27日，由市征信办主办、静安区信息委、原市经委、市质量技监局和市工商联承办、市信用服务行业协会协办的“风险·规范·发展——2008信用服务行业助力中小企业发展讲座”活动成功举行。该讲座的举办加强了信用服务行业的推广宣传，提升了行业知晓度和影响力，有助于广大中小企业提高信用意识，防范信用风险。

2008年，经与市名牌产品推荐委员会协商，信用服务行业首次被纳入现代信息服务业名牌评审范围，上海远东资信评估有限公司、上海新世纪资信评估投资服务有限公司、上海杰胜商务咨询有限公司、上海致融企业信用征信有限公司4家业内机构提出申报，其中上海远东资信评估有限公司、上海新世纪资信评估投资服务有限公司的服务品牌被评为上海名牌。

（刘　洋）

第三章 社会诚信创建活动

概 述

2008年，上海市社会诚信创建活动全面深入推进，继续开展了形式多样、内容丰富的诚信活动周，编辑出版了多本信用知识及信用建设成果汇编，在《国务院关于进一步推进长江三角洲地区改革开放和经济社会发展的意见》指导下，信用长三角建设取得新发展。

（陈 思）

一、诚信宣传与诚信自律

2008上海诚信活动周

10月23～29日，2008年上海市诚信活动周在全市展开。市征信办以“诚信上海，和谐生活”为主题，设计制作了诚信宣传画，将诚信标识、诚信歌、诚信誓词、诚信招贴画登在上海诚信网，供诚信体系推进部门下载使用，得到各区县的积极响应。

徐汇区在港汇广场门口制作了22块诚信小故事展板，向路人宣传诚信知识，并在太平洋数码广场LED屏滚动播放“诚实守信，立身之本；人人诚信，道德日兴；社会诚信，和谐文明”的诚信誓词。

上海海关在诚信活动周期间向全体关员、上海市报关协会全体会员单位、各隶属关处辖区内的进出口企业相关负责人及管理部门发送“信达于诚，铸就辉煌事业；法精于治，造就和谐社会”诚信宣传短信3 000余条。

市人才服务中心召开人才信用产品发布会，以“构筑人才高地，建设诚信才市”为主题，面向用人单位和个人开展诚信宣传活动，引导其诚信招聘、诚信求职，在人才市场中倡导和加强诚实守信的理念。

社会信用状况调查

10月，在东方网、上海诚信网，市信息委、浦东新区、徐汇区、松江区、金山区等政府门户网站，以及市工经联、石材、汽配、汽销、医药等行业协会网站开展为期1个月的社会信用状况调查，收到反馈问卷478份。据测算，信用报告知晓率达82.3%。

（陈 思）

二、信用培训与知识普及

《上海社会信用制度汇编》

编辑出版了《上海社会信用制度汇编》，从社会诚信体系建设综合布局、信用信息记录和共享、征信活动管理、企业信用制度建设、社会综合管理中的信用制度建设、城区建设发展中的信用制度建设等10个方面，收集了上海市自1999年启动个人信用征信试点以来在社会诚信体系建设探索实践中形成的91项信用制度安排，逾70万字。

（陈 思）

《上海信用服务行业发展报告（2008）》

为总结近年来上海社会诚信体系建设工作，

增强社会各界对上海信用服务行业发展历程、现状及其重要作用的认识，市征信办组织相关企业、研究机构、专家学者编写了《上海信用服务行业发展报告（2008）》。报告通过图文并茂、数据解析等方式，较为详实地介绍了上海社会诚信体系建设和信用服务行业发展的历程与现状以及主要成果与经验，共计十三章约15万字（不含附录），2009年将正式出版发行。（刘 洋）

《上海金融发展报告2008——诚信体系建设》

撰写《上海金融发展报告2008》第二十章第一节“诚信体系建设”，阐述了市征信办2008年发布的各项指导性政策意见，联席会议62家成员单位展开的各类信用制度建设创新以及信用服务行业发展情况、社会诚信创建活动开展情况。

《上海改革开放第一例——个人征信与信用体系》

以国家领导人的几次重要批示为发展标志，回顾了上海市社会诚信体系从1999年个人信贷服务起步到如今覆盖经济社会生活各方面近10年的发展历程，系统展现了上海在诚信体系建设领域的创新与探索。此文列入市委、市政府纪念改革开放三十周年《上海改革开放第一例》一书中，并在《文汇报》“改革开放30年”专栏中发表。

（陈 思）

“上海诚信网”建设

继续加强“上海诚信网”建设，网站点击量稳步增长，影响力进一步增强，为宣传上海社会诚信体系建设提供了信息窗口，为市征信办规范和引导信用服务行业健康发展提供了网络平台，为社会各界和备案信用服务机构获取信息和服务、网上办事提供了便利渠道。

（刘 洋）

三、信用长三角区域合作

“信用长三角”联动建设工作培训

1月8日，根据2007年长三角区域信用体系建设第二次专题组会议精神，“信用长三角”联动建设工作培训在上海浦东干部学院举办，三地信用办领导分别介绍了各自信用体系建设的探索与实践，共有来自43个地市区130余名信用体系建设工作人员参加学习。

“信用长三角”专题组会议

3月27～28日，浙江省、上海市、江苏省信用体系建设主管部门在绍兴共同召开了长三角区域信用体系建设专题组2008年第一次例会，交流两省一市2008年社会信用体系建设工作要点，明确了签署信用服务机构备案互认协议、编制长三角区域信用体系建设中长期规划等四项2008年区域信用体系建设重点工作。

《共建“信用长三角”合作备忘录》

4月20日，中国人民银行、上海市政府、江苏省政府、浙江省政府在首届长三角金融论坛上签署《共建“信用长三角”合作备忘录》，就共同推进长三角地区社会信用体系建设达成共识。

“信用长三角”第二届高层研讨会（2008’浙江）

10月14～18日，“信用长三角”第二届高层研讨会（2008’浙江）在杭州举办，浙江省常务副省长陈敏尔、江苏省常务副省长赵克志、上海市常务副市长杨雄参加会议并作主题演讲。三地信用办签署了《长三角信用服务机构备案互认协议》。会议还就金融领域信用评价和风险防范、信用服务业的培育和发展、电子商务领域的信用评价、中小企业的信用管理和信用风险等内容进行了研讨。两省一市信用体系建设的相关工作人员，金融机构、信用服务行业和相关行业协会的专家和代表200余人出席了会议。

长三角区域信用体系建设中长期规划大纲

以《国务院关于进一步推进长江三角洲地区改革开放和经济社会发展的意见》为指导，会同江苏省、浙江省信用办磋商确定《长三角区域信用体系建设中长期发展规划（2008～2020年）》（大纲）。

（陈 思）

文　献

文 告

2008年上海市国民经济和社会信息化公报

2008年是上海贯彻落实党的十七大、市委全会精神，加快推进“四个率先”、建设“四个中心”和社会主义现代化国际大都市，全面实施市信息化“十一五”规划的关键一年。本市信息化工作积极贯彻落实科学发展观，不断推动工业化和信息化融合发展，以科技创新为动力，以信息技术广泛应用为核心，信息基础设施应用能级不断提升，信息产业发展保持良好势头，信息安全保障能力持续增强，信息化发展环境进一步优化，诚信体系建设取得新成果。

一、信息基础设施

规划编制和管理

完成虹桥交通枢纽、真如城市副中心、浦东空港物流园区、临港物流园区奉贤分区、奉贤南桥新城、金山亭林镇等的信息基础设施专业规划编制；推进松江、闵行区的规划编制。至年末，规划覆盖面积已达1 700平方公里，比上年末增加490平方公里，涉及规划人口约750万，比上年末增加80万。完成世博园区移动通信宏基站选址规划编制。

公共信息基础设施

建成跨太平洋直达光缆系统（TPE）并开通运营，光缆总长17 000公里，初期设计容量1.28Tbps，在亚洲的4个登陆点分别是上海、青岛、淡水、巨济。至年末，集约化信息管线累计敷设4 007.14沟公里，比上年末增加876.14沟公里；累计接入商业大楼2 326栋，比上年末增加451栋；架空线入地累计完成4 035皮长公里；长途光缆线路总长4 332.6芯公里；长途电话业务电路总长18.45公里；微波占有信道累计达967波道公里；数字微波线路总长2 832公里；卫星站点累计达781个，比上年减少24个；无线电台（站）累计达到6.46万个（不包含PHS基站），其中公众移动通信基站累计达6 939座。

信息网络设施

至年末，固定电话交换机容量达1 402.1万门，比上年末减少52.6万门；移动电话交换机容量达3 370万户，比上年末增加744万户；互联网宽带接入端口达611.3万个，比上年末增加79.7万个；城镇居民家庭计算机拥有量达109台/百户，其中接入互联网的计算机数达91台/百户；农村居民家庭计算机拥有量达47台/百户，其中接入互联网的计算机数达32台/百户；全市营业网吧1 462家，营业网吧计算机20万台；城镇居民家庭人均信息消费支出达1 648元，占人均消费支出的8.5%；农村居民家庭人均信息消费支出达665元，占人均消费支出的7.3%。

功能型服务设施

超级计算中心 高性能计算机应用领域扩展到28个，新增大型民用客机、桥梁工程、测绘、农业、生物医

学领域应用。“曙光4000A”主机系统年平均使用率达88.5%，资源得到充分有效利用。2008年6月，中心与中科院计算所、曙光公司共同研制出每秒200万亿次的高性能计算机“魔方”（曙光5000A），在11月世界通用计算机领域排名中位列世界第十、亚洲第一。

互联网络交换中心 完成了交换平台的扩容改造，建立了3+N(即3个核心节点、若干个接入节点)的闭环网络架构，构建了集数据采样、分发、处理、发布为一体的综合实时流量发布系统。全年交换平台总交换流量达2 429TB，同比增长6.8%，日均交换流量达6.6TB，最高峰时突破12.7TB；总互联带宽超过12.96Gbps，总交换路由信息达44个B类IP地址，网络交换容量超过720Gbps。

无线电管理

完成虹桥交通枢纽、世博园区两项无线电区域综合规划。全年审核常规无线电设备使用11 502台，初审无线电设备新型号申请133件。完成电信运营商年度公用移动通信基站设置计划的联合会审，涉及相关设备累计达2 967个。全年完成230个基站的景观化改造，协调推进473个项目、总覆盖面积约2 000万平方米的室内分布系统建设。推进6个无线电监测站的建设和联网，重点增强长江入海口、杭州湾区域水上频率监测能力和世博园区电磁环境监测保障能力。

信息通信保障

完成跨太平洋直达光缆系统安全保障工作。完成2008年F1赛车中国站的信息通信保障。完成2008北京奥运会、残奥会相关无线电安全保障任务，累计出动专业力量412人天，完成频率协调551个（组），建立备用频率库为奥足赛储备频率514个（组）；组织实施奥运会专项执法检查，共检查上海赛场周边单位60家，无线电设备932台；对符合使用规定的无线电发射设备发放及贴附标签累计10 218张；保障火炬上海站传递活动，出动移动监测车40辆次，监测值班约900小时；保障奥运会上海赛区足球比赛，出动移动监测车78车天，6个固定监测站和4个移动监测站全天候监测，每站平均监测724小时。

世博园区信息基础设施建设

完成《上海世博会筹备和举办期间无线电管理规定》编制工作。完成世博园区“三站一中心”无线电技术基础设施建设规划编制并实现落地，建成一个固定监测站。基础通信管线在世博浦东园区开工近5沟公里，浦西园区完成施工设计方案。完成园区通信局房选址、各区块接入机房位置及数量的确定；完成一轴四馆信息基础设施配套设计方案；开展世博村和样板组团信息基础设施配套建设。

二、信息产业

全年完成信息产业增加值1 670.52亿元，比上年增长14.2%，占全市生产总值的12.2%。其中，信息产品制造业增加值944.61亿元，增长11.2%；信息产品销售业增加值35.27亿元，增长35.3%；信息服务业增加值690.64亿元，增长18.4%。信息产品出口额达642.94亿美元，同比增长19.6%，占全市外贸出口额的38.0%；软件出口额（不含嵌入式软件出口）7.57亿美元，同比增长28.7%。

信息产品制造业

全年完成工业总产值6 162.8亿元，同比增长11.5%，主营业务收入6 288.6亿元，同比增长4.7%。重点行业持续稳定发展，电子计算机制造业实现销售收入3 265.9亿元，同比下降1.9%；液晶电视机产量达116万台，同比增长38.6%；显示器产量达202万部，同比增长6.3%；笔记本电脑产量达5 261万部，同比增长37.9%。至年末，信息产品制造业从业人员累计达55万人。

集成电路产业 全年实现销售收入457亿元，完成集成电路布图设计数达181件，占全国的34.8%（不含国外

权利人）。全市已有中芯国际、华虹NEC、宏力、台积电、先进等公司的8条8英寸生产线，中芯国际1条12英寸生产线。经集成电路“一带两区”（浦东微电子产业带、漕河泾和松江）建设，已形成覆盖设计、制造、封装测试、配套服务等较为完整的集成电路产品链。

通信设备制造业 全年完成工业总产值854.1亿元，同比增长72.7%。随着TD-SCDMA的商用试验网建设，移动通信基站产量达343万信道，同比增长11.7%。

新型元器件产业 全年实现制造业销售收入575亿元。上海松下、上广电、上海天马分别建成国内第一条PDP生产线和5代、4.5代TFT-LCD生产线，形成从关键材料、面板到整机的完整液晶显示产业链。太阳能光伏电池、半导体照明等领域发展水平处于国内同行业领先水平，全年LED产值约30亿元，芯片光效从40LMW到65LMW，封装光效从65LMW到90LMW，光衰减40%，产品覆盖特种照明、路灯和民用照明。

汽车电子领域 全年实现销售收入487.2亿元，同比增长17%。已集聚40多家具有一定技术水平的国内外专业企业，在车身电子关键控制部件、涉及安全和节能环保等的汽车电子产品、汽车电子基础元器件方面，完成了一批研发和产业化工作；参与了国家汽车计算平台项目研发。

信息服务业

全年实现经营收入1 811.8亿元，同比增长20.6%。其中电信服务业经营收入484亿元，同比增长10.4%；广电服务业经营收入64.9亿元；互联网服务业经营收入183.5亿元，其中网络游戏经营收入约82亿元，占全国50%；软件产业经营收入1 004.8亿元，同比增长25.3%。至年末，信息服务业从业人员达27.8万人。

软件业 全年认定软件企业282家，登记软件产品1 782个。至年末，全市共有软件企业1 561家，其中经营收入超亿元的企业109家；取得计算机系统集成资质等级的企业累计达169家，其中一级11家、二级29家；通过CMM/CMMI3级以上国际认证的企业达107家，其中5级12家、4级6家；软件从业人员达20.9万人，超千人软件企业16家；6家企业被评为2008年中国软件收入百强企业，其中1家同时被评为中国前十自主创新软件企业。

电信服务业 至年末，固定电话用户累计达1 015.4万户，其中，住宅电话用户累计达660万户，小灵通用户累计达155.4万户，固定电话普及率达53.8%；移动电话用户达1 880.9万户，比上年末增加104.4万户，移动电话普及率达99.6%。全年长途电话通话时长达194.2亿分钟，同比增长2.32%，其中，国际及港澳台电话通话时长达1.9亿分钟，同比增长18.75%。固定电话长途通话时长达30.2亿分钟，同比下降17%；移动电话长途通话时长达35.4亿分钟，同比下降11.72%；IP电话通话时长达128.6亿分钟，同比增长13.50%。

广电服务业 全年公共广播节目共播出21套，公共电视节目共播出25套，有线数字电视共播出33套；公共广播节目播出时间达13.19万小时，公共电视节目播出时间达17.17万小时。至年末，有线电视用户累计达527.2万户，比上年末增加28万户，其中有线数字电视用户累计达70.9万户，互动电视用户累计达15万户。

互联网服务业 至年末，全市互联网用户累计达1 160万人，比上年末增加80万人，互联网普及率达61.4%。至年末，宽带接入用户累计达418.6万户，比上年末增加54.6万户，其中家庭宽带接入用户达376.7万户；FTTB+LAN接入用户累计达84.2万户；ADSL接入用户累计达298万户；HFC接入用户累计达28万户；无线宽带用户数达8.4万户。至年末，互联网拨号用户累计达60.8万户，其中移动互联网拨号用户数1.7万户。至年末，IPTV用户累计达74.58万户。互联网服务业与商业、金融、文化、娱乐等产业融合发展，累计8家企业在海外上市。

信息产业公共服务体系

信息产业基地园区建设 上海国家微电子产业基地自主创新取得新进展，成功开发65纳米标准CMOS工艺和0.13微米SONOS工艺。国家（上海）平板显示器件产业园规划面积2.2平方公里，以上广电集团为主体建设以TFT-LCD为核心的产业链，已建立一条五代TFT-LCD生产线，电气硝子玻璃等配套产业投产。浦东软件园成为国家软件产业基地和软件出口基地，园区注册企业1100多家，园区从业人员达1.2万人。上海市数字媒体产业园区入驻企业686家，全年实现销售收入28.21亿元，同比增长37.08%；园区二期新增10.2万平方米商务办公面积，与相关单位合作建设数字内容、数字电视、研发等公共服务平台。信息服务外包产业园采取"总部+基地+企业"的组园模式，实现了恒通基地、龙软基地、多媒体谷基地的产业园布局，已引进企业53家。国际信息服务外包产业园完成智造局一期、二期和柳林大厦3个重点改造项目，新增面积5万多平方米，园区环境和管理服务再上台阶；智造局一期已满租，入驻企业54家，"电信信息化机房"投入使用；深入推进上海市服务外包知识产权试点区、标准化示范区和人才促进中心建设。上海张江数字出版基地2008年7月16日正式成立，入驻企业超过100家，重点建设数字出版综合业务信息服务交易、数字出版技术研发平台和数字出版专业人才培养平台三大功能性平台，已建成基地监管网，启动"张江国家数字出版实验室"建设工作。上海文化信息产业园即"东方慧谷"于2008年12月6日奠基，占地600亩，总建筑面积约50万平方米，分三期开发，以文化创意产业、信息产业为园区特色，以3G移动娱乐等数字内容产业为核心产业。

信息产业公共服务平台建设　上海集成电路研发中心建成材料设备验证平台；初步建立先进工艺模型、IP核、产品可靠性和可制造性设计DFM的综合技术能力；完成0.18微米高压工艺、嵌入式Flash工艺等特色工艺技术开发并投入应用；为企业提供成套工艺开发和转移、特色国工艺开发、设备材料验证及工艺人才培训服务。上海硅知识产权交易中心已拥有包括数字、模拟、逻辑、存储、接口等在内的SIP核2 689个，其中一半以上经过硅基验证；有SIP供应商83家。集成电路测试公共服务平台由上海华岭推进建设，开发了300多种集成电路产品测试技术，取得13项集成电路测试软件国家著作权登记，全年为国内100多家集成电路企业提供了测试技术服务。上海市软件评测中心拥有3个符合国际ISO/IEC17025标准的测试实验室，先后承接上海洋山港综合信息服务平台、上海市居住证信息系统等市重大信息化项目的评测服务。上海研发公共服务平台科技文献服务系统和科学数据共享系统已有27家图书馆和1家商业数据库加盟，拥有文献资源量占上海总量的90%以上。上海知识产权信息服务平台已具备国内外专利文献的快速、高效查询和下载功能，并连接了商标、版权、非专利文献和其他公共服务平台。

三、政务领域信息化

政府信息公开

完成《上海市政府信息公开规定》、《上海市政府信息发布协调工作规范》等配套制度规范；完成上海市行政机关公文类信息目录备案系统建设，形成上海市政府信息公开工作平台；完成《上海市行政机关公文类信息目录登记备案工作办法》和相关技术要求的制定，在7个单位试点基础上，基本完成在全市各政府机关的部署。至年末，备案公文类信息目录达2.86万条；各政府机关累计主动公开政府信息30.86万条，比上年末增加4.99万条；累计受理政府信息公开申请4.26万件，比上年末增加0.72万件；申请满足或者部分满足率累计达77.2%。

电子政务基础支撑体系

市公务网　至年末，累计50个业务应用主管部门的应用系统在网上运行，新增5个应用系统；96个联网单位网站在促进工作交流、信息共享方面发挥着重要作用。

市政务外网　完成市政务外网市级传输骨干网建设，骨干网与国家政务外网对接路由器等设备完成调试。至年末，政务外网市级骨干网接入点达到520个；基于外网运行的应用系统新增及补充完善15个，累计38个；新增国家部门与条线业务联网应用3个，累计6个；企业基础信息库、政务信息公开、市容城管投诉、户外广告设施设置审批等应用系统在网上试点运行。全市协同办事平台累计达12个，比上年末新增2个。

800兆数字集群政务共网　至年末，累计建设基站135个，配置应急机动通信车2辆，用户终端数达4 629台，共网覆盖上海市行政区以及洋山深水港。

“中国上海”门户网站　至年末，网站首页访问量达1.11亿人次，比上年末增加1 725.23万人次；页面访问量达11.02亿页次，比上年末增加2.94亿页次；信息公开板块页面访问量达5 956万页次，比上年末增加1577万页次；下载政府信息公开申请表格1.97万次；“近期公开信息”栏目全年发布政府信息达2 071条。至年末，网站内容整合系统与全网检索系统数据库可检索数据达77.9万条；在政府信息免费服务平台注册的电子邮件订阅服务用户达6 360人次，手机短信订阅服务用户达16.4万人次，平台全年发送短信478.8万条；网站集聚网上办事项目1 677项，其中可在线受理的办事项目783项，办事状态实时查询项目560项，结果反馈事项681项，提供表格下载4 752张；网上服务项目达387项，其中网上咨询项目55项、网上投诉项目53项、实用信息查询项目279项。

重点应用系统

社会保障和市民服务信息系统　至年末，累计发放社会保障卡1 425.57万张，比上年末增加313.34万张，其中中小学生社会保障卡（学籍管理卡）195.7万张，敬老服务卡136.97万张，补（换）卡128.67万张。

居住证信息系统　至年末，累计发放居住证53.26万张，比上年末增加20.23万张；累计发放临时居住证690.71万张，比上年末增加271.59万张。

进出口领域企业信息共享应用系统　依托上海电子口岸平台、企业基础信息共享应用系统和市政务外网资源，基本建成进出口领域企业信息共享应用系统并投入试运行。系统包括较为完整、准确的企业信息库和信息交换平台，初步实现近3万家企业175项信息在海关、检验检疫、外汇管理、商务、工商、税务、质监、国资管理部门间的及时交换与共享，初步形成与市企业基础信息共享应用系统的协同与互动框架，做到新增企业信息“一口采集，多部门使用”，企业变更信息“单部门变动，多部门联动”，确保各部门企业信息的准确、完整和一致性。

四、经济领域信息化

农业信息化

在84家规模化养猪场、84家蔬菜园艺场、11家水产养殖场、4家奶牛场推广使用农业生产管理系统。在50家大型超市设立农副产品安全信息查询机，可查询QS码的农副产品已达到6万多个，其中300多个农副产品的产地品牌、生产过程、质量认证检疫检测等相关信息可通过扫描包装上的条形码获知。

企业信息化

制定《上海市应用信息技术改造提升传统产业行动计划（2009～2010）》。制定《企业信息技术应用项目认定备案管理办法》，完成《企业信息技术应用推进重点项目管理规范》编制，发布2批企业信息技术应用解决方案（产品）推荐目录，22家IT企业的解决方案（产品）。成立企业信息化公共服务平台标准联盟，发布《企业信息化公共服务平台通用规范》，完成上海市企业信息化公共服务平台建设。完成工业领域企业研发设计、智能装备、生产过程、经营管理等方面信息化试点项目。至年末，企业信息化ASP服务平台“商务领航”企业用户累计达11万家。

电子商务

全年完成电子商务交易额2 758.17亿元，同比增长13.7%。BtoB电子商务专项支持服务工作重点支持11个

行业电子商务平台建设。启动“电子商务进我家”系列推广活动，30多家知名网站共同参与。

口岸信息化

全年上海电子口岸平台数据传输量达160GB，同比增长4.4%；电子单证传输量达9 695万张。上海电子口岸税费电子支付系统继续拓展服务功能和应用领域，至年末，入网企业累计达3 500家，全年实现税费电子支付1 004亿元，占上海海关税额的51.2%。海关总署授权服务全国的海关税费支付系统启动建设。特殊区域联网监管系统和外高桥保税区监管信息系统整合试点。江浙沪地区海事船舶动态信息共享启动试点。上海口岸入境货物检验检疫及口岸查验管理系统启动建设，部分子系统正式上线运行。

物流信息化

陆上货运56135信息平台完成物流企业数据库建设，涵盖5万家物流公司和10万家制造业企业，有效资讯2万条。基本完成上海市危险品储运安全监控管理系统开发，初步实现危险化学品生产、存储、运输的全程实时监控与管理，已在上海氯碱、高桥石化等单位开展试点。

金融信息化

银行卡应用　全年全市银行卡交易总量达6.69亿笔，交易总金额达6 918.92亿元，同比分别增长22.1%和15.4%；银行卡交易金额中，持卡消费金额达2 486.72亿元，同比下降12.8%，其中社会零售类持卡消费额1 875.39亿元，占社会消费品零售总额的比重达41.3%。全年跨行成功交易4.96亿笔，交易金额达3 926亿元，同比分别增长29.4%和0.2%。银行卡受理环境进一步优化，至年末，全市银行卡联网特约商户累计达5.6万家，联网POS机具达16.33万台，占全国的9%，联网ATM机达9 271台。至年末，银联标准卡发卡量达1 531万张，市银行卡发卡量达7 915.22万张，比上年增加1 133.58万张，其中贷记卡增加592.80万张。

金融税控收款机应用　完成金融税控收款机公共管理和服务系统建设，印发《上海市税控收款机机具供应商及销售服务代理商管理办法》。在饮食、娱乐行业共推广金融税控收款机约300台。

旅游信息化

基本建成旅游企业数据库、旅游统计数据库和旅游人力资源数据库。上海旅游热线962020月均呼入量达6 500个。至年末，上海旅游网访问量累计近5 000万人次，提供近百家合作旅行社的实时在线预定，日常可提供500条线路，黄金周期间提供约800条线路。

五、社会事业与公共服务领域信息化

社会事业领域信息化

教育领域信息　上海教育资源库完成三期建设，至年末，资源总量达4TB，累计访问量超过3 800万次；普通高等院校网上教学课程达3 679种；教育网络图书馆部分资源向市民信箱用户免费开放。建成市、区县、学校三级的信息化应用管理体系，中小学生综合素质评价应用在闵行区和黄浦区全区试点，其他区县共有53所学校参加试点。“家校互动”系统覆盖全市1　250所中小学和654所幼儿园，113.8万户家庭开通系统应用。上海教科网以支持万兆、IPv6和MPLS为基本要求完成部分的主干升级改造工程；教科研协作平台初步形成，制订教育系统跨校认证标准并在十余所高校实现跨校认证；网上报告厅等应用项目试运行，全年上海教科网流量达5×109TB。

公共卫生领域信息化　全部建成联通19个区县以及42个市级骨干节点单位的信息网络，覆盖600多家各级各类医疗卫生机构。公共卫生应急指挥中心基本建成，应急数据库与相关应急单位实现数据共享，多个应急相关应用软件系统上线运行，实现试点机构医疗业务数据在线采集。闸北、闵行、长宁等区市民电子健康档案应用试点取得初步成效。至年末，“医联工程”联网市级医院达23家，通过市民信箱累计向市民发送检验检查报告1.03万份。

文化领域信息化　至年末，建成文化信息资源共享工程基层点累计达1 795个，其中，街道（乡镇）图书馆基层服务点104个、行政村基层服务点1 211个、其他基层服务点480个，区县支中心覆盖率达100%，行政村覆盖率达66%；工程本地数字资源库规模超9TB。数字电视、车载移动电视、手机电视等数字新媒体蓬勃发展。

社区信息化

社区信息化综合试点　卢湾区开展市社区信息化综合试点，先行在五里桥街道构建起覆盖社区基础工作的“一体化”社区信息化架构，实现与城市网格化管理、政府采购、房产资源管理系统等8项区级协同应用系统整合，初步形成“区街居三级联动”模式。

社区公共服务信息化　部分街镇完成社区事务受理从“一门式”到“一口式”的转变，实现现场服务与政府门户网站、服务热线等服务渠道联动运作。全年社区服务信息平台共发布动态信息7.6万条、社区服务志愿者信息1.7万条、居委会基本信息2 900条、“一门式”信息1.6万条，新增社区公共服务信息8 600条；“962200社区服务热线”接听并处理居民来电40万个，接通率、处理率、满意率分别达100%、99.83%和94%。此外，12个区县、60.7%的街镇各自设立服务热线，满足社区居民的个性化要求；信息网络成为开展党组织活动、管理党员信息，促进“两新”组织和流动党员交流沟通的重要手段。至年末，社区信息苑累计达到330家，农村信息苑达到1 200家，覆盖174个街道（镇）及1 200个行政村。

市民信息服务

为视力障碍者提供信息沟通服务　被列为2008年市政府实事项目，至年末，2.7万名视力障碍者享受到了信息沟通优惠服务。

市民信箱　至年末，市民信箱注册用户累计达361.20万人，比上年末增加28.25万人；累计向用户发送各类信息7.77亿条次；累计开展159次网上调查活动，参加调查的人数超过81.9万人次。

付费通　至年末，付费通平台累计交易达9 611万笔，比上年末增加3 801.5万笔；累计交易金额达85.9亿元，比上年末增加35.48亿元。

六、城市建设和管理领域信息化

城市网格化管理信息系统

完成南汇、奉贤、崇明两区一县网格化平台建设，实现城市网格化管理城市化核心区域的全覆盖。在市政、绿化行业开展专业网格化建设试点，基本形成基础平台、基层队伍、基本流程和制度，建立工作部门合作的管理体系和信息资源共享的系统架构。

城市地理空间信息平台

城市地理信息的空间信息网格运行服务平台（SIG）基本建成，累计图层约100项，数据量已达7TB。至年末，地理信息延伸产品提供生活服务、交通出行等社会服务信息及政府办事机构信息累计达8.4万条。城市地下空间基础信息平台完成长宁区、黄浦区地下管线和地下构筑物数据采集；完成汇聚整合和三维表现等应用功能开发；编制完成12项技术规范草案。完成2008年度全市数码航空遥感摄影，10多个专业局使用遥感影像数据产品，对旧改、绿化、河道、世博等资源做了新一轮摸底调查。

交通信息化工程

交通综合信息平台工程通过竣工验收，完成全市高架道路和内环以内地面道路交通信息的汇聚，实现跨行

业交通信息规范化整合及本市交通信息的共享和交换，为进一步汇聚接入更大范围的道路交通、公共交通和对外交通信息奠定了基础。至年末，交通卡累计发卡4 161.49万张，比上年末增加920.85万张，全年销售金额达13.41亿元，同比增长15%，新增2处退卡网点。

土地房屋综合管理信息系统

土地管理系统方面，完成土地交易、新增建设用地计划指标管理、土地开发整理复垦管理、建设用地预审、土地执法等系统的开发和完善。登记系统方面，完成用户管理系统升级，完善登记册查询功能。交易管理系统方面，完善新建商品房备案系统统计功能，完成二手房交易资金监管系统开发。房地产监测系统方面，完成在建项目统计功能开发，对系统进行调整优化。完成房地产估价报告网上系统开发的总体设计。物业管理系统方面，完成962121物业管理呼叫中心的开发建设，以962121平台为依托，一口受理公众在住宅小区的报修、投诉、咨询和重大事项报告，覆盖受理、派单、处置、督办、反馈、回访6个环节，实现7×24小时的全过程监管；平台与12319热线及有关信息系统紧密关联，实现信息互通和资源共享；完成物业违章搭建和群租情况上报系统建设。

世博会综合管理信息系统　协同办公平台、园区工程建设管理、参展者服务、特许商品管理、证件管理和活动管理等应用子系统完成阶段建设并投入试运行。票务信息管理系统、信息安全管理平台、培训平台等信息化项目启动建设。962010世博服务热线同步提供文字和语音咨询服务。世博会官方网站完成改版并开通了无线网站。

七、信息安全

信息安全管理

发布《迎世博信息安全保障两年行动计划》，完善对世博会信息安全保障工作的支撑协调；市网安办组织11个主管部门和19个区县政府开展奥运信息安全保障专项检查，落实赛事期间值班制度，确保奥运期间本市互联网及重要信息系统的信息安全。完成重要信息系统信息安全测评50个；开展社会管理、公共服务类网站系统安全专项工作，组织专业机构对本市128家重点网站开展安全培训和专项检测；督促有关单位编制预案演练计划，指导检查了市机管局、浦东新区等单位的演练工作；开展大学生信息安全知识竞赛，提升社会公众的信息安全意识。等级保护制度进一步落实，至年末，共有1 123信息系统在公安部门定级备案。

信息安全服务

基本完成上海市测评认证系统二期项目建设，本市信息安全检测服务能力达到国内领先水平。推广数字证书在电子政务、电子商务等领域的应用。至年末，完成14个市级委办局的公务员数字证书发放工作；全市累计发放各类数字证书138.6万张，其中个人证书34.6万张，企业证书97.1万张。累计向20余家媒体提供病毒预报52期，预报病毒181种并提供相应解决方案。9682000信息化服务热线咨询服务网点达14家，全年提供咨询服务12.0万人次、上门服务6 636人次。上信计算机司法鉴定所面向刑事诉讼、民事诉讼、执法机关、财务审计、公司调查、网络服务、知识产权保护等领域开展电子证据取证和鉴定服务，共完成计算机司法鉴定委托26次。

信息安全技术研发及产业化

至年末，国家信息安全产业化（东部）基地入驻企业累计达112家，其中高新技术企业15家，从业人员4 890人；申请国际专利27项、国内专利51项，著作权登记30项；转化“863”计划成果3项、其他国家科技成果4项。全年信息安全产业实现经营收入30.29亿元，同比增长4.1%，从业人员超过1.35万人。

八、区县信息化

区县电子政务框架体系建设

各区县按照《上海市电子政务总体框架建设指南》推进电子政务建设，通过2006年至2008年三年的建设，基本建成由统一的政务网络、安全体系、资源管理体系等构成的电子政务平台，完善了信息化项目管理制度，形成整体化规划、集约化建设、系统化管理的电子政务推进模式。经由第三方专业机构测评，区县电子政务总体框架建设符合《上海市电子政务总体框架建设指南》，实现预期目标。

区县信息化优秀成果评选

围绕关注民生统筹城乡发展、提升产业能级促进区域经济发展、政府职能转变和服务管理创新三个主题，共评选出30个2008年度区县信息化优秀成果。

试点工作推进

在长宁、黄浦、松江三个区开展国家电子政务综合试点，基本完成电子政务应用支撑平台建设。长宁区重点探索了技术人员派驻制、项目归口审核制、项目实施监理制等组织推进机制建设，黄浦区重点探索了政务信息资源管理体系，松江区重点探索了行政审批电子监察建设。金山区农村信息化综合信息服务试点基本完成，完成全区所有124个行政村为农综合信息服务站建设，为全市农村社区公共服务中心的信息化建设提供了参考模式。

信息化支撑社会主义新农村建设

建立全市涉农信息化协调会议制度，印发《统筹推进本市为农综合信息服务工作的意见》。至年末，完成800个为农综合信息服务站、1 200个东方农村信息苑和1 800个农村党员干部现代远程教育基层播放点建设。至年末，“农民一点通”智能信息服务终端点击量累计达200万次；上海农科热线累计服务次数达39.4万次，其中回答网上提问2 126个，答复来信688封，接待来访咨询5 416人，专家下乡服务10 549人次，主动回访客户电话5 000个。“千村万户”农村信息化培训普及工程完成年度工作任务，至年末，共认定109个培训点，开展三期共117人的师资培训，累计2.64万人完成培训课程并参加市统一考核，完成宣传普及10.18万人。

九、信息化环境

信息化规划计划

完成《上海市国民经济和社会信息化“十一五”规划》中期评估工作；完成“十一五”以来上海城市信息化建设和信息产业发展情况的报告；完成信息产业“十一五”专项规划中期评估报告；完成信息化“十一五”规划汇编，收录总体规划1个，专项规划8个。完成《上海信息化建设迎世博600天行动计划》编制。

信息化项目管理

发布《上海市市级机关信息系统项目建设规划编制规范（试行）》、《上海市市级预算单位信息系统运行维护项目外包服务合同示范文本（2008版）》、《上海市信息化发展专项资金管理办法》等。市本级信息化项目支出预算审核工作进一步深化，全年共受理303家市级预算单位的千余个信息化项目申报。与市财政局联合完成培训教材编制及课件制作，对310家预算单位的617名财务和信息化工作人员进行了培训；开发预算项目申报软件和审核软件。全市用于信息化建设的固定资产投资278.69亿元，占全社会固定资产投资总额的5.8%。

信息化政策法规

市人大常委会审议通过《上海市促进电子商务发展规定》，自2009年3月1日起施行。发布《上海市社会保障卡副卡管理办法》。全年共开展无线电电磁环境管理办法、计算机信息系统突发事件处置办法、电子政务管理办法、政府投资信息化项目后评估管理暂行办法4项立法调研，开展数字证书使用服务协议示范文本、“长三角”信息化政策法规联动机制、国内外信息化政策法律动态3项课题研究。组织完成相对集中行政审批工作情况调查、行政许可法实施情况自查、无线电管理等重点执法部门的自查和检查工作。积极开展“五五”法治宣传年度重点工作。

信息化标准与质量管理

完成世博会电子票务系统应用技术规范、上海市网络游戏行业服务规范等19项信息化标准制定项目，其中国家标准4项，地方标准6项，联合企业标准6项。3项世博支撑类信息化标准完成地方标准立项。

信息技术创新和知识产权保护

科教兴市重大产业科技攻关项目　两批9个项目中，7个产业项目已全部完成建设任务并完成中期评估，其中5个完成后评估，2个进入后评估阶段；2个信息化项目中，上海市房屋土地综合管理信息系统项目仍在建，上海超级计算中心扩建工程完成二期建设。

信息技术相关知识产权保护　根据《上海市实施〈国家知识产权战略纲要〉若干意见》推进信息技术领域知识产权工作，至年末，上海信息技术领域专利总量为4.12万件，位列全国第四，其中，发明专利2.48万件，占总量的60.18%；累计登记软件产品数量达7 682个，集成电路布图设计数达697件。

信息化研究与咨询

信息化专家委员会　配合世博信息化推进，主办“2008世博信息化研讨会”，汇编64篇论文形成世博信息化论文集；编辑出版第四届专家委论文集暨决策咨询报告汇编《专家论城市信息化》，收录27篇专家论文及世博信息化研究成果摘要；累计60余人次参与了各类信息化项目咨询和国际交流活动；10位专家参加了亚太地区信息化论坛第七届年会。

信息化研究　开展上海电子商务推进政策研究、上海信息基础设施集约化建设机制研究、E-DNA安全分析及对策研究、特大型城市灾难备份体系建设和管理机制研究、上海社会保障卡扩展性转型和应用拓展研究等9项课题研究；完成信息化对上海发展服务经济的推动作用研究、信息技术推动上海网络创意产业发展研究等11项课题研究。

信息化培训

至年末，全市参加计算机应用能力考试者累计达417万人次，其中获得合格证书者达到195万人次。万名软件人才培养工程完成首期18名教师的师资培训，通过院校课程嵌入、全日制培训和企业内训方式开展培训。上海市信息专业技术人才更新工程（市“653工程”）综合服务平台项目启动，至年末，累计1 296人参加培训，其中1 174人获得部颁培训证书；市“653工程”办公室累计受理课程立项申报218项，126门课程通过立项审核，新增15门课程成为市“653工程”指定课程。2008学年普通高校信息专业在校学生达5.91万人，毕业学生达1.48万人。

信息化合作交流及重要会展

国际国内合作交流　成功举办亚太地区城市信息化论坛第七届年会，34个国际组织、28个国家的98个城市的代表共计450人出席年会；启动联合国全球电子政务知识库亚洲中心建设，发布《2007中国电子政府发展水平测评报告》。成功举办2008上海国际信息化博览会，展览总面积12万平方米，展位5 433个，展商1 995家，境外展商超过59%。成功举办2008上海软件外包国际峰会。完成《2008上海信息产业投资合作指南》、《上海信息服务外包能力报告》。举办2008上海信息化建设情况介绍会。签订加强上海与杭州信息化培训合作与交流的框架协议。成功举办2008年度西部地区信息化与信息产业人才研修班。苏浙沪三地签订联合开展长三角城市信息化发展水平指数评测研究等发展与规划相关工作的合作协议。与嘉兴共同实施两地互联网络交换“同城化”互联工程。苏浙沪三地半导体行业协会组织召开长三角半导体（IC）产业区域合作圆桌论坛。积极促进藏族语言文字信息化，向西藏援助藏文版办公软件并培训学员1 260人。

信息化社团管理

成立上海市交通电子行业协会。发布《上海信息化行业2007年发展报告》。筹建上海市校企合作信息服务业专业理事会。完成了14家协会、4家民办非企业单位和1家基金会2007年度年检初审工作。开展信息化系统社团组织的规范化建设评估和星级评定工作，市信息服务业行业协会被确定为四星级社会组织。

十、社会诚信体系

社会信用制度建设

签署《关于共同推进城市交通行业诚信体系建设合作备忘录》；形成将食品药品严重违法企业及相关人员信息、违法搭建和欠缴物业费信息、有罪判决和破产清算信息等纳入联合征信系统的工作方案；在全市推广将企业不良记录相关责任人员、金融高管职业信用信息纳入联合征信系统。组织22家政府部门、行业协会、科技园区、商业企业开展2008年社会信用制度建设试点，主要举措包括：搭建经济团体信用制度建设系统，市工经联引导行业形成因地制宜的信用制度安排；建设社会组织信用信息平台，市汽配和汽销行业协会、文广传媒、硅知识产权交易中心各自形成了行业信用查询机制；组织开展以商圈和园区为载体的商务领域信用管理制度试点；发布《上海市危险化学品生产企业推进安全生产诚信建设实施方案》和《上海市危险化学品生产企业安全诚信评估导则》。组织徐汇、松江、南汇、杨浦、浦东五个区共计300多家中小企业参加中小企业信用信息自主申报试点。启动“科技企业信用互助融资计划”和知识产权抵押贷款试点。在人才录用和流动、汽车租赁、廉租房和经济适用房申请、出境游、典当、公证等领域推广使用信用产品。

信用服务行业发展与规范

至年末，市征信办备案信用服务机构累计达56家，2008年度受理备案申请8起，核准8起。至年末，个人联合征信系统累计涵盖1 047万人的信用信息，比上年末增加118万人；个人信用产品提供量累计达1 008万份，比上年末增加100万份。企业信用联合征信系统向市社会诚信体系建设联席会议各成员单位提供免费查询，并建成48大类信用数据自动采集系统。开展信用服务行业统计，发布《2007年上海信用服务行业统计情况》，编纂《上海信用服务行业发展报告（2008）》。发布《中小企业信用评估准则》（Q/YXBW2—2008）。开展行业服务品牌建设，4家机构申报参评上海服务名牌。

社会诚信普及与长三角互动

组织62家社会诚信体系建设联席会议成员单位开展形式多样的诚信创建活动。编写《公务员信用读本》、《社会信用制度汇编》、《改革开放第一例——征信篇》。签署《共建“信用长三角”合作备忘录》和《长三角信用服务机构备案互认协议》。完成长三角区域信用体系建设中长期规划大纲的编制工作。

信息化法律法规

地方性法规

上海市促进电子商务发展规定

（2008年11月26日上海市第十三届人民代表大会常务委员会第七次会议通过）

第一条 为了促进本市电子商务发展，根据有关法律、行政法规，结合本市实际，制定本规定。

第二条 本市行政区域内促进电子商务发展及其相关管理活动，适用本规定。

第三条 本规定所调整的电子商务，是通过互联网进行销售商品、提供服务等的经营活动。

本规定所称的从事电子商务的企业，包括在互联网上建立电子商务应用服务平台（以下简称电子商务平台）的企业、在电子商务平台内从事经营活动的企业、在互联网上建立网站销售商品或者提供服务的企业以及其他通过互联网从事经营活动的企业。

第四条 本市促进电子商务发展，遵循政府推动、企业主导、市场运作、依法规范的原则。

第五条 市经济信息化行政管理部门负责组织、指导和协调电子商务的推广以及相关的信息化推进、管理工作。

市商务行政管理部门负责拟定商务领域电子商务发展的政策、措施、标准、规则，做好相关推进、管理工作。

其他有关行政管理部门根据各自职责，做好促进电子商务发展和相关管理工作。

区、县人民政府及其相关行政管理部门按照各自职责，做好促进电子商务发展工作。

第六条 市经济信息化行政管理部门会同市发展改革、商务等行政管理部门编制本市电子商务发展规划，纳入本市信息化发展规划，并与相关产业发展规划相衔接。

第七条 市经济信息化行政管理部门会同有关行政管理部门根据本市国民经济和社会发展中长期规划以及社会对基础通信网络的需求，组织编制信息基础设施发展规划。

电信运营企业应当增强通信服务能力，提高通信服务水平。

第八条 本市优先支持下列促进电子商务发展的项目：

（一）先进制造业和现代服务业等重点领域电子商务平台的建设。

（二）电子支付、安全认证、信用服务、物流信息等电子商务服务体系的建设。

（三）电子商务关键技术的研发和推广应用。

前款所列项目的支持办法，由市人民政府另行制定。

第九条 本市政府采购应当优先采用电子化方式，利用相关电子商务平台，开展信息发布和交易、支付、信用评估等活动。

第十条 市经济信息化、商务、发展改革、财政、税务、教育、科技、统计、人力资源社会保障、金融服务等行政管理部门应当按照各自职责，做好下列促进电子商务发展工作：

（一）制定并及时公布符合本规定第八条所列项目的项目指南。

（二）建立电子商务统计制度，完善电子商务统计指标体系，定期发布电子商务发展报告。

（三）组织开展电子商务基础知识和应用技能的培训；培养和引进适应电子商务发展的各类专业人才。

（四）推动电子商务领域的信用建设，建立市场诚信公共服务平台。

（五）采取创业指导、信息咨询、技术服务等措施，扶持中小企业通过电子商务平台开展经营活动。

（六）推动建立适应电子商务发展的风险投资、融资担保、责任保险等机制，推动电子商务发展。

（七）推动企业运用电子商务开拓国内外市场，促进跨国、跨地区电子商务合作交流。

（八）推进电子签名与认证技术的应用，支持电子认证服务机构实现交叉认证。

（九）鼓励银行推广和完善电子银行服务业务，支持发展第三方电子支付服务机构。

第十一条 本市各级行政管理部门应当推进实施适应电子商务发展的管理方式，建立和完善电子化的管理系统、信息共享系统和公共服务平台。

市工商、质量技监等行政管理部门应当建立和完善企业注册、组织机构代码、各类许可证等信息的电子查询系统，并根据政府信息公开的规定提供相关信息的网上查询服务。

第十二条 本市相关行业协会应当按照法律、法规的规定，发挥行业自律和行业服务作用，做好下列促进电子商务发展的工作：

（一）制定和完善行业内电子商务争议处理的规则和程序，协调会员之间、会员与非会员之间或者会员与消费者之间的争议事项。

（二）建立行业内电子商务信用评价制度，推进相关信用评价的互通、互联、互认。

（三）向政府有关部门提出制定电子商务相关标准的建议，推动会员单位制定电子商务相关标准并组织实施。

（四）引导会员运用电子商务平台组织市场拓展，发布市场信息，推介行业产品或者服务。根据会员需求，开展行业电子商务应用培训和咨询服务。

（五）研究制定适应电子商务特征的合同示范文本，并推广应用。

（六）其他可以促进电子商务发展的工作。

市人民政府有关行政管理部门应当支持相关行业协会开展前款规定的活动，并提供指导。

第十三条 本市建立和完善统一的电子口岸数据交换平台，实现对外贸易监管数据电子化报送，提高通关效率。

市口岸、经济信息化和商务行政管理部门应当推进电子口岸数据交换平台应用功能的拓展，为对外贸易电子商务提供支持和便利。

第十四条 从事电子商务的企业应当根据国家有关规定取得相关证照，并在其经营网页上公开以下信息：

（一）营业执照、组织机构代码以及其他与经营资质相关的资料。

（二）互联网信息服务许可登记或者备案登记的电子验证标识。

（三）所经营产品依法应当取得的许可、认证证书以及产品名称、生产者等产品信息。

（四）经营地址、邮政编码、电话号码、电子信箱等联系信息。

第十五条 从事电子商务的企业应当根据国家有关规定，对电子商务活动中的交易标的、数量、质量、价款、履行方式、违约责任等信息进行记录并保存，保存时间不得少于两年，但国家另有规定的除外。

市经济信息化行政管理部门应当推动建立第三方电子数据保存系统，提供交易信息的保存、查询等服务。

鼓励从事电子商务的企业委托第三方电子数据保存系统保存交易信息。

第十六条 企业在从事电子商务的过程中需要采集个人信息的，应当向信息提供人说明采集目的和使用范围，不得收集与该经营事项无关的个人信息，不得超越范围使用所获得的个人信息。

对获得的个人信息应当采取必要的安全措施，保障其不被泄露；未经信息提供人同意，不得将所获得的个人信息向第三方转让。

市质量技监行政管理部门应当会同市经济信息化行政管理部门组织制定电子商务个人信息采集的相关标准。

第十七条 从事电子商务的企业在互联网上以商业广告等公示方式，对商品或者服务的质量、价格、售后责任等向消费者作出许诺的，其提供的商品或者服务的质量、价格、售后责任等应当与许诺相一致。消费者受上述许诺引导而购买商品或者接受服务的，从事电子商务的企业应当将该许诺作为约定的内容。

第十八条 在互联网上建立电子商务平台的企业应当按照国家规定，建立健全网络与信息安全保障制度，保障电子商务平台安全。

在互联网上建立电子商务平台的企业，对经营过程中知悉的在其电子商务平台内从事经营活动企业的经营信息，应当按照约定，承担保密义务。

在互联网上建立电子商务平台的企业应当建立经营证照核查制度，对在其电子商务平台内从事经营活动的企业的相关经营证照进行查看、核对，并留存复制件。

在互联网上建立电子商务平台的企业发现在其电子商务平台内从事各类违法行为的，应当予以制止，并立即向有关部门报告。

第十九条 市工商、经济信息化、商务等行政管理部门应当会同市消费者权益保护委员会，建立并完善下列与电子商务相关的消费者权益保护机制：

（一）消费投诉处理机制。完善消费投诉系统，与在互联网上建立电子商务平台的企业建立消费投诉联网，为消费者投诉提供便利和指导。

（二）信用评价机制。支持在互联网上建立电子商务平台的企业对在其电子商务平台内从事经营活动的企业进行信用评价，向消费者提供信用评价信息。

（三）消费信息公布机制。发布电子商务相关消费警示信息和消费指导信息，并披露经核实的消费者投诉情况。

从事电子商务的企业向消费者出具购货凭证或者服务单据，应当符合国家有关规定或者商业惯例；征得消费者同意的，可以以电子化形式出具。电子化的购货凭证或者服务单据，可以作为消费者权益保护组织处理消费纠纷投诉的依据。鼓励在互联网上建立电子商务平台的企业为平台内从事经营活动的企业提供电子化购货凭证或者服务单据的统一格式文本。

第二十条 违反本规定的行为，法律、法规有处罚规定的，依照法律、法规的规定处罚。

从事电子商务的企业违反本规定有下列情形之一的，由工商行政管理部门责令限期改正，可以处以警告；逾期不改正的，处以一千元以上一万元以下的罚款：

（一）未按规定在其经营网页上公开营业执照信息的。

（二）未按规定提供购货凭证或者服务单据的。

第二十一条 行政管理部门的直接主管人员或者其他责任人员，玩忽职守、滥用职权、徇私舞弊的，由其所在单位或者上级行政主管部门依法给予行政处分。构成犯罪的，依法追究刑事责任。

第二十二条 本规定自2009年3月1日起施行。

上海市人民代表大会常务委员会

二〇〇八年十一月二十六日

规范性文件

上海市社会保障卡副卡管理办法

第一条（目的依据）

为了促进政府部门社会管理和公共服务水平的提高，运用信息化方式做好便民利民工作，规范应用社会保障卡副卡向市民提供社会公共服务的行为，根据《上海市社会保障卡管理办法》，制定本办法。

第二条（适用范围）

本市行政区域内社会保障卡副卡的申领、制作、发放及其相关的管理活动，适用本办法。

第三条（定义）

本办法所称的社会保障卡副卡（以下简称副卡），是指由政府部门或者政府部门委托的机构为拓宽社会保障卡便民利民功能、延伸服务范围而专门制作并向符合申领条件的市民发放的可以作为享受专项公共服务凭证的实名制个人专用卡。

第四条（管理部门）

上海市社会保障和市民服务信息系统管理办公室（以下简称市信息服务办）负责副卡应用方案及卡面样式的认定，以及副卡申领、制作、发放的管理等工作。

市相关管理部门及其委托的单位（以下统称副卡应用部门）依据各自职责，负责副卡应用方案设计、专项公共服务功能开发和应用推广的管理等工作。

上海市社会保障和市民服务信息中心（以下简称市信息服务中心）配合副卡应用部门做好副卡应用方案设计等相关工作，负责副卡申领、制作、发放的组织实施工作。

各区县社会保障卡管理机构负责做好副卡申领人的信息采集和副卡发放的组织工作，各区县社会保障卡受理机构负责做好副卡申领人的信息采集和副卡发放的具体工作。

第五条（副卡设计）

副卡应用部门依据本部门职责，结合副卡所提供的专项公共服务内容，参照制卡相关技术标准，设计副卡应用方案及卡面样式。

第六条（副卡制作）

副卡的应用方案、卡面样式经市信息服务办认定后，由市信息服务中心组织有关单位按照相关技术标准统一制作。

第七条（使用期限）

副卡可以根据类别设定有效使用期限，有效使用期限不得少于2年，到期应当办理续期手续。

第八条（副卡申领）

具有本市常住户口并符合副卡申领条件的市民可以自愿申领副卡。

申领副卡可以由申领人到就近的街道（乡、镇）社会保障卡受理点或者其他指定的受理点（以下统称受理点）办理，或者通过单位统一到就近的受理点办理。

第九条（副卡使用）

副卡持卡人（以下简称持卡人）可以凭副卡享受本市已向社会开放的优待、优惠、优先或免费等专项公共服务。

第十条（应用办法）

副卡在相关领域的具体应用办法，由副卡应用部门根据认定后的副卡应用方案和实际,会同市信息服务办另行制定。

第十一条（换领办理）

有下列情形之一的，持卡人可以携带本人有效身份证明和副卡，到就近的区县社会保障卡补换卡受理点或者其他指定的受理点（以下统称补换卡受理点）申请换领：

（一）卡面污损、残缺、不能辨认的；

（二）因副卡的质量问题在专用读卡设备上不能正常使用的；

（三）有关主管部门同意变更卡面登记内容的。

发生前款第（二）项情形的，持卡人可以到就近的补换卡受理点要求检验副卡。检验结果证实副卡确系存在质量问题的，就近的补换卡受理点应当免费予以更换。

第十二条（挂失办理）

持卡人遗失副卡的，应当携带本人有效身份证，到就近的补换卡受理点办理挂失手续。

第十三条（解除挂失）

持卡人在挂失后找回副卡，且未办理补领手续的，可以携带有效身份证明和副卡，到就近的补换卡受理点办理解除挂失手续。

第十四条（补领办理）

持卡人在挂失后需要补领副卡的，应当携带本人有效身份证明，到就近的补换卡受理点申请补领。

持卡人补领新卡后，由副卡应用部门冻结原卡的使用。

第十五条（委托办理）

持卡人不能自行办理副卡的换领、挂失、解除挂失、补领等事务时，可以委托他人办理。

委托他人办理的，被委托人应当携带由委托人签名或者盖章的书面委托书，委托人、被委托人的有效身份证明；委托办理换领和解除挂失手续的，还应当携带委托人的副卡。

第十六条（副卡注销）

因户口迁出本市、出国定居、死亡、失踪等原因注销本市户籍的，持卡人或者近亲属应当及时到就近的受理点办理副卡注销手续。

第十七条（信息告知）

受理点在办理完注销手续后，补换卡受理点在办理完换领、挂失、解除挂失、补领手续后，应当及时将相关信息传送至市信息服务中心，市信息服务中心应当及时将信息告知副卡应用部门，由副卡应用部门做出后续处理。

第十八条（副卡费用）

副卡的具体收费项目及标准，按照市政府有关规定执行并予以公布。

第十九条（争议处理）

副卡申领、发放过程中发生争议的，当事人可以向市信息服务办提出申诉。

因副卡的质量问题发生争议的，持卡人可以到市质量技术监督管理部门认定的具有资质的检验机构检验，取得质量检验报告。检验结果证实副卡确系存在质量问题的，由补换卡受理点负责免费予以更换并承担检验费用。

副卡使用中发生争议的，持卡人可以向副卡应用部门提出申诉。

第二十条（复议和诉讼）

持卡人对争议处理结果不满的，可以依法申请行政复议或者提起行政诉讼。

第二十一条（业务咨询）

市信息服务中心应当就副卡办理的具体事项向市民提供业务咨询并公布咨询联系方式。

第二十二条（违规处理）

有下列情形之一的，由市信息服务办会同副卡应用部门依据相关法律法规和规章的规定处理；情节严重的，移送司法机关依法追究法律责任：

（一）出让、转借副卡的；

（二）冒领、冒用、盗用他人副卡的；

（三）伪造或者变造副卡的；

（四）使用应当注销的副卡的；

（五）买卖或者使用伪造、变造的副卡的。

第二十三条（工作人员违法行为处理）

有关工作人员玩忽职守、滥用职权、徇私舞弊的，依照有关规定予以行政处分；构成犯罪的，依法追究其刑事责任。

第二十四条（功能拓展）

副卡的专项公共服务功能，由市相关管理部门根据社会发展、市民需求和专项公共服务的提供能力，分步实施，逐项启用。

符合本办法第八条第一款条件、年满70周岁的老年人， 可以申领敬老服务专用副卡，作为在公共服务领域享受敬老服务的凭证。

第二十五条（解释部门）

本办法由市信息服务办负责解释。

第二十六条（施行日期）

本办法自2008年8月1日起施行。

上海市信息化委员会
二〇〇八年七月二十二日

其他法律文件

上海市信息化委员会、上海市工商行政管理局关于推行使用《上海市市级预算单位信息系统运行维护项目外包服务合同示范文本》的通知

各有关单位，各工商分局：

为了加强对本市市级预算单位信息系统运行维护项目外包服务的管理，维护合同双方合法权益，上海市信息化委员会、上海市工商行政管理局结合本市实际情况，联合制定了《上海市市级预算单位信息系统运行维护项目外包服务合同示范文本(2008版)》（以下简称《示范文本》）。现就推行使用《示范文本》通知如下：

一、《示范文本》供本市市级预算单位信息系统运行维护项目外包服务合同双方参照使用，各区县政府以及其他单位和企业的信息系统运行维护项目外包服务合同双方也可参照使用。

二、《示范文本》使用过程中产生的纠纷可由上海市信息法律协会协助处理。

三、《示范文本》通过上海市信息化委员会网站（www.shanghaiit.gov.cn）、上海市工商行政管理局网站（www.sgs.gov.cn）予以公布。

四、《示范文本》由上海市信息化委员会、上海市工商行政管理局联合制定，任何单位和个人不得出于商业目的擅自翻印和出售。今后在未制定新的版本前，本版本延续使用。

附件：上海市市级预算单位信息系统运行维护项目外包服务合同示范文本(2008版)（略）

上海市信息化委员会
上海市工商行政管理局
二〇〇八年七月十八日

附　　录

2008年上海信息化建设大事记

1月1日，中央电视台正式采用上海高清的国际单载波技术，启动高清地面广播业务，上海高清为此次央视成功开播提供了全方位的系统及芯片支持。

1月9日，原信息产业部、上海市政府、上海中标软件公司联合向西藏自治区政府援助藏文版办公软件签约仪式举行。上海市常务副市长杨雄、西藏自治区副主席吴英杰、原信息产业部电子信息产品管理司副司长陈英出席签字仪式并讲话。

2月29日，第四次长三角地区信息化合作座谈会在浙江台州举行，会议交流了两省一市2007年信息化建设和信息产业发展情况，以及2008年工作重点，总结了第三次长三角地区信息化合作座谈会以来重点合作项目推进情况，讨论研究并确定了2008年长三角信息化合作目标与重点项目。

3月5日，市信息委与中国电信上海分公司签署“2008年推进上海信息化合作协议”。

3月11日，2008上海信息化建设情况介绍会上，市信息委新闻发言人介绍了2007年上海信息化建设情况和2008年工作重点，外国驻沪领馆、各国在沪商会、国内外新闻机构和主要外商独资IT企业代表近200人参会。

3月18～20日，由市信息委、浦东新区政府共同主办，国际半导体设备与材料协会、慕尼黑国际博览集团和中国印制电路板行业协会承办的2008上海国际信息化博览会在浦东新国际博览中心举行。科技部副部长曹健林，上海市委常委、常务副市长杨雄，德国联邦经济与技术部副部长绍尔特等出席开幕式。本届上海信博览会共有800多家境内展商、1 170多家境外展商参展。

4月1日，市信息委与IBM全球服务（中国）有限公司签署合作备忘录，双方将在社会公共服务、城市建设和管理、信息技术创新等领域加强交流与合作。

4月17日，市信息委与中国移动上海公司共同签署“2008年持续推进上海信息化建设合作协议。”

4月，市信息委编制完成《上海市迎世博信息安全保障两年行动计划》并发布实施。

4月20日，中国人民银行、上海市政府、江苏省政府、浙江省政府在首届长三角金融论坛上签署《共建“信用长三角”合作备忘录》，就共同推进长三角地区社会信用体系建设达成共识。

4月30日，杨雄常务副市长主持召开全市信息安全保障工作会议，就落实《上海市迎世博信息安全保障两年行动计划》向全市信息安全主管部门和信息安全重点单位提出明确工作要求。

5月9日，中国人民银行征信中心在上海揭牌，中国人民银行副行长兼上海总部主任苏宁、上海市副市长屠光绍出席仪式，并共同为征信中心揭牌。

5月26～27日，亚太地区城市信息化论坛第七届年会在上海举行，联合国经社理事会主席雷欧·麦诺雷斯、联合国开发计划署南南合作特设局局长周一平，以及工信部副部长杨学山等出席，常务副市长杨雄在开幕式上致辞。

汶川大地震发生后，翰讯公司迅速组织救援队，在北川县、青川县等重灾区搭建了MiWAVE远程宽带无线视频监控及应急通信系统，为灾区的救援指挥、医疗指挥、防疫指挥、宽带无线网络覆盖、移动视频监控等方面发挥了重大作用。

6月13日，上海市“千村万户”农村信息化培训普及工程在青浦华新镇启动。

7月18日，市信息委、市工商局联合发布《上海市市级预算单位信息系统运行维护项目外包服务合同示范文本（2008版）。

7月22日，市信息委发布《上海市社会保障卡副卡管理办法》，为政府部门利用社会保障卡实施敬老服务等实事项目提供了制度性、规范性保障。

8月1日起，全市70周岁以上户籍市民凭敬老服务专用卡，享受免费乘车政策。此前，市社会保障卡服务中心已对全市70周岁以上户籍市民集中办理了敬老服务卡的申领和发放。

9月16日，由中科院计算技术研究所、曙光公司、上海超算中心共同研制的曙光5000在天津正式下线，11月在北京完成性能测试，并在当年全球超级计算机排名中位列全球第十、亚洲第一。

9月28日，市信息委印发《上海信息化建设迎世博600天行动计划》。

10月9日，市财政局、市信息委发布《上海市信息化发展专项资金管理办法》。

10月14～18日，“信用长三角”第二届高层研讨会在杭州举办，浙江省常务副省长陈敏尔、江苏省常务副省长赵克志、上海市常务副市长杨雄参会并作主题演讲；三地信用管理部门共同签署《长三角地区信用服务机构备案互认协议书》。

10月22～24日，“2008上海软件外包国际峰会暨第三届上海国家软件出口基地软件展示交易会”在上海举行；会上发布了“2007上海软件出口企业排行榜”，并确定了4家“2008上海市服务贸易（信息技术）人才培训基地”。

10月份，上海市经济和信息化委员会挂牌成立，原上海市经济委员会、原上海市信息化委员会的有关职责划入上海市经济和信息化委员会，并进行相应调整。

11月4～8日，2008中国国际工业博览会在上海新国际博览中心举行，展览面积达到12.65万平方米，中外参展企业（机构）1 810多家，展位5 000多个，创历届之最。

11月10日，由工业和信息化部主办的改革开放三十周年电子信息产业成就展在北京举行，部领导视察了上海展区，并对改革开放三十年来上海在信息产业发展方面取得的成绩，以及对国家信息产业发展作出的贡献给予充分肯定。

11月17日，市经济信息化工作党委书记潘志纯、市经济信息化委副主任金兴明走进东方网聊天室，与网友在线交流。

11月22日，中共中央政治局常委、国务院总理温家宝在沪视察调研时，与包括上海贝尔阿尔卡特在内的数十家企业进行座谈，国家高度重视并支持大型企业在经济发展中发挥重要作用。

11月25～27日，工信部信息化推进司董宝青副司长带领中国机械工业联合会、中国纺织工业协会、中国航天科技集团等方面同志，赴上海调研工业产品研发设计信息化情况。

11月26日，市十三届人大常委会第七次会议表决通过《上海市促进电子商务发展规定》，并于2009年3月1日起施行。

12月23日，中共中央政治局常委、国务院副总理李克强，中共中央政治局委员、上海市委书记俞正声，上海市委副书记、市长韩正视察展讯通信公司。

月底，上海集成电路科技馆正式建成开放，科技馆集中了大量珍贵的照片、实物、多媒体演示等展项，反映了集成电路的发展历史、制造技术和广泛应用。

各类先进表彰汇总

2008年度上海市区县信息化优秀成果名单

浦东新区土地管理信息系统、浦东新区规划管理网上审批平台

徐汇区企业服务网、徐汇区电子政务治理平台

长宁区政府投资项目监督管理系统、长宁区城区建设与管理系统

普陀区LED半导体照明公共服务平台机制探索、普陀区商业企业信用管理系统

闸北区上海信息服务外包产业园项目推进及制度建设、闸北区财政管理信息平台

虹口区实有人口管理维护机制探索与实践、虹口区电子政务数据调度中心

杨浦区五角场高科技园区征信平台、杨浦区社会应急联动中心系统

黄浦区监控图像地理信息系统、黄浦区电子政务应用支撑体系

卢湾区涉外经济综合信息管理系统

静安区市民服务中心“一口受理”信息系统、静安区法人领域信息分类编目和目录服务系统

宝山区信息化项目绩效评估研究

闵行区村务管理（四本台账）信息系统、闵行区EHR社区卫生服务综合信息系统

嘉定区环保局综合业务管理信息系统、嘉定区基于无线及网站群技术的“三农”综合信息服务平台

金山区涉农综合信息管理系统

松江区农业信息服务管理平台

南汇区招商引资与项目审批管理系统

奉贤区政务网安全认证支撑平台

青浦区交通信息化建设项目

崇明县农村合作医疗实时结算系统

2008年度市信息化工作系统党群工作各类先进名单

一、全国先进

（一）全国总工会表彰

全国优秀工会工作者

李　军　　上海普天邮通科技股份有限公司

（二）中华全国妇女联合会表彰

迎奥运“全国巾帼文明岗”

中国电信上海公司浦东局112受理中心受理班

二、上海市先进

（一）上海市委组织部、上海市社会工作委员会表彰

上海“两新”组织优秀共产党员

李希明　　上海海鼎信息工程股份有限公司副总工程师

童陵枫　　上海市信息化培训协会秘书长

上海“两新”组织优秀党务工作者

郑　珊　　上海信息化发展研究协会党务干事

（二）上海市总工会表彰

上海市五一巾帼奖（集体）

中国移动通信集团上海有限公司网络优化中心网络监控组

中国电信上海公司网络操作维护中心网络管理部

联通上海分公司技术支持与网优中心综合办公室

中国电信上海公司松江局市场拓展处电话营销组

上海市五一巾帼奖（个人）

唐敏华　　中国移动通信集团上海有限公司

郑　颖　　中国电信上海公司浦东局

上海市心系女职工好领导

杜梅龙　　中国电信上海公司北区局党委副书记、局长

上海市优秀工会工作者

张新康　　中国移动通信集团上海有限公司工会主席

方金妹　　中国移动通信集团上海有限公司客服中心工会主席

董海燕　　中国电信上海公司工会办公室主任

张宏伟　　上海市信息投资股份有限公司党委副书记、系统工会主席

上海市优秀工会积极分子

张志强　　中国移动通信集团上海有限公司人力资源部副总经理

邱浩庆　　中国电信上海公司浦东局党委副书记、纪委书记、工会主席

朱治中　　电信科学技术第一研究所工会主席、友益公司总经理

上海市“工人先锋号”（集体）

上海普天邮通科技股份有限公司AFC事业部

上海全景数字技术有限公司DVB事业部

上海市职工技术创新成果优秀奖

上海全景数字技术有限公司：一种多路传输流的软复用方法及装置

上海市数字证书认证中心有限公司：分布式证书验证系统

上海市职工技术创新成果二等奖

上海普天邮通科技股份有限公司AFC事业部：城市轨道交通自动售检票系统

2007年度上海市职工技协工作目标管理考核三等奖

上海市信息化工作系统职工技术协会

上海市总工会推进女职工专项集体合同先进单位

上海普天邮通科技股份有限公司工会

（三）上海市文明委表彰

2006－2007年度上海市精神文明建设优秀组织者

殷　雄　　中国电信上海公司松江局党委书记、局长

施　恩　　中国电信上海公司崇明局党委书记、局长

费　康　　中国移动通信集团上海有限公司南郊分公司总经理兼党支部书记

刘　青　　中国联通上海分公司党群监察部主任

（四）共青团上海市委、上海市经济和信息化委员会、上海市青年联合会表彰

第七届“上海IT青年十大新锐”

毛卫良　　中国移动通信集团上海有限公司数据业务中心业务研发部经理

赵瑞颖　　上海市信息安全测评认证中心主任

韩　茁　　中国电信上海公司中区局局长兼党委副书记

第七届“上海IT青年十大新锐”提名奖

吴恩平　　上海市计算机病毒防范服务中心技术部副主任

彭朝晖　　上海市社会保障和市民服务信息中心总信息师

（五）共青团上海市委表彰

上海市五四红旗团委

上海亿通国际股份有限公司团委

中国电信上海公司长途无线部团委

上海市五四特色团委

上海市信产通信服务有限公司团委

中国联通有限公司上海分公司团委

上海市五四特色团支部

上海市无线电管理局团总支

中国电信上海宝山电信局机关团支部

中国移动通信集团上海有限公司网络优化中心浦西优部团支部

上海联通技术支持于网络优化中心团支部

优秀基层团建工作项目

打造“蓝色畅想青春舞动”平台，培养后备人才（中国电信股份有限公司上海嘉定电信局团委）

“党团同行一程路”有效承载党建带团建（中国电信股份有限公司上海分公司团委）

2008年度上海共青团信息工作先进个人：信息化建设和应用类

崔 伟 中国电信上海公司团委

潘秋焱 上海慧龙计算机系统有限公司

（六）上海市巾帼建功活动领导小组、上海市妇女联合会表彰

上海市巾帼文明岗

2007年世界特殊奥运会执委会信息通信部综合协调组

中国移动通信集团上海有限公司客户服务中心10086热线

中国电信上海公司长途无线部集群核心网监控班

三、上海市综合工作党委系统先进

（一）2006—2007年度市综合系统精神文明建设优秀组织者（6名）

张 震 中国电信上海公司研究院党委副书记

沙光明 上海市信产通信服务有限公司党委副书记

王三稳 中国电信上海公司机关党委副书记

刘德顺 中国电信上海公司青浦局党委副书记

张冬莉 上海普天邮通科技股份有限公司党委工作部主任

袁丽燕 上海市信息服务业行业协会党委副书记、副秘书长

（二）上海市综合系统精神文明创建活动品牌

中国联通上海分公司：《联通你我 关爱未来》——联通义工关爱农民工子女系列活动

（三）上海市综合系统优秀志愿者（7名）

丁春颖 中国电信上海公司中区局维护中心机务员

叶士平 中国电信上海公司奉贤局退休职工

朱光民 中国移动通信集团上海有限公司网络优化中心班长

魏 欣 中国网络通信集团公司上海市分公司总经理助理、浦东区分公司经理

马 良 中国移动通信集团上海有限公司传输动力中心设备管理

费 旭 中国联通上海分公司客户服务中心客服代表

张 俊 上海普天邮通科技股份有限公司综合管理

（四）上海市综合系统志愿服务先进集体（6个）

中国电信上海公司长途无线部南京路为民服务队

中国电信上海公司南汇局

上海邮电设计院有限公司

上海共联通信信息发展有限公司

中国移动通信集团上海有限公司南郊分公司志愿者服务队
中国网络通信集团上海市分公司第五党支部

（五）上海市综合系统志愿者活动优秀组织者

姜明良　中国电信上海公司松江局党委委员、党群办主任
胡晓萍　中国联通上海分公司团委副书记

（六）2007年度上海市综合系统社会主义精神文明十佳好人好事

中国移动通信集团上海有限公司：书香飘万里　移动献真情
上海市社会保障卡服务中心：为老服务新举措、社保卡及时送关爱
中国电信上海公司奉贤局：六十六个孩子和六十六颗爱心

（七）2008年度上海市综合系统十佳团组织

上海市信息化工作系统团工委
中国电信股份有限公司上海分公司团委
上海普天邮通科技股份有限公司团委

（八）2008年度上海市综合系统特色团组织（23个）

上海市通信管理局团委
上海市无线电管理局团总支
上海市数字证书认证中心有限公司团支部
中国电信上海公司宝山局团委
中国电信上海公司浦东局团委
中国电信上海公司电信技术研究院团委
中国电信上海公司嘉定局团委
中国电信上海公司上海NOC团委
中国移动通信集团上海有限公司网络优化中心团总支
中国移动通信集团上海有限公司客户服务中心呼入服务部团支部
中国移动通信集团上海有限公司传输动力维护中心浦东传输设备与电路维护部团支部
中国移动通信集团上海有限公司集团客户部第一团支部
中国移动通信集团上海有限公司东区分公司团支部
中国移动通信集团上海有限公司北区分公司团支部
中国移动通信集团上海有限公司运行维护中心漕溪维护部团支部
中国移动通信集团上海有限公司工程建设部团总支
中国联通有限公司上海分公司网络工程中心团支部
中国联通有限公司上海分公司客户服务中心团支部
中国联通有限公司上海分公司网络管理中心团支部
中国联通有限公司上海分公司网络维护中心团支部
中国联通有限公司上海分公司集团客户中心团支部
中国联通有限公司上海分公司G网经营部团支部
中卫国脉通信股份有限公司呼叫中心团支部

（九）2008年度上海市综合系统十佳团干部

李 菁 上海市信息化工作系统团工委委员、上海市信息安全测评认证中心团支部书记

徐 杨 中国电信上海公司团委副书记、长途无线部团委书记

（十）2008年度上海市综合系统优秀团干部（18名）

王 凌 中国移动通信集团上海有限公司客户服务中心团总支书记

庄 元 中国联通有限公司上海分公司团委委员

朱文琴 中国移动通信集团上海有限公司团委干事

余成钢 上海普天有通科技股份有限公司直属团支部书记

张 萍 中国电信上海公司宝山电信局团委书记

杨 柳 中国联通有限公司上海分公司客户服务中心团支部书记

杨 莉 中国电信上海公司浦东局团委书记

经 松 上海市通信管理局团委书记

罗丽娟 中国联通有限公司上海分公司团委委员

郑 颖 上海市信息化协会系统团委副书记（主持工作）

俞鸿斌 上海亿通国际股份有限公司客户服务部副经理、团委副书记

赵汝杰 中国联通有限公司上海分公司数据业务中心团支部书记

唐 勇 中国联通有限公司上海分公司团委委员

徐 婷 上海市信息化委员会机关团支部书记

莫 伟 中国移动通信集团上海有限公司机关团总支书记

高玮杰 上海普天邮通科技股份有限公司打印机事业部团支部书记

黄 欣 中国联通有限公司上海分公司技术支持与网优中心团支部书记

黄 健 上海普天邮通科技股份有限公司团委副书记

四、上海市信息化工作系统先进

（一）2006年度"双文明"双十佳好事（20件）

中国电信上海公司奉贤局：六十六个孩子和六十六颗爱心

上海市信息化委员会区县信息化处：开展为农综合信息服务试点，服务社会主义新农村建设

上海市无线电管理局：倾情服务特奥盛会，积极谋划奥运盛事

上海市信息化委员会诚信建设处：以政府诚信为抓手，带动社会诚信体系建设全面深入发展

中国电信上海公司应急通信局：特奥会的幕后英雄

上海市信息化委员会社会信息化处："上海政务服务热线114"，架起公众与政府之间沟通桥梁

中国移动通信集团上海有限公司：上海移动发起"牵牵小手——2007心愿接力"特别活动

中国移动通信集团上海有限公司：书香飘万里 移动献真情

上海邮电设计院："黑眼睛"圆了读书梦

中国网络通信集团上海市分公司：勇担责任护"嫦娥"

上海市社会保障卡服务中心：为老服务新举措、社保卡及时送关爱

上海市数字证书认证中心有限公司：电子政务数字证书应用推广

上海硅知识产权交易中心：敢为人先勇于创新，打造信息技术行业专利信息平台

上海共联通信信息发展有限公司：把爱心撒播在"阳光之家"

中国移动通信集团上海有限公司传输动力维护中心：奉献爱心传递真情，关爱社会营造和谐

上海市信息管线有限公司程永爽：为了城市的蓝天更湛蓝

东方有线网络有限公司梁敬园：热心帮用户，真诚赢感激

中国联通有限公司上海分公司姚赛彬：CDMA无线技术先锋

上海普天邮通科技股份有限公司AFC事业部：科技创新，服务市民

中卫国脉通信股份有限公司安顺路电信合作营业厅毕弘：文明服务创品牌，创新管理夺佳绩

“双文明”双十佳好事评选活动优秀组织奖（3个）

中国电信有限公司上海分公司

中国移动通信集团上海有限公司

上海市信息投资股份有限公司

（二）第六届“上海市信息化工作系统十佳青年”（10名）

王　勇　上海贝尔阿尔卡特股份有限公司研发副总监

王海龙　上海大唐移动通信设备有限公司研发部总经理

韦　巍　中国联通上海分公司计划建设部综合计划室经理

叶　菁　上海市社会保障和市民服务信息中心（上海市社会保障卡服务中心）声讯服务部副主任（主持工作）

刘　华　中国移动通信集团上海有限公司网络优化中心副总经理

刘　阳　上海邮电设计院有限公司副总工程师

刘山泉　上海市信息化委员会信息安全处主任科员

吴　昊　上海贝尔阿尔卡特股份有限公司交通自动化部负责人

沈　钢　中国电信上海公司政企客户部数据和ICT业务拓展处副处长

董应群　上海火速网络科技有限公司总经理、党支部书记、技术总监

（三）2007年度市信息化工作系统共青团号

上海市无线电管理局台站管理处

（四）2006～2007年度先进团组织、优秀共青团员和优秀团干部

先进团组织（8个）

上海市数字证书认证中心有限公司团支部

上海市信息管线有限公司团支部

上海资信有限公司团支部

电信科学技术第一研究所联合检测中心团支部

上海迪爱斯通信设备有限公司团支部

上海普天科技股份有限公司打印机事业部团支部

上海普天科技股份有限公司机械制造事业部团支部

上海信息化发展研究协会联合团支部

优秀共青团员（26名）

王　玮　上海资信有限公司办公室行政主管

毛轶文　上海亿通国际股份有限公司市场开发部

邓明玮　上海普天邮通科技股份有限公司打印机事业部部

卢　扬　中邮普泰通信股份有限公司上海分公司综合管理部

兰海春　上海市无线电管理局综合稽查处
曲　萌　上海市信息投资股份有限公司业务部
朱月梅　上海普天邮通科技股份有限公司电子制造事业部
乔海林　上海慧龙计算机系统有限公司多媒体事业部
仲佳佳　上海付费通信息服务有限公司综合部
刘希涛　上海普天邮通科技股份有限公司AFC事业部研发室
许荣中　中国网络通信集团公司上海市分公司大客户中心
李　君　中国网络通信集团公司上海市分公司综合与法律部
李　凝　上海市信息服务外包发展中心
肖　岳　上海市信息管线有限公司销售与客户服务部
时　芳　上海迪爱斯通信设备有限公司市场部
张　勇　电信科学技术第一研究所联合检测中心
张晓峰　上海市社会保障卡服务中心区县服务部
张海军　中国网络通信集团公司上海市分公司浦东新区分公司网络部
陈安伦　上海市无线电管理局综合处
袁豪磊　电信科学技术第一研究所研发部
夏新喻　中国网络通信集团公司上海市分公司网络运维部
高　盈　上海市飞利通信科技实业总公司网络工程部
曹玥华　上海普天邮通科技股份有限公司商用机器事业部
韩若萍　上海普天邮通科技股份有限公司市场部
傅骏炜　上海市信息安全测评认证中心
潘　华　中邮普泰通信股份有限公司上海分公司运营商部

优秀团干部（19名）

丁泽艳　上海慧龙计算机系统有限公司团支部宣传委员
甘　沁　上海市信息管线有限公司团支部书记
刘素芬　上海信息化发展研究协会联合团支部团支书
汤　颖　上海市社会保障卡服务中心团总支书记
许　明　电信科学技术第一研究所团委副书记
阮翠翠　上海普天邮通科技股份有限公司电子制造事业部团支部书记
杨　华　上海普天邮通科技股份有限公司增值服务事业部团支部书记
张　俊　上海普天邮通科技股份有限公司团委委员、多媒体产品事业部团支部书记
张　晨　上海亿通国际股份有限公司第二团支部团支部书记
张　斌　电信科学技术第一研究所研发部团支部书记
张晓光　上海普天邮通科技股份有限公司机械制造事业部团支部书记
张黎艳　上海市民信箱信息服务有限公司团支部书记
陈伟毅　上海市数字证书认证中心有限公司团支部书记
范靖靖　上海市无线电管理局团总支委员、机关团支部书记
杭　琳　中邮普泰通信服务股份有限公司上海分公司零售维修事业部团支部书记、中邮普泰通信服务股份有限公司上海分公司团总支委员
徐晨斌　上海市通信制造业行业协会系统联合团支部书记
高　翔　上海市信息化委员会机关团支部宣传委员
黄　璿　中国网络通信集团公司上海市分公司团委书记
鲁　艳　中国网络通信集团公司上海市西区分公司团支部书记

2008年度上海市明星软件企业名单

上海明星软件企业（经营型）

上海宝信软件股份有限公司
卡斯柯信号有限公司
希姆通信息技术（上海）有限公司
上海华腾软件系统有限公司
上海南天电脑系统有限公司
上海申瑞电力科技股份有限公司
上海理想信息产业（集团）有限公司
万达信息股份有限公司
上海新华控制技术（集团）有限公司
上海益盟软件技术有限公司
上海博达数据通信有限公司
上海众恒信息产业有限公司

上海明星软件企业（出口型）

上海中和软件有限公司
上海新致软件有限公司
上海畅星智能系统有限公司
卡西欧软件（上海）有限公司
上海海隆软件股份有限公司
上海启明软件股份有限公司
PFU上海计算机有限公司
上海菱通软件技术有限公司

上海明星软件企业（创新型）

上海宝信软件股份有限公司
上海梁江通信系统有限公司
上海金仕达多媒体有限公司
上海中标软件有限公司
上海华腾软件系统有限公司
上海新华控制技术（集团）有限公司
上海农业信息有限公司
上海众恒信息产业有限公司
上海鹏达计算机系统开发有限公司
上海新致软件有限公司
上海理想信息产业（集团）有限公司
国信朗讯科技网络技术有限公司
上海互联网软件有限公司
上海亚太计算机信息系统有限公司
上海久隆信息工程有限公司
上海安科瑞电气有限公司
上海期货信息技术有限公司
万达信息股份有限公司

上海明星软件企业（成长型）

上海嘉扬信息系统有限公司
上海益盟软件技术有限公司
上海埃帕信息科技有限公司

上海市信息化统计报表

上海市信息化综合统计表（1）

200 年 月

表 号：XXW_Z1
制表机关：上海市信息化委员会
批准机关：上海市统计局
批准文号：沪统审字[2008]10号
综合机关（单位）名称：________________ 有效期至：2010年9月

指标名称	计量单位	代码	本期实际	本年累计
甲	乙	丙	1	2
城镇每百户居民家庭计算机拥有量**	台/百户	Zg01		—
其中：接入互联网的计算机数量**	台/百户	Zg02		—
农村每百户居民家庭计算机拥有量	台/百户	Zg03		—
其中：接入互联网的计算机数量	台/百户	Zg04		—
城镇每百户居民家庭彩色电视机拥有量**	台/百户	Zg05		—
农村每百户居民家庭彩色电视机拥有量	台/百户	Zg06		—
城镇居民家庭人均信息消费支出**	元	Hg07		
1.购买计算机**	元	Hg08		
2.购买彩色电视机**	元	Hg09		
3.购买书报杂志**	元	Hg10		
4.购买音像制品及软件**	元	Hg11		
5.通信支出**	元	Hg12		
（1）购买通信工具支出**	元	Hg13		
（2） 通信服务支出**	元	Hg14		
城镇居民家庭人均信息消费支出占人均消费支出的比重**	%	Hg15		—
农村居民家庭人均信息消费支出	元	Hg16		—
1.购买计算机	元	Hg17		—
2.购买彩色电视机	元	Hg18		—
3.购买通信工具	元	Hg19		—
4.购买书报杂志	元	Hg20		—
5.通讯消费服务支出	元	Hg21		—
（1）通讯费支出	元	Hg22		—
（2）上网费支出	元	Hg23		—
农村居民家庭人均信息消费支出占人均生活消费支出的比重	%	Hg24		—

续表

指标名称	计量单位	代码	本期实际	本年累计
甲	乙	丙	1	2
信息化固定资产投资额**	亿元	Zg25		
信息化固定资产投资占全社会固定资产投资比重**	%	Zg26		—
信息产业增加值#	亿元	Cc27		
其中：信息产品制造业增加值#	亿元	Cc28		
信息产品销售业增加值#	亿元	Cc29		
信息服务业增加值#	亿元	Cr30		
信息产业增加值占全市生产总值的比重#	%	Cc31		—
信息产品制造业主营业务收入**	亿元	Cc32		
信息产品销售业营业收入**	亿元	Cr33		
信息服务业经营（服务）收入**	亿元	Cr34		
信息产品制造业从业人员	万人	Cc35		—
信息服务业从业人员	万人	Cr36		—
其中：计算机服务与软件业从业人员	万人	Cr37		—
信息产品制造业R&D投入	亿元	Cc38		—

注：*为月度指标，**为季度指标，#为半年度指标，其余为年度指标。

单位负责人：________　统计负责人：________　填表人：________

联系电话：________　报出日期：____年__月__日

上海市信息化综合统计表（2）

200 年 月

表 号：XXW_Z2
制表机关：上海市信息化委员会
批准机关：上海市统计局
批准文号：沪统审字[2008]10号
有效期至：2010年9月

综合机关(单位)名称：________________

指标名称	计量单位	代码	本期实际	本年累计
甲	乙	丙	1	2
信息产品进口额**	亿美元	Cg39		
信息产品出口额**	亿美元	Cg40		
其中：一般贸易出口额**	亿美元	Cg41		
有线数字电视播出套数	套	Yg42		—
公共广播节目播出时间	小时/年	Yg43		—
公共电视节目播出时间	小时/年	Yg44		—
公共广播节目播出套数	套	Yg45		—
公共电视节目播出套数	套	Yg46		—
全市营业网吧数	家	Yg47		—
全市营业网吧计算机数	万台	Jg48		—
文化信息资源共享工程基层点数	个	Yg49		—
其中：东方社区信息苑数量	个	Yg50		—
东方农村信息苑数量	个	Yg51		—
普通高校信息专业在校学生数	人	Yg52		—
普通高校信息专业毕业学生数	人	Yg53		—
大中小学校计算机数	万台	Jg54		—
网上教学课程数	种	Yg55		—
教育网络流量	TB	Yg56		—
银行卡交易金额*	亿元	Ys57		
银行卡持卡消费金额*	亿元	Ys58		
其中：社会零售类消费金额*	亿元	Ys59		
银行卡交易笔数*	万笔	Ys60		
全市银行卡发卡量*	万张	Ys61		
其中：贷记卡发卡量*	万张	Ys62		
银联标准卡发卡量	万张	Ys63		
银行卡联网特约商户数*	万	Ys64		—
银行卡联网POS机数*	万台	Ys65		
联网ATM机数*	万台	Ys66		

续表

指标名称	计量单位	代码	本期实际	本年累计
甲	乙	丙	1	2
交通卡发放量*	万张	Ys67		
交通卡退卡量*	万张	Ys68		
交通卡销售金额*	亿元	Ys69		
电子单证传输量*	万张	Ys70		
上海口岸税费电子支付额#	亿元	Ys71		
参加"上海市信息技术管理职业资格"认证考试人数	人	Hk72		—
获得"上海市信息技术管理职业资格"证书人数	人	Hk73		—
其中：获得中高级证书人数	人	Hk74		—
参加计算机应用能力考试人数	万人	Hk75		—
获得计算机应用能力考试合格证书人数	万人	Hk76		—
门户网站首页访问量*	万人次	Ys77		
门户网站页面访问量*	亿页次	Ys78		
网上办事数量	项	Ys79		—
其中：可直接受理事项	项	Ys80		—
状态实时查询事项	项	Ys81		—
表格下载事项	项	Ys82		—
结果反馈事项	项	Ys83		—

注：*为月度指标，**为季度指标，#为半年度指标，其余为年度指标。

单位负责人：________　　统计负责人：________　　填表人：________

联系电话：________　　报出日期：____年__月__日

上海市信息基础设施专项统计表

200 年 月

表 号：XXW_J
制表机关：上海市信息化委员会
批准机关：上海市统计局
批准文号：沪统审字[2008]10号
有效期至：2010年9月

综合机关（单位）名称：________________

指标名称	计量单位	代码	本期实际	本年累计
甲	乙	丙	1	2
集约化信息管线长度*	沟公里	Jj84		
微波占有信道长度	波道公里	Jj85		—
数字微波线路长度	公里	Jj86		—
卫星站点数	个	Jj87		—
无线电台站数	万站	Jj88		—
公众移动通信基站数	座	Jj89		—
电信业务总量	亿元	Jj90		—
固定电话交换机容量	万门	Jj91		—
移动电话交换机容量	万户	Jj92		—
长途光缆长度	公里	Jj93		—
长途电话业务电路	2M	Jj94		—
固定电话用户数**	万户	Jj95		
其中：小灵通用户数**	万户	Jj96		
住宅电话用户数**	万户	Jj97		
移动电话用户数**	万户	Jj98		
其中：3G用户数	万户	Jj99		—
长途电话通话时长	亿分钟	Jj100		—
其中：固定电话长途通话时长	亿分钟	Jj101		—
其中：国际及港澳台长途通话时长	亿分钟	Jj102		—
移动电话长途通话时长	亿分钟	Jj103		—
IP电话通话时长	亿分钟	Jj104		—
互联网宽带接入端口**	万端	Jj105		
互联网拨号用户数**	万户	Jj106		
其中：移动互联网拨号用户数**	万户	Jj107		
宽带接入用户数**	万户	Jj108		
其中：FTTB+LAN接入用户数**	万户	Jj109		
ADSL接入用户数**	万户	Jj110		
HFC接入用户数**	万户	Jj111		

续表

指标名称	计量单位	代码	本期实际	本年累计
甲	乙	丙	1	2
有线电视用户数	万户	Jj112		—
其中：有线数字电视用户数	万户	Jj133		—
互动电视用户数	万户	Jj114		—
IPTV用户数	万户	Jj115		—
无线宽带用户数**	万户	Jj116		
无线接入点数量**	个	Jj117		

注：*为月度指标，**为季度指标，#为半年度指标，其余为年度指标。

单位负责人：________________ 统计负责人：________________ 填表人：________________

联系电话：________________ 报出日期：________年____月____日

信用服务企业基本情况

200 年

统计登记号：□□□□□□□□

组织机构代码：□□□□□□□□—□

企业(单位)名称（盖章）：________________

企业(单位)地址：________________

表 号：01 表

制表机关：上海市经济和信息化委员会

批准机关：上 海 市 统 计 局

文 号：沪统审字(2009) 7号

有效期至：2010年3月

指标名称	代码	计量单位	本年
甲	乙	丙	1
年末从业人员数	01	人	
按学历分：1.研究生及以上学历	02	人	
2.大学本科学历	03	人	
3.大专学历	04	人	
4.高中及以下学历	05	人	
按从业年限分：1.五年及以上	06	人	
2.三年及以上五年以下	07	人	
3.一年及以上三年以下	08	人	
4.一年以下	09	人	
按专业技术职称分，其中：高级技术职称	10	人	
中级技术职称	11	人	
初级及以下技术职称	12	人	
按持有国内执业证书分，其中：注册会计师／注册资产评估师／注册土地估价师	13	人	
证券执业/从业资格	14	人	
律师/企业法律顾问	15	人	
按持有国外证书分，其中：特许金融分析师（CFA）	16	人	
英国特许公认会计师（ACCA）	17	人	
美国注册会计师（AICPA）	18	人	
北美精算师（FSA）	19	人	
国际注册信用分析师（CICA）	20	人	
国际注册信用师(ICCA)	21	人	
国际信用管理师（ICM）	22	人	
国际信用管理员（ICA）	23	人	
按持有国内培训证书分，其中：信用管理师/信用管理岗位证书	24	人	
注册咨询师	25	人	
信用分析师/信用评估师/信用调查师/商务调查师/商账	26	人	

单位负责人：________ 填表人：________ 联系电话：______ 报出日期：___年__月__日

信用服务企业财务状况

200　年

统计登记号：□□□□□□□□□

组织机构代码：□□□□□□□□—□

企业(单位)名称（盖章）：

企业(单位)地址：

表　　号：02 表
制表机关：上海市经济和信息化委员会
批准机关：上 海 市 统 计 局
文　　号：沪统审字(2009) 7号
有效期至：2010年3月

指标名称	代码	计量单位	本年
甲	乙	丙	1
一、资产负债	—	—	—
固定资产原价（01≥02）	01	千元	
本年折旧	02	千元	
资产总计	03	千元	
负债合计	04	千元	
实收资本	05	千元	
二、损益及分配	—	—	—
营业收入合计（06≥07）	06	千元	
其中：主营业务收入	07	千元	
其中：资信评级业务	08	千元	
商业征信（或称企业征信）业务	09	千元	
个人征信业务	10	千元	
信用管理业务	11	千元	
其他业务	12	千元	
主营业务成本	13	千元	
税金	14	千元	
主营业务税金及附加	15	千元	
费用合计（营业费用、管理费用、财务费用）	16	千元	
营业利润（17≥06−13−15−16）	17	千元	
利润总额	18	千元	
三、从业人员劳动报酬	19	千元	
四、中级技术职称人员人均年薪酬	20	千元	
五、劳动、失业、养老、医疗保险费	21	千元	
六、福利费	22	千元	
七、住房公积金和住房补贴	23	千元	
八、全部从业人员年平均人数	24	人	

以上财务数据＿＿＿＿（已/未）经审计。

单位负责人：＿＿＿＿　填表人：＿＿＿＿　联系电话：＿＿＿＿　报出日期：＿＿年＿月＿日

信用服务企业业务情况

200 年

统计登记号：□□□□□□□□

组织机构代码：□□□□□□□□—□

企业(单位)名称（盖章）：________________

企业(单位)地址：________________

表 号：03 表

制表机关：上海市经济和信息化委员会

批准机关：上 海 市 统 计 局

文 号：沪统审字(2009) 7号

有效期至：2010年3月

业务类型	指标名称	代码	计量单位	本年
甲	乙	丙	丁	1
资信评级业务	债项评级	01	笔	
	债项评级发债金额	02	千元	
	主体评级	03	户	
	主体评级对象贷款余额	04	千元	
商业征信（或称企业征信）业务	商业征信（或称企业征信）报告	05	份	
	客户数量	06	户	
	客户类型：内资企业	07	户	
	港、澳、台商投资企业	08	户	
	外商投资企业	09	户	
	其他	10	户	
个人征信业务	个人信用报告查询	11	份	
	个人信用报告提供	12	份	
信用管理业务	咨询案例	13	项	
	培训人次	14	人次	
	应收账款管理金额	15	千元	

补充资料：

1.科研活动________项

2.公开发表专著________项

3.自主知识产权________项

单位负责人：________ 填表人：________ 联系电话：________ 报出日期：________

区县信息化年度统计报表

200　年

表　　号：信息化QX101表
制表机关：上海市信息化委员会
备案机关：上海市统计局
备案文号：沪统备字〔2007〕4号
有效期至：2009年4月

＿＿＿＿＿＿区（县）信息委（盖章）

指标名称	计量单位	代码	本期实际
居民家庭计算机拥有量	台/百户	01	
居民上网用户数（互联网用户）	万人	02	
居民家庭有线电视用户数	万户	03	
家庭人均信息消费支出	元/人	04	
家庭人均信息消费支出占人均消费支出比例	%	05	
区县财政投入信息化建设资金	万元	06	
区县财政投入信息化建设资金占财政支出比例	%	07	
信息化固定资产投资额	万元	08	
新引进IT内资企业注册资金总额	万元	09	
新引进IT外资企业注册资金总额	万美元	10	
区县政府行政审批项目网上实现数量	项	11	
中小学校计算机拥有量	台/百人	12	

统计负责人＿＿＿＿＿＿＿＿＿＿　填 报 人＿＿＿＿＿＿＿＿

联系电话＿＿＿＿＿＿＿＿＿＿＿　报出日期＿＿＿年＿＿月＿＿日

电子商务企业经营情况

表　　号：MY112表
制表机关：上海市统计局
文　　号：沪统制(2008)31号
批准机关：国家统计局
批准文号：国统制(2008)117号
有效期至：2009年6月

01 统计登记号□□□□□□□□

02 组织机构代码□□□□□□□□-□

03企业（单位)名称：____________　　2008年

04 企业(单位)基本情况	05 行业类别	06 交易模式 (可多选)	07 交易形式 (可多选)
1、登记注册类型 (1)内资 (2)港澳台商投资 (3)外商投资 □ 2、ICP证号/ICP备案号： ____________ 3、注册资金________ (千元) 4、注册地代码 □□	1、制造业 2、批发和零售业 3、住宿业 4、旅行社 5、互联网信息服务业 6、其他(请具体注明)______□	1、B to B □ 2、B to C □ 3、C to C □	1、通过自营电子商务平台进行 □ 2、通过第三方电子商务平台进行 □ 3、只提供电子商务交易平台服务 □

08计算机拥有情况	09 网站基本情况	10 网上用户情况	11 商品交易情况
期末在用计算机数 ________台 其中：上网______台	1、拥有企业网站情况 (1)是 (2)否 □ 2、网站日均点击率 ________次 3、网站设备资产性质 (1)自有 (2)租赁 □	个人__________个 企业(单位)______个	电子商务交易金额________(千元) (限提供电子商务交易平台服务企业填) 电子商务销售金额________(千元)， 占销售总额比重_____(%) 其中：外汇交易额________(千元) 电子商务采购金额________(千元)， 占采购总额比重_____(%) 其中：外汇交易额________(千元)

12 支付情况	13 物流配送情况	14 交易商品类型 (可多选)	15 从业人员情况	16其他

电子支付金额比例
________%
	1、电子商务配送总额
	________(千元)
	2、配送方式
	其中：外包配送占电子商务交易配送总量比重
	________(%)
		1、生活资料类 □
		2、生产资料类 □
		3、其他 □
			1、期末从业人员
			________(人)
			#信息技术部门人员
			________(人)
			物流配送人员：
			________(人)
			2、从业人员信息化培训人次数
			________(人次)
				1、信息服务收入
				______(千元)
				2、电子商务应用建设投资额
				______(千元)

单位负责人：　　统计负责人：　　填表人：　　联系电话：　　报出日期：200　年　月　日

软件产业统计报表

软件业主调查表

2008年1— 月

表　　号：RCD202表
制表机关：上海市信息化委员会
批准机关：上海市统计局
批准文号：沪统字(2008) 号
有效期限：2009年1月
行业代码：□□□□

企业法人代码：□□□□□□□□ - □
填报单位：________________

指标名称	代码	单位	本期实际	上年同期
单位个数	1010	个		
资产总计	1011	万元		
固定资产原价	1012	万元		
本期固定资产折旧	1013	万元		
营业收入合计	1014	万元		
其中：主营业务收入合计	1020	万元		
其中：软件收入合计	1021	万元		
其中：软件产品收入	1022	万元		
系统集成收入	1023	万元		
软件服务收入	1024	万元		
其中：软件出口额（含集成及服务）	1030	万美元		
其中：软件外包出口额	1031	万美元		
主营业务成本	1015	万元		
主营业务税金及附加	1016	万元		
费用合计	1017	万元		
利润总额	1040	万元		
营业利润	1041	万元		
税金总额	1050	万元		
应交所得税	1018	万元		
从业人员工资总额	1060	万元		
应付福利费总额	1019	万元		
保险费	1080	万元		
住房公积金和住房补贴	1090	万元		
从业人员平均人数	1070	人		
研究与发展（R&D）经费支出	1110	万元		

注：①价值量指标请保留一位小数；②代码为1010“单位个数”指标由综合单位填报，单个企业不用填报。

审核要点：1.1014≥1020；　2．1020≥1021；　3．1021＝1022+1023+1024；
4.1030≤1022+1023+1024；　5．1030≥1031。

单位负责人：________　填表人：________　报出日期：____年___月___日

软件企业认定和产品登记名单

2008年上海市软件企业认定名单

序号	企业名称	序号	企业名称
1	上海同济启明星科技发展有限公司	2	上海易仁信息技术有限公司
3	上海兴安得力软件有限公司	4	上海网梯数码科技有限公司
5	上海梁江通信技术有限公司	6	涵睿软件科技(上海)有限公司
7	上海格尔卫信软件有限公司	8	上海方菱计算机软件有限公司
9	芯讯通无线科技(上海)有限公司	10	趣博信息科技(上海)有限公司
11	上海红图信息技术有限公司	12	上海三盟软件有限公司
13	上海至信信息科技有限公司	14	上海合合信息科技发展有限公司
15	上海环迅电子商务有限公司	16	上海东方明珠广播电视研究发展有限公司
17	上海网穗数码科技有限公司	18	上海师翊网络技术有限公司
19	上海锐至信息技术有限公司	20	上海阳关网络信息技术有限公司
21	上海信湾信息技术有限公司	22	上海高晶影像科技有限公司
23	上海晟胜信息科技有限公司	24	盛大计算机(上海)有限公司
25	上海慧浦神望电子科技有限公司	26	上海樱花谷网络信息有限公司
27	好耶信息技术(上海)有限公司	28	上海健众信息技术有限公司
29	上海掌通信息技术有限公司	30	上海欧计斯软件有限公司
31	上海企全信息技术有限公司	32	上海天坤数码科技有限公司
33	证宁信息技术(上海)有限公司	34	上海维恩佳德投资管理有限公司
35	上海复道信息管理有限公司	36	上海网宏信息技术有限公司
37	上海晏鼠计算机技术有限公司	38	上海宇飞数字技术有限公司
39	上海三伊软件开发有限公司	40	上海华御信息技术有限公司
41	上海爱数软件有限公司	42	上海俊杭电子有限公司
43	上海凯创建筑科技有限公司	44	上海心仪电子科技有限公司
45	上海腾源软件有限公司	46	上海普华诚信信息技术有限公司
47	上海规正软件科技有限公司	48	上海衡晶电子有限公司
49	上海大梵数码科技有限公司	50	上海光英软件科技有限公司
51	百联电子商务有限公司	52	上海蓝海宏略信息工程有限公司
53	上海华奔网络科技有限公司	54	上海新策科技有限公司
55	上海成思信息科技有限公司	56	上海道仑软件有限公司
57	上海金秋安泰呼叫服务系统有限公司	58	上海德澳信息技术有限公司
59	上海菲耐得信息科技有限公司	60	上海久创软件开发有限公司
61	德比软件(上海)有限公司	62	上海勃克达精密仪器研究发展有限公司
63	上海融兴网络科技有限公司	64	上海东方广播电视设备有限公司
65	天联世纪信息技术(上海)有限公司	66	上海巨灵信息技术有限公司
67	上海和苏信息科技有限公司	68	上海力融信息技术有限公司
69	上海汇环信息科技有限公司	70	上海音宝软件科技有限公司

71	美慧信息科技(上海)有限公司	72	缤动信息技术(上海)有限公司
73	上海基立讯信息科技有限公司	74	上海一佳一网络科技有限公司
75	上海炜寅信息科技有限公司	76	上海百事通信息技术有限公司
77	上海亿凯信息技术有限公司	78	上海先乔信息技术有限公司
79	上海慧邦数码科技有限公司	80	上海亿舸软件系统有限公司
81	上海良骏信息科技有限公司	82	上海维睿信息技术有限公司
83	上海码科电子科技有限公司	84	上海中昊软件开发有限公司
85	上海飞旗网络技术有限公司	86	上海实时数据软件有限公司
87	上海嘉博讯捷信息技术有限公司	88	上海统成科技有限公司
89	上海分维智能科技有限公司	90	上海天琦信息科技有限公司
91	上海复旦光华智能系统有限公司	92	上海快意信息科技有限公司
93	上海华博泰富网络技术有限公司	94	宏伍软件(上海)有限公司
95	上海华夏天城软件开发有限公司	96	宝智坚思管理咨询(上海)有限公司
97	上海联数信息技术有限公司	98	上海携越信息服务有限公司
99	上海丰普软件有限公司	100	逸桥信息技术(上海)有限公司
101	赛芯电子技术(上海)有限公司	102	上海三国电子有限公司
103	仟游软件科技(上海)有限公司	104	慧国(上海)软件科技有限公司
105	上海舜达软件技术开发有限公司	106	钜林信息技术(上海)有限公司
107	上海金电网安科技有限公司	108	如临其境创意（上海）有限公司
109	上海天泰网络技术有限公司	110	胜策软件(上海)有限公司
111	上海鑫东信息科技有限公司	112	上海锐锦智能科技有限公司
113	上海润进信息技术有限公司	114	亿贝电子商务技术营运（上海）有限公司
115	亿贝软件工程（上海）有限公司	116	上海兰台信息技术有限公司
117	上海精函衡器有限公司	118	上海华江软件科技有限公司
119	上海瑞东自动化技术有限公司	120	影莅驰信息技术(上海)有限公司
121	上海航向信息科技有限公司	122	上海想易网络科技有限公司
123	上海亿用信息科技有限公司	124	上海哈金通信科技有限公司
125	华夏媒体信息技术（上海）有限公司	126	上海晟和信息技术有限公司
127	上海斯年信息技术有限公司	128	英飞达软件（上海）有限公司
129	上海蓝灯软件科技有限公司	130	上海平安投资有限公司
131	运软网络科技（上海）有限公司	132	上海麦柯信息技术有限公司
133	上海圈之圆网络科技有限公司	134	上海东方希杰商务有限公司
135	上海艾克斯网络传播有限公司	136	上海风陆信息技术有限公司
137	上海扣贝网络科技有限公司	138	上海迪康医学生物技术有限公司
139	上海商银资讯有限公司	140	上海清方荣信电子有限公司
141	上海冰动信息技术有限公司	142	上海富勒信息科技有限公司
143	上海思源如高科技发展有限公司	144	上海月佳科技发展有限公司
145	耀童网络软件(上海)有限公司	146	上海旻瑞信息技术有限公司
147	上海国宝物流系统工程有限公司	148	上海蓼科软件有限公司
149	上海汇付网络科技有限公司	150	上海航脉软件科技有限公司
151	上海聚微计算机技术有限公司	152	尚瑞薪才信息技术(上海)有限公司
153	上海久运信息科技有限公司	154	上海罗根医疗科技有限公司
155	上海仁仁电子科技有限公司	156	上海天玑科技有限责任公司
157	上海数腾软件科技有限公司	158	上海育盟信息技术有限公司
159	上海集亚软件有限公司	160	上海集成通信设备有限公司
161	基信康信息技术(上海)有限公司	162	上海迈普软件有限公司
163	上海景瑞信息技术有限公司	164	上海望友信息科技有限公司

165	上海今远数码科技有限公司	166	善诚科技发展(上海)有限公司
167	上海谐润网络信息技术有限公司	168	上海捷报信息科技有限公司
169	上海盛博计算机科技有限公司	170	上海格尔信息技术有限公司
171	上海巴陆信息科技有限公司	172	上海真之骏信息技术咨询有限公司
173	上海中开网络科技有限公司	174	爱莱依德计算机科技(上海)有限公司
175	上海展英通信息技术有限公司	176	上海傲林网络科技有限公司
177	上海中仿计算机科技有限公司	178	联芯科技有限公司
179	上海携宁计算机软件有限公司	180	百视通网络电视技术发展有限责任公司
181	上海候鸟科技有限公司	182	上海伦勤信息系统有限公司
183	上海锐科无线通信技术有限公司	184	上海有孚计算机网络有限公司
185	上海长信科技发展有限公司	186	上海慧广科技发展有限公司
187	上海交鸿数控科技有限公司	188	上海精程软件有限公司
189	上海山丝信息科技有限公司	190	上海赛锦信息技术有限公司
191	上海遥薇实业有限公司	192	上海普名软件技术有限公司
193	上海强然数码科技有限公司	194	上海卓扬科技有限公司
195	上海和辰信息技术有限公司	196	上海微音软件有限公司
197	上海高软软件系统有限公司	198	上海乐升软件有限公司
199	东柏软件科技(上海)有限公司	200	上海蓝鸟科技股份有限公司
201	上海怡蓝网络工程有限公司	202	上海新影捷信息技术有限公司
203	上海天会皓闻信息科技有限公司	204	上海山宇电子设备有限公司
205	上海伯俊软件科技有限公司	206	上海晨路信息科技有限公司
207	上海开始软件有限公司	208	继德软件（上海）有限公司
209	上海钢软自动化技术有限公司	210	花旗数据处理（上海）有限公司
211	上海摩通软件科技有限公司	212	上海金档信息技术有限公司
213	上海路歌信息技术有限公司	214	上海东南融通科技有限公司
215	展唐通讯科技(上海)有限公司	216	未序网络科技(上海)有限公司
217	上海巴士拓华科技发展有限公司	218	上海龙方信息技术有限公司
219	上海卓精仪器有限公司	220	上海罗盘信息科技有限公司
221	上海统御信息科技有限公司	222	上海志心泉系统软件有限公司
223	上海轶伦信息技术有限公司	224	上海亿贝网络信息服务有限公司
225	上海彦昊信息技术有限公司	226	上海银软信息科技有限公司
227	上海开来投资资讯科技有限公司	228	上海翰凌信息技术有限公司
229	上海市红会信息科技有限公司	230	上海慧翰信息技术有限公司
231	上海巅软科技有限公司	232	上海杉德巍康企业服务有限公司
233	上海电装创智信息技术有限公司	234	上海迅图数码科技有限公司
235	上海哲克计算机科技有限公司	236	上海霍莱沃电子系统技术有限公司
237	上海瑞达安全集成电路有限公司	238	上海甫盛计算机科技有限公司
239	上海齐家信息科技有限公司	240	上海上由通信工程有限公司
241	上海安硕软件有限公司	242	上海仁库软件科技有限公司
243	越田(上海)信息科技有限公司	244	上海天陇电力科技发展有限公司
245	上海迈元网络科技有限公司	246	飞亿克自动化设备(上海)有限公司
247	上海动联信息技术有限公司	248	敬达数码科技（上海）有限公司
249	上海龙源智光电力技术有限公司	250	上海天宸信息科技开发有限公司
251	上海仲尼软件有限公司	252	上海宾爱智能信息科技有限公司
253	上海滔瑞信息技术有限公司	254	上海方象软件有限公司
255	上海企源科技有限公司	256	上海万根网络技术有限公司
257	上海商派网络科技有限公司	258	速尼软件(上海)有限公司

259	易贸资讯(上海)有限公司	260	上海博龙医药技术咨询有限公司
261	上海贝塔星自动化有限公司	262	上海飞睿测控科技有限公司
263	上海傲威通信科技有限公司	264	上海同程信息技术有限公司
265	上海得元信息科技有限公司	266	旺中软件科技(上海)有限公司
267	上海昊沧系统控制技术有限责任公司	268	才望子信息技术(上海)有限公司
269	上海诚义信息技术有限公司	270	上海佳锐信息科技有限公司
271	上海斯歌信息技术有限公司	272	上海筑京现代建筑技术信息咨询有限公司
273	上海海加网络科技有限公司	274	上海派吉姆数码科技有限公司
275	升东网络科技发展(上海)有限公司	276	上海卓越睿新数码科技有限公司
277	上海摩软通讯技术有限公司	278	上海半丁数码科技有限公司
279	上海汉铭科技有限公司	280	上海众辰电子科技有限公司
281	上海天地软件园数码科技有限公司	282	上海交技发展股份有限公司

2008年上海市软件产品登记名单

序号	企业名称	软件产品名称
1	上海复高计算机科技有限公司	FUGLE医院综合管理信息平台软件V4.0
2	上海海鼎信息工程股份有限公司	海鼎多业态商业自动化管理软件（HDPOS）V4.5
3	神州数码管理系统有限公司	神州数码易成管理软件V6.0
4	上海易联网络技术有限公司	易联PvP移动乐园手机客户端软件V1.0
5	杰魔（上海）软件有限公司	杰魔Studio数字形状重构软件V2006
6	上海乐升软件有限公司	乐升蓝猫尖子星学习机软件V1.0
7	上海长达信息科技有限公司	长江长达便携式同步录音录像软件V1.0
8	上海商安科技发展股份有限公司	商安合同管理软件V1.0
9	上海天律信息技术有限公司	马克威分析系统电信版软件V1.0
10	上海健众信息技术有限公司	健众E-health 社区居民健康管理信息软件V1.0
11	上海掌通信息技术有限公司	掌通WAP游戏软件V1.0
12	上海宇光科技发展有限公司	宇光VNS主机监控与审计系统应用软件(简称:宇光VNS系统)V2.0
13	上海网梯数码科技有限公司	网梯网聚通实时协同交互软件V1.0
14	上海伟普网络科技有限公司	WEP无线娱乐平台软件V1.0
15	上海世范软件技术有限公司	世范内部网管理软件V1.0
16	上海梁江通信技术有限公司	梁江数据分析处理软件V1.0
17	上海梁江通信技术有限公司	梁江本地操作管理软件V1.0
18	上海梁江通信技术有限公司	梁江信令防火墙软件V1.0
19	上海梁江通信技术有限公司	梁江信令接入控制处理软件V1.0
20	上海梁江通信技术有限公司	梁江信令引擎业务应用软件V1.0
21	上海华腾软件系统有限公司	TOP AML反洗钱交易数据管理软件V1.0.0
22	百联电子商务有限公司	百联数字卡远程打印系统应用软件V1.0
23	百联电子商务有限公司	百联网上电子商务交易平台软件V1.0
24	上海万方数据有限公司	万方数据信息资源一站式服务平台软件V1.0
25	神州数码管理系统有限公司	神州数码易隆CRM管理软件V1.0
26	上海挑战软件技术有限公司	挑战电子印章系统应用软件V2007
27	上海达策信息技术有限公司	达策敏捷制造软件V2.0
28	上海意贝斯特信息技术有限公司	意贝斯特移动访销管理软件V2.0
29	上海神迈信息科技有限公司	神迈物流执行管理软件V1.0
30	上海锐至信息技术有限公司	锐至SGrid在线电子表格软件V1.0
31	天联世纪信息技术(上海)有限公司	天联广告监控软件V1.0
32	上海合合信息科技发展有限公司	合合SCR名片识别引擎软件V1.0
33	上海方菱计算机软件有限公司	方菱切割机数控软件V1.0
34	上海瑞饶信息科技有限公司	瑞饶异构应用集成软件[简称:HAI] V1.0
35	上海三盟软件有限公司	三盟3M企业管理平台软件V1.0
36	上海筑京现代建筑技术信息咨询有限公司	MATi建筑信息软件V3.0
37	上海扣贝网络科技有限公司	扣贝移动证券助手软件V1.0

38	上海风陆信息技术有限公司	风陆博物馆数字化开发软件V1.0
39	上海山丽信息安全有限公司	山丽防水墙数据防泄漏软件V2.0
40	卡斯柯信号有限公司	卡斯柯智能自动列车监控软件(ITS) V1.0
41	上海杏翔计算机科技有限公司	杏翔放射医师影像系统应用软件V5.0
42	上海复旦微电子股份有限公司	复旦微电子非接触CPU卡芯片FM1208 COS软件V2.0
43	上海东源计算机自动化工程有限公司	东源危险品堆存与事故处理指导软件V1.0
44	贝赛莱（上海）多媒体信息技术有限公司	贝赛莱MT数字电视收看录像软件V2.0
45	上海衡晶电子有限公司	衡晶电子数字传感器测评软件V1.0
46	上海宝信软件股份有限公司	宝信基础自动化通讯软件（iXcom-OPC）V3.0
47	上海长帆信息科技有限公司	“商E通”企业－客户网络即时通信平台软件 [简称：Ebig enterprise platform]V2.0
48	盛大计算机（上海）有限公司	盛大计费业务支撑软件 [简称：BSS]V1.0
49	盛趣信息技术（上海）有限公司	盛大《迪士尼魔幻飞板》网络游戏软件 [简称：迪士尼魔幻飞板]V1.0
50	上海盛大网络发展有限公司	盛大游戏开发平台软件 [简称：SGDP]V1.0
51	上海小树信息技术有限公司	小树数据智能刻录软件 [简称：SAP Auto-Rec System] V1.0
52	上海国天电子科技有限公司	SKC数据采集及智能分析软件 [简称：SKC System] V2.0
53	上海中最信息科技有限公司	中最网页自动代码生成软件V1.0
54	上海卡休智能科技有限公司	咔咻玩具算料专家软件V4.0
55	上海浩显电子技术有限公司	浩显电子看板控制软件V3.0
56	上海盛蒂斯自动化设备有限公司	盛蒂斯变频调速控制软件V3.0
57	上海盛蒂斯自动化设备有限公司	盛蒂斯语音报站控制软件V2.0
58	上海新光显示仪二厂	新光数据和信号处理软件V3.0
59	上海华勤通讯技术有限公司	华勤D838 MMI软件V1.1.3
60	上海华勤通讯技术有限公司	华勤D890P MMI软件V1.0.3
61	上海华勤通讯技术有限公司	华勤D910 MMI软件V1.0.8
62	上海葵典计算机软件有限公司	葵典印刷流程管理软件V3.0
63	上海久隆电力科技有限公司	久隆充油电缆在线监测软件V1.0
64	上海华博信息服务有限公司	华博客户关系管理软件V1.0
65	上海华博信息服务有限公司	华博呼叫中心软件V1.0
66	上海中教信息技术有限公司	子易局校通协同办公软件V1.0
67	上海象形通讯科技有限公司	象形增值业务软件 [简称：CVAS]V2.0
68	上海芯邦泰智能科技有限公司	芯邦泰全天候射频识别工作考勤信息管理软件V1.0
69	上海芯邦泰智能科技有限公司	芯邦泰智能卡操作系统软件V1.0
70	丹华水利环境技术(上海)有限公司	DHI MIKE 软件V2008
71	上海世范软件技术有限公司	世范数据仓库分析软件V1.0
72	倍多科技(上海)有限公司	Ipedo XML数据库管理软件V4.3
73	上海鹏达计算机系统开发有限公司	鹏达银行模拟教学平台软件 [简称:BANKLearning鹏达银行模拟教学平台]V1.0
74	上海鹏达计算机系统开发有限公司	鹏达网络教学与资源平台软件 [简称:网络教学与资源库]V1.0

75	上海鹏达计算机系统开发有限公司	鹏达教委职业教育信息平台软件 [简称:PantoSoftVEMIS]V1.0
76	运软网络科技(上海)有限公司	运软应用虚点播软件 [简称：Transod]V1.0
77	上海协赢软件有限公司	协赢数字化校园网络一卡通软件V1.2
78	上海燕托计算机有限公司	信易专利和技术秘密管理软件V1.0
79	上海联数信息技术有限公司	联数H.264视频压缩优化算法软件V1.0
80	上海星研电子科技有限公司	星研集成环境软件V5.26
81	影莅驰信息技术(上海)有限公司	影莅驰增强型电视浏览器软件V1.0
82	影莅驰信息技术(上海)有限公司	影莅驰内容采集平台软件V1.0
83	影莅驰信息技术(上海)有限公司	影莅驰数据广播软件V1.0
84	影莅驰信息技术(上海)有限公司	影莅驰NVOD软件V1.0
85	影莅驰信息技术(上海)有限公司	影莅驰Backoffice管理平台软件V1.0
86	影莅驰信息技术(上海)有限公司	影莅驰CMS网页模版管理平台软件V1.0
87	影莅驰信息技术(上海)有限公司	影莅驰VOD软件V1.0
88	上海群科系统工程有限公司	群科RF生产过程及质量跟踪软件V1.0.0.0
89	上海晏鼠计算机技术有限公司	晏鼠MOffice-OA办公自动化软件V1.0
90	上海融兴网络科技有限公司	银生第三方支付软件V1.1
91	国信朗讯科技网络技术有限公司	国信朗讯网络运营分析软件V1.0
92	国信朗讯科技网络技术有限公司	国信朗讯动力网资源管理软件V1.0
93	国信朗讯科技网络技术有限公司	国信朗讯全息视图管理平台软件V1.0
94	上海曼恒数字技术有限公司	曼恒Artlantis中文版渲染软件V2.0
95	上海曼恒数字技术有限公司	曼恒V-Ray中文版渲染软件V1.0
96	上海曼恒数字技术有限公司	曼恒CINEMA 4D中文版三维设计软件V10.5
97	上海曼恒数字技术有限公司	曼恒Eoctect生态建筑大师中文版软件V5.5
98	上海曼恒数字技术有限公司	曼恒Piranesi彩绘大师中文版软件V5.0
99	上海维恩佳德投资管理有限公司	维恩佳德企业管理软件V1.0
100	上海网宏信息技术有限公司	网宏Thunder引擎软件V1.0
101	上海想易网络科技有限公司	想易环球财富网软件V1.0
102	上海华升计算机应用技术有限公司	华升闪电仿真生成插件软件V1.0
103	上海新朗恩软件有限公司	朗恩综合档案管理软件V2.0
104	上海新朗恩软件有限公司	朗恩房地产物业管理软件V2.0
105	上海欣成计算机科技有限公司	欣成税控业务管理软件V1.0
106	上海欣成计算机科技有限公司	欣成财务软件V1.0
107	上海东财投资管理有限公司	东财趋势金融终端软件V6.0
108	上海新致软件有限公司	新致保险营销渠道管理平台软件V1.0
109	上海大梵数码科技有限公司	大梵管理服务平台软件V1.0
110	乐线软件开发（上海）有限公司	乐线PMS推广员软件V1.4
111	乐线软件开发（上海）有限公司	乐线活动促销管理软件V1.2
112	乐线软件开发（上海）有限公司	乐线网上逃犯追踪软件V1.2
113	上海光华冠群软件有限公司	光华冠群BIMS网络计费及业务管理软件V5.0
114	上海光华冠群软件有限公司	光华冠群Easyview BSM网维通业务管理软件 V5.0Pro
115	上海光华冠群软件有限公司	光华冠群Easyview NSM网维通网络管理软件V5.0Pro
116	上海三吉电子工程有限公司	三吉个人定位服务软件V1.0
117	上海欣国信息技术有限公司	欣国光盘脱机分拣软件V6.4
118	缤动信息技术(上海)有限公司	缤动客户关系管理软件V1.0
119	上海力融信息技术有限公司	力融电子病历软件V1.0

120	上海普华诚信信息技术有限公司	普华营业执照电子副本签发管理软件V1.0
121	上海鑫东信息科技有限公司	新东风价值投资平台软件V1.0
122	上海嘉永计算机系统有限公司	嘉永非接触物料轮廓扫描及管理软件V1.0
123	上海嘉永计算机系统有限公司	嘉永钢坯轮廓测量及数控火切机控制软件V1.0
124	上海嘉永计算机系统有限公司	嘉永非接触自动定尺定位软件V2.0
125	上海永祥信息科技有限公司	永祥木材仓储信息管理软件V2.0
126	霍尼韦尔（中国）有限公司	霍尼韦尔安防综合管理集成平台软件 [简称：HCSS-HBIS-HBFS-HTIS-HIIS]V1.0
127	上海中商可可管理顾问有限公司	银杏界网络协同管理软件V1.0
128	上海天泰网络技术有限公司	天泰VPN安全软件 [简称：VPN软件]V1.0
129	上海傲威通信科技有限公司	傲威VoIP交换系统AVS软件V2.0
130	上海大汉三通网络通信有限公司	大汉三通企信通平台软件V1.0
131	上海通信技术中心	SV260数字图像编码器软件V1.0
132	上海维音企业管理有限公司	维音企业中文帮助热线软件 [简称：EnterpriseCHL]V1.0.0
133	亚银（上海）信息技术有限公司	亚银ATM监控软件V1.0
134	上海实时数据软件有限公司	上实RC3平台暨人力资源基础管理软件V2.0
135	上海唐颂信息技术有限公司	天尊ONLINE游戏软件V1.0
136	上海中发软件信息科技有限公司	中发深宝电表数据采集软件V1.0
137	上海基立讯信息科技有限公司	基立讯jTalk语音通信平台软件V1.20
138	上海分维智能科技有限公司	分维高清晰度车牌识别SDK软件V1.0
139	上海金秋安泰呼叫服务系统有限公司	金秋安泰远程呼叫管理软件V1.0
140	上海和强软件有限公司	合强智能办公软件V3.5
141	上海德澳信息技术有限公司	德卡服装ERP管理软件V1.0
142	上海方正信息安全技术有限公司	方正熊猫安全网关软件V2.0
143	上海企顺信息系统有限公司	企顺企业呼叫中心培训考核软件V1.0
144	上海企顺信息系统有限公司	企顺企业呼叫中心坐席软件V3.0
145	上海企顺信息系统有限公司	企顺企业呼叫中心综合业务处理软件V3.0
146	上海积创网络科技有限公司	积创高球通软件V1.0.0
147	上海菲耐得信息科技有限公司	菲耐得集中式核保核赔业务软件V1.0
148	上海菲耐得信息科技有限公司	菲耐得集中式保险企业应用平台软件V3.0
149	上海菲耐得信息科技有限公司	菲耐得集中车险理赔业务软件V1.0
150	得理电子(上海)有限公司	得理简谱软件V1.0
151	上海迅羽化工工程高技术中心	迅羽承压管件计算软件V1.0
152	上海优异科技有限公司	优异基础教育教学资源库软件V1.0
153	上海久创软件开发有限公司	久创JC-SCADA监控软件V1.0
154	上海鑫剑信息技术有限公司	鑫剑视频直播软件V6.0
155	上海鑫剑信息技术有限公司	鑫剑视频点播软件V6.0
156	上海鑫剑信息技术有限公司	鑫剑数字化信息服务软件V8.0
157	上海华博泰富网络技术有限公司	华博泰富综合查询软件V1.0
158	中国银联股份有限公司	中国银联直联ATM前置软件V1.0
159	上海电达信息技术有限公司	电达三维互动物理实验平台软件V1.0
160	上海祥网瑞电子科技有限公司	祥网瑞电信客户身份证件信息管理软件V1.0
161	上海东方宽频传播有限公司	东方宽频数字版权保护系统应用软件V3.0
162	上海东方龙新媒体有限公司	东方龙基于AVS-M的嵌入式手机视频系统应用软件V1.0
163	上海和苏信息科技有限公司	和苏特种设备综合管理软件V4.5

164	上海迪升软件有限公司	迪升信息管理业务平台软件V1.0
165	上海路歌信息技术有限公司	路歌专业设备打印驱动软件V1.0
166	上海广电计算机有限公司	SVA税控器软件V1.0
167	上海广电计算机有限公司	SVA金融税控收款机软件V1.0
168	上海广电计算机有限公司	SVA税控收款机软件V1.0
169	上海圈之圆网络科技有限公司	圈之圆个人信息网络备份管理软件V1.0
170	上海复高软件开发有限公司	复高电话检测软件V1.0
171	上海复高软件开发有限公司	复高无线监测软件V1.0
172	上海华之樱信息系统有限公司	华之樱纱线在库管理软件V1.0
173	上海音宝软件科技有限公司	音宝DCI数据管理平台软件V1.0
174	龙旗科技(上海)有限公司	龙旗科技M251手机软件V1.0
175	龙旗科技(上海)有限公司	龙旗科技M267手机软件V1.0
176	龙旗科技(上海)有限公司	龙旗科技M282手机软件V1.0
177	龙旗科技(上海)有限公司	龙旗科技F100B手机软件V1.0
178	龙旗科技(上海)有限公司	龙旗科技F210B手机软件V1.0
179	国龙信息技术(上海)有限公司	国龙信息S100手机软件V1.0
180	国龙信息技术(上海)有限公司	国龙信息Win100手机软件V1.0
181	白金软件系统(上海)有限公司	铂金员工自助服务软件V6.0
182	白金软件系统(上海)有限公司	铂金人事薪资管理软件V6
183	白金软件系统(上海)有限公司	铂金考勤跟踪管理软件V6
184	白金软件系统(上海)有限公司	铂金人力资源管理软件V8.0
185	上海百事通信息技术有限公司	百事通智能化信息服务管理软件V1.0
186	上海百事通信息技术有限公司	百事通地理数据的信息搜索及发布软件V1.0
187	上海众速答电子科技有限公司	iClassroom校园扫描阅卷及综合信息互动软件V2.6
188	上海亿凯信息技术有限公司	亿凯IT职位垂直搜索引擎软件V1.0
189	上海源天软件有限公司	源天协同知识管理软件V6.0
190	上海汇付网络科技有限公司	汇付天下ET360软件V1.0
191	上海梁江通信系统有限公司	梁江信令数据处理软件V2.0
192	上海梁江通信系统有限公司	梁江信令控制选通软件V2.0
193	上海梁江通信系统有限公司	梁江七号信令消息传递部分(MTP3)协议软件V2.0
194	上海长江数码科技有限公司	沪杏长江图书馆视频中心应用软件V1.0
195	上海高创电脑技术工程公司	UPOPC-BUS MODBUS协议OPC软件V1.0
196	上海通商网络软件开发有限公司	通商网络融合通信平台软件V4.2.3
197	上海月佳科技发展有限公司	月佳所得税汇算清缴鉴证软件V1.0
198	趋势科技(中国)有限公司	趋势科技网络安全专家软件V16
199	趋势科技(中国)有限公司	趋势科技杀毒专家软件V16
200	上海华腾软件系统有限公司	TOP PLMS个人贷款管理软件V1.0.0
201	上海移数信息科技有限公司	移数动物行为学分析系统应用软件V1.0
202	上海圣桥信息科技有限公司	圣桥Storbridge网络存储管理软件V1.0
203	上海灿辉数码科技有限公司	灿辉桌面安全集成软件V2.0
204	上海灿辉数码科技有限公司	灿辉网络身份识别认证平台软件V2.1
205	上海晨阑数据技术有限公司	晨阑移动企业管理平台软件V1.0
206	上海新致软件有限公司	新致即时通小秘书软件V1.0
207	上海先乔信息技术有限公司	先乔电力协同辅助设计软件V1.0
208	上海贝尔阿尔卡特软件有限公司	贝尔阿尔卡特GSM900/1800双频移动通信无线网络软件B10
209	蓝色天空数码科技(上海)有限公司	蓝色天空漂流岛虚拟宠物软件V1.0
210	上海华东电脑存储网络系统有限公司	华东电脑电子跟踪软件V1.0

211	上海维宏电子科技有限公司	维宏数控系统应用软件V9.0
212	上海俊杭电子有限公司	俊杭通用标签管理软件“标签博士” V4.5
213	神州数码管理系统有限公司	神州数码易用2008管理软件V1.0
214	上海世范软件技术有限公司	世范旅游服务热线软件V1.0
215	上海华虹计通智能卡系统有限公司	HHJT轨道交通自动售票机应用软件V1.0
216	上海华虹计通智能卡系统有限公司	HHJT轨道交通自动检票机应用软件V1.0
217	上海东方广播卫星电视设备有限公司	东方随身炒股软件V1.0
218	上海诚明融鑫科技有限公司	融鑫刑事技术综合管理软件[简称：刑技管理]V1.0
219	上海维睿信息技术有限公司	维睿移动计算平台软件V1.0
220	上海步科电气有限公司	步科MD305L Bootloader程序软件 [简称：MD305L Bootloader]V1.0
221	上海步科电气有限公司	步科MD204L Bootloader程序软件 [简称：MD204L Bootloader]V2.0
222	上海步科电气有限公司	步科MT5000 Bootloader程序软件 [简称：MT5000 Bootloader]V1.0
223	上海佳依佳信息科技有限公司	佳依佳集装箱管理软件[简称：ECMIS]V1.0
224	上海佳依佳信息科技有限公司	佳依佳 SOA 框架软件V1.0
225	上海译龙信息技术有限公司	译龙网际护照翻译软件V6.0
226	上海乐摩通讯技术有限公司	X300移动通信终端软件V1.0
227	上海网波信息技术有限公司	网波防汛综合管理软件V1.0
228	上海容之自动化系统有限公司	容之自动化监控与管理软件 [简称：ROS]V3.0
229	上海诚序园信息科技有限公司	诚顺技术服务软件 [简称：OO-TSP]V1.0
230	上海华化信息技术有限公司	华化会员制信息服务软件[简称：Chemsino AISS]V1.0
231	上海本安仪表系统有限公司	本安VR202II GPS记录仪软件V2.0
232	上海风格信息技术有限公司	风格嵌入式数字音频分析与处理软件 [简称：风格数字音频分析处理软件]V1.1
233	上海澎博网络数据信息咨询有限公司	澎博财讯股指期货信息平台软件 [简称：Pobo]V1.0
234	上海火速网络科技有限公司	火速在线客服HOTCOM软件V1.0
235	上海麦格纳信息技术服务有限公司	麦格纳MagicWarehouse佳管第三方物流仓储管理平台软件V1.0
236	上海麦格纳信息技术服务有限公司	麦格纳MagicLogistic佳运货代业务应用平台软件V1.0
237	上海宝信软件股份有限公司	宝信上网行为管理软件(eCop-EIM)V1.0
238	上海维音企业管理有限公司	维音餐馆订餐软件 [简称：VisionROP]V1.0.0
239	鼎亿数码科技（上海）有限公司	eMooove 减压乐软件V1.0
240	鼎亿数码科技（上海）有限公司	eMooove 保龄球软件V1.0
241	鼎亿数码科技（上海）有限公司	eMooove 网球软件V1.0
242	鼎亿数码科技（上海）有限公司	eMooove 乒乓球软件V1.0
243	鼎亿数码科技（上海）有限公司	eMooove 雪球软件V1.0
244	上海艾帕电力电子有限公司	IPER高压变频调速装置监控软件V1.0
245	上海全华自动控制工程技术有限公司	QAC电站输煤系统控制软件V3.0
246	上海福海机械制造有限公司	福海包装机通用控制软件V2.0
247	上海强生科技有限公司	强生无线数据采集终端软件V1.1
248	希森美康电脑技术（上海）有限公司	Laboman DIMS 糖尿病信息管理软件[简称：DIMS]V1.3

249	希森美康电脑技术（上海）有限公司	Laboman easyAccess 血球检验工作站软件 [简称：easyAccess]V5.1
250	希森美康电脑技术（上海）有限公司	Laboman easyAccess 检验数据管理软件 [简称：easyAccess]V4.3
251	上海三零卫士信息安全有限公司	三零卫士IT服务管理支持软件V1.0
252	上海承思微电子有限公司	承思(Unisilicon)RDS-TMC软件V1.0
253	上海三伊软件开发有限公司	三伊三相晶闸管功率控制器软件V1.0
254	上海亚太神通计算机有限公司	亚太神通医疗电子病案软件V2.2
255	上海亚太计算机信息系统有限公司	长江亚太医院移动综合业务处理软件V1.0
256	上海复旦天翼计算机有限公司	复旦天翼财务管理软件V3.0
257	上海东南融通科技有限公司	intelliFlow.Net工作流管理软件V1.0
258	上海瑞鑫科技仪器有限公司	瑞鑫食品安全监控软件V1.0
259	上海天琦信息科技有限公司	天琦视音频联播网平台软件V1.0
260	上海世范软件技术有限公司	世范公司客户风险管理软件V1.0
261	上海世范软件技术有限公司	世范旅游行业诚信管理软件V1.0
262	上海途锐信息技术有限公司	途锐车辆监控调度软件V1.0
263	上海晨路信息科技有限公司	武林足球经理网页游戏软件V1.0
264	上海虹浦民用机场通信有限公司	虹浦集群计费管理软件V3.0
265	上海数腾软件科技有限公司	数腾数据集中备份与管理软件V1.5
266	润百计算机（上海）有限公司	润百后台接口软件V1.0.0
267	趋势科技（中国）有限公司	趋势科技防毒墙群件版ScanMail for Lotus Domino软件V3.0
268	趋势科技（中国）有限公司	趋势科技防毒墙群件版 ScanMail for Exchange软件V8.0
269	上海杉德巍康企业服务有限公司	杉德会员卡平台软件V1.0
270	上海翰和教学软件有限公司	翰和财会模拟教学软件V2.0
271	上海翰和教学软件有限公司	翰和旅游信息教学软件V3.0
272	上海翰和教学软件有限公司	翰和ERP教学软件V1.0
273	证宁信息技术（上海）有限公司	证券之星赢富决策软件V1.0
274	上海惠生通讯技术有限公司	惠生移动通信业务支撑软件V1.0
275	上海哈金通信科技有限公司	哈金M2trip无线旅行软件V1.0
276	上海世范软件技术有限公司	世范消息总线软件V1.0
277	上海复旦网络信息工程有限公司	复旦网络煤矿安全隐患智能识别、预警和控制软件V1.0
278	上海丰普软件有限公司	丰普PowerCATI电脑辅助电话访问软件V1.0
279	上海三国电子有限公司	三国重症监护信息管理软件V1.0.0
280	上海海源数码技术有限公司	海源自动轮胎充气机控制软件V1.03
281	上海东方希杰商务有限公司	东方希杰Trust HomeShopping 信息软件V1.0
282	上海同豪土木工程咨询有限公司	同豪桥梁设计师软件V1.0
283	上海普天邮通科技股份有限公司	P&T公交与轨道交通线联乘优惠项目应用软件V1.41
284	上海安纵信息科技有限公司	亿智网络安全管理软件V2.00.11
285	上海华腾软件系统有限公司	TOP IEP电子政务信息交换平台软件V1.0
286	上海晨阑数据技术有限公司	晨阑面向汽车业的VE-I供应链管理软件V2.0
287	逸桥信息技术（上海）有限公司	逸桥信息项目开发集成软件V1.10
288	上海数擎信息科技有限公司	数擎DataExplore数据恢复大师软件V1.0
289	耀欣数位科技（上海）有限公司	耀欣电子标签拣货软件V1
290	上海轻音信息科技有限公司	轻音物流管理软件V1.0
291	上海海鼎网络信息有限责任公司	海鼎企业内部网管理软件（HDIntra）V2.0
292	上海百果信息科技有限公司	百果EXPR电子病历软件V1.0
293	慧国（上海）软件科技有限公司	慧国基于SM342芯片的便携式多媒体软件V0.03.04

294	上海尧辰网络科技有限公司	尧辰MOCA数字电视双向网络网管软件V1.0
295	上海杰狮信息技术有限公司	杰狮绿化林业遥感和地理信息软件V1.0
296	上海交鸿数控科技有限公司	交鸿平面切割计算机数控软件V1.0
297	上海华夏天城软件开发有限公司	华夏网络流量采集器软件V1.0
298	芯讯通无线科技（上海）有限公司	芯讯通GT100追踪器软件V1.0
299	上海思必得通讯技术有限公司	思必得K28 GSM/GPRS手机软件V1.0
300	希姆通信息技术（上海）有限公司	希姆通G9系列GSM/GPRS手机软件V1.0
301	希姆通信息技术（上海）有限公司	希姆通S220 TD/GSM手机软件V1.0
302	上海共久电气有限公司	共久Opmac40BL测径仪控制软件V1.0
303	上海琮谷信息科技有限公司	琮谷多渠道强身份认证软件V1.0
304	上海携越信息服务有限公司	携越OLEBIZ在线电子商务平台软件V1.0
305	上海高软软件系统有限公司	高达钢铁物流配送管理软件V3.0
306	上海思必得通讯技术有限公司	思必得S30 GSM/GPRS 手机软件V1.0
307	上海通商网络软件开发有限公司	通商网络计费平台软件V2.1.3
308	上海摩比源软件技术有限公司	爱秀（ishow）面部造型变换软件V1.0
309	上海软易信息技术有限公司	软易MasterOffice协同办公管理软件V5.0
310	上海益盟软件技术有限公司	操盘手手机证券软件V1.0
311	上海益盟软件技术有限公司	操盘手证券投资决策软件V4.0
312	上海商银资讯有限公司	商银电子钱包服务软件V1.0
313	上海坦瑞信息技术有限公司	坦瑞数字健康支撑平台软件V2.0
314	上海元方计算机技术有限公司	元方公务员绩效考核管理软件V1.0
315	上海付费通信息服务有限公司	ORAS网上授权代扣公用事业费软件V1.0
316	上海易诺科技有限公司	易诺电子信证软件V2.0
317	上海尤里卡数据系统中心	尤里卡PEDS三维配管工程设计软件V2.0
318	上海新致软件有限公司	NewtouchOne 新致应用系统开发框架软件V3.0
319	上海硅知识产权交易中心有限公司	SSIPEX专利管理软件V3.0
320	上海熙菱信息技术有限公司	熙菱网络办公软件[简称：sailing OA] V3.1
321	上海交大慧谷通用技术有限公司	慧谷法院信访信息管理软件[简称：信访管理软件] V2.0
322	上海龙软信息技术有限公司	龙软金融衍生品交易软件[简称：DTS] V1.0
323	上海龙软信息技术有限公司	龙软无线通信服务软件V1.0
324	上海锐锦智能科技有限公司	锐锦手机模拟电视播放器应用软件V1.0
325	上海康福特环境科技有限公司	康福特磁卡饮水机控制软件V1.0
326	上海信核数据科技有限公司	信核多点数据与系统保护软件 [简称：OSNSnapStreamer] V3.0
327	发思特软件（上海）有限公司	FastCAM标准编程套料软件V5.10
328	发思特软件（上海）有限公司	FastCAM自动编程套料软件V5.10
329	盛趣信息技术（上海）有限公司	盛大《纵横天下》网页游戏软件 [简称：纵横天下游戏] V1.0
330	上海联腾信息技术有限公司	LT-Alarm2000联腾报警管理软件 [简称：联腾报警管理软件] V1.0
331	上海金电网安科技有限公司	金电网安安全隔离与信息交换软件[简称:FerryWay] V2.0
332	上海华勤通讯技术有限公司	华勤 D900 MMI 软件V2.0.7
333	上海华勤通讯技术有限公司	华勤 D700 MMI 软件V1.2.2
334	上海华勤通讯技术有限公司	华勤 K500 MMI 软件V1.0.2
335	如临其境创意（上海）有限公司	如临其境3G WEBMapper网络三维数字景观地图制作发布软件[简称:3G WEBMapper] V1.0
336	唯智信息技术(上海)有限公司	唯智E-Logistic物流管理软件V3.0

337	捷玛计算机信息技术（上海）有限公司	捷玛VIP顾客管理软件V1.0
338	上海亿通国际股份有限公司	亿通国际更改舱单软件[简称:CDG] V1.0
339	上海亿通国际股份有限公司	亿通国际统一用户管理中间件软件[简称:EPUUMM] V1.0
340	上海亿通国际股份有限公司	亿通国际消息处理中间件软件[简称:EPMessaging] V1.0
341	上海亿通国际股份有限公司	亿通国际通讯适配中间件软件[简称:EPGateway] V1.0
342	上海亿通国际股份有限公司	亿通国际WEB订舱软件[简称:EBW] V1.0
343	上海天正明日电力自动化有限公司	STS360综合自动化监控软件 [简称:STS360综合自动化系统] V2.0
344	上海天正明日电力自动化有限公司	STS360微机保护测控装置通用软件 [简称:STS360保护测控软件] V1.20
345	上海仲博计算机软件有限公司	仲博网络文件安全管理与共享软件 [简称：仲博安全文件共享服务器] V2.0
346	上海清方荣信电子有限公司	清方通用设备监控软件V1.0
347	联芯科技有限公司	联芯科技TD-SCDMA测试终端协议分析软件[简称:PTAS] V4.0
348	上海阿尔卡特网络支援系统有限公司	SANSS OCTPUS IPTV服务分析软件 [简称：IPTV服务分析系统] V1.0
349	上海润进信息技术有限公司	润进分销管理信息软件V1.0
350	上海风格软件有限公司	风格嵌入式双CF卡数字录音机软件V1.0
351	上海风格软件有限公司	风格嵌入式数字电视码流实时监测及转发软件V1.0
352	上海风格软件有限公司	风格嵌入式数字音频双工软件V1.0
353	上海赛德造纸机械电控技术有限公司	SIED造纸设备控制软件V2.0
354	上海兰台信息技术有限公司	兰台档案馆目录中心管理软件[简称：Filesoft-CCMS] V2.0
355	上海原创信息科技有限公司	原创指挥调度辅助决策软件V2.0
356	上海艾克斯网络传播有限公司	艾克斯周期性培训决策管理软件V1.0
357	赛瓦软件(上海)有限公司	TWaver图形界面开发工具包软件V2.0
358	上海神计信息系统工程有限公司	神才人力资源软件V1.0
359	上海中标软件有限公司	中标普华邮件服务器软件V4.0
360	上海新略数码科技有限公司	九城报检仿真教学软件V1.0.0
361	上海富远软件技术有限公司	富远网上行情分析软件V2.0
362	上海兴安得力软件有限公司	兴安得力工程算量计算软件V2008
363	上海默克高科技发展有限公司	默克快速反应创成式CAPP软件V2.0
364	上海坦思计算机系统有限公司	坦思物流仓储管理软件V1.0
365	上海美沃精密仪器有限公司	美沃视力检查仪软件V1.0
366	上海美沃精密仪器有限公司	美沃MediView裂隙灯图像采集管理软件V2.0
367	神州数码管理系统有限公司	神州数码易连POS管理软件V3.0
368	上海亿索机电设备有限公司	亿索串列线软件V1.0
369	上海亿索机电设备有限公司	亿索连续退火铜大拉机软件V1.0
370	上海航向信息科技有限公司	航向快速开发平台软件V1.0
371	上海先达企业发展有限公司	先达移动条码、RFID仓储软件V1.0
372	上海蓝灯软件科技有限公司	Landa协同商务软件V6.0
373	上海汇付网络科技有限公司	汇付天下网上理财软件V1.0
374	上海原创信息科技有限公司	原创公安预案管理软件V1.0
375	上海原创信息科技有限公司	原创网络传真软件V1.0
376	上海平安投资有限公司	平安投资RFID智能机房管理软件V1.0
377	上海美华系统有限公司	美华口岸通软件V1.0
378	上海美华系统有限公司	美华物流实训软件V2.0
379	上海美华系统有限公司	美华M8物流管理软件V1.0

380	上海海天信息系统工程有限公司	海天学生选课软件V2.0
381	上海海天信息系统工程有限公司	海天财务核算管理软件V2.0
382	上海华平信息技术股份有限公司	AVCON Audec音频处理引擎软件[简称 Audec]V1.0
383	上海科丰软盾电子有限公司	科丰KST智能控制器远程控制软件V1.0
384	上海翰高科技开发有限公司	翰高家居智能监控软件V1.0
385	上海超量信息技术有限公司	量子PDE.DJVU彩色图像处理软件[简称：PDE\DJVU]V1.0
386	上海遥薇实业有限公司	遥薇安全生产监控管理软件V1.0
387	上海遥薇实业有限公司	遥薇智能楼宇管理软件V1.0
388	上海关中信息科技有限公司	关中科技固定资产综合管理软件V1.0
389	上海复旦通讯股份有限公司	复旦通讯GSM-R车载终端应用软件V1.05
390	上海复旦通讯股份有限公司	复旦通讯GSM-R手持终端应用软件V1.01
391	上海长城电子电子信息网络有限公司	长城现代物流与配送中心管理软件V1.0
392	上海精函衡器有限公司	精函TM_xA条码秤数据管理软件V1.0
393	上海致达智利达系统控制有限责任公司	致达ZD1000数字化综合自动化软件V1.0
394	上海众人网络安全技术有限公司	iKEY动态双因子身份认证软件V1.0
395	上海新诺智能技术有限公司	新诺面向污水处理厂的污水处理控制软件V1.0
396	卡斯柯信号有限公司	卡斯柯iLOCK计算机联锁软件V1.0
397	上海爱国者数码科技有限公司	爱国者DT5201数字移动电视多媒体播放器软件V1.0
398	上海软中信息技术有限公司	软中大额资金管理分析软件V1.0
399	威英软件(上海)有限公司	威英C分析工具软件V1.0
400	上海分维智能科技有限公司	分维集装箱箱号识别软件V1.0
401	上海井星信息科技有限公司	井星wilcom传真软件V1.0
402	上海开先软件有限公司	EastPay卡管理软件V2.0
403	上海联众网络信息有限公司	联众多媒体智能化电子病历软件V6.0
404	富士通(中国)信息系统有限公司	富士通诊疗图像信息软件V1.0
405	上海罗根医疗科技有限公司	罗根放射科信息管理软件V3.0
406	上海迪爱斯通信设备有限公司	DS社会安全事件预测预警软件V1.0
407	上海迪爱斯通信设备有限公司	DS社会安全事件预警信息发布软件V1.0
408	上海柯源软件有限公司	柯源大容量高速闪存GSM S-SIM软件V1.0
409	上海贝尔阿尔卡特软件有限公司	贝尔阿尔卡特A5311 WAPGW软件[简称:A5311 WAP网关]V3.2
410	上海麦柯信息技术有限公司	麦柯数字化校园平台软件V2.0
411	上海晟和信息技术有限公司	Mega EHR人事管理软件V1.0
412	上海青蓝科技有限责任公司	飞蕾青蓝医学图像存储与通信软件V5.0
413	上海青蓝科技有限责任公司	飞蕾青蓝影像科室管理及影像资料检索软件V5.0
414	上海新影捷信息技术有限公司	新影捷数字档案管理软件V3.0
415	国信朗讯科技网络技术有限公司	国信朗讯电信管线资源管理软件V5.0
416	国信朗讯科技网络技术有限公司	国信朗讯数字地图平台软件V1.0
417	国信朗讯科技网络技术有限公司	国信朗讯资源管理市场营销支撑软件V2.0
418	国信朗讯科技网络技术有限公司	国信朗讯联通电子运维软件V1.0
419	上海旅行者文化传媒有限公司	旅行者万花筒社区网站软件V1.0
420	上海致达信息产业股份有限公司	致达内容管理软件V1.0
421	上海盛博计算机科技有限公司	盛博基于TCP/IP协议的远程文件访问软件V1.0
422	上海盛博计算机科技有限公司	盛博Windows CE 4.2下的CSD卡驱动软件V1.0
423	上海百果信息科技有限公司	百果金康工程医卡通实时结算软件[简称：YKT]V1.0
424	龙旗科技（上海）有限公司	龙旗科技MPT2软件V1.0
425	龙旗科技（上海）有限公司	龙旗科技MP100手机软件V1.0
426	上海天会皓闻信息科技有限公司	天会智能调研软件V1.5

427	上海卓扬科技有限公司	Accella智能视频分析软件V1.0
428	上海锐帆信息科技有限公司	锐帆无线识别控制和数据服务网关软件V1.0
429	上海新致软件有限公司	新致社区党建管理平台软件V1.0
430	上海埃帕信息科技有限公司	埃帕Cooling输入法软件V1.0
431	上海锦江集团高科技有限公司	锦江国际货代综合管理软件[简称：Xtrans]V1.0
432	上海钢软信息技术工程股份有限公司	钢软电子交易管理软件V1.0
433	上海钢软信息技术工程股份有限公司	钢软钢材营销管理软件V7.5
434	上海钢软信息技术工程股份有限公司	钢软钢材仓储加工配送管理软件V3.5
435	上海钢软信息技术工程股份有限公司	钢软SE客户关系管理软件V1.0
436	上海钢软信息技术工程股份有限公司	钢软SE产销一体化信息软件V2.5
437	上海钢软信息技术工程股份有限公司	钢软仓储联盟管理软件V1.0
438	上海子墨国际文化传播有限公司	子墨汉语学习软件V1.0
439	上海锐科无线通信技术有限公司	锐科单芯片双卡双待手机应用软件V1.0
440	上海航鼎信息科技发展有限公司	航鼎组合定位软件[简称：DR定位软件]V1.1
441	上海飞田通信技术有限公司	飞田iTop2008车辆实时管理平台软件[简称：iTop2008]V1.0
442	上海飞田通信技术有限公司	飞田公交GPS智能调度管理软件 V1.0
443	上海中科大鲁能集成科技有限公司	KDJC2100_MCS移动客户服务软件 [简称：移动客户服务软件]V3.0
444	上海中科大鲁能集成科技有限公司	KDJC2100_DMS配网综合自动化软件 [简称：配网综合自动化软件]V3.0
445	上海中科大鲁能集成科技有限公司	KDJC_SOM1000标准化作业信息管理软件 [简称：标准化作业信息管理软件]V1.0
446	上海中科大鲁能集成科技有限公司	KD2100配调一体化软件[简称：配调一体化软件]V2.0
447	上海中科大鲁能集成科技有限公司	KDJC2100_EMS电能量及防窃电管理软件 [简称：电能量及防窃电管理软件]V3.0
448	上海中科大鲁能集成科技有限公司	KDJC2100_OFEMS油田综合管理软件 [简称：油田综合管理软件]V3.0
449	上海格瑞特科技实业有限公司	格瑞特公用事业设备巡检管理软件V1.0
450	上海长帆信息科技有限公司	SW-FPP固网支付软件V1.0
451	上海长帆信息科技有限公司	SW-TIP综合查询软件V1.0
452	上海浦东软件园信息技术有限公司	“浦软红鹰”网络服务行为监控软件 [简称：浦软红鹰]V3.0
453	上海速锐信息技术有限公司	FastFRM Java快速开发框架软件[简称：FastFRM]V1.0
454	上海锐英信息安全技术有限公司	锐英邮件主动取证软件V1.0
455	宝智坚思管理咨询（上海）有限公司	智达企业建设项目流程管理软件[简称：Greata]V2008
456	维音数码（上海）有限公司	维音数码餐厅呼叫中心处理软件[简称：VisionRCP]V2.0.0
457	上海大汉三通网络通信有限公司	大汉三通彩信平台软件[简称：CTC-MMS]V2.0
458	上海华勤通讯技术有限公司	华勤K110 MMI软件V1.0.4
459	上海华勤通讯技术有限公司	华勤D878 MMI软件V1.0.6
460	上海摩软通讯技术有限公司	摩软K310 MMI软件V1.0.9
461	上海龙的信息系统有限公司	龙的枪械系统管理软件V1.0
462	上海精视信息技术有限责任公司	精视P2 Rapid Writer软件[简称：P2 Writer]V1.0
463	上海阿尔卡特网络支援系统有限公司	SANSS NGN增值业务网关软件[简称：VSG]V1.0
464	上海阿尔卡特网络支援系统有限公司	SANSS NGN信令监测软件[简称：NGN信令监测系统]V1.0
465	上海华菱电站成套设备有限公司	华菱矿井提升机控制软件V2.0
466	上海安昌电力设备有限公司	安昌组合信号通信控制软件V2.0
467	上海安昌电力设备有限公司	安昌微机保护装置通用控制软件V3.0
468	上海安昌电力设备有限公司	安昌继电器通用控制软件V2.0

469	上海安昌电力设备有限公司	安昌高频开关直流电源屏系统微机监控软件V3.0
470	上海大潮电子技术有限公司	大潮LSNAV关键路径生成软件V2.0
471	上海大潮电子技术有限公司	大潮LSNAV GPS位置与道路匹配软件V2.0
472	上海大潮电子技术有限公司	大潮LSNAV地图显示与查询软件V2.0
473	上海美宁计算机软件有限公司	证券之星三网三屏合一行情信息发布软件V 1.0
474	东方财富信息股份有限公司	东方财富财富密码证券决策软件V3.0.0
475	泰为信息科技(上海)有限公司	泰为手机导航软件V5.1
476	泰为信息科技(上海)有限公司	泰为手机地图软件V1.0
477	上海原创信息科技有限公司	原创地理信息软件V1.0
478	上海摩方信息科技有限公司	摩方基于智能工作流的电子政务办公软件V1.0
479	上海同济迅阳科技有限公司	同济迅阳起重机远程监控平台软件V1.0
480	帛俊软件科技(上海)有限公司	帛俊Curl电子表格软件V1.0
481	上海未来软件有限公司	未来消息管理软件V1.0
482	上海亚太计算机信息系统有限公司	亚太ETC车载单元发行管理软件V1.0
483	上海亚太计算机信息系统有限公司	亚太ETC联网收费结算软件V1.0
484	上海亚太神通计算机有限公司	亚太神通医疗检验信息管理软件V3.3
485	上海新泰信息技术有限公司	新泰EnterC2C网络客服软件V1.0
486	上海浪沙软件有限公司	RUNSA分销管理软件V259.1
487	上海国宝物流系统工程有限公司	国宝仓库RF信息管理软件[简称：国宝RF软件]V1.0.0
488	上海冰动信息技术有限公司	冰动极道车神游戏软件V1.0
489	上海中兆信息技术有限公司	中兆政府收费管理综合业务平台软件V2.0
490	上海思源如高科技发展有限公司	思源电网设备状态信息系统应用软件V1.0
491	上海界石软件有限公司	界石F/4财税分析评估软件V2.0
492	上海锦诺信息科技有限公司	锦诺STKCOS软件V1.0
493	上海寰泰电子有限公司	GlobalTime时间服务器软件V1.0
494	上海寰泰电子有限公司	GlobalTime时间服务器GTTRb软件V1.0
495	上海寰泰电子有限公司	GlobalTime NTPCLOCK时间显示软件V1.0
496	上海岩土工程勘察设计研究院有限公司	岩土城勘软件(专业版)V1.0
497	上海岩土工程勘察设计研究院有限公司	岩土城勘软件(土工版)V1.0
498	上海金证高科技有限公司	金证数据管理与报送系统应用软件V1.0
499	上海来雅软件有限公司	来雅医院信息管理软件[简称HIS]V1.0
500	上海汇驿软件有限公司	汇驿ECS供应链物流管理软件V6.0
501	方正科技集团股份有限公司	方正天赋T2000外挂式税控器固化软件V5.09
502	方正科技集团股份有限公司	方正天赋T920 I金融税控收款机固化软件V2.26
503	方正科技集团股份有限公司	方正天赋T820Ⅲ中文税控电子收款机固化软件V1.0
504	方正科技集团股份有限公司	方正天赋T820 I中文税控电子收款机固化软件V2.05
505	润百计算机(上海)有限公司	润百零售终端建材版软件V2.0
506	上海芯缘信息科技发展有限公司	心语语音易识别软件V1.0
507	上海联鼎软件技术有限公司	联鼎核心业务容灾管理软件V1.0
508	上海育盟信息技术有限公司	育盟Eduleague 宽带接入网管软件V1.0
509	泰亿格电子(上海)有限公司	启音博士言语测量仪软件V5.0
510	上海宜品国际贸易有限公司	宜品商联网软件V1.0
511	上海三国电子有限公司	三国急救临床信息管理软件V1.0.0
512	上海三国电子有限公司	三国手术麻醉信息管理软件V1.0.0
513	上海新致软件有限公司	新致人意险业务管理软件V1.0
514	上海新致软件有限公司	新致发票管理软件V1.0
515	上海东欣软件工程有限公司	东欣造船生产管理软件V1.0

516	上海东欣软件工程有限公司	东欣船舶产品设计软件[简称：SPD]V1.0
517	上海立成应用软件研究所	立成通用财务管理软件V8
518	卡斯柯信号有限公司	卡斯柯CIS-1型计算机联锁软件V1.0
519	上海点佰趣信息科技有限公司	立佰趣指纹支付平台软件V1.0
520	越田(上海)信息科技有限公司	越田医疗数据分析软件[简称：MTDAS]V1.0
521	泰思通软件(上海)有限公司	TS-IEMS智能环境监控软件V1.0
522	泰思通软件(上海)有限公司	TS-NMES网管专家软件V1.0
523	上海航脉软件科技有限公司	航脉国际货代管理软件V1.0
524	上海欣方软件有限公司	CINtel IT与通信融合业务软件V1.0
525	新科益系统与咨询(上海)有限公司	新科益V6Prodesign软件V1.0
526	远翔信息技术(上海)有限公司	远翔固定资产管理软件V1.0
527	上海坤大信息技术有限公司	坤大机器人烟包开包系统控制软件V1.0
528	上海坤大信息技术有限公司	坤大质量检测软件V1.0
529	上海高智软件系统有限公司	高智HLR备份数据统计分析软件V1.0
530	联合基因科技有限公司	UG基因健康数据管理软件[简称：GHDMS]V1.0
531	上海斯塔信息技术服务有限公司	STA连锁店管理软件V1.0
532	上海中标软件有限公司	中标普华高可信服务器软件V3.0
533	上海众恒信息产业有限公司	众恒第二代居民身份证信息管理软件V2.0
534	上海众恒信息产业有限公司	众恒“两新”组织管理软件
535	上海财大软件股份有限公司	财大e会计软件V1.0
536	思华科技(上海)有限公司	思华统一流服务器软件V2.0
537	泰亿格电子(上海)有限公司	启智博士早期语言评估与干预仪软件V3.0
538	尚瑞薪才信息技术(上海)有限公司	CompCollector softwareV1.0
539	上海乾隆高科技有限公司	钱龙证券投资分析软件(网络版)V4.70
540	上海三零卫士信息安全技术有限公司	三零卫士信息安全风险评估管理软件V1.0
541	上海聚微计算机技术有限公司	聚微企业设备资产管理软件V1.0
542	上海杰图软件技术有限公司	杰图公安现场三维重建及测量软件(简称：刑侦软件)V6.00
543	上海杰图软件技术有限公司	杰图虚拟漫游展示制作软件[漫游大师]V2.00
544	上海杰图软件技术有限公司	杰图重点单位预案管理软件V5.00
545	上海杰图信息科技有限公司	杰图画像处理大师软件V1.0
546	上海金陵时威科技发展股份有限公司	金陵时威环境监控网关软件V1.0
547	上海罗盘信息科技有限公司	罗盘协同营销综合业务管理软件V2.0
548	上海久源软件有限公司	久源成衣检测企业业务管理软件V1.0
549	上海科华实验系统有限公司	科华半自动生化分析仪软件V1.0
550	上海科华实验系统有限公司	科华酶标仪软件V1.0
551	上海科华实验系统有限公司	科华洗板机软件V1.0
552	上海多路信息技术有限公司	多路集装箱吊装高性能安全运行控制软件V2.1
553	上海金档信息技术有限公司	金档光典综合档案管理软件V3.0
554	飞亿克自动化设备(上海)有限公司	飞亿克考勤工资管理软件V1.0
555	善诚科技发展(上海)有限公司	康博网络办公软件V2.2
556	上海扬鼎电子科技有限公司	扬鼎QCS企业版质量管理软件V3.0
557	上海集成通信设备有限公司	集成IMS-03型UPS监控软件V1.0
558	上海北塔通讯网络科技发展有限公司	北塔网络运维管理软件V3.5
559	上海全教电子有限公司	全教体育教学信息化综合管理软件V5.0
560	上海恒驰信息系统有限公司	黄金甲网络应用安全管理软件V2006
561	上海火速网络科技有限公司	火速广告联盟软件[简称：HOTADA]V1.0
562	希森美康电脑技术（上海）有限公司	Laboman UriAccess检验数据管理软件[简称：UriAccess]V3.0

563	上海迈普软件有限公司	迈普业务开发平台软件[简称：MBP]V1.0
564	上海望友信息科技有限公司	VayoPro制程软件[简称：VayoPro软件]V3.0
565	上海互软信息技术服务有限公司	互联智通数据资源库服务管理软件V1.0
566	上海利驰软件有限公司	利驰图档管理系统WebPower设计院版软件V2008
567	上海互联网软件有限公司	飞越比特基于信息共享、业务协同的资源整合管理中间件软件[简称：资源整合中间件]V1.0
568	上海互联网软件有限公司	飞越比特基于人口库管理软件V1.0
569	上海互软信息技术服务有限公司	互联智通人力资源外包服务管理软件V1.0
570	上海斯图曼电信技术有限公司	斯图曼近距离通信终端驱动软件[简称：斯图曼近通驱动]V1.0
571	上海思创网络有限公司	思创课件制作软件V1.0
572	上海华亨电信设备有限公司	华亨嵌入式板卡控制软件V1.0
573	上海华亨电信设备有限公司	华亨交换机管理软件V1.0
574	睿又扬信息科技（上海）有限公司	睿又扬Galaxy AntiSpam邮箱防护软件[简称：Galaxy AntiSpam]V2.8
575	睿又扬信息科技（上海）有限公司	睿又扬GalaxyMail邮箱软件[简称：Galaxy Mail]V4.5
576	睿又扬信息科技（上海）有限公司	睿又扬Galaxy MailArchive 邮件归档调阅软件[简称：MailBase]V2.5
577	上海互联网软件有限公司	飞越比特共享日历软件V1.0
578	上海互联网软件有限公司	飞越比特短信业务平台管理软件V1.0
579	上海互软信息科技有限公司	互软人力资源外包服务管理软件V1.0
580	上海熙菱信息技术有限公司	熙菱党务管理信息软件[简称：党务管理]V1.0
581	上海熙菱信息技术有限公司	熙菱班组核算软件[简称：班组核算]V1.0
582	上海熙菱信息技术有限公司	熙菱即时通讯软件[简称：Sailing IM]V1.0
583	上海熙菱信息技术有限公司	熙菱统一资源应用平台软件[简称：URAP]V1.0
584	美泊智能系统(上海)有限公司	美泊停车场管理软件V1.0
585	美泊智能系统(上海)有限公司	美泊车位信息显示软件V1.0
586	美泊智能系统(上海)有限公司	美泊车位安全软件V1.0
587	美泊智能系统(上海)有限公司	美泊车位引导查询软件V1.0
588	上海诚明融鑫科技有限公司	融鑫人脸自动识别软件[简称：人脸识别]V2.8
589	上海铭创软件技术有限公司	铭创交易网关软件[简称：交易网关软件]V5.0
590	上海铭创软件技术有限公司	铭创衍生金融工具管理软件[简称：铭创衍生品软件]V2.0
591	上海群科系统工程有限公司	群科RF生产过程及质量跟踪软件V3.0
592	上海航娴智能系统有限公司	航娴SY辅联设备监控软件V1.0
593	上海航娴智能系统有限公司	航娴SY卷烟机监控软件V1.0
594	上海霍莱沃电子系统技术有限公司	霍莱沃天线后处理计算分析软件[简称：EasiHFPost]V1.0
595	日软信息科技（上海）有限公司	日软CAD/CAM系统Space-E中文版软件[简称：Space-E]V4.6
596	上海阿尔卡特网络支援系统有限公司	SANSS IPTV酒店业务系统设备软件[简称：IPTV酒店业务系统设备软件]V1.0
597	上海阿尔卡特网络支援系统有限公司	SANSS IPTV业务管理二期软件[简称：IPTV管理二期]V1.0
598	上海恒志信息技术有限公司	恒志面向产品的资源呈现和调度软件V1.0
599	上海开始软件有限公司	开始网络文档安全与共享管理软件[简称：开始文档管理系统]V3.0
600	上海妙益电子科技发展有限公司	ZB20X/ZC20X基于动态链接库的汽车测控软件[简称：ZB20X/ZC20X测控软件]V1.0
601	联芯科技有限公司	联芯科技手机终端下载工具软件[简称：SML]V1.4
602	联芯科技有限公司	联芯科技TD-SCDMA/GSM终端高层协议软件[简称：Meco]V4.0
603	上海创景计算机系统有限公司	创景ERC32虚拟目标板软件[简称：VVT for ERC32]V1.0

604	上海创景计算机系统有限公司	创景ERC32调试器软件[简称：Vision Debugger For ERC32]V1.0
605	上海创景计算机系统有限公司	创景Leon调试器软件[简称：Vision Debugger For Leon]V1.0
606	上海创景计算机系统有限公司	创景RTInsight Pro系统测试软件[简称：RTInsight Pro]V6.0
607	上海创景计算机系统有限公司	创景TBRun汇编单元测试软件[简称：TBRun for ASM]V1.0
608	上海易摩移动通讯技术有限公司	易摩X600软件V1.0
609	上海易摩移动通讯技术有限公司	易摩MID软件V1.0
610	上海易摩移动通讯技术有限公司	易摩W2008软件V1.0
611	上海易摩移动通讯技术有限公司	易摩W2200软件V1.0
612	上海全一通讯技术有限公司	全一LED七彩灯手机音乐旋律随动闪烁软件V1.0
613	鼎亿数码科技（上海）有限公司	eMooove反恐特勤队软件V1.0
614	鼎亿数码科技（上海）有限公司	eMooove桌球软件V1.0
615	鼎亿数码科技（上海）有限公司	eMooove趣味钓鱼软件V1.0
616	上海亦源智能科技有限公司	亦源停车场智能管理软件[简称：PMS]V4.0
617	上海亦源智能科技有限公司	亦源一卡通管理软件[简称：GMS]V4.0
618	上海傲融软件技术有限公司	35FAX企业级传真服务器软件[简称：35FAX企业级]V4.0
619	上海博超计算机技术有限公司	博超智能视频分析软件[简称：SIVS7000]V2008
620	上海富勒信息科技有限公司	FLUX协同物流管理软件V1.0
621	上海巴士拓华科技发展有限公司	巴士拓华建设管理GIS软件V1.0
622	上海捷一软件技术有限公司	捷一易通客户关系管理软件[简称：捷一易通CRM]V3.0
623	上海普元信息技术有限责任公司	普元EOS软件[简称：EOS]V6
624	上海中交海德交通科技股份有限公司	海德高速公路资产养护管理信息化软件[简称：HEAD-AMS]V1.0
625	上海力铭科技有限公司	力铭商业汇票业务电子化综合处理平台软件[简称：BEIMS]V1.0
626	上海华卫电子有限公司	领路人导航软件[简称：领路人]V4.0
627	上海澳润信息科技有限公司	澳润星以太电视信号共缆复用端口监控软件[简称：EOC端口监控软件]V1.0
628	上海大潮电子技术有限公司	大潮GPS记录仪信息实时处理软件V2.0
629	上海瑞索机电科技发展有限公司	RS供配电系统监控软件V3.0
630	上海矩子智能科技有限公司	矩子自动光学检查仪系统应用软件V2.0
631	上海海鹰机电检测设备厂	海鹰电机安规性能检测控制软件V3.2
632	上海海鹰机电检测设备厂	海鹰电机综合性能试验控制软件V5.2
633	上海菱博电子技术有限公司	HyperDirector图像处理及控制软件[简称：HyperDirector]V1.0
634	上海携宁计算机软件有限公司	携宁“路路通”开放式基金网上直销软件V1.0
635	上海暴雨信息科技有限公司	暴雨预言网络游戏软件V1.0
636	上海暴雨信息科技有限公司	暴雨Fone游戏引擎软件V1.0
637	上海民航华东通信网络发展有限公司	华东空管AMS-20智能航务电报终端软件V2.3
638	上海民航华东通信网络发展有限公司	华东空管AIDC扩展系统应用软件V1.0
639	上海民航华东通信网络发展有限公司	华东空管塔台管制移交系统应用软件V1.0
640	上海谐润网络信息技术有限公司	SR-LANE安全隔离与信息交换软件V1.0
641	上海中智计算机技术服务有限公司	中智医院信息管理软件V3.0
642	上海中开网络科技有限公司	中开智能报表软件V1.0
643	上海竞印管理咨询有限公司	竞印ERP(印刷专业版)软件V1.0
644	上海申得安科技有限公司	SDA-DVH2400监控报警联网中心平台软件V1.0
645	上海直真视通科技有限公司	直真流量采集及协议分析处理软件V1.0

646	上海旋极信息技术有限公司	旋极C语言测试软件[简称：CT32]V1.0
647	上海弘视通信技术有限公司	弘视智能车辆管理软件V2.0
648	上海弘视通信技术有限公司	弘视智能视频分析软件V2.0
649	上海弘视通信技术有限公司	弘视智能车牌识别软件V2.0
650	上海方程软件科技有限公司	方程V系列分销资源计划管理软件V3.1
651	韵礴诗软件技术（上海）有限公司	韵礴诗知识挖掘平台数据库内嵌运行软件V1.0
652	韵礴诗软件技术（上海）有限公司	韵礴诗基因分析软件V1.0
653	上海真之骏信息技术咨询有限公司	真之骏养老机构信息管理软件V1.0
654	上海天道启科电子有限公司	IPAV数字庭审管理软件V5.2
655	上海长信科技发展有限公司	长信DataServer System证券行情数据转换软件V1.0
656	上海络安信息技术有限公司	络安webcare智能网络监控软件V1.0
657	爱莱依德计算机科技（上海）有限公司	爱莱依德防火墙软件V1.0
658	上海渐华科技发展有限公司	MULTAK KARAOKE电脑管理软件V1.0
659	上海赢政信息技术有限公司	赢政短线王证券分析决策系统应用软件V1.0
660	上海欣能信息科技发展有限公司	欣能光缆资源管理软件V1.0
661	上海欣能信息科技发展有限公司	欣能基于电能表的信息采集及负荷管理软件V1.0
662	上海欣能信息科技发展有限公司	欣能元数据驱动自定义台帐管理软件V1.0
663	上海欣能信息科技发展有限公司	欣能客户诉求信息管理平台软件V1.0
664	上海欣能信息科技发展有限公司	欣能图形化污区管理软件V1.0
665	上海欣能自动化系统有限公司	欣能变电站电压和无功优化控制软件V1.0
666	上海欣能自动化系统有限公司	欣能P型站自动化装置维护软件V1.0
667	上海欣能自动化系统有限公司	欣能变电站微机监控通用后备软件V1.0
668	上海伯俊软件科技有限公司	伯俊电子商务平台软件V1.0
669	上海东方希杰商务有限公司	东方希杰供应商Trust Partner软件V1.0
670	上海东方希杰商务有限公司	东方希杰网上商城Trust Shopping Mall软件V1.0
671	上海华平软件技术有限公司	AVCON网络视频会议软件V10.0
672	上海华平软件技术有限公司	AVCON网络视频会议软件V11.0
673	上海华平软件技术有限公司	AVCON网络视频会议软件V12.0
674	上海华平软件技术有限公司	AVCON网络视频监控指挥软件V10.0
675	上海华平软件技术有限公司	AVCON网络视频监控指挥软件V11.0
676	上海华平软件技术有限公司	AVCON网络视频监控指挥软件V12.0
677	上海天玑科技有限责任公司	天玑地铁自动售检票系统车站计算机软件V1.0
678	上海天玑科技有限责任公司	天玑系统与网络监控软件V1.0
679	上海敏达网络科技有限公司	敏达家居智能信息终端软件V1.00
680	上海巅软科技有限公司	巅软彩邮软件V1.0
681	展唐通讯科技(上海)有限公司	展唐万能遥控器软件V1.0
682	上海期货信息技术有限公司	Futures Ideal 风险实时监控软件V1.0
683	上海期货信息技术有限公司	Futures Ideal 期货资金管理软件V1.0
684	携程旅游网络技术(上海)有限公司	携程机票供应商电子商务软件V1.0
685	携程旅游网络技术(上海)有限公司	携程旅行网网上机票预订英语版软件V1.0
686	携程旅游信息技术(上海)有限公司	携程分销商酒店预订接口软件V1.0
687	携程旅游信息技术(上海)有限公司	携程旅行网网上酒店预订英语版软件V1.0
688	携程计算机技术(上海)有限公司	携程集团人力资源管理软件V1.0
689	携程计算机技术(上海)有限公司	携程旅行网网上度假预订英语版软件V1.0
690	携程计算机技术(上海)有限公司	携程度假供应商电子商务软件V1.0
691	携程计算机技术(上海)有限公司	携程旅行网网上商旅管理预订软件V1.0
692	上海过河兵电子商务有限公司	Elite客户关系管理软件V3.0

693	上海先达企业发展有限公司	先达打印机增强软件V1.0
694	上海先达企业发展有限公司	先达条码阅读器软件V1.0
695	上海中仿计算机科技有限公司	中仿计算机辅助分析软件V1.0
696	上海中仿计算机科技有限公司	中仿多物理场分析软件V3.3
697	上海分维智能科技有限公司	分维集装箱视频定位SDK软件V1.0
698	上海有利软件有限公司	有利有限生产排程管理软件V9.3
699	上海捷报信息科技有限公司	捷报Web智能问卷软件V1.0
700	天联世纪信息技术(上海)有限公司	天联遨邮信箱软件V1.0
701	上海华岩软件有限公司	华岩公路水运工程试验检测信息管理软件V3.00
702	上海电虹软件有限公司	电虹X-Guardian语音远程身份认证与管理软件V1.0
703	国信朗讯科技网络技术有限公司	国信朗讯号码百事通在线客户服务软件V1.1
704	龙旗科技(上海)有限公司	龙旗科技G500手机软件V1.0
705	龙旗科技(上海)有限公司	龙旗科技TV100手机软件V1.0
706	龙旗科技(上海)有限公司	龙旗科技TD272手机软件V1.0
707	龙旗科技(上海)有限公司	龙旗科技D100B手机软件V1.0
708	泰亿格电子(上海)有限公司	音乐博士可视音乐干预仪软件V3.0
709	泰亿格电子(上海)有限公司	心语博士自闭与多动障碍干预仪软件V3.0
710	泰亿格电子(上海)有限公司	新概念学说话语言康复训练仪软件V3.0
711	泰亿格电子(上海)有限公司	启慧博士认知能力测试与训练仪软件V3.0
712	泰亿格电子(上海)有限公司	启聪博士听觉康复训练仪软件V3.0
713	泰亿格电子(上海)有限公司	启音博士鼻音测量与训练仪软件V3.0
714	泰亿格电子(上海)有限公司	启音博士语音评估与训练仪软件V3.0
715	泰亿格电子(上海)有限公司	泰亿格喉内窥镜诊察仪软件V4.0
716	泰亿格电子(上海)有限公司	启聪博士听觉评估仪软件V3.0
717	泰亿格电子(上海)有限公司	启音博士言语矫治仪软件V5.0
718	泰亿格电子(上海)有限公司	启音博士构音测量与训练仪软件V3.0
719	泰亿格电子(上海)有限公司	启音博士言语重读干预仪软件V3.0
720	泰亿格电子(上海)有限公司	嗓音博士嗓音功能检测仪软件V4.0
721	上海普名软件技术有限公司	Expansion ERP企业管理软件V1.0
722	上海瑞星软件有限公司	《零售动力》商场MIS软件V8.0
723	上海瑞星软件有限公司	《零售动力》配送中心MIS软件V8.0
724	上海瑞星软件有限公司	《零售动力》总部MIS软件V8.0
725	上海瑞星软件有限公司	《零售动力》SCM供应链管理软件S1.0
726	上海普天邮通科技股份有限公司	P&T读写器软件V1.00
727	上海普天邮通科技股份有限公司	P&T自动检票机应用软件V1.00
728	上海普天邮通科技股份有限公司	P&T自动售票机应用软件V1.00
729	上海赢思软件技术有限公司	赢思智能客服机器人软件V1.0
730	上海浪劲信息技术有限公司	浪劲英语视听说综合测评软件V5.0
731	普讯科技(上海)有限公司	八门在线游戏软件V1.0
732	上海隆久商务咨询有限公司	隆久Product Line Manager实装验证软件V1.0
733	上海幻影显示技术有限公司	SHVT网络图像处理及控制软件V3.0
734	上海优凯通信科技有限公司	优凯手机应用软件V1.0
735	百视通网络电视技术发展有限责任公司	百视通IPTV视频互动业务应用软件V1.0
736	上海熙菱信息技术有限公司	熙菱电子商务软件[简称：电子商务]V1.0
737	上海正辰信息系统技术有限公司	正辰团体寿险业务处理软件[简称：GLibs]V1.0
738	上海和为科技有限公司	和为科技监狱管教信息软件[简称：监狱狱政管理软件]V1.0
739	上海天卫通信科技有限公司	天卫视频监控软件V1.0

740	上海中商网络有限公司	中商数字化有奖积分及会员持续营销管理软件V3.0
741	上海中商网络有限公司	中商数字化渠道管理及产品质量追溯软件V3.0
742	上海纳讯高新技术应用研究所有限公司	纳讯中英文自动摘要政协版软件V6.0
743	上海梦之路数字科技有限公司	梦之路《生物》多媒体教学软件 [简称：多媒体教学软件]V1.0
744	上海成生科技有限公司	成生收费管理软件V1.0
745	上海及时雨软件技术有限公司	及时雨TOPVIEW数据软件V1.0
746	上海中百软件技术有限公司	中百条码固定资产及设备管理软件 [简称：条码固定资产及设备管理软件]V6.0
747	上海及时雨网络科技有限公司	及时雨红马甲证券软件V1.0
748	上海及时雨网络科技有限公司	及时雨全球鹰版证券软件V1.0
749	上海广慈实业总公司	广慈人力资源管理软件V1.0
750	上海广慈实业总公司	广慈医院信息管理软件V1.0
751	上海广慈实业总公司	广慈内外网门户软件V1.0
752	上海广慈实业总公司	广慈体检管理软件V1.0
753	上海广慈实业总公司	广慈物资管理软件V1.0
754	上海景瑞信息技术有限公司	景瑞－交通实况图像/照片网络直播软件 [简称：Genedu WebTraffic]V1.0
755	倍瑞软件(上海)有限公司	倍瑞C/C++内存问题检测工具软件[简称：Insure++]V7.1
756	胜科金仕达数据系统（中国）有限公司	金仕达企业级电子档案管理系统软件 [简称：电子档案系统]V1.0
757	上海互联网软件有限公司	飞越比特基于统一授权的电子政务管理平台软件V1.0
758	上海奥特博格汽车工程有限公司	奥特博格机器人服务软件V1.0
759	上海电信通信设备有限公司	STCE世博综合信息服务终端集成软件V1.0
760	上海电信通信设备有限公司	电信机房告警采集软件V1.0
761	上海宝信软件股份有限公司	宝信高炉专家系统软件（BF-Expert）V2.0
762	上海互联网软件有限公司	飞越比特电子公文归档管理软件V1.0
763	上海互软信息科技有限公司	互软数据资源库服务管理软件V1.0
764	上海傲融软件技术有限公司	傲融35CRM运营级企业在线管理软件 [简称：35CRM月租型企业管理软件]V2.0
765	上海傲融软件技术有限公司	35FAX运营级传真服务器软件[简称：35FAX运营级]V4.0
766	上海博超科技有限公司	博超基于MPEG7的视频流运动目标检索软件 [简称：SMOSS]V2008
767	上海阿尔卡特网络支援系统有限公司	SANSS IPTV标准化业务管理软件[简称：IPTV BSS]V2.0
768	上海企动信息技术有限公司	商汇即时通软件V1.0
769	如冈自动化控制技术(上海)有限公司	5轴联动切割机计算机数控软件[简称：数控软件]V1.0
770	上海有孚计算机网络有限公司	有孚数据中心管理软件[简称：DCM]V1.0
771	上海慧广科技发展有限公司	慧广售后服务支持软件V2.0.3
772	上海久隆信息工程有限公司	久隆信息JAT CMS内容管理软件V2.0
773	上海久隆信息工程有限公司	久隆信息网上大学软件V1.0
774	上海久隆信息工程有限公司	久隆信息电力企业安全管理平台软件V2008
775	上海久隆信息工程有限公司	久隆信息工作流平台软件V1.0
776	上海久隆信息工程有限公司	久隆信息电力企业集成总线软件V3.0
777	上海久隆信息工程有限公司	久隆信息科技项目审批管理软件V1.0
778	上海久隆信息工程有限公司	久隆信息电力市场负荷数据应用与分析软件V1.0
779	上海复旦光华信息科技股份有限公司	光华DB_Audit数据库安全审计软件[简称:DB_Audit]V2.0
780	上海金点子信息科技有限公司	金点子3G.TV2TEL视频通讯软件V4.0
781	上海久游网络科技有限公司	久游网网络休闲吉堂游戏软件[简称:GTOWN]V1.0

782	上海银欣高新技术发展股份有限公司	银欣小区智能管理软件V1.0
783	上海海港通信技术有限公司	海港股票小秘书软件V1.0
784	东方财富信息股份有限公司	东方财富TopView证券分析软件V1.3.0
785	上海建坤信息技术有限责任公司	建坤通用运维管理软件V1.0
786	上海建坤信息技术有限责任公司	建坤监理企业项目信息管理软件V1.0
787	上海威腾信息科技有限公司	威腾备佳备份软件V1.0
788	上海美达信息技术有限公司	美达安全生产信息管理软件V1.0
789	上海寰创通信科技有限公司	寰创无线MESH网络管理软件V2.0
790	上海农业信息有限公司	上农信水产管理软件V1.0
791	上海农业信息有限公司	上农信花卉种质资源库软件V1.0
792	上海农业信息有限公司	上农信浦江农资分销物流与零售软件V1.0
793	上海农业信息有限公司	上农信种苗追溯软件V1.0
794	上海安科瑞电气有限公司	安科瑞Acrel微机保护测控软件 [简称:安科瑞Acrel微保软件]V1.0
795	上海安科瑞电气有限公司	安科瑞ADL-100单相电表软件 [简称:安科瑞ADL-100软件]V1.0
796	上海安科瑞电气有限公司	安科瑞ADL-300三相电表软件 [简称:安科瑞ADL-300软件]V1.0
797	上海安科瑞电气有限公司	安科瑞PZ-AI/V测控软件[简称:安科瑞PZ-AI/V软件]V1.0
798	上海安科瑞电气有限公司	安科瑞PZ-E单相电能测控软件[简称:安科瑞PZ-E软件]V1.0
799	上海安科瑞电气有限公司	安科瑞PZ-E3/E4测控软件[简称:安科瑞PZ-E3/E4软件]V1.0
800	上海苏佳电子科技有限公司	苏佳ACL-811微机保护测控软件 [简称:苏佳ACL-811软件]V1.0
801	上海络安信息技术有限公司	络安智能化信息安全管理软件V2.0
802	上海锐道信息技术有限公司	锐道DORADO应用基础框架软件[简称:MARMOT]V6.0
803	泰亿格电子(上海)有限公司	启智博士辅助沟通训练仪软件V3.0
804	上海赛锦信息技术有限公司	赛锦服装企业综合管理软件V1.0
805	上海易同信息技术有限公司	易同eService客户服务管理软件V1.0
806	上海宽文是风软件有限公司	宽文物流管理软件V1.0
807	上海信龙信息科技有限公司	信龙财富密码软件V1.0
808	上海立派信息技术有限公司	立派工业企业能源审计分析软件V1.0
809	上海乔蓬信息科技有限公司	Actif SuperOA工作效率提速应用软件[简称:Actif OA]V1.0
810	上海超捷系统集成有限公司	超捷一卡双号应用软件V1.0
811	上海网跃信息技术有限公司	网跃台风信息服务软件V1.0
812	上海网跃信息技术有限公司	网跃水务公共信息平台软件V1.0
813	上海久游网络科技有限公司	久游网宠物森林网络休闲游戏软件[简称:宠物森林]V1.0
814	上海博科资讯股份有限公司	博科供应链物流业务协同平台软件V3.0
815	上海同风数码科技有限公司	天源4591网络游戏软件V2.0
816	上海同风数码科技有限公司	天源世界在线游戏软件V2.0
817	上海精程软件有限公司	精程协同管理平台软件V1.5
818	上海外高桥英得网络信息有限公司	英得海关保税仓储报核平台软件[简称:CWAP]V1.0
819	上海外高桥英得网络信息有限公司	英得海关监管服务基础平台软件[简称:CCSP]V1.0
820	上海外高桥英得网络信息有限公司	英得智能仓管通软件[简称:i-WMS.NET]V1.0
821	诺基亚西门子通信(上海)有限公司	西门子基站系统话务统计分析2007工具软件V1.0
822	上海连炬电子有限公司	Hibillion智能液晶控制软件V1.0
823	易贸资讯(上海)有限公司	易贸大宗品价格分析及预测软件V1.0
824	易贸资讯(上海)有限公司	易贸B2B交易服务软件V1.0

825	东柏软件科技(上海)有限公司	东柏Michelle客户关系管理软件V6.0
826	上海东源计算机自动化工程有限公司	东源港区堆场道路照明控制软件V3.2
827	上海东源计算机自动化工程有限公司	东源散货皮带机输送工艺控制软件V3.5
828	上海东源计算机自动化工程有限公司	东源散货码头计算机管理软件V2.0
829	上海温久软件技术有限公司	温久起重机调速控制软件V3.0
830	上海威能电力科技有限公司	威能C5自动化监控软件V6.2
831	上海威能电力科技有限公司	威能E5发电厂电气监控软件V6.2
832	上海彪易信息科技有限公司	彪易电力资产管理软件V7.0
833	龙旗科技(上海)有限公司	龙旗科技D200B手机软件V1.0
834	龙旗科技(上海)有限公司	龙旗科技N200B(MTK)手机软件V1.0
835	龙旗科技(上海)有限公司	龙旗科技T300手机软件V1.0
836	龙旗科技(上海)有限公司	龙旗科技TD290手机软件V1.0
837	龙旗科技(上海)有限公司	龙旗科技C26手机软件V1.0
838	龙旗科技(上海)有限公司	龙旗科技G510B手机软件V1.0
839	龙旗科技(上海)有限公司	龙旗科技F260B手机软件V1.0
840	龙旗科技(上海)有限公司	龙旗科技L300手机软件V1.0
841	国龙信息技术(上海)有限公司	国龙信息WM61数据卡软件V1.0
842	国龙信息技术(上海)有限公司	国龙信息X240手机软件V1.0
843	上海三旗通信科技有限公司	三旗通信WM66数据卡软件V1.0
844	上海梁江通信系统有限公司	梁江号码携带业务软件V1.0
845	上海梁江通信系统有限公司	梁江信令消息采集软件V1.0
846	上海梁江通信系统有限公司	梁江骚扰电话控制软件V1.0
847	上海梁江通信系统有限公司	梁江个性化短信业务软件V1.0
848	上海梁江通信系统有限公司	梁江信令引擎业务处理软件V2.0
849	智群唯天信息科技(上海)有限公司	智群唯天人才供应商管理软件V1.0
850	上海艾拓软件有限公司	艾拓芯片图像矢量化工具软件V1.0
851	圣景微电子(上海)有限公司	圣景芯片分析报告软件V2.0
852	上海圣景科技发展有限公司	圣景超深亚微米芯片分析软件V1.0
853	上海强然数码科技有限公司	强然影索通档案管理软件V1.0
854	上海久隆电力科技有限公司	久隆电力设施技防管理信息软件V2.0
855	上海新华控制技术(集团)有限公司	新华轨道交通综合监控系统应用软件 [简称：XISCS-100]V1.0
856	上海华申智能卡应用系统有限公司	华申烟花爆竹溯源跟踪软件V1.0
857	上海华申智能卡应用系统有限公司	华申畜肉产品安全控制与溯源跟踪软件V1.0
858	上海海勃物流软件有限公司	海勃多式联运船舶代理管理软件V1.0
859	上海海勃物流软件有限公司	海勃支线船舶管理软件V1.0
860	上海通立信息科技有限公司	通立DM644X平台硬盘录像机软件V1.0
861	上海通立信息科技有限公司	通立TW2700平台硬盘录像机软件V1.0
862	上海和辰信息技术有限公司	和辰统一消息与通讯平台软件V1.0
863	上海世范软件技术有限公司	世范市民办事管理软件V1.0
864	上海世范软件技术有限公司	世范导游资格认定管理软件V1.0
865	上海罗泰信息技术有限公司	罗泰第三方车辆物流运输监控软件V1.0
866	迈峰凌普信息技术(上海)有限公司	迈峰凌普营销机器人软件V1.0
867	上海长江创域信息科技有限公司	长江指纹管理平台应用软件V1.0
868	上海景格软件开发有限公司	景格数控机床教学软件V5.0
869	上海斯年信息技术有限公司	斯年CRM客户关系管理系统平台软件V1.0
870	上海铭源数康生物芯片有限公司	铭源数康LU-07生物芯片图像处理软件V6.0

871	上海怡蓝网络工程有限公司	怡蓝新境界进销存业务管理软件V1.0
872	上海迪爱斯通信设备有限公司	DS公共安全应急信息平台软件V1.0
873	上海北塔软件股份有限公司	BTIM北塔IT综合管理软件V1.1
874	上海北塔软件股份有限公司	BTNM北塔网络运维管理软件V3.6
875	上海城市地理信息系统发展有限公司	城地灵通生活软件V4.1.0
876	上海英孚思为信息科技有限公司	英孚数据镜像下载软件V1.0
877	上海英孚思为信息科技有限公司	英孚媒体信息精确推送管理软件V1.0
878	上海英孚思为信息科技有限公司	英孚经销商销售管理软件V2.0
879	上海英孚思为信息科技有限公司	英孚经销商售后服务管理软件V2.0
880	上海英孚思为信息科技有限公司	英孚J2EE开发框架软件V2.0
881	上海会通信息有限公司	会通灵通彩信制作平台软件V1.0
882	上海掌铃通网络科技有限公司	掌铃通彩铃终端模拟器软件V1.0
883	上海宏迅软件有限公司	CSM电信综合业务管理软件V5.0
884	国路康通信技术(上海)有限公司	国路康Gemini-128v卫星终端软件V1.3.2
885	上海分维智能科技有限公司	分维集装箱表面残损检测软件V1.0
886	上海三高计算机中心有限公司	三高多路录音软件V1.5
887	上海爱数软件有限公司	SuperBackup备份软件V1.0
888	上海爱数软件有限公司	爱数备份软件V2.0
889	百资信息科技(上海)有限公司	百资简易版作业软件V1.0
890	上海美宁计算机软件有限公司	证券之星波段王行情分析软件V1.0
891	上海天玑科技有限责任公司	天玑短信设备网关软件V1.0
892	上海天玑科技有限责任公司	天玑设备与服务报价软件V1.0
893	上海网穗数码科技有限公司	网穗文档通软件V1.0
894	上海清鹤数码科技有限公司	清鹤智能信息发布软件V1.0
895	上海世范软件技术有限公司	世范呼叫中心管理软件V1.0
896	上海畅星智能系统有限公司	畅星信息设备管理软件V1.0
897	上海银软信息科技有限公司	银软基于手写生物特性的电子识别签名软件V1.0
898	上海英雷红外水份系统科技有限公司	英雷IMS系列水份仪网络监控软件V1.0
899	上海蓝鸟科技股份有限公司	蓝鸟实时GIS控件软件V1.0
900	上海彦昊信息技术有限公司	彦昊IMU即时通信软件V1.3
901	方正科技集团股份有限公司	方正天赋税控器开票系统应用软件V1.0
902	上海华腾软件系统有限公司	TOP CCMS信用消费帐单催收管理软件V1.0
903	上海前沿计算机科技有限公司	前沿文档安全管理软件V4.6
904	经典(上海)软件科技有限公司	经典风暴式市场拓展工具软件[简称：市场拓展工具]V1.0
905	上海普元信息技术有限责任公司	普元BPS软件[简称：Primeton BPS]V5
906	上海鼎创信息科技有限公司	鼎创多元化网上评阅卷软件 [简称：多元化网上评阅卷系统]V1.0
907	上海博超科技有限公司	博超SDVR8800数字硬盘录像机监控软件 [简称：SDVR8800数字监控软件]V1.0
908	上海博超科技有限公司	博超SDVN8700网络流媒体客户端软件 [简称：SDVN8700客户端软件]V1.0
909	上海博超科技有限公司	博超SAC116数字报警主控软件 [简称：SAC116报警软件]V1.0
910	上海博超科技有限公司	博超SDVM6000矩阵软件[简称：SDVM6000软件]V1.0
911	上海博超科技有限公司	SCMS8000监控中心管理软件[简称：SCMS8000软件]V6.0
912	上海同程信息技术有限公司	Totapps道路桥梁管理信息系统软件V1.0
913	盛趣信息技术(上海)有限公司	盛大《鬼吹灯Online》网络游戏软件 [简称：《鬼吹灯Online》]V1.0

914	上海企顺信息系统有限公司	企顺网络管理软件[简称：BizCyborg Enterprise]V1.0
915	上海交大慧谷通用技术有限公司	慧谷法院数据查询分析软件[简称：慧谷查询分析软件]V1.0
916	上海交大慧谷通用技术有限公司	慧谷法院办公自动化软件[简称：Withub OA软件]V2.0
917	上海万得信息技术股份有限公司	Wind资讯理财顾问终端软件[简称：WFC]V2008
918	上海万得信息技术股份有限公司	Wind资讯资本终端软件[简称：WCT]V2008
919	上海万得信息技术股份有限公司	Wind资讯金融终端软件[简称：WFT]V2008
920	上海万得信息技术股份有限公司	Wind资讯经纪终端软件[简称：WBT]V2008
921	上海万得信息技术股份有限公司	Wind资讯情报透视软件[简称：WII]V1.0
922	上海万得投资管理有限公司	万点理财终端软件[简称：WWT]V3.0
923	丰海技术咨询服务（上海）有限公司	丰海SPCZL单桩水平承载力计算软件V1.0
924	上海网达信息技术有限公司	网达政府无线门户平台软件V1.0
925	上海哲克计算机科技有限公司	哲克美容美发软件[简称：Mstyle]V1.0
926	上海亿业网络科技发展有限公司	亿业科技Y@Mail邮件综合管理软件[简称：Y@Mail系统]V1.2
927	继德软件（上海）有限公司	继德实时高速数据分析平台软件[简称:继德RTAP]V1.0
928	上海网达信息技术有限公司	网达CDS软件 [简称：Wondertek Content Deliver Service System]V1.0
929	上海银晨智能识别科技有限公司	银晨智能识别软件V2.0
930	上海互联网软件有限公司	飞越比特数据资源管理平台软件V1.0
931	上海宝信软件股份有限公司	宝信过程数据通讯软件(iXcom-TCP/2)V1.0
932	上海宝信软件股份有限公司	宝信企业信息化平台软件(iPlatware on Java)V2.0
933	上海宝信软件股份有限公司	宝信企业运营指标智能分析软件V1.0
934	上海宝信软件股份有限公司	宝信统计分析系统软件(STAT)V1.0
935	上海开通数控有限公司	KT全数字交流伺服驱动软件V1.0
936	上海艾诺电子有限公司	MOL-200全自动生化分析仪软件V1.0
937	上海开通数控有限公司	KT智能控制器软件V1.0
938	上海仲优石油仪器制造有限公司	仲优WELLSTAR综合录井仪软件V1.0
939	上海凌鼎管理软件有限公司	钢管生产高级计划排程系统软件 [简称:钢管生产APS系统]V1.0
940	上海凌鼎管理软件有限公司	零备件库存管理决策支持软件 [简称:零备件库存决策支持系统]V1.0
941	上海凌鼎管理软件有限公司	生产车辆调度优化决策支持系统软件 [简称:车辆调度优化系统]V1.0
942	上海天泰网络技术有限公司	天泰WEB安全防护软件V1.0
943	翔傲信息科技（上海）有限公司	eCargo国际货代管理软件[简称：eCargo]V3.0
944	金致软件技术（上海）有限公司	金致72ERP企业管理软件[简称：72ERP]V3.0
945	上海大汉三通网络通信有限公司	Minicall软件V1.0
946	上海金仕达多媒体有限公司	金仕达多媒体教学课件软件（英语二年级第二学期） [简称：多媒体教学课件]V1.0
947	上海金仕达多媒体有限公司	金仕达多媒体学习软件（数学三年级第二学期） [简称：多媒体学习软件]V1.0
948	上海金仕达多媒体有限公司	金仕达多媒体教学课件软件（语文四年级第二学期） [简称：多媒体教学课件]V1.0
949	上海金仕达多媒体有限公司	金仕达多媒体学习软件（英语二年级第二学期） [简称：多媒体学习软件]V1.0
950	上海金仕达多媒体有限公司	金仕达多媒体学习软件（英语三年级第二学期） [简称：多媒体学习软件]V1.0
951	上海金仕达多媒体有限公司	金仕达多媒体教学课件软件（英语三年级第二学期） [简称：多媒体教学课件]V1.0

952	上海金仕达多媒体有限公司	金仕达多媒体学习软件（语文三年级第二学期） [简称：多媒体学习软件]V1.0
953	上海金仕达多媒体有限公司	金仕达多媒体教学课件软件（数学三年级第二学期） [简称：多媒体教学课件]V1.0
954	花旗数据处理（上海）有限公司	花旗数据财务处理软件（Fin-con）V1.0
955	上海摩通软件科技有限公司	MOZAT移动办公平台软件[简称：MOZAT移动办公平台]V1.0
956	上海摩通软件科技有限公司	Morange综合移动应用平台软件 [简称:Morange应用平台]V1.0
957	数码通信息产业（集团）有限公司	数码通互联网数字媒体服务平台软件[简称：DMSP]V1.0
958	上海翼狐软件有限公司	翊思Online网络教学平台软件[简称：翊思OL软件]V3.0
959	上海阿尔卡特网络支援系统有限公司	SANSS面向移动业务IBP软件[简称：移动业务IBP软件]V1.0
960	上海企望信息科技有限公司	企望制造企业资源管理软件[简称：企望制造]V6
961	鼎亿数码科技（上海）有限公司	鼎亿基于蓝牙设备控制软件V1.0
962	鼎亿数码科技（上海）有限公司	鼎亿基于蓝牙片上系统混合信号处理控制软件V1.0
963	鼎亿数码科技（上海）有限公司	鼎亿基于三维加速度的模式识别软件V1.0
964	鼎亿数码科技（上海）有限公司	鼎亿基于ARM平台音频处理与加密控制软件V1.0
965	鼎亿数码科技（上海）有限公司	鼎亿基于ARM平台的信号处理与加密控制软件V1.0
966	鼎亿数码科技（上海）有限公司	e挥运动天地软件V1.0
967	鼎亿数码科技（上海）有限公司	eMooove迷你运动会软件V1.0
968	鼎亿数码科技（上海）有限公司	eMooove我们的运动会软件V1.0
969	鼎亿数码科技（上海）有限公司	鼎亿基于蓝牙片上系统的控制软件V1.0
970	上海广电信息产业股份有限公司	广电信息平板显示系统图像处理软件V3.0
971	好耶信息技术（上海）有限公司	好耶 SmartKeyword关键字管理及优化软件V1.0
972	好耶信息技术（上海）有限公司	好耶SmartClick 竞价排名广告管理软件 V1.0
973	好耶信息技术（上海）有限公司	好耶SmartCreative 富媒体网络广告管理软件V1.0
974	上海慧桥电气自动化有限公司	慧桥自动化工程项目管理软件V1.3
975	上海慧桥电气自动化有限公司	慧桥圆锥破碎机综合保护计算机控制软件V2.2
976	上海慧桥电气自动化有限公司	慧桥涂料生产计算机控制软件V2.1
977	上海慧桥电气自动化有限公司	慧桥香波生产计算机控制软件V2.3
978	上海慧桥电气自动化有限公司	慧桥污水厌氧处理计算机控制软件V1.1
979	上海慧桥电气自动化有限公司	慧桥特种胶水精细化工计算机控制软件V2.0
980	上海慧桥电气自动化有限公司	慧桥生物制药计算机控制软件V1.2
981	上海慧桥电气自动化有限公司	慧桥基于S88 标准的涂料生产计算机控制软件V2.1
982	上海数锐科技有限公司	数锐招聘管理软件V2.0
983	上海自动化仪表股份有限公司	上自仪生产实时信息集成数据平台软件V1.0
984	锐珂(上海)医疗器材有限公司	锐珂医疗文本信息格式转化软件V2.0
985	上海英迪信息技术有限公司	英迪海关监管场所物流监管软件V1.0
986	上海皓维电子有限公司	皓维视频集中回放平台软件V1.0
987	上海皓维电子有限公司	皓维中央管理服务器软件V1.0
988	上海新策科技有限公司	新策QDM装配流水线质量信息管理软件[简称:QDM]V1.0
989	上海新策科技有限公司	新策QDM-MMS制造业物料流程信息管理软件 [简称:QDM-MMS]V1.0
990	上海盛源信息网络有限公司	盛源林通体育后备人才基地信息管理软件V3.0
991	上海翰凌信息技术有限公司	翰凌防汛值班综合服务软件V2.0
992	上海爱信诺航天信息有限公司	爱信诺发票开票软件V1.0
993	上海爱信诺航天信息有限公司	爱信诺防伪税控一机多票开票子系统数据管理软件V1.0
994	上海通导科技发展有限公司	通导警用地理信息系统应用软件V1.0
995	上海百络信息技术有限公司	百络网警软件V6.6

996	上海华东电脑股份有限公司	华东RFID智能化签到软件V1.0
997	上海格尔信息技术有限公司	格尔信息密钥管理中心软件V1.0
998	上海格尔信息技术有限公司	格尔信息数据准备软件V1.0
999	上海西安交大龙山软件有限公司	交大龙山出口退税网上申报(PKI/CA)软件V1.0
1000	未序网络科技(上海)有限公司	未序itudou视频软件[简称:itudou]V2.0
1001	敏创软件(上海)有限公司	敏创远程异地备份软件V1.0
1002	敏创软件(上海)有限公司	敏创远程文件协同管理软件V1.0
1003	必科温信息技术(上海)有限公司	必科温Waha! Transformer软件V2.4.3
1004	上海开来投资资讯科技有限公司	开来证券通资讯终端软件V1.5
1005	上海龙方信息技术有限公司	ID-SSO单点登录身份认证软件V2.0
1006	上海图智通讯科技有限公司	图智EastDragon WiFi智能测试软件V1.0
1007	上海伯俊软件科技有限公司	伯俊亿盟品牌服饰分销管理软件V1.0
1008	上海格尔卫信软件有限公司	格尔卫信安全电子邮件系统应用软件V3.1
1009	富士通(中国)信息系统有限公司	富士通Global Store POS收银软件V1.0
1010	上海协赢软件有限公司	协赢校园管理网络托管服务软件V1.0
1011	上海智源无限信息技术有限责任公司	IWIT手表手机软件V1.0
1012	上海华阳检测仪器有限公司	华阳设备点(巡)检管理系统应用软件 [简称：PMS管理系统]V.2
1013	希姆通信息技术(上海)有限公司	希姆通L100 GSM/GPRS手机软件V1.0
1014	希姆通信息技术(上海)有限公司	希姆通G602 GSM/GPRS手机软件V1.0
1015	希姆通信息技术(上海)有限公司	希姆通D52 GSM/GPRS手机软件V1.0
1016	希姆通信息技术(上海)有限公司	希姆通HI06 GSM/GPRS手机软件V1.0
1017	希姆通信息技术(上海)有限公司	希姆通HI02系列 GSM/GPRS双卡双待手机软件V1.0
1018	希姆通信息技术(上海)有限公司	希姆通G33XP GSM/GPRS手机软件V1.0
1019	希姆通信息技术(上海)有限公司	希姆通G35 GSM/GPRS手机软件V1.0
1020	希姆通信息技术(上海)有限公司	希姆通G68 GSM/GPRS手机软件V1.0
1021	希姆通信息技术(上海)有限公司	希姆通G66 GSM/GPRS手机软件V1.0
1022	希姆通信息技术(上海)有限公司	希姆通L100XP GSM/GPRS手机软件V1.0
1023	希姆通信息技术(上海)有限公司	希姆通TDSCDMA CMMB手机软件V1.0
1024	上海亿马物流系统有限公司	亿马通用企业帐单交换软件V1.0
1025	上海亿贝网络信息服务有限公司	eBay外贸门户网站软件V1.0
1026	上海中标软件有限公司	中标普华数据库服务器软件V3.0
1027	上海海港通信技术有限公司	海港综合人工平台软件V1.0
1028	上海万方数据有限公司	万方视频数据库服务软件V1.0
1029	上海众达信息产业有限公司	众达工程项目信息管理软件V1.0
1030	升东网络科技发展(上海)有限公司	51挂挂软件V0.20.0.244
1031	上海傲蓝通信技术有限公司	傲蓝以太网交换机软件V1.0
1032	上海商派网络科技有限公司	ShopEx网上商店B2C版软件V4.8
1033	上海轶伦信息技术有限公司	轶伦MagicThought直销型电子商务软件V2.0
1034	上海长城电子信息网络有限公司	长城社区应急联动平台软件V1.0
1035	上海科联信息系统有限公司	科联eDialer IP电话增值应用软件V1.0
1036	上海科联信息系统有限公司	科联CCM-Billing IP电话计费软件V1.0
1037	上海新致软件有限公司	新致知识产权专利管理软件V1.0
1038	上海华奕医疗信息技术有限公司	SIMED医学影像信息通信与管理软件V1.0
1039	上海摩力游数字娱乐有限公司	摩力游龙虎门Online软件V1.0
1040	上海摩力游数字娱乐有限公司	摩力游综合娱乐魔幻盛典Online软件V1.0
1041	上海志心泉系统软件有限公司	志心泉动态全过程生产管理软件V1.0

1042	上海嘉赛信息科技发展有限公司	嘉赛SPEEDFORCE CRM营销管理软件V6.5
1043	上海天畅信息技术有限公司	天畅DTM 400 WNOS 4.0软件V4.0
1044	上海科视数码频道制作有限公司	科视好译星新闻作业平台软件V1.0
1045	贝赛莱(上海)多媒体信息技术有限公司	贝赛莱wDog国标数字电视收看录像软件V1.2
1046	贝赛莱(上海)多媒体信息技术有限公司	贝赛莱H.264解码器软件V1.0
1047	上海统御信息科技有限公司	统御医药分销管理软件V1.0
1048	上海卓越睿新数码科技有限公司	卓越语音学习系统E系列应用软件V1.0
1049	上海卓越睿新数码科技有限公司	卓越语音学习系统E系列管理软件V1.0
1050	上海卓越睿新数码科技有限公司	卓越酷睿系列全自动录播编辑软件V1.0
1051	上海卓越睿新数码科技有限公司	卓越迅捷系列全自动录播编辑软件V1.0
1052	上海卓越睿新数码科技有限公司	卓越流媒体编码软件V1.0
1053	上海威士顿信息技术有限公司	威士顿烟草行业印刷产品供应质量追溯软件V1.0
1054	上海威士顿信息技术有限公司	威士顿烟草行业企业高层领导信息服务软件V1.0
1055	上海威士顿信息技术有限公司	威士顿烟草行业IT运维管理软件V1.0
1056	上海东方电子支付有限公司	东方电子通用支付引擎软件V1.0
1057	欧唯特信息系统(上海)有限公司	欧唯特Loyalty软件V1.0
1058	上海卓精仪器有限公司	卓精超市商品数据无线采集管理软件V1.0
1059	捷玛计算机信息技术（上海）有限公司	捷玛连锁便利店管理软件V1.0
1060	捷玛计算机信息技术（上海）有限公司	捷玛周转器具管理软件V1.0
1061	上海熙菱信息技术有限公司	熙菱电子签章软件[简称：电子签章]V1.0
1062	上海熙菱信息技术有限公司	熙菱统一认证管理平台软件[简称：统一认证]V1.0
1063	上海亿通国际股份有限公司	亿通国际海运电子数据交换软件[简称:ShippingEDI]V1.0
1064	捷玛计算机信息技术（上海）有限公司	捷玛物料供应链软件V1.0
1065	上海飞睿测控科技有限公司	飞睿温湿度集中监控软件[简称：VIRRY EzDAQ THMS]V1.0
1066	上海飞睿测控科技有限公司	飞睿环境参数监控软件[简称：VIRRY EzDAQ EPS]V2.0
1067	上海道仑软件有限公司	道仑神路数字神经系统平台软件[简称:ROAD]V1.0
1068	上海全景数字技术有限公司	全景综合业务支撑软件V6.0
1069	上海全景数字技术有限公司	全景DVT5500L基本型机顶盒软件V1.0
1070	上海全景数字技术有限公司	全景嵌入式浏览器软件[简称:Vision Browser]V1.5
1071	上海全景数字技术有限公司	全景基于机顶盒的客户服务监控软件V1.0
1072	上海全景数字技术有限公司	全景基于高清机顶盒的股票行情软件V1.0
1073	上海全景数字技术有限公司	全景广告管理软件V1.0
1074	上海全景数字技术有限公司	全景高清机顶盒网络升级软件V1.0
1075	上海全景数字技术有限公司	全景TScast播放控制软件V2.0
1076	上海全景数字技术有限公司	全景EPG信息管理软件V1.0
1077	上海全景数字技术有限公司	全景DVT5500EU基本交互型机顶盒软件V2.0
1078	上海全景数字技术有限公司	全景电视回看预录控制软件V1.0
1079	上海全景数字技术有限公司	全景高清机顶盒生产管理软件V1.0
1080	上海掌游信息技术有限公司	掌游手机娱乐综合社区软件[简称：掌游社区]V1.0
1081	联创汽车电子有限公司	联创发动机防盗控制单元软件 [简称：发动机防盗控制单元]V1.0
1082	联创汽车电子有限公司	联创电子转向柱锁控制单元软件 [简称：电子转向柱锁控制单元]V1.0
1083	上海全土豆网络科技有限公司	飞速土豆软件[简称：飞速土豆]V1.0
1084	花旗软件技术服务（上海）有限公司	花旗软件数据移植自动化校验软件V1.0
1085	花旗软件技术服务（上海）有限公司	花旗软件信息交互自动化校验软件V1.0
1086	上海新华电子设备有限公司	新华电子过程控制软件V1.0

1087	睿又扬信息科技（上海）有限公司	睿又扬SuperOK知识管理软件[简称：SuperOK]V3.0
1088	埃派克森微电子（上海）有限公司	埃派克森图像增强预处理及光学指向识别软件 [简称：图像预处理及识别]V3.2
1089	上海齐汇通讯技术有限公司	齐汇T90电视手机软件V1.0
1090	上海宝信软件股份有限公司	宝信BM2(煤化工版)计划优化与排产软件V1.0
1091	上海宝信软件股份有限公司	宝信企业信息化平台软件(iPlatware on Net)V3.0
1092	上海宝信软件股份有限公司	宝信BM2物料计划软件V1.0
1093	上海宝信软件股份有限公司	宝信智能化称量管理软件V1.0
1094	上海宝信软件股份有限公司	宝信BM2(有色版)作业计划软件V1.0
1095	上海中远资讯科技有限公司	中远资讯WEB应用开发需求管理软件V1.0
1096	上海中远资讯科技有限公司	中远资讯件杂货码头作业管理软件V1.0
1097	上海中远资讯科技有限公司	中远资讯船公司通用人力资源管理软件V1.0
1098	花旗软件技术服务（上海）有限公司	花旗软件销售人员考试记录软件V1.0
1099	上海康雷分析仪器有限公司	康雷Supper纯水智能测控软件V1.0
1100	上海海环计算机软件有限公司	海环基于服务组装的航运管理系统基础技术架构软件 [简称:Sealink SAO Platform]V1.0
1101	上海诚明融鑫科技有限公司	融鑫公安现场全景再现与测量软件[简称：现场再现]V6.0
1102	上海协同科技股份有限公司	协同低压居民集抄软件V1.0
1103	上海协同科技股份有限公司	协同电能量采集管理软件V1.0
1104	上海协同科技股份有限公司	协同电压无功监测分析软件V1.0
1105	上海大众科技有限公司	大众智能公交管理软件V1.0
1106	上海大众科技有限公司	大众出租汽车调度软件V1.0
1107	上海大众科技有限公司	大众车辆监控电子地图软件V1.0
1108	上海工业自动化仪表研究所	SIPAI水处理信息管控应用软件[简称：SIPAI WTIS]V1.0
1109	上海埃威航空电子有限公司	埃威CMS机场导航设备集中监控软件V2.0
1110	上海埃威航空电子有限公司	埃威海事AIS基站管理软件V3.0
1111	上海维普电器电子有限公司	维普数字化电源通用控制软件V2.0
1112	上海葡萄城信息技术有限公司	葡萄城工作流平台软件 [简称:GrapeCity Workflow Platform]V1.0
1113	东方钢铁电子商务有限公司	东方钢铁WEB服务安全调用应用软件[简称：WSP]V1.0
1114	东方钢铁电子商务有限公司	东方钢铁加密数据交换软件[简称:Bsteel-MSH]V1.0
1115	上海大智慧网络技术有限公司	大智慧新一代高速行情分析系统Internet Topview版软件 [简称:大智慧新一代topview]V3.01
1116	上海大智慧软件开发有限公司	大智慧证券行情分析系统FLASH版软件 [简称:大智慧FLASH版]V1.0
1117	上海大智慧软件开发有限公司	大智慧高速行情分析系统dos TOPVIEW版软件 [简称:大智慧TOP数据dos版]V7.04
1118	上海大智慧软件开发有限公司	大智慧证券行情分析系统MID版软件 [简称:大智慧证券MID版]V2.0
1119	上海大智慧软件开发有限公司	大智慧证券行情分析系统手机TOP版软件 [简称:大智慧证券手机TOP版]V3.2
1120	上海大智慧软件开发有限公司	大智慧证券行情分析系统手机精灵版软件 [简称:大智慧证券精灵版]V1.0
1121	上海大智慧软件开发有限公司	大智慧新一代局域网版软件[简称:大智慧局域网版]V3.01
1122	上海大智慧网络技术有限公司	大智慧证券信息港(DOS版)软件[简称:大智慧DOS版] V5.58
1123	上海大智慧网络技术有限公司	大智慧新一代高速行情分析系统Internet level-2版软件 [简称:大智慧新一代Level-2]V3.01
1124	上海大智慧软件开发有限公司	大智慧高速行情分析系统dos Level-2版软件 [简称:大智慧高速行情dos版]V8.00

1125	上海大智慧网络技术有限公司	大智慧证券行情分析系统internet经典版软件[简称:大智慧internet经典版]V5.90
1126	上海阿尔卡特网络支援系统有限公司	SANSS NGN话务统计软件[简称：NGN话务统计系统]V1.0
1127	上海龙的信息系统有限公司	龙的车载无线通信软件V1.2
1128	上海物联软件有限公司	物联集装箱GPS全程监控软件V1.0
1129	百资信息科技(上海)有限公司	百资完整版作业软件V1.0
1130	上海东方明珠广播电视研究发展有限公司	东方明珠广播电视覆盖网远程监控软件V1.0
1131	上海天陇电力科技发展有限公司	天陇激光成像SF6泄漏定位软件V1.0
1132	上海天陇电力科技发展有限公司	天陇SF6气体密度和微水综合监测软件V1.0
1133	韵礴诗软件技术(上海)有限公司	韵礴诗患者信息浏览器软件V1.0
1134	上海曼恒数字技术有限公司	曼恒Rhino中文版软件V4.0
1135	上海曼恒数字技术有限公司	曼恒Quest3D虚拟现实软件V4.0
1136	趋势科技(中国)有限公司	趋势科技防毒墙控制管理中心软件V5.0
1137	上海普华科技发展有限公司	普华工程项目管理集成软件(简称:PowerOn)V3.5
1138	上海普华科技发展有限公司	普华质量、安全及施工管理软件(简称:PowerOn QHSE)V3.5
1139	上海普华科技发展有限公司	普华合同、采购及费用控制管理软件(简称:PowerOn PCM)V3.5
1140	上海普华科技发展有限公司	普华成本及资源管理软件(简称:PowerOn RCM)V3.5
1141	上海普华科技发展有限公司	普华图纸、文件资料及档案管理软件(简称：PowerOn Doc)V3.5
1142	上海普华科技发展有限公司	普华项目管理信息平台软件(简称:PowerPIP)V3.5
1143	上海詹佛斯信息科技有限公司	GFS点对点(P2P)数据传输监控服务平台软件V1.0
1144	上海天游软件有限公司	天游拍拍部落网络游戏软件V2.0
1145	上海天游软件有限公司	天游提问软件V1.0
1146	上海天游软件有限公司	天游BBS论坛软件V1.0
1147	速尼软件(上海)有限公司	速尼 Toast 软件V9
1148	上海实甲电子科技有限公司	SAGE PASSIM 监控软件V1.0
1149	上海实甲电子科技有限公司	SAGE PROTOS 监控软件V1.0
1150	上海实甲电子科技有限公司	SAGE Super9 监控软件V1.0
1151	上海仁库软件科技有限公司	汇领珂人力资源管理软件V3.0
1152	上海宝资软件有限公司	宝资营销全程管理软件V1.0
1153	上海甫盛计算机科技有限公司	甫盛数据整合软件V1.0
1154	上海科梁信息工程有限公司	科梁 RT-Tester测试软件V1.0
1155	上海安硕软件有限公司	安硕农联非信贷资产管理软件V1.0
1156	上海安硕软件有限公司	安硕农联贷后管理软件V1.0
1157	上海安硕信息技术有限公司	安硕信托柜台管理软件V1.0
1158	上海安硕信息技术有限公司	安硕信托客户关系管理软件V1.0
1159	上海安硕信息技术有限公司	安硕信托业务管理软件V1.0
1160	上海安硕信息技术有限公司	安硕信托托管管理软件V1.0
1161	上海同磊土木工程技术有限公司	同磊空间钢结构系统CAD软件[简称:3D3S]V2008
1162	上海昊沧系统控制技术有限责任公司	昊沧WATE RPRO运行和资产管理软件V1.0
1163	上海瀚银信息技术有限公司	瀚银手付通软件V1.0
1164	上海垠景科技有限公司	垠景食之助餐饮管理软件V2.0
1165	上海品杰防伪技术有限公司	品杰药品查询和认证终端系统应用软件V1.0
1166	上海万根网络技术有限公司	万根网络 CDN 加速软件V2.0
1167	上海科霖智能电子设备有限公司	科霖高压开关柜故障早期预警系统应用软件V1.0.1

1168	上海鼎盛汽车检测设备有限公司	鼎盛汽车四轮定位检测应用软件V1.0
1169	上海精佑通信科技有限公司	精佑通信M801手机软件V1.0
1170	上海精佑通信科技有限公司	精佑通信M8手机软件V1.0
1171	上海精佑通信科技有限公司	精佑通信M616手机软件V1.0
1172	上海华腾软件系统有限公司	TOP Rules智能规则引擎管理软件V1.0
1173	上海华腾软件系统有限公司	TOP BPM智能流程管理软件V1.0
1174	上海华虹计通智能卡系统有限公司	HHJT嵌入式Linux半自动售补票机应用软件V2.0
1175	上海技凯通信技术有限公司	技凯移动通信网络预警软件V1.0
1176	上海齐家信息科技有限公司	齐家电子商务平台软件V1.0
1177	上海半丁数码科技有限公司	半丁乐悠游数字娱乐互动平台软件V1.0
1178	上海乾隆高科技有限公司	钱龙网上交易软件V6.0
1179	上海维宏电子科技有限公司	维宏雕刻机控制系统应用软件V8.0
1180	上海维宏电子科技有限公司	维宏双Z轴控制系统应用软件V8.0
1181	上海维宏电子科技有限公司	维宏多头加工中心控制系统应用软件V8.0
1182	上海奈凯电子科技有限公司	奈凯水切割控制系统应用软件V9.0
1183	上海奈凯电子科技有限公司	奈凯等离子切割控制系统应用软件V9.0
1184	上海奈凯电子科技有限公司	奈凯NcEditor排版软件V9.0
1185	上海奈凯电子科技有限公司	奈凯激光切割控制系统应用软件V9.0
1186	上海上由通信工程有限公司	上由党建工作管理软件V2.0
1187	上海全成通信技术有限公司	全成手机电视业务运营分析平台软件V1.0
1188	上海维一软件有限公司	维一上市公司财务报告管理软件V1.0
1189	上海掌易信息科技有限公司	掌易灰姑娘游戏软件V1.0
1190	上海三禾服装机械制造有限公司	三禾智能管理输送软件V1.0
1191	上海派博软件有限公司	派博网络社区管理软件V1.0
1192	上海新浩艺软件有限公司	新浩艺迅闪游戏管理软件V1.0
1193	上海艺为网络科技有限公司	艺为影音新视界视频点播软件V1.0
1194	上海新浩艺软件有限公司	新浩艺信佑网吧经营管理软件V1.0
1195	上海益盟软件技术有限公司	益盟操盘手主力版深度分析决策软件V1.0
1196	上海晨阑数据技术有限公司	晨阑VE-I供应链管理软件[简称:VE-I]V2.0
1197	上海网测通信技术有限公司	网测NGN通信线路检测设备软件V1.0
1198	上海网测通信技术有限公司	网测通信故障受理平台软件V1.0
1199	上海网测通信技术有限公司	网测综合号线管理平台软件V1.0
1200	上海网测通信技术有限公司	网测综合集中告警监视平台软件V1.0
1201	银联数据服务有限公司	银联数据发卡软件V2.0
1202	证宁信息技术(上海)有限公司	证券之星赢富决策(大众版)证券分析软件V1.0
1203	证宁信息技术(上海)有限公司	证券之星赢富决策(机构版)证券分析软件V1.0
1204	证宁信息技术(上海)有限公司	证券之星赢富决策(web版)证券分析软件V2.0
1205	上海共久电气有限公司	共久STMAC-15HS火花机控制软件V1.0
1206	上海广慈实业总公司	广慈公文流转管理软件V1.0
1207	上海广慈实业总公司	广慈医院辅助决策支持软件V1.0
1208	上海鲁班软件有限公司	鲁班算量（室外总体版）软件[简称：鲁班总体]V1.0
1209	上海大唐移动通信设备有限公司	大唐直放站网管软件[简称：直放站网管软件]V2.1.0
1210	上海大唐移动通信设备有限公司	大唐移动SPAN路测软件[简称：SPAN Outum]V5.0
1211	上海大唐移动通信设备有限公司	大唐移动TD-SCDMA无线网络规划软件[简称：NPS]V1.8
1212	上海埃帕信息科技有限公司	埃帕Dolphin浏览器软件V1.0
1213	上海宝信软件股份有限公司	宝信内网安全管理软件[简称：eCop-NSM]V5.0
1214	上海宝信软件股份有限公司	宝信BM2（有色版）熔铸材料申请软件V1.0

1215	上海宝信软件股份有限公司	宝信一体化监控指挥平台软件（应急管理专业版）V2.0
1216	上海宝信软件股份有限公司	宝信采购管理软件V1.0
1217	上海宝信软件股份有限公司	宝信物资计量软件V1.0
1218	上海宝信软件股份有限公司	宝信精炼过程控制软件（Auto process-RH）V1.0
1219	上海宝信软件股份有限公司	宝信网上寻源软件V1.0
1220	上海华勤通讯技术有限公司	华勤 H110 MMI 软件V1.0.9
1221	上海华勤通讯技术有限公司	华勤 H108 MMI 软件V1.0
1222	上海华勤通讯技术有限公司	华勤 D901 MMI 软件V1.0.5
1223	上海华勤通讯技术有限公司	华勤 D777 MMI 软件V1.0.4
1224	华院分析技术（上海）有限公司	华院迪乐网软件[简称：迪乐网]V1.0
1225	华院分析技术（上海）有限公司	华院迪乐网软件[简称：迪乐网]V2.0
1226	上海爱申科技发展股份有限公司	爱申 HIFUNIT9000系列控制、操作软件V4.0
1227	上海竞天科技股份有限公司	竞天-数字视频监控存储管理软件[简称：GDVSS] V1.0
1228	上海申石软件有限公司	申石登录认证管理软件V1.0
1229	上海埃林哲软件系统有限公司	皆得益企业管理软件[简称：皆得益]V8.12.1
1230	上海金蝶软件有限公司	金蝶K/3财政报备处理软件[简称：K/3财政软件]V1.0
1231	上海金蝶软件科技有限公司	金蝶K/3税控管理软件[简称：K/3税控软件]V1.0
1232	上海百林通信软件有限公司	百林Optimizer后台分析与优化方案工具软件 [简称：百林Optimizer]V2.0
1233	上海钦文信息科技有限公司	钦文外语在线互动学习平台软件 [简称：外语在线互动学习平台]V2.0
1234	上海纪元微科电子有限公司	MMS 2.5W 音频功率放大器测试软件 [简称：2.5W 音频功率放大器]V1.0
1235	上海纪元微科电子有限公司	MMS二测试位微处理器监控电路Microprocessor(μP) Supervisory Circuits 测试软件 [简称：μP 监控电路测试软件]V1.0
1236	上海大全赛奥法电气科技有限公司	大全赛奥法PC测控装置用控制和分析软件V1.0
1237	上海大全赛奥法电气科技有限公司	大全赛奥法多功能电量测量装置通讯测试软件V1.0
1238	上海中岳计算机仿真控制系统有限公司	中岳城市轨道交通列车运行控制闭塞设计软件 [简称：轨道交通闭塞设计软件]V1.0
1239	上海格瑞特信息技术有限公司	格瑞特楼宇自控管理软件[简称：GREAT-HBA]V5.0
1240	上海大智慧网络技术有限公司	大智慧证券行情分析系统TopView（赢富）经典版软件 [简称：大智慧 topview 经典版]V5.90
1241	上海电通信息服务有限公司	电通CRM管理软件V1.0
1242	麦网信息技术（上海）有限公司	麦考林多渠道营销管理软件V5.0
1243	花旗软件技术服务（上海）有限公司	花旗农村信贷前端处理软件V1.0
1244	上海汇纳网络信息科技有限公司	汇纳嵌入式车载视频客流分析软件V1.0
1245	联芯科技有限公司	联芯科技手机应用软件[简称：Garnet]V2.5
1246	联芯科技有限公司	联芯科技智能手机平台软件[简称：ASP]V1.0
1247	联芯科技有限公司	联芯科技自动化测试套件软件[简称：ATS]V1.0
1248	上海浦东软件平台有限公司	STS企业内部管理软件[简称：STS-OA]V1.0
1249	上海浦东软件平台有限公司	STS内容管理软件[简称：SPRT-CMS]V1.0
1250	上海阿尔卡特网络支援系统有限公司	SANSS中小医疗行业门户网站软件V1.0
1251	胜科金仕达数据系统（中国）有限公司	金仕达衍生品交易结算管理平台软件（Kingstar Management Platform for Derivatives Trading and Clearing） [简称：金仕达衍生品交易结算管理平台]V1.0
1252	上海吉大正元信息技术有限公司	吉大正元统一用户管理系统[简称：JIT UMS]V3.0.2
1253	上海吉大正元信息技术有限公司	吉大正元应用安全支撑系统[简称：JIT Cinas]V2.0.2

1254	上海吉大正元信息技术有限公司	吉大正元SRQ05电子证书认证系统[简称：JIT SRQ05]V5.0.2
1255	上海飞田通信技术有限公司	飞田iFLOW车船监管软件[简称：iFLOW]V3.0
1256	上海寰科软件技术有限公司	寰科信息管理软件[简称：信息系统]V1.0
1257	敬达数码科技(上海)有限公司	CIDANA 移动数字电视播放器软件(CIDANA Mobile TV Player)[简称：CIDANA MDTV]V1.0
1258	敬达数码科技(上海)有限公司	Cidana DTV/PMP 软件[简称：Cidana DTV/pmp]V1.0.0
1259	上海顶竹通讯技术有限公司	DZC BRNC管理软件V1.0
1260	上海新浪乐居信息科技有限公司	乐居家居产品库软件V1.0
1261	上海新浪乐居信息科技有限公司	乐居房产楼盘库软件V1.0
1262	邦程电信技术（上海）有限公司	邦程轨道交通信号标准化作业软件[简称：打点系统]V1.0
1263	上海容知测控技术有限公司	容知设备预知维修管理软件[简称：EPM1000]V2.0
1264	上海容知测控技术有限公司	容知在线监测分析软件[简称：MOS2000]V2.0
1265	上海容知测控技术有限公司	容知设备状态管理软件[简称：MCS1000]V2.0
1266	上海华艾软件有限公司	华艾-电力谐波测算分析软件[简称：HPD]V1.0
1267	上海华艾软件有限公司	华艾-基于FFT的电力参数计算软件[简称：Qpower]V1.0
1268	上海吉大正元信息技术有限公司	吉大正元数字证书综合审计查询系统[简称：JIT AQS]V1.0.2
1269	上海讯铭软件有限公司	TopCTI呼叫中心软件V2.0
1270	京瓷信息系统（上海）有限公司	京瓷电子文书申请软件[简称：KOF]V1.0
1271	上海发电设备成套设计研究院	SPERI煤化工显示控制软件V1.0
1272	上海发电设备成套设计研究院	SPERI先进控制与分散控制系统交互平台软件V1.0
1273	上海发电设备成套设计研究院	SPERI TSI智能校验软件V1.0
1274	上海发电设备成套设计研究院	SPERI高温材料性能试验监控软件V1.0
1275	上海发电设备成套设计研究院	SPERI电站锅炉低温腐蚀自动控制软件V1.0
1276	上海发电设备成套设计研究院	SPERI超临界和亚临界锅炉可靠性设计软件V3.0
1277	上海发电设备成套设计研究院	SPERI电站水泵状态检修专家软件V3.0
1278	上海发电设备成套设计研究院	SPERI多分支管道应力计算软件V2.0
1279	上海发电设备成套设计研究院	SPERI发电机励磁调节系统控制软件V4.0
1280	上海发电设备成套设计研究院	SPERI锅炉受压元件蠕变疲劳寿命管理软件V2.0
1281	上海发电设备成套设计研究院	SPERI MAXF同步电机变频装置操作软件V5.0
1282	上海发电设备成套设计研究院	SPERI125MW汽轮发电机组热力系统节能降耗潜力分析软件V1.0
1283	上海发电设备成套设计研究院	SPERI水管锅炉受压元件强度计算软件V12.0
1284	上海发电设备成套设计研究院	SPERI自动反冲洗滤网装置控制软件V5.0
1285	上海发电设备成套设计研究院	SPERI给煤系统控制软件V4.0
1286	上海天美生化仪器设备工程有限公司	天美光谱控制软件V1.4
1287	上海天美生化仪器设备工程有限公司	天美色谱控制软件V8.0
1288	上海富洋自动化工程设备有限公司	富洋物流自动化控制软件V2.0
1289	上海源佳通电气有限公司	源佳通高压设备试验测试软件V3.0
1290	上海晟胜信息科技有限公司	晟胜料位无线监控软件V1.0
1291	上海强生科技有限公司	强生公交油耗测量控制软件V1.0
1292	上海强生科技有限公司	强生IC卡收费POS机软件V2.0
1293	上海同畅信息技术有限公司	同畅发布软件V3.0
1294	上海立派信息技术有限公司	立派节能游戏软件V1.0
1295	上海寰创通信科技有限公司	寰创无线MESH路由器软件V1.8
1296	上海寰创通信科技有限公司	寰创无线接入控制器软件V1.0
1297	上海天正信息科技有限公司	天正银基通软件V3.0
1298	上海天宸信息科技开发有限公司	天宸空运物流管理软件V1.0

1299	上海长城电子信息网络有限公司	长城商业网点管理信息软件V1.0
1300	上海华东电脑存储网络系统有限公司	华东电脑电子跟踪网络版软件V1.0
1301	上海华盖软件发展有限公司	华盖企管通软件V1.0
1302	上海中标软件有限公司	中标普华安全Office国防版办公软件V3.0
1303	上海复华保护神信息技术有限公司	复华嵌入式虚拟桌面软件V1.0
1304	金宝电子(上海)有限公司	金宝V300电子辞典软件V1.0
1305	金宝电子(上海)有限公司	金宝V320电子辞典软件V1.0
1306	万达信息股份有限公司	万达应急指挥平台软件V2.0
1307	万达信息股份有限公司	万达业务基础平台软件V4.0
1308	上海乾隆网络科技有限公司	钱龙金融教学软件V5.0
1309	上海玖道信息科技有限公司	玖道企业资产模型管理软件V7.10
1310	上海尊雅计算机软件有限公司	Rubis Code会所管理软件[简称:Rubis Code System]V3.0
1311	上海科冠信息科技有限公司	科冠网络学习平台软件V1.0
1312	上海久其软件有限公司	久其会计报表软件V2.0
1313	上海慧康信息技术有限公司	慧康新闻信息管理软件V1.0
1314	上海豪宙网络通讯设备有限公司	豪宙单路视频监控软件V1.0
1315	上海爱信诺航天信息有限公司	爱信诺税控收款机软件V1.0.0
1316	上海亚泰计算机软件有限公司	亚泰IC卡加油卡机联动软件V2.0
1317	上海新赛达信息技术有限公司	Acitetch可视化监控软件V1.0
1318	上海世范软件技术有限公司	世范贷记卡进件申请软件V1.0
1319	上海中仿计算机科技有限公司	中仿岩土工程软件V2007
1320	上海农易数字工程技术有限公司	上农信蔬菜生产管理软件V1.0
1321	上海农易数字工程技术有限公司	上农信农业综合服务信息平台软件V1.0
1322	上海金自天正信息技术有限公司	金自天正主轧机自动控制(AriBRM)软件V1.0
1323	上海金自天正信息技术有限公司	金自天正双边剪自动控制(AriDSH)软件V1.0
1324	基埃生物科技(上海)有限公司	基埃基因检测报告管理软件V1.0
1325	上海泽汉无线技术有限公司	泽汉GSM/GPRS无线应用软件[简称：泽汉HIX-T]V2.0
1326	上海和伟科技发展有限公司	和伟制药及食品过程的电子记录软件V1.0
1327	上海长城电子信息网络有限公司	长城实有人口管理信息软件V1.0
1328	博康数码科技(上海)有限公司	博康VIS操作台软件V3.0
1329	博康数码科技(上海)有限公司	博康VIS配置管理软件V3.0
1330	博康数码科技(上海)有限公司	博康VIS服务器软件V3.0
1331	上海浪沙商业软件有限公司	RUNSA营销管理软件V1.0
1332	科亿尔数码科技(上海)有限公司	Corel WinDVD软件V8.0
1333	科亿尔数码科技(上海)有限公司	Corel MediaOne Gallery软件V3.0
1334	上海阳关网络信息技术有限公司	阳关业务处理工作流软件V2.0
1335	上海思华网络科技有限公司	思华宽带增值业务管理软件[简称：BSMP]V1.0
1336	上海欧计斯软件有限公司	SOT项目开发人员管理软件V1.0
1337	上海永诺信息技术有限公司	永诺信息客户关系管理软件V1.0
1338	上海佳茗信息技术有限公司	佳茗配送经销存软件V1.0
1339	上海海神医疗电子仪器有限公司	海神肌电图/诱发电位仪应用软件 [简称:神经电检诊仪应用软件]V2.21
1340	上海晋恒软件有限公司	晋恒支票影像交换前置软件V1.0
1341	上海携宁计算机科技有限公司	携宁场外业务管理软件V1.0
1342	上海仲尼软件有限公司	仲尼文档管理软件V1.0
1343	银联数据服务有限公司	银联数据短信平台软件V2.0
1344	银联数据服务有限公司	银联数据综合应用大前置软件V2.0

1345	上海南康软件有限公司	南康访谈专家软件V1.0
1346	上海南康科技有限公司	南康电访专家软件V3.0
1347	上海南康科技有限公司	南康信息管理系统平台软件V2.0
1348	上海南康科技有限公司	南康房地产市场信息管理软件V1.0
1349	上海艾泰科技有限公司	HiPER ReOS多业务路由器实时通信系统软件V7.0
1350	杰魔(上海)软件有限公司	杰魔Qualify数字化检测软件V2008
1351	上海勤和互联网技术软件开发有限公司	勤和协通网络通讯协作软件V1.0
1352	上海超蓝软件有限公司	超蓝TE9000工作流管理平台软件V4.0
1353	上海金桥信息工程有限公司	金桥全视角边缘融合拼接器软件V1.0
1354	上海金桥信息工程有限公司	金桥数字公告信息管理平台软件V1.0
1355	上海金桥信息工程有限公司	金桥多画面分割器软件V1.0
1356	上海金桥信息工程有限公司	金桥多通道视音频数字化存储软件V1.0
1357	上海金桥信息工程有限公司	金桥数字化多会场集控及应用平台软件V2.0
1358	上海福银信息科技有限公司	福银软交换软件V8.18
1359	上海福银信息科技有限公司	福银网元管理软件V8.17
1360	上海福银信息科技有限公司	福银即时通信服务器软件V8.17
1361	上海中和软件有限公司	中和 Web 应用测试软件V1.0
1362	长江计算机集团上海唯诚网络科技有限公司	长江唯诚GRP信息管理软件V2.0
1363	上海智联腾华软件技术有限公司	智联腾华企业精益管理系统产品软件V1.0
1364	上海智联腾华软件技术有限公司	智联腾华财务预算监控与报销系统产品软件V1.0
1365	上海智联腾华软件技术有限公司	智联腾华企业文档及内控管理系统产品软件V1.0
1366	上海智联腾华软件技术有限公司	智联腾华租赁业务综合服务平台产品软件V2.0
1367	上海智联腾华软件技术有限公司	智联腾华协同办公系统产品软件V6.0
1368	上海宾爱智能信息科技有限公司	BILL智能调度软件V1.1
1369	上海派芬自动控制技术有限公司	派芬旋挖钻机桅杆控制软件V1.0
1370	上海派芬自动控制技术有限公司	派芬高空作业车底盘调平软件V1.0
1371	上海派芬自动控制技术有限公司	派芬摊铺机行走控制软件V1.0
1372	上海太微信息系统有限公司	太微监控管理软件V1.0
1373	上海天坤数码科技有限公司	天坤《Monster and Me》网络游戏软件V1.0
1374	上海欣泰通信技术有限公司	XT-S SIMA 七号信令集中监测软件V3.5
1375	上海扬讯计算机科技有限责任公司	扬讯至尊宝嵌入式手机第三方应用平台软件V1.0
1376	上海文广科技发展有限公司	文广IPTV流播控软件V1.0
1377	国信朗讯科技网络技术有限公司	国信朗讯DC综合管理平台软件V1.0
1378	国信朗讯科技网络技术有限公司	国信朗讯接入型资源配置软件V1.0
1379	国信朗讯科技网络技术有限公司	国信朗讯工程精确化管理软件V1.0
1380	国信朗讯科技网络技术有限公司	国信朗讯固定资产实物管理软件V1.0
1381	国信朗讯科技网络技术有限公司	国信朗讯电信网络综合化集中告警软件V2.0
1382	国信朗讯科技网络技术有限公司	国信朗讯综合网络管理软件V2.0
1383	国信朗讯科技网络技术有限公司	国信朗讯电信资产管理软件V1.0
1384	上海朝阳永续信息技术有限公司	朝阳永续基金持仓分析软件V1.0
1385	上海朝阳永续信息技术有限公司	朝阳永续专家理财软件V1.0
1386	上海朝阳永续信息技术有限公司	Go-Goal卖方研究员评价软件V1.0
1387	国龙信息技术(上海)有限公司	国龙信息X800手机软件V1.0
1388	国龙信息技术(上海)有限公司	国龙信息W630手机软件V1.0
1389	国龙信息技术(上海)有限公司	国龙信息LIN900手机软件V1.0
1390	龙旗科技(上海)有限公司	龙旗科技D400B手机软件V1.0

1391	龙旗科技(上海)有限公司	龙旗科技MP200手机软件V1.0
1392	龙旗科技(上海)有限公司	龙旗科技R100A手机软件V1.0
1393	龙旗科技(上海)有限公司	龙旗科技TV300B手机软件V1.0
1394	龙旗科技(上海)有限公司	龙旗科技X290B手机软件V1.0
1395	龙旗科技(上海)有限公司	龙旗科技X700手机软件V1.0
1396	龙旗科技(上海)有限公司	龙旗科技X850B手机软件V1.0
1397	龙旗科技(上海)有限公司	龙旗科技X901A手机软件V1.0
1398	龙旗科技(上海)有限公司	龙旗科技电子书软件(星空书苑)V1.0
1399	龙旗科技(上海)有限公司	龙旗科技动态业务菜单(MTK)软件V1.0
1400	龙旗科技(上海)有限公司	龙旗科技手机炒股(MTK)软件V1.0
1401	上海三旗通信科技有限公司	三旗通信EM66数据卡软件V1.0
1402	上海三旗通信科技有限公司	三旗通信W200手机软件V1.0
1403	上海三旗通信科技有限公司	三旗通信W510手机软件V1.0
1404	上海三旗通信科技有限公司	三旗通信W610手机软件V1.0
1405	上海三旗通信科技有限公司	三旗通信W631手机软件V1.0
1406	上海三旗通信科技有限公司	三旗通信WM62数据卡软件V1.0
1407	上海三旗通信科技有限公司	三旗通信WR7310软件V1.0
1408	君岳信息科技(上海)有限公司	君岳OMC-H网管软件V1.0
1409	上海新致软件有限公司	新致新农村村务管理平台软件V1.0
1410	上海新致软件有限公司	新致配色管理软件V1.0
1411	上海新致软件有限公司	新致网络传输设备管理软件V1.0
1412	上海新致软件有限公司	新致DHCP客户端模拟软件V1.0
1413	上海新致软件有限公司	新致园区网站管理平台软件V1.0
1414	上海新致软件有限公司	新致图书馆ACS服务中间件软件V1.0
1415	上海新致软件有限公司	新致企业级技术资源共享网络平台软件V1.0
1416	上海新致软件有限公司	新致软件开发服务技术管理支撑平台软件V4.0
1417	上海新致软件有限公司	新致基金托管业务管理平台软件V2.0
1418	上海新致软件有限公司	新致自动车运输企业基干系统构筑软件V1.0
1419	上海久盛信息科技有限公司	久商在线财贸管理软件V1.0
1420	上海温久软件技术有限公司	温久电机超速保护控制软件V1.0
1421	芯讯通无线科技(上海)有限公司	芯讯通sim300商务电话软件V1.0
1422	上海兴安得力软件有限公司	兴安得力工程管理软件V1.0
1423	上海兴安得力软件有限公司	兴安得力清单计价软件V1.5.1
1424	上海兴安得力软件有限公司	兴安得力CPM建筑造价管理软件V4.3
1425	上海华腾软件系统有限公司	TOP CFDS银行卡欺诈交易侦测软件V1.0
1426	上海滔瑞信息技术有限公司	滔瑞测试执行助理软件V1.6.1
1427	上海先致信息系统有限公司	先致项目成本管理软件V1.0
1428	上海先致信息系统有限公司	先致综合信息管理平台软件V1.0
1429	上海复旦光华信息科技股份有限公司	光华互联网侦控管理软件V2.0
1430	上海复旦光华信息科技股份有限公司	复旦光华同步直播录制软件V2.0
1431	上海全成通信技术有限公司	全成数据业务运营平台软件V3.0
1432	上海全成通信技术有限公司	全成无线音乐基地运营平台软件V2.0
1433	上海英盛仪器有限公司	英盛ENZO分析仪软件V1.0
1434	矽映电子科技(上海)有限公司	矽映磁盘冗余阵列管理软件V1.0
1435	上海精佑通信科技有限公司	精佑通信M15手机软件V1.0
1436	上海致卓信息科技有限公司	致卓工程技术集成软件V1.0
1437	上海弥行信息技术有限公司	弥行Neptune企业资源计划软件V3.0

1438	上海未来软件有限公司	未来工作流管理软件V1.0
1439	上海未来软件有限公司	未来平台化子系统管理软件V1.0
1440	上海庞米电子信息技术有限公司	庞米数字广播电视解码播放软件 [简称：数字电视播放软件]V1.3.7
1441	上海山友通信公司	山友神速股票信息发送软件V1.0
1442	志鸿六维软件科技(上海)有限公司	志鸿开放式基金代销软件V1.0
1443	上海兴兴信息科技有限公司	兴兴电能控制软件V1.0
1444	慧国(上海)软件科技有限公司	慧国基于SM268芯片的SD存储软件V7.1
1445	慧国(上海)软件科技有限公司	慧国基于SM339的DAB接收器软件V3.2
1446	慧国(上海)软件科技有限公司	慧国基于Voyager移动图形处理芯片开发库软件V5.2
1447	上海期货信息技术有限公司	Futures Ideal期交所结算软件V1.0
1448	上海期货信息技术有限公司	Futures Ideal标准仓单管理软件V1.0
1449	上海期货信息技术有限公司	Futures Ideal期交所会员客户管理软件V1.0
1450	上海复深蓝信息技术有限公司	复深蓝易猎天下猎头业务管理软件V1.0
1451	上海皓维电子有限公司	皓维视频图像行为辨识预警软件V1.0
1452	上海微创软件有限公司	微创政府应用服务基础平台软件V2.0
1453	上海尔凌软件科技有限公司	20-20易模式家具工艺软件V8.0
1454	上海尔凌软件科技有限公司	20-20家具设计软件V8.0
1455	上海浩顺科技有限公司	浩顺电量测控软件V2.0
1456	上海浩顺科技有限公司	浩顺儿童智商测试和体格发育评判检测软件V3.0
1457	上海众城网络信息有限公司	众城城市信息自动更新软件V1.0.0
1458	上海预言软件有限公司	预言“模拟项目经理”培训软件V1.0
1459	上海预言软件有限公司	预言“猛虎行动”3D街机射击游戏软件V1.0
1460	上海预言软件有限公司	预言“欢乐投球”大型触摸屏街机游戏软件V1.0
1461	上海致维电气有限公司	致维M5可编程数字继电保护装置应用软件V1.0
1462	上海汇驿软件有限公司	汇驿国际物流管理软件V2.0
1463	上海交大慧谷信息产业股份有限公司	交大慧谷远程无线网络监控和信息发布平台软件V1.0
1464	上海信安信息技术发展股份有限公司	e盾安全网络管理软件V2.1.5
1465	上海星联信息技术有限公司	星联安捷通软件V1.0
1466	上海斯歌信息技术有限公司	斯歌K2工作流软件V1.0
1467	上海创宏信息技术有限公司	创宏工会管理软件V1.0
1468	上海多造信息技术有限公司	中智灵捷协同平台软件V1.0
1469	上海华冠电子设备有限责任公司	华冠牌PowerManage8325用电管理终端软件V1.0
1470	上海华冠电子设备有限责任公司	华冠牌PowerStar电力营销数据综合分析软件V1.0
1471	上海圣景科技发展有限公司	圣景照片拼接软件V1.0
1472	上海圣景科技发展有限公司	圣景芯片分析软件V2.0
1473	上海圣景科技发展有限公司	圣景芯片分析系统浏览软件V1.0
1474	上海圣景科技发展有限公司	圣景正向电路设计软件V2.0
1475	上海久游网络科技有限公司	久游网劲爆篮球网络休闲游戏软件[简称：劲爆蓝球]V1.0
1476	上海佳锐信息科技有限公司	佳锐智能协同办公软件V1.0
1477	上海浪潮通软科技有限公司	浪潮企业年金综合管理软件V3.0
1478	上海华盟电讯科技有限公司	华盟VISS Mini-Boss SW计费中间件软件V1.0
1479	润百计算机(上海)有限公司	润百商业物业管理软件V1.0.0
1480	上海恒为信息科技有限公司	恒为HSMA高速字符串匹配加速卡驱动软件V1.0
1481	上海蓝核信息技术有限公司	蓝核Syrinx高速发包控制软件V1.0
1482	上海过河兵软件科技有限公司	Elite绩效考核软件V3.0
1483	上海天地软件园数码科技有限公司	天地软件园影视三维数字替身软件V1.0

1484	上海理想信息产业(集团)有限公司	理想手持式IPTV测试仪软件V1.0
1485	上海理想信息产业(集团)有限公司	理想通信电缆气压监测软件V5.2
1486	上海理想信息产业(集团)有限公司	理想移动搜索软件V1.0
1487	上海理想信息产业(集团)有限公司	理想NETCARE软件V1.0
1488	上海理想信息产业(集团)有限公司	理想统一信息采编软件V1.0
1489	上海理想信息产业(集团)有限公司	理想品牌农产品网上交易平台软件V1.0
1490	上海理想信息产业(集团)有限公司	理想800M集群通信调度软件V1.0
1491	上海立派信息技术有限公司	立派铭牌打印软件V1.0
1492	上海立派信息技术有限公司	立派多功能机管理软件V1.0
1493	上海东软时代数码技术有限公司	东软保税仓库海关联网监管软件V1.3
1494	上海众辰电子科技有限公司	众辰变频器控制软件V3.0
1495	上海宝信软件股份有限公司	宝信智能化车辆进出管理软件V2.0
1496	上海宝信软件股份有限公司	宝信制造执行管理软件（机械制造版）V1.0
1497	上海宝信软件股份有限公司	宝信钢材贸易电子商务管理软件V1.0
1498	上海宝信软件股份有限公司	宝信一体化监控指挥平台软件(采掘专业版)V2.0
1499	上海宝信软件股份有限公司	宝信一体化监控指挥平台软件（标准版）V5.0
1500	上海宝信软件股份有限公司	宝信易通导航软件(eLead)V2.0
1501	上海宝信软件股份有限公司	宝信制造执行管理软件（采掘矿山版）V2.0
1502	上海宝信软件股份有限公司	宝信钢铁企业产业预警监测软件V1.0
1503	上海鸣志自动控制设备有限公司	鸣志输变电运行管理软件V1.0
1504	上海杰翔通信技术有限公司	杰翔面向电信运营的智能宽带排障软件V3.0
1505	上海海能信息科技有限公司	树诚SC3000x智能检测控制软件V2.0
1506	上海广慈实业总公司	广慈临床病例分型管理软件V1.0
1507	上海广慈实业总公司	广慈电子病历软件V1.0
1508	上海正泰自动化软件系统有限公司	正泰电力保护测控软件V1.0
1509	上海正泰自动化软件系统有限公司	正泰自动化监控管理软件V2.0
1510	上海团结普瑞玛激光设备有限公司	团结普瑞玛激光加工工艺数据库软件V1.0
1511	上海团结普瑞玛激光设备有限公司	团结普瑞玛通用数控语言程序管理软件V1.0
1512	上海团结普瑞玛激光设备有限公司	团结普瑞玛保温设备远程监控软件V1.0
1513	上海团结普瑞玛激光设备有限公司	团结普瑞玛RML3D投影软件V1.0
1514	巴克莱信息技术（上海）有限公司	巴克莱先进管理软件V1.0
1515	上海未来宽带技术及应用工程研究中心有限公司	未来宽带Streaming Media Monitor流媒体业务监控平台中心监测服务器软件[简称：中心监测服务器] V1.0
1516	上海麦杰科技股份有限公司	麦杰绩效考核软件V1.0
1517	上海麦杰科技股份有限公司	麦杰燃煤数字化软件V1.0
1518	上海麦杰科技股份有限公司	麦杰统计报表软件V1.0
1519	胜科金仕达数据系统（中国）有限公司	金仕达数字化校园软件（KingStar Digital Campus）V1.0
1520	上海财汇信息技术有限公司	财汇金融分析平台软件[简称：FC Station]V2.0
1521	上海利驰软件有限公司	利驰图档管理系统WebPower电力企业版软件V2008
1522	上海东昊测试技术有限公司	东昊测试DHPMA设备巡检管理软件V2.0
1523	上海金蝶软件有限公司	金蝶KIS行政事业版软件[简称：金蝶KIS行政事业版]V8.1
1524	上海金蝶软件有限公司	金蝶KIS专业版软件[简称：金蝶KIS专业版]V9.2
1525	上海金蝶软件有限公司	金蝶KIS迷你版软件[简称：金蝶KIS迷你版]V8.1
1526	上海金蝶软件有限公司	金蝶KIS商贸版软件[简称：金蝶KIS商贸版]V1.2
1527	上海金蝶软件有限公司	金蝶KIS标准版软件[简称：金蝶KIS标准版]V8.1
1528	上海钢软信息技术工程股份有限公司	钢软冶金工业炉燃烧控制软件V2.0
1529	上海申发软件有限公司	申发游戏软件[简称：SMGX]V2.0

1530	捷玛计算机信息技术（上海）有限公司	捷玛企业绩效管理软件V1.0
1531	上海鸿业同行信息科技有限公司	鸿业控规设计软件[简称：HYPlan]V2.0
1532	上海畅星智能系统有限公司	畅星IIC车载机软件[简称：畅星IICS]V1.0
1533	上海帅江信息工程有限公司	帅江超市行业供应链管理平台软件（SRM）[简称：供应链管理平台]V4.0
1534	天绩信息技术（上海）有限公司	天绩游戏收费平台软件V1.0
1535	天绩信息技术（上海）有限公司	天绩道具商城软件[简称：天绩道具商城]V1.0
1536	天绩信息技术（上海）有限公司	天绩游乐场软件[简称：天绩游乐场]V1.0
1537	上海步科电气有限公司	步科OPC服务器软件[简称：KincoOPC]V1.0
1538	上海可鲁系统软件有限公司	DAP Polling通讯报文可组态的万能通讯规约软件[简称：DAP Polling]V1.0
1539	上海可鲁系统软件有限公司	DAPDeveloper开发平台软件[简称：DAPDeveloper]V4.0
1540	上海澜凌信息技术有限公司	奕讯在线知识竞赛软件V1.0
1541	上海华岭集成电路技术有限责任公司	华岭数字电视SOC测试软件V1.0
1542	上海铱控电力科技有限公司	铱控发电厂自动电压控制软件[简称：电厂AVC软件]V3.0
1543	上海动联信息技术有限公司	动联Windows登录认证软件V2.0
1544	上海动联信息技术有限公司	动联综合认证软件V2.0
1545	上海动联信息技术有限公司	动联VPN登录认证软件V2.0
1546	上海动联信息技术有限公司	动联手机令牌软件V2.0
1547	上海动联信息技术有限公司	动联短信认证软件V2.0
1548	上海聚星仪器有限公司	聚星射频识别测试软件V1.0
1549	群达软件科技(上海)有限公司	群达SMB办公室信息化平台软件V1.0
1550	上海爱可生信息技术有限公司	爱可生电力低速音频信号处理器软件[简称：音频处理器]V2.1
1551	上海富嘉通讯技术有限公司	富嘉PHS协议栈软件[简称：FJXYZ001]V1.0
1552	上海动量软件技术有限公司	动量业务构件库平台软件[简称：动量BEL]V2.0
1553	东星软件（上海）有限公司	东星“踢踢球！”网络游戏软件[简称：踢踢球]V1.65
1554	东星软件（上海）有限公司	东星三维游戏美术附件工具集Maya版软件[简称：ToseAddins for Maya]V1.00
1555	上海国臣信息技术有限公司	国臣门户集成平台软件[简称：GC-Portal]V6.0
1556	丰海技术咨询服务（上海）有限公司	丰海KJMT框架式码头排架计算软件V1.0
1557	赛捷软件（上海）有限公司	赛捷ERP管理软件 [简称：Sage ERP X3]V5
1558	上海金仕达多媒体有限公司	金仕达招生管理信息软件[简称：招生软件]V1.0
1559	上海葡萄城信息技术有限公司	Leyser学费管理软件[简称：Leyser Gakuhi]V8.0
1560	上海企顺信息系统有限公司	企顺地址分析软件[简称：BizParser]V1.0
1561	上海企顺信息系统有限公司	企顺客户服务管理软件[简称：BizService]V1.0
1562	上海讯博石化信息技术有限公司	讯博设备检维修服务管理信息软件[简称：讯博EMMIS]V1.0
1563	上海龙源智光电力技术有限公司	龙源智光高压设备状态监测综合信息管理平台软件[简称：高压设备状态监测平台软件]V1.0
1564	上海龙源智光电力技术有限公司	龙源智光变压器油在线监测分析平台软件[简称：变压器油在线监测平台软件]V1.0
1565	天联世纪信息技术（上海）有限公司	天联世纪游戏防沉迷软件[简称：天联世纪防沉迷]V1.0
1566	天联世纪信息技术（上海）有限公司	天联世纪游戏销售平台软件[简称：天联世纪销售平台]V2.0
1567	上海得元信息科技有限公司	得元商务领航企业展台软件[简称：企业展台软件]V1.0
1568	上海杰瑞信息科技有限公司	杰瑞船舶设备远程故障诊断维修软件[简称：船舶设备故障诊断维修软件]V1.0
1569	上海方德信息技术有限公司	方德基金宝资讯终端软件[简称：基金宝]V1.0.0

1570	上海纪元微科电子有限公司	MMS二测试位单芯片锂电池保护电路测试软件 [简称：电池保护电路测试软件V1.0
1571	上海纪元微科电子有限公司	MMS双通道模拟开关电路测试软件 [简称：模拟开关测试软件]V1.0
1572	上海中兴软件有限责任公司	中兴MF622WCDMA移动通信软件V1.0
1573	上海中兴软件有限责任公司	中兴MF620WCDMA移动通信软件V1.0
1574	上海中兴软件有限责任公司	中兴MF628WCDMA移动通信软件V1.0
1575	上海中兴软件有限责任公司	中兴A35GSM移动通信软件V1.0
1576	上海中兴软件有限责任公司	中兴A36GSM移动通信软件V1.0
1577	上海中兴软件有限责任公司	中兴A62GSM移动通信软件V1.0
1578	上海中兴软件有限责任公司	中兴A61GSM移动通信软件V1.0
1579	上海中兴软件有限责任公司	中兴A711GSM移动通信软件V1.0
1580	上海中兴软件有限责任公司	中兴V227GSM移动通信软件V1.0
1581	上海中兴软件有限责任公司	中兴V225GSM移动通信软件V1.0
1582	上海中兴软件有限责任公司	中兴V125GSM移动通信软件V1.0
1583	上海中兴软件有限责任公司	中兴V228GSM移动通信软件V1.0
1584	上海中兴软件有限责任公司	中兴C500CDMA移动通信软件V1.0
1585	中国航空无线电电子研究所	CARERI寄存器组设计的源代码自动生成软件V2.0
1586	中国航空无线电电子研究所	CARERI ARINC429总线通用测试软件V1.0
1587	中国航空无线电电子研究所	CARERI TPC纠错编译码处理软件V1.0
1588	中国航空无线电电子研究所	CARERI测试程序标准化软件V1.0
1589	中国航空无线电电子研究所	CARERI处理机性能评估软件V1.0
1590	中国航空无线电电子研究所	CARERI基于边界扫描的测试向量生成和分析软件V1.0
1591	中国航空无线电电子研究所	CARERI近地告警航电系统仿真软件V1.0
1592	中国航空无线电电子研究所	CARERI系统容错管理软件V1.0
1593	中国航空无线电电子研究所	CARERI中央维护系统应用软件V1.10
1594	中国航空无线电电子研究所	CARERI高速RS编译码器C算法验证软件V1.10
1595	上海中船船舶设计技术国家工程 研究中心有限公司	NERC-SDT船用安全装载仪软件 [简称：SafeLoad]V5.0
1596	上海市计算技术研究所	SICT社区居民健康档案互动服务软件V1.0
1597	中国船舶重工集团公司第七一一研究所	SMDERI船舶动力装置监测报警软件V1.0
1598	中国船舶重工集团公司第七一一研究所	SMDERI船舶动力装置报警系统生成软件V1.0
1599	上海贝塔星自动化有限公司	贝塔星矿用电力监控系统应用软件V3.1
1600	上海中晶科技有限公司	MICROTEK影像扫描处理软件V6.6
1601	上海中晶科技有限公司	MICROTEK自动图文扫描处理工具软件V2.0
1602	上海高晶影像科技有限公司	高晶X光散装食品异物探测软件V2.0
1603	上海高晶影像科技有限公司	高晶X光鞋类异物探测软件V2.0
1604	上海夏尔软件有限公司	夏尔超效内容管理软件V1.0
1605	上海东电自动控制有限公司	SEE烟气净化控制软件V1.0
1606	上海兴候信息科技有限公司	兴候加厚机循环水处理监控软件V2.0
1607	上海惠生通讯技术有限公司	惠生移动智能网业务稽核软件V1.0
1608	上海智定电脑技术开发有限公司	智定养老机构综合管理软件V2.0
1609	上海巴普软件技术有限公司	WizWork Java快速开发平台软件V1.0
1610	上海内燃机研究所	内燃机研究所密封检漏仪软件V1.0
1611	上海内燃机研究所	内燃机研究所瞬时转速测量仪软件V1.0
1612	上海内燃机研究所	内燃机研究所间隙测量仪软件V1.0
1613	上海华力内燃机工程公司	华力发动机热磨合试验软件V1.0

1614	上海华力内燃机工程公司	华力发动机功率测试台软件V1.0
1615	上海安达通信息安全技术股份有限公司	安达通SureManager安全网管平台软件V1.0
1616	上海安达通信息安全技术股份有限公司	ADT安全客户端软件V3.0
1617	上海安达通信息安全技术股份有限公司	安达通TPN安全软件V1.0
1618	上海同振信息技术有限公司	同振物流管理软件V1.0
1619	上海同振信息技术有限公司	同振生鲜加工管理软件V1.0
1620	上海同振信息技术有限公司	同振商业连锁业大型购物广场管理软件V3.0
1621	上海同振信息技术有限公司	同振商业连锁业配送中心管理软件V4.0
1622	上海同振信息技术有限公司	同振商业管理软件V2.0
1623	上海申迅游媒信息科技有限公司	申迅手游乐园软件V1.0
1624	上海巅软科技有限公司	巅软嵌入式手机虚拟操作软件V1.0
1625	上海巨视安全防范技术有限公司	巨视图象管理平台软件V1.0
1626	上海光英软件科技有限公司	樱花国际日语软件V2.0
1627	上海力铭科技有限公司	力铭企业票据管理软件V2.0
1628	上海力铭科技有限公司	力铭动产质押管理软件V1.0
1629	上海力铭科技有限公司	力铭电子票据管理软件V2.0
1630	上海铭高信息技术有限公司	铭高商业汇票综合管理软件V1.0
1631	腾龙电子技术(上海)有限公司	腾龙人大代表书面意见管理软件V1.0
1632	腾龙计算机软件（上海）有限公司	腾龙MAC-ATOK日文输入软件V1.0
1633	网强信息技术(上海)有限公司	网强IT综合管理软件V5.0
1634	上海思普信息技术有限公司	思普工艺设计管理软件V6.0
1635	上海立成应用软件研究所	立成商品销售软件V1.0
1636	上海诚义信息技术有限公司	诚义售后设备跟踪管理软件V1.0
1637	上海优浪信息科技股份有限公司	优浪声纹识别开发包软件V2.0
1638	上海汉峰信息科技有限公司	汉峰MinitypeTM中文及多语种曲线字库产品软件V2.0
1639	上海网驭通讯技术有限公司	NetReiner通用网络测试分析软件V1.0
1640	上海泛宇信息技术有限公司	泛宇客户经理掌中助理软件V1.0
1641	上海东方希杰商务有限公司	东方希杰Trust CTI计算机与语音技术整合软件V1.0
1642	上海东方希杰商务有限公司	东方希杰Trust IVR自动语音订购软件V1.0
1643	上海东方希杰商务有限公司	东方希杰Trust Broad节目系统实时管理软件V1.0
1644	上海金网安泰软件技术有限公司	金网安泰大宗商品电子交易软件V1.0
1645	上海先锋商泰电子技术有限公司	先锋商泰DVD模拟器软件V1.0
1646	上海先锋商泰电子技术有限公司	先锋商泰JP数字电视接收机软件V1.0
1647	上海先锋商泰电子技术有限公司	先锋商泰中文版DVD录像机软件V1.0
1648	商泰软件(上海)有限公司	商泰车载导航器人机交互界面开发软件V3.0
1649	商泰软件(上海)有限公司	商泰导航器开发设计式样图自动分析软件V1.0
1650	商泰软件(上海)有限公司	商泰车载导航器人机交互界面开发软件V2.0
1651	上海山宇电子设备有限公司	山宇高转矩全智能软起动器控制软件V1.0
1652	上海山宇电子设备有限公司	山宇转子磁场定向无速度传感器矢量变频器控制软件V1.0
1653	上海柏楚电子科技有限公司	柏楚FS07点胶控制软件V1.0
1654	上海南天电脑系统有限公司	南天XFS设备中间件Middleware for Device软件V1.0
1655	上海三伊软件开发有限公司	三伊S1100变频器控制软件V1.51
1656	上海三伊软件开发有限公司	三伊S200系列变频器控制软件V1.0
1657	上海三伊软件开发有限公司	三伊S800变频器控制软件V2.37
1658	上海广野软件有限公司	广野在线调研评议管理软件VV1.0
1659	上海盛誉软件有限公司	盛誉统一认证中心软件V1.0
1660	上海坤朋软件技术有限公司	坤朋3G内容制作发布软件V1.0

1661	恩讯信息技术(上海)有限公司	TS流实时收录软件V1.0
1662	德比软件(上海)有限公司	德比DCorp企业差旅管理软件V3.0
1663	上海交海信息科技有限公司	交海港区道口智能RFID识别软件V3.0
1664	仟游软件科技(上海)有限公司	仟游席德•梅尔之文明4游戏软件V301
1665	仟游软件科技(上海)有限公司	仟游Top Spin 3 Wii游戏软件V057
1666	仟游软件科技(上海)有限公司	仟游席德•梅尔之铁路游戏软件V0.13
1667	龙旗科技(上海)有限公司	龙旗测试系统工具软件V1.0
1668	上海邦达电子系统工程有限公司	邦达道路监控软件V1.0
1669	蓝媒(上海)信息科技有限公司	蓝媒客户数据管理分析软件V1.0
1670	上海花千树信息科技有限公司	佳缘即时通信软件V1.0
1671	上海花千树信息科技有限公司	花千树交友活动信息发布软件V1.0
1672	上海成思信息科技有限公司	成思增值业务管理软件V1.0
1673	上海长江新成计算机系统集成有限公司	长江新成多媒体集成管理平台软件V1.0
1674	上海正尔电气成套有限公司	正尔斯威尔通讯管理软件V1.0
1675	上海正尔电气成套有限公司	正尔电力组态软件V1.0
1676	上海阿法迪智能标签系统技术有限公司	RFID图书检索软件V1.0
1677	上海阿法迪智能标签系统技术有限公司	RFID移动式智能馆员助理软件V1.0
1678	上海阿法迪智能标签系统技术有限公司	RFID自助借还设备软件V1.0
1679	上海优浪信息科技股份有限公司	优浪WhatSay电话语音关键词识别软件V1.0
1680	上海优浪信息科技股份有限公司	优浪语音门禁管理软件V2.1
1681	才望子信息技术(上海)有限公司	才望子办公软件V1.0
1682	润百计算机(上海)有限公司	润百时尚连锁管理软件V7.0.6
1683	上海共久电气有限公司	共久Opmac100AL测径仪控制软件V1.0
1684	上海温久软件技术有限公司	温久检验数据采集软件V1.0
1685	阔利达软件(上海)有限公司	阔利达Quality Operate Hawkeye操作日志获取工具软件V1.0
1686	富士通(中国)信息系统有限公司	富士通MiniScan多媒体数据查询软件V1.0
1687	上海复高计算机科技有限公司	FUGLE临床信息管理软件V1.0
1688	上海中和软件有限公司	中和数字媒体资源内容管理平台软件V1.0
1689	上海牙木通讯技术有限公司	牙木U-Testing网络质量监测软件V1.0
1690	泰雷兹软件系统(上海)有限公司	泰雷兹轨道交通自动售检票应用软件V1.0
1691	上海派吉姆数码科技有限公司	PGM服装CAD软件V9.6
1692	上海克而瑞信息技术有限公司	CRIC房地产土地决策软件V2.0
1693	上海克而瑞信息技术有限公司	CRIC2008房地产决策咨询软件V1.0
1694	上海克而瑞信息技术有限公司	CRIC房地产项目监控软件V1.0
1695	上海克而瑞信息技术有限公司	CRIC房地产市场监控软件V1.0
1696	上海克而瑞信息技术有限公司	CRIC2008房地产决策咨询软件海外版V1.0
1697	上海康时信息系统有限公司	康时证券投资分析软件V1.0
1698	上海柯耐弗电气有限公司	okonoff恒温控制器软件V1.0
1699	上海预言软件有限公司	预言“虚拟销售精英”培训软件V1.0
1700	上海首颂信息技术有限公司	首颂墓园信息管理软件V1.0
1701	上海杉德金卡信息系统科技有限公司	杉德嵌入式操作系统软件V2.0
1702	上海臣天信息技术有限公司	臣天质量检测人机交互软件V1.0
1703	胜托信息技术(上海)有限公司	胜托天天-学习在线实时协作软件 [简称：Zeno互动学习平台] V2.4
1704	上海集通数码科技有限责任公司	集通汉字库软件V1.0
1705	上海南天电脑系统有限公司	南天DAS电子日志对账软件V1.0
1706	上海复旦光华信息科技股份有限公司	光华虚拟身份信息分析软件[简称：虚拟身份软件] V1.1

1707	上海集港网络技术有限公司	尤恩思物流离线软件[简称：物流宝] V1.0
1708	上海百胜软件有限公司	BS3000+百胜服装ERP软件V2.0
1709	上海方正信息安全技术有限公司	方正熊猫企业级防病毒安全套装软件V4.0
1710	上海卡友信息服务有限公司	卡友信付通电子支付软件V2.0
1711	上海晟保软件有限公司	晟保食品安全监测软件[简称：FSMS] V1.0
1712	升东网络科技发展(上海)有限公司	五一网游戏平台软件V1.0
1713	上海优思通信科技有限公司	优思手机菜单缩放效果软件V1.0
1714	上海优思通信科技有限公司	优思手机T卡动态换墙纸软件V1.0
1715	上海优思通信科技有限公司	优思手机电话本输入首字母查询软件V1.0
1716	上海优思通信科技有限公司	优思手机智能拨号软件V1.0
1717	上海复旦光华信息科技股份有限公司	光华固定资产闲置率分析软件V1.0
1718	上海扬格科技有限公司	扬格企业资源管理软件V4.0
1719	上海网环信息科技有限公司	网环符合国际GAMP标准的PAT/MES过控软件V1.0
1720	上海网环信息科技有限公司	网环HMI工艺规程智能化SOP控制软件V1.0
1721	上海征途信息技术有限公司	GIANT万王之王三游戏软件V1.0
1722	上海睿志软件有限公司	睿志医疗资产物流管理软件V1.0
1723	上海鸿冠信息科技有限公司	鸿冠短信安全平台软件V1.0
1724	上海鸿冠信息科技有限公司	鸿冠电信行业运维业务外包合作管理软件V1.0
1725	赛瓦软件(上海)有限公司	TWaver Web电信图形组件软件V2.5
1726	上海理想信息产业(集团)有限公司	理想数据字典管理软件V1.0
1727	上海理想信息产业(集团)有限公司	理想党建管理软件V1.0
1728	上海理想信息产业(集团)有限公司	理想系统日志监控软件V1.0
1729	上海理想信息产业(集团)有限公司	理想统一用户管理软件V1.0
1730	上海理想信息产业(集团)有限公司	理想企业总机业务软件V1.0
1731	上海新意网络软件开发有限公司	新意企业信息管理软件V1.0
1732	发思特软件（上海）有限公司	FastCAM坡口编程套料软件[简称：FastCAM Bevel]V5.10
1733	上海澜凌信息技术有限公司	澜凌通用抽奖软件[简称：澜凌抽奖]V1.0
1734	上海纳讯高新技术应用研究所有限公司	纳讯智能天气预报软件V1.0
1735	上海高德威智能交通系统有限公司	高德威数字高清车身颜色识别软件V1.0
1736	上海康福特环境科技有限公司	康福特磁卡包时饮水机控制软件V2.0
1737	上海大汉三通网络通信有限公司	大汉三通电信级短信平台软件简称：CTC-TSMS]V5.0
1738	上海傲威通信科技有限公司	傲威VoIP交换软件V1.7
1739	蓝色天空数码科技（上海）有限公司	蓝色天空奶糖游戏软件[简称：奶糖游戏]V1.0
1740	蓝色天空数码科技（上海）有限公司	蓝色天空漂流岛Socket消息服务软件[简称：漂流岛网站Socket服务端]V1.0
1741	上海隆达软件有限公司	隆达人力资源派遣管理软件[简称：LDHR]V1.6
1742	上海钢软信息技术工程股份有限公司	钢软冷轧控制软件V2.0
1743	上海葡萄城信息技术有限公司	LeySer人事工资软件[简称：LeySer Payroll System]V8.0
1744	德明通讯（上海）有限公司	德明 FWP MMI 视窗系统软件[简称：AFM]V1.33
1745	德明通讯（上海）有限公司	德明 WM6880 CDMA数据传输模块软件[简称：WM6880]V1.24.0
1746	德明通讯（上海）有限公司	德明ACT工具箱应用软件[简称：ACT]V4.2
1747	上海兴汉计算机技术有限公司	兴汉学习管理软件[简称：Hantek LMS]V2.0
1748	上海同因信息科技有限公司	同因学校发展性教育督导评价软件V1.0
1749	上海同因信息科技有限公司	同因中小学教育评价信息化平台软件V2.0
1750	上海金电网安科技有限公司	金电网安安全隔离与信息交换2000软件[简称：FerryWay 2000]V2.0
1751	上海迅图数码科技有限公司	Q-MAP互联网地理信息及图形软件[简称：Q-MAP系统]V2.0

1752	上海大唐移动通信设备有限公司	大唐移动TD-SCDMA无线子系统操作维护软件 [简称：OMC-R]V3.00.00
1753	德立达亚迪技术开发（上海）有限公司	德立达亚迪ADCP PDO数据仿真器软件 [简称：ADCP PDO数据仿真器]V1.0
1754	胜科金仕达数据系统（中国）有限公司	金仕达黄金交易管理系统风险控制模块软件（Kingstar Gold Trading Management System Risk Control Module Software）V1.0
1755	上海易工工程技术服务有限公司	易工水运工程结构CAD集成软件[简称：水运工程CAD]V1.0
1756	上海百林通信软件有限公司	百林NeST GSM无线网络规划优化软件V2.5
1757	上海鲁班软件有限公司	鲁班钢构（预算版）软件[简称：鲁班钢构（预算版）] V1.0
1758	上海沃克软件有限公司	沃克财务管理软件[简称:EASYS]V1.2
1759	上海爱可生信息技术有限公司	爱可生监控系统MySQL数据库支持平台软件V1.0
1760	上海易摩移动通讯技术有限公司	易摩基于2.5G /3G上的信息安全移动通讯终端软件V1.0
1761	上海麦格纳信息技术服务有限公司	麦格纳M-PMS项目管理软件[简称：M-PMS项目管理软件]V1.0
1762	上海麦格纳信息技术服务有限公司	麦格纳M-MRMS物料需求管理软件[简称：M-MRMS物料需求管理软件]V1.0
1763	上海压敏薄膜材料有限公司	压敏制造执行系统集成软件[简称：PSP-MES]V1.0
1764	中信泰富工程技术（上海）有限公司	中信泰富工程技术计算机二级（L2）软件V1.0
1765	中信泰富工程技术（上海）有限公司	中信泰富工程技术制造执行（MES）软件V1.0
1766	上海贝曼元脉信息技术有限公司	贝曼元脉固网支付接入平台软件V1.0
1767	上海贝曼元脉信息技术有限公司	贝曼元脉固网支付接入管理软件V1.0
1768	上海奕驰鎏华计算机科技有限公司	EC电子派单排队信息管理软件V1.0
1769	上海奕驰鎏华计算机科技有限公司	EC排队系统集中管理控制平台软件V1.0
1770	上海龙源智光电力技术有限公司	龙源智光FMU-C容性设备在线监测装置软件 [简称：FMU-C容性监测装置软件]V1.3
1771	上海龙源智光电力技术有限公司	龙源智光FMU-B高压断路器在线监测装置软件[简称：断路器在线监测装置软件]V2.0
1772	上海龙源智光电力技术有限公司	龙源智光BMT母线测温软件[简称：BMT母线测温软件]V1.0
1773	杰实软件技术（上海）有限公司	杰实股权激励管理软件[简称：JAS系统]V1.0
1774	上海燕梭信息科技有限公司	燕梭规则管理软件[简称：InsIT BRMS]V1.0
1775	上海埃帕信息科技有限公司	埃帕EasyWin连锁行业管理软件V1.0
1776	上海辰锐信息科技公司	辰锐网络数据交换软件V1.0
1777	上海晨旭节能科技有限公司	晨旭节电监控软件V2.0
1778	上海颐通电子科技有限公司	颐通GPRS/CDMA公网点对多点数传通讯平台软件V1.0
1779	上海博南软件有限公司	BoneLight网络分析软件[简称：BoneLight]V1.0
1780	上海贝曼元脉信息技术有限公司	B-BBMS定制终端业务管理软件V1.5
1781	上海交技发展股份有限公司	交技综合收费业务平台软件ITSN V3.0
1782	上海交技发展股份有限公司	交技iScope交通监控一体化平台软件 V1.0

特 别 鸣 谢

《2009上海信息化年鉴》组稿与撰稿单位

中共上海市委组织部
中共上海市委宣传部
上海市档案局馆
上海市国家保密局
上海市人大常委会办公室
上海市人民政府办公厅
上海市经济和信息化委员会
上海市商务委员会
上海市教育委员会
上海市科学技术委员会
上海市公安局
上海市民政局
上海市司法局
上海市财政局（上海市国家税务局、上海市地方税务局）
上海市人力资源和社会保障局
上海市城乡建设和交通委员会
上海市农业委员会
上海市环境保护局
上海市水务局
上海市文化广播影视管理局
上海市卫生局
上海市审计局
上海市人民政府外事办公室
上海市国有资产监督管理委员会
上海市质量技术监督局
上海市统计局
上海市新闻出版局
上海市体育局
上海市旅游局
上海市知识产权局
上海市绿化和市容管理局
上海市住房保障和房屋管理局
上海市交通运输和港口管理局
上海市民防办公室
上海市人民政府侨务办公室
上海口岸服务办公室
上海市粮食局
上海市食品药品监督管理局
上海市高级人民法院
上海市人民检察院
共青团上海市委员会
上海市妇女联合会
中国人民银行上海分行
“中国上海”门户网站
中国证券监督管理委员会上海监管局
中国保险监督管理委员会上海监管局
上海市邮政局
上海市通信管理局
上海市无线电管理局
上海市社会保障和市民服务信息中心（社保卡中心）
上海城市发展信息研究中心
上海市社区服务中心
上海远程教育集团
复旦大学
上海交通大学

华东师范大学
上海大学
上海文化广播影视集团
解放日报报业集团
文汇新民联合报业集团
东方网
上海市图书馆上海科学技术情报研究所
上海博物馆
上海科技馆
申康医院发展中心
上海汽车工业（集团）总公司、上海汽车集团股份有限公司
上海宝钢集团公司
中国石化上海石油化工股份有限公司
上海机场（集团）有限公司
上海纺织（集团）有限公司
上海仪电控股（集团）公司
上海航空股份有限公司
上海市信息服务业行业协会
上海市集成电路行业协会
上海市光电子行业协会
上海市通信制造业行业协会
上海市信息家电行业协会
上海市电子商务行业协会
上海市信息安全行业协会
上海市信用服务业行业协会
上海市无线电协会
上海市信息化培训协会
上海市信息法律协会
上海市信息系统质量技术协会
上海信息化发展研究协会
上海印制电路行业协会
上海市信息化青年人才协会
上海市企业信息化促进中心
上海市信息服务外包发展中心
上海东方互联网络交换中心
上海市数字健康信息中心
上海市计算机行业协会
上海市超级计算中心
信息化专家委员会
上海市互联网经济咨询中心
上海市信息安全测评认证中心
上海市计算机病毒防范服务中心
上海互联网络交换中心
上海市软件评测中心
上海市数字证书认证中心有限公司
浦东新区信息委
徐汇区信息委
长宁区信息委
普陀区信息委
闸北区信息委
虹口区信息委
杨浦区信息委
黄浦区信息委
卢湾区信息委
静安区信息委
宝山区信息委
闵行区信息委
嘉定区信息委
松江区信息委
金山区信息委
南汇区信息委
奉贤区信息委
青浦区信息委
崇明县信息委
上海市电信有限公司
中国移动通信集团上海有限公司
中国联通网络通信有限公司上海分公司
中卫国脉通信股份有限公司
中国铁通集团有限公司上海分公司
上海浦东软件园有限责任公司
徐汇软件园区

上海漕河泾新兴技术开发区
上海八六三信息安全产业基地有限公司
上海市信息管线有限公司
上海长城金点定位测控有限公司
上海公共交通卡股份有限公司
上海信投股份有限公司
上海资信有限公司
东方有线网络有限公司
长江计算机（集团）公司
联合汽车电子有限公司
上海东方久乐汽车安全气囊有限公司
上海广电（集团）有限公司
上海文广互动电视有限公司
上海大唐移动通信设备有限公司
上海贝尔股份有限公司
上海华为技术有限公司
上海瀚讯无线技术有限公司
上海博达数据通信有限公司
上海联芯科技有限公司
展讯通信（上海）有限公司
上海东方明珠（集团）股份有限公司
上海高清数字科技产业有限公司
上海全景数字技术有限公司
上海索广电子有限公司
上海联合光盘有限公司
上海亿通国际股份有限公司
上海理想信息产业(集团)有限公司
上海金桥信息工程有限公司
上海启明软件有限公司
上海颐东网络信息有限公司

华东工程软件测评中心

华东工程软件测评中心（以下简称为“测评中心”）隶属于华东计算技术研究所，是根据原信息产业部信办科[2001]18号文件于2001年6月经原信息产业部授权成立的专业软件测评机构，以面向国防工业部门和社会各界提供软件工程与软件测试咨询服务，共同提高软件产品质量为宗旨。

2001年起，测评中心在不断完善体系建设与提高技术能力的同时，开展了各项实验室资质认证工作，分别于2002年1月通过国家质量技术监督局的计量认证，2002年12月通过CNACL国家实验室认可，2005年4月首批获得解放军总装备部软件测评实验室资格认可（并通过后续阶段复审），2008年5月通过CNAS国家实验室认可和DILAC国防实验室认可。此外，在安全保密方面，测评中心具备国家武器装备科研生产单位一级保密资格。多年来，测评中心顺利完成了上百项软件测试任务，涵盖从嵌入式设备软件、实时控制系统到大型信息系统等多种领域，多种应用形式，累计提交软件缺陷一万余处，具备丰富的实践经验。

上海理工大学 信息化办公室

University of Shanghai for Science And Technology Informatization Office

上海理工大学信息化办公室正式成立于2006年6月，目前下设综合管理办公室、校园网管理中心、公共信息开发与管理中心和现代公共教学资源管理中心。作为学校信息化建设总体规划、总体建设的管理部门，信息化办公室拓展了校园网管理中心的职能，紧跟时代潮流，从管理层面、技术层面、应用层面、服务层面为学校教学、科研提供良好、稳定的基础网络平台、信息共享和集成平台以及现代公共教学资源管理平台，并积极探索、实践新的服务思路。

上海理工大学校园网始建于1996年，经过逐年建设，我校基本形成了覆盖全校的校园网，主要包括办公区域以及研究生学生宿舍。整个校园网分为核心、汇聚、接入三个层次。军工路校区校园网规模最大，连网覆盖面达46幢楼宇(含南校区)，网络主干线路可达万兆带宽。军工路校区校园网出口线路目前为一条连接教科网的100兆带宽光纤线路，一条100M电信IPMAN线路和100M网通线路。

目前对校内用户提供的服务主要有：IP管理、邮件系统、无线网、病毒防护、网络维护、服务器托管、视频转播、FTP服务以及网络相关技术支持等。

上海理工大学公共信息全面建设开始于2006年的校园一卡通项目；2007年根据学校要求，实施完成了数字迎新系统，实现了新生报到现场信息服务；2007年10月起启动数字校园项目（一期）工程，该项目包括个人信息门户、统一身份认证系统、公共数据库、数据交换平台、人事系统、科研系统、办公自动化系统和网站群系统。从2008年6月起启动面向学生的“学生综合信息服务一体化平台”的数字校园（二期）工程咨询工作，并于2009年全面具体实施。

围绕公共信息资源基础平台建设，信息办开展了基于公共数据库的应用系统建设，同时拓展了学校数据管理职责，如规范学校信息标准、服务器托管等，对数据安全、存储以及备份进行了统筹考虑，学校数据中心也由此初步建立。

经过近年来的建设，我校多媒体教室已近200间，座位约17000座，其中带录播功能的多媒体教室有3间。多媒体教室的日常管理采用网络远程集中管理方式，主要包括：按课表定时开关电子讲台门锁，控制教室单个设备（如投影机、屏幕等），监控各教室使用情况和设备运行情况。

海理工大学校园网络拓扑图

个人信息门户主界面示例

主机房数据中心

多媒体教室设备

地址：上海市军工路516号　邮编：200093　电话：021-55270597
学校网站：http://www.usst.edu.cn　信息办网站：http://net.usst.edu.cn

上海大学

shanghai university

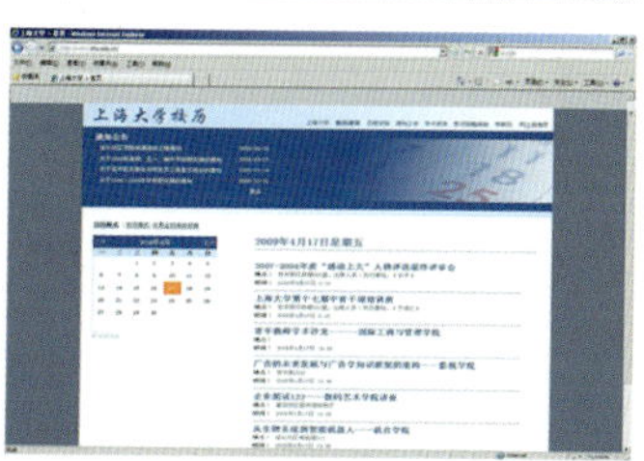

2005年，上海大学根据学校信息化建设的需要，率先进行了机构改革，调整了组织架构，成立了信息化工作办公室，全面负责上海大学信息化建设的工作，以实现信息化建设的信息传递、业务支撑、教改推动的战略目标。

上海大学在信息化建设中重视信息化业务系统的建设和整合，实现了信息交换和业务数据共享，使全校资源配置优化，避免了重复建设和“信息孤岛”的产生，从而有效利用资源、降低能源消耗，提高数据安全性，保障关键性应用服务的正常运行，为未来的各种管理分析和决策支持类系统提供准确、实时、可靠的数据，全面提升全校的教学、科研水平和综合竞争力。

上海大学加大校园网络建设的力度，实现了校区间万兆光缆互联，校区内千兆光缆接入校区核心网络，在大部分公共区域实现无线网络全覆盖，在网络链接中实现了负载均衡、链路容错，端口隔离，增强了网络健壮性。在网络管理中，实现了全网IP地址动态分配，根据校园网络结构，自行制作校园网络监控全图，进行实时监控。

上海大学依托于学校数据中心的建设，在硬件上，完善了服务器、存储资源优化管理和配置，为应用系统提供了一个高可靠性、高性能的数据中心；在应用上，相继开发完善了一系列应用，如主页内容管理系统、迎新系统、离校系统、学工管理系统、医疗卫生系统、协同办公系统等；建设了师生服务和信息交流平台——乐乎社区；完成了校园一卡通建设，利用校园卡实现门禁、监控、经费结算、水控、电控、机房的信息化管理。“首在建设，重在应用”，通过这一系列应用系统的建设，提高了学校教学、科研、管理水平，为推进上海大学信息化建设作出了有益的探索和尝试。

地址(ADD)：上海市宝山区上大路99号
邮编(P.C.)：200444
总机(TEL)：96928188

同濟大學軟件學院

程十髮题

school of software engineering, tongji university.

同济大学软件学院注重发挥国家示范软件学院的办学优势和特色，在新一轮的发展中，学院在学科建设、师资培养、课程建设、企业合作、国际化办学等方面不懈探索和努力，取得了一定的成绩。

2008年，学院在学科建设中进行了大胆探索，增设了本科软件工程专业“媒体艺术与科学”方向；学院承担了教育部“十一五本科教学质量工程建设项目”软件工程专业3个特色专业方向的建设项目；同时我院的“软件工程”专业列入“同济大学‘985工程’二期硕士研究生英文班专业建设”项目。我院张晨曦教授荣获“第四届上海高等学校教学名师奖”，其编撰的《计算机系统结构》被评为“2008年国家精品课程”。同时，学院又有一门课程新获得教育部精品课程。

在企业合作与对外合作方面，2008年，学院新获批准为“上海市服务贸易（信息技术）人才培训基地”，同时成立了“ArcGIS教学与应用研究中心”，并将合作成果融入到学生培养机制中。

学院将一如既往地在人才、学术、质量以及国际化等方面努力探索、耕耘。

地 址：中国 上海曹安公路4800号同济大学软件学院
电 话：86-21-69589585　传真：86-21-69589332
邮 编：201804　网 址：http://sse.tongji.edu.cn

◆ 合作单位访问

◆ 学生在企业实习

◆英语小品汇演

黄浦教育信息中心

黄浦教育信息中心是上海市黄浦区教育局所属的教育信息服务与管理机构，经过多年努力，该中心已构建了基于光纤平台，覆盖本区所有中小学、幼儿园、职业学校、业余大学和技术学校的“基础教育城域专网”，建设了本区基础教育系统的门户网站——黄浦教育信息网，并利用这一门户网站向专网用户提供极其丰富的教育信息服务。

黄浦区教育信息化工作三年规划（2008~2010）

三大目标：教育信息化推向新的高度

⊙**整体推进，促进信息技术均衡发展** 从较注重骨干学校建设到促进全区中小幼机构全面应用信息化

⊙**内涵深化，提升信息技术应用水平** 从较注重课堂教学应用向教育综合管理应用和课外教育活动全面应用拓展

⊙**持续发展，提高信息技术应用效益** 从较注重技术应用向运用较科研手段要质量出效益探索

四项任务：全面提升教育信息化品质

⊙持续不断提升全区教育信息网的环境品质

⊙细分网络平台的基础功能，发挥各级网络的最佳效率，保持持续发展的运转状态

⊙以实验学校为骨干引领一批信息技术研究项目，产生示范辐射作用

⊙IP宽带教学系统实现与国内外姐妹学校的交互教学实验

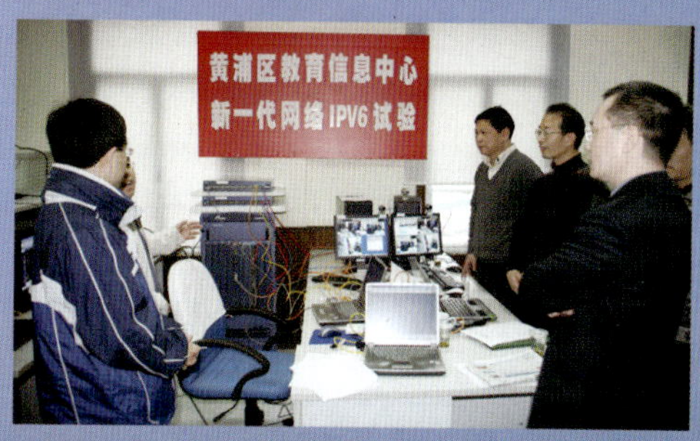

上海数字电视产业公共服务平台

上海数字电视产业公共服务平台是建立在上海数字媒体产业园内的一个市级产业公共服务平台。平台将基于上海数字媒体产业总体布署和产业链完善需求，结合园内产业总体规划，在市、区业务主管机构的支持和领导下，依托行业协会及其相关企业实施建设、运营与发展。

2008年，市信息委和虹口区政府共同投资建立了“上海市数字媒体公共服务平台”，本项目是上期项目的延伸和继续。本项目主要解决数字电视增值服务的开发和应用发展的产业瓶颈问题，提供一个开放的、公共的数字电视增值服务开发平台，促进数字电视产业发展。

3G宽带无线全网应用平台

根据国内三家电信企业（移动、联通、电信）3G建设规划，2009年3G建设总投资将达1700亿元，三年内覆盖所有地市，投资约4000亿元，带动社会投资约2万亿元。3G带来的不仅是技术的演进和服务的丰富，更重要的是产业格局和游戏规则的变迁。

本项目正是针对3G和下一代网络的发展趋势，建立3G宽带无线全网应用平台。凭借终端厂商、运营商以及内容业务提供商，以全网应用平台为载体，进行增值业务和终端领域的技术攻关，最终形成终端、创新增值业务以及整体的内容业务创新/交易平台。

上海卫生监督

2008年7月1日，本市各级卫生监督机构正式启用卫生监督综合业务信息系统，该系统的启用标志着上海卫生监督迈入数字化时代。作为“上海市突发公共卫生事件应急信息系统”的重要组成部分，卫生监督综合业务信息系统从设计、开发至目前初步建设完成历时2年，整个系统共由“一户一档”管理系统、现场监督检查系统、行政处罚管理系统、卫生行政许可管理系统、医疗机构不良执业行为积分系统、卫生监督综合应用门户等6个模块组成，其中“一户一档”管理系统作为项目的核心，实现数据综合存储和共享，一举奠定了上海在国内卫生监督信息化建设中的领先地位。

“上海市突发公共卫生事件应急信息系统”作为一项市府投资的重大项目，受到各方面的关注。为了确保目标任务的完成，上海市卫生局卫生监督所成立了“一户一档”、行政处罚、行政许可三个综合组和医疗执业监督、公共场所监督等八个专业组，并明确了各组工作目标和职责。本市各区县监督所均成立了由分管所长担任组长的工作小组。在项目建设过程中，为加强信息交流和反馈，上海市卫生局卫生监督所先后5次召开区县所长专题会议，80多次项目研发工作例会，500多次需求调研。举办系统管理员、专业师资、卫生监督员等各类培训21次。在二年的时间内“卫生监督综合业务信息系统”经过调研、开发、测试运行、试点运行、试运行等多个步骤，并通过持续反馈、改进和修正，使系统运行的稳定性和适用性得到了保证。

“一户一档”管理系统作为“卫生监督综合业务信息系统”的核心，以“户”为最小单元，汇集涉及该户的监督、处罚、许可、监测等全方位的执法信息。2008年，系统已经收入管理对象78697户，其中公共场所52981户、用人单位16350户、医疗机构5481户、学校1967户、托幼机构1440户、集中式供水单位159户、消毒产品企业267户、现制现售水单位23户、疾病控制机构20户、采血机构9户。

此外，还整合了现场监督执法文书模板、处罚执法文书模板、各类许可文书模板等信息资源，既便于卫生监督员现场采集监督数字信息，实时记录并规范监督员的执法行为，也初步实现行政处罚无纸化办公，实现全市卫生监督处罚信息共享，还实现了卫生许可新证申请、验证、变更、换证、补证及注销等工作流程信息化。

同时，系统对医疗机构在医疗执业违法违规行为进行记录，自动汇总全市各级卫生监督机构做出的记分分值，实现不良积分的实时统计，整合行政许可、行政处罚、监督检查、“一户一档”等管理模块于一体，将业务流与信息流有机集成，实现即时查询、统计分析、质量控制、流程管理等功能，并通过数据交换平台，将卫生监督综合业务信息系统融入“上海市突发公共卫生事件应急信息系统”，实现信息资源共享。

系统还借助地理信息系统（GIS）帮助卫生监督员实时地了解管理相对人的分布，从而合理分配有限的卫生监督资源，消除卫生监管的盲点，有效地改变了过去底数不清，盲目监督的情况。根据“一户一档”的信息结合地理信息系统，主要开发了公共场合、医疗机构和产生职业危害因素的相关企业的系统展示。

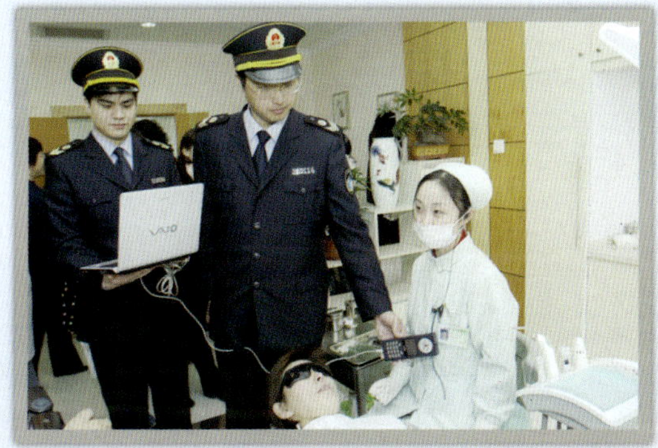

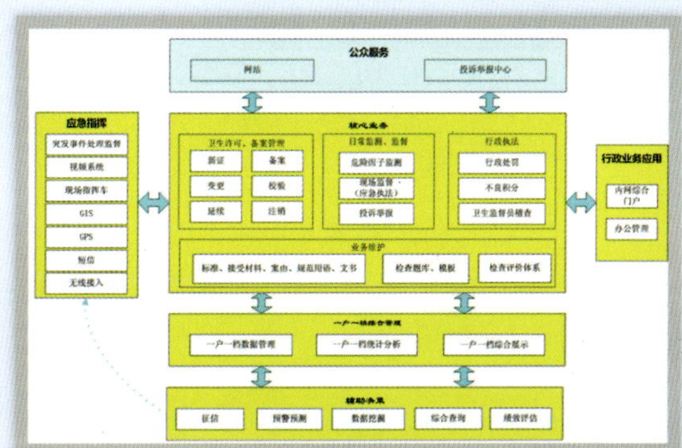

◆ 项目结构图

Huaya Micro 华亚微电子有限公司

公司介绍

Huaya Microelectronics, Inc.

华亚微电子(上海)有限公司（以下简称“华亚微”）是由留美学生于2001年回国创办，是世界级的数字视频图像解决方案芯片设计公司。总部设于中国上海，并同时在南京，深圳，中国台湾，中国香港以及美国加州设有分公司，目前公司全球员工已达到250多人。团队由留美学生、中国台湾及大陆等产业经验丰富、技术创新能力强的管理、研发与营销精英组成。

公司从创办以来一直遵循以知识创新为主，并十分重视企业知识产权保护，目前已在国内外申请了70余项发明专利、布图登记以及注册商标。我们的芯片使中国人的电视首次拥有了自己的“中国芯”，公司产品目前已广泛地应用在电视（液晶电视及CRT电视）、数字电视机顶盒、可携式液晶图像显示器（如可携式DVD播放机及车载电视）及电视盒（TV Box)等产品中。迄今累积出货量已超过2500多万颗，客户群涵盖了长虹、创维、TCL、海信、佳的美及金网通等中国知名企业，产品销售遍及全球市场，公司已跃居国内视频领域IC设计第一位。

由于卓越的经营表现，公司被Red Herring评选为2005年亚洲100强私人企业；并又连续两年（2005及2006）获得德勤“中国高科技、高成长50强企业”殊荣；2006/2007年被上海市评为“高新技术企业”；2006年被张江高科技园区评为“成长潜力奖”和“知识产权示范企业奖”；2006年度、2007年度连续两年被评为“中国十佳PE最具投资企业”；2007年度被张江高科技园区评为优秀企业“企业建议奖”；2007年获得上海市科技“小巨人（培育）”企业、“研发机构”；2008年度被上海市集成电路行业协会评为“2008年统计工作先进单位”；2008年度被张江高科技园区评为“张江企业易贷通授信企业”和“园区参与奖”；2008年被认定为“上海市专利培育企业”、“上海市高新技术企业”；2008年11月被CVAwards评为“第一届中国最佳投资案例50强”企业；2008年获“上海市科技企业(家)创新奖”、“上海市科技技术奖-科技进步二等奖”，“上海市诚信企业奖”等称号。

华亚微必将坚持创新，更加努力地开拓新产品、新领域，而进一步成为世界顶尖的芯片设计公司。目前公司也在积极做股改，争取在2009年上市，成为国内第一家上市的IC设计企业。

公司地址：上海市浦东新区松涛路696号联想大厦4F
Tel:86-21-5080-5036　Fax:86-21-5080-5033
网址：http://www.huayamicro.com

量产产品

1、高清液晶电视图像芯片

HTV27x集成了ADC、2D Comb Filter、Video Decoder、Scaler、2D De-interlacer、OSD、MCU、图文处理器、音频解码与处理器。HTV27X可接收高清数字（1080p@60Hz)、ITU-R 656与计算机图像（1680x1050@75Hz）讯号输入，8-bit TTL、双LVDS输出，有128-pin PQFP、144-pin LQFP两种封装。主要应用于15”-26”的液晶电视（HDTV Ready LCD TV)。

HTV28x集成了ADC、3D Comb Filter、Video Decoder、Scaler、3D De-interlacer、OSD、MCU、图文处理器、音频解码与处理器、HDMI Rx。HTV28X可接收高清数字（1080p@60Hz)、ITU-R 656与计算机图像（1280x1024@60Hz）讯号输入、HDMI输入，有PIP/POP/PBP功能，8-bit TTL、双LVDS输出，有256-pin PQFP与388-pin BGA两种封装。主要应用于32”以上的液晶电视（HDTV Ready LCD TV)。

2、机顶盒MPEG-2解码芯片

HTV90x集成了32-bit CPU、MPEG-2 Decoder、音频译码器、Descrambler、Scaler及OSD，有128-pin PQFP与208-pin PQFP两种封装。主要应用于标清机数字电视顶盒（Set-Top Box)。

3、可携式图像显示处理芯片

HTV79x集成了ADC、2D Comb Filter、Video decoder、ITU-R 656 Codec、Scaler、MCU、OSD、TCON、Audio Switch、Volume Controller及DAC。HTV79X可接收混合讯号、分离讯号、色差讯号、数字ITU-R 656与RGB 565讯号输入，模拟RGB、6/8-bit TTL输出，为128-pin LQFP封装。主要针对小尺寸模拟与数字液晶屏的应用。

4、显像管电视芯片

HTV19x集成了ADC、2D Comb Filter、Video Decoder、Scaler、3D De-interlacer、MCU、OSD、DAC、Audio Processor。HTV19X可接收高清数字讯号（1080p@60Hz）与计算机图像（1280x1024@75Hz）讯号输入、模拟RGB输出，有64-pin DIP与128-pin PQFP两种封装。主要应用于显像管高清数字电视（HDTV Ready CRT TV)。

2009年新产品

1、全高清多媒体电视图像处理芯片系列：

HTV96x/80x /86x集成了全高清数字电视信号的解码，以及几乎所有格式网络视频多媒体的全高清音/视频解码，可支持全高清(Full HD) 1920x1080液晶屏的直接驱动。该系列产品可广泛应用于高清数字电视机顶盒、高清多媒体数字电视一体机、多媒体高清电视盒，数码相框等产品。目前处于在研阶段，预计2009年10月份工程样片；2010年4月份量产样片。

2、高整合有线数字电视机顶盒处理芯片：

HTV90xC系全自主开发的标清MPEG2 Decoder，码流容错性极强，支持QAM解调、Ethernet MAC；成熟的中间件、系统软件。适用于有线/双向机顶盒应用。目前处于样片阶段，预计2009年6月量产。

3、高清电脑电视高度整合单芯片：

HTV60x集成了10-bit Video ADC、Video Decoder、音频处理器、MCU、USB2.0、读卡控制器、ITU-656编解码器等。它支持模拟电视信号以及MPEG2/H.264/AVS（含CMMB）高清/标清数字信号的接收、解码、传输控制等，主要应用于USB Dongle数模一体电视棒。目前处于样片阶段，预计2009年6月量产。

4、高端OSD状态显示芯片：

HTV70x集成了ITU-R 656 Codec、位图OSD、TCON、CVBS Encoder、MCU、RTC、SD/SPI Flash/SDRAM读卡控制器等。它能支持ITU-R 656，RGB666输入，实现绚丽的类iPhone效果的OSD叠加，支持2-10”小尺寸模拟/数字液晶屏输出，CVBS编码输出。可广泛应用于车载显示、倒车雷达、可视门铃、白色家电等。预计2009年5月初提供样片，7月量产。

上海智力产业园

SHANGHAI INTETLLECT INDUSTRY PARK

上海智力产业园一期鸟瞰图

上海智力产业园 鸟瞰图

上海智力产业园园区西北部大面积集中绿地

上海智力产业园位于上海市纪蕰路588号，园区东侧紧临共和新路高架、地铁一号线，交通优势显著。项目规划用地面积784亩，采取一次规划，分期建设。一期工程占地面积约90亩，建筑面积约4万平方米，二期工程占地面积约90亩，总投资9.5亿元，致力打造集设计、研发、会展、休闲、服务外包等为一体的生产性服务业发展基地。

园区产业规划全面升级，整合了新经济形势下信息产业的重点发展发向，结合上海所特有的科教优势、人才优势、信息优势，确立了以信息服务为主导的生产性服务业，形成了生产性服务业、数字内容产业、信息服务外包以及总部经济为主体的3+1产业模式。

园区的服务采用独创的1+2服务模式，不仅提供传统的基础配套服务，更为园区企业提供多层次的技术平台、业务平台服务。软件工程服务平台、多媒体服务平台的建设和共享，大幅度减少入驻企业的成本开支，企业拓展服务平台的建设使得入驻企业的快速发展如虎添翼，打造信息—知识—技术—交易—融资—服务的超级平台，推动园区和入驻企业走向公开、共享、共赢。

智力营造、国际接轨：营造一个良好的氛围，引领中国的创意产业从“本土型”向“亚太型”转变，与国际接轨，兼顾精神、物质产品两个层面。

生态公园，持续发展：生态公园的建设从上海市总体绿化体系出发，留足城市楔形绿化带，努力实现“生态效益”与“最大效益”的统一。

智高远 信飞翔

公司大楼

陈志坚，管理学硕士，上海市科委注册咨询专家，中国勘察设计优秀企业家，现任上海邮电设计院有限公司总经理兼党委书记。

TL9000证书

保密资质

上海邮电设计院有限公司的前身为上海邮电设计院，创建于1964年，是上海通信行业中唯一一家专业从事信息技术领域所有业务的工程设计和技术开发的甲级设计院。公司具有通信工程和建筑工程设计、咨询、总承包资质，同时还具有通信工程勘察、建筑智能化系统工程设计、通信信息网络系统集成企业甲级资质、涉及国家秘密的计算机信息系统集成资质、对外经济合作经营资格证书、上海市高新技术企业证书，并于1998年通过了ISO9001质量管理体系认证、2009年通过了TL9000质量体系认证。

公司注册资本8000万元，经营范围为：邮电通信工程及相应的建筑工程、通讯铁塔、邮政机械的勘察、规划、设计，承接工程建设总承包，按国家原对外贸易经济合作部所核准的内容，开展对外经济技术合作业务（具体见批文）；通信工程施工、管理、咨询；经济信息咨询（除经纪）；系统内职（员）工培训；系统集成，软件开发及销售。（涉及行政许可的，凭许可证经营）。

公司承接各类通信、建筑工程的规划、可行性研究、评估、勘察、设计、咨询及工程总承包任务，并承担由国家、上海市以及有关部委局下达的体制、标准、定额、规范等研究编制任务。多年来，公司为客户提供了大量优质的勘察、设计、咨询及工程管理服务，业务遍及全国逾20个省市自治区，以及巴基斯坦、刚果金、埃塞、尼日利亚、安哥拉等10多个国家，已经将上海邮电设计院品牌带出了中国、走向了世界。公司先后被评为全国优秀通信设计企业、全国通信行业用户满意企业、中国工程设计企业60强、上海市信誉咨询企业、上海科技小巨人企业、中国建设系统诚信建设十大杰出贡献单位，荣获上海市文明单位六连冠、上海市重点工程实事立功竞赛优秀公司五连冠等。

面向未来，公司只有创业,没有守业。秉承“用户至上，用心服务”的理念，公司将专注于成为综合信息服务领域的专业咨询服务提供商，以人才、流程、文化为抓手，充分发挥协同效应，推动价值持续创造，在5-8年内成为中国最具价值的专业服务机构之一。

上海洋山深水港通信综合塔

地址：上海市国康路38号　电话：021-25068997　邮编：200092

上海市林业总站

Shanghai Forestry Station

随着信息技术的广泛应用与互联网技术的不断成熟，传统的林业技术推广手段已不能满足时代与社会的发展。鉴于上海林业建设的高速发展，应运而生的“上海林业技术网”，适应了信息网络化的发展趋势，体现了上海加快科技兴林的步伐，加大了上海林业建设的宣传力度，目前，“上海林业技术网”已经成为上海林业技术推广服务体系的一个重要组成部分。

“上海林业技术网”由上海市林业总站主办，拥有新闻、技术、科研、咨询、图片等八大频道，自2003年7月运行以来，点击率超过百万，已成为具有上海特色的区域性林业技术网站。不仅面向着上海郊区的林业技术工作者、林业从业人员以及上海周边地区的涉林企业，也面向着关心上海林业发展的市民，是一个全方位展现上海林业科技与行业管理及相关信息的“网上窗口”。